CODES

FRANÇAIS,

NOUVELLE ÉDITION

1833.

PARIS.

GUSTAVE PISSIN,
PLACE DU PALAIS DE JUSTICE.
VIDECOQ,
PLACE DU PANTHÉON, Nº 6.
AIMÉ ANDRÉ,
QUAI MALAQUAIS, Nº 15.
1833.

IMPRIMERIE DE PLASSAN.

CODES FRANÇAIS.

SE TROUVE :

A Bordeaux, chez LAWALLE jeune et TEYCHENEY.

Nancy, G. GRIMBLOT.

Strasbourg, PITON.

Laons-le-Saulnier, ESCALLE

Bayonne, GOSSE.

Lyon, LAURENT.

Marseille, CAMOIN.

Troyes, LALOY.

Dijon, LAGIER et GAULARD MARIN.

Toulouse, VIEUSSEUX et DAGALIER

Auch, BRUN.

Rennes, DUCHESNE.

Lille, VANACKERE.

Aix, AUBIN.

Nantes, BUROLLEAU.

Rouen, EDET jeune.

Grenoble, PRUDHOMME.

Le Mans, BELON, imp.-lib.

IMPRIMERIE DE PLASSAN ET COMP.,

RUE DE VAUGIRARD, N° 15.

—:—

TYPOGRAPHIE DE MARCELLIN - LEGRAND, PLASSAN ET Cᵉ,

rue du Petit-Vaugirard, n° 13.

CODES FRANÇAIS,

AVEC

LA CONCORDANCE DES ARTICLES DE CES CODES;

PRÉCÉDÉS

DE LA CHARTE

ET DES LOIS QUI EN DÉRIVENT,

SUIVIS

DES TARIFS DES FRAIS

EN MATIÈRE CIVILE ET CRIMINELLE.

PARIS.

GUSTAVE PISSIN,

PLACE DU PALAIS DE JUSTICE,

VIDECOQ,

PLACE DU PANTHÉON, Nᵒ 6.

ALEX GOBELET,

RUE SOUFFLOT, Nᵒ 10.

1833.

SOMMAIRE

DES LOIS, CODES, TABLEAUX, ETC. CONTENUS DANS CE
VOLUME.

Concordance des calendriers,
Pag. 7 à 10

Rapport des poids et mesures,
11 à 19

Loi sur la dépréciation du papier-
monnaie. 20 à 24

Charte constitutionnelle. 25 à 29

Loi sur la répression des crimes
et délits de la presse. 29 à 32

— relative à la poursuite et au
jugement des crimes et délits
de la presse. 32 à 35

— sur les journaux. 35

— sur les journaux et écrits périodiques. 36

— relative à la répression et à la
poursuite des délits de la presse. 37

— relative à l'organisation du
jury. 39

— sur la révision annuelle des
listes électorales et du jury. 42

— sur les journaux et écrits périodiques. 45

Ordonnance relative à l'exécution
de la loi sur les journaux et
écrits périodiques. 48

Loi relative à l'interprétation des
lois. ibid.

Ordonnance sur la profession d'a-
vocat. 49

Loi relative au serment des fonctionnaires publics. 50

— relative au droit d'enregistrement des actes de prêts sur
dépôt. ibid.

— sur la réélection des députés
promus à des fonctions publiques salariées. ibid.

— sur l'application du jury aux
délits de la presse et aux délits politiques. 51

— qui punit les attaques contre
les droits et l'autorité du Roi

et des Chambres par la voie de
la presse 51

Loi sur les afficheurs et crieurs
publics. 52

— sur le cautionnement, le droit
de timbre et le port des journaux et écrits périodiques. 53

— relative à la composition des
cours d'assises et aux déclarations du jury 54

— sur l'organisation municipale. ibid.

- sur la garde nationale. 60

— contre les attroupemens. 77

— sur les élections à la Chambre
des députés. 78

- - sur le recrutement de l'armée. 89

Code Civil. 1 à 180

Loi sur la contrainte par corps en
matière civile et en matière de
commerce. 180 à 187

— sur l'organisation du notariat.
186 à 192

— sur l'organisation des chambres des notaires. 192 à 196

— sur le taux de l'intérêt de l'argent. 196

Loi qui abolit le divorce. ibid.

— sur les établissemens ecclésiastiques. 197

— sur le droit d'aubaine. ibid.

— relative aux chemins vicinaux. ibid.

— sur les substitutions. 199

Table alphabétique du Code Civ. 200

Code de Procédure civile. 1 à 87

Loi concernant l'établissement
des avoués. 88

Ordonnance sur la profession d'a-
vocat. 89 à 92

Table alphabétique du Code de
Procédure civile. 93

Code de Commerce. 1 à 53

Table alphabétique du Code de
Commerce. 54

1 *

Code d'Instruction criminelle. **1** à 59

Table alphabétique du Code d'Instruction criminelle.   60

Code Pénal.   **1** à 53

Loi qui modifie le Code Pénal.   54

Table alphabétique du Code Pénal.   56

Code Forestier.   **1** à 24

Tarif des amendes par arbre.   25

Loi qui proroge deux articles du Code Forestier.   26

Ordonnance du roi pour l'exécution du Code Forestier.   26 à 48

Tableau des conservations forestières.   49

Droit de martelage pour la marine.   50

Table alphabétique du Code forestier.   52

Loi relative à la pêche fluviale. **1** à 10

Tarif des frais en matière judiciaire.   **1** à 28

Décret sur la liquidation des dépens en matière sommaire.   28

Tarif des frais de taxe.   29

Décret qui rend commun à plusieurs tribunaux le tarif des frais de ceux de Paris.   29

Avis du conseil d'état.   30

Tarif des frais en matière criminelle.   **1** à 21

Tableau des distances de Paris aux chefs-lieux des départemens.   22

Décret concernant les droits de greffe.   1 et 2

Table générale des matières.

CITATIONS ABRÉGÉES.

Charte constitutionnelle........Ch.   Code de Procédure civile.....P. c.

Code Civil.................C.   Code d'Instruction criminelle.. I. c.

Code Pénal.................P.   Premier Tarif.............Pr. ta

Code de Commerce..........Co.   Second Tarif.............Se. ta

CONCORDANCE DES CALENDRIERS.

1er Tableau

POUR LES ANNÉES 1, 2, 3*, 5, 6 et 7*.

Les Années sextiles sont marquées d'un astérisque.

Jours du mois.	VEND	BRU.	FRIM	NIV.	PLUV	VENT	GER.	FLOR	PRAI.	MESS.	THER	FRUC
	Septembre.	*Octobre.*	*Novembre.*	*Décembre.*	*Janvier.*	*Février.*	*Mars.*	*Avril.*	*Mai.*	*Juin.*	*Juillet.*	*Août.*
1—	22	22	21	21	20	19	21	20	20	19	19	18
2—	23	23	22	22	21	20	22	21	21	20	20	19
3—	24	24	23	23	22	21	23	22	22	21	21	20
4—	25	25	24	24	23	22	24	23	23	22	22	21
5—	26	26	25	25	24	23	25	24	24	23	23	22
6—	27	27	26	26	25	24	26	25	25	24	24	23
7—	28	28	27	27	26	25	27	26	26	25	25	24
8—	29	29	28	28	27	26	28	27	27	26	26	25
9—	30	30	29	29	28	27	29	28	28	27	27	26
10—	1	31	30	30	29	28	30	29	29	28	28	27
11—	2	1	1	31	30	1	31	30	30	29	29	28
12—	3	2	2	1	31	2	1	1	31	30	30	29
13—	4	3	3	2	1	3	2	2	1	31	31	30
14—	5	4	4	3	2	4	3	3	2	1	1	31
15—	6	5	5	4	3	5	4	4	3	2	2	1
16—	7	6	6	5	4	6	5	5	4	3	3	2
17—	8	7	7	6	5	7	6	6	5	4	4	3
18—	9	8	8	7	6	8	7	7	6	5	5	4
19—	10	9	9	8	7	9	8	8	7	6	6	5
20—	11	10	10	9	8	10	9	9	8	7	7	6
21—	12	11	11	10	9	11	10	10	9	8	8	7
22—	13	12	12	11	10	12	11	11	10	9	9	8
23—	14	13	13	12	11	13	12	12	11	10	10	9
24—	15	14	14	13	12	14	13	13	12	11	11	10
25—	16	15	15	14	13	15	14	14	13	12	12	11
26—	17	16	16	15	14	16	15	15	14	13	13	12
27—	18	17	17	16	15	17	16	16	15	14	14	13
28—	19	18	18	17	16	18	17	17	16	15	15	14
29—	20	19	19	18	17	19	18	18	17	16	16	15
30—	21	20	20	19	18	20	19	19	18	17	17	16
	Octobre.	*Novembre.*	*Décembre.*	*Janvier.*	*Février.*	*Mars.*	*Avril.*	*Mai.*	*Juin.*	*Juillet.*	*Août.*	*Septembre.*

	Jours complémentaires.	
1er.		17
2e.		18
3e.		19
4e.		20
5e.		21
6e.		22

1.	2.	3.*	5.	6.	7.*
1792.	1793.	1794.	1796.	1797.	1798.
1793.	1794.	1795.	1797.	1798.	1799.

CONCORDANCE DES CALENDRIERS.

2ᵐᵉ Tableau

POUR L'AN 4.

Jours du mois.	VEND	BRU.	FRIM.	NIV.	PLUV	VENT	GER.	FLOR	PRAI.	MESS.	THER	FRUC
1	Septembre 23	Octobre 23	Novembre 22	Décembre 22	Janvier 21	Février 20	Mars 21	Avril 20	Mai 20	Juin 19	Juillet 19	Août 18
2	24	24	23	23	22	21	22	21	21	20	20	19
3	25	25	24	24	23	22	23	22	22	21	21	20
4	26	26	25	25	24	23	24	23	23	22	22	21
5	27	27	26	26	25	24	25	24	24	23	23	22
6	28	28	27	27	26	25	26	25	25	24	24	23
7	29	29	28	28	27	26	27	26	26	25	25	24
8	30	30	29	29	28	27	28	27	27	26	26	25
9	Octobre 1	31	30	30	29	28	29	28	28	27	27	26
10	2	Novembre 1	31	31	30	29	30	29	29	28	28	27
11	3	2	Décembre 1	Janvier 1	31	Mars 1	31	30	30	29	29	28
12	4	3	2	2	Février 1	2	Avril 1	Mai 1	31	30	30	29
13	5	4	3	3	2	3	2	2	Juin 1	Juillet 1	31	30
14	6	5	4	4	3	4	3	3	2	2	Août 1	31
15	7	6	5	5	4	5	4	4	3	3	2	Septembre 1
16	8	7	6	6	5	6	5	5	4	4	3	2
17	9	8	7	7	6	7	6	6	5	5	4	3
18	10	9	8	8	7	8	7	7	6	6	5	4
19	11	10	9	9	8	9	8	8	7	7	6	5
20	12	11	10	10	9	10	9	9	8	8	7	6
21	13	12	11	11	10	11	10	10	9	9	8	7
22	14	13	12	12	11	12	11	11	10	10	9	8
23	15	14	13	13	12	13	12	12	11	11	10	9
24	16	15	14	14	13	14	13	13	12	12	11	10
25	17	16	15	15	14	15	14	14	13	13	12	11
26	18	17	16	16	15	16	15	15	14	14	13	12
27	19	18	17	17	16	17	16	16	15	15	14	13
28	20	19	18	18	17	18	17	17	16	16	15	14
29	21	20	19	19	18	19	18	18	17	17	16	15
30	22	21	20	20	19	20	19	19	18	18	17	16

Jours complémentaires.		
1ᵉʳ.	17
2ᵉ.	18
3ᵉ.	19
4ᵉ.	20
5ᵉ.	21

4.

1795.
1796.

CONCORDANCE DES CALENDRIERS.

3me Tableau

POUR LES ANNÉES 8, 9, 10, 11*, 13 et 14.

Les Années sextiles sont marquées d'un astérisque.

Jours du mois.	VEND.	BRU.	FRIM	NIV.	PLUV	VENT	GER.	FLOR	PRAI.	MESS.	THER	FRUC
1	Septembre 23	Octobre 23	Novembre 22	Décembre 22	Janvier 21	Février 20	Mars 22	Avril 21	Mai 21	Juin 20	Juillet 20	Août 19
2	24	24	23	23	22	21	23	22	22	21	21	20
3	25	25	24	24	23	22	24	23	23	22	22	21
4	26	26	25	25	24	23	25	24	24	23	23	22
5	27	27	26	26	25	24	26	25	25	24	24	23
6	28	28	27	27	26	25	27	26	26	25	25	24
7	29	29	28	28	27	26	28	27	27	26	26	25
8	30	30	29	29	28	27	29	28	28	27	27	26
9	Octobre 1	31	30	30	29	28	30	29	29	28	28	27
10	2	Novembre 1	Décembre 1	31	30	Mars 1	31	30	30	29	29	28
11	3	2	2	Janvier 1	31	2	Avril 1	Mai 1	31	30	30	29
12	4	3	3	2	Février 1	3	2	2	Juin 1	Juillet 1	31	30
13	5	4	4	3	2	4	3	3	2	2	Août 1	31
14	6	5	5	4	3	5	4	4	3	3	2	Septembre 1
15	7	6	6	5	4	6	5	5	4	4	3	2
16	8	7	7	6	5	7	6	6	5	5	4	3
17	9	8	8	7	6	8	7	7	6	6	5	4
18	10	9	9	8	7	9	8	8	7	7	6	5
19	11	10	10	9	8	10	9	9	8	8	7	6
20	12	11	11	10	9	11	10	10	9	9	8	7
21	13	12	12	11	10	12	11	11	10	10	9	8
22	14	13	13	12	11	13	12	12	11	11	10	9
23	15	14	14	13	12	14	13	13	12	12	11	10
24	16	15	15	14	13	15	14	14	13	13	12	11
25	17	16	16	15	14	16	15	15	14	14	13	12
26	18	17	17	16	15	17	16	16	15	15	14	13
27	19	18	18	17	16	18	17	17	16	16	15	14
28	20	19	19	18	17	19	18	18	17	17	16	15
29	21	20	20	19	18	20	19	19	18	18	17	16
30	22	21	21	20	19	21	20	20	19	19	18	17

Jours complémentaires.	1er.	18
	2e.	19
	3e.	20
	4e.	21
	5e.	22
	5e.	23

8.	9.	10.	11*.	13.	14.
1799.	1800.	1801.	1802.	1804.	1805.
1800.	1801.	1802.	1803.	1805.	1806.

CONCORDANCE DES CALENDRIERS.

4ᵐᵉ Tableau

POUR L'AN 12.

Jours du mois.	VEND	BRU.	FRIM.	NIV.	PLUV	VENT	GER.	FLOR	PRAI.	MESS.	THER	FRUC
1	24	24	23	23	22	21	22	21	21	20	20	19
2	25	25	24	24	23	22	23	22	22	21	21	20
3	26	26	25	25	24	23	24	23	23	22	22	21
4	27	27	26	26	25	24	25	24	24	23	23	22
5	28	28	27	27	26	25	26	25	25	24	24	23
6	29	29	28	28	27	26	27	26	26	25	25	24
7	30	30	29	29	28	27	28	27	27	26	26	25
8	1	31	30	30	29	28	29	28	28	27	27	26
9	2	1	1	31	30	29	30	29	29	28	28	27
10	3	2	2	1	31	1	31	30	30	29	29	28
11	4	3	3	2	1	2	1	1	31	30	30	29
12	5	4	4	3	2	3	2	2	1	1	31	30
13	6	5	5	4	3	4	3	3	2	2	1	31
14	7	6	6	5	4	5	4	4	3	3	2	1
15	8	7	7	6	5	6	5	5	4	4	3	2
16	9	8	8	7	6	7	6	6	5	5	4	3
17	10	9	9	8	7	8	7	7	6	6	5	4
18	11	10	10	9	8	9	8	8	7	7	6	5
19	12	11	11	10	9	10	9	9	8	8	7	6
20	13	12	12	11	10	11	10	10	9	9	8	7
21	14	13	13	12	11	12	11	11	10	10	9	8
22	15	14	14	13	12	13	12	12	11	11	10	9
23	16	15	15	14	13	14	13	13	12	12	11	10
24	17	16	16	15	14	15	14	14	13	13	12	11
25	18	17	17	16	15	16	15	15	14	14	13	12
26	19	18	18	17	16	17	16	16	15	15	14	13
27	20	19	19	18	17	18	17	17	16	16	15	14
28	21	20	20	19	18	19	18	18	17	17	16	15
29	22	21	21	20	19	20	19	19	18	18	17	16
30	23	22	22	21	20	21	20	20	19	19	18	17

(VEND : Septembre / Octobre — BRU. : Octobre / Novembre — FRIM. : Novembre / Décembre — NIV. : Décembre / Janvier — PLUV : Janvier / Février — VENT : Février / Mars — GER. : Mars / Avril — FLOR : Avril / Mai — PRAI. : Mai / Juin — MESS. : Juin / Juillet — THER : Juillet / Août — FRUC : Août / Septembre.)

12.

1803.
1804.

Jours complémentaires.	Septembre
1ᵉʳ.	18
2ᵉ.	19
3ᵉ.	20
4ᵉ.	21
5ᵉ.	22

RAPPORT

DU NOUVEAU SYSTÈME DES POIDS ET MESURES AVEC LE SYSTÈME ANCIEN.

NOMENCLATURE DES NOUVELLES MESURES.

RAPPORT des mesures de chaque espèce avec leurs mesures principales.		1re partie du nom qui indique le rapport à la mesure principale.	MESURES PRINCIPALES.				
en lettres.	en chiffres.		de longueur.	de capacité.	de poids.	agraire.	pour le bois de chauffage.
dix mille.	10,000	myria.					
mille.	1,000	kilo.					
cent.	100	hecto.					
dix.	10	déca.					
un.	1		mètre.	litre.	gramme.	are.	stèr.
dixième.	0,1	déci.					
centième.	0,01	centi.					
millième.	0,001	milli.					
Rapport des mesures principales entre elles, et avec la grandeur du méridien.			dix millionième partie de la distance du pôle à l'équateur.	un décimètre cube.	poids d'un décimètre cube d'eau distillée.	cent mètres carrés.	un mètre cube.

Le mètre vaut 3 pieds 11 lignes 296 millièmes de ligne.

DIMENSIONS EXACTES DE LA TERRE.

Le rayon de l'équateur est de......................3,271,208 toises.
Le demi-axe ou la distance du centre au pôle de.......3,261,443 *id.*
La distance du pôle à l'équateur de...................5,130,740 *id.*
Le degré terrestre vaut.............................. 57,008 *id.*
L'arc terrestre d'une minute est de...................   950 *id.*

Le franc a été formé sur une pièce d'argent du poids de cinq grammes, et alliée de un dixième de cuivre

1er Tableau.

TOISES EN MÈTRES, ET MÈTRES EN TOISES.

LIGNES, POUCES, PIEDS. TOISES, EN MÈTRES ET MILLIMÈTRES.				MÈTRES EN TOISES, etc.				
lignes. pouces. pieds.	mèt. mil.	toises.	mèt. mil.	mètres.	to.	pi.	po.	lig.
1 ligne.	» 002	4	7 796	1	»	3	0	11
2	» 005	5	9 745	2	1	0	1	11
3	» 007	6	11 694	3	1	3	2	10
4	» 009	7	13 643	4	2	0	3	9
5	» 011	8	15 592	5	2	3	4	8
6	» 014	9	17 541	6	3	0	5	8
7	» 016	10	19 490	7	3	3	6	7
8	» 018	11	21 439	8	4	0	6	7
9	» 020	12	23 588	9	4	3	8	6
10	» 023	13	25 337	10	5	0	9	5
11	» 025	14	27 287	11	5	3	10	4
1 pouce.	» 027	15	29 236	12	6	0	11	4
2	» 054	20	38 981	13	6	4	0	3
3	» 081	25	48 726	14	7	1	1	2
4	» 108	30	58 471	15	7	4	2	1
5	» 135	35	68 216	20	10	1	6	10
6	» 162	40	77 961	25	12	4	11	6
7	» 189	45	87 707	30	15	2	4	3
8	» 217	50	97 452	35	17	5	9	0
9	» 244	60	116 942	40	20	3	1	8
10	» 271	70	136 433	45	23	0	6	4
11	» 298	80	155 923	50	25	3	11	1
1 pied.	» 325	90	175 413	60	30	4	8	6
2	» 650	100	194 904	70	35	5	5	11
3	» 975	200	389 807	80	41	0	3	4
4	1 299	300	584 711	90	46	1	0	9
5	1 624	400	779 615	100	51	1	10	2
1 toise.	1 949	500	974 518	500	256	3	2	8
2	3 898	1000	1949 036	1000	513	0	5	4
3	5 847	2000	3898 073	2000	1026	0	10	8

2me Tableau.

AUNES EN MÈTRES, ET MÈTRES EN AUNES.

CONVERSION DE L'AUNE EN MÈTRES.				DU MÈTRE EN AUNE.	
aunes.	mèt. cent.	part. de l'aune.	cent.	mètres.	aunes.
1	1 19	1 seizième.	7	1	0 84
2	2 38	2 ou 1/8.	15	2	1 68
3	3 57	3	22	3	2 52
4	4 75	4 ou 1/4.	30	4	3 37
5	5 94	5	37	5	4 21
6	7 13	6 ou 3/8.	45	6	5 05
7	8 32	7	52	7	5 89
8	9 51	8 ou 1/2.	59	8	6 73
9	10 70	9	67	9	7 57
10	11 88	10 ou 5/8.	74	10	8 41
11	13 07	11	82	11	9 26
12	14 26	12 ou 3/4	89	12	10 10
13	15 45	13	97	13	10 94
14	16 64	14 ou 7/8.	104	14	11 78
15	17 83	15	111	15	12 62
20	23 77	1 douzième.	10	20	16 83
25	29 71	2 ou 1/6.	20	25	21 04
30	35 65	3 ou 1/4.	30	30	25 24
35	41 60	4 ou 1/3.	40	35	29 45
40	47 54	5	50	40	33 66
45	53 48	6 ou 1/2.	59	45	37 86
50	59 42	7	69	50	42 07
60	71 31	8 ou 2/3.	79	60	50 49
70	83 19	9 ou 3/4.	89	70	58 90
80	95 08	10 ou 5/6.	99	80	67 31
90	106 96	11	109	90	75 73
100	118 84	L'aune a		100	84 14
200	237 69	3 pi. 7 po. 10 lig. 5/6.		200	168 29
300	356 53	Le mètre		300	252 45
500	594 22	3 pi. 0 11 lig. 296.		500	420 72
1000	1188 45	L'aune a 7 po. de plus.		1000	841 44

2

3ᵐᵉ Tableau.

MYRIAMÈTRES EN LIEUES, ET LIEUES EN MYRIAMÈTRES.

	LIEUES RÉDUITES EN MYRIAMÈTRES.				MYRIAMÈTRES RÉDUITS EN LIEUES.		
lieues.	de 2000 toises. myriam.	de 25 au degré. myriam.	de 20 au degré. myriam	myriamètres.	de 2000 t.	de 25 au degré.	de 20 au degré.
1	» 59	» 44	» 56	1	2 57	2 25	1 80
2	» 78	» 89	1 11	2	5 13	4 50	3 60
3	1 17	1 33	1 67	3	7 70	6 75	5 40
4	1 56	1 78	2 22	4	10 26	9 »	7 20
5	1 95	2 22	2 78	5	12 83	11 25	9 »
6	2 34	2 67	3 33	6	15 39	13 50	10 80
7	2 73	3 11	3 89	7	17 96	15 75	12 60
8	3 12	3 56	4 44	8	20 52	18 »	14 40
9	3 51	4 »	5 »	9	23 09	20 25	16 20
10	3 90	4 44	5 56	10	25 65	22 50	18 »
11	4 29	4 89	6 11	11	28 22	24 75	19 80
12	4 62	5 33	6 67	12	30 79	27 »	21 60
13	5 07	5 78	7 22	13	33 35	29 25	23 40
14	5 46	6 22	7 78	14	35 92	31 50	25 20
15	5 85	6 67	8 33	15	38 48	33 75	27 »
20	7 80	8 49	11 11	20	51 31	45 »	36 »
25	9 75	11 11	13 89	25	64 14	56 25	45 »
30	11 69	13 33	16 67	30	76 96	69 75	54 »
35	13 64	15 56	19 44	35	89 79	78 75	63 »
40	15 59	17 78	22 22	40	102 61	90 »	72 »
45	17 54	20 »	25 »	45	115 44	101 25	81 »
50	19 49	22 22	27 78	50	128 27	112 50	90 »
60	23 39	26 67	33 33	60	153 93	135 »	108 »
70	27 29	31 11	38 89	70	179 58	157 50	126 »
80	31 18	35 56	44 44	80	205 23	180 »	144 »
90	35 08	40 »	50 »	90	230 89	202 50	162 »
100	38 98	44 44	55 56	100	256 54	225 »	180 »
200	77 96	88 89	111 11	200	513 07	450 »	360 »
300	116 94	133 33	166 67	300	769 62	675 »	540 »
500	194 90	222 22	277 78	500	1282 69	1125 »	900 »
1000	389 80	444 44	555 56	000	2565 37	2250 »	1800 »

4ᵐᵉ Tableau.

ARPENS RÉDUITS EN HECTARES.

arpens.	de 22 pieds par perche.			de 20 pieds par perche.			de 18 pieds par perche.		
ARPENS réduits en hectares, etc.	hect.	ares.	cent.	hect.	ares.	cent.	hect.	ares.	cent.
1	0	51	07	0	42	21	0	34	19
2	1	02	14	0	84	42	0	68	38
3	1	53	22	1	26	63	1	02	57
4	2	04	29	1	68	85	1	36	75
5	2	55	36	2	11	04	1	70	94
6	3	06	43	2	53	25	2	05	13
7	3	57	50	2	95	46	2	39	32
8	4	08	58	3	37	67	2	73	51
9	4	59	65	3	79	87	3	07	70
10	5	10	72	4	22	08	3	41	89
11	5	61	79	4	64	29	3	76	07
12	6	12	86	5	06	50	4	10	26
13	6	63	94	5	48	71	4	44	45
14	7	15	01	5	90	92	4	78	64
15	7	66	08	6	33	12	5	12	83
20	10	21	44	8	44	17	6	83	77
25	12	76	80	10	55	21	8	54	72
30	15	32	16	12	66	25	10	25	66
35	17	87	52	14	77	29	11	96	60
40	20	42	88	16	88	33	13	67	55
45	22	98	24	18	99	37	15	38	49
50	25	53	60	21	10	41	17	09	43
60	30	64	32	25	32	50	20	51	52
70	35	75	04	29	54	58	23	93	31
80	40	85	76	33	76	66	27	35	09
90	45	96	48	37	98	74	30	76	98
100	51	07	20	42	20	83	34	18	87
200	102	14	40	84	41	66	68	37	74
300	153	21	60	126	62	49	102	56	61
400	204	28	80	168	83	52	136	75	48
500	255	36	"	211	04	15	170	94	35
1000	510	72	"	422	08	30	341	98	70

5ᵐᵉ Tableau.

HECTARES RÉDUITS EN ARPENS.

hectares.	HECTARES, etc., RÉDUITS EN ARPENS.								
	de 22 pieds par perche.			de 20 pieds par perche.			de 18 pieds par perche.		
	arp.	perch.	10ᵉ	arp.	perch.	10ᵉ	arp.	perch.	10ᵉ
1	1	95	8/10	2	56	9/10	2	92	5/10
2	3	91	6	4	75	8	5	85	»
3	5	87	4	7	10	8	8	77	5
4	7	83	2	9	47	7	11	70	»
5	9	79	»	11	84	6	14	62	5
6	11	74	8	14	21	5	17	55	»
7	13	70	6	16	58	4	20	47	5
8	15	66	4	18	95	4	23	40	»
9	17	62	2	21	32	3	26	32	4
10	19	58	»	23	69	2	29	24	9
11	21	53	8	26	06	1	32	17	4
12	23	49	6	28	43	»	35	09	9
13	25	45	4	30	80	»	38	02	4
14	27	41	2	33	16	9	40	94	9
15	29	37	»	35	53	8	43	87	4
20	39	16	»	47	38	4	58	49	9
25	48	95	1	59	23	»	73	12	4
30	58	74	1	71	07	6	87	74	8
35	68	53	1	82	92	2	102	37	3
40	78	32	1	94	76	8	116	99	8
45	88	11	1	106	61	4	131	62	2
50	97	90	1	118	46	»	146	27	4
60	117	48	1	142	15	2	175	49	7
70	137	06	1	165	84	4	204	74	6
80	156	64	2	189	53	6	233	99	5
90	176	22	2	213	22	8	263	24	5
100	195	80	2	236	92	»	292	49	4
200	391	60	4	473	84	»	584	98	9
300	587	40	6	710	76	»	777	48	2
400	783	20	8	947	68	»	1169	97	8
500	979	01	»	1184	60	»	1462	47	»
1000	1958	02	1	2369	20	»	2924	94	»

6me Tableau.

LIVRES EN KILOGRAMMES, ET KILOGRAMMES EN LIVRES.

GRAINS. GROS, ONCES, LIVRES RÉDUITS EN KILOGRAMMES.				KILOGRAMMES EN GRAINS, GROS, etc.				
grains. gros. onces.	kilogram.	livres.	kilogram	kilogram.	livres.	onces.	gros.	grains.
1 gra.	0,000055	1	0,489	1 gram.	»	»	»	18
2	0,000106	2	0,979	2	»	»	»	57
3	0,000159	3	1,468	3	»	»	»	56
4	0,000212	4	1,958	4	»	»	1	5
5	0,000265	5	2,447	5	»	»	1	22
6	0,000318	6	2,937	1 déca.	»	»	2	44
12	0,000656	7	3,426	2	»	»	5	16
24	0,001272	8	3,916	3	»	»	7	60
36	0,001908	9	4,405	4	»	1	2	33
1 gros.	0,003824	10	4,895	5	»	1	5	5
2	0,007648	11	5,384	1 hect.	»	3	2	10
3	0,011472	12	5,873	2	»	6	4	21
4	0 015296	13	6,362	3	»	9	6	32
5	0,019120	14	6,851	4	»	13	»	42
6	0,022944	15	7,342	5	1	»	2	53
7	0,026768	20	9,789	1 kil.	2	»	5	35
1 once.	0,030590	25	12,236	2	4	1	2	70
2	0,061190	30	14,683	3	6	2	»	35
3	0,091780	35	17,130	4	8	2	5	68
4	0,122370	40	19,577	5	10	3	3	31
5	0,152970	45	22,024	6	12	4	»	67
6	0,183560	50	24,471	7	14	4	6	30
7	0,214160	60	29,366	8	16	5	3	65
8	0,244750	70	34,261	9	18	6	1	28
9	0,275350	80	39,156	10	20	6	6	63
10	0,305940	90	44,051	50	102	2	»	29
11	0,336530	100	48,950	100	204	4	4	19
12	0,367120	200	97,900	200	408	9	1	46
13	0,397710	300	146,850	300	612	13	6	35
14	0,428300	400	195,800	400	816	2	3	20
15	0,458890	500	244,750	500	1021	7	»	7
16	0,489480	1000	489,500	1000	2042	14	»	14

7me Tableau.

PINTES EN LITRES, ET LITRES EN PINTES.

CONVERSION DES PINTES EN LITRES.		DES LITRES EN PINTES.	
pintes.	litres.	litres.	pintes.
1	» 95	1	» 07
2	1 86	2	» 15
3	2 79	3	» 22
4	3 73	4	» 29
5	4 66	5	» 37
6	5 59	6	» 44
7	6 52	7	» 52
8	7 45	8	» 59
9	8 38	9	» 66
10	9 31	10	» 74
11	10 24	11	» 81
12	11 18	12	» 88
13	12 11	13	» 96
14	13 04	14	15 05
15	13 97	15	16 11
20	18 63	20	21 47
25	23 28	25	26 84
30	27 94	30	32 21
35	32 60	35	37 58
40	37 25	40	42 95
45	41 91	45	48 32
50	46 56	50	53 68
60	55 88	60	64 42
70	65 19	70	75 16
80	74 50	80	85 90
90	83 82	90	96 63
100	95 13	100	107 37
200	186 26	200	214 74
300	279 39	300	322 11
400	372 52	400	429 48
500	465 65	500	536 85
1000	931 30	1000	1073 70

8ᵐᵉ Tableau.

CORDES EN STÈRES, ET STÈRES EN CORDES.

CONVERSION DE LA CORDE EN STÈRE.		DU STÈRE EN CORDE.	
cordes.	stères.	stères.	cordes.
1	3 859	1	» 2605
2	7 678	2	" 5209
3	11 517	3	» 7814
4	15 356	4	1 0418
5	19 195	5	1 3023
6	23 034	6	1 5628
7	26 873	7	1 8232
8	30 712	8	2 0857
9	34 551	9	2 3441
10	38 390	10	2 6046
11	42 229	11	2 8651
12	46 068	12	3 1255
13	49 908	13	3 3860
14	53 747	14	3 6465
15	57 586	15	3 9069
20	76 781	20	5 2092
25	95 976	25	6 5115
30	115 171	30	7 8138
35	134 366	35	9 1161
40	153 562	40	10 4184
45	172 757	45	11 7207
50	191 952	50	13 0251
60	230 342	60	15 6277
70	268 733	70	18 2323
80	307 123	80	20 8369
90	345 514	90	23 4413
100	383 904	100	26 0461
200	767 808	200	52 0952
300	1151 712	300	78 1383
400	1535 616	400	104 1844
500	1919 520	500	130 2305
1000	3839 040	1000	260 4610

LOI

RELATIVE AUX TRANSACTIONS PASSÉES ENTRE PARTICULIERS PENDANT LA DURÉE DE LA DÉPRÉCIATION DU PAPIER-MONNAIE.

(Du 5 messidor an 5.)

Le Conseil des Anciens, adoptant les motifs de la déclaration d'urgence qui précède la résolution ci-après, approuve l'acte d'urgence.

Suit la teneur de la déclaration d'urgence et de la résolution du 30 germinal.

Le conseil des Cinq-Cents, ouï le rapport fait au nom d'une commission spéciale sur les transactions entre particuliers.

Considérant que pour parvenir à donner des règles sur les transactions passées pendant la durée de la dépréciation du papier, il est indispensable de fixer sans délai cette même dépréciation à ses différentes époques,

Délare qu'il y a urgence.

Le Conseil, après avoir déclaré l'urgence, prend la résolution suivante :

Art. 1er. Lorsqu'il y aura lieu de réduire en numéraire métallique la valeur nominale d'une obligation, la réduction sera faite eu égard à la valeur d'opinion du papier-monnaie, au moment du contrat, dans le département où il aura été fait.

2. Pour régler la valeur d'opinion du papier-monnaie, il sera fait dans chaque département un tableau des valeurs successives de ce papier, à partir du 1er janvier 1791 (vieux style) pour les pays renfermés dans l'ancien territoire de la France ; et pour ceux réunis par différentes lois, ainsi que pour l'île de Corse et les colonies, à partir de l'introduction dans ces pays, du papier-monnaie.

3. L'époque à laquelle a cessé la circulation forcée du papier-monnaie valeur nominale, est et demeure fixée au jour de la publication de la loi du 29 messidor an 4.

4. Pour former le tableau prescrit par l'art. 2, il sera envoyé à chaque administration centrale, avec la présente, un extrait des notes tenues à la trésorerie nationale, du cours du papier-monnaie : ces notes seront combinées avec celles qui pourront avoir été tenues dans des places de commerce du département, et avec la valeur qu'auront eue les immeubles, les denrées et les marchandises, dans leur libre cours, aux époques correspondantes avec ces notes

5. L'administration centrale, pour procéder à ce tableau, s'adjoindra quinze citoyens des plus éclairés dans ce genre d'affaires, elle le fera imprimer, et l'enverra aux tribunaux du département et au Directoire exécutif; lequel formera de tous les tableaux une collection qu'il transmettra pareillement aux tribunaux.

6. Il sera procédé à ce tableau dans un mois, à compter de la publication de la présente ; et en cas qu'une administration centrale n'eût pas envoyé son tableau dans le délai ci-dessus aux tribunaux du département, ils prendront pour règle dans leurs jugemens, jusqu'à ce qu'ils l'aient reçu, celui du département le plus voisin, que le commissaire du Directoire exécutif sera tenu de se procurer et de présenter.

7. La présente résolution sera imprimée.

COURS DES ASSIGNATS *,

DEPUIS LEUR CRÉATION JUSQU'AU 1er GERMINAL AN 4.

Pour 100 liv. Assignats.

1789.	l.	1791.	l.	1793.	l.
Août et Sept.	98	Novembre.	82	Août.	22
Octobre.	97	Décembre.	77	Septembre.	27
Novembre.	96	**1792.**		Octobre.	28
Décembre.	95	Janvier.	72	Novembre.	33
1790.		Février.	61	Décembre.	48
Janvier.	96	Mars.	59	**1794.**	
Février.	95	Avril.	68	Janvier.	40
Mars, Av. et Mai.	94	Mai.	58	Février.	41
Juin et Juillet.	95	Juin.	57	Mars et Avril.	36
Août.	92	Juillet et Août.	61	Mai.	34
Sept. et Oct.	91	Septembre.	72	Juin.	30
Novembre.	90	Octobre.	71	Juillet.	34
Décembre.	92	Novembre.	75	Août.	31
1791.		Décembre.	72	Sept. et Oct.	28
Janvier et Fév.	91	**1793.**		Novembre.	24
Mars.	90	Janvier.	51	Décembre.	20
Avril.	89	Février.	52	**1795.**	
Mai et Juin.	85	Mars.	51	Janvier.	18
Juillet.	87	Avril.	43	Février.	17
Août.	79	Mai.	52	Mars, 20 prem. j.	14
Septembre.	82	Juin.	36		
Octobre.	84	Juillet.	23		

AN 3.

Pour 24 liv. numéraire.

GERM.		GERM.		GERM.		GERM.		GERM.		GERM.	
	l.		l.		l.		l.		l.		l.
1	204	4	186	6	200	8	204	11	227	14	220
3	200	5	200	7	201	9	224	12	258	15	206

* Ces cours ont été établis :

1°. Depuis *août* 1789 à *juin* 1791, d'après des notes particulières ;

2°. Depuis *juillet* 1791 à *décembre* 1792, d'après les achats de numéraire faits par la Trésorerie ;

3°. Depuis *janvier* 1793 à *février* 1794, d'après les négociations de papier faites à la Trésorerie ;

4°. Depuis *mars* 1794 au 13 *floréal* an 3, d'après des notes particulières;

5°. Du 14 *floréal* an 3 au 21 *vendémiaire* an 4, d'après les cours donnés par des banquiers nommés par le comité de Salut public;

6°. Du 22 *vendémiaire* an 4 au 30 *ventôse* an 4, d'après les certificats fournis par les agens de change nommés à cet effet.

GERM.		FLOR.		PRAIR		MESS.		THERM.		FRUCT.	
	l.		l.		l.		l		l.		l.
16	185	12	299	17	577	16	700	15	805	11	1050
17	180	13	328	18	566	17	690	16	804	12	1059
18	195	14	356	19	580	18	710	17	782	13	1101
19	221	15	329	21	637	19	750	18	784	14	1021
21	198	16	524	23	690	21	750	19	790	15	1101
22	191	17	355	23	760	22	735	21	804	16	1082
23	205	18	357	24	810	24	750	22	787	17	1122
24	212	19	363	25	876	25	717	23	805	18	1117
25	204	21	390	26	853	26	685	24	821	19	1110
26	198	22	395	27	686	27	700	25	828	21	1155
27	217	23	399	28	795	28	750	26	855	22	1177
28	217	24	399	29	811	29	762	27	850	23	1237
29	218	25	546					28	852	24	1201
		26	560	**MESS.**		**THERM.**		29	850	25	1171
FLOR.		27	380	1	895					26	1113
		28	567	2	870	1	755	**FRUCT.**		27	1122
1	229	29	399	3	850	2	775			28	1161
2	236			4	857	3	796	1	852	29	1143
3	239	**PRAIR.**		5	661	5	787	2	900		
4	242			6	723	6	820	3	958	**J. compl.**	
5	258	9	415	7	829	7	856	4	954		
6	258	11	417	8	758	8	827	5	952	1	1169
7	256	12	437	11	788	9	823	6	915	2	1150
8	275	13	439	12	750	11	823	7	959	3	1135
9	275	14	445	14	808	13	805	8	974	4	1156
11	292	15	474	15	745	14	807	9	970	6	1193
		16	496								

AN 4.

Pour 14 liv. numéraire.

VENDÉM.		VENDÉM.		BRUM.		BRUM.		FRIM.		FRIM.	
	l.		l.		l.		l.		l.		l.
1	1200	21	1580	5	2376	23	2818	8	3520	28	5071
2	1165	22	1420	6	2671	24	3096	9	3430	29	4975
3	1135	23	1560	7	3287	25	3110	11	3575		
4	1140	24	1726	8	3362	26	3020	12	3764	**NIV.**	
5	1145	25	1705	9	2580	27	3045	13	4000		
6	1180	26	1620	11	2588	28	3152	14	4059	1	5520
7	1200	27	1691	12	2761	29	3305	15	4355	3	5462
8	1200	28	1696	13	3125			16	4890	4	4666
9	1205	29	1670	14	3083	**FRIM.**		17	5053	5	5530
11	1240			15	3039			18	4960	6	5850
13	1240	**BRUM.**		16	3080	1	3395	19	4021	7	5262
15	1185			17	3067	2	3280	21	3285	8	5225
16	1190	1	1685	18	3222	3	3238	22	3837	9	4875
17	1180	2	1817	19	3520	4	3046	25	4216	11	4658
18	1255	3	1852	21	3212	5	3063	26	4300	12	4656
19	1300	4	1975	22	3053	6	3202	27	4900	13	4575
						7	3358			14	4908

NIV.	NIV.	PLUV.	PLUV.	PLUV.	VENT.
l.	l.	l.	l.	l.	l.
15 5745	25 5090	4 5198	14 5480	24 6220	2 7843
16 5550	26 5214	5 5557	15 5445	25 6487	3 8137
17 5491	27 5290	6 5287	16 5496	26 6610	4 7250
18 5659	28 5588	7 5265	17 5601	27 6864	17 7200
19 5595	29 5520	8 5200	18 5605	28 6727	19 6600
21 5559	PLUV.	9 5291	19 5884	29 6450	21 6900
22 5266		11 5245	21 6025	VENT.	22 6850
23 4950	2 5472	12 5557	22 6450	1 7011	26 6704
24 5200	3 5204	13 5544	23 6143		27 6101

COURS DES PROMESSES DE MANDATS

DEPUIS LE 1er GERMINAL AN 4 JUSQU'AU 5 NIVÔSE AN 5.

Pour 100 liv. mandats.

GERM. AN 4.

l.	s.	d.
1 17	»	»
2 17	10	»
3 18	»	»
4 18	5	»
5 17	»	»
6 18	10	»
7 17	»	»
8 17	»	»
9 17	10	»
11 16	15	»
12 17	»	»
13 18	10	»
14 16	»	»
15 15	10	»
16 21	10	»
17 20	17	6
18 20	»	»
19 20	2	6
21 19	5	»
22 18	»	»
23 18	10	»
24 20	»	»
25 20	»	»
26 19	15	»
27 18	2	»
28 17	7	6
29 16	»	»

FLOR.

l.	s.	d.
1 16	»	»
2 15	10	»
3 15	»	»
4 15	»	»
5 14	10	»
6 14	10	»
7 14	15	»
8 14	5	»
9 13	10	»
10 12	1	3
11 12	1	3
12 12	»	»
13 12	»	»
14 12	»	»
15 13	10	»
16 13	»	»
17 13	10	»
18 12	15	»
19 12	13	»
21 12	10	»
22 12	10	»
23 12	5	»
24 12	2	6
25 12	»	»
27 12	1	3
28 12	»	»
29 12	»	»

PRAIR.

l.	s.	d.
1 12	1	3
3 12	»	»
4 10	5	»
5 10	2	»
6 8	16	3
7 7	10	»
8 7	»	»
9 7	2	6
11 7	1	3
12 7	2	6
13 6	16	3
14 6	15	»
15 5	»	»
16 5	17	6
17 4	»	»
18 4	12	6
19 5	7	6
21 6	10	»
22 7	18	9
23 8	17	6
24 8	10	»
25 9	15	»
26 8	17	6
27 8	10	»
28 8	2	6
29 8	5	»

MESS.

l.	s.	d.
1 7	17	6
2 7	15	»
3 7	10	»
4 6	15	»
5 6	10	»
6 6	1	3
7 6	7	6
8 7	5	»
9 7	12	6
11 7	5	»
12 7	10	»
13 7	5	»
14 6	18	9
15 7	5	»
16 7	5	»
17 7	7	6
18 7	»	»
19 6	18	9
21 6	17	6
22 6	11	3
23 6	16	3
24 6	16	3
25 6	10	»
26 5	18	9
27 5	11	3
28 5	7	6
29 5	2	6

THERM.

l.	s.	d.
1 5	1	3
2 4	15	»
3 4	»	»
4 4	»	»
5 4	10	»
6 5	5	»
7 4	»	»
8 3	11	6
11 3	10	»
12 3	6	»
13 3	»	»
14 2	4	»
15 2	5	»

THERM.

	l.	s.	d.
16	2	8	»
17	2	12	»
18	2	13	»
19	2	6	»
21	1	14	»
22	1	10	»
24	2	4	6
25	2	5	»
26	1	18	6
27	2	7	»
28	3	8	»
29	3	8	»
30	2	16	»

FRUCT

	l.	s.	d.
1	3	4	»
2	3	6	»
3	2	18	»
4	2	15	»
5	2	12	»
6	2	13	»
7	2	12	»
8	2	17	»
9	2	13	»
10	2	10	»
11	2	9	»
12	2	12	»
13	2	16	4
14	2	14	6
15	2	16	»
16	3	6	»
17	3	17	6
18	3	6	»
19	3	7	»
20	3	16	»
21	3	19	»
22	5	5	7
23	7	»	»
24	5	13	7

FRUCT.

	l.	s.	d.
25	4	19	4
26	5	16	3
27	5	9	7
28	5	1	»
29	4	10	»
30	4	3	»

J. compl.

	l.	s.	d.
1	4	18	6
2	4	17	7
3	4	18	4
4	5	19	»
5	4	15	»

VEND.

	l.	s.	d.
1	4	8	»
2	4	8	4
3	3	19	»
4	3	16	7
5	3	11	6
6	3	18	»
7	3	18	9
8	3	9	7
9	3	15	»
10	3	16	2
11	3	17	»
12	4	15	4
13	4	15	4
14	4	1	9
15	4	3	9
16	4	2	1
17	3	18	7
18	4	3	8
19	4	5	»
20	4	1	7
21	3	19	2
22	4	1	6
23	4	3	5

VEND.

	l.	s.	d.
24	4	5	4
26	4	2	»
26	4	2	»
27	4	4	7
28	4	4	8
29	4	3	»
30	4	2	6

BRUM.

	l.	s.	d.
1	4	3	8
2	4	5	6
3	4	5	»
4	4	5	3
5	4	10	6
6	4	8	10
7	4	4	8
8	4	2	6
9	4	4	6
10	4	1	10
11	4	4	10
12	4	3	10
13	4	5	4
14	4	6	8
15	4	7	2
16	4	6	»
17	4	6	8
18	4	6	10
19	4	»	4
20	3	14	»
21	3	10	8
22	3	9	10
23	2	18	7
24	2	17	4
25	2	17	10
26	2	17	7
27	3	4	1
28	3	5	»
29	3	4	»
30	3	1	»

FRIM.

	l.	s.	d.
1	2	17	6
2	2	16	»
3	2	15	9
4	2	11	1
5	2	7	6
6	2	8	11
7	2	10	2
8	2	13	8
9	2	12	9
10	2	12	9
11	2	14	8
12	2	17	6
13	3	4	6
14	2	17	3
15	2	12	6
16	2	14	6
17	2	11	9
18	2	10	4
19	2	10	5
20	2	11	9
21	2	11	10
22	2	11	1
23	2	10	»
24	2	8	11
25	2	7	»
26	2	8	2
27	2	10	2
28	2	10	3
29	2	8	9
30	2	8	9

NIV.

	l.	s.	d.
1	2	7	5
2	1	5	10
3	2	5	5
4	2	3	2
5	2	2	5

Ces cours ont été établis,

1°. Depuis le 1er *germinal* au 1er *thermidor* an 4, d'après des notes particulières ;

2°. Depuis le 1er *thermidor* an 4 au 5 *nivôse* an 5, d'après les certificats de l'agence des négociations de la Trésorerie.

Nota. Le cours des jours qui sont omis dans ce tableau est toujours le même que celui du jour précédent.

CHARTE
CONSTITUTIONNELLE
DE 1830.

Droit public des Français.

Art. 1er. Les Français sont égaux devant la loi, quels que soient d'ailleurs leurs titres et leurs rangs.

2. Ils contribuent indistinctement, dans la proportion de leur fortune, aux charges de l'État.

3. Ils sont tous également admissibles aux emplois civils et militaires.

4. Leur liberté individuelle est également garantie, personne ne pouvant être poursuivi ni arrêté que dans les cas prévus par la loi, et dans la forme qu'elle prescrit. 541 et s., P.: 615 et s., I. c.: 2059 et s., C.: 780 et s., P. c.; 625, Co.

5. Chacun professe sa religion avec une égale liberté, et obtient pour son culte la même protection. 260, 261, P.

6. Les ministres de la religion catholique, apostolique et romaine, professés par la majorité des Français, et ceux des autres cultes chrétiens, reçoivent des traitemens du trésor public.

7. Les Français ont le droit de publier et de faire imprimer leurs opinions, en se conformant aux lois. La censure ne pourra jamais être établie. (Voy., à la fin de la Charte, les lois sur la liberté de la presse. pag. 29. 35, 38, 41, 44, 45, 49, 50.)

8. Toutes les propriétés sont inviolables, sans aucune exception de celles qu'on appelle *nationales*, la loi ne mettant aucune différence entre elles.

9. L'État peut exiger le sacrifice d'une propriété, pour cause d'intérêt public légalement constaté, mais avec une indemnité préalable.

10. Toutes recherches des opinions et votes émis jusqu'à la restauration sont interdites. Le même oubli est commandé aux tribunaux et aux citoyens.

11. La conscription est abolie. Le mode de recrutement de l'armée de terre et de mer est déterminé par une loi. Voy., à la fin de la Charte, les lois sur le recrutement, pag. 35, 52.)

Formes du Gouvernement du Roi.

12. La personne du roi est inviolable et sacrée. Ses ministres sont responsables, 46, 47, Ch. Au roi seul appartient la puissance exécutive.

13. Le roi est le chef suprême de l'État, commande les forces de terre et de mer, déclare la guerre, fait les traités de paix, d'alliance et de commerce, nomme à tous les emplois d'administration publique et fait les réglemens et ordonnances nécessaires pour l'exécution des lois, sans pouvoir jamais ni suspendre les lois elles-mêmes, ni dispenser de leur exécution. Toutefois, aucune troupe étrangère ne pourra être admise au service de l'État qu'en vertu d'une loi.

14. La puissance législative s'exerce collectivement par le roi, la chambre des pairs et la chambre des députés.

15. La proposition des lois appartient au roi, à la chambre des pairs et à la chambre des députés; néanmoins, toute loi d'impôt doit d'abord être votée par la chambre des députés.

16. Toute loi doit être discutée et votée librement par la majorité de chacune des deux chambres.

17. Si une proposition de loi a été rejetée par l'un des trois pouvoirs, elle ne pourra être représentée dans la même session.

18. Le roi seul sanctionne et promulgue les lois.

19. La liste civile est fixée, pour toute la durée du règne, par la première législature assemblée depuis l'avénement du roi.

5

De la Chambre des Pairs.

20. La chambre des pairs est une portion essentielle de la puissance législative.

21. Elle est convoquée par le roi en même temps que la chambre des députés des départemens. La session de l'une commence et finit en même temps que celle de l'autre.

22. Toute assemblée de la chambre des pairs qui serait tenue hors du temps de la session de la chambre des députés des départemens, est illicite et nulle de plein droit; sauf le seul cas où elle est réunie comme cour de justice, et alors elle ne peut exercer que des fonctions judiciaires.

23. La nomination des membres de la chambre des pairs appartient au roi, qui ne peut les choisir que parmi les notabilités suivantes:

Le président de la chambre des députés et autres assemblées législatives:

Les députés qui auront fait partie de trois législatures, ou qui auront six ans d'exercice;

Les maréchaux et amiraux de France;

Les lieutenans généraux et vice-amiraux des armées de terre et de mer, après deux ans de grade;

Les ministres à département;

Les ambassadeurs, après trois ans, et les ministres plénipotentiaires, après six ans de fonctions;

Les conseillers d'état, après dix ans de service ordinaire;

Les préfets de département et les préfets maritimes, après dix ans de fonctions;

Les gouverneurs coloniaux, après cinq ans de fonctions;

Les membres des conseils généraux électifs, après trois élections à la présidence;

Les maires des villes de trente mille âmes et au-dessus, après deux élections au moins comme membres du corps municipal, et après cinq ans de fonctions de maire;

Les présidens de la cour de cassation et de la cour des comptes;

Les procureurs généraux près ces deux cours, après cinq ans de fonctions en cette qualité;

Les conseillers de la cour de cassation et les conseillers-maîtres de la cour des comptes, après cinq ans; les avocats généraux près la cour de cassation, après dix ans d'exercice;

Les premiers présidens des cours royales, après cinq ans de magistrature dans ces cours;

Les procureurs généraux près les mêmes cours, après dix ans de fonctions;

Les présidens des tribunaux de commerce dans les villes de trente mille âmes et au-dessus, après quatre nominations à ces fonctions:

Les membres titulaires des quatre académies de l'Institut;

Les citoyens à qui, par une loi et à raison d'émincus services, aura été nominativement décernée une récompense nationale;

Les propriétaires, les chefs de manufacture et de mai ou de commerce et de banque, payant trois mille francs de contributions directes, soit à raison de leurs propriétés foncières depuis trois ans, soit à raison de leurs patentes depuis cinq ans, lorsqu'ils auront été pendant six ans membres d'un conseil général ou d'une chambre de commerce.

Les propriétaires, les manufacturiers, commerçans ou banquiers, payant trois mille francs d'imposition, qui auront été nommés députés ou juges des tribunaux de commerce, pourront aussi être admis à la pairie sans autre condition.

Le titulaire qui aura successivement exercé plusieurs des fonctions ci-dessus, pourra cumuler ses services dans toutes pour compléter le temps exigé dans celle où le service devrait être le plus long.

Seront dispensés du temps d'exercice exigé par les paragraphes 5, 7, 8, 9, 13, 14, 15, 16 et 17 ci-dessus, les citoyens qui ont été nommés, dans l'année qui a suivi le 30 juillet 1830, aux fonctions énoncées dans ces paragraphes.

Seront également dispensés, jusqu'au 1er janvier 1837, du temps d'exercice exigé par les paragraphes

5, 11, 12, 18 et 21 ci-dessus, les personnes nommées ou maintenues, depuis le 30 juillet 1830, aux fonctions énoncées dans ces cinq paragraphes.

Ces conditions d'admissibilité à la pairie pourront être modifiées par une loi.

Les ordonnances de nomination de pairs seront individuelles. Ces ordonnances mentionneront les services et indiqueront les titres sur lesquels la nomination sera fondée.

Le nombre des pairs est illimité.

Leur dignité est conférée à vie et n'est pas transmissible par droit d'hérédité.

Ils prennent rang entre eux par ordre de nomination.

A l'avenir, aucun traitement, aucune pension, aucune dotation, ne pourront être attachés à la dignité de pair.

24. Les pairs ont entrée dans la chambre à vingt-cinq ans, et voix délibérative à trente ans seulement.

25. La chambre des pairs est présidée par le chancelier de France, et, en son absence, par un pair nommé par le roi.

26. Les princes du sang sont pairs par le droit de leur naissance. Ils siègent immédiatement après le président.

27. Les séances de la chambre des pairs sont publiques comme celles de la chambre des députés.

28. La chambre des pairs connaît des crimes de haute trahison et des attentats à la sûreté de l'État, qui seront définis par une loi.

29. Aucun pair ne peut être arrêté que de l'autorité de la chambre, et jugé que par elle en matière criminelle.

De la Chambre des Députés des departemens.

30. La chambre des députés sera composée des députés élus par les colléges électoraux dont l'organisation sera déterminée par les lois. (Voy., à la fin de la Charte, les lois sur les élections, pag. 31, 46.)

31. Les députés seront élus pour cinq ans.

32. Aucun député ne peut être admis dans la chambre, s'il n'est âgé de trente ans, et s'il ne réunit les autres conditions déterminées par la loi. (Voy., à la fin de la Charte, la loi sur l'âge des députés, pag. 38.)

33. Si néanmoins il ne se trouvait pas dans le département cinquante personnes de l'âge indiqué, payant le cens d'éligibilité déterminé par la loi, leur nombre sera complété par les plus imposés au-dessous de ce cens, et ceux-ci pourront être élus concurremment avec les premiers.

34. Nul n'est électeur, s'il a moins de vingt-cinq ans, et s'il ne réunit les autres conditions déterminées par la loi.

35. Les présidens des colléges électoraux seront nommés par les électeurs.

36. La moitié au moins des députés sera choisie parmi les éligibles qui ont leur domicile politique dans le département. 102 et s., C.

37. Le président de la chambre des députés est élu par elle, au commencement de chaque session.

38. Les séances de la chambre sont publiques ; mais la demande de cinq membres suffit pour qu'elle se forme en comité secret.

39. La chambre se partage en bureaux pour discuter les projets qui lui ont été présentés de la part du roi.

40. Aucun impôt ne peut être établi ni perçu, s'il n'a été consenti par les deux chambres et sanctionné par le roi.

41. L'impôt foncier n'est consenti que pour un an. Les impositions indirectes peuvent l'être pour plusieurs années.

42. Le roi convoque chaque année les deux chambres : il les proroge, et peut dissoudre celle des députés des départemens ; mais, dans ce cas, il doit en convoquer une nouvelle dans le délai de trois mois.

43. Aucune contrainte par corps ne peut être exercée contre un membre de la chambre, durant la session, et dans les six semaines qui l'auront précédée ou suivie.

44. Aucun membre de la chambre ne peut, pendant la durée de la session, être poursuivi ni arrêté en ma-

tière criminelle, sauf le cas de flagrant délit, qu'après que la chambre a permis sa poursuite.

45. Toute pétition à l'une ou à l'autre des chambres ne peut être faite et présentée que par écrit. La loi interdit d'en apporter en personne et à la barre.

Des Ministres.

46. Les ministres peuvent être membres de la chambre des pairs ou de la chambre des députés. Ils ont en outre leur entrée dans l'une ou l'autre chambre, et doivent être entendus quand ils le demandent.

47. La chambre des députés a le droit d'accuser les ministres, et de les traduire devant la chambre des pairs, qui seule a celui de les juger.

De l'Ordre judiciaire.

48. Toute justice émane du roi. Elle s'administre en son nom par des juges qu'il nomme et qu'il institue.

49. Les juges nommés par le roi sont inamovibles.

50. Les cours et tribunaux ordinaires actuellement existans sont maintenus. Il n'y sera rien changé qu'en vertu d'une loi.

51. L'institution actuelle des juges de commerce est conservée.

52. La justice de paix est également conservée. Les juges de paix, quoique nommés par le roi, ne sont point inamovibles.

53. Nul ne pourra être distrait de ses juges naturels.

54. Il ne pourra, en conséquence, être créé de commissions et tribunaux extraordinaires, à quelque titre et sous quelque dénomination que ce puisse être.

55. Les débats seront publics en matière criminelle, à moins que cette publicité ne soit dangereuse pour l'ordre et les mœurs, et, dans ce cas, le tribunal le déclare par un jugement. 87, P. c.

56. L'institution des jurés est conservée. Les changemens qu'une plus longue expérience ferait juger nécessaires ne peuvent être effectués que par une loi.

57. La peine de la confiscation des biens est abolie, et ne pourra pas être rétablie.

58. Le roi a le droit de faire grâce, et celui de commuer les peines.

59 Le Code civil et les lois actuellement existantes qui ne sont pas contraires à la présente Charte restent en vigueur jusqu'à ce qu'il y soit légalement dérogé.

Droits particuliers garantis par l'Etat.

60. Les militaires en activité de service, les officiers et soldats en retraite, les veuves, les officiers et soldats pensionnés, conserveront leurs grades, honneurs et pensions.

61. La dette publique est garantie. Toute espèce d'engagement pris par l'Etat avec ses créanciers est inviolable.

62. La noblesse ancienne reprend ses titres. La nouvelle conserve les siens. Le roi fait des nobles à volonté: mais il ne leur accorde que des rangs et des honneurs, sans aucune exemption des charges et des devoirs de la société.

63. La légion-d'honneur est maintenue. Le roi déterminera les règlemens et la décoration.

64. Les colonies seront régies par des lois et des règlemens particuliers.

65. Le roi et ses successeurs jureront, à leur avènement, en présence des chambres réunies, d'observer fidèlement la présente Charte constitutionnelle.

66. La présente Charte, et tous les droits qu'elle consacre, demeurent confiés au patriotisme et au courage des gardes nationales et de tous les citoyens français.

67. La France reprend ses couleurs. A l'avenir, il ne sera plus porté d'autre cocarde que la cocarde tricolore.

Dispositions particulières.

Toutes les nominations et créations nouvelles de pairs faites sous le règne du roi Charles X sont déclarées nulles et non avenues.

L'art. 23 de la Charte sera soumis à un nouvel examen dans la session de 1831.

La chambre des députés déclare troisièmement qu'il est nécessaire de pourvoir successivement par des lois séparées, et dans le plus court délai possible, aux objets qui suivent :

1° L'application du jury aux délits de la presse et aux délits politiques ;

2° La responsabilité des ministres et des autres agens du pouvoir ;

3° La réélection des députés promus à des fonctions publiques salariées ;

4° Le vote annuel du contingent de l'armée ;

5° L'organisation de la garde nationale, avec intervention des gardes nationaux dans le choix de leurs officiers ;

6° Des dispositions qui assurent d'une manière légale l'état des officiers de terre et de mer ;

7° Des institutions départementales et municipales fondées sur un système électif ;

8° L'instruction publique et la liberté de l'enseignement ;

9° L'abolition du double vote et la fixation des conditions électorales et d'éligibilité ;

10° Déclarer que toutes les lois et ordonnances, en ce qu'elles ont de contraire aux dispositions adoptées pour la réforme de la Charte, sont dès à présent et demeurent annulées et abrogées.

Moyennant l'acceptation de ces dispositions et propositions, la chambre des députés délare enfin que l'intérêt universel et pressant du peuple français appelle au trône S. A. R. Louis-Philippe d'Orléans, duc d'Orléans, lieutenant général du royaume, et ses descendans à perpétuité, de mâle en mâle, par ordre de primogéniture, et à l'exclusion perpétuelle des femmes et de leur descendance.

En conséquence, S. A. R. Louis-Philippe d'Orléans, duc d'Orléans, Lieutenant-général du royaume, sera invité à accepter et à jurer les clauses et engagemens ci-dessus énoncés, l'observation de la Charte constitutionnelle et des modifications indiquées, et, après l'avoir fait devant les chambres assemblées, à prendre le titre de *Roi des Français.*

LOI

SUR LA RÉPRESSION DES CRIMES ET DÉLITS COMMIS PAR LA VOIE DE LA PRESSE, OU PAR TOUT AUTRE MOYEN DE PUBLICATION.

(17 Mai 1819.)

CHAPITRE PREMIER.

DE LA PROVOCATION PUBLIQUE AUX CRIMES ET DÉLITS.

Art. 1er. Quiconque, soit par des discours, des cris ou menaces proférés dans des lieux ou réunions publics, soit par des écrits, des imprimés, des dessins, des gravures, des peintures ou emblèmes vendus ou distribués, mis en vente ou exposés dans des lieux ou réunions publics, soit par des placards et affiches exposés aux regards du public, aura provoqué l'auteur ou les auteurs de toute action qualifiée crime ou délit à la commettre, sera réputé complice, et puni comme tel.

2. Quiconque aura, par l'un des moyens énoncés en l'article 1er, provoqué à commettre un ou plusieurs crimes, sans que ladite provocation ait été suivie d'aucun effet, sera puni d'un emprisonnement qui ne pourra être de moins de trois mois, ni excéder cinq années, et d'une amende qui ne pourra être au-dessous de cinquante francs, ni excéder six mille francs.

3. Quiconque aura, par l'un des mêmes moyens, provoqué à commettre un ou plusieurs délits, sans que ladite provocation ait été suivie d'aucun effet, sera puni d'un emprisonnement de trois jours à deux ans

5.

nces, et d'une amende de trente francs à quatre mille francs, ou de l'une de ces deux peines seulement, selon les circonstances : sauf les cas dans lesquels la loi prononcerait une peine moins grave contre l'auteur même du délit, laquelle sera alors appliquée au provocateur.

4. Sera réputée provocation au crime, et punie des peines portées par l'article 2, toute attaque formelle, par l'un des moyens énoncés en l'article 1er, soit contre l'inviolabilité de la personne du roi, soit contre l'ordre de successibilité au trône, soit contre l'autorité constitutionnelle du roi et des chambres.

5. Seront réputés provocation au délit, et punis des peines portées par l'article 3, — 1° Tous cris séditieux publiquement proférés, autres que ceux qui rentreraient dans la disposition de l'article 4 ; — 2° L'enlèvement ou la dégradation des signes publics de l'autorité royale, opérés par haine ou mépris de cette autorité : — 3° Le port public de tous signes extérieurs de ralliement non autorisés par le roi ou par des règlemens de police : — 4° L'attaque formelle, par l'un des moyens énoncés en l'article 1er, des droits garantis par les articles 5 et 9 de la charte constitutionnelle.

6. La provocation, par l'un des mêmes moyens, à la désobéissance aux lois, sera également punie des peines portées en l'article 5.

7. Il n'est point dérogé aux lois qui punissent la provocation et la complicité résultant de tous actes autres que les faits de publication prévus par la présente loi.

CHAPITRE II.

DES OUTRAGES A LA MORALE PUBLIQUE ET RELIGIEUSE, OU AUX BONNES MŒURS.

8. Tout outrage à la morale publique et religieuse, ou aux bonnes mœurs, par l'un des moyens énoncés en l'article 1er, sera puni d'un emprisonnement d'un mois à un an, et d'une amende de seize francs à cinq cents francs.

CHAPITRE III.

DES OFFENSES PUBLIQUES ENVERS LA PERSONNE DU ROI.

9. Quiconque, par l'un des moyens énoncés en l'article 1er de la présente loi, se sera rendu coupable d'offenses envers la personne du roi, sera puni d'un emprisonnement qui ne pourra être de moins de six mois, ni excéder cinq années, et d'une amende qui ne pourra être au-dessous de cinq cents francs, ni excéder dix mille francs. — Le coupable pourra, en outre, être interdit de tout ou partie des droits mentionnés en l'article 42 du Code pénal, pendant un temps égal à celui de l'emprisonnement auquel il aura été condamné : ce temps courra à compter du jour où le coupable aura subi sa peine.

CHAPITRE IV.

DES OFFENSES PUBLIQUES ENVERS LES MEMBRES DE LA FAMILLE ROYALE, LES CHAMBRES, LES SOUVERAINS ET LES CHEFS DES GOUVERNEMENS ÉTRANGERS.

10. L'offense, par l'un des moyens énoncés en l'article 1er, envers les membres de la famille royale, sera punie d'un emprisonnement d'un mois à trois ans, et d'une amende de cent francs à cinq mille francs.

11. L'offense, par l'un des mêmes moyens, envers les chambres, ou l'une d'elles, sera punie d'un emprisonnement d'un mois à trois ans, et d'une amende de cent francs à cinq mille francs.

12. L'offense, par l'un des mêmes moyens, envers la personne des souverains ou envers celle des chefs des gouvernemens étrangers, sera punie d'un emprisonnement d'un mois à trois ans, et d'une amende de cent francs à cinq mille francs.

CHAPITRE V.

DE LA DIFFAMATION ET DE L'INJURE PUBLIQUES.

13. Toute allégation ou imputation d'un fait qui porte atteinte à l'honneur ou à la considération de la personne ou du corps auquel le fait est imputé, est une diffamation. — Toute expression outrageante, terme de mépris ou

invective , qui ne renferme l'imputation d'aucun fait , est une injure.

14. La diffamation et l'injure commises par l'un des moyens énoncés en l'article 1er de la présente loi , seront punies d'après les distinctions suivantes.

15. La diffamation ou l'injure envers les cours , tribunaux ou autres corps constitués , sera punie d'un emprisonnement de quinze jours à deux ans , et d'une amende de cinquante francs à quatre mille francs.

16. La diffamation envers tout dépositaire ou agent de l'autorité publique , pour des faits relatifs à ses fonctions , sera punie d'un emprisonnement de huit jours à dix-huit mois , et d'une amende de cinquante francs à trois mille francs. — L'emprisonnement et l'amende pourront , dans ce cas , être infligés cumulativement ou séparément , selon les circonstances.

17. La diffamation envers les ambassadeurs , ministres plénipotentiaires , envoyés , chargés d'affaires , ou autres agens diplomatiques accrédités près du roi , sera punie d'un emprisonnement de huit jours à dix-huit mois et d'une amende de cinquante francs à trois mille francs , ou de l'une de ces deux peines seulement , selon les circonstances.

18. La diffamation envers les particuliers sera punie d'un emprisonnement de cinq jours à un an et d'une amende de vingt-cinq francs à deux mille francs , ou de l'une de ces deux peines seulement , selon les circonstances.

19. L'injure contre les personnes désignées par les articles 16 et 17 de la présente loi sera punie d'un emprisonnement de cinq jours à un an et d'une amende de vingt-cinq francs à deux mille francs , ou de l'une de ces deux peines seulement , selon les circonstances. — L'injure contre les particuliers sera punie d'une amende de seize francs à cinq cents francs.

20 Néanmoins , l'injure qui ne renfermerait pas l'imputation d'un vice déterminé , ou qui ne serait pas publique , continuera d'être punie des peines de simple police.

CHAPITRE VI.

DISPOSITIONS GÉNÉRALES.

21. Ne donneront ouverture à aucune action , les discours tenus dans le sein de l'une des deux chambres , ainsi que les rapports ou toutes autres pièces imprimés par ordre de l'une des deux chambres.

22. Ne donnera lieu à aucune action , le compte fidèle des séances publiques de la chambre des députés , rendu de bonne foi dans les journaux.

23. Ne donneront lieu à aucune action en diffamation ou injures, les discours prononcés ou les écrits produits devant les tribunaux : pourront , néanmoins , les juges saisis de la cause , en statuant sur le fond , prononcer la suppression des écrits injurieux ou diffamatoires , et condamner qui il appartiendra à des dommages-intérêts — Les juges pourront aussi , dans le même cas , faire des injonctions aux avocats et officiers ministériels , ou même les suspendre de leurs fonctions. — La durée de cette suspension ne pourra excéder six mois ; en cas de récidive , elle sera d'un an au moins et de cinq ans au plus. — Pourront , toutefois , les faits diffamatoires étrangers à la cause , donner ouverture , soit à l'action publique , soit à l'action civile des parties , lorsqu'elle leur aura été réservée par les tribunaux , et dans tous les cas , à l'action civile des tiers.

24. Les imprimeurs d'écrits dont les auteurs seraient mis en jugement en vertu de la présente loi , et qui auraient rempli les obligations prescrites par le titre II de la loi du 21 octobre 1814 , ne pourront être recherchés pour le simple fait d'impression de ces écrits , à moins qu'ils n'aient agi sciemment , ainsi qu'il est dit à l'article 60 du Code pénal , qui définit la complicité.

25. En cas de récidive des crimes et délits prévus par la présente loi , il pourra y avoir lieu à l'aggravation des peines prononcées par le chapitre IV , livre Ier du Code pénal.

26. Les articles 102, 217, 367, 368, 369, 570, 571, 372, 374, 375, 377 du Code pénal , et la loi du 9 novembre

1815, sont abrogés. — Toutes les
autres dispositions du Code pénal auxquelles il n'est pas dérogé par la pre-
sente loi, continueront d'être exécutées.

LOI

RELATIVE A LA POURSUITE ET AU JUGEMENT DES CRIMES ET
DÉLITS COMMIS PAR LA VOIE DE LA PRESSE, OU PAR TOUT
AUTRE MOYEN DE PUBLICATION.

(26 Mai 1819.)

Art. 1er. La poursuite des crimes
et délits commis par la voie de la presse, ou par tout autre moyen de publication, aura lieu d'office et à la requête du ministère public, sous les
modifications suivantes.

2. Dans le cas d'offense envers les
chambres ou l'une d'elles, par voie
de publication, la poursuite n'aura
lieu qu'autant que la chambre qui se
croira offensée l'aura autorisée.

3. Dans le cas du même délit contre la personne des souverains et celle
des chefs des gouvernemens étrangers,
la poursuite n'aura lieu que sur la
plainte ou à la requête du souverain
ou du chef du gouvernement qui se
croira offensé.

4. Dans les cas de diffamation ou
d'injure contre les cours, tribunaux,
ou autres corps constitués, la poursuite n'aura lieu qu'après une délibération de ces corps, prise en assemblée générale et requérant les poursuites.

5. Dans le cas des mêmes délits
contre tout dépositaire ou agent de
l'autorité publique, contre tout agent
diplomatique étranger, accrédité près
du roi, ou contre tout particulier, la
poursuite n'aura lieu que sur la plainte
de la partie qui se prétendra lésée.

6. La partie publique, dans son
réquisitoire, si elle poursuit d'office,
ou le plaignant, dans sa plainte, seront tenus d'articuler et de qualifier les
provocations, attaques, offenses, outrages, faits diffamatoires ou injures,
à raison desquels la poursuite est intentée, et ce, à peine de nullité de la
poursuite.

7. Immédiatement après avoir reçu
le réquisitoire ou la plainte, le juge
d'instruction pourra ordonner la saisie
des écrits, imprimés placards, dessins gravures, peintures, emblèmes
ou autres instrumens de publication.
— L'ordre de saisir et le procès verbal de saisie seront notifiés, dans les
trois jours de ladite saisie, à la personne entre les mains de laquelle
la saisie aura été faite, à peine de
nullité.

8. Dans les huit jours de ladite notification, le juge d'instruction est tenu
de faire son rapport à la chambre du
conseil, qui procède ainsi qu'il est dit
au Code d'instruction criminelle,
livre Ier, chapitre IX, sauf les dispositions ci-après.

9. Si la chambre du conseil est
unanimement d'avis qu'il n'y a pas
lieu à poursuivre, elle prononce la
main levée de la saisie.

10. Dans le cas contraire, ou dans
le cas du pourvoi du procureur du
roi ou de la partie civile contre la décision de la chambre du conseil, les
pièces sont transmises, sans délai, au
procureur général près la cour royale,
qui est tenu, dans les cinq jours de
la réception, de faire son rapport à
la chambre des mises en accusation,
laquelle est tenue de prononcer dans
les trois jours dudit rapport.

11. A défaut par la chambre du
conseil du tribunal de première instance d'avoir prononcé dans les dix
jours de la notification du procès
verbal de saisie, la saisie sera de plein
droit périmée. Elle le sera également
à défaut par la cour royale d'avoir pro-

nouce sur cette même saisie dans les dix jours du dépôt en son greffe de la requête que la partie saisie est autorisée à présenter, à l'appui de son pourvoi, contre l'ordonnance de la chambre du conseil. Tous les dépositaires des objets saisis seront tenus de les rendre au propriétaire sur la simple exhibition du certificat des greffiers respectifs, constatant qu'il n'y a pas eu d'ordonnance ou d'arrêt dans les délais ci-dessus prescrits. — Les greffiers sont tenus de délivrer ce certificat à la première réquisition, sous peine d'une amende de trois cents francs, sans préjudice des dommages-intérêts, s'il y a lieu. — Toutes les fois qu'il ne s'agira que d'un simple délit, la péremption de la saisie entraînera celle de l'action publique.

12. Dans les cas où les formalités prescrites par les lois et règlemens concernant le dépôt auront été remplies, les poursuites à la requête du ministère public ne pourront être faites que devant les juges du lieu où le dépôt aura été opéré, ou de celui de la résidence du prévenu. — En cas de contravention aux dispositions ci-dessus rappelées concernant le dépôt, les poursuites pourront être faites soit devant le juge de la résidence du prévenu, soit dans les lieux où les écrits et autres instrumens de publication auront été saisis.—Dans tous les cas, la poursuite à la requête de la partie plaignante pourra être portée devant les juges de son domicile, lorsque la publication y aura été effectuée.

13. Les crimes et délits commis par la voie de la presse ou tout autre moyen de publication, à l'exception de ceux désignés dans l'article suivant, seront renvoyés par la chambre des mises en accusation de la cour royale devant la cour d'assises, pour être jugés à la plus prochaine session. L'arrêt de renvoi sera de suite notifié au prévenu.

14. Les délits de diffamation verbale ou d'injure verbale contre toute personne, et ceux de diffamation ou d'injure par une voie de publication quelconque contre des particuliers, seront jugés par les tribunaux de police correctionnelle, sauf les cas attribués aux tribunaux de simple police.

15. Sont tenues, la chambre du conseil du tribunal de première instance, dans le jugement de mise en prévention, et la chambre des mises en accusation de la cour royale, dans l'arrêt de renvoi devant la cour d'assises, d'articuler et de qualifier les faits à raison desquels lesdits prévention ou renvoi sont prononcés, à peine de nullité desdits jugement ou arrêt.

16. Lorsque la mise en accusation aura été prononcée pour crimes commis par voie de publication, et que l'accusé n'aura pu être saisi, ou qu'il ne se présentera pas, il sera procédé contre lui, ainsi qu'il est prescrit au livre II, titre IV du Code d'instruction criminelle, chapitre *des Contumaces*.

17. Lorsque le renvoi à la cour d'assises aura été fait pour délits spécifiés dans la présente loi, le prévenu, s'il n'est présent au jour fixé pour le jugement par l'ordonnance du président, dûment notifiée audit prévenu ou à son domicile, dix jours au moins avant l'échéance, outre un jour par cinq myriamètres de distance, sera jugé par défaut. La cour statuera sans assistance ni intervention de jurés, tant sur l'action publique que sur l'action civile.

18. Le prévenu pourra former opposition à l'arrêt par défaut dans les dix jours de la notification qui lui en aura été faite ou à son domicile, outre un jour par cinq myriamètres de distance, à charge de notifier son opposition, tant au ministère public qu'à la partie civile. — Le prévenu supportera, sans recours, les frais de l'expédition et de la signification de l'arrêt par défaut et de l'opposition, ainsi que de l'assignation et de la taxe des témoins appelés à l'audience pour le jugement de l'opposition.

19. Dans les cinq jours de la notification de l'opposition, le prévenu devra déposer au greffe une requête tendant à obtenir du président de la cour d'assises une ordonnance fixant le jour du jugement de l'opposition : cette ordonnance fixera le jour aux plus prochaines assises : elle sera signifiée, à la requête du ministère

public, tant au prévenu qu'au plaignant, avec assignation au jour fixé, dix jours au moins avant l'échéance. Faute par le prévenu de remplir les formalités mises à sa charge par le présent article, ou de comparaître par lui même ou par un fondé de pouvoir au jour fixé par l'ordonnance, l'opposition sera réputée non avenue : et l'arrêt par défaut sera définitif.

20. Nul ne sera admis à prouver la vérité des faits diffamatoires, si ce n'est dans le cas d'imputation contre des dépositaires ou agens de l'autorité, ou contre toutes personnes ayant agi dans un caractère public, de faits relatifs à leurs fonctions. Dans ce cas, les faits pourront être prouvés pardevant la cour d'assises par toutes les voies ordinaires, sauf la preuve contraire par les mêmes voies.—La preuve des faits imputés met l'auteur de l'imputation à l'abri de toute peine, sans préjudice des peines prononcées contre toute injure qui ne serait pas nécessairement dépendante des mêmes faits.

21. Le prévenu qui voudra être admis à prouver la vérité des faits dans le cas prévu par le précédent article, devra, dans les huit jours qui suivront la notification de l'arrêt de renvoi devant la cour d'assises, ou de l'opposition à l'arrêt par défaut rendu contre lui, faire signifier au plaignant, 1° Les faits articulés et qualifiés dans cet arrêt desquels il entend prouver la vérité ; — 2° La copie des pièces : — 3° Les noms, professions et demeures des témoins par lesquels il entend faire sa preuve. — Cette signification contiendra élection de domicile près la cour d'assises ; le tout à peine d'être déchu de la preuve.

22. Dans les huit jours suivans, le plaignant sera tenu de faire signifier au prévenu, au domicile par lui élu, la copie des pièces, et les noms, professions et demeures des témoins par lesquels il entend faire la preuve contraire ; le tout également sous peine de déchéance.

23. Le plaignant en diffamation ou injure pourra faire entendre des témoins qui attesteront sa moralité : les noms, professions et demeures de ces témoins seront notifiés au prévenu ou à son domicile, un jour au moins avant l'audition. — Le prévenu ne sera point admis à faire entendre des témoins contre la moralité du plaignant.

24. Le plaignant sera tenu, immédiatement après l'arrêt de renvoi, d'élire domicile près la cour d'assises, et de notifier cette élection au prévenu et au ministère public : à défaut de quoi toutes significations seront faites valablement au plaignant au greffe de la cour. — Lorsque le prévenu sera en état d'arrestation, toutes notifications pour être valables, devront lui être faites à personne.

25. Lorsque les faits imputés seront punissables selon la loi, et qu'il y aura des poursuites commencées à la requête du ministère public, ou que l'auteur de l'imputation aura dénoncé ces faits, il sera, durant l'instruction, sursis à la poursuite et au jugement du délit de diffamation.

26. Tout arrêt de condamnation contre les auteurs ou complices des crimes et délits commis par voie de publication, ordonnera la suppression ou la destruction des objets saisis, ou de tous ceux qui pourront l'être ultérieurement, en tout ou en partie, suivant qu'il y aura lieu pour l'effet de la condamnation. — L'impression ou l'affiche de l'arrêt pourront être ordonnées aux frais du condamné. — Ces arrêts seront rendus publics dans la même forme que les jugemens portant déclaration d'absence.

27. Quiconque, après que la condamnation d'un écrit, de dessins ou gravures, sera réputée connue par la publication dans les formes prescrites par l'article précédent, les réimprimera, vendra ou distribuera, subira le *maximum* de la peine qu'aurait pu encourir l'auteur.

28. Toute personne inculpée d'un délit commis par la voie de la presse, ou par tout autre moyen de publication, contre laquelle il aura été décerné un mandat de dépôt ou d'arrêt, obtiendra sa mise en liberté provisoire, moyennant caution. La caution à exiger de l'inculpé ne pourra être supérieure au double du *maximum* de l'amende prononcée par la loi contre le délit qui lui est imputé.

29. L'action publique contre les crimes et délits commis par la voie de la presse, ou tout autre moyen de publication, se prescrira par six mois révolus, à compter du fait de publication qui donnera lieu à la poursuite. — Pour faire courir cette prescription de six mois, la publication d'un écrit devra être précédée du dépôt et de la déclaration que l'éditeur entend le publier. — S'il a été fait, dans cet intervalle, un acte de poursuite ou d'instruction, l'action publique ne se prescrira qu'après un an, à compter du dernier acte, à l'égard même des personnes qui ne seraient pas impliquées dans ces actes d'instruction ou

de poursuite. — Néanmoins, dans le cas d'offense envers les chambres, le délai ne courra pas dans l'intervalle de leurs sessions. — L'action civile ne se prescrira, dans tous les cas, que par la révolution de trois années, à compter du fait de la publication.

30. Les délits commis par la voie de la presse ou par tout autre moyen de publication, et qui ne seraient point encore jugés, le seront suivant les formes prescrites par la présente loi.

31. La loi du 28 février 1817 est abrogée. — Les dispositions du Code d'instruction criminelle auxquelles il n'est pas dérogé par la présente loi continueront d'être exécutées.

LOI

SUR LES JOURNAUX.

(9 Juin 1819)

Art. 1er. Les propriétaires ou éditeurs de tout journal ou écrit périodique, consacré en tout ou en partie aux nouvelles ou matières politiques, et paraissant, soit à jour fixe, soit par livraison et irrégulièrement, mais plus d'une fois par mois, seront tenus. — 1° De faire une déclaration indiquant le nom, au moins, d'un propriétaire ou éditeur responsable, sa demeure, et l'imprimerie, dûment autorisée, dans laquelle le journal ou l'écrit périodique doit être imprimé ; — 2° De fournir un cautionnement, qui sera, dans les départemens de la Seine, de Seine-et-Oise et Seine-et-Marne, de dix mille francs de rente pour les journaux quotidiens, et de cinq mille francs pour les journaux ou écrits périodiques paraissant à des termes moins rapprochés ; — Et dans les autres départemens, le cautionnement relatif aux journaux quotidiens sera de deux mille cinq cents fr. de rente dans les villes de cinquante mille âmes et au-dessus ; de quinze cents fr. de rente dans les villes au-dessous, et de la moitié de ces rentes pour les journaux ou écrits périodiques qui paraissent à des termes moins rapprochés.

— Les cautionnemens pourront être également effectués à la caisse des consignations, en y versant le capital de la rente au cours du jour du dépôt.

2. La responsabilité des auteurs ou éditeurs indiqués dans la déclaration s'étendra à tous les articles insérés dans le journal ou écrit périodique, sans préjudice de la solidarité des auteurs ou rédacteurs desdits articles.

3. Le cautionnement sera affecté, par privilége, aux dépens, dommages-intérêts et amendes auxquels les propriétaires ou éditeurs pourront être condamnés : le prélèvement s'opérera dans l'ordre indiqué au présent article. En cas d'insuffisance, il y aura lieu à recours solidaire sur les biens des propriétaires ou éditeurs déclarés responsables du journal ou écrit périodique, et des auteurs et rédacteurs des articles condamnés.

4. Les condamnations encourues devront être acquittées et le cautionnement libéré ou complété dans les quinze jours de la notification de l'arrêt : les quinze jours révolus sans que la libération ou le complétement ait été opéré, et jusqu'à ce qu'il le soit,

le journal ou écrit périodique cessera de paraître.

5. Au moment de la publication de chaque feuille du journal ou écrit périodique, il en sera remis, à la préfecture pour les chefs lieux de département, à la sous-préfecture pour ceux d'arrondissement, et, dans les autres villes, à la mairie, un exemplaire signé d'un propriétaire ou éditeur responsable. — Cette formalité ne pourra ni retarder ni suspendre le départ ou la distribution du journal ou écrit périodique.

6. Quiconque publiera un journal ou écrit périodique sans avoir satisfait aux conditions prescrites par les articles 1er, 4 et 5 de la présente loi, sera puni correctionnellement d'un emprisonnement d'un mois à six mois, et d'une amende de deux cents francs à douze cents francs.

7. Les éditeurs de tout journal ou écrit périodique ne pourront rendre compte des séances secrètes des chambres, ou de l'une d'elles, sans leur autorisation.

8. Tout journal sera tenu d'insérer les publications officielles qui lui seront adressées, à cet effet, par le gouvernement, le lendemain du jour de l'envoi de ces pièces, sous la seule condition du paiement des frais d'insertion.

9. Les propriétaires ou éditeurs responsables d'un journal ou écrit périodique, ou auteurs ou rédacteurs d'articles imprimés dans ledit journal ou écrit, prévenus de crimes ou délits pour faits de publication, seront poursuivis et jugés dans les formes et suivant les distinctions prescrites à l'égard de toutes les autres publications.

10. En cas de condamnation, les mêmes peines leur seront appliquées : toutefois les amendes pourront être élevées au double, et, en cas de récidive, portées au quadruple, sans préjudice des peines de la récidive prononcées par le Code pénal.

11. Les éditeurs du journal ou écrit périodique seront tenus d'insérer dans l'une des feuilles ou des livraisons qui paraîtront dans le mois du jugement ou de l'arrêt intervenu contre eux, extrait contenant les motifs et le dispositif dudit jugement ou arrêt.

12. La contravention aux articles 7, 8 et 11 de la présente loi, sera punie correctionnellement d'une amende de cent francs à mille francs.

13. Les poursuites auxquelles pourront donner lieu les contraventions aux articles 7, 8 et 11 de la présente loi, se prescriront par le laps de trois mois, à compter de la contravention, ou de l'interruption des poursuites, s'il y en a de commencées en temps utile.

LOI

RELATIVE A LA POLICE DES JOURNAUX ET ÉCRITS PÉRIODIQUES.

(17 Mars 1822.)

Art. 1er. Nul journal ou écrit périodique, consacré en tout ou en partie aux nouvelles ou matières politiques, et paraissant soit régulièrement et à jour fixe, soit par livraisons et irrégulièrement, ne pourra être établi et publié sans l'autorisation du roi. — Cette disposition n'est pas applicable aux journaux et écrits périodiques existant le 1er janvier 1822.

2. Le premier exemplaire de chaque feuille ou livraison des écrits périodiques et journaux sera, à l'instant même de son tirage, remis et déposé au parquet du procureur du roi du lieu de l'impression. Cette remise tiendra lieu de celle qui était prescrite par l'article 5 de la loi du 9 juin 1819.

3. Dans le cas où l'esprit d'un journal ou écrit périodique, résultant d'une succession d'articles, serait de nature à porter atteinte à la paix pu-

blique, au respect dû à la religion de l'État ou aux autres religions légalement reconnues en France, à l'autorité du roi, à la stabilité des institutions constitutionnelles, à l'inviolabilité des ventes des domaines nationaux, et à la tranquille possession de ces biens, les cours royales dans le ressort desquelles ils seront établis pourront, en audience solennelle de deux chambres, et après avoir entendu le procureur général et les parties, prononcer la suspension du journal ou écrit périodique pendant un temps qui ne pourra excéder un mois pour la première fois et trois mois pour la seconde. Après ces deux suspensions, et en cas de récidive, la suppression définitive pourra être ordonnée.

4. Si, dans l'intervalle des sessions des chambres, des circonstances graves rendaient momentanément insuffisantes les mesures de garantie et de répression établies, les lois des 31 mars 1820 et 26 juillet 1821 pourront être remises immédiatement en vigueur, en vertu d'une ordonnance du roi délibérée en conseil et contresignée par trois ministres. — Cette disposition cessera de plein droit un mois après l'ouverture de la session des chambres, si, pendant ce délai, elle n'a pas été convertie en loi. — Elle cessera pareillement de plein droit le jour où serait publiée une ordonnance qui prononcerait la dissolution de la chambre des députés.

5. Les dispositions des lois antérieures auxquelles il n'est pas dérogé par la présente, continueront d'être exécutées.

LOI

RELATIVE A LA RÉPRESSION ET A LA POURSUITE DES DÉLITS COMMIS PAR LA VOIE DE LA PRESSE OU PAR TOUT AUTRE MOYEN DE PUBLICATION.

(25 Mars 1822.)

TITRE PREMIER.

DE LA RÉPRESSION.

Art. 1er. Quiconque, par l'un des moyens énoncés en l'article 1er de la loi du 17 mai 1819, aura outragé ou tourné en dérision la religion de l'État, sera puni d'un emprisonnement de trois mois à cinq ans et d'une amende de trois cents francs à six mille francs. — Les mêmes peines seront prononcées contre quiconque aura outragé ou tourné en dérision toute autre religion dont l'établissement est également reconnu en France.

2. Toute attaque, par l'un des mêmes moyens, contre la dignité royale, l'ordre de successibilité au trône, les droits que le roi tient de sa naissance, ceux en vertu desquels il a donné la charte, son autorité constitutionnelle, l'inviolabilité de sa personne, les droits ou l'autorité des chambres, sera puni d'un emprisonnement de trois mois à cinq ans et d'une amende de trois cents francs à six mille francs.

3. L'attaque, par l'un de ces moyens, des droits garantis par les articles 5 et 9 de la Charte constitutionnelle, sera punie d'un emprisonnement d'un mois à trois ans et d'une amende de cent francs à quatre mille francs.

4. Quiconque, par l'un des mêmes moyens, aura excité à la haine ou au mépris du gouvernement du roi, sera puni d'un emprisonnement d'un mois à quatre ans et d'une amende de cent cinquante francs à cinq mille francs. — La présente disposition ne peut pas porter atteinte au droit de discussion et de censure des actes des ministres.

5. La diffamation ou l'injure, par l'un des mêmes moyens, envers les cours, tribunaux, corps constitués, autorités ou administrations publiques, sera punie d'un emprisonne

4

ment de quinze jours à deux ans et d'une amende de cent cinquante fr. à cinq mille francs.

6. L'outrage fait publiquement, d'une manière quelconque, à raison de leurs fonctions ou de leur qualité, soit à un ou plusieurs membres de l'une des deux Chambres, soit à un fonctionnaire public, soit enfin à un ministre de la religion de l'État ou de l'une des religions dont l'établissement est légalement reconnu en France, sera puni d'un emprisonnement de quinze jours à deux ans et d'une amende de cent francs à quatre mille francs. — Le même délit envers un juré, à raison de ses fonctions, ou envers un témoin, à raison de sa déposition, sera puni d'un emprisonnement de dix jours à un an et d'une amende de cinquante francs à trois mille fr. — L'outrage fait à un ministre de la religion de l'Etat, ou de l'une des religions légalement reconnues en France, dans l'exercice même de ses fonctions, sera puni des peines portées par l'article 1er de la présente loi. — Si l'outrage, dans les différens cas prévus par le présent article, a été accompagné d'excès ou violences prévus par le premier paragraphe de l'article 228 du Code pénal, il sera puni des peines portées audit paragraphe et à l'article 230, et, en outre, de l'amende portée au premier paragraphe du présent article. — Si l'outrage est accompagné des excès prévus par le second paragraphe de l'article 228 et par les articles 231, 232 et 233, le coupable sera puni conformément audit Code.

7. L'infidélité et la mauvaise foi dans le compte que rendent les journaux et écrits périodiques des séances des Chambres et des audiences des cours et tribunaux, seront punies d'une amende de mille francs à six mille francs. — En cas de récidive, ou lorsque le compte rendu sera offensant pour l'une ou l'autre des Chambres, ou pour l'un des pairs ou des députés, ou injurieux pour la cour, le tribunal, ou l'un des magistrats, des jurés ou des témoins, les éditeurs du journal seront en outre condamnés à un emprisonnement

d'un mois à trois ans. — Dans les mêmes cas, il pourra être interdit, pour un temps limité ou pour toujours, aux propriétaires et éditeurs du journal ou écrit périodique condamné, de rendre compte des débats législatifs ou judiciaires. La violation de cette défense sera punie de peines doubles de celles portées au présent article.

8. Seront punis d'un emprisonnement de six jours à deux ans, et d'une amende de seize francs à quatre mille francs, tous cris séditieux publiquement proférés.

9. Seront punis d'un emprisonnement de quinze jours à deux ans, et d'une amende de cent francs à quatre mille francs, — 1° L'enlèvement ou la dégradation des signes publics de l'autorité royale, opérés en haine ou mépris de cette autorité; — 2° Le port public de tous signes extérieurs de ralliement non autorisés par le roi ou par des règlemens de police; — 3° L'exposition dans les lieux ou réunions publiques, la distribution ou la mise en vente de tous signes ou symboles destinés à propager l'esprit de rébellion ou à troubler la paix publique.

10. Quiconque, par l'un des moyens énoncés en l'article 1er de la loi du 17 mai 1819, aura cherché à troubler la paix publique en excitant le mépris ou la haine des citoyens contre une ou plusieurs classes de personnes, sera puni des peines portées en l'article précédent.

11. Les propriétaires ou éditeurs de tout journal ou écrit périodique seront tenus d'y insérer, dans les trois jours de la réception, ou dans le plus prochain numéro, s'il n'en était pas publié avant l'expiration des trois jours, la réponse de toute personne nommée ou désignée dans le journal ou écrit périodique, sous peine d'une amende de cinquante francs à cinq cents francs, sans préjudice des autres peines et dommages-intérêts auxquels l'article incriminé pourrait donner lieu. Cette insertion sera gratuite, et la réponse pourra avoir le double de la longueur de l'article auquel elle sera faite.

12. Toute publication, vente ou mise en vente, exposition, distribution, sans l'autorisation préalable du gouvernement, de dessins gravés ou lithographiés, sera, pour ce seul fait, punie d'un emprisonnement de trois jours à six mois, et d'une amende de dix francs à cinq cents francs, sans préjudice des poursuites auxquelles pourrait donner lieu le sujet du dessin.

13. L'article 10 de la loi du 9 juin 1819 est commun à toutes les dispositions du présent titre, en tant qu'elles s'appliquent aux propriétaires ou éditeurs d'un journal ou écrit périodique.

14. Dans le cas de délits correctionnels prévus par les premier, second et quatrième paragraphes de l'article 6, par l'article 8 et par le premier paragraphe de l'article 9 de la présente loi, les tribunaux pourront appliquer, s'il y a lieu, l'article 463 du Code pénal.

TITRE II.
DE LA POURSUITE.

15. Dans le cas d'offense envers les Chambres ou l'une d'elles par l'un des moyens énoncés en la loi du 17 mai 1819, la chambre offensée, sur la simple réclamation d'un de ses membres, pourra, si mieux elle n'aime autoriser les poursuites par la voie ordinaire, ordonner que le prévenu sera traduit à sa barre. Après qu'il aura été entendu ou dûment appelé, elle le condamnera, s'il y a lieu, aux peines portées par les lois. La décision sera exécutée sur l'ordre du président de la chambre.

16. Les Chambres appliqueront elles-mêmes, conformément à l'article précédent, les dispositions de l'article 7 relatives au compte rendu par les journaux de leurs séances. — Les dispositions du même article 7 relatives au compte rendu des audiences des cours et tribunaux, seront appliquées directement par les cours et tribunaux qui auront tenu ces audiences.

17. Seront poursuivis devant la police correctionnelle et d'office, les délits commis par la voie de la presse, et les autres délits énoncés en la présente loi et dans celle du 17 mai 1819, sauf les cas prévus par les articles 15 et 16 ci-dessus. Néanmoins la poursuite n'aura lieu d'office, dans le cas prévu par l'article 12 de la loi du 17 mai 1819, et dans celui de diffamation ou d'injure contre tout agent diplomatique étranger, accrédité près du roi, ou contre tout particulier, que sur la plainte ou à la requête soit du souverain ou du chef du gouvernement qui se croira offensé, soit de l'agent diplomatique ou du particulier qui se croira diffamé ou injurié. — Les appels des jugemens rendus par les tribunaux correctionnels sur les délits commis par des écrits imprimés par un procédé quelconque, seront portés directement, sans distinction de la situation locale desdits tribunaux, aux cours royales pour y être jugés par la première chambre civile et la chambre correctionnelle réunies, dérogeant, quant à ce, aux articles 200 et 201 du Code d'instruction criminelle. — Les appels des jugemens rendus par les mêmes tribunaux sur tous les autres délits prévus par la présente loi et par celle du 17 mai 1819, seront jugés dans la forme ordinaire fixée par le Code pour les délits correctionnels.

18. En aucun cas la preuve par témoins ne sera admise pour établir la réalité des faits injurieux ou diffamatoires.

LOI
RELATIVE À L'ORGANISATION DU JURY.
(Promulguée le 2 Mai 1827.)

Art. 1er. Les jurés seront pris parmi les membres des colléges électoraux et parmi les personnes désignées dans les paragraphes 5 et suivans de l'art. 2 ci-après.

2. Le 1er août de chaque année, le

préfet de chaque département dressera une liste qui sera divisée en deux parties. — La première partie sera rédigée conformément à l'article 5 de la loi du 29 juin 1820, et comprendra toutes les personnes qui rempliront les conditions requises pour faire partie des collèges électoraux du département. — La seconde partie comprendra : — 1° Les électeurs qui, ayant leur domicile réel dans le département, exerceraient leurs droits électoraux dans un autre département ; — 2° Les fonctionnaires publics nommés par le Roi, et exerçant des fonctions gratuites ; — 3° Les officiers des armées de terre et de mer en retraite ; — Les docteurs et licenciés de l'une ou de plusieurs des facultés de droit, des sciences et des lettres ; les docteurs en médecine, les membres et correspondans de l'Institut, les membres des autres sociétés savantes reconnues par le Roi ; — 5° Les notaires, après trois ans d'exercice de leurs fonctions. — Les officiers des armées de terre et de mer en retraite ne seront portés dans la liste générale qu'après qu'il aura été justifié qu'ils jouissent d'une pension de retraite de 1,200 fr. au moins, et qu'ils ont depuis cinq ans un domicile réel dans le département. — Les licenciés de l'une des facultés de droit, des sciences et des lettres, qui ne seraient pas inscrits sur le tableau des avocats et des avoués près les cours et les tribunaux, ou qui ne seraient pas chargés de l'enseignement de quelqu'une des matières appartenant à la faculté où ils auront pris leur licence, ne seront portés sur la liste générale qu'après qu'il aura été justifié qu'ils ont depuis dix ans un domicile réel dans le département. — Dans les départemens où les deux parties de la liste ne comprendraient pas huit cents individus, ce nombre sera complété par une liste supplémentaire formée des individus les plus imposés parmi ceux qui n'auront pas été inscrits sur la première.

3. Les listes dressées en exécution de l'article précédent seront affichées au chef-lieu de chaque commune, au plus tard le 15 août, et seront arrêtées et closes le 30 septembre. — Un exemplaire en sera déposé et conservé au secrétariat des mairies, des sous-préfectures et des préfectures, pour être donné en communication à toutes les personnes qui le requerront.

4. Il sera statué, suivant le mode établi par les articles 5 et 6 de la loi du 5 février 1817, sur les réclamations qui seraient formées contre la rédaction des listes. — Ces réclamations seront inscrites au secrétariat général de la préfecture, selon l'ordre et la date de leur réception. — Elles seront formées par simple mémoire et sans frais.

5. Nul ne pourra cesser de faire partie des listes prescrites par l'article 2, qu'en vertu d'une décision motivée ou d'un jugement contre lequel le recours ou l'appel auront un effet suspensif.

6. Lorsque les collèges électoraux seront convoqués, la première partie de la dernière liste qui aura été arrêtée le 30 septembre précédent, en exécution de l'article 3, tiendra lieu de la liste prescrite par l'article 5 de la loi du 5 février 1817 et par l'art. 3 de la loi du 29 juin 1820. — Les préfets feront imprimer et afficher dans ce cas, un tableau de rectification contenant l'indication des individus qui auront acquis ou perdu, depuis la publication de la liste générale, les qualités exigées pour exercer les droits électoraux. S'il s'est écoulé plus de deux mois depuis la clôture de la liste, les préfets en feront publier et afficher de nouveau la première partie avec le tableau de rectification. — Les réclamations de ceux qui auraient été omis dans la première partie de la liste arrêtée et close le 30 septembre, et qui auraient acquis les droits électoraux antérieurement à sa publication, ne seront admises qu'autant qu'elles auront été formées avant le 1er octobre.

7. Après le 30 septembre, les préfets extrairont, sous leur responsabilité, des listes générales dressées en exécution de l'art. 2, une liste pour le service du jury de l'année suivante. — Cette liste sera composée du quart des listes générales, sans pouvoir excéder le nombre de trois cents noms, si ce n'est dans le département de la Seine,

où elle sera composée dequinze cents.
— Elle sera transmise immédiatement, par le préfet, au ministre de la justice, au premier président de la Cour royale et au procureur général.

8. Nul ne sera porté deux ans de suite sur la liste prescrite par l'article précédent.

9. Dix jours au moins avant l'ouverture des assises, le premier président de la cour royale tirera au sort, sur la liste transmise par le préfet, trente-six noms qui formeront la liste des jurés pour toute la durée de la session. — Il tirera en outre quatre jurés supplémentaires pris parmi les individus mentionnés au troisième paragraphe de l'article 12 de la présente loi. — Le tirage sera fait en audience publique de la première chambre de la cour ou de la chambre des vacations.

10. Si parmi les quarante individus désignés par le sort, il s'en trouve un ou plusieurs qui, depuis la formation de la liste arrêtée en exécution de l'article 7, soient décédés ou aient été légalement privés des capacités exigées pour exercer les fonctions de juré, ou aient accepté un emploi incompatible avec ces fonctions, la cour, après avoir entendu le procureur général, procédera, séance tenante, à leur remplacement. — Ce remplacement aura lieu dans la forme déterminée par l'article précédent.

11. Hors les cas d'assises extraordinaires, les jurés qui auront satisfait aux réquisitions prescrites par l'article 389 du Code d'instruction criminelle ne pourront être placés plus d'une fois, dans la même année, sur la liste formée en exécution de l'art. 7. — Dans les cas d'assises extraordinaires, ils ne pourront être placés sur cette liste plus de deux fois dans la même année. — Ne seront pas considérés comme ayant satisfait auxdites réquisitions, ceux qui auront, avant l'ouverture de la session, fait admettre des excuses dont la cour d'assises aura jugé les causes temporaires. — Leurs noms, et ceux des jurés condamnés à l'amende pour la première ou deuxième fois, seront, immédiatement après la session, adressés au premier prési-

dent de la cour royale, qui les reportera sur la liste formée en exécution de l'art. 7: et s'il ne reste plus de tirage à faire pour la même année, ils seront ajoutés à la liste de l'année suivante.

12. Au jour indiqué pour le jugement de chaque affaire, s'il y a moins de trente jurés présens, le nombre sera complété par les jurés supplémentaires mentionnés en l'article 9, lesquels seront appelés dans l'ordre de leur inscription sur la liste formée en vertu dudit article. — En cas d'insuffisance, le président désignera en audience publique et par la voie du sort les jurés qui devront compléter le nombre de trente. — Ils seront pris parmi ceux des individus inscrits sur la liste dressée en exécution de l'art. 7, qui résideront dans la ville où se tiendront les assises, et subsidiairement parmi les autres habitans de cette ville qui seront compris dans les listes prescrites par l'article 2. — Les dispositions de l'article 11 ne s'appliquent pas aux remplacemens opérés en vertu du présent article.

13. Lorsqu'un procès criminel paraîtra de nature à entraîner de longs débats, la cour d'assises pourra ordonner, avant le tirage de la liste des jurés, qu'indépendamment de douze jurés, il en sera tiré au sort un ou deux autres qui assisteront aux débats. — Dans le cas où l'un ou deux des douze jurés seraient empêchés de suivre les débats jusqu'à la déclaration définitive du jury, ils seront remplacés par les jurés supplémens. — Le remplacement se fera suivant l'ordre dans lequel les jurés supplémens auront été appelés par le sort.

14. Les articles 1, 8, 10, 11 et 12 de la présente loi seront mis en vigueur à dater du 1er janvier 1828. — Les autres articles seront obligatoires à dater de sa promulgation. — Les préfets et les présidens d'assises continueront, jusqu'au 1er janvier 1828, de se conformer, pour la convocation du jury, aux art. 382, 387, 388 et 395 du Code d'instruction criminelle. — Les articles 382, 386, 387, 388, 591, 592 et 595 de ce Code cesseront d'être exécutés à dater du 1er janvier 1828

LOI

SUR LA RÉVISION ANNUELLE DES LISTES ÉLECTORALES ET DU JURY.

(2 Juillet 1828.)

TITRE PREMIER.

RÉVISION ANNUELLE DES LISTES ÉLECTORALES ET DU JURY.

Art. 1er. Les listes faites en vertu de la loi du 2 mai 1827 sont permanentes, sauf les radiations et inscriptions qui peuvent avoir lieu lors de la révision prescrite par la présente loi. —Cette révision sera faite conformément aux dispositions suivantes :

2. Du 1er au 10 juin de chaque année, et aux jours qui seront indiqués par les sous-préfets, les maires des communes composant chaque canton se réuniront à la mairie du chef-lieu sous la présidence du maire, et procéderont à la révision de la portion de la liste formée en vertu de la loi du 2 mai 1827 qui comprendra les citoyens de leur canton appelés à faire partie de cette liste. — Ils se feront assister des percepteurs de l'arrondissement cantonal.

3. Dans les villes qui forment à elles seules un canton, ou qui sont partagées en plusieurs cantons, la révision des listes sera effectuée par le maire, les adjoints, et les trois plus anciens membres du conseil municipal, selon l'ordre du tableau. Les maires des communes qui dépendraient de l'un de ces cantons seront aussi appelés à la révision ; ils se réuniront tous sous la présidence du maire de la ville. — A Paris, les maires des douze arrondissemens, assistés des percepteurs, procéderont à la révision sous la présidence du doyen de réception.

4. Le résultat de cette opération sera transmis au sous-préfet, qui, avant le 1er juillet, l'adressera, accompagné de ses observations, au préfet du département.

5. A partir du 1er juillet, le préfet procédera à la révision générale de la liste.

6. Il y ajoutera les citoyens qu'il reconnaîtra avoir acquis les qualités requises par la loi, et ceux qui auraient été précédemment omis. Il en retranchera, — 1º Les individus décédés ; — 2º Ceux qui auront perdu les qualités requises: — 3º Ceux dont l'inscription aura été déclarée nulle par les autorités compétentes ; — 4º Enfin ceux qu'il reconnaîtrait avoir été indûment inscrits, quoique leur inscription n'eût pas été attaquée. — Il tiendra un registre de toutes ces décisions, et il fera mention de leurs motifs et des pièces à l'appui.

7. La liste ainsi rectifiée par le préfet sera affichée, le 15 août, au chef-lieu de chaque commune, et déposée au secrétariat des mairies, des sous-préfectures et de la préfecture, pour être donnée en communication à toutes les personnes qui le requerront.— Elle contiendra en regard du nom de chaque individu inscrit sur la première partie de la liste, l'indication des arrondissemens de perception où il paie ses contributions, propres ou déléguées, ainsi que la quotité et l'espèce des contributions pour chacun de ces arrondissemens.

8. La publication prescrite par l'article précédent tiendra lieu de notification des décisions intervenues aux individus dont l'inscription aura été ordonnée. — Toute décision ordonnant radiation sera notifiée dans les dix jours à celui qu'elle concerne, ou au domicile qu'il sera tenu d'élire pour l'exercice de ses droits politiques, s'il n'habite pas le département. — Cette notification et toutes celles qui doivent avoir lieu, aux termes de la présente loi, seront faites suivant le mode employé jusqu'à présent pour les jurés, en exécution de l'art. 389 du Code d'instruction criminelle.

9. Après la publication de la liste rectifiée, il ne pourra plus y être fait

de changement qu'en vertu de décisions rendues par le préfet en conseil de préfecture dans les formes ci-après.

TITRE II.
DES RÉCLAMATIONS SUR LA DIVISION DES LISTES.

10. A compter du 15 août, jour de la publication, il sera ouvert au secrétariat général de la préfecture un registre coté et paraphé par le préfet, sur lequel seront inscrites, à la date de leur présentation, et suivant un ordre de numéros, toutes les réclamations concernant la teneur des listes. Ces réclamations seront signées par le réclamant ou par son fondé de pouvoirs. — Le secrétaire général donnera récépissé de chaque réclamation et des pièces à l'appui. Ce récépissé énoncera la date et le numéro de l'enregistrement.

11. Tout individu qui croirait devoir se plaindre, soit d'avoir été indûment inscrit, omis ou rayé, soit de toute autre erreur commise à son égard dans la rédaction des listes, pourra, jusqu'au 30 septembre inclusivement, présenter sa réclamation, qui devra être accompagnée de pièces justificatives.

12. Dans le même délai, tout individu inscrit sur la liste d'un département pourra réclamer l'inscription de tout citoyen qui n'y serait pas porté, quoique réunissant toutes conditions nécessaires, la radiation de tout individu qu'il prétendrait y être indûment inscrit, ou la rectification de toute autre erreur commise dans la rédaction des listes. — Il devra motiver sa demande et l'appuyer de pièces justificatives.

13. Aucune des demandes énoncées en l'article précédent ne sera reçue, lorsqu'elle sera formée par des tiers, qu'autant que le réclamant y joindra la preuve qu'elle a été par lui notifiée à la partie intéressée, laquelle aura dix jours pour y répondre, à partir de celui de la notification.

14. Le préfet statuera en conseil de préfecture sur les demandes dont il est fait mention aux articles 11 et 12 ci-dessus, dans les cinq jours qui suivront leur réception, quand elles seront formées par les parties elles-mêmes, ou par leurs fondés de pouvoirs ; et dans les cinq jours qui suivront l'expiration du délai fixé par l'article 13, si elles sont formées par des tiers. — Ses décisions seront motivées. — La communication, sans déplacement, des pièces respectivement produites sur la question en contestation, devra être donnée à toute partie intéressée qui le requerra.

15. Il sera publié tous les quinze jours un tableau de rectification, conconformément aux décisions rendues dans cet intervalle, et présentant les indications mentionnées à l'article 7 ci-dessus.—Aux termes de l'article 8, la publication de ces tableaux de rectification tiendra lieu de notification aux individus dont l'inscription aura été ordonnée ou rectifiée. — Les décisions portant refus d'inscription ou prononçant des radiations seront notifiées dans les cinq jours de leur date aux individus dont l'inscription ou la radiation aura été réclamée, soit par eux mêmes, soit par des tiers. — Les décisions rejetant les demandes en radiation ou rectification seront notifiées dans le même délai tant aux réclamans qu'à l'individu dont l'inscription aura été contestée.

16. Le 16 octobre, le préfet procédera à la clôture de la liste. Le dernier tableau de rectification, l'arrêté de clôture et la liste du collége départemental dans les départemens où il y a plusieurs colléges, seront affichés le 20 du même mois.

17. Il ne pourra plus être fait de changemens à la liste qu'en vertu d'arrêts rendus dans la forme déterminée au titre suivant.

TITRE III.
RÉCLAMATIONS CONTRE LES DÉCISIONS DU PRÉFET EN CONSEIL DE PRÉFECTURE.

18. Toute partie qui se croira fondée à contester une décision rendue par le préfet en conseil de préfecture, pourra porter son action devant la cour royale du ressort. — L'exploit introductif d'instance devra, sous peine de nullité, être notifié dans les dix jours tant au préfet qu'aux parties

intéressées. — Dans le cas où la décision du préfet en conseil de préfecture aurait rejeté une demande d'inscription formée par un tiers, l'action ne pourra être intentée que par l'individu dont l'inscription était réclamée. — La cause sera jugée sommairement, toutes affaires cessantes, et sans qu'il soit besoin du ministère d'avoué. Les actes judiciaires auxquels elle donnera lieu seront enregistrés gratis. L'affaire sera rapportée en audience publique par un des membres de la cour, et l'arrêt sera prononcé après que le ministère public aura été entendu. — S'il y a pourvoi en cassation, il sera procédé comme devant la cour royale, avec la même exemption de droits d'enregistrement, sans consignation d'amende.

19. Le recours et l'action intentés par suite d'une décision qui aura rayé un individu de la liste, ou qui lui aura attribué une quotité de contribution moindre que celle pour laquelle il était précédemment inscrit, auront un effet suspensif.

20. Le préfet, sur la notification de l'arrêt intervenu, fera sur la liste la rectification qui aura été prescrite.

TITRE IV.

FORMATION D'UN TABLEAU DE RECTIFICATION EN CAS D'ÉLECTION APRÈS LA CLÔTURE ANNUELLE DES LISTES.

21. Lorsque la réunion d'un collège aura lieu dans le mois qui suivra la publication du dernier tableau de rectification prescrit par l'article 16, il ne sera fait à ce tableau aucune modification. Dans ce cas, l'intervalle entre la réception de l'ordonnance et la réunion du collège sera de vingt jours au moins.

22. Si la réunion a lieu à une époque plus éloignée, l'intervalle sera de trente jours au moins. — Dans ce dernier cas, le préfet fera afficher immédiatement l'ordonnance de convocation. Le registre prescrit par l'article 10 ci-dessus sera ouvert : les réclamations prévues par les articles 11 et 12 seront admises : mais elles devront être faites dans le délai de huit jours, sous peine de déchéance. — Le préfet en conseil de préfecture dres-

sera le tableau de rectification prescrit par l'article 6 de la loi du 2 mai 1827. Il le fera publier et afficher le onzième jour au plus tard après la publication de l'ordonnance, et les notifications prescrites par l'article 15 seront faites aux parties intéressées dans le délai de cinq jours.

23. L'action exercée conformément à l'article 18 sera portée directement devant la cour royale du ressort : elle n'aura d'effet suspensif que dans le cas de radiation. — L'assignation sera donnée à huitaine pour tout délai, et la cour prononcera après l'expiration du délai. L'arrêt ne sera pas susceptible d'opposition.

24. Il ne pourra être fait de changement au tableau de rectification ci-dessus prescrit qu'en exécution d'arrêts rendus par les cours royales.

TITRE V.

DISPOSITIONS GÉNÉRALES.

25. Nul individu appelé à des fonctions publiques temporaires ou révocables ne pourra être inscrit sur la première partie de la liste du département où il exerce ses fonctions, que six mois après la double déclaration prescrite par l'article 5 de la loi du 5 février 1817.

26. Les percepteurs de contributions directes sont tenus de délivrer sur papier libre, et moyennant une rétribution de vingt-cinq centimes par extrait de rôle concernant le même contribuable, à toute personne portée au rôle, l'extrait relatif à ses contributions : et à tout individu qualifié comme il est dit à l'article 12 ci-dessus, tout certificat négatif ou tout extrait des rôles de contributions.

27. Il sera donné communication des listes annuelles et des tableaux de rectification à tous les imprimeurs qui voudront en prendre copie. Il leur sera permis de les faire imprimer sous tel format qu'il leur plaira de choisir, et de les mettre en vente.

28. Pour l'année 1828, les opérations ordonnées par la présente loi commenceront le premier jour du mois qui suivra sa promulgation, et seront poursuivies en observant les délais qu'elle prescrit.

LOI

SUR LES JOURNAUX ET ÉCRITS PÉRIODIQUES.

(18 Juillet 1828.)

Art. 1er. Tout Français majeur, jouissant des droits civils, pourra, sans autorisation préalable, publier un journal ou écrit périodique, en se conformant aux dispositions de la présente loi.

2. Le propriétaire ou les propriétaires de tout journal ou écrit périodique seront tenus, avant sa publication, de fournir un cautionnement — Si le journal ou écrit périodique paraît plus de deux fois par semaine, soit à jour fixe, soit par livraisons et irrégulièrement, le cautionnement sera de six mille francs de rentes. — Le cautionnement sera égal aux trois quarts du taux fixé, si le journal ou écrit périodique ne paraît que deux fois par semaine. — Il sera égal à la moitié de ce cautionnement, si le journal ou écrit périodique ne paraît qu'une fois par semaine. — Il sera égal au quart, si le journal ou écrit périodique paraît seulement plus d'une fois par mois. — Le cautionnement des journaux quotidiens publiés dans les départemens autres que ceux de la Seine, de Seine-et-Oise et de Seine-et-Marne, sera de deux mille francs de rentes dans les villes de cinquante mille âmes et au-dessus, de douze cents francs de rentes dans les autres villes, et de la moitié de ces rentes pour les journaux ou écrits périodiques qui paraissent à des termes moins rapprochés.

3. Seront exempts de tout cautionnement, 1° Les journaux ou écrits périodiques qui ne paraissent qu'une fois par mois ou plus rarement : — 2° Les journaux ou écrits périodiques exclusivement consacrés, soit aux sciences mathématiques, physiques et naturelles, soit aux travaux et recherches d'érudition, soit aux arts mécaniques et libéraux, c'est-à-dire, aux sciences et aux arts dont s'occupent les trois académies des sciences, des inscriptions et des beaux-arts de l'institut royal; — 3° Les journaux ou écrits périodiques étrangers aux matières politiques, et exclusivement consacrés aux lettres ou à d'autres branches de connaissances non spécifiées précédemment, pourvu qu'ils ne paraissent au plus que deux fois par semaine; — 4° Tous les écrits périodiques étrangers aux matières politiques et qui seront publiés dans une autre langue que la langue française; — 5° Les feuilles périodiques exclusivement consacrées aux avis, annonces, affiches judiciaires, arrivages maritimes, mercuriales et prix courans. — Toute contravention aux dispositions du présent article et du précédent sera punie conformément à l'article 6 de la loi du 9 juin 1819.

4. En cas d'association, la société devra être l'une de celles qui sont définies et régies par le Code de commerce. — Hors le cas où le journal serait publié par une société anonyme, les associés seront tenus de choisir entre eux un, deux ou trois gérans, qui, aux termes des articles 22 et 24 du Code de commerce, auront chacun individuellement la signature. — Si l'un des gérans responsables vient à décéder ou à cesser ses fonctions par une cause quelconque, les propriétaires seront tenus, dans le délai de deux mois, de le remplacer, ou de réduire, par un acte revêtu des mêmes formalités que celui de société, le nombre de leurs gérans. Ils auront aussi, dans les limites ci-dessus déterminées, le droit d'augmenter ce nombre en remplissant les mêmes formalités. S'ils n'en avaient constitué qu'un seul, ils seront tenus de le remplacer dans les quinze jours qui suivront son décès; faute par eux de le faire, le journal ou écrit périodique cessera de paraître, à peine de mille francs d'amende pour chaque

feuille ou livraison qui serait publiée après l'expiration de ce délai.

5. Les gérans responsables, ou l'un ou deux d'entre eux, surveilleront et dirigeront par eux-mêmes la rédaction du journal ou écrit périodique. — Chacun des gérans responsables devra avoir les qualités requises par l'article 980 du Code civil, être propriétaire au moins d'une part ou action dans l'entreprise, et posséder en son propre et privé nom un quart au moins du cautionnement.

6. Aucun journal ou écrit périodique soumis au cautionnement par les dispositions de la présente loi ne pourra être publié, s'il n'a été fait préalablement une déclaration contenant, — 1° Le titre du journal ou écrit périodique, et les époques auxquelles il doit paraître; — 2° Le nom de tous les propriétaires autres que les commanditaires, leur demeure, leur part dans l'entreprise; — 3° Le nom et la demeure des gérans responsables; — 4° L'affirmation que ces propriétaires et gérans réunissent les conditions de capacité prescrites par la loi; — 5° L'indication de l'imprimerie dans laquelle le journal ou écrit périodique devra être imprimé. — Toutes les fois qu'il surviendra quelque mutation, soit dans le titre du journal ou dans les conditions de sa périodicité, soit parmi les propriétaires ou les gérans responsables, il en sera fait déclaration devant l'autorité compétente dans les quinze jours qui suivront la mutation, à la diligence des gérans responsables. En cas de négligence, ils seront punis d'une amende de cinq cents francs.— Il en sera de même si le journal ou écrit périodique venait à être imprimé dans une autre imprimerie que celle qui a été originairement déclarée. — Dans le cas où l'entreprise aurait été formée par une seule personne, le propriétaire, s'il réunit les qualités requises par le paragraphe 2 de l'article 5, sera en même temps le gérant responsable du journal. — Dans le cas contraire, il sera tenu de présenter un gérant responsable, conformément à l'article 5. — Les journaux exceptés du cautionnement se-

ront tenus de faire la déclaration préalable prescrite par les numéros 1, 2 et 5 du premier paragraphe du présent article.

7. Ces déclarations seront accompagnées du dépôt des pièces justificatives : elles seront signées par chacun des propriétaires du journal ou écrit périodique, ou par le fondé de pouvoir de chacun d'eux. Elles seront reçues à Paris à la direction de la librairie, et dans les départemens au secrétariat général de la préfecture.

8. Chaque numéro de l'écrit périodique sera signé en minute par le propriétaire, s'il est unique, par l'un des gérans responsables, si l'écrit périodique est publié par une société en nom collectif ou en commandite; et par l'un des administrateurs, s'il est publié par une société anonyme. — L'exemplaire signé pour minute sera, au moment de la publication, déposé au parquet du procureur du roi du lieu de l'impression, ou à la mairie dans les villes où il n'y a pas de tribunal de première instance, à peine de cinq cents francs d'amende contre les gérans. Il sera donné récépissé du dépôt. — La signature sera imprimée au bas de tous les exemplaires, à peine de cinq cents francs d'amende contre l'imprimeur, sans que la révocation du brevet puisse s'en suivre. — Les signataires de chaque feuille ou livraison seront responsables de son contenu et passibles de toutes les peines portées par la loi à raison de la publication des articles ou passages incriminés, sans préjudice de la poursuite contre l'auteur ou les auteurs desdits articles ou passages, comme complices. En conséquence, les poursuites judiciaires pourront être dirigées, tant contre les signataires des feuilles ou livraisons, que contre l'auteur ou les auteurs des passages incriminés, si ces auteurs peuvent être connus ou mis en cause.

9. Il est accordé aux propriétaires actuels des journaux existans, sans qu'on puisse leur opposer les dispositions de l'article 1er, un délai de six mois, à dater de la promulgation de la présente loi, pour présenter un,

deux ou trois gérans responsables, réunissant les conditions requises par les articles précédens, et faire la déclaration prescrite par l'article 6. — Si ces gérans responsables ne possèdent pas en propre le quart du cautionnement, ils seront admis à justifier que, outre leur part dans l'entreprise, ils sont vrais et légitimes propriétaires d'immeubles payant au moins cinq cents francs de contributions directes, si le journal est publié dans les départemens de la Seine, de Seine-et-Oise et de Seine-et-Marne, et cent cinquante francs dans les autres départemens. Ces immeubles devront être libres de toute hypothèque. — En ce cas, il sera fait mention expresse de cette circonstance dans la déclaration.

10. En cas de contestation sur la régularité ou la sincérité de la déclaration prescrite par l'article 6 et des pièces à l'appui, il sera statué par les tribunaux à la diligence du préfet, sur mémoire, sommairement et sans frais, la partie ou son défenseur et le ministère public entendus.— Si le journal n'a point encore paru, il sera sursis à la publication jusqu'au jugement à intervenir, lequel sera exécutoire nonobstant appel

11. Si la déclaration prescrite par l'article 6 est reconnue fausse et frauduleuse en quelqu'une de ses parties, le journal cessera de paraître. Les auteurs de la déclaration seront punis d'une amende dont le *minimum* sera d'une somme égale au dixième, et le *maximum*, d'une somme égale à la moitié du cautionnement.

12. Dans le cas où un journal ou écrit périodique est établi et publié par un seul propriétaire, si ce propriétaire vient à mourir, sa veuve ou ses héritiers auront un délai de trois mois pour présenter un gérant responsable : ce gérant devra être propriétaire d'immeubles libres de toute hypothèque et payant au moins cinq cents francs de contributions directes, si le journal est publié dans les départemens de la Seine, de Seine-et-Oise et de Seine-et-Marne, et cent cinquante francs dans les autres départemens. —Le gérant que la veuve ou les héritiers seront admis à présenter, devra réunir les conditions requises par l'article 980 du Code civil. — Dans les dix jours du décès, la veuve ou les héritiers seront tenus de présenter un rédacteur, qui sera responsable du journal jusqu'à ce que le gérant soit accepté. — Le cautionnement du propriétaire décédé demeurera affecté à la gestion.

13. Les condamnations pécuniaires prononcées soit contre les signataires responsables, soit contre l'auteur ou les auteurs des passages incriminés, seront prélevées.— 1° Sur la portion du cautionnement appartenant en propre aux signataires responsables : — 2° Sur le reste du cautionnement dans le cas où celle-ci serait insuffisante, sans préjudice, pour le surplus, des règles établies par les articles 3 et 4 de la loi du 9 juin 1819.

14. Les amendes, autres que celles portées par la présente loi, qui auront été encourues pour délit de publication par la voie d'un journal ou écrit périodique, ne seront jamais moindres du double du *minimum* fixé par les lois relatives à la répression des délits de la presse.

15. En cas de récidive par le même gérant, et dans les cas prévus par l'article 58 du Code pénal, indépendamment des dispositions de l'article 10 de la loi du 9 juin 1819, les tribunaux pourront, suivant la gravité du délit, prononcer la suspension du journal ou écrit périodique pour un temps qui ne pourra excéder deux mois, ni être moindre de dix jours. Pendant ce temps, le cautionnement continuera à demeurer en dépôt à la caisse des consignations, et il ne pourra recevoir une autre destination.

16. Dans les procès qui ont pour objet la diffamation, si les tribunaux ordonnent, aux termes de l'article 64 de la charte, que les débats auront lieu à huis clos, les journaux ne pourront, à peine de deux mille francs d'amende, publier les faits de diffamation, ni donner l'extrait des mémoires ou écrits quelconques qui les contiendraient. — Dans toutes les affaires civiles ou criminelles où un huis clos aura été ordonné, ils ne pourront,

sous la même peine, publier que le prononcé du jugement.

17. Lorsqu'aux termes du dernier paragraphe de l'article 23 de la loi du 17 mai 1819, les tribunaux auront, pour les faits diffamatoires étrangers à la cause, réservé, soit l'action publique, soit l'action civile des parties, les journaux ne pourront, sous la même peine, publier ces faits, ni donner l'extrait des mémoires qui les contiendraient.

18. La loi du 17 mars 1822, relative à la police des journaux et écrits périodiques, est abrogée.

ORDONNANCE

RELATIVE A L'EXÉCUTION DE LA LOI DU 18 JUILLET 1828, SUR LES JOURNAUX ET ÉCRITS PÉRIODIQUES.

(29 Juillet 1828.)

Art. 1er. Avant toute publication d'un journal ou écrit périodique, soumis au cautionnement par les dispositions de la loi du 18 juillet 1828, il sera justifié au procureur du roi du lieu de l'impression, du versement du cautionnement auquel ce journal ou écrit périodique est soumis, et de la déclaration prescrite par l'article 6 de ladite loi. Le procureur du roi donnera acte sur le champ de cette justification et en tiendra registre.

2. Les propriétaires des journaux et écrits périodiques existans, qui étaient exempts de fournir un cautionnement en vertu des dispositions de la loi du 9 juin 1819, et qui ne se trouvent point compris dans les exceptions spécifiées en l'article 3 de la loi du 18 juillet 1828, seront tenus, dans le délai de quinze jours, à compter de la promulgation de la présente ordonnance, de déposer, à Paris, à la direction de la librairie, et dans les départemens, au secrétariat-général de la préfecture, un certificat constatant qu'ils ont fourni le cautionnement exigé par l'article 2 de la même loi. — Ce certificat sera délivré, à Paris, par l'agent judiciaire du Trésor, et dans les départemens par le directeur de l'enregistrement, conformément aux dispositions de l'ordonnance du 9 juin 1819. — Il en sera justifié au procureur du roi du lieu de l'impression, ainsi qu'il est dit en l'article 1er.

3. Les propriétaires des journaux et écrits périodiques existans qui sont exceptés du cautionnement par l'article 4 de ladite loi, feront dans le même délai les déclarations prescrites par les numéros 1, 2 et 5 de l'article 6.

4. A l'expiration du délai ci-dessus fixé, ceux des journaux ou écrits périodiques actuellement existant sans cautionnement qui n'auraient pas fait les justifications et déclarations prescrites, cesseront de paraître.

5. Notre garde-des sceaux, ministre secrétaire-d'état au département de la justice, et nos ministres secrétaires-d'état aux départemens de l'intérieur et des finances, sont chargés, chacun en ce qui le concerne, de l'exécution de la présente ordonnance

LOI

RELATIVE A L'INTERPRÉTATION DES LOIS.

(30 Juillet 1828.)

Art. 1er. Lorsqu'après la cassation d'un premier arrêt ou jugement en dernier ressort le deuxième arrêt ou jugement rendu dans la même affaire, entre les mêmes parties, est attaqué par les mêmes moyens que le premier, la cour de cassation prononce, toutes les chambres réunies.

2. Lorsque la cour de cassation a annulé deux arrêts ou jugemens en dernier ressort rendus dans la même affaire entre les mêmes parties et attaqués par les mêmes moyens, le jugement de l'affaire est, dans tous les cas, renvoyé à une cour royale. La cour royale saisie par l'arrêt de cassation prononce, toutes les chambres assemblées. — S'il s'agit d'un arrêt rendu par une chambre d'accusation, la cour royale n'est saisie que de la question jugée par cet arrêt. En cas de mise en accusation ou de renvoi en police correctionnelle ou de simple police, le procès sera jugé par la cour d'assises ou par l'un des tribunaux du département où l'instruction aura été commencée. Lorsque le renvoi est ordonné sur une question de compétence ou de procédure en matière criminelle, il ne saisit la cour royale que du jugement de cette question. L'arrêt qu'elle rend ne peut être attaqué sur le même point et par les mêmes moyens par la voie du recours en cassation : toutefois il en est référé au roi, pour être ultérieurement procédé par ses ordres à l'interprétation de la loi. — En matière criminelle, correctionnelle ou de police, la cour royale à laquelle l'affaire aura été renvoyée par le deuxième arrêt de la cour de cassation, ne pourra appliquer une peine plus grave que celle qui résulterait de l'interprétation la plus favorable à l'accusé.

3. Dans la session législative qui suit le référé, une loi interprétative est proposée aux Chambres.

4. La loi du 16 septembre 1807, relative à l'interprétation des lois est abrogée.

ORDONNANCE DU ROI

CONTENANT DES DISPOSITIONS SUR L'EXERCICE DE LA PROFESSION D'AVOCAT.

(27 Août 1830.)

Art. 1er. A compter de la publication de la présente ordonnance, les conseils de discipline seront élus directement par l'assemblée de l'ordre composée de tous les avocats inscrits au tableau. L'élection aura lieu par scrutin de liste et à la majorité relative des membres présens.

2. Les conseils de discipline seront provisoirement composés de cinq membres dans les sièges où le nombre des avocats inscrits sera inférieur à trente, y compris ceux où les fonctions desdits conseils ont été jusqu'à ce jour exercées par les tribunaux : de sept, si le nombre des avocats inscrits est de trente à cinquante ; de neuf, si ce nombre est de cinquante à cent ; de quinze, s'il est de cent ou au-dessus ; de vingt-et-un à Paris.

3. Le bâtonnier de l'ordre sera élu par la même assemblée et par scrutin séparé, à la majorité absolue, avant l'élection du conseil de discipline.

4. A compter de la même époque, tout avocat inscrit au tableau pourra plaider devant toutes les cours royales et tous les tribunaux du royaume sans avoir besoin d'aucune autorisation, sauf les dispositions de l'article 295 du Code d'instruction criminelle.

5. Il sera procédé dans le plus court délai possible à la révision définitive des lois et réglemens concernant l'exercice de la profession d'avocat.

LOI

RELATIVE AU SERMENT DES FONCTIONNAIRES PUBLICS.

(31 août 1830.)

Art. 1er. Tous les fonctionnaires publics dans l'ordre administratif et judiciaire, les officiers des armées de terre et de mer, seront tenus de prêter le serment dont la teneur suit : — « Je jure fidélité au roi des Français, obéissance à la Charte constitutionnelle et aux lois du royaume. » — Il ne pourra être exigé d'eux aucun autre serment, si ce n'est en vertu d'une loi.

2. Tous les fonctionnaires actuels dans l'ordre administratif et judiciaire, et tous les officiers maintenant employés ou disponibles dans les armées de terre et de mer, prêteront le serment ci-dessus dans le délai de quinze jours à compter de la promulgation de la présente loi; faute de quoi, ils seront considérés comme démissionnaires, à l'exception de ceux qui ont déjà prêté serment au gouvernement actuel.

3. Nul ne pourra siéger dans l'une ou l'autre Chambre, s'il ne prête le serment exigé par la présente loi. — Tout député qui n'aura pas prêté le serment dans le délai de quinze jours, sera considéré comme démissionnaire. — Tout pair qui n'aura pas prêté le serment dans le délai d'un mois, sera considéré comme personnellement déchu du droit de siéger dans la Chambre des Pairs.

LOI

RELATIVE AU DROIT D'ENREGISTREMENT DES ACTES DE PRÊTS SUR DÉPÔTS OU CONSIGNATIONS DES MARCHANDISES, FONDS PUBLICS FRANÇAIS, ET ACTIONS DES COMPAGNIES D'INDUSTRIE ET DE FINANCE.

(8 Septembre 1830.)

ARTICLE UNIQUE.

Les actes de prêts sur dépôts ou consignations de marchandises, fonds publics français, et actions des compagnies d'industrie et de finance, dans le cas prévu par l'article 91 du Code de commerce, seront admis à l'enregistrement moyennant le droit fixe de deux francs.

LOI

SUR LA RÉÉLECTION DES DÉPUTÉS PROMUS A DES FONCTIONS PUBLIQUES SALARIÉES.

(12 Septembre 1830.)

Art. 1er. Tout député qui acceptera des fonctions publiques salariées, sera considéré comme donnant par ce seul fait sa démission de membre de la Chambre des Députés.

2. Néanmoins il continuera de sié-

ger dans la Chambre jusqu'au jour fixé pour la réunion du collège électoral chargé de l'élection à laquelle son acceptation de fonctions publiques salariées aura donné lieu.

3. Sont exceptés de la disposition contenue dans l'article 1er les officiers de terre et de mer qui auront reçu de l'avancement par droit d'ancienneté.

4. Les députés qui, à raison de l'acceptation de fonctions publiques salariées, auront cessé de faire partie de la Chambre des Députés, pourront être réélus.

5. La présente loi sera applicable aux députés promus à des fonctions publiques depuis l'ouverture de la session actuelle.

LOI

SUR L'APPLICATION DU JURY AUX DÉLITS DE LA PRESSE ET AUX DÉLITS POLITIQUES.

(8 Octobre 1830.)

Art. 1er. La connaissance de tous les délits commis, soit par la voie de la presse, soit par tous les autres moyens de publication énoncés en l'article 1er de la loi du 17 mai 1819, est attribuée aux cours d'assises.

2. Sont exceptés les cas prévus par l'article 14 de la loi du 26 mai 1819.

3. Sont pareillement exceptés les cas où les Chambres, cours et tribunaux, jugeraient à propos d'user des droits qui leur sont attribués par les articles 15 et 16 de la loi du 25 mars 1822.

4. La poursuite des délits mentionnés en l'article 1er de la présente loi aura lieu d'office et à la requête du ministère public, en se conformant aux dispositions des lois des 26 mai et 9 juin 1819.

5. Les articles 12, 17 et 18 de la loi du 25 mars 1822 sont abrogés.

6. La connaissance des délits politiques est pareillement attribuée aux cours d'assises.

7. Sont réputés politiques les délits prévus, — 1° Par les chapitres I et II du titre Ier du livre III du Code pénal; — 2° Par les paragraphes 2 et 4 de la section III et par la section VII du chapitre III des mêmes livre et titre; — 3° Par l'article 9 de la loi du 25 mars 1822.

8. Les délits mentionnés dans la présente loi qui ne seraient pas encore jugés, le seront suivant les formes qu'elle prescrit.

LOI

QUI PUNIT LES ATTAQUES CONTRE LES DROITS ET L'AUTORITÉ DU ROI ET DES CHAMBRES PAR LA VOIE DE LA PRESSE.

(29 Novembre 1830.)

Art. 1er. Toute attaque, par l'un des moyens énoncés en l'article 1er de la loi du 17 mai 1819, contre la dignité royale, l'ordre de successibilité au trône, les droits que le roi tient du vœu de la nation française, exprimé dans la déclaration du 7 août 1830, et de la Charte constitutionnelle par lui acceptée et jurée dans la séance du 9 août de la même année, son autorité constitutionnelle, l'inviolabilité de sa personne, les droits et l'autorité des Chambres, sera punie d'un emprisonnement de trois mois à cinq ans, et d'une amende de trois cents francs à six mille francs.

2. L'article 2 de la loi du 25 mars 1822 est et demeure abrogé.

LOI

SUR LES AFFICHEURS ET CRIEURS PUBLICS.

(10 Décembre 1830.)

Art. 1er. Aucun écrit, soit à la main, soit imprimé, gravé ou lithographié, contenant des nouvelles politiques ou traitant d'objets politiques, ne pourra être affiché ou placardé dans les rues, places ou autres lieux publics.—Sont exceptés de la présente disposition les actes de l'autorité publique.

2. Quiconque voudra exercer, même temporairement, la profession d'afficheur ou crieur, de vendeur ou distributeur, sur la voie publique, d'écrits imprimés, lithographiés, gravés ou à la main, sera tenu d'en faire préalablement la déclaration devant l'autorité municipale et d'indiquer son domicile. — Le crieur ou afficheur devra renouveler cette déclaration chaque fois qu'il changera de domicile.

3. Les journaux, feuilles quotidiennes ou périodiques, les jugemens et autres actes d'une autorité constituée, ne pourront être annoncés dans les rues, places et autres lieux publics, autrement que par leur titre. — Aucun autre écrit imprimé, lithographié, gravé ou à la main, ne pourra être crié sur la voie publique qu'après que le crieur ou distributeur aura fait connaître à l'autorité municipale le titre sous lequel il veut l'annoncer, et qu'après avoir remis à cette autorité un exemplaire de cet écrit.

4. La vente ou distribution de faux extraits de journaux, jugemens et actes de l'autorité publique, est défendue, et sera punie des peines ci-après.

5. L'infraction aux dispositions des articles 1er et 4 de la présente loi sera punie d'une amende de vingt-cinq à cinq cents francs, et d'un emprisonnement de six jours à un mois, cumulativement ou séparément. — L'auteur ou l'imprimeur des faux extraits défendus par l'article ci-dessus sera puni du double de la peine infligée au crieur, vendeur ou distributeur de faux extraits. — Les peines prononcées par le présent article seront appliquées sans préjudice des autres peines qui pourraient être encourues par suite des crimes et délits résultant de la nature même de l'écrit.

6. La connaissance des délits punis par le précédent article est attribuée aux cours d'assises. Ces délits seront poursuivis conformément aux dispositions de l'article 4 de la loi du 8 octobre 1830.

7. Toute infraction aux articles 2 et 3 de la présente loi sera punie, par la voie ordinaire de police correctionnelle, d'une amende de vingt-cinq à deux cents francs, et d'un emprisonnement de six jours à un mois, cumulativement ou séparément.

8. Dans les cas prévus par la présente loi, les cours d'assises et les tribunaux correctionnels pourront appliquer l'article 463 du Code pénal, si les circonstances leur paraissent atténuantes, et si le préjudice causé n'excède pas vingt-cinq francs.

9. La loi du 5 nivôse an V, relative aux crieurs publics, et l'article 290 du Code pénal, sont abrogés.

LOI

SUR LE CAUTIONNEMENT, LE DROIT DE TIMBRE ET LE
PORT DES JOURNAUX OU ÉCRITS PÉRIODIQUES.

(14 Décembre 1850.)

Art. 1er. Si un journal ou écrit périodique paraît plus de deux fois par semaine, soit à jour fixe, soit par livraisons et régulièrement, le cautionnement sera de deux mille quatre cents francs de rente. — Le cautionnement sera égal aux trois quarts du taux fixé, si le journal ou écrit périodique ne paraît que deux fois par semaine. — Il sera égal à la moitié, si le journal ou écrit périodique ne paraît qu'une fois par semaine. — Il sera égal au quart, si le journal ou écrit périodique paraît seulement plus d'une fois par mois. — Le cautionnement des journaux quotidiens publiés dans les départemens autres que ceux de la Seine et de Seine-et-Oise sera de huit cents francs de rente dans les villes de cinquante mille âmes et au-dessus, de cinq cents francs de rente dans les autres villes, et respectivement de la moitié de ces deux rentes pour les journaux ou écrits périodiques qui paraissent à des termes moins rapprochés. — Le gérant responsable du journal devra posséder en son propre et privé nom la totalité du cautionnement. — S'il y a plusieurs gérans responsables, ils devront posséder en leur propre et privé nom, et par portions égales, la totalité du cautionnement. — Il est accordé aux gérans responsables des journaux qui auront déposé leur cautionnement à l'époque où la présente loi sera promulguée, un délai de six mois pour se conformer à ses dispositions. — La partie du cautionnement déjà fournie qui excède le taux ci-dessus fixé, sera remboursée.

2. Le droit de timbre fixe ou de dimension sur les journaux ou écrits périodiques sera de six centimes pour chaque feuille de trente décimètres carrés et au-dessus, et de trois centimes pour chaque demi-feuille de quinze décimètres carrés et au dessous. — Tout journal ou écrit périodique imprimé sur une demi-feuille de plus de quinze décimètres et de moins de trente décimètres carrés, paiera un centime en sus pour chaque cinq décimètres carrés. — Il ne sera perçu aucune augmentation de droit pour fraction au-dessous de cinq décimètres carrés. — Il ne sera perçu aucun droit pour un supplément qui n'excédera pas trente décimètres carrés, publié par les journaux imprimés sur une feuille de trente décimètres carrés et au-dessus. — La loi du 13 vendémiaire an VI et l'article 89 de la loi du 15 mai 1818 sont et demeurent abrogés. — La loi du 6 prairial an VII est abrogée en ce qui concerne le droit de timbre sur les journaux ou feuilles périodiques.

3. Le droit de cinq centimes fixé par l'article 8 de la loi du 15 mars 1827 pour le port sur les journaux et autres feuilles transportés hors des limites du département dans lequel ils sont publiés, sera réduit à quatre centimes. — Les mêmes feuilles ne paieront que deux centimes toutes les fois qu'elles seront destinées pour l'intérieur du département où elles auront été publiées.

4. Les journaux imprimés en langues étrangères et ceux venant des pays d'outre-mer seront taxés au maximum du tarif établi pour les journaux français.

LOI

RELATIVE A LA COMPOSITION DES COURS D'ASSISES ET AUX DÉCLARATIONS DU JURY.

(5 Mars 1831.)

Art. 1er. Dans les départemens où siégent les cours royales, les assises seront tenues par trois des membres de la cour, dont l'un sera président. — Les fonctions du ministère public seront remplies, soit par le procureur général, soit par un des avocats généraux, soit par un des substituts du procureur général. — Le greffier de la cour royale y exercera ses fonctions par lui-même, ou par l'un de ses commis assermentés.

2. Dans les autres départemens la cour d'assises sera composée. — 1º D'un conseiller de la cour royale délégué à cet effet, et qui sera président de la cour d'assises; — 2º De deux juges pris, soit parmi les conseillers de la cour royale, lorsque celle-ci jugera convenable de les déléguer à cet effet, soit parmi les présidens ou juges du tribunal de première instance du lieu de la tenue des assises; — 3º Du procureur du roi près

le tribunal, ou de l'un de ses substituts, sans préjudice des dispositions contenues dans les articles 265, 271 et 284 du Code d'instruction criminelle; — 4º Du greffier du tribunal ou de l'un de ses commis assermentés.

3. La décision du jury se formera contre l'accusé à la majorité de plus de sept voix. — La déclaration prescrite par l'article 349 du Code d'instruction criminelle constatera l'existence de cette majorité à peine de nullité, sans qu'en aucun cas le nombre de voix puisse y être exprimé. — Le président de la cour d'assises rappellera au jury, avant qu'il n'entre en délibération, les dispositions du présent article.

4. Les articles 252, 253, 254, 255, 347 et 351 du Code d'instruction criminelle, le paragraphe 2 de l'article 341 du même Code, et la loi du 24 mai 1821, sont et demeurent abrogés.

LOI

SUR L'ORGANISATION MUNICIPALE.

(21 Mars 1831.)

TITRE PREMIER.
DU CORPS MUNICIPAL.

CHAPITRE PREMIER.
DE LA COMPOSITION DU CORPS MUNICIPAL.

Art. 1er. Le corps municipal de chaque commune se compose du maire, de ses adjoints et des conseillers municipaux. — Les fonctions des maires, des adjoints et des autres membres du corps municipal, sont essentiellement gratuites, et ne peuvent

donner lieu à aucune indemnité ni frais de représentation.

2. Il y aura un seul adjoint dans les communes de deux mille cinq cents habitans et au-dessous; deux, dans celles de deux mille cinq cents à dix mille habitans : et dans les communes d'une population supérieure, un adjoint de plus par chaque excédant de vingt mille habitans. (Loi du 28 pluviôse an VIII, art. 12.) — Lorsque la mer ou quelque autre

obstacle rend difficiles, dangereuses ou momentanément impossibles les communications entre le chef-lieu et une portion de commune, un adjoint spécial, pris parmi les habitans de cette fraction, est nommé en sus du nombre ordinaire, et remplit les fonctions d'officier de l'état civil dans cette partie détachée de la commune.

3. Les maires et les adjoints sont nommés par le roi, ou en son nom par le préfet. — Dans les communes qui ont trois mille habitans et au-dessus, ils sont nommés par le roi, ainsi que dans les chefs-lieux d'arrondissement, quelle que soit la population. — Les maires et les adjoints seront choisis parmi les membres du conseil municipal, et ne cesseront pas pour cela d'en faire partie. — Ils peuvent être suspendus par un arrêté du préfet : mais ils ne sont révocables que par une ordonnance du roi.

4. Les maires et les adjoints sont nommés pour trois ans ; ils doivent être âgés de vingt-cinq ans accomplis. — Ils doivent avoir leur domicile réel dans la commune.

5. En cas d'absence ou d'empêchement, le maire est remplacé par l'adjoint disponible le premier dans l'ordre des nominations. — En cas d'absence ou d'empêchement du maire et des adjoints, le maire est remplacé par le conseiller municipal le premier dans l'ordre du tableau, lequel sera dressé suivant le nombre des suffrages obtenus.

6. Ne peuvent être ni maires ni adjoints, — 1° Les membres des cours et tribunaux de première instance et des justice de paix ; — 2° Les ministres des cultes ; — 3° Les militaires et employés des armées de terre et de mer en activité de service ou en disponibilité ; — 4° Les ingénieurs des ponts et chaussées et des mines en activité de service ; — 5° Les agens et employés des administrations financières et des forêts. — 6° Les fonctionnaires et employés des colléges communaux et les instituteurs primaires ; — 7° Les commissaires et agens de police.

7. Néanmoins les juges suppléans aux tribunaux de première instance et les suppléans des juges de paix peuvent être maires ou adjoints. — Les agens salariés du maire ne peuvent être ses adjoints.

8. Il y a incompatibilité entre les fonctions de maire et d'adjoints et le service de la garde nationale.

CHAPITRE II.

DES CONSEILS MUNICIPAUX.

SECTION 1re

De la Composition des Conseils municipaux.

9. Chaque commune a un conseil municipal composé, y compris les maires et adjoints, — De dix membres, dans les communes de cinq cents habitans et au dessous : — De douze, dans celles de cinq cents à quinze cents ; — De seize, dans celles de quinze cents à deux mille cinq cents ; — De vingt et un, dans celles de deux mille cinq cents à trois mille cinq cents ; — De vingt-trois, dans celles de trois mille cinq cents à dix mille ; — De vingt-sept, dans celles de dix mille à trente mille ; — Et de trente-six, dans celles d'une population de trente mille ames et au-dessous. — Dans les communes où il y aura plus de trois adjoints, le conseil municipal sera augmenté d'un nombre de membres égal à celui des adjoints au-dessus de trois. — Dans celles où il aura été nommé un ou plusieurs adjoints spéciaux et supplémentaires en vertu du second paragraphe de l'article 2 de la présente loi, le conseil municipal sera également augmenté d'un nombre égal à celui de ces adjoints.

10. Les conseillers municipaux sont élus par l'assemblée des électeurs communaux.

11. Sont appelés à cette assemblée, 1° les citoyens les plus imposés aux rôles des contributions directes de la commune, âgés de vingt-un ans accomplis, dans les proportions suivantes : — Pour les communes de mille ames et au-dessous, un nombre égal au dixième de la population de la commune : — Ce nombre s'accroîtra de cinq par cent habitans en sus de mille jusqu'à cinq mille, — De quatre par cent habitans en sus de cinq mille

jusqu'à quinze mille, — De trois par cent habitans au-dessus de quinze mille ; — 2° Les membres des cours et tribunaux, les juges de paix et leurs suppléans ; — Les membres des chambres de commerce, des conseils de manufactures, des conseils de prud'hommes : — Les membres des commissions administratives des collèges, des hospices et des bureaux de bienfaisance ; — Les officiers de la garde nationale ; — Les membres et correspondans de l'Institut, les membres des sociétés savantes instituées par une loi ; — Les docteurs de l'une ou plusieurs des facultés de droit, de médecine, des sciences, des lettres, après trois ans de domicile réel dans la commune ; — Les avocats inscrits au tableau, les avoués près les cours et tribunaux, les notaires, les licenciés de l'une des facultés de droit, des sciences, des lettres, chargés de l'enseignement de quelqu'une des matières appartenant à la faculté où ils auront pris leur licence, les uns et les autres après cinq ans d'exercice et de domicile réel dans la commune : — Les anciens fonctionnaires de l'ordre administratif et judiciaire jouissant d'une pension de retraite ; — Les employés des administrations civiles et militaires jouissant d'une pension de retraite de six cents francs et au-dessus : —Les élèves de l'école polytechnique qui ont été, à leur sortie, déclarés admis ou admissibles dans les services publics, après deux ans de domicile réel dans la commune : toutefois les officiers appelés à jouir du droit électoral en qualité d'anciens élèves de l'école polytechnique ne pourront l'exercer dans les communes où ils se trouveront en garnison qu'autant qu'ils y auraient acquis leur domicile civil ou politique avant de faire partie de la garnison ; — Les officiers de terre et de mer jouissant d'une pension de retraite ; — Les citoyens appelés à voter aux élections des membres de la chambre des députés ou des conseils généraux des départemens, quel que soit le taux de leurs contributions dans la commune.

12. Le nombre des électeurs domiciliés dans la commune ne pourra être moindre de trente, sauf le cas où il ne se trouverait pas un nombre suffisant de citoyens payant une contribution personnelle.

13. Les citoyens qualifiés pour voter dans l'assemblée des électeurs communaux, conformément au paragraphe 2 de l'article 11, et qui seraient en même temps inscrits sur la liste des plus imposés, voteront en cette dernière qualité.

14. Le tiers de la contribution du domaine exploité par un fermier à prix d'argent ou à portion de fruits, lui est compté pour être inscrit sur la liste des plus-imposés de la commune, sans diminution des droits du propriétaire du domaine.

15. Les membres du conseil municipal seront tous choisis sur la liste des électeurs communaux, et les trois quarts, au moins, parmi les électeurs domiciliés dans la commune.

16. Les deux tiers des conseillers municipaux sont nécessairement choisis parmi les électeurs désignés au paragraphe 1er de l'article 11 ; l'autre tiers peut être choisi parmi tous les citoyens ayant droit de voter dans l'assemblée en vertu de l'article 11.

17. Les conseillers municipaux doivent être âgés de vingt-cinq ans accomplis. Ils sont élus pour six ans et toujours rééligibles.— Les conseils seront renouvelés par moitié tous les trois ans.

18. Les préfets, sous-préfets, secrétaires généraux et conseillers de préfecture, les ministres des divers cultes en exercice dans la commune, les comptables des revenus communaux et tout agent salarié par la commune, ne peuvent être membres des conseils municipaux. Nul ne peut être membre de deux conseils municipaux.

19. Tout membre d'un conseil municipal dont les droits civiques auraient été suspendus, ou qui en aurait perdu la jouissance, cessera d'en faire partie, et ne pourra être réélu que lorsqu'il aura recouvré les droits dont il aurait été privé.

20. Dans les communes de cinq cents âmes et au-dessus, les parens au degré de père, de fils, de frère, et les alliés au même degré, ne peuvent

être en même temps membres du même conseil municipal.

21. Toutes les dispositions des lois précédentes, concernant les incompatibilités et empêchemens des fonctions municipales, sont abrogées.

22. En cas de vacance dans l'intervalle des élections triennales, il devra être procédé au remplacement dès que le conseil municipal se trouvera réduit aux trois quarts de ses membres.

SECTION II.

Des Assemblées des Conseils municipaux.

23. Les conseils municipaux se réunissent quatre fois l'année, au commencement des mois de février, mai, août et novembre. Chaque session peut durer dix jours

24. Le préfet ou sous-préfet prescrit la convocation extraordinaire du conseil municipal. ou l'autorise sur la demande du maire, toutes les fois que les intérêts de la commune l'exigent. — Dans les cessions ordinaires, le conseil municipal peut s'occuper de toutes les matières qui rentrent dans ses attributions. — En cas de réunion extraordinaire, il ne peut s'occuper que des objets pour lesquels il a été spécialement convoqué. — La convocation pourra également être autorisée pour un objet spécial et déterminé, sur la demande du tiers des membres du conseil municipal adressée directement au préfet, qui ne pourra la refuser que par un arrêté motivé, qui sera notifié aux réclamans, et dont ils pourront appeler au roi. — Le maire préside le conseil municipal: les fonctions de secrétaire sont remplies par un de ses membres, nommé au scrutin et à la majorité à l'ouverture de chaque session.

25. Le conseil municipal ne peut délibérer que lorsque la majorité des membres en exercice assiste au conseil. — Il ne pourra être refusé à aucun des citoyens contribuables de la commune communication, sans déplacement, des délibérations des conseils municipaux.

26. Le préfet déclarera démissionnaire tout membre d'un conseil municipal qui aura manqué à trois convocations consécutives, sans motifs reconnus légitimes par le conseil.

27. La dissolution des conseils municipaux peut être prononcée par le roi. — L'ordonnance de dissolution fixera l'époque de la réélection. — Il ne pourra y avoir un délai de plus de trois mois entre la dissolution et la réélection. Toutefois, dans le cas où les maires et adjoints cesseraient leurs fonctions par des causes quelconques avant la réélection du corps municipal, le roi, ou le préfet en son nom, pourront désigner sur la liste des électeurs de la commune les citoyens qui exerceront provisoirement les fonctions de maire et d'adjoints.

28. Toute délibération d'un conseil municipal portant sur des objets étrangers à ses attributions est nulle de plein droit. Le préfet, en conseil de préfecture, déclarera la nullité : le conseil pourra appeler au roi de cette décision.

29. Sont pareillement nulles de plein droit toutes les délibérations d'un conseil municipal prises hors de sa réunion légale. Le préfet, en conseil de préfecture, déclarera l'illégalité de l'assemblée et la nullité de ses actes. — Si la dissolution du conseil est prononcée, et si dans le nombre de ses actes il s'en trouve qui soient punissables d'après les lois pénales en vigueur, ceux des membres du conseil qui y auraient participé sciemment pourront être poursuivis.

30. Si un conseil se mettait en correspondance avec un ou plusieurs autres conseils, ou publiait des proclamations ou adresses aux citoyens, il serait suspendu par le préfet, en attendant qu'il eût été statué par le roi. — Si la dissolution du conseil était prononcée, ceux qui auraient participé à ces actes pourront être poursuivis conformément aux lois pénales en vigueur.

31. Lorsqu'en vertu de la dissolution prononcée par le roi un conseil aura été renouvelé en entier, le sort désignera, à la fin de la troisième année, les membres qui seront à remplacer.

CHAPITRE III.

DES LISTES ET DES ASSEMBLÉES DES
ÉLECTEURS COMMUNAUX.

SECTION 1re.

De la Formation des Listes.

32. Le maire, assisté du percepteur et des commissaires répartiteurs, dressera la liste de tous les contribuables de la commune jouissant des droits civiques, et qualifiés, à raison de la quotité de leurs contributions, pour faire partie de l'assemblée communale, conformément à l'article 11 ci-dessus. — Les plus imposés seront inscrits sur cette liste dans l'ordre décroissant de la quotité de leurs attributions.

33. Cette liste présentera la quotité des impôts de chacun de ceux qui y seront portés; elle énoncera le chiffre de la population de la commune, et sera affichée dans la commune, et communiquée, au secrétariat de la mairie, à tout requérant.

34. Tout individu omis pourra, pendant un mois, à dater de l'affiche, présenter sa réclamation à la mairie. —Dans le même délai, tout électeur inscrit sur la liste pourra réclamer contre l'inscription de tout individu qu'il croirait indûment porté.

35. Le maire prononcera dans le délai de huit jours, après avoir pris l'avis d'une commission de trois membres du conseil délégués à cet effet par le conseil municipal. Il notifiera dans le même délai sa décision aux parties intéressées.

36. Toute partie qui se croirait fondée à contester une décision rendue par le maire dans la forme ci-dessus, peut en appeler dans le délai de quinze jours devant le préfet, qui, dans le délai d'un mois, prononcera en conseil de préfecture et notifiera sa décision.

37. Le maire, sur la notification de la décision intervenue, fera sur sa liste la rectification prescrite.

38. Le maire dressera la liste des électeurs appelés à voter dans l'assemblée de la commune en vertu du paragraphe 2 de l'article 11 ci-dessus, avec l'indication de la date des diplômes, inscriptions, domicile, et autres conditions exigées par ce paragraphe.

39. Les dispositions des articles 33, 34, 35, 36 et 37, sont applicables aux listes des électeurs dressées en exécution de l'article précédent.

40. L'opération de la confection des listes commencera, chaque année, le 1er janvier; elles seront publiées et affichées le 8 du même mois, et closes définitivement le 31 mars. Il ne sera plus fait de changement aux listes pendant tout le cours de l'année : en cas d'élections, tous les citoyens qui y seront portés auront droit de voter, excepté ceux qui auraient été privés de leurs droits civiques par un jugement.

41. Les dispositions relatives à l'attribution des contributions contenues dans les lois concernant l'élection des députés sont applicables aux élections réglées par la présente loi.

42. Les difficultés relatives, soit à cette attribution, soit à la jouissance des droits civiques ou civils et au domicile réel ou politique, seront portées devant le tribunal civil de l'arrondissement, qui statuera en dernier ressort, suivant les formes établies par l'article 18 de la loi du 2 juillet 1828.

SECTION II.

Des Assemblées des Électeurs communaux.

43. L'assemblée des électeurs est convoquée par le préfet.

44. Dans les communes qui ont deux mille cinq cents âmes et plus, les électeurs sont divisés en sections. —Le nombre des sections sera tel, que chacune d'elles ait au plus huit conseillers à nommer dans les communes de deux mille cinq cents à dix mille habitans : six, dans celles de dix mille à trente mille; et quatre, dans celles dont la population excède ce dernier nombre.

La division en sections se fera par quartiers voisins, et de manière à répartir également le nombre des votans, autant que faire se pourra, entre les sections. —Le nombre et la limite des sections seront fixés par une ordonnance du roi, le conseil municipal entendu. — Chaque section nommera un nombre égal de conseillers, à moins toutefois que le nombre de conseillers ne soit pas exactement divisible par celui des sections, auquel cas les premières sections, suivant l'ordre des numéros, nommeront un conseiller de plus. Leur réunion aura lieu à cet effet successivement, à deux jours de distance. — L'ordre des numéros sera déterminé pour la première fois par la voie du sort, en assemblée publique du conseil municipal. A chaque élection nouvelle, la section qui avait le premier numéro dans l'élection précédente prendra le dernier, celle qui avait le second prendra le premier, et ainsi de suite. — Les sections seront présidées, savoir : la première à voter par le maire, et les autres successivement, par les adjoints dans l'ordre de leur nomination, et par les conseillers municipaux dans l'ordre du tableau. Les quatre scrutateurs sont les deux plus âgés et les deux plus jeunes des électeurs présens sachant lire et écrire ; le bureau ainsi constitué désigne le secrétaire.

45. Dans les communes qui ont moins de deux mille cinq cents ames, les électeurs se réuniront en une seule assemblée. Toutefois, sur la proposition du conseil général du département, et le conseil municipal entendu, les électeurs pourront être divisés en sections par un arrêté du préfet. Le même arrêté fixera le nombre et la limite des sections, et le nombre des conseillers qui devront être nommés par chacune d'elles. — Les dispositions du précédent article relatives à la constitution du bureau sont applicables aux assemblées électorales des communes qui ont moins de deux mille cinq cents ames.

46. Lorsqu'en exécution de l'article 22 il y aura lieu à remplacer des conseillers municipaux dans les communes dont le corps électoral se divise en sections, ces remplacemens seront faits par les sections qui avaient élu ces conseillers.

47. Aucun électeur ne pourra déposer son vote qu'après avoir prêté entre les mains du président serment de fidélité au roi des Français, d'obéissance à la Charte constitutionnelle et aux lois du royaume.

48. Le président a seul la police des assemblées. Elles ne peuvent s'occuper d'autres objets que des élections qui leur sont attribuées. Toute discussion, toute délibération, leur sont interdites.

49. Les assemblées des électeurs communaux procèdent aux élections qui leur sont attribuées au scrutin de liste. La majorité absolue des votes exprimés est nécessaire au premier tour de scrutin : la majorité relative suffit au second. — Les deux tours de scrutin peuvent avoir lieu le même jour. Chaque scrutin doit rester ouvert pendant trois heures au moins. Trois membres du bureau au moins seront toujours présens.

50. Le bureau juge provisoirement les difficultés qui s'élèvent sur les opérations de l'assemblée.

51. Les procès verbaux des assemblées des électeurs communaux seront adressés par l'intermédiaire du sous-préfet au préfet, avant l'installation des conseillers élus. — Si le préfet estime que les formes et conditions légalement prescrites n'ont pas été remplies, il devra déférer le jugement de la nullité au conseil de préfecture dans le délai de quinze jours, à dater de la réception du procès verbal. Le conseil de préfecture prononcera dans le délai d'un mois.

52. Tout membre de l'assemblée aura également le droit d'arguer les opérations de nullité. Dans ce cas, et si la réclamation n'a pas été consignée au procès verbal, elle devra être déposée dans le délai de cinq jours, à compter du jour de l'élection, au secrétariat de la mairie ; il en sera donné récépissé, et elle sera jugée dans le délai d'un mois par le conseil de préfecture. — Si la réclamation est fondée sur l'incapacité légale d'un ou de plusieurs des membres élus, la question sera portée devant le tribunal d'arrondissement, qui statuera comme il est dit à l'article 42.

— S'il n'y a pas eu de réclamations portées devant le conseil de préfecture, ou si ce conseil a négligé de prononcer dans les délais ci-dessus fixés, l'installation des conseillers élus aura lieu de plein droit. Dans tous les cas où l'annulation aura été prononcée, l'assemblée des électeurs devra être convoquée dans le délai de quinze jours, à partir de cette annulation.— L'ancien conseil restera en fonctions jusqu'à l'installation du nouveau.

CHAPITRE IV.

DISPOSITIONS TRANSITOIRES.

53. Toutes les opérations relatives à la confection des listes pour la première convocation des assemblées des électeurs devront être terminées dans le délai de six mois, à dater de la promulgation de la présente loi. La première nomination qui sera faite aura lieu intégralement pour chaque conseil municipal.—Lors de la deuxième élection, qui aura lieu trois ans après, le sort désignera ceux qui seront compris dans la moitié sortant.

—Si la totalité du corps municipal est en nombre impair, la fraction la plus forte sortira la première.

54. L'exécution de la présente loi pourra être suspendue par le gouvernement dans les communes où il le jugera nécessaire. — Cette suspension ne pourra durer plus d'un an à partir de la promulgation de la présente loi.

CHAPITRE V.

DISPOSITION GÉNÉRALE.

55. Il sera statué par une loi spéciale sur l'organisation municipale de la ville de Paris.

LOI

SUR LA GARDE NATIONALE.

(22 Mars 1851.)

TITRE PREMIER.

DISPOSITIONS GÉNÉRALES.

Art. 1er. La garde nationale est instituée pour défendre la royauté constitutionnelle, la Charte et les droits qu'elle a consacrés, pour maintenir l'obéissance aux lois, conserver ou rétablir l'ordre et la paix publique, seconder l'armée de ligne dans la défense des frontières et des côtes, assurer l'indépendance de la France et l'intégrité de son territoire. — Toute délibération prise par la garde nationale sur les affaires de l'état, du département et de la commune, est une atteinte à la liberté publique et un délit contre la chose publique et la constitution.

2. La garde nationale est composée de tous les Français, sauf les exceptions ci-après :

3. Le service de la garde nationale consiste : — 1° En service ordinaire dans l'intérieur de la commune ; — 2° En service de détachement hors du territoire de la commune ;—3° En service de corps détachés pour seconder l'armée de ligne dans les limites fixées par l'article 1er.

4. Les gardes nationales seront organisées dans tout le royaume : elles le seront par communes. — Les compagnies communales d'un canton seront formées en bataillons cantonnaux lorsqu'une ordonnance du roi l'aura prescrit.

5. Cette organisation sera permanente ; toutefois, le roi pourra suspendre ou dissoudre la garde nationale en des lieux déterminés. — Dans ces deux cas, la garde nationale sera remise en activité ou réorganisée dans l'année qui s'écoulera, à compter du jour de la suspension ou de la dissolution, s'il n'est pas intervenu une loi qui prolonge ce délai. — Dans le cas où la garde nationale

résisterait aux réquisitions légales des autorités, ou bien s'immiscerait dans les actes des autorités municipales, administratives ou judiciaires, le préfet pourra provisoirement la suspendre. — Cette suspension n'aura d'effet que pendant deux mois, si pendant cet espace de temps elle n'est pas maintenue, ou si la dissolution n'est pas prononcée par le roi.

6. Les gardes nationales sont placées sous l'autorité des maires, des sous-préfets, des préfets et du ministre de l'intérieur. — Lorsque la garde nationale sera réunie, en tout ou en partie, au chef-lieu du canton, elle sera sous l'autorité du maire de la commune où sa réunion aura lieu d'après les ordres du sous-préfet ou du préfet. — Sont exceptés les cas déterminés par les lois, où les gardes nationales sont appelées à faire, dans leur commune ou leur canton, un service d'activité militaire, et sont mises, par l'autorité civile, sous les ordres de l'autorité militaire.

7. Les citoyens ne pourront ni prendre les armes, ni se rassembler en état de gardes nationales, sans l'ordre des chefs immédiats, ni ceux-ci l'ordonner sans une réquisition de l'autorité civile, dont il sera donné communication à la tête de la troupe.

8. Aucun officier ou commandant de poste de la garde nationale ne pourra faire distribuer des cartouches aux citoyens armés, si ce n'est en cas de réquisition précise; autrement il demeurera responsable des événemens.

TITRE II.

SECTION I.

De l'obligation du service.

9. Tous les Français âgés de vingt à soixante ans sont appelés au service de la garde nationale, dans le lieu de leur domicile réel. Ce service est obligatoire et personnel, sauf les exceptions qui seront établies ci-après.

10. Pourront être appelés à faire le service, les étrangers admis à la jouissance des droits civils, conformément à l'article 13 du Code civil; lorsqu'ils auront acquis en France une propriété ou qu'ils y auront formé un établissement.

11. Le service de la garde nationale est incompatible avec les fonctions des magistrats qui ont le droit de requérir la force publique.

12. Ne seront pas appelés à ce service : — 1° Les ecclésiastiques engagés dans les ordres, les ministres des différens cultes, les élèves des grands séminaires et des facultés de théologie; — 2° Les militaires des armées de terre et de mer en activité de service; ceux qui auront reçu une destination des ministres de la guerre ou de la marine; les administrateurs ou agens commissionnés des services de terre et de mer également en activité; les ouvriers des ports, des arsenaux et des manufactures d'armes organisés militairement; ne sont pas compris dans cette dispense les commis et employés des bureaux de la marine au-dessous du grade de sous-commissaire : — 3° Les officiers, sous-officiers et soldats des gardes municipales et autres corps soldés; — 4° Les préposés des services actifs des douanes, des octrois, des administrations sanitaires, les gardes champêtres et forestiers.

13. Sont exemptés du service de la garde nationale les concierges des maisons d'arrêt, les geôliers, les guichetiers et autres agens subalternes de justice ou de police. — Le service de la garde nationale est interdit aux individus privés de l'exercice des droits civils, conformément aux lois. — Sont exclus de la garde nationale, — 1° Les condamnés à des peines afflictives ou infamantes; — 2° Les condamnés en police correctionnelle pour vol, escroquerie, pour banqueroute simple, abus de confiance pour soustraction commise par des dépositaires publics, et pour attentat aux mœurs, prévus par les articles 331 et 334 du Code pénal; — 3° Les vagabonds ou gens sans aveu déclarés tels par jugemens.

SECTION II.

De l'inscription au registre matricule.

14. Les Français appelés au service de la garde nationale seront inscrits

sur un registre matricule établi dans chaque commune. — A cet effet, des listes de recensement seront dressées par le maire et révisées par un conseil de recensement, comme il est dit ci-après. — Ces listes seront déposées au secrétariat de la mairie; les citoyens seront avertis qu'ils peuvent en prendre connaissance.

15. Il y aura au moins un conseil de recensement par commune dans les communes rurales : et dans les villes qui ne forment pas plus d'un canton, le conseil municipal, présidé par le maire, remplira les fonctions du conseil de recensement. — Dans les villes qui renferment plusieurs cantons, le conseil municipal pourra s'adjoindre un certain nombre de personnes choisies à nombre égal, dans les divers quartiers, parmi les citoyens qui sont ou qui seront appelés à faire le service de la garde nationale. — Le conseil municipal et les membres adjoints pourront se subdiviser, suivant les besoins, en autant de conseils de recensement qu'il y aura d'arrondissemens. — Dans ce cas, l'un des conseils sera présidé par le maire : chacun des autres le sera par l'adjoint ou le membre du conseil municipal délégué par le maire. — Ces conseils seront composés de huit membres au moins.—A Paris, il y aura, par arrondissement, un conseil de recensement présidé par le maire de l'arrondissement, et composé de huit membres choisis par lui, comme il est dit au troisième paragraphe de cet article.

16. Le conseil de recensement procédera immédiatement à la révision des listes et à l'établissement du registre matricule.

17. Au mois de janvier de chaque année, le conseil de recensement inscrira au registre matricule les jeunes gens qui seront entrés dans leur vingtième année pendant le cours de l'année précédente, ainsi que les Français qui auront nouvellement acquis leur domicile dans la commune : il rayera dudit registre les Français qui seront entrés dans leur soixantième année pendant le cours de la même année, ceux qui auront changé de domicile et les décédés. Toutefois, le

service ne sera pas exigé avant l'âge de vingt ans accomplis.

18. Dans le courant de chaque année, le maire notera, en marge du registre matricule, les mutations provenant : 1° des décès ; 2° des changemens de résidence ; 3° des actes en vertu desquels les personnes désignées dans les articles 11, 12 et 13 auraient cessé d'être soumises au service de la garde nationale ou en seraient exclues. — Le conseil de recensement, sur le vu des pièces justificatives, prononcera, s'il y a lieu, la radiation. — Le registre matricule, déposé au secrétariat de la mairie, sera communiqué à tout habitant de la commune qui en fera la demande au maire.

TITRE III.
DU SERVICE ORDINAIRE.

SECTION I.
De l'inscription au contrôle du service ordinaire et de réserve.

19. Après avoir établi le registre matricule, le conseil de recensement procédera à la formation du contrôle du service ordinaire et du contrôle de réserve. — Le contrôle de service ordinaire comprendra tous les citoyens que le conseil de recensement jugera pouvoir concourir au service habituel. — Néanmoins, parmi les Français inscrits sur le registre matricule, ne pourront être portés sur le contrôle du service ordinaire que ceux qui sont imposés à la contribution personnelle, et leurs enfans lorsqu'ils auront atteint l'âge fixé par la loi, ou des gardes nationaux non imposés à la contribution personnelle, mais qui, ayant fait le service postérieurement au 1er août dernier, voudront le continuer. — Le contrôle de réserve comprendra tous les citoyens pour lesquels le service habituel serait une charge trop onéreuse, et qui ne devront être requis que dans les circonstances extraordinaires.

20. Ne seront pas portés sur les contrôles du service ordinaire les domestiques attachés au service de la personne.

21. Les compagnies et subdivisions de compagnie sont formées sur les

contrôles du service ordinaire. Les citoyens inscrits sur les contrôles de réserve seront répartis à la suite desdites compagnies ou subdivisions de compagnie, de manière à pouvoir y être incorporés au besoin.

22. Les inscriptions et les radiations à faire sur les contrôles auront lieu d'après les règles suivies pour les inscriptions et radiations opérées sur registres matricules.

23. Il sera formé, à la diligence du juge de paix, dans chaque canton, un jury de révision, composé du juge de paix président, et de douze jurés désignés par le sort, sur la liste de tous les officiers, sous-officiers des gardes nationales du canton, âgés de plus de vingt-cinq ans. — Il sera dressé une liste des officiers et sous-officiers pour chaque commune ; le tirage définitif des jurés sera fait sur l'ensemble de ces listes pour tout le canton

24. Le tirage des jurés sera fait par le juge de paix, en audience publique. Les fonctions de juré et celles de membre du conseil de recensement sont incompatibles. — Les jurés seront renouvelés tous les six mois.

25. Ce jury prononcera sur les réclamations relatives : — 1° A l'inscription ou à la radiation sur les registres matricules, ainsi qu'il est dit article 14 ; — 2° A l'inscription ou à l'omission sur le contrôle du service ordinaire. — Seront admises les réclamations des tiers gardes nationaux sur qui retomberait la charge du service. — Ce jury exercera, en outre, les attributions qui lui seront spécialement confiées par les dispositions subséquentes de la présente loi.

26. Le jury ne pourra prononcer qu'au nombre de sept membres au moins, y compris le président. — Ses décisions seront prises à la majorité absolue et ne seront susceptibles d'aucun recours.

SECTION II.

Des remplacemens, des exemptions, des dispenses du service ordinaire.

27. Le service de la garde nationale étant obligatoire et personnel, le remplacement est interdit pour le service ordinaire, si ce n'est entre les proches parens, savoir : du père par le fils, du frère par le frère, de l'oncle par le neveu, et réciproquement, ainsi qu'entre alliés aux mêmes degrés, à quelque compagnie ou bataillon qu'appartiennent les parens et les alliés. — Les gardes nationaux de la même compagnie qui ne sont ni parens ni alliés aux degrés ci-dessus désignés pourront seulement échanger leur tour de service.

28. Peuvent se dispenser du service de la garde nationale, nonobstant leur inscription : — 1° Les membres des deux Chambres ; — 2° Les membres des cours et tribunaux : — 3° Les anciens militaires qui ont cinquante ans d'âge et vingt années de service ; — 4° Les gardes nationaux ayant cinquante-cinq ans ; — 5° Les facteurs de poste aux lettres, les agens des lignes télégraphiques, et les postillons de l'administration des postes reconnus nécessaires au service.

29. Sont dispensés du service ordinaire les personnes qu'une infirmité met hors d'état de faire le service. — Toutes ces dispenses et toutes les dispenses temporaires demandées pour cause d'un service public, seront prononcées par le conseil de recensement, sur le vu des pièces qui en constateront la nécessité. — Les absences constatées seront un motif de dispense temporaire. — En cas d'appel, le jury de révision statuera.

SECTION III.

Formation de la garde nationale : composition des cadres.

30. La garde nationale sera formée, dans chaque commune, par subdivision de compagnies, par compagnies, par bataillons et par légions. — La cavalerie de la garde nationale sera formée, dans chaque commune ou dans le canton, par subdivision d'escadron et par escadron. — Chaque bataillon aura son drapeau et chaque escadron son étendard.

31. Dans chaque commune, la formation en compagnie se fera de la manière suivante : — Dans les villes,

chaque compagnie sera composée, autant que possible, des gardes nationaux du même quartier. Dans les communes rurales, les gardes nationaux de la même commune forment une ou plusieurs compagnies ou une subdivison de compagnie.

32. La répartition en compagnies ou subdivisions de compagnie des gardes nationaux inscrits sur le contrôle du service ordinaire, sera faite par le conseil de recensement.

§ 1er. — *Formation des compagnies.*

33. Il y aura par subdivision de compagnies de gardes nationaux à pied de toutes armes :

| | NOMBRE TOTAL D'HOMMES | | | | |
	jusqu'à 14.	de 15 à 20.	de 20 à 30.	de 30 à 40.	de 40 à 50.
Lieutenans.	»	»	»	1	1
S.-lieutenans.	»	1	1	1	1
Sergens.	1	1	2	2	3
Caporaux.	1	2	4	4	6
Tambours.	»	»	»	1	1

34. La force ordinaire des compagnies sera de soixante à deux cents hommes; néanmoins la commune qui n'aura que cinquante à soixante gardes nationaux formera une compagnie.

35. Il y aura par compagnie de garde nationale à pied de toutes armes :

| | NOMBRE TOTAL D'HOMMES | | | |
	de 50 à 80.	de 80 à 160.	de 100 à 160.	de 140 à 280.
Capitaine en premier.	1	1	1	1
Capitaine en second.	»	»	»	»
Lieutenans.	1	1	1	1
Sous-lieutenans.	1	2	2	2
Sergent-major.	1	1	1	1
Sergent fourrier.	1	1	1	1
Sergens.	4	6	6	8
Caporaux.	8	12	12	16
Tambours.	1	2	2	2

36. Il pourra être formé une garde à cheval dans les cantons ou communes où cette formation serait jugée utile au service, et où se trouveraient au moins dix gardes nationaux qui s'engageraient à s'équiper à leurs frais et à entretenir chacun un cheval.

37. Il y aura par subdivision d'escadron et par escadron :

	NOMBRE TOTAL D'HOMMES						
	jusqu'à 17.	de 17 à 30.	de 30 à 40.	de 40 à 50.	de 50 à 70.	de 70 à 100.	de 100 à 120 et au-dessus.
Capitaine en premier.	»	»	»	»	»	»	1
Capitaine en second.	»	»	»	»	»	»	»
Lieutenans.	»	1	1	1	1	2	2
Sous-lieutenans.	»	»	1	1	2	2	2
Maréchal-des logis chef.	1	1	1	1	1	1	1
Fourrier.	»	»	»	»	»	1	1
Maréchaux-de-logis.	»	2	2	3	4	4	5
Brigadiers.	2	4	4	6	8	8	16
Trompettes.	»	»	1	1	1	1	2

38. Dans toutes les places de guerre et dans les cantons voisins des côtes, il sera formé des compagnies ou des subdivisions de compagnie d'artillerie. A Paris, et dans les autres villes,

une ordonnance du roi pourra prescrire la formation et l'armement de compagnies ou subdivisions de compagnie d'artillerie. L'ordonnance réglera l'organisation, la réunion de la répartition des compagnies.

39. Les artilleurs seront choisis, par le conseil de recensement, parmi les gardes nationaux qui se présenteraient volontairement, et qui réuniraient, autant que possible, les qualités exigées pour entrer dans l'artillerie.

40. Partout où il n'existe pas de corps soldés de sapeurs-pompiers, il sera, autant que possible, formé par le conseil de recensement, des compagnies ou subdivisions de compagnie de sapeurs-pompiers volontaires faisant partie de la garde nationale. Elles seront composées principalement d'anciens officiers et soldats du génie militaire, d'officiers et agens des ponts-et-chaussées et des mines, et d'ouvriers d'art.

41. Dans les ports de commerce et dans les cantons maritimes, il pourra être formé des compagnies spéciales de marins et d'ouvriers marins, ayant pour service ordinaire la protection des navires et du matériel maritime situé sur les côtes et dans les ports.

42. Toutes les compagnies spéciales concourront, par armes et suivant leur force numérique au service ordinaire de la garde nationale.

§ II. *Formation des bataillons.*

43. Le bataillon sera formé de quatre compagnies au moins et de huit au plus.

44. L'état-major du bataillon sera composé : — D'un chef de bataillon, — D'un adjudant-major capitaine, — D'un porte-drapeau sous-lieutenant, — D'un chirurgien-aide-major, — D'un adjudant-sous-officier, — D'un tambour-maître. — A Paris, lorsque la force effective d'un bataillon sera de mille hommes et plus, il pourra y avoir un chef de bataillon en second et un deuxième adjudant-sous-officier.

45. Dans toutes les communes où le nombre des gardes nationaux inscrits sur le contrôle du service ordinaire s'élèvera à plus de cinq cents hommes, la garde nationale sera formée par bataillons. — Lorsque, dans le cas prévu par l'article 4, une ordonnance du roi aura prescrit la formation en bataillons des gardes nationales de plusieurs communes, cette ordonnance indiquera les communes dont les gardes nationales doivent participer à la formation du même bataillon. — La compagnie ou les compagnies d'une commune ne pourront jamais être réparties dans des bataillons différens.

46. Les bataillons formés par les gardes nationales d'une même commune pourront seuls avoir chacun une compagnie de grenadiers et une de voltigeurs.

47. Les compagnies de sapeurs-pompiers et de canonniers volontaires ne seront pas comprises dans la formation des bataillons de garde nationale ; elles seront cependant, ainsi que les compagnies de cavalerie, sous les ordres du commandant de la garde communale ou cantonnale.

§ III. Formation des légions.

48. Dans les cantons et dans les villes où la garde nationale présente au moins deux bataillons de cinq cents hommes chacun, elle pourra, d'après une ordonnance du roi, être réunie par légions. — Dans aucun cas, la garde nationale ne pourra être formée par département ni par arrondissement de sous-préfecture.

49. L'état-major d'une légion sera composé : — D'un chef de légion colonel, — D'un lieutenant colonel, — D'un major chef de bataillon, — D'un chirurgien-major, — D'un tambour-major. — A Paris et dans les villes où la nécessité en sera reconnue, il pourra y avoir près des légions un officier payeur et un capitaine d'armement.

SECTION IV.

De la nomination aux grades.

50. Dans chaque commune, les gardes nationaux appelés à former une compagnie ou subdivision de compagnie, se réuniront sans armes et sans uniforme pour procéder, en présence du président du conseil de recensement, assisté par les deux membres les plus âgés de ce conseil, à la nomination de leurs officiers, sous-officiers et caporaux, suivant les tableaux des articles 33, 35 et 37. — Si plusieurs communes sont appelées à former une compagnie, les gardes nationaux de ces communes se réuniront dans la commune la plus populeuse pour nommer leur capitaine, leur sergent-major et leur fourrier.

51. L'élection des officiers aura lieu pour chaque grade successivement, en commençant par le plus élevé, au scrutin individuel et secret, à la majorité absolue des suffrages. — Les sous-officiers et caporaux seront nommés à la majorité relative. — Le scrutin sera dépouillé par le président du conseil de recensement, assisté, comme il est dit dans l'article précédent, par au moins deux membres de ce conseil, lesquels rempliront les fonctions de scrutateurs.

52. Dans les villes et communes qui ont plus d'une compagnie, chaque compagnie sera appelée séparément et tour à tour pour procéder à ses élections.

53. Pour nommer le chef de bataillon et le porte-drapeau, tous les officiers du bataillon réunis à pareil nombre de sous-officiers, caporaux, gardes-nationaux, formeront une assemblée convoquée et présidée par le maire de la commune, si le bataillon est communal, et par le maire délégué du sous-préfet, si le bataillon est cantonnal. — Les sous-officiers, caporaux et gardes nationaux chargés de concourir à l'élection, seront nommés dans chaque compagnie. — Tous les scrutins d'élection seront individuels et secrets ; il faudra la majorité des suffrages.

54. Les réclamations élevées relativement à l'inobservation des formes prescrites pour l'élection des officiers et sous-officiers, seront portées devant le jury de révision, qui décidera sans recours.

55. Si les officiers de tout grade, élus conformément à la loi, ne sont pas, au bout de deux mois, complé-

tement armés, équipés et habillés suivant l'uniforme, ils seront considérés comme démissionnaires et remplacés sans délai.

56. Les chefs de légion et les lieutenans-colonels seront choisis par le roi, sur une liste de dix candidats, présentés à la majorité relative, par la réunion : 1° de tous les officiers de la légion ; 2° de tous les sous-officiers, caporaux et gardes nationaux désignés dans chacun des bataillons de la légion, pour concourir au choix du chef de bataillon, comme il est dit article 55.

57. Les majors, les adjudans-majors, chirurgiens majors et aides majors seront nommés par le roi. — L'adjudant sous-officier sera nommé par le chef de légion ou de bataillon. — Le capitaine d'armement et l'officier payeur seront nommés par le commandant supérieur ou le préfet, sur la présentation du chef de légion.

58. Il sera nommé aux emplois autres que ceux désignés ci-dessus, sur la présentation du chef de corps, savoir : — Par le maire, lorsque la garde nationale sera communale, — Et par le sous-préfet, pour les bataillons cantonnaux.

59. Dans chaque commune, le maire fera reconnaître à la garde nationale assemblée sous les armes le commandant de cette garde. Celui-ci, en présence du maire, fera reconnaître les officiers. — Les fonctions du maire seront remplies, à Paris, par le préfet. — Pour les bataillons et compagnies qui comprennent plusieurs communes, le sous-préfet ou son délégué fera reconnaître l'officier commandant, en présence de la compagnie ou du bataillon assemblé. — Dans le mois de promulgation de la loi, les officiers de tout grade, actuellement en fonctions, et à l'avenir ceux nouvellement élus au moment où ils seront reconnus, prêteront serment de fidélité au roi des Français et d'obéissance à la Charte constitutionnelle et aux lois du royaume.

60. Les officiers, sous-officiers et caporaux seront élus pour trois ans. Ils pourront être réélus.

61. Sur l'avis du maire et du sous-préfet, tout officier de la garde nationale pourra être suspendu de ses fonctions pendant deux mois, par arrêté motivé du préfet pris en conseil de préfecture, l'officier préalablement entendu dans ses observations. — L'arrêté du préfet sera transmis immédiatement par lui au ministre de l'intérieur. — Sur le rapport du ministre, la suspension pourra être prolongée par une ordonnance du roi. — Si, dans le cours d'une année, ledit officier n'a pas été rendu à ses fonctions, il sera procédé à une nouvelle élection.

62. Aussitôt qu'un emploi quelconque deviendra vacant, il sera pourvu au remplacement, suivant les formes établies par la présente loi.

63. Les corps spéciaux suivront, pour leur formation et pour l'élection de leurs officiers, sous-officiers et caporaux, les règles prescrites par les articles 33 et suivans.

64. Dans les communes où la garde nationale formera plusieurs légions, le roi pourra nommer un commandant supérieur; mais il ne pourra être nommé de commandant supérieur des gardes nationales de tout un département ou d'un même arrondissement de sous-préfecture. — Cette disposition n'est pas applicable au département de la Seine.

65. Lorsque le roi aura jugé à propos de nommer dans une commune un commandant supérieur, l'état-major sera fixé, quant au nombre et aux grades des officiers qui devront le composer, par une ordonnance du roi. — Les officiers d'état-major seront nommés par le roi, sur la présentation du commandant supérieur, qui ne pourra choisir les candidats que parmi les gardes nationaux de la commune.

66. Il ne pourra y avoir dans la garde nationale aucun grade sans emploi.

67. Aucun officier exerçant un emploi actif dans les armées de terre et de mer, ne pourra être nommé officier ni commandant supérieur des gardes nationales en service ordinaire.

SECTION V.

De l'uniforme, des armes et des préséances.

68. L'uniforme des gardes nationales sera déterminé par une ordonnance du roi : les signes distinctifs des grades seront les mêmes que ceux de l'armée.

69. Lorsque le gouvernement jugera nécessaire de délivrer des armes de guerre aux gardes nationales, le nombre d'armes reçu sera constaté dans chaque municipalité, au moyen d'états émargés par les gardes nationaux, à l'instant où les armes leur seront délivrées. — L'entretien de l'armement est à la charge du garde national, et les réparations, en cas d'accident causé par le service, sont à la charge de la commune. — Les gardes nationaux et les communes sont responsables des armes qui leur auront été délivrées ; ces armes restent la propriété de l'état. — Les armes seront poinçonnées et numérotées.

70. Les diverses armes dont se compose la garde nationale seront assimilées, pour le rang à conserver entre elles, aux armes correspondantes des forces régulières.

71. Toutes les fois que la garde nationale sera réunie, les différens corps prendront la place qui leur sera assignée par le commandant supérieur.

72. Dans tous les cas où les gardes nationales serviront avec les corps soldés, elles prendront le rang sur eux. — Le commandement dans les fêtes ou cérémonies civiles appartiendra à celui des officiers des divers corps qui aura la supériorité du grade, ou, à grade égal, à celui qui sera le plus ancien.

SECTION VI.

Ordre du service ordinaire.

73. Le réglement relatif au service ordinaire, aux revues et aux exercices, sera arrêté par le maire, sur la proposition du commandant de la garde nationale, et approuvé par le sous-préfet. — Les chefs pourront, en se conformant à ce réglement et sans réquisition particulière, mais après en avoir

prévenu l'autorité municipale, faire toutes les dispositions et donner tous les ordres relatifs au service ordinaire, aux revues et aux exercices. — Dans les villes de guerre, la garde nationale ne pourra prendre les armes ni sortir des barrières, qu'après que le maire en aura informé par écrit le commandant de la place.

74. Lorsque la garde nationale des communes sera organisée en bataillons cantonnaux, le réglement sur les exercices et revues sera arrêté par le sous-préfet, sur la proposition de l'officier le plus élevé en grade du canton, et sur l'avis des maires des communes.

75. Le préfet pourra suspendre les revues et exercices dans les communes et dans les cantons de son département, à la charge d'en rendre immédiatement compte au ministre de l'intérieur.

76. Pour l'ordre du service, il sera dressé par les sergens majors un contrôle de chaque compagnie, signé du capitaine, et indiquant les jours où chaque garde national aura fait un service.

77. Dans les communes où la garde nationale est organisée par bataillon, l'adjudant-major tiendra un état, par compagnie, des hommes commandés chaque jour dans son bataillon. — Cet état servira à contrôler le rôle de chaque compagnie.

78. Tout garde national commandé pour le service devra obéir, sauf à réclamer, s'il s'y croit fondé, devant le chef du corps.

SECTION VII.

De l'administration.

79. La garde nationale est placée, pour son administration et sa comptabilité, sous l'autorité administrative et municipale. — Les dépenses de la garde nationale sont votées, réglées et surveillées comme toutes les autres dépenses municipales.

80. Il y aura dans chaque légion ou dans chaque bataillon formé par les gardes nationaux d'une même commune, un conseil d'administration chargé de présenter annuelle

ment au maire l'état des dépenses nécessaires, et de viser les pièces justificatives de l'emploi fait des fonds. — Le conseil sera composé du commandant de la garde nationale, qui présidera, et de six membres choisis parmi les officiers, sous-officiers et gardes nationaux. — Il y aura également, par bataillon cantonnal, un conseil d'administration chargé des mêmes fonctions, et qui devra présenter au sous-préfet l'état des dépenses résultant de la formation du bataillon. — Les membres du conseil d'administration seront nommés par le préfet, sur une liste triple de candidats présentés par le chef de légion, ou par le chef de bataillon dans les communes, où il n'est pas formé de légion. — Dans les communes où la garde nationale comprendra une ou plusieurs compagnies non réunies en bataillon, l'état des dépenses sera soumis au maire par le commandant de la garde nationale.

81. Les dépenses ordinaires de la garde nationale sont : — 1° Les frais d'achat des drapeaux, des tambours et des trompettes ; — 2° La partie d'entretien des armes qui ne sera pas à la charge individuelle des gardes nationaux ; — 3° Les frais de registres, papiers, contrôles, billets de gardes, et tous les menus frais de bureau qu'exigera le service de la garde nationale. — Les dépenses extraordinaires sont : — 1° Dans les villes qui, d'après l'article 64, recevront un commandant supérieur, les frais d'indemnité pour dépenses indispensables de ce commandant et de son état-major ; — 2° Dans les communes et les cantons où seront formés des bataillons ou légions, les appointemens des majors, adjudans-majors et adjudans-sous-officiers, si ces fonctions ne peuvent pas être exercées gratuitement ; — 3° L'habillement et la solde des tambours et trompettes. — Les conseils municipaux jugeront de la nécessité de ces dépenses. — Lorsqu'il sera créé des bataillons cantonnaux, la répartition de la portion afférente à chaque commune du canton, dans les dépenses du bataillon, autres que celles des compagnies, sera faite par

le préfet en conseil de préfecture, après avoir pris l'avis des conseils municipaux.

SECTION VIII.

§ I. Des peines.

82. Les chefs de poste pourront employer contre les gardes nationaux de service les moyens de répression qui suivent : — 1° Une faction hors de tour contre tout garde national qui aura manqué à l'appel ou se sera absenté du poste sans autorisation ; — 2° La détention dans la prison du poste, jusqu'à la relevée de la garde, contre tout garde national de service en état d'ivresse ou qui se sera rendu coupable de bruit, tapage, voies de fait, ou de provocation au désordre ou à la violence, sans préjudice du renvoi au conseil de discipline, si la faute emporte une punition plus grave.

83. Sur l'ordre du chef du corps, indépendamment du service régulièrement commandé, et que le garde national, le caporal ou le sous-officier doit accomplir, il sera tenu de monter une garde hors de tour, lorsqu'il aura manqué pour la première fois au service.

84. Les conseils de discipline pourront, dans les cas énumérés ci-après, infliger les peines suivantes : — 1° La réprimande ; — 2° Les arrêts pour trois jours au plus ; — 3° La réprimande avec mise à l'ordre ; — 4° La prison pour trois jours au plus ; — 5° La privation du grade ; — 6° Si, dans les communes où s'étend la juridiction du conseil de discipline, il n'existe ni prison ni local pouvant en tenir lieu, ce conseil pourra commuer la peine de prison en une amende d'une journée à dix journées de travail.

85. Sera puni de la réprimande l'officier qui aura commis une infraction, même légère, aux règles du service.

86. Sera puni de la réprimande, avec mise à l'ordre, l'officier qui, étant de service ou en uniforme, tiendra une conduite propre à porter atteinte à la discipline de la garde nationale ou à l'ordre public.

87. Sera puni des arrêts ou de la prison, suivant la gravité des cas, tout officier qui, étant de service, se sera rendu coupable des fautes suivantes : — 1° La désobéissance et l'insubordination, — 2° Le manque de respect, les propos offensans et les insultes envers des officiers d'un grade supérieur : — 3° Tout propos outrageant envers un subordonné, et tout abus d'autorité : — 4° Tout manquement à un service commandé : — 5° Toute infraction aux règles du service.

88. Les peines énoncées dans les articles 85 et 86 pourront, dans les mêmes cas, et suivant les circonstances, être appliquées aux sous-officiers, caporaux et gardes nationaux.

89. Pourra être puni de la prison, pendant un temps qui ne pourra excéder deux jours, et, en cas de récidive, trois jours, — 1° Tout sous-officier, caporal et garde national coupable de désobéissance et d'insubordination, ou qui aura refusé, pour la seconde fois, un service d'ordre et de sûreté ; — 2° Tout sous-officier, caporal et garde national qui, étant de service, sera dans un état d'ivresse ou tiendra une conduite qui porte atteinte à la discipline de la garde nationale ou à l'ordre public ; — 3° Tout garde national qui, étant de service, aura abandonné ses armes ou son poste avant qu'il ne soit relevé.

90. Sera privé de son grade tout officier ou caporal qui, après avoir subi une condamnation du conseil de discipline, se rendra coupable d'une faute qui entraîne l'emprisonnement, s'il s'est écoulé moins d'un an depuis la première condamnation. Pourra également être privé de son grade tout officier, sous-officier et caporal qui aura abandonné son poste avant qu'il ne soit relevé. — Tout officier, sous-officier ou caporal privé de son grade, par jugement, ne pourra être réélu qu'aux élections générales.

91. Le garde national prévenu d'avoir vendu à son profit les armes de guerre ou les effets d'équipement qui lui ont été confiés par l'État ou par les communes, sera renvoyé devant le tribunal de police correctionnelle,

pour y être poursuivi à la diligence du ministère public, et puni, s'il y a lieu, de la peine portée en l'article 40 du Code pénal, sauf l'application, le cas échéant, de l'article 463 dudit Code. — Le jugement de condamnation prononcera la restitution au profit de l'État ou de la commune du prix des armes ou effets vendus.

92. Tout garde national qui, dans l'espace d'une année, aura subi deux condamnations du conseil de discipline pour refus de service, sera, pour la troisième fois, traduit devant les tribunaux de police correctionnelle, et condamné à un emprisonnement qui ne pourra être moindre de cinq jours ni excéder dix jours. — En cas de récidive, l'emprisonnement ne pourra être moindre de dix jours ni excéder vingt jours. — Il sera en outre condamné aux frais et à une amende qui ne pourra être moindre de cinq francs ni excéder quinze francs dans le premier cas et dans le deuxième être moindre de quinze francs, ni excéder cinquante francs.

93. Tout chef de corps, poste ou détachement de la garde nationale qui refusera d'obtempérer à une réquisition des magistrats ou fonctionnaires investis du droit de requérir la force publique, ou qui aura agi sans réquisition et hors des cas prévus par la loi, sera poursuivi devant les tribunaux, et puni conformément aux articles 254 et 258 du Code pénal. — La poursuite entraînera la suspension, et s'il y a condamnation, la perte du grade.

§ II. Des conseils de discipline.

94. Il y aura un conseil de discipline, — 1° Par bataillon communal ou cantonnal ; — 2° Par commune ayant une ou plusieurs compagnies non réunies en bataillon ; — 3° Par compagnie formée de gardes nationaux de plusieurs communes.

95. Dans les villes qui comprendront une ou plusieurs légions, il y aura un conseil de discipline pour juger les officiers supérieurs de légion et officiers d'état-major non justiciables des conseils de discipline ci-dessus.

96. Le conseil de discipline de la garde nationale d'une commune ayant une ou plusieurs compagnies non réunies en bataillon, et celui d'une compagnie formée de gardes nationaux de plusieurs communes, seront composés de cinq juges, savoir : — Un capitaine, président; un lieutenant ou un sous-lieutenant, un sergent, un caporal et un garde national.

97. Le conseil de discipline du bataillon sera composé de sept juges, savoir : le chef de bataillon, président; un capitaine, un lieutenant ou un sous-lieutenant, un sergent, un caporal et deux gardes nationaux.

98. Le conseil de discipline, pour juger les officiers supérieurs et officiers d'état-major, sera composé de sept juges, savoir : d'un chef de légion, président; de deux chefs de bataillon, deux capitaines, et deux lieutenans ou sous-lieutenans.

99. Lorsqu'une compagnie sera formée des gardes nationaux de plusieurs communes, le conseil de discipline siégera dans la commune la plus populeuse.

100. Dans le cas où le prévenu serait officier, deux officiers du grade du prévenu entreront dans le conseil de discipline, et remplaceront les deux derniers membres — S'il n'y a pas dans la commune deux officiers du grade du prévenu, le sous-préfet les désignera par la voie du sort, parmi ceux du canton, et s'il ne s'en trouve pas dans le canton, parmi ceux de l'arrondissement. — S'il s'agit de juger un chef de bataillon, le préfet désignera, par la voie du sort, deux chefs de bataillon des cantons ou des arrondissemens circonvoisins.

101. Il y aura, par conseil de discipline de bataillon ou de légion, un rapporteur ayant rang de capitaine ou de lieutenant, et un secrétaire ayant rang de lieutenant ou de sous-lieutenant. — Dans les villes où il se trouvera plusieurs légions, il y aura par conseil de discipline, un rapporteur adjoint et un secrétaire-adjoint, du grade inférieur à celui du rapporteur et du secrétaire.

102. Lorsque la garde nationale d'une commune ne formera qu'une ou plusieurs compagnies non réunies en bataillon, un officier ou un sous-officier remplira les fonctions de rapporteur, et un sous-officier celles de secrétaire du conseil de discipline.

103. Le sous-préfet choisira l'officier ou les sous-officiers rapporteurs et secrétaires du conseil de discipline, sur des listes de trois candidats désignés par le chef de la légion, ou, s'il n'y a pas de légion, par le chef de bataillon. — Dans les communes où il n'y a pas de bataillon, des listes de candidats seront dressées par le plus ancien capitaine. — Les rapporteurs, rapporteurs adjoints, secrétaires et secrétaires-adjoints, seront nommés pour trois ans; ils pourront être réélus. — Le préfet, sur le rapport des maires et des chefs de corps, pourra les révoquer; il sera, dans ce cas, procédé immédiatement à leur remplacement par le mode de nomination ci-dessus indiqué.

104. Les conseils de discipline sont permanens : ils ne pourront juger que lorsque cinq membres ou moins seront présens dans les conseils de bataillon et de légion, et trois membres au moins dans les conseils de compagnie. Les juges seront renouvelés tous les quatre mois. Néanmoins, lorsqu'il n'y aura d'officier du même grade que le président et les juges du conseil de discipline, ceux-ci ne seront pas remplacés.

105. Le président du conseil de recensement, assisté du chef de bataillon, ou du capitaine commandant, si les compagnies ne sont pas réunies en bataillon, formera, d'après le contrôle du service ordinaire, un tableau général, par grade et par rang d'âge, de tous les officiers, sous-officiers et caporaux, et d'un nombre double de gardes nationaux de chaque bataillon, ou des compagnies de la commune, ou de la compagnie formée de plusieurs communes. — Ils déposeront ce tableau, signé par eux, au lieu des séances des conseils de discipline, où chaque garde national pourra en prendre connaissance.

106. Lorsque la garde nationale d'une commune ou d'un canton n'aura qu'un seul conseil de discipline, les gardes nationaux faisant partie des corps d'artillerie, de sapeurs-pompiers et de cavalerie, seront justiciables de ce conseil. — S'il y a plusieurs bataillons dans le même canton, les gardes nationaux ci-dessus désignés seront justiciables du même conseil de discipline que les compagnies de leur commune. — S'il y a plusieurs bataillons dans la même commune, le préfet déterminera de quels conseils de discipline les mêmes gardes nationaux seront justiciables.— Dans ces trois cas, les officiers, sous-officiers, caporaux et gardes des corps ci-dessus désignés concourront pour la formation du tableau du conseil de discipline. — Lorsqu'en vertu d'une ordonnance du roi les corps d'artillerie et de cavalerie seront réunis en légion, ils auront un conseil de discipline particulier.

107 Les juges de chaque grade ou gardes nationaux, seront pris successivement d'après l'ordre de leur inscription au tableau.

108. Tout garde national qui aura été condamné trois fois par le conseil de discipline, ou une fois par le tribunal de police correctionnelle, sera rayé du tableau servant à former le conseil de discipline.

109. Toute réclamation pour être réintégré sur le tableau, ou pour en faire rayer un garde national, sera portée devant le jury de révision.

§ III. *De l'instruction et des jugemens.*

110. Le conseil de discipline sera saisi, par le renvoi que lui fera le chef de corps, de tous rapports ou procès verbaux, ou plaintes constatant les faits qui peuvent donner lieu au jugement de ce conseil.

111. Les plaintes, rapports et procès verbaux seront adressés à l'officier rapporteur, qui fera citer le prévenu à la plus prochaine des séances du conseil. — Le secrétaire enregistrera les pièces ci-dessus.— La citation sera portée à domicile par un agent de la force publique.

112 Les rapports, procès verbaux ou plaintes constatant des faits qui donneraient lieu à la mise en jugement devant le conseil de discipline du commandant de la garde nationale d'une commune, seront adressés au maire, qui en référera au sous-préfet. Celui-ci procédera à la composition du conseil de discipline conformément à l'article 100.

113. Le président du conseil convoquera les membres sur la réquisition de l'officier rapporteur, toutes les fois que le nombre et l'urgence des affaires lui paraîtront l'exiger.

114. En cas d'absence, tout membre du conseil de discipline non valablement excusé sera condamné à une amende de 5 fr. par le conseil de discipline, et il sera remplacé par l'officier, sous officier, caporal ou garde national qui devra être appelé immédiatement après lui. — Dans les conseils de discipline des bataillons cantonnaux, le juge absent sera remplacé par l'officier, sous-officier, caporal ou garde national du lieu où siège le conseil, qui devra être appelé d'après l'ordre du tableau.

115. Le garde national cité comparaîtra en personne ou par un fondé de pouvoirs. — Il pourra être assisté d'un conseil.

116. Si le prévenu ne comparaît pas au jour et à l'heure fixés par la citation, il sera jugé par défaut. — L'opposition au jugement par défaut devra être formée dans le délai de trois jours, à compter de la notification du jugement. Cette opposition pourra être faite par déclaration au bas de la signification. L'opposant sera cité pour comparaître à la plus prochaine séance du conseil de discipline. — S'il n'y a pas opposition, ou si l'opposant ne comparaît pas à la séance indiquée, le jugement par défaut sera définitif.

117. L'instruction de chaque affaire devant le conseil sera publique, à peine de nullité. — La police de l'audience appartiendra au président, qui pourra faire expulser ou arrêter quiconque troublerait l'ordre. — Si le trouble est causé par un délit, il en sera dressé procès verbal. — L'auteur du trouble sera jugé de suite par le

conseil, si c'est un garde national, et si la faute n'emporte qu'une peine que le conseil puisse prononcer. — Dans tout autre cas, le prévenu sera renvoyé, et le procès verbal transmis au procureur du roi.

118. Les débats devant le conseil auront lieu dans l'ordre suivant : — Le secrétaire appellera l'affaire. — En cas de récusation, le conseil statuera. Si la récusation est admise, le président appellera, dans les formes indiquées par l'article 114, les juges suppléans nécessaires pour compléter le conseil. — Si le prévenu décline la juridiction du conseil de discipline, le conseil statuera d'abord sur sa compétence ; s'il se déclare incompétent, l'affaire sera renvoyée devant qui de droit. — Le secrétaire lira le rapport, le procès-verbal ou la plainte, et les pièces à l'appui. — Les témoins, s'il en a été appelé par le rapporteur et le prévenu, seront entendus. — Le prévenu ou son conseil sera entendu. — Le rapporteur résumera l'affaire et donnera ses conclusions. — L'inculpé ou son fondé de pouvoirs et son conseil pourront proposer leurs observations. — Ensuite le conseil délibérera en secret et hors de la présence du rapporteur, et le président prononcera le jugement.

119. Les mandats d'exécution de jugement des conseils de discipline seront délivrés dans la même forme que ceux des tribunaux de simple police.

120. Il n'y aura de recours contre les jugements définitifs des conseils de discipline que devant la cour de cassation pour incompétence ou excès de pouvoirs, ou contravention à la loi. — Le pourvoi en cassation ne sera suspensif qu'à l'égard des jugemens prononçant emprisonnement et et sera dispensé de la mise en état. — Dans tous les cas, ce recours ne sera assujetti qu'au quart de l'amende établie par la loi.

121. Tous actes de poursuites devant des conseils de discipline, tous jugemens, recours et arrêts rendus en vertu de la présente loi, seront dispensés du timbre et enregistrés gratis.

122. Le garde national condamné aura trois jours francs, à partir du jour de la notification pour se pourvoir en cassation.

TITRE IV.

MESURES EXCEPTIONNELLES ET TRANSITOIRES POUR LA GARDE NATIONALE EN SERVICE ORDINAIRE.

123. Dans les trois mois qui suivront la promulgation de la présente loi, il sera procédé à une nouvelle élection d'officiers, sous-officiers et caporaux dans tous les corps de la garde nationale. — Néanmoins, le gouvernement pourra suspendre pendant un an la réélection des officiers dans les localités où il le jugera convenable.

124. Le roi pourra suspendre l'organisation de la garde nationale pour une année dans les communes qui forment un ou plusieurs cantons, et dans les communes rurales pour un temps qui ne pourra excéder trois ans. — Les délais ne pourront être prorogés qu'en vertu d'une loi.

125. Les organisations actuelles de la garde nationale par compagnies, par bataillons et par légions qui ne se trouveraient pas conformes aux dispositions de la présente loi pourront être provisoirement maintenues par une ordonnance du roi, sans toutefois que cette autorisation puisse dépasser l'époque du 1er janvier 1832.

126. Les compagnies qui dépassent le maximum fixé par la présente loi, ne recevront pas de nouvelles incorporations jusqu'à ce qu'elles soient rentrées dans les limites voulues par cette loi, à moins que toutes les compagnies du bataillon ne soient au complet.

TITRE V.

DES DÉTACHEMENS DE LA GARDE NATIONALE.

SECTION 1re.

Appel et service des détachemens.

127. La garde nationale doit fournir des détachemens dans les cas suivans : — 1° Fournir par détachemens, en cas d'insuffisance de la gendarmerie et de la troupe de ligne, le nombre d'hommes nécessaire pour escorter d'une ville à l'autre les convois de fonds ou d'effets appartenant à l'État, et pour la conduite des accusés, des condamnés et autres prisonniers ; — 2° Fournir des détachemens pour porter secours aux communes, arrondissemens et départemens voisins qui seraient troublés ou menacés par des émeutes ou des séditions, ou par l'incursion de voleurs, brigands et autres malfaiteurs.

128. Lorsqu'il faudra porter secours d'un lieu dans un autre pour le maintien ou le rétablissement de l'ordre et de la paix publique, des détachemens de la garde nationale, en service ordinaire seront fournis afin d'agir dans toute l'étendue de l'arrondissement, sur la réquisition du sous-préfet; dans toute l'étendue du département, sur la réquisition du préfet; enfin, s'il faut agir hors du département, en vertu d'une ordonnance du roi. — En cas d'urgence et sur la demande écrite du maire d'une commune en danger, les maires des communes limitrophes, sans distinction de département, pourront néanmoins requérir un détachement de la garde nationale de marcher immédiatement sur le point menacé, sauf à rendre compte, dans le plus bref délai, du mouvement et des motifs à l'autorité supérieure.—Dans tous ces cas, les détachemens de la garde nationale ne cesseront pas d'être sous l'autorité civile. L'autorité militaire ne prendra le commandement des détachemens de la garde nationale pour le maintien de la paix publique que sur la réquisition de l'autorité administrative.

129. L'acte en vertu duquel, dans les cas déterminés par les deux articles précédens, la garde nationale est appelée à faire un service de détachement, fixera le nombre des hommes requis.

130. Lors de l'appel fait conformément aux articles précédens, le maire, assisté du commandant de la garde nationale de chaque commune, formera les détachemens parmi les hommes inscrits sur le contrôle du service ordinaire, en commençant par les célibataires et les moins âgés.

131. Lorsque les détachemens des gardes nationales s'éloigneront de leur commune pendant plus de vingt-quatre heures, ils seront assimilés à la troupe de ligne pour la solde, l'indemnité de route et les prestations en nature.

132. Les détachemens à l'intérieur ne pourront être requis de faire un service hors de leurs foyers de plus de dix jours, sur la réquisition du sous-préfet ; de plus de vingt jours, sur la réquisition du préfet; et de plus de soixante jours, en vertu d'une ordonnance du roi

SECTION II.
Discipline.

133. Lorsque, conformément à l'art. 127, la garde nationale devra fournir des détachemens en service ordinaire, sur la réquisition du sous-préfet, du préfet, ou en vertu d'une ordonnance du roi, les peines de discipline seront fixées ainsi qu'il suit : — Pour les officiers : — 1° Les arrêts simples pour dix jours au plus ; — 2° La réprimande avec mise à l'ordre ; — 3° Les arrêts de rigueur pour six jours au plus ; — 4° La prison pour trois jours au plus. — Pour les sous-officiers, caporaux et soldats : — 1° La consigne pour dix jours au plus ; 2° La réprimande avec mise à l'ordre ; — 3° La salle de discipline pour six jours au plus ; — 4° La prison pour quatre jours au plus.

134. Les peines des arrêts de rigueur, de la prison et de la réprimande avec mise à l'ordre, ne pourront être infligées que par le chef du corps ; les autres peines pourront l'être par tout supérieur à son inférieur, à la charge d'en rendre compte dans les vingt-quatre heures, en observant la hiérarchie des grades.

135. La privation du grade pour les causes énoncées dans les articles 90 et 98, sera prononcée par un conseil de discipline, composé ainsi qu'il est dit à la section VII du titre III. — Il n'y aura qu'un seul conseil de discipline pour tous les détachemens formés d'un même arrondissement de sous-préfecture.

136. Tout garde national désigné pour faire partie d'un détachement, qui refusera d'obtempérer à la réqui-

silion, ou qui quittera le détachement sans autorisation, sera traduit en police correctionnelle, et puni d'un emprisonnement qui ne pourra excéder un mois; s'il est officier, sous-officier ou caporal : il sera en outre privé de son grade.

Dispositions communes aux deux titres précédens.

137. Les gardes nationaux blessés pour cause de service, auront droit aux secours, pensions et récompenses que la loi accorde aux militaires en activité de service.

TITRE VI.

DES CORPS DÉTACHÉS DE LA GARDE NATIONALE POUR LE SERVICE DE GUERRE.

SECTION Ire.

Appel et service des corps détachés.

138. La garde nationale doit fournir des corps détachés pour la défense des places fortes, des côtes et des frontières du royaume, comme auxiliaires de l'armée active.

Le service de guerre des corps détachés de la garde nationale, comme auxiliaire de l'armée, ne pourra pas durer plus d'une année.

139. Les corps détachés ne pourront être tirés de la garde nanionale qu'en vertu d'une loi spéciale, ou, pendant l'absence des chambres, par une ordonnance du roi, qui sera convertie en loi lors de la première session.

140. L'acte en vertu duquel la garde nationale est appelée à fournir des corps détachés pour le service de guerre, fixera le nombre des hommes requis.

SECTION II.

Désignation des gardes nationaux pour la formation des corps détachés.

141. Lors de l'appel fait en vertu d'une loi, ou d'une ordonnance, conformément à l'article 139, les corps détachés de la garde nationale se composeront : — 1° Des gardes nationaux qui se présenteront volontairement et qui seront trouvés propres au service actif; — 2° Des jeunes gens de dix-huit à vingt ans qui se présenteront

volontairement, et qui seront également reconnus propres au service actif; — 3° Si ces enrôlemens ne suffisaient pas pour compléter le contingent demandé, les hommes seront désignés dans l'ordre spécifié dans l'article 143 ci-après.

142. Les jeunes gens de dix-huit à vingt ans, enrôlés volontaires ou remplaçans dans les corps détachés de la garde nationale, resteront soumis à la loi de recrutement. — Mais le temps que les volontaires auront servi dans les corps détachés de la garde nationale leur comptera en déduction de leur service dans l'armée régulière, si plus tard ils y sont appelés.

143. Les désignations des gardes nationaux pour les corps détachés, seront faites par le conseil de recensement de chaque commune parmi tous les inscrits sur le contrôle du service ordinaire, et sur le contrôle du service extraordinaire dans l'ordre qui suit : — Première classe, les célibataires ; — Seront considérés comme célibataires tous ceux qui, postérieurement à la promulgation de la présente loi, se marieraient avant d'avoir atteint l'âge de vingt-trois ans; — 2° Les veufs sans enfans; — 3° Les mariés sans enfans; — 4° Les mariés avec enfans.

144. Pour la classe des célibataires, les contingens seront répartis proportionnellement au nombre d'hommes appartenant à chaque année, depuis vingt jusqu'à trente-cinq ans. — Dans chaque année la désignation se fera d'après l'âge. — Dans chacune des autres classes successives, les appels seront toujours faits en commençant par les moins âgés, jusqu'à l'âge de trente ans.

145. L'aîné d'orphelins mineurs de père et de mère, le fils unique ou l'aîné des fils, ou, à défaut de fils, le petit-fils ou l'aîné des petits-fils d'une femme actuellement veuve, d'un père aveugle ou d'un vieillard septuagénaire, prendront rang dans l'appel au service des corps détachés entre les mariés avec enfans et les mariés sans enfans.

146. En cas de réclamations pour les désignations faites par le conseil

de recensement, il sera statué par le jury de révision.

147. Ne sont point aptes au service des corps détachés : — 1° Les gardes nationaux qui n'auront pas la taille fixée par la loi du recrutement ; — 2° Ceux que des infirmités constatées rendront impropres au service militaire.

148. L'aptitude au service sera jugée par un conseil de révision, qui se réunira dans le lieu où devra se former le bataillon. — Le conseil se composera de sept membres, savoir : —Le préfet, président, et, à son défaut, le conseiller de préfecture qu'il aura délégué : — Trois membres du conseil de recensement, désignés par le préfet parmi les membres du conseil de recensement des communes qui concourent à la formation du bataillon. — Le chef de bataillon, — Et deux des capitaines dudit bataillon, nommés par le général commandant la subdivision militaire ou le département.

149. Les conseils de révision apprécieront les motifs d'exemption relatifs au nombre des enfans.

150. Les gardes nationaux qui ont des remplaçans à l'armée, ne sont pas dispensés du service de la garde nationale dans les corps détachés ; toutefois ils ne prendront rang dans l'appel qu'après les veufs sans enfans.

151. Le garde national désigné pour faire partie d'un corps détaché pourra se faire remplacer par un Français âgé de dix-huit à quarante ans. — Le remplaçant devra être agréé par le conseil de révision.

152. Si le remplaçant est appelé à servir pour son compte dans un corps détaché de la garde nationale, le remplacé sera tenu d'en fournir un autre ou de marcher lui-même.

153. Le remplacé sera, pour le cas de désertion, responsable de son remplaçant.

154. Lorsqu'un garde national porté sur le rôle du service ordinaire se sera fait remplacer dans un corps détaché de la garde nationale, il ne cessera pas pour cela de concourir au service ordinaire de la garde nationale.

SECTION III.

Formation, nomination aux emplois et administration des corps détachés de la garde nationale.

155. Les corps détachés de la garde nationale, en vertu des articles 158 et 159, seront organisés par bataillon d'infanterie, et par escadron ou compagnie pour les autres armes. Le roi pourra ordonner la réunion de ces bataillons ou escadrons en légions.

156. Des ordonnances du roi détermineront l'organisation des bataillons, escadrons et compagnies : le nombre, le grade des officiers : la composition et l'installation des conseils d'administration.

157. Pour la première organisation, les caporaux et sous-officiers, les sous-lieutenans et lieutenans seront élus par les gardes nationaux. Néanmoins, les fourriers, sergens-majors, maréchaux-des-logis chefs et adjudans-sous-officiers, seront désignés par les capitaines et nommés par les chefs de corps. — Les officiers comptables, les adjudans-majors, les capitaines et les officiers supérieurs seront à la nomination du roi.

158. Les officiers à la nomination du roi pourront être pris indistinctement dans la garde nationale, dans l'armée ou parmi les militaires en retraite.

159. Les corps détachés de la garde nationale, comme auxiliaires de l'armée, sont assimilés, pour la solde et les prestations en nature, à la troupe de ligne. — Une ordonnance du roi déterminera les premières mises, les masses et les accessoires de la solde. — Les officiers, sous-officiers et soldats jouissant d'une pension de retraite, cumuleront, pendant la durée du service, avec la solde d'activité des grades qu'ils auront obtenus dans les corps détachés de la garde nationale.

160. L'uniforme et les marques distinctives des corps détachés seront les mêmes que ceux de la garde nationale en service ordinaire. — Le gouvernement fournira l'habillement, l'armement et l'équipement aux gardes nationaux qui n'en seraient pas pourvus, ou qui n'auraient pas le

moyen de s'équiper et de s'armer à leurs frais.

SECTION IV.

Discipline des corps détachés.

161. Lorsque les corps détachés de la garde nationale seront organisés, ils seront soumis à la discipline militaire. — Néanmoins, lorsque les gardes nationaux refuseront d'obtempérer à la réquisition, ils seront punis d'un emprisonnement qui ne pourra excéder deux ans; et lorsqu'ils quitteront leur corps sans autorisation, hors de la présence de l'ennemi, ils seront punis d'un emprisonnement qui ne pourra excéder trois ans.

Dispositions générales.

162. Sont et demeurent abrogées toutes les dispositions des lois décrets ou ordonnances relatives à l'organisation et à la discipline des gardes nationales. — Sont et demeurent abrogées les dispositions relatives au service et à l'administration des gardes nationales, qui seraient contraires à la présente loi.

LOI

CONTRE LES ATTROUPEMENS.

(10 avril 1851.)

Art. 1er. Toutes personnes qui formeront des attroupemens sur les places ou sur la voie publique, seront tenues de se disperser à la première sommation des préfets, sous-préfets, maires, adjoints de maire, ou de tous magistrats et officiers civils chargés de la police judiciaire, autres que les gardes champêtres et gardes forestiers. — Si l'attroupement ne se disperse pas, les sommations seront renouvelées trois fois. Chacune d'elles sera précédée d'un roulement de tambour ou d'un son de trompe. Si les trois sommations sont demeurées inutiles, il pourra être fait emploi de la force, conformément à la loi du 3 août 1791. — Les maires et adjoints de la ville de Paris ont le droit de requérir la force publique et de faire les sommations. — Les magistrats chargés de faire lesdites sommations seront décorés d'une écharpe tricolore.

2. Les personnes qui, après la première des sommations prescrites par le second paragraphe de l'article précédent, continueront à faire partie d'un attroupement, pourront être arrêtées, et seront traduites sans délai devant les tribunaux de simple police, pour y être punies des peines portées au chapitre Ier du livre IV du Code pénal.

3. Après la seconde sommation, la peine sera de trois mois d'emprisonnement au plus; et, après la troisième, si le rassemblement ne s'est pas dissipé, la peine pourra être élevée jusqu'à un an de prison.

4. La peine sera celle d'un emprisonnement de trois mois à deux ans, 1° contre les chefs et les provocateurs de l'attroupement, s'il ne s'est point entièrement dispersé après la troisième sommation; 2° contre tous individus porteurs d'armes apparentes ou cachées, s'ils ont continué à faire partie de l'attroupement après la première sommation.

5. Si les individus condamnés en vertu des deux articles précédens n'ont pas leur domicile dans le lieu où l'attroupement a été formé, le jugement ou l'arrêt qui les condamnera pourra les obliger, à l'expiration de leur peine, à s'éloigner de ce lieu à un rayon de dix myriamètres pendant un temps qui n'excédera pas une année, si mieux ils n'aiment retourner à leur domicile.

6. Tout individu qui, au mépris de l'obligation à lui imposée par le précédent article, serait retrouvé dans les lieux à lui interdits, sera arrêté, traduit devant le tribunal de police correctionnelle, et condamné à un emprisonnement qui ne pourra excéder le temps restant à courir pour son éloignement du lieu où aura été commis le délit originaire.

7. Toute arme saisie sur une personne faisant partie d'un attroupement sera, en cas de condamnation, déclarée définitivement acquise à l'État.

8. Si l'attroupement a un caractère politique, les coupables des délits prévus par les articles 3 et 4 de la présente loi pourront être interdits pendant trois ans au plus, en tout ou en partie, de l'exercice des droits mentionnés dans les quatre premiers paragraphes de l'article 42 du Code pénal.

9. Toutes personnes qui auraient continué à faire partie d'un attroupement après les trois sommations, pourront, pour ce seul fait, être déclarées

civilement et solidairement responsables des condamnations pécuniaires qui seront prononcées pour réparations des dommages causés par l'attroupement.

10. La connaissance des délits énoncés aux articles 3 et 4 de la présente loi est attribuée aux tribunaux de police correctionnelle, excepté dans le cas où, l'attroupement ayant un caractère politique, les prévenus devront être, aux termes de la Charte constitutionnelle et de la loi du 8 octobre 1830, renvoyés devant la cour d'assises.

11. Les peines portées par la présente loi seront prononcées sans préjudice de celles qu'auraient encourues, aux termes du Code pénal, les auteurs et les complices des crimes et délits commis par l'attroupement. Dans le cas du concours de deux peines, la plus grave seule sera appliquée.

LOI

SUR LES ÉLECTIONS A LA CHAMBRE DES DÉPUTÉS.

(19 avril 1831.)

TITRE PREMIER.

DES CAPACITÉS ÉLECTORALES.

Art. 1er. Tout Français jouissant des droits civils et politiques, âgé de vingt cinq ans accomplis et payant deux cents francs de contributions directes, est électeur, s'il remplit d'ailleurs les autres conditions fixées par la présente loi.

2. Si le nombre des électeurs d'un arrondissement électoral ne s'élève pas à cent cinquante, ce nombre sera complété en appelant les citoyens les plus imposés au-dessous de deux cents francs. — Lorsqu'en vertu du paragraphe précédent les citoyens payant une quotité de contributions égale se trouveront appelés concurremment à compléter la liste des électeurs, les plus âgés seront inscrits jusqu'à concurrence du nombre déterminé par ledit article.

3. Sont en outre électeurs, en payant cent francs de contributions directes : — 1° Les membres et correspondans de l'Institut; — 2° Les officiers des armées de terre et de mer jouissant d'une pension de retraite de douze cents francs au moins, et justifiant d'un domicile réel de trois ans dans l'arrondissement électoral. — Les officiers en retraite pourront compter, pour compléter les douze cents francs ci-dessus, le traitement qu'ils toucheraient comme membres de la Légion d'Honneur.

4. Les contributions directes qui confèrent le droit électoral, sont la contribution foncière, les contributions personnelle et mobilière, la contribution des portes et fenêtres, les redevances fixes et proportionnelles des mines, l'impôt des patentes, et les supplémens d'impôt de toute nature connus sous le nom de centi-

mes additionnels. — Les propriétaires des immeubles temporairement exemptés d'impôts pourront les faire expertiser contradictoirement et à leurs frais, pour en constater la valeur, de manière à établir l'impôt qu'ils paieraient, impôt qui alors leur sera compté pour les faire jouir des droits électoraux. — La patente sera comptée à tout médecin ou chirurgien employé dans un hôpital ou attaché à un établissement de charité et exerçant gratuitement ses fonctions, bien que, par suite de ces mêmes fonctions, il soit dispensé de la payer.

5. Le montant du droit annuel de diplôme, établi par l'article 29 du décret du 17 septembre 1808, sera compté dans le cens électoral des chefs d'institution et des maîtres de pension, tant que les lois annuelles sur les finances continueront à en autoriser la perception. — Les chefs d'institution et les maîtres de pension justifieront de leur qualité par la représentation de leur diplôme : ils justifieront du paiement du droit par la représentation de la quittance que leur aura délivrée le comptable chargé de la perception de ce droit. — Le montant de ce droit annuel ne sera compté dans le cens électoral des chefs d'institution et des maîtres de pension qu'autant que leur diplôme aura au moins une année de date à l'époque de la clôture de la liste électorale.

6. Pour former la masse des contributions nécessaires à la qualité d'électeur, on comptera à chaque Français les contributions directes qu'il paie dans tout le royaume : au père, les contributions des biens de ses enfans mineurs dont il aura la jouissance ; et au mari, celles de sa femme, même non commune en biens, pourvu qu'il n'y ait pas séparation de corps. — L'impôt des portes et fenêtres des propriétés louées est compté, pour la formation du cens électoral, aux locataires ou fermiers. — Les contributions foncière, des portes et fenêtres et des patentes payées par une maison de commerce composée de plusieurs associés, seront, pour le cens électoral,

partagées par égales portions entre les associés, sans autre justification qu'un certificat du président du tribunal de commerce énonçant les noms des associés. Dans le cas où l'un des associés prétendrait à une part plus élevée, soit parce qu'il serait seul propriétaire des immeubles, soit à tout autre titre, il sera admis à en justifier devant le préfet, en produisant ses titres.

7. Les contributions foncières, personnelle et mobilière, et des portes et fenêtres, ne sont comptées que lorsque la propriété foncière aura été possédée, ou la location faite, antérieurement aux premières opérations de la révision annuelle des listes électorales. Cette disposition n'est point applicable au possesseur à titre successif ou par avancement d'hoirie. La patente ne comptera que lorsqu'elle aura été prise et l'industrie exercée, un an avant la clôture de la liste électorale.

8. Les contributions directes payées par une veuve, ou par une femme séparée de corps ou divorcée, seront comptées à celui de ses fils, petits-fils, gendres ou petits-gendres, qu'elle désignera.

9. Tout fermier à prix d'argent ou de denrées qui, par bail authentique d'une durée de neuf ans au moins, exploite par lui-même une ou plusieurs propriétés rurales, a droit de se prévaloir du tiers des contributions payées par lesdites propriétés, sans que ce tiers soit retranché au cens électoral du propriétaire. — Dans les départemens où le domaine congéable est usité, il sera procédé de la manière suivante pour la répartition de l'impôt entre le propriétaire foncier et le colon : — 1° Dans les *tenues* composées uniquement de maisons ou usines, les six huitièmes de l'impôt seront comptés au colon, et deux huitièmes au propriétaire foncier ; — 2° Dans les *tenues* composées d'édifices et de terres labourables ou prairies, et formant ainsi un corps d'exploitation rurale, cinq huitièmes compteront au propriétaire et trois huitièmes au colon ; — 3° Enfin, dans les *tenues* sans édifices, dites *tenues sans étages*, six

huitièmes seront comptés au propriétaire et deux huitièmes seulement au colon, sauf, dans tous les cas, la faculté aux parties intéressées de demander une expertise aux frais de celle qui la requerra.

TITRE II.
DU DOMICILE POLITIQUE.

10. Le domicile politique de tout Français est dans l'arrondissement électoral où il a son domicile réel ; néanmoins il pourra le transférer dans tout autre arrondissement électoral où il paie une contribution directe, à la charge d'en faire, six mois d'avance, une déclaration expresse au greffe du tribunal civil de l'arrondissement électoral où il aura son domicile politique actuel, et au greffe du tribunal civil de l'arrondissement électoral où il voudra le transférer : cette double déclaration sera soumise à l'enregistrement. Dans le cas où un électeur aura séparé son domicile politique de son domicile réel, la translation de son domicile réel n'emportera pas le changement de son domicile politique, et ne le dispensera pas des déclarations ci-dessus prescrites, s'il veut le réunir à son domicile réel.

11. Nul individu appelé à des fonctions publiques temporaires ou révocables, n'est dispensé de la susdite formalité : les individus appelés à des fonctions inamovibles, pourront exercer leur droit électoral dans l'arrondissement où ils remplissent leurs fonctions.

12. Nul ne peut exercer le droit d'électeur dans deux arrondissemens électoraux.

TITRE III.
DES LISTES ÉLECTORALES.

13. La liste des électeurs dont le droit dérive de leurs contributions, et la liste des électeurs appelés en vertu de l'article 5, sont permanentes, sauf les radiations et inscriptions qui peuvent avoir lieu lors de la révision annuelle. — Cette révision annuelle sera faite conformément aux dispositions suivantes.

14. Du 1er au 10 juin de chaque année, et aux jours qui seront indiqués par les sous-préfets, les maires des communes composant chaque canton, se réuniront à la mairie du chef-lieu sous la présidence du maire et procéderont à la révision de la portion des listes mentionnées à l'article précédent qui comprendra les électeurs de leur canton appelés à faire partie de ces listes. Ils se feront assister des percepteurs du canton.

15. Dans les villes qui forment à elles seules un canton, ou qui sont partagées en plusieurs cantons, la révision des listes sera faite par le maire et les trois plus anciens membres du conseil municipal selon l'ordre du tableau. Les maires des communes qui dépendraient de l'un de ces cantons, prendront part également à cette révision sous la présidence du maire de la ville. — A Paris, les maires des douze arrondissemens, assistés des percepteurs, procéderont à la révision sous la présidence du doyen de réception.

16. Le résultat de cette opération sera transmis au sous-préfet, qui, avant le 1er juillet, l'adressera avec ses observations au préfet du département.

17. A partir du 1er juillet, le préfet procédera à la révision générale des listes.

18. Le préfet ajoutera aux listes les citoyens qu'il reconnaîtra avoir acquis les qualités requises par la loi, et ceux qui auraient été précédemment omis. — Il en retranchera. — 1° Les individus décédés ; — 2° Ceux dont l'inscription aura été déclarée nulle par les autorités compétentes. — Il indiquera comme devant être retranchés, — 1° Ceux qui auront perdu les qualités requises ; — 2° Ceux qu'il reconnaîtrait avoir été indûment inscrits, quoique leur inscription n'ait point été attaquée. — Il tiendra un registre de toutes ces décisions. — Il fera mention de leurs motifs et de toutes les pièces à l'appui.

19. Les listes de l'arrondissement électoral, ainsi rectifiées par le préfet, seront affichées le 15 août au chef-lieu de chaque canton et dans les communes dont la population sera au moins de six cents habitans. Elles seront déposées, 1° au secrétariat de la mairie de chacune de ces communes : 2° au secrétariat de la préfecture, pour être données en communication à toutes les personnes qui le requerront. — La liste des contribuables électeurs contiendra, en regard du nom de chaque individu inscrit, la date de sa naissance et l'indication des arrondissemens de perception où sont assises ses contributions propres ou déléguées, ainsi que la quotité et l'espèce des contributions pour chacun des arrondissemens. — La liste des électeurs désignés par l'article 5, contiendra en outre, en regard du nom de chaque individu, la date et l'espèce du titre qui lui confère le droit électoral, et l'époque de son domicile réel. — Le préfet inscrira sur cette liste ceux des individus qui, n'ayant pas atteint, au 15 août, les conditions relatives à l'âge, au domicile et à l'inscription sur le rôle de la patente, les acquerront avant le 21 octobre, époque de la clôture de la révision annuelle.

20. S'il y a moins de cent cinquante électeurs inscrits, le préfet ajoutera, sur la liste qu'il publiera le 15 août, les citoyens payant moins de deux cents francs qui devront compléter le nombre de cent cinquante, conformément au paragraphe 1er de l'article 2. — Toutes les fois que le nombre des électeurs ne s'élèvera pas au-delà de cent cinquante, le préfet publiera à la suite de la liste électorale une liste complémentaire dressée dans la même forme et contenant les noms des dix citoyens susceptibles d'être appelés à compléter le nombre de cent cinquante par suite des changemens qui surviendraient ultérieurement dans la composition du collège, dans les cas prévus par les articles 50, 52 et 55.

21. La publication prescrite par les articles 19 et 20 tiendra lieu de notification des décisions intervenues aux individus dont l'inscription aura été ordonnée. — Les décisions provisoires du préfet, qui indiquent ceux dont le nom devrait être retranché, comme ayant été indûment inscrit,

ou comme ayant perdu les qualités requises, seront notifiées dans les dix jours à ceux qu'elles concernent, ou au domicile qu'ils sont tenus d'élire dans le département pour l'exercice de leurs droits électoraux, s'ils n'y ont pas leur domicile réel, et, à défaut de domicile élu, à la mairie de leur domicile politique — Cette notification, et toutes celles qui doivent avoir lieu aux termes de la présente loi, seront faites suivant le mode employé jusqu'à présent pour les jurés, en exécution de l'article 389 du Code d'instruction criminelle.

22. Après la publication de la liste rectifiée, il ne pourra plus y être fait de changemens qu'en vertu de décisions rendues par le préfet en conseil de préfecture, dans les formes ci-après.

23. A compter du 15 août, jour de la publication, il sera ouvert, au secrétariat général de la préfecture, un registre coté et paraphé par le préfet, sur lequel seront inscrites, à la date de leur présentation et suivant un ordre de numéros, toutes les réclamations concernant la teneur des listes. Ces réclamations seront signées par le réclamant ou par son fondé de pouvoirs. — Le préfet donnera récépissé de chaque réclamation et des pièces à l'appui. Ce récépissé énoncera la date et le numéro de l'enregistrement.

24. Tout individu qui croirait avoir à se plaindre, soit d'avoir été indûment inscrit, omis ou rayé, soit de toute autre erreur commise à son égard dans la rédaction des listes, pourra, jusqu'au 30 septembre inclusivement, présenter sa réclamation, qui devra être accompagnée de pièces justificatives.

25. Dans le même délai, tout individu inscrit sur les listes d'un arrondissement électoral pourra réclamer l'inscription de tout citoyen qui n'y sera pas porté, quoique réunissant les conditions nécessaires, la radiation de tout individu qu'il prétendrait indûment inscrit, ou la rectification de toute autre erreur commise dans la rédaction des listes. — Ce même droit appartiendra à tout citoyen in-

scrit su: la liste des jurés non électeurs de l'arrondissement.

26. Aucune des demandes énoncées en l'article précédent ne sera reçue lorsqu'elle sera formée par des
tiers, qu'autant que le réclamant y
joindra la preuve qu'elle a été par lui
notifiée à la partie intéressée, laquelle
aura dix jours pour y répondre, à
partir de celui de la notification.

27. Le préfet statuera en conseil de
préfecture sur les demandes dont il
est fait mention aux articles 24 et 25
ci-dessus, dans les cinq jours qui
suivront leur réception, quand elles
seront formées par les parties elles-
mêmes ou par leurs fondés de pouvoirs : et dans les cinq jours qui suivront l'expiration du délai fixé par
l'article 26, si elles sont formées par
des tiers. Ses décisions seront motivées. — La communication, sans déplacement, des pièces respectivement
produites sur les questions et contestations, devra être donnée à toute
partie intéressée qui la requerra.

28. Les articles 23, 24, 25, 26 et
27 ci-dessus sont applicables à la liste
supplémentaire prescrite par le dernier paragraphe de l'article 20.

29. Il sera publié tous les quinze
jours un tableau de rectification,
conformément aux décisions rendues
dans cet intervalle, et présentant
les indications mentionnées en l'article 19. — Aux termes de l'article 21,
la publication de ces tableaux de rectification tiendra lieu de notification
aux individus dont l'inscription aura
été ordonnée ou rectifiée. — Les décisions portant refus d'inscription, ou
prononçant des radiations, seront notifiées dans les cinq jours de leur date
aux individus dont l'inscription aura
été réclamée par eux ou par des tiers.
— Les décisions rejetant les demandes en radiation ou en rectification
seront notifiées dans le même délai,
tant au réclamant qu'à l'individu
dont l'inscription aura été contestée.

30. Le préfet en conseil de préfecture apportera, s'il y a lieu, à la liste
électorale, en dressant les tableaux
de rectification, les changemens nécessaires pour maintenir le collége au
complet de cent cinquaute électeurs. Il

maintiendra également la liste supplémentaire au nombre de dix suppléans.

31. Le 16 octobre, le préfet procédera à la clôture des listes. Le dernier
tableau de rectification, l'arrêté de
clôture des listes des colléges électoraux du département, seront publiés
et affichés le 20 du même mois.

32. La liste restera, jusqu'au 20 octobre de l'année suivante, telle qu'elle
aura été arrêtée conformément à l'article précédent, sauf néanmoins les
changemens qui y seront ordonnés
par des arrêts rendus dans la forme
déterminée par les articles ci-après,
et sauf aussi la radiation des noms
des électeurs décédés, ou privés des
droits civils ou politiques par jugemens ayant acquis force de chose jugée. — L'élection, à quelque époque
de l'année qu'elle ait lieu, se fera sur
ces listes.

33. Toute partie qui se croira fondée à contester une décision rendue
par le préfet pourra porter son action
devant la cour royale du ressort, et y
produire toutes pièces à l'appui. —
L'exploit introductif d'instance devra,
sous peine de nullité, être notifié
dans les dix jours, quelle que soit la
distance des lieux, tant au préfet
qu'aux parties intéressées. — Dans le
cas où la décision du préfet aurait rejeté une demande d'inscription formée par un tiers, l'action ne pourra
être intentée que par l'individu dont
l'inscription aurait été réclamée. —
La cause sera jugée sommairement,
toutes affaires cessantes, et sans qu'il
soit besoin du ministère d'avoué. Les
actes judiciaires auxquels elle donnera
lieu seront enregistrés *gratis*. L'affaire
sera rapportée en audience publique
par un des membres de la cour, et
l'arrêt sera prononcé après que la
partie ou son défenseur et le ministère public auront été entendus. —
S'il y a pourvoi en cassation, il sera
procédé sommairement, et toutes affaires cessantes, comme devant la
cour royale, avec la même exemption
du droit d'enregistrement, sans consignation d'amende.

34. Les réclamations portées devant les préfets en conseil de préfecture et les actions intentées devant les

cours royales par suite d'une décision qui aura rayé un individu de la liste, auront un effet suspensif.

35. Le préfet, sur la notification de l'arrêt intervenu, fera sur la liste la rectification qui aura été prescrite. — Si, par suite de la radiation prescrite par arrêt de la cour royale, la liste se trouve réduite à moins de cent cinquante, le préfet en conseil de préfecture complétera ce nombre, en prenant les plus imposés de la liste supplémentaire arrêtée le 16 octobre, et seulement jusqu'à épuisement de cette liste.

36. Les percepteurs des contributions directes seront tenus de délivrer sur papier libre, et moyennant une rétribution de vingt-cinq centimes par extrait de rôle concernant le même contribuable, à toute personne portée au rôle, l'extrait relatif à ses contributions, et à tout individu qualifié comme il est dit à l'article 25 ci-dessus, tout certificat négatif ou tout extrait des rôles de contributions.

37. Il sera donné communication des listes annuelles et des tableaux de rectification à tous les imprimeurs qui voudront en prendre copie. Il leur sera permis de les faire imprimer sous tel format qu'il leur plaira choisir et de les mettre en vente.

TITRE IV.

DES COLLÉGES ÉLECTORAUX.

38. La Chambre des Députés est composée de quatre cent cinquante-neuf députés.

39. Chaque collége électoral n'élit qu'un député. — Le nombre des députés de chaque département et la division des départemens en arrondissemens électoraux sont réglés par le tableau ci-joint, faisant partie de la présente loi.

40. Les colléges électoraux sont convoqués par le roi. Ils se réunissent dans la ville de l'arrondissement électoral ou administratif que le roi désigne. Ils ne peuvent s'occuper d'autres objets que de l'élection des députés; toute discussion, toute délibération, leur sont interdites.

41. Les électeurs se réunissent en une seule assemblée dans les arron-

dissemens électoraux où leur nombre n'excède pas six cents. — Dans les arrondissemens où il y a plus de six cents électeurs, le collége est divisé en sections: chaque section comprend trois cents électeurs au moins, et concourt directement à la nomination du député que le collége doit élire.

42. Les présidens, vice-présidens juges et juges suppléans des tribunaux de première instance, dans l'ordre du tableau, auront la présidence provisoire des colléges électoraux, lorsque ces colléges s'assembleront dans une ville chef-lieu d'un tribunal. Lorsqu'ils s'assembleront dans une autre ville, comme dans le cas où, attendu le nombre des colléges ou des sections, celui des juges serait insuffisant, la présidence provisoire sera, à leur défaut, déférée au maire, à ses adjoints, et successivement aux conseillers municipaux de la ville où se fait l'élection, aussi dans l'ordre du tableau. — Si le collége se divise en sections, la première sera présidée provisoirement par le premier des fonctionnaires dans l'ordre du tableau : la seconde le sera par celui qui vient après, et successivement. — Si plusieurs colléges se réunissent dans la même ville, leur présidence provisoire sera déférée de la même manière et dans le même ordre que le serait celle des sections. — Si plusieurs colléges réunis dans la même ville se subdivisent en sections, la première du premier collége sera provisoirement présidée par le fonctionnaire le plus élevé ou le plus ancien dans l'ordre du tableau; la première section du second collége le sera par le deuxième : la seconde section du premier collége par le troisième; la seconde section du deuxième collége par le quatrième, et ainsi des autres. — Les deux électeurs les plus âgés et les deux plus jeunes inscrits sur la liste du collége ou de la section sont scrutateurs provisoires. Le bureau choisit le secrétaire, qui n'a que voix consultative.

43. La liste des électeurs de l'arrondissement doit rester affichée dans la salle des séances pendant le cours des opérations.

44. Le collége ou la section élit à la majorité simple le président et les scrutateurs définitifs. Le bureau ainsi formé nomme un secrétaire, qui n'a que voix consultative.

45. Le président du collége ou de la section a seul la police de l'assemblée. Nulle force armée ne peut être placée, sans sa réquisition, dans la salle des séances, ni aux abords du lieu où se tient l'assemblée. Les autorités civiles et les commandans militaires sont tenus d'obéir à ses réquisitions. — Trois membres au moins du bureau seront toujours présens. — Le bureau prononce provisoirement sur les difficultés qui s'élèvent touchant les opérations du collége ou de la section. — Toutes les réclamations sont insérées au procès verbal, ainsi que les décisions motivées du bureau. Les pièces ou bulletins relatifs aux réclamations sont paraphés par les membres du bureau et annexés au procès verbal. — La Chambre des Députés prononce définitivement sur les réclamations.

46. Nul ne pourra être admis à voter, soit pour la formation du bureau définitif, soit pour l'élection du député, s'il n'est inscrit sur la liste affichée dans la salle et remise au président. — Toutefois le bureau sera tenu d'admettre à voter ceux qui se présenteraient munis d'un arrêt de la cour royale déclarant qu'ils font partie du collége, et ceux qui justifieraient être dans le cas prévu par l'article 54 de la présente loi.

47. Avant de voter pour la première fois, chaque électeur prête le serment prescrit par la loi du 31 août 1830.

48. Chaque électeur, après avoir été appelé, reçoit du président un bulletin ouvert, sur lequel il écrit ou fait écrire secrètement son vote par un électeur de son choix, sur une table disposée à cet effet et séparée du bureau. — Puis il remet son bulletin écrit et fermé au président, qui le dépose dans la boîte destinée à cet usage.

49. La table placée devant le président et les scrutateurs sera disposée de telle sorte, que les électeurs puis-

sent circuler alentour pendant le dépouillement du scrutin.

50. A mesure que chaque électeur déposera son bulletin, un des scrutateurs ou le secrétaire constatera ce vote en écrivant son propre nom en regard de celui du votant, sur une liste à ce destinée, et qui contiendra les noms et qualifications de tous les membres du collége ou de la section. — Chaque scrutin reste ouvert pendant six heures au moins, et est clos à trois heures du soir, et dépouillé séance tenante.

51. Lorsque la boîte du scrutin aura été ouverte et le nombre des bulletins vérifié, un des scrutateurs prendra successivement chaque bulletin, le dépliera, le remettra au président, qui en fera lecture à haute voix et le passera à un autre scrutateur; le résultat de chaque scrutin est immédiatement rendu public.

52. Immédiatement après le dépouillement, les bulletins seront brûlés en présence du collége.

53. Dans les colléges divisés en plusieurs sections, le dépouillement du scrutin se fait dans chaque section; le résultat en est arrêté et signé par le bureau; il est immédiatement porté par le président de chaque section au bureau de la première section, qui fait, en présence de tous les présidens des sections, le recensement général des votes.

54. Nul n'est élu à l'un des deux premiers tours de scrutin s'il ne réunit plus du tiers des voix de la totalité des membres qui composent le collége, et plus de la moitié des suffrages exprimés.

55. Après les deux premiers tours de scrutin, si l'élection n'est point faite, le bureau proclame les noms des deux candidats qui ont obtenu le plus de suffrages; et, au troisième tour de scrutin, les suffrages ne pourront être valablement donnés qu'à l'un de ces deux candidats. — La nomination a lieu à la pluralité de votes exprimés.

56. Dans tous les cas où il y aura concours par égalité de suffrages, le plus âgé obtiendra la préférence.

57. La session de chaque collége

est de dix jours au plus. Il ne peut y avoir qu'une séance et un seul scrutin par jour. La séance est levée immédiatement après le dépouillement du scrutin, sauf les décisions à porter par le bureau sur les réclamations qui lui sont présentées au sujet de ce dépouillement, et sur lesquelles il sera statué séance tenante.

58. Nul électeur ne peut se présenter armé dans un collége électoral.

TITRE V.
DES ÉLIGIBLES.

59. Nul ne sera éligible à la Chambre des Députés, si, au jour de son élection, il n'est âgé de trente ans, et s'il ne paie cinq cents francs de contributions directes, sauf le cas prévu par l'article 55 de la Charte. Les dispositions prescrites par l'article 7 sont applicables au cens d'éligibilité.

60. Les délégations et attributions de contributions, autorisées pour les droits électoraux par les articles 4, 5, 6, 8 et 9, le sont également pour le droit d'éligibilité.

61. La Chambre des Députés est seul juge des conditions d'éligibilité.

62. Lorsque des arrondissemens électoraux ont élu des députés qui n'ont pas leur domicile politique dans le département, en nombre plus grand que ne l'autorise l'article 56 de la Charte, la Chambre des Députés tire au sort, entre ces arrondissemens, celui ou ceux qui doivent procéder à une réélection.

63. Le député élu par plusieurs arrondissemens électoraux sera tenu de déclarer son option à la Chambre dans le mois qui suivra la déclaration de la validité des élections entre lesquelles il doit opter. A défaut d'option dans ce délai, il sera décidé, par la voie du sort, à quel arrondissement ce député appartiendra.

64. Il y a incompatibilité entre les fonctions de député et celles de préfet, sous-préfet, de receveurs généraux, de receveurs des finances et de payeurs. — Les fonctionnaires ci-dessus désignés, les officiers généraux commandant les divisions ou subdivisions militaires, les procureurs généraux près les cours royales, les procu-

reurs du roi, les directeurs des contributions directes et indirectes, des domaines et enregistrement et des douanes dans les départemens, ne pourront être élus députés par le collége électoral d'un arrondissement compris en tout ou en partie dans le ressort de leurs fonctions. — Si, par démission ou autrement, les fonctionnaires ci-dessus quittaient leur emploi, ils ne seraient éligibles dans les départemens, arrondissemens ou ressorts dans lesquels ils ont exercé leurs fonctions, qu'après un délai de six mois, à dater du jour de la cessation des fonctions.

TITRE VI.
DISPOSITIONS GÉNÉRALES.

65. En cas de vacances par option, décès, démission ou autrement, le collége électoral qui doit pourvoir à la vacance sera réuni dans le délai de quarante jours. Ce délai sera de deux mois pour le département de la Corse. — En cas d'élection, soit générale, soit partielle, l'intervalle entre la réception de l'ordonnance de convocation du collége au chef-lieu du département et l'ouverture du collége sera de vingt jours au moins.

66. La Chambre des Députés a seule le droit de recevoir la démission d'un de ses membres.

67. Les députés ne reçoivent ni traitement ni indemnité.

68. Les dispositions de la présente loi sont applicables à la révision de la liste des jurés non électeurs établie par les articles 1 et 2 de la loi du 2 mai 1827.

69. Il sera formé, pour chaque arrondissement électoral, une liste des jurés non électeurs qui ont leur domicile réel dans cet arrondissement. — Le droit d'intervention des tiers relativement à cette liste appartient à tous les électeurs et à tous les jurés de l'arrondissement.

TITRE VII.
ARTICLES TRANSITOIRES.

70. Dans le cas où des élections, soit générales, soit partielles, auraient lieu avant le 21 octobre 1831, l'ordonnance de convocation des colléges sera publiée dans chaque arron-

dissement électoral au moins quinze jours avant celui qui sera fixé pour l'élection. — Dans le délai de quinze jours à compter de la promulgation de la présente loi, l'inscription des citoyens qui auront acquis le droit électoral, soit en vertu de la législation antérieure, soit en vertu des dispositions de la présente loi, pourra être requise, soit par eux, soit par des tiers, conformément aux articles 24, 25 et 26. — Pendant cet espace de temps, le registre prescrit par l'article 23 sera ouvert, et les réquisitions prévues par le précédent paragraphe y seront inscrites. — Après l'expiration dudit délai de quinze jours, ces réquisitions ne seront plus admises. — En cas d'élections, soit générales, soit partielles, avant le 21 octobre 1831, les contributions foncière, personnelle, mobilière, et des portes et fenêtres, ne seront comptées, soit pour être électeur, soit pour être éligible, que lorsque la propriété foncière aura été possédée, ou la location faite, antérieurement à la promulgation de la présente loi. — Cette disposition n'est pas applicable aux possesseurs à titre successif. — La patente ou le diplôme universitaire ne seront comptés que lorsqu'ils auront été pris un an avant la promulgation de la présente loi. Cette disposition n'est pas applicable aux citoyens qui, ayant pris une patente avant le 1er août 1830, ont été inscrits, en vertu de la loi du 12 septembre dernier, sur les listes supplémentaires formées depuis cette époque.

71. Le préfet en conseil de préfecture dressera d'office, ou d'après les réclamations des intéressés ou des tiers, une liste additionnelle contenant les noms des citoyens qui auront acquis le droit électoral. — Cette liste sera affichée vingt-cinq jours au plus tard après la promulgation de la présente loi.

72. Les décisions portant refus d'inscription seront signifiées aux parties par le préfet, dans les cinq jours, pour tout délai, après le jour où elles auront été rendues.

73. Les réclamations qui pourront être dirigées, soit par des tiers contre les inscriptions, soit par les parties contre les refus d'inscription, seront formées, à peine de déchéance, le trente-cinquième jour au plus tard après la promulgation de la présente loi. — L'assignation sera donnée devant la cour à huitaine pour tout délai, quelle que soit la distance des lieux. — Ce délai expiré, la cour prononcera, toutes affaires cessantes. Son arrêt, s'il est par défaut, ne sera pas susceptible d'opposition.

74. Il ne sera fait de changemens à la liste additionnelle mentionnée dans l'article 71 qu'en exécution d'arrêts rendus par les cours royales.

75. Il ne sera fait de changemens à la liste arrêtée le 16 novembre dernier, et affichée le 20 du même mois, que dans les cas prévus par l'article 52 de la présente loi. — Il sera procédé à l'élection sur cette liste et sur la liste additionnelle prescrite par les articles précédens.

76. Tout électeur ayant son domicile dans un arrondissement qui, d'après la présente loi, se trouverait divisé en plusieurs arrondissemens électoraux, pourra opter entre ces arrondissemens, s'il paie des contributions dans l'un et dans l'autre. L'option devra être faite dans le délai de quinze jours, à dater de la promulgation de la présente loi, et dans la forme déterminée par l'article 10. A défaut d'option dans le délai ci-dessus fixé, l'électeur appartiendra à l'arrondissement électoral dans lequel sera compris le canton où il a maintenant son domicile politique. Si l'électeur ne paie des contributions que dans un des deux arrondissemens électoraux, il appartiendra à cet arrondissement et ne pourra faire d'option. — L'électeur dont le domicile politique, au moment de la promulgation de la présente loi, serait différent de son domicile réel, aura le même délai de quinze jours pour faire son option. A défaut par lui de la faire dans ledit délai, il continuera d'appartenir à l'arrondissement électoral dans lequel il exerçait ses droits.

77. Les fonctionnaires désignés dans l'article 64 qui cesseront leurs fonctions par démission ou autre-

ment dans le délai de quinze jours à dater de la promulgation de la présente loi, seront éligibles dans les départemens, arrondissemens ou ressorts dans lesquels ils exercent leurs fonctions, pour les élections qui pourraient avoir lieu avant le 21 octobre 1831.

78. Si, avant qu'il n'ait été procédé à des élections générales, il y a lieu de remplacer un député élu par un collége départemental, la chambre des députés déterminera, par la voie du sort, le collége d'arrondissement qui devra procéder à l'élection. — S'il y a lieu de remplacer un député élu par le collége d'un arron-

dissement électoral dont la circonscription aurait été modifiée par la présente loi, la Chambre des Députés déterminera de la même manière celui des arrondissemens compris dans l'ancien ressort qui devra procéder au remplacement.

79. Dans le cas où des élections, soit générales, soit partielles, auraient lieu avant le 21 octobre de la présente année, les listes électorales seront dressées d'après les rôles des contributions directes pour l'année 1830, et nulles contributions autres que celles de ladite année ne seront comptées pour le cens électoral.

TABLEAU

DU NOMBRE DE DÉPUTÉS A ÉLIRE PAR DÉPARTEMENT.

DÉPARTEMENS.	Nombre DE DÉPUTÉS.	DÉPARTEMENS.	Nombre DE DÉPUTÉS.
		REPORT.............	210
Ain.....................	5	Loiret.................	5
Aisne	7	Lot....................	5
Allier	4	Lot-et-Garonne.........	5
Alpes (Basses-)..........	2	Lozère................	3
Alpes (Hautes-).........	2	Maine-et-Loire.........	7
Ardèche...............	4	Manche....	8
Ardennes.............	4	Marne.................	6
Ariége................	3	Marne (Haute-).........	4
Aube.................	4	Mayenne..............	5
Aude.................	5	Meurthe...............	6
Aveyron.............	5	Meuse................	4
Bouches-du-Rhône.......	6	Morbihan.............	6
Calvados.............	7	Moselle...............	6
Cantal...............	4	Nièvre................	4
Charente.............	5	Nord.................	12
Charente-Inférieure......	7	Oise..................	5
Cher.................	4	Orne.................	7
Corrèze..............	4	Pas-de-Calais	8
Corse................	2	Puy-de-Dôme..........	7
Côte-d'Or	5	Pyrénées (Basses-).....	5
Côtes-du-Nord.........	6	Pyrénées (Hautes-).....	3
Creuse	4	Pyrénées-Orientales....	3
Dordogne............	7	Rhin (Bas-)...........	6
Doubs...............	5	Rhin (Haut-)..........	5
Drôme	4	Rhône................	5
Eure................	7	Saône (Haute-)........	4
Eure-et-Loir..........	4	Saône-et-Loire........	7
Finistère.............	6	Sarthe................	7
Gard................	5	Seine.................	14
Garonne (Haute-)	6	Seine-Inférieure	11
Gers	5	Seine-et-Marne........	5
Gironde	9	Seine-et-Oise.........	7
Hérault.............	6	Sèvres (Deux-)........	4
Ille-et-Vilaine.........	7	Somme...............	7
Indre...............	4	Tarn.................	5
Indre-et-Loire........	4	Tarn-et-Garonne	4
Isère...............	7	Var.................	5
Jura................	4	Vaucluse	4
Landes	3	Vendée..............	5
Loir-et-Cher..........	3	Vienne..............	5
Loire...............	5	Vienne (Haute-).......	5
Loire (Haute-).........	3	Vosges..............	5
Loire-Inférieure.........	7	Yonne................	5
	210	TOTAUX	459

LOI

SUR LE RECRUTEMENT DE L'ARMÉE.

(21 Mars 1832.)

TITRE PREMIER.

DISPOSITIONS GÉNÉRALES.

Art. 1er. L'armée se recrute par des appels et des engagemens volontaires, conformément aux règles prescrites ci-après, titres II et III.

2. Nul ne sera admis à servir dans les troupes françaises, s'il n'est Français.—Tout individu né en France de parens étrangers sera soumis aux obligations imposées par la présente loi, immédiatement après qu'il aura été admis à jouir du bénéfice de l'article 9 du Code civil. — Sont exclus du service militaire, et ne pourront, à aucun titre, servir dans l'armée, — 1° Les individus qui ont été condamnés à une peine afflictive ou infamante; — 2° Ceux condamnés à une peine correctionnelle de deux ans d'emprisonnement et au-dessus, et qui en outre ont été placés par le jugement de condamnation sous la surveillance de la haute police, et interdits des droits civiques, civils et de famille.

3. L'armée se compose, dans les proportions qui résultent des lois annuelles de finances et du contingent, — 1° De l'effectif entretenu sous les drapeaux, — 2° Des hommes qui sont laissés ou envoyés en congé dans leurs foyers.

TITRE II.

DES APPELS.

4. Le tableau de la répartition, entre les départemens, du nombre d'hommes à fournir, en vertu de la loi annuelle du contingent, pour les troupes de terre et de mer, sera annexé à la loi. — Le mode de cette répartition sera fixé par la même loi.

5. Le contingent assigné à chaque canton sera fourni par un tirage au sort entre les jeunes Français qui auront leur domicile légal dans le canton, et qui auront atteint l'âge de vingt ans révolus dans le courant de l'année précédente.

6. Seront considérés comme légalement domiciliés dans le canton, — 1° Les jeunes gens, même émancipés, engagés, établis au dehors, expatriés, absens ou détenus, si d'ailleurs leurs père, mère ou tuteur ont leur domicile dans une des communes du canton, ou s'ils sont fils d'un père expatrié qui avait son dernier domicile dans une desdites communes; — 2° Les jeunes gens mariés dont le père, ou la mère, à défaut de père, sont domiciliés dans le canton, à moins qu'ils ne justifient de leur domicile réel dans un autre canton : — 3° Les jeunes gens mariés et domiciliés dans le canton, alors même que leur père ou leur mère n'y seraient pas domiciliés: — 4° Les jeunes gens nés et résidant dans le canton, qui n'auraient ni leur père, ni leur mère, ni tuteur : — 5° Les jeunes gens résidant dans le canton qui ne seraient dans aucun des cas précédens, et qui ne justifieraient pas de leur inscription dans un autre canton.

7. Seront, d'après la notoriété publique, considérés comme ayant l'âge requis pour le tirage, les jeunes gens qui ne pourront produire, ou n'auront pas produit avant le tirage, un extrait des registres de l'état civil, constatant un âge différent, ou qui, à défaut de registres, ne pourront prouver ou n'auront pas prouvé leur âge, conformément à l'article 46 du Code civil. — Ils suivront la chance du numéro qu'ils auront obtenu.

8. Les tableaux de recensement des jeunes gens du canton soumis au tirage d'après les règles précédentes, seront dressés par les maires; — 1° Sur la déclaration à laquelle seront tenus les jeunes gens, leurs parens ou tuteurs; — 2° D'office, d'après les registres de l'état civil et tous autres documens ou renseignemens. — Ils seront ensuite publiés et affichés dans chaque commune et dans les formes prescrites par les articles 63 et 64 du

7***

Code civil. — Un avis publié dans les mêmes formes indiquera le lieu, jour et heure où il sera procédé à l'examen desdits tableaux et à la désignation, par le sort, du contingent cantonnal.

9. Si, dans l'un des tableaux de recensement des années précédentes, des jeunes gens ont été omis, ils seront inscrits sur le tableau de l'année qui suivra celle où l'omission aura été découverte, à moins qu'ils n'aient trente ans accomplis.

10. Dans les cantons composés de plusieurs communes, l'examen des tableaux de recensement et le tirage au sort auront lieu au chef-lieu de canton, en séance publique, devant le sous-préfet, assisté des maires du canton. Dans les communes qui forment un ou plusieurs cantons, le sous-préfet sera assisté du maire et de ses adjoints. — Le tableau sera lu à haute voix. Les jeunes gens, leurs parens ou ayant-cause seront entendus dans leurs observations. Le sous-préfet statuera, après avoir pris l'avis des maires. Le tableau rectifié, s'il y a lieu, et définitivement arrêté, sera revêtu de leurs signatures. — Dans les cantons composés de plusieurs communes, l'ordre dans lequel elles seront appelées pour le tirage sera, chaque fois, indiqué par le sort.

11. Le sous-préfet inscrira en tête de la liste du tirage les noms des jeunes gens qui se trouveront dans les cas prévus par le second paragraphe de l'article 38 ci-après — Les premiers numéros leur seront attribués de droit : ces numéros seront en conséquence extraits de l'urne avant l'opération du tirage.

12. Avant de commencer l'opération du tirage, le sous-préfet comptera publiquement les numéros déposés dans l'urne ; et, après s'être assuré que ce nombre est égal à celui des jeunes gens appelés à y concourir, il en fera la déclaration à haute voix — Aussitôt après, chacun des jeunes gens appelés dans l'ordre du tableau prendra dans l'urne un numéro qui sera immédiatement proclamé et inscrit. Les parens des absens, ou, à leur défaut, le maire de leur commune, tireront à leur place. — L'o-

pération du tirage achevée sera définitive : elle ne pourra, sous aucun prétexte, être recommencée, et chacun gardera le numéro qu'il aura tiré. — La liste, par ordre de numéros, sera dressée au fur et à mesure du tirage. Il y sera fait mention des cas et motifs d'exemption ou de déduction que les jeunes gens ou leurs parens, ou les maires des communes se proposeront de faire valoir devant le conseil de révision dont il sera parlé ci-après. Le sous-préfet y ajoutera ses observations. — La liste du tirage sera ensuite lue, arrêtée et signée de la même manière que le tableau de recensement, et annexée avec ledit tableau au procès-verbal des opérations. Elle sera publiée et affichée dans chaque commune du canton.

13. Seront exemptés et remplacés, dans l'ordre des numéros subséquens, les jeunes gens que leur numéro désignera pour faire partie du contingent, et qui se trouveront dans un des cas suivans, savoir : — 1° Ceux qui n'auront pas la taille d'un mètre cinquante-six centimètres : — 2° Ceux que leurs infirmités rendront impropres au service : — 3° L'aîné d'orphelins de père et de mère ; — 4° Le fils unique, ou l'aîné des fils, ou, à défaut de fils ou de gendre, le petit-fils unique ou l'aîné des petits-fils d'une femme actuellement veuve, ou d'un père aveugle ou entré dans sa soixante-dixième année : — Dans les cas prévus par les paragraphes ci-dessus notés 3° et 4°, le frère puîné jouira de l'exemption, si le frère aîné est aveugle ou atteint de toute autre infirmité incurable qui le rende impotent ; — 5° Le plus âgé des deux frères appelés à faire partie du même tirage, et désignés tous deux par le sort, si le plus jeune est reconnu propre au service ; — 6° Celui dont un frère sera sous les drapeaux à tout autre titre que pour remplacement ; — 7° Celui dont un frère sera mort en activité de service, ou aura été réformé ou admis à la retraite pour blessures reçues dans un service commandé, ou infirmités contractées dans les armées de terre ou de mer. — L'exemption accordée conformément aux nos 6 et 7 ci-dessus

sera appliquée dans la même famille autant de fois que les mêmes droits s'y reproduiront. — Seront comptées néanmoins en déduction desdites exemptions les exemptions déjà accordées aux frères vivans, en vertu du présent article, à tout autre titre que pour infirmité. — Le jeune homme omis qui ne se sera pas présenté par lui ou ses ayant-cause pour concourir au tirage de la classe à laquelle il appartenait, ne pourra réclamer le bénéfice des exemptions indiquées par les nos 3, 4, 5, 6 et 7 du présent article, si les causes de ces exemptions ne sont survenues que postérieurement à la clôture des listes du contingent de sa classe.

14. Seront considérés comme ayant satisfait à l'appel et comptés numériquement en déduction du contingent à former, les jeunes gens désignés par leur numéro pour faire partie dudit contingent qui se trouveront dans l'un des cas suivans : — 1° Ceux qui seraient déjà liés au service, dans les armées de terre ou de mer, en vertu d'un engagement volontaire, d'un brevet ou d'une commission, sous la condition qu'ils seront, dans tous les cas, tenus d'accomplir le temps de service prescrit par la présente loi. — 2° Les jeunes marins portés sur les registres-matricules de l'inscription maritime, conformément aux règles prescrites par les articles 1, 2, 3, 4 et 5 de la loi du 25 octobre 1795 (3 brumaire an IV), et les charpentiers de navire, perceurs, voiliers et calfats immatriculés, conformément à l'article 44 de ladite loi ; — 3° Les élèves de l'école Polytechnique, à condition qu'ils passeront, soit dans ladite école, soit dans les services publics, un temps égal à celui fixé par la présente loi pour le service militaire : — 4° Ceux qui, étant membres de l'instruction publique, auraient contracté, avant l'époque déterminée pour le tirage au sort, et devant le conseil de l'université, l'engagement de se vouer à la carrière de l'enseignement : — La même disposition est applicable aux élèves de l'école Normale centrale de Paris, à ceux de l'école dite de jeunes de langue, et aux professeurs des in-

stitutions royales des sourds-muets ; — 5° Les élèves des grands séminaires, régulièrement autorisés à continuer leurs études ecclésiastiques ; les jeunes gens autorisés à continuer leurs études pour se vouer au ministère dans les autres cultes salariés par l'État, sous la condition, pour les premiers, que, s'ils ne sont pas entrés dans les ordres majeurs à vingt-cinq ans accomplis, et pour les seconds, que s'ils n'ont pas reçu la consécration dans l'année qui suivra celle où ils auraient pu la recevoir, ils seront tenus d'accomplir le temps de service prescrit par la présente loi. — 6° Les jeunes gens qui auront remporté les grands prix de l'Institut ou de l'université. — Les jeunes gens désignés par leur numéro pour faire partie du contingent cantonal, et qui en auront été déduits conditionnellement en exécution des nos 2, 3, 4 et 5 du présent article, lorsqu'ils cesseront de suivre la carrière en vue de laquelle ils auront été comptés en déduction du contingent, seront tenus d'en faire la déclaration au maire de leur commune dans l'année où ils auront cessé leurs services, fonctions ou études, et de retirer expédition de leur déclaration. — Faute par eux de faire cette déclaration, et de la soumettre au visa du préfet du département dans le délai d'un mois, ils seront passibles des peines prononcées par le premier paragraphe de l'article 38 de la présente loi. — Ils seront rétablis dans le contingent de leurs classes ; sans déduction du temps écoulé depuis la cessation desdits services, fonctions ou études, jusqu'au moment de la déclaration.

15. Les opérations du recrutement seront revues, les réclamations auxquelles ces opérations auraient pu donner lieu seront entendues, et les causes d'exemption et de déduction seront jugées, en séance publique, par un conseil de révision composé : — Du préfet, président, ou, à son défaut, du conseiller de préfecture qu'il aura délégué ; — D'un conseiller de préfecture ; — D'un membre du conseil général du département ; — D'un membre du conseil de l'arron-

dissement, tous trois à la désignation du préfet; — D'un officier général ou supérieur désigné par le roi. — Un membre de l'intendance militaire assistera aux opérations du conseil de révision : il sera entendu toutes les fois qu'il le demandera, et pourra faire consigner ses observations aux registres des délibérations. — Le conseil de révision se transportera dans les divers cantons : toutefois, suivant les localités, le préfet pourra réunir dans le même lieu plusieurs cantons pour les opérations du conseil. — Le sous-préfet, ou le fonctionnaire par lequel il aurait été suppléé, pour les opérations du tirage, assistera aux séances que le conseil de révision tiendra dans l'étendue de son arrondissement. — Il y aura voix consultative.

16. Les jeunes gens qui, d'après leurs numéros, pourront être appelés à faire partie du contingent, seront convoqués, examinés et entendus par le conseil de révision. — S'ils ne se rendent point à la convocation, ou s'ils ne se font pas représenter, ou s'ils n'obtiennent pas un délai, il sera procédé comme s'ils étaient présens. — Dans les cas d'exemption pour infirmités, les gens de l'art seront consultés. — Les autres cas d'exemption ou de déduction seront jugés sur la production de documens authentiques, ou, à défaut de documens, sur des certificats signés de trois pères de famille domiciliés dans le même canton, dont les fils sont soumis à l'appel ou ont été appelés. Ces certificats devront en outre être signés et approuvés par le maire de la commune du réclamant.

17. Le conseil de révision statuera également sur les substitutions de numéros et les demandes de remplacement.

18. Les substitutions de numéros sur la liste cantonale pourront avoir lieu, si celui qui se présente à la place de l'appelé est reconnu propre au service par le conseil de révision.

19. Les jeunes gens compris définitivement dans le contingent cantonal pourront se faire remplacer. — Le remplacement ne pourra avoir lieu qu'aux conditions suivantes : — Le remplaçant devra, — 1° Être libre de tout service et obligations imposées soit par la présente loi, soit par celle du 25 octobre 1795 sur l'inscription maritime; — 2° Être âgé de vingt à trente ans au plus, ou de vingt à trente-cinq, s'il a été militaire, ou de dix-huit à trente, s'il est frère du remplacé; — 3° N'être ni marié, ni veuf avec enfans; — 4° Avoir au moins la taille d'un mètre cinquante-six centimètres, s'il n'a pas déjà servi dans l'armée, et réunir les autres qualités requises pour faire un bon service; — 5° N'avoir pas été réformé du service militaire; — 6° Suivant sa position, être porteur des certificats spécifiés dans les articles 20 et 21 ci-après,

20. Le remplaçant produira un certificat délivré par le maire de la commune de son dernier domicile. Si le remplaçant ne compte pas au moins une année de séjour dans cette commune, il sera tenu d'en produire également un autre du maire de la commune ou des maires des communes où il aura été domicilié pendant le cours de cette année. — Les certificats devront contenir le signalement du remplaçant, et attester, — 1° La durée du temps pendant lequel il a été domicilié dans la commune; — 2° Qu'il jouit de ses droits civils; — 3° Qu'il n'a jamais été condamné à une peine correctionnelle pour vol, escroquerie, abus de confiance, ou attentat aux mœurs. — Dans le cas où le maire de la commune ne connaîtrait pas l'individu qui ferait la demande de ce certificat, il devra en constater légalement l'identité, et recueillir les preuves et témoignages qu'il jugera convenables pour arriver à la connaissance de la vérité.

21. Si le remplaçant a été militaire, outre le certificat du maire, il devra produire un certificat de bonne conduite du corps dans lequel il aura servi.

22. Le remplaçant sera admis par le conseil de révision du département dans lequel le remplacé a concouru au tirage.

23. Le remplacé sera, pour le cas de désertion, responsable de son

remplaçant pendant un an, à compter du jour de l'acte passé devant le préfet. Il sera libéré si le remplaçant meurt sous les drapeaux, ou si, en cas de désertion, il est arrêté pendant l'année.

24. Les actes de substitution et de remplacement seront reçus par le préfet, dans les formes prescrites pour les actes administratifs. — Les stipulations particulières qui pourraient avoir lieu entre les contractans, à l'occasion des substitutions et remplacemens, seront soumises aux mêmes règles et formalités que tout autre contrat civil.

25. Hors les cas prévus ci-après, articles 26 et 27, les décisions du conseil de révision seront définitives.

26. Lorsque les jeunes gens désignés par leur numéro pour faire partie du contingent cantonnal auront fait des réclamations dont l'admission ou le rejet dépendra de la décision à intervenir sur des questions judiciaires relatives à leur état ou à leurs droits civils, des jeunes gens en pareil nombre, suivant l'ordre du tirage, seront désignés pour suppléer ces réclamans, s'il y a lieu. Ils ne seront appelés que dans les cas où, par l'effet des décisions judiciaires, les réclamans seraient définitivement libérés. Ces questions seront jugées contradictoirement avec le préfet, à la requête de la partie la plus diligente. — Les tribunaux statueront sans délai, le ministère public entendu, sauf appel.

27. La disposition de l'article précédent, relative aux jeunes gens appelés conditionnellement, sera également appliquée, lorsqu'aux termes de l'article 41 ci-après des jeunes gens auront été déférés aux tribunaux comme prévenus de s'être rendus impropres au service, lorsque le conseil de révision aura accordé un délai pour production de pièces justificatives, ou pour cas d'absence, lequel délai ne pourra excéder vingt jours.

28. Après que le conseil de révision aura statué sur les exemptions, déductions, substitutions, remplacemens, ainsi que sur toutes les réclamations auxquelles les opérations du recrutement auront pu donner lieu, la liste du contingent de chaque canton sera définitivement arrêtée et signée par le conseil de révision, et les noms inscrits seront proclamés. — Les jeunes gens qui, aux termes des articles 26 et 27, sont appelés les uns à défaut des autres ne seront inscrits sur la liste du contingent que conditionnellement et sous la réserve de leurs droits. — Le conseil déclarera ensuite que les jeunes gens qui ne sont pas inscrits sur cette liste, sont définitivement libérés. Cette déclaration, avec l'indication du dernier numéro compris dans le contingent cantonnal, sera publiée et affichée dans chaque commune du canton. — Dès que les délais accordés en vertu de l'article 27 seront expirés, ou que les tribunaux auront statué en exécution des articles 26 et 41, le conseil prononcera de la même manière la libération des réclamans ou des jeunes gens conditionnellement désignés pour les suppléer. — Le conseil de révision ne pourra statuer ultérieurement sur les jeunes gens portés sur les listes du contingent que pour les demandes de substitutions et de remplacement. — La réunion de toutes les listes du contingent de chaque canton d'un même département formera la liste du contingent départemental.

29. Les jeunes gens définitivement appelés, ou ceux qui ont été admis à les remplacer, seront immédiatement répartis entre les corps de l'armée, et inscrits sur les registres-matricules des corps pour lesquels ils seront désignés. — Néanmoins, ils seront, d'après l'ordre de leurs numéros et les proportions déterminées par les lois annuelles du contingent, divisés en deux classes, composées, la première, de ceux qui devront être mis en activité, et la seconde de ceux qui seront laissés dans leurs foyers. — Les jeunes soldats compris dans la seconde classe ne pourront être mis en activité qu'en vertu d'une ordonnance royale.

30. La durée du service des jeunes soldats appelés sera de sept ans, qui compteront du 1er janvier de l'année où ils auront été inscrits sur les registres-matricules des corps de l'armée.

— Le 31 décembre de chaque année, en temps de paix, les soldats qui auront achevé leur temps de service recevront leur congé définitif. — Ils le recevront en temps de guerre immédiatement après l'arrivée au corps du contingent destiné à les remplacer. — Lorsqu'il y aura lieu d'accorder des congés illimités, ils seront délivrés dans chaque corps aux militaires les plus anciens de service effectif sous les drapeaux, et de préférence à ceux qui les demanderont. — Les hommes laissés ou envoyés en congé pourront être soumis à des revues et à des exercices périodiques qui seront fixés par le ministre de la guerre.

TITRE III.
DES ENGAGEMENS ET RENGAGEMENS.

SECTION I.
Des Engagemens.

31. Il n'y aura dans les troupes françaises ni prime en argent, ni prix quelconque d'engagement.

32. Tout Français sera reçu à contracter un engagement volontaire aux conditions suivantes : — L'engagé volontaire devra, — 1° S'il entre dans l'armée de mer, avoir seize ans accomplis, sans être tenu d'avoir la taille prescrite par la loi, mais sous la condition qu'à l'âge de dix-huit ans il ne pourra être reçu s'il n'a pas cette taille : — 2° S'il entre dans l'armée de terre, avoir dix-huit ans accomplis et au moins la taille d'un mètre cinquante-six centimètres : — 3° Jouir de ses droits civils; — 4° N'être ni marié, ni veuf avec enfans; — 5° Être porteur d'un certificat de bonnes vie et mœurs délivré dans les formes prescrites par l'article 20, et, s'il a moins de vingt ans, justifier du consentement de ses père, mère ou tuteur. — Ce dernier devra être autorisé par une délibération du conseil de famille. — Les conditions relatives, soit à l'aptitude militaire, soit à l'admissibilité dans les différens corps de l'armée, seront déterminées par des ordonnances du roi, insérées au Bulletin des Lois.

33. La durée de l'engagement volontaire sera de sept ans. — En cas de guerre, tout Français qui n'appartient à aucun contingent, et qui a satisfait à la loi du recrutement, pourra être admis à contracter un engagement volontaire de deux ans. Ces engagemens ne donneront pas lieu aux exemptions prononcées par les n°s 6 et 7 de l'article 15 de la présente loi. — Dans aucun cas, les engagés volontaires ne pourront être envoyés en congé sans leur consentement.

34. Les engagemens volontaires seront contractés dans les formes prescrites par les articles 34, 35, 36, 37, 38, 39, 40, 42 et 44 du Code civil, devant les maires des chefs-lieux de canton. — Les conditions relatives à la durée des engagemens seront insérées dans l'acte même. — Les autres conditions seront lues aux contractans avant la signature, et mention en sera faite à la fin de l'acte; le tout sous peine de nullité.

35. L'état sommaire des engagemens volontaires de l'année précédente sera communiqué aux Chambres, lors de la présentation de la loi du contingent annuel.

SECTION II.
Des Rengagemens.

36. Les rengagemens pourront être reçus même pour deux ans, et ne pourront excéder la durée de cinq ans. — Les rengagemens ne pourront être reçus que pendant le cours de la dernière année du service du par le contractant. À l'expiration de cette année, ils donneront droit à une haute-paie. — Les autres conditions seront déterminées par les ordonnances du roi insérées au Bulletin des Lois.

37. Les rengagemens seront contractés devant les intendans ou sous-intendans militaires, dans les formes prescrites par l'article 34, sur la preuve que le contractant peut rester ou être admis dans le corps pour lequel il se présente.

TITRE IV.
DISPOSITIONS PÉNALES.

38. Toutes fraudes ou manœuvres par suite desquelles un jeune homme aura été omis sur les tableaux de recensement, seront déférées aux tribunaux ordinaires, et punies d'un emprisonnement d'un mois à un an. — Le jeune homme omis, s'il a été condamné comme auteur ou complice desdites fraudes ou manœuvres, sera, à l'expiration de sa peine, inscrit sur la liste du tirage, ainsi que le prescrit l'article 11.

39. Tout jeune soldat qui aura reçu un ordre de route et ne sera point arrivé à sa destination au jour fixé par cet ordre, sera, après un mois de délai, et hors le cas de force majeure, puni comme insoumis, d'un emprisonnement qui ne pourra être moindre d'un mois ni excéder une année. — L'insoumis sera jugé par le conseil de guerre de la division militaire dans laquelle il aura été arrêté. — Le temps pendant lequel le jeune soldat aura été insoumis, ne comptera pas en déduction des sept années de service exigées.

40. Quiconque sera reconnu coupable d'avoir recélé ou d'avoir pris à son service un insoumis, sera puni d'un emprisonnement qui ne pourra excéder six mois. Selon les circonstances, la peine pourra être réduite à une amende de vingt à deux cents francs. — Quiconque sera convaincu d'avoir favorisé l'évasion d'un insoumis, sera puni d'un emprisonnement d'un mois à un an. — La même peine sera prononcée contre ceux qui, par des manœuvres coupables, auraient empêché ou retardé le départ des jeunes soldats. — Si le délinquant est fonctionnaire public, employé du gouvernement, ou ministre d'un culte salarié par l'Etat, la peine pourra être portée jusqu'à deux années d'emprisonnement, et il sera, en outre, condamné à une amende qui ne pourra excéder deux mille francs.

41. Les jeunes gens appelés à faire partie du contingent de leur classe qui seront prévenus de s'être rendus impropres au service militaire, soit temporairement, soit d'une manière permanente, dans le but de se soustraire aux obligations imposées par la présente loi, seront déférés aux tribunaux par les conseils de révision, et, s'ils sont reconnus coupables, ils seront punis d'un emprisonnement d'un mois à un an. — Seront également déférés aux tribunaux, et punis de la même peine, les jeunes soldats qui, dans l'intervalle de la clôture du contingent de leur canton à leur mise en activité, se sont rendus coupables du même délit. — A l'expiration de leur peine, les uns et les autres seront à la disposition du ministre de la guerre pour le temps que doit à l'Etat la classe dont ils font partie. — La peine portée au présent article sera prononcée contre les complices. Si les complices sont des médecins, chirurgiens, officiers de santé, ou pharmaciens, la durée de l'emprisonnement sera de deux mois à deux ans, indépendamment d'une amende de deux cents francs à mille francs qui pourra être prononcée, et sans préjudice de peines plus graves, dans les cas prévus par le Code pénal.

42. Ne comptera pas pour les années de service exigées par la présente loi, le temps passé dans l'état de détention en vertu d'un jugement.

43. Toute substitution, tout remplacement effectué, soit en contravention des dispositions de la présente loi, soit au moyen de pièces fausses ou de manœuvres frauduleuses, sera déféré aux tribunaux, et, sur le jugement qui prononcerait la nullité de l'acte de substitution ou de remplacement, l'appelé sera tenu de rejoindre son corps, ou de fournir un remplaçant dans le délai d'un mois, à dater de la notification de ce jugement. — Quiconque aura sciemment concouru à la substitution ou au remplacement frauduleux, comme auteur ou complice, sera puni d'un emprisonnement de trois mois à deux ans, sans préjudice de peines plus graves en cas de faux.

44. Tout fonctionnaire ou officier public, civil ou militaire, qui, sous quelque prétexte que ce soit, aura autorisé ou admis des exemptions, déductions ou exclusions autres que celles déterminées par la présente loi, ou qui aura donné arbitrairement une extension quelconque, soit à la durée, soit aux règles ou conditions des appels, des engagemens ou des renga-

gemens, sera coupable d'abus d'autorité, et puni des peines portées dans l'article 185 du Code pénal, sans préjudice des peines plus graves prononcées par ce Code dans les autres cas qu'il a prévus.

45. Les médecins, chirurgiens ou officiers de santé qui, appelés au conseil de révision à l'effet de donner leur avis conformément à l'article 16, auront reçu des dons ou agréé des promesses pour être favorables aux jeunes gens qu'ils doivent examiner, seront punis d'un emprisonnement de deux mois à deux ans. — Cette peine leur sera appliquée, soit qu'au moment des dons ou promesses ils aient déjà été désignés pour assister au conseil, soit que les dons ou promesses aient été agréés dans la prévoyance des fonctions qu'ils auraient à y remplir. — Il leur est défendu, sous la même peine, de rien recevoir, même pour une réforme justement prononcée.

46. Dans tous les cas non prévus par les dispositions précédentes, les tribunaux civils et militaires, dans les limites de leur compétence, appliqueront les lois pénales ordinaires aux délits auxquels pourra donner lieu l'exécution du mode de recrutement déterminé par la présente loi. — Pour les délits militaires, les juges pourront user de la faculté énoncée en l'article 595 du Code d'Instruction criminelle. — Dans tous les cas où la peine d'emprisonnement est prononcée par la présente loi, les juges pourront, suivant les circonstances, user de la faculté exprimée dans l'article 463 du Code pénal.

DISPOSITIONS PARTICULIÈRES.

47. Les jeunes gens appelés au service en exécution de la présente loi recevront, dans le corps auquel ils seront attachés, et autant que le service militaire le permettra, l'instruction prescrite par les écoles primaires.

48. Nul ne sera admis, avant l'âge de trente ans accomplis, à un emploi civil ou militaire, s'il ne justifie qu'il a satisfait aux obligations imposées par la présente loi.

DISPOSITIONS TRANSITOIRES.

49. Le Français dont un frère est mort ou aura reçu des blessures qui le rendent incapable de servir dans l'armée, en combattant pour la liberté dans les journées de juillet 1830, jouira de l'exemption accordée par l'article 15, n° 7, de la présente loi, à celui dont le frère est mort en activité de service, ou a été admis à la retraite pour blessures reçues dans un service commandé.

50. Toutes les dispositions des lois et décrets antérieurs à la présente loi relatives au recrutement de l'armée sont et demeurent abrogées.

CODE CIVIL.

TITRE PRÉLIMINAIRE.

DE LA PUBLICATION, DES EFFETS ET DE L'APPLICATION DES LOIS EN GÉNÉRAL.

(Décrété le 5 mars 1803. Promulgué le 15 du même mois.)

Art. 1. Les lois sont exécutoires dans tout le territoire français, en vertu de la promulgation qui en est faite par le roi. — Elles seront exécutées dans chaque partie du royaume, du moment où la promulgation en pourra être connue. — La promulgation faite par le roi sera réputée connue dans le département de la résidence royale, un jour après celui de la promulgation; et dans chacun des autres départemens, après l'expiration du même délai, augmenté d'autant de jours qu'il y aura de fois dix myriamètres (environ vingt lieues anciennes) entre la ville où la promulgation en aura été faite, et le chef-lieu de chaque département.

2. La loi ne dispose que pour l'avenir; elle n'a point d'effet rétroactif. 5, P.

3. Les lois de police et de sûreté obligent tous ceux qui habitent le territoire. 11, C.; 5, 6, 7, I. c. — Les immeubles, même ceux possédés par des étrangers, sont régis par la loi française. — Les lois concernant l'état et la capacité des personnes régissent les Français, même résidant en pays étranger. 170, 2065.

4. Le juge qui refusera de juger, sous prétexte du silence, de l'obscurité ou de l'insuffisance de la loi, pourra être poursuivi comme coupable de déni de justice. 505 à 507, P. c.; 185, P.

5. Il est défendu aux juges de prononcer par voie de disposition générale et réglementaire sur les causes qui leur sont soumises. 127, P.

6. On ne peut déroger, par des conventions particulières, aux lois qui intéressent l'ordre public et les bonnes mœurs. 686, 900, 1133. 1172, 1387, 1390.

LIVRE PREMIER.

DES PERSONNES.

TITRE PREMIER.

DE LA JOUISSANCE ET DE LA PRIVATION DES DROITS CIVILS.

(Décrété le 8 mars 1803. Promulgué le 18 du même mois.)

CHAPITRE PREMIER.
DE LA JOUISSANCE DES DROITS CIVILS.

7. L'exercice des droits civils est indépendant de la qualité de citoyen, laquelle ne s'acquiert et ne se conserve que conformément à la loi constitutionnelle. 9, 42, 45, 109, 123, 401, 403 à 408, 410, P.

8. Tout Français jouira des droits civils.

9. Tout individu né en France d'un étranger pourra, dans l'année qui suivra l'époque de sa majorité, réclamer la qualité de *Français*; pourvu que, dans le cas où il résiderait en France, il déclare que son intention est d'y fixer son domicile, et que, dans le cas où il résiderait en pays étranger, il fasse sa soumission de fixer en France son domicile, et qu'il l'y établisse dans l'année, à compter de l'acte de soumission.

10. Tout enfant né d'un Français en pays étranger est Français. — Tout

enfant né, en pays étranger, d'un Français qui aurait perdu la qualité de Français, pourra toujours recouvrer cette qualité, en remplissant les formalités prescrites par l'art. 9. — 20, 47, 48.

11. L'étranger jouira en France des mêmes droits civils que ceux qui sont ou seront accordés aux Français par les traités de la nation à laquelle cet étranger appartiendra. 5, 14 et s., 47, 170, 726, 912, 2123, C.; 69 et s., 166 et s., 425, 905, P. c.; 575, Co.: 5, 6, 1. c.: 272, P.

12. L'étrangère qui aura épousé un Français suivra la condition de son mari.

13. L'étranger qui aura été admis par l'autorisation du roi à établir son domicile en France, y jouira de tous les droits civils, tant qu'il continuera d'y résider.

14. L'étranger, même non résidant en France, pourra être cité devant les tribunaux français, pour l'exécution des obligations par lui contractées en France avec un Français; il pourra être traduit devant les tribunaux de France, pour les obligations par lui contractées en pays étranger envers des Français. 69, 70, 546, P. c.: 2123, 2128, C.

15. Un Français pourra être traduit devant un tribunal de France, pour des obligations par lui contractées en pays étranger, même avec un étranger. 166, 167, P. c.

16. En toutes matières, autres que celles de commerce, l'étranger qui sera demandeur sera tenu de donner caution pour le paiement des frais et dommages-intérêts résultant du procès, à moins qu'il ne possède en France des immeubles d'une valeur suffisante pour assurer ce paiement. 2040, C.; 166, 167, 425, 517 et s., P. c.

CHAPITRE II.

DE LA PRIVATION DES DROITS CIVILS.

SECTION I.

De la Privation des Droits civils par la perte de la qualité de Français.

17. La qualité de Français se perdra, 1° par la naturalisation acquise en pays étranger; 2° par l'accepta-

tion non autorisée par le roi, de fonctions publiques conférées par un gouvernement étranger; 3° enfin par tout établissement fait en pays étranger, sans esprit de retour. — Les établissemens de commerce ne pourront jamais être considérés comme ayant été faits sans esprit de retour.

18. Le Français qui aura perdu sa qualité de Français pourra toujours la recouvrer en rentrant en France avec l'autorisation du roi, et en déclarant qu'il veut s'y fixer, et qu'il renonce à toute distinction contraire à la loi française.

19. Une femme française qui épousera un étranger suivra la condition de son mari. — Si elle devient veuve, elle recouvrera la qualité de Française, pourvu qu'elle réside en France, ou qu'elle y rentre avec l'autorisation du roi, et en déclarant qu'elle veut s'y fixer.

20. Les individus qui recouvreront la qualité de Français, dans les cas prévus par les articles 10, 18 et 19, ne pourront s'en prévaloir qu'après avoir rempli les conditions qui leur sont imposées par ces articles, et seulement pour l'exercice des droits ouverts à leur profit depuis cette époque.

21. Le Français qui, sans autorisation du roi, prendrait du service militaire chez l'étranger, ou s'affilierait à une corporation militaire étrangère, perdra sa qualité de Français. — Il ne pourra rentrer en France qu'avec la permission du roi, et recouvrer la qualité de Français qu'en remplissant les conditions imposées à l'étranger pour devenir citoyen; le tout sans préjudice des peines prononcées par la loi criminelle contre les Français qui ont porté ou porteront les armes contre leur patrie. 75, P.

SECTION II.

De la Privation des Droits civils par suite de condamnation judiciaire.

22. Les condamnations à des peines dont l'effet est de priver celui qui est condamné, de toute participation aux droits civils ci-après exprimés, emporteront la mort civile.

23. La condamnation à la mort naturelle emportera la mort civile. 12, P.

24 Les autres peines afflictives perpétuelles n'emporteront la mort civile qu'autant que la loi y aurait attaché cet effet. 1425, C.; 18, P.

25. Par la mort civile, le condamné perd la propriété de tous les biens qu'il possédait : sa succession est ouverte au profit de ses héritiers, auxquels ses biens sont dévolus, de la même manière que s'il était mort naturellement et sans testament. 617, 719, 744, 1425, 1441, 1517, 1982, 2003. — Il ne peut plus ni recueillir aucune succession, ni transmettre, à ce titre, les biens qu'il a acquis par la suite. — Il ne peut ni disposer de ses biens, en tout ou en partie, soit par donation entre-vifs, soit par testament, ni recevoir à ce titre, si ce n'est pour cause d'alimens. — Il ne peut être nommé tuteur, ni concourir aux opérations relatives à la tutelle. 445. — Il ne peut être témoin dans aucun acte solennel ou authentique, ni être admis à porter témoignage en justice. 28, 42, P. — Il ne peut procéder en justice, ni en défendant, ni en demandant, que sous le nom et par le ministère d'un curateur spécial, qui lui est nommé par le tribunal où l'action est portée. — Il est incapable de contracter un mariage qui produise aucun effet civil. 227, 252, 261. — Le mariage qu'il avait contracté précédemment est dissous, quant à tous ses effets civils. — Son époux et ses héritiers peuvent exercer respectivement les droits et les actions auxquels sa mort naturelle donnerait ouverture. 718, 719, 617, 1982, 93, 252, 1452, 1462, 1518.

26. Les condamnations contradictoires n'emportent la mort civile qu'à compter du jour de leur exécution, soit réelle, soit par effigie. 471, 1. c.; 23, P.

27. Les condamnations par contumace n'emporteront la mort civile qu'après les cinq années qui suivront l'exécution du jugement par effigie, et pendant lesquelles le condamné peut se représenter. 476, 1. c.

28. Les condamnés par contumace seront, pendant les cinq ans, ou jusqu'à ce qu'ils se représentent ou qu'ils soient arrêtés pendant ce délai, privés

de l'exercice des droits civils. — Leurs biens seront administrés et leurs droits exercés de même que ceux des absens. 112. et s., 222, 1427, C.; 850, 865, 909.P. c.;465, 469, 471, 475,1. c.

29. Lorsque le condamné par contumace se présentera volontairement dans les cinq années, à compter du jour de l'exécution, ou lorsqu'il aura été saisi et constitué prisonnier dans ce délai, le jugement sera anéanti de plein droit; l'accusé sera remis en possession de ses biens : il sera jugé de nouveau; et si, par ce nouveau jugement, il est condamné à la même peine ou à une peine différente, emportant également la mort civile, elle n'aura lieu qu'à compter du jour de l'exécution du second jugement. 471. 476. 1. c.

30. Lorsque le condamné par contumace, qui ne se sera représenté ou qui n'aura été constitué prisonnier qu'après les cinq ans, sera absous par le nouveau jugement, ou n'aura été condamné qu'à une peine qui n'emportera pas la mort civile, rentrera dans la plénitude de ses droits civils, pour l'avenir, et à compter du jour où il aura reparu en justice; mais le premier jugement conservera, pour le passé, les effets que la mort civile avait produits dans l'intervalle écoulé depuis l'époque de l'expiration des cinq ans jusqu'au jour de sa comparution en justice.

31. Si le condamné par contumace meurt dans le délai de grâce des cinq années sans s'être représenté, ou sans avoir été saisi ou arrêté, il sera réputé mort dans l'intégrité de ses droits. Le jugement de contumace sera anéanti de plein droit, sans préjudice néanmoins de l'action de la partie civile, laquelle ne pourra être intentée contre les héritiers du condamné que par la voie civile. 478, 1. c.

32. En aucun cas la prescription de la peine ne réintégrera le condamné dans ses droits civils pour l'avenir. 635, 637, 641, 1. c.

33. Les biens acquis par le condamné, depuis la mort civile encourue, et dont il se trouvera en possession au jour de sa mort naturelle, appartiendront à l'état par droit de

déshérence. — Néanmoins il est loisible au roi de faire, au profit de la veuve, des enfans ou parens du condamné, telles dispositions que l'humanité lui suggérera. 25, 28, 539, C.; 475, I. c.

TITRE II.

DES ACTES DE L'ÉTAT CIVIL.

(Décrété le 11 mars 1803. Promulgué le 21 du même mois.)

CHAPITRE PREMIER.
DISPOSITIONS GÉNÉRALES.

34. Les actes de l'état civil énonceront l'année, le jour et l'heure où ils seront reçus, les prénoms, noms, âge, profession et domicile de tous ceux qui y seront dénommés. 49, 57 et s., 69, 76, 78 et s., 85 et s., 88 et s.

35. Les officiers de l'état civil ne pourront rien insérer dans les actes qu'ils recevront, soit par note, soit par énonciation quelconque, que ce qui doit être déclaré par les comparans. 42, 69.

36. Dans les cas où les parties intéressées ne seront point obligées de comparaître en personne, elles pourront se faire représenter par un fondé de procuration spéciale et authentique.

37. Les témoins produits aux actes de l'état civil ne pourront être que du sexe masculin, âgés de vingt-un ans au moins, parens ou autres; et ils seront choisis par les personnes intéressées. 25, 46, 56, 71, 75 et s., 96, 980, C.; 28, 42, 43. P.

38. L'officier de l'état civil donnera lecture des actes aux parties comparantes, ou à leur fondé de procuration, et aux témoins. — Il y sera fait mention de l'accomplissement de cette formalité.

39. Ces actes seront signés par l'officier de l'état civil, par les comparans et les témoins; ou mention sera faite de la cause qui empêchera les comparans et les témoins de signer.

40. Les actes de l'état civil seront inscrits, dans chaque commune, sur un ou plusieurs registres tenus doubles. 171, 198, C.; 190, P.

41. Les registres seront cotés par première et dernière, et paraphés sur chaque feuille, par le président du tribunal de première instance, ou par le juge qui le remplacera.

42. Les actes seront inscrits sur les registres, de suite, sans aucun blanc. Les ratures et les renvois seront approuvés et signés de la même manière que le corps de l'acte. Il n'y sera rien écrit par abréviation, et aucune date ne sera mise en chiffres.

43. Les registres seront clos et arrêtés par l'officier de l'état civil, à la fin de chaque année; et dans le mois, l'un des doubles sera déposé aux archives de la commune, l'autre au greffe du tribunal de première instance.

44. Les procurations et les autres pièces qui doivent demeurer annexées aux actes de l'état civil seront déposées, après qu'elles auront été paraphées par la personne qui les aura produites, et par l'officier de l'état civil, au greffe du tribunal, avec le double des registres dont le dépôt doit avoir lieu audit greffe.

45. Toute personne pourra se faire délivrer, par les dépositaires des registres de l'état civil, des extraits de ces registres. Les extraits délivrés conformes aux registres, et légalisés par le président du tribunal de première instance, ou par le juge qui le remplacera, feront foi jusqu'à inscription de faux.

46. Lorsqu'il n'aura pas existé de registres ou qu'ils seront perdus, la preuve en sera reçue tant par titres que par témoins : et dans ces cas, les mariages, naissances et décès, pourront être prouvés tant par les registres et papiers émanés des pères et mères décédés, que par témoins. 53, 99, 194, 323, 524, 1331.

47. Tout acte de l'état civil des Français et des étrangers, fait en pays étranger, fera foi, s'il a été rédigé dans les formes usitées dans ledit pays. 170, 999.

48. Tout acte de l'état civil des Français en pays étranger sera valable, s'il a été reçu, conformément aux lois françaises, par les agens diplomatiques ou par les consuls.

49. Dans tous les cas où la mention d'un acte relatif à l'état civil devra

avoir lieu en marge d'un autre acte déjà inscrit, elle sera faite à la requête des parties intéressées, par l'officier de l'état civil, sur les registres courans ou sur ceux qui auront été déposés aux archives de la commune, et par le greffier du tribunal de première instance, sur les registres déposés au greffe; à l'effet de quoi l'officier de l'état civil en donnera avis, dans les trois jours, au procureur du roi près ledit tribunal, qui veillera à ce que la mention soit faite d'une manière uniforme sur les deux registres.

50. Toute contravention aux articles précédens de la part des fonctionnaires y dénommés, sera poursuivie devant le tribunal de première instance, et punie d'une amende qui ne pourra excéder cent francs. 121 et s., sc. 1a.

51. Tout dépositaire des registres sera civilement responsable des altérations qui y surviendront, sauf son recours, s'il y a lieu, contre les auteurs desdites altérations.

52. Toute altération, tout faux dans les actes de l'état civil, toute inscription de ces actes faite sur une feuille volante et autrement que sur les registres à ce destinés, donneront lieu aux dommages-intérêts des parties, sans préjudice des peines portées au Code pénal. 145, 192 et s., P.

53. Le procureur du roi au tribunal de première instance sera tenu de vérifier l'état des registres lors du dépôt qui en sera fait au greffe; il dressera un procès verbal sommaire de la vérification, dénoncera les contraventions ou délits commis par les officiers de l'état civil, et requerra contre eux la condamnation aux amendes.

54. Dans tous les cas où un tribunal de première instance connaîtra des actes relatifs à l'état civil, les parties intéressées pourront se pourvoir contre le jugement.

CHAPITRE II.
DES ACTES DE NAISSANCE.

55. Les déclarations de naissance seront faites, dans les trois jours de l'accouchement, à l'officier de l'état civil du lieu; l'enfant lui sera présenté. 346, P.

56. La naissance de l'enfant sera déclarée par le père, ou, à défaut du père, par les docteurs en médecine ou en chirurgie, sages-femmes, officiers de santé ou autres personnes qui auront assisté à l'accouchement; et, lorsque la mère sera accouchée hors de son domicile, par la personne chez qui elle sera accouchée. — L'acte de naissance sera rédigé de suite, en présence de deux témoins.

57. L'acte de naissance énoncera le jour, l'heure et le lieu de la naissance, le sexe de l'enfant, et les prénoms qui lui seront donnés, les prénoms, noms profession et domicile des père et mère, et ceux des témoins. 347, P.

58. Toute personne qui aura trouvé un enfant nouveau-né sera tenue de le remettre à l'officier de l'état civil, ainsi que les vêtemens et autres effets trouvés avec l'enfant, et de déclarer toutes les circonstances du temps et du lieu où il aura été trouvé. — Il en sera dressé un procès verbal détaillé, qui énoncera en outre l'âge apparent de l'enfant, son sexe, les noms qui lui seront donnés, l'autorité civile à laquelle il sera remis. Ce procès verbal sera inscrit sur les registres. 347, P.

59. S'il naît un enfant pendant un voyage de mer, l'acte de naissance sera dressé dans les vingt-quatre heures, en présence du père, s'il est présent, et de deux témoins pris parmi les officiers du bâtiment, ou, à leur défaut, parmi les hommes de l'équipage. Cet acte sera rédigé, savoir : sur les bâtimens du roi, par l'officier d'administration de la marine; et sur les bâtimens appartenant à un armateur ou négociant, par le capitaine, maître ou patron du navire. L'acte de naissance sera inscrit à la suite du rôle d'équipage. 54 et s., 86, 87, 988 et s.

60. Au premier port où le bâtiment abordera, soit de relâche, soit pour toute autre cause que celle de son désarmement, les officiers de l'administration de la marine, capitaine, maître ou patron, seront tenus de déposer deux expéditions authentiques des actes de naissance qu'ils auront rédigés, savoir : dans un port français, au bureau du préposé à l'inscription maritime; et dans un port étranger,

S·

entre les mains du consul. — L'une de ces expéditions restera déposée au bureau de l'inscription maritime, ou à la chancellerie du consulat ; l'autre sera envoyée au ministre de la marine, qui fera parvenir une copie, de lui certifiée, de chacun desdits actes, à l'officier de l'état civil du domicile du père de l'enfant, ou de la mère si le père est inconnu : cette copie sera inscrite de suite sur les registres. 87, 991 et s.

61. À l'arrivée du bâtiment dans le port du désarmement, le rôle d'équipage sera déposé au bureau du préposé à l'inscription maritime, qui enverra une expédition de l'acte de naissance, de lui signée, à l'officier de l'état civil du domicile du père de l'enfant, ou de la mère si le père est inconnu : cette expédition sera inscrite de suite sur les registres.

62. L'acte de reconnaissance d'un enfant sera inscrit sur les registres, à sa date ; et il en sera fait mention en marge de l'acte de naissance, s'il en existe un. 334 et s.

CHAPITRE III.
DES ACTES DE MARIAGE.

63. Avant la célébration du mariage, l'officier de l'état civil fera deux publications, à huit jours d'intervalle, un jour de dimanche, devant la porte de la maison commune. Ces publications, et l'acte qui en sera dressé, énonceront les prénoms, noms, professions et domiciles des futurs époux, leur qualité de majeurs ou de mineurs, et les prénoms, noms, professions et domiciles de leurs pères et mères. Cet acte énoncera, en outre, les jours, lieux et heures où les publications auront été faites : il sera inscrit sur un seul registre, qui sera coté et paraphé comme il est dit en l'article 41 ; et déposé, à la fin de chaque année, au greffe du tribunal de l'arrondissement.

64. Un extrait de l'acte de publication sera et restera affiché à la porte de la maison commune, pendant les huit jours d'intervalle de l'une à l'autre publication. Le mariage ne pourra être célébré avant le troisième jour, depuis et non compris celui de la seconde publication.

65. Si le mariage n'a pas été célébré dans l'année, à compter de l'expiration *du délai des publications*, il ne pourra plus être célébré qu'après que de nouvelles publications auront été faites dans la forme ci-dessus prescrite.

66. Les actes d'opposition au mariage seront signés sur l'original et sur la copie par les opposans ou par leurs fondés de procuration spéciale et authentique ; ils seront signifiés, avec la copie de la procuration, à la personne ou au domicile des parties, et à l'officier de l'état civil, qui mettra son *visa* sur l'original. 172, 192.

67. L'officier de l'état civil fera, sans délai, une mention sommaire des oppositions, sur le registre des publications ; il fera aussi mention, en marge de l'inscription desdites oppositions, des jugemens ou des actes de mainlevée dont expédition lui aura été remise.

68. En cas d'opposition, l'officier de l'état civil ne pourra célébrer le mariage avant qu'on lui en ait remis la mainlevée, sous peine de trois cents francs d'amende, et de tous dommages-intérêts.

69. S'il n'y a point d'opposition, il en sera fait mention dans l'acte de mariage ; et si les publications ont été faites dans plusieurs communes, les parties remettront un certificat délivré par l'officier de l'état civil de chaque commune, constatant qu'il n'existe point d'opposition.

70. L'officier de l'état civil se fera remettre l'acte de naissance de chacun des futurs époux. Celui des époux qui serait dans l'impossibilité de se le procurer pourra le suppléer, en rapportant un acte de notoriété délivré par le juge de paix du lieu de sa naissance, ou par celui de son domicile. 99, 140. C.; 5, 16, pr. ta.

71. L'acte de notoriété contiendra la déclaration faite par sept témoins, de l'un ou de l'autre sexe, parens ou non parens, des prénoms, nom, profession et domicile du futur époux, et de ceux de ses père et mère, s'ils sont connus ; le lieu, et, *autant que possible, l'époque de sa naissance* et les causes qui empêchent d'en rapporter l'acte. Les témoins signeront l'acte de

notoriété avec le juge de paix ; et s'il en est qui ne puissent ou ne sachent signer, il en sera fait mention.

72. L'acte de notoriété sera présenté au tribunal de première instance du lieu où doit se célébrer le mariage. Le tribunal, après avoir entendu le procureur du roi, donnera ou refusera son homologation, selon qu'il trouvera suffisantes ou insuffisantes les déclarations des témoins, et les causes qui empêchent de rapporter l'acte de naissance. 885, P. c.

73. L'acte authentique du consentement des père et mère ou aïeuls et aïeules, ou, à leur défaut, celui de la famille, contiendra les prénoms, nom, profession et domicile du futur époux, et de tous ceux qui auront concouru à l'acte, ainsi que leur degré de parenté. 148, 149, 155 et s.

74. Le mariage sera célébré dans la commune où l'un des deux époux aura son domicile. Ce domicile, quant au mariage, s'établira par six mois d'habitation continue dans la même commune.

75. Le jour désigné par les parties après les délais des publications, l'officier de l'état civil, dans la maison commune, en présence de quatre témoins, parens ou non parens, fera lecture aux parties des pièces ci-dessus mentionnées, relatives à leur état et aux formalités du mariage, et du chapitre VI du titre *du mariage*, sur *les droits et les devoirs respectifs des époux*. Il recevra de chaque partie, l'une après l'autre, la déclaration qu'elles veulent se prendre pour mari et femme ; il prononcera, au nom de la loi, qu'elles sont unies par le mariage, et il en dressera acte sur-le-champ. 165, 191, 212, C.: 195, 199, 200, P.

76. On énoncera, dans l'acte de mariage. — 1° Les prénoms, noms, professions, âge, lieux de naissance et domiciles des époux ; — 2° S'ils sont majeurs ou mineurs ; — 3° Les prénoms, noms, professions et domiciles des pères et mères ; — 4° Le consentement des pères et mères, aïeuls et aïeules, et celui de la famille, dans les cas où ils sont requis ; — 5° Les actes respectueux, s'il en a été fait ; — 6° Les publications dans les divers domiciles ; — 7° Les oppositions, s'il y en a eu ; leur main-levée, ou la mention qu'il n'y a point eu d'opposition : — 8° La déclaration des contractans de se prendre pour époux, et le prononcé de leur union par l'officier public ; — 9° Les prénoms, noms, âge, professions et domiciles des témoins, et leur déclaration s'ils sont parens ou alliés des parties, de quel côté et à quel degré. 99, 191.

CHAPITRE IV.
DES ACTES DE DÉCÈS.

77. Aucune inhumation ne sera faite sans une autorisation, sur papier libre et sans frais, de l'officier de l'état civil, qui ne pourra la délivrer qu'après s'être transporté auprès de la personne décédée, pour s'assurer du décès, et que vingt-quatre heures après le décès, hors les cas prévus par les réglemens de police. 358, 359, P.

78. L'acte de décès sera dressé par l'officier de l'état civil, sur la déclaration de deux témoins. Ces témoins seront, s'il est possible, les deux plus proches parens ou voisins, ou, lorsqu'une personne sera décédée hors de son domicile, la personne chez laquelle elle sera décédée, et un parent ou autre.

79. L'acte de décès contiendra les prénoms, nom, âge, profession et domicile de la personne décédée ; les prénoms et nom de l'autre époux, si la personne décédée était mariée ou veuve ; les prénoms, noms, âge, professions et domiciles des déclarans ; et, s'ils sont parens, leur degré de parenté. — Le même acte contiendra de plus, autant qu'on pourra le savoir, les prénoms, noms, profession et domicile des père et mère du décédé, et le lieu de sa naissance.

80. En cas de décès dans les hôpitaux militaires, civils, ou autres maisons publiques, les supérieurs, directeurs, administrateurs et maîtres de ces maisons, seront tenus d'en donner avis, dans les vingt-quatre heures, à l'officier de l'état civil, qui s'y transportera pour s'assurer du décès, et en dressera l'acte conformément à l'article précédent, sur les déclarations qui lui auront été faites, et sur les rensei-

gnemens qu'il aura pris. — Il sera tenu en outre, dans lesdits hôpitaux et maisons, des registres destinés à inscrire ces déclarations et ces renseignemens. — L'officier de l'état civil enverra l'acte de décès à celui du dernier domicile de la personne décédée, qui l'inscrira sur les registres. 54, 96, C.: 558, 559, P.

81. Lorsqu'il y aura des signes ou indices de mort violente, ou d'autres circonstances qui donneront lieu de le soupçonner, on ne pourra faire l'inhumation qu'après qu'un officier de police, assisté d'un docteur en médecine ou en chirurgie aura dressé procès verbal de l'état du cadavre et des circonstances y relatives, ainsi que des renseignemens qu'il aura pu recueillir sur les prénoms, nom, âge, profession, lieu de naissance et domicile de la personne décédée. 54, 96 C.: 558, 559. P.; 121, se. ta.

82. L'officier de police sera tenu de transmettre de suite, à l'officier de l'état civil du lieu où la personne sera décédée, tous les renseignemens énoncés dans son procès verbal, d'après lesquels l'acte de décès sera rédigé. — L'officier de l'état civil en enverra une expédition à celui du domicile de la personne décédée, s'il est connu : cette expédition sera inscrite sur les registres.

83. Les greffiers criminels seront tenus d'envoyer, dans les vingt-quatre heures de l'exécution des jugemens portant peine de mort, à l'officier de l'état civil du lieu où le condamné aura été exécuté, tous les renseignemens énoncés en l'article 79, d'après lesquels l'acte du décès sera rédigé. 578, I. c.

84. En cas de décès dans les prisons ou maisons de réclusion et de détention, il en sera donné avis sur-le-champ, par les concierges ou gardiens, à l'officier de l'état civil, qui s'y transportera comme il est dit en l'art. 89, et rédigera l'acte de décès.

85. Dans tous les cas de mort violente, ou dans les prisons et maisons de réclusion, ou d'exécution à mort, il ne sera fait sur les registres aucune mention de ces circonstances, et les actes de décès seront simplement rédigés dans les formes prescrites par l'article 79. — 14, P.

86. En cas de décès pendant un voyage de mer, il en sera dressé acte dans les vingt-quatre heures, en présence de deux témoins pris parmi les officiers du bâtiment, ou, à leur défaut, parmi les hommes de l'équipage. Cet acte sera rédigé, savoir : sur les bâtimens du roi, par l'officier d'administration de la marine, et sur les bâtimens appartenant à un négociant ou armateur, par le capitaine, maître ou patron du navire. L'acte de décès sera inscrit à la suite du rôle de l'équipage.

87. Au premier port où le bâtiment abordera, soit de relâche, soit pour toute autre cause que celle de son désarmement, les officiers de l'administration de la marine, capitaine, maître ou patron, qui auront rédigé des actes de décès, seront tenus d'en déposer deux expéditions, conformément à l'art. 60. — 991. — A l'arrivée du bâtiment dans le port du désarmement, le rôle d'équipage sera déposé au bureau du préposé à l'inscription maritime : il enverra une expédition de l'acte de décès, de lui signée, à l'officier de l'état civil du domicile de la personne décédée : cette expédition sera inscrite de suite sur les registres.

CHAPITRE V.
DES ACTES DE L'ÉTAT CIVIL CONCERNANT LES MILITAIRES HORS DU TERRITOIRE DU ROYAUME.

88. Les actes de l'état civil faits hors du territoire du royaume, concernant des militaires ou autres personnes employées à la suite des armées, seront rédigés dans les formes prescrites par les dispositions précédentes, sauf les exceptions contenues dans les articles suivans.

89. Le quartier-maître dans chaque corps d'un ou plusieurs bataillons ou escadrons, et le capitaine commandant dans les autres corps, rempliront les fonctions d'officier de l'état civil : ces mêmes fonctions seront remplies, par les officiers sans troupes et pour les employés de l'armée, par l'inspecteur aux revues attaché à l'armée ou au corps d'armée.

90. Il sera tenu, dans chaque corps

de troupes, un registre pour les actes de l'état civil relatifs aux individus de ce corps, et un autre à l'état major de l'armée ou d'un corps d'armée, pour les actes civils relatifs aux officiers sans troupes et aux employés ; ces registres seront conservés de la même manière que les autres registres des corps et états majors, et déposés aux archives de la guerre, à la rentrée des corps ou armées sur le territoire du royaume.

91. Les registres seront cotés et paraphés, dans chaque corps, par l'officier qui le commande; et, à l'état major, par le chef de l'état major général.

92. Les déclarations de naissance à l'armée seront faites dans les dix jours qui suivront l'accouchement.

93. L'officier chargé de la tenue du registre de l'état civil devra, dans les dix jours qui suivront l'inscription d'un acte de naissance audit registre, en adresser un extrait à l'officier de l'état civil du dernier domicile du père de l'enfant, ou de la mère si le père est inconnu.

94. Les publications de mariage des militaires et employés à la suite des armées seront faites au lieu de leur dernier domicile : elles seront mises en outre, vingt-cinq jours avant la célébration du mariage, à l'ordre du jour du corps, pour les individus qui tiennent à un corps ; et à celui de l'armée ou du corps d'armée, pour les officiers sans troupes, et pour les employés qui en font partie.

95. Immédiatement après l'inscription, sur le registre, de l'acte de célébration du mariage, l'officier chargé de la tenue du registre en enverra une expédition à l'officier de l'état civil du dernier domicile des époux.

96. Les actes de décès seront dressés dans chaque corps, par le quartier-maître : et, pour les officiers sans troupes et les employés, par l'inspecteur aux revues de l'armée, sur l'attestation de trois témoins : et l'extrait de ces registres sera envoyé, dans les dix jours, à l'officier de l'état civil du dernier domicile du décédé.

97. En cas de décès dans les hôpitaux militaires ambulans ou sédentai-

res, l'acte en sera rédigé par le directeur desdits hôpitaux, et envoyé au quartier-maître du corps, ou à l'inspecteur aux revues de l'armée ou du corps d'armée dont le décédé faisait partie : ces officiers en feront parvenir une expédition à l'officier de l'état civil du dernier domicile du décédé. 962.

98. L'officier de l'état civil du domicile des parties auquel aura été envoyée de l'armée expédition d'un acte de l'état civil, sera tenu de l'inscrire de suite sur les registres.

CHAPITRE VI.
DE LA RECTIFICATION DES ACTES DE L'ÉTAT CIVIL.

99. Lorsque la rectification d'un acte de l'état civil sera demandée, il y sera statué, sauf l'appel, par le tribunal compétent, et sur les conclusions du procureur du roi. Les parties intéressées seront appelées, s'il y a lieu. 855. P. c.

100. Le jugement de rectification ne pourra, dans aucun temps, être opposé aux parties intéressées qui ne l'auraient point requis, ou qui n'y auraient pas été appelées.

101. Les jugemens de rectification seront inscrits sur les registres par l'officier de l'état civil, aussitôt qu'ils lui auront été remis : et mention en sera faite en marge de l'acte réformé.

TITRE III.
DU DOMICILE.

(Décrété le 14 mars 1803. Promulgué le 24 du même mois.)

102. Le domicile de tout Français, quant à l'exercice de ses droits civils, est au lieu où il a son principal établissement. 50, 59, 61, 68 et s., 584, 781, P. c.; 184, P.

103. Le changement de domicile s'opérera par le fait d'une habitation réelle dans un autre lieu, joint à l'intention d'y fixer son principal établissement.

104. La preuve de l'intention résultera d'une déclaration expresse, faite tant à la municipalité du lieu qu'on

quittera, qu'à celle du lieu où on aura transféré son domicile.

105. A défaut de déclaration expresse, la preuve de l'intention dépendra des circonstances.

106. Le citoyen appelé à une fonction publique temporaire ou révocable, conservera le domicile qu'il avait auparavant, s'il n'a pas manifesté d'intention contraire.

107. L'acceptation de fonctions conférées à vie emportera translation immédiate du domicile du fonctionnaire dans le lieu où il doit exercer ces fonctions.

108. La femme mariée n'a point d'autre domicile que celui de son mari. Le mineur non émancipé aura son domicile chez ses père et mère ou tuteur : le majeur interdit aura le sien chez son tuteur.

109. Les majeurs qui servent ou travaillent habituellement chez autrui auront le même domicile que la personne qu'ils servent ou chez laquelle ils travaillent, lorsqu'ils demeureront avec elle dans la même maison.

110. Le lieu où la succession s'ouvrira sera déterminé par le domicile. 795.

111. Lorsqu'un acte contiendra, de la part des parties ou de l'une d'elles, élection de domicile pour l'exécution de ce même acte, dans un autre lieu que celui du domicile réel, les significations, demandes et poursuites relatives à cet acte, pourront être faites au domicile convenu, et devant le juge de ce domicile. 1247, 1258, 1264, 2148, 2156, C.; 59, 420, 587, 634, 657, 659, 673, 789, 927, P. c.

TITRE IV.

DES ABSENS.

(Décrété le 15 mars 1803. Promulgué le 25 du même mois.)

CHAPITRE PREMIER.

DE LA PRÉSOMPTION D'ABSENCE. 59, 584, P. c.

112. S'il y a nécessité de pourvoir à l'administration de tout ou partie des biens laissés par une personne présumée absente, et qui n'a point de procureur fondé, il y sera statué par le tribunal de première instance, sur la demande des parties intéressées. 817, 819, 838, 840, C.; 424, 859, P. c

113. Le tribunal, à la requête de la partie la plus diligente, commettra un notaire pour représenter les présumés absens, dans les inventaires, comptes, partages et liquidations dans lesquels ils seront intéressés. 819, 840, 898, C.; 859, 942, P. c.; 77, 78, 134, 138, pr. la.

114. Le ministère public est spécialement chargé de veiller aux intérêts des personnes présumées absentes ; et il sera entendu sur toutes les demandes qui les concernent. 83, 859, P. c.

CHAPITRE II.

DE LA DÉCLARATION D'ABSENCE.

115. Lorsqu'une personne aura cessé de paraître au lieu de son domicile ou de sa résidence, et que depuis quatre ans on n'en aura point eu de nouvelles, les parties intéressées pourront se pourvoir devant le tribunal de première instance, afin que l'absence soit déclarée.

116. Pour constater l'absence, le tribunal, d'après les pièces et documens produits, ordonnera qu'une enquête soit faite contradictoirement avec le procureur du roi, dans l'arrondissement du domicile, et dans celui de la résidence, s'ils sont distincts l'un de l'autre. 820, C.; 255, 859, P. c.

117. Le tribunal, en statuant sur la demande, aura d'ailleurs égard aux motifs de l'absence, et aux causes qui ont pu empêcher d'avoir des nouvelles de l'individu présumé absent.

118. Le procureur du roi enverra aussitôt qu'ils seront rendus, les jugemens tant préparatoires que définitifs, au ministre de la justice, qui les rendra publics.

119. Le jugement de déclaration d'absence ne sera rendu qu'un an après le jugement qui aura ordonné l'enquête.

CHAPITRE III.
DES EFFETS DE L'ABSENCE.

SECTION I.

Des Effets de l'Absence, relativement aux Biens que l'absent possédait au jour de sa disparition.

120. Dans les cas où l'absent n'aurait point laissé de procuration pour l'administration de ses biens, ses héritiers présomptifs, au jour de sa disparition ou de ses dernières nouvelles, pourront, en vertu du jugement définitif qui aura déclaré l'absence, se faire envoyer en possession provisoire des biens qui appartenaient à l'absent au jour de son départ ou de ses dernières nouvelles, à la charge de donner caution pour la sûreté de leur administration. 1988, 2011, 2013, 2040, C.; 860, P. c.

121. Si l'absent a laissé une procuration, ses héritiers présomptifs ne pourront poursuivre la déclaration d'absence et l'envoi en possession provisoire, qu'après dix années révolues depuis sa disparition ou depuis ses dernières nouvelles.

122. Il en sera de même si la procuration vient à cesser : et, dans ce cas, il sera pourvu à l'administration des biens de l'absent, comme il est dit au chapitre I. du présent titre.

123. Lorsque les héritiers présomptifs auront obtenu l'envoi en possession provisoire, le testament, s'il en existe un, sera ouvert à la réquisition des parties intéressées, ou du procureur du roi près le tribunal : et les légataires, les donataires, ainsi que tous ceux qui avaient sur les biens de l'absent des droits subordonnés à la condition de son décès, pourront les exercer provisoirement, à la charge de donner caution. 817, C.; 517, P. c.

124. L'époux commun en biens, s'il opte pour la continuation de la communauté, pourra empêcher l'envoi provisoire et l'exercice provisoire de tous les droits subordonnés à la condition du décès de l'absent, et prendre ou conserver par préférence l'administration des biens de l'absent. Si l'époux demande la dissolution provisoire de la communauté, il exercera

ses reprises et tous ses droits légaux et conventionnels, à la charge de donner caution pour les choses susceptibles de restitution. — La femme, en optant pour la continuation de la communauté, conservera le droit d'y renoncer ensuite. 126, 127, 129, 130, 1401, 1421, 1427, 1453, 1492.

125. La possession provisoire ne sera qu'un dépôt, qui donnera à ceux qui l'obtiendront l'administration des biens de l'absent, et qui les rendra comptables envers lui, en cas qu'il reparaisse ou qu'on ait de ses nouvelles.

126. Ceux qui auront obtenu l'envoi provisoire, ou l'époux qui aura opté pour la continuation de la communauté, devront faire procéder à l'inventaire du mobilier et des titres de l'absent, en présence du procureur du roi près le tribunal de première instance, ou d'un juge de paix requis par ledit procureur du roi. — Le tribunal ordonnera, s'il y a lieu, de vendre tout ou partie du mobilier. Dans le cas de vente, il sera fait emploi du prix, ainsi que des fruits échus 502, 941, 945, P. c. — Ceux qui auront obtenu l'envoi provisoire, pourront requérir, pour leur sûreté, qu'il soit procédé, par un expert nommé par le tribunal, à la visite des immeubles, à l'effet d'en constater l'état. Son rapport sera homologué en présence du procureur du roi : les frais en seront pris sur les biens de l'absent. 1731.

127. Ceux qui, par suite de l'envoi provisoire, ou de l'administration légale, auront joui des biens de l'absent, ne seront tenus de lui rendre que le cinquième des revenus s'il reparaît avant quinze ans révolus depuis le jour de sa disparition ; et le dixième, s'il ne reparaît qu'après les quinze ans. — Après trente ans d'absence, la totalité des revenus leur appartiendra.

128. Tous ceux qui ne jouiront qu'en vertu de l'envoi provisoire ne pourront aliéner ni hypothéquer les immeubles de l'absent. 2123, 2126.

129. Si l'absence a continué pendant trente ans depuis l'envoi provisoire, ou depuis l'époque à laquelle l'époux commun aura pris l'administration des biens de l'absent, ou s'il s'est écoulé cent ans révolus depuis la naissance de l'absent, les cautions seront déchargées : tous les ayant-droit pourront demander le partage des biens de l'absent, et faire prononcer l'envoi en possession définitif par le tribunal de première instance.

130. La succession de l'absent sera ouverte du jour de son décès prouvé, au profit des héritiers les plus proches à cette époque ; et ceux qui auraient joui des biens de l'absent seront tenus de les restituer, sous la réserve des fruits par eux acquis en vertu de l'article 127.

131. Si l'absent reparaît, ou si son existence est prouvée pendant l'envoi provisoire, les effets du jugement qui aura déclaré l'absence cesseront; sans préjudice, s'il y a lieu, des mesures conservatoires prescrites au chapitre 1 du présent titre, pour l'administration de ses biens.

132. Si l'absent reparaît, ou si son existence est prouvée, même après l'envoi définitif, il recouvrera ses biens dans l'état où ils se trouveront, le prix de ceux qui auraient été aliénés, ou les biens provenant de l'emploi qui aurait été fait du prix de ses biens vendus.

133. Les enfans et descendans directs de l'absent pourront également, dans les trente ans, à compter de l'envoi définitif, demander la restitution de ses biens, comme il est dit en l'article précédent.

134. Après le jugement de déclaration d'absence, toute personne qui aurait des droits à exercer contre l'absent, ne pourra les poursuivre que contre ceux qui auront été envoyés en possession des biens, ou qui en auront l'administration légale. 2252.

SECTION II.

Des Effets de l'Absence, relativement aux Droits éventuels qui peuvent compéter à l'absent.

135. Quiconque réclamera un droit échu à un individu dont l'existence ne sera pas reconnue devra prouver que ledit individu existait quand le droit a été ouvert : jusqu'à cette preuve, il sera déclaré non recevable dans sa demande. 725, 744. 1039.

136. S'il s'ouvre une succession à laquelle soit appelé un individu dont l'existence n'est pas reconnue, elle sera dévolue exclusivement à ceux avec lesquels il aurait eu le droit de concourir, ou à ceux qui l'auraient recueillie à son défaut.

137. Les dispositions des deux articles précédens auront lieu sans préjudice des actions en pétition d'hérédité et d'autres droits, lesquels compéteront à l'absent ou à ses représentans ou ayant-cause, et ne s'éteindront que par le laps de temps établi pour la prescription. 772.

138. Tant que l'absent ne se représentera pas, ou que les actions ne seront point exercées de son chef, ceux qui auront recueilli la succession gagneront les fruits par eux perçus de bonne foi. 550, 2268.

SECTION III.

Des Effets de l'Absence, relativement au Mariage.

139. L'époux absent dont le conjoint a contracté une nouvelle union, sera seul recevable à attaquer ce mariage par lui-même, ou par son fondé de pouvoir, muni de la preuve de son existence.

140. Si l'époux absent n'a point laissé de parens habiles à lui succéder, l'autre époux pourra demander l'envoi en possession provisoire des biens. 767, 1427.

CHAPITRE IV.

DE LA SURVEILLANCE DES ENFANS MINEURS DU PÈRE QUI A DISPARU.

141. Si le père a disparu laissant des enfans mineurs issus d'un commun mariage, la mère en aura la surveillance, et elle exercera tous les droits du mari, quant à leur éducation et à l'administration de leurs biens. 155, 283 371, 389 450, 1427, 1990

142. Six mois après la disparition du père, si la mère était décédée lors de cette disparition, ou si elle vient à décéder avant que l'absence du père ait été déclarée, la surveillance des enfans sera déférée, par le conseil de famille, aux ascendans les plus proches, et, à leur défaut, à un tuteur provisoire. 402.

143. Il en sera de même dans le cas où l'un des époux qui aura disparu laissera des enfans mineurs issus d'un mariage précédent.

TITRE V.

DU MARIAGE.

(Décrété le 17 mars 1803. Promulgué le 17 du même mois.)

CHAPITRE PREMIER.

DES QUALITÉS ET CONDITIONS REQUISES POUR POUVOIR CONTRACTER MARIAGE.

144. L'homme avant dix-huit ans révolus, la femme avant quinze ans révolus, ne peuvent contracter mariage. 185.

145. Néanmoins il est loisible au roi d'accorder des dispenses d'âge pour des motifs graves.

146. Il n'y a pas de mariage lorsqu'il n'y a point de consentement.

147. On ne peut contracter un second mariage avant la dissolution du premier. 340, P.

148. Le fils qui n'a pas atteint l'âge de vingt-cinq ans accomplis, la fille qui n'a pas atteint l'âge de vingt-un ans accomplis, ne peuvent contracter mariage sans le consentement de leurs père et mère : en cas de dissentiment, le consentement du père suffit. 160, 159, 1095, C.; 193, P.

149. Si l'un des deux est mort, ou s'il est dans l'impossibilité de manifester sa volonté, le consentement de l'autre suffit. 512.

150. Si le père et la mère sont morts, ou s'ils sont dans l'impossibilité de manifester leur volonté, les aïeuls et aïeules les remplacent : s'il y a dissentiment entre l'aïeul et l'aïeule de la même ligne, il suffit du consentement de l'aïeul.—S'il y a dissentiment entre les deux lignes, ce partage emportera consentement.

151. Les enfans de famille ayant atteint la majorité fixée par l'article 148 sont tenus, avant de contracter mariage, de demander, par un acte respectueux et formel, le conseil de leur père et de leur mère, ou celui de leurs aïeuls et aïeules, lorsque leur père et leur mère sont décédés, ou

dans l'impossibilité de manifester leur volonté. 168, pr. ta.

(Art. 152, 153, 154, 155. 156 et 157. décrétés le 12 mars 1804. Promulgués le 22 du même mois.)

152. Depuis la majorité fixée par l'article 148, jusqu'à l'âge de trente ans accomplis pour les fils, et jusqu'à l'âge de vingt-cinq ans accomplis pour les filles, l'acte respectueux prescrit par l'article précédent, et sur lequel il n'y aura pas de consentement au mariage, sera renouvelé deux autres fois, de mois en mois; et un mois après le troisième acte, il pourra être passé outre à la célébration du mariage.

153. Après l'âge de trente ans, il pourra être, à défaut de consentement sur un acte respectueux, passé outre, un mois après, à la célébration du mariage.

154. L'acte respectueux sera notifié à celui ou ceux des ascendans désignés en l'article 151, par deux notaires, ou par un notaire et deux témoins : et, dans le procès verbal qui doit en être dressé, il sera fait mention de la réponse.

155. En cas d'absence de l'ascendant auquel eût dû être fait l'acte respectueux, il sera passé outre à la célébration du mariage, en représentant le jugement qui aurait été rendu pour déclarer l'absence, ou, à défaut de ce jugement, celui qui aurait ordonné l'enquête, ou, s'il n'y a point encore eu de jugement, un acte de notoriété délivré par le juge de paix du lieu où l'ascendant a eu son dernier domicile connu. Cet acte contiendra la déclaration de quatre témoins appelés d'office par ce juge de paix. 115, 120, C.; 193, 195, P.

156. Les officiers de l'état civil qui auraient procédé à la célébration des mariages contractés par des fils n'ayant pas atteint l'âge de vingt-cinq ans accomplis, ou par des filles n'ayant pas atteint l'âge de vingt-un ans accomplis, sans que le consentement des pères et mères, celui des aïeuls et aïeules, et celui de la famille, dans le cas où ils sont requis, soient énoncés dans l'acte de mariage, seront, à la dili-

gence des parties intéressées et du procureur du roi près le tribunal de première instance du lieu où le mariage
aura été célébré, condamnés à l'a-
mende portée par l'article 192, et, en
outre, à un emprisonnement dont la
durée ne pourra être moindre de six
mois.

157. Lorsqu'il n'y aura pas eu d'actes respectueux, dans les cas où ils
sont prescrits, l'officier de l'état civil
qui aurait célébré le mariage sera
condamné à la même amende, et à
un emprisonnement qui ne pourra
être moindre d'un mois.

158. Les dispositions contenues aux
articles 148 et 149, et les dispositions
des articles 151, 152, 153, 154 et 155,
relatives à l'acte respectueux qui doit
être fait aux père et mère dans le cas
prévu par ces articles, sont applicables aux enfans naturels légalement
reconnus. 331 et s.

159. L'enfant naturel qui n'a point
été reconnu, et celui qui, après l'a-
voir été, a perdu ses père et mère, ou
dont les père et mère ne peuvent manifester leur volonté, ne pourra, avant
l'âge de vingt-un ans révolus, se marier qu'après avoir obtenu le consentement d'un tuteur *ad hoc* qui lui sera
nommé. 405.

160. S'il n'y a ni père ni mère, ni
aïeuls ni aïeules, ou s'ils se trouvent
tous dans l'impossibilité de manifester
leur volonté, les fils ou filles mineurs
de vingt-un ans ne peuvent contracter
mariage sans le consentement du conseil de famille. 170, 174, 405.

161. En ligne directe, le mariage
st prohibé entre tous les ascendans
et descendans légitimes ou naturels,
et les alliés dans la même ligne.

162. En ligne collatérale, le mariage est prohibé entre le frère et la sœur
légitimes ou naturels, et les alliés au
même degré. 348.

163. Le mariage est encore prohibé
entre l'oncle et la nièce, la tante et le
neveu. 164.

164. Néanmoins il est loisible au
roi de lever, pour des causes graves,
les prohibitions portées au précédent
article.

CHAPITRE II.
DES FORMALITÉS RELATIVES A LA CÉLÉ-BRATION DU MARIAGE.

165. Le mariage sera célébré publiquement, devant l'officier civil du
domicile de l'une des deux parties.
199, 200, P.

166. Les deux publications ordonnées par l'article 63, au titre *des Actes
de l'état civil*, seront faites à la municipalité du lieu où chacune des
parties contractantes aura son domicile.

167. Néanmoins, si le domicile actuel n'est établi que par six mois de
résidence, les publications seront faites en outre à la municipalité du dernier domicile.

168. Si les parties contractantes, ou
l'une d'elles, sont, relativement au
mariage, sous la puissance d'autrui,
les publications seront encore faites à
la municipalité du domicile de ceux
sous la puissance desquels elles se
trouvent.

169. Il est loisible au roi ou aux
officiers qu'il préposera à cet effet, de
dispenser, pour des causes graves, de
la seconde publication.

170. Le mariage contracté en pays
étranger entre Français, et entre Français et étrangers, sera valable, s'il a été
célébré dans les formes usitées dans
le pays, pourvu qu'il ait été précédé
des publications prescrites par l'article 63, au titre *des Actes de l'état civil*, et que le Français n'ait point contrevenu aux dispositions contenues au
chapitre précédent. 999.

171. Dans les trois mois après le
retour du Français sur le territoire du
royaume, l'acte de célébration du
mariage contracté en pays étranger
sera transcrit sur le registre public
des mariages du lieu de son domicile.

CHAPITRE III.
DES OPPOSITIONS AU MARIAGE.

172. Le droit de former opposition
à la célébration du mariage appartient
à la personne engagée par mariage
avec l'une des deux parties contractantes.

173. Le père, et, à défaut du père,
la mère, et, à défaut de père et mère,

les aïeuls et aïeules, peuvent former opposition au mariage de leurs enfans et descendans, encore que ceux-ci aient vingt-cinq ans accomplis.

174. A défaut d'aucun ascendant, le frère ou la sœur, l'oncle ou la tante, le cousin ou la cousine germains, majeurs, ne peuvent former aucune opposition que dans les deux cas suivans : — 1° Lorsque le consentement du conseil de famille, requis par l'article 160, n'a pas été obtenu. — 2° Lorsque l'opposition est fondée sur l'état de démence du futur époux : cette opposition, dont le tribunal pourra prononcer main-levée pure et simple, ne sera jamais reçue qu'à la charge, par l'opposant, de provoquer l'interdiction, et d'y faire statuer dans le délai qui sera fixé par le jugement. 179, 489, C.; 890, P. c.

175. Dans les deux cas prévus par le précédent article, le tuteur ou curateur ne pourra, pendant la durée de la tutelle ou curatelle, former opposition qu'autant qu'il y aura été autorisé par un conseil de famille, qu'il pourra convoquer. 885, P. c.

176. Tout acte d'opposition énoncera la qualité qui donne à l'opposant le droit de la former ; il contiendra élection de domicile dans le lieu où le mariage devra être célébré ; il devra également, à moins qu'il ne soit fait à la requête d'un ascendant, contenir les motifs de l'opposition : le tout à peine de nullité, et de l'interdiction de l'officier ministériel qui aurait signé l'acte contenant opposition. 49, P. c.

177. Le tribunal de première instance prononcera dans les dix jours sur la demande en main-levée.

178. S'il y a appel, il y sera statué dans les dix jours de la citation.

179. Si l'opposition est rejetée, les opposans, autres néanmoins que les ascendans, pourront être condamnés à des dommages-intérêts. 525, P. c.

CHAPITRE IV.
DES DEMANDES EN NULLITÉ DE MARIAGE.

180. Le mariage qui a été contracté sans le consentement des deux époux, ou de l'un d'eux, ne peut être attaqué que par les époux, ou par celui des deux dont le consentement n'a pas été libre. — Lorsqu'il y a eu erreur dans la personne, le mariage ne peut être attaqué que par celui des deux époux qui a été induit en erreur.

181. Dans le cas de l'article précédent, la demande en nullité n'est plus recevable, toutes les fois qu'il y a eu cohabitation continuée pendant six mois depuis que l'époux a acquis sa pleine liberté, ou que l'erreur a été par lui reconnue. 354, 357, P.

182. Le mariage contracté sans le consentement des père et mère, des ascendans, ou du conseil de famille, dans les cas où ce consentement était nécessaire, ne peut être attaqué que par ceux dont le consentement était requis, ou par celui des deux époux qui avait besoin de ce consentement.

183. L'action en nullité ne peut plus être intentée ni par les époux, ni par les parens dont le consentement était requis, toutes les fois que le mariage a été approuvé expressément ou tacitement par ceux dont le consentement était nécessaire, ou lorsqu'il s'est écoulé une année sans réclamation de leur part, depuis qu'ils ont eu connaissance du mariage. Elle ne peut être intentée non plus par l'époux, lorsqu'il s'est écoulé une année sans réclamation de sa part, depuis qu'il a atteint l'âge compétent pour consentir par lui-même au mariage.

184. Tout mariage contracté en contravention aux dispositions contenues aux articles 144, 147, 161, 162 et 163, peut être attaqué soit par les époux eux-mêmes, soit par tous ceux qui y ont intérêt, soit par le ministère public. 191, C.; 121, sc. ta.

185. Néanmoins le mariage contracté par des époux qui n'avaient point encore l'âge requis, ou dont l'un des deux n'avait point atteint cet âge, ne peut plus être attaqué, 1° lorsqu'il s'est écoulé six mois depuis que cet époux ou les époux ont atteint l'âge compétent ; 2° lorsque la femme qui n'avait point cet âge a conçu avant l'échéance de six mois.

186. Le père, la mère, les ascendans et la famille qui ont consenti au

mariage contracté dans le cas de l'article précédent, ne sont point recevables à en demander la nullité.

187. Dans tous les cas où, conformément à l'article 184, l'action en nullité peut être intentée par tous ceux qui y ont intérêt, elle ne peut l'être par les parens collatéraux, ou par les enfans nés d'un autre mariage du vivant des deux époux, mais seulement lorsqu'ils y ont un intérêt né et actuel. 1078.

188. L'époux au préjudice duquel a été contracté un second mariage peut en demander la nullité, du vivant même de l'époux qui était engagé avec lui. 340, P.

189. Si les nouveaux époux opposent la nullité du premier mariage, la validité ou la nullité de ce mariage doit être jugée préalablement.

190. Le procureur du roi, dans tous les cas auxquels s'applique l'article 184, et sous les modifications portées en l'article 185, peut et doit demander la nullité du mariage du vivant des deux époux, et les faire condamner à se séparer.

191. Tout mariage qui n'a point été contracté publiquement, et qui n'a point été célébré devant l'officier public compétent, peut être attaqué par les époux eux-mêmes, par les père et mère, par les ascendans, et par tous ceux qui y ont un intérêt né et actuel, ainsi que par le ministère public. 184.

192. Si le mariage n'a point été précédé des deux publications requises, ou s'il n'a pas été obtenu des dispenses permises par la loi, ou si les intervalles prescrits dans les publications et célébrations n'ont point été observés, le procureur du roi fera prononcer contre l'officier public une amende qui ne pourra excéder trois cents francs; et contre les parties contractantes, ou ceux sous la puissance desquels elles ont agi, une amende proportionnée à leur fortune.

193. Les peines prononcées par l'article précédent seront encourues par les personnes qui y sont désignées, pour toute contravention aux règles prescrites par l'article 165, lors même que ces contraventions ne seraient pas jugées suffisantes pour faire prononcer la nullité du mariage.

194. Nul ne peut réclamer le titre d'époux et les effets civils du mariage, s'il ne représente un acte de célébration inscrit sur le registre de l'état civil, sauf les cas prévus par l'article 46, au titre *des Actes de l'état civil*. 197.

195. La possession d'état ne pourra dispenser les prétendus époux qui l'invoqueront respectivement, de représenter l'acte de célébration du mariage devant l'officier de l'état civil. 40, 46, 76, 194, 196, 197, 321.

196. Lorsqu'il y a possession d'état, et que l'acte de célébration du mariage devant l'officier de l'état civil est représenté, les époux sont respectivement non recevables à demander la nullité de cet acte.

197. Si néanmoins, dans le cas des articles 194 et 195, il existe des enfans issus de deux individus qui ont vécu publiquement comme mari et femme, et qui soient tous deux décédés, la légitimité des enfans ne peut être contestée sous le seul prétexte du défaut de représentation de l'acte de célébration, toutes les fois que cette légitimité est prouvée par une possession d'état qui n'est point contredite par l'acte de naissance. 319, 320, 322.

198. Lorsque la preuve d'une célébration légale du mariage se trouve acquise par le résultat d'une procédure criminelle, l'inscription du jugement sur les registres de l'état civil assure au mariage, à compter du jour de sa célébration, tous les effets civils, tant à l'égard des époux, qu'à l'égard des enfans issus de ce mariage.

199. Si les époux, ou l'un d'eux, sont décédés sans avoir découvert la fraude, l'action criminelle peut être intentée par tous ceux qui ont intérêt de faire déclarer le mariage valable, et par le procureur du roi.

200. Si l'officier public est décédé lors de la découverte de la fraude, l'action sera dirigée au civil contre ses héritiers, par le procureur du roi, en présence des parties intéressées, et sur leur dénonciation.

201. Le mariage qui a été déclaré nul produit néanmoins les effets civils, tant à l'égard des époux qu'à l'é-

gard des enfans, lorsqu'il a été contracté de bonne foi.

202. Si la bonne foi n'existe que de la part de l'un des deux époux, le mariage ne produit les effets civils qu'en faveur de cet époux et des enfans issus du mariage.

CHAPITRE V.
DES OBLIGATIONS QUI NAISSENT DU MARIAGE.

203. Les époux contractent ensemble, par l'effet seul du mariage, l'obligation de nourrir, entretenir et élever leurs enfans. 349, 852, 1541, 1555, 207, 1409, 1448, 1558, C.; 349. 350, P.

204. L'enfant n'a pas d'action contre ses père et mère pour un établissement par mariage ou autrement. 349, 852, 1409, 1458, 1459, 1440, 1544, 1545, 1546, 1555, 1556, 1576, C.; 349, 350, P.

205. Les enfans doivent des alimens à leur père et mère et autres ascendans qui sont dans le besoin.

206. Les gendres et belles-filles doivent également, et dans les mêmes circonstances, des alimens à leurs beau-père et belle-mère; mais cette obligation cesse, 1° lorsque la belle-mère a convolé en secondes noces; 2° lorsque celui des époux qui produisait l'affinité, et les enfans issus de son union avec l'autre époux, sont décédés. 1558.

207. Les obligations résultant de ces dispositions sont réciproques.

208. Les alimens ne sont accordés que dans la proportion du besoin de celui qui les réclame, et de la fortune de celui qui les doit.

209. Lorsque celui qui fournit ou celui qui reçoit des alimens est replacé dans un état tel, que l'un ne puisse plus en donner, ou que l'autre n'en ait plus besoin en tout ou en partie, la décharge ou réduction peut en être demandée.

210. Si la personne qui doit fournir des alimens justifie qu'elle ne peut payer la pension alimentaire, le tribunal pourra, en connaissance de cause, ordonner qu'elle recevra dans sa demeure, qu'elle nourrira et entretiendra celui auquel elle devra des alimens.

211. Le tribunal prononcera également si le père ou la mère qui offrira de recevoir, nourrir et entretenir dans sa demeure, l'enfant à qui il devra des alimens, devra, dans ce cas, être dispensé de payer la pension alimentaire. 1558.

CHAPITRE VI.
DES DROITS ET DES DEVOIRS RESPECTIFS DES ÉPOUX.

212. Les époux se doivent mutuellement fidélité, secours, assistance.

213. Le mari doit protection à sa femme, la femme obéissance à son mari. 1588.

214. La femme est obligée d'habiter avec le mari, et de le suivre partout où il juge à propos de résider: le mari est obligé de la recevoir, et de lui fournir tout ce qui est nécessaire pour les besoins de la vie, selon ses facultés et son état. 1448, 1557.

215. La femme ne peut ester en jugement sans l'autorisation de son mari, quand même elle serait marchande publique, ou non commune, ou séparée de biens. 219, 225, 544, 776, 1588. 1449, 1558, 1576, C.; 861, 863 878, P. c.

216. L'autorisation du mari n'est pas nécessaire lorsque la femme est poursuivie en matière criminelle ou de police. 905, 940, 1424, 1990, 2139, 2194.

217. La femme, même non commune ou séparée de biens, ne peut donner, aliéner, hypothéquer, acquérir, à titre gratuit ou onéreux, sans le concours du mari dans l'acte, ou son consentement par écrit. 776, 905, 1029, 1588, 1449, 1576, 220, 1504, 1512, 1255, 1990, 1409, 1494, C.; 4, 5, 7, Co.

218. Si le mari refuse d'autoriser sa femme à ester en jugement, le juge peut donner l'autorisation. 1426, 1555, 1558, 1576, C.; 861 et s., P. c.

219. Si le mari refuse d'autoriser sa femme à passer un acte, la femme peut faire citer son mari directement devant le tribunal de première instance de l'arrondissement du domicile commun, qui peut donner ou refuser son autorisation, après que le mari aura été entendu, ou dûment appelé

2*

en la chambre du conseil. 861 et s.,
P. c.; 4, 5, 7, Co.

220. La femme, si elle est marchande publique, peut, sans l'autorisation de son mari, s'obliger pour ce
qui concerne son négoce, et, audit
cas, elle oblige aussi son mari, s'il y a
communauté entre eux. 1419, C.;
22, Co. — Elle n'est pas réputée marchande publique, si elle ne fait que
détailler les marchandises du commerce de son mari, mais seulement
quand elle fait un commerce séparé.

221. Lorsque le mari est frappé
d'une condamnation emportant peine
afflictive ou infamante, encore qu'elle
n'ait été prononcée que par contumace, la femme, même majeure, ne
peut, pendant la durée de la peine,
ester en jugement, ni contracter, qu'a-
près s'être fait autoriser par le juge,
qui peut, en ce cas, donner l'autorisation, sans que le mari ait été entendu ou appelé. 7, 8, P.

222. Si le mari est interdit ou absent, le juge peut, en connaissance
de cause, autoriser la femme, soit pour
ester en jugement, soit pour contracter. 864, P. c.

223. Toute autorisation générale,
même stipulée par contrat de mariage, n'est valable que quant à l'administration des biens de la femme.
1388, 1508, 1538, 1988.

224. Si le mari est mineur, l'autorisation du juge est nécessaire à la
femme, soit pour ester en jugement,
soit pour contracter. 865, P. c.; 476,
481, 2208, C.; 4, 5, 7, Co.

225. La nullité fondée sur le défaut d'autorisation ne peut être opposée que par la femme, par le mari, ou
par leurs héritiers. 942, 1125, 1241,
1312, 1415, 1417, 1419, 1424, 1426,
1427, 1469, 1555, 1235, 1304, 1990.

226. La femme peut tester sans
l'autorisation de son mari. 905, 940.

CHAPITRE VII.
DE LA DISSOLUTION DU MARIAGE.

227. Le mariage se dissout,
1° Par la mort de l'un des époux;
2° Par le divorce légalement prononcé;
3° Par la condamnation devenue
définitive de l'un des époux à une
peine emportant mort civile. 25, 159,
252, 261, 295.

CHAPITRE VIII.
DES SECONDS MARIAGES.

228. La femme ne peut contracter
un nouveau mariage qu'après dix mois
révolus depuis la dissolution du mariage précédent. 194, 195, 340, P.

TITRE VI.
DU DIVORCE. 336, 337, 338, P.

(Décrété le 21 mars 1803. Promulgué
le 31 du même mois.)

(*Voir à la fin du Code civil la loi du 8
mai 1816, qui abolit le divorce.*)

CHAPITRE PREMIER.
DES CAUSES DU DIVORCE.

229. Le mari pourra demander le
divorce pour cause d'adultère de sa
femme.

230. La femme pourra demander
le divorce pour cause d'adultère de
son mari, lorsqu'il aura tenu sa concubine dans la maison commune.
339, P.

231. Les époux pourront réciproquement demander le divorce pour
excès, sévices ou injures graves, de
l'un d'eux envers l'autre.

232. La condamnation de l'un des
époux à une peine infamante sera
pour l'autre époux une cause de divorce. 261, 295 et s., C.; 476,
635, 641, I. c.; 7, 8, P.

233. Le consentement mutuel et
persévérant des époux, exprimé de la
manière prescrite par la loi, sous les
conditions et après les épreuves qu'elle déterminera, prouvera suffisamment
que la vie commune leur est insup-
portable, et qu'il existe, par rapport
à eux, une cause péremptoire de divorce.

CHAPITRE II.
DU DIVORCE POUR CAUSE DÉTERMINÉE.

SECTION I.
*Des Formes du Divorce pour cause
déterminée.*

234. Quelle que soit la nature des
faits ou des délits qui donneront lieu
à la demande en divorce pour cause

-déterminée, cette demande ne pourra être formée qu'au tribunal de l'arrondissement dans lequel les époux auront leur domicile. 881, P. c.

235. Si quelques-uns des faits allégués par l'époux demandeur donnent lieu à une poursuite criminelle de la part du ministère public, l'action en divorce restera suspendue jusqu'après l'arrêt de la cour d'assises : alors elle pourra être reprise, sans qu'il soit permis d'inférer de l'arrêt aucune fin de non-recevoir ou exception préjudicielle contre l'époux demandeur. 5, I. c.

236. Toute demande en divorce détaillera les faits : elle sera remise, avec les pièces à l'appui, s'il y en a, au président du tribunal ou au juge qui en fera les fonctions, par l'époux demandeur en personne, à moins qu'il n'en soit empêché par maladie ; auquel cas, sur sa réquisition et le certificat de deux docteurs en médecine ou en chirurgie, ou de deux officiers de santé, le magistrat se transportera au domicile du demandeur, pour y recevoir sa demande. 79, pr. ta.

237. Le juge, après avoir entendu le demandeur, et lui avoir fait les observations qu'il croira convenables, paraphera la demande et les pièces, et dressera procès verbal de la remise du tout en ses mains. Ce procès verbal sera signé par le juge et par le demandeur, à moins que celui-ci ne sache ou ne puisse signer ; auquel cas il en sera fait mention.

238. Le juge ordonnera, au bas de son procès verbal, que les parties comparaîtront en personne devant lui, au jour et à l'heure qu'il indiquera : et qu'à cet effet copie de son ordonnance sera par lui adressée à la partie contre laquelle le divorce est demandé.

239. Au jour indiqué, le juge fera aux deux époux, s'ils se présentent, ou au demandeur, s'il est seul comparant, les représentations qu'il croira propres à opérer un rapprochement ; s'il ne peut y parvenir, il en dressera procès verbal, et ordonnera la communication de la demande et des pièces au ministère public, et le référé du tout au tribunal.

240. Dans les trois jours qui suivront, le tribunal, sur le rapport du président ou du juge qui en aura fait les fonctions, et sur les conclusions du ministère public, accordera ou suspendra la permission de citer. La suspension ne pourra excéder le terme de vingt jours.

241. Le demandeur, en vertu de la permission du tribunal, fera citer le défendeur, dans la forme ordinaire, à comparaître en personne à l'audience, à huis clos, dans le délai de la loi ; il fera donner copie, en tête de la citation, de la demande en divorce et des pièces produites à l'appui.

242. A l'échéance du délai, soit que le défenseur comparaisse ou non, le demandeur en personne, assisté d'un conseil, s'il le juge à propos, exposera ou fera exposer les motifs de sa demande ; il représentera les pièces qui l'appuient, et nommera les témoins qu'il se propose de faire entendre.

243. Si le défendeur comparaît en personne ou par un fondé de pouvoir, il pourra proposer ou faire proposer ses observations, tant sur les motifs de la demande que sur les pièces produites par le demandeur et sur les témoins par lui nommés. Le défendeur nommera, de son côté, les témoins qu'il se propose de faire entendre, et sur lesquels le demandeur fera réciproquement ses observations.

244. Il sera dressé procès verbal des comparutions, dires et observations des parties, ainsi que des aveux que l'une ou l'autre pourra faire. Lecture de ce procès verbal sera donnée auxdites parties, qui seront requises de le signer ; et il sera fait mention expresse de leur signature, ou de leur déclaration de ne pouvoir ou ne vouloir signer.

245. Le tribunal renverra les parties à l'audience publique, dont il fixera le jour et l'heure ; il ordonnera la communication de la procédure au ministère public, et commettra un rapporteur. Dans le cas où le défendeur n'aurait pas comparu, le demandeur sera tenu de lui faire signifier l'ordonnance du tribunal, dans le délai qu'elle aura déterminé.

246. Au jour et à l'heure indiqués

sur le rapport du juge commis, le ministère public entendu, le tribunal
statuera d'abord sur les fins de non-
recevoir, s'il en a été proposé. En cas
qu'elles soient trouvées concluantes,
la demande en divorce sera rejetée :
dans le cas contraire, ou s'il n'a pas
été proposé de fins de non-recevoir,
la demande en divorce sera admise.

247. Immédiatement après l'admission de la demande en divorce,
sur le rapport du juge commis, le
ministère public entendu, le tribunal
statuera au fond. Il fera droit à la demande si elle lui paraît en état d'être
jugée : sinon, il admettra le demandeur à la preuve des faits pertinens
par lui allégués, et le défendeur à la
preuve contraire.

248. A chaque acte de la cause, les
parties pourront, après le rapport du
juge, et avant que le ministère public ait pris la parole, proposer ou
faire proposer leurs moyens respectifs, d'abord sur les fins de non-recevoir, et ensuite sur le fond : mais en
aucun cas le conseil du demandeur
ne sera admis, si le demandeur n'est
pas comparant en personne.

249. Aussitôt après la prononciation du jugement qui ordonnera les
enquêtes, le greffier du tribunal donnera lecture de la partie du procès
verbal qui contient la nomination
déjà faite des témoins que les parties
se proposent de faire entendre. Elles
seront averties par le président qu'elles peuvent encore en désigner d'autres, mais qu'après ce moment elles
n'y seront plus reçues.

250. Les parties proposeront de
suite leurs reproches respectifs contre les témoins qu'elles voudront écarter. Le tribunal statuera sur ces reproches, après avoir entendu le ministère public.

251. Les parens des parties, à l'exception de leurs enfans et descendans, ne sont pas reprochables du
chef de la parenté, non plus que les
domestiques des époux, en raison de
cette qualité ; mais le tribunal aura
tel égard que de raison aux dépositions des parens et des domestiques.

252. Tout jugement qui admettra
une preuve testimoniale dénommera

les témoins qui seront entendus, et
déterminera le jour et l'heure auxquels les parties devront les présenter.

253. Les dépositions des témoins
seront reçues par le tribunal séant à
huis clos, en présence du ministère
public, des parties, et de leurs conseils ou amis, jusqu'au nombre de
trois, de chaque côté.

254. Les parties, par elles ou par
leurs conseils, pourront faire aux témoins telles observations et interpellations qu'elles jugeront à propos,
sans pouvoir néanmoins les interrompre dans le cours de leurs dépositions,
295, P. c.

255. Chaque déposition sera rédigée par écrit, ainsi que les dires et
observations auxquels elle aura donné lieu. Le procès verbal d'enquête
sera lu tant aux témoins qu'aux parties : les uns et les autres seront requis de le signer ; et il sera fait mention de leur signature, ou de leur déclaration qu'ils ne peuvent ou ne veulent signer.

256. Après la clôture des deux enquêtes, ou de celle du demandeur, si
le défendeur n'a pas produit de témoins, le tribunal renverra les parties
à l'audience publique, dont il indiquera le jour et l'heure ; il ordonnera
la communication de la procédure
au ministère public, et commettra
un rapporteur. Cette ordonnance sera
signifiée au défendeur, à la requête
du demandeur, dans le délai qu'elle
aura déterminé.

257. Au jour fixé pour le jugement
définitif, le rapport sera fait par le
juge commis : les parties pourront
ensuite faire, par elles-mêmes ou par
l'organe de leurs conseils, telles observations qu'elles jugeront utiles à
leur cause ; après quoi le ministère
public donnera ses conclusions.

258. Le jugement définitif sera prononcé publiquement : lorsqu'il admettra le divorce, le demandeur sera
autorisé à se retirer devant l'officier
de l'état civil pour le faire prononcer.

259. Lorsque la demande en divorce aura été formée pour cause d'excès, de sévices ou d'injures graves, encore qu'elle soit bien établie, les juges
pourront ne pas admettre immédiate-

ment le divorce. Dans ce cas, avant de faire droit, ils autoriseront la femme à quitter la compagnie de son mari, sans être tenue de le recevoir, si elle ne le juge à propos : et ils condamneront le mari à lui payer une pension alimentaire proportionnée à ses facultés, si la femme n'a pas elle-même des revenus suffisans pour fournir à ses besoins.

260. Après une année d'épreuve, si les parties ne se sont pas réunies, l'époux demandeur pourra faire citer l'autre époux, pour comparaître au tribunal, dans les délais de la loi, pour y entendre prononcer le jugement définitif, qui pour lors admettra le divorce.

261. Lorsque le divorce sera demandé par la raison qu'un des époux est condamné à une peine infamante, les seules formalités à observer, consisteront à présenter au tribunal de première instance une expédition en bonne forme du jugement de condamnation, avec un certificat de la cour d'assises, portant que ce même jugement n'est plus susceptible d'être réformé par aucune voie légale.

262. En cas d'appel du jugement d'admission ou du jugement définitif, rendu par le tribunal de première instance en matière de divorce, la cause sera instruite et jugée par la cour royale, comme affaire urgente.

263. L'appel ne sera recevable qu'autant qu'il aura été interjeté dans les trois mois à compter du jour de la signification du jugement rendu contradictoirement ou par défaut. Le délai pour se pourvoir à la cour de cassation contre un jugement en dernier ressort sera aussi de trois mois à compter de la signification. Le pourvoi sera suspensif. 443 et s., P. c.

264. En vertu de tout jugement rendu en dernier ressort ou passé en force de chose jugée, qui autorisera le divorce, l'époux qui l'aura obtenu sera obligé de se présenter, dans le délai de deux mois, devant l'officier de l'état civil, l'autre partie dûment appelée, pour faire prononcer le divorce.

265. Ces deux mois ne commenceront à courir, à l'égard des jugemens de première instance, qu'après l'expiration du délai d'appel ; à l'égard des arrêts rendus par défaut en cause d'appel, qu'après l'expiration du délai d'opposition ; et à l'égard des jugemens contradictoires en dernier ressort, qu'après l'expiration du délai du pourvoi en cassation.

266. L'époux demandeur qui aura laissé passer le délai de deux mois ci-dessus déterminé, sans appeler l'autre époux devant l'officier de l'état civil, sera déchu du bénéfice du jugement qu'il avait obtenu, et ne pourra reprendre son action en divorce, sinon pour cause nouvelle, auquel cas il pourra néanmoins faire valoir les anciennes causes.

Des Mesures provisoires auxquelles peut donner lieu la Demande en Divorce pour cause déterminée.

267. L'administration provisoire des enfans restera au mari demandeur ou défendeur en divorce, à moins qu'il n'en soit autrement ordonné par le tribunal, sur la demande soit de la mère, soit de la famille, ou du ministère public, pour le plus grand avantage des enfans.

268. La femme demanderesse ou défenderesse en divorce pourra quitter le domicile du mari pendant la poursuite, et demander une pension alimentaire proportionnée aux facultés du mari. Le tribunal indiquera la maison dans laquelle la femme sera tenue de résider, et fixera, s'il y a lieu, la provision alimentaire que le mari sera obligé de lui payer.

269. La femme sera tenue de justifier de sa résidence dans la maison indiquée, toutes les fois qu'elle en sera requise : à défaut de cette justification, le mari pourra refuser la provision alimentaire : et, si la femme est demanderesse en divorce, la faire déclarer non recevable à continuer ses poursuites.

270. La femme commune en biens, demanderesse ou défenderesse en divorce, pourra, en tout état de cause, à partir de la date de l'ordonnance dont il est fait mention en l'article

258, requérir, pour la conservation de ses droits, l'apposition des scellés sur les effets mobiliers de la communauté. Ces scellés ne seront levés qu'en faisant inventaire avec prisée, et à la charge par le mari de représenter les choses inventoriées, ou de répondre de leur valeur comme gardien judiciaire. 869, P. c.

271. Toute obligation contractée par le mari à la charge de la communauté, toute aliénation par lui faite des immeubles qui en dépendent, postérieurement à la date de l'ordonnance, 502, dont il est fait mention en l'article 258, sera déclarée nulle, s'il est prouvé d'ailleurs qu'elle ait été faite ou contractée en fraude des droits de la femme.

SECTION III.

Des Fins de non-recevoir contre l'Action en Divorce pour cause déterminée.

272. L'action en divorce sera éteinte par la réconciliation des époux, survenue soit depuis les faits qui auraient pu autoriser cette action, soit depuis la demande en divorce.

273. Dans l'un et l'autre cas, le demandeur sera déclaré non recevable dans son action; il pourra néanmoins en intenter une nouvelle pour cause survenue depuis la réconciliation, et alors faire usage des anciennes causes pour appuyer sa nouvelle demande.

274. Si le demandeur en divorce nie qu'il y ait eu réconciliation, le défendeur en fera preuve, soit par écrit, soit par témoins, dans la forme prescrite en la première section du présent chapitre.

CHAPITRE III.

DU DIVORCE PAR CONSENTEMENT MUTUEL.

275. Le consentement mutuel des époux ne sera point admis, si le mari a moins de vingt-cinq ans, ou si la femme est mineure de vingt-un ans.

276. Le consentement mutuel ne sera admis qu'après deux ans de mariage.

277. Il ne pourra plus l'être après vingt ans de mariage, ni lorsque la femme aura quarante-cinq ans.

278. Dans aucun cas le consentement mutuel des époux ne suffira s'il n'est autorisé par leurs pères et mères, ou par leurs autres ascendans vivans, 283, suivant les règles prescrites par l'article 150, au titre *du Mariage.*

279. Les époux déterminés à opérer le divorce par consentement mutuel seront tenus de faire préalablement inventaire et estimation de tous leurs biens meubles et immeubles, et de régler leurs droits respectifs, sur lesquels il leur sera néanmoins libre de transiger. 505, C.; 168, pr. ta.

280. Ils seront pareillement tenus de constater par écrit leur convention sur les trois points qui suivent : 1° A qui les enfans nés de leur union seront confiés, soit pendant le temps des épreuves, soit après le divorce prononcé ; — 2° Dans quelle maison la femme devra se retirer et résider pendant le temps des épreuves;—5° Quelle somme le mari devra payer à sa femme pendant le même temps, si elle n'a pas des revenus suffisans pour fournir à ses besoins.

281. Les époux se présenteront ensemble, et en personne, devant le président du tribunal civil de leur arrondissement, ou devant le juge qui en fera les fonctions, et lui feront la déclaration de leur volonté, en présence de deux notaires amenés par eux.

282. Le juge fera aux deux époux réunis, et à chacun d'eux en particulier, en présence des deux notaires, telles représentations et exhortations qu'il croira convenables ; il leur donnera lecture du chapitre IV du présent titre, qui règle *les effets du Divorce,* et leur développera toutes les conséquences de leur démarche.

283. Si les époux persistent dans leur résolution, il leur sera donné acte, par le juge, de ce qu'ils demandent le divorce, et y consentent mutuellement ; et ils seront tenus de produire et déposer à l'instant, entre les mains des notaires, outre les actes mentionnés aux articles 279 et 280 : — 1° Les actes de leur naissance et celui de leur mariage ; — 2° Les actes de naissance et de décès de tous les enfans nés de leur union ; — 3° La dé-

claration authentique de leurs père et mère ou autres ascendans vivans, portant que, pour les causes à eux connues, ils autorisent tel *ou* telle, leur fils *ou* fille, petit-fils *ou* petite-fille, marié *ou* mariée à tel *ou* telle, à demander le divorce et à y consentir. Les pères, mères, aïeuls et aïeules des époux, seront présumés vivans jusqu'à la représentation des actes constatant leur décès.

284. Les notaires dresseront procès verbal détaillé de tout ce qui aura été dit et fait en exécution des articles précédens ; la minute en restera au plus âgé des deux notaires, ainsi que les pièces produites, qui demeureront annexées au procès verbal, dans lequel il sera fait mention de l'avertissement qui sera donné à la femme de se retirer, dans les vingt-quatre heures, dans la maison convenue entre elle et son mari, et d'y résider jusqu'au divorce prononcé. 168, pr. ta.

285. La déclaration ainsi faite sera renouvelée dans la première quinzaine de chacun des quatrième, septième et dixième mois qui suivront, en observant les mêmes formalités. Les parties seront obligées à rapporter chaque fois la preuve, par acte public, que leurs pères, mères, ou autres ascendans vivans, 278, persistent dans leur première détermination ; mais elles ne seront tenues à répéter la production d'aucun autre acte.

286. Dans la quinzaine du jour où sera révolue l'année, à compter de la première déclaration, les époux, assistés chacun de deux amis, personnes notables dans l'arrondissement, âgées de cinquante ans au moins, se présenteront ensemble et en personne devant le président du tribunal ou le juge qui en fera les fonctions : ils lui remettront les expéditions en bonne forme des quatre procès verbaux contenant leur consentement mutuel, et de tous les actes qui y auront été annexés, et requerront du magistrat, chacun séparément, en présence néanmoins l'un de l'autre et des quatre notables, l'admission du divorce.

287. Après que le juge et les assistans auront fait leurs observations aux époux, s'ils persévèrent, il leur sera

donné acte de leur réquisition et de la remise par eux faite des pièces à l'appui : le greffier du tribunal dressera procès verbal, qui sera signé tant par les parties (à moins qu'elles ne déclarent ne savoir ou ne pouvoir signer, auquel cas il en sera fait mention), que par les quatre assistans, le juge et le greffier.

288. Le juge mettra de suite, au bas de ce procès verbal, son ordonnance, portant que, dans les trois jours il sera par lui référé du tout au tribunal en la chambre du conseil, sur les conclusions par écrit du ministère public, auquel les pièces seront, à cet effet, communiquées par le greffier.

289. Si le ministère public trouve dans les pièces la preuve que les deux époux étaient âgés, le mari de vingt-cinq ans, la femme de vingt-un ans, lorsqu'ils ont fait leur première déclaration ; qu'à cette époque ils étaient mariés depuis deux ans, que le mariage ne remontait pas à plus de vingt ans ; que la femme avait moins de quarante-cinq ans : que le consentement mutuel a été exprimé quatre fois dans le cours de l'année, après les préalables ci-dessus prescrits et avec toutes les formalités requises par le présent chapitre, notamment avec l'autorisation des pères et mères des époux, ou avec celle de leurs autres ascendans vivans, en cas de prédécès des pères et mères, il donnera ses conclusions en ces termes, *La loi permet*; dans le cas contraire, ses conclusions seront en ces termes, *La loi empêche*.

290. Le tribunal, sur le référé, ne pourra faire d'autres vérifications que celles indiquées par l'article précédent. S'il en résulte que, dans l'opinion du tribunal, les parties ont satisfait aux conditions et rempli les formalités déterminées par la loi, il admettra le divorce, et renverra les parties devant l'officier de l'état civil, pour le faire prononcer : dans le cas contraire, le tribunal déclarera qu'il n'y a pas lieu à admettre le divorce, et déduira les motifs de la décision.

291. L'appel du jugement qui au-

rait déclaré ne pas y avoir lieu à admettre le divorce, ne sera recevable qu'autant qu'il sera interjeté par les deux parties, et néanmoins par actes séparés, dans les dix jours au plus tôt, et au plus tard dans les vingt jours de la date du jugement de première instance.

292. Les actes d'appel seront réciproquement signifiés tant à l'autre époux qu'au ministère public près le tribunal de première instance.

293. Dans les dix jours, à compter de la signification qui lui aura été faite du second acte d'appel, le ministère public près le tribunal de première instance fera passer au procureur général près la cour royale, l'expédition du jugement, et les pièces sur lesquelles il est intervenu. Le procureur général près la cour royale donnera ses conclusions par écrit, dans les dix jours qui suivront la réception des pièces : le président, ou le juge qui le suppléera, fera son rapport à la cour royale, en la chambre du conseil, et il sera statué définitivement dans les dix jours qui suivront la remise des conclusions du procureur-général.

294. En vertu de l'arrêt qui admettra le divorce, et dans les vingt jours de sa date, les parties se présenteront ensemble et en personne devant l'officier de l'état civil, pour faire prononcer le divorce. Ce délai passé, le jugement demeurera comme non avenu.

CHAPITRE IV.
DES EFFETS DU DIVORCE.

295. Les époux qui divorceront pour quelque cause que ce soit, ne pourront plus se réunir. 190, 227.

296. Dans le cas de divorce prononcé pour cause déterminée, la femme divorcée ne pourra se remarier que dix mois après le divorce prononcé.

297. Dans le cas de divorce par consentement mutuel, aucun des deux époux ne pourra contracter un nouveau mariage que trois ans après la prononciation du divorce.

298. Dans le cas de divorce admis en justice pour cause d'adultère, l'é-

poux coupable ne pourra jamais se marier avec son complice. 208, P. La femme adultère sera condamnée par le même jugement, et sur la réquisition du ministère public, à la réclusion dans une maison de correction, pour un temps déterminé, qui ne pourra être moindre de trois mois, ni excéder deux années. 324, 336, 337 358, P.

299. Pour quelque cause que le divorce ait lieu, hors le cas du consentement mutuel, 310, l'époux contre lequel le divorce aura été admis perdra tous les avantages que l'autre époux lui avait faits, 1452, 1516, 1518, soit par leur contrat de mariage, soit depuis le mariage contracté. 1463.

300. L'époux qui aura obtenu le divorce conservera les avantages à lui faits par l'autre époux, encore qu'ils aient été stipulés réciproques, et que la réciprocité n'ait pas lieu. 1096.

301. Si les époux ne s'étaient fait aucun avantage, ou si ceux stipulés ne paraissaient pas suffisans pour assurer la subsistance de l'époux qui a obtenu le divorce, le tribunal pourra lui accorder, sur les biens de l'autre époux, une pension alimentaire qui ne pourra excéder le tiers des revenus de cet autre époux. Cette pension sera révocable dans le cas où elle cesserait d'être nécessaire. 209.

302. Les enfans seront confiés à l'époux, 280, qui a obtenu le divorce, à moins que le tribunal, sur la demande de la famille ou du ministère public, n'ordonne, pour le plus grand avantage des enfans, que tous ou quelques-uns d'eux seront confiés aux soins soit de l'autre époux, soit d'une tierce personne.

303. Quelle que soit la personne à laquelle les enfans seront confiés, les père et mère conserveront respectivement le droit de surveiller l'entretien et l'éducation de leurs enfans, et seront tenus d'y contribuer à proportion de leurs facultés.

304. La dissolution du mariage par le divorce admis en justice ne privera les enfans nés de ce mariage d'aucun des avantages qui leur étaient assurés par les lois, ou par les conventions matrimoniales de leurs père et

mere , mais il n'y aura d'ouverture aux droits des enfans que de la même manière et dans les mêmes circonstances où ils se seraient ouverts s'il n'y avait pas eu de divorce.

305. Dans le cas de divorce par consentement mutuel, la propriété de la moitié des biens, 279, de chacun des deux époux sera acquise de plein droit , du jour de leur première déclaration, aux enfans nés de leur mariage : les père et mère conserveront néanmoins la jouissance de cette moitié jusqu'à la majorité de leurs enfans, à la charge de pourvoir à leur nourriture, entretien et éducation, conformément à leur fortune et à leur état : le tout sans préjudice des autres avantages qui pourraient avoir été assurés auxdits enfans par les conventions matrimoniales de leurs père et mère. 745.

CHAPITRE V.
DE LA SÉPARATION DE CORPS.

306. Dans le cas où il y a lieu à la demande en divorce pour cause déterminée , il sera libre aux époux de former demande en séparation de corps.

307. Elle sera intentée, instruite et jugée de la même manière que toute autre action civile : elle ne pourra avoir lieu par le consentement mutuel des époux. 872, 878, 880, P. c.

308. La femme contre laquelle la séparation de corps sera prononcée pour cause d'adultère sera condamnée par le même jugement, et sur la réquisition du ministère public, à la réclusion dans une maison de correction pendant un temps déterminé, qui ne pourra être moindre de trois mois, ni excéder deux années. 336 et s., P.

309. Le mari restera le maître d'arrêter l'effet de cette condamnation, en consentant à reprendre sa femme.

310. Lorsque la séparation de corps, prononcée pour toute autre cause que l'adultère de la femme , aura duré trois ans, l'époux qui était originairement défendeur pourra demander le divorce au tribunal, qui l'admettra, si le demandeur originaire, présent ou dûment appelé, ne consent pas immédiatement à faire cesser la séparation.

311. La séparation de corps emportera toujours séparation de biens. 212 501, 1441, 1452, 1463, 1518, C.; 66, Co.

TITRE VII.
DE LA PATERNITÉ ET DE LA FILIATION.

(Décrété le 23 mars 1803. Promulgué le 2 avril.)

CHAPITRE PREMIER.
DE LA FILIATION DES ENFANS LÉGITIMES OU NÉS DANS LE MARIAGE.

312. L'enfant conçu pendant le mariage a pour père le mari. — Néanmoins celui-ci pourra désavouer l'enfant, s'il prouve que pendant le temps qui a couru depuis le trois-centième jusqu'au cent quatre-vingtième jour avant la naissance de cet enfant, il était , soit pour cause d'éloignement , soit par l'effet de quelque accident , dans l'impossibilité physique de cohabiter avec sa femme.

313. Le mari ne pourra, en alléguant son impuissance naturelle, désavouer l'enfant : il ne pourra le désavouer même pour cause d'adultère, à moins que la naissance ne lui ait été cachée, auquel cas il sera admis à proposer tous les faits propres à justifier qu'il n'en est pas le père.

314. L'enfant né avant le cent quatre-vingtième jour du mariage ne pourra être désavoué par le mari, dans les cas suivans : 1° s'il a eu connaissance de la grossesse avant le mariage ; 2° s'il a assisté à l'acte de naissance, et si cet acte est signé de lui, ou contient sa déclaration qu'il ne sait signer ; 3° si l'enfant n'est pas déclaré viable.

315. La légitimité de l'enfant né trois cents jours après la dissolution du mariage pourra être contestée. 725, C.; 1033, P. c.

316. Dans les divers cas où le mari est autorisé à réclamer, il devra le faire dans le mois, s'il se trouve sur les lieux de la naissance de l'enfant ; — dans les deux mois après son retour , si , à la même époque , il est absent : — dans les deux mois après la découverte de la fraude, si on lui

16

avait caché la naissance de l'enfant.

317. Si le mari est mort avant d'avoir fait sa réclamation, mais étant encore dans le délai utile pour la faire, les héritiers auront deux mois pour contester la légitimité de l'enfant, à compter de l'époque où cet enfant se serait mis en possession des biens du mari, ou de l'époque où les héritiers seraient troublés par l'enfant dans cette possession. 724, 795.

318. Tout acte extrajudiciaire, contenant le désaveu de la part du mari ou de ses héritiers, sera comme non avenu, s'il n'est suivi, dans le délai d'un mois, d'une action en justice, dirigée contre un tuteur *ad hoc* donné à l'enfant, et en présence de sa mère.

CHAPITRE II.
DES PREUVES DE LA FILIATION DES ENFANS LÉGITIMES.

319. La filiation des enfans légitimes se prouve par les actes de naissance inscrits sur le registre de l'état civil. 197.

320. A défaut de ce titre, la possession constante de l'état d'enfant légitime suffit. 46, 197, 522.

321. La possession d'état s'établit par une réunion suffisante de faits qui indiquent le rapport de filiation et de parenté entre un individu et la famille à laquelle il prétend appartenir. — Les principaux de ces faits sont, — que l'individu a toujours porté le nom du père auquel il prétend appartenir; — que le père l'a traité comme son enfant, et a pourvu, en cette qualité, à son éducation, à son entretien et à son établissement; — — qu'il a été reconnu constamment pour tel dans la société; — qu'il a été reconnu pour tel par la famille. 187.

322. Nul ne peut réclamer un état contraire à celui que lui donnent son titre de naissance et la possession conforme à ce titre; — Et réciproquement, nul ne peut contester l'état de celui qui a une possession conforme à son titre de naissance.

323. A défaut de titre et de possession constante, ou si l'enfant a été inscrit, soit sous de faux noms, soit comme né de père et mère inconnus,

la preuve de filiation peut se faire par témoins. 527. — Néanmoins cette preuve ne peut être admise que lorsqu'il y a commencement de preuve par écrit, 46, ou lorsque les présomptions ou indices résultant de faits dès lors constans, sont assez graves pour déterminer l'admission.

324. Le commencement de preuve par écrit résulte des titres de famille, des registres et papiers domestiques du père ou de la mère, des actes publics et même privés émanés d'une partie engagée dans la contestation, ou qui y aurait intérêt si elle était vivante. 518.

325. La preuve contraire pourra se faire par tous les moyens propres à établir que le réclamant n'est pas l'enfant de la mère qu'il prétend avoir, ou même, la maternité prouvée, qu'il n'est pas l'enfant du mari de la mère.

326. Les tribunaux civils seront seuls compétens pour statuer sur les réclamations d'état. 83, P. c.

327. L'action criminelle contre un délit de suppression d'état ne pourra commencer qu'après le jugement définitif sur la question d'état.

328. L'action en réclamation d'état est imprescriptible à l'égard de l'enfant.

329. L'action ne peut être intentée par les héritiers de l'enfant qui n'a pas réclamé, qu'autant qu'il est décédé mineur, ou dans les cinq années après sa majorité. 345 et s., P.

330. Les héritiers peuvent suivre cette action lorsqu'elle a été commencée par l'enfant, à moins qu'il ne s'en fût désisté formellement, ou qu'il n'eût laissé passer trois années sans poursuites, à compter du dernier acte de la procédure. 724.

CHAPITRE III.
DES ENFANS NATURELS.

SECTION I.
De la Légitimation des Enfans naturels.

331. Les enfans nés hors mariage, autres que ceux nés d'un commerce incestueux ou adultérin, pourront être légitimés par le mariage subséquent de leurs père et mère, lorsque ceux-ci les auront légalement reconnus avant le mariage, ou qu'ils les reconnaîtront dans l'acte même de célébration. 756 et s., 762 et s.

332. La légitimation peut avoir lieu, même en faveur des enfans décédés qui ont laissé des descendans ; et, dans ce cas, elle profite à ces descendans.

333. Les enfans légitimés par le mariage subséquent auront les mêmes droits que s'ils étaient nés de ce mariage. 960.

SECTION II.
De la Reconnaissance des Enfans naturels.

334. La reconnaissance d'un enfant naturel sera faite par un acte authentique, lorsqu'elle ne l'aura pas été dans son acte de naissance. 756, 762, 1317.

335. Cette reconnaissance ne pourra avoir lieu au profit des enfans nés d'un commerce incestueux ou adultérin.

336. La reconnaissance du père, sans l'indication et l'aveu de la mère, n'a d'effet qu'à l'égard du père.

337. La reconnaissance faite pendant le mariage, par l'un des époux, au profit d'un enfant naturel qu'il aurait eu, avant son mariage, d'un autre que de son époux, ne pourra nuire ni à celui-ci, ni aux enfans nés de ce mariage. — Néanmoins elle produira son effet après la dissolution de ce mariage, s'il n'en reste pas d'enfans. 312, 315.

338. L'enfant naturel reconnu ne pourra réclamer les droits d'enfant légitime. Les droits des enfans naturels seront réglés au titre des *Successions.*

339. Toute reconnaissance de la part du père ou de la mère, de même que toute réclamation de la part de l'enfant, pourra être contestée par tous ceux qui y auront intérêt.

340. La recherche de la paternité est interdite. Dans le cas d'enlèvement, lorsque l'époque de cet enlèvement se rapportera à celle de la conception, le ravisseur pourra être, sur la demande des parties intéressées, déclaré père de l'enfant. 555, 556, 557, P.

341. La recherche de la maternité est admise. — L'enfant qui réclamera sa mère sera tenu de prouver qu'il est identiquement le même que l'enfant dont elle est accouchée. — Il ne sera reçu à faire cette preuve par témoins que lorsqu'il aura déjà un commencement de preuve par écrit.

342. Un enfant ne sera jamais admis à la recherche soit de la paternité, soit de la maternité, dans les cas où, suivant l'article 355, la reconnaissance n'est pas admise. 762.

TITRE VIII.
DE L'ADOPTION ET DE LA TUTELLE OFFICIEUSE.

(Décrété le 23 mars 1803. Promulgué le 2 avril.)

CHAPITRE PREMIER.
DE L'ADOPTION.

SECTION I.
De l'Adoption et de ses effets.

343. L'adoption n'est permise qu'aux personnes de l'un ou de l'autre sexe, âgées de plus de cinquante ans, qui n'auront, à l'époque de l'adoption, ni enfans, ni descendans légitimes, et qui auront au moins quinze ans de plus que les individus qu'elles se proposent d'adopter.

344. Nul ne peut être adopté par plusieurs, si ce n'est par deux époux. — Hors le cas de l'art. 366, nul époux ne peut adopter qu'avec le consentement de l'autre conjoint.

345. La faculté d'adopter ne pourra être exercée qu'envers l'individu à qui l'on aura, dans sa minorité et pendant six ans au moins, fourni des secours et donné des soins non interrompus ; ou envers celui qui aurait sauvé la vie à l'adoptant, soit dans un combat, soit en le retirant des flammes ou des flots. — Il suffira, dans ce deuxième cas, que l'adoptant soit majeur, plus âgé que l'adopté, sans enfans ni descendans légitimes ; et, s'il est marié, que son conjoint consente à l'adoption.

346. L'adoption ne pourra, en aucun cas, avoir lieu avant la majorité

de l'adopté. Si l'adopté, ayant encore ses père et mère, ou l'un des deux, n'a point accompli sa vingt-cinquième année, il sera tenu de rapporter le consentement donné à l'adoption par ses père et mère, ou par le survivant; et, s'il est majeur de vingt-cinq ans, de requérir leur conseil.

347. L'adoption conférera le nom de l'adoptant à l'adopté, en l'ajoutant au nom propre de ce dernier.

348. L'adopté restera dans sa famille naturelle, et y conservera tous ses droits : néanmoins le mariage est prohibé, — entre l'adoptant, l'adopté et ses descendans; — entre les enfans adoptifs du même individu; — entre l'adopté et les enfans qui pourraient survenir à l'adoptant; — entre l'adopté et le conjoint de l'adoptant, et réciproquement entre l'adoptant et le conjoint de l'adopté.

349. L'obligation naturelle, qui continuera d'exister entre l'adopté et ses père et mère, de se fournir des alimens dans les cas déterminés par la loi, sera considérée comme commune à l'adoptant et à l'adopté, l'un envers l'autre.

350. L'adopté n'acquerra aucun droit de successibilité sur les biens des parens de l'adoptant; mais il aura sur la succession de l'adoptant, les mêmes droits que ceux qu'y aurait l'enfant né en mariage, même quand il y aurait d'autres enfans de cette dernière qualité nés depuis l'adoption.

351. Si l'adopté meurt sans descendans légitimes, les choses données par l'adoptant, ou recueillies dans sa succession, et qui existeront en nature lors du décès de l'adopté, retourneront à l'adoptant ou à ses descendans, à la charge de contribuer aux dettes, et sans préjudice des droits des tiers. — Le surplus des biens de l'adopté appartiendra à ses propres parens; et ceux-ci excluront toujours, pour les objets même spécifiés au présent article, tous héritiers de l'adoptant autres que ses descendans. 747, 766.

352. Si, du vivant de l'adoptant, et après le décès de l'adopté, les enfans ou descendans laissés par celui-ci mouraient eux-mêmes sans postérité, l'adoptant succédera aux choses par lui données, comme il est dit en l'article précédent; mais ce droit sera inhérent à la personne de l'adoptant, et non transmissible à ses héritiers, même en ligne descendante.

SECTION II.
Des Formes de l'Adoption.

353. La personne qui se proposera d'adopter, et celle qui voudra être adoptée, se présenteront devant le juge de paix du domicile de l'adoptant, pour y passer acte de leurs consentemens respectifs.

354. Une expédition de cet acte sera remise, dans les dix jours suivans, par la partie la plus diligente, au procureur du roi près le tribunal de première instance, dans le ressort duquel se trouvera le domicile de l'adoptant, pour être soumis à l'homologation de ce tribunal.

355. Le tribunal réuni en la chambre du conseil, et après s'être procuré les renseignemens convenables, vérifiera, 1° si toutes les conditions de la loi sont remplies; 2° si la personne qui se propose d'adopter jouit d'une bonne réputation.

356. Après avoir entendu le procureur du roi, et sans aucune autre forme de procédure, le tribunal prononcera, sans énoncer de motifs, en ces termes : *Il y a lieu*, ou *Il n'y a pas lieu à l'adoption.*

357. Dans le mois qui suivra le jugement du tribunal de première instance, ce jugement sera, sur les poursuites de la partie la plus diligente, soumis à la cour royale, qui instruira dans les mêmes formes que le tribunal de première instance, et prononcera, sans énoncer de motifs : *Le jugement est confirmé*, ou *Le jugement est réformé; en conséquence, il y a lieu*, ou *il n'y a pas lieu à l'adoption.*

358. Tout arrêt de la cour royale qui admettra une adoption, sera prononcé à l'audience, et affiché en tels lieux et en tel nombre d'exemplaires que la cour jugera convenables.

359. Dans les trois mois qui suivront ce jugement, l'adoption sera inscrite, à la réquision de l'une ou de l'autre des parties, sur le registre de

l'état civil du lieu où l'adoptant sera domicilié. — Cette inscription n'aura lieu que sur le vu d'une expédition en forme du jugement de la cour royale ; et l'adoption restera sans effet si elle n'a été inscrite dans ce délai.

360. Si l'adoptant venait à mourir après que l'acte constatant la volonté de former le contrat d'adoption a été reçu par le juge de paix et porté devant les tribunaux, et avant que ceux-ci eussent définitivement prononcé, l'instruction sera continuée, et l'adoption admise, s'il y a lieu. — Les héritiers de l'adoptant pourront, s'ils croient l'adoption inadmissible, remettre au procureur du roi tous mémoires et observations à ce sujet.

CHAPITRE II.
DE LA TUTELLE OFFICIEUSE.

361. Tout individu âgé de plus de cinquante ans, et sans enfans ni descendans légitimes, qui voudra, durant la minorité d'un individu, se l'attacher par un titre légal, pourra devenir son tuteur officieux, en obtenant le consentement des père et mère de l'enfant, ou du survivant d'entre eux, ou, à leur défaut, d'un conseil de famille, ou enfin, si l'enfant n'a point de parens connus, en obtenant le consentement des administrateurs de l'hospice où il aura été recueilli, ou de la municipalité du lieu de sa résidence.

362. Un époux ne peut devenir tuteur officieux qu'avec le consentement de l'autre conjoint.

363. Le juge de paix du domicile de l'enfant dressera procès verbal des demandes et consentemens relatifs à la tutelle officieuse.

364. Cette tutelle ne pourra avoir lieu qu'au profit d'enfans âgés de moins de quinze ans. — Elle emportera avec soi, sans préjudice de toutes stipulations particulières, l'obligation de nourrir le pupille, de l'élever, de le mettre en état de gagner sa vie.

365. Si le pupille a quelque bien, et s'il était antérieurement en tutelle, l'administration de ses biens, comme celle de sa personne, passera au tu-

teur officieux, qui ne pourra néanmoins imputer les dépenses de l'éducation sur les revenus du pupille.

366. Si le tuteur officieux, après cinq ans révolus depuis la tutelle, et dans la prévoyance de son décès avant la majorité du pupille, lui confère l'adoption par acte testamentaire, cette disposition sera valable, pourvu que le tuteur officieux ne laisse point d'enfans légitimes.

367. Dans le cas où le tuteur officieux mourrait soit avant les cinq ans, soit après ce temps, sans avoir adopté son pupille, il sera fourni à celui-ci, durant sa minorité, des moyens de subsister, dont la quotité et l'espèce, s'il n'y a été antérieurement pourvu par une convention formelle, seront réglées soit amiablement entre les représentans respectifs du tuteur et du pupille, soit judiciairement en cas de contestation.

368. Si, à la majorité du pupille, son tuteur officieux veut l'adopter, et que le premier y consente, il sera procédé à l'adoption selon les formes prescrites au chapitre précédent, et les effets en seront, en tous points, les mêmes.

369. Si, dans les trois mois qui suivront la majorité du pupille, les réquisitions par lui faites à son tuteur officieux, à fin d'adoption, sont restées sans effet, et que le pupille ne se trouve point en état de gagner sa vie, le tuteur officieux pourra être condamné à indemniser le pupille de l'incapacité où celui-ci pourrait se trouver de pourvoir à sa subsistance. — Cette indemnité se résoudra en secours propres à lui procurer un métier : le tout sans préjudice des stipulations qui auraient pu avoir lieu dans la prévoyance de ce cas.

370. Le tuteur officieux qui aurait eu l'administration de quelques biens pupillaires, en devra rendre compte dans tous les cas. 469 et s.

TITRE IX.
DE LA PUISSANCE PATERNELLE.

(Décrété le 24 mars 1803. Promulgué le 3 avril.)

371. L'enfant, à tout âge, doi
10*

honneur et respect à ses père et mère.
334, 355, P.

372. Il reste sous leur autorité jusqu'à sa majorité ou son émancipation. 1384, 1388, C. ; 2 et s., Co.

373. Le père seul exerce cette autorité durant le mariage.

374. L'enfant ne peut quitter la maison paternelle sans la permission de son père, si ce n'est pour enrôlement volontaire, après l'âge de dix-huit ans révolus.

375. Le père qui aura des sujets de mécontentement très-graves sur la conduite d'un enfant, aura les moyens de correction suivans.

376. Si l'enfant est âgé de moins de seize ans commencés, le père pourra le faire détenir pendant un temps qui ne pourra excéder un mois ; et, à cet effet, le président du tribunal d'arrondissement devra, sur sa demande, délivrer l'ordre d'arrestation.

377. Depuis l'âge de seize ans commencés jusqu'à la majorité ou l'émancipation, le père pourra seulement requérir la détention de son enfant pendant six mois au plus ; il s'adressera au président dudit tribunal, qui, après en avoir conféré avec le procureur du roi, délivrera l'ordre d'arrestation ou le refusera, et pourra, dans le premier cas, abréger le temps de la détention requis par le père.

378. Il n'y aura, dans l'un et l'autre cas, aucune écriture ni formalité judiciaire, si ce n'est l'ordre même d'arrestation, dans lequel les motifs n'en seront pas énoncés. — Le père sera seulement tenu de souscrire une soumission de payer tous les frais, et de fournir les alimens convenables.

379. Le père est toujours maître d'abréger la durée de la détention par lui ordonnée ou requise. Si, après sa sortie, l'enfant tombe dans de nouveaux écarts, la détention pourra être de nouveau ordonnée de la manière prescrite aux articles précédens.

380. Si le père est remarié, il sera tenu, pour faire détenir son enfant du premier lit, lors même qu'il serait âgé de moins de seize ans, de se conformer à l'article 377.

381. La mère survivante et non remariée ne pourra faire détenir un enfant qu'avec le concours des deux plus proches parens paternels, et par voie de réquisition, conformément à l'article 377.

382. Lorsque l'enfant aura des biens personnels, ou lorsqu'il exercera un état, sa détention ne pourra, même au-dessous de seize ans, avoir lieu que par voie de réquisition, en la forme prescrite par l'art. 377. — L'enfant détenu pourra adresser un mémoire au procureur général près la cour royale. Celui-ci se fera rendre compte par le procureur du roi près le tribunal de première instance, et fera son rapport au président de la cour royale, qui, après en avoir donné avis au père, et après avoir recueilli tous les renseignemens, pourra révoquer ou modifier l'ordre délivré par le président du tribunal de première instance.

383. Les art. 376, 377, 378 et 379, seront communs aux pères et mères des enfans naturels légalement reconnus.

384. Le père, durant le mariage, et, après la dissolution du mariage, le survivant des père et mère, auront la jouissance des biens de leurs enfans jusqu'à l'âge de dix-huit ans accomplis, ou jusqu'à l'émancipation qui pourrait avoir lieu avant l'âge de dix-huit ans. 386, 387, 390, 455, 601, 750, 795. 1388, 1442, C.; 355, P.

385. Les charges de cette jouissance seront : 1° Celles auxquelles sont tenus les usufruitiers ; — 2° La nourriture, l'entretien et l'éducation des enfans, selon leur fortune;—3° Le paiement des arrérages ou intérêts des capitaux ; — 4° Les frais funéraires et ceux de dernière maladie.

386. Cette jouissance n'aura pas lieu au profit de celui des père et mère contre lequel le divorce aurait été prononcé; et elle cessera à l'égard de la mère, dans le cas d'un second mariage. 334, 355, P.

387. Elle ne s'étendra pas aux biens que les enfans pourront acquérir par un travail et une industrie séparés, ni à ceux qui leur seront donnés ou légués sous la condition expresse que les père et mère n'en jouiront pas.

TITRE X.

DE LA MINORITÉ, DE LA TUTELLE ET DE L'ÉMANCIPATION.

(Décrété le 26 mars 1803. Promulgué le 5 avril.)

CHAPITRE PREMIER.

DE LA MINORITÉ.

388. Le mineur est l'individu de l'un et de l'autre sexe qui n'a point encore l'âge de vingt-un ans accomplis. 903, 942, 980, 1070, 1124 et s.; 1305 et s.; 1314, 1990, 2064, 2195, C.; 285, P. c.

CHAPITRE II.

DE LA TUTELLE.

SECTION I.

De la Tutelle des Père et Mère.

389. Le père est, durant le mariage, administrateur des biens personnels de ses enfans mineurs.—Il est comptable, quant à la propriété et aux revenus, des biens dont il n'a pas la jouissance; et, quant à la propriété seulement, de ceux des biens dont la loi lui donne l'usufruit. 141, 142, 1388, C.; 334, P.

390. Après la dissolution du mariage arrivée par la mort naturelle ou civile de l'un des époux, la tutelle des enfans mineurs et non émancipés appartient de plein droit au survivant des père et mère. 28, P.; 384, 444, C.

391. Pourra néanmoins le père nommer à la mère survivante et tutrice un conseil spécial, sans l'avis duquel elle ne pourra faire aucun acte relatif à la tutelle.—Si le père spécifie les actes pour lesquels le conseil sera nommé, la tutrice sera habile à faire les autres sans son assistance.

392. Cette nomination de conseil ne pourra être faite que de l'une des manières suivantes: 1° Par un acte de dernière volonté. — 2° Par une déclaration faite ou devant le juge de paix, assisté de son greffier, ou devant notaires.

393. Si, lors du décès du mari, la femme est enceinte, il sera nommé un curateur au ventre, par le conseil de famille.—A la naissance de l'enfant, la mère en deviendra tutrice, et le curateur en sera de plein droit le subrogé tuteur. 49, 83, 126, 152, 155, 883, P. c.

394. La mère n'est point tenue d'accepter la tutelle; néanmoins, et en cas qu'elle la refuse, elle devra en remplir les devoirs jusqu'à ce qu'elle ait fait nommer un tuteur.

395. Si la mère tutrice veut se remarier, elle devra, avant l'acte de mariage, convoquer le conseil de famille, qui décidera si la tutelle doit lui être conservée. — A défaut de cette convocation, elle perdra la tutelle de plein droit; et son nouveau mari sera solidairement responsable de toutes les suites de la tutelle qu'elle aura indûment conservée.

396. Lorsque le conseil de famille, dûment convoqué, conservera la tutelle à la mère, il lui donnera nécessairement pour co-tuteur le second mari, qui deviendra solidairement responsable, avec sa femme, de la gestion postérieure au mariage.

SECTION II.

De la Tutelle déférée par le Père ou la Mère.

397. Le droit individuel de choisir un tuteur parent, ou même étranger, n'appartient qu'au dernier mourant des père et mère. 421, 455, 1055.

398. Ce droit ne peut être exercé que dans les formes prescrites par l'article 392, et sous les exceptions et modifications ci-après.

399. La mère remariée et non maintenue dans la tutelle des enfans de son premier mariage, ne peut leur choisir un tuteur.

400. Lorsque la mère remariée, et maintenue dans la tutelle, aura fait choix d'un tuteur aux enfans de son premier mariage, ce choix ne sera valable qu'autant qu'il sera confirmé par le conseil de famille.

401. Le tuteur élu par le père ou la mère n'est pas tenu d'accepter la tutelle, s'il n'est d'ailleurs dans la classe des personnes qu'à défaut de cette élection spéciale le conseil de famille eût pu en charger. 1035, 1036.

De la Tutelle des Ascendans. 142.

402. Lorsqu'il n'a pas été choisi au mineur un tuteur par le dernier mourant de ses père et mère, la tutelle appartient de droit à son aïeul paternel; à défaut de celui-ci, à son aïeul maternel, et ainsi en remontant, de manière que l'ascendant paternel soit toujours préféré à l'ascendant maternel du même degré. 421, 907.

403. Si, à défaut de l'aïeul paternel et de l'aïeul maternel du mineur, la concurrence se trouvait établie entre deux ascendans du degré supérieur qui appartinssent tous deux à la ligne paternelle du mineur, la tutelle passera de droit à celui des deux qui se trouvera être l'aïeul paternel du père du mineur.

404. Si la même concurrence a lieu entre deux bisaïeuls de la ligne maternelle, la nomination sera faite par le conseil de famille, qui ne pourra néanmoins que choisir l'un de ces deux ascendans.

De la Tutelle déférée par le Conseil de famille.

405. Lorsqu'un enfant mineur et non émancipé restera sans père ni mère, ni tuteur élu par ses père et mère, ni ascendans mâles, comme aussi lorsque le tuteur de l'une des qualités ci-dessus exprimées se trouvera ou dans le cas des exclusions dont il sera parlé ci-après, ou valablement excusé, il sera pourvu, par un conseil de famille, à la nomination d'un tuteur. 882 et s., P. c.

406. Ce conseil sera convoqué soit sur la réquisition et à la diligence des parens du mineur, de ses créanciers ou d'autres parties intéressées, soit même d'office et à la poursuite du juge de paix du domicile du mineur. Toute personne pourra dénoncer à ce juge de paix le fait qui donnera lieu à la nomination d'un tuteur. 108, 410, 420, 422, 454, 1056, C.; 882, 910, P. c.; 4, pr. ta.

407. Le conseil de famille sera composé, non compris le juge de paix, de six parens ou alliés, pris tant dans la commune où la tutelle sera ouverte que dans la distance de deux myriamètres, moitié du côté paternel, moitié du côté maternel, et en suivant l'ordre de proximité dans chaque ligne.—Le parent sera préféré à l'allié du même degré: et, parmi les parens de même degré, le plus âgé à celui qui le sera le moins. 42, 555, 401 et s., P.

408. Les frères germains du mineur et les maris des sœurs germaines sont seuls exceptés de la limitation de nombre posée en l'article précédent. — S'ils sont six ou au delà, ils seront tous membres du conseil de famille, qu'ils composeront seuls, avec les veuves d'ascendans et les ascendans valablement excusés, s'il y en a. — S'ils sont en nombre inférieur, les autres parens ne seront appelés que pour compléter le conseil.

409. Lorsque les parens ou alliés de l'une ou de l'autre ligne se trouveront en nombre insuffisant sur les lieux, ou dans la distance désignée par l'article 407, le juge de paix appellera, soit des parens ou alliés domiciliés à de plus grandes distances, soit, dans la commune même, des citoyens connus pour avoir eu des relations habituelles d'amitié avec le père ou la mère du mineur. 412.

410. Le juge de paix pourra, lors même qu'il y aurait sur les lieux un nombre suffisant de parens ou alliés, permettre de citer, à quelque distance qu'ils soient domiciliés, des parens ou alliés plus proches en degrés ou de mêmes degrés que les parens ou alliés présens: de manière toutefois que cela s'opère en retranchant quelques-uns de ces derniers, et sans excéder le nombre réglé par les précédens articles.

411. Le délai pour comparaître sera réglé par le juge de paix à jour fixe, mais de manière qu'il y ait toujours, entre la citation notifiée et le jour indiqué pour la réunion du conseil, un intervalle de trois jours au moins, quand toutes les parties citées résideront dans la commune, ou dans la distance de deux myriamètres. —Toutes les fois que, parmi les parties citées, il s'en trouvera de domici-

liées au delà de cette distance, le délai sera augmenté d'un jour par trois myriamètres.

412. Les parens, alliés ou amis, ainsi convoqués, seront tenus de se rendre en personne, ou de se faire représenter par un mandataire spécial —Le fondé de pouvoir ne peut représenter plus d'une personne. 1958.

413. Tout parent, allié ou ami, convoqué, et qui, sans excuse légitime, ne comparaîtra point, encourra une amende qui ne pourra excéder cinquante francs, et sera prononcée sans appel par le juge de paix.

414. S'il y a excuse suffisante, et qu'il convienne, soit d'attendre le membre absent, soit de le remplacer: en ce cas, comme en tout autre où l'intérêt du mineur semblera l'exiger, le juge de paix pourra ajourner l'assemblée ou la proroger.

415. Cette assemblée se tiendra de plein droit chez le juge de paix, à moins qu'il ne désigne lui-même un autre local. La présence des trois quarts au moins de ses membres convoqués sera nécessaire pour qu'elle délibère.

416. Le conseil de famille sera présidé par le juge de paix, qui y aura voix délibérative, et prépondérante en cas de partage. 494, C.: 885, 888, 889, P. c.

417. Quand le mineur, domicilié en France, possèdera des biens dans les colonies, ou réciproquement, l'administration spéciale de ces biens sera donnée à un protuteur. — En ce cas, le tuteur et le protuteur seront indépendans et non responsables l'un envers l'autre pour leur gestion respective.

418. Le tuteur agira et administrera, en cette qualité, du jour de sa nomination, si elle a lieu en sa présence; sinon, du jour qu'elle lui aura été notifiée. 882, P. c.

419. La tutelle est une charge personnelle qui ne passe point aux héritiers du tuteur. Ceux-ci seront seulement responsables de la gestion de leur auteur; et s'ils sont majeurs, ils seront tenus de la continuer jusqu'à la nomination d'un nouveau tuteur

SECTION V.
Du subrogé Tuteur.

420. Dans toute tutelle, il y aura un subrogé tuteur, nommé par le conseil de famille. — Ses fonctions consisteront à agir pour les intérêts du mineur, lorsqu'ils seront en opposition avec ceux du tuteur.

421. Lorsque les fonctions du tuteur seront dévolues à une personne de l'une des qualités exprimées aux sections I, II et III du présent chapitre, ce tuteur devra, avant d'entrer en fonctions, faire convoquer, pour la nomination du subrogé tuteur, un conseil de famille composé comme il est dit dans la section IV.—S'il s'est ingéré dans la gestion avant d'avoir rempli cette formalité, le conseil de famille, convoqué, soit sur la réquisition des parens, créanciers ou autres parties intéressées, soit d'office par le juge de paix, pourra, s'il y a eu dol de la part du tuteur, lui retirer la tutelle, sans préjudice des indemnités dues au mineur. 548, 1442, 2137, 2143, C.: 444, P. c.

422. Dans les autres tutelles, la nomination du subrogé tuteur aura lieu immédiatement après celle du tuteur

423. En aucun cas le tuteur ne votera pour la nomination du subrogé tuteur, lequel sera pris, hors le cas de frères germains, dans celle des deux lignes à laquelle le tuteur n'appartiendra point.

424. Le subrogé tuteur ne remplacera pas de plein droit le tuteur, lorsque la tutelle deviendra vacante, ou qu'elle sera abandonnée par absence; mais il devra, en ce cas, sous peine des dommages-intérêts qui pourraient en résulter pour le mineur, provoquer la nomination d'un nouveau tuteur. 885, P. c.

425. Les fonctions du subrogé tuteur cesseront à la même époque que la tutelle.

426. Les dispositions contenues dans les sections VI et VII du présent chapitre s'appliqueront aux subrogés tuteurs.—Néanmoins le tuteur ne pourra provoquer la destitution du subrogé tuteur, ni voter dans les conseils de famille qui seront convoqués pour cet objet. 1442

SECTION VI.

Des Causes qui dispensent de la Tutelle.

427. Sont dispensés de la tutelle,
—Les personnes désignées dans les titres III, V, VI, VIII, IX, X et XI de l'acte du 18 mai 1804. — Les présidens et conseillers à la cour de cassation, le procureur général et les avocats généraux en la même cour.— Les préfets.
—Tous citoyens exerçant une fonction publique dans un département autre que celui où la tutelle s'établit.

428. Sont également dispensés de la tutelle, — Les militaires en activité de service, et tous autres citoyens qui remplissent, hors du territoire du royaume, une mission du roi. 882 et s., P. c.

429. Si la mission est non authentique, et contestée, la dispense ne sera prononcée qu'après la représentation faite par le réclamant, du certificat du ministre dans le déparement duquel se placera la mission articulée comme excuse.

430. Les citoyens de la qualité exprimée aux articles précédens, qui ont accepté la tutelle postérieurement aux fonctions, services ou missions qui en dispensent, ne seront plus admis à s'en faire décharger pour cette cause.

431. Ceux, au contraire, à qui lesdites fonctions, services ou missions, auront été conférés postérieurement à l'acceptation et gestion d'une tutelle, pourront, s'ils ne veulent la conserver, faire convoquer, dans le mois, un conseil de famille, pour y être procédé à leur remplacement.—Si, à l'expiration de ces fonctions, services ou missions, le nouveau tuteur réclame sa décharge, ou que l'ancien redemande la tutelle, elle pourra lui être rendue par le conseil de famille.

432. Tout citoyen non parent ni allié ne peut être forcé d'accepter la tutelle, que dans le cas où il n'existerait pas, dans la distance de quatre myriamètres, des parens ou alliés en état de gérer la tutelle.

433. Tout individu âgé de soixante-cinq ans accomplis peut refuser d'être tuteur. Celui qui aura été nommé avant cet âge, pourra, à soixante-dix

ans, se faire décharger de la tutelle.

434. Tout individu atteint d'une infirmité grave et dûment justifiée, est dispensé de la tutelle.—Il pourra même s'en faire décharger, si cette infirmité est survenue depuis sa nomination.

435. Deux tutelles sont, pour toutes personnes, une juste dispense d'en accepter une troisième. — Celui qui, époux ou père, sera déjà chargé d'une tutelle, ne pourra être tenu d'en accepter une seconde, excepté celle de ses enfans.

436. Ceux qui ont cinq enfans légitimes sont dispensés de toute tutelle autre que celles desdits enfans. — Les enfans morts en activité de service dans les armées du roi seront toujours comptés pour opérer cette dispense. — Les autres enfans morts ne seront comptés qu'autant qu'ils auront eux-mêmes laissé des enfans actuellement existans.

437. La survenance d'enfans pendant la tutelle ne pourra autoriser à l'abdiquer.

438. Si le tuteur nommé est présent à la délibération qui lui défère la tutelle, il devra sur-le-champ, et sous peine d'être déclaré non recevable dans toute réclamation ultérieure, proposer ses excuses. sur lesquelles le conseil de famille délibèrera.

439. Si le tuteur nommé n'a pas assisté à la délibération qui lui a déféré la tutelle, il pourra faire convoquer le conseil de famille pour délibérer sur ses excuses. — Ses diligences à ce sujet devront avoir lieu dans le délai de trois jours, à partir de la notification qui lui aura été faite de sa nomination; lequel délai sera augmenté d'un jour par trois myriamètres de distance du lieu de son domicile à celui de l'ouverture de la tutelle : passé ce délai, il sera non recevable.

440. Si ces excuses sont rejetées, il pourra se pourvoir devant les tribunaux pour les faire admettre ; mais il sera, pendant le litige, tenu d'administrer provisoirement. 155, 882 et s., P. c.

441. S'il parvient à se faire exempter de la tutelle, ceux qui auront rejeté l'excuse pourront être condam-

nés aux frais de l'instance. — S'il succombe, il sera condamné lui-même. 885, P. c.

De l'Incapacité, des Exclusions et Destitutions de la Tutelle.

442. Ne peuvent être tuteurs, ni membres des conseils de famille, — 1° Les mineurs, excepté le père ou la mère ; — 2° Les interdits ; — 3° Les femmes autres que la mère et les ascendantes ; — 4° Tous ceux qui ont ou dont les père ou mère ont avec le mineur un procès dans lequel l'état de ce mineur, sa fortune, ou une partie notable de ses biens, sont compromis.

443. La condamnation à une peine afflictive ou infamante emporte de plein droit l'exclusion de la tutelle. Elle emporte de même la destitution, dans le cas où il s'agirait d'une tutelle antérieurement déférée. 7, 8, 28, 42, 45, 555, 401, 405, 406, 408, 410, P.

444. Sont aussi exclus de la tutelle, et même destituables s'ils sont en exercice, — 1° Les gens d'une inconduite notoire ; — 2° Ceux dont la gestion attesterait l'incapacité ou l'infidélité. 132, P. c.; 42, 45, 555, P.

445. Tout individu qui aura été exclu ou destitué d'une tutelle ne pourra être membre d'un conseil de famille.

446. Toutes les fois qu'il y aura lieu à une destitution de tuteur, elle sera prononcée par le conseil de famille, convoqué à la diligence du subrogé tuteur, ou d'office par le juge de paix. — Celui-ci ne pourra se dispenser de faire cette convocation, quand elle sera formellement requise par un ou plusieurs parens ou alliés du mineur, au degré de cousin germain ou à des degrés plus proches. 889, P. c.

447. Toute délibération du conseil de famille qui prononcera l'exclusion ou la destitution du tuteur sera motivée, et ne pourra être prise qu'après avoir entendu ou appelé le tuteur. 302, 395.

448. Si le tuteur adhère à la délibération, il en sera fait mention, et le nouveau tuteur entrera aussitôt en fonctions. — S'il y a réclamation, le subrogé tuteur poursuivra l'homologation de la délibération devant le tribunal de première instance, qui prononcera sauf l'appel. — Le tuteur exclu ou destitué peut lui-même, en ce cas, assigner le subrogé tuteur pour se faire déclarer maintenu en la tutelle. 458, 467, 1514, C.; 885, 886, 887, 888, 889, 955, 992, P. c.

449. Les parens ou alliés qui auront requis la convocation pourront intervenir dans la cause, qui sera instruite et jugée comme affaire urgente 446, 882, 889, P. c.

De l'Administration du Tuteur.

450. Le tuteur prendra soin de la personne du mineur, et le représentera dans tous les actes civils. — Il administrera ses biens en bon père de famille, et répondra des dommages-intérêts qui pourraient résulter d'une mauvaise gestion. — Il ne peut ni acheter les biens du mineur, ni les prendre à ferme, à moins que le conseil de famille n'ait autorisé le subrogé tuteur à lui en passer bail, ni accepter la cession d'aucun droit ou créance contre son pupille. 417, 418, 455, 1570, 1596, 1665, 1718, 2121, 2155, C.; 132, 444, 905, P. c.

451. Dans les dix jours qui suivront celui de sa nomination, dûment connue de lui, le tuteur requerra la levée des scellés, s'ils ont été apposés, et fera procéder immédiatement à l'inventaire des biens du mineur, en présence du subrogé tuteur. — S'il lui est dû quelque chose par le mineur, il devra le déclarer dans l'inventaire, à peine de déchéance, et ce, sur la réquisition que l'officier public sera tenu de lui en faire, et dont mention sera faite au procès verbal. 931, 942, 943, 944, P. c.; 1291 et s., C.

452. Dans le mois qui suivra la clôture de l'inventaire, le tuteur fera vendre, en présence du subrogé tuteur, aux enchères reçues par un officier public, et après des affiches ou publications dont le procès verbal de vente fera mention, tous les meubles autres que ceux que le conseil de fa

mille l'aurait autorisé à conserver en nature. 1063. 1064.

453. Les père et mère, tant qu'ils ont la jouissance propre et légale des biens du mineur, sont dispensés de vendre les meubles, s'ils préfèrent de les garder pour les remettre en nature. — Dans ce cas, ils en feront faire, à leurs frais, une estimation à juste valeur, par un expert qui sera nommé par le subrogé tuteur, et prêtera serment devant le juge de paix. Ils rendront la valeur estimative de ceux des meubles qu'ils ne pourraient représenter en nature. 584 et s.

454. Lors de l'entrée en exercice de toute tutelle, autre que celle des père et mère, le conseil de famille règlera par aperçu, et selon l'importance des biens régis, la somme à laquelle pourra s'élever la dépense annuelle du mineur, ainsi que celle d'administration de ses biens. — Le même acte spécifiera si le tuteur est autorisé à s'aider, dans sa gestion, d'un ou de plusieurs administrateurs particuliers, salariés, et gérant sous sa responsabilité.

455. Ce conseil déterminera positivement la somme à laquelle commencera, pour le tuteur, l'obligation d'employer l'excédant des revenus sur la dépense : cet emploi devra être fait dans le délai de six mois, passé lequel le tuteur devra les intérêts à défaut d'emploi. 865 et s.

456. Si le tuteur n'a pas fait déterminer par le conseil de famille la somme à laquelle doit commencer l'emploi, il devra, après le délai exprimé dans l'article précédent, les intérêts de toute somme non employée, quelque modique qu'elle soit. 1153 et s.

457. Le tuteur, même le père ou la mère, ne peut emprunter pour le mineur, ni aliéner ou hypothéquer ses biens immeubles, sans y être autorisé par un conseil de famille. — Cette autorisation ne devra être accordée que pour cause d'une nécessité absolue, ou d'un avantage évident. 1312, 1314, 1596, 2126, C.; 954 et s., P. c.; 2, 6, Co. — Dans le premier cas, le conseil de famille n'accordera son autorisation qu'après qu'il aura été constaté, par un compte sommaire présenté par le tuteur, que les deniers, effets mobiliers et revenus du mineur sont insuffisans. — Le conseil de famille indiquera, dans tous les cas, les immeubles qui devront être vendus de préférence, et toutes les conditions qu'il jugera utiles.

458. Les délibérations du conseil de famille relatives à cet objet ne seront exécutées qu'après que le tuteur en aura demandé et obtenu l'homologation devant le tribunal de première instance, qui y statuera en la chambre du conseil, et après avoir entendu le procureur du roi. 883, 954, P. c.; 502, 491, C.

459. La vente se fera publiquement, en présence du subrogé tuteur, aux enchères, qui seront reçues par un membre du tribunal de première instance, ou par un notaire à ce commis et à la suite de trois affiches apposées, par trois dimanches consécutifs, aux lieux accoutumés dans le canton. — Chacune de ces affiches sera visée et certifiée par le maire des communes où elles auront été apposées. 1312, 1314, 1595, C.; 412, P.; 955, 965, P. c.

460. Les formalités exigées par les articles 457 et 458, pour l'aliénation des biens du mineur, ne s'appliquent point au cas où un jugement aurait ordonné la licitation sur la provocation d'un copropriétaire par indivis. — Seulement, et en ce cas, la licitation ne pourra se faire que dans la forme prescrite par l'article précédent : les étrangers y seront nécessairement admis. 825, 827, 858, 859, 1687, 2012.

461. Le tuteur ne pourra accepter ni répudier une succession échue au mineur, sans une autorisation préalable du conseil de famille. L'acceptation n'aura lieu que sous bénéfice d'inventaire. 776, 784, C.; 997, P. c.

462. Dans le cas où la succession répudiée au nom du mineur n'aurait pas été acceptée par un autre, elle pourra être reprise soit par le tuteur, autorisé à cet effet par une nouvelle délibération du conseil de famille, soit par le mineur devenu majeur, mais dans l'état où elle se trouvera lors de la reprise, et sans pouvoir attaquer les

ventes et autres actes qui auraient été légalement faits durant la vacance. 790.

463. La donation faite au mineur ne pourra être acceptée par le tuteur qu'avec l'autorisation du conseil de famille. 935. — Elle aura à l'égard du mineur le même effet qu'à l'égard du majeur.

464. Aucun tuteur ne pourra introduire en justice une action relative aux droits immobiliers du mineur, ni acquiescer à une demande relative aux mêmes droits, sans l'autorisation du conseil de famille. 406, 1125, C.: 65, Co.

465. La même autorisation sera nécessaire au tuteur pour provoquer un partage; mais il pourra, sans cette autorisation, répondre à une demande en partage dirigée contre le mineur. 817.

466. Pour obtenir à l'égard du mineur tout l'effet qu'il aurait entre majeurs, le partage devra être fait en justice, et précédé d'une estimation faite par experts nommés par le tribunal de première instance du lieu de l'ouverture de la succession. — Les experts, après avoir prêté, devant le président du même tribunal ou autre juge par lui délégué, le serment de bien et fidèlement remplir leur mission, procèderont à la division des héritages et à la formation des lots, qui seront tirés au sort, et en présence soit d'un membre du tribunal, soit d'un notaire par lui commis, lequel fera la délivrance des lots. — Tout autre partage ne sera considéré que comme provisionnel. 819, C.: 968, 975, P. c.

467. Le tuteur ne pourra transiger au nom du mineur qu'après y avoir été autorisé par le conseil de famille, et de l'avis de trois jurisconsultes désignés par le procureur du roi près le tribunal de première instance. — La transaction ne sera valable qu'autant qu'elle aura été homologuée par le tribunal de première instance, après avoir entendu le procureur du roi. 2045, C.; 76, 78, pr. ta.

468. Le tuteur qui aura des sujets de mécontentement graves sur la conduite du mineur pourra porter ses plaintes à un conseil de famille, et,

s'il y est autorisé par ce conseil, provoquer la réclusion du mineur, conformément à ce qui est statué à ce sujet au titre de la Puissance paternelle. 376 et s.

Des Comptes de la Tutelle.

469. Tout tuteur est comptable de sa gestion lorsqu'elle finit. 2121, 2135, C.: 126, 527, P. c.

470. Tout tuteur, autre que le père et la mère, peut être tenu, même durant la tutelle, de remettre au subrogé tuteur des états de situation de sa gestion, aux époques que le conseil de famille aurait jugé à propos de fixer, sans néanmoins que le tuteur puisse être astreint à en fournir plus d'un chaque année. — Ces états de situation seront rédigés et remis, sans frais, sur papier non timbré, et sans aucune formalité de justice.

471. Le compte définitif de tutelle sera rendu aux dépens du mineur, lorsqu'il aura atteint sa majorité ou obtenu son émancipation. Le tuteur en avancera les frais. — On y allouera au tuteur toutes dépenses suffisamment justifiées, et dont l'objet sera utile.

472. Tout traité qui pourra intervenir entre le tuteur et le mineur devenu majeur, sera nul, s'il n'a été précédé de la reddition d'un compte détaillé, et de la remise des pièces justificatives ; le tout constaté par un récépissé de l'oyant-compte, dix jours au moins avant le traité. 907, 2045.

473. Si le compte donne lieu à des contestations, elles seront poursuivies et jugées comme les autres contestations en matière civile.

474. La somme à laquelle s'élèvera le reliquat dû par le tuteur portera intérêt, sans demande, à compter de la clôture du compte. — Les intérêts de ce qui sera dû au tuteur par le mineur ne courront que du jour de la sommation de payer qui aura suivi la clôture du compte. 1155, C.; 156, 542, 905, P. c.; 575, 612, Co.

475. Toute action du mineur contre son tuteur, relativement aux faits de la tutelle, se prescrit par dix ans, à compter de la majorité. 1304, 2045.

11

CHAPITRE III.

DE L'ÉMANCIPATION.

476. Le mineur est émancipé de plein droit par le mariage. 1398.

477. Le mineur, même non marié, pourra être émancipé par son père, ou, à défaut de père, par sa mère, lorsqu'il aura atteint l'âge de quinze ans révolus. — Cette émancipation s'opérera par la seule déclaration du père ou de la mère, reçue par le juge de paix assisté de son greffier.

478. Le mineur resté sans père ni mère pourra aussi, mais seulement à l'âge de dix-huit ans accomplis, être émancipé, si le conseil de famille l'en juge capable. — En ce cas, l'émancipation résultera de la délibération qui l'aura autorisée, et de la déclaration que le juge de paix, comme président du conseil de famille, aura faite dans le même acte, *que le mineur est émancipé*. 883, P. c.; 2 et s., Co.

479. Lorsque le tuteur n'aura fait aucune diligence pour l'émancipation du mineur dont il est parlé dans l'article précédent, et qu'un ou plusieurs parens ou alliés de ce mineur, au degré de cousin germain ou à des degrés plus proches, le jugeront capable d'être émancipé, ils pourront requérir le juge de paix de convoquer le conseil de famille pour délibérer à ce sujet. — Le juge de paix devra déférer à cette réquisition.

480. Le compte de tutelle sera rendu au mineur émancipé, assisté d'un curateur qui lui sera nommé par le conseil de famille. 936, C.; 527, P. c.

481. Le mineur émancipé passera les baux dont la durée n'excédera point neuf ans : il recevra ses revenus, donnera décharge, et fera tous les actes qui ne sont que de pure administration, sans être restituable contre ces actes dans tous les cas où le majeur ne le serait pas lui-même. 955, 1718, 1429, 1430, 1305, 1990, C.; 910, P. c.

482. Il ne pourra intenter une action immobilière, ni y défendre, même recevoir et donner décharge d'un capital mobilier, sans l'assistance de son curateur, qui, au dernier cas, surveillera l'emploi du capital reçu. 1030, 1304, 480, 482, 506, 2208.

483. Le mineur émancipé ne pourra faire d'emprunts, sous aucun prétexte, sans une délibération du conseil de famille, homologuée par le tribunal de première instance, après avoir entendu le procureur du roi. 1124, 1305, 1508, 1314, C.; 406, P.

484. Il ne pourra non plus vendre ni aliéner ses immeubles, ni faire aucun autre acte que ceux de pure administration, sans observer les formes prescrites au mineur non émancipé. — A l'égard des obligations qu'il aurait contractées par voie d'achats ou autrement, elles seront réductibles en cas d'excès : les tribunaux prendront à ce sujet en considération la fortune du mineur, la bonne ou mauvaise foi des personnes qui auront contracté avec lui, l'utilité ou l'inutilité des dépenses. 903, 905, 1095, 1241, 1312, 1314, 1990.

485. Tout mineur émancipé dont les engagemens auraient été réduits en vertu de l'article précédent, pourra être privé du bénéfice de l'émancipation, laquelle lui sera retirée en suivant les mêmes formes que celles qui auront eu lieu pour la lui conférer.

486. Dès le jour où l'émancipation aura été révoquée, le mineur rentrera en tutelle, et y restera jusqu'à sa majorité accomplie.

487. Le mineur émancipé qui fait un commerce est réputé majeur pour les faits relatifs à ce commerce. 2, Co.; 1308, C.

TITRE XI.

DE LA MAJORITÉ, DE L'INTERDICTION, ET DU CONSEIL JUDICIAIRE.

(Décrété le 29 mars 1803. Promulgué le 8 avril.)

CHAPITRE PREMIER.

DE LA MAJORITÉ.

488. La majorité est fixée à vingt-un ans accomplis; à cet âge on est capable de tous les actes de la vie civile, sauf la restriction portée au titre *du Mariage*. 746, 747, 1013 P. c.

CHAPITRE II.

DE L'INTERDICTION.

489. Le majeur qui est dans un état habituel d'imbécillité, de démence ou. de fureur, doit être interdit, même lorsque cet état présente des intervalles lucides. 499.

490. Tout parent est recevable à provoquer l'interdiction de son parent. Il en est de même de l'un des époux à l'égard de l'autre. 890, P. c.

491. Dans le cas de fureur, si l'interdiction n'est provoquée ni par l'époux ni par les parens, elle doit l'être par le procureur du roi, qui, dans les cas d'imbécillité ou de démence, peut aussi la provoquer contre un individu qui n'a ni époux, ni épouse, ni parens connus.

492. Toute demande en interdiction sera portée devant le tribunal de première instance.

493. Les faits d'imbécillité, de démence ou de fureur. seront articulés par écrit, 890, P. c. Ceux qui poursuivront l'interdiction présenteront les témoins et les pièces.

494. Le tribunal ordonnera que le conseil de famille, formé selon le mode déterminé à la section IV du chapitre II du titre *de la Minorité, de la Tutelle et de l'Émancipation*, donne son avis sur l'état de la personne dont l'interdiction est demandée.

495. Ceux qui auront provoqué l'interdiction ne pourront faire partie du conseil de famille; cependant l'époux ou l'épouse, et les enfans de la personne dont l'interdiction sera provoquée, pourront y être admis sans y avoir voix délibérative.

496. Après avoir reçu l'avis du conseil de famille, le tribunal interrogera le défendeur à la chambre du conseil : s'il ne peut s'y présenter il sera interrogé, dans sa demeure, par l'un des juges à ce commis, assisté du greffier. Dans tous les cas, le procureur du roi sera présent à l'interrogatoire.

497. Après le premier interrogatoire, le tribunal commettra, s'il y a lieu, un administrateur provisoire, pour prendre soin de la personne et des biens du défendeur.

498. Le jugement sur une demande en interdiction ne pourra être rendu qu'à l'audience publique, les parties entendues ou appelées.

499. En rejetant la demande en interdiction, le tribunal pourra néanmoins, si les circonstances l'exigent, ordonner que le défendeur ne pourra désormais plaider, transiger, emprunter, recevoir un capital mobilier, ni en donner décharge, aliéner, ni grever ses biens d'hypothèques, sans l'assistance d'un conseil qui lui sera nommé par le même jugement. 1126, C.; 897, P. c.

500. En cas d'appel du jugement rendu en première instance, la cour royale pourra, si elle le juge nécessaire, interroger de nouveau, ou faire interroger par un commissaire, la personne dont l'interdiction est demandée. 894, P. c.

501. Tout arrêt ou jugement portant interdiction, ou nomination d'un conseil, sera, à la diligence des demandeurs, levé, signifié à partie, et inscrit, dans les dix jours, sur les tableaux qui doivent être affichés dans la salle. de l'auditoire et dans les études des notaires de l'arrondissement. 92, 175, pr. ta.

502. L'interdiction ou la nomination d'un conseil aura son effet du jour du jugement. Tous actes passés postérieurement par l'interdit, ou sans l'assistance du conseil, seront nuls de droit.

503. Les actes antérieurs à l'interdiction pourront être annulés, si la cause de l'interdiction existait notoirement à l'époque où ces actes ont été faits.

504. Après la mort d'un individu, les actes par lui faits ne pourront être attaqués pour cause de démence, qu'autant que son interdiction aurait été prononcée ou provoquée avant son décès : à moins que la preuve de la démence ne résulte de l'acte même qui est attaqué.

505. S'il n'y a pas d'appel du jugement d'interdiction rendu en première instance, ou s'il est confirmé sur l'appel, il sera pourvu à la nomi-

nation d'un tuteur et d'un subrogé tuteur à l'interdit, suivant les règles prescrites au titre *de la Minorité*, *de la Tutelle et de l'Émancipation*. L'administrateur provisoire cessera ses fonctions, et rendra compte au tuteur s'il ne l'est pas lui-même. 527, 882, 894, 895, P. c.

506. Le mari est, de droit, le tuteur de sa femme interdite.

507. La femme pourra être nommée tutrice de son mari. En ce cas, le conseil de famille réglera la forme et les conditions de l'administration, sauf le recours devant les tribunaux de la part de la femme qui se croirait lésée par l'arrêté de la famille.

508. Nul, à l'exception des époux, des ascendans et descendans, ne sera tenu de conserver la tutelle d'un interdit au-delà de dix ans. A l'expiration de ce délai, le tuteur pourra demander et devra obtenir son remplacement.

509. L'interdit est assimilé au mineur, pour sa personne et pour ses biens; les lois sur la tutelle des mineurs s'appliqueront à la tutelle des interdits. 2121, 2135.

510. Les revenus d'un interdit doivent être essentiellement employés à adoucir son sort et à accélérer sa guérison. Selon les caractères de sa maladie et l'état de sa fortune, le conseil de famille pourra arrêter qu'il sera traité dans son domicile, ou qu'il sera placé dans une maison de santé, et même dans un hospice.

511. Lorsqu'il sera question du mariage de l'enfant d'un interdit, la dot, ou l'avancement d'hoirie, et les autres conventions matrimoniales, seront réglés par un avis du conseil de famille, homologué par le tribunal, sur les conclusions du procureur du roi. 890 et s., P. c.

512. L'interdiction cesse avec les causes qui l'ont déterminée : néanmoins la main-levée ne sera prononcée qu'en observant les formalités prescrites pour parvenir à l'interdiction, et l'interdit ne pourra reprendre l'exercice de ses droits qu'après le jugement de mainlevée. 896, P. c.

CHAPITRE III.
DU CONSEIL JUDICIAIRE.

513. Il peut être défendu aux prodigues de plaider, de transiger, d'emprunter, de recevoir un capital mobilier et d'en donner décharge, d'aliéner, ni de grever leurs biens d'hypothèques, sans l'assistance d'un conseil qui leur est nommé par le tribunal. 1928, 1124, 1940, 2126, C.; 894, P. c.

514. La défense de procéder sans l'assistance d'un conseil peut être provoquée par ceux qui ont droit de demander l'interdiction; leur demande doit être instruite et jugée de la même manière. — Cette défense ne peut être levée qu'en observant les mêmes formalités.

515. Aucun jugement, en matière d'interdiction, ou de nomination de conseil, ne pourra être rendu, soit en première instance, soit en cause d'appel, que sur les conclusions du ministère public. 85, 892, P. c.

LIVRE II.

DES BIENS, ET DES DIFFÉRENTES MODIFICATIONS DE LA PROPRIÉTÉ.

TITRE PREMIER.
DE LA DISTINCTION DES BIENS.

(Décrété le 25 janvier 1804. Promulgué le 4 février.)

516. Tous les biens sont meubles ou immeubles.

CHAPITRE PREMIER.
DES IMMEUBLES.

517. Les biens sont immeubles, ou par leur nature, ou par leur destination, ou par l'objet auquel ils s'appliquent. 2118.

518. Les fonds de terre et les bâti-

mens sont immeubles par leur nature.

519. Les moulins à vent ou à eau, fixés sur piliers et faisant partie du bâtiment, sont aussi immeubles par leur nature.

520. Les récoltes pendantes par les racines, et les fruits des arbres non encore recueillis, sont pareillement immeubles. — Dès que les grains sont coupés et les fruits détachés, quoique non enlevés, ils sont meubles. 626 et s., P. c. — Si une partie seulement de la récolte est coupée, cette partie seule est meuble. 626, 689, 691, P. c.

521. Les coupes ordinaires des bois taillis ou de futaies mises en coupes réglées ne deviennent meubles qu'au fur et à mesure que les arbres sont abattus. 1405.

522. Les animaux que le propriétaire du fonds livre au fermier ou au métayer pour la culture, estimés ou non, sont censés immeubles tant qu'ils demeurent attachés au fonds par l'effet de la convention. — Ceux qu'il donne à cheptel à d'autres qu'au fermier ou métayer sont meubles, 1065, 1064.

523. Les tuyaux servant à la conduite des eaux dans une maison ou autre héritage, sont immeubles, et font partie du fonds auquel ils sont attachés.

524. Les objets que le propriétaire d'un fond y a placés pour le service et l'exploitation de ce fonds sont immeubles par destination. — Ainsi, sont immeubles par destination, quand ils ont été placés par le propriétaire pour le service et l'exploitation du fond, — Les animaux attachés à la culture ; — Les ustensiles aratoires ; — Les semences données aux fermiers ou colons partiaires ; — Les pigeons des colombiers ; — Les lapins des garennes ; — Les ruches à miel ; — Les poissons des étangs ; — Les pressoirs, chaudières, alambics, cuves et tonnes : — Les ustensiles nécessaires à l'exploitation des forges, papeteries et autres usines, 529 ; — Les pailles et engrais. — Sont aussi immeubles par destination tous effets mobiliers que le pro-

priétaire a attachés au fond à perpétuelle demeure. 592 , P. c.

525. Le propriétaire est censé avoir attaché à son fond des effets mobiliers à perpétuelle demeure, quand ils y sont scellés en plâtre ou à chaux ou à ciment, ou lorsqu'ils ne peuvent être détachés sans être fracturés et détériorés, ou sans briser ou détériorer la partie du fond à laquelle ils sont attachés. — Les glaces d'un appartement sont censées mises à perpétuelle demeure, lorsque le parquet sur lequel elles sont attachées fait corps avec la boiserie. — Il en est de même des tableaux et autres ornemens. — Quant aux statues, elles sont immeubles, lorsqu'elles sont placées dans une niche pratiquée exprès pour les recevoir, encore qu'elles puissent être enlevées sans fracture ou détérioration.

526. Sont immeubles, par l'objet auquel ils s'appliquent , — L'usufruit des choses immobilières ; — Les servitudes ou services fonciers ; — Les actions qui tendent à revendiquer un immeuble. 689, P. c.

CHAPITRE II.
DES MEUBLES.

527. Les biens sont meubles par leur nature, ou par la détermination de la loi.

528. Sont meubles par leur nature les corps qui peuvent se transporter d'un lieu à un autre, soit qu'ils se meuvent par eux-mêmes, comme les animaux, soit qu'ils ne puissent changer de place que par l'effet d'une force étrangère, comme les choses inanimées. 1606.

529. Sont meubles par la détermination de la loi les obligations et actions qui ont pour objet des sommes exigibles ou des effets mobiliers, les actions ou intérêts dans les compagnies de finance, de commerce ou d'industrie, encore que des immeubles dépendans de ces entreprises appartiennent aux compagnies. Ces actions ou intérêts sont réputés meubles à l'égard de chaque associé seulement, tant que dure la société. — Sont aussi meubles par la détermination de la loi les rentes

les perpétuelles ou viagères, soit sur l'état, soit sur des particuliers.

(Art. 550, décrété le 21 mars 1804. Promulgué le 31 du même mois.)

530. Toute rente établie à perpétuité pour le prix de la vente d'un immeuble, ou comme condition de la cession à titre onéreux ou gratuit d'un fond immobilier, est essentiellement rachetable. — Il est néanmoins permis au créancier de régler les clauses et conditions du rachat. — Il lui est aussi permis de stipuler que la rente ne pourra lui être remboursée qu'après un certain terme, lequel ne peut jamais excéder trente ans : toute stipulation contraire est nulle. 1911, 1184.

531. Les bateaux, bacs, navires, moulins et bains sur bateaux, et généralement toutes usines non fixées par des piliers, et ne faisant point partie de la maison, sont meubles : la saisie de quelques-uns de ces objets peut cependant, à cause de leur importance, être soumise à des formes particulières, ainsi qu'il sera expliqué dans le Code de la procédure civile. 519, 2120, C. ; 190, 215, Co. ; 457, P.

532. Les matériaux provenant de la démolition d'un édifice, ceux assemblés pour en construire un nouveau, sont meubles jusqu'à ce qu'ils soient employés par l'ouvrier dans une construction.

533. Le mot *meubles*, employé seul dans les dispositions de la loi ou de l'homme, sans autre addition ni désignation, ne comprend pas l'argent comptant, les pierreries, les dettes actives, les livres, les médailles, les instrumens des sciences, des arts et métiers, le linge de corps, les chevaux, équipages, armes, grains, vins, foins et autres denrées ; il ne comprend pas aussi ce qui fait l'objet d'un commerce.

534. Les mots *meubles meublans* ne comprennent que les meubles destinés à l'usage et à l'ornement des appartemens, comme tapisseries, lits, sièges, glaces, pendules, tables, porcelaines et autres objets de cette nature. — Les tableaux et les statues qui font partie du meuble d'un appartement y sont aussi compris, mais non les collections de tableaux qui peuvent être dans les galeries ou pièces particulières. — Il en est de même des porcelaines : celles seulement qui font partie de la décoration d'un appartement sont comprises sous la dénomination de *meubles meublans*.

535. L'expression *biens meubles*, celle de *mobilier* ou d'*effets mobiliers*, comprennent généralement tout ce qui est censé meuble d'après les règles ci-dessus établies. — La vente ou le don d'une maison meublée ne comprend que les meubles meublans.

536. La vente ou le don d'une maison, avec tout ce qui s'y trouve, ne comprend pas l'argent comptant, ni les dettes actives et autres droits dont les titres peuvent être déposés dans la maison ; tous les autres effets mobiliers y sont compris.

CHAPITRE III.
DES BIENS DANS LEUR RAPPORT AVEC CEUX QUI LES POSSÈDENT.

537. Les particuliers ont la libre disposition des biens qui leur appartiennent, sous les modifications établies par les lois. 544, 674, 1712, 714. — Les biens qui n'appartiennent pas à des particuliers sont administrés et ne peuvent être aliénés que dans les formes et suivant les règles qui leur sont particulières.

538. Les chemins, routes et rues à la charge de l'état, les fleuves et rivières navigables ou flottables, les rivages, lacs et relais de la mer, les ports, les havres, les rades, et généralement toutes les portions du territoire français qui ne sont pas susceptibles d'une propriété privée, sont considérés comme des dépendances du domaine public. 644, 650, 714, 715.

539. Tous les biens vacans et sans maître, et ceux des personnes qui décèdent sans héritiers, ou dont les successions sont abandonnées, appartiennent au domaine public. 713, 723, 724, 768, 769.

540. Les portes, murs, fossés, remparts des places de guerre et des forteresses, font aussi partie du domaine public. 714.

541. Il en est de même des terrains, des fortifications et remparts des places qui ne sont plus places de guerre : ils appartiennent à l'état, s'ils n'ont été valablement aliénés, ou si la propriété n'en a pas été prescrite contre lui.

542. Les biens communaux sont ceux à la propriété ou au produit desquels les habitans d'une ou de plusieurs communes ont un droit acquis. 2045, 2227.

543. On peut avoir sur les biens ou un droit de propriété, ou un simple droit de jouissance, ou seulement des services fonciers à prétendre. 2108.

TITRE II.

DE LA PROPRIÉTÉ.

(Décrété le 27 janvier 1804. Promulgué le 6 février.)

544. La propriété est le droit de jouir et de disposer des choses de la manière la plus absolue, pourvu qu'on n'en fasse pas un usage prohibé par les lois ou par les règlemens. 656 et s.; 644, 647, 649, 651, 652, 672, 686. 711.

545. Nul ne peut être contraint de céder sa propriété, si ce n'est pour cause d'utilité publique, et moyennant une juste et préalable indemnité. 645, C.; 458, P.

546. La propriété d'une chose, soit mobilière, soit immobilière, donne droit sur tout ce qu'elle produit, et sur ce qui s'y unit accessoirement, soit naturellement, soit artificiellement. — Ce droit s'appelle *droit d'accession.* 1018.

CHAPITRE PREMIER.

DU DROIT D'ACCESSION SUR CE QUI EST PRODUIT PAR LA CHOSE.

547. Les fruits naturels ou industriels de la terre, 585, — Les fruits civils, 584, — Le croît des animaux, — Appartiennent au propriétaire par droit d'accession.

548. Les fruits produits par la chose n'appartiennent au propriétaire qu'à la charge de rembourser les frais des labours, travaux et semences faits par des tiers. 2101.

549. Le simple possesseur ne fait les fruits siens que dans le cas où il possède de bonne foi : dans le cas contraire, il est tenu de rendre les produits avec la chose du propriétaire qui la revendique. 1378, 2265 et s.

550. Le possesseur est de bonne foi quand il possède comme propriétaire, en vertu d'un titre translatif de propriété dont il ignore les vices. — Il cesse d'être de bonne foi du moment où ces vices lui sont connus. 2251, C.: 129, 526, P. c.

CHAPITRE II.

DU DROIT D'ACCESSION SUR CE QUI S'UNIT ET S'INCORPORE A LA CHOSE.

551. Tout ce qui s'unit et s'incorpore à la chose appartient au propriétaire, suivant les règles qui seront ci-après établies. 1615.

SECTION I.

Du Droit d'accession relativement aux choses immobilières.

552. La propriété du sol emporte la propriété du dessus et du dessous. — Le propriétaire peut faire au-dessus toutes les plantations et constructions qu'il juge à propos, sauf les exceptions établies au titre *des Servitudes ou Services fonciers.* — Il peut faire au dessous toutes les constructions et fouilles qu'il jugera à propos, et tirer de ces fouilles tous les produits qu'elles peuvent fournir, sauf les modifications résultant des lois et règlemens relatifs aux mines, et des lois et règlemens de police. 598, 672, 674, 678, 2118.

553. Toutes constructions, plantations et ouvrages sur un terrain ou dans l'intérieur, sont présumés faits par le propriétaire à ses frais et lui appartenir, si le contraire n'est prouvé ; sans préjudice de la propriété qu'un tiers pourrait avoir acquise ou pourrait acquérir par prescription, soit d'un terrain sous le bâtiment d'autrui, soit de toute autre partie du bâtiment. 1350. 1352, 2219.

554. Le propriétaire du sol qui a fait des constructions, plantations et ouvrages avec des matériaux qui ne lui appartenaient pas, doit en payer la valeur ; il peut aussi être condamné à des dommages et intérêts, s'il y a

lieu ; mais le propriétaire des matériaux n'a pas le droit de les enlever.

555. Lorsque les plantations, constructions et ouvrages ont été faits par un tiers et avec ses matériaux, le propriétaire du fond a droit ou de les retenir, ou d'obliger ce tiers à les enlever. — Si le propriétaire du fond demande la suppression des plantations et constructions, elle est aux frais de celui qui les a faites, sans aucune indemnité pour lui : il peut même être condamné à des dommages et intérêts, s'il y a lieu, pour le préjudice que peut avoir éprouvé le propriétaire du fond. — Si le propriétaire préfère conserver ces plantations et constructions, il doit le remboursement de la valeur des matériaux et du prix de la main-d'œuvre, sans égard à la plus ou moins grande augmentation de valeur que le fond a pu recevoir. Néanmoins, si les plantations, constructions et ouvrages ont été faits par un tiers évincé, qui n'aurait pas été condamné à la restitution des fruits, attendu sa bonne foi, le propriétaire ne pourra demander la suppression desdits ouvrages, plantations et constructions ; mais il aura le choix ou de rembourser la valeur des matériaux et du prix de la main-d'œuvre, ou de rembourser une somme égale à celle dont le fond a augmenté de valeur. 1019, 1457.

556. Les attérissemens et accroissemens qui se forment successivement et imperceptiblement aux fonds riverains d'un fleuve ou d'une rivière, s'appellent *alluvion*. — L'alluvion profite au propriétaire riverain, soit qu'il s'agisse d'un fleuve ou d'une rivière navigable, flottable ou non ; à la charge, dans le premier cas, de laisser le marchepied ou chemin de halage, conformément aux règlemens. 596, 650.

557. Il en est de même des relais que forme l'eau courante qui se retire insensiblement de l'une de ses rives en se portant sur l'autre : le propriétaire de la rive découverte profite de l'alluvion, sans que le riverain du côté opposé y puisse venir réclamer le terrain qu'il a perdu. —

Ce droit n'a pas lieu à l'égard des relais de la mer.

558. L'alluvion n'a pas lieu à l'égard des lacs et étangs, dont le propriétaire conserve toujours le terrain que l'eau couvre quand elle est à la hauteur de la décharge de l'étang, encore que le volume de l'eau vienne à diminuer. — Réciproquement le propriétaire de l'étang n'acquiert aucun droit sur les terres riveraines que son eau vient à couvrir dans des crues extraordinaires. 457, 469. P. ; 545, C.

559. Si un fleuve ou une rivière, navigable ou non, enlève par une force subite une partie considérable et reconnaissable d'un champ riverain, et la porte vers un champ inférieur ou sur la rive opposée, le propriétaire de la partie enlevée peut réclamer sa propriété, mais il est tenu de former sa demande dans l'année ; après ce délai, il n'y sera plus recevable, à moins que le propriétaire du champ auquel la partie enlevée a été unie n'eût pas encore pris possession de celle-ci. 558, 2287.

560. Les îles, îlots, attérissemens, qui se forment dans le lit des fleuves ou des rivières navigables ou flottables, appartiennent à l'état, s'il n'y a titre ou prescription contraire.

561. Les îles et attérissemens qui se forment dans les rivières non navigables et non flottables appartiennent aux propriétaires riverains du côté où l'île s'est formée : si l'île n'est pas formée d'un seul côté, elle appartient aux propriétaires riverains des deux côtés, à partir de la ligne qu'on suppose tracée au milieu de la rivière.

562. Si une rivière ou un fleuve, en se formant un bras nouveau, coupe et embrasse le champ d'un propriétaire riverain, et en fait une île, ce propriétaire conserve la propriété de son champ, encore que l'île se soit formée dans un fleuve ou dans une rivière navigable ou flottable.

563. Si un fleuve ou une rivière navigable, flottable ou non, se forme un nouveau cours en abandonnant son ancien lit, les propriétaires des fonds nouvellement occupés prennent,

à titre d'indemnité, l'ancien lit abandonné, chacun dans la proportion du terrain qui lui a été enlevé.

564. Les pigeons, lapins, poissons, qui passent dans un autre colombier, garenne ou étang, appartiennent au propriétaire de ces objets, pourvu qu'ils n'y aient point été attirés par fraude et artifice. 588, 452, 457, P.; 524, C.

565. Le droit d'accession, quand il a pour objet deux choses mobilières appartenant à différens maîtres, est entièrement subordonné aux principes de l'équité naturelle. — Les règles suivantes serviront d'exemple au juge pour se déterminer, dans les cas non prévus, suivant les circonstances particulières.

566. Lorsque deux choses appartenant à différens maîtres, qui ont été unies de manière à former un tout, sont néanmoins séparables, en sorte que l'une puisse subsister sans l'autre, le tout appartient au maître de la chose qui forme la partie principale, à la charge de payer à l'autre la valeur de la chose qui a été unie.

567. Est réputée partie principale celle à laquelle l'autre n'a été unie que pour l'usage, l'ornement ou le complément de la première.

568. Néanmoins, quand la chose unie est beaucoup plus précieuse que la chose principale, et quand elle a été employée à l'insu du propriétaire, celui-ci peut demander que la chose unie soit séparée pour lui être rendue, même quand il pourrait en résulter quelque dégradation de la chose à laquelle elle a été jointe.

569. Si de deux choses unies pour former un seul tout, l'une ne peut point être regardée comme l'accessoire de l'autre, celle-là est réputée principale qui est la plus considérable en valeur, ou en volume, si les valeurs sont à peu près égales.

570. Si un artisan ou une personne quelconque a employé une matière qui ne lui appartenait pas, à former une chose d'une nouvelle espèce, soit que la matière puisse ou non reprendre sa première forme, celui qui en était le propriétaire a le droit de réclamer la chose qui en a été formée, en remboursant le prix de la main-d'œuvre. 1787.

571. Si cependant la main-d'œuvre était tellement importante qu'elle surpassât de beaucoup la valeur de la matière employée, l'industrie serait alors réputée la partie principale, et l'ouvrier aurait le droit de retenir la chose travaillée, en remboursant le prix de la matière au propriétaire.

572. Lorsqu'une personne a employé en partie la matière qui lui appartenait, et en partie celle qui ne lui appartenait pas, à former une chose d'une espèce nouvelle, sans que ni l'une ni l'autre des deux matières soit entièrement détruite, mais de manière qu'elles ne puissent pas se séparer sans inconvénient, la chose est commune aux deux propriétaires, en raison, quant à l'un, de la matière qui lui appartenait : quant à l'autre, en raison à la fois et de la matière qui lui appartenait, et du prix de sa main-d'œuvre.

573. Lorsqu'une chose a été formée par le mélange de plusieurs matières appartenant à différens propriétaires, mais dont aucune ne peut être regardée comme la matière principale, si les matières peuvent être séparées, celui à l'insu duquel les matières ont été mélangées peut en demander la division.—Si les matières ne peuvent plus être séparées sans inconvénient, ils en acquièrent en commun la propriété dans la proportion de la quantité, de la qualité et de la valeur des matières appartenant à chacun d'eux.

574. Si la matière appartenant à l'un des propriétaires était de beaucoup supérieure à l'autre par la quantité et le prix, en ce cas le propriétaire de la matière supérieure en valeur pourrait réclamer la chose provenue du mélange, en remboursant à l'autre la valeur de sa matière.

575. Lorsque la chose reste en commun entre les propriétaires des matières dont elle a été formée, elle doit être licitée au profit commun. 827, 1066, C.; 984, P. c.

576. Dans tous les cas où le propriétaire dont la matière a été employée, à son insu, à former une chose d'une autre espèce, peut réclamer la propriété de cette chose, il a le choix de demander la restitution de sa matière en même nature, quantité, poids, mesure et bonté, ou sa valeur.

577. Ceux qui auront employé des matières appartenant à d'autres, et à leur insu, pourront aussi être condamnés à des dommages et intérêts, s'il y a lieu, sans préjudice des poursuites par voie extraordinaire, si le cas y échet.

TITRE III.

DE L'USUFRUIT, DE L'USAGE, ET DE L'HABITATION.

Décrété le 30 janvier 1804. Promulgué le 9 février.)

CHAPITRE PREMIER.
DE L'USUFRUIT.

578. L'usufruit est le droit de jouir des choses dont un autre a la propriété, comme le propriétaire lui-même, mais à la charge d'en conserver la substance. 587 et s., 1568, 2108, 2118.

579. L'usufruit est établi par la loi, ou par la volonté de l'homme. 384, 754, 899, 917, 949, 1405, 1422, 1428, 1549.

580. L'usufruit peut être établi ou purement, ou à certain jour, ou à condition.

581. Il peut être établi sur toute espèce de biens meubles ou immeubles. 587.

SECTION I.
Des Droits de l'Usufruitier.

582. L'usufruitier a le droit de jouir de toute espèce de fruits, soit naturels, soit industriels, soit civils, que peut produire l'objet dont il a l'usufruit.

583. Les fruits naturels sont ceux qui sont le produit spontané de la terre. Le produit et le croît des animaux sont aussi des fruits naturels. — Les fruits industriels d'un fond sont ceux qu'on obtient par la culture. 1802, 1811.

584. Les fruits civils sont les loyers des maisons, les intérêts des sommes exigibles, les arrérages des rentes. 529, 588.—Les prix des baux à ferme sont aussi rangés dans la classe des fruits civils. 1980, 1152, 1714 1905, 1909.

585. Les fruits naturels et industriels, pendans par branches ou par racines au moment où l'usufruit est ouvert, appartiennent à l'usufruitier. — Ceux qui sont dans le même état au moment où finit l'usufruit appartiennent au propriétaire, sans récompense de part ni d'autre des labours et des semences, mais aussi sans préjudice de la portion des fruits qui pourrait être acquise au colon partiaire, s'il en existait un au commencement ou à la cessation de l'usufruit. 1571.

586. Les fruits civils sont réputés s'acquérir jour par jour, et appartiennent à l'usufruitier, à proportion de la durée de son usufruit. Cette règle s'applique aux prix des baux à ferme, comme aux loyers des maisons et aux autres fruits civils. 584, 585, 588, 1155, 1571, 1714, 1905, 1909.

587. Si l'usufruit comprend des choses dont on ne peut faire usage sans les consommer, comme l'argent, les grains, les liqueurs, l'usufruitier a le droit de s'en servir, mais à la charge d'en rendre de pareille quantité, qualité et valeur, ou leur estimation, à la fin de l'usufruit. 1552.

588. L'usufruit d'une rente viagère donne aussi à l'usufruitier, pendant la durée de son usufruit, le droit d'en percevoir les arrérages, sans être tenu à aucune restitution. 856, 1568.

589. Si l'usufruit comprend des choses qui, sans se consommer de suite, se détériorent peu à peu par l'usage, comme du linge, des meubles meublans, l'usufruitier a le droit de s'en servir pour l'usage auquel elles sont destinées, et n'est obligé de les rendre, à la fin de l'usufruit, que dans l'état où elles se trouvent, non détériorées par son dol ou par sa faute. 950, 1566.

590. Si l'usufruit comprend des bois taillis, l'usufruitier est tenu d'observer l'ordre et la quotité des coupes,

conformément à l'aménagement ou a 'usage constant des propriétaires, sans ndemnité toutefois en faveur de l'usufruitier ou de ses héritiers, pour les coupes ordinaires, soit de taillis, soit le baliveaux, soit de futaie, qu'il n'aurait pas faites pendant sa jouissance.— Les arbres qu'on peut tirer d'une pépinière, sans la dégrader, ne font aussi partie de l'usufruit qu'à la charge par 'usufruit de se conformer aux usages des lieux pour le remplacement.

591. L'usufruitier profite encore, toujours en se conformant aux époques et à l'usage des anciens propriétaires, des parties de bois de haute futaie qui ont été mises en coupes réglées, soit que ces coupes se fassent périodiquement sur certaine étendue de terrain, soit qu'elles se fassent d'une certaine quantité d'arbres pris indistinctement sur toute la surface du domaine. 1405.

592. Dans tous les autres cas, l'usufruitier ne peut toucher aux arbres de haute futaie, 594 : il peut seulement employer, pour faire les réparations dont il est tenu, les arbres arrachés ou brisés par accident ; il peut même, pour cet objet, en faire abattre s'il est nécessaire, mais à charge d'en faire constater la nécessité avec le propriétaire.

593. Il peut prendre, dans les bois, les échalas pour les vignes ; il peut aussi prendre, sur les arbres, des produits annuels ou périodiques ; le tout suivant l'usage du pays ou la coutume des propriétaires.

594. Les arbres fruitiers qui meurent, ceux même qui sont arrachés ou brisés par accident, appartiennent à 'usufruitier, à la charge de les remplacer par d'autres.

595. L'usufruitier peut jouir par lui-même, donner à ferme à un autre, ou même vendre ou céder son droit à titre gratuit. S'il donne à ferme, il doit se conformer, pour les époques où les baux doivent être renouvelés, et, pour leur durée, aux règles établies pour le mari à l'égard des biens de la femme, au titre du Contrat de mariage et des Droits respectifs des époux. 1429, 1430.

596. L'usufruitier jouit de l'aug-mentation survenue par alluvion à l'objet dont il a l'usufruit. 556.

597. Il jouit des droits de servitude, de passage, et généralement de tous les droits dont le propriétaire peut jouir, et il en jouit comme le propriétaire lui-même. 578, 598, 649.

598. Il jouit aussi, de la même manière que le propriétaire, des mines et carrières qui sont en exploitation à l'ouverture de l'usufruit: et néanmoins, s'il s'agit d'une exploitation qui ne puisse être faite sans une concession, l'usufruitier ne pourra en jouir qu'après en avoir obtenu la permission du roi. Il n'a aucun droit aux mines et carrières non encore ouvertes, ni aux tourbières dont l'exploitation n'est point encore commencée, ni au trésor qui pourrait être découvert pendant la durée de l'usufruit. 578.

599. Le propriétaire ne peut, par son fait, ni de quelque manière que ce soit, nuire aux droits de l'usufruitier. — De son côté, l'usufruitier ne peut, à la cessation de l'usufruit, réclamer aucune indemnité pour les améliorations qu'il prétendrait avoir faites, encore que la valeur de la chose en fût augmentée. — Il peut cependant, ou ses héritiers, enlever les glaces, tableaux et autres ornemens qu'il aurait fait placer, mais à la charge de rétablir les lieux dans leur premier état. 2236.

SECTION II.

Des obligations de l'Usufruitier.

600. L'usufruitier prend les choses dans l'état où elles sont: mais il ne peut entrer en jouissance qu'après avoir fait dresser, en présence du propriétaire, ou lui dûment appelé, un inventaire des meubles et un état des immeubles sujets à l'usufruit. 385, 626, 950, 1555, 1652, 1580, C.: 942, 943, P. c.

601. Il donne caution de jouir en bon père de famille, s'il n'en est dispensé par l'acte constitutif de l'usufruit: cependant les père et mère ayant l'usufruit légal du bien de leurs enfans, le vendeur ou le donateur, sous réserve d'usufruit, ne sont pas tenus de donner caution. 384, 949, 2018, 2040. C.: 517 P. c.

602. Si l'usufruitier ne trouve pas de caution, les immeubles sont donnés à ferme ou mis en séquestre. 1955. — Les sommes comprises dans l'usufruit sont placées ; — Les denrées sont vendues, et le prix en provenant est pareillement placé ; — Les intérêts de ces sommes et les prix des fermes appartiennent, dans ce cas, à l'usufruitier. 796, 805, 826, 1955, 2041, C. ; 945, P. c.

603. A défaut d'une caution de la part de l'usufruitier, le propriétaire peut exiger que les meubles qui dépérissent par l'usage soient vendus, pour le prix en être placé comme celui des denrées ; et alors l'usufruitier jouit de l'intérêt pendant son usufruit : cependant l'usufruitier pourra demander, et les juges pourront ordonner, suivant les circonstances, qu'une partie des meubles nécessaires pour son usage lui soit délaissée, sous sa simple caution juratoire, et à la charge de les représenter à l'extinction de l'usufruit.

604. Le retard de donner caution ne prive pas l'usufruitier des fruits auxquels il peut avoir droit ; ils lui sont dus du moment où l'usufruit a été ouvert.

605. L'usufruitier n'est tenu qu'aux réparations d'entretien. — Les grosses réparations demeurent à la charge du propriétaire, à moins qu'elles n'aient été occasionées par le défaut de réparations d'entretien, depuis l'ouverture de l'usufruit ; auquel cas l'usufruitier en est aussi tenu. 608, 655, 1409, 1614.

606. Les grosses réparations sont celles des gros murs et des voûtes, le rétablissement des poutres et des couvertures entières ; — Celui des digues et murs de soutènement et de clôture aussi en entier. — Toutes les autres réparations sont d'entretien.

607. Ni le propriétaire, ni l'usufruitier, ne sont tenus de rebâtir ce qui est tombé de vétusté, ou ce qui a été détruit par cas fortuit. 855, 1148, 1755.

608. L'usufruitier est tenu, pendant sa jouissance, de toutes les charges annuelles de l'héritage, telles que les contributions et autres qui dans l'usage sont censées charges des fruits.

609. A l'égard des charges qui peuvent être imposées sur la propriété pendant la durée de l'usufruit, l'usufruitier et le propriétaire y contribuent ainsi qu'il suit : — Le propriétaire est obligé de les payer, et l'usufruitier doit lui tenir compte des intérêts. — Si elles sont avancées par l'usufruitier, il a la répétition du capital à la fin de l'usufruit.

610. Le legs fait par un testateur, d'une rente viagère ou pension alimentaire, doit être acquitté par le légataire universel de l'usufruit dans son intégrité, et par le légataire à titre universel de l'usufruit dans la proportion de sa jouissance, sans aucune répétition de leur part.

611. L'usufruitier à titre particulier n'est pas tenu des dettes auxquelles le fond est hypothéqué : s'il est forcé de les payer, il a son recours contre le propriétaire, sauf ce qui est dit à l'art. 1020, au titre des Donations entre-vifs et des testamens, 1014, 1024, 1558.

612. L'usufruitier, ou universel, ou à titre universel, doit contribuer avec le propriétaire au paiement des dettes, ainsi qu'il suit : — On estime la valeur du fonds sujet à usufruit ; on fixe ensuite la contribution aux dettes à raison de cette valeur. — Si l'usufruitier veut avancer la somme pour laquelle le fond doit contribuer, le capital lui en est restitué à la fin de l'usufruit, sans aucun intérêt. — Si l'usufruitier ne veut pas faire cette avance, le propriétaire a le choix, ou de payer cette somme, et, dans ce cas, l'usufruitier lui tient compte des intérêts pendant la durée de l'usufruit: ou de faire vendre jusqu'à due concurrence une portion des biens soumis à l'usufruit. 1009, 1012, 1017.

613. L'usufruitier n'est tenu que des frais des procès qui concernent la jouissance, et des autres condamnations auxquelles ces procès pourraient donner lieu.

614. Si, pendant la durée de l'usufruit, un tiers commet quelque usurpation sur le fond, ou attente autrement aux droits du propriétaire, l'usufruitier est tenu de le dénoncer à

celui-ci : faute de ce, il est responsable de tout le dommage qui peut en résulter pour le propriétaire, comme il le serait de dégradations commises par lui-même. 1768.

615. Si l'usufruit n'est établi que sur un animal qui vient à périr sans la faute de l'usufruitier, celui-ci n'est pas tenu d'en rendre un autre, ni d'en payer l'estimation. 950.

616. Si le troupeau sur lequel un usufruit a été établi périt entièrement par accident ou par maladie, et sans la faute de l'usufruitier, celui-ci n'est tenu envers le propriétaire que de lui rendre compte des cuirs ou de leur valeur. — Si le troupeau ne périt pas entièrement, l'usufruitier est tenu de remplacer, jusqu'à concurrence du croît, les têtes des animaux qui ont péri. 1809.

SECTION III.

Comment l'Usufruit prend fin.

617. L'usufruit s'éteint, — Par la mort naturelle et la mort civile de l'usufruitier. 26, 1982, C. ; 18, P.—Par l'expiration du temps pour lequel il a été accordé;—Par la consolidation ou la réunion sur la même tête des deux qualités d'usufruitier et de propriétaire ; — Par le non-usage du droit pendant trente ans;—Par la perte totale, 624, de la chose sur laquelle l'usufruit est établi. 22, 25, 611, 619, 623, 1209, 1300, 2256, 2262.

618. L'usufruit peut aussi cesser par l'abus que l'usufruitier fait de sa jouissance, soit en commettant des dégradations sur le fond, soit en le laissant dépérir faute d'entretien. — Les créanciers de l'usufruitier peuvent intervenir dans les contestations, pour la conservation de leurs droits: ils peuvent offrir la réparation des dégradations commises, et des garanties pour l'avenir. — Les juges peuvent, suivant la gravité des circonstances, ou prononcer l'extinction absolue de l'usufruit, ou n'ordonner la rentrée du propriétaire dans la jouissance de l'objet qui en est grevé, que sous la charge de payer annuellement à l'usufruitier, ou à ses ayant-cause, une somme déterminée jusqu'à l'instant où l'usufruit aurait dû cesser. 622, 1167. 2166.

619. L'usufruit qui n'est pas accordé à des particuliers ne dure que trente ans.

620. L'usufruit accordé jusqu'à ce qu'un tiers ait atteint un âge fixe, dure jusqu'à cette époque, encore que le tiers soit mort avant l'âge fixé.

621. La vente de la chose sujette à usufruit ne fait aucun changement dans le droit de l'usufruitier; il continue de jouir de son usufruit s'il n'y a pas formellement renoncé.

622. Les créanciers de l'usufruitier peuvent faire annuler la renonciation qu'il aurait faite à leur préjudice. 618, 788. 1167.

623. Si une partie seulement de la chose soumise à l'usufruit est détruite, l'usufruit se conserve sur ce qui reste.

624. Si l'usufruit n'est établi que sur un bâtiment, et que ce bâtiment soit détruit par un incendie ou autre accident, ou qu'il s'écroule de vétusté, l'usufruitier n'aura le droit de jouir ni du sol, ni des matériaux.—Si l'usufruit était établi sur un domaine dont le bâtiment faisait partie, l'usufruitier jouirait du sol et des matériaux.

CHAPITRE II.
DE L'USAGE ET DE L'HABITATION.

625. Les droits d'usage et d'habitation s'établissent et se perdent de la même manière que l'usufruit. 1427, 2108.

626. On ne peut en jouir, comme dans le cas de l'usufruit, sans donner préalablement caution, et sans faire des états et inventaires. 2018, 2040.

627. L'usager, et celui qui a un droit d'habitation, doivent jouir en bons pères de famille.

628. Les droits d'usage et d'habitation se règlent par le titre qui les a établis, et reçoivent, d'après ses dispositions, plus ou moins d'étendue.

629. Si le titre ne s'explique pas sur l'étendue de ces droits, ils sont réglés ainsi qu'il suit.

630. Celui qui a l'usage des fruits d'un fond ne peut en exiger qu'autant qu'il lui en faut pour ses besoins et ceux de sa famille. — Il peut en exiger pour les besoins même des enfans qui lui sont survenus depuis la concession de l'usage.

631. L'usager ne peut céder ni louer son droit à un autre. 1127.

632. Celui qui a un droit d'habitation dans une maison peut y demeurer avec sa famille, quand même il n'aurait pas été marié à l'époque où ce droit lui a été donné.

633. Le droit d'habitation se restreint à ce qui est nécessaire pour l'habitation de celui à qui ce droit est concédé, et de sa famille.

634. Le droit d'habitation ne peut être ni cédé ni loué.

635. Si l'usager absorbe tous les fruits du fond, ou s'il occupe la totalité de la maison, il est assujetti aux frais de culture, aux réparations d'entretien, et au paiement des contributions, comme l'usufruitier. — S'il ne prend qu'une partie des fruits, ou s'il n'occupe qu'une partie de la maison, il contribue au prorata de ce dont il jouit.

636. L'usage des bois et forêts est réglé par des lois particulières.

TITRE IV.

DES SERVITUDES OU SERVICES FONCIERS.

- (Décrété le 31 janvier 1804. Promulgué le 10 février.)

637. Une servitude est une charge imposée sur un héritage pour l'usage et l'utilité d'un héritage appartenant à un autre propriétaire. 2177.

638. La servitude n'établit aucune prééminence d'un héritage sur l'autre.

639. Elle dérive ou de la situation naturelle des lieux, ou des obligations imposées par la loi, ou des conventions entre les propriétaires.

CHAPITRE PREMIER.

DES SERVITUDES QUI DÉRIVENT DE LA SITUATION DES LIEUX.

640. Les fonds inférieurs sont assujettis, envers ceux qui sont plus élevés, à recevoir les eaux qui en découlent naturellement *sans que la main de l'homme y ait contribué.* 681, 701, 704.—Le propriétaire inférieur ne peut point élever de digue qui empêche cet écoulement. — Le propriétaire supérieur ne peut rien faire qui

aggrave la servitude du fond inférieur.

641. Celui qui a une source dans son fond peut en user à sa volonté, sauf le droit que le propriétaire du fond inférieur pourrait avoir acquis par titre ou par prescription. 642, 705, 2281, 640, 643, C.

642. La prescription, dans ce cas, ne peut s'acquérir que par une jouissance non interrompue pendant l'espace de trente années, à compter du moment où le propriétaire du fond inférieur a fait et terminé des ouvrages apparens destinés à faciliter la chute et le cours de l'eau dans sa propriété. 2219.

643. Le propriétaire de la source ne peut en changer le cours, lorsqu'il fournit aux habitans d'une commune, village ou hameau, l'eau qui leur est nécessaire; mais si les habitans n'en ont pas acquis ou prescrit l'usage, le propriétaire peut réclamer une indemnité, laquelle est réglée par experts. 457, P.; 545, C.

644. Celui dont la propriété borde une eau courante, autre que celle qui est déclarée dépendance du domaine public par l'article 538 au titre *de la Distinction des biens*, peut s'en servir à son passage pour l'irrigation de ses propriétés.—Celui dont cette eau traverse l'héritage peut même en user dans l'intervalle qu'elle y parcourt, mais à la charge de la rendre, à la sortie de ses fonds, à son cours ordinaire.

645. S'il s'élève une contestation entre les propriétaires auxquels ces eaux peuvent être utiles, les tribunaux, en prononçant, doivent concilier l'intérêt de l'agriculture avec le respect dû à la propriété; et, dans tous les cas, les réglemens particuliers et locaux sur le cours et l'usage des eaux doivent être observés.

646. Tout propriétaire peut obliger son voisin au bornage de leurs propriétés contiguës. Le bornage se fait à frais communs. 5, 38. P. c.; 589, 456, P.

647. Tout propriétaire peut clore son héritage, sauf l'exception portée en l'article 682. 456. P.

648. Le propriétaire qui veut se

clore perd son droit au parcours et vaine pâture, en proportion du terrain qu'il y soustrait.

CHAPITRE II.
DES SERVITUDES ÉTABLIES PAR LA LOI.

649. Les servitudes établies par la loi ont pour objet l'utilité publique ou communale, ou l'utilité des particuliers. 545.

650. Celles établies pour l'utilité publique ou communale ont pour objet le marchepied le long des rivières navigables ou flottables, la construction ou réparation des chemins ou autres ouvrages publics ou communaux. — Tout ce qui concerne cette espèce de servitude est déterminé par des lois ou des règlemens particuliers.

651. La loi assujettit les propriétaires à différentes obligations l'un à l'égard de l'autre, indépendamment de toute convention.

652. Partie de ces obligations est réglée par les lois sur la police rurale. — Les autres sont relatives au mur et au fossé mitoyens, au cas où il y a lieu à contre-mur, aux vues sur la propriété du voisin, à l'égout des toits, au droit de passage.

SECTION I.
Du Mur et du Fossé mitoyens.

653. Dans les villes et les campagnes, tout mur servant de séparation entre bâtimens *jusqu'à l'héberge*, ou entre cours et jardins, et même entre enclos dans les champs, est présumé mitoyen, s'il n'y a titre ou marque du contraire. 1350, 1352.

654. Il y a marque de non-mitoyenneté, lorsque la sommité du mur est droite et à plomb de son parement d'un côté, et présente de l'autre un plan incliné ; — Lors encore qu'il n'y a que d'un côté ou un chaperon ou des filets et corbeaux de pierre qui y auraient été mis en bâtissant le mur. — Dans ce cas, le mur est censé appartenir exclusivement au propriétaire du côté duquel sont l'égout ou les corbeaux et filets de pierre. 691, 1350, 1352.

655. La réparation et la reconstruction du mur mitoyen sont à la charge de tous ceux qui y ont droit, et pro-portionnellement au droit de chacun.

656. Cependant tout copropriétaire d'un mur mitoyen peut se dispenser de contribuer aux réparations et reconstructions en abandonnant le droit de mitoyenneté, pourvu que le mur mitoyen ne soutienne pas un bâtiment qui lui appartienne.

657. Tout copropriétaire peut faire bâtir contre un mur mitoyen, et y faire placer des poutres ou solives dans toute l'épaisseur du mur, à cinquante-quatre millimètres (deux pouces) près, sans préjudice du droit qu'a le voisin de faire réduire à l'ébauchoir la poutre jusqu'à la moitié du mur, dans le cas où il voudrait lui-même asseoir des poutres dans le même lieu, ou y adosser une cheminée.

658. Tout copropriétaire peut faire exhausser le mur mitoyen ; mais il doit payer seul la dépense de l'exhaussement, les réparations d'entretien au dessus de la hauteur de la clôture commune, et en outre l'indemnité de la charge en raison de l'exhaussement et suivant la valeur.

659. Si le mur mitoyen n'est pas en état de supporter l'exhaussement, celui qui veut l'exhausser doit le faire reconstruire en entier à ses frais, et l'excédant d'épaisseur doit se prendre de son côté.

660. Le voisin qui n'a pas contribué à l'exhaussement peut en acquérir la mitoyenneté en payant la moitié de la dépense qu'il a coûté, et la valeur de la moitié du sol fourni par l'excédant d'épaisseur, s'il y en a.

661. Tout propriétaire joignant un mur a de même la faculté de le rendre mitoyen en tout ou en partie, en remboursant au maître du mur la moitié de sa valeur, ou la moitié de la valeur de la portion qu'il veut rendre mitoyenne et moitié de la valeur du sol sur lequel le mur est bâti.

662. L'un des voisins ne peut pratiquer dans le corps d'un mur mitoyen aucun enfoncement, ni y appliquer ou appuyer aucun ouvrage sans le consentement de l'autre, ou sans avoir, à son refus, fait régler par experts les moyens nécessaires pour que le nouvel ouvrage ne soit pas nuisible aux droits de l'autre.

663. Chacun peut contraindre son voisin, dans les villes et faubourgs, à contribuer aux constructions et réparations de la clôture faisant séparation de leurs maisons, cours et jardins assis ésdites villes et faubourgs : la hauteur de la clôture sera fixée suivant les règlemens particuliers ou les usages constans et reconnus; et, à défaut d'usages et de règlemens, tout mur de séparation entre voisins, qui sera construit ou rétabli à l'avenir, doit avoir au moins trente-deux décimètres (dix pieds) de hauteur, compris le chaperon, dans les villes de cinquante mille âmes et au-dessus, et vingt-six décimètres (huit pieds) dans les autres.

664. Lorsque les différens étages d'une maison appartiennent à divers propriétaires, si les titres de propriété ne règlent pas le mode de réparations et reconstructions, elles doivent être faites ainsi qu'il suit : — Les gros murs et le toit sont à la charge de tous les propriétaires, chacun en proportion de la valeur de l'étage qui lui appartient. — Le propriétaire de chaque étage fait le plancher sur lequel il marche. — Le propriétaire du premier étage fait l'escalier qui y conduit; le propriétaire du second étage fait, à partir du premier, l'escalier qui conduit chez lui, et ainsi de suite.

665. Lorsqu'on reconstruit un mur mitoyen ou une maison, les servitudes actives et passives se continuent à l'égard du nouveau mur ou de la nouvelle maison, sans toutefois qu'elles puissent être aggravées, et pourvu que la reconstruction se fasse avant que la prescription soit acquise.

666. Tous fossés entre deux héritages sont présumés mitoyens s'il n'y a titre ou marque du contraire. 456, P.

667. Il y a marque de non-mitoyenneté, lorsque la levée ou le rejet de la terre se trouve d'un côté seulement du fossé.

668. Le fossé est censé appartenir exclusivement à celui du côté duquel le rejet se trouve.

669. Le fossé mitoyen doit être entretenu à frais communs.

670. Toute haie qui sépare des héritages est réputée mitoyenne, à moins qu'il n'y ait qu'un seul des héritages en état de clôture, ou s'il n'y a titre ou possession suffisante au contraire. 671, 672.

671. Il n'est permis de planter des arbres de haute tige qu'à la distance prescrite par les règlemens particuliers actuellement existans, ou par les usages constans et reconnus; et, à défaut de règlemens et usages, qu'à la distance de deux mètres de la ligne séparative des deux héritages pour les arbres à haute tige, et à la distance d'un demi-mètre pour les autres arbres et haies vives.

672. Le voisin peut exiger que les arbres et haies plantés à une moindre distance soient arrachés. — Celui sur la propriété duquel avancent les branches des arbres du voisin peut contraindre celui-ci à couper ces branches. — Si ce sont les racines qui avancent sur son héritage, il a droit de les y couper lui-même.

673. Les arbres qui se trouvent dans la haie mitoyenne sont mitoyens comme la haie; et chacun des deux propriétaires a droit de requérir qu'ils soient abattus.

SECTION II.

De la Distance et des Ouvrages intermédiaires requis pour certaines constructions.

674. Celui qui fait creuser un puits ou une fosse d'aisance près d'un mur mitoyen ou non, 1756; — Celui qui veut y construire cheminée ou âtre, forge, four ou fourneau, — Y adosser une étable, — Ou établir contre ce mur un magasin de sel ou amas de matières corrosives, — Est obligé à laisser la distance prescrite par les règlemens et usages particuliers sur ces objets, ou à faire les ouvrages prescrits par les mêmes règlemens et usages, pour éviter de nuire au voisin.

SECTION III.

Des Vues sur la Propriété de son voisin.

675. L'un des voisins ne peut, sans le consentement de l'autre, pratiquer dans le mur mitoyen aucune fenêtre

ou ouverture, en quelque manière que ce soit, même à verre dormant.

676. Le propriétaire d'un mur non mitoyen, joignant immédiatement l'héritage d'autrui, peut pratiquer dans ce mur des jours ou fenêtres à fer maillé et verre dormant. — Ces fenêtres doivent être garnies d'un treillis de fer, dont les mailles auront un décimètre (environ trois pouces huit lignes) d'ouverture au plus, et d'un châssis à verre dormant.

677. Ces fenêtres ou jours ne peuvent être établis qu'à vingt-six décimètres (huit pieds) au-dessus du plancher ou sol de la chambre qu'on veut éclairer, si c'est à rez-de-chaussée : et à dix-neuf décimètres (six pieds) au-dessus du plancher, pour les étages supérieurs.

678. On ne peut avoir des vues droites ou fenêtres d'aspect, ni balcons ou autres semblables saillies sur l'héritage clos ou non clos de son voisin, s'il n'y a dix-neuf décimètres (six pieds) de distance entre le mur où on les pratique et ledit héritage.

679. On ne peut avoir des vues par côté ou obliques sur le même héritage, s'il n'y a six décimètres (deux pieds) de distance.

680. La distance dont il est parlé dans les deux articles précédens se compte depuis le parement extérieur du mur où l'ouverture se fait : et, s'il y a balcons ou autres semblables saillies, depuis leur ligne extérieure jusqu'à la ligne de séparation des deux propriétés.

SECTION IV.
De l'Égout des toits.

681. Tout propriétaire doit établir des toits de manière que les eaux pluviales s'écoulent sur son terrain ou sur la voie publique ; il ne peut les faire verser sur le fond de son voisin.

SECTION V.
Du Droit de passage.

682. Le propriétaire dont les fonds sont enclavés, et qui n'a aucune issue sur la voie publique, peut réclamer un passage sur les fonds de ses voisins, pour l'exploitation de son héritage, à la charge d'une indemnité proportionnée au dommage qu'il peut occasioner. 471, 475, P.

683. Le passage doit régulièrement être pris du côté où le trajet est le plus court du fond enclavé à la voie publique.

684. Néanmoins il doit être fixé dans l'endroit le moins dommageable à celui sur le fond duquel il est accordé.

685. L'action en indemnité, dans le cas prévu par l'article 682, est prescriptible : et le passage doit être continué, quoique l'action en indemnité ne soit plus recevable.

CHAPITRE III.
DES SERVITUDES ÉTABLIES PAR LE FAIT DE L'HOMME.

SECTION I.
Des diverses espèces de Servitudes qui peuvent être établies sur les Biens.

686. Il est permis aux propriétaires d'établir sur leurs propriétés, ou en faveur de leurs propriétés, telles servitudes que bon leur semble, pourvu néanmoins que les services établis ne soient imposés ni à la personne, ni en faveur de la personne, mais seulement à un fond et pour un fond et pourvu que ces services n'aient d'ailleurs rien de contraire à l'ordre public. — L'usage et l'étendue des servitudes ainsi établies se règlent par le titre qui les constitue ; à défaut de titre, par les règles ci-après. 6, 544, 708, 1155, 2177.

687. Les servitudes sont établies ou pour l'usage des bâtimens, ou pour celui des fonds de terre. — Celles de la première espèce s'appellent *urbaines*, soit que les bâtimens auxquels elles sont dues soient situés à la ville ou à la campagne. — Celles de la seconde espèce se nomment *rurales*.

688. Les servitudes sont ou continues, ou discontinues. — Les servitudes continues sont celles dont l'usage est ou peut être continuel sans avoir besoin du fait actuel de l'homme : tels sont les conduites d'eau, les égouts, les vues et autres de cette espèce. — Les servitudes discontinues sont celles qui ont besoin du fait actuel de l'homme pour être exercées ;

tels sont les droits de passage, puisage, pacage et autres semblables.

689. Les servitudes sont apparentes, ou non apparentes. — Les servitudes apparentes sont celles qui s'annoncent par des ouvrages extérieurs, tels qu'une porte, une fenêtre, un aqueduc. — Les servitudes non apparentes sont celles qui n'ont pas de signe extérieur de leur existence, comme, par exemple, la prohibition de bâtir sur un fond, ou de ne bâtir qu'à une hauteur déterminée.

SECTION II.
Comment s'établissent les Servitudes.

690. Les servitudes continues et apparentes s'acquièrent par titre, ou par la possession de trente ans. 2177, 2252, 2281.

691. Les servitudes continues non apparentes, et les servitudes discontinues apparentes ou non apparentes, ne peuvent s'établir que par titres. — La possession même immémoriale ne suffit pas pour les établir, sans cependant qu'on puisse attaquer aujourd'hui les servitudes de cette nature déjà acquises par la possession, dans les pays où elles pouvaient s'acquérir de cette manière.

692. La destination du père de famille vaut titre à l'égard des servitudes continues et apparentes.

693. Il n'y a destination du père de famille que lorsqu'il est prouvé que les deux fonds actuellement divisés ont appartenu au même propriétaire, et que c'est par lui que les choses ont été mises dans l'état duquel résulte la servitude.

694. Si le propriétaire de deux héritages entre lesquels il existe un signe apparent de servitude, dispose de l'un des héritages sans que le contrat contienne aucune convention relative à la servitude, elle continue d'exister activement ou passivement en faveur du fond aliéné ou sur le fond aliéné.

695. Le titre constitutif de la servitude, à l'égard de celles qui ne peuvent s'acquérir par la prescription, ne peut être remplacé que par un titre récognitif de la servitude, et émané du propriétaire du fond asservi.

696. Quand on établit une servitude, on est censé accorder tout ce qui est nécessaire pour en user. — Ainsi la servitude de puiser de l'eau à la fontaine d'autrui emporte nécessairement le droit de passage.

SECTION III.
Des Droits du Propriétaire du fond auquel la Servitude est due.

697. Celui auquel est due une servitude a droit de faire tous les ouvrages nécessaires pour en user et pour la conserver.

698. Ces ouvrages sont à ses frais, et non à ceux du propriétaire du fond assujetti, à moins que le titre d'établissement de la servitude ne dise le contraire.

699. Dans le cas même où le propriétaire du fond assujetti est chargé par le titre de faire à ses frais les ouvrages nécessaires pour l'usage ou la conservation de la servitude, il peut toujours s'affranchir de la charge, en abandonnant le fond assujetti au propriétaire du fond auquel la servitude est due.

700. Si l'héritage pour lequel la servitude a été établie vient à être divisé, la servitude reste due pour chaque portion, sans néanmoins que la condition du fond assujetti soit aggravée. — Ainsi, par exemple, s'il s'agit d'un droit de passage, tous les copropriétaires seront obligés de l'exercer par le même endroit.

701. Le propriétaire du fond débiteur de la servitude ne peut rien faire qui tende à en diminuer l'usage ou à le rendre plus incommode. — Ainsi, il ne peut changer l'état des lieux, ni transporter l'exercice de la servitude dans un endroit différent de celui où elle a été primitivement assignée. — Mais cependant, si cette assignation primitive était devenue plus onéreuse au propriétaire du fond assujetti, ou si elle l'empêchait d'y faire des réparations avantageuses, il pourrait offrir au propriétaire de l'autre fond un endroit aussi commode pour l'exercice de ses droits, et celui-ci ne pourrait pas le refuser.

702. De son côté, celui qui a un droit de servitude ne peut en user

que suivant son titre, sans pouvoir faire, ni dans le fond qui doit la servitude, ni dans le fond à qui elle est due, de changement qui aggrave la condition du premier.

SECTION IV.
Comment les Servitudes s'éteignent.

703. Les servitudes cessent lorsque les choses se trouvent en tel état qu'on ne peut plus en user.

704. Elles revivent si les choses sont rétablies de manière qu'on puisse en user, à moins qu'il ne se soit déjà écoulé un espace de temps suffisant pour faire présumer l'extinction de la servitude, ainsi qu'il est dit à l'article 707.

705. Toute servitude est éteinte lorsque le fond à qui elle est due et celui qui la doit sont réunis dans la même main.

706. La servitude est éteinte par le non-usage pendant trente ans. 2219.

707. Les trente ans commencent à courir, selon les diverses espèces de servitudes, ou du jour où l'on a cessé d'en jouir, lorsqu'il s'agit de servitudes discontinues, ou du jour où il a été fait un acte contraire à la servitude, lorsqu'il s'agit de servitudes continues.

708. Le mode de la servitude peut se prescrire comme la servitude même, et de la même manière.

709. Si l'héritage en faveur duquel la servitude est établie appartient à plusieurs par indivis, la jouissance de l'un empêche la prescription à l'égard de tous.

710. Si parmi les copropriétaires il s'en trouve un contre lequel la prescription n'ait pu courir, comme un mineur, il aura conservé le droit de tous les autres.

LIVRE III.
DES DIFFÉRENTES MANIÈRES DONT ON ACQUIERT LA PROPRIÉTÉ.

DISPOSITIONS GÉNÉRALES.

(Décrétées le 19 avril 1803. Promulguées le 29 du même mois.)

711. La propriété des biens s'acquiert et se transmet par succession, par donation entre-vifs ou testamentaire, et par l'effet des obligations. 544, 718, 895, 1101, 2219.

712. La propriété s'acquiert aussi par accession ou incorporation, 547 et s., et par prescription.

713. Les biens qui n'ont pas de maître appartiennent à l'état.

714. Il est des choses qui n'appartiennent à personne, et dont l'usage est commun à tous. — Des lois de police règlent la manière d'en jouir. 537, 538, 540.

715. La faculté de chasser ou de pêcher est également réglée par des lois particulières.

716. La propriété d'un trésor appartient à celui qui le trouve dans son propre fond : si le trésor est trouvé dans le fond d'autrui, il appartient pour moitié à celui qui l'a découvert et pour l'autre moitié au propriétaire du fond. — Le trésor est toute chose cachée ou enfouie sur laquelle personne ne peut justifier sa propriété, et qui est découverte par le pur effet du hasard.

717. Les droits sur les effets jetés à la mer, sur les objets que la mer rejette, de quelque nature qu'ils puissent être, sur les plantes et herbages qui croissent sur les rivages de la mer, sont aussi réglés par des lois particulières. — Il en est de même des choses perdues dont le maître ne se représente pas. 410 et s., Co.

TITRE PREMIER.
DES SUCCESSIONS.

(Décrété le 19 avril 1803. Promulgué le 29 du même mois.)

CHAPITRE PREMIER.
DE L'OUVERTURE DES SUCCESSIONS, ET DE LA SAISINE DES HÉRITIERS.

718. Les successions s'ouvrent par

la mort naturelle et par la mort civile. 129.

719. La succession est ouverte par la mort civile, du moment où cette mort est encourue, conformément aux dispositions de la section II du chapitre II du titre *de la Jouissance et de la Privation des droits civils.*

720. Si plusieurs personnes respectivement appelées à la succession l'une de l'autre, périssent dans un même événement, sans qu'on puisse reconnaître laquelle est décédée la première, la présomption de survie est déterminée par les circonstances du fait, et, à leur défaut, par la force de l'âge ou du sexe. 1350, 1352.

721. Si ceux qui ont péri ensemble avaient moins de quinze ans, le plus âgé sera présumé avoir survécu. — S'ils étaient tous au-dessus de soixante ans, le moins âgé sera présumé avoir survécu.— Si les uns avaient moins de quinze ans, et les autres plus de soixante, les premiers seront présumés avoir survécu.

722. Si ceux qui ont péri ensemble avaient quinze ans accomplis et moins de soixante, le mâle est toujours présumé avoir survécu, lorsqu'il y a égalité d'âge, ou si la différence qui existe n'excède pas une année.—S'ils étaient du même sexe, la présomption de survie, qui donne ouverture à la succession dans l'ordre de la nature, doit être admise : ainsi le plus jeune est présumé avoir survécu au plus âgé.

723. La loi règle l'ordre de succéder entre les héritiers légitimes; à leur défaut, les biens passent aux enfans naturels, ensuite à l'époux survivant ; et, s'il n'y en a pas, à l'état.

724. Les héritiers légitimes sont saisis de plein droit des biens, droits et actions du défunt, sous l'obligation d'acquitter toutes les charges de la succession : les enfans naturels, l'époux survivant et l'état, doivent se faire envoyer en possession par justice dans les formes qui seront déterminées. 1004, 1006.

CHAPITRE II.
DES QUALITÉS REQUISES POUR SUCCÉDER.

725. Pour succéder, il faut nécessairement exister à l'instant de l'ouverture de la succession. 135. — Ainsi, sont incapables de succéder, — 1° Celui qui n'est pas encore conçu. 315 ; — 2° L'enfant qui n'est pas né viable. 314 ; — 3° Celui qui est mort civilement.

726. Un étranger n'est admis à succéder aux biens que son parent, étranger ou Français, possède dans le territoire du royaume, que dans les cas et de la manière dont un Français succède à un parent possédant des biens dans le pays de cet étranger, conformément aux dispositions de l'art. 11, au titre *de la Jouissance et de la Privation des droits civils.* (*Voir à la fin du Code civil la loi du 14 juillet 1819.*)

727. Sont indignes de succéder, et, comme tels, exclus des successions :— 1° Celui qui serait condamné pour avoir donné ou tenté de donner la mort au défunt : — 2° Celui qui a porté contre le défunt une accusation capitale jugée calomnieuse ; — 3° L'héritier majeur qui, instruit du meurtre du défunt, ne l'aura pas dénoncé à la justice. 30, 358, I. c.; 378, P.

728. Le défaut de dénonciation ne peut être opposé aux ascendans et descendans du meurtrier, ni à ses alliés au même degré, ni à son époux ou à son épouse, ni à ses frères ou sœurs, ni à ses oncles et tantes, ni à ses neveux et nièces.

729. L'héritier exclu de la succession pour cause d'indignité est tenu de rendre tous les fruits et les revenus dont il a eu la jouissance depuis l'ouverture de la succession.

730. Les enfans de l'indigne, venant à la succession de leur chef, et sans le secours de la représentation, ne sont pas exclus pour la faute de leur père ; mais celui-ci ne peut, en aucun cas, réclamer, sur les biens de cette succession, l'usufruit que la loi accorde aux pères et mères sur les biens de leurs enfans.

CHAPITRE III.
DES DIVERS ORDRES DE SUCCESSION.

SECTION I.
Dispositions générales.

731. Les successions sont déférées

aux enfans et descendans du défunt, à ses ascendans et à ses parens collatéraux, dans l'ordre et suivant les règles ci-après déterminés.

732. La loi ne considère ni la nature ni l'origine des biens pour en régler la succession. 747, 896.

733. Toute succession échue à des ascendans ou à des collatéraux se divise en deux parts égales : l'une pour les parens de la ligne paternelle, l'autre pour les parens de la ligne maternelle. — Les parens utérins ou consanguins ne sont pas exclus par les germains : mais ils ne prennent part que dans leur ligne, sauf ce qui sera dit à l'article 752. Les germains prennent part dans les deux lignes. — Il ne se fait aucune dévolution d'une ligne à l'autre, que lorsqu'il ne se trouve aucun ascendant ni collatéral de l'une des deux lignes. 750, 752.

734. Cette première division opérée entre les lignes paternelle et maternelle, il ne se fait plus de division entre les diverses branches, mais la moitié dévolue à chaque ligne appartient à l'héritier ou aux héritiers les plus proches en degrés, sauf le cas de la représentation, ainsi qu'il sera dit ci-après.

735. La proximité de parenté s'établit par le nombre de générations ; chaque génération s'appelle un *degré*.

736. La suite des degrés forme la ligne : on appelle *ligne directe* la suite des degrés entre personnes qui descendent l'une de l'autre ; *ligne collatérale*, la suite des degrés entre personnes qui ne descendent pas les unes des autres, mais qui descendent d'un auteur commun. — On distingue la ligne directe, en ligne directe descendante et ligne directe ascendante. — La première est celle qui lie le chef avec ceux qui descendent de lui : la deuxième est celle qui lie une personne avec ceux dont elle descend.

737. En ligne directe, on compte autant de degrés qu'il y a de générations entre les personnes : ainsi le fils est, à l'égard du père, au premier degré, le petit-fils, au second ; et réciproquement du père et de l'aïeul, à l'égard des fils et petit fils.

738. En ligne collatérale, les degrés se comptent par les générations, depuis l'un des parens jusques et non compris l'auteur commun, et depuis celui-ci jusqu'à l'autre parent. — Ainsi, deux frères sont au deuxième degré : l'oncle et le neveu sont au troisième degré ; les cousins germains au quatrième ; ainsi de suite.

SECTION II.
De la Représentation.

739. La représentation est une fiction de la loi, dont l'effet est de faire entrer les représentans dans la place, dans le degré et dans les droits du représenté.

740. La représentation a lieu à l'infini dans la ligne directe descendante — Elle est admise dans tous les cas, soit que les enfans du défunt concourent avec les descendans d'un enfant prédécédé, soit que tous les enfans du défunt étant morts avant lui, les descendans desdits enfans se trouvent entre eux en degrés égaux ou inégaux. 1051.

741. La représentation n'a pas lieu en faveur des ascendans : le plus proche, dans chacune des deux lignes, exclut toujours le plus éloigné.

742. En ligne collatérale, la représentation est admise en faveur des enfans et descendans de frères ou sœurs du défunt, soit qu'ils viennent à sa succession concurremment avec des oncles ou tantes, soit que tous les frères et sœurs du défunt étant prédécédés, la succession se trouve dévolue à leurs descendans en degrés égaux ou inégaux.

743. Dans tous les cas où la représentation est admise, le partage s'opère par souche : si une même souche a produit plusieurs branches, la subdivision se fait aussi par souche dans chaque branche, et les membres de la même branche partagent entre eux par tête.

744. On ne représente pas les personnes vivantes, mais seulement celles qui sont mortes naturellement ou civilement. — On peut représenter celui à la succession duquel on a renoncé. 727, 787.

SECTION III.

Des Successions déférées aux Descendans.

745. Les enfans ou leurs descendans succèdent à leurs père et mère, aïeuls ou aïeules, ou autres ascendans, sans distinction de sexe ni de primogéniture, et encore qu'ils soient issus de différens mariages. — Ils succèdent par égales portions et par tête, quand ils sont tous au premier degré et appelés de leur chef : ils succèdent par souche, lorsqu'ils viennent tous ou en partie par représentation.

SECTION IV.

Des Successions déférées aux Ascendans.

746. Si le défunt n'a laissé ni postérité, ni frère, ni sœur, ni descendans d'eux, la succession se divise par moitié entre les ascendans de la ligne paternelle et les ascendans de la ligne maternelle.—L'ascendant qui se trouve au degré le plus proche recueille la moitié affectée à sa ligne, à l'exclusion de tous autres. — Les ascendans au même degré succèdent par tête.

747. Les ascendans, 351, succèdent, à l'exclusion de tous autres, aux choses par eux données à leurs enfans ou descendans décédés sans postérité, lorsque les objets donnés se trouvent en nature dans la succession. — Si les objets ont été aliénés, les ascendans recueillent le prix qui peut en être dû. Ils succèdent aussi à l'action en reprise que pouvait avoir le donataire. 951.

748. Lorsque les père et mère d'une personne morte sans postérité lui ont survécu, si elle a laissé des frères, sœurs, ou des descendans d'eux, la succession se divise en deux portions égales, dont moitié seulement est déférée au père et à la mère, qui la partagent entre eux également. —L'autre moitié appartient aux frères, sœurs ou descendans d'eux, ainsi qu'il sera expliqué dans la section V du présent chapitre.

749. Dans le cas où la personne morte sans postérité laisse des frères, sœurs, ou des descendans d'eux, si le père ou la mère est prédécédé, la portion qui lui aurait été dévolue conformément au précédent article se réunit à la moitié déférée aux frères, sœurs ou à leurs représentans, ainsi qu'il sera expliqué à la section V du présent chapitre.

SECTION V.

Des Successions collatérales.

750. En cas de prédécès des père et mère d'une personne morte sans postérité, ses frères, sœurs ou leurs descendans, sont appelés à la succession, à l'exclusion des ascendans et des autres collatéraux. — Ils succèdent, ou de leur chef, ou par représentation, ainsi qu'il a été réglé dans la section II du présent chapitre.

751. Si les père et mère de la personne morte sans postérité lui ont survécu, ses frères, sœurs ou leurs représentans ne sont appelés qu'à la moitié de la succession. Si le père ou la mère seulement a survécu, ils sont appelés à recueillir les trois quarts.

752. Le partage de la moitié ou des trois quarts dévolus aux frères ou sœurs, aux termes de l'article précédent, s'opère entre eux par égales portions, s'ils sont tous du même lit; s'ils sont de lits différens, la division se fait par moitié entre les deux lignes paternelle et maternelle du défunt; les germains prennent part dans les deux lignes, et les utérins ou consanguins chacun dans leur ligne seulement : s'il n'y a de frères ou sœurs que d'un côté, ils succèdent à la totalité, à l'exclusion de tous autres parens de l'autre ligne.

753. A défaut de frères ou sœurs ou de descendans d'eux, et à défaut d'ascendans dans l'une ou l'autre ligne, la succession est déférée pour moitié aux ascendans survivans ; et pour l'autre moitié, aux parens les plus proches de l'autre ligne. — S'il y a concours de parens collatéraux au même degré, ils partagent par tête.

754. Dans le cas de l'article précédent, le père ou la mère survivant a l'usufruit du tiers des biens auxquels il ne succède pas en propriété.

755. Les parens au delà du douzième degré ne succèdent pas. — A

défaut de parens au degré successible dans une ligne, les parens de l'autre ligne succèdent pour le tout.

CHAPITRE IV.
DES SUCCESSIONS IRRÉGULIÈRES.

SECTION I.
Des Droits des Enfans naturels sur les biens de leur père ou mère, et de la succession aux Enfans naturels décédés sans postérité.

756. Les enfans naturels ne sont point héritiers; la loi ne leur accorde de droit sur les biens de leur père ou mère décédés que lorsqu'ils ont été légalement reconnus. Elle ne leur accorde aucun droit sur les biens des parens de leur père ou mère. 913.

757. Le droit de l'enfant naturel sur les biens de ses père ou mère décédés est reglé ainsi qu'il suit : — Si le père ou la mère a laissé des descendans légitimes, ce droit est d'un tiers de la portion héréditaire que l'enfant naturel aurait eue s'il eût été légitime; il est de la moitié lorsque les père ou mère ne laissent pas de descendans, mais bien des ascendans ou des frères ou sœurs; il est des trois quarts lorsque les père ou mère ne laissent ni descendans ni ascendans, ni frères ni sœurs. 742.

758. L'enfant naturel a droit à la totalité des biens, lorsque ses père ou mère ne laissent pas de parens au degré successible.

759. En cas de prédécès de l'enfant naturel, ses enfans ou descendans peuvent réclamer les droits fixés par les articles précédens.

760. L'enfant naturel ou ses descendans sont tenus d'imputer sur ce qu'ils ont droit de prétendre tout ce qu'ils ont reçu du père ou de la mère dont la succession est ouverte, et qui serait sujet à rapport, d'après les règles établies à la section II du chapitre I du présent titre.

761. Toute réclamation leur est interdite, lorsqu'ils ont reçu, du vivant de leur père ou de leur mère, la moitié de ce qui leur est attribué par les articles précédens, avec déclaration expresse, de la part de leur père ou mère, que leur intention est de réduire l'enfant naturel à la portion qu'ils lui ont assignée. — Dans le cas où cette portion serait inférieure à la moitié de ce qui devrait revenir à l'enfant naturel, il ne pourra réclamer que le supplément nécessaire pour parfaire cette moitié.

762. Les dispositions des articles 757 et 758 ne sont pas applicables aux enfans adultérins ou incestueux. — La loi ne leur accorde que des alimens. 335.

763. Ces alimens sont réglés, eu égard aux facultés du père ou de la mère, au nombre et à la qualité des héritiers légitimes.

764. Lorsque le père ou la mère de l'enfant adultérin ou incestueux, lui auront fait apprendre un art mécanique, ou lorsque l'un d'eux lui aura assuré des alimens de son vivant, l'enfant ne pourra élever aucune réclamation contre leur succession.

765. La succession de l'enfant naturel décédé sans postérité est dévolue au père ou à la mère qui l'a reconnu; ou par moitié à tous les deux, s'il a été reconnu par l'un et par l'autre.

766. En cas de prédécès des père et mère de l'enfant naturel, les biens qu'il en avait reçus passent aux frères ou sœurs légitimes, s'ils se retrouvent en nature dans la succession : les actions en reprise, s'il en existe, ou le prix de ces biens aliénés, s'il est encore dû, retournent également aux frères et sœurs légitimes. Tous les autres biens passent aux frères et sœurs naturels, ou à leurs descendans.

SECTION II.
Des Droits du Conjoint survivant et de l'État.

767. Lorsque le défunt ne laisse ni parens au degré successible, ni enfans naturels, les biens de sa succession appartiennent au conjoint non divorcé qui lui survit.

768. A défaut de conjoint survivant, la succession est acquise à l'état. 537, 755, 795, 811.

769. Le conjoint survivant et l'administration des domaines qui prétendent droit à la succession sont tenus de faire apposer les scellés, et de faire faire inventaire dans les formes

prescrites pour l'acceptation des successions sous bénéfice d'inventaire. 907, 945, P. c.; 1, 67, 77, 78, 94, 151, 168, pr. ta.

770. Ils doivent demander l'envoi en possession au tribunal de première instance dans le ressort duquel la succession est ouverte. Le tribunal ne peut statuer sur la demande qu'après trois publications et affiches dans les formes usitées, et après avoir entendu le procureur du roi. 50, P. c.

771. L'époux survivant est encore tenu de faire emploi du mobilier, ou de donner caution suffisante pour en assurer la restitution, au cas où il se présenterait des héritiers du défunt dans l'intervalle de trois ans ; après ce délai, la caution est déchargée. 517, 945, P. c.; 71, 75, 91, pr. ta.

772. L'époux survivant ou l'administration des domaines qui n'auraient pas rempli les formalités qui leur sont respectivement prescrites pourront être condamnés aux dommages et intérêts envers les héritiers, s'il s'en représente.

773. Les dispositions des articles 769, 770, 771 et 772, sont communes aux enfans naturels appelés à défaut de parens.

CHAPITRE V.
DE L'ACCEPTATION ET DE LA RÉPUDIATION DES SUCCESSIONS.

SECTION I.
De l'Acceptation.

774. Une succession peut être acceptée purement et simplement, ou sous bénéfice d'inventaire.

775. Nul n'est tenu d'accepter une succession qui lui est échue.

776. Les femmes mariées ne peuvent pas valablement accepter une succession sans l'autorisation de leur mari ou de justice, conformément aux dispositions du chapitre vi du titre du Mariage. — Les successions échues aux mineurs et aux interdits ne pourront être valablement acceptées que conformément aux dispositions du titre de la Minorité, de la Tutelle et de l'Émancipation. 461.

777. L'effet de l'acceptation remonte au jour de l'ouverture de la succession.

778. L'acceptation peut être expresse ou tacite : elle est expresse, quand on prend le titre ou la qualité d'héritier dans un acte authentique ou privé : elle est tacite, quand l'héritier fait un acte qui suppose nécessairement son intention d'accepter, et qu'il n'aurait droit de faire qu'en sa qualité d'héritier. 1454, 549, 724, 1599, 2265.

779. Les actes purement conservatoires, de surveillance et d'administration provisoire, ne sont pas des actes d'adition d'hérédité, si l'on n'y a pas pris le titre ou la qualité d'héritier. 1454.

780. La donation, vente ou transport que fait de ses droits successifs un des cohéritiers, soit à un étranger, soit à tous ses cohéritiers, soit à quelques-uns d'eux, emporte de sa part acceptation de la succession. — Il en est de même, 1° de la renonciation, même gratuite, que fait un des héritiers au profit d'un ou de plusieurs de ses cohéritiers ; — 2° De la renonciation qu'il fait même au profit de tous ses cohéritiers indistinctement, lorsqu'il reçoit le prix de sa renonciation. 784, 1696.

781. Lorsque celui à qui une succession est échue est décédé sans l'avoir répudiée ou sans l'avoir acceptée expressément ou tacitement, ses héritiers peuvent l'accepter ou la répudier de son chef.

782. Si ces héritiers ne sont pas d'accord pour accepter ou pour répudier la succession, elle doit être acceptée sous bénéfice d'inventaire.

783. Le majeur ne peut attaquer l'acceptation expresse ou tacite qu'il a faite d'une succession, que dans le cas où cette acceptation aurait été la suite d'un dol pratiqué envers lui : il ne peut jamais réclamer sous prétexte de lésion, excepté seulement dans le cas où la succession se trouverait absorbée ou diminuée de plus de moitié, par la découverte d'un testament inconnu au moment de l'acceptation. 1109, 1116, 1313.

SECTION II.
De la Renonciation aux Successions.

784. La renonciation à une suc-

cession ne se présume pas ; elle ne peut plus être faite qu'au greffe du tribunal de première instance dans l'arrondissement duquel la succession s'est ouverte, sur un registre particulier tenu à cet effet. 997, P. c.

785. L'héritier qui renonce est censé n'avoir jamais été héritier.

786. La part du renonçant accroît à ses cohéritiers ; s'il est seul, elle est dévolue au degré subséquent. 622, 790, 1167.

787. On ne vient jamais par représentation d'un héritier qui a renoncé : si le renonçant est seul héritier de son degré, ou si tous ses cohéritiers renoncent, les enfans viennent de leur chef et succèdent par tête.

788. Les créanciers de celui qui renonce au préjudice de leurs droits peuvent se faire autoriser en justice à accepter la succession du chef de leur débiteur, en son lieu et place. — Dans ce cas, la renonciation n'est annulée qu'en faveur des créanciers, et jusqu'à concurrence seulement de leurs créances : elle ne l'est pas au profit de l'héritier qui a renoncé. 1053, 1166, 1167.

789. La faculté d'accepter ou de répudier une succession se prescrit par le laps de temps requis pour la prescription la plus longue des droits immobiliers. 2262.

790. Tant que la prescription du droit d'accepter n'est pas acquise contre les héritiers qui ont renoncé, ils ont la faculté d'accepter encore la succession, si elle n'a pas été déjà acceptée par d'autres héritiers ; sans préjudice néanmoins des droits qui peuvent être acquis à des tiers sur les biens de la succession, soit par prescription, soit par actes valablement faits avec le curateur à la succession vacante. 1150, 1172, 1389, 1600.

791. On ne peut, même par contrat de mariage, renoncer à la succession d'un homme vivant, ni aliéner les droits éventuels qu'on peut avoir à cette succession. 1130, 1389.

792. Les héritiers qui auraient diverti ou recélé des effets d'une succession sont déchus de la faculté d'y renoncer ; ils demeurent héritiers purs et simples, nonobstant leur re-

nonciation, sans pouvoir prétendre aucune part dans les objets divertis ou recélés. 801, 1460, 1477, C.; 580 P.

Du Bénéfice d'inventaire, de ses Effets, et des Obligations de l'Héritier bénéficiaire.

793. La déclaration d'un héritier, qu'il entend ne prendre cette qualité que sous bénéfice d'inventaire, doit être faite au greffe du tribunal de première instance dans l'arrondissement duquel la succession s'est ouverte : elle doit être inscrite sur le registre destiné à recevoir les actes de renonciation. 174, 986, 988, 989, P. c. ; 803, 806, C.; 91, pr. ta.

794. Cette déclaration n'a d'effet qu'autant qu'elle est précédée ou suivie d'un inventaire fidèle et exact des biens de la succession, dans les formes réglées par les lois sur la procédure, et dans les délais qui seront ci-après déterminés. 941, 986, P. c.

795. L'héritier a trois mois pour faire inventaire, à compter du jour de l'ouverture de la succession. — Il a de plus, pour délibérer sur son acceptation ou sur sa renonciation, un délai de quarante jours, qui commence à courir du jour de l'expiration des trois mois donnés pour l'inventaire, ou du jour de la clôture de l'inventaire, s'il a été terminé avant les trois mois. 800, 1059, 1414, 1442, 1456.

796. Si cependant il existe dans la succession des objets susceptibles de dépérir ou dispendieux à conserver, l'héritier peut, en sa qualité d'habile à succéder, et sans qu'on puisse en induire de sa part une acceptation, se faire autoriser par justice à procéder à la vente de ces effets. — Cette vente doit être faite par officier public, après les affiches et publications réglées par les lois sur la procédure. 945, 986, 989, P. c.

797. Pendant la durée des délais pour faire inventaire et pour délibérer, l'héritier ne peut être contraint à prendre qualité, et il ne peut être obtenu contre lui de condamnation : s'il renonce lorsque les délais sont expirés ou avant, les frais par lui fait

légitimement jusqu'à cette époque sont à la charge de la succession. 2146, 2259, C. ; 174, P. c.

798. Après l'expiration des délais ci-dessus, l'héritier, en cas de poursuite dirigée contre lui, peut demander un nouveau délai, que le tribunal saisi de la contestation accorde ou refuse suivant les circonstances. 1458.

799. Les frais de poursuite, dans le cas de l'article précédent, sont à la charge de la succession, si l'héritier justifie ou qu'il n'avait pas eu connaissance du décès, ou que les délais ont été insuffisans, soit à raison de la situation des biens, soit à raison des contestations survenues ; s'il n'en justifie pas, les frais restent à sa charge personnelle.

800. L'héritier conserve néanmoins, après l'expiration des délais accordés par l'article 795, même de ceux donnés par le juge, conformément à l'article 798, la faculté de faire encore inventaire et de se porter héritier bénéficiaire, s'il n'a pas fait d'ailleurs acte d'héritier, ou s'il n'existe pas contre lui de jugement passé en force de chose jugée, qui le condamne en qualité d'héritier pur et simple.

801. L'héritier qui s'est rendu coupable de recélé, ou qui a omis, sciemment et de mauvaise foi, de comprendre dans l'inventaire des effets de la succession, est déchu du bénéfice d'inventaire. 792, 1460, 1477, 2111, 2146, C. ; 988, P. c.

802. L'effet du bénéfice d'inventaire est de donner à l'héritier l'avantage ; — 1° De n'être tenu du paiement des dettes de la succession que jusqu'à concurrence de la valeur des biens qu'il a recueillis, même de pouvoir se décharger du paiement des dettes en abandonnant tous les biens de la succession aux créanciers et aux légataires ; — 2° De ne pas confondre ses biens personnels avec ceux de la succession, et de conserver contre elle le droit de réclamer le paiement de ses créances. 873, 1251, 2258, C. ; 996, P. c.

803. L'héritier bénéficiaire est chargé d'administrer les biens de la succession, et doit rendre compte de son administration aux créanciers et aux

légataires. — Il ne peut être contraint sur ses biens personnels qu'après avoir été mis en demeure de présenter son compte, et faute d'avoir satisfait à cette obligation. — Après l'apurement du compte, il ne peut être contraint sur ses biens personnels que jusqu'à concurrence seulement des sommes dont il se trouve reliquataire. 527, 744, 995, P. c.

804. Il n'est tenu que des fautes graves dans l'administration dont il est chargé.

805. Il ne peut vendre les meubles de la succession que par le ministère d'un officier public, aux enchères, et après les affiches et publications accoutumées. 989, P. c. — S'il les représente en nature, il n'est tenu que de la dépréciation ou de la détérioration causée par sa négligence. 535, 1649, C. ; 945, 952, 986, P. c. ; 412 P.

806. Il ne peut vendre les immeubles que dans les formes prescrites par les lois sur la procédure : il est tenu d'en déléguer le prix aux créanciers hypothécaires qui se sont fait connaître. 953, 987, 990, P. c.

807. Il est tenu, si les créanciers ou autres personnes intéressées l'exigent, de donner caution bonne et solvable de la valeur du mobilier compris dans l'inventaire, et de la portion du prix des immeubles non déléguée aux créanciers hypothécaires. — Faute par lui de fournir cette caution, les meubles sont vendus, et leur prix est déposé, ainsi que la portion non déléguée du prix des immeubles, pour être employés à l'acquit des charges de la succession. 2040, C. ; 992, P. c.

808. S'il y a des créanciers opposans, l'héritier bénéficiaire ne peut payer que dans l'ordre et de la manière réglés par le juge. — S'il n'y a pas de créanciers opposans, il paie les créanciers et les légataires à mesure qu'ils se présentent. 751, 775, 990, P. c.

809. Les créanciers non opposans qui ne se présentent qu'après l'apurement du compte et le paiement du reliquat n'ont de recours à exercer que contre les légataires. — Dans l'un et l'autre cas, le recours se prescrit par le laps de trois ans, à compter du

jour de l'apurement du compte et du paiement du reliquat. 1020, 1024, C.; 990, P. c.

810. Les frais de scellés, s'il en a été apposé, d'inventaire et de compte, sont à la charge de la succession. 797, 799, 2101, 803, 805.

Des Successions vacantes.

811. Lorsqu'après l'expiration des délais pour faire inventaire et pour délibérer, il ne se présente personne qui réclame une succession, qu'il n'y a pas d'héritier connu, ou que les héritiers connus y ont renoncé, cette succession est réputée vacante. 2258, C.; 995, P. c.

812. Le tribunal de première instance dans l'arrondissement duquel elle est ouverte nomme un curateur sur la demande des personnes intéressées, ou sur la réquisition du procureur du roi. 110, 2258.

813. Le curateur à une succession vacante est tenu, avant tout, d'en faire constater l'état par un inventaire : il en exerce et poursuit les droits; il répond aux demandes formées contre elle : il administre, sous la charge de faire verser le numéraire qui se trouve dans la succession, ainsi que les deniers provenant du prix des meubles ou immeubles vendus, dans la caisse du receveur de la régie royale, pour la conservation des droits, et à la charge de rendre compte à qui il appartiendra. 941, 1000, 1001, P. c.

814. Les dispositions de la section III du présent chapitre, sur les formes de l'inventaire, sur le mode d'administration, et sur les comptes à rendre de la part de l'héritier bénéficiaire, sont, au surplus, communes aux curateurs à successions vacantes. 1002. P. c.

CHAPITRE VI.
DU PARTAGE ET DES RAPPORTS.

SECTION I.

De l'Action en partage et de sa Forme.

815. Nul ne peut être contraint à demeurer dans l'indivision : et le partage peut être toujours provoqué, nonobstant prohibitions et conventions contraires. — On peut cependant convenir de suspendre le partage pendant un temps illimité : cette convention ne peut être obligatoire au-delà de cinq ans; mais elle peut être renouvelée. 840, 1476, C.; 966, 1017, P. c.; 220, Co.

816. Le partage peut être demandé, même quand l'un des cohéritiers aurait joui séparément de partie des biens de la succession, s'il n'y a eu un acte de partage, ou possession suffisante pour acquérir la prescription. 2219, 2228, 2265.

817. L'action en partage, à l'égard des cohéritiers mineurs ou interdits, peut être exercée par leurs tuteurs, spécialement autorisés par un conseil de famille. — A l'égard des cohéritiers absens, l'action appartient aux parens envoyés en possession. 120, 388, 465, 819, 838, 882, C.; 968. P. c.

818. Le mari peut, sans le concours de sa femme, provoquer le partage des objets meubles ou immeubles à elle échus qui tombent dans la communauté; à l'égard des objets qui ne tombent pas en communauté, le mari ne peut en provoquer le partage sans le concours de sa femme; il peut seulement, s'il a le droit de jouir de ses biens, demander un partage provisionnel. — Les cohéritiers de la femme ne peuvent provoquer le partage définitif qu'en mettant en cause le mari et la femme. 1421, 1428, 1530, 1549, C.; 859. P. c.

819. Si tous les héritiers sont présens et majeurs, l'apposition de scellés sur les effets de la succession n'est pas nécessaire, et le partage peut être fait dans la forme et par tel acte que les parties intéressées jugent convenables. — Si tous les héritiers ne sont pas présens, s'il y a parmi eux des mineurs ou des interdits, le scellé doit être apposé dans le plus bref délai, soit à la requête des héritiers, soit à la diligence du procureur du roi près le tribunal de première instance, soit d'office par le juge de paix dans l'arrondissement duquel la succession est ouverte. 115, 136, 838, 1031, C.; 907, 931, P. c.; 94, pr. ta.

820. Les créanciers peuvent aussi requérir l'apposition des scellés, en

vertu d'un titre exécutoire ou d'une permission du juge. 877, 2205, C. ; 907, 926, 941, P. c.

821. Lorsque le scellé a été apposé, tous créanciers peuvent y former opposition, encore qu'ils n'aient ni titre exécutoire ni permission du juge. — Les formalités pour la levée des scellés et la confection de l'inventaire sont réglées par les lois sur la procédure. 909, P. c.

822. L'action en partage, et les contestations qui s'élèvent dans le cours des opérations, sont soumises au tribunal du lieu de l'ouverture de la succession. 59, 171, P. c. — C'est devant ce tribunal qu'il est procédé aux licitations, et que doivent être portées les demandes relatives à la garantie des lots entre copartageans, et celles en rescision du partage. 770, 784, 795, C. ; 50, 59, 975, P. c.

823. Si l'un des cohéritiers refuse de consentir au partage, ou s'il s'élève des contestations soit sur le mode d'y procéder, soit sur la manière de le terminer, le tribunal prononce comme en matière sommaire, ou commet, s'il y a lieu, pour les opérations du partage, un des juges, sur le rapport duquel il décide les contestations. 404, 966, 969, P. c.

824. L'estimation des immeubles est faite par experts choisis par les parties intéressées, ou, à leur refus, nommés d'office. — Le procès verbal des experts doit présenter les bases de l'estimation ; il doit indiquer si l'objet estimé peut être commodément partagé, de quelle manière ; fixer enfin, en cas de division, chacune des parts qu'on peut en former, et leur valeur. 840, 872, C ; 502, 969, P. c.

825. L'estimation des meubles, s'il n'y a pas eu de prisée faite dans un inventaire régulier, doit être faite par gens à ce connaissant, à juste prix et sans crue. 868, C. ; 943, P. c.

826. Chacun des cohéritiers peut demander sa part en nature des meubles et immeubles de la succession : néanmoins, s'il y a des créanciers saisissans ou opposans, ou si la majorité des cohéritiers juge la vente nécessaire pour l'acquit des dettes et char-

ges de la succession, les meubles sont vendus publiquement en la forme ordinaire. 825, C. ; 945, 948, P. c.

827. Si les immeubles ne peuvent pas se partager commodément, il doit être procédé à la vente par licitation devant le tribunal. 575, 819, 2109, C. ; 974, 978, 986, P. c. — Cependant les parties, si elles sont toutes majeures, peuvent consentir que la licitation soit faite devant un notaire sur le choix duquel elles s'accordent.

828. Après que les meubles et immeubles ont été estimés et vendus, s'il y a lieu, le juge-commissaire renvoie les parties devant un notaire dont elles conviennent, ou nomme d'officier, si les parties ne s'accordent pas sur le choix. — On procède, devant cet officier, aux comptes que les copartageans peuvent se devoir, à la formation de la masse générale, à la composition des lots, et aux fournissemens à faire à chacun des copartageans. 872, C. ; 966, 975, 976, P. c.

829. Chaque cohéritier fait rapport à la masse, suivant les règles qui seront ci-après établies, des dons qui lui ont été faits, et des sommes dont il est débiteur. 850, 843, 1701, C. ; 966, 978, P. c.

830. Si le rapport n'est pas fait en nature, les cohéritiers à qui il est dû prélèvent une portion égale sur la masse de la succession. — Les prélèvemens se font, autant que possible, en objets de même nature, qualité et bonté que les objets non rapportés en nature. 858, 868, C. ; 978, P. c.

831. Après ces prélèvemens, il est procédé, sur ce qui reste dans la masse, à la composition d'autant de lots égaux qu'il y a d'héritiers copartageans, ou de souches copartageantes. 872, C. ; 975, P. c.

832. Dans la formation et composition des lots, on doit éviter, autant que possible, de morceler les héritages et de diviser les exploitations, et il convient de faire entrer dans chaque lot, s'il se peut, la même quantité de meubles, d'immeubles, de droits ou de créances de même nature et valeur.

833. L'inégalité des lots en nature

se compense par un retour, soit en rente, soit en argent. 2109, P. c.

834. Les lots sont faits par l'un des cohéritiers, s'ils peuvent convenir entre eux sur le choix, et si celui qu'ils avaient choisi accepte la commission : dans le cas contraire, les lots sont faits par un expert que le juge commissaire désigne. — Ils sont ensuite tirés au sort. 978, 982, P. c.

835. Avant de procéder au tirage des lots, chaque copartageant est admis à proposer ses réclamations contre leur formation.

836. Les règles établies pour la division des masses à partager sont également observées dans la subdivision à faire entre les souches copartageantes. 966, P. c.

837. Si, dans les opérations renvoyées devant un notaire, il s'élève des contestations, le notaire dressera procès verbal des difficultés et des dires respectifs des parties, les renverra devant le commissaire nommé pour le partage ; et, au surplus, il sera procédé suivant les formes prescrites par les lois sur la procédure. 977, P. c.

838. Si tous les cohéritiers ne sont pas présens, ou s'il y a parmi eux des interdits, ou des mineurs, même émancipés, le partage doit être fait en justice, conformément aux règles prescrites par les articles 819 et suivans, jusques et compris l'article précédent. S'il y a plusieurs mineurs qui aient des intérêts opposés dans le partage, il doit leur être donné à chacun un tuteur spécial et particulier. 968, P. c.

839. S'il y a lieu à licitation, dans le cas du précédent article, elle ne peut être faite qu'en justice avec les formalités prescrites pour l'aliénation des biens des mineurs. Les étrangers y sont toujours admis. 457, 509, 1558, 1686, C.; 954, 970 et s., P. c.

840. Les partages faits conformément aux règles ci-dessus prescrites, soit par les tuteurs, avec l'autorisation d'un conseil de famille, soit par les mineurs émancipés, assistés de leurs curateurs, soit au nom des absens ou non présens, sont définitifs; ils ne sont que provisionnels si les règles prescrites n'ont pas été observées. 115, 819, 883, 1515, 1558.

841. Toute personne, même parente du défunt, qui n'est pas son successible, et à laquelle un cohéritier aurait cédé son droit à la succession, peut être écartée du partage, soit par tous les cohéritiers, soit par un seul, en lui remboursant le prix de la cession. 1699.

842. Après le partage, remise doit être faite à chacun des copartageans, des titres particuliers aux objets qui lui seront échus. — Les titres d'une propriété divisée restent à celui qui a la plus grande part, à la charge d'en aider ceux de ses copartageans qui y auront intérêt, quand il en sera requis. — Les titres communs à toute l'hérédité sont remis à celui que tous les héritiers ont choisi pour en être le dépositaire, à la charge d'en aider les copartageans, à toute réquisition. — S'il y a difficulté sur ce choix, il est réglé par le juge.

SECTION II.

Des Rapports.

843. Tout héritier, même bénéficiaire, venant à une succession, doit rapporter à ses cohéritiers tout ce qu'il a reçu du défunt, par donation entre-vifs, directement ou indirectement : il ne peut retenir les dons ni réclamer les legs à lui faits par le défunt, à moins que les dons et legs ne lui aient été faits expressément par préciput et hors part, ou avec dispense du rapport. 847, 848, 849, 852 à 856, 865, 913, 929, 1575.

844. Dans le cas même où les dons et legs auraient été faits par préciput ou avec dispense du rapport, l'héritier venant à partager ne peut les retenir que jusqu'à concurrence de la quotité disponible : l'excédant est sujet à rapport. 866, 913, 919, 922, 924, 926.

845. L'héritier qui renonce à la succession peut cependant retenir le don entre-vifs, ou réclamer le legs à lui fait, jusqu'à concurrence de la portion disponible.

846. Le donataire qui n'était pas héritier présomptif lors de la donation, mais qui se trouve successible

au jour de l'ouverture de la succession, doit également le rapport, à moins que le donateur ne l'en ait dispensé. 918.

847. Les dons et legs faits au fils de celui qui se trouve successible à l'époque de l'ouverture de la succession sont toujours réputés faits avec dispense du rapport. — Le père venant à la succession du donateur n'est pas tenu de les rapporter. 919.

848. Pareillement, le fils venant de son chef à la succession du donateur, n'est pas tenu de rapporter le don fait à son père, même quand il aurait accepté la succession de celui-ci : mais si le fils ne vient que par représentation, il doit rapporter ce qui avait été donné à son père, même dans le cas où il aurait répudié sa succession. 759, 784.

849. Les dons et legs faits au conjoint d'un époux successible sont réputés faits avec dispense du rapport. — Si les dons et legs sont faits conjointement à deux époux, dont l'un seulement est successible, celui-ci en rapporte la moitié; si les dons sont faits à l'époux successible, il les rapporte en entier.

850. Le rapport ne se fait qu'à la succession du donateur.

851. Le rapport est dû de ce qui a été employé pour l'établissement d'un des cohéritiers, ou pour le paiement de ses dettes. 917, 918.

852. Les frais de nourriture, d'entretien, d'éducation, d'apprentissage, les frais ordinaires d'équipement, ceux de noces et présens d'usage, ne doivent pas être rapportés. 1079.

853. Il en est de même des profits que l'héritier a pu retirer de conventions passées avec le défunt, si ces conventions ne présentaient aucun avantage indirect, lorsqu'elles ont été faites.

854. Pareillement il n'est pas dû de rapport pour les associations faites sans fraude entre le défunt et l'un de ses héritiers lorsque les conditions en ont été réglées par un acte authentique. 1079.

855. L'immeuble qui a péri par cas fortuit, et sans la faute du donataire, n'est pas sujet à rapport. 1302, 1575.

856. Les fruits et les intérêts des choses sujettes à rapport ne sont dus qu'à compter du jour de l'ouverture de la succession. 588, 928. 1568.

857. Le rapport n'est dû que par le cohéritier à son cohéritier ; il n'est pas dû aux légataires ni aux créanciers de la succession. 921, 925.

858. Le rapport se fait en nature ou en moins prenant. 850, 859, 868, 869.

859. Il peut être exigé en nature, à l'égard des immeubles, toutes les fois que l'immeuble donné n'a pas été aliéné par le donataire, et qu'il n'y a pas, dans la succession, d'immeubles de même nature, valeur et bonté, dont on puisse former des lots à peu près égaux pour les autres cohéritiers. 865, 926, 927, 950.

860. Le rapport n'a lieu qu'en moins prenant ; quand le donataire a aliéné l'immeuble avant l'ouverture de la succession, il est dû de la valeur de l'immeuble à l'époque de l'ouverture.

861. Dans tous les cas, il doit être tenu compte au donataire des impenses qui ont amélioré la chose, eu égard à ce dont sa valeur se trouve augmentée au temps du partage. 867.

862. Il doit être pareillement tenu compte au donataire des impenses nécessaires qu'il a faites pour la conservation de la chose, encore qu'elles n'aient point amélioré le fonds.

863. Le donataire, de son côté, doit tenir compte des dégradations et détériorations qui ont diminué la valeur de l'immeuble, par son fait ou par sa faute et négligence.

864. Dans le cas où l'immeuble a été aliéné par le donataire, les améliorations ou dégradations faites par l'acquéreur doivent être imputées conformément aux trois articles précédens.

865. Lorsque le rapport se fait en nature, les biens se réunissent à la masse de la succession, francs et quittes de toutes charges créées par le donataire ; mais les créanciers ayant hypothèque peuvent intervenir au partage, pour s'opposer à ce que le rapport se fasse en fraude de leurs droits. 859, 922, 929, 2125, 788, 1167. 2103, 2109.

866. Lorsque le don d'un immeuble fait à un successible avec dispense du rapport excède la portion disponible, le rapport de l'excédant se fait en nature, si le retranchement de cet excédant peut s'opérer commodément. — Dans le cas contraire, si l'excédant est de plus de moitié de la valeur de l'immeuble, le donataire doit rapporter l'immeuble en totalité, sauf à prélever sur la masse la valeur de la portion disponible : si cette portion excède la moitié de la valeur de l'immeuble, le donataire peut retenir l'immeuble en totalité, sauf à moins prendre, et à récompenser ses cohéritiers en argent ou autrement. 852, 845, 918, 924, 927.

867. Le cohéritier qui fait le rapport en nature d'un immeuble peut en retenir la possession jusqu'au remboursement effectif des sommes qui lui sont dues pour impenses ou améliorations. 844, 861.

868. Le rapport du mobilier ne se fait qu'en moins prenant. Il se fait sur le pied de la valeur du mobilier lors de la donation, d'après l'état estimatif annexé à l'acte ; et à défaut de cet état, d'après une estimation par experts, à juste prix et sans crue. 825, 850.

869. Le rapport de l'argent donné se fait en moins prenant dans le numéraire de la succession. — En cas d'insuffisance, le donataire peut se dispenser de rapporter du numéraire, en abandonnant, jusqu'à due concurrence, du mobilier, et, à défaut de mobilier, des immeubles de la succession.

SECTION III.
Du Paiement des dettes.

870. Les cohéritiers contribuent entre eux au paiement des dettes et charges de la succession, chacun dans la proportion de ce qu'il y prend. 1220, 1225, 1669, 1672.

871. Le légataire à titre universel contribue avec les héritiers, au prorata de son émolument ; mais le légataire particulier n'est pas tenu des dettes et charges, sauf toutefois l'action hypothécaire sur l'immeuble légué. 873. 884, 1009, 1012, 1017, 1020, 1024, 874 et s.

872. Lorsque des immeubles d'une succession sont grevés de rentes par hypothèque spéciale, chacun des cohéritiers peut exiger que les rentes soient remboursées et les immeubles rendus libres avant qu'il soit procédé à la formation des lots. Si les cohéritiers partagent la succession dans l'état où elle se trouve, l'immeuble grevé doit être estimé au même taux que les autres immeubles ; il est fait déduction du capital de la rente sur le prix total : l'héritier dans le lot duquel tombe cet immeuble demeure seul chargé du service de la rente, et il doit en garantir ses cohéritiers. 828, 1489, 1218, 1221, 1225.

873. Les héritiers sont tenus des dettes et charges de la succession, personnellement pour leur part et portion virile, et hypothécairement pour le tout : sauf le recours, soit contre leurs cohéritiers, soit contre les légataires universels, à raison de la part pour laquelle ils doivent y contribuer. 870, 871, 1009, 1012, 1017, 1205, 1221.

874. Le légataire particulier qui a acquitté la dette dont l'immeuble légué était grevé demeure subrogé aux droits du créancier contre les héritiers et successeurs à titre universel. 1020, 1024.

875. Le cohéritier ou successeur à titre universel qui, par l'effet de l'hypothèque, a payé au delà de sa part de la dette commune, n'a de recours contre les autres cohéritiers ou successeurs à titre universel que pour la part que chacun d'eux doit personnellement en supporter, même dans le cas où le cohéritier qui a payé la dette se serait fait subroger aux droits des créanciers ; sans préjudice néanmoins des droits d'un cohéritier qui, par l'effet du bénéfice d'inventaire, aurait conservé la faculté de réclamer le paiement de sa créance personnelle, comme tout autre créancier. 802, 803, 875, 884, 1009, 1017, 1213.

876. En cas d'insolvabilité d'un des cohéritiers ou successeurs à titre universel, sa part dans la dette hypothécaire est répartie sur tous les autres, au marc le franc. 1214.

877. Les titres exécutoires contre le défunt sont pareillement exécutoires contre l'héritier personnellement ; et néanmoins les créanciers ne pourront en poursuivre l'exécution que huit jours après la signification de ces titres à la personne ou au domicile de l'héritier. 820, 2111, 2263, 2269, C. ; 545, 547, P. c.

878. Ils peuvent demander, dans tous les cas, et contre tout créancier, la séparation du patrimoine du défunt d'avec le patrimoine de l'héritier. 2111.

879. Ce droit ne peut cependant plus être exercé, lorsqu'il y a novation dans la créance contre le défunt, par l'acceptation de l'héritier pour débiteur. 1271.

880. Il se prescrit, relativement aux meubles, par le laps de trois ans. — A l'égard des immeubles, l'action peut être exercée tant qu'ils existent dans la main de l'héritier.

881. Les créanciers de l'héritier ne sont point admis à demander la séparation des patrimoines contre les créanciers de la succession.

882. Les créanciers d'un copartageant, pour éviter que le partage ne soit fait en fraude de leurs droits, peuvent s'opposer à ce qu'il y soit procédé hors de leur présence : ils ont le droit d'y intervenir à leurs frais ; mais ils ne peuvent attaquer un partage consommé, à moins toutefois qu'il n'y ait été procédé sans eux et au préjudice d'une opposition qu'ils auraient formée. 865.

SECTION IV.

Des effets du Partage, et de la garantie des Lots.

883. Chaque cohéritier est censé avoir succédé seul et immédiatement à tous les effets compris dans son lot, ou à lui échus sur licitation, et n'avoir jamais eu la propriété des autres effets de la succession. 840, 855, 861 à 864, 867, 1408.

884. Les cohéritiers demeurent respectivement garans, les uns envers les autres, des troubles et évictions seulement qui procèdent d'une cause antérieure au partage. — La garantie n'a pas lieu si l'espèce d'éviction soufferte a été acceptée par une clause particulière et expresse de l'acte de partage ; elle cesse si c'est par sa faute que le cohéritier souffre l'éviction. 822, 870, 873, 875, 1626, 1696, 2103, 2109.

885. Chacun des cohéritiers est personnellement obligé, en proportion de sa part héréditaire, d'indemniser son cohéritier de la perte que lui a causé l'éviction. — Si l'un des cohéritiers se trouve insolvable, la portion dont il est tenu doit être également répartie entre le garanti et tous les cohéritiers solvables. 875, 876, 2103.

886. La garantie de la solvabilité du débiteur d'une rente ne peut être exercée que dans les cinq ans qui suivent le partage. Il n'y a pas lieu à garantie, à raison de l'insolvabilité du débiteur, quand elle n'est survenue que depuis le partage consommé.

SECTION V.

De la Rescision en matière de partage.

887. Les partages peuvent être rescindés pour cause de violence ou de dol. — Il peut aussi y avoir lieu à rescision, lorsqu'un des cohéritiers établit, à son préjudice, une lésion de plus du quart. La simple omission d'un objet de la succession ne donne pas ouverture à l'action en rescision, mais seulement à un supplément à l'acte de partage. 892, 1077, 1079, 1109, 1111, 1116, 1304, 1677, C. ; 400, P.

888. L'action en rescision est admise contre tout acte qui a pour objet de faire cesser l'indivision entre cohéritiers ; encore qu'il fût qualifié de vente, d'échange, de transaction, ou de toute autre manière. — Mais après le partage, ou l'acte qui en tient lieu, l'action en rescision n'est plus admissible contre la transaction faite sur les difficultés réelles que présentait le premier acte, même quand il n'y aurait pas eu à ce sujet de procès commencé. 892, 1304, 1677, 2044, 2052.

889. L'action n'est pas admise contre une vente de droit successif faite sans fraude à l'un des cohéritiers, à ses risques et périls, par ses

autres cohéritiers ou par l'un d'eux.

890. Pour juger s'il y a eu lésion, on estime les objets suivant leur valeur à l'époque du partage. 1675.

891. Le défendeur à la demande en rescision peut en arrêter le cours et empêcher un nouveau partage, en offrant et en fournissant au demandeur le supplément de sa portion héréditaire, soit en numéraire, soit en nature. 1681.

892. Le cohéritier qui a aliéné son lot en tout ou en partie n'est plus recevable à intenter l'action en rescision pour dol ou violence, si l'aliénation qu'il a faite est postérieure à la découverte du dol, ou à la cessation de la violence. 1115.

TITRE II.

DES DONATIONS ENTRE-VIFS ET DES TESTAMENS.

Décrété le 3 mai 1803. Promulgué le 15 du même mois. }

CHAPITRE I.
DISPOSITIONS GÉNÉRALES.

893. On ne pourra disposer de ses biens, à titre gratuit, que par donation entre-vifs ou par testament, dans les formes ci-après établies. 931, 967.

894. La donation entre-vifs est un acte par lequel le donateur se dépouille actuellement et irrévocablement de la chose donnée, en faveur du donataire qui l'accepte. 944, 953, 1083, 1096.

895. Le testament est un acte par lequel le testateur dispose, pour le temps où il n'existera plus, de tout ou partie de ses biens, et qu'il peut révoquer. 967.

896. Les substitutions sont prohibées. — Toute disposition par laquelle le donataire, l'héritier institué, ou le légataire, sera chargé de conserver et de rendre à un tiers, sera nulle, même à l'égard du donataire, de l'héritier institué, ou du légataire. 752, 897, 949, 1048, 1050, 1059, 1121. — Néanmoins les biens libres formant la dotation d'un titre héréditaire que le roi aurait érigé en faveur d'un prince ou d'un chef de famille, pourront être transmis héréditairement, ainsi qu'il est réglé par l'acte du 30 mars 1806, et par celui du 14 août suivant.

897. Sont exceptées des deux premiers paragraphes de l'article précédent, les dispositions permises aux pères et mères et aux frères et sœurs, au chapitre vi du présent titre. 898, 1048, 1052.

898. La disposition par laquelle un tiers serait appelé à recueillir le don, l'hérédité ou legs, dans le cas où le donataire, l'héritier institué ou le légataire, ne le recueillerait pas, ne sera pas regardée comme une substitution, et sera valable. 1039, 1041.

899. Il en sera de même de la disposition entre-vifs ou testamentaire par laquelle l'usufruit sera donné à l'un, et la nue propriété à l'autre. 949.

900. Dans toute disposition entre-vifs ou testamentaire, les conditions impossibles, celles qui seront contraires aux lois ou aux mœurs, seront réputées non écrites. 6, 1133, 1172, 1177, 1048, 1052.

CHAPITRE II.
DE LA CAPACITÉ DE DISPOSER OU DE RECEVOIR PAR DONATION ENTRE-VIFS OU PAR TESTAMENT.

901. Pour faire une donation entre-vifs ou un testament, il faut être sain d'esprit. 489, 502, 2045.

902. Toutes personnes peuvent disposer et recevoir, soit par donation entre-vifs, soit par testament, excepté celles que la loi en déclare incapables. 25, 725, 726, 905, 912.

903. Le mineur âgé de moins de seize ans ne pourra aucunement disposer, sauf ce qui est réglé au chapitre ix du présent titre. 388, 484, 904 1095.

904. Le mineur parvenu à l'âge de seize ans ne pourra disposer que par testament, et jusqu'à concurrence seulement de la moitié des biens dont la loi permet au majeur de disposer. 484, 907, 915, 1094, 1095.

905. La femme mariée ne pourra donner entre-vifs sans l'assistance ou le consentement spécial de son mari-

ou sans y être autorisée par la justice, conformément à ce qui est prescrit par les articles 217 et 219, au titre *du Mariage.* — Elle n'aura besoin ni de consentement du mari, ni d'autorisation de la justice, pour disposer par testament. 217, 219, 226, 1096, 1388.

906. Pour être capable de recevoir entre-vifs, il suffit d'être conçu au moment de la donation. — Pour être capable de recevoir par testament, il suffit d'être conçu à l'époque du décès du testateur. — Néanmoins la donation ou le testament n'auront leur effet qu'autant que l'enfant sera né viable. 314, 725, 1043, 1048, 1081.

907. Le mineur, quoique parvenu à l'âge de seize ans, ne pourra, même par testament, disposer au profit de son tuteur. — Le mineur, devenu majeur, ne pourra disposer, soit par donation entre-vifs, soit par testament, au profit de celui qui aura été son tuteur, si le compte définitif de la tutelle n'a été préalablement rendu et apuré. — Sont exceptés, dans les deux cas ci-dessus, les ascendans des mineurs, qui sont ou ont été leurs tuteurs. 402, 472, 904, 1095.

908. Les enfans naturels ne pourront, par donation entre-vifs ou par testament, rien recevoir au delà de ce qui leur est accordé au titre *des Successions.* 333, 756.

909. Les docteurs en médecine ou en chirurgie, les officiers de santé et les pharmaciens qui auront traité une personne *pendant la maladie dont elle meurt,* ne pourront profiter des dispositions entre-vifs ou testamentaires qu'elle aurait faites en leur faveur pendant le cours de cette maladie. — Sont exceptées, 1° les dispositions rémunératoires faites à titre particulier, eu égard aux facultés du disposant et aux services rendus; — 2° Les dispositions universelles, dans le cas de parenté jusqu'au quatrième degré inclusivement, pourvu toutefois que le décédé n'ait pas d'héritiers en ligne directe; à moins que celui au profit de qui la disposition a été faite ne soit lui-même du nombre de ces héritiers. — Les mêmes règles seront observées à l'égard du ministre du culte. 911.

910. Les dispositions entre-vifs ou par testament, au profit des hospices des pauvres d'une commune, ou d'établissemens d'utilité publique, n'auront leur effet qu'autant qu'elles seront autorisées par une ordonnance royale.

911. Toute disposition au profit d'un incapable sera nulle, soit qu'on la déguise sous la forme d'un contrat onéreux, soit qu'on la fasse sous le nom de personnes interposées. 906, 1099, 1100, 1350, 1352, 1353. — Seront réputés personnes interposées les père et mère, les enfans et descendans, et l'époux de la personne incapable.

912. On ne pourra disposer au profit d'un étranger que dans le cas où cet étranger pourrait disposer au profit d'un Français. 11, 726, 999.

(Voir à la fin du Code civil la loi du 14 juillet 1819.)

CHAPITRE III.
DE LA PORTION DE BIENS DISPONIBLE, ET DE LA RÉDUCTION.

SECTION I.
De la Portion de biens disponible.

913. Les libéralités, soit par actes entre-vifs, soit par testament, ne pourront excéder la moitié des biens du disposant, s'il ne laisse à son décès qu'un enfant légitime; le tiers, s'il laisse deux enfans; le quart, s'il en laisse trois ou un plus grand nombre. 843, 893, 904, 920, 921, 925, 1090, 1091.

914. Sont compris dans l'article précédent, sous le nom d'*enfans,* les descendans en quelque degré que ce soit; néanmoins ils ne sont comptés que pour l'enfant qu'ils représentent dans la succession du disposant. 739, 904.

915. Les libéralités, par actes entre-vifs ou par testament, ne pourront excéder la moitié des biens, si, à défaut d'enfant, le défunt laisse un ou plusieurs ascendans dans chacune des lignes paternelle et maternelle; et les trois quarts, s'il ne laisse d'ascendans que dans une ligne. — Les biens ainsi réservés au profit des ascendans seront par eux recueillis dans l'ordre où la loi les appelle à succéder; ils auront droit à cette réserve dans tous les cas où un partage en concurrence avec

des collatéraux ne leur donnerait pas la quotité de biens à laquelle elle est fixée. 746, 750, 843.

916. A défaut d'ascendans et de descendans, les libéralités par actes entre-vifs ou testamentaires pourront épuiser la totalité des biens. 750.

917. Si la disposition par acte entre-vifs ou par testament est d'un usufruit ou d'une rente viagère dont la valeur excède la quotité disponible, les héritiers au profit desquels la loi fait une réserve auront l'option, ou d'exécuter cette disposition, ou de faire l'abandon de la propriété de la quotité disponible.

918. La valeur en pleine propriété des biens aliénés, soit à charge de rente viagère, soit à fonds perdu, ou avec réserve d'usufruit, à l'un des successibles, 843, 846, en ligne directe, sera imputée sur la portion disponible ; et l'excédant, s'il y en a, sera rapporté à la masse. Cette imputation et ce rapport ne pourront être demandés par ceux des autres successibles en ligne directe qui auraient consenti à ces aliénations, ni, dans aucun cas, par les successibles en ligne collatérale. 750, 843, 1340.

919. La quotité disponible pourra être donnée en tout ou en partie, soit par acte entre-vifs, soit par testament, aux enfans ou autres successibles du donateur, sans être sujette au rapport par le donataire ou le légataire venant à la succession, pourvu que la disposition ait été faite expressément à titre de préciput ou hors part. — La déclaration que le don ou le legs est à titre de préciput ou hors part pourra être faite, soit par l'acte qui contiendra la disposition, soit postérieurement, dans la forme des dispositions entre-vifs ou testamentaires.

SECTION II.
De la Réduction des Donations et Legs.

920. Les dispositions soit entre-vifs, soit à cause de mort, qui excèderont la quotité disponible, seront réductibles à cette quotité, lors de l'ouverture de la succession. 923 et s.

921. La réduction des dispositions entre-vifs ne pourra être demandée que par ceux au profit desquels la loi fait la réserve, par leurs héritiers ou ayant-cause : les donataires, les légataires, ni les créanciers du défunt, ne pourront demander cette réduction, ni en profiter. 857, 915, 916.

922. La réduction se détermine en formant une masse de tous les biens existans au décès du donateur ou testateur. On y réunit fictivement ceux dont il a été disposé par donation entre-vifs, d'après leur état à l'époque des donations, et leur valeur au temps du décès du donateur. On calcule sur tous ces biens, après en avoir déduit les dettes, quelle est, eu égard à la qualité des héritiers qu'il laisse, la quotité dont il a pu disposer. 843, 865, 868, 948.

923. Il n'y aura jamais lieu à réduire les donations entre-vifs, qu'après avoir épuisé la valeur de tous les biens compris dans les dispositions testamentaires : et, lorsqu'il y aura lieu à cette réduction, elle se fera en commençant par la dernière donation, et ainsi de suite en remontant des dernières aux plus anciennes.

924. Si la donation entre-vifs réductible a été faite à l'un des successibles, il pourra retenir sur les biens donnés la valeur de la portion qui lui appartiendrait, comme héritier, dans les biens non disponibles, s'ils sont de la même nature. 844, 858, 866.

925. Lorsque la valeur des donations entre-vifs excèdera ou égalera la quotité disponible, toutes les dispositions testamentaires seront caduques. 857, 916, 921, 1039.

926. Lorsque les dispositions testamentaires excèderont soit la quotité disponible, soit la portion de cette quotité qui resterait après avoir déduit la valeur des donations entre-vifs, la réduction sera faite au marc le franc, sans aucune distinction entre les legs universels et les legs particuliers. 844, 1009, 1024.

927. Néanmoins, dans tous les cas où le testateur aura expressément déclaré qu'il entend que tel legs soit acquitté de préférence aux autres, cette préférence aura lieu ; et le legs qui en sera l'objet ne sera réduit qu'autant que la valeur des autres ne remplirait pas la réserve légale. 1009.

928. Le donataire restituera les fruits de ce qui excèdera la portion disponible, à compter du jour du décès du donateur, si la demande en réduction a été faite dans l'année ; sinon, du jour de la demande. 856.

929. Les immeubles à recouvrer par l'effet de la réduction, le seront sans charge de dettes ou hypothèques créées par le donataire. 865, 2125.

930. L'action en réduction ou revendication pourra être exercée par les héritiers contre les tiers détenteurs des immeubles faisant partie des donations, et aliénés par les donataires, de la même manière et dans le même ordre que contre les donataires eux-mêmes, et discussion préalablement faite de leurs biens. Cette action devra être exercée suivant l'ordre des dates des aliénations, en commençant par la plus récente. 859, 860, 923.

CHAPITRE IV.

DES DONATIONS ENTRE-VIFS.

SECTION I.

De la Forme des Donations entre-vifs.

931. Tous actes portant donation entre-vifs seront passés devant notaires, dans la forme ordinaire des contrats ; et il en restera minute, sous peine de nullité. 895, 901, 1076, 1101, 1339.

932. La donation entre vifs n'engagera le donateur, et ne produira aucun effet, que du jour qu'elle aura été acceptée en termes exprès.—L'acceptation pourra être faite du vivant du donateur, par un acte postérieur et authentique, dont il restera minute ; mais alors la donation n'aura d'effet, à l'égard du donateur, que du jour où l'acte qui constatera cette acceptation lui aura été notifié. 894, 939, 1025, 1087.

933 Si le donataire est majeur, l'acceptation doit être faite par lui, ou, en son nom, par la personne fondée de sa procuration, portant pouvoir d'accepter la donation faite, ou un pouvoir général d'accepter les donations qui auraient été ou qui pourraient être faites. — Cette procuration devra être passée devant notaires ; et une expédition devra en être annexée

à la minute de la donation, ou à la minute de l'acceptation qui serait faite par acte séparé.

934. La femme mariée ne pourra accepter une donation sans le consentement de son mari, ou, en cas de refus du mari, sans autorisation de la justice, conformément à ce qui est prescrit par les articles 217 et 219, au titre *du Mariage*. 940, 942, 1087

935. La donation faite à un mineur non émancipé ou à un interdit devra être acceptée par son tuteur, conformément à l'article 463, au titre *de la Minorité, de la Tutelle et de l'Émancipation.*—Le mineur émancipé pourra accepter avec l'assistance de son curateur. — Néanmoins les père et mère du mineur émancipé, ou non émancipé, ou les autres ascendans, même du vivant des père et mère, quoiqu'ils ne soient ni tuteurs ni curateurs du mineur, pourront accepter pour lui. 1087.

936. Le sourd-muet qui saura écrire pourra accepter lui-même ou par un fondé de pouvoir. — S'il ne sait pas écrire, l'acceptation doit être faite par un curateur nommé à cet effet, suivant les règles établies au titre *de la Minorité, de la Tutelle et de l'Émancipation.* 480, 979.

937. Les donations faites au profit d'hospices, des pauvres d'une commune ou d'établissemens d'utilité publique, seront acceptées par les administrateurs de ces communes ou établissemens, après y avoir été dûment autorisés.

938. La donation dûment acceptée sera parfaite par le seul consentement des parties ; et la propriété des objets donnés sera transférée au donataire, sans qu'il soit besoin d'autre tradition. 901, 1583.

939. Lorsqu'il y aura donation de biens susceptibles d'hypothèques, la transcription des actes contenant la donation et l'acceptation, ainsi que la notification de l'acceptation qui aurait eu lieu par acte séparé, devra être faite aux bureaux des hypothèques dans l'arrondissement desquels les biens sont situés. 941, 958, 1069, 2118, 2181, 2182.

940. Cette transcription sera faite à

la diligence du mari, lorsque les biens auront été donnés à sa femme; et si le mari ne remplit pas cette formalité, la femme pourra y faire procéder sans autorisation. — Lorsque la donation sera faite à des mineurs, à des interdits, ou à des établissemens publics, la transcription sera faite à la diligence des tuteurs, curateurs ou administrateurs. 217, 219, 480, 910, 942, 1069.

941. Le défaut de transcription pourra être opposé par toutes personnes ayant intérêt, excepté toutefois celles qui sont chargées de faire faire la transcription, ou leurs ayant cause, et le donateur. 940, 1070.

942. Les mineurs, les interdits, les femmes mariées, ne seront point restitués contre le défaut d'acceptation ou de transcription des donations : sauf leur recours contre leurs tuteurs ou maris, s'il y échet, et sans que la restitution puisse avoir lieu, dans le cas même où lesdits tuteurs et maris se trouveraient insolvables.

943. La donation entre-vifs ne pourra comprendre que les biens présens du donateur : si elle comprend des biens à venir, elle sera nulle à cet égard. 947, 1082, 1084.

944. Toute donation entre-vifs faite sous des conditions dont l'exécution dépend de la seule volonté du donateur, sera nulle. 1086.

945. Elle sera pareillement nulle, si elle a été faite sous la condition d'acquitter d'autres dettes ou charges que celles qui existaient à l'époque de la donation, ou qui seraient exprimées soit dans l'acte de donation, soit dans l'état qui devrait y être annexé. 947, 1084, 1086, 1174.

946. En cas que le donateur se soit réservé la liberté de disposer d'un effet compris dans la donation, ou d'une somme fixe sur les biens donnés ; s'il meurt sans en avoir disposé, ledit effet ou ladite somme appartiendra aux héritiers du donateur, non-obstant toutes clauses et stipulations ce contraires. 1086.

947. Les quatre articles précédens ne s'appliquent point aux donations dont est mention aux chapitres VIII et IX du présent titre.

948. Tout acte de donation d'effets

mobiliers ne sera valable que pour les effets dont un état estimatif, signé du donateur et du donataire, ou de ceux qui acceptent pour lui, aura été annexé à la minute de la donation. 527, 555, 556, 1081, 1083, 1339.

949. Il est permis au donateur de faire la réserve à son profit, ou de disposer au profit d'un autre, de la jouissance ou de l'usufruit des biens meubles ou immeubles donnés. 896, 899.

950. Lorsque la donation d'effets mobiliers aura été faite avec réserve d'usufruit, le donataire sera tenu, à l'expiration de l'usufruit, de prendre les effets donnés qui se trouveront en nature, dans l'état où ils seront ; et il aura action contre le donateur ou ses héritiers, pour raison des objets non existans, jusqu'à concurrence de la valeur qui leur aura été donnée dans l'état estimatif. 589, 615.

951. Le donateur pourra stipuler le droit de retour des objets donnés, soit pour le cas du prédécès du donataire seul, soit pour le cas du prédécès du donataire et de ses descendans. 1088, 1089, 1093. — Ce droit ne pourra être stipulé qu'au profit du donateur seul. 747, 896.

952. L'effet du droit de retour sera de résoudre toutes les aliénations, et de faire revenir ces biens au donateur, francs et quittes de toutes charges et hypothèques, sauf néanmoins l'hypothèque de la dot et des conventions matrimoniales, si les autres biens de l'époux donataire ne suffisent pas, et dans le cas seulement où la donation lui aura été faite par le même contrat de mariage duquel résultent ces droits et hypothèques. 865, 929, 954, 1167, 1185, 2125.

SECTION II.

Des exceptions à la règle de l'Irrévocabilité des Donations entre-vifs.

953. La donation entre-vifs ne pourra être révoquée que pour cause d'inexécution des conditions sous lesquelles elle aura été faite, pour cause d'ingratitude, et pour cause de survenance d'enfans. 299, 300, 1096.

954. Dans le cas de la révocation pour cause d'inexécution des conditions, les biens rentreront dans les

mains du donateur, libres de toutes charges et hypothèques du chef du donataire ; et le donateur aura, contre les tiers détenteurs des immeubles donnés, tous les droits qu'il aurait contre le donataire lui-même. 565, 929, 946, 952, 958, 963, 1046.

955. La donation entre-vifs ne pourra être révoquée pour cause d'ingratitude que dans les cas suivans : — 1° Si le donataire a attenté à la vie du donateur ; — 2° S'il s'est rendu coupable envers lui de sévices, délits ou injures graves ; — 3° S'il lui refuse des alimens. 956, 1046.

956. La révocation pour cause d'inexécution des conditions, ou pour cause d'ingratitude, n'aura jamais lieu de plein droit.

957. La demande en révocation pour cause d'ingratitude devra être formée dans l'année, à compter du jour du délit imputé par le donateur au donataire, ou du jour que le délit aura pu être connu par le donateur. — Cette révocation ne pourra être demandée par le donateur contre les héritiers du donataire, ni par les héritiers du donateur contre le donataire, à moins que, dans ce dernier cas, l'action n'ait été intentée par le donateur, ou qu'il ne soit décédé dans l'année du délit.

958. La révocation pour cause d'ingratitude ne préjudiciera ni aux aliénations faites par le donataire, ni aux hypothèques et autres charges réelles qu'il aura pu imposer sur l'objet de la donation, pourvu que le tout soit antérieur à l'inscription qui aurait été faite de l'extrait de la demande en révocation, en marge de la transcription prescrite par l'article 939. — Dans le cas de révocation, le donataire sera condamné à restituer la valeur des objets aliénés, eu égard au temps de la demande, et les fruits, à compter du jour de cette demande. 2125.

959. Les donations en faveur de mariage ne seront pas révocables pour cause d'ingratitude. 1081, 1091.

960. Toutes donations entre-vifs faites par personnes qui n'avaient point d'enfans ou de descendans actuellement vivans dans le temps de la donation, de quelque valeur que ces donations puissent être, et à quelque titre qu'elles aient été faites, et encore qu'elles fussent mutuelles ou rémunératoires, même celles qui auraient été faites en faveur du mariage par autres que par les ascendans aux conjoints, ou par les conjoints l'un à l'autre, demeureront révoquées de plein droit par la survenance d'un enfant légitime du donateur, même d'un posthume, ou par la légitimation d'un enfant naturel par mariage subséquent, s'il est né depuis la donation. 555, 1096.

961. Cette révocation aura lieu, encore que l'enfant du donateur ou de la donatrice fût conçu au temps de la donation. 313, 315, 962, 964, 1096.

962. La donation demeurera pareillement révoquée, lors même que le donataire serait entré en possession des biens donnés, et qu'il y aurait été laissé par le donateur depuis la survenance de l'enfant ; sans néanmoins que le donataire soit tenu de restituer les fruits par lui perçus, de quelque nature qu'ils soient, si ce n'est du jour que la naissance de l'enfant ou sa légitimation par mariage subséquent lui aura été notifiée par exploit ou autre acte en bonne forme ; et ce, quand même la demande pour rentrer dans les biens donnés n'aurait été formée que postérieurement à cette notification.

963. Les biens compris dans la donation révoquée de plein droit, rentreront dans le patrimoine du donateur, libres de toutes charges et hypothèques du chef du donataire, sans qu'ils puissent demeurer affectés, même subsidiairement, à la restitution de la dot de la femme de ce donataire, de ses reprises ou autres conventions matrimoniales ; ce qui aura lieu quand même la donation aurait été faite en faveur du mariage du donataire et insérée dans le contrat, et que le donateur se serait obligé comme caution, par la donation, à l'exécution du contrat de mariage. 954, 958.

964. Les donations ainsi révoquées ne pourront revivre ou avoir de nouveau leur effet, ni par la mort de l'enfant du donateur, ni par aucun acte confirmatif ; et, si le donateur veut donner les mêmes biens au même donataire, soit avant ou après la mort de

l'enfant par la naissance duquel la donation avait été révoquée, il ne le pourra que par une nouvelle disposition.

965. Toute clause ou convention par laquelle le donateur aurait renoncé à la révocation de la donation pour survenance d'enfant, sera regardée comme nulle, et ne pourra produire aucun effet. 2048.

966. Le donataire, ses héritiers ou ayant-cause, ou autre détenteurs de choses données, ne pourront opposer la prescription pour faire valoir la donation révoquée, par la survenance l'enfant, qu'après une possession de trente années, qui ne pourront commencer à courir que du jour de la naissance du dernier enfant du donateur, même posthume ; et ce . sans préjudice des interruptions, telles que le droit.

CHAPITRE V.

DES DISPOSITIONS TESTAMENTAIRES.

SECTION I.

Des règles générales sur la Forme des Testamens.

967. Toute personne pourra disposer par testament, soit sous le titre l'institution d'héritier, soit sous le titre de legs, soit sous toute autre dénomination propre à manifester sa volonté. 913, 1035, 1039, 1076.

968. Un testament ne pourra être fait dans le même acte par deux ou plusieurs personnes, soit au profit d'un tiers, soit à titre de disposition réciproque et mutuelle. 1001, 1007.

969. Un testament pourra être olographe, ou fait par acte public ou dans la forme mystique.

970. Le testament olographe ne sera point valable, s'il n'est écrit en entier, daté et signé de la main du testateur : il n'est assujetti à aucune autre forme. 999, 1001, 1007, C. : 916, P. c.

971. Le testament par acte public est celui qui est reçu par deux notaires, en présence de deux témoins, ou par un notaire, en présence de quatre témoins. 975, 980, 981, 1001.

972. Si le testament est reçu par deux notaires, il leur est dicté par le testateur, et il doit être écrit par l'un e ces notaires, tel qu'il est dicté.

—S'il n'y a qu'un notaire, il doit également être dicté par le testateur, et écrit par ce notaire.—Dans l'un et l'autre cas, il doit en être donné lecture au testateur, en présence des témoins. — Il est fait du tout mention expresse.

973. Ce testament doit être signé par le testateur : s'il déclare qu'il ne sait ou ne peut signer, il sera fait dans l'acte mention expresse de sa déclaration, ainsi que de la cause qui l'empêche de signer.

974. Le testament devra être signé par les témoins ; et néanmoins, dans les campagnes, il suffira qu'un des deux témoins signe, si le testament est reçu par deux notaires; et que deux des quatre témoins signent, s'il est reçu par un notaire. 980.

975. Ne pourront être pris pour témoins du testament par acte public, ni les légataires, à quelque titre qu'ils soient, ni leurs parens ou alliés jusqu'au quatrième degré inclusivement, ni les clercs des notaires par lesquels les actes seront reçus.

976. Lorsque le testateur voudra faire un testament mystique ou secret, il sera tenu de signer ses dispositions, soit qu'il les ait écrites lui-même, ou qu'il les ait fait écrire par un autre. Sera le papier qui contiendra ses dispositions, ou le papier qui servira d'enveloppe, s'il y en a une, clos et scellé. Le testateur le présentera ainsi clos et scellé au notaire, et à six témoins au moins, ou il le fera clore et sceller en leur présence ; et il déclarera que le contenu en ce papier est son testament écrit et signé de lui, ou écrit par un autre et signé de lui : le notaire en dressera l'acte de suscription, qui sera écrit sur ce papier ou sur la feuille qui servira d'enveloppe; cet acte sera signé tant par le testateur que par le notaire, ensemble par les témoins. Tout ce que dessus sera fait de suite et sans divertir à autres actes ; et en cas que le testateur, par un empêchement survenu depuis la signature du testament, ne puisse signer l'acte de suscription, il sera fait mention de la déclaration qu'il en aura faite, sans qu'il soit besoin, en ce cas, d'augmenter le nombre des témoins. 1001, 1007, C. : 916, P. c.

977. Si le testateur ne sait signer, ou s'il n'a pu le faire lorsqu'il a fait écrire ses dispositions, il sera appelé à l'acte de suscription un témoin, outre le nombre porté par l'article précédent, lequel signera l'acte avec les autres témoins; et il y sera fait mention de la cause pour laquelle ce témoin aura été appelé.

978. Ceux qui ne savent, ou ne peuvent lire, ne pourront faire de dispositions dans la forme du testament mystique.

979. En cas que le testateur ne puisse parler, mais qu'il puisse écrire, il pourra faire un testament mystique, à la charge que le testament sera entièrement écrit, daté et signé de sa main, qu'il le présentera au notaire et aux témoins, et qu'au haut de l'acte de suscription, il écrira, en leur présence, que le papier qu'il présente est son testament : après quoi le notaire écrira l'acte de suscription, dans lequel il sera fait mention que le testateur a écrit ces mots en présence du notaire et des témoins; et sera, au surplus, observé tout ce qui est prescrit par l'article 976.—936.

980. Les témoins appelés pour être présens au testament devront être mâles, majeurs, sujets du roi, jouissant des droits civils. 25, 28, 37, 975, C.; 28, 42, P.

SECTION II.

Des Règles particulières sur la Forme de certains Testamens.

981. Les testamens des militaires et des individus employés dans les armées pourront, en quelque pays que ce soit, être reçus par un chef de bataillon ou d'escadron, ou par tout autre officier d'un grade supérieur, en présence de deux témoins, ou par deux commissaires des guerres, ou par un de ces commissaires en présence de deux témoins. 88, 985, 998.

982. Ils pourront encore, si le testateur est malade ou blessé, être reçus par l'officier de santé en chef, assisté du commandant militaire chargé de la police de l'hospice. 97, 984, 990, 1001.

983. Les dispositions des articles ci-dessus n'auront lieu qu'en faveur de ceux qui seront en expédition militaire, ou en quartier, ou en garnison hors du territoire français, ou prisonniers chez l'ennemi; sans que ceux qui seront en quartier ou en garnison dans l'intérieur puissent en profiter, à moins qu'ils ne se trouvent dans une place assiégée, ou dans une citadelle et autres lieux dont les portes soient fermées et les communications interrompues à cause de la guerre.

984. Le testament fait dans la forme ci-dessus établie sera nul six mois après que le testateur sera revenu dans un lieu où il aura la liberté d'employer les formes ordinaires.

985. Les testamens faits dans un lieu avec lequel toute communication sera interceptée à cause de la peste ou autre maladie contagieuse, pourront être faits devant le juge de paix, ou devant l'un des officiers municipaux de la commune, en présence de deux témoins.

986. Cette disposition aura lieu, tant à l'égard de ceux qui seraient attaqués de ces maladies, que de ceux qui seraient dans les lieux qui en sont infectés, encore qu'ils ne fussent pas actuellement malades.

987. Les testamens mentionnés aux deux précédens articles deviendront nuls six mois après que les communications auront été rétablies dans le lieu où le testateur se trouve, ou six mois après qu'il aura passé dans un lieu où elles ne seront point interrompues.

988. Les testamens faits sur mer, dans le cours d'un voyage, pourront être reçus, savoir : — A bord des vaisseaux et autres bâtimens du roi, par l'officier commandant le bâtiment; ou, à son défaut, par celui qui le supplée dans l'ordre du service, l'un ou l'autre conjointement avec l'officier d'administration ou avec celui qui en remplit les fonctions; — Et à bord des bâtimens de commerce, par l'écrivain du navire ou celui qui en fait les fonctions, l'un ou l'autre conjointement avec le capitaine, le maître ou le patron, ou, à leur défaut, par ceux qui les remplacent. — Dans tous les cas, ces testamens devront être reçus en présence de deux témoins. 59, 86, 996, 1001.

989. Sur les bâtimens du roi, le testament du capitaine ou celui de l'officier d'administration, et, sur les bâtimens de commerce, celui du capitaine, du maître ou patron, ou celui de l'écrivain, pourront être reçus par ceux qui viennent après eux dans l'ordre du service, en se conformant pour le surplus aux dispositions de l'article précédent.

990. Dans tous les cas, il sera fait un double original des testamens mentionnés aux deux articles précédens.

991. Si le bâtiment aborde dans un port étranger dans lequel se trouve un consul de France, ceux qui auront reçu le testament seront tenus de déposer l'un des originaux clos et cacheté, entre les mains de ce consul, qui le fera parvenir au ministre de la marine ; et celui-ci en fera faire le dépôt au greffe de la justice de paix du lieu du domicile du testateur. 60, 87, 992.

992. Au retour du bâtiment en France, soit dans le port de l'armement, soit dans un port autre que celui de l'armement, les deux originaux du testament, également clos et cachetés, ou l'original qui resterait, si, conformément à l'article précédent, l'autre avait été déposé pendant le cours du voyage, seront remis au bureau du préposé de l'inscription maritime ; ce préposé les fera passer sans délai au ministre de la marine, qui en ordonnera le dépôt, ainsi qu'il est dit au même article.

993. Il sera fait mention sur le rôle du bâtiment, à la marge, du nom du testateur, de la remise qui aura été faite des originaux du testament, soit entre les mains d'un consul, soit au bureau d'un préposé de l'inscription maritime.

994. Le testament ne sera point réputé fait en mer, quoiqu'il ait été dans le cours du voyage, si, au temps où il a été fait, le navire avait abordé une terre, soit étrangère, soit de la domination française, où il y aurait un officier public français ; auquel cas il ne sera valable qu'autant qu'il aura été dressé suivant les formes prescrites en France, ou suivant celles usitées dans les pays où il aura été fait.

995. Les dispositions ci-dessus seront communes aux testamens faits par les simples passagers qui ne feront point partie de l'équipage.

996. Le testament fait sur mer, en la forme prescrite par l'article 988, ne sera valable qu'autant que le testateur mourra en mer, ou dans les trois mois après qu'il sera descendu à terre, et dans un lieu où il aura pu le refaire dans les formes ordinaires.

997. Le testament fait sur mer ne pourra contenir aucune disposition au profit des officiers du vaisseau, s'ils ne sont parens du testateur.

998. Les testamens compris dans les articles ci-dessus de la présente section seront signés par les testateurs et par ceux qui les auront reçus. — Si le testateur déclare qu'il ne sait ou ne peut signer, il sera fait mention de sa déclaration, ainsi que de la cause qui l'empêche de signer. — Dans les cas où la présence de deux témoins est requise, le testament sera signé au moins par l'un d'eux, et il sera fait mention de la cause pour laquelle l'autre n'aura pas signé.

999. Un Français qui se trouvera en pays étranger pourra faire ses dispositions testamentaires par acte sous signature privée, ainsi qu'il est prescrit en l'article 970, ou par acte authentique, avec les formes usitées dans le lieu où cet acte sera passé. 8, 11. 47, 48. 170, 981. 994.

1000. Les testamens faits en pays étranger ne pourront être exécutés sur les biens situés en France, qu'après avoir été enregistrés au bureau du domicile du testateur, s'il en a conservé un, sinon au bureau de son dernier domicile connu en France ; et dans le cas où le testament contiendrait des dispositions d'immeubles qui y seraient situés, il devra être, en outre, enregistré au bureau de la situation de ces immeubles, sans qu'il puisse être exigé un double droit.

1001. Les formalités auxquelles les divers testamens sont assujettis par les dispositions de la présente section et de la précédente, doivent être observées à peine de nullité.

78 CODE CIVIL.

SECTION III.
Des Institutions d'héritier, et des Legs en général.

1002. Les dispositions testamentaires sont ou universelles, ou à titre universel, ou à titre particulier.—Chacune de ces dispositions, soit qu'elle ait été faite sous la dénomination d'institution d'héritier, soit qu'elle ait été faite sous la dénomination de legs, produira son effet suivant les règles ci-après établies pour les legs universels, pour les legs à titre universel, et pour les legs particuliers.

SECTION IV.
Du Legs universel.

1003. Le legs universel est la disposition testamentaire par laquelle le testateur donne à une ou plusieurs personnes l'universalité des biens qu'il laissera à son décès.

1004. Lorsqu'au décès du testateur il y a des héritiers auxquels une quotité de ses biens est réservée par la loi, ces héritiers sont saisis de plein droit, par sa mort, de tous les biens de la succession ; et le légataire universel est tenu de leur demander la délivrance des biens compris dans le testament. 724, 913, 916, 1011, 1026.

1005. Néanmoins, dans les mêmes cas, le légataire universel aura la jouissance des biens compris dans le testament, à compter du jour du décès, si la demande en délivrance a été faite dans l'année, depuis cette époque ; sinon, cette jouissance ne commencera qu'du jour de la demande formée en justice, ou du jour que la délivrance aurait été volontairement consentie.

1006. Lorsqu'au décès du testateur il n'y aura pas d'héritiers auxquels une quotité de ses biens soit réservée par la loi, le légataire universel sera saisi de plein droit par la mort du testateur, sans être tenu de demander la délivrance. 916, 1008, 1826, C. ; 78, pr. ta.

1007. Tout testament olographe sera, avant d'être mis à exécution, présenté au président du tribunal de première instance de l'arrondissement dans lequel la succession est ouverte. Ce testament sera ouvert, s'il est ca-

cheté. Le président dressera procès verbal de la présentation, de l'ouverture et de l'état du testament, dont il ordonnera le dépôt entre les mains du notaire par lui commis. — Si le testament est dans la forme mystique, sa présentation, son ouverture, sa description et son dépôt, seront faits de la même manière ; mais l'ouverture ne pourra se faire qu'en présence de ceux des notaires et des témoins signataires de l'acte de suscription, qui se trouveront sur les lieux, ou eux appelés. 970, 976. C. ; 916, 918, P. c.

1008. Dans le cas de l'article 1006, si le testament est olographe ou mystique, le légataire universel sera tenu de se faire envoyer en possession, par une ordonnance du président, mise au bas d'une requête à laquelle sera joint l'acte de dépôt.

1009. Le légataire universel qui sera en concours avec un héritier auquel la loi réserve une quotité des biens, sera tenu des dettes et charges de la succession du testateur, personnellement pour sa part et portion, et hypothécairement pour le tout ; et il sera tenu d'acquitter tous les legs, sauf le cas de réduction, ainsi qu'il est expliqué aux articles 926 et 927. — 610, 612, 870, 913, 916, 1003, 1012, 1017, C. ; 400, P.

SECTION V.
Du Legs à titre universel.

1010. Le legs à titre universel est celui par lequel le testateur lègue une quote-part des biens dont la loi lui permet de disposer, telle qu'une moitié, un tiers, ou tous ses immeubles, ou tout son mobilier, ou une quotité fixe de tous ses immeubles, ou de tout son mobilier. — Tout autre legs ne forme qu'une disposition à titre particulier.

1011. Les légataires à titre universel seront tenus de demander la délivrance aux héritiers auxquels une quotité des biens est réservée par la loi ; à leur défaut, aux légataires universels ; et à défaut de ceux-ci, aux héritiers appelés dans l'ordre établi au titre *des Successions.* 751, 916, 1003, 1008.

1012. Le légataire à titre univertel; sera tenu, comme le légataire universel, des dettes et charges de la succession du testateur, personnellement pour sa part et portion, et hypothécairement pour le tout. 610, 612, 870, 926, 1009.

1013. Lorsque le testateur n'aura disposé que d'une quotité de la portion disponible, et qu'il l'aura fait à titre universel, ce légataire sera tenu d'acquitter les legs particuliers par contribution avec les héritiers naturels. 871.

SECTION VI.
Des Legs particuliers.

1014. Tout legs pur et simple donnera au légataire, du jour du décès du testateur, un droit à la chose léguée, droit transmissible à ses héritiers ou ayant-cause. — Néanmoins le légataire particulier ne pourra se mettre en possession de la chose léguée, ni en prétendre les fruits ou intérêts, qu'à compter du jour de sa demande en délivrance, formée suivant l'ordre établi par l'article 1011, ou du jour auquel cette délivrance lui aurait été volontairement consentie. 1038, 1040.

1015. Les intérêts ou fruits de la chose léguée courront au profit du légataire, dès le jour du décès, et sans qu'il ait formé sa demande en justice, — 1° Lorsque le testateur aura expressément déclaré sa volonté, à cet égard, dans le testament; — 2° Lorsqu'une rente viagère ou une pension aura été léguée à titre d'alimens.

1016. Les frais de la demande en délivrance seront à la charge de la succession, sans néanmoins qu'il puisse en résulter de réduction de la réserve légale. — Les droits d'enregistrement seront dus par le légataire. — Le tout, s'il n'en a été autrement ordonné par le testament. — Chaque legs pourra être enregistré séparément, sans que cet enregistrement puisse profiter à aucun autre qu'au légataire ou à ses ayant-cause.

1017. Les héritiers du testateur, ou autres débiteurs d'un legs, seront personnellement tenus de l'acquitter, chacun au prorata de la part et portion dont ils profiteront dans la succession. — Ils en seront tenus hypothécairement pour le tout, jusqu'à concurrence de la valeur des immeubles de la succession dont ils seront détenteurs. 610, 612, 870, 871, 873.

1018. La chose léguée sera délivrée avec les accessoires nécessaires, et dans l'état où elle se trouvera au jour du décès du donateur. 522, 546, 551, 1615, 1692.

1019. Lorsque celui qui a légué la propriété d'un immeuble l'a ensuite augmentée par des acquisitions, ces acquisitions, fussent-elles contiguës, ne seront pas censées, sans une nouvelle disposition, faire partie du legs. — Il en sera autrement des embellissemens, ou des constructions nouvelles faites sur le fonds légué, ou d'un enclos dont le testateur aurait augmenté l'enceinte. 1038, 1042.

1020. Si, avant le testament ou depuis, la chose léguée a été hypothéquée pour une dette de la succession, ou même pour la dette d'un tiers, ou si elle est grevée d'un usufruit, celui qui doit acquitter le legs n'est point tenu de le dégager, à moins qu'il n'ait été chargé de le faire par une disposition expresse du testateur. 611, 809, 871, 872, 874, 1038, 1042, 1220, 1221, 1423.

1021. Lorsque le testateur aura légué la chose d'autrui, le legs sera nul, soit que le testateur ait connu ou non qu'elle ne lui appartenait pas. 1246.

1022. Lorsque le legs sera d'une chose indéterminée, l'héritier ne sera pas obligé de la donner de la meilleure qualité, et il ne pourra l'offrir de la plus mauvaise.

1023. Le legs fait au créancier ne sera pas censé en compensation de sa créance, ni le legs fait au domestique en compensation de ses gages. 1289, 1781.

1024. Le légataire à titre particulier ne sera point tenu des dettes de la succession, sauf la réduction du legs, ainsi qu'il est dit ci-dessus, et sauf l'action hypothécaire des créanciers. 611, 809, 874, 920, 926.

SECTION VII.
Des Exécuteurs testamentaires.

1025. Le testateur pourra nommer un ou plusieurs exécuteurs testamentaires.

1026. Il pourra leur donner la saisine du tout, ou seulement d'une partie de son mobilier; mais elle ne pourra durer au delà de l'an et jour à compter de son décès. — S'il ne la leur a pas donnée, ils ne pourront l'exiger. 724, 1004, 1006, 1425, C.; 944, P. c.

1027. L'héritier pourra faire cesser la saisine, en offrant de remettre aux exécuteurs testamentaires somme suffisante pour le paiement des legs mobiliers, ou en justifiant de ce paiement.

1028. Celui qui ne peut s'obliger ne peut pas être exécuteur testamentaire. 1124.

1029. La femme mariée ne pourra accepter l'exécution testamentaire qu'avec le consentement de son mari. — Si elle est séparée de biens, soit par contrat de mariage, soit par jugement, elle le pourra avec le consentement de son mari, ou, à son refus, autorisée par la justice, conformément à ce qui est prescrit par les articles 217 et 219, au titre du Mariage.

1030. Le mineur ne pourra être exécuteur testamentaire, même avec l'autorisation de son tuteur ou curateur. 388, 482 et s.

1031. Les exécuteurs testamentaires feront apposer les scellés, s'il y a des héritiers mineurs, interdits ou absens. — Ils feront faire, en présence de l'héritier présomptif, ou lui dûment appelé, l'inventaire des biens de la succession. 955, P. c. — Ils provoqueront la vente du mobilier, à défaut de deniers suffisans pour acquitter les legs. — Ils veilleront à ce que le testament soit exécuté; et ils pourront, en cas de contestation sur son exécution, intervenir pour en soutenir la validité. — Ils devront, à l'expiration de l'année du décès du testateur, rendre compte de leur gestion. 451, 819, 1034, C.: 527, 907, 928, 952, 941, 945, P. c.

1032. Les pouvoirs de l'exécuteur testamentaire ne passeront point à ses héritiers. 724.

1033. S'il y a plusieurs exécuteurs testamentaires qui aient accepté, un seul pourra agir au défaut des autres; et ils seront solidairement responsables du compte du mobilier qui leur

a été confié, à moins que le testateur n'ait divisé leurs fonctions, et que chacun d'eux ne se soit renfermé dans celle qui lui était attribuée.

1034. Les frais faits par l'exécuteur testamentaire pour l'apposition des scellés, l'inventaire. le compte et les autres frais relatifs à ses fonctions, seront à la charge de la succession.

De la Révocation des Testamens, et de leur Caducité.

1035. Les testamens ne pourront être révoqués, en tout ou en partie, que par un testament postérieur, ou par un acte devant notaires, portant déclaration du changement de volonté. 967, 970.

1036. Les testamens postérieurs qui ne révoqueront pas d'une manière expresse les précédens, n'annuleront dans ceux-ci que celles des dispositions y contenues qui se trouveront incompatibles avec les nouvelles, ou qui seront contraires.

1037. La révocation faite dans un testament postérieur aura tout son effet, quoique ce nouvel acte reste sans exécution par l'incapacité de l'héritier institué, ou du légataire, ou par leur refus de recueillir.

1038. Toute aliénation, celle même par vente avec faculté de rachat ou par échange, que fera le testateur de tout ou de partie de la chose léguée, emportera la révocation du legs pour tout ce qui a été aliéné, encore que l'aliénation postérieure soit nulle, et que l'objet soit rentré dans la main du testateur. 1018.

1039. Toute disposition testamentaire sera caduque, si celui en faveur de qui elle est faite n'a pas survécu au testateur.

1040. Toute disposition testamentaire faite sous une condition dépendante d'un événement incertain, et telle que, dans l'intention du testateur, cette disposition ne doive être exécutée qu'autant que l'événement arrivera ou n'arrivera pas, sera caduque, si l'héritier institué ou le légataire décède avant l'accomplissement de la condition. 900, 1185.

1041. La condition qui dans l'intention du testateur, ne fait que suspendre l'exécution de la disposition, n'empêchera pas l'héritier institué, ou le légataire, d'avoir un droit acquis et transmissible à ses héritiers. 898. 1179, 1181.

1042. Le legs sera caduc, si la chose léguée a totalement péri pendant la vie du testateur.

Il en sera de même, si elle a péri depuis sa mort, sans le fait et la faute de l'héritier, quoique celui-ci ait été mis en retard de la délivrer, lorsqu'elle eût également dû périr entre les mains du légataire. 617, 1020, 1136, 1193, 1195, 1302.

1043. La disposition testamentaire sera caduque, lorsque l'héritier institué ou le légataire la répudiera, ou se trouvera incapable de la recueillir. 784, 906.

1044. Il y aura lieu à accroissement au profit des légataires, dans le cas où le legs sera fait à plusieurs conjointement. — Le legs sera réputé fait conjointement, lorsqu'il le sera par une seule et même disposition, et que le testateur n'aura pas assigné la part de chacun des colégataires dans la chose léguée. 786.

1045. Il sera encore réputé fait conjointement, quand une chose qui n'est pas susceptible d'être divisée sans détérioration, aura été donnée par le même acte à plusieurs personnes, même séparément.

1046. Les mêmes causes qui, suivant l'article 954 et les deux premières dispositions de l'article 955, autoriseront la demande en révocation de la donation entre-vifs, seront admises pour la demande en révocation des dispositions testamentaires. 954 et s.

1047. Si cette demande est fondée sur une injure grave faite à la mémoire du testateur, elle doit être intentée dans l'année, à compter du jour du délit.

CHAPITRE VI.

DES DISPOSITIONS PERMISES EN FAVEUR DES PETITS-ENFANTS DU DONATEUR OU TESTATEUR, OU DES ENFANS DE SES FRÈRES ET SŒURS.

1048. Les biens dont les pères et mères ont la faculté de disposer pourront être par eux donnés, en tout ou en partie, à un ou plusieurs de leurs enfans, par actes entre-vifs ou testamentaires, avec la charge de rendre ces biens aux enfans nés et à naître, au premier degré seulement, desdits donataires. 897, 906, 1050, 1053, 1081.

1049. Sera valable, en cas de mort sans enfans, la disposition que le défunt aura faite par acte entre-vifs ou testamentaire, au profit d'un ou plusieurs de ses frères ou sœurs, de tout ou partie des biens qui ne sont point réservés par la loi dans sa succession, avec la charge de rendre ces biens aux enfans nés et à naître, au premier degré seulement, desdits frères ou sœurs donataires. 897, 906.

1050. Les dispositions permises par les deux articles précédens ne seront valables qu'autant que la charge de la restitution sera au profit de tous les enfans nés et à naître du grevé, sans exception ni préférence d'âge ou de sexe. 896, 1048, 1049.

1051. Si, dans le cas ci-dessus, le grevé de restitution au profit de ses enfans meurt, laissant des enfans au premier degré et des descendans d'un enfant prédécédé, ces derniers recueilleront, par représentation, la portion de l'enfant prédécédé. 739.

1052. Si l'enfant, le frère ou la sœur auxquels des biens auraient été donnés par acte entre-vifs, sans charge de restitution, acceptent une nouvelle libéralité faite par acte entre-vifs ou testamentaire, sous la condition que les biens précédemment donnés demeureront grevés de cette charge, il ne leur est plus permis de diviser les deux dispositions faites à leur profit, et de renoncer à la seconde pour s'en tenir à la première, quand même ils offriraient de rendre les biens compris dans la seconde disposition.

1053. Les droits des appelés seront ouverts à l'époque où, par quelque cause que ce soit, la jouissance de l'enfant, du frère ou de la sœur, grevés de restitution, cessera : l'abandon anticipé de la jouissance au profit des appelés ne pourra préjudicier aux créanciers du grevé antérieurs à l'abandon. 788, 1167.

1054. Les femmes des grevés ne

pourront avoir, sur les biens à rendre, de recours subsidiaires, en cas d'insuffisance des biens libres, que pour le capital des deniers dotaux, et dans le cas seulement où le testateur l'aurait expressément ordonné. 954, 963, 1495, 1572.

1055. Celui qui fera les dispositions autorisées par les articles précédens, pourra, par le même acte, ou par un acte postérieur, en forme authentique, nommer un tuteur chargé de l'exécution de ces dispositions ; ce tuteur ne pourra être dispensé que pour une des causes exprimées à la section vi du chapitre ii du titre *de la Minorité, de la Tutelle et de l'Emancipation*. 392, 397, 427, 1075.

1056. A défaut de ce tuteur, il en sera nommé un à la diligence du grevé, ou de son tuteur s'il est mineur, dans le délai d'un mois, à compter du jour du décès du donateur ou testateur, ou du jour que, depuis cette mort, l'acte contenant la disposition aura été connu. 405, 1057, 1074, C.; 882, P. c.

1057. Le grevé qui n'aura pas satisfait à l'article précédent sera déchu du bénéfice de la disposition ; et, dans ce cas, le droit pourra être déclaré ouvert au profit des appelés, à la diligence, soit des appelés s'ils sont majeurs, soit de leur tuteur ou curateur s'ils sont mineurs ou interdits, soit de tout parent des appelés majeurs, mineurs ou interdits, ou même d'office, à la diligence du procureur du roi près le tribunal de première instance du lieu où la succession est ouverte.

1058. Après le décès de celui qui aura disposé à la charge de restitution, il sera procédé, dans les formes ordinaires, à l'inventaire de tous les biens et effets qui composeront sa succession, excepté néanmoins le cas où il ne s'agirait que d'un legs particulier. Cet inventaire contiendra la prisée à juste prix des meubles et effets mobiliers. 451, C.; 951, 942. P. c.

1059. Il sera fait à la requête du grevé de restitution, et dans le délai fixé au titre *des Successions*, en présence du tuteur nommé pour l'exécution. Les frais seront pris sur les biens compris dans la disposition. 795, 1060.

1060. Si l'inventaire n'a pas été fait à la requête du grevé dans le délai ci-dessus, il y sera procédé dans le mois suivant, à la diligence du tuteur nommé pour l'exécution, en présence du grevé ou de son tuteur.

1061. S'il n'a point été satisfait aux deux articles précédens, il sera procédé au même inventaire, à la diligence des personnes désignées en l'art. 1057, en y appelant le grevé ou son tuteur, et le tuteur nommé pour l'exécution.

1062. Le grevé de restitution sera tenu de faire procéder à la vente, par affiches et enchères, de tous les meubles et effets compris dans la disposition, à l'exception néanmoins de ceux dont il est mention dans les deux articles suivans. 452, C.; 946, P. c.

1063. Les meubles meublans et autres choses mobilières qui auraient été compris dans la disposition, à la condition expresse de les conserver en nature, seront rendus dans l'état où ils se trouveront lors de la restitution.

1064. Les bestiaux et ustensiles servant à faire valoir les terres seront censés compris dans les donations entre-vifs ou testamentaires desdites terres ; et le grevé sera seulement tenu de les faire priser et estimer, pour en rendre une égale valeur lors de la restitution. 455, 522, 524.

1065. Il sera fait par le grevé, dans le délai de six mois, à compter du jour de la clôture de l'inventaire, un emploi des deniers comptans, de ceux provenant du prix des meubles et effets qui auront été vendus, et de ce qui aura été reçu des effets actifs. — Ce délai pourra être prolongé s'il y a lieu. 455, 1067.

1066. Le grevé sera pareillement tenu de faire emploi des deniers provenant des effets actifs qui seront recouvrés et des remboursemens de rentes ; et ce, dans trois mois au plus tard après qu'il aura reçu ces deniers.

1067. Cet emploi sera fait conformément à ce qui aura été ordonné par l'auteur de la disposition, s'il a désigné la nature des effets dans lesquels l'emploi doit être fait ; sinon, il ne pourra l'être qu'en immeubles, ou avec privilége sur des immeubles.

1068. L'emploi ordonné par les articles précédens sera fait en présence et à la diligence du tuteur nommé pour l'exécution.

1069. Les dispositions par actes entre-vifs ou testamentaires, à charge de restitution, seront, à la diligence soit du grevé, soit du tuteur nommé pour l'exécution, rendues publiques, savoir : quant aux immeubles, par la transcription des actes sur les registres du bureau des hypothèques du lieu de la situation, et quant aux sommes colloquées avec privilége sur des immeubles, par l'inscription sur les biens affectés au privilége. 959, 940 et s.

1070. Le défaut de transcription de l'acte contenant la disposition, pourra être opposé par les créanciers et tiers acquéreurs, même aux mineurs ou interdits, sauf le recours contre le grevé et contre le tuteur à l'exécution, et sans que les mineurs ou interdits puissent être restitués contre ce défaut de transcription, quand même le grevé et le tuteur se trouveraient insolvables. 941 et s.

1071. Le défaut de transcription ne pourra être suppléé ni regardé comme couvert par la connaissance que les créanciers ou les tiers acquéreurs pourraient avoir eue de la disposition par d'autres voies que celles de la transcription.

1072. Les donataires, les légataires, ni même les héritiers légitimes de celui qui aura fait la disposition, ni pareillement leurs donataires, légataires ou héritiers, ne pourront, en aucun cas, opposer aux appelés le défaut de transcription ou inscription.

1073. Le tuteur nommé pour l'exécution sera personnellement responsable, s'il ne s'est pas, en tout point, conformé aux règles ci-dessus établies pour constater les biens, pour la vente du mobilier, pour l'emploi des deniers, pour la transcription et l'inscription, et, en général, s'il n'a fait toutes les diligences nécessaires pour que la charge de restitution soit bien et fidèlement acquittée. 475, 942.

1074. Si le grevé est mineur, il ne pourra, dans le cas même de l'insolvabilité de son tuteur, être restitué contre l'inexécution des règles qui lui sont prescrites par les articles du présent chapitre.

CHAPITRE VII.
DES PARTAGES FAITS PAR PÈRE, MÈRE, OU AUTRES ASCENDANS, ENTRE LEURS DESCENDANS.

1075. Les père et mère et autres ascendans pourront faire entre leurs enfans et descendans la distribution et le partage de leurs biens.

1076. Ces partages pourront être faits par acte entre-vifs ou testamentaires, avec les formalités, conditions et règles prescrites pour les donations entre-vifs et testamens. — Les partages faits par acte entre-vifs ne pourront avoir pour objet que les biens présens. 951, 943, 967.

1077. Si tous les biens que l'ascendant laissera au jour de son décès n'ont pas été compris dans le partage, ceux de ces biens qui n'y auront pas été compris seront partagés conformément à la loi. 815, 887.

1078. Si le partage n'est pas fait entre tous les enfans qui existeront à l'époque du décès et les descendans de ceux prédécédés, le partage sera nul pour le tout. Il en pourra être provoqué un nouveau dans la forme légale, soit par les enfans ou descendans qui n'y auront reçu aucune part, soit même par ceux entre qui le partage aurait été fait.

1079. Le partage fait par l'ascendant pourra être attaqué pour cause de lésion de plus du quart : il pourra l'être aussi dans le cas où il résulterait du partage et des dispositions faites par préciput, que l'un des copartagés aurait un avantage plus grand que la loi ne le permet. 833, 887, 913, 1504, 1077.

1080. L'enfant qui, pour une des causes exprimées en l'article précédent, attaquera le partage fait par l'ascendant, devra faire l'avance des frais de l'estimation; et il les supportera en définitif, ainsi que les dépens de la contestation, si la réclamation n'est pas fondée.

CHAPITRE VIII.

ES DONATIONS FAITES PAR CONTRAT DE
MARIAGE AUX ÉPOUX, ET AUX ENFANS
A NAÎTRE DU MARIAGE.

1081. Toute donation entre-vifs de biens présens, quoique faite par contrat de mariage aux époux, ou à l'un d'eux, sera soumise aux règles générales prescrites pour les donations faites à ce titre. — Elle ne pourra avoir lieu au profit des enfans à naître, si ce n'est dans les cas énoncés au chapitre VI du présent titre. 947, 955, 959, 1048, 1082, 1339.

1082. Les pères et mères, les autres ascendans, les parens collatéraux des époux, et même les étrangers, pourront, par contrat de mariage, disposer de tout ou partie des biens qu'ils laisseront au jour de leur décès, tant au profit desdits époux, qu'au profit des enfans à naître de leur mariage, dans le cas où le donateur survivrait à l'époux donataire. — Pareille donation, quoique faite au profit seulement des époux ou de l'un d'eux, sera toujours, dans ledit cas de survie du donateur, présumée faite au profit des enfans et descendans à naître du mariage. 1048, 1089, 1093.

1083. La donation dans la forme portée au précédent article sera irrévocable, en ce sens seulement que le donateur ne pourra plus disposer, à titre gratuit, des objets compris dans la donation, si ce n'est pour sommes modiques, à titre de récompense ou autrement.

1084. La donation par contrat de mariage pourra être faite cumulativement des biens présens et à venir, en tout ou en partie, à la charge qu'il sera annexé à l'acte un état des dettes et charges du donateur existantes au jour de la donation ; auquel cas il sera libre au donataire, lors du décès du donateur, de s'en tenir aux biens présens, en renonçant au surplus des biens du donateur.

1085. Si l'état dont est mention au précédent article n'a point été annexé à l'acte contenant donation des biens présens et à venir, le donataire sera obligé d'accepter ou de répudier cette donation pour le tout. En cas d'acceptation, il ne pourra réclamer que les biens qui se trouveront existans au jour du décès du donateur, et il sera soumis au paiement de toutes les dettes et charges de la succession.

1086. La donation par contrat de mariage en faveur des époux et des enfans à naître de leur mariage, pourra encore être faite, à condition de payer indistinctement toutes les dettes et charges de la succession du donateur, ou sous d'autres conditions dont l'exécution dépendrait de sa volonté, par quelque personne que la donation soit faite : le donataire sera tenu d'accomplir ces conditions, s'il n'aime mieux renoncer à la donation; et, en cas que le donateur, par contrat de mariage, se soit réservé la liberté de disposer d'un effet compris dans la donation de ses biens présens, ou d'une somme fixe à prendre sur ces mêmes biens, l'effet ou la somme, s'il meurt sans avoir disposé, seront censés compris dans la donation, et appartiendront au donataire ou à ses héritiers. 1093.

1087. Les donations faites par contrat de mariage ne pourront être attaquées, ni déclarées nulles, sous prétexte de défaut d'acceptation. 959.

1088. Toute donation faite en faveur du mariage sera caduque, si le mariage ne s'ensuit pas.

1089. Les donations faites à l'un des époux, dans les termes des articles 1082, 1084 et 1086 ci-dessus, deviendront caduques, si le donateur survit à l'époux donataire et à sa postérité. 747, 1039, 1040, 1092.

1090. Toutes donations faites aux époux par leur contrat de mariage seront, lors de l'ouverture de la succession du donateur, réductibles à la portion dont la loi lui permettait de disposer. 1525.

CHAPITRE IX.

DES DISPOSITIONS ENTRE ÉPOUX, SOIT PAR
CONTRAT DE MARIAGE, SOIT PENDANT
LE MARIAGE.

1091. Les époux pourront, par contrat de mariage, se faire réciproquement, ou l'un des deux à l'autre, telle donation qu'ils jugeront à propos, sous les modifications ci-après exprimées. 951, 959, 1480, 1516, 1525.

1092. Toute donation entre-vifs de biens présens, faite entre époux par contrat de mariage, ne sera point censée faite sous la condition de survie du donataire, si cette condition n'est formellement exprimée ; et elle sera soumise à toutes les règles et formes ci-dessus prescrites pour ces sortes de donations. 1089, 1539.

1093. La donation de biens à venir, ou de biens présens et à venir, faite entre époux par contrat de mariage, soit simple, soit réciproque, sera soumise aux règles établies par le chapitre précédent, à l'égard des donations pareilles qui leur seront faites par un tiers ; sauf qu'elle ne sera point transmissible aux enfans issus du mariage, en cas de décès de l'époux donataire avant l'époux donateur. 1082, 1084, 1086, 1097.

1094. L'époux pourra, soit par contrat de mariage, soit pendant le mariage, pour le cas où il ne laisserait point d'enfans ni descendans, disposer en faveur de l'autre époux, en propriété, de tout ce dont il pourrait disposer en faveur d'un étranger, et, en outre, de l'usufruit de la totalité de la portion dont la loi prohibe la disposition au préjudice des héritiers. — Et pour le cas où l'époux donateur laisserait des enfans ou descendans, il pourra donner à l'autre époux, ou un quart en propriété et un autre quart en usufruit, ou la moitié de tous ses biens en usufruit seulement. 1595.

1095. Le mineur ne pourra, par contrat de mariage, donner à l'autre époux, soit par donation simple, soit par donation réciproque, qu'avec le consentement et l'assistance de ceux dont le consentement est requis pour la validité de son mariage ; et, avec ce consentement, il pourra donner tout ce que la loi permet à l'époux majeur de donner à l'autre conjoint. 148, 159, 160, 1309, 1398.

1096. Toutes donations faites entre époux pendant le mariage, quoique qualifiées entre-vifs, seront toujours révocables. — La révocation pourra être faite par la femme, sans y être autorisée par le mari ni par justice. — Ces donations ne seront point révoquées par la survenance d'enfans. 947.

1097. Les époux ne pourront, pendant le mariage, se faire, ni par acte entre-vifs, ni par testament, aucune donation mutuelle et réciproque par un seul et même acte. 968.

1098. L'homme ou la femme qui, ayant des enfans d'un autre lit, contractera un second ou subséquent mariage, ne pourra donner à son nouvel époux qu'une part d'enfant légitime le moins prenant, et sans que, dans aucun cas, ces donations puissent excéder le quart des biens. 1496, 1525, 1527.

1099. Les époux ne pourront se donner indirectement au delà de ce qui leur est permis par les dispositions ci-dessus. — Toute donation ou déguisée, ou faite à personnes interposées, sera nulle. 1166, 1167, 1525, 1595.

1100. Seront réputées faites à personnes interposées, les donations de l'un des époux aux enfans ou à l'un des enfans de l'autre époux, issus d'un autre mariage, et celles faites par le donateur aux parens dont l'autre époux sera héritier présomptif au jour de la donation, encore que ce dernier n'ait point survécu à son parent donataire. 1350, 1352.

TITRE III.

DES CONTRATS OU DES OBLIGATIONS CONVENTIONNELLES EN GÉNÉRAL.

(Décrété le 7 février 1804. Promulgué le 17 du même mois.)

CHAPITRE PREMIER.
DISPOSITIONS PRÉLIMINAIRES.

1101. Le contrat est une convention par laquelle une ou plusieurs personnes s'obligent, envers une ou plusieurs autres, à donner, à faire ou à ne pas faire quelque chose. 1226, 1341, 1370.

1102. Le contrat est *synallagmatique* ou *bilatéral* lorsque les contractans s'obligent réciproquement les uns envers les autres. 1184, 1520, 1525, 1541, 1589.

1103. Il est *unilatéral* lorsqu'une

15

ou plusieurs personnes sont obligées envers une ou plusieurs autres, sans que de la part de ces dernières il y ait d'engagement.

1104. Il est *commutatif* lorsque chacune des parties s'engage à donner ou à faire une chose qui est regardée comme l'équivalent de ce qu'on lui donne, ou de ce qu'on fait pour elle. — Lorsque l'équivalent consiste dans la chance de gain ou de perte pour chacune des parties, d'après un événement incertain, le contrat est *aléatoire*. 1582, 1702, 1964.

1105. Le contrat de *bienfaisance* est celui dans lequel l'une des parties procure à l'autre un avantage purement gratuit. 931.

1106. Le contrat à *titre onéreux* est celui qui assujettit chacune des parties à donner ou à faire quelque chose.

1107. Les contrats, soit qu'ils aient une dénomination propre, soit qu'ils n'en aient pas, sont soumis à des règles générales, qui sont l'objet du présent titre. — Les règles particulières à certains contrats sont établies sous les titres relatifs à chacun d'eux; et les règles particulières aux transactions commerciales sont établies par les lois relatives au commerce.

CHAPITRE II.
DES CONDITIONS ESSENTIELLES POUR LA VALIDITÉ DES CONVENTIONS.

1108. Quatre conditions sont essentielles pour la validité d'une convention : — Le consentement de la partie qui s'oblige ; — Sa capacité de contracter ; — Un objet certain qui forme la matière de l'engagement ; — Une cause licite dans l'obligation. 6, 1123, 1126, 1131.

SECTION I.
Du Consentement.

1109. Il n'y a point de consentement valable, si le consentement n'a été donné que par erreur, ou s'il a été extorqué par violence ou surpris par dol. 887, 1117, 1304, 1555, 1556, 1576, 2053, C.; 352, P. c.; 425, P.

1110. L'erreur n'est une cause de nullité de la convention que lorsqu'elle tombe sur la substance même de la chose qui en est l'objet. 1304

et s., 2055, 2054, 2058. — Elle n'est point une cause de nullité lorsqu'elle ne tombe que sur la personne avec laquelle on a intention de contracter, à moins que la considération de cette personne ne soit la cause principale de la convention. 146.

1111. La violence exercée contre celui qui a contracté l'obligation est une cause de nullité, encore qu'elle ait été exercée par un tiers autre que celui au profit duquel la convention a été faite. 1116, 1117, 2225, C.; 400. P.

1112. Il y a violence, lorsqu'elle est de nature à faire impression sur une personne raisonnable, et qu'elle peut lui inspirer la crainte d'exposer sa personne ou sa fortune à un mal considérable et présent. — On a égard, en cette matière, à l'âge, au sexe et à la condition des personnes.

1113. La violence est une cause de nullité du contrat, non-seulement lorsqu'elle a été exercée sur la partie contractante, mais encore lorsqu'elle l'a été sur son époux ou sur son épouse, sur ses descendans ou ses ascendans.

1114. La seule crainte révérentielle envers le père, la mère, ou autre ascendant, sans qu'il y ait eu de violence exercée, ne suffit point pour annuler le contrat.

1115. Un contrat ne peut plus être attaqué pour cause de violence, si, depuis que la violence a cessé, ce contrat a été approuvé, soit expressément, soit tacitement, soit en laissant passer le temps de la restitution fixé par la loi. 892, 1304, 1338.

1116. Le dol est une cause de nullité de la convention, lorsque les manœuvres pratiquées par l'une des parties sont telles, qu'il est évident que, sans ces manœuvres, l'autre partie n'aurait pas contracté. — Il ne se présume pas, et doit être prouvé.

1117. La convention contractée par erreur, violence ou dol, n'est point nulle de plein droit; elle donne seulement lieu à une action en nullité ou en rescision, dans les cas et de la manière expliqués à la section VII du chapitre V du présent titre. 425, P.

1118. La lésion ne vicie les conventions que dans certains contrats ou à l'égard de certaines personnes, ainsi qu'il sera expliqué en la même section. 1505, 2052.

1119. On ne peut, en général, s'engager, ni stipuler en son propre nom, que pour soi-même. 1165, 1236.

1120. Néanmoins on peut se porter fort pour un tiers, en promettant le fait de celui-ci ; sauf l'indemnité contre celui qui s'est porté fort ou qui a promis de faire ratifier, si le tiers refuse de tenir l'engagement. 1134, 1165. 1338, 1236, 1989.

1121. On peut pareillement stipuler au profit d'un tiers, lorsque telle est la condition d'une stipulation que l'on fait pour soi-même, ou d'une donation que l'on fait à un autre. Celui qui a fait cette stipulation ne peut plus la révoquer, si le tiers a déclaré vouloir en profiter. 1134, 1165, 1277, 1973, 2014.

1122. On est censé avoir stipulé pour soi et pour ses héritiers et ayant-cause, à moins que le contraire ne soit exprimé ou ne résulte de la nature de la convention.

SECTION II.
De la Capacité des Parties contractantes.

1123. Toute personne peut contracter, si elle n'en est pas déclarée incapable par la loi. 217, 1108, 1925.

1124. Les incapables de contracter sont : Les mineurs : — Les interdits ; — Les femmes mariées, dans les cas exprimés par la loi ; — Et généralement tous ceux à qui la loi interdit certains contrats. 513, 1594, 2222, C.; 406, P.

1125. Le mineur, l'interdit et la femme mariée, ne peuvent attaquer, pour cause d'incapacité, leurs engagemens que dans les cas prévus par la loi. — Les personnes capables de s'engager ne peuvent opposer l'incapacité du mineur, de l'interdit ou de la femme mariée, avec qui elles ont contracté. 225, 1304, 1313, 1338, 1560, 1926, C.; 83, 1004, P. c.

SECTION III.
De l'Objet et de la Matière des Contrats.

1126. Tout contrat a pour objet une chose qu'une partie s'oblige a donner, ou qu'une partie s'oblige à faire ou à ne pas faire. 1101, 1108.

1127. Le simple usage ou la simple possession d'une chose, peut être, comme la chose même, l'objet du contrat. 625, 1709.

1128. Il n'y a que les choses qui sont dans le commerce qui puissent être l'objet des conventions. 538, 540, 650, 714, 1596, 2226.

1129. Il faut que l'obligation ait pour objet une chose au moins déterminée quant à son espèce. — La quotité de la chose peut être incertaine, pourvu qu'elle puisse être déterminée. 1101, 1108, 1126.

1130. Les choses futures peuvent être l'objet d'une obligation. 791, 1389, 1600. 1837. — On ne peut cependant renoncer à une succession non ouverte, ni faire aucune stipulation sur une pareille succession, même avec le consentement de celui de la succession duquel il s'agit.

SECTION IV.
De la Cause.

1131. L'obligation sans cause, ou sur une fausse cause, ou sur une cause illicite, ne peut avoir aucun effet. 1108, 1235.

1132. La convention n'est pas moins valable, quoique la cause n'en soit pas exprimée.

1133. La cause est illicite, quand elle est prohibée par la loi, quand elle est contraire aux bonnes mœurs ou à l'ordre public. 6. 686, 900, 1172, 1833, C.; 176, P.

CHAPITRE III.
DE L'EFFET DES OBLIGATIONS.

SECTION I.
Dispositions générales.

1134. Les conventions légalement formées tiennent lieu de loi à ceux qui les ont faites. — Elles ne peuvent être révoquées que de leur consentement mutuel, ou pour les causes que la loi autorise. — Elles doivent être exécutées de bonne foi. 953, 1121, 1141, 1152, 1183, 1380, 1420. 1674.

1135. Les conventions obligent non-seulement à ce qui y est exprimé, mais encore à toutes les suites que l'équité, l'usage ou la loi donnent à l'obligation d'après sa nature. 1156, 1251, 1370, 1373, 1991, 2007, 2010.

SECTION II.
De l'Obligation de donner.

1136. L'obligation de donner emporte celle de livrer la chose et de la conserver jusqu'à la livraison, à peine de dommages et intérêts envers le créancier. 1142, 1146, 1193, 1247, 1302, 1604.

1137. L'obligation de veiller à la conservation de la chose, soit que la convention n'ait pour objet que l'utilité de l'une des parties, soit qu'elle ait pour objet leur utilité commune, soumet celui qui en est chargé à y apporter tous les soins d'un bon père de famille. — Cette obligation est plus ou moins étendue relativement à certains contrats, dont les effets, à cet égard, sont expliqués sous les titres qui les concernent. 1146, 1182, 1359, 1374, 1611, 1624, 1788, 1880, 1928, 1962, 2080, 2102, C.; 105, Co.

1138. L'obligation de livrer la chose est parfaite par le seul consentement des parties contractantes. — Elle rend le créancier propriétaire et met la chose à ses risques dès l'instant où elle a dû être livrée, encore que la tradition n'en ait point été faite, à moins que le débiteur ne soit en demeure de la livrer ; auquel cas la chose reste aux risques de ce dernier. 1108, 1109, 1154, 1156, 1193, 1302, 1581, 1585, 1589, 1604, 1614, 1703, 2103.

1139. Le débiteur est constitué en demeure, soit par une sommation ou par autre acte équivalent, soit par l'effet de la convention, lorsqu'elle porte que, sans qu'il soit besoin d'acte et par la seule échéance du terme, le débiteur sera en demeure. 1154, 1230, 1929, 1661, 1662, 1302, 1912, 1881, 1657, 1741, 1258.

1140. Les effets de l'obligation de donner ou de livrer un immeuble sont réglés au titre *de la Vente*, et au titre *des Priviléges et Hypothèques*. 1604, 1654, 2103.

1141. Si la chose qu'on s'est obligé de donner ou de livrer à deux personnes successivement est purement mobilière, celle des deux qui en a été mise en possession réelle est préférée et en demeure propriétaire, encore que son titre soit postérieur en date, pourvu toutefois que la possession soit de bonne foi. 1134, 1240, 1606, 520, 521.

SECTION III.
De l'Obligation de faire ou de ne pas faire.

1142. Toute obligation de faire ou de ne pas faire se résout en dommages et intérêts, en cas d'inexécution de la part du débiteur. 1146, 1257, 1382.

1143. Néanmoins le créancier a le droit de demander que ce qui aurait été fait par contravention à l'engagement soit détruit, et il peut se faire autoriser à le détruire aux dépens du débiteur, sans préjudice des dommages et intérêts, s'il y a lieu.

1144. Le créancier peut aussi, en cas d'inexécution, être autorisé à faire exécuter lui-même l'obligation aux dépens du débiteur.

1145. Si l'obligation est de ne pas faire, celui qui y contrevient doit les dommages et intérêts par le seul fait de la contravention.

SECTION IV.
Des Dommages et intérêts résultant de l'inexécution de l'Obligation.

1146. Les dommages et intérêts ne sont dus que lorsque le débiteur est en demeure de remplir son obligation, excepté néanmoins lorsque la chose que le débiteur s'était obligé de donner ou de faire ne pouvait être donnée ou faite que dans un certain temps qu'il a laissé passer. 1156, 1142, 1226, 1382, 1611, 1789, C.; 126, 128, 523, P. c.

1147. Le débiteur est condamné, s'il y a lieu, au paiement de dommages et intérêts, soit à raison de l'inexécution de l'obligation, soit à raison du retard dans l'exécution, toutes les fois qu'il ne justifie pas que l'inexécution provient d'une cause étrangère qui ne peut lui être imputée, encore qu'il n'y ait aucune mauvaise foi de sa part. 1229, 2080. C.: 523, 526, P. c.

1148. Il n'y a lieu à aucuns dommages et intérêts lorsque, par suite d'une force majeure ou d'un cas fortuit, le débiteur a été empêché de donner ou de faire ce à quoi il était obligé, ou a fait ce qui lui était interdit. 607, 855, 1302, 2080, 1042.

1149. Les dommages et intérêts dus au créancier sont, en général, de la perte qu'il a faite et du gain dont il a été privé, sauf les exceptions et modifications ci-après.

1150. Le débiteur n'est tenu que des dommages et intérêts qui ont été prévus ou qu'on a pu prévoir lors du contrat, lorsque ce n'est point par son dol que l'obligation n'est point exécutée.

1151. Dans le cas même où l'inexécution de la convention résulte du dol du débiteur, les dommages et intérêts ne doivent comprendre, à l'égard de la perte éprouvée par le créancier et du gain dont il a été privé, que ce qui est une suite immédiate et directe de l'inexécution de la convention. 1109, 1116.

1152. Lorsque la convention porte que celui qui manquera de l'exécuter paiera une certaine somme à titre de dommages-intérêts, il ne peut être alloué à l'autre partie une somme plus forte ni moindre. 1134, 1231.

1153. Dans les obligations qui se bornent au paiement d'une certaine somme, les dommages et intérêts résultant du retard dans l'exécution ne consistent jamais que dans la condamnation aux intérêts fixés par la loi : sauf les règles particulières au commerce et au cautionnement. — Ces dommages et intérêts sont dus sans que le créancier soit tenu de justifier d'aucune perte. — Ils ne sont dus que du jour de la demande. 57, P. c.: 1207, C.; 184, Co.; excepté dans les cas où la loi les fait courir de plein droit. 436, 474, 586, 609, 612, 856, 1207, 1440, 1475, 1548, 1579, 2028, 2277, 1846, 2001, 1155, C.; 184, 185, Co.

1154. Les intérêts échus des capitaux peuvent produire des intérêts, ou par une demande judiciaire, ou par une convention spéciale, pourvu que, soit dans la demande, soit dans la convention, il s'agisse d'intérêts dus au moins pour une année entière.

1155. Néanmoins les revenus échus, tels que fermages, loyers, arrérages de rentes perpétuelles ou viagères, produisent intérêts du jour de la demande ou de la convention.—La même règle s'applique aux restitutions de fruits, et aux intérêts payés par un tiers au créancier en acquit du débiteur.

De l'Interprétation des Conventions.

1156. On doit dans les conventions rechercher quelle a été la commune intention des parties contractantes, plutôt que de s'arrêter au sens littéral des termes. 1175, 1602, 2048.

1157. Lorsqu'une chose est susceptible de deux sens, on doit plutôt l'entendre dans celui avec lequel elle peut avoir quelque effet, que dans le sens avec lequel elle n'en pourrait produire aucun.

1158. Les termes susceptibles de deux sens doivent être pris dans le sens qui convient le plus à la matière du contrat.

1159. Ce qui est ambigu s'interprète par ce qui est d'usage dans le pays où le contrat est passé.

1160. On doit suppléer dans le contrat les clauses qui y sont d'usage, quoiqu'elles n'y soient pas exprimées. 1135 et s.

1161. Toutes les clauses des conventions s'interprètent les unes par les autres, en donnant à chacune le sens qui résulte de l'acte entier.

1162. Dans le doute, la convention s'interprète contre celui qui a stipulé, et en faveur de celui qui a contracté l'obligation. 1602.

1163. Quelque généraux que soient les termes dans lesquels une convention est conçue, elle ne comprend que les choses sur lesquelles il paraît que les parties se sont proposé de contracter. 2048, 2049.

1164. Lorsque dans un contrat on a exprimé un cas pour l'explication de l'obligation, on n'est pas censé avoir voulu par-là restreindre l'étendue que l'engagement reçoit de droit aux cas non exprimés.

15°

SECTION VI.

De l'Effet des Conventions à l'égard des Tiers.

1165. Les conventions n'ont d'effet qu'entre les parties contractantes; elles ne nuisent point au tiers, et elles ne lui profitent que dans le cas prévu par l'article 1121. — 1120, 1599, 2005, 2009, 2051, C.; 1022, P. c.

1166. Néanmoins les créanciers peuvent exercer tous les droits et actions de leurs débiteurs, à l'exception de ceux qui sont exclusivement attachés à la personne. 820, 1265, 1446, 1464, 1763, 2091, 2225, C.; 778, P. c.

1167. Ils peuvent aussi, en leur nom personnel, attaquer, 2257, les actes faits par leur débiteur en fraude de leurs droits. 442 et s., Co.; 622, 788, 802, 2225, C. — Ils doivent néanmoins, quant à leurs droits énoncés au titre des Successions et au titre du Contrat de mariage et des Droits respectifs des époux, se conformer aux règles qui y sont prescrites. 618, 622, 788, 865, 878, 882, 921, 1053, 1464, 1410, 1447, C.; 466, 474, P. c.

CHAPITRE IV.

DES DIVERSES ESPÈCES D'OBLIGATIONS.

SECTION I.

Des Obligations conditionnelles.

§ Ier. De la Condition en général, et de ses diverses espèces.

1168. L'obligation est conditionnelle lorsqu'on la fait dépendre d'un événement futur et incertain, soit en la suspendant jusqu'à ce que l'événement arrive, soit en la résiliant, selon que l'événement arrivera ou n'arrivera pas. 1040, 1181, 1183, 1185, 2125, 2257.

1169. La condition casuelle est celle qui dépend du hasard, et qui n'est nullement au pouvoir du créancier ni du débiteur.

1170. La condition potestative est celle qui fait dépendre l'exécution de la convention, d'un événement qu'il est au pouvoir de l'une et de l'autre des parties contractantes de faire arriver ou d'empêcher.

1171. La condition mixte est celle qui dépend tout à la fois de la volonté d'une des parties contractantes, et de la volonté d'un tiers.

1172. Toute condition d'une chose impossible, ou contraire aux bonnes mœurs ou prohibée par la loi, est nulle, et rend nulle la convention qui en dépend. 900, 1133.

1173. La condition de ne pas faire une chose impossible ne rend pas nulle l'obligation contractée sous cette condition.

1174. Toute obligation est nulle lorsqu'elle a été contractée sous une condition potestative de la part de celui qui s'oblige. 944, 1082, 1085, 1095, 1178.

1175. Toute condition doit être accomplie de la manière que les parties ont vraisemblablement voulu et entendu qu'elle le fût. 1156, 2049.

1176. Lorsqu'une obligation est contractée sous la condition qu'un événement arrivera dans un temps fixe, cette condition est censée défaillie lorsque le temps est expiré sans que l'événement soit arrivé. S'il n'y a point de temps fixe, la condition peut toujours être accomplie : et elle n'est censée défaillie que lorsqu'il est devenu certain que l'événement n'arrivera pas. 1040.

1177. Lorsqu'une obligation est contractée sous la condition qu'un événement n'arrivera pas dans un temps fixe, cette condition est accomplie lorsque ce temps est expiré sans que l'événement soit arrivé : elle l'est également, si avant le terme il est certain que l'événement n'arrivera pas ; et s'il n'y a pas de temps déterminé, elle n'est accomplie que lorsqu'il est certain que l'événement n'arrivera pas.

1178. La condition est réputée accomplie lorsque c'est le débiteur, obligé sous cette condition, qui en a empêché l'accomplissement.

1179. La condition accomplie a un effet rétroactif au jour auquel l'engagement a été contracté. Si le créancier est mort avant l'accomplissement de la condition, ses droits passent à son héritier. 1041, 1181.

1180. Le créancier peut, avant que la condition soit accomplie, exercer tous les actes conservatoires de son droit.

§ II. *De la Condition suspensive.*

1181. L'obligation contractée sous une condition suspensive est celle qui dépend ou d'un événement futur et incertain, ou d'un événement actuellement arrivé, mais encore inconnu des parties. — Dans le premier cas, l'obligation ne peut être exécutée qu'après l'événement. — Dans le second cas, l'obligation a son effet du jour où elle a été contractée. 1041, 1176, 1588, 1258, 2125, 2152, 2257.

1182. Lorsque l'obligation a été contractée sous une condition suspensive, la chose qui fait la matière de la convention demeure aux risques du débiteur qui ne s'est obligé de la livrer que dans le cas de l'événement de la condition. — Si la chose est entièrement périe sans la faute du débiteur, l'obligation est éteinte. — Si la chose s'est détériorée sans la faute du débiteur, le créancier a le choix ou de résoudre l'obligation, ou d'exiger la chose dans l'état où elle se trouve, sans diminution du prix. — Si la chose s'est détériorée par la faute du débiteur, le créancier a le droit ou de résoudre l'obligation, ou d'exiger la chose dans l'état où elle se trouve, avec des dommages et intérêts. 1136, 1146, 1176, 1302, 1624.

§ III. *De la Condition résolutoire.*

1183. La condition résolutoire est celle qui, lorsqu'elle s'accomplit, opère la révocation de l'obligation, et qui remet les choses au même état que si l'obligation n'avait pas existé. — Elle ne suspend point l'exécution de l'obligation; elle oblige seulement le créancier à restituer ce qu'il a reçu, dans le cas où l'événement prévu par la condition arrive. 1040, 1658, 2125, 1654, 1255, 1376, 1377.

1184. La condition résolutoire est toujours sous-entendue dans les contrats synallagmatiques, pour le cas où l'une des deux parties ne satisfera point à son engagement. — Dans ce cas, le contrat n'est point résolu de plein droit. La partie envers laquelle l'engagement n'a point été exécuté a le choix ou de forcer l'autre à l'exécution de la convention lorsqu'elle est possible, ou d'en demander la résolution avec dommages et intérêts. — La résolution doit être demandée en justice, et il peut être accordé au défendeur un délai selon les circonstances 952, 1134, 1139, 1176, 1525, 1610, 1654, 1741, 1717, 1766, 1185, 1104.

Des Obligations à terme.

1185. Le terme diffère de la condition, en ce qu'il ne suspend point l'engagement, dont il retarde seulement l'exécution. 1168, 1230, 1888, 1902, 2257.

1186. Ce qui n'est dû qu'à terme ne peut être exigé avant l'échéance du terme; mais ce qui a été payé d'avance ne peut être répété. 1139, 1899, 1900, 1944.

1187. Le terme est toujours présumé stipulé en faveur du débiteur, à moins qu'il ne résulte de la stipulation ou des circonstances, qu'il a été aussi convenu en faveur du créancier. 1244, 1258, 1291, 1292, 1911, C.; 144, 146, Co.

1188. Le débiteur ne peut plus réclamer le bénéfice du terme lorsqu'il a fait faillite, ou lorsque par son fait il a diminué les sûretés qu'il avait données par le contrat à son créancier. 1244, 1382, 1613, 1912, 1913, 2114, 2161, 2184, C.; 124, P. c.; 448, Co.

Des Obligations alternatives.

1189. Le débiteur d'une obligation alternative est libéré par la délivrance de l'une des deux choses qui étaient comprises dans l'obligation. 1129.

1190. Le choix appartient au débiteur, s'il n'a pas été expressément accordé au créancier. 1162, 1196.

1191. Le débiteur peut se libérer en délivrant l'une des deux choses promises; mais il ne peut pas forcer le créancier à recevoir une partie de l'une et une partie de l'autre.

1192. L'obligation est pure et simple, quoique contractée d'une manière alternative, si l'une des deux choses promises ne pouvait être le sujet de l'obligation. 1121, 1128.

1193. L'obligation alternative devient pure et simple, si l'une des deux choses promises périt et ne peut plus être livrée, même par la faute du débiteur. Le prix de cette chose ne peut pas être offert à sa place. — Si toutes deux sont péries, et que le débiteur soit en faute à l'égard de l'une d'elles, il doit payer le prix de celle qui a péri la dernière. 1042, 1136, 1302, 1601.

1194. Lorsque, dans les cas prévus par l'article précédent, le choix avait été déféré par la convention au créancier, — Ou l'une des choses seulement est périe; et alors, si c'est sans la faute du débiteur, le créancier doit avoir celle qui reste; si le débiteur est en faute, le créancier peut demander la chose qui reste, ou le prix de celle qui est périe: — Ou les deux choses sont péries; et alors, si le débiteur est en faute à l'égard des deux, ou même à l'égard de l'une d'elles seulement, le créancier peut demander le prix de l'une ou de l'autre à son choix. 1220, 1302.

1195. Si les deux choses sont péries sans la faute du débiteur, et avant qu'il soit en demeure, l'obligation est éteinte, conformément à l'article 1302. — 1042.

1196. Les mêmes principes s'appliquent au cas où il y a plus de deux choses comprises dans l'obligation alternative.

SECTION IV.
Des Obligations solidaires.

§ Ier. *De la Solidarité entre les Créanciers.*

1197. L'obligation est solidaire entre plusieurs créanciers, lorsque le titre donne expressément à chacun d'eux le droit de demander le paiement du total de la créance, et que le paiement fait à l'un d'eux libère le débiteur, encore que le bénéfice de l'obligation soit partageable et divisible entre les divers créanciers. 1224, 1431.

1198. Il est au choix du débiteur de payer à l'un ou à l'autre des créanciers solidaires, tant qu'il n'a pas été prévenu par les poursuites de l'un d'eux. — Néanmoins la remise qui n'est faite que par l'un des créanciers solidaires ne libère le débiteur que pour la part de ce créancier. 1224, 1284, 1365.

1199. Tout acte qui interrompt la prescription à l'égard de l'un des créanciers solidaires profite aux autres créanciers 1206, 2242, 2249.

§ II. *De la Solidarité de la part des Débiteurs.*

1200. Il y a solidarité de la part des débiteurs, lorsqu'ils sont obligés à une même chose, de manière que chacun puisse être contraint pour la totalité, et que le paiement fait par un seul libère les autres envers le créancier. 1219, 1222, 1999, 2002.

1201. L'obligation peut être solidaire, quoique l'un des débiteurs soit obligé différemment de l'autre au paiement de la même chose; par exemple, si l'un n'est obligé que conditionnellement, tandis que l'engagement de l'autre est pur et simple, ou si l'un a pris un terme qui n'est point accordé à l'autre.

1202. La solidarité ne se présume point; il faut qu'elle soit expressément stipulée. — Cette règle ne cesse que dans les cas où la solidarité a lieu de plein droit, en vertu d'une disposition de la loi. 1222, 1442, 1487, 1887, 2002, 1873, 1865, 2025, C.; 22 à 28, 140, Co.; 55, P.

1203. Le créancier d'une obligation contractée solidairement peut s'adresser à celui des débiteurs qu'il veut choisir, sans que celui-ci puisse lui opposer le bénéfice de division. 1225, 2021, 2025.

1204. Les poursuites faites contre l'un des débiteurs n'empêchent pas le créancier d'en exercer de pareilles contre les autres. 2057.

1205. Si la chose due a péri par la faute ou pendant la demeure de l'un ou de plusieurs des débiteurs solidaires, les autres codébiteurs ne sont point déchargés de l'obligation de payer le prix de la chose; mais ceux-ci ne sont point tenus des dommages et intérêts. — Le créancier peut seulement répéter les dommages et intérêts, tant contre les débiteurs par la faute desquels la chose a péri, que contre ceux qui étaient en demeure:

1146, 1182, 1207, 1222, 1252, 1502.

1206. Les poursuites faites contre l'un des débiteurs solidaires interrompent la prescription à l'égard de tous. 1199, 2249.

1207. La demande d'intérêts formée contre l'un des débiteurs solidaires fait courir les intérêts à l'égard de tous. 1159, 1153.

1208. Le codébiteur solidaire poursuivi par le créancier peut opposer toutes les exceptions qui résultent de la nature de l'obligation, et toutes celles qui lui sont personnelles, ainsi que celles qui sont communes à tous les codébiteurs. — Il ne peut opposer les exceptions qui sont purement personnelles à quelques-uns des autres codébiteurs.

1209. Lorsque l'un des débiteurs devient héritier unique du créancier, ou lorsque le créancier devient l'unique héritier de l'un des débiteurs, la confusion n'éteint la créance solidaire que pour la part et portion du débiteur ou du créancier. 1500, 1501.

1210. Le créancier qui consent à la division de la dette à l'égard de l'un des codébiteurs conserve son action solidaire contre les autres, mais sous la déduction de la part du débiteur qu'il a déchargé de la solidarité. 1224, 2025.

1211. Le créancier qui reçoit divisément la part de l'un des débiteurs, sans réserver dans la quittance la solidarité ou ses droits en général, ne renonce à la solidarité qu'à l'égard de ce débiteur. — Le créancier n'est pas censé remettre la solidarité au débiteur lorsqu'il reçoit de lui une somme égale à la portion dont il est tenu, si la quittance ne porte pas que c'est *pour sa part*. — Il en est de même de la simple demande formée contre l'un des codébiteurs *pour sa part*, si celui-ci n'a pas acquiescé à la demande, ou s'il n'est pas intervenu un jugement de condamnation.

1212. Le créancier qui reçoit divisément et sans réserve la portion de l'un des codébiteurs dans les arrérages ou intérêts de la dette, ne perd la solidarité que pour les arrérages ou intérêts échus, et non pour ceux à échoir, ni pour le capital, à moins que le paiement divisé n'ait été continué pendant dix ans consécutifs. 1280 et s.

1213. L'obligation contractée solidairement envers le créancier se divise de plein droit entre les débiteurs, qui n'en sont tenus entre eux que chacun pour sa part et portion. 875, 2249

1214. Le codébiteur d'une dette solidaire, qui l'a payée en entier, ne peut répéter contre les autres que les part et portion de chacun d'eux. — Si l'un d'eux se trouve insolvable, la perte qu'occasione son insolvabilité se répartit, par contribution, entre tous les autres codébiteurs solvables et celui qui a fait le paiement. 876, 2028, 2050, 2033, 2056.

1215. Dans le cas où le créancier a renoncé à l'action solidaire envers l'un des débiteurs, si l'un ou plusieurs des autres codébiteurs deviennent insolvables, la portion des insolvables sera contributoirement répartie entre tous les débiteurs, même entre ceux précédemment déchargés de la solidarité par le créancier.

1216. Si l'affaire pour laquelle la dette a été contractée solidairement ne concernait que l'un des coobligés solidaires, celui-ci serait tenu de toute la dette vis-à-vis des autres codébiteurs, qui ne seraient considérés par rapport à lui que comme ses cautions. 2028.

SECTION V.

Des Obligations divisibles et indivisibles.

1217. L'obligation est divisible ou indivisible selon qu'elle a pour objet ou une chose qui dans sa livraison, ou un fait qui dans l'exécution, est ou n'est pas susceptible de division, soit matérielle, soit intellectuelle. 1220, 1668, 2249.

1218. L'obligation est indivisible, quoique la chose ou le fait qui en est l'objet soit divisible par sa nature, si le rapport sous lequel elle est considérée dans l'obligation ne la rend pas susceptible d'exécution partielle. 870, 2085.

1219. La solidarité stipulée ne donne point à l'obligation le caractère d'indivisibilité. 1200, 1222.

§ 1er. *Des Effets de l'Obligation divisible.*

1220. L'obligation qui est susceptible de division doit être exécutée entre le créancier et le débiteur comme si elle était indivisible. La divisibilité n'a d'application qu'à l'égard de leurs héritiers, qui ne peuvent demander la dette ou qui ne sont tenus de la payer que pour les parts dont ils sont saisis ou dont ils sont tenus comme représentant le créancier ou le débiteur. 870, 873, 1012, 1233, 1244, 1666, 1939, 2083.

1221. Le principe établi dans l'article précédent reçoit exception à l'égard des héritiers du débiteur, — 1° Dans le cas où la dette est hypothécaire, 872; — 2° Lorsqu'elle est d'un corps certain; 2269; — 3° Lorsqu'il s'agit de la dette alternative de choses au choix du créancier, dont l'une est indivisible; — Lorsque l'un des héritiers est chargé seul, par le titre, de l'exécution de l'obligation; — Lorsqu'il résulte, soit de la nature de l'engagement, soit de la chose qui en fait l'objet, soit de la fin qu'on s'est proposée dans le contrat, que l'intention des contractans a été que la dette ne pût s'acquitter partiellement. — Dans les trois premiers cas, l'héritier qui possède la chose due ou le fonds hypothéqué à la dette, peut être poursuivi pour le tout sur la chose due ou sur le fonds hypothéqué, sauf le recours contre ses cohéritiers. Dans le quatrième cas, l'héritier seul chargé de la dette, et dans le cinquième cas, chaque héritier peut aussi être poursuivi pour le tout; sauf son recours contre ses cohéritiers. 1020, 1192, 873, 1119, 1220, 1223, 876, 1214.

§ II. *Des Effets de l'Obligation indivisible.*

1222. Chacun de ceux qui ont contracté conjointement une dette indivisible en est tenu pour le total, encore que l'obligation n'ait pas été contractée solidairement. 1200 et s., 1232, 1668, 2081, 2114, 2249.

1223. Il en est de même à l'égard des héritiers de celui qui a contracté une pareille obligation. 872.

1224. Chaque héritier du créancier peut exiger en totalité l'exécution de l'obligation indivisible. — Il ne peut seul faire la remise de la totalité de la dette : il ne peut recevoir seul le prix au lieu de la chose. Si l'un des héritiers a seul remis la dette ou reçu le prix de la chose, son cohéritier ne peut demander la chose indivisible qu'en tenant compte de la portion du cohéritier qui a fait la remise ou qui a reçu le prix. 1197, 1210, 1229, 1245, 1670, 1939.

1225. L'héritier du débiteur, assigné pour la totalité de l'obligation, peut demander un délai pour mettre en cause ses cohéritiers, à moins que la dette ne soit de nature à ne pouvoir être acquittée que par l'héritier assigné, qui peut alors être condamné seul, sauf son recours en indemnité contre ses cohéritiers. 1205, 1670.

SECTION VI.

Des Obligations avec clauses pénales.

1226. La clause pénale est celle par laquelle une personne, pour assurer l'exécution d'une convention, s'engage à quelque chose en cas d'inexécution. 1146, 1152, 2047.

1227. La nullité de l'obligation principale entraîne celle de la clause pénale. — La nullité de celle-ci n'entraîne point celle de l'obligation principale.

1228. Le créancier, au lieu de demander la peine stipulée contre le débiteur qui est en demeure, peut poursuivre l'exécution de l'obligation principale.

1229. La clause pénale est la compensation des dommages et intérêts que le créancier souffre de l'inexécution de l'obligation principale. — Il ne peut demander en même temps le principal et la peine, à moins qu'elle n'ait été stipulée pour le simple retard. 1147, 1382, 2047.

1230. Soit que l'obligation primitive contienne, soit qu'elle ne contienne pas un terme dans lequel elle doive être accomplie, la peine n'est encourue que lorsque celui qui s'est obligé soit à livrer, soit à prendre, soit à faire, est en demeure. 1139, 1153, 1185.

1231. La peine peut être modifiée

par le juge lorsque l'obligation principale a été exécutée en partie. 1152.

1232. Lorsque l'obligation primitive contractée avec une clause pénale est d'une chose indivisible, la peine est encourue par la contravention d'un seul des héritiers du débiteur et elle peut être demandée, soit en totalité contre celui qui a fait la contravention, soit contre chacun des cohéritiers pour leur part et portion, et hypothécairement pour le tout, sauf le recours contre celui qui a fait encourir la peine. 1205, 1222.

1233. Lorsque l'obligation primitive contractée sous une peine est divisible, la peine n'est encourue que par celui des héritiers du débiteur qui contrevient à cette obligation, et pour la part seulement dont il était tenu dans l'obligation principale, sans qu'il y ait d'action contre ceux qui l'ont exécutée. — Cette règle reçoit exception lorsque la clause pénale ayant été ajoutée dans l'intention que le paiement ne pût se faire partiellement, un cohéritier a empêché l'exécution de l'obligation pour la totalité. En ce cas, la peine entière peut être exigée contre lui, et contre les autres cohéritiers pour leur portion seulement, sauf leur recours.

CHAPITRE V.
DE L'EXTINCTION DES OBLIGATIONS.

1234. Les obligations s'éteignent, — Par le paiement, 1235; — Par la novation, 1278; — Par la remise volontaire, 1282; — Par la compensation, 1289; — Par la confusion, 1300; — Par la perte de la chose, 1302; — Par la nullité ou la rescision, 1304; — Par l'effet de la condition résolutoire, qui a été expliquée au chapitre précédent, 1183; — Et par la prescription, qui fera l'objet d'un titre particulier, 2219.

SECTION I.
Du Paiement.

§ 1er. Du Paiement en général.

1235. Tout paiement suppose une dette : ce qui a été payé sans être dû est sujet à répétition. — La répétition n'est pas admise à l'égard des obligations naturelles qui on été volontai-

rement acquittées. 1131, 1376, 1906. 1967, C. ; 800, P. c.

1236. Une obligation peut être acquittée par toute personne qui y est intéressée, telle qu'un coobligé ou une caution. — L'obligation peut même être acquittée par un tiers qui n'y est point intéressé, pourvu que ce tiers agisse au nom et en l'acquit du débiteur, ou que, s'il agit en son nom propre, il ne soit pas subrogé aux droits du créancier. 1119, 1249, 1282, 1322, 2014.

1237. L'obligation de faire ne peut être acquittée par un tiers contre le gré du créancier, lorsque ce dernier a intérêt qu'elle soit remplie par le débiteur lui-même. 1763, 1793, 1795.

1238. Pour payer valablement, il faut être propriétaire de la chose donnée en paiement, et capable de l'aliéner. — Néanmoins le paiement d'une somme en argent ou autre chose qui se consomme par l'usage ne peut être répété contre le créancier qui l'a consommée de bonne foi, quoique le paiement en ait été fait par celui qui n'en était pas propriétaire ou qui n'était pas capable de l'aliéner. 1220, 1240, 1376.

1239. Le paiement doit être fait au créancier, ou à quelqu'un ayant pouvoir de lui, ou qui soit autorisé par justice ou par la loi à recevoir pour lui. — Le paiement fait à celui qui n'aurait pas pouvoir de recevoir pour le créancier, est valable, si celui-ci le ratifie, ou s'il en a profité. 1558, 1937.

1240. Le paiement fait de bonne foi à celui qui est en possession de la créance est valable, encore que le possesseur en soit par la suite évincé. 1134, 1141, 1258, 1377 et s.

1241. Le paiement fait au créancier n'est point valable s'il était incapable de le recevoir, à moins que le débiteur ne prouve que la chose payée a tourné au profit du créancier. 484, 1312, 1926, 1990.

1242. Le paiement fait par le débiteur à son créancier, au préjudice d'une saisie ou d'une opposition, n'est pas valable à l'égard des créanciers saisissans ou opposans ; ceux-ci peuvent, selon leur droit, le contraindre à payer de nouveau, sauf, en ce cas seulement, son recours contre le créancier. 1298. C.: 557, 656. P. c.: 29, 77. pr. ta.

1243. Le créancier ne peut être contraint de recevoir une autre chose que celle qui lui est due, quoique la valeur de la chose offerte soit égale ou même plus grande. 1379, 1875, 1885, 1895, C.; 143, Co.

1244. Le débiteur ne peut point forcer le créancier à recevoir en partie le paiement d'une dette, même divisible. — Les juges peuvent neanmoins, en considération de la position du débiteur, et en usant de ce pouvoir avec une grande réserve, accorder des délais modérés pour le paiement, et surseoir l'exécution des poursuites, toutes choses demeurant en état. 1188, 1220, 1900, 2212, C.; 122, P. c.: 157, Co.

1245. Le débiteur d'un corps certain et déterminé est libéré par la remise de la chose en l'état où elle se trouve lors de la livraison, pourvu que les détériorations qui y sont survenues ne viennent point de son fait ou de sa faute, ni de celle des personnes dont il est responsable, ou qu'avant ces détériorations il ne fût pas en demeure. 1222, 1302, 1379, 1884, 1933.

1246. Si la dette est d'une chose qui ne soit déterminée que par son espèce, le débiteur ne sera pas tenu, pour être libéré, de la donner de la meilleure espèce; mais il ne pourra l'offrir de la plus mauvaise. 1022.

1247. Le paiement doit être exécuté dans le lieu désigné par la convention. Si le lieu n'y est pas désigné, le paiement, lorsqu'il s'agit d'un corps certain et déterminé, doit être fait dans le lieu où était, au temps de l'obligation, la chose qui en fait l'objet. — Hors ces deux cas, le paiement doit être fait au domicile du débiteur. 1264, 1296, 1609, 1651, 1902, 1942, 1258. C.: 110, Co.

1248. Les frais du paiement sont à la charge du débiteur. 1260, 1608.

§ II. Du Paiement avec subrogation.

1249. La subrogation dans les droits du créancier au profit d'une tierce personne qui le paie, est ou conventionnelle ou légale 1252.

1250. Cette subrogation est conventionnelle, — 1° Lorsque le créancier recevant son paiement d'une tierce personne la subroge dans ses droits, actions, priviléges ou hypothèques contre le débiteur: cette subrogation doit être expresse et faite en même temps que le paiement; — 2° Lorsque le débiteur emprunte une somme à l'effet de payer sa dette, et de subroger le prêteur dans les droits du créancier. Il faut, pour que cette subrogation soit valable, que l'acte d'emprunt et la quittance soient passés devant notaires; que dans l'acte d'emprunt il soit déclaré que la somme a été empruntée pour faire le paiement, et que dans la quittance il soit déclaré que le paiement a été fait des deniers fournis à cet effet par le nouveau créancier. Cette subrogation s'opère sans le concours de la volonté du créancier. 875, 1235, 1236, 1252, 1275, 1690, 2037, 2075, 2112, C.: 159, Co.

1251. La subrogation a lieu de plein droit, — 1° Au profit de celui qui, étant lui-même créancier, paie un autre créancier qui lui est préférable à raison de ses priviléges ou hypothèques; — 2° Au profit de l'acquéreur d'un immeuble, qui emploie le prix de son acquisition au paiement des créanciers auxquels cet héritage était hypothéqué; — 3° Au profit de celui qui, étant tenu avec d'autres ou pour d'autres au paiement de la dette, avait intérêt de l'acquitter; — 4° Au profit de l'héritier bénéficiaire qui a payé de ses deniers les dettes de la succession. 795, 874, 1214, 2029, C.; 817, P. c.

1252. La subrogation établie par les articles précédens a lieu tant contre les cautions que contre les débiteurs; elle ne peut nuire au créancier lorsqu'il n'a été payé qu'en partie; en ce cas, il peut exercer ses droits, pour ce qui lui reste dû, par préférence à celui dont il n'a reçu qu'un paiement partiel.

§ III. De l'Imputation des Paiemens.

1253. Le débiteur de plusieurs dettes a le droit de déclarer, lorsqu'il paie, quelle dette il entend acquitter. 1848.

1254. Le débiteur d'une dette qui porte intérêt ou produit des arrérages, ne peut point, sans le consentement du créancier, imputer le paiement qu'il fait sur le capital par préférence aux arrérages ou intérêts : le paiement fait sur le capital et intérêts, mais qui n'est point intégral, s'impute d'abord sur les intérêts.

1255. Lorsque le débiteur de diverses dettes a accepté une quittance par laquelle le créancier a imputé ce qu'il a reçu sur l'une de ces dettes spécialement, le débiteur ne peut plus demander l'imputation sur une dette différente, à moins qu'il n'y ait eu dol ou surprise de la part du créancier. 1848.

1256. Lorsque la quittance ne porte aucune imputation, le paiement doit être imputé sur la dette que le débiteur avait pour lors le plus d'intérêt d'acquitter entre celles qui sont pareillement échues : sinon, sur la dette échue, quoique moins onéreuse que celles qui ne le sont point. — Si les dettes sont d'égale nature, l'imputation se fait sur la plus ancienne : toutes choses égales, elle se fait proportionnellement.

§ IV. Des *Offres de paiement*, *et de la Consignation.* 524, 800, 812 et s., P. c.

1257. Lorsque le créancier refuse de recevoir son paiement, le débiteur peut lui faire des offres réelles, et, au refus du créancier de les accepter, consigner la somme ou la chose offerte. — Les offres réelles suivies d'une consignation libèrent le débiteur ; elles tiennent lieu à son égard de paiement, lorsqu'elles sont valablement faites, et la chose ainsi consignée demeure aux risques du créancier. 1259, 1264, C. ; 524, 800, 812, P. c.

1258. Pour que les offres réelles soient valables, il faut, — 1° Qu'elles soient faites au créancier ayant la capacité de recevoir, ou à celui qui a pouvoir de recevoir pour lui ; — 2° Qu'elles soient faites par une personne capable de payer ; — 3° Qu'elles soient de la totalité de la somme exigible, des arrérages ou intérêts dus,

des frais liquidés, et d'une somme pour les frais non liquidés, sauf à la parfaire ; — 4° Que le terme soit échu, s'il a été stipulé en faveur du créancier ; — 5° Que la condition sous laquelle la dette a été contractée soit arrivée ; — 6° Que les offres soient faites au lieu dont on est convenu pour le paiement, et que, s'il n'y a pas de convention spéciale sur le lieu du paiement, elles soient faites ou à la personne du créancier, ou à son domicile, ou au domicile élu pour l'exécution de la convention ; — 7° Que les offres soient faites par un officier ministériel ayant caractère pour ces sortes d'actes. 1181, 1187, 1247, 1264, C. ; 552, 812, P. c.

1259. Il n'est pas nécessaire, pour la validité de la consignation, qu'elle ait été autorisée par le juge : il suffit, — 1° Qu'elle ait été précédée d'une sommation signifiée au créancier, et contenant l'indication du jour, de l'heure et du lieu où la chose offerte sera déposée ; — 2° Que le débiteur se soit dessaisi de la chose offerte, en la remettant dans le dépôt indiqué par la loi pour recevoir les consignations, avec les intérêts jusqu'au jour du dépôt ; — 3° Qu'il y ait eu procès-verbal dressé par l'officier ministériel, de la nature des espèces offertes, du refus qu'a fait le créancier de les recevoir, ou de sa non-comparution, et enfin du dépôt ; — 4° Qu'en cas de non-comparution de la part du créancier, le procès-verbal du dépôt lui ait été signifié avec sommation de retirer la chose déposée. 2060, C. ; 815, 816, P. c. ; 29, 60, pr. ta.

1260. Les frais des offres réelles et de la consignation sont à la charge du créancier, si elles sont valables. 1248, C. ; 525, P. c.

1261. Tant que la consignation n'a point été acceptée par le créancier, le débiteur peut la retirer ; et s'il la retire, ses codébiteurs ou ses cautions ne sont point libérés. 1262, 2034.

1262. Lorsque le débiteur a lui-même obtenu un jugement passé en force de chose jugée, qui a déclaré ses offres et sa consignation bonnes et valables, il ne peut plus, même du consentement du créancier, retirer sa consignation au préjudice de ses codébiteurs ou de ses cautions. 1351, 2054.

1263. Le créancier qui a consenti que le débiteur retirât sa consignation après qu'elle a été déclarée valable par un jugement qui a acquis force de chose jugée, ne peut plus, pour le paiement de sa créance, exercer les priviléges ou hypothèques qui y étaient attachés : il n'a plus d'hypothèque que du jour où l'acte par lequel il a consenti que la consignation fût retirée aura été revêtu des formes requises pour emporter l'hypothèque. 1271, 1278, 1351, C. ; 29, pr. ta.

1264. Si la chose due est un corps certain qui doit être livré au lieu où il se trouve, le débiteur doit faire sommation au créancier de l'enlever, par acte notifié à sa personne ou à son domicile, ou au domicile élu pour l'exécution de la convention. Cette sommation faite, si le créancier n'enlève pas la chose, et que le débiteur ait besoin du lieu dans lequel elle est placée, celui-ci pourra obtenir de la justice la permission de la mettre en dépôt dans quelque autre lieu. 1247, 1258, 1609, C. ; 29, pr. ta.

§ V. De la Cession de Biens.

1265. La cession de biens est l'abandon qu'un débiteur fait de tous ses biens à ses créanciers, lorsqu'il se trouve hors d'état de payer ses dettes. 651, 634, 1270, C. ; 800, 898 et s., P. c. ; 566 et s., Co.

1266. La cession de biens est volontaire ou judiciaire.

1267. La cession de biens volontaire est celle que les créanciers acceptent volontairement, et qui n'a d'effet que celui résultant des stipulations mêmes du contrat passé entre eux et le débiteur.

1268. La cession judiciaire est un bénéfice que la loi accorde au débiteur malheureux et de bonne foi, auquel il est permis, pour avoir la liberté de sa personne, de faire en justice l'abandon de tous ses biens à ses créanciers, nonobstant toute stipulation contraire. 898, 902, P. c. ; 568, 594, 633, Co. ; 92, pr. ta.

1269. La cession judiciaire ne confère point la propriété aux créanciers, elle leur donne seulement le droit de faire vendre les biens à leur profit, et d'en percevoir les revenus jusqu'à la vente. 904, P. c.

1270. Les créanciers ne peuvent refuser la cession judiciaire, si ce n'est dans les cas exceptés par la loi. — Elle opère la décharge de la contrainte par corps. — Au surplus, elle ne libère le débiteur que jusqu'à concurrence de la valeur des biens abandonnés ; et dans le cas où ils auraient été insuffisans, s'il lui en survient d'autres, il est obligé de les abandonner jusqu'au parfait paiement. 1945, C. ; 800, 905, P. c. ; 568, 575, 612, Co.

De la Novation.

1271. La novation s'opère de trois manières : — 1° lorsque le débiteur contracte envers son créancier une nouvelle dette qui est substituée à l'ancienne, laquelle est éteinte ; — 2° Lorsqu'un nouveau débiteur est substitué à l'ancien qui est déchargé par le créancier ; — 3° Lorsque, par l'effet d'un nouvel engagement, un nouveau créancier est substitué à l'ancien, envers lequel le débiteur se trouve déchargé. 1250, 1263, 1278, 1690, 1154, 1273, 1275, 1277, C. ; 757, P. c.

1272. La novation ne peut s'opérer qu'entre personnes capables de contracter. 1124.

1273. La novation ne se présume point ; il faut que la volonté de l'opérer résulte clairement de l'acte.

1274. La novation par la substitution d'un nouveau débiteur peut s'opérer sans le concours du premier débiteur.

1275. La délégation par laquelle un débiteur donne au créancier un autre débiteur qui s'oblige envers le créancier n'opère point de novation, si le créancier n'a expressément déclaré qu'il entendait décharger son débiteur qui a fait la délégation. 1250, 1273, 1277, 1295, 1690, 2112.

1276. Le créancier qui a déchargé le débiteur par qui a été faite la délégation, n'a point de recours contre ce débiteur si le délégué devient in-

'olvable, à moins que l'acte n'en contienne une réserve expresse, ou que le délégué ne fût déjà en faillite ouverte, ou tombé en déconfiture au moment de la délégation. 1695.

1277. La simple indication faite par le débiteur, d'une personne qui doit payer à sa place, n'opère point novation.—Il en est de même de la simple indication faite par le créancier, qui doit recevoir pour lui. 1121. 1689, 2112.

1278. Les priviléges et hypothèques de l'ancienne créance ne passent point à celle qui lui est substituée, à moins que le créancier ne les ait expressément réservés. 1271, 1299.

1279. Lorsque la novation s'opère par la substitution d'un nouveau débiteur, les priviléges et hypothèques primitifs de la créance ne peuvent point passer sur les biens du nouveau débiteur.

1280. Lorsque la novation s'opère entre le créancier et l'un des débiteurs solidaires, les priviléges et hypothèques de l'ancienne créance ne peuvent être réservés que sur les biens de celui qui contracte la nouvelle dette. 1208.

1281. Par la novation faite entre le créancier et l'un des débiteurs solidaires, les codébiteurs sont libérés.— La novation opérée à l'égard du débiteur principal libère les cautions. — Néanmoins, si le créancier a exigé, dans le premier cas, l'accession des codébiteurs, ou, dans le second, celle des cautions, l'ancienne créance subsiste, si les codébiteurs ou les cautions refusent d'accéder au nouvel arrangement. 1284, 2034, 2037.

SECTION III.
De la Remise de la Dette.

1282. La remise volontaire du titre original sous signature privée, par le créancier au débiteur, fait preuve de la libération. 1315, 1341, 1345, 1172, 1350, 2169, 1203.

1283. La remise volontaire de la grosse du titre fait présumer la remise de la dette ou le paiement, sans préjudice de la preuve contraire. 1315, 1522.

1284. La remise du titre original sous signature privée, ou de la grosse du titre, à l'un des débiteurs solidaires, a le même effet au profit de ses codébiteurs. 1208, 1350, 1353.

1285. La remise ou décharge conventionnelle au profit de l'un des codébiteurs solidaires, libère tous les autres, à moins que le créancier n'ait expressément réservé ses droits contre ces derniers. — Dans ce dernier cas il ne peut plus répéter la dette que déduction faite de la part de celui auquel il a fait remise.

1286. La remise de la chose donnée en nantissement ne suffit point pour faire présumer la remise de la dette. 2072, 2075, 2076.

1287. La remise ou décharge conventionnelle accordée au débiteur principal libère les cautions; — Celle accordée à la caution ne libère pas le débiteur principal; — Celle accordée à l'une des cautions ne libère pas les autres. 1365, 2021, 2025, 2034.

1288. Ce que le créancier a reçu d'une caution pour la décharger de son cautionnement doit être imputé sur la dette, et tourner à la décharge du débiteur principal et des autres cautions. 1253.

SECTION IV.
De la Compensation.

1289. Lorsque deux personnes se trouvent débitrices l'une envers l'autre, il s'opère entre elles une compensation qui éteint les deux dettes, de la manière et dans les cas ci-après exprimés. 1293, 1500, 2180.

1290. La compensation s'opère de plein droit par la seule force de la loi, même à l'insu des débiteurs; les deux dettes s'éteignent réciproquement, à l'instant où elles se trouvent exister à la fois, jusqu'à concurrence de leurs quotités respectives.

1291. La compensation n'a lieu qu'entre deux dettes qui ont également pour objet une somme d'argent, ou une certaine quantité de choses fongibles de la même espèce et qui sont également liquides et exigibles. — Les prestations en grains ou denrées, non contestées, et dont le prix est réglé par les mercuriales, peuvent se compenser avec des sommes liquides et exigibles.

1292. Le terme de grâce n'est point un obstacle à la compensation.

1293. La compensation a lieu,

quelles que soient les causes de l'une
ou l'autre des dettes , excepté dans
le cas, — 1° De la demande en restitution d'une chose dont le propriétaire a été injustement dépouillé ; —
2° De la demande en restitution d'un
dépôt et du prêt à usage, 1885 ; —
3° D'une dette qui a pour cause des
alimens déclarés insaisissables. 1952,
2279, C. ; 581, 1004, P. c.

1294. La caution peut opposer la
compensation de ce que le créancier
doit au débiteur principal ; — Mais
le débiteur principal ne peut opposer
la compensation de ce que le créancier doit à la caution. — Le débiteur
solidaire ne peut pareillement opposer
la compensation de ce que le créancier doit à son codébiteur. 1208, 2036.

1295. Le débiteur qui a accepté
purement et simplement la cession
qu'un créancier a faite de ses droits à
un tiers, ne peut plus opposer au cessionnaire la compensation qu'il eût
pu , avant l'acceptation , opposer au
cédant. — A l'égard de la cession qui
n'a point été acceptée par le débiteur,
mais qui lui a été signifiée, elle n'empêche que la compensation des créances postérieures à cette notification.
1275, 1277, 1690.

1296. Lorsque les deux dettes ne
sont pas payables au même lieu, on
n'en peut opposer la compensation
qu'en faisant raison des frais de la remise. 1247, 1258, 1264.

1297. Lorsqu'il y a plusieurs dettes
compensables dues par la même personne , on suit, pour la compensation,
les règles établies pour l'imputation
par l'article 1256.

1298. La compensation n'a pas lieu
au préjudice des droits acquis à un
tiers. Ainsi celui qui , étant débiteur,
est devenu créancier depuis la saisie-
arrêt faite par un tiers entre ses mains,
ne peut , au préjudice du saisissant ,
opposer la compensation. 1242, 1244,
C. ; 557, P. c.

1299. Celui qui a payé une dette
qui était , de droit, éteinte par la
compensation , ne peut plus , en exerçant la créance dont il n'a point opposé la compensation, se prévaloir ,
au préjudice des tiers , des priviléges
ou hypothèques qui y étaient attachés,

à moins qu'il n'ait eu une juste cause
d'ignorer la créance qui devait compenser sa dette. 1272, 1278.

De la Confusion.

1300. Lorsque les qualités de créancier et de débiteur se réunissent dans
la même personne , il se fait une confusion de droits qui éteint les deux
créances. 802, 1946.

1301. La confusion qui s'opère
dans la personne du débiteur principal profite à ses cautions ; — Celle
qui s'opère dans la personne de la
caution n'entraîne point l'extinction
de l'obligation principale ; — Celle
qui s'opère dans la personne du débiteur principal profite à ses cautions ;
— Celle qui s'opère dans la personne
de la caution n'entraîne point l'extinction de l'obligation principale ; —
Celle qui s'opère dans la personne du
débiteur ne profite à ses codébiteurs
solidaires que pour la portion dont il
était débiteur. 705, 1209, 2035.

De la Perte de la chose due.

1302. Lorsque le corps certain et
déterminé qui était l'objet de l'obligation vient à périr, est mis hors du
commerce , ou se perd de manière
qu'on en ignore absolument l'existence , l'obligation est éteinte si la
chose a péri ou a été perdue sans la
faute du débiteur et avant qu'il fût en
demeure. — Lors même que le débiteur est en demeure , et s'il ne s'est
pas chargé des cas fortuits , l'obligation est éteinte dans le cas où la chose
fût également périe chez le créancier
si elle lui eût été livrée. — Le débiteur est tenu de prouver le cas fortuit
qu'il allègue. — De quelque manière
que la chose volée ait péri ou ait été
perdue , sa perte ne dispense pas celui qui l'a soustraite de la restitution
du prix. 855, 1042, 1156, 1193, 1195,
1209, 1575, 1601, 1733, 1788, 1807,
1880, C. ; 379, P.

1303. Lorsque la chose est périe ,
mise hors du commerce ou perdue ,
sans la faute du débiteur, il est tenu ,
s'il y a quelques droits ou actions en
indemnité par rapport à cette chose,

de les céder à son créancier. 1954.

De l'Action en nullité ou en rescision des Conventions.

1304. Dans tous les cas où l'action en nullité ou en rescision d'une convention n'est pas limitée à un moindre temps par une loi particulière, cette action dure dix ans. — Ce temps ne court, dans le cas de violence, que du jour où elle a cessé ; dans le cas d'erreur ou de dol, du jour où ils ont été découverts ; et pour les actes passés par les femmes mariées non autorisées, du jour de la dissolution du mariage. — Le temps ne court, à l'égard des actes faits par les interdits, que du jour où l'interdiction est levée ; et à l'égard de ceux faits par les mineurs, que du jour de la majorité. 217, 225, 475, 482, 1109, 1125, 1126, 1131, 1313, 1314, 1560, 1669, 1674, 1676, 2052, 2255, 2262.

1305. La simple lésion donne lieu à la rescision en faveur du mineur non émancipé, contre toutes sortes de conventions ; et en faveur du mineur émancipé, contre toutes conventions qui excèdent les bornes de sa capacité, ainsi qu'elle est déterminée au titre *de la Minorité, de la Tutelle et de l'Émancipation.* 475, 481, 482, 484, 1306, 1990.

1306. Le mineur n'est pas restituable pour cause de lésion, lorsqu'elle ne résulte que d'un événement casuel et imprévu. 450, 1676.

1307. La simple déclaration de majorité, faite par le mineur, ne fait point obstacle à sa restitution.

1308. Le mineur commerçant, banquier ou artisan, n'est point restituable contre les engagemens qu'il a pris à raison de son commerce ou de son art. 487, C. : 1, 2, 3, 6, Co.

1309. Le mineur n'est point restituable contre les conventions portées en son contrat de mariage, lorsqu'elles ont été faites avec le consentement et l'assistance de ceux dont le consentement est requis pour la validité de son mariage. 148, 159, 1095, 1398, 2140.

1310. Il n'est point restituable contre les obligations résultant de son délit ou quasi-délit. 1382, C. ; 358, I. c.

1311. Il n'est plus recevable à revenir contre l'engagement qu'il avait souscrit en minorité, lorsqu'il l'a ratifié en majorité, soit que cet engagement fût nul en sa forme, soit qu'il fût seulement sujet à restitution. 1338.

1312. Lorsque les mineurs, les interdits ou les femmes mariées sont admis, en ces qualités, à se faire restituer, contre leurs engagemens, le remboursement de ce qui aurait été, en conséquence de ces engagemens, payé pendant la minorité, l'interdiction ou le mariage, ne peut en être exigé, à moins qu'il ne soit prouvé que ce qui a été payé a tourné à leur profit. 484, 1241, 1305, 1926, 1990, C. : 114, Co.

1313. Les majeurs ne sont restitués pour cause de lésion que dans les cas et sous les conditions spécialement exprimés dans le présent Code. 1109, 1128, 1131, 1674, 2052.

1314. Lorsque les formalités requises à l'égard des mineurs ou des interdits, soit pour aliénation d'immeubles, soit dans un partage de succession, ont été remplies, ils sont, relativement à ces actes, considérés comme s'ils les avaient faits en majorité ou avant l'interdiction. 457, 458, 466, 483, 484, 509, 840.

CHAPITRE VI.
DE LA PREUVE DES OBLIGATIONS, ET DE CELLE DU PAIEMENT.

1315. Celui qui réclame l'exécution d'une obligation doit la prouver. 162, 168, Co. ; 1353, C. — Réciproquement, celui qui se prétend libéré doit justifier le paiement ou le fait qui a produit l'extinction de son obligation.

1316. Les règles qui concernent la preuve littérale, la preuve testimoniale, les présomptions, l'aveu de la partie et le serment, sont expliquées dans les sections suivantes. 1282, 1317, 1341, 1349, 1354, 1357.

De la Preuve littérale.

§ Ier. *Du Titre authentique.*

1317. L'acte authentique est celui qui a été reçu par officiers publics ayant le droit d'instrumenter dans le lieu où l'acte a été rédigé, et avec les solennités requises. 1250, 1335,

1690, 2127, 2215, C.: 146, 455.
545, P. c.

1318. L'acte qui n'est point authentique par l'incompétence ou l'incapacité de l'officier, ou par défaut de forme, vaut comme écriture privée, s'il a été signé des parties. 1322, 1325, C.: 841, P. c.

1319. L'acte authentique fait pleine foi de la convention qu'il renferme entre les parties contractantes et leurs héritiers ou ayant-cause. — Néanmoins, en cas de plaintes en faux principal, l'exécution de l'acte argué de faux sera suspendue par la mise en accusation, et, en cas d'inscription de faux faite incidemment, les tribunaux pourront, suivant les circonstances, suspendre provisoirement l'exécution de l'acte. 1320, 1341, 1355, C.; 214, 240, 250, 448, 545, P. c.: 448, 460, I. c.

1320. L'acte, soit authentique, soit sous seing privé, fait foi entre les parties, 951, 1394, même de ce qui n'y est exprimé qu'en termes énonciatifs, pourvu que l'énonciation ait un rapport direct à la disposition. Les énonciations étrangères à la disposition ne peuvent servir que d'un commencement de preuve. 1102, 1225, 1341, 1347.

1321. Les contre-lettres ne peuvent avoir leur effet qu'entre les parties contractantes : elles n'ont point d'effet contre les tiers. 1040, 1396, 1597 C.; 710 et s., P. c.

§ II. *De l'Acte sous seing privé.*

1322. L'acte sous seing privé, reconnu par celui auquel on l'oppose, ou légalement tenu pour reconnu, a, entre ceux qui l'ont souscrit et entre leurs héritiers et ayant-cause, la même foi que l'acte authentique. 951, 1250, 1317, 1328, 1341, 1350, 1394, 1690, 1985, C.; 54, P. c.

1323. Celui auquel on oppose un acte sous seing privé est obligé d'avouer ou de désavouer formellement son écriture ou sa signature. — Ses héritiers ou ayant-cause peuvent se contenter de déclarer qu'ils ne connaissent point l'écriture ou la signature de leur auteur. 195, P. c.

1324. Dans le cas où la partie dés-

avoue son écriture ou sa signature, et dans le cas où ses héritiers ou ayant-cause déclarent ne les point connaître, la vérification en est ordonnée en justice. 195, 211, 323, P. c.

1325. Les actes sous seing privé qui contiennent des conventions synallagmatiques ne sont valables qu'autant qu'ils ont été faits en autant d'originaux qu'il y a de parties ayant un intérêt distinct. — Il suffit d'un original pour toutes les personnes ayant le même intérêt. — Chaque original doit contenir la mention du nombre des originaux qui en ont été faits, 1102, 1310, 1318, 1322. — Néanmoins le défaut de mention que les originaux ont été faits doubles, triples, etc., ne peut être opposé par celui qui a exécuté de sa part la convention portée dans l'acte.

1326. Le billet ou la promesse sous seing privé par lequel une seule partie s'engage envers l'autre à lui payer une somme d'argent ou une chose appréciable, doit être écrit en entier de la main de celui qui le souscrit ; ou du moins il faut qu'outre sa signature il ait écrit de sa main un *bon* ou un *approuvé*, portant en toutes lettres la somme ou la quantité de la chose. 59, Co. — Excepté dans le cas où l'acte émane de marchands, artisans, laboureurs, vignerons, gens de journée et de service.

1327. Lorsque la somme exprimée au corps de l'acte est différente de celle exprimée au *bon*, l'obligation est présumée n'être que de la somme moindre, lors même que l'acte ainsi que le *bon* sont écrits en entier de la main de celui qui s'est obligé, à moins qu'il ne soit prouvé de quel côté est l'erreur.

1328. Les actes sous seing privé n'ont de date contre les tiers que du jour où ils ont été enregistrés, du jour de la mort de celui ou de l'un de ceux qui les ont souscrits, ou du jour où leur substance est constatée dans des actes dressés par des officiers publics, tels que procès verbaux de scellé ou d'inventaire. 1410.

1329. Les registres des marchands ne font point, contre les personnes non marchandes, preuve des fournitures qui y sont portées, sauf ce qui sera dit à l'égard du serment. 1366, 2101, 2272, C.: 15, Co.

1330. Les livres des marchands font preuve contre eux; mais celui qui veut en tirer avantage ne peut les diviser en ce qu'ils contiennent de contraire à sa prétention. 1550, C.; 12, 14, 17, 84, Co.

1331. Les registres et papiers domestiques ne font point un titre pour celui qui les a écrits. Ils font foi contre lui, 1° dans tous les cas où ils énoncent formellement un paiement reçu; 2° lorsqu'ils contiennent la mention expresse que la note a été faite pour suppléer le défaut du titre en faveur de celui au profit duquel ils énoncent une obligation. 46, 524.

1332. L'écriture mise par le créancier à la suite, en marge ou au dos d'un titre qui est toujours resté en sa possession fait foi, quoique non signée ni datée par lui, lorsqu'elle tend à établir la libération du débiteur. — Il en est de même de l'écriture mise par le créancier au dos, ou en marge, ou à la suite du double d'un titre ou d'une quittance, pourvu que ce double soit entre les mains du débiteur. 1550 et s.

§ III. Des Tailles.

1333. Les tailles corrélatives à leurs échantillons font foi entre les personnes qui sont dans l'usage de constater ainsi les fournitures qu'elles font ou reçoivent en détail.

§ IV. Des Copies des Titres.

1334. Les copies, lorsque le titre original subsiste, ne font foi que de ce qui est contenu au titre, dont la représentation peut toujours être exigée. 1517, C.; 859, 852, P. c.

1335. Lorsque le titre original n'existe plus, les copies font foi d'après les distinctions suivantes : — 1° Les grosses ou premières expéditions font la même foi que l'original; il en est de même des copies qui ont été tirées par l'autorité du magistrat, parties présentes ou dûment appelées, ou de celles qui ont été tirées en présence des parties, et de leur consentement réciproque. — 2° Les copies qui, sans

l'autorité du magistrat, ou sans le consentement des parties, et depuis la délivrance des grosses ou premières expéditions, auront été tirées sur la minute de l'acte par le notaire qui l'a reçu, ou par l'un de ses successeurs, ou par officiers publics qui, en cette qualité, sont dépositaires des minutes, peuvent, au cas de perte de l'original, faire foi quand elles sont anciennes.—Elles sont considérées comme anciennes quand elles ont plus de trente ans; — Si elles ont moins de trente ans, elles ne peuvent servir que de commencement de preuve par écrit. — 3° Lorsque les copies tirées sur la minute d'un acte ne l'auront pas été par le notaire qui l'a reçu, ou par l'un de ses successeurs, ou par officiers publics qui, en cette qualité, sont dépositaires des minutes, elles ne pourront servir, quelle que soit leur ancienneté, que de commencement de preuve par écrit. — 4° Les copies de copies pourront, suivant les circonstances, être considérées comme simples renseignemens. 1547, C.; 844, 852, P. c.

1336. La transcription d'un acte sur les registres publics ne pourra servir que de commencement de preuve par écrit, et il faudra même pour cela, —1° Qu'il soit constant que toutes les minutes du notaire, de l'année dans laquelle l'acte paraît avoir été fait, soient perdues, ou que l'on prouve que la perte de la minute de cet acte a été faite par un accident particulier: — 2° Qu'il existe un répertoire en règle du notaire, qui constate que l'acte a été fait à la même date.—Lorsqu'au moyen du concours de ces deux circonstances la preuve par témoins sera admise, il sera nécessaire que ceux qui ont été témoins de l'acte, s'ils existent encore, soient entendus. 1547.

§ V. Des Actes récognitifs et confirmatifs.

1337. Les actes récognitifs ne dispensent point de la représentation du titre primordial, à moins que sa teneur n'y soit spécialement relatée. — Ce qu'ils contiennent de plus que le titre primordial, ou ce qui s'y trouve de différent, n'a aucun effet. — Néanmoins, s'il y avait plusieurs reconnaissances conformes, soutenues de la possession, et dont l'une eût trente ans de date, le créancier pourrait être dispensé de représenter le titre primordial. 2248, 2263.

1338. L'acte de confirmation ou ratification d'une obligation contre laquelle la loi admet l'action en nullité ou en rescision, n'est valable que lorsqu'on y trouve la substance de cette obligation, la mention du motif de l'action en rescision, et l'intention de réparer le vice sur lequel cette action est fondée — A défaut d'acte de confirmation ou ratification, il suffit que l'obligation soit exécutée volontairement après l'époque à laquelle l'obligation pouvait être valablement confirmée ou ratifiée, — La confirmation, ratification, ou exécution volontaire dans les formes, et à l'époque déterminée par la loi, emporte la renonciation aux moyens et exceptions que l'on pouvait opposer contre cet acte, sans préjudice néanmoins du droit des tiers. 840, 1115, 1125, 1166, 1239, 1311, 1340, 1998, 2005.

1339. Le donateur ne peut réparer par aucun acte confirmatif les vices d'une donation entre-vifs : nulle en la forme, il faut qu'elle soit refaite en la forme légale. 931, 942, 964, 1081, 1092.

1340. La confirmation ou ratification, ou exécution volontaire d'une donation par les héritiers ou ayant-cause du donateur, après son décès, emporte leur renonciation à opposer soit les vices de forme, soit toute autre exception. 918, 1338, 2054, 2048.

SECTION II.
De la Preuve testimoniale.

1341. Il doit être passé acte devant notaire ou sous signature privée, de toutes choses excédant la somme ou valeur de cent cinquante francs. 1582, 1854, 1356, 1560, 2044, C.; 275, 511, 532, Co., même pour dépôts volontaires ; et il n'est reçu aucune preuve par témoins contre et outre le contenu aux actes, ni sur ce qui serait allégué avoir été dit avant, lors ou depuis les actes, encore qu'il s'agisse d'une somme ou valeur moindre de cent cinquante francs. 405, 406, 407, P. — Le tout sans préjudice de ce qui est prescrit dans les lois relatives au commerce. 1116, 1519, 1322, 1353, 1355, 1356, 1715, 1854, 1923, 1985, 2074, C.; 252, 432, P. c.; 41, 49, 109, Co.; 154, 189, I. c.

1342. La règle ci-dessus s'applique au cas où l'action contient, outre la demande du capital, une demande d'intérêts qui, réunis au capital, excèdent la somme de cent cinquante francs.

1343. Celui qui a formé une demande excédant cent cinquante francs ne peut plus être admis à la preuve testimoniale, même en restreignant sa demande primitive.

1344. La preuve testimoniale, sur la demande d'une somme même moindre de cent cinquante francs, ne peut être admise lorsque cette somme est déclarée être le restant ou faire partie d'une créance plus forte qui n'est point prouvée par écrit.

1345. Si dans la même instance une partie fait plusieurs demandes dont il n'y a point de titre par écrit, et que, jointes ensemble, elles excèdent la somme de cent cinquante francs, la preuve par témoins n'en peut être admise, encore que la partie allègue que ces créances proviennent de différentes causes, et qu'elles se soient formées en différens temps, si ce n'était que ces droits procédassent, par succession, donation ou autrement, de personnes différentes.

1346. Toutes les demandes, à quelque titre que ce soit, qui ne seront pas entièrement justifiées par écrit, seront formées par un même exploit, après lequel les autres demandes dont il n'y aura point de preuves par écrit ne seront pas reçues.

1347. Les règles ci-dessus reçoivent exception lorsqu'il existe un commencement de preuve par écrit. — On appelle ainsi tout acte par écrit qui est émané de celui contre lequel la demande est formée, ou de celui qu'il représente, et qui rend vraisemblable le fait allégué. 1320, 1355, 1356, 1560, 1353, 1341, 1348, 1923.

1348. Elles reçoivent encore exception toutes les fois qu'il n'a pas été possible au créancier de se procurer une preuve littérale de l'obligation qui a été contractée envers lui. — Cette seconde exception s'applique, — 1° Aux obligations qui naissent des quasi-contrats et des délits ou quasi-délits ; — 2° Aux dépôts nécessaires faits en cas d'incendie, ruine, tumulte ou naufrage, et à ceux faits par les voyageurs en logeant dans une hôtellerie, le tout suivant la qualité des personnes et les circonstances du fait; — 3° Aux obligations contractées en cas d'accidens imprévus, où l'on ne pourrait pas avoir fait des actes par écrit : — 4° Au cas où le créancier a perdu le titre qui lui servait de preuve littérale, par suite d'un cas fortuit, imprévu et résultant d'une force majeure. 1370, 1371, 1582, 1415, 1442, 1950.

SECTION III.
Des Présomptions.

1349. Les présomptions sont des conséquences que la loi ou le magistrat tire d'un fait connu à un fait inconnu.

§ Ier. Des Présomptions établies par la loi. 553, 655, 720, 911, 1099, 1322, 1330, 1333, 1356, 1557, 1525, 1569, 1908.

1350. La présomption légale est celle qui est attachée par une loi spéciale à certains actes ou à certains faits : tels sont, — 1° Les actes que la loi déclare nuls, comme présumés faits en fraude de ses dispositions, d'après leur seule qualité ; — 2° Les cas dans lesquels la loi déclare la propriété ou la libération résulter de certaines circonstances déterminées; — 3° L'autorité que la loi attribue à la chose; — 4° La force que la loi attache à l'aveu de la partie ou à son serment

1351. L'autorité de la chose jugée n'a lieu qu'à l'égard de ce qui a fait l'objet du jugement. Il faut que la chose demandée soit la même ; que la demande soit fondée sur la même cause ; que la demande soit entre les mêmes parties, et formée par elles et contre elles en la même qualité. 360, l. c.; 1131, 1133, 1262, 2052, 2056, C.; 478, P. c.

1352. La présomption légale dispense de toute preuve celui au profit duquel elle existe. — Nulle preuve n'est admise contre la présomption de la loi, lorsque, sur le fondement de cette présomption, elle annule certains actes ou dénie l'action en justice à moins qu'elle n'ait réservé la preuve contraire, et sauf ce qui sera dit sur le serment et l'aveu judiciaires. 1350, 1354, 1357, 1369, 1908, C.; 453, P. c.

§ II. Des Présomptions qui ne sont point établies par la loi.

1353. Les présomptions qui ne sont point établies par la loi sont abandonnées aux lumières et à la prudence du magistrat, qui ne doit admettre que des présomptions graves, précises et concordantes, et dans les cas seulement où la loi admet les preuves testimoniales, à moins que l'acte ne soit attaqué pour cause de fraude ou de dol. 1109, 1156, 1341.

SECTION IV.
De l'Aveu de la Partie.

1354. L'aveu qui est opposé à une partie est ou extrajudiciaire ou judiciaire.

1355. L'allégation d'un aveu extrajudiciaire purement verbal est inutile toutes les fois qu'il s'agit d'une demande dont la preuve testimoniale ne serait point admissible. 1341.

1356. L'aveu judiciaire, 352 et s., P. c., est la déclaration que fait en justice la partie ou son fondé de pouvoir spécial. — Il fait pleine foi contre celui qui l'a fait. — Il ne peut être divisé contre lui. — Il ne peut être révoqué à moins qu'on ne prouve qu'il a été la suite d'une erreur de fait. Il ne pourrait être révoqué sous prétexte d'une erreur de droit. 1109, 1350, 1352, 2275, C.; 138, Co.

SECTION V.
Du Serment.

1357. Le serment judiciaire est de deux espèces : — 1° Celui qu'une partie défère à l'autre pour en faire dépendre le jugement de la cause ; il est appelé *décisoire*. — Celui qui est déféré d'office par le juge à l'une ou à l'autre des parties 1352, 1358, 1366,

1715, 1924. C.: 55. 120, 1035, P. c.;
17. Co.; 366, P.

§ Ier. Du Serment décisoire.

1358. Le serment décisoire peut
être déféré sur quelque espèce de contestation que ce soit. 1361, 1923,
2275.

1359. Il ne peut être déféré que
sur un fait personnel à la partie à laquelle on le défère. 1362, C.; 120,
121, P. c.

1360. Il peut être déféré en tout
état de cause, et encore qu'il n'existe
aucun commencement de preuve de
la demande ou de l'exception sur laquelle il est provoqué. 1347, 1564

1361. Celui auquel le serment est
déféré, qui le refuse ou ne consent
pas à le référer à son adversaire, ou
l'adversaire à qui il a été référé et qui
le refuse, doit succomber dans sa demande ou dans son exception. 1330,
1368.

1362. Le serment ne peut être référé quand le fait qui en est l'objet
n'est point celui des deux parties,
mais est purement personnel à celui
auquel le serment avait été déféré.

1363. Lorsque le serment déféré ou
référé a été fait, l'adversaire n'est
point recevable à en prouver la faus-
seté. 366, P.

1364. La partie qui a déféré ou
référé le serment ne peut plus se ré-
tracter lorsque l'adversaire a déclaré
qu'il est prêt à faire ce serment.

1365. Le serment fait ne forme
preuve qu'au profit de celui qui l'a
déféré ou contre lui, et au profit de
ses héritiers et ayant-cause ou contre
eux. — Néanmoins le serment déféré
par l'un des créanciers solidaires au
débiteur ne libère celui-ci que pour
la part de ce créancier. 1198. — Le
serment déféré au débiteur principal
libère également les cautions; — Celui
déféré à l'un des débiteurs solidaires
profite aux codébiteurs ; — Et celui
déféré à la caution profite au débiteur
principal. — Dans ces deux derniers
cas, le serment du codébiteur solidaire ou de la caution ne profite aux
autres codébiteurs ou au débiteur
principal que lorsqu'il a été déféré sur
la dette, et non sur le fait de la soli-

darité ou du cautionnement. 1208,
1287, 2034.

§ II. Du Serment déféré d'office.

1366. Le juge peut déférer à l'une
des parties le serment, ou pour en
faire dépendre la décision de la cause,
ou seulement pour déterminer le montant de la condamnation. 1529, 1369,
1716. 1781. 1924, C. ; 120, P. c.:
17. Co.

1367. Le juge ne peut déférer d'office le serment, soit sur la demande,
soit sur l'exception qui y est opposée,
que sous les deux conditions suivantes : il faut, — 1° Que la demande ou
l'exception ne soit pas pleinement justifiée ; — 2° Qu'elle ne soit pas totalement dénuée de preuves. — Hors ces
deux cas, le juge doit ou adjuger ou
rejeter purement et simplement la demande.

1368. Le serment déféré d'office
par le juge à l'une des parties ne peut
être par elle référé à l'autre. 1361.

1369. Le serment sur la valeur de la
chose demandée ne peut être déféré
par le juge au demandeur, que lorsqu'il
est d'ailleurs impossible de constater
autrement cette valeur. — Le juge
doit même, en ce cas, déterminer la
somme jusqu'à concurrence de laquelle le demandeur en sera cru sur
son serment. 120 et s., P. c.

TITRE IV.

DES ENGAGEMENS QUI SE FOR-
MENT SANS CONVENTION.

(Décrété le 9 février 1804. Promulgué le 19 du même mois.)

1370. Certains engagemens se forment sans qu'il intervienne aucune
convention, ni de la part de celui qui
s'oblige, ni de la part de celui envers lequel il est obligé. — Les uns résultent de l'autorité seule de la loi ;
les autres naissent d'un fait personnel
à celui qui se trouve obligé. — Les
premiers sont les engagemens formés
involontairement, tels que ceux entre propriétaires voisins, 649 et s., ou
ceux des tuteurs et des autres administrateurs qui ne peuvent refuser la
fonction qui leur est déférée. — Les

engagemens qui naissent d'un fait personnel à celui qui se trouve obligé, résultent ou des quasi-contrats, ou des délits ou quasi-délits; ils font la matière du présent titre. 395, 396, 419, 450, 507, 513, 657, 1101, 1371, 1382.

CHAPITRE PREMIER.
DES QUASI-CONTRATS.

1371. Les quasi-contrats sont les faits purement volontaires de l'homme, dont il résulte un engagement quelconque envers un tiers, et quelquefois un engagement réciproque des deux parties. 1101, C.: 27. Co.

1372. Lorsque volontairement on gère l'affaire d'autrui, 1986, soit que le propriétaire connaisse la gestion, soit qu'il l'ignore, celui qui gère contracte l'engagement tacite de continuer la gestion qu'il a commencée, et de l'achever jusqu'à ce que le propriétaire soit en état d'y pourvoir lui-même, 120, 124, 419; il doit se charger également de toutes les dépendances de cette même affaire. — Il se soumet à toutes les obligations qui résulteraient d'un mandat exprès que lui aurait donné le propriétaire. 1784, 1991, 2007.

1373. Il est obligé de continuer sa gestion, encore que le maître vienne à mourir avant que l'affaire soit consommée, jusqu'à ce que l'héritier ait pu en prendre la direction. 1991, 2007, 2010.

1374. Il est tenu d'apporter à la gestion de l'affaire tous les soins d'un bon père de famille. — Néanmoins les circonstances qui l'ont conduit à se charger de l'affaire peuvent autoriser le juge à modérer les dommages et intérêts qui résulteraient des fautes ou de la négligence du gérant. 1137, 1146, 1991, 1992.

1375. Le maître dont l'affaire a été bien administrée doit remplir les engagemens que le gérant a contractés en son nom, l'indemniser de tous les engagemens personnels qu'il a pris, et lui rembourser toutes les dépenses utiles ou nécessaires qu'il a faites. 1998 et s.

1376. Celui qui reçoit par erreur ou sciemment ce qui ne lui est pas dû s'oblige à le restituer à celui de qui il l'a indûment reçu. 1109, 1131, 1235, 1906.

1377. Lorsqu'une personne qui, par erreur, se croyait débitrice, a acquitté une dette, elle a droit de répétition contre le créancier. — Néanmoins ce droit cesse dans le cas où le créancier a supprimé son titre par suite du paiement, sauf le recours de celui qui a payé contre le véritable débiteur. 1131, 1235, 1238, 1240, 1906, 1967.

1378. S'il y a eu mauvaise foi de la part de celui qui a reçu, il est tenu de restituer, tant le capital que les intérêts ou les fruits, du jour du paiement. 549, 1379, 1381, 2262.

1379. Si la chose indûment reçue est un immeuble ou un meuble corporel, celui qui l'a reçue s'oblige à la restituer en nature, si elle existe, ou sa valeur, si elle est périe ou détériorée par sa faute; il est même garant de sa perte par cas fortuit, s'il l'a reçue de mauvaise foi. 1137, 1245.

1380. Si celui qui a reçu de bonne foi a vendu la chose, il ne doit restituer que le prix de la vente. 1138, 1240, 1933.

1381. Celui auquel la chose est restituée doit tenir compte, même au possesseur de mauvaise foi, de toutes les dépenses nécessaires et utiles qui ont été faites pour la conservation de la chose. 1136, 1889, 1890.

CHAPITRE II.
DES DÉLITS ET DES QUASI-DÉLITS.

1382. Tout fait quelconque de l'homme, qui cause à autrui un dommage, oblige celui par la faute duquel il est arrivé à le réparer. 179, 554, 555, 772, 1142, 1146, 1229, 1310, C.; 71, 107, 152, 179, 192, 213, 241, 289, 314, 367, 374, 390, 479, 494, 500, 505, 513, 516, 562, 605, 608, 690, 715, 722, 779, 826, 1031, P. c.; 479, P.

1383. Chacun est responsable du dommage qu'il a causé non-seulement par son fait, mais encore par sa négligence ou par son imprudence. 1146, C.: 435, Co.; 244, 471, 473, 479, P.

1384. On est responsable non-seulement du dommage que l'on cause par son propre fait, mais encore de celui qui est causé par le fait des personnes dont on doit répondre, ou des choses que l'on a sous sa garde. — Le père, et la mère après le décès du mari, sont responsables du dommage causé par leurs enfans mineurs habitant avec eux : — Les maîtres et les commettans, du dommage causé par leurs domestiques et préposés dans les fonctions auxquelles ils les ont employés : — Les instituteurs et les artisans, du dommage causé par leurs élèves et apprentis pendant le temps qu'ils sont sous leur surveillance. — La responsabilité ci-dessus a lieu, à moins que les père et mère, instituteurs et artisans, ne prouvent qu'ils n'ont pu empêcher le fait qui donne lieu à cette responsabilité. 572, 1424, 1755, 1797, 1994, C. ; 27, 28, Co. ; 2, 145, I. c. ; 73, 74, 386, P.

1385. Le propriétaire d'un animal, ou celui qui s'en sert, pendant qu'il est à son usage, est responsable du dommage que l'animal a causé, soit que l'animal fût sous sa garde, soit qu'il fût égaré ou échappé. 471, 475, 479, P.

1386. Le propriétaire d'un bâtiment est responsable du dommage causé par sa ruine, lorsqu'elle est arrivée par une suite du défaut d'entretien ou par le vice de sa construction. 1473, 1777, C. ; 471, 479, P.

TITRE V.

DU CONTRAT DE MARIAGE ET DES DROITS RESPECTIFS DES ÉPOUX.

(Décrété le 10 février 1804. Promulgué le 20 du même mois.)

CHAPITRE PREMIER.

DISPOSITIONS GÉNÉRALES.

1387. La loi ne régit l'association conjugale, quant aux biens, qu'à défaut de conventions spéciales, que les époux peuvent faire comme ils le jugent à propos, pourvu qu'elles ne soient pas contraires aux bonnes mœurs, et en outre sous les modifi-

cations qui suivent. 6, 900, 1155, 1172, 1595, 1467.

1388. Les époux ne peuvent déroger ni aux droits résultant de la puissance maritale sur la personne de la femme et des enfans, ou qui appartiennent au mari comme chef, ni aux droits conférés au survivant des époux par le titre *de la Puissance paternelle*, et par le titre *de la Minorité, de la Tutelle et de l'Émancipation*, ni aux dispositions prohibitives du présent Code. 212, 213, 371 à 377, 385, 389, 476, 1453, 1497, 1527.

1389. Ils ne peuvent faire aucune convention ou renonciation dont l'objet serait de changer l'ordre légal des successions, soit par rapport à eux-mêmes dans la succession de leurs enfans ou descendans, soit par rapport à leurs enfans entre eux ; sans préjudice des donations entre-vifs ou testamentaires qui pourront avoir lieu selon les formes et dans les cas déterminés par le présent Code. 1497,1527.

1390. Les époux ne peuvent plus stipuler d'une manière générale que leur association sera réglée par l'une des coutumes, lois ou statuts locaux qui régissaient ci-devant les diverses parties du territoire français, et qui sont abrogés par le présent Code. 791, 913, 919, 1048, 1081, 1090, 1091, 1094, 1150, 1497, 1527, 1600.

1391. Ils peuvent cependant déclarer, d'une manière générale, qu'ils entendent se marier ou sous le régime de la communauté, ou sous le régime dotal. — Au premier cas, et sous le régime de la communauté, les droits des époux et de leurs héritiers seront réglés par les dispositions du chapitre II du présent titre. — Au deuxième cas, et sous le régime dotal, leurs droits seront réglés par les dispositions du chap. III. 1599, 1540.

1392. La simple stipulation que la femme se constitue ou qu'il lui est constitué des biens en dot ne suffit pas pour soumettre ces biens au régime dotal, s'il n'y a dans le contrat de mariage une déclaration expresse à cet égard. — La soumission au régime dotal ne résulte pas non plus de la simple déclaration faite par les époux qui se marient sans communauté, ou qu'ils seront séparés de biens. 1529, 1530, 1540, 1541, 1581.

1393. A défaut de stipulations spéciales qui dérogent au régime de la communauté ou le modifient, les règles établies dans la première partie du chapitre II formeront le droit commun de la France. 1387, 1400, 1527.

1394. Toutes conventions matrimoniales seront rédigées, avant le mariage, par acte devant notaire. 1396, 1543, C.; 67, 68, Co.

1395. Elles ne peuvent recevoir aucun changement après la célébration du mariage. 1096, 1451, 1574.

1396. Les changemens qui y seraient faits avant cette célébration doivent être constatés par acte passé dans la même forme que le contrat de mariage. — Nul changement ou contre-lettre n'est, au surplus, valable sans la présence et le consentement simultané de toutes les personnes qui ont été parties dans le contrat de mariage. 148, 151, 1321, 1394, 1398, 1451.

1397. Tous changemens et contre-lettres, même revêtus des formes prescrites par l'article précédent, seront sans effet à l'égard des tiers, s'ils n'ont été rédigés à la suite de la minute du contrat de mariage; et le notaire ne pourra, à peine des dommages et intérêts des parties, et sous plus grande peine, s'il y a lieu, délivrer ni grosses ni expéditions du contrat de mariage sans transcrire à la suite le changement ou la contre-lettre. 1321.

1398. Le mineur habile à contracter mariage est habile à consentir toutes les conventions dont ce contrat est susceptible; et les conventions et donations qu'il y a faites sont valables, pourvu qu'il ait été assisté, dans le contrat, des personnes dont le consentement est nécessaire pour la validité du mariage. 148, 159, 1095, 1309, 2140.

CHAPITRE II.
DU RÉGIME EN COMMUNAUTÉ.

1399. La communauté, soit légale, soit conventionnelle, commence du jour du mariage contracté devant l'of-

ficier de l'état civil : on ne peut stipuler qu'elle commencera à une autre époque. 1404, 1451.

PREMIÈRE PARTIE.
DE LA COMMUNAUTÉ LÉGALE.

1400. La communauté qui s'établit par la simple déclaration qu'on se marie sous le régime de la communauté, ou à défaut de contrat, est soumise aux règles expliquées dans les six sections qui suivent. 1451.

SECTION I.
De ce qui compose la Communauté activement et passivement.

§ 1er. De l'Actif de la Communauté.

1401. La communauté se compose activement, — 1° De tout le mobilier que les époux possédaient au jour de la célébration du mariage, ensemble de tout le mobilier qui leur échoit pendant le mariage à titre de succession ou même de donation, si le donateur n'a exprimé le contraire. 529, 535; — 2° De tous les fruits, revenus, intérêts et arrérages, de quelque nature qu'ils soient, échus ou perçus pendant le mariage, et provenant des biens qui appartenaient aux époux lors de sa célébration, ou de ceux qui leur sont échus pendant le mariage, à quelque titre que ce soit; — 3° De tous les immeubles qui sont acquis pendant le mariage. 1496, 1497.

1402. Tout immeuble est réputé acquêt de communauté, s'il n'est prouvé que l'un des époux en avait la propriété ou possession légale antérieurement au mariage, ou qu'il lui est échu depuis à titre de succession ou donation.

1403. Les coupes de bois et les produits des carrières et mines tombent dans la communauté pour tout ce qui en est considéré comme usufruit, d'après les règles expliquées au titre de l'Usufruit, de l'Usage et de l'Habitation. 590, 592, 598, 1437, 1468, 1473. — Si les coupes de bois qui, en suivant ces règles, pouvaient être faites durant la communauté, ne l'ont point été, il en sera dû récompense à l'époux non propriétaire du fonds ou à ses héritiers. — Si les car-

14

rières et mines ont été ouvertes pendant le mariage, les produits n'en tombent dans la communauté que sauf récompense ou indemnité à celui des époux à qui elle pourra être due. 1437, 1468, 1473.

1404. Les immeubles que les époux possèdent au jour de la célébration du mariage, ou qui leur échoient pendant son cours à titre de succession, n'entrent point en communauté. — Néanmoins, si l'un des époux avait acquis un immeuble depuis le contrat de mariage, contenant stipulation de communauté, et avant la célébration du mariage, l'immeuble acquis dans cet intervalle entrera dans la communauté, à moins que l'acquisition n'ait été faite en exécution de quelque clause du mariage, auquel cas elle serait réglée suivant la convention. 1399, 1400, 1493.

1405. Les donations d'immeubles qui ne sont faites pendant le mariage qu'à l'un des deux époux ne tombent point en communauté, et appartiennent au donataire seul, à moins que la donation ne contienne expressément que la chose donnée appartiendra à la communauté. 1403, 1470.

1406. L'immeuble abandonné ou cédé par père, mère ou autre ascendant, à l'un des deux époux, soit pour le remplir de ce qu'il lui doit, soit à la charge de payer les dettes du donateur à des étrangers, n'entre point en communauté: sauf récompense ou indemnité. 1075, 1436, 1468, 1470, 1493.

1407. L'immeuble acquis pendant le mariage à titre d'échange contre l'immeuble appartenant à l'un des deux époux, n'entre point en communauté, et est subrogé au lieu et place de celui qui a été aliéné: sauf la récompense s'il y a soulte. 1436, 1468, 1470, 1495, 1559.

1408. L'acquisition faite pendant le mariage, à titre de licitation ou autrement, de portion d'un immeuble dont l'un des époux était propriétaire par indivis, ne forme point un conquêt: sauf à indemniser la communauté de la somme qu'elle a fournie pour cette acquisition. — Dans le cas où le mari deviendrait seul, et en son nom personnel, acquéreur ou adjudicataire de portion ou de la totalité d'un immeuble appartenant par indivis à la femme, celle-ci, lors de la dissolution de la communauté, a le choix ou d'abandonner l'effet à la communauté, laquelle devient alors débitrice envers la femme de la portion appartenant à celle-ci dans le prix, ou de retirer l'immeuble, en remboursant à la communauté le prix de l'acquisition. 1436, 1468, 1470, 1493.

§ II. *Du Passif de la Communauté, et des Actions qui en résultent contre la Communauté.*

1409. La communauté se compose passivement, — 1° De toutes les dettes mobilières dont les époux étaient grevés au jour de la célébration de leur mariage, ou dont se trouvent chargées les successions qui leur échoient durant le mariage, sauf la récompense pour celles relatives aux immeubles propres à l'un ou à l'autre époux; — 2° Des dettes, tant en capitaux qu'arrérages ou intérêts, contractées par le mari pendant la communauté, ou par la femme du consentement du mari, sauf la récompense dans les cas où elle a lieu. 220, 1415, 1426; — 3° Des arrérages et intérêts seulement des rentes ou dettes passives qui sont personnelles aux deux époux; — 4° Des réparations usufructuaires, 606, 1428, des immeubles qui n'entrent point en communauté; — 5° Des alimens des époux, de l'éducation et entretien des enfans, et de toute autre charge du mariage. 203, 214, 505, 1401, 1410, 1426, 1450, 1465, 1496, 1510.

1410. La communauté n'est tenue des dettes mobilières contractées avant le mariage par la femme, qu'autant qu'elles résultent d'un acte authentique antérieur au mariage, ou ayant reçu avant la même époque une date certaine, soit par l'enregistrement, soit par le décès d'un ou de plusieurs signataires dudit acte. 1167, 1255, 1415, 1417, 1418, 1426, 1485. — Le créancier de la femme, en vertu d'un acte n'ayant pas de date certaine avant le mariage, ne peut en poursuivre contre elle le paiement que sur la nue propriété de ses immeubles personnels. — Le mari qui prétendrait avoir payé pour sa femme une dette de cette nature n'en peut demander la récompense ni à sa femme ni à ses héritiers. 1528.

1411. Les dettes des successions purement mobilières qui sont échues aux époux pendant le mariage, sont pour le tout à la charge de la communauté. 1418, 1496, 1510.

1412. Les dettes d'une succession purement immobilière qui échoit à l'un des époux pendant le mariage, ne sont point à la charge de la communauté : sauf le droit qu'ont les créanciers de poursuivre leur paiement sur les immeubles de ladite succession. — Néanmoins, si la succession est échue au mari, les créanciers de la succession peuvent poursuivre leur paiement, soit sur tous les biens propres au mari, soit même sur ceux de la communauté : sauf, dans ce second cas, la récompense due à la femme ou à ses héritiers. 1413, 1456, 1468, 1470, 1499.

1413. Si la succession purement immobilière est échue à la femme, et que celle-ci l'ait acceptée du consentement de son mari, les créanciers de la succession peuvent poursuivre leur paiement sur tous les biens personnels de la femme : mais, si la succession n'a été acceptée par la femme que comme autorisée en justice au refus du mari, les créanciers, en cas d'insuffisance des immeubles de la succession, ne peuvent se pourvoir que sur la nue propriété des autres biens personnels de la femme. 795, 1410, 1416, 1418, 1426, 1485.

1414. Lorsque la succession échue à l'un des époux est en partie mobilière et en partie immobilière, les dettes dont elle est grevée ne sont à la charge de la communauté que jusqu'à concurrence de la portion contributoire du mobilier dans les dettes, eu égard à la valeur de ce mobilier comparée à celle des immeubles. — Cette portion contributoire se règle d'après l'inventaire auquel le mari doit faire procéder, soit de son chef, si la succession le concerne personnellement, soit comme dirigeant et autorisant les actions de sa femme,

s'il s'agit d'une succession à elle échue. 795, 1416, 1418, C.; 941, P. c.

1415. A défaut d'inventaire, et dans tous les cas où ce défaut préjudicie à la femme, elle ou ses héritiers peuvent, lors de la dissolution de la communauté, poursuivre les récompenses de droit, et même faire preuve, tant par titres et papiers domestiques que par témoins, et au besoin par la commune renommée, de la consistance et valeur du mobilier non inventorié. — Le mari n'est jamais recevable à faire cette preuve. 795, 1414, 1418, 1442, 1504.

1416. Les dispositions de l'article 1414 ne font point obstacle à ce que les créanciers d'une succession en partie mobilière et en partie immobilière poursuivent leur paiement sur les biens de la communauté, soit que la succession soit échue au mari, soit qu'elle soit échue à la femme lorsque celle-ci l'a acceptée du consentement de son mari : le tout sauf les récompenses respectives. — Il en est de même si la succession n'a été acceptée par la femme que comme autorisée en justice, et que néanmoins le mobilier en ait été confondu dans celui de la communauté sans un inventaire préalable. 1414, 1418, 1456, 1468, 1470, 1495, 1510, 1519, 1524.

1417. Si la succession n'a été acceptée par la femme que comme autorisée en justice au refus du mari, et s'il y a eu inventaire, les créanciers ne peuvent poursuivre leur paiement que sur les biens tant mobiliers qu'immobiliers de ladite succession, et, en cas d'insuffisance, sur la nue propriété des autres biens personnels de la femme. 219, 795, 1410, 1413, 1424, 1426.

1418. Les règles établies par les articles 1411 et suivans régissent les dettes dépendantes d'une donation, comme celles résultant d'une succession. 1411 et s.

1419. Les créanciers peuvent poursuivre le paiement des dettes que la femme a contractées avec le consentement du mari, tant sur tous les biens de la communauté, que sur ceux du mari ou de la femme; sauf la récompense due à la communauté, ou l'indemnité due au mari. 1401, 1416, 1436, 1468, 1470, 1493, 2208.

1420. Toute dette qui n'est contractée par la femme qu'en vertu de la procuration génér. le ou spéciale du mari, est à la charge de la communauté; et le créancier n'en peut poursuivre le paiement ni contre la femme, ni sur ses biens personnels. 1409, 1431, 1990. 1998.

De l'Administration de la Communauté, et de l'Effet des Actes de l'un ou de l'autre époux relativement à la Société conjugale.

1421. Le mari administre seul les biens de la communauté. — Il peut les vendre, aliéner et hypothéquer sans le concours de la femme. 272, 818, 1401, 1428, 1507, 1551, 1549, 2208. C.; 869, P. c.

1422. Il ne peut disposer entre-vifs à titre gratuit des immeubles de la communauté, ni de l'universalité ou d'une quotité du mobilier, si ce n'est pour l'établissement des enfans communs. — Il peut néanmoins disposer des effets mobiliers à titre gratuit et particulier, au profit de toutes personnes, pourvu qu'il ne s'en réserve pas l'usufruit. 1401, 1439.

1423. La donation testamentaire faite par le mari ne peut excéder sa part dans la communauté. — S'il a donné en cette forme un effet de la communauté, le donataire ne peut le réclamer en nature qu'autant que l'effet, par l'événement du partage, tombe au lot des héritiers du mari : si l'effet ne tombe point au lot de ces héritiers, le légataire a la récompense de la valeur totale de l'effet donné, sur la part des héritiers du mari dans la communauté, et sur les biens personnels de ce dernier. 1401, 1474.

1424. Les amendes encourues par le mari pour crime n'emportant pas mort civile peuvent se poursuivre sur les biens de la communauté, sauf la récompense due à la femme; celles encourues par la femme ne peuvent s'exécuter que sur la nue propriété de ses biens personnels, tant que dure

la communauté. 1410, 1413, 1417, 1426, 1456.

1425. Les condamnations prononcées contre l'un des deux époux pour crime emportant mort civile ne frappent que sa part de la communauté et ses biens personnels. 23, 25, C.: 18, P.

1426. Les actes faits par la femme sans le consentement du mari, et même avec l'autorisation de la justice, n'engagent point les biens de la communauté, si ce n'est lorsqu'elle contracte comme marchande publique et pour le fait de son commerce 210, 220, 1410, 1413, 1417, 1424. 1450, 1990, C.; 4, 5, 7, Co.

1427. La femme ne peut s'obliger ni engager les biens de la communauté, même pour tirer son mari de prison, ou pour l'établissement de ses enfans en cas d'absence du mari, qu'après y avoir été autorisée par justice. 219, 1555.

1428. Le mari a l'administration de tous les biens personnels de la femme. — Il peut exercer seul toutes les actions mobilières et possessoires qui appartiennent à la femme. — Il ne peut aliéner les immeubles personnels de sa femme sans son consentement. — Il est responsable de tout dépérissement des biens personnels de sa femme, causé par défaut d'actes conservatoires. 818. 1421, 1429, 1507, 1549. 2121, 2135, 2254.

1429. Les baux que le mari seul a faits des biens de sa femme pour un temps qui excède neuf ans, ne sont, en cas de dissolution de la communauté, obligatoires vis-à-vis de la femme ou de ses héritiers que pour le temps qui reste à courir, soit de la première période de neuf ans, si les parties s'y trouvent encore, soit de la seconde, et ainsi de suite, de manière que le fermier n'ait que le droit d'achever la jouissance de la période de neuf ans où il se trouve. 595, 1718.

1430. Les baux de neuf ans ou au-dessous que le mari seul a passés ou renouvelés des biens de sa femme, plus de trois ans avant l'expiration du bail courant s'il s'agit de biens ruraux, et plus de deux avant la même époque s'il s'agit de maisons, sont sans effet, à moins que leur exécution n'ait commencé avant la dissolution de la communauté. 595, 1441, 1718.

1431. La femme qui s'oblige solidairement avec son mari pour les affaires de la communauté ou du mari, n'est réputée, à l'égard de celui-ci, s'être obligée que comme caution : elle doit être indemnisée de l'obligation qu'elle a contractée. 1419, 1420, 1428, 1452, 1458, 1482, 1494, 1497, 2066.

1432. Le mari qui garantit solidairement ou autrement la vente que sa femme a faite d'un immeuble personnel, a pareillement un recours contre elle, soit sur sa part dans la communauté, soit sur ses biens personnels, s'il est inquiété. 1478.

1433. S'il est vendu un immeuble appartenant à l'un des époux, de même que si l'on s'est rédimé en argent de services fonciers dus à des héritages propres à l'un d'eux, et que le prix en ait été versé dans la communauté, le tout sans remploi, il y a lieu au prélèvement de ce prix sur la communauté, au profit de l'époux qui était propriétaire, soit de l'immeuble vendu, soit des services rachetés. 1436, 1437, 1470, 1495.

1434. Le remploi est censé fait à l'égard du mari, toutes les fois que, lors d'une acquisition, il a déclaré qu'elle était faite des deniers provenus de l'aliénation de l'immeuble qui lui était personnel, et pour lui tenir lieu de remploi. 1470, 1495, 1553, 1554, 1559, 1595.

1435. La déclaration du mari que l'acquisition est faite des deniers provenus de l'immeuble vendu par la femme et pour lui servir de remploi, ne suffit point si ce remploi n'a été formellement accepté par la femme : si elle ne l'a pas accepté, elle a simplement droit, lors de la dissolution de la communauté, à la récompense du prix de son immeuble vendu. 1450, 1470, 1495.

1436. La récompense du prix de l'immeuble appartenant au mari ne s'exerce que sur la masse de la communauté ; celle du prix de l'immeu-

ble appartenant à la femme s'exerce sur les biens personnels du mari, en cas d'insuffisance des biens de la communauté. Dans tous les cas, la récompense n'a lieu que sur le pied de la vente, quelque allégation qui soit faite touchant la valeur de l'immeuble aliéné. 1406, 1412, 1415, 1416, 1457, 1468, 1472, 2155.

1437. Toutes les fois qu'il est pris sur la communauté une somme soit pour acquitter les dettes ou charges personnelles à l'un des époux, telles que le prix ou partie du prix d'un immeuble à lui propre ou le rachat de services fonciers, soit pour le recouvrement, la conservation ou l'amélioration de ses biens personnels, et généralement toutes les fois que l'un des deux époux a tiré un profit personnel des biens de la communauté, il en doit la récompense. 591, 592, 598, 1401 à 1404, 1406, 1409, 1412, 1414, 1415, 1419, 1423, 1455, 1457, 1468.

1438. Si le père et la mère ont doté conjointement l'enfant commun, sans exprimer la portion pour laquelle ils entendaient y contribuer, ils sont censés avoir doté chacun pour moitié, soit que la dot ait été fournie ou promise en effets de la communauté, soit qu'elle l'ait été en biens personnels à l'un des deux époux. — Au second cas, l'époux dont l'immeuble ou l'effet personnel a été constitué en dot a sur les biens de l'autre une action en indemnité pour la moitié de ladite dot, eu égard à la valeur de l'effet donné au temps de la donation. 1422, 1439, 1544.

1439. La dot constituée par le mari seul à l'enfant commun, en effets de la communauté, est à la charge de la communauté ; et, dans le cas où la communauté est acceptée par la femme, celle-ci doit supporter la moitié de la dot, à moins que le mari n'ait déclaré expressément qu'il s'en chargeait pour le tout, ou pour une portion plus forte que la moitié. 1422, 1458.

1440. La garantie de la dot est due par toute personne qui l'a constituée ; et ses intérêts courent du jour du mariage, encore qu'il y ait terme pour le paiement, s'il n'y a stipulation contraire. 1547, 1548, 1570, 2135, 2194.

De la Dissolution de la Communauté,
et de quelques-unes de ses suites.

1441. La communauté se dissout, 1° par la mort naturelle : 2° par la mort civile : 26, 27 ; 3° par le divorce ; 4° par la séparation de corps ; 5° par la séparation de biens. 511, 1445, C. ; 544, Co.

1442. Le défaut d'inventaire après la mort naturelle ou civile de l'un des époux ne donne pas lieu à la continuation de la communauté : sauf les poursuites des parties intéressées, relativement à la consistance des biens et effets communs, dont la preuve pourra être faite tant par titres que par la commune renommée. 384, 795, 1415, 1418, 1456, 1482. — S'il y a des enfans mineurs, le défaut d'inventaire fait perdre en outre à l'époux survivant la jouissance de leurs revenus ; et le subrogé tuteur qui ne l'a point obligé à faire inventaire, est solidairement tenu avec lui de toutes les condamnations qui peuvent être prononcées au profit des mineurs. 865 et s., C. ; 870, 1004, P. c.

1443. La séparation de biens ne peut être poursuivie qu'en justice par la femme dont la dot est mise en péril, et lorsque le désordre des affaires du mari donne lieu de craindre que les biens de celui-ci ne soient point suffisans pour remplir les droits et reprises de la femme. — Toute séparation volontaire est nulle. 511, 1447, 1540, 1563, 1595, C. ; 49, 865, P. c. ; 65, 69, 70, 544, Co.

1444. La séparation de biens, quoique prononcée en justice, est nulle si elle n'a point été exécutée par le paiement réel des droits et reprises de la femme effectué par acte authentique, jusqu'à concurrence des biens du mari, ou au moins par des poursuites commencées dans la quinzaine qui a suivi le jugement, et non interrompues depuis. 872, P. c.

1445. Toute séparation de biens doit, avant son exécution, être rendue publique par l'affiche sur un tableau à ce destiné, dans la princi-

pale salle du tribunal de première instance, et de plus, si le mari est marchand, banquier ou commerçant, dans celle du tribunal de commerce du lieu de son domicile ; et ce, à peine de nullité de l'exécution. — Le jugement qui prononce la séparation de biens remonte, quant à ses effets, au jour de la demande. 865, 874, P. c. ; 65, 70, Co. ; 1429, C.

1446. Les créanciers personnels de la femme ne peuvent, sans son consentement, demander la séparation de biens. — Néanmoins, en cas de faillite ou de déconfiture du mari, ils peuvent exercer les droits de leur débitrice jusqu'à concurrence du montant de leurs créances. 1166, 1410, 1464, 2135.

1447. Les créanciers du mari peuvent se pourvoir contre la séparation de biens prononcée et même exécutée en fraude de leurs droits : ils peuvent même intervenir dans l'instance sur la demande en séparation pour la contester. 871, 873, P. c. ; 1167, 1464, C.

1448. La femme qui a obtenu la séparation de biens doit contribuer, proportionnellement à ses facultés et à celles du mari, tant aux frais du ménage qu'à ceux d'éducation des enfans communs. — Elle doit supporter entièrement ces frais, s'il ne reste rien au mari. 203, 214, 1537, 1575.

1449. La femme séparée soit de corps et de biens, soit de biens seulement, en reprend la libre administration. — Elle peut disposer de son mobilier, et l'aliéner. — Elle ne peut aliéner ses immeubles sans le consentement du mari, ou sans être autorisée en justice à son refus. 511, 1450, 1556, 1576, 1595.

1450. Le mari n'est point garant du défaut d'emploi ou de remploi du prix de l'immeuble que la femme séparée a aliéné sous l'autorisation de la justice, à moins qu'il n'ait concouru au contrat, ou qu'il ne soit prouvé que les deniers ont été reçus par lui, ou ont tourné à son profit. — Il est garant du défaut d'emploi ou de remploi, si la vente a été faite en sa présence et de son consentement : il ne

l'est point de l'utilité de cet emploi.
1426, 1427, 1449.

1451. La communauté dissoute par la séparation soit de corps et de biens, soit de biens seulement, peut être rétablie du consentement des deux parties. — Elle ne peut l'être que par un acte passé devant notaires et avec minute, dont une expédition doit être affichée dans la forme de l'article 1445. — En ce cas, la communauté rétablie reprend son effet du jour du mariage ; les choses sont remises au même état que s'il n'y avait point eu de séparation, sans préjudice néanmoins de l'exécution des actes qui, dans cet intervalle, ont pu être faits par la femme en conformité de l'article 1449. — Toute convention par laquelle les époux rétabliraient leur communauté sous des conditions différentes de celles qui la réglaient antérieurement, est nulle. 1595.

1452. La dissolution de communauté opérée par le divorce ou par la séparation soit de corps et de biens, soit de biens seulement, ne donne pas ouverture aux droits de survie de la femme. 25 ; mais celle-ci conserve la faculté de les exercer lors de la mort naturelle ou civile de son mari. 299, 311, 1445, 1518.

SECTION IV.

De l'Acceptation de la Communauté, et de la Renonciation qui peut y être faite, avec les conditions qui y sont relatives.

1453. Après la dissolution de la communauté, la femme ou ses héritiers et ayant-cause ont la faculté de l'accepter ou d'y renoncer ; toute convention contraire est nulle. 1387, 1463, 1466, 1467, 1492, C. ; 874, P. c.

1454. La femme qui s'est immiscée dans les biens de la communauté ne peut y renoncer. 778, 780, 790, 870, 1463, C. ; 944, P. c. — Les actes purement administratifs ou conservatoires n'emportent point immixtion. 779.

1455. La femme majeure qui a pris dans un acte la qualité de commune ne peut plus y renoncer ni se faire restituer contre cette qualité, quand même elle l'aurait prise avant d'avoir fait inventaire, s'il y a eu dol

de la part des héritiers du mari 778, 780, 783, 1109, 1116, 1451.

1456. La femme survivante qui veut conserver la faculté de renoncer à la communauté, doit, dans les trois mois du jour du décès du mari, faire faire un inventaire fidèle et exact de tous les biens de la communauté, contradictoirement avec les héritiers du mari, ou eux dûment appelés. — Cet inventaire doit être par elle affirmé sincère et véritable, lors de sa clôture, devant l'officier public qui l'a reçu. 795, 795, 1442, 1462, 1482, C. ; 941, P. c.

1457. Dans les trois mois et quarante jours après le décès du mari, elle doit faire sa renonciation au greffe du tribunal de première instance dans l'arrondissement duquel le mari avait son domicile ; cet acte doit être inscrit sur le registre établi pour recevoir les renonciations à succession. 874, 997, P. c. ; 795, 1461, 1465, C.

1458. La veuve peut, suivant les circonstances, demander au tribunal de première instance une prorogation du délai prescrit par l'article précédent pour sa renonciation ; cette prorogation est, s'il y a lieu, prononcée contradictoirement avec les héritiers du mari, ou eux dûment appelés. 798, 1461.

1459. La veuve qui n'a point fait sa renonciation dans le délai ci-dessus prescrit n'est pas déchue de la faculté de renoncer si elle ne s'est point immiscée et qu'elle ait fait inventaire : elle peut seulement être poursuivie comme commune jusqu'à ce qu'elle ait renoncé, et elle doit les frais faits contre elle jusqu'à sa renonciation. — Elle peut également être poursuivie après l'expiration des quarante jours depuis la clôture de l'inventaire, s'il a été clos avant les trois mois 795, 800, 1461.

1460. La veuve qui a diverti ou recélé quelques effets de la communauté est déclarée commune, nonobstant sa renonciation ; il en est de même à l'égard de ses héritiers. 792, 801, 1477, C. ; 555, Co.

1461. Si la veuve meurt avant l'expiration des trois mois sans avoir fait ou terminé l'inventaire, les héritiers auront, pour faire ou pour terminer l'inventaire, un nouveau délai de trois mois, à compter du décès de la veuve, et de quarante jours pour délibérer, après la clôture de l'inventaire. — Si la veuve meurt ayant terminé l'inventaire, ses héritiers auront, pour délibérer, un nouveau délai de quarante jours à compter de son décès. — Ils peuvent, au surplus, renoncer à la communauté dans les formes établies ci-dessus : et les articles 1458 et 1459 leur sont applicables. 1466, 1475, 1491.

1462. Les dispositions des articles 1456 et suivans sont applicables aux femmes des individus morts civilement, à partir du moment où la mort civile a commencé. 25, 26, 27, 1441. 1456.

1463. La femme divorcée ou séparée de corps, qui n'a point, dans les trois mois et quarante jours après le divorce ou la séparation définitivement prononcés, accepté la communauté, est censée y avoir renoncé, à moins qu'étant encore dans le délai, elle n'en ait obtenu la prorogation en justice, contradictoirement avec le mari, ou lui dûment appelé. 1457, 1458.

1464. Les créanciers de la femme peuvent attaquer la renonciation qui aurait été faite par elle ou par ses héritiers en fraude de leurs créances, et accepter la communauté de leur chef. 1166, 1167, 1446 et s.

1465. La veuve, soit qu'elle accepte, soit qu'elle renonce, a droit, pendant les trois mois et quarante jours qui lui sont accordés pour faire inventaire et délibérer, de prendre sa nourriture et celle de ses domestiques sur les provisions existantes, et, à défaut, par emprunt au compte de la masse commune, à la charge d'en user modérément. — Elle ne doit aucun loyer à raison de l'habitation qu'elle a pu faire, pendant ces délais, dans une maison dépendante de la communauté, ou appartenant aux héritiers du mari : et si la maison qu'habitaient les époux à l'époque de la dissolution de la communauté était tenue par eux à titre de loyer, la femme ne contribuera point, pendant les mêmes délais, au paiement dudit loyer, lequel sera pris sur la masse. 1409, 1458, 1495, 1570.

1466. Dans le cas de dissolution de la communauté par la mort de la femme, ses héritiers peuvent renoncer à la communauté dans les délais et dans les formes que la loi prescrit à la femme survivante. 786, 788, 1453, 1456, 1461, 1475, 1491.

SECTION V.

Du Partage de la Communauté après
l'acceptation.

1467. Après l'acceptation de la communauté par la femme ou ses héritiers, l'actif se partage, et le passif est supporté de la manière ci-après déterminée. 1455, 1468, 1522.

§ 1er. Du Partage de l'Actif.

1468. Les époux ou leurs héritiers rapportent à la masse des biens existans, tout ce dont ils sont débiteurs envers la communauté à titre de récompense ou d'indemnité, d'après les règles ci-dessus prescrites, à la section II de la 1re partie du présent chapitre. 1406, 1412, 1415, 1419, 1420, 1452, 1455.

1469. Chaque époux ou son héritier rapporte également les sommes qui ont été tirées de la communauté, ou la valeur des biens que l'époux y a pris pour doter un enfant d'un autre lit, ou pour doter personnellement l'enfant commun. 1438, 1489, 1544.

1470. Sur la masse des biens, chaque époux ou son héritier prélève : — 1° Ses biens personnels qui ne sont point entrés en communauté, s'ils existent en nature, ou ceux qui ont été acquis en remploi. 1434, 1435 ; — 2° Le prix de ses immeubles qui ont été aliénés pendant la communauté, et dont il n'a point été fait remploi ; — 3° Les indemnités qui lui sont dues par la communauté. 1404, 1419, 1451, 1502, 1515, C. ; 545, Co.

1471. Les prélèvemens de la femme s'exercent avant ceux du mari. — Ils s'exercent pour les biens qui n'existent plus en nature, d'abord sur l'argent comptant, ensuite sur le mobilier, et subsidiairement sur les immeubles de la communauté : dans ce dernier cas, le choix des immeubles est déféré à la femme et à ses héritiers. 1245, 1456, 1495, C.: 545, Co.

1472. Le mari ne peut exercer ses reprises que sur les biens de la communauté. — La femme et ses héritiers, en cas d'insuffisance de la communauté, exercent leurs reprises sur les biens personnels du mari. 1456, C.: 551, Co.

1473. Les remplois et récompenses dus par la communauté aux époux, et les récompenses et indemnités par eux dues à la communauté, emportent les intérêts de plein droit du jour de la dissolution de la communauté. 1291, 1441, 1479, 2135.

1474. Après que tous les prélèvemens des deux époux ont été exécutés sur la masse, le surplus se partage par moitié entre les époux ou ceux qui les représentent. 1479, 1482, 1509.

1475. Si les héritiers de la femme sont divisés, en sorte que l'un ait accepté la communauté à laquelle l'autre a renoncé, celui qui a accepté ne peut prendre que sa portion virile et héréditaire dans les biens qui échoient au lot de la femme. — Le surplus reste au mari, qui demeure chargé, envers l'héritier renonçant, des droits que la femme aurait pu exercer en cas de renonciation, mais jusqu'à concurrence seulement de la portion virile héréditaire du renonçant. 1461, 1466, 1491, 1495.

1476. Au surplus, le partage de la communauté, pour tout ce qui concerne ses formes, la licitation des immeubles quand il y a lieu, les effets du partage, la garantie qui en résulte, et les soultes, est soumis à toutes les règles qui sont établies au titre *des Successions* pour les partages entre cohéritiers. 815, 841, 889, C.: 666, 1017, P. c.

1477. Celui des époux qui aurait diverti ou recélé des effets de la communauté est privé de sa portion dans lesdits effets. 792, 801, 1460. C.; 555. Co.

1478. Après le partage consommé, si l'un des deux époux est créancier

personnel de l'autre, comme lorsque le prix de son bien a été employé à payer une dette personnelle de l'autre époux, ou pour toute autre cause, il exerce sa créance sur la part qui est échue à celui-ci dans la communauté ou sur ses biens personnels. 1452, 1475, 1480. 1511, 1515.

1479. Les créances personnelles que les époux ont à exercer l'un contre l'autre ne portent intérêt que du jour de la demande en justice. 1440, 1473. 1570.

1480. Les donations que l'un des époux a pu faire à l'autre ne s'exécutent que sur la part du donateur dans la communauté, et sur ses biens personnels. 1091, 1478.

1481. Le deuil de la femme est aux frais des héritiers du mari prédécédé. — La valeur de ce deuil est réglée selon la fortune du mari. — Il est dû même à la femme qui renonce à la communauté. 1492, 1570.

§ II. *Du Passif de la Communauté, et de la Contribution aux Dettes.*

1482. Les dettes de la communauté sont pour moitié à la charge de chacun des époux ou de leurs héritiers : les frais de scellé, inventaire, vente de mobilier, liquidation, licitation et partage, font partie de ces dettes. 1414, 1474, 1490, 1510.

1483. La femme n'est tenue des dettes de la communauté, soit à l'égard du mari, soit à l'égard des créanciers, que jusqu'à concurrence de son émolument, pourvu qu'il y ait eu bon et fidèle inventaire, et en rendant compte tant du contenu de cet inventaire que de ce qui lui est échu par le partage. 1456, 1510.

1484. Le mari est tenu, pour la totalité, des dettes de la communauté par lui contractées : sauf son recours contre la femme ou ses héritiers pour la moitié desdites dettes. 872. 1476, 1478, 1482, 2186.

1485. Il n'est tenu que pour moitié de celles personnelles à la femme et qui étaient tombées à la charge de la communauté. 1410, 1413.

1486. La femme peut être poursuivie pour la totalité des dettes qui procèdent de son chef et étaient entrées dans la communauté, sauf son recours contre le mari ou son héritier, pour la moitié desdites dettes. 1410, 1478.

1487. La femme, même personnellement obligée pour une dette de communauté, ne peut être poursuivie que pour la moitié de cette dette, à moins que l'obligation ne soit solidaire. 1431, 1489, 2066.

1488. La femme qui a payé une dette de la communauté au delà de sa moitié, n'a point de répétition contre le créancier pour l'excédant, à moins que la quittance n'exprime que ce qu'elle a payé était pour sa moitié. 1235, 1410.

1489. Celui des deux époux qui, par l'effet de l'hypothèque exercée sur l'immeuble à lui échu en partage, se trouve poursuivi pour la totalité d'une dette de communauté, a de droit son recours pour la moitié de cette dette contre l'autre époux ou ses héritiers. 873, 1487.

1490. Les dispositions précédentes ne font point obstacle à ce que, par le partage, l'un ou l'autre des copartageans soit chargé de payer une quotité de dettes autre que la moitié, même de les acquitter entièrement. — Toutes les fois que l'un des copartageans a payé des dettes de la communauté au delà de la portion dont il était tenu, il y a lieu au recours de celui qui a trop payé contre l'autre. 1482, 1487.

1491. Tout ce qui est dit ci-dessus à l'égard du mari ou de la femme a lieu à l'égard des héritiers de l'un ou de l'autre; et ces héritiers exercent les mêmes droits et sont soumis aux mêmes actions que le conjoint qu'ils représentent. 1461, 1466, 1475, 1495.

SECTION VI.

De la Renonciation à la Communauté, et de ses effets.

1492. La femme qui renonce perd toute espèce de droit sur les biens de la communauté, et même sur le mobilier qui y est entré de son chef. — Elle retire seulement les linges et hardes à son usage. 1453, 1465, 1497, 1481, 1495, 1566, 1570, C.; 544, Co.

1493. La femme renonçante a le droit de reprendre, — 1° Les immeubles à elle appartenant, lorsqu'ils existent en nature, ou l'immeuble qui a été acquis en remploi : — 2° Le prix de ses immeubles aliénés dont le remploi n'a pas été fait et accepté comme il est dit ci-dessus ; — 3° Toutes les indemnités qui peuvent lui être dues par la communauté. 1404, 1409, 1435, 1470, 1492, C.; 551, Co.

1494. La femme renonçante est déchargée de toute contribution aux dettes de la communauté, tant à l'égard du mari qu'à l'égard des créanciers. Elle reste néanmoins tenue envers ceux-ci lorsqu'elle s'est obligée conjointement avec son mari, ou lorsque la dette, devenue dette de la communauté, provenait originairement de son chef; le tout sauf son recours contre le mari ou ses héritiers. 1431, 1482, 1487, 1495.

1495. Elle peut exercer toutes les actions et reprises ci-dessus détaillées, tant sur les biens de la communauté que sur les biens personnels du mari. — Ses héritiers le peuvent de même, sauf en ce qui concerne le prélèvement des linges et hardes, ainsi que le logement et la nourriture pendant le délai donné pour faire inventaire et délibérer ; lesquels droits sont purement personnels à la femme survivante. 1054, 1465, 1491, 1492, 1514.

Disposition relative à la Communauté légale, lorsque l'un des époux ou tous deux ont des enfans de précédens mariages.

1496. Tout ce qui est dit ci-dessus sera observé même lorsque l'un des époux ou tous deux auront des enfans de précédens mariages. — Si toutefois la confusion du mobilier et des dettes opérait, au profit de l'un des époux, un avantage supérieur à celui qui est autorisé par l'article 1098, au titre *des Donations entre-vifs et des Testamens*, les enfans du premier lit de l'autre époux auront l'action en retranchement. 1098, 1401, 1527.

DEUXIÈME PARTIE.

DE LA COMMUNAUTÉ CONVENTIONNELLE, ET DES CONVENTIONS QUI PEUVENT MODIFIER OU MÊME EXCLURE LA COMMUNAUTÉ LÉGALE.

1497. Les époux peuvent modifier la communauté légale par toute espèce de conventions non contraires aux articles 1387, 1388, 1389 et 1390. — Les principales modifications sont celles qui ont lieu en stipulant de l'une ou de l'autre des manières qui suivent, savoir : — 1° Que la communauté n'embrassera que les acquêts : — 2° Que le mobilier présent ou futur n'entrera point en communauté, ou n'y entrera que pour une partie ; — 3° Qu'on y comprendra tout ou partie des immeubles présens ou futurs, par la voie de l'ameublissement : — 4° Que les époux paieront séparément leurs dettes antérieures au mariage : — 5° Qu'en cas de renonciation, la femme pourra reprendre ses apports francs et quittes : — 6° Que le survivant aura un préciput ; — 7° Que les époux auront des parts inégales : — 8° Qu'il y aura entre eux communauté à titre universel. 1527, 1528.

SECTION I.

De la Communauté réduite aux acquêts.

1498. Lorsque les époux stipulent qu'il n'y aura entre eux qu'une communauté d'acquêts, ils sont censés exclure de la communauté et les dettes de chacun d'eux actuelles et futures, et leur mobilier respectif présent et futur. — En ce cas, et après que chacun des époux a prélevé ses apports dûment justifiés, le partage se borne aux acquêts faits par les époux ensemble ou séparément durant le mariage, et provenant tant de l'industrie commune que des économies faites sur les fruits et revenus des biens des deux époux. 1470, 1510, 1581.

1499. Si le mobilier existant lors du mariage, ou échu depuis, n'a pas été constaté par inventaire ou état en bonne forme, il est réputé acquêt. 1504. 1510.

SECTION II.

De la Clause qui exclut de la Communauté le mobilier en tout ou partie.

1500. Les époux peuvent exclure de leur communauté tout leur mobilier présent et futur. — Lorsqu'ils stipulent qu'ils en mettront réciproquement dans la communauté jusqu'à concurrence d'une somme ou d'une valeur déterminée, ils sont, par cela seul, censés se réserver le surplus.

1501. Cette clause rend l'époux débiteur envers la communauté de la somme qu'il a promis d'y mettre, et l'oblige à justifier de cet apport.

1502. L'apport est suffisamment justifié, quant au mari, par la déclaration portée au contrat de mariage que son mobilier est de telle valeur. — Il est suffisamment justifié, à l'égard de la femme, par la quittance que le mari lui donne, ou à ceux qui l'ont dotée. 1470, 1569.

1503. Chaque époux a le droit de reprendre et de prélever, lors de la dissolution de la communauté, la valeur de ce dont le mobilier qu'il a apporté lors du mariage, ou qui lui est échu depuis, excédait sa mise en communauté.

1504. Le mobilier qui échoit à chacun des époux pendant le mariage doit être constaté par un inventaire. — A défaut d'inventaire du mobilier échu au mari, ou d'un titre propre à justifier de sa consistance et valeur, déduction faite des dettes, le mari ne peut en exercer la reprise. — Si le défaut d'inventaire porte sur un mobilier échu à la femme, celle-ci ou ses héritiers sont admis à faire preuve, soit par titre, soit par témoins, soit même par commune renommée, de la valeur de ce mobilier. 1415. 1499.

SECTION III.

De la Clause d'ameublissement.

1505. Lorsque les époux ou l'un d'eux font entrer en communauté tout ou partie de leurs immeubles présens ou futurs, cette clause s'appelle ameublissement. 1507, 1508.

1506. L'ameublissement peut être

déterminé ou indéterminé. — Il est déterminé quand l'époux a déclaré ameublir et mettre en communauté un tel immeuble en tout ou jusqu'à concurrence d'une certaine somme. — Il est indéterminé quand l'époux a simplement déclaré apporter en communauté ses immeubles, jusqu'à concurrence d'une certaine somme.

1507. L'effet de l'ameublissement déterminé est de rendre l'immeuble ou les immeubles qui en sont frappés, biens de la communauté comme les meubles mêmes. — Lorsque l'immeuble ou les immeubles de la femme sont ameublis en totalité, le mari en peut disposer comme des autres effets de la communauté, et les aliéner en totalité. — Si l'immeuble n'est ameubli que pour une certaine somme, le mari ne peut l'aliéner qu'avec le consentement de la femme : mais il peut l'hypothéquer sans son consentement, jusqu'à concurrence seulement de la portion ameublie. 1421, 1509, 1511.

1508. L'ameublissement indéterminé ne rend point la communauté propriétaire des immeubles qui en sont frappés ; son effet se réduit à obliger l'époux qui l'a consenti à comprendre dans la masse, lors de la dissolution de la communauté, quelques-uns de ses immeubles jusqu'à concurrence de la somme par lui promise. — Le mari ne peut, comme en l'article précédent, aliéner en tout ou en partie, sans le consentement de sa femme, les immeubles sur lesquels est établi l'ameublissement indéterminé ; mais il peut les hypothéquer jusqu'à concurrence de cet ameublissement. 1421, 1428.

1509. L'époux qui a ameubli un héritage a, lors du partage, la faculté de le retenir en le précomptant sur sa part pour le prix qu'il vaut alors; et ses héritiers ont le même droit. 1474.

SECTION IV.
De la Clause de séparation des dettes.

1510. La clause par laquelle les époux stipulent qu'ils paieront séparément leurs dettes personnelles, les oblige à se faire, lors de la dissolution de la communauté, respectivement raison des dettes qui sont justifiées avoir été acquittées par la communauté à la décharge de celui des époux qui en était débiteur. — Cette obligation est la même, soit qu'il y ait eu inventaire ou non : mais si le mobilier apporté par les époux n'a pas été constaté par un inventaire ou état authentique antérieur au mariage, les créanciers de l'un et de l'autre des époux peuvent, sans avoir égard à aucune des distinctions qui seraient réclamées, poursuivre leur paiement sur le mobilier non inventorié, comme sur tous les autres biens de la communauté. — Les créanciers ont le même droit sur le mobilier qui serait échu aux époux pendant la communauté, s'il n'a pas été pareillement constaté par un inventaire ou état authentique. 1409, 1411, 1416, 1478, 1482.

1511. Lorsque les époux apportent dans la communauté une somme certaine ou un corps certain, un tel apport emporte la convention tacite qu'il n'est point grevé de dettes antérieures au mariage ; et il doit être fait raison par l'époux débiteur à l'autre de toutes celles qui diminueraient l'apport promis. 1478.

1512. La clause de séparation des dettes n'empêche point que la communauté ne soit chargée des intérêts et arrérages qui ont couru depuis le mariage.

1513. Lorsque la communauté est poursuivie pour les dettes de l'un des époux, déclaré, par contrat, franc et quitte de toutes dettes antérieures au mariage, le conjoint a droit à une indemnité qui se prend soit sur la part de communauté revenant à l'époux débiteur, soit sur les biens personnels dudit époux : et, en cas d'insuffisance, cette indemnité peut être poursuivie par voie de garantie contre le père, la mère, l'ascendant ou le tuteur qui l'aurait déclaré franc et quitte. — Cette garantie peut même être exercée par le mari durant la communauté, si la dette provient du chef de la femme : sauf, en ce cas, le remboursement dû par la femme ou ses héritiers aux garans, après la dissolution de la communauté. 1415, 1424, 1478.

SECTION V.

De la Faculté accordée à la femme de reprendre son Apport franc et quitte.

1514. La femme peut stipuler qu'en cas de renonciation à la communauté, elle reprendra tout ou partie de ce qu'elle y aura apporté, soit lors du mariage, soit depuis; mais cette stipulation ne peut s'étendre au delà des choses formellement exprimées, ni au profit de personnes autres que celles désignées. — Ainsi la faculté de reprendre le mobilier que la femme a apporté lors du mariage ne s'étend point à celui qui serait échu pendant le mariage. — Ainsi la faculté accordée à la femme ne s'étend point aux enfans; celle accordée à la femme et aux enfans ne s'étend point aux héritiers ascendans ou collatéraux. — Dans tous les cas, les apports ne peuvent être repris que déduction faite des dettes personnelles à la femme, et que la communauté aurait acquittées. 1495, C.; 545, Co.

SECTION VI.

Du Préciput conventionnel.

1515. La clause par laquelle l'époux survivant est autorisé à prélever, avant tout partage, une certaine somme ou une certaine quantité d'effets mobiliers en nature, ne donne droit à ce prélèvement, au profit de la femme survivante, que lorsqu'elle accepte la communauté, à moins que le contrat de mariage ne lui ait réservé ce droit, même en renonçant. — Hors le cas de cette réserve, le préciput ne s'exerce que sur la masse partageable, et non sur les biens personnels de l'époux prédécédé. 1470, 1519.

1516. Le préciput n'est point regardé comme un avantage sujet aux formalités des donations, mais comme une convention de mariage. 1091 et s.

1517. La mort naturelle ou civile donne ouverture au préciput. 23, C.; 12, 18, P.

1518. Lorsque la dissolution de la communauté s'opère par le divorce ou par la séparation de corps, il n'y a pas lieu à la délivrance actuelle du préciput : mais l'époux qui a obtenu soit le divorce, soit la séparation de corps,

conserve ses droits au préciput en cas de survie. Si c'est la femme, la somme ou la chose qui constitue le préciput reste toujours provisoirement au mari, à la charge de donner caution. 299, 300, 311, 959, 1452.

1519. Les créanciers de la communauté ont toujours le droit de faire vendre les effets compris dans le préciput, sauf le recours de l'époux, conformément à l'article 1515. — 1416.

SECTION VII.

Des Clauses par lesquelles on assigne à chacun des époux des Parts inégales dans la Communauté.

1520. Les époux peuvent déroger au partage égal établi par la loi, soit en ne donnant à l'époux survivant ou à ses héritiers, dans la communauté, qu'une part moindre que la moitié, soit en ne lui donnant qu'une somme fixe pour tout droit de communauté, soit en stipulant que la communauté entière, en certains cas, appartiendra à l'époux survivant, ou à l'un d'eux seulement. 1524.

1521. Lorsqu'il a été stipulé que l'époux ou ses héritiers n'auront qu'une certaine part dans la communauté, comme le tiers ou le quart, l'époux ainsi réduit ou ses héritiers ne supportent les dettes de la communauté que proportionnellement à la part qu'ils prennent dans l'actif. — La convention est nulle si elle oblige l'époux ainsi réduit ou ses héritiers à supporter une plus forte part, ou si elle les dispense de supporter une part dans les dettes égale à celle qu'ils prennent dans l'actif.

1522. Lorsqu'il est stipulé que l'un des époux ou ses héritiers ne pourront prétendre qu'une certaine somme pour tout droit de communauté, la clause est un forfait qui oblige l'autre époux ou ses héritiers à payer la somme convenue, soit que la communauté soit bonne ou mauvaise, suffisante ou non pour acquitter la somme. 1467.

1523. Si la clause n'établit le forfait qu'à l'égard des héritiers de l'époux, celui-ci, dans le cas où il survit, a droit au partage légal par moitié. 1474.

1524. Le mari ou ses héritiers qui retiennent, en vertu de la clause énoncée en l'article 1520, la totalité de la communauté, sont obligés d'en acquitter toutes les dettes. — Les créanciers n'ont, en ce cas, aucune action contre la femme ni contre ses héritiers. — Si c'est la femme survivante qui a, moyennant une somme convenue, le droit de retenir toute la communauté contre les héritiers du mari, elle a le choix ou de leur payer cette somme, en demeurant obligée à toutes les dettes, ou de renoncer à la communauté, et d'en abandonner aux héritiers du mari les biens et les charges. 1492 et s.

1525. Il est permis aux époux de stipuler que la totalité de la communauté appartiendra au survivant ou à l'un d'eux seulement, sauf aux héritiers de l'autre à faire la reprise des apports et capitaux tombés dans la communauté du chef de leur auteur. — Cette stipulation n'est point réputée un avantage sujet aux règles relatives aux donations, soit quant au fond, soit quant à la forme, mais simplement une convention de mariage et entre associés. 1091, 1098, 1527.

SECTION VIII.

De la Communauté à titre universel.

1526. Les époux peuvent établir par leur contrat de mariage une communauté universelle de leurs biens tant meubles qu'immeubles, présens et à venir, ou de tous leurs biens présens seulement, ou de tous leurs biens à venir seulement.

Dispositions communes aux huit Sections ci-dessus.

1527. Ce qui est dit aux huit sections ci-dessus ne limite pas à leurs dispositions précises les stipulations dont est susceptible la communauté conventionnelle. — Les époux peuvent faire toutes autres conventions, ainsi qu'il est dit à l'article 1387, et sauf les modifications portées par les articles 1388, 1389 et 1390. — Néanmoins, dans le cas où il y aurait des enfans d'un précédent mariage, toute convention qui tendrait dans ses effets à donner à l'un des époux au delà de la portion réglée par l'article 1098, au titre *des Donations entre-vifs et des Testamens*, sera sans effet pour tout l'excédant de cette portion ; mais les simples bénéfices résultant des travaux communs et des économies faites sur les revenus respectifs, quoique inégaux, des deux époux, ne sont pas considérés comme un avantage fait au préjudice des enfans du premier lit. 1098, 1387, 1497.

1528. La communauté conventionnelle reste soumise aux règles de la communauté légale, pour tous les cas auxquels il n'y a pas été dérogé implicitement ou explicitement par le contrat. 1497.

SECTION IX.

Des Conventions exclusives de la Communauté.

1529. Lorsque, sans se soumettre au régime dotal, les époux déclarent qu'ils se marient sans communauté, ou qu'ils seront séparés de biens, les effets de cette stipulation sont réglés comme il suit.

§ 1er. *De la Clause portant que les Epoux se marient sans Communauté.*

1530. La clause portant que les époux se marient sans communauté ne donne point à la femme le droit d'administrer ses biens, ni d'en percevoir les fruits : ces fruits sont censés apportés au mari pour soutenir les charges du mariage. 214, 582, 1421, 1540.

1531. Le mari conserve l'administration des biens meubles et immeubles de la femme, et, par suite, le droit de percevoir tout le mobilier qu'elle apporte en dot, ou qui lui échoit pendant le mariage, sauf la restitution qu'il en doit faire après la dissolution du mariage, ou après la séparation de biens qui serait prononcée par justice. 582, 1421.

1532. Si, dans le mobilier apporté en dot par la femme, ou qui lui échoit pendant le mariage, il y a des choses dont on ne peut faire usage sans les consommer, il en doit être joint un état estimatif au contrat de mariage, ou il doit en être fait inventaire lors de l'échéance, et le mari en doit rendre le prix d'après l'estimation. 587, 1504.

1533. Le mari est tenu de toutes les charges de l'usufruit. 600 et s.

1534. La clause énoncée au présent paragraphe ne fait point obstacle à ce qu'il soit convenu que la femme touchera annuellement, sur ses seules quittances, certaines portions de ses revenus pour son entretien et ses besoins personnels. 1549.

1535. Les immeubles constitués en dot, dans le cas du présent paragraphe, ne sont point inaliénables. — Néanmoins ils ne peuvent être aliénés sans le consentement du mari, et, à son refus, sans l'autorisation de la justice. 217, 1554.

§ II. De la Clause de séparation de biens.

1536. Lorsque les époux ont stipulé par leur contrat de mariage qu'ils seraient séparés de biens, la femme conserve l'entière administration de ses biens meubles et immeubles, et la jouissance libre de ses revenus. 1449, 1576, 2066.

1537. Chacun des époux contribue aux charges du mariage, suivant les conventions contenues en leur contrat; et, s'il n'en existe point à cet égard, la femme contribue à ces charges jusqu'à concurrence du tiers de ses revenus. 214, 1448, 1575.

1538. Dans aucun cas, ni à la faveur d'aucune stipulation, la femme ne peut aliéner ses immeubles sans le consentement spécial de son mari, ou, à son refus, sans être autorisée par justice. — Toute autorisation générale d'aliéner les immeubles donnée à la femme, soit par contrat de mariage, soit depuis, est nulle. 217, 223, 1576, C.; 7, Co.

1539. Lorsque la femme séparée a laissé la jouissance de ses biens à son mari, celui-ci n'est tenu, soit sur la demande que sa femme pourrait lui faire, soit à la dissolution du mariage, qu'à la représentation des fruits existans, et il n'est point comptable de ceux qui ont été consommés jusqu'alors. 1578.

CHAPITRE III.
DU RÉGIME DOTAL.

1540. La dot, sous ce régime comme sous celui du chapitre II, est le bien que la femme apporte au mari pour supporter les charges du mariage. 1392, 1550, 1541.

1541. Tout ce que la femme se constitue ou qui lui est donné en contrat de mariage est dotal, s'il n'y a stipulation contraire. 1392, 1574.

SECTION I.
De la Constitution de dot.

1542. La constitution de dot peut frapper tous les biens présens et à venir de la femme, ou tous ses biens présens seulement, ou une partie de ses biens présens et à venir, ou même un objet individuel. — La constitution, en termes généraux, de tous les biens de la femme, ne comprend pas les biens à venir. 1574 et s.

1543. La dot ne peut être constituée ni même augmentée pendant le mariage. 1394, 1395, 1396, 1397, 1440.

1544. Si les père et mère constituent conjointement une dot, sans distinguer la part de chacun, elle sera censée constituée par portions égales. — Si la dot est constituée par le père seul pour droits paternels et maternels, la mère, quoique présente au contrat, ne sera point engagée, et la dot demeurera en entier à la charge du père. 1438, 1555.

1545. Si le survivant des père ou mère constitue une dot pour biens paternels et maternels, sans spécifier les portions, la dot se prendra d'abord sur les droits du futur époux dans les biens du conjoint prédécédé, et le surplus sur les biens du constituant. 1438 et s.

1546. Quoique la fille dotée par ses père et mère ait des biens à elle propres dont ils jouissent, la dot sera prise sur les biens des constituans, s'il n'y a stipulation contraire. 384, 2135, 1453.

1547. Ceux qui constituent une dot sont tenus à la garantie des objets constitués. 1440.

1548. Les intérêts de la dot courent de plein droit, du jour du mariage, contre ceux qui l'ont promise, encore qu'il y ait terme pour le paiement, s'il n'y a stipulation contraire. 1440, 1570, 2135, 2194.

SECTION II.

Des Droits du mari sur les Biens do-
taux, et de l'Inaliénabilité du Fonds
dotal.

1549. Le mari seul a l'administration des biens dotaux pendant le mariage. — Il a seul le droit d'en poursuivre les débiteurs et détenteurs, d'en percevoir les fruits et les intérêts, et de recevoir le remboursement des capitaux. — Cependant il peut être convenu, par le contrat de mariage, que la femme touchera annuellement, sur ses seules quittances, une partie de ses revenus pour son entretien et ses besoins personnels. 1421, 1428, 1554, 2121, 2135.

1550. Le mari n'est pas tenu de fournir caution pour la réception de la dot, s'il n'y a pas été assujetti par le contrat de mariage. 1562.

1551. Si la dot ou partie de la dot consiste en objets mobiliers mis à prix par le contrat, sans déclaration que l'estimation n'en fait pas vente, le mari en devient propriétaire, et n'est débiteur que du prix donné au mobilier. 1564 et s.

1552. L'estimation donnée à l'immeuble constitué en dot n'en transporte point la propriété au mari, s'il n'y en a déclaration expresse.

1553. L'immeuble acquis des deniers dotaux n'est pas dotal, si la condition de l'emploi n'a été stipulée par le contrat de mariage. — Il en est de même de l'immeuble donné en paiement de la dot constituée en argent. 1595.

1554. Les immeubles constitués en dot ne peuvent être aliénés ou hypothéqués pendant le mariage, ni par le mari, ni par la femme, ni par les deux conjointement, sauf les exceptions qui suivent. 217, 1431, 1428, 1555, 1541, 1555, 1560.

1555. La femme peut, avec l'autorisation de son mari, ou, sur son refus, avec permission de justice, donner ses biens dotaux pour l'établissement des enfans qu'elle aurait d'un mariage antérieur ; mais si elle n'est autorisée que par justice, elle doit réserver la jouissance à son mari. 1458, 1544.

1556. Elle peut aussi, avec l'autorisation de son mari, donner ses biens dotaux pour l'établissement de leurs enfans communs. 1544 et s.

1557. L'immeuble dotal peut être aliéné lorsque l'aliénation en a été permise par le contrat de mariage.

1558. L'immeuble dotal peut encore être aliéné avec permission de justice, et aux enchères, après trois affiches, — Pour tirer de prison le mari ou la femme ; — Pour fournir des alimens à la famille dans les cas prévus par les articles 203, 205 et 206, au titre *du Mariage* ; — Pour payer les dettes de la femme ou de ceux qui ont constitué la dot, lorsque ces dettes ont une date certaine antérieure au contrat de mariage ; — Pour faire de grosses réparations indispensables pour la conservation de l'immeuble dotal ; — Enfin lorsque cet immeuble se trouve indivis avec des tiers, et qu'il est reconnu impartageable. — Dans tous ces cas, l'excédant du prix de la vente au-dessus des besoins reconnus restera dotal, et il en sera fait emploi comme tel au profit de la femme. 205, 839, 1686, 1427, C. ; 7, Co.

1559. L'immeuble dotal peut être changé, mais avec le consentement de la femme, contre un autre immeuble de même valeur, pour les quatre cinquièmes au moins, en justifiant de l'utilité de l'échange, en obtenant l'autorisation en justice, et d'après une estimation par experts nommés d'office par le tribunal. — Dans ce cas, l'immeuble reçu en échange sera dotal ; l'excédant du prix, s'il y en a, le sera aussi, et il en sera fait emploi comme tel au profit de la femme. 1702 et s.

1560. Si, hors les cas d'exception qui viennent d'être expliqués, la femme ou le mari, ou tous les deux conjointement, aliènent le fonds dotal, la femme ou ses héritiers pourront faire révoquer l'aliénation après la dissolution du mariage, sans qu'on puisse leur opposer aucune prescription pendant sa durée : la femme aura le même droit après la séparation de biens. — Le mari lui même pourra faire révoquer l'aliénation pendant le mariage , en demeurant néanmoins sujet aux dommages et intérêts de l'acheteur, s'il n'a pas déclaré dans le contrat que le bien vendu était dotal. 1554, 2255, 2256, C. ; 7. Co.

1561. Les immeubles dotaux non déclarés aliénables par le contrat de mariage, sont imprescriptibles pendant le mariage , à moins que la prescription n'ait commencé auparavant. — Ils deviennent néanmoins prescriptibles après la séparation de biens, quelle que soit l'époque à laquelle la prescription a commencé. 1562, 2255, 2256.

1562. Le mari est tenu, à l'égard des biens dotaux, de toutes les obligations de l'usufruitier. — Il est responsable de toutes prescriptions acquises et détériorations survenues par sa négligence. 600, 614, 1550, 1567.

1563. Si la dot est mise en péril, la femme peut poursuivre la séparation de biens, ainsi qu'il est dit aux articles 1443 et s. — 65, Co.

SECTION III.
De la Restitution de la Dot.

1564. Si la dot consiste en immeubles , — Ou en meubles non estimés par le contrat de mariage, ou bien mis à prix, avec déclaration que l'estimation n'en ôte pas la propriété à la femme, — Le mari ou ses héritiers peuvent être contraints de la restituer sans délai, après la dissolution du mariage. 1551, 1565.

1565. Si elle consiste en une somme d'argent , — Ou en meubles mis à prix par le contrat , sans déclaration que l'estimation n'en rend pas le mari propriétaire , — La restitution n'en peut être exigée qu'un an après la dissolution. 587 , 1551, 1552.

1566. Si les meubles dont la propriété reste à la femme ont dépéri par l'usage et sans la faute du mari , il ne sera tenu de rendre que ceux qui resteront, et dans l'état où ils se trouveront. — Et néanmoins la femme pourra, dans tous les cas, retirer les linges et hardes à son usage actuel, sauf à précompter leur valeur , lorsque ces linges et hardes auront été

primitivement constitués avec estimation. 589, 1492, 1495, 1551.

1567. Si la dot comprend des obligations ou constitutions de rentes qui ont péri , ou souffert des retranchemens qu'on ne puisse imputer à la négligence du mari , il n'en sera point tenu, et il en sera quitte en restituant les contrats. 588, 1562, 1909.

1568. Si un usufruit a été constitué en dot , le mari ou ses héritiers ne sont obligés , à la dissolution du mariage , que de restituer le droit d'usufruit , et non les fruits échus durant le mariage. 578, 588, 856.

1569. Si le mariage a duré dix ans depuis l'échéance des termes pris pour le paiement de la dot, la femme ou ses héritiers pourront la répéter contre le mari après la dissolution du mariage , sans être tenus de prouver qu'il l'a reçue, à moins qu'il ne justifiât de diligences inutilement par lui faites pour s'en procurer le paiement. 1550, 1552, 2265.

1570. Si le mariage est dissous par la mort de la femme , l'intérêt et les fruits de la dot à restituer courent de plein droit au profit de ses héritiers depuis le jour de la dissolution. — Si c'est par la mort du mari , la femme a le choix d'exiger les intérêts de sa dot pendant l'an de deuil, ou de se faire fournir des alimens pendant ledit temps aux dépens de la succession du mari ; mais, dans les deux cas , l'habitation durant cette année , et les habits de deuil , doivent lui être fournis sur la succession , et sans imputation sur les intérêts à elle dus. 1440 , 1481, 1465, 1548, C.: 581, P. c.

1571. À la dissolution du mariage , les fruits des immeubles dotaux se partagent entre le mari et la femme ou leurs héritiers , à proportion du temps qu'il a duré, pendant la dernière année. — L'année commence à partir du jour où le mariage a été célébré. 585, 586.

1572. La femme et ses héritiers n'ont point de privilége pour la répétition de la dot sur les créanciers antérieurs à elle en hypothèque. 954, 958, 965, 1054, 2121, 2135.

1573. Si le mari était déjà insolvable, et n'avait ni art ni profession

15.

lorsque le père a constitué une dot à sa fille, celle-ci ne sera tenue de rapporter à la succession du père que l'action qu'elle a contre celle de son mari, pour s'en faire rembourser. — Mais si le mari n'est devenu insolvable que depuis le mariage, — Ou s'il avait un métier ou une profession qui lui tenait lieu de bien, — La perte de la dot tombe uniquement sur la femme. 843, 855, 1502, 1560, 1561, 2255.

SECTION IV.

Des Biens paraphernaux.

1574. Tous les biens de la femme qui n'ont pas été constitués en dot sont paraphernaux. 1536, 1540, 2066. 2070.

1575. Si tous les biens de la femme sont paraphernaux, et s'il n'y a pas de convention dans le contrat pour lui faire supporter une portion des charges du mariage, la femme y contribue jusqu'à concurrence du tiers de ses revenus. 203, 214, 1448, 1537.

1576. La femme a l'administration et la jouissance de ses biens paraphernaux; — Mais elle ne peut les aliéner ni paraître en jugement à raison desdits biens, sans l'autorisation du mari, ou, à son refus, sans la permission de la justice. 215, 217, 1449, 1556, 1558, 1555, à 1558.

1577. Si la femme donne sa procuration au mari pour administrer ses biens paraphernaux, avec charge de lui rendre compte des fruits, il sera tenu vis-à-vis d'elle comme tout mandataire. 1991 et s.

1578. Si le mari a joui des biens paraphernaux de sa femme, sans mandat, et néanmoins sans opposition de sa part, il n'est tenu, à la dissolution du mariage, ou à la première demande de la femme, qu'à la représentation des fruits existans, et il n'est point comptable de ceux qui ont été consommés jusqu'alors. 1539.

1579. Si le mari a joui des biens paraphernaux malgré l'opposition constatée de la femme, il est comptable envers elle de tous les fruits tant existans que consommés.

1580. Le mari qui jouit des biens paraphernaux est tenu de toutes les obligations de l'usufruitier. 600 et s., C.: 546, 547, Co.

Dispositions particulières.

1581. En se soumettant au régime dotal, les époux peuvent néanmoins stipuler une société d'acquêts, et les effets de cette société sont réglés comme il est dit aux articles 1498 et 1499.

TITRE VI.

DE LA VENTE.

(Décrété le 6 mars 1804. Promulgué le 16 du même mois.)

CHAPITRE I.

DE LA NATURE ET DE LA FORME DE LA VENTE.

1582. La vente est une convention par laquelle l'un s'oblige à livrer une chose, et l'autre à la payer. — Elle peut être faite par acte authentique ou sous seing privé. 1102, 1104, 1317, 1322, 1585, 1988, 1714, C.: 673, 708, 746, P. c.

1583. Elle est parfaite entre les parties, et la propriété est acquise de droit à l'acheteur à l'égard du vendeur, dès qu'on est convenu de la chose et du prix, quoique la chose n'ait pas encore été livrée ni le prix payé. 938, 1108, 1109, 1110, 1138, 1585, 1591, 1976, 1141, 2279.

1584. La vente peut être faite purement et simplement, ou sous une condition soit suspensive, soit résolutoire. — Elle peut aussi avoir pour objet deux ou plusieurs choses alternatives. — Dans tous ces cas, son effet est réglé par les principes généraux des conventions. 1181, 1183, 1189, 2166.

1585. Lorsque des marchandises ne sont pas vendues en bloc, mais au poids, au compte ou à la mesure, la vente n'est point parfaite, en ce sens que les choses vendues sont aux risques du vendeur jusqu'à ce qu'elles soient pesées, comptées ou mesurées; mais l'acheteur peut en demander ou la délivrance ou des dommages-intérêts, s'il y a lieu, en cas d'inexécution de l'engagement. 1622.

1586. Si, au contraire, les marchandises ont été vendues en bloc, la vente est parfaite, quoique les marchandises n'aient pas encore été pesées, comptées ou mesurées.

1587. A l'égard du vin, de l'huile, et des autres choses que l'on est dans 'usage de goûter avant d'en faire l'achat, il n'y a point de vente tant que l'acheteur ne les a pas goûtées et agréées.

1588. La vente faite à l'essai est toujours présumée faite sous une condition suspensive. 1181 et s.

1589. La promesse de vente vaut vente, lorsqu'il y a consentement réciproque des deux parties sur la chose et sur le prix. 1102, 1174, 1591.

1590. Si la promesse de vendre a été faite avec des arrhes, chacun des contractans est maître de s'en départir, — Celui qui les a données, en les perdant ; — Et celui qui les a reçues en restituant le double.

1591. Le prix de la vente doit être déterminé et désigné par les parties.

1592. Il peut cependant être laissé à l'arbitrage d'un tiers : si le tiers ne veut ou ne peut faire l'estimation, il n'y a point de vente.

1593. Les frais d'actes et autres accessoires à la vente sont à la charge de l'acheteur. 1608.

CHAPITRE II.
QUI PEUT ACHETER OU VENDRE.

1594. Tous ceux auxquels la loi ne l'interdit pas peuvent acheter ou vendre. 55, 1124, 1596, 1597, 1860, 2222, C. ; 692, P. c. ; 8, Co.

1595. Le contrat de vente ne peut avoir lieu entre époux que dans les trois cas suivans : — 1º Celui où l'un des deux époux cède des biens à l'autre, séparé judiciairement d'avec lui, en paiement de ses droits ; — 2º Celui où la cession que le mari fait à sa femme, même non séparée, a une cause légitime, telle que le remploi de ses immeubles aliénés, ou de deniers à elle appartenant, si ces immeubles ou deniers ne tombent pas en communauté ; — 3º Celui où la femme cède des biens à son mari en paiement d'une somme qu'elle lui aurait promise en dot, et lorsqu'il y a exclusion de communauté ; — Sauf, dans

ces trois cas, les droits des héritiers des parties contractantes, s'il y a avantage indirect. 1094, 1099, 1434, 1449, 1555, C. ; 872, P. c.

1596. Ne peuvent se rendre adjudicataires, sous peine de nullité, ni par eux mêmes, ni par personnes interposées, — Les tuteurs, des biens de ceux dont ils ont la tutelle ; — Les mandataires, des biens qu'ils sont chargés de vendre ; — Les administrateurs, de ceux des communes ou des établissemens publics confiés à leurs soins ; — Les officiers publics, des biens nationaux dont les ventes se font par leur ministère. 713, P. c. ; 450, 1992. C.

1597. Les juges, leurs suppléans, les magistrats remplissant le ministère public, les greffiers, huissiers, avoués, défenseurs officieux et notaires, ne peuvent devenir cessionnaires des procès, droits et actions litigieux qui sont de la compétence du tribunal dans le ressort duquel ils exercent leurs fonctions, à peine de nullité, et des dépens, dommages et intérêts. 1699, 1701.

CHAPITRE III.
DES CHOSES QUI PEUVENT ÊTRE VENDUES.

1598. Tout ce qui est dans le commerce peut être vendu, lorsque des lois particulières n'en ont pas prohibé l'aliénation. 538, 540, 650, 1128, 1554, 2226.

1599. La vente de la chose d'autrui est nulle : elle peut donner lieu à des dommages-intérêts lorsque l'acheteur a ignoré que la chose fût à autrui. 1165, 1664, 1935, 2008, 2009, 2059, 2255, 2267, C. ; 692, P. c.

1600. On ne peut vendre la succession d'une personne vivante, même de son consentement. 791, 1150, 1589.

1601. Si au moment de la vente la chose vendue était périe en totalité, la vente serait nulle. — Si une partie seulement de la chose est périe, il est au choix de l'acquéreur d'abandonner la vente, ou de demander la partie conservée, en faisant déterminer le prix par la ventilation. 855, 1042, 1193, 1195, 1502.

CHAPITRE IV.

DES OBLIGATIONS DU VENDEUR.

SECTION I.

Dispositions générales.

1602. Le vendeur est tenu d'expliquer clairement ce à quoi il s'oblige. — Tout pacte obscur ou ambigu s'interprète contre le vendeur. 1156, 1159, 1161, 1162.

1603. Il a deux obligations principales, celle de délivrer et celle de garantir la chose qu'il vend. 1136, 1604, 1625.

SECTION II.

De la Délivrance.

1604. La délivrance est le transport de la chose vendue en la puissance et possession de l'acheteur. 1136, 1140.

1605. L'obligation de délivrer les immeubles est remplie de la part du vendeur lorsqu'il a remis les clefs, s'il s'agit d'un bâtiment, ou lorsqu'il a remis les titres de propriété.

1606. La délivrance des effets mobiliers s'opère, — Ou par la tradition réelle, — Ou par la remise des clefs des bâtimens qui les contiennent, — Ou même par le seul consentement des parties, si le transport ne peut pas s'en faire au moment de la vente, ou si l'acheteur les avait déjà en son pouvoir à un autre titre. 527, 1138, 1141.

1607. La tradition des droits incorporels se fait, ou par la remise des titres, ou par l'usage que l'acquéreur en fait du consentement du vendeur. 1689, 2075.

1608. Les frais de la délivrance sont à la charge du vendeur, et ceux de l'enlèvement à la charge de l'acheteur, s'il n'y a eu stipulation contraire. 1248, 1595, 1689, 2075.

1609. La délivrance doit se faire au lieu où était, au temps de la vente, la chose qui en fait l'objet, s'il n'en a été autrement convenu. 1247, 1264, 1682.

1610. Si le vendeur manque à faire la délivrance dans le temps convenu entre les parties, l'acquéreur pourra, à son choix, demander la résolution de la vente, ou sa mise en possession, si le retard ne vient que du fait du vendeur. 1184, 1621, 1625, 1654, 1705.

1611. Dans tous les cas, le vendeur doit être condamné aux dommages et intérêts, s'il résulte un préjudice pour l'acquéreur, du défaut de délivrance au terme convenu. 1146 et s.

1612. Le vendeur n'est pas tenu de délivrer la chose, si l'acheteur n'en paie pas le prix, et que le vendeur ne lui ait pas accordé un délai pour le paiement. 1650, 1653, 1704.

1613. Il ne sera pas non plus obligé à la délivrance, quand même il aurait accordé un délai pour le paiement, si, depuis la vente, l'acheteur est tombé en faillite ou en état de déconfiture, 1188, C. : 124, P. c. ; 457, 441, Co., en sorte que le vendeur se trouve en danger imminent de perdre le prix ; à moins que l'acheteur ne lui donne caution de payer au terme.

1614. La chose doit être délivrée en l'état où elle se trouve au moment de la vente. — Depuis ce jour, tous les fruits appartiennent à l'acquéreur. 1138, 1244, 1624, 1682.

1615. L'obligation de délivrer la chose comprend ses accessoires et tout ce qui a été destiné à son usage perpétuel. 522, 524, 525, 546, 551, 552, 565, 1018, 1692, 1697, 2204.

1616. Le vendeur est tenu de délivrer la contenance telle qu'elle est portée au contrat, sous les modifications ci-après exprimées.

1617. Si la vente d'un immeuble a été faite avec indication de la contenance, à raison de tant la mesure, le vendeur est obligé de délivrer à l'acquéreur, s'il l'exige, la quantité indiquée au contrat ; — et si la chose ne lui est pas possible ou si l'acquéreur ne l'exige pas, le vendeur est obligé de souffrir une diminution proportionnelle du prix. 1622, 1637 1765.

1618. Si, au contraire, dans le cas de l'article précédent, il se trouve une contenance plus grande que celle exprimée au contrat, l'acquéreur a le choix de fournir le supplément du prix, ou de se désister du contrat, si l'excédant est d'un vingtième au-dessus de la contenance déclarée.

1619. Dans tous les autres cas, — Soit que la vente soit faite d'un corps certain et limité, — Soit qu'elle ait pour objet des fonds distincts et séparés, — Soit qu'elle commence par la mesure, ou par la désignation de l'objet vendu suivie de la mesure, — L'expression de cette mesure ne donne lieu à aucun supplément de prix, en faveur du vendeur, pour l'excédant de mesure, ni en faveur de l'acquéreur, à aucune diminution du prix pour moindre mesure, qu'autant que la différence de la mesure réelle à celle exprimée au contrat est d'un vingtième en plus ou en moins, eu égard à la valeur de la totalité des objets vendus, s'il n'y a stipulation contraire. 1765.

1620. Dans le cas où, suivant l'article précédent, il y a lieu à augmentation de prix pour excédant de mesure, l'acquéreur a le choix ou de se désister du contrat ou de fournir le supplément du prix, et ce, avec les intérêts s'il a gardé l'immeuble.

1621. Dans tous les cas où l'acquéreur a le droit de se désister du contrat, le vendeur est tenu de lui restituer, outre le prix, s'il l'a reçu, les frais de ce contrat. 1610, 1650.

1622. L'action en supplément du prix de la part du vendeur, et celle en diminution du prix ou en résiliation du contrat de la part de l'acquéreur, doivent être intentées dans l'année, à compter du jour du contrat, à peine de déchéance. 1765, 1617.

1623. S'il a été vendu deux fonds par le même contrat, et pour un seul et même prix, avec désignation de la mesure de chacun, et qu'il se trouve moins de contenance en l'un et plus en l'autre, on fait compensation jusqu'à due concurrence ; et l'action soit en supplément, soit en diminution du prix, n'a lieu que suivant les règles ci-dessus établies. 1765.

1624. La question de savoir sur lequel, du vendeur ou de l'acquéreur, doit tomber la perte ou la détérioration de la chose vendue avant la livraison, est jugée d'après les règles prescrites au titre *des Contrat*

ou des *Obligations conventionnelles en général.* 1137, 1138, 1182, 1245.

De la Garantie.

1625 La garantie que le vendeur doit à l'acquéreur a deux objets : le premier est la possession paisible de la chose vendue : le second, les défauts cachés de cette chose ou les vices rédhibitoires. 1603, 1610, 1626, 1641. 2257.

§ Ier. *De la Garantie en cas d'éviction.*

1626. Quoique lors de la vente il n'ait été fait aucune stipulation sur la garantie, le vendeur est obligé de droit à garantir l'acquéreur de l'éviction qu'il souffre dans la totalité ou partie de l'objet vendu, ou des charges prétendues sur cet objet, et non déclarées lors de la vente. 1630, 1636, 1638, 1640, 1681, 1705, 2178, 2191.

1627. Les parties peuvent, par des conventions particulières, ajouter à cette obligation de droit ou en diminuer l'effet : elles peuvent même convenir que le vendeur ne sera soumis à aucune garantie. 1134, 1152, 1643.

1628. Quoiqu'il soit dit que le vendeur ne sera soumis à aucune garantie, il demeure cependant tenu de celle qui résulte d'un fait qui lui est personnel : toute convention contraire est nulle. 1695.

1629. Dans le même cas de stipulation de non garantie, le vendeur, en cas d'éviction, est tenu à la restitution du prix, à moins que l'acquéreur n'ait connu, lors de la vente, le danger de l'éviction, ou qu'il n'ait acheté à ses périls et risques. 1642, 1693. C. : 126, P. c.

1630. Lorsque la garantie a été promise, ou qu'il n'a rien été stipulé à ce sujet, si l'acquéreur est évincé, il a droit de demander contre le vendeur, — 1° La restitution du prix : — 2° Celle des fruits, lorsqu'il est obligé de les rendre au propriétaire qui l'évince ; — 3° Les frais faits sur la demande en garantie de l'acheteur, et ceux faits par demande originaire ; — 4° Enfin les dommages et intérêts, ainsi que les frais et loyaux coûts du contrat. 1146, 1149, 1631, 1646, 1681, 2178, C.; 175, P. c.

1631. Lorsqu'à l'époque de l'éviction, la chose vendue se trouve diminuée de valeur ou considérablement détériorée, soit par la négligence de l'acheteur. soit par des accidens de force majeure, le vendeur n'en est pas moins tenu de restituer la totalité du prix. 2175.

1632. Mais si l'acquéreur a tiré profit des dégradations par lui faites, le vendeur a droit de retenir sur le prix une somme égale à ce profit.

1633. Si la chose vendue se trouve avoir augmenté de prix à l'époque de l'éviction, indépendamment même du fait de l'acquéreur, le vendeur est tenu de lui payer ce qu'elle vaut au-dessus du prix de la vente. 2175.

1634. Le vendeur est tenu de rembourser, ou de faire rembourser à l'acquéreur, par celui qui l'évince, toutes les réparations et améliorations utiles qu'il aura faites au fonds.

1635. Si le vendeur avait vendu de mauvaise foi le fonds d'autrui, il sera obligé de rembourser à l'acquéreur toutes les dépenses, même voluptuaires ou d'agrément. que celui-ci aura faites au fonds. 1645.

1636. Si l'acquéreur n'est évincé que d'une partie de la chose, et qu'elle soit de telle conséquence, relativement au tout, que l'acquéreur n'eût point acheté sans la partie dont il a été évincé, il peut faire résilier la vente. 751, P. c.

1637. Si, dans le cas de l'éviction d'une partie du fonds vendu, la vente n'est pas résiliée, la valeur de la partie dont l'acquéreur se trouve évincé lui est remboursée suivant l'estimation à l'époque de l'éviction, et non proportionnellement au prix total de la vente, soit que la chose vendue ait augmenté ou diminué de valeur. 1617, 2125.

1638. Si l'héritage vendu se trouve grevé, sans qu'il en ait été fait de déclaration, de servitudes non apparentes, et qu'elles soient de telle importance qu'il y ait lieu de présumer que l'acquéreur n'aurait pas acheté s'il en avait été instruit, il peut demander la résiliation du contrat, si

mieux il n'aime se contenter d'une indemnité. 1642.

1639. Les autres questions auxquelles peuvent donner lieu les dommages et intérêts résultant pour l'acquéreur de l'inexécution de la vente, doivent être décidées suivant les règles générales établies au titre des *Contrats ou des Obligations conventionnelles en général.* 1156, 1142, 1146, 1182, 1184, 1226.

1640. La garantie pour cause d'éviction cesse lorsque l'acquéreur s'est laissé condamner par un jugement en dernier ressort, ou dont l'appel n'est plus recevable, sans appeler son vendeur, si celui-ci prouve qu'il existait des moyens suffisans pour faire rejeter la demande.

§ II. *De la Garantie des défauts de la chose vendue.*

1641. Le vendeur est tenu de la garantie à raison des défauts cachés de la chose vendue qui la rendent impropre à l'usage auquel on la destine, ou qui diminuent tellement cet usage que l'acheteur ne l'aurait pas acquise, ou n'en aurait donné qu'un moindre prix, s'il les avait connus. 1645, 1891.

1642. Le vendeur n'est pas tenu des vices apparens et dont l'acheteur a pu se convaincre lui-même. 1629 et suiv.

1643. Il est tenu des vices cachés, quand même il ne les aurait pas connus, à moins que, dans ce cas, il n'ait stipulé qu'il ne sera obligé à aucune garantie. 1627, 1629.

1644. Dans le cas des articles 1641 et 1643, l'acheteur a le choix de rendre la chose et de se faire restituer le prix, ou de garder la chose et de se faire rendre une partie du prix. telle qu'elle sera arbitrée par experts.

1645. Si le vendeur connaissait les vices de la chose, il est tenu, outre la restitution du prix qu'il en a reçu, de tous lesdommages et intérêts envers l'acheteur.1146, 1650, 1655, C.; 425, P.

1646. Si le vendeur ignorait les vices de la chose, il ne sera tenu qu'à la restitution du prix, et à rembourser à l'acquéreur les frais occasionés par la vente. 1650.

1647. Si la chose qui avait des vices a péri par suite de sa mauvaise qualité, la perte est pour le vendeur, qui sera tenu envers l'acheteur à la restitution du prix, et aux autres dédommagemens expliqués dans les deux articles précédens. — Mais la perte arrivée par cas fortuit sera pour le compte de l'acheteur. 1302, 1630.

1648. L'action résultant des vices rédhibitoires doit être intentée par l'acquéreur, dans un bref délai, suivant la nature des vices rédhibitoires, et l'usage du lieu où la vente a été faite.

1649. Elle n'a pas lieu dans les ventes faites par autorité de justice. 1684, C.; 715, 955, P. c.

CHAPITRE V.
DES OBLIGATIONS DE L'ACHETEUR.

1650. La principale obligation de l'acheteur est de payer le prix au jour et au lieu réglés par la vente. 1235, 1612, 1613, 1653, 2102, 2103.

1651. S'il n'a rien été réglé à cet égard lors de la vente, l'acheteur doit payer au lieu et dans le temps où doit se faire la délivrance. 1247, 1609, C.; 420, P. c.; 100, 642, Co.

1652. L'acheteur doit l'intérêt du prix de la vente jusqu'au paiement du capital, dans les trois cas suivans: — S'il a été ainsi convenu lors de la vente; — Si la chose vendue et livrée produit des fruits ou autres revenus: — Si l'acheteur a été sommé de payer.— Dans ce dernier cas, l'intérêt ne court que depuis la sommation. 1682.

1653. Si l'acheteur est troublé ou a juste sujet de craindre d'être troublé par une action, soit hypothécaire, soit en revendication, il peut suspendre le paiement du prix jusqu'à ce que le vendeur ait fait cesser le trouble, si mieux n'aime celui-ci donner caution, ou à moins qu'il n'ait été stipulé que, nonobstant le trouble, l'acheteur paiera. 1612, 1613, 1704.

1654. Si l'acheteur ne paie pas le prix, le vendeur peut demander la résolution de la vente. 1184, 1610, 1655, 1978, 1913.

1655. La résolution de la vente d'immeubles est prononcée de suite, si le vendeur est en danger de perdre la chose et le prix. — Si ce danger n'existe pas, le juge peut accorder à l'acquéreur un délai plus ou moins long, suivant les circonstances. — Ce délai passé sans que l'acquéreur ait payé, la résolution de la vente sera prononcée.

1656. S'il a été stipulé lors de la vente d'immeubles que, faute de paiement du prix dans le terme convenu, la vente serait résolue de plein droit, 1912, l'acquéreur peut néanmoins payer après l'expiration du délai, tant qu'il n'a pas été mis en demeure par une sommation: mais, après cette sommation, le juge ne peut pas lui accorder de délai. 1583, 1654, 1655, 1664, 2106, 2108, 2113, 2115, 2182, 1139.

1657. En matière de vente de denrées et effets mobiliers, la résolution de la vente aura lieu de plein droit et sans sommation, au profit du vendeur, après l'expiration du terme convenu pour le retirement. 2102.

CHAPITRE VI.
DE LA NULLITÉ ET DE LA RÉSOLUTION DE LA VENTE.

1658. Indépendamment des causes de nullité ou de résolution déjà expliquées dans ce titre, et de celles qui sont communes à toutes les conventions, le contrat de vente peut être résolu par l'exercice de la faculté de rachat et par la vilité du prix. 1108, 1109, 1123, 1128, 1131, 1172, 1181, 1183, 1304, 1584, 1590, 1592, 1594, 1599, 1610, 1618, 1636, 1644, 1654.

SECTION I.
De la Faculté de rachat.

1659. La faculté de rachat ou de réméré est un pacte par lequel le vendeur se réserve de reprendre la chose vendue, moyennant la restitution du prix principal, et le remboursement dont il est parlé à l'article 1673. — 1665, 1676, 2085.

1660. La faculté de rachat ne peut être stipulée pour un terme excédant cinq années. — Si elle a été stipulée pour un terme plus long, elle est réduite à ce terme.

1661. Le terme fixé est de rigueur,

et ne peut être prolongé par le juge. 1134, 1673.

1662. Faute par le vendeur d'avoir exercé son action de réméré dans le terme prescrit, l'acquéreur demeure propriétaire irrévocable. 788.

1663. Le délai court contre toutes personnes, même contre le mineur, sauf, s'il y a lieu, le recours contre qui de droit. 450, 1304.

1664. Le vendeur à pacte de rachat peut exercer son action contre un second acquéreur, quand même la faculté de réméré n'aurait pas été déclarée dans le second contrat. 1165, 1599.

1665. L'acquéreur à pacte de rachat exerce tous les droits de son vendeur : il peut prescrire tant contre le véritable maître que contre ceux qui prétendraient des droits ou hypothèques sur la chose vendue. 1051, 1659, 1751, 2225.

1666. Il peut opposer le bénéfice de la discussion aux créanciers de son vendeur. 2022, 2171, 2207.

1667. Si l'acquéreur à pacte de réméré d'une partie indivise d'un héritage s'est rendu adjudicataire de la totalité sur une licitation provoquée contre lui, il peut obliger le vendeur à retirer le tout lorsque celui-ci veut user du pacte. 1686.

1668. Si plusieurs ont vendu conjointement, et par un seul contrat, un héritage commun entre eux, chacun ne peut exercer l'action en réméré que pour la part qu'il y avait. 1217, 1670, 1685.

1669. Il en est de même si celui qui a vendu seul un héritage a laissé plusieurs héritiers. — Chacun de ces cohéritiers ne peut user de la faculté de rachat que pour la part qu'il prend dans la succession. 885, 1220, 1670, 1672, 1685.

1670. Mais dans le cas des deux articles précédens, l'acquéreur peut exiger que tous les covendeurs ou tous les cohéritiers soient mis en cause, afin de se concilier entr'eux pour la reprise de l'héritage entier : et, s'ils ne se concilient pas, il sera renvoyé de la demande. 1225, 1671, 1685.

1671. Si la vente d'un héritage appartenant à plusieurs n'a pas été faite conjointement et de tout l'héritage ensemble, et que chacun n'ait vendu que la part qu'il y avait, ils peuvent exercer séparément l'action en réméré sur la portion qui leur appartenait ; — et l'acquéreur ne peut forcer celui qui l'exercera de cette manière à retirer le tout.

1672. Si l'acquéreur a laissé plusieurs héritiers, l'action en réméré ne peut être exercée contre chacun d'eux que pour sa part, dans le cas où elle est encore indivise, et dans celui où la chose vendue a été partagée entre eux. — Mais s'il y a eu partage de l'hérédité, et que la chose vendue soit échue au lot de l'un des héritiers, l'action en réméré peut être intentée contre lui pour le tout. 1220, 1685.

1673. Le vendeur qui use du pacte de rachat doit rembourser non-seulement le prix principal, mais encore les frais et loyaux coûts de la vente, les réparations nécessaires, et celles qui ont augmenté la valeur du fonds, jusqu'à concurrence de cette augmentation. Il ne peut entrer en possession qu'après avoir satisfait à toutes ces obligations. — Lorsque le vendeur rentre dans son héritage par l'effet du pacte de rachat, il le reprend exempt de toutes les charges et hypothèques dont l'acquéreur l'aurait grevé : il est tenu d'exécuter les baux faits sans fraude par l'acquéreur. 481, 520, 585, 1429, 1659, 1660, 2105.

De la Rescision de la Vente pour cause de lésion.

1674. Si le vendeur a été lésé de plus de sept douzièmes dans le prix d'un immeuble, il a le droit de demander la rescision de la vente, quand même il aurait expressémen renoncé dans le contrat à la faculté de demander cette rescision, et qu'il aurait déclaré donner la plus-value. 888, 889, 1304, 1313, 1592, 1667, 1681, 1706, 1976, 2125.

1675. Pour savoir s'il y a lésion de plus de sept douzièmes, il faut estimer l'immeuble suivant son état et sa valeur au moment de la vente. 890, C. ; 502, 523, P. c.

1676. La demande n'est plus recevable après l'expiration de deux années, à compter du jour de la vente. — Ce délai court contre les femmes mariées, et contre les absens, les interdits et les mineurs venant du chef d'un majeur qui a vendu. — Ce délai court aussi et n'est pas suspendu pendant la durée du temps stipulé pour le pacte de rachat. 450, 457. 1504, 1506, 1514, 1428, 1562.

1677. La preuve de la lésion ne pourra être admise que par jugement, et dans le cas seulement où les faits articulés seraient assez vraisemblables et assez graves pour faire présumer la lésion. 502 et s., P. c.

1678. Cette preuve ne pourra se faire que par un rapport de trois experts, qui seront tenus de dresser un seul procès verbal commun, et de ne former qu'un seul avis à la pluralité des voix. 1677, 1680, C. ; 303, 318, P. c.

1679. S'il y a des avis différens, le procès verbal en contiendra les motifs, sans qu'il soit permis de faire connaître de quel avis chaque expert a été. 891, C. ; 318, P. c.

1680. Les trois experts seront nommés d'office, à moins que les parties ne se soient accordées pour les nommer tous les trois conjointement. 323 et s., P. c.

1681. Dans le cas où l'action en rescision est admise, l'acquéreur a le choix ou de rendre la chose en retirant le prix qu'il en a payé, ou de garder le fonds en payant le supplément du juste prix, sous la déduction du dixième du prix total. — Le tiers possesseur a le même droit, sauf sa garantie contre son vendeur. 420, P. c. ; 55, Co. ; 891, 1626, 1650, C.

1682. Si l'acquéreur préfère garder la chose en fournissant le supplément réglé par l'article précédent, il doit l'intérêt du supplément du jour de la demande en rescision. — S'il préfère la rendre et recevoir le prix, il rend les fruits du jour de la demande. — L'intérêt du prix qu'il a payé lui est aussi compté du jour de la même demande, ou du jour du

paiement s'il n'a touché aucuns fruits. 1614, 1652.

1683. La rescision pour lésion n'a pas lieu en faveur de l'acheteur.

1684. Elle n'a pas lieu en toutes ventes qui, d'après la loi, ne peuvent être faites que d'autorité de justice. 827, 889, 1649, C. ; 715, 755, P. c.

1685. Les règles expliquées dans la section précédente pour les cas où plusieurs ont vendu conjointement ou séparément, et pour celui où le vendeur ou l'acheteur a laissé plusieurs héritiers, sont pareillement observées pour l'exercice de l'action en rescision. 1668 et s.

CHAPITRE VII.
DE LA LICITATION.

1686. Si une chose commune à plusieurs ne peut être partagée commodément et sans perte ; — Ou si, dans un partage fait de gré à gré de biens communs, il s'en trouve quelques-uns qu'aucun des copartageans ne puisse ou ne veuille prendre, — La vente s'en fait aux enchères, et le prix en est partagé entre les copropriétaires. 575, 827, 1408, 2109, C. ; 970, 984, P. c. ; 220, Co.

1687. Chacun des copropriétaires est le maître de demander que les étrangers soient appelés à la licitation : ils sont nécessairement appelés lorsque l'un des copropriétaires est mineur. 460, 838.

1688. Le mode et les formalités à observer pour la licitation sont expliqués au titre des Successions et au Code de procédure.

CHAPITRE VIII.
DU TRANSPORT DES CRÉANCES ET AUTRES DROITS INCORPORELS.

1689. Dans le transport d'une créance, d'un droit ou d'une action sur un tiers, la délivrance s'opère entre le cédant et le cessionnaire par la remise du titre. 1607, 2103, 2112, C. ; 580, P. c.

1690. Le cessionnaire n'est saisi à l'égard des tiers que par la signification du transport faite au débiteur. 1250, 1275, 1277, 1295, 2075, 2112, C. ; 559, 559, P. c. — Néan-

16

moins le cessionnaire peut être également saisi par l'acceptation du transport faite par le débiteur dans un acte authentique. 1522, C.; 581, Co.

1691. Si, avant que le cédant ou le cessionnaire eût signifié le transport au débiteur, celui-ci avait payé le cédant, il sera valablement libéré. 1277, 1295.

1692. La vente ou cession d'une créance comprend les accessoires de la créance, tels que caution, privilége et hypothèque. 1018, 1615, 2112.

1693. Celui qui vend une créance ou autre droit incorporel doit en garantir l'existence au temps du transport, quoiqu'il soit fait sans garantie. 1626, 1628, 1694, 2112, C.; 168, Co.

1694. Il ne répond de la solvabilité du débiteur que lorsqu'il s'y est engagé, et jusqu'à concurrence seulement du prix qu'il a retiré de la créance.

1695. Lorsqu'il a promis la garantie de la solvabilité du débiteur, cette promesse ne s'entend que de la solvabilité actuelle, et ne s'étend pas au temps à venir, si le cédant ne l'a expressément stipulé.

1696. Celui qui vend une hérédité, sans en spécifier en détail les objets, n'est tenu de garantir que sa qualité d'héritier. 780, 841.

1697. S'il avait déjà profité des fruits de quelque fonds, ou reçu le montant de quelque créance appartenant à cette hérédité, ou vendu quelques effets de la succession, il est tenu de les rembourser à l'acquéreur, s'il ne les a expressément réservés lors de la vente. 1615.

1698. L'acquéreur doit de son côté rembourser au vendeur ce que celui-ci a payé pour les dettes et charges de la succession, et lui faire raison de tout ce dont il était créancier, s'il n'y a stipulation contraire.

1699. Celui contre lequel on a cédé un droit litigieux peut s'en faire tenir quitte par le cessionnaire, en lui remboursant le prix réel de la cession avec les frais et loyaux coûts, et avec les intérêts à compter du jour où le cessionnaire a payé le prix de la cession à lui faite. 841, 1408, 1597, 1700.

1700. La chose est censée litigieuse dès qu'il y a procès et contestation sur le fond du droit.

1701. La disposition portée en l'article 1699 cesse, — 1° Dans le cas où la cession a été faite à un cohéritier ou copropriétaire du droit cédé; — 2° Lorsqu'elle a été faite à un créancier en paiement de ce qui lui est dû; — 3° Lorsqu'elle a été faite au possesseur de l'héritage sujet au droit litigieux. 829.

TITRE VII.
DE L'ÉCHANGE.

(Décrété le 7 mars 1804. Promulgué le 17 du même mois.)

1702. L'échange est un contrat par lequel les parties se donnent respectivement une chose pour une autre. 1104, 1559.

1703. L'échange s'opère par le seul consentement, de la même manière que la vente. 1138, 1582, 1583, 1589.

1704. Si l'un des copermutans a déjà reçu la chose à lui donnée en échange, et qu'il prouve ensuite que l'autre contractant n'est pas propriétaire de cette chose, il ne peut pas être forcé à livrer celle qu'il a promise en contre-échange, mais seulement à rendre celle qu'il a reçue. 1612, 1653.

1705. Le copermutant qui est évincé de la chose qu'il a reçue en échange a le choix de conclure à des dommages et intérêts, ou de répéter sa chose. 1184, 1610, 1626, 1636, 1654, 2103, 2108.

1706. La rescision pour cause de lésion n'a pas lieu dans le contrat d'échange. 1674 et s.

1707. Toutes les autres règles prescrites pour le contrat de vente s'appliquent d'ailleurs à l'échange. 1582 et s.

TITRE VIII.
DU CONTRAT DE LOUAGE.

(Décrété le 7 mars 1805. Promulgué le 17 du même mois.)

CHAPITRE PREMIER.
DISPOSITIONS GÉNÉRALES.

1708. Il y a deux sortes de contrats

de louage : — Celui des choses. — Et celui d'ouvrage. 1712, 1779.

1709. Le louage des choses est un contrat par lequel l'une des parties s'oblige à faire jouir l'autre d'une chose pendant un certain temps, et moyennant un certain prix que celle-ci s'oblige de lui payer. 1127, 1713, 2256.

1710. Le louage d'ouvrage est un contrat par lequel l'une des parties s'engage à faire quelque chose pour l'autre, moyennant un prix convenu entre elles. 1779 et s.

1711. Ces deux genres de louage se subdivisent encore en plusieurs espèces particulières : — On appelle *bail à loyer*, le louage des maisons et celui des meubles ; — *Bail à ferme*, celui des héritages ruraux ; — *Loyer*, le louage du travail ou du service : — *Bail à cheptel*, celui des animaux dont le profit se partage entre le propriétaire et celui à qui il les confie. — Les *devis*, *marché* ou *prix fait*, pour l'entreprise d'un ouvrage moyennant un prix déterminé, sont aussi un louage, lorsque la matière est fournie par celui pour qui l'ouvrage se fait. — Ces trois dernières espèces ont des règles particulières. 1714, 1752, 1763, 1787, 1800.

1712. Les baux des biens nationaux, des biens des communes et des établissemens public, sont soumis à des réglemens particuliers. 537, C. ; 683, P. c.

CHAPITRE II.
DU LOUAGE DES CHOSES.

1713. On peut louer toutes sortes de biens meubles ou immeubles. 1127 et s., 1902, 581, 587.

SECTION I.
Des Règles communes aux Baux des Maisons et des Biens ruraux.

1714. On peut louer, ou par écrit, ou verbalement.

1715. Si le bail fait sans écrit n'a encore reçu aucune exécution, et que l'une des parties le nie, la preuve ne peut être reçue par témoins, quelque modique qu'en soit le prix, et quoiqu'on allègue qu'il y a eu des arrhes données. — Le serment peut seulement être déféré à celui qui nie le bail. 586, 1341, 1347, 1357, 1361, 1590, 1736, 1738, 1774, 2256.

1716. Lorsqu'il y aura contestation sur le prix du bail verbal dont l'exécution a commencé, et qu'il n'existera point de quittance, le propriétaire en sera cru sur serment, si mieux n'aime le locataire demander l'estimation par experts ; auquel cas les frais de l'expertise restent à sa charge, si l'estimation excède le prix qu'il a déclaré. 1357, 1366, C. ; 303, P. c.

1717. Le preneur a le droit de sous-louer, et même de céder son bail à un autre, si cette faculté ne lui a pas été interdite. — Elle peut être interdite pour le tout ou partie. — Cette clause est toujours de rigueur. 1753, 1763, 2182.

1718. Les articles du titre *du Contrat de mariage et des Droits respectifs des époux*, relatifs aux baux des biens des femmes mariées, sont applicables aux baux des biens des mineurs. 595, 1429, 1430.

1719. Le bailleur est obligé, par la nature du contrat, et sans qu'il soit besoin d'aucune stipulation particulière, — 1° De délivrer au preneur la chose louée ; — 2° D'entretenir cette chose en état de servir à l'usage pour lequel elle a été louée ; — 3° D'en faire jouir paisiblement le preneur pendant la durée du bail. 1604, 1721, 1741.

1720. Le bailleur est tenu de délivrer la chose en bon état de réparations de toute espèce. — Il doit y faire, pendant la durée du bail, toutes les réparations qui peuvent devenir nécessaires, autres que les locatives. 1724, 1741, 1755, 2102.

1721. Il est dû garantie au preneur pour tous les vices ou défauts de la chose louée qui en empêchent l'usage, quand même le bailleur ne les aurait pas connus lors du bail. — S'il résulte de ces vices ou défauts quelque perte pour le preneur, le bailleur est tenu de l'indemniser. 1719, 1724, C. ; 3, P. c.

1722. Si, pendant la durée du bail, la chose louée est détruite en totalité par cas fortuit, le bail est résilié de plein droit; si elle n'est détruite qu'en partie, le preneur peut, suivant les circonstances, demander ou une diminution du prix, ou la résiliation même du bail. Dans l'un et l'autre cas, il n'y a lieu à aucun dédommagement. 1502, 1724, 1741.

1723. Le bailleur ne peut, pendant la durée du bail, changer la forme de la chose louée. 1728, 1760.

1724 Si, durant le bail, la chose louée a besoin de réparations urgentes et qui ne puissent être différées jusqu'à sa fin, le preneur doit les souffrir, quelque incommodité qu'elles lui causent, et quoiqu'il soit privé, pendant qu'elles se font, d'une partie de la chose louée. — Mais si ces réparations durent plus de quarante jours, le prix du bail sera diminué à proportion du temps et de la partie de la chose louée dont il aura été privé. — Si les réparations sont de telle nature qu'elles rendent inhabitable ce qui est nécessaire au logement du preneur et de sa famille, celui-ci pourra faire résilier le bail. 1720, 1721, C.; 155, P. c.

1725. Le bailleur n'est pas tenu de garantir le preneur du trouble que des tiers apportent par voies de fait à sa jouissance, sans prétendre d'ailleurs aucun droit sur la chose louée : sauf au preneur à les poursuivre en son nom personnel.

1726. Si, au contraire, le locataire ou le fermier ont été troublés dans leur jouissance par suite d'une action concernant la propriété du fonds, ils ont droit à une diminution proportionnée sur le prix du bail à loyer ou à ferme, pourvu que le trouble et l'empêchement aient été dénoncés au propriétaire. 1721, 1725, 1727, 1768.

1727. Si ceux qui ont commis les voies de fait prétendent avoir quelque droit sur la chose louée, ou si le preneur est lui-même cité en justice pour se voir condamner au délaissement de la totalité ou de partie de cette chose, ou à souffrir l'exercice de quelque servitude, il doit appeler le bailleur en garantie, et doit être mis hors d'instance, s'il l'exige, en nommant le bailleur pour lequel il possède. 1768.

1728. Le preneur est tenu de deux obligations principales : — 1° D'user de la chose louée en bon père de famille, et suivant la destination qui lui a été donnée par le bail, ou suivant celle présumée d'après les circonstances, à défaut de convention; — 2° De payer le prix du bail aux termes convenus. 1725, 1730, 1741, 1760, 2102, 2277, C.; 662, 819. P. c.

1729. Si le preneur emploie la chose louée à un autre usage que celui auquel elle a été destinée, ou dont il puisse résulter un dommage pour le bailleur, celui-ci peut, suivant les circonstances, faire résilier le bail. 1723, 1760, 1766.

1730. S'il a été fait un état des lieux entre le bailleur et le preneur, celui-ci doit rendre la chose telle qu'il l'a reçue, suivant cet état, excepté ce qui a péri ou a été dégradé par vétusté ou force majeure. 1728, 1755.

1731. S'il n'a pas été fait d'état des lieux, le preneur est présumé les avoir reçus en bon état de réparations locatives, et doit les rendre tels, sauf la preuve contraire. 1755, C.; 3, P. c.

1732. Il répond des dégradations ou des pertes qui arrivent pendant sa jouissance, à moins qu'il ne prouve qu'elles ont eu lieu sans sa faute. 1142, 1755, 2102.

1733. Il répond de l'incendie, à moins qu'il ne prouve, — Que l'incendie est arrivé par cas fortuit ou force majeure, ou par vice de construction, — Ou que le feu a été communiqué par une maison voisine. 607, 855, 1148, 1502, 1582, 1584, C.; 95, 434, 458, P.

1734. S'il y a plusieurs locataires, tous sont solidairement responsables de l'incendie; — A moins qu'ils ne prouvent que l'incendie a commencé dans l'habitation de l'un d'eux, auquel cas celui-là seul en est tenu : — Ou que quelques-uns ne prouvent que l'incendie n'a pu commencer chez eux, auquel cas ceux-là n'en sont pas tenus.

1735. Le preneur est tenu des dégradations et des pertes qui arrivent par le fait des personnes de sa maison ou de ses sous-locataires.

1736. Si le bail a été fait sans écrit, l'une des parties ne pourra donner congé à l'autre qu'en observant les délais fixés par l'usage des lieux. 1715, 1729, 1730, 1739, 1775, 1757.

1737. Le bail cesse de plein droit à l'expiration du terme fixé, lorsqu'il a été fait par écrit, sans qu'il soit nécessaire de donner congé. 1739. 1741, 1775, 1756, C. : 155, P. c.

1738. Si, à l'expiration des baux écrits, le preneur reste et est laissé en possession, il s'opère un nouveau bail dont l'effet est réglé par l'article relatif aux locations faites sans écrit. 1716, 1739, 1740, 1759, 1774, 1775, 1776.

1739. Lorsqu'il y a un congé signifié, le preneur, quoiqu'il ait continué sa jouissance, ne peut invoquer la tacite reconduction. 1758.

1740. Dans le cas des deux articles précédens, la caution donnée pour le bail ne s'étend pas aux obligations résultant de la promulgation. 2034, 2039.

1741. Le contrat de louage se résout par la perte de la chose louée, et par le défaut respectif du bailleur et du preneur de remplir leurs engagemens. 1184, 1302, 1719, 1720, 1722, 1728, 1760.

1742. Le contrat de louage n'est point résolu par la mort du bailleur, ni par celle du preneur. 1795, 2236.

1743. Si le bailleur vend la chose louée, l'acquéreur ne peut expulser le fermier ou le locataire qui a un bail authentique ou dont la date est certaine, à moins qu'il ne se soit réservé ce droit par le contrat de bail. 691, 731, P. c.; 1744, 1750, 1761.

1744. S'il a été convenu, lors du bail, qu'en cas de vente l'acquéreur pourrait expulser le fermier ou locataire, et qu'il n'ait été fait aucune stipulation sur les dommages et intérêts, le bailleur est tenu d'indemniser le fermier ou le locataire de la manière suivante.

1745. S'il s'agit d'une maison, appartement ou boutique, le bailleur paie, à titre de dommages et intérêts, au locataire évincé, une somme égale au prix du loyer, pendant le temps qui, suivant l'usage des lieux, est accordé entre le congé et la sortie.

1746. S'il s'agit de biens ruraux, l'indemnité que le bailleur doit payer au fermier est du tiers du prix du bail pour tout le temps qui reste à courir.

1747. L'indemnité se réglera par experts, s'il s'agit de manufactures, usines, ou autres établissemens qui exigent de grandes avances.

1748. L'acquéreur qui veut user de la faculté réservée par le bail, d'expulser le fermier ou locataire en cas de vente, est, en outre, tenu d'avertir le locataire au temps d'avance usité dans le lieu pour les congés. — Il doit aussi avertir le fermier de biens ruraux, au moins un an à l'avance.

1749. Les fermiers ou les locataires ne peuvent être expulsés qu'ils ne soient payés par le bailleur, ou, à son défaut, par le nouvel acquéreur, des dommages et intérêts ci-dessus expliqués.

1750. Si le bail n'est pas fait par acte authentique, ou n'a point de date certaine, l'acquéreur n'est tenu d'aucuns dommages et intérêts. 1736, 1743.

1751. L'acquéreur à pacte de rachat ne peut user de la faculté d'expulser le preneur, jusqu'à ce que, par l'expiration du délai fixé pour le réméré, il devienne propriétaire incommutable. 1665.

SECTION II.

Des Règles particulières aux Baux à loyer.

1752. Le locataire qui ne garnit pas la maison de meubles suffisans peut être expulsé, à moins qu'il ne donne des sûretés capables de répondre du loyer. 1741, 1760, 2012.

1753. Le sous-locataire n'est tenu envers le propriétaire que jusqu'à concurrence du prix de sa sous-location dont il peut être débiteur au moment de la saisie, et sans qu'il puisse opposer des paiemens faits par anticipation. — Les paiemens faits par le sous-locataire, soit en vertu d'une stipulation portée en son bail, soit en conséquence de l'usage des lieux, ne sont pas réputés faits par anticipation. 691, 820, P. c.; 1717, C.

1754. Les réparations locatives ou de menu entretien dont le locataire est tenu, s'il n'y a clause contraire, sont celles désignées comme telles par l'usage des lieux, et, entre autres, les réparations à faire, — Aux âtres, contre-cœurs, chambranles et tablettes des cheminées: — Au recrépiment du bas des murailles des appartemens et autres lieux d'habitation, à la hauteur d'un mètre; — Aux pavés et carreaux des chambres, lorsqu'il y en a seulement quelques-uns de cassés; — Aux vitres, à moins qu'elles ne soient cassées par la grêle, ou autres accidens extraordinaires et de force majeure, dont le locataire ne peut être tenu: — Aux portes, croisées, planches de cloison ou de fermeture de boutiques, gonds, targettes et serrures. 3, P. c.; 1720, 1755, 2102, C.

1755. Aucune des réparations réputées locatives n'est à la charge des locataires, quand elles ne sont occasionées que par vétusté ou force majeure. 1730 et s.

1756. Le curement des puits et celui des fosses d'aisance sont à la charge du bailleur, s'il n'y a clause contraire. 674.

1757. Le bail des meubles fournis pour garnir une maison entière, un corps de logis entier, une boutique, ou tous autres appartemens, est censé fait pour la durée ordinaire des baux de maisons, corps de logis, boutiques ou autres appartemens, selon l'usage des lieux.

1758. Le bail d'un appartement meublé est censé fait à l'année, quand il a été fait à tant par an; — Au mois, quand il a été fait à tant par mois; — Au jour, s'il a été fait à tant par jour. — Si rien ne constate que le bail soit fait à tant par an, par mois ou par jour, la location est censée faite suivant l'usage des lieux. 1715, 1736.

1759. Si le locataire d'une maison ou d'un appartement continue sa jouissance après l'expiration du bail par écrit, sans opposition de la part du bailleur, il sera censé les occuper aux

mêmes conditions, pour le terme fixé par l'usage des lieux, et ne pourra plus en sortir ni en être expulsé qu'après un congé donné suivant le délai fixé par l'usage des lieux. 1738.

1760. En cas de résiliation par la faute du locataire, celui-ci est tenu de payer le prix du bail pendant le temps nécessaire à la relocation, sans préjudice des dommages et intérêts qui ont pu résulter de l'abus. 1723, 1728, 1729, 1741, 1752.

1761. Le bailleur ne peut résoudre la location, encore qu'il déclare vouloir occuper par lui-même la maison louée, s'il n'y a eu convention contraire. 1743.

1762. S'il a été convenu dans le contrat de louage que le bailleur pourrait venir occuper la maison, il est tenu de signifier d'avance un congé aux époques déterminées par l'usage des lieux.

SECTION III.
Des Règles particulières aux Baux à ferme.

1763. Celui qui cultive sous la condition d'un partage de fruits avec le bailleur, ne peut ni sous-louer ni céder, si la faculté ne lui en a été expressément accordée par le bail. 1237, 1717, 2069.

1764. En cas de contravention, le propriétaire a droit de rentrer en jouissance, et le preneur est condamné aux dommages-intérêts résultant de l'inexécution du bail. 1146, 1746.

1765. Si, dans un bail à ferme, on donne aux fonds une contenance moindre ou plus grande que celle qu'ils ont réellement, il n'y a lieu à augmentation ou diminution de prix pour le fermier que dans les cas, et suivant les règles exprimés au titre de la Vente. 1617, 1622.

1766. Si le preneur d'un héritage rural ne le garnit pas des bestiaux et des ustensiles nécessaires à son exploitation, s'il abandonne la culture, s'il ne cultive pas en bon père de famille, s'il emploie la chose louée à un autre usage que celui auquel elle a été destinée, ou, en général, s'il n'exécute pas les clauses du bail, et qu'il en résulte un dommage pour le bailleur, celui-ci peut, suivant les circonstances, faire résilier le bail. — En cas de résiliation provenant du fait du preneur, celui-ci est tenu des dommages et intérêts, ainsi qu'il est dit en l'art. 1764. — 1142, 1146, 1729, 1741, 1184, 1746, 1752, 2102.

1767. Tout preneur de bien rural est tenu d'engranger dans les lieux à ce destinés d'après le bail. 1777, 1778, 2062.

1768. Le preneur d'un bien rural est tenu, sous peine de tous dépens, dommages et intérêts, d'avertir le propriétaire des usurpations qui peuvent être commises sur les fonds. — Cet avertissement doit être donné dans le même délai que celui qui est réglé en cas d'assignation, suivant la distance des lieux. 614, 1726, 1727, C.; 72, P. c.

1769. Si le bail est fait pour plusieurs années, et que, pendant la durée du bail, la totalité ou la moitié d'une récolte au moins soit enlevée par des cas fortuits, le fermier peut demander une remise du prix de sa location, à moins qu'il ne soit indemnisé par les récoltes précédentes. — S'il n'est pas indemnisé, l'estimation de la remise ne peut avoir lieu qu'à la fin du bail, auquel temps il se fait une compensation de toutes les années de jouissance; — Et cependant le juge peut provisoirement dispenser le preneur de payer une partie du prix en raison de la perte soufferte. 1771. C.: 5, 72, P. c.

1770. Si le bail n'est que d'une année, et que la perte soit de la totalité des fruits, ou au moins de la moitié, le preneur sera déchargé d'une partie proportionnelle du prix de la location. — Il ne pourra prétendre aucune remise si la perte est moindre de moitié. 1771 et s.

1771. Le fermier ne peut obtenir de remise lorsque la perte des fruits arrive après qu'ils sont séparés de la terre, à moins que le bail ne donne au propriétaire une quotité de la récolte en nature: auquel cas le propriétaire doit supporter sa part de la perte, pourvu que le preneur ne fût pas en demeure de lui délivrer sa portion de récolte. — Le fermier ne peut également demander une remise

lorsque la cause du dommage était existante et connue à l'époque où le bail a été passé. 1773.

1772. Le preneur peut être chargé des cas fortuits par une stipulation expresse.

1773. Cette stipulation ne s'entend que des cas fortuits ordinaires, tels que grêle, feu du ciel, gelée ou coulure. — Elle ne s'entend pas des cas fortuits extraordinaires, tels que les ravages de la guerre, ou une inondation, auxquels le pays n'est pas ordinairement sujet, à moins que le preneur n'ait été chargé de tous les cas fortuits prévus ou imprévus.

1774. Le bail, sans écrit, d'un fonds rural est censé fait pour le temps qui est nécessaire afin que le preneur recueille tous les fruits de l'héritage affermé. — Ainsi le bail à ferme d'un pré, d'une vigne, et de tout autre fonds dont les fruits se recueillent en entier dans le cours de l'année, est censé fait pour un an. — Le bail des terres labourables, lorsqu'elles se divisent par soles ou saisons, est censé fait pour autant d'années qu'il y a de soles. 555, 1715, 1776, 2102.

1775. Le bail des héritages ruraux, quoique fait sans écrit, cesse de plein droit, 1737, 1776, à l'expiration du temps pour lequel il est censé fait, selon l'article précédent.

1776. Si, à l'expiration des baux ruraux écrits, le preneur reste et est laissé en possession, il s'opère un nouveau bail dont l'effet est réglé par l'art. 1774. — 1739, 1740, 1774.

1777. Le fermier sortant doit laisser à celui qui lui succède dans la culture, les logemens convenables et autres facilités pour les travaux de l'année suivante; et réciproquement, le fermier entrant doit procurer à celui qui sort les logemens convenables et autres facilités pour la consommation des fourrages, et pour les récoltes restant à faire. — Dans l'un et l'autre cas, on doit se conformer à l'usage des lieux. 1767.

1778. Le fermier sortant doit aussi laisser les pailles et engrais de l'année s'il les a reçus lors de son entrée en jouissance; et quand même il ne les aurait pas reçus, le propriétaire pourra les retenir suivant l'estimation. 524, 1767, 1804, 2062, 2102.

CHAPITRE III.

DU LOUAGE D'OUVRAGE ET D'INDUSTRIE.

1779. Il y a trois espèces principales de louage d'ouvrage et d'industrie : — 1° Le louage des gens de travail qui s'engagent au service de quelqu'un : — 2° Celui des voituriers, tant par terre que par eau, qui se chargent du transport des personnes ou des marchandises : — 3° Celui des entrepreneurs d'ouvrages par suite de devis ou marchés. 1780, 1782.

SECTION I.

Du Louage des Domestiques et Ouvriers.

1780. On ne peut engager ses services qu'à temps, ou pour une entreprise déterminée.

1781. Le maître est cru sur son affirmation, — Pour la quotité des gages, — Pour le paiement du salaire de l'année échue, — Et pour les à-comptes donnés pour l'année courante. 109, 1025, 1366, 1384, 1716, 2101, 2272, 2275, C. ; 586, P.

SECTION II.

Des Voituriers par terre et par eau.

1782. Les voituriers par terre et par eau sont assujettis, pour la garde et la conservation des choses qui leur sont confiées, aux mêmes obligations que les aubergistes, dont il est parlé au titre *du Dépôt et du Séquestre*. 1952, 2102, C. ; 101, 103, Co. ; 586, 587, 475, P.

1783. Ils répondent non seulement de ce qu'ils ont déjà reçu dans leur bâtiment ou voiture, mais encore de ce qui leur a été remis sur le port ou dans l'entrepôt pour être placé dans leur bâtiment ou voiture. 97, 103, Co. ; 1302, 1384, C.

1784. Ils sont responsables de la perte et des avaries des choses qui leur sont confiées, à moins qu'ils ne prouvent qu'elles ont été perdues et avariées par cas fortuit ou force majeure. 1148, 1302, 1384, C. ; 97, 98, 108, Co. ; 587, P.

1785. Les entrepreneurs de voitures publiques par terre et par eau, et ceux des roulages publics, doivent tenir registre de l'argent, des effets et des paquets dont ils se chargent. 1157, 1784, C. ; 8, 96, 101, 103, 107, Co.

1786. Les entrepreneurs et directeurs de voitures et roulages publics, les maîtres de barques et navires, sont en outre assujettis à des règlemens particuliers qui font la loi entre eux et les autres citoyens. 216, 221, Co. ; 586, 587, 475, P.

SECTION III.

Des Devis et des Marchés.

1787. Lorsqu'on charge quelqu'un de faire un ouvrage, on peut convenir qu'il fournira seulement son travail ou son industrie, ou bien qu'il fournira aussi la matière. 565, 1794, 1795.

1788. Si, dans le cas où l'ouvrier fournit la matière, la chose vient à périr, de quelque manière que ce soit, avant d'être livrée, la perte en est pour l'ouvrier, à moins que le maître ne fût en demeure de recevoir la chose. 1135, 1136, 1138, 1146, 1302.

1789. Dans le cas où l'ouvrier fournit seulement son travail ou son industrie, si la chose vient à périr, l'ouvrier n'est tenu que de sa faute. 1136, 1146, 1302.

1790. Si, dans les cas de l'article précédent, la chose vient à périr, quoique sans aucune faute de la part de l'ouvrier, avant que l'ouvrage ait été reçu, et sans que le maître fût en demeure de le vérifier, l'ouvrier n'a point de salaire à réclamer, à moins que la chose n'ait péri par le vice de la matière.

1791. S'il s'agit d'un ouvrage à plusieurs pièces ou à la mesure, la vérification peut s'en faire par parties : elle est censée faite pour toutes les parties payées, si le maître paie l'ouvrier en proportion de l'ouvrage fait.

1792. Si l'édifice construit à prix fait périt en tout ou en partie par le vice de la construction, même par le vice du sol, les architecte et entrepreneur en sont responsables pendant dix ans. 2103, 2110, 2270.

1793. Lorsqu'un architecte ou un entrepreneur s'est chargé de la construction à forfait d'un bâtiment, d'après un plan arrêté et convenu avec le propriétaire du sol, il ne peut demander aucune augmentation de prix, ni sous le prétexte de l'augmentation de la main-d'œuvre ou des matériaux, ni sous celui de changemens ou d'augmentations faits sur ce plan, si ces changemens ou augmentations n'ont pas été autorisés par écrit, et le prix convenu avec le propriétaire. 2105, 2110.

1794. Le maître peut résilier, par sa seule volonté, le marché à forfait, quoique l'ouvrage soit déjà commencé, en dédommageant l'entrepreneur de toutes ses dépenses, de tous ses travaux, et de tout ce qu'il aurait pu gagner dans cette entreprise.

1795. Le contrat de louage d'ouvrage est dissous par la mort de l'ouvrier, de l'architecte ou entrepreneur. 1742.

1796. Mais le propriétaire est tenu de payer en proportion du prix porté par la convention, à leur succession, la valeur des ouvrages faits et celle des matériaux préparés, lors seulement que ces travaux ou ces matériaux peuvent lui être utiles.

1797. L'entrepreneur répond du fait des personnes qu'il emploie. 1384.

1798. Les maçons, charpentiers et autres ouvriers qui ont été employés à la construction d'un bâtiment ou d'autres ouvrages faits à l'entreprise, n'ont d'action contre celui pour lequel les ouvrages ont été faits que jusqu'à concurrence de ce dont il se trouve débiteur envers l'entrepreneur, au moment où leur action est intentée. 2105, 2110, 2270.

1799. Les maçons, charpentiers, serruriers, et autres ouvriers qui font directement des marchés à prix fait, sont astreints aux règles prescrites dans la présente section : ils sont entrepreneurs dans la partie qu'ils traitent.

CHAPITRE IV.

DU BAIL A CHEPTEL.

SECTION I.

Dispositions générales.

1800. Le bail à cheptel est un contrat par lequel l'une des parties donne à l'autre un fonds de bétail pour le garder, le nourrir et le soigner, sous les conditions convenues entr'elles.

1801. Il y a plusieurs sortes de cheptels : —Le cheptel simple ou ordinaire, — Le cheptel à moitié, — Le cheptel donné au fermier ou au colon partiaire. — Il y a encore une quatrième espèce de contrat improprement appelée *cheptel*.

1802. On peut donner à cheptel toute espèce d'animaux susceptibles de croît ou de profit pour l'agriculture ou le commerce.

1803. A défaut de conventions particulières, ces contrats se règlent par les principes qui suivent. 1134, 1811.

SECTION II.

Du Cheptel simple.

1804. Le bail à cheptel simple est un contrat par lequel on donne à un autre des bestiaux à garder, nourrir et soigner, à condition que le preneur profitera de la moitié du croît, et qu'il supportera aussi la moitié de la perte. 1811.

1805. L'estimation donnée au cheptel dans le bail n'en transporte pas la propriété au preneur : elle n'a d'autre objet que de fixer la perte ou le profit qui pourra se trouver à l'expiration du bail. 1810, 1817, 1822.

1806. Le preneur doit les soins d'un bon père de famille à la conservation du cheptel. 1728, 1809.

1807. Il n'est tenu du cas fortuit que lorsqu'il a été précédé de quelque faute de sa part, sans laquelle la perte ne serait pas arrivée. 1772, 1809, 1810.

1808. En cas de contestation, le preneur est tenu de prouver le cas fortuit, et le bailleur est tenu de prouver la faute qu'il impute au preneur. 1341, 1348.

1809. Le preneur qui est déchargé par le cas fortuit est toujours tenu de rendre compte des peaux des bêtes. 616, 1806.

1810. Si le cheptel périt en entier sans la faute du preneur, la perte en est pour le bailleur. — S'il n'en périt qu'une partie, la perte est supportée en commun, d'après le prix de l'estimation originaire, et celui de l'estimation à l'expiration du cheptel. 1502, 1805, 1807, 1811, 1827.

1811. On ne peut stipuler, — Que le preneur supportera la perte totale du cheptel, quoique arrivée par cas fortuit et sans faute; — Ou qu'il supportera dans la perte une part plus grande que dans le profit; — Ou que le bailleur prélèvera, à la fin du bail, quelque chose de plus que le cheptel qu'il a fourni. — Toute convention semblable est nulle. — Le preneur profite seul des laitages, du fumier et du travail des animaux donnés à cheptel. — La laine et le croît se partagent. 585, 1803, 1804, 1819, 1828.

1812. Le preneur ne peut disposer d'aucune bête du troupeau, soit du fonds, soit du croît, sans le consentement du bailleur, qui ne peut lui-même en disposer sans le consentement du preneur.

1813. Lorsque le cheptel est donné au fermier d'autrui, il doit être notifié au propriétaire de qui ce fermier tient; sans quoi il peut le saisir et le faire vendre pour ce que son fermier lui doit. 2102.

1814. Le preneur ne pourra tondre sans en prévenir le bailleur.

1815. S'il n'y a pas de temps fixé par la convention pour la durée du cheptel, il est censé fait pour trois ans. 1774.

1816. Le bailleur peut en demander plus tôt la résolution, si le preneur ne remplit pas ses obligations. 1184, 1741.

1817. A la fin du bail, ou lors de sa résolution, il se fait une nouvelle estimation du cheptel. — Le bailleur peut prélever des bêtes de chaque espèce, jusqu'à concurrence de la première estimation : l'excédant se partage. — S'il n'existe pas assez de bêtes pour remplir la première estimation, le bailleur prend ce qui reste, et les parties se font raison de la perte. 1805, 1810, 1826.

SECTION III.
Du Cheptel à moitié.

1818. Le cheptel à moitié est une société dans laquelle chacun des contractans fournit la moitié des bestiaux, qui demeurent communs pour le profit ou pour la perte. 1803, 1841.

1819. Le preneur profite seul, comme dans le cheptel simple, des laitages, du fumier et des travaux des bêtes. — Le bailleur n'a droit qu'à la moitié des laines et du croît. —Toute convention contraire est nulle, à moins que le bailleur ne soit propriétaire de la métairie dont le preneur est fermier ou colon partiaire. 1804, 1811, 1823.

1820. Toutes les autres règles du cheptel simple s'appliquent au cheptel à moitié.

SECTION IV.
Du Cheptel donné par le Propriétaire à son Fermier ou Colon partiaire.
§ Ier. Du Cheptel donné au Fermier.

1821. Ce cheptel (aussi appelé cheptel de fer) est celui par lequel le propriétaire d'une métairie la donne à ferme, à la charge qu'à l'expiration du bail le fermier laissera des bestiaux d'une valeur égale au prix de l'estimation de ceux qu'il aura reçus. 1803, 2062.

1822. L'estimation du cheptel donné au fermier ne lui en transfère pas la propriété, mais néanmoins le met à ses risques. 1805, 1825, 2102.

1823. Tous les profits appartiennent au fermier pendant la durée de son bail, s'il n'y a convention contraire. 1803, 1804, 1819.

1824. Dans les cheptels donnés au fermier, le fumier n'est point dans les profits personnels des preneurs, mais appartient à la métairie, à l'exploitation de laquelle il doit être uniquement employé. 524, 1767, 1778.

1825. La perte, même totale et par cas fortuit, est en entier pour le fermier, s'il n'y a convention contraire. 1810, 1818, 1822, 1827.

1826. A la fin du bail, le fermier ne peut retenir le cheptel en en payant l'estimation originaire; il doit en laisser un de valeur pareille à celui qu'il a reçu. — S'il y a du déficit, il doit le payer; et c'est seulement l'excédant qui lui appartient. 1817, 2062.

§ II. Du Cheptel donné au Colon partiaire.

1827. Si le cheptel périt en entier

sans la faute du colon, la perte est pour le bailleur. 1807, 1810, 1828, 2062.

1828. On peut stipuler que le colon délaissera au bailleur sa part de la toison à un prix inférieur à la valeur ordinaire, — Que le bailleur aura une plus grande part du profit : — Qu'il aura la moitié des laitages : — Mais on ne peut pas stipuler que le colon sera tenu de toute la perte. 1805, 1811.

1829. Ce cheptel finit avec le bail à métairie.

1830. Il est d'ailleurs soumis à toutes les règles du cheptel simple. 1804 et 5.

SECTION V.
Du Contrat improprement appelé Cheptel.

1831. Lorsqu'une ou plusieurs vaches sont données pour les loger et les nourrir, le bailleur en conserve la propriété : il a seulement le profit des veaux qui en naissent.

TITRE IX.
DU CONTRAT DE SOCIÉTÉ.

(Décrété le 8 mars 1804. promulgué le 18 du même mois.)

CHAPITRE PREMIER.
DISPOSITIONS GÉNÉRALES.

1832. La société est un contrat par lequel deux ou plusieurs personnes conviennent de mettre quelque chose en commun, dans la vue de partager le bénéfice qui pourra en résulter. 1106, 1855, 1855, C.: 50, P. c.

1833. Toute société doit avoir un objet licite, et être contractée pour l'intérêt commun des parties — Chaque associé doit y apporter ou de l'argent, ou d'autres biens, ou son industrie. 6, 1108, 1133, 1855.

1834. Toutes sociétés doivent être rédigées par écrit, lorsque leur objet est d'une valeur de plus de cent cinquante francs. — La preuve testimoniale n'est point admise contre et outre le contenu en l'acte de société, ni sur ce qui serait allégué avoir été dit avant, lors et depuis cet acte, encore qu'il s'agisse d'une somme ou valeur moindre de cent cinquante francs. 1525, 1341, 1347, 1866, C.; 39, 49, Co.

CHAPITRE II.
DES DIVERSES ESPÈCES DE SOCIÉTÉS.

1835. Les sociétés sont universelles ou particulières.

SECTION I.
Des Sociétés universelles.

1836. On distingue deux sortes de sociétés universelles, la société de tous biens présens, et la société universelle de gains.

1837. La société de tous biens présens est celle par laquelle les parties mettent en commun tous les biens meubles et immeubles qu'elles possèdent actuellement, et les profits qu'elles pourront en tirer. — Elles peuvent aussi y comprendre toute autre espèce de gains; mais les biens qui pourraient leur avenir par succession, donation ou legs, n'entrent dans cette société que pour la jouissance : toute stipulation tendant à y faire entrer la propriété de ces biens est prohibée, sauf entre époux, et conformément à ce qui est réglé à leur égard. 1401, 1497.

1838. La société universelle de gains renferme tout ce que les parties acquerront par leur industrie, à quelque titre que ce soit, pendant le cours de la société : les meubles que chacun des associés possède au temps du contrat y sont aussi compris ; mais leurs immeubles personnels n'y entrent que pour la jouissance seulement.

1839. La simple convention de cette société universelle, faite sans autre explication, n'emporte que la société universelle de gains.

1840. Nulle société universelle ne peut avoir lieu qu'entre personnes respectivement capables de se donner ou de recevoir l'une de l'autre, et auxquelles il n'est point défendu de s'avantager au préjudice d'autres personnes. 844, 855, 854, 906 à 908, 1094.

SECTION II.
De la Société particulière.

1841. La société particulière est celle qui ne s'applique qu'à certaines choses déterminées, ou à leur usage, ou aux fruits à en percevoir. 18, Co.

1842. Le contrat par lequel plusieurs personnes s'associent, soit pour une entreprise désignée, soit pour l'exercice de quelque métier ou profession, est aussi une société particulière. 18, Co.

CHAPITRE III.
DES ENGAGEMENS DES ASSOCIÉS ENTR'EUX ET A L'ÉGARD DES TIERS.

SECTION I.
Des engagemens des Associés entr'eux.

1843. La société commence à l'instant même du contrat, s'il ne désigne une autre époque.

1844. S'il n'y a pas de convention sur la durée de la société, elle est censée contractée pour toute la vie des associés, sous la modification portée en l'article 1869 ; ou, s'il s'agit d'une affaire dont la durée soit limitée, pour tout le temps que doit durer cette affaire. 1855.

1845. Chaque associé est débiteur envers la société de tout ce qu'il a promis d'y apporter. — Lorsque cet apport consiste en un corps certain, et que la société en est évincée, l'associé en est garant envers la société, de la même manière qu'un vendeur l'est envers son acheteur. 1625, 1626, 1641, 1851, 1867.

1846. L'associé qui devait apporter une somme dans la société, et qui ne l'a point fait, devient, de plein droit et sans demande, débiteur des intérêts de cette somme, à compter du jour où elle devait être payée. — Il en est de même à l'égard des sommes qu'il a prises dans la caisse sociale, à compter du jour où il les en a tirées pour son profit particulier. 1872. — Le tout sans préjudice de plus amples dommages-intérêts, s'il y a lieu. 1153, C.; 95, Co.

1847. Les associés qui se sont soumis à apporter leur industrie à la société, lui doivent compte de tous les gains qu'ils ont faits par l'espèce d'industrie qui est l'objet de cette société. 1855, C.; 50, 51, Co.

1848. Lorsqu'un des associés est, pour son compte particulier, créan-

cier d'une somme exigible envers une personne qui se trouve aussi devoir à la société une somme également exigible, l'imputation de ce qu'il reçoit de ce débiteur doit se faire sur la créance de la société et sur la sienne dans la proportion des deux créances, encore qu'il eût par sa quittance dirigé l'imputation intégrale sur sa créance particulière : mais s'il a exprimé dans sa quittance que l'imputation serait faite en entier sur la créance de la société, cette stipulation sera exécutée. 1255, 1256, 1849.

1849. Lorsqu'un des associés a reçu sa part entière de la créance commune, et que le débiteur est depuis devenu insolvable, cet associé est tenu de rapporter à la masse commune ce qu'il a reçu, encore qu'il eût spécialement donné quittance *pour sa part*.

1850. Chaque associé est tenu envers la société des dommages qu'il lui a causés par sa faute, sans pouvoir compenser avec ces dommages les profits que son industrie lui aurait procurés dans d'autres affaires. 1146, 1852, 1859.

1851. Si les choses dont la jouissance seulement a été mise dans la société sont des corps certains et déterminés, qui ne se consomment point par l'usage, elles sont aux risques de l'associé propriétaire. — Si ces choses se consomment, si elles se détériorent en les gardant, si elles ont été destinées à être vendues, ou si elles ont été mises dans la société sur une estimation portée par un inventaire, elles sont aux risques de la société. — Si la chose a été estimée, l'associé ne peut répéter que le montant de son estimation. 1502, 1845, 1867.

1852. Un associé a action contre la société, non-seulement à raison des sommes qu'il a déboursées pour elle, mais encore à raison des obligations qu'il a contractées de bonne foi pour les affaires de la société, et des risques inséparables de sa gestion.

1853. Lorsque l'acte de société ne détermine point la part de chaque associé dans les bénéfices ou pertes, la part de chacun est en proportion de sa mise dans le fonds de la société. — A l'égard de celui qui n'a apporté que son industrie, sa part dans les bénéfices ou dans les pertes est réglée comme si sa mise eût été égale à celle de l'associé qui a le moins apporté. 1846, 1852, 1863.

1854. Si les associés sont convenus de s'en rapporter à l'un d'eux ou à un tiers pour le règlement des parts, ce règlement ne peut être attaqué s'il n'est évidemment contraire à l'équité. — Nulle réclamation n'est admise à ce sujet, s'il s'est écoulé plus de trois mois depuis que la partie qui se prétend lésée a eu connaissance du règlement, ou si ce règlement a reçu de sa part un commencement d'exécution.

1855. La convention qui donnerait à l'un des associés la totalité des bénéfices est nulle. — Il en est de même de la stipulation qui affranchirait de toute contribution aux pertes les sommes ou effets mis dans le fonds de la société par un ou plusieurs des associés. 6, 1852.

1856. L'associé chargé de l'administration par une clause spéciale du contrat de société, peut faire, nonobstant l'opposition des autres associés, tous les actes qui dépendent de son administration, pourvu que ce soit sans fraude. — Ce pouvoir ne peut être révoqué sans cause légitime, tant que la société dure; mais s'il n'a été donné que par acte postérieur au contrat de société, il est révocable comme un simple mandat. 1859, 1862, 1991.

1857. Lorsque plusieurs associés sont chargés d'administrer, sans que leurs fonctions soient déterminées, ou sans qu'il ait été exprimé que l'un ne pourrait agir sans l'autre, ils peuvent faire chacun séparément tous les actes de cette administration. 1995.

1858. S'il a été stipulé que l'un des administrateurs ne pourra rien faire sans l'autre, un seul ne peut, sans une nouvelle convention, agir en l'absence de l'autre, lors même que celui-ci serait dans l'impossibilité actuelle de concourir aux actes d'administration. 1852 et s.

1859. A défaut de stipulations spéciales sur le mode d'administration, l'on suit les règles suivantes: — 1° les associés sont censés s'être donné réci-

proquement le pouvoir d'administrer l'un pour l'autre. Ce que chacun fait est valable même pour la part de ses associés, sans qu'il ait pris leur consentement; sauf le droit qu'ont ces derniers, ou l'un d'eux, de s'opposer à l'opération avant qu'elle soit conclue. 1556, 1862. — 2° Chaque associé peut se servir des choses appartenant à la société, pourvu qu'il les emploie à leur destination fixée par l'usage, et qu'il ne s'en serve pas contre l'intérêt de la société, ou de manière à empêcher ses associés d'en user selon leur droit. — 3° Chaque associé a le droit d'obliger ses associés à faire avec lui les dépenses qui sont nécessaires pour la conservation des choses de la société. — 4° L'un des associés ne peut faire d'innovations sur les immeubles dépendans de la société, même quand il les soutiendrait avantageuses à cette société, si les autres associés n'y consentent. 1862, 1864, C.; 27, 28, Co.

1860. L'associé qui n'est point administrateur ne peut aliéner ni engager les choses même mobilières qui dépendent de la société.

1861. Chaque associé peut, sans le consentement de ses associés, s'associer une tierce personne relativement à la part qu'il a dans la société : il ne peut pas, sans ce consentement, l'associer à la société, lors même qu'il en aurait l'administration. 841. 1699.

SECTION II.

Des Engagemens des Associés à l'égard des Tiers.

1862. Dans les sociétés autres que celles de commerce, les associés ne sont pas tenus solidairement des dettes sociales, et l'un des associés ne peut obliger les autres, si ceux-ci ne lui en ont conféré le pouvoir. 18, 22 et s., Co.; 1558, 1859, C.

1863. Les associés sont tenus envers le créancier avec lequel ils ont contracté, chacun pour une somme et part égales, encore que la part de l'un d'eux dans la société fût moindre, si l'acte n'a pas spécialement restreint l'obligation de celui-ci sur le pied de cette dernière part. 22, 24, Co.

1864. La stipulation que l'obligation est contractée pour le compte de la société ne lie que l'associé contractant et non les autres, à moins que ceux-ci ne lui aient donné pouvoir, ou que la chose n'ait tourné au profit de la société. 1859 et s.

CHAPITRE IV.

DES DIFFÉRENTES MANIÈRES DONT FINIT LA SOCIÉTÉ.

1865. La société finit, — 1° Par l'expiration du temps pour lequel elle a été contractée ; 2° Par l'extinction de la chose, ou la consommation de la négociation; — 3° Par la mort naturelle de quelqu'un des associés ; — 4° Par la mort civile, l'interdiction ou la déconfiture de l'un d'eux; — 5° Par la volonté qu'un seul ou plusieurs expriment de n'être plus en société. 1844, 1867, 1869, 1870, 1871.

1866. La prorogation d'une société à temps limité ne peut être prouvée que par un écrit revêtu des mêmes formes que le contrat de société. 1302, 1834, C.; 46, 49, Co.

1867. Lorsque l'un des associés a promis de mettre en commun la propriété d'une chose, la perte survenue avant que la mise en soit effectuée opère la dissolution de la société par rapport à tous les associés. — La société est également dissoute dans tous les cas par la perte de la chose, lorsque la jouissance seule a été mise en commun, et que la propriété en est restée dans la main de l'associé. — Mais la société n'est pas rompue par la perte de la chose dont la propriété a déjà été apportée à la société. 1845, 1851, 1865.

1868. S'il a été stipulé qu'en cas de mort de l'un des associés la société continuerait avec son héritier, ou seulement entre les associés survivans, ces dispositions seront suivies : au second cas, l'héritier du décédé n'a droit qu'au partage de la société, eu égard à la situation de cette société lors du décès, et ne participe aux droits ultérieurs qu'autant qu'ils sont une suite nécessaire de ce qui s'est fait avant la mort de l'associé auquel il succède. 1865.

1869. La dissolution de la société par la volonté de l'une des parties ne s'applique qu'aux sociétés dont la durée est illimitée, et s'opère par une renonciation notifiée à tous les associés, pourvu que cette renonciation soit de bonne foi, et non faite à contre-temps. 1844, 1865. 1870.

1870. La renonciation n'est pas de bonne foi lorsque l'associé renonce pour s'approprier à lui seul le profit que les associés s'étaient proposé de retirer en commun. — Elle est faite à contre-temps lorsque les choses ne sont plus entières, et qu'il importe à la société que sa dissolution soit différée.

1871. La dissolution des sociétés à terme ne peut être demandée par l'un des associés avant le terme convenu qu'autant qu'il y en a de justes motifs, comme lorsqu'un autre associé manque à ses engagemens, ou qu'une infirmité habituelle le rend inhabile aux affaires de la société, ou autres cas semblables, dont la légitimité et la gravité sont laissées à l'arbitrage des juges. 883, 1865.

1872. Les règles concernant le partage des successions, la forme de ce partage, et les obligations qui en résultent entre les cohéritiers, s'appliquent aux partages entre associés. 816, 843, 870, 883, 1846.

Disposition relative aux Sociétés de commerce.

1873. Les dispositions du présent titre ne s'appliquent aux sociétés de commerce que dans les points qui n'ont rien de contraire aux lois et usages du commerce. 18 et s., Co.

TITRE X.

DU PRÊT.

(Décrété le 9 mars 1804. Promulgué le 19 du même mois.)

1874. Il y a deux sortes de prêt : — Celui des choses dont on peut user sans les détruire, — Et celui des choses qui se consomment par l'usage qu'on en fait. — La première espèce s'appelle *prêt à usage*, ou *commodat;* — La deuxième s'appelle *prêt de consommation*, ou simplement *prêt*.

l'interdit d'exiger. — Dans ce cas, le prêt prend le nom de *constitution do rente*. 586, 1567, 1910.

1910. Cette rente peut être constituée de deux manières, en perpétuel ou en viager. 1968 et s.

1911. La rente constituée en perpétuel est essentiellement rachetable. — Les parties peuvent seulement convenir que le rachat ne sera pas fait avant un délai qui ne pourra excéder dix ans, ou sans avoir averti le créancier au terme d'avance qu'elles auront déterminé. 550, 1187, 2262, 2277.

1912. Le débiteur d'une rente constituée en perpétuel, 1654 et s., peut être contraint au rachat, 1° S'il cesse de remplir ses obligations pendant deux années; — 2° S'il manque à fournir au prêteur les sûretés promises par le contrat. 550, 1184, 1216, 1978, 2262, 2277, 2131.

1913. Le capital de la rente constituée en perpétuel devient aussi exigible en cas de faillite ou de déconfiture du débiteur. 1188, 2032, 2184, 1654, 1655, C.; 124, P. c.; 448, Co.

1914. Les règles concernant les rentes viagères sont établies au titre *des Contrats aléatoires*. 1964, 1968.

TITRE XI.

DU DÉPÔT ET DU SÉQUESTRE.

(Décrété le 14 mars 1804. Promulgué le 24 du même mois.)

CHAPITRE I.
DU DÉPÔT EN GÉNÉRAL ET DI SES DIVERSES ESPÈCES.

1915. Le dépôt, en général, est un acte par lequel on reçoit la chose d'autrui, à la charge de la garder et de la restituer en nature. 1227, 1932, 2236, C.; 169, 408, P. c.

1916. Il y a deux espèces de dépôts, le dépôt proprement dit, et le séquestre.

CHAPITRE II.
DU DÉPÔT PROPREMENT DIT.

SECTION I.
De la nature et de l'essence du Contrat de dépôt.

1917. Le dépôt proprement dit est un contrat essentiellement gratuit. 1105, 1928, 1936, 1957, C.; 175, P. c.

1918. Il ne peut avoir pour objet que des choses mobilières. 1959.

1919. Il n'est parfait que par la tradition réelle ou feinte de la chose déposée, — La tradition feinte suffit, quand le dépositaire se trouve déjà nanti, à quelque autre titre, de la chose que l'on consent à lui laisser à titre de dépôt. 1138, 1606, 1607.

1920. Le dépôt est volontaire ou nécessaire.

SECTION II.
Du Dépôt volontaire.

1921. Le dépôt volontaire se forme par le consentement réciproque de la personne qui fait le dépôt et de celle qui le reçoit. 1109, 1919, C.; 175, P.

1922. Le dépôt volontaire ne peut régulièrement être fait que par le propriétaire de la chose déposée, ou de son consentement exprès ou tacite. 1938.

1923. Le dépôt volontaire doit être prouvé par écrit. La preuve testimoniale n'en est point reçue pour valeur excédant cent cinquante francs. 1317, 1341, 1347, 1351 et s.

1924. Lorsque le dépôt, étant au-dessus de cent cinquante francs, n'est point prouvé par écrit, celui qui est attaqué comme dépositaire en est cru sur sa déclaration, soit pour le fait même du dépôt, soit pour la chose qui en faisait l'objet, soit pour le fait de sa restitution. 1357, 1366, 1368, C.; 408, P.

1925. Le dépôt volontaire ne peut avoir lieu qu'entre personnes capables de contracter. — Néanmoins, si une personne capable de contracter accepte le dépôt fait par une personne incapable, elle est tenue de toutes les obligations d'un véritable dépositaire; elle peut être poursuivie par le tuteur ou administrateur de la personne qui a fait le dépôt. 1125 et s.

1926. Si le dépôt a été fait par une personne capable à une personne qui ne l'est pas, la personne qui a fait le dépôt n'a que l'action en revendication de la chose déposée, tant qu'elle

20

existe dans la main du dépositaire, ou une action en restitution jusqu'à concurrence de ce qui a tourné au profit de ce dernier. 1123, 1241, 1312.

SECTION III.

Des Obligations du Dépositaire.

1927. Le dépositaire doit apporter, dans la garde de la chose déposée, les mêmes soins qu'il apporte dans la garde des choses qui lui appartiennent. 1137, 1992, C. ; 595, Co.

1928. La disposition de l'article précédent doit être appliquée avec plus de rigueur, 1° Si le dépositaire s'est offert lui-même pour recevoir le dépôt ; 2° S'il a stipulé un salaire pour la garde du dépôt ; 3° Si le dépôt a été fait uniquement pour l'intérêt du dépositaire ; 4° S'il a été convenu expressément que le dépositaire répondrait de toute espèce de faute. 1137, 1302, C. ; 169, P.

1929. Le dépositaire n'est tenu, en aucun cas, des accidens de force majeure, à moins qu'il n'ait été mis en demeure de restituer la chose déposée. 1139, 1147, 1148, 1934, 1936.

1930. Il ne peut se servir de la chose déposée, sans la permission expresse ou présumée du déposant. 1881 et s.

1931. Il ne doit point chercher à connaître quelles sont les choses qui lui ont été déposées, si elles lui ont été confiées dans un coffre fermé ou sous une enveloppe cachetée.

1932. Le dépositaire doit rendre identiquement la chose même qu'il a reçue. — Ainsi, le dépôt des sommes monnayées doit être rendu dans les mêmes espèces qu'il a été fait, soit dans le cas d'augmentation, soit dans le cas de diminution de leur valeur. 1293, 1915, 1933, 2236.

1933. Le dépositaire n'est tenu de rendre la chose déposée que dans l'état où elle se trouve au moment de la restitution. Les détériorations qui ne sont pas survenues par son fait sont à la charge du déposant. 1245, 1302.

1934. Le dépositaire auquel la chose a été enlevée par une force majeure, et qui a reçu un prix ou quelque chose à la place, doit restituer ce qu'il a reçu en échange. 1303, 1929.

1935. L'héritier du dépositaire, qui a vendu de bonne foi la chose dont il ignorait le dépôt, n'est tenu que de rendre le prix qu'il a reçu, ou de céder son action contre l'acheteur, s'il n'a pas touché le prix. 724, 1380, 1599.

1936. Si la chose déposée a produit des fruits qui aient été perçus par le dépositaire, il est obligé de les restituer. Il ne doit aucun intérêt de l'argent déposé, si ce n'est du jour où il a été mis en demeure de faire la restitution. 1139, 1155, 1917, 1929, 1996, 2081.

1937. Le dépositaire ne doit restituer la chose déposée qu'à celui qui la lui a confiée, ou à celui au nom duquel le dépôt a été fait, ou à celui qui a été indiqué pour le recevoir. 1239, 1922, 1938.

1938. Il ne peut pas exiger de celui qui a fait le dépôt la preuve qu'il était propriétaire de la chose déposée. — Néanmoins, s'il découvre que la chose a été volée, et quel en est le véritable propriétaire, il doit dénoncer à celui-ci le dépôt qui lui en a été fait, avec sommation de le réclamer dans un délai déterminé et suffisant. Si celui auquel la dénonciation a été faite néglige de réclamer le dépôt, le dépositaire est valablement déchargé par la tradition qu'il en fait à celui duquel il l'a reçu. 1922.

1939. En cas de mort naturelle ou civile de la personne qui a fait le dépôt, la chose déposée ne peut être rendue qu'à son héritier. — S'il y a plusieurs héritiers, elle doit être rendue à chacun d'eux pour leur part et portion. — Si la chose déposée est indivisible, les héritiers doivent s'accorder entre eux pour la recevoir. 1220, 1224, 1670.

1940. Si la personne qui a fait le dépôt a changé d'état ; par exemple, si la femme libre, au moment où le dépôt a été fait, s'est mariée depuis et se trouve en puissance de mari ; si le majeur déposant se trouve frappé d'interdiction ; dans tous ces cas et autres de même nature, le dépôt ne peut être restitué qu'à celui qui a l'administration des droits et des biens du déposant. 217, 513.

1941. Si le dépôt a été fait par un tuteur, par un mari ou par un administrateur, dans l'une de ces qualités, il ne peut être restitué qu'à la personne que ce tuteur, ce mari ou cet administrateur représentaient, si leur gestion ou leur administration est finie.

1942. Si le contrat de dépôt désigne le lieu dans lequel la restitution doit être faite, le dépositaire est tenu d'y porter la chose déposée. S'il y a des frais de transport, ils sont à la charge du déposant. 1247.

1943. Si le contrat ne désigne point le lieu de la restitution, elle doit être faite dans le lieu même du dépôt. 1247.

1944. Le dépôt doit être remis au déposant aussitôt qu'il le réclame, lors même que le contrat aurait fixé un délai déterminé pour la restitution: à moins qu'il n'existe, entre les mains du dépositaire, une saisie-arrêt ou une opposition à la restitution et au déplacement de la chose déposée. 1139, 1186, 1960.

1945. Le dépositaire infidèle n'est point admis au bénéfice de cession. 905, P. c.; 1270, 1295, 2256, C.; 575, 612, C.; 408, P.

1946. Toutes les obligations du dépositaire cessent, s'il vient à découvrir et à prouver qu'il est lui-même propriétaire de la chose déposée. 1500 et s.

SECTION IV.
Des Obligations de la personne par laquelle le Dépôt a été fait.

1947. La personne qui a fait le dépôt est tenue de rembourser au dépositaire les dépenses qu'il a faites pour la conservation de la chose déposée, et de l'indemniser de toutes les pertes que le dépôt peut lui avoir occasionées. 1156, 1581, 1890, 2102.

1948. Le dépositaire peut retenir le dépôt jusqu'à l'entier paiement de ce qui lui est dû à raison du dépôt. 1575, 2073, 2082, C.; 95, Co.

SECTION V.
Du Dépôt nécessaire.

1949. Le dépôt nécessaire est celui qui a été forcé par quelque accident, tel qu'un incendie, une ruine, un pillage, un naufrage, ou autre événement imprévu. 2060, C.; 173, P.

1950. La preuve par témoins peut être reçue pour le dépôt nécessaire, même quand il s'agit d'une valeur au-dessus de cent cinquante francs. 1348, 2060.

1951. Le dépôt nécessaire est d'ailleurs régi par toutes les règles précédemment énoncées.

1952. Les aubergistes ou hôteliers sont responsables, comme dépositaires, des effets apportés par le voyageur qui loge chez eux; le dépôt de ces sortes d'effets doit être regardé comme un dépôt nécessaire. 1782, 1954, 2060, 2102, 2271, C.; 75, 386, 475, P.

1953. Ils sont responsables du vol ou du dommage des effets du voyageur, soit que le vol ait été fait ou que le dommage ait été causé par les domestiques et préposés de l'hôtellerie, ou par des étrangers allant et venant dans l'hôtellerie. 1384, C.; 75, 386, 475, P.

1954. Ils ne sont pas responsables des vols faits avec force armée ou autre force majeure.

CHAPITRE III.
DU SÉQUESTRE.

SECTION I.
Des diverses espèces du Séquestre.

1955. Le séquestre est ou conventionnel ou judiciaire.

SECTION II.
Du Séquestre conventionnel.

1956. Le séquestre conventionnel est le dépôt fait, par une ou plusieurs personnes, d'une chose contentieuse, entre les mains d'un tiers qui s'oblige de la rendre, après la contestation terminée, à la personne qui sera jugée devoir l'obtenir. 2060.

1957. Le séquestre peut n'être pas gratuit. 1917.

1958. Lorsqu'il est gratuit, il est soumis aux règles du dépôt proprement dit, sauf les différences ci-après énoncées. 1919 et s.

1959. Le séquestre peut avoir pour

objet non-seulement des effets mobiliers, mais même des immeubles.
1918.

1960. Le dépositaire chargé du séquestre ne peut être déchargé avant
la contestation déterminée, que du
consentement de toutes les parties intéressées, ou pour une cause jugée
légitime. 1944.

SECTION III.

Du séquestre ou dépôt judiciaire.

1961. La justice peut ordonner le
séquestre, — 1° Des meubles saisis
sur un débiteur; — 2° D'un immeuble ou d'une chose mobilière dont la
propriété ou la possession est litigieuse
entre deux ou plusieurs personnes;
— 3° Des choses qu'un débiteur offre
pour sa libération. 587, 596, 603,
604, 688, 821, 825, 850, P. c.: 106,
Co.: 602, C.

1962. L'établissement d'un gardien
judiciaire produit, entre le saisissant
et le gardien, des obligations réciproques. Le gardien doit apporter pour
la conservation des effets saisis les
soins d'un bon père de famille. — Il
doit les représenter, soit à la charge
du saisissant pour la vente, soit à la
partie contre laquelle les exécutions
ont été faites, en cas de main levée de
la saisie. — L'obligation du saisissant
consiste à payer au gardien le salaire
fixé par la loi. 1137, 2060, C.; 550,
603, P. c.

1963. Le séquestre judiciaire est
donné, soit à une personne dont les
parties intéressées sont convenues entre elles, soit à une personne nommée
d'office par le juge. — Dans l'un et
l'autre cas, celui auquel la chose a
été confiée est soumis à toutes les
obligations qu'emporte le séquestre
conventionnel. 596, P. c.; 1956, C.

TITRE XII.

DES CONTRATS ALÉATOIRES.

(Décrété le 10 mars 1804. Promulgué le 20 du même mois.)

1964. Le contrat aléatoire est une
convention réciproque dont les effets,
quant aux avantages et aux personnes,
soit pour toutes les parties, soit pour

l'une ou plusieurs d'entre elles, dépendent d'un événement incertain.
1104. — Tels sont, — Le contrat d'assurance, 332 et s. Co.; — Le prêt à
grosse aventure, 311 et s., Co.; — Le
jeu et le pari; — Le contrat de rente
viagère. — Les deux premiers sont
régis par les lois maritimes.

CHAPITRE PREMIER.

DU JEU ET DU PARI.

1965. La loi n'accorde aucune action pour une dette de jeu ou pour le
paiement d'un pari. 1967, C.;
410, P.

1966. Les jeux propres à exercer
au fait des armes, les courses à pied
ou à cheval, les courses de chariot,
le jeu de paume et autres jeux de
même nature qui tiennent à l'adresse
et à l'exercice du corps, sont exceptés de la disposition précédente. —
Néanmoins le tribunal peut rejeter la
demande, quand la somme lui paraît
excessive.

1967. Dans aucun cas, le perdant
ne peut répéter ce qu'il a volontairement payé, à moins qu'il n'y ait eu,
de la part du gagnant, dol, super-
cherie ou escroquerie. 1235.

CHAPITRE II.

DU CONTRAT DE RENTE VIAGÈRE.

SECTION I.

*Des Conditions requises pour la vali-
dité du Contrat.*

1968. La rente viagère peut être
constituée à titre onéreux, moyennant
une somme d'argent, ou pour une
chose mobilière appréciable, ou pour
un immeuble. 918, 1910, 1976,
1977. 2277.

1969. Elle peut être aussi constituée, à titre purement gratuit, par
donation entre-vifs ou par testament.
Elle doit alors être revêtue des formes requises par la loi. 931, 967,
1973, 1981.

1970. Dans le cas de l'article précédent, la rente viagère est réductible, si elle excède ce dont il est permis
de disposer: elle est nulle, si elle est
au profit d'une personne incapable de
recevoir. 725, 907, 913, 920, 1982.

1971. La rente viagère peut être

constituée, soit sur la tête de celui qui en fournit le prix, soit sur la tête d'un tiers qui n'a aucun droit d'en jouir

1972. Elle peut être constituée sur une ou plusieurs têtes.

1973. Elle peut être constituée au profit d'un tiers, quoique le prix en soit fourni par une autre personne. — Dans ce dernier cas, quoiqu'elle ait les caractères d'une libéralité, elle n'est point assujettie aux formes requises pour les donations; sauf les cas de réduction et de nullité énoncés dans l'art. 1970. — 1121, 1969.

1974. Tout contrat de rente viagère créée sur la tête d'une personne qui était morte au jour du contrat ne produit aucun effet.

1975. Il en est de même du contrat par lequel la rente a été créée sur la tête d'une personne atteinte de la maladie dont elle est décédée dans les vingt jours de la date du contrat.

1976. La rente viagère peut être constituée au taux qu'il plaît aux parties contractantes de fixer.

SECTION II.

Des Effets du Contrat entre les Parties contractantes.

1977. Celui au profit duquel la rente viagère a été constituée moyennant un prix peut demander la résiliation du contrat, si le constituant ne lui donne pas les sûretés stipulées pour son exécution. 1148

1978. Le seul défaut de paiement des arrérages de la rente n'autorise point celui en faveur de qui elle est constituée à demander le remboursement du capital, ou à rentrer dans le fonds par lui aliéné : il n'a que le droit de saisir et de faire vendre les biens de son débiteur, et de faire ordonner ou consentir, sur le produit de la vente, l'emploi d'une somme suffisante pour le service des arrérages. 1154, 1921, C. : 636 et s., P. c.

1979. Le constituant ne peut se libérer du paiement de la rente en offrant de rembourser le capital, et en renonçant à la répétition des arrérages payés ; il est tenu de servir la rente pendant toute la vie de la personne ou des personnes sur la tête desquel-les la rente a été constituée, quelle que soit la durée de la vie de ces personnes, et quelque onéreux qu'ait pu devenir le service de la rente.

1980. La rente viagère n'est acquise au propriétaire que dans la proportion du nombre de jours qu'il a vécu. — Néanmoins, s'il a été convenu qu'elle serait payée d'avance, le terme qui a dû être payé, est acquis du jour où le paiement a dû en être fait. 584, 586, 588, 1571.

1981. La rente viagère ne peut être stipulée insaisissable que lorsqu'elle a été constituée à titre gratuit. 1969 et s.

1982. La rente viagère ne s'éteint pas par la mort civile du propriétaire ; le paiement doit en être continué pendant sa vie naturelle. 25.

1983. Le propriétaire d'une rente viagère n'en peut demander les arrérages qu'en justifiant de son existence, ou de celle de la personne sur laquelle elle a été constituée. 25, 617, 2277.

TITRE XIII.

DU MANDAT.

(Décrété le 10 mars 1804. Promulgué le 20 du même mois.)

CHAPITRE PREMIER.

DE LA NATURE ET DE LA FORME DU MANDAT.

1984. Le mandat ou procuration est un acte par lequel une personne donne à une autre le pouvoir de faire quelque chose pour le mandant et en son nom. — Le contrat ne se forme que par l'acceptation du mandataire. 1104, C. ; 91, Co.

1985. Le mandat peut être donné ou par acte public, ou par écrit sous seing privé, même par lettre. 1999, 2004. Il peut aussi être donné verbalement ; mais la preuve testimoniale n'en est reçue que conformément au titre *des Contrats ou des Obligations conventionnelles en général.* — L'acceptation du mandat peut n'être que tacite, et résulter de l'exécution qui lui a été donnée par le mandataire. 1317, 1341.

1986. Le mandat est gratuit, s'il n'y a convention contraire. 1992.

1987. Il est ou spécial et pour une affaire ou certaines affaires seulement, ou général et pour toutes les affaires du mandant. 595, Co.

1988. Le mandat conçu en termes généraux n'embrasse que les actes d'administration. — S'il s'agit d'aliéner ou hypothéquer, ou de quelque autre acte de propriété, le mandat doit être exprès. 121, 412, 955, 1239, 1258, 1538, C.; 552, P. c.

1989. Le mandataire ne peut rien faire au delà de ce qui est porté dans son mandat : le pouvoir de transiger ne renferme pas celui de compromettre. 1120, 1997, 1998, 2003.

1990. Les femmes et les mineurs émancipés peuvent être choisis pour mandataires; mais le mandant n'a d'action contre le mandataire mineur que d'après les règles générales relatives aux obligations des mineurs, et contre la femme mariée et qui a accepté le mandat sans autorisation de son mari, que d'après les règles établies au titre *du Contrat de mariage et des Droits respectifs des époux.* 217, 481, 484, 1124, 1241, 1505, 1512, 1588, 1420.

CHAPITRE II.
DES OBLIGATIONS DU MANDATAIRE.

1991. Le mandataire est tenu d'accomplir le mandat tant qu'il en demeure chargé, et répond des dommages-intérêts qui pourraient résulter de son inexécution. — Il est tenu de même d'achever la chose commencée au décès du mandant, s'il y a péril en la demeure. 1135, 1146, 1372, 1373, 2007, 2010.

1992. Le mandataire répond non-seulement du dol, mais encore des fautes qu'il commet dans sa gestion. — Néanmoins la responsabilité relative aux fautes est appliquée moins rigoureusement à celui dont le mandat est gratuit qu'à celui qui reçoit un salaire. 1116, 1374, 1596, 1986, 2007.

1993. Tout mandataire est tenu de rendre compte de sa gestion, et de faire raison au mandant de tout ce qu'il a reçu en vertu de sa procuration, quand même ce qu'il aurait reçu n'eût point été dû au mandant. 1996, C.; 527, P. c.

1994. Le mandataire répond de celui qu'il s'est substitué dans la gestion, — 1° Quand il n'a pas reçu le pouvoir de se substituer quelqu'un; — 2° Quand ce pouvoir lui a été conféré sans désignation d'une personne, et que celle dont il a fait choix était notoirement incapable ou insolvable. — Dans tous les cas, le mandant peut agir directement contre la personne que le mandataire s'est substituée. 1384, 1992, C.; 99, Co. 59, P. c.

1995. Quand il y a plusieurs fondés de pouvoir ou mandataires établis par le même acte, il n'y a de solidarité entre eux qu'autant qu'elle est exprimée. 2002.

1996. Le mandataire doit l'intérêt des sommes qu'il a employées à son usage, à dater de cet emploi; et de celles dont il est reliquataire, à compter du jour qu'il est mis en demeure. 2001, 2277, C.; 593, Co.

1997. Le mandataire qui a donné à la partie avec laquelle il contracte en cette qualité, une insuffisante connaissance de ses pouvoirs, n'est tenu d'aucune garantie pour ce qui a été fait au delà, s'il n'y est personnellement soumis. 1989.

CHAPITRE III.
DES OBLIGATIONS DU MANDANT.

1998. Le mandant est tenu d'exécuter les engagemens contractés par le mandataire, conformément au pouvoir qui lui a été donné. — Il n'est tenu de ce qui a pu être fait au delà qu'autant qu'il l'a ratifié expressément ou tacitement. 1338, 1374, 1420, C.; 59, P. c.

1999. Le mandant doit rembourser au mandataire les avances et frais que celui-ci a faits pour l'exécution du mandat, et lui payer ses salaires lorsqu'il en a été promis. — S'il n'y a aucune faute imputable au mandataire, le mandant ne peut se dispenser de faire ces remboursement et paiement, lors même que l'affaire n'aurait pas réussi, ni faire réduire le montant des frais et avances, sous le prétexte qu'ils pouvaient être moindres. 1375, 1996, 2002, C.; 95, Co.

2000. Le mandant doit aussi indemniser le mandataire des pertes que celui-ci a essuyées à l'occasion de sa gestion, sans imprudence qui lui soit imputable.

2001. L'intérêt des avances faites par le mandataire lui est dû par le mandant, à dater du jour des avances constatées. 1996.

2002. Lorsque le mandataire a été constitué par plusieurs personnes pour une affaire commune, chacune d'elles est tenue solidairement envers lui de tous les effets du mandat. 1200, 1222, 1995.

CHAPITRE IV.
DES DIFFÉRENTES MANIÈRES DONT LE MANDAT FINIT.

2003. Le mandat finit, — Par la révocation du mandataire, — Par la renonciation de celui-ci au mandat, — Par la mort naturelle ou civile, l'interdiction ou la déconfiture, soit du mandant, soit du mandataire. 25, 501, 1373 1991, 2004, 2007.

2004. Le mandant peut révoquer sa procuration quand bon lui semble, et contraindre, s'il y a lieu, le mandataire à lui remettre, soit l'écrit sous seing privé qui le contient, soit l'original de la procuration, si elle a été délivrée en brevet, soit l'expédition, s'il en a été gardé minute. 1999, 2006, 2078.

2005. La révocation notifiée au seul mandataire ne peut être opposée aux tiers qui ont traité dans l'ignorance de cette révocation, sauf au mandant son recours contre le mandataire. 1165.

2006. La constitution d'un nouveau mandataire pour la même affaire vaut révocation du premier, à compter du jour où elle a été notifiée à celui-ci. 2005.

2007. Le mandataire peut renoncer au mandat, en notifiant au mandant sa renonciation. — Néanmoins, si cette renonciation préjudicie au mandant, il devra en être indemnisé par le mandataire, à moins que celui-ci ne se trouve dans l'impossibilité de continuer le mandat sans en éprouver lui-même un préjudice considérable. 1146, 1372, 1991, 2010.

2008. Si le mandataire ignore la mort du mandant, ou l'une des autres causes qui font cesser le mandat, ce qu'il a fait dans cette ignorance est valide. 1135, 1991, 2010.

2009. Dans le cas ci-dessus, les engagemens du mandataire sont exécutés à l'égard des tiers qui sont de bonne foi. 1135.

2010. En cas de mort du mandataire, ses héritiers doivent en donner avis au mandant, et pourvoir, en attendant, à ce que les circonstances exigent pour l'intérêt de celui-ci. 724. 1135, 1373, 1991.

TITRE XIV.
DU CAUTIONNEMENT.

(Décrété le 14 février 1804. Promulgué le 24 du même mois.)

CHAPITRE PREMIER.
DE LA NATURE ET DE L'ÉTENDUE DU CAUTIONNEMENT.

2011. Celui qui se rend caution d'une obligation se soumet envers le créancier à satisfaire à cette obligation si le débiteur n'y satisfait pas lui-même. 965, 1431, 2021, 2025, C.; 114. l. c.

2012. Le cautionnement ne peut exister que sur une obligation valable. — On peut néanmoins cautionner une obligation, encore qu'elle pût être annulée par une exception purement personnelle à l'obligé; par exemple, dans le cas de minorité. 1109, 1110, 1115, 1116, 1118, 1124, 1208, 2056.

2013. Le cautionnement ne peut excéder ce qui est dû par le débiteur, ni être contracté sous des conditions plus onéreuses. — Il peut être contracté pour une partie de la dette seulement, et sous des conditions moins onéreuses. — Le cautionnement qui excède la dette, ou qui est contracté sous des conditions plus onéreuses, n'est point nul : il est seulement réductible à la mesure de l'obligation principale. 2015.

2014. On peut se rendre caution sans ordre de celui pour lequel on s'oblige, et même à son insu. — On peut aussi se rendre caution non-seulement du débiteur principal, mais encore de celui qui l'a cautionné. 1121, 1236, 2028, 2035, 2045.

2015. Le cautionnement ne se présume point; il doit être exprès, et on ne peut pas l'étendre au delà des limites dans lesquelles il a été contracté. 1740, 2015.

2016. Le cautionnement indéfini d'une obligation principale s'étend à tous les accessoires de la dette, même aux frais de la première demande, et à tous ceux postérieurs à la dénonciation qui en est faite à la caution. 2015, 2015, 2025, 2028.

2017. Les engagemens des cautions passent à leurs héritiers, à l'exception de la contrainte par corps, si l'engagement était tel que la caution y fût obligée. 724, 875, 2040.

2018. Le débiteur obligé à fournir une caution doit en présenter une qui ait la capacité de contracter, qui ait un bien suffisant pour répondre de l'objet de l'obligation, et dont le domicile soit dans le ressort de la cour royale où elle doit être donnée. 1124, 1431, 2019, 2023, 2040, C.; 173, 517, P. c.

2019. La solvabilité d'une caution ne s'estime qu'en égard à ses propriétés foncières, excepté en matière de commerce, ou lorsque la dette est modique. — On n'a point égard aux immeubles litigieux, ou dont la discussion deviendrait trop difficile par l'éloignement de leur situation. 2018, 2023, 2040, C.; 517, P. c.

2020. Lorsque la caution reçue par le créancier, volontairement ou en justice, est ensuite devenue insolvable, il doit en être donné une autre. — Cette règle reçoit exception dans le cas seulement où la caution n'a été donnée qu'en vertu d'une convention par laquelle le créancier a exigé une telle personne pour caution.

CHAPITRE II.

DE L'EFFET DU CAUTIONNEMENT.

SECTION I.

De l'Effet du Cautionnement entre le Créancier et la Caution.

2021. La caution n'est obligée envers le créancier à le payer qu'à défaut du débiteur, qui doit être préalablement discuté dans ses biens, à moins que la caution n'ait renoncé au bénéfice de discussion, ou à moins qu'elle ne se soit obligée solidairement avec le débiteur: auquel cas l'effet de son engagement se règle par les principes qui ont été établis pour les dettes solidaires. 1203, 2022, 2025, 2042, 2170.

2022. Le créancier n'est obligé de discuter le débiteur principal que lorsque la caution le requiert, sur les premières poursuites dirigées contre elle. 1666, 2023, 2170, 2206.

2023. La caution qui requiert la discussion doit indiquer au créancier les biens du débiteur principal, et avancer les deniers suffisans pour faire la discussion. — Elle ne doit indiquer ni des biens du débiteur principal situés hors de l'arrondissement de la cour royale du lieu où le paiement doit être fait, ni les biens litigieux, ni ceux hypothéqués à la dette qui ne sont plus en la possession du débiteur. 2019, 2024.

2024. Toutes les fois que la caution a fait l'indication de biens autorisée par l'article précédent, et qu'elle a fourni les deniers suffisans pour la discussion, le créancier est, jusqu'à concurrence des biens indiqués, responsable, à l'égard de la caution, de l'insolvabilité du débiteur principal survenue par le défaut de poursuites.

2025. Lorsque plusieurs personnes se sont rendues caution d'un même débiteur pour une même dette, elles sont obligées chacune à toute la dette. 1202, 1287, 2011, 2016.

2026. Néanmoins chacune d'elles peut, à moins qu'elle n'ait renoncé au bénéfice de division, exiger que le créancier divise préalablement son action, et la réduise à la part et portion de chaque caution. — Lorsque, dans le temps où une des cautions a fait prononcer la division, il y en avait d'insolvables, cette caution est tenue proportionnellement de ces insolvabilités; mais elle ne peut plus être recherchée à raison des insolvabilités survenues depuis la division. 1203, 1210, 2027.

2027. Si le créancier a divisé lui-même et volontairement son action, il ne peut revenir contre cette division, quoiqu'il y eût, même antérieurement au temps où il l'a ainsi consentie, des cautions insolvables. 1210.

De l'Effet du Cautionnement entre le Débiteur et la Caution.

2028. La caution qui a payé à son recours contre le débiteur principal, soit que le cautionnement ait été donné au su ou à l'insu du débiteur. — Ce recours a lieu tant pour le principal que pour les intérêts, 2001, et les frais: néanmoins la caution n'a de recours pour les frais par elle faits depuis qu'elle a dénoncé au débiteur principal les poursuites dirigées contre elle. — Elle a aussi recours pour les dommages et intérêts, s'il y a lieu. 1146 et s., 1216, 2014, 2016, 2031.

2029. La caution qui a payé la dette est subrogée à tous les droits qu'avait le créancier contre le débiteur. 1251, 1252.

2030. Lorsqu'il y avait plusieurs débiteurs principaux solidaires d'une même dette, la caution qui les a tous cautionnés a, comme chacun d'eux, le recours pour la répétition du total de ce qu'elle a payé. 2033.

2031. La caution qui a payé une première fois n'a point de recours contre le débiteur principal qui a payé une seconde fois, lorsqu'elle ne l'a point averti du paiement par elle fait; sauf son action en répétition contre le créancier. — Lorsque la caution aura payé sans être poursuivie et sans avoir averti le débiteur principal, elle n'aura point de recours contre lui dans le cas où, au moment du paiement, ce débiteur aurait eu des moyens pour faire déclarer la dette éteinte; sauf son action en répétition contre le créancier. 2028 et s.

2032. La caution, même avant d'avoir payé, peut agir contre le débiteur, pour être par lui indemnisée, — 1° Lorsqu'elle est poursuivie en justice pour le paiement; — 2° Lorsque le débiteur a fait faillite, ou est en déconfiture; — 3° Lorsque le débiteur s'est obligé de lui rapporter sa décharge dans un certain temps; — 4° Lorsque la dette est devenue exigible par l'échéance du terme sous lequel elle avait été contractée; — 5° Au bout

de dix années, lorsque l'obligation principale n'a point de terme fixe d'échéance, à moins que l'obligation principale, telle qu'une tutelle, ne soit pas de nature à pouvoir être éteinte avant un temps déterminé. 1188, 2028, 2033, 2039, C.; 155, 384, Co.

De l'Effet du Cautionnement entre les Cofidéjusseurs.

2033. Lorsque plusieurs personnes ont cautionné un même débiteur pour une même dette, la caution qui a acquitté la dette a recours contre les autres cautions, chacune pour sa part et portion : — mais ce recours n'a lieu que lorsque la caution a payé dans l'un des cas énoncés en l'article précédent. 1214, 2025, 2032.

CHAPITRE III.
DE L'EXTINCTION DU CAUTIONNEMENT.

2034. L'obligation qui résulte du cautionnement s'éteint par les mêmes causes que les autres obligations. 1234. 1262, 1281, 1287, 1294, 1365, 1740, 2057, 2250, C.: 155, 384, Co.

2035. La confusion qui s'opère dans la personne du débiteur principal et de sa caution, lorsqu'ils deviennent héritiers l'un de l'autre, n'éteint point l'action du créancier contre celui qui s'est rendu caution de la caution. 1301, 2014. 2043.

2036. La caution peut opposer au créancier toutes les exceptions qui appartiennent au débiteur principal, et qui sont inhérentes à la dette : — mais elle ne peut opposer les exceptions qui sont purement personnelles au débiteur. 1208, 1294, 1365, 2012, 2250.

2037. La caution est déchargée, lorsque la subrogation aux droits, hypothèques et privilèges du créancier, ne peut plus, par le fait de ce créancier, s'opérer en faveur de la caution. 1250, 1252, 1281, 2024.

2038. L'acceptation volontaire que le créancier a faite d'un immeuble ou d'un effet quelconque en paiement de la dette principale, décharge la caution, encore que le créancier vienne à en être évincé

2039. La simple prorogation de terme, accordée par le créancier au débiteur principal, ne décharge point la caution, qui peut, en ce cas, poursuivre le débiteur pour le forcer au paiement. 1252, 1261, 1740, 2052.

CHAPITRE IV.
DE LA CAUTION LÉGALE ET DE LA CAUTION JUDICIAIRE.

2040. Toutes les fois qu'une personne est obligée, par la loi ou par une condamnation, à fournir une caution, la caution offerte doit remplir les conditions prescrites par les articles 2018 et 2019. — Lorsqu'il s'agit d'un cautionnement judiciaire, la caution doit, en outre, être susceptible de contrainte par corps. 166, 517, 519, P. c.; 2060, 2064, 2066, C.; 120, 1. c.; 46, P.

2041. Celui qui ne peut pas trouver une caution est reçu à donner à sa place un gage en nantissement suffisant. 2071, C.; 517, P. c., 120, I. c.

2042. La caution judiciaire ne peut point demander la discussion du débiteur principal. 2021 et s.

2043. Celui qui a simplement cautionné la caution judiciaire ne peut demander la discussion du débiteur principal et de la caution.

TITRE XV.

DES TRANSACTIONS.

(Décrété le 20 mars 1804. Promulgué le 30 du même mois.)

2044. La transaction est un contrat par lequel les parties terminent une contestation née, ou préviennent une contestation à naître. — Ce contrat doit être rédigé par écrit. 888.

2045. Pour transiger, il faut avoir la capacité de disposer des objets compris dans la transaction. 27, 28, 32, 128, 217, 219, 220, 223, 224, 420, 467, 472, 481, 483, 484, 487, 499, 509, 513, 1124, 1449, 1556, 1538, 1576, 1988, 2045. — Le tuteur ne peut transiger pour le mineur ou l'interdit que conformément à l'article 467, au titre de la Minorité, de la Tutelle et de l'Émancipation ; et il ne peut transiger avec le mineur devenu majeur, sur le compte de tutelle, que conformément à l'article 472 au même titre. — Les communes et établissemens publics ne peuvent transiger qu'avec l'autorisation expresse du roi, 279, 499, 542, C.; 249, 1004, P. c.

2046. On peut transiger sur l'intérêt civil qui résulte d'un délit. — La transaction n'empêche pas la poursuite du ministère public. 6, 467, 538, 548, 2056, C.; 249, 582, 1004, P. c.; 4, I. c.

2047. On peut ajouter à une transaction la stipulation d'une peine contre celui qui manquera de l'exécuter. 1226 et s.

2048. Les transactions se renferment dans leur objet : la renonciation qui y est faite à tous droits, actions et prétentions, ne s'entend que de ce qui est relatif au différent qui y a donné lieu. 1163, 2049, 2057.

2049. Les transactions ne règlent que les différens qui s'y trouvent compris, soit que les parties aient manifesté leur intention par des expressions spéciales ou générales, soit que l'on reconnaisse cette intention par une suite nécessaire de ce qui est exprimé. 1156, 1175, 2057.

2050. Si celui qui avait transigé sur un droit qu'il avait de son chef acquiert ensuite un droit semblable du chef d'une autre personne, il n'est point, quant au droit nouvellement acquis, lié par la transaction antérieure.

2051. La transaction faite par l'un des intéressés ne lie point les autres intéressés, et ne peut être opposée par eux. 1665 et s.

2052. Les transactions ont, entre les parties, l'autorité de la chose jugée en dernier ressort. — Elles ne peuvent être attaquées pour cause d'erreur de droit, ni pour cause de lésion. 888, 1110, 1304, 1350, 1351, 1352, 887, 1538, 2055, 2056 à 2058, 6, 1112, 1115, 1116, 1123, 1124, 1125, 1131, 2049, 2053, 2057.

2053. Néanmoins une transaction peut être rescindée, lorsqu'il y a erreur dans la personne ou sur l'objet de la contestation. — Elle peut l'être dans tous les cas où il y a dol ou violence. 692, 1109, 2057, C.; 400, P.

2054. Il y a également lieu à l'action en rescision contre une transaction, lorsqu'elle a été faite en exécution d'un titre nul, à moins que les parties n'aient expressément traité sur la nullité. 1110, 1111, 1131, 1338, 2052 et s.

2055. La transaction faite sur pièces qui depuis ont été reconnues fausses est entièrement nulle. 249, P. c.

2056. La transaction sur un procès terminé par un jugement passé en force de chose jugée, dont les parties ou l'une d'elles n'avaient point connaissance, est nulle. — Si le jugement ignoré des parties était susceptible d'appel, la transaction sera valable. 1109, 1151, 1551.

2057. Lorsque les parties ont transigé généralement sur toutes les affaires qu'elles pouvaient avoir ensemble, les titres qui leur étaient alors inconnus, et qui auraient été postérieurement découverts, ne sont point une cause de rescision, à moins qu'ils n'aient été retenus par le fait de l'une des parties; — Mais la transaction serait nulle si elle n'avait qu'un objet sur lequel il serait constaté, par des titres nouvellement découverts, que l'une des parties n'avait aucun droit. 448, 480, 488, P. c.

2058 L'erreur de calcul dans une transaction doit être réparée. 541, P. c.

TITRE XVI.

DE LA CONTRAINTE PAR CORPS EN MATIÈRE CIVILE. 780 et s., P. c.

(Décrété le 15 février 1804. Promulgué le 23 du même mois.)

2059. La contrainte par corps a lieu en matière civile, pour le stellionat. — Il y a stellionat, — Lorsqu'on vend ou qu'on hypothèque un immeuble dont on sait n'être pas propriétaire; — Lorsqu'on présente comme libres des biens hypothéqués, ou que l'on déclare des hypothèques moindres que celles dont ces biens sont chargés. 124, 126, 213, 264, 680, 744,

780, 905, P. c.; 1599, 2136, 2064, 2066, C.; 575, Co.

2060. La contrainte par corps a lieu pareillement, — 1° Pour dépôt nécessaire; — 2° En cas de réintégrande, pour le délaissement, ordonné par justice, d'un fonds dont le propriétaire a été dépouillé par voie de fait; pour la restitution des fruits qui en ont été perçus pendant l'indue possession, et pour le paiement des dommages et intérêts adjugés au propriétaire; — 3° Pour répétition de deniers consignés entre les mains de personnes publiques établies à cet effet; — 4° Pour la représentation des choses déposées aux séquestres, commissaires et autres gardiens; — 5° Contre les cautions judiciaires et contre les cautions des contraignables par corps, lorsqu'elles se sont soumises à cette contrainte; — 6° Contre tous les officiers publics, pour la représentation de leurs minutes, quand elle est ordonnée; — 7° contre les notaires, les avoués et les huissiers, pour la restitution des titres à eux confiés, et des deniers par eux reçus pour leurs cliens, par suite de leurs fonctions. 1599, 1949, 1956, 2040, C.; 20, 209, 251, Co.; 107, 126, 191, 201, 213, 221, 264, 320, 584, 605, 712, 744, 824, 839, P. c.; 120, I. c.; 46, P.

2061. Ceux qui, par un jugement rendu au pétitoire, et passé en force de chose jugée, ont été condamnés à désemparer un fonds, et qui refusent d'obéir, peuvent, par un second jugement, être contraints par corps, quinzaine après la signification du premier jugement à personne ou domicile. — Si le fonds ou l'héritage est éloigné de plus de cinq myriamètres du domicile de la partie condamnée, il sera ajouté au délai de quinzaine un jour par cinq myriamètres. 690, 714, P. c.

2062. La contrainte par corps ne peut être ordonnée contre les fermiers pour le paiement des fermages des biens ruraux, si elle n'a été stipulée formellement dans l'acte de bail. Néanmoins les fermiers et les colons partiaires peuvent être contraints par corps, faute par eux de représenter, à la fin du bail, le cheptel de bétail, les semences et les instrumens aratoires qui leur ont été confiés ; à moins qu'ils ne justifient que le déficit de ces objets ne procède point de leur fait. 1765, 1778, 1821, 1827.

2063. Hors les cas déterminés par les articles précédens, ou qui pourraient l'être à l'avenir par une loi formelle, il est défendu à tous juges de prononcer la contrainte par corps ; à tous notaires et greffiers de recevoir des actes dans lesquels elle serait stipulée, et à tous Français de consentir pareils actes, encore qu'ils eussent été passés en pays étranger ; le tout à peine de nullité, dépens, dommages et intérêts. 3, C.; 126, 505, P. c.

2064. Dans les cas même ci-dessus énoncés, la contrainte par corps ne peut être prononcée contre les mineurs.

2065. Elle ne peut être prononcée pour une somme moindre de trois cents francs. 2070.

2066. Elle ne peut être prononcée contre les septuagénaires, les femmes et les filles, que dans le cas de stellionat. — Il suffit que la soixante-dixième année soit commencée pour jouir de la faveur accordée aux septuagénaires. — La contrainte par corps pour cause de stellionat, pendant le mariage, n'a lieu contre les femmes mariées que lorsqu'elles sont séparées de biens, ou lorsqu'elles ont des biens dont elles se sont réservé la libre administration, et à raison des engagemens qui concernent ces biens. — Les femmes qui, étant en communauté, se seraient obligées conjointement ou solidairement avec leur mari, ne pourront être réputées stellionataires à raison de ces contrats. 860, P. c.; 1431, 1487, 1536, 1574, 2059, 2070, C.

2067. La contrainte par corps, dans les cas même où elle est autorisée par la loi, ne peut être appliquée qu'en vertu d'un jugement. 552, 556, 780, P. c.

2068. L'appel ne suspend pas la contrainte par corps prononcée par un jugement provisoirement exécutoire en donnant caution.

2069. L'exercice de la contrainte par corps n'empêche ni ne suspend les poursuites et les exécutions sur les biens. 124, P. c.

2070. Il n'est point dérogé aux lois particulières qui autorisent la contrainte par corps dans les matières de commerce, ni aux lois de police correctionnelle, ni à celles qui concernent l'administration des deniers publics. 209, Co.; 80. 120, 157, 251, 555, 452, I. c.; 46, 52, 467, 469, P.

TITRE XVII.

DU NANTISSEMENT.

(Décrété le 16 mars 1804. Promulgué le 26 du même mois.)

2071. Le nantissement est un contrat par lequel un débiteur remet une chose à son créancier pour sûreté de la dette. 2041.

2072. Le nantissement d'une chose mobilière s'appelle *gage*. — Celui d'une chose immobilière s'appelle *antichrèse*.

CHAPITRE PREMIER.

DU GAGE.

2073. Le gage confère au créancier le droit de se faire payer sur la chose qui en est l'objet, par privilège et préférence aux autres créanciers. 2079, 2095, 2102, C.; 411, P.

2074. Ce privilège n'a lieu qu'autant qu'il y a un acte public ou sous seing privé, dûment enregistré, contenant la déclaration de la somme due, ainsi que l'espèce et la nature des choses remises en gage, ou un état annexé de leurs qualité, poids et mesure. — La rédaction de l'acte par écrit et son enregistrement ne sont néanmoins prescrits qu'en matière excédant la valeur de cent cinquante francs. 95, 555, Co.; 1315, 1341, C.

2075. Le privilège énoncé en l'article précédent ne s'établit sur les meubles incorporels, tels que les créances mobilières, que par acte public ou sous seing privé, aussi enregistré, et signifié au débiteur de la créance donnée en gage. 1250, 1607, 1690, 2081

2076. Dans tous les cas, le privilège ne subsiste sur le gage qu'autant que ce gage a été mis et est resté en la possession du créancier, ou d'un tiers convenu entre les parties. 1286.

2077. Le gage peut être donné par un tiers pour le débiteur. 2090.

2078. Le créancier ne peut, à défaut de paiement, disposer du gage ; sauf à lui à faire ordonner en justice que ce gage lui demeurera en paiement et jusqu'à due concurrence, d'après une estimation faite par experts, ou qu'il sera vendu aux enchères. — Toute clause qui autoriserait le créancier à s'approprier le gage ou à en disposer sans les formalités ci-dessus, est nulle. 2087.

2079. Jusqu'à l'expropriation du débiteur, s'il y a lieu, il reste propriétaire du gage, qui n'est, dans la main du créancier, qu'un dépôt assurant le privilége de celui-ci. 2073.

2080. Le créancier répond, selon les règles établies au titre *des Contrats ou des Obligations conventionnelles en général*, de la perte ou détérioration du gage qui serait survenue par sa négligence. — De son côté, le débiteur doit tenir compte au créancier des dépenses utiles et nécessaires que celui-ci a faites pour la conservation du gage. 1137, 1146, 1245, 1502, 1927-1947, 2086, 2102.

2081. S'il s'agit d'une créance donnée en gage, et que cette créance porte intérêts, le créancier impute ces intérêts sur ceux qui peuvent lui être dus. — Si la dette pour sûreté de laquelle la créance a été donnée en gage ne porte point elle-même intérêts, l'imputation se fait sur le capital de la dette. 1936, 2085.

2082. Le débiteur ne peut, à moins que le défenseur du gage n'en abuse, en réclamer la restitution qu'après avoir entièrement payé, tant en principal qu'intérêts et frais, la dette pour sûreté de laquelle le gage a été donné. — S'il existait de la part du même débiteur, envers le même créancier, une autre dette contractée postérieurement à la mise en gage, et devenue exigible avant le paiement de la première dette, le créancier ne pourra être tenu de se dessaisir du gage avant d'être entièrement payé de l'une et de l'autre dette, lors même qu'il n'y aurait eu aucune stipulation pour affecter le gage au paiement de la seconde dette. 1948, 2087.

2083. Le gage est indivisible non-obstant la divisibilité de la dette entre les héritiers du débiteur ou ceux du créancier. — L'héritier du débiteur, qui a payé sa portion de la dette, ne peut demander la restitution de sa portion dans le gage, tant que la dette n'est pas entièrement acquittée. — Réciproquement, l'héritier du créancier, qui a reçu sa portion de la dette, ne peut remettre le gage au préjudice de ceux de ses cohéritiers qui ne sont pas payés 1218, 1222, 2090.

2084. Les dispositions ci-dessus ne sont applicables ni aux matières de commerce, ni aux maisons de prêt sur gage autorisées, et à l'égard desquelles on suit les lois et réglemens qui les concernent. 2074. C. ; 6, 7, 95, 191, 196, 535, 537, 581, Co. ; 411, P.

CHAPITRE II.
DE L'ANTICHRÈSE.

2085. L'antichrèse ne s'établit que par écrit. — Le créancier n'acquiert par ce contrat que la faculté de percevoir les fruits de l'immeuble, à la charge de les imputer annuellement sur les intérêts, s'il lui en est dû, et ensuite sur le capital de sa créance. 1650, 2081, 2089.

2086. Le créancier est tenu, s'il n'en est autrement convenu, de payer les contributions et les charges annuelles de l'immeuble qu'il tient en antichrèse. — Il doit également, sous peine de dommage et intérêts, pourvoir à l'entretien et aux réparations utiles et nécessaires de l'immeuble, sauf à prélever sur les fruits toutes les dépenses relatives à ces divers objets. 2080.

2087. Le débiteur ne peut, avant l'entier acquittement de la dette, réclamer la jouissance de l'immeuble qu'il a remis en antichrèse. — Mais le créancier qui veut se décharger des obligations exprimées en l'article

21*

précédent, peut toujours, à moins qu'il n'ait renoncé à ce droit, contraindre le débiteur à reprendre la jouissance de son immeuble. 2078, 2082.

2088. Le créancier ne devient point propriétaire de l'immeuble par le seul défaut de paiement au terme convenu ; toute clause contraire est nulle : en ce cas, il peut poursuivre l'expropriation de son débiteur par les voies légales. 2078, 2169, 2204, C. ; 673, P. c.

2089. Lorsque les parties ont stipulé que les fruits se compenseront avec les intérêts, ou totalement, ou jusqu'à une certaine concurrence, cette convention s'exécute comme toute autre qui n'est point prohibée par les lois. 2085.

2090. Les dispositions des articles 2077 et 2085 s'appliquent à l'antichrèse comme au gage.

2091. Tout ce qui est statué au présent chapitre ne préjudicie point aux droits que des tiers pourraient avoir sur le fonds de l'immeuble remis à titre d'antichrèse. — Si le créancier, muni à ce titre, a d'ailleurs sur le fonds des priviléges ou hypothèques légalement établis et conservés, il les exerce à son ordre et comme tout autre créancier. 1166.

TITRE XVIII.

DES PRIVILÉGES ET HYPOTHÈQUES.

(Décrété le 19 mars 1804. Promulgué le 29 du même mois.)

CHAPITRE PREMIER.

DISPOSITIONS GÉNÉRALES.

2092. Quiconque s'est obligé personnellement est tenu de remplir son engagement sur tous ses biens mobiliers ou immobiliers, présens et à venir. 2166, 2209.

2093. Les biens du débiteur sont le gage commun de ses créanciers, et le prix s'en distribue entre eux par contribution, à moins qu'il n'y ait entre les créanciers des causes légitimes de préférence. 2182, C.; 558, Co.

2094. Les causes légitimes de pré-

férence sont les priviléges et hypothèques.

CHAPITRE II.

DES PRIVILÉGES.

2095. Le privilége est un droit que la qualité de la créance donne à un créancier d'être préféré aux autres créanciers, même hypothécaires. 2166, 2180.

2096. Entre les créanciers privilégiés, la préférence se règle par les différentes qualités des priviléges.

2097. Les créanciers privilégiés qui sont dans le même rang sont payés par concurrence.

2098. Le privilége à raison des droits du trésor royal, et l'ordre dans lequel il s'exerce, sont réglés par les lois qui les concernent. — Le trésor royal ne peut cependant obtenir de privilége au préjudice des droits antérieurement acquis à des tiers. 2101, 2121.

2099. Les priviléges peuvent être sur les meubles ou sur les immeubles.

SECTION I.

Des Priviléges sur les Meubles.

2100. Les priviléges sont ou généraux, ou particuliers sur certains meubles.

§ Ier. Des Priviléges généraux sur les Meubles.

2101. Les créances privilégiées sur la généralité des meubles sont celles ci-après exprimées, et s'exercent dans l'ordre suivant, 2098, 2104, 2105, 2107, — 1° Les frais de justice, 810, 2098, C. ; 609, 662, 716, 777, P. c.; — 2° Les frais funéraires ; — 3° Les frais quelconques de la dernière maladie, concurremment entre ceux à qui ils sont dus, 2272 ; — 4° Les salaires des gens de service, pour l'année échue et ce qui est dû sur l'année courante, 1781, 2104, 2272 ;— 5° Les fournitures de subsistances faites au débiteur et à sa famille, savoir : pendant les six derniers mois, par les marchands en détail, tels que boulangers, bouchers et autres ; et pendant la dernière année, par les maîtres de pension et marchands en gros, 1529, 2272, C. ; 576, 585, 819, P. c.

§ II. *Des Priviléges sur certains Meubles.*

2102. Les créances privilégiées sur certains meubles sont, 520, 2098, — 1° Les loyers et fermages des immeubles, sur les fruits de la récolte de l'année, et sur le prix de tout ce qui garnit la maison louée ou la ferme, et de tout ce qui sert à l'exploitation de la ferme, savoir : pour tout ce qui est échu, et pour tout ce qui est à échoir, si les baux sont authentiques, ou si, étant sous signature privée, ils ont une date certaine ; et, dans ces deux cas, les autres créanciers ont le droit de relouer la maison ou la ferme pour le restant du bail, et de faire leur profit des baux ou fermages, à la charge toutefois de payer au propriétaire tout ce qui lui serait encore dû ; — et, à défaut de baux authentiques, ou lorsque, étant sous signature privée, ils n'ont pas une date certaine, pour une année, à partir de l'expiration de l'année courante ; — Le même privilége a lieu pour les réparations locatives, et pour tout ce qui concerne l'exécution du bail : — Néanmoins les sommes dues pour les semences ou pour les frais de la récolte de l'année sont payées sur le prix de la récolte, et celles dues pour ustensiles, sur le prix de ces ustensiles, par préférence au propriétaire, dans l'un et l'autre cas ; — Le propriétaire peut saisir les meubles qui garnissent sa maison ou sa ferme, lorsqu'ils ont été déplacés sans son consentement, et il conserve sur eux son privilége, pourvu qu'il ait fait la revendication ; savoir, lorsqu'il s'agit du mobilier qui garnissait une ferme, dans le délai de quarante jours ; et dans celui de quinzaine, s'il s'agit des meubles garnissant une maison : 1728, 1752, 1766, 1778, 1815, 1822, C. ; 593, 609, 661, 819, 826. 592, P. c. — 2° La créance sur le gage dont le créancier est saisi, 2073, 2074 ; — 3° Les frais faits pour la conservation de la chose, 657, 662, 716. 759, 768, P. c. ; 558, Co. ; 1137, 1890, 1947, C. ;—4° Le prix d'effets mobiliers non-payés, s'ils sont encore en la possession du débiteur, soit qu'il ait acheté à terme ou sans terme ; — Si la vente a été faite sans terme, le vendeur peut même revendiquer ces effets tant qu'ils sont en la possession de l'acheteur, et en empêcher la revente, pourvu que la revendication soit faite dans la huitaine de la livraison, et que les effets se trouvent dans le même état dans lequel cette livraison a été faite ; — Le privilége du vendeur ne s'exerce toutefois qu'après celui du propriétaire de la maison ou de la ferme, à moins qu'il ne soit prouvé que le propriétaire avait connaissance que les meubles et autres objets garnissant sa maison ou sa ferme n'appartenaient pas au locataire. — Il n'est rien innové aux lois et usages du commerce sur la revendication. 608, 826, P. c. ; 576, Co. ; 549, 1650, 1657, 2279, C. — 5° Les fournitures d'un aubergiste, sur les effets du voyageur qui ont été transportés dans son auberge, 1952, 2271 : — 6° Les frais de voiture et les dépenses accessoires, sur la chose voiturée, 1782, C. ; 103, 106, Co. — 7°. Les créances résultant d'abus et prévarications commis par les fonctionnaires publics dans l'exercice de leurs fonctions, sur les fonds de leur cautionnement, et sur les intérêts qui en peuvent être dus. 1137, 1528, 1717, 1763, 1774, 2074, 2076, 2098, 2271, C. ; 662, 810, 820, 826, 831, P. c. ; 76, 95, 576, 585, Co. ; 175, 197, 452, P.

Des Priviléges sur les Immeubles.

2103. Les créanciers privilégiés sur les immeubles sont, 2098, 2105, 2106, 2113, 2171, — 1° Le vendeur, sur l'immeuble vendu, pour le paiement du prix. 1250, 1252, 1650, 2108, 2109, 2171. — S'il y a plusieurs ventes successives dont le prix soit dû en tout ou en partie, le premier vendeur est préféré au second, le deuxième au troisième, et ainsi de suite ; — 2° Ceux qui ont fourni les deniers pour l'acquisition d'un immeuble, pourvu qu'il soit authentiquement constaté, par l'acte d'emprunt, que la somme était destinée à cet emploi et, par la quittance du vendeur, que ce paiement a été fait des deniers empruntés, 1250, 1517, 1689, 2097,

2101 à 2105, 2106, 2113, 2134, C. ; 693, P. c. : — 5° Les cohéritiers, sur les immeubles de la succession, pour la garantie des partages faits entre eux, et des soulte ou retour de lots, 884 ; — 4° Les architectes, entrepreneurs, maçons et autres ouvriers employés pour édifier, reconstruire ou réparer des bâtimens, canaux, ou autres ouvrages quelconques, pourvu néanmoins que, par un expert nommé d'office par le tribunal de première instance dans le ressort duquel les bâtimens sont situés, il ait été dressé préalablement un procès verbal, à l'effet de constater l'état des lieux relativement aux ouvrages que le propriétaire déclarera avoir dessein de faire, et que les ouvrages aient été, dans les six mois au plus de leur perfection, reçus par un expert également nommé d'office. — Mais le montant du privilége ne peut excéder les valeurs constatées par le second procès verbal, et il se réduit à la plus-value existante à l'époque de l'aliénation de l'immeuble et résultant des travaux qui y ont été faits. 1792, 1798, 2110. — Ceux qui ont prêté les deniers pour payer ou rembourser les ouvriers, jouissent du même privilége, pourvu que cet emploi soit authentiquement constaté par l'acte d'emprunt, et par la quittance des ouvriers, ainsi qu'il a été dit ci-dessus pour ceux qui ont prêté les deniers pour l'acquisition d'un immeuble. 1250, 1317, 1689, 2110.

SECTION III.
Des Priviléges qui s'étendent sur les Meubles et les Immeubles.

2104. Les priviléges qui s'étendent sur les meubles et les immeubles sont ceux énoncés en l'art. 2101. — 2098, 2105, 2107.

2105. Lorsqu'à défaut de mobilier les privilégiés énoncés en l'article précédent se présentent pour être payés sur le prix d'un immeuble en concurrence avec les créanciers privilégiés sur l'immeuble, les paiemens se font dans l'ordre qui suit : — 1° Les frais de justice et autres énoncés en l'article 2101 ; — 2° Les créances désignées en l'art. 2103.

SECTION IV.
Comment se conservent les Priviléges.

2106. Entre les créanciers, les priviléges ne produisent d'effet, à l'égard des immeubles, qu'autant qu'ils sont rendus publics par inscription sur les registres du conservateur des hypothèques, de la manière déterminée par la loi, et à compter de la date de cette inscription, sous les seules exceptions qui suivent. 958, 2098, 2101 2103, 2107, 2113, 2146, C. ; 834 P. c.

2107. Sont exceptées de la formalité de l'inscription, les créances énoncées en l'art. 2101.

2108. Le vendeur privilégié conserve son privilége par la transcription du titre qui a transféré la propriété à l'acquéreur et qui constate que la totalité ou partie du prix lui est due ; à l'effet de quoi la transcription du contrat faite par l'acquéreur vaudra inscription pour le vendeur et pour le prêteur qui lui aura fourni les deniers payés, et qui sera subrogé aux droits du vendeur par le même contrat : sera néanmoins le conservateur des hypothèques tenu, sous peine de tous dommages et intérêts envers les tiers, de faire d'office l'inscription sur son registre, des créances résultant de l'acte translatif de propriété, tant en faveur du vendeur qu'en faveur des prêteurs, qui pourront aussi faire faire, si elle ne l'a été, la transcription du contrat de vente, à l'effet d'acquérir l'inscription de ce qui leur est dû sur le prix. 1582, 2101, 2103, 2113, 2117, 2151, 2121, 2125, 2127, 2095, 1184, 1654, 2181, C. ; 834, P. c.

2109. Le cohéritier ou copartageant conserve son privilége sur les biens de chaque lot ou sur le bien licité, pour les soulte et retour de lots, ou pour le prix de la licitation, par l'inscription faite à sa diligence, dans soixante jours, à dater de l'acte de partage ou de l'adjudication par licitation ; durant lequel temps aucune hypothèque ne peut avoir lieu sur le bien chargé de soulte ou adjugé par licitation, au préjudice du créancier de la soulte ou du prix. 827, 855, 1686, 2146, C. ; 834, P. c.

2110. Les architectes, entrepreneurs, maçons et autres ouvriers employés pour édifier, reconstruire ou réparer des bâtimens, canaux ou autres ouvrages, et ceux qui ont, pour les payer et rembourser, prêté les deniers dont l'emploi a été constaté, conservent, par la double inscription faite, 1° du procès verbal qui constate l'état des lieux : 2° du procès verbal de réception, leur privilége à la date de l'inscription du premier procès verbal. 1250, 1792, 1798, 2103, 2113, 2146.

2111. Les créanciers et légataires qui demandent la séparation du patrimoine du défunt, conformément à l'art. 878, au titre *des Successions*, conservent, à l'égard des créanciers des héritiers ou représentans du défunt, leur privilége sur les immeubles de la succession, par les inscriptions faites sur chacun de ces biens, dans les six mois, à compter de l'ouverture de la succession. — Avant l'expiration de ce délai, aucune hypothèque ne peut être établie avec effet sur ces biens par les héritiers ou représentans au préjudice de ces créanciers ou légataires. 878, 897, 2146, 2259.

2112. Les cessionnaires de ces diverses créances privilégiées exercent tous les mêmes droits que les cédans, en leur lieu et place. 1250, 1251, 1690, 1692, 2152, 2214.

2113. Toutes créances privilégiées soumises à la formalité de l'inscription, à l'égard desquelles les conditions ci-dessus prescrites pour conserver le privilége n'ont pas été accomplies, ne cessent pas néanmoins d'être hypothécaires ; mais l'hypothèque ne date, à l'égard des tiers, que de l'époque des inscriptions qui auront dû être faites ainsi qu'il sera ci-après expliqué. 2134 et s.

CHAPITRE III.

DES HYPOTHÈQUES.

2114. L'hypothèque est un droit réel sur les immeubles affectés à l'acquittement d'une obligation. — Elle est, de sa nature, indivisible, et subsiste en entier sur tous les immeubles affectés, sur chacun et sur chaque portion de ces immeubles. — Elle les suit dans quelques mains qu'ils passent. 1221, 1222, 1244, 2166, 2180.

2115. L'hypothèque n'a lieu que dans les cas et suivant les formes autorisés par la loi.

2116. Elle est ou légale, ou judiciaire, ou conventionnelle.

2117. L'hypothèque légale est celle qui résulte de la loi. — L'hypothèque judiciaire est celle qui résulte des jugemens ou actes judiciaires. — L'hypothèque conventionnelle est celle qui dépend des conventions et de la forme extérieure des actes et des contrats. 2121, 2123, 2124.

2118. Sont seuls susceptibles d'hypothèques, — 1° Les biens immobiliers qui sont dans le commerce, et leurs accessoires réputés immeubles : — 2° L'usufruit des mêmes biens et accessoires pendant le temps de sa durée. 517, 521, 529, 534, 538, 540, 552, 578, 651, 644, 2133, 2134, 2204, 2035. C. ; 778, P. c.

2119. Les meubles n'ont pas de suite par hypothèque. 778, P. c.; 527, C.

2120. Il n'est rien innové par le présent Code aux dispositions des lois maritimes concernant les navires et bâtimens de mer. 190, 195, Co. ; 531, C.

SECTION I.

Des Hypothèques légales. 1017, 1426, 2135, 1549, 2193.

2121. Les droits et créances auxquels l'hypothèque légale est attribuée sont, — Ceux des femmes mariées, sur les biens de leur mari, 1431, 1492, 1494, 1507; — Ceux des mineurs et interdits, sur les biens de leur tuteur, 469, 509, 2135, 2193; — Ceux de l'état, des communes et des établissemens publics, sur les biens des receveurs et administrateurs comptables. 2098, 2135, 2153, 2174, 2193, 2198.

2122. Le créancier qui a une hypothèque légale peut exercer son droit sur tous les immeubles appartenant à son débiteur, et sur ceux qui pourront lui appartenir dans la suite, sous les modifications qui seront ci-après exprimées. 2140, 2141, 2161.

SECTION II.

Des Hypothèques judiciaires.

2123. L'hypothèque judiciaire résulte des jugemens, soit contradictoires, soit par défaut, définitifs ou provisoires, en faveur de celui qui les a obtenus. Elle résulte aussi des reconnaissances ou vérifications, faites en jugement, des signatures apposées à un acte obligatoire sous seing privé. — Elle peut s'exercer sur les immeubles actuels du débiteur, et sur ceux qu'il pourra acquérir, sauf aussi les modifications qui seront ci-après exprimées. — Les décisions arbitrales n'emportent hypothèque qu'autant qu'elles sont revêtues de l'ordonnance judiciaire d'exécution. — L'hypothèque ne peut pareillement résulter des jugemens rendus en pays étranger qu'autant qu'ils ont été déclarés exécutoires par un tribunal français, sans préjudice des dispositions contraires qui peuvent être dans les lois politiques ou dans les traités. 193, 194, 546, 554, 1020, P. c.; 2122, 2128, 2161, C.

SECTION III.

Des Hypothèques conventionnelles.

2124. Les hypothèques conventionnelles ne peuvent être consenties que par ceux qui ont la capacité d'aliéner les immeubles qu'ils y soumettent. 217, 499, 515, 1124, 1594, 1598, C.; 6, 7, Co.

2125. Ceux qui n'ont sur l'immeuble qu'un droit suspendu par une condition, ou résoluble dans certains cas, ou sujet à rescision, ne peuvent consentir qu'une hypothèque soumise aux mêmes conditions ou à la même rescision. 865, 929, 952, 954, 958, 1181, 1183, 1674, 2132.

2126. Les biens des mineurs, des interdits, et ceux des absens, tant que la possession n'en est déférée que provisoirement, ne peuvent être hypothéqués que pour les causes et dans les formes établies par la loi, ou en vertu de jugemens. 546, P. c.; 128, 217, 457, 499, C.; 6, Co.

2127. L'hypothèque conventionnelle ne peut être consentie que par acte passé en forme authentique devant deux notaires ou devant un notaire et deux témoins. 854, P. c.; 1317, 2177.

2128. Les contrats passés en pays étranger ne peuvent donner d'hypothèque sur les biens de France, s'il n'y a des dispositions contraires à ce principe dans les lois politiques ou dans les traités. 2123, C.; 546, 854, P. c.

2129. Il n'y a d'hypothèque conventionnelle valable que celle qui, soit dans le titre authentique constitutif de la créance, soit dans un acte authentique postérieur, déclare spécialement la nature et la situation de chacun des immeubles actuellement appartenant au débiteur, sur lesquels il consent l'hypothèque de la créance. Chacun de tous ses biens présens peut être nominativement soumis à l'hypothèque. — Les biens à venir ne peuvent pas être hypothéqués. 2122, 2123, 2130, 2161, 2171, 2148.

2130. Néanmoins, si les biens présens et libres du débiteur sont insuffisans pour la sûreté de la créance, il peut, en exprimant cette insuffisance, consentir que chacun des biens qu'il acquerra par la suite y demeure affecté à mesure des acquisitions.

2131. Pareillement, en cas que l'immeuble ou les immeubles présens, assujettis à l'hypothèque, eussent péri, ou éprouvé des dégradations, de manière qu'ils fussent devenus insuffisans pour la sûreté du créancier, celui-ci pourra ou poursuivre dès à présent son remboursement, ou obtenir un supplément d'hypothèque.

2132. L'hypothèque conventionnelle n'est valable qu'autant que la somme pour laquelle elle est consentie est certaine et déterminée par l'acte : si la créance résultant de l'obligation est conditionnelle pour son existence, ou indéterminée dans sa valeur, le créancier ne pourra requérir l'inscription dont il sera parlé ci-après que jusqu'à concurrence d'une valeur estimative par lui déclarée expressément, et que le débiteur aura droit de faire réduire, s'il y a lieu. 2125, 2148, 2159, 2163, 1170, 1174.

2133. L'hypothèque acquise s'étend à toutes les améliorations survenues à l'immeuble hypothéqué. 517, 546, 552, 2118.

SECTION IV.
Du Rang que les Hypothèques ont entre elles.

2134. Entre les créanciers, l'hypothèque, soit légale, soit judiciaire, soit conventionnelle, n'a de rang que du jour de l'inscription prise par le créancier sur les registres du conservateur, dans la forme et de la manière prescrites par la loi, sauf les exceptions portées en l'article suivant. 1436, 2113, 2118, 2121, 2146, 2177, 2166, C.; 834, 778, P. c.; 559, 545, Co.

2135. L'hypothèque existe, indépendamment de toute inscription, 7, 549, 551, 553. Co.; 469, 509, 1428, 1549, 2121, 2193, C.,— 1° Au profit des mineurs et interdits, sur les immeubles appartenant à leur tuteur, à raison de sa gestion, du jour de l'acceptation de la tutelle, 396, 417, 446, 482, 499, 513. 2137; — 2° Au profit des femmes, pour raison de leurs dot et conventions matrimoniales, sur les immeubles de leur mari, et à compter du jour du mariage. 548, Co.; 1387, 1593, 2194. — La femme n'a hypothèque pour les sommes dotales qui proviennent de successions à elle échues, ou de donations à elle faites pendant le mariage, qu'à compter de l'ouverture des successions ou du jour que les donations ont eu leur effet. — Elle n'a hypothèque pour l'indemnité des dettes qu'elle a contractées avec son mari, et pour le remploi de ses propres aliénés, qu'à compter du jour de l'obligation ou de la vente. 778. P. c.; 555, Co. — Dans aucun cas, la disposition du présent article ne pourra préjudicier aux droits acquis à des tiers avant la publication du présent titre.

2136. Sont toutefois les maris et les tuteurs tenus de rendre publiques les hypothèques dont leurs biens sont grevés, et, à cet effet, de requérir eux-mêmes, sans aucun délai, inscription aux bureaux à ce établis, sur les immeubles à eux appartenant, et sur ceux qui pourraient leur appartenir par la suite. — Les maris et les tuteurs qui, ayant manqué de requérir et de faire faire les inscriptions ordonnées par le présent article, auraient consenti ou laissé prendre des priviléges ou des hypothèques sur leurs immeubles, sans déclarer expressément que lesdits immeubles étaient affectés à l'hypothèque légale des femmes et des mineurs, seront réputés stellionataires, et, comme tels, contraignables par corps. 450, 509, 1428, 1549, 2059, 2137, 2190, 2140, 2141, 2143, 2144.

2137. Les subrogés tuteurs seront tenus, sous leur responsabilité personnelle, et sous peine de tous dommages et intérêts de veiller à ce que les inscriptions soient prises sans délai sur les biens du tuteur, pour raison de sa gestion, même de faire faire lesdites inscriptions. 420, 2142, 2194.

2138. A défaut par les maris, tuteurs, subrogés tuteurs, de faire faire les inscriptions ordonnées par les articles précédens, elles seront requises par le procureur du roi près le tribunal de première instance du domicile des maris et tuteurs, ou du lieu de la situation des biens. 2194 et s.

2139. Pourront les parens, soit du mari, soit de la femme, et les parens du mineur, ou, à défaut de parens, ses amis, requérir lesdites inscriptions: elles pourront aussi être requises par la femme, 1446, 2194, et par les mineurs

2140. Lorsque, dans le contrat de mariage, les parties majeures seront convenues qu'il ne sera pris d'inscription que sur un ou certains immeubles du mari, les immeubles qui ne seraient pas indiqués pour l'inscription resteront libres et affranchis de l'hypothèque pour la dot de la femme et pour ses reprises et conventions matrimoniales. Il ne pourra pas être convenu qu'il ne sera pris aucune inscription. 2122, 2136.

2141. Il en sera de même pour les immeubles du tuteur, lorsque les parens, en conseil de famille, auront été d'avis qu'il ne soit pris d'inscription que sur certains immeubles. 407, 2122, 2136.

2142. Dans le cas des deux articles précédens, le mari, le tuteur et le subrogé tuteur, ne seront tenus de requérir inscription que sur les immeubles indiqués. 420 et s.

2143. Lorsque l'hypothèque n'aura pas été restreinte par l'acte de nomination du tuteur, celui-ci pourra, dans le cas où l'hypothèque générale sur ses immeubles excéderait notoirement les sûretés suffisantes pour sa gestion, demander que cette hypothèque soit restreinte aux immeubles suffisans pour opérer une pleine garantie en faveur du mineur. — La demande sera formée contre le subrogé tuteur, et elle devra être précédée d'un avis de famille. 470, 420, 2122, 2162, 2164.

2144. Pourra pareillement le mari, du consentement de sa femme, et après avoir pris l'avis des quatre plus proches parens d'icelle, réunis en assemblée de famille, demander que l'hypothèque générale sur tous ses immeubles, pour raison de la dot, des reprises et conventions matrimoniales, soit restreinte aux immeubles suffisans pour la conservation entière des droits de la femme. 1428, 1549, 2162, 2164.

2145. Les jugemens sur les demandes des maris et des tuteurs ne seront rendus qu'après avoir entendu le procureur du roi, et contradictoirement avec lui. — Dans le cas où le tribunal prononcera réduction de l'hypothèque à certains immeubles, les inscriptions prises sur tous les autres seront rayées. 2156, 2157, C.; 885, P. c.

CHAPITRE IV.
DU MODE DE L'INSCRIPTION DES PRIVILÉGES ET HYPOTHÈQUES.

2146. Les inscriptions se font au bureau de conservation des hypothèques dans l'arrondissement duquel sont situés les biens soumis au privilège ou à l'hypothèque. Elles ne produisent aucun effet, si elles sont prises dans le délai pendant lequel les actes faits avant l'ouverture des faillites sont déclarés nuls. — Il en est de même entre les créanciers d'une succession, si l'inscription n'a été faite par l'un d'eux que depuis l'ouverture, et dans le cas où la succession n'est acceptée que par bénéfice d'inventaire. 5, 7, 88, 443, 500, Co.; 797,

2154, 2180, 2194, 2197, 2199, C.; 834, P. c.

2147. Tous les créanciers inscrits le même jour exercent en concurrence une hypothèque de la même date, sans distinction entre l'inscription du matin et celle du soir, quand cette différence serait marquée par le conservateur.

2148. Pour opérer l'inscription, le créancier représente, soit par lui-même, soit par un tiers, au conservateur des hypothèques, l'original en brevet ou une expédition authentique du jugement ou de l'acte qui donne naissance au privilège ou à l'hypothèque. 2125, 2129, 2153, 2199, 958, C.; 778, P. c.; 65, Co. — Il y joint deux bordereaux écrits sur papier timbré, dont l'un peut être porté sur l'expédition du titre : ils contiennent, — 1° Les nom, prénom, domicile du créancier, sa profession s'il en a une, et l'élection d'un domicile pour lui dans un lieu quelconque de l'arrondissement du bureau, 2152, 2156, C.; — 2° Les nom, prénom, domicile du débiteur, sa profession s'il en a une connue, ou une désignation individuelle et spéciale, telle, que le conservateur puisse reconnaître et distinguer dans tous les cas l'individu grevé d'hypothèque, 834, P. c.; — 3° La date et la nature du titre; — 4° Le montant du capital des créances exprimées dans le titre, ou évaluées par l'inscrivant, pour les rentes et prestations ou pour les droits éventuels, conditionnels ou indéterminés, dans les cas ou cette évaluation est ordonnée, 2153 et s.; comme aussi le montant des accessoires de ces capitaux, et l'époque de l'exigibilité, 1157; — 5° L'indication de l'espèce et de la situation des biens sur lesquels il entend conserver son privilège ou son hypothèque. — Cette dernière disposition n'est pas nécessaire dans le cas des hypothèques légales ou judiciaires : à défaut de convention, une seule inscription, pour ces hypothèques, frappe tous les immeubles compris dans l'arrondissement du bureau.

2149. Les inscriptions à faire sur les biens d'une personne décédée pourront être faites sous la simple désignation du défunt, ainsi qu'il est dit au n° 2 de l'article précédent.

2150. Le conservateur fait mention, sur son registre, du contenu aux bordereaux, et remet au requérant, tant le titre ou l'expédition du titre, que l'un des bordereaux, au pied duquel il certifie avoir fait l'inscription. 2197, 2202, C.: 857, P. c.

2151. Le créancier inscrit pour un capital produisant intérêts ou arrérages, a droit d'être colloqué pour deux années seulement, et pour l'année courante, au même rang d'hypothèque que pour son capital; sans préjudice des inscriptions particulières à prendre, portant hypothèque à compter de leur date, pour les arrérages autres que ceux conservés par la première inscription. 2168, 2197, 2202, C.; 757, 767, 770, 834, P. c.

2152. Il est loisible à celui qui a requis une inscription, ainsi qu'à ses représentans, ou cessionnaires par acte authentique, de changer sur le registre des hypothèques le domicile par lui élu, à la charge d'en choisir et indiquer un autre dans le même arrondissement. 2148.

2153. Les droits d'hypothèque purement légale de l'état, des communes et des établissemens publics sur les biens des comptables, ceux des mineurs ou interdits sur les tuteurs, des femmes mariées sur leurs époux, seront inscrits sur la représentation de deux bordereaux, contenant seulement, — 1° Les nom, prénom, profession et domicile réel du créancier, et le domicile qui sera par lui, ou pour lui, élu dans l'arrondissement; — 2° Les nom, prénom, profession, domicile, ou désignation précise du débiteur; — 3° La nature des droits à conserver, et le montant de leur valeur, quant aux objets déterminés, sans être tenu de le fixer quant à ceux qui sont conditionnels, éventuels ou indéterminés. 2121, 2148.

2154. Les inscriptions conservent l'hypothèque et le privilège pendant dix années, à compter du jour de leur date; leur effet cesse si ces inscriptions n'ont été renouvelées avant l'expiration de ce délai. 2146.

2155. Les frais des inscriptions sont à la charge du débiteur, s'il n'y a stipulation contraire; l'avance en est faite par l'inscrivant, si ce n'est quant aux hypothèques légales, pour l'inscription desquelles le conservateur a son recours contre le débiteur. Les frais de la transcription, qui peut être requise par le vendeur, sont à la charge de l'acquéreur. 2159, 2108, 2121, C.: 854, P. c.

2156. Les actions auxquelles les inscriptions peuvent donner lieu contre les créanciers seront intentées devant le tribunal compétent, par exploits faits à leur personne, ou au dernier des domiciles élus sur leur registre; et ce, nonobstant le décès soit des créanciers, soit de ceux chez lesquels ils auront fait élection de domicile.

CHAPITRE V.
DE LA RADIATION ET RÉDUCTION DES INSCRIPTIONS.

2157. Les inscriptions sont rayées du consentement des parties intéressées et ayant capacité à cet effet, ou en vertu d'un jugement en dernier ressort ou passé en force de chose jugée. 1109, 1124, 1351, 2143, 2158, 2160, C.; 548, P. c.

2158. Dans l'un et l'autre cas, ceux qui requièrent la radiation déposent au bureau du conservateur l'expédition de l'acte authentique, portant consentement, ou celle du jugement. 772, P. c.

2159. La radiation non consentie est demandée au tribunal dans le ressort duquel l'inscription a été faite, si ce n'est lorsque cette inscription a eu lieu pour sûreté d'une condamnation éventuelle ou indéterminée, sur l'exécution ou liquidation de laquelle le débiteur et le créancier prétendu sont en instance ou doivent être jugés dans un autre tribunal; auquel cas la demande en radiation doit y être portée ou renvoyée. — Cependant la convention faite par le créancier et le débiteur, de porter, en cas de contestation, la demande à un tribunal qu'ils auraient désigné, recevra son exécution entr'eux. 2152, 2156.

2160. La radiation doit être ordonnée par les tribunaux, lorsque l'in-

22

scription a été faite sans être fondée ni sur la loi, ni sur un titre, ou lorsqu'elle l'a été en vertu d'un titre soit irrégulier, soit éteint ou soldé, ou lorsque les droits de privilége ou d'hypothèque sont effacés par les voies légales. 2157.

2161. Toutes les fois que les inscriptions prises par un créancier qui, d'après la loi, aurait droit d'en prendre sur les biens présens ou sur les biens à venir d'un débiteur, sans limitation convenue, seront portées sur plus de domaines différens qu'il n'est nécessaire à la sûreté des créances, l'action en réduction des inscriptions, ou en radiation d'une partie en ce qui excède la proportion convenable, est ouverte au débiteur. On y suit les règles de compétence établies dans l'article 2159. — La disposition du présent article ne s'applique pas aux hypothèques conventionnelles. 2119, 2122, 2123, 2145.

2162. Sont réputées excessives les inscriptions qui frappent sur plusieurs domaines, lorsque la valeur d'un seul ou de quelques-uns d'entre eux excède de plus d'un tiers en fonds libres le montant des créances en capital et accessoires légaux.

2163. Peuvent aussi être réduites, comme excessives, les inscriptions prises d'après l'évaluation faite par le créancier, des créances qui, en ce qui concerne l'hypothèque à établir pour leur sûreté, n'ont pas été réglées par la convention, et qui, par leur nature, sont conditionnelles, éventuelles ou indéterminées. 2132, 2148.

2164. L'excès, dans ce cas, est arbitré par les juges, d'après les circonstances, les probabilités des chances et les présomptions de fait, de manière à concilier les droits vraisemblables du créancier avec l'intérêt du crédit raisonnable à conserver au débiteur; sans préjudice des nouvelles inscriptions à prendre avec hypothèque du jour de leur date, lorsque l'événement aura porté les créances indéterminées à une somme plus forte.

2165. La valeur des immeubles dont la comparaison est à faire avec celle des créances et le tiers en sus, est déterminée par quinze fois la va-

leur du revenu déclaré par la matrice du rôle de la contribution foncière, ou indiqué par la cote de contribution sur le rôle, selon la proportion qui existe dans les communes de la situation entre cette matrice ou cette cote et le revenu, pour les immeubles non sujets à dépérissement, et dix fois cette valeur pour ceux qui y sont sujets. Pourront néanmoins les juges s'aider, en outre, des éclaircissemens qui peuvent résulter des baux non suspects, des procès verbaux d'estimation qui ont pu être dressés précédemment à des époques rapprochées, et autres actes semblables, et évaluer le revenu au taux moyen entre les résultats de ces divers renseignemens.

CHAPITRE VI.
DE L'EFFET DES PRIVILÉGES ET HYPOTHÈQUES CONTRE LES TIERS DÉTENTEURS.

2166. Les créanciers ayant privilége ou hypothèque inscrite sur un immeuble le suivent en quelques mains qu'il passe, pour être colloqués et payés suivant l'ordre de leurs créances ou inscriptions. 2135, 2195 et s., C.; 691, P. c.

2167. Si le tiers détenteur ne remplit pas les formalités qui seront ci-après établies, pour purger sa propriété, il demeure, par l'effet seul des inscriptions, obligé comme détenteur à toutes les dettes hypothécaires, et jouit des termes et délais accordés au débiteur originaire. 2172, 2181.

2168. Le tiers détenteur est tenu, dans le même cas, ou de payer tous les intérêts et capitaux exigibles, à quelque somme qu'ils puissent monter, ou de délaisser l'immeuble hypothéqué sans aucune réserve. 2151, 2172.

2169. Faute par le tiers détenteur de satisfaire pleinement à l'une de ces obligations, chaque créancier hypothécaire a droit de faire vendre sur lui l'immeuble hypothéqué, trente jours après commandement fait au débiteur originaire, et sommation faite au tiers détenteur de payer la dette exigible ou de délaisser l'héritage. 583, 674, P. c.; 2173, 2183, 2214, 2215.

2170. Néanmoins le tiers détenteur qui n'est pas personnellement obligé à la dette, peut s'opposer à la vente de l'héritage hypothéqué qui lui a été transmis, s'il est demeuré d'autres immeubles hypothéqués à la même dette dans la possession du principal ou des principaux obligés, et en requérir la discussion préalable selon la forme réglée au titre du *Cautionnement*; pendant cette discussion, il est sursis à la vente de l'héritage hypothéqué. 1666, 2021, 2023, 2024, 2091, 2176.

2171 L'exception de discussion ne peut être opposée au créancier privilégié ou ayant hypothèque spéciale sur l'immeuble. 2103, 2129, 2206.

2172. Quant au délaissement par hypothèque, il peut être fait par tous les tiers détenteurs qui ne sont pas personnellement obligés à la dette, et qui ont la capacité d'aliéner. 1124, 1574.

2173. Il peut l'être même après que le tiers détenteur a reconnu l'obligation ou subi condamnation en cette qualité seulement : le délaissement n'empêche pas que, jusqu'à l'adjudication, le tiers détenteur ne puisse reprendre l'immeuble en payant toute la dette et les frais. 2168 et s.

2174. Le délaissement par hypothèque se fait au greffe du tribunal de la situation des biens; et il en est donné acte par ce tribunal. — Sur la pétition du plus diligent des intéressés, il est créé à l'immeuble délaissé un curateur sur lequel la vente de l'immeuble est poursuivie dans les formes prescrites pour les expropriations. 812, 2204.

2175. Les détériorations qui procèdent du fait ou de la négligence du tiers détenteur, au préjudice des créanciers hypothécaires ou privilégiés, donnent lieu contre lui à une action en indemnité; mais il ne peut répéter ses impenses et améliorations que jusqu'à concurrence de la plus-value résultant de l'amélioration. 861, 1182, 1651.

2176. Les fruits de l'immeuble hypothéqué ne sont dus par le tiers détenteur qu'à compter du jour de la sommation de payer ou de délaisser, et, si les poursuites commencées ont été abandonnées pendant trois ans, à compter de la nouvelle sommation qui sera faite. 2169, 2217, C.; 583, P. c.

2177. Les servitudes et droits réels que le tiers détenteur avait sur l'immeuble avant sa possession renaissent après le délaissement ou après l'adjudication faite sur lui. — Ses créanciers personnels, après tous ceux qui sont inscrits sur les précédens propriétaires, exercent leur hypothèque à leur rang, sur le bien délaissé ou adjugé. 657, 2134.

2178. Le tiers détenteur qui a payé la dette hypothécaire, ou délaissé l'immeuble hypothéqué, ou subi l'expropriation de cet immeuble, a le recours en garantie, tel que de droit, contre le débiteur principal. 1625 et s.

2179. Le tiers détenteur qui veut purger sa propriété en payant le prix observe les formalités qui sont établies dans le chapitre VIII du présent titre. 2181 et s.

CHAPITRE VII.
DE L'EXTINCTION DES PRIVILÉGES ET HYPOTHÈQUES.

2180. Les privilèges et hypothèques s'éteignent, — 1° Par l'extinction de l'obligation principale; — 2° Par la renonciation du créancier à l'hypothèque; — 3° Par l'accomplissement des formalités et conditions prescrites aux tiers détenteurs pour purger les biens par eux acquis; — 4° Par la prescription. — La prescription est acquise au débiteur, quant aux biens qui sont dans ses mains, par le temps fixé pour la prescription des actions qui donnent l'hypothèque ou le privilège. — Quant aux biens qui sont dans la main d'un tiers détenteur, elle lui est acquise par le temps réglé pour la prescription de la propriété à son profit : dans le cas où la prescription suppose un titre, elle ne commence à courir que du jour où il a été transcrit sur les registres du conservateur. — Les inscriptions prises par le créancier n'interrompent pas le cours de la prescription établie par la loi en faveur du débiteur ou du tiers détenteur. 1234, 1278, 1282, 1299, 2157, 2181. 2186, 2195, 2219, 2262, 2265.

CHAPITRE VIII.

DU MODE DE PURGER LES PROPRIÉTÉS DES PRIVILÉGES ET HYPOTHÈQUES.

2181. Les contrats translatifs de la propriété d'immeubles ou droits réels immobiliers, que les tiers détenteurs voudront purger de priviléges et hypothèques, seront transcrits en entier par le conservateur des hypothèques dans l'arrondissement duquel les biens sont situés. — Cette transcription se fera sur un registre à ce destiné, et le conservateur sera tenu d'en donner reconnaissance au requérant. 939. 2108. 2196, 2199, C.: 854, P. c.

2182. La simple transcription des titres translatifs de propriété sur le registre du conservateur ne purge pas les hypothèques et priviléges établis sur l'immeuble. — Le vendeur ne transmet à l'acquéreur que la propriété et les droits qu'il avait lui-même sur la chose vendue; il les transmet sous l'affectation des mêmes priviléges et hypothèques dont il était chargé. 2095, 2114.

2183. Si le nouveau propriétaire veut se garantir de l'effet des poursuites autorisées dans le chapitre vi du présent titre, il est tenu, soit avant les poursuites, soit dans le mois, au plus tard, à compter de la première sommation qui lui est faite, de notifier aux créanciers, aux domiciles par eux élus dans leurs inscriptions, 2169, 2195, C.: 832, P. c., — 1° Extrait de son titre, contenant seulement la date et la qualité de l'acte, le nom et la désignation précise du vendeur ou du donateur, la nature et la situation de la chose vendue ou donnée; et, s'il s'agit d'un corps de biens, la dénomination générale seulement du domaine et des arrondissemens dans lesquels il est situé, le prix et les charges faisant partie du prix de la vente, ou l'évaluation de la chose, si elle a été donnée, 2192; — 2° Extrait de la transcription de l'acte de la vente, 2181, 2196; — 3° Un tableau sur trois colonnes, dont la première contiendra la date des hypothèques et celle des inscriptions; la seconde, le nom des créanciers; la troisième, le montant des créances inscrites. 2148,

C.: 835, P. c.: 29, 145, pr. ta.

2184. L'acquéreur ou le donataire déclarera, par le même acte, qu'il est prêt à acquitter sur-le-champ les dettes et charges hypothécaires, jusqu'à concurrence seulement du prix, sans distinction des dettes exigibles ou non exigibles. 2192.

2185. Lorsque le nouveau propriétaire a fait cette notification dans le délai fixé, tout créancier dont le titre est inscrit peut requérir la mise de l'immeuble aux enchères et adjudications publiques, à la charge, 710, 775, 852, 854, P. c.; 63, pr. ta.: 2190, 2192, C., — 1° Que cette réquisition sera signifiée au nouveau propriétaire dans quarante jours, au plus tard, de la notification faite à la requête de ce dernier, en y ajoutant deux jours par cinq myriamètres de distance entre le domicile élu et le domicile réel de chaque créancier requérant; — 2° Qu'elle contiendra soumission du requérant de porter ou faire porter le prix à un dixième en sus de celui qui aura été stipulé dans le contrat, ou déclaré par le nouveau propriétaire; — 3° Que la même signification sera faite dans le même délai au précédent propriétaire, débiteur principal; — 4° Que l'original et les copies de ces exploits seront signés par le créancier requérant, ou par son fondé de procuration expresse, lequel, en ce cas, est tenu de donner copie de sa procuration; — 5° Qu'il offrira de donner caution jusqu'à concurrence du prix et des charges. 2041, 2075. — Le tout à peine de nullité.

2186. A défaut, par les créanciers, d'avoir requis la mise aux enchères dans le délai et les formes prescrits, la valeur de l'immeuble demeure définitivement fixée au prix stipulé dans le contrat, ou déclaré par le nouveau propriétaire, lequel est, en conséquence, libéré de tout privilége et hypothèque, en payant ledit prix aux créanciers qui seront en ordre de recevoir, ou en le consignant. 1259, 2180, C.: 855, P. c.

2187. En cas de revente sur enchères, elle aura lieu suivant les formes établies pour les expropriations forcées, à la diligence soit du créancier qui l'aura requise, soit du nouveau propriétaire. — Le poursuivant énoncera dans les affiches le prix stipulé dans le contrat, ou déclaré, et la somme en sus à laquelle le créancier s'est obligé de la porter ou faire porter. 832, 855, 856, P. c.: 2204, C.

2188. L'adjudicataire est tenu, au delà du prix de son adjudication, de restituer à l'acquéreur ou au donataire dépossédé les frais et loyaux coûts de son contrat, ceux de la transcription sur les registres du conservateur, ceux de notification, et ceux faits par lui pour parvenir à la revente.

2189. L'acquéreur ou le donataire qui conserve l'immeuble mis aux enchères, en se rendant dernier enchérisseur, n'est pas tenu de faire transcrire le jugement d'adjudication.

2190. Le désistement du créancier requérant la mise aux enchères ne peut, même quand le créancier paierait le montant de la soumission, empêcher l'adjudication publique, si ce n'est du consentement exprès de tous les autres créanciers hypothécaires.

2191. L'acquéreur qui se sera rendu adjudicataire aura son recours tel que de droit contre le vendeur, pour le remboursement de ce qui excède le prix stipulé par son titre, et pour l'intérêt de cet excédant, à compter du jour de chaque paiement. 1625, 2192, C. : 774, P. c.

2192. Dans le cas où le titre du nouveau propriétaire comprendrait des immeubles et des meubles, ou plusieurs immeubles, les uns hypothéqués, les autres non hypothéqués, situés dans le même ou dans divers arrondissemens de bureaux, aliénés pour un seul et même prix, ou pour des prix distincts et séparés, soumis ou non à la même exploitation, le prix de chaque immeuble frappé d'inscriptions particulières et séparées sera déclaré dans la notification du nouveau propriétaire, par ventilation, s'il y a lieu, du prix total exprimé dans le titre. — Le créancier surenchérisseur ne pourra, en aucun cas, être contraint d'étendre sa soumission ni sur le mobilier, ni sur d'autres immeubles que ceux qui sont

hypothéqués à sa créance et situés dans le même arrondissement; sauf le recours du nouveau propriétaire contre ses auteurs, pour l'indemnité du dommage qu'il éprouverait, soit de la division des objets de son acquisition, soit de celle des exploitations. 1656, 2185, 2185, 2188, 2191, 2211.

CHAPITRE IX.

DU MODE DE PURGER LES HYPOTHÈQUES, QUAND IL N'EXISTE PAS D'INSCRIPTION SUR LES BIENS DES MARIS ET DES TUTEURS.

2193. Pourront les acquéreurs d'immeubles appartenant à des maris ou à des tuteurs, lorsqu'il n'existera pas d'inscription sur lesdits immeubles à raison de la gestion du tuteur, ou des dot, reprises et conventions matrimoniales de la femme, purger les hypothèques qui existeraient sur les biens par eux acquis. 2121, 2135, 2181.

2194. A cet effet, ils déposeront copie dûment collationnée du contrat translatif de propriété au greffe du tribunal civil du lieu de la situation des biens, et ils certifieront par acte signifié, tant à la femme ou au subrogé tuteur, qu'au procureur du roi près le tribunal, le dépôt qu'ils auront fait. Extrait du contrat, contenant sa date, les noms, prénoms, professions et domiciles des contractans, la désignation de la nature et de la situation des biens, les prix et les autres charges de la vente, sera et restera affiché pendant deux mois dans l'auditoire du tribunal; pendant lequel temps les femmes, les maris, tuteurs, subrogés tuteurs, mineurs, interdits, parens ou amis, et le procureur du roi, seront reçus à requérir s'il y a lieu, et à faire faire au bureau du conservateur des hypothèques, des inscriptions sur l'immeuble aliéné, qui auront le même effet que si elles avaient été prises le jour du contrat de mariage, 2135, ou le jour de l'entrée en gestion du tuteur : sans préjudice des poursuites qui pourraient avoir lieu contre les maris et les tuteurs, ainsi qu'il a été dit ci-dessus, pour hypothèques par

22·

eux consenties au profit des tierces personnes sans leur avoir déclaré que les immeubles étaient déjà grevés d'hypothèques, en raison du mariage ou de la tutelle. 2146, 2183, C.; 68, 685, P. c.

2195. Si, dans le cours des deux mois, 854, P. c., de l'exposition du contrat, il n'a pas été fait d'inscription du chef des femmes, mineurs ou interdits, sur les immeubles vendus, ils passent à l'acquéreur sans aucune charge, à raison des dot, reprises et conventions matrimoniales de la femme, ou de la gestion du tuteur, et sauf le recours, s'il y a lieu, contre le mari et le tuteur. — S'il a été pris des inscriptions du chef desdites femmes, mineurs ou interdits, et s'il existe des créanciers antérieurs qui absorbent le prix en totalité ou en partie, l'acquéreur est libéré du prix ou de la portion du prix par lui payée aux créanciers placés en ordre utile; et les inscriptions du chef des femmes, mineurs ou interdits, seront rayées, ou en totalité, ou jusqu'à due concurrence. — Si les inscriptions du chef des femmes, mineurs ou interdits, sont les plus anciennes, l'acquéreur ne pourra faire aucun paiement du prix au préjudice desdites inscriptions, qui auront toujours, ainsi qu'il a été dit ci-dessus, la date du contrat de mariage, ou de l'entrée en gestion du tuteur; et, dans ce cas, les inscriptions des autres créanciers qui ne viennent pas en ordre utile seront rayées. 715, 775, P. c.

CHAPITRE X.
DE LA PUBLICITÉ DES REGISTRES, ET DE LA RESPONSABILITÉ DES CONSERVATEURS.

2196. Les conservateurs des hypothèques sont tenus de délivrer à tous ceux qui le requièrent copie des actes transcrits sur leurs registres, et celle des inscriptions subsistantes, ou certificat qu'il n'en existe aucune. 1355, 1356, 2183, 2199, 2202.

2197. Ils sont responsables du préjudice résultant, — 1° de l'omission sur leurs registres, des transcriptions d'actes de mutation, et des inscriptions requises en leurs bureaux; 2° du défaut de mention dans leurs certificats, d'une ou de plusieurs inscriptions existantes, à moins, dans ce dernier cas, que l'erreur ne provint de désignations insuffisantes qui ne pourraient leur être imputées 2146, 2148, 2181, 2202.

2198. L'immeuble à l'égard duquel le conservateur aurait omis dans ses certificats une ou plusieurs des charges inscrites, en demeure, sauf la responsabilité du conservateur, affranchi dans les mains du nouveau possesseur, pourvu qu'il ait requis le certificat depuis la transcription de son titre, sans préjudice néanmoins du droit des créanciers de se faire colloquer suivant l'ordre qui leur appartient, tant que le prix n'a pas été payé par l'acquéreur, ou tant que l'ordre fait entre les créanciers n'a pas été homologué. 2183, 2202, 2218, C.; 749, 775, P. c.

2199. Dans aucun cas, les conservateurs ne peuvent refuser ni retarder la transcription des actes de mutation, l'inscription des droits hypothécaires, ni la délivrance des certificats requis, sous peine des dommages et intérêts des parties; à l'effet de quoi, procès verbaux des refus ou retardemens seront, à la diligence des requérans, dressés sur-le-champ, soit par un juge de paix, soit par un huissier audiencier du tribunal, soit par un autre huissier ou un notaire assisté de deux témoins. 2146, 2181, 2196, 2202.

2200. Néanmoins les conservateurs seront tenus d'avoir un registre sur lequel ils inscriront, jour par jour et par ordre numérique, les remises qui leur seront faites d'actes de mutation pour être transcrits, ou de bordereaux pour être inscrits; ils donneront au requérant une reconnaissance sur papier timbré, qui rappellera le numéro du registre sur lequel la remise aura été inscrite, et ils ne pourront transcrire les actes de mutation ni inscrire les bordereaux sur les registres à ce destinés, qu'à la date et dans l'ordre des remises qui leur en auront été faites. 2148, 2181, 2202.

2201. Tous les registres des conservateurs sont en papier timbré, cotés et paraphés à chaque page par première et dernière, par l'un des juges du tribunal dans le ressort duquel le bureau est établi. Les registres seront arrêtés chaque jour comme ceux d'enregistrement des actes.

2202. Les conservateurs sont tenus de se conformer, dans l'exercice de leurs fonctions, à toutes les dispositions du présent chapitre, à peine d'une amende de deux cents à mille francs pour la première contravention, et de destitution pour la seconde : sans préjudice des dommages et intérêts des parties, lesquels seront payés avant l'amende.

2203. Les mentions de dépôts, les inscriptions et transcriptions, sont faites sur les registres, de suite, sans aucun blanc ni interligne, à peine, contre le conservateur, de mille à deux mille francs d'amende, et des dommages et intérêts des parties, payables aussi par préférence à l'amende.

TITRE XIX.

DE L'EXPROPRIATION FORCÉE ET DES ORDRES ENTRE LES CRÉANCIERS.

(Décrété le 19 mars 1804. Promulgué le 29 du même mois.)

CHAPITRE PREMIER.
DE L'EXPROPRIATION FORCÉE.

2204. Le créancier peut poursuivre l'expropriation, 1° des biens immobiliers et de leurs accessoires réputés immeubles appartenant en propriété à son débiteur : 2° de l'usufruit appartenant au débiteur sur les biens de même nature. 517, 552, 1615, 2118, 2155, C.: 673, P. c.

2205. Néanmoins la part indivise d'un cohéritier dans les immeubles d'une succession ne peut être mise en vente par ses créanciers personnels, avant le partage ou la licitation qu'ils peuvent provoquer s'ils le jugent convenable, ou dans lesquels ils ont le droit d'intervenir conformément à l'article 882, au titre des Successions. 820.

2206. Les immeubles d'un mineur, même émancipé, ou d'un interdit, ne peuvent être mis en vente avant discussion du mobilier. 1596.

2207. La discussion du mobilier n'est pas requise avant l'expropriation des immeubles possédés par indivis entre un majeur et un mineur ou interdit, si la dette leur est commune, ni dans le cas où les poursuites ont été commencées contre un majeur, ou avant l'interdiction. 1666, 1244.

2208. L'expropriation des immeubles qui font partie de la communauté se poursuit contre le mari débiteur, seul, quoique la femme soit obligée à la dette. 218, 224, 1421, 1428, 1549. — Celle des immeubles de la femme qui ne sont point entrés en communauté se poursuit contre le mari et la femme, laquelle, au refus du mari de procéder avec elle, ou si le mari est mineur, peut être autorisée en justice. — En cas de minorité du mari et de la femme, ou de minorité de la femme seule, si son mari majeur refuse de procéder avec elle, il est nommé par le tribunal un tuteur à la femme, contre lequel la poursuite est exercée.

2209. Le créancier ne peut poursuivre la vente des immeubles qui ne lui sont pas hypothéqués, que dans le cas d'insuffisance des biens qui lui sont hypothéqués.

2210. La vente forcée des biens situés dans différens arrondissemens ne peut être provoquée que successivement, à moins qu'ils ne fassent partie d'une seule et même exploitation. — Elle est suivie dans le tribunal dans le ressort duquel se trouve le chef-lieu de l'exploitation, ou, à défaut de chef-lieu, la partie de biens qui présente le plus grand revenu, d'après la matrice du rôle.

2211. Si les biens hypothéqués au créancier, et les biens non hypothéqués, ou les biens situés dans divers arrondissemens, font partie d'une seule et même exploitation, la vente des uns et des autres est poursuivie ensemble, si le débiteur le requiert : et ventilation se fait du prix de l'adjudication, s'il y a lieu. 2192.

2212. Si le débiteur justifie par baux authentiques, que le revenu net et libre de ses immeubles pendant une année suffit pour le paiement de la dette en capital, intérêts et frais, et s'il en offre la délégation au créancier, la poursuite peut être suspendue par les juges, sauf à être reprise s'il survient quelque opposition ou obstacle au paiement.

2213. La vente forcée des immeubles ne peut être poursuivie qu'en vertu d'un titre authentique et exécutoire, pour une dette certaine et liquide. Si la dette est en espèces non liquidées, la poursuite est valable; mais l'adjudication ne pourra être faite qu'après la liquidation. 551, P. c.: 96, Co.: 1517, 2127, C.

2214. Le cessionnaire d'un titre exécutoire ne peut poursuivre l'expropriation qu'après que la signification du transport a été faite au débiteur. 1250, 1690, 1692, 2112, 2152.

2215. La poursuite peut avoir lieu en vertu d'un jugement provisoire ou définitif, exécutoire par provision, nonobstant appel; mais l'adjudication ne peut se faire qu'après un jugement définitif en dernier ressort, ou passé en force de chose jugée. — La poursuite ne peut s'exercer en vertu de jugemens rendus par défaut durant le délai de l'opposition. 158, P. c.

2216. La poursuite ne peut être annulée sous prétexte que le créancier l'aurait commencée pour une somme plus forte que celle qui lui est due.

2217. Toute poursuite en expropriation d'immeubles doit être précédée d'un commandement de payer, fait, à la diligence et requête du créancier, à la personne du débiteur ou à son domicile, par le ministère d'un huissier. — Les formes du commandement et celles de la poursuite sur l'expropriation sont réglées par les lois sur la procédure. 585, 673 et s., P. c.: 2169, C.

CHAPITRE II.
DE L'ORDRE ET DE LA DISTRIBUTION DU PRIX ENTRE LES CRÉANCIERS.

2218. L'ordre et la distribution du prix des immeubles, et la manière d'y procéder, sont réglées par les lois sur la procédure. 749, 775, P. c.

TITRE XX.
DE LA PRESCRIPTION.

(Décrété le 15 mars 1804. Promulgué le 25 du même mois.)

CHAPITRE PREMIER.
DISPOSITIONS GÉNÉRALES.

2219. La prescription est un moyen d'acquérir ou de se libérer par un certain laps de temps, et sous les conditions déterminées par la loi. 712, 1234, 1550.

2220. On ne peut, d'avance, renoncer à la prescription : on peut renoncer à la prescription acquise. 2222, 2224.

2221. La renonciation à la prescription est expresse ou tacite : la renonciation tacite résulte d'un fait qui suppose l'abandon du droit acquis.

2222. Celui qui ne peut aliéner ne peut renoncer à la prescription acquise. 1124, 1594.

2223. Les juges ne peuvent pas suppléer d'office le moyen résultant de la prescription.

2224. La prescription peut être opposée en tout état de cause, même devant la cour royale, à moins que la partie qui n'aurait pas opposé le moyen de la prescription ne doive, par les circonstances, être présumée y avoir renoncé. 464, 465, P. c.

2225. Les créanciers, ou toute autre personne ayant intérêt à ce que la prescription soit acquise, peuvent l'opposer, encore que le débiteur ou le propriétaire y renonce. 1166, 1167, 1665.

2226. On ne peut prescrire le domaine des choses qui ne sont point dans le commerce. 1128, 1598.

2227. L'état, les établissemens publics et les communes sont soumis aux mêmes prescriptions que les particuliers, et peuvent également les opposer. 557, 558, 541, 542, 560.

CHAPITRE II.
DE LA POSSESSION.

2228. La possession est la détention ou la jouissance d'une chose ou d'un droit que nous tenons ou que nous exerçons par nous-mêmes, ou par un autre qui la tient ou qui l'exerce en notre nom. 3 , 23 , P. c.

2229. Pour pouvoir prescrire, il faut une possession continue et non interrompue, paisible, publique, non équivoque, et à titre de propriétaire. 1665, 2231 , 2242.

2230. On est toujours présumé posséder pour soi, et à titre de propriétaire, s'il n'est prouvé qu'on a commencé à posséder pour un autre. 2254.

2231. Quand on a commencé à posséder pour autrui, on est toujours présumé posséder au même titre, s'il n'y a preuve du contraire. 2234 , 2256, 2240.

2232. Les actes de pure faculté et ceux de simple tolérance ne peuvent fonder ni possession ni prescription.

2233. Les actes de violence ne peuvent fonder non plus une possession capable d'opérer la prescription, 2229. — La possession utile ne commence que lorsque la violence a cessé. 1111 , 2229.

2234. Le possesseur actuel qui prouve avoir possédé anciennement est présumé avoir possédé dans le temps intermédiaire, sauf la preuve contraire. 2530.

2235. Pour compléter la prescription, on peut joindre à sa possession celle de son auteur, de quelque manière qu'on lui ait succédé, soit à titre universel ou particulier, soit à titre lucratif ou onéreux. 724 , 1122 , 2237.

CHAPITRE III.

DES CAUSES-QUI EMPÊCHENT LA PRESCRIPTION.

2236. Ceux qui possèdent pour autrui ne prescrivent jamais, par quelque laps de temps que ce soit. — Ainsi, le fermier, le dépositaire, l'usufruitier, et tous autres qui détiennent précairement la chose du propriétaire, ne peuvent la prescrire. 599 , 617 , 619 , 1709 , 1915 , 2251 , 2240, C. : 430, Co.

2237. Les héritiers de ceux qui tenaient la chose à quelqu'un des titres désignés par l'article précédent ne peuvent non plus prescrire. 724 , 1122 , 2235.

2238. Néanmoins les personnes énoncées dans les articles 2236 et 2237 peuvent prescrire, si le titre de leur possession se trouve interverti, soit par une cause venant d'un tiers, soit par la contradiction qu'elles ont opposée au droit du propriétaire. 2230 et s.

2239. Ceux à qui les fermiers, dépositaires et autres détenteurs précaires ont transmis la chose par un titre translatif de propriété, peuvent la prescrire.

2240. On ne peut pas prescrire contre son titre, en ce sens que l'on ne peut point se changer à soi-même la cause et le principe de sa possession. 2231.

2241. On peut prescrire contre son titre, en ce sens que l'on prescrit la libération de l'obligation que l'on a contractée. 1234.

CHAPITRE IV.

DES CAUSES QUI INTERROMPENT OU QUI SUSPENDENT LE COURS DE LA PRESCRIPTION.

SECTION I.

Des Causes qui interrompent la Prescription.

2242. La prescription peut être interrompue ou naturellement ou civilement. 2229.

2243. Il y a interruption naturelle, lorsque le possesseur est privé, pendant plus d'un an, de la jouissance de la chose, soit par l'ancien propriétaire, soit même par un tiers. 3 , P. c.

2244. Une citation en justice, un commandement ou une saisie, signifiés à celui qu'on veut empêcher de prescrire, forment l'interruption civile. 2245, 2274.

2245. La citation en conciliation devant le bureau de paix interrompt la prescription du jour de sa date, lorsqu'elle est suivie d'une assignation en justice donnée dans les délais de droit. 518, C. ; 57, P. c.

2246. La citation en justice, donnée même devant un juge incompétent , interrompt la prescription. 637, 658, l. c.

2247. Si l'assignation est nulle par défaut de forme, — Si le demandeur se désiste de sa demande , — S'il laisse périmer l'instance, — Ou si sa demande est rejetée , — L'interruption est regardée comme non avenue.

2248. La prescription est interrompue par la reconnaissance que le débiteur ou le possesseur fait du droit de celui contre lequel il prescrivait. 2257 et s.

2249. L'interpellation faite , conformément aux articles ci-dessus, à l'un des débiteurs solidaires, ou sa reconnaissance , interrompt la prescription contre tous les autres, même contre leurs héritiers. — L'interpellation faite à l'un des héritiers d'un débiteur solidaire, ou la reconnaissance de cet héritier, n'interrompt pas la prescription à l'égard des autres cohéritiers, quand même la créance serait hypothécaire, si l'obligation n'est indivisible. — Cette interpellation ou cette reconnaissance n'interrompt la prescription à l'égard des autres codébiteurs, que pour la part dont cet héritier est tenu. — Pour interrompre la prescription pour le tout, à l'égard des autres codébiteurs, il faut l'interpellation faite à tous les héritiers du débiteur décédé , ou la reconnaissance de tous ces héritiers. 1199, 1206, 1213, 1217, 1222.

2250. L'interpellation faite au débiteur principal , ou sa reconnaissance , interrompt la prescription contre la caution. 2034 et s.

SECTION II.

Des Causes qui suspendent le cours de la Prescription.

2251. La prescription court contre toutes personnes , à moins qu'elles ne soient dans quelque exception établie par une loi. 709, 2252.

2252. La prescription ne court pas contre les mineurs et les interdits , sauf ce qui est dit à l'article 2278, et à l'exception des autres cas déterminés par la loi. 709, 710, 1663, 1676, C. ; 598, P. c.

2253. Elle ne court point entre époux.

2254. La prescription court contre la femme mariée , encore qu'elle ne soit point séparée par contrat de mariage ou en justice, à l'égard des biens dont le mari a l'administration , sauf son recours contre le mari. 1428.

2255. Néanmoins elle ne court point, pendant le mariage , à l'égard de l'aliénation d'un fonds constitué selon le régime dotal, conformément à l'article 1561 , au titre *du Contrat de mariage et des Droits respectifs des époux.* 1562.

2256. La prescription est pareillement suspendue pendant le mariage , — 1° Dans le cas où l'action de la femme ne pourrait être exercée qu'après une option à faire sur l'acceptation ou la renonciation à la communauté ; — 2° Dans le cas où le mari, ayant vendu le bien propre de la femme sans son consentement, est garant de la vente ; et dans tous les autres cas où l'action de la femme réfléchirait contre le mari. 1562.

2257. La prescription ne court point, — A l'égard d'une créance qui dépend d'une condition, jusqu'à ce que la condition arrive ; — A l'égard d'une action en garantie, jusqu'à ce que l'éviction ait lieu ; — A l'égard d'une créance à jour fixe, jusqu'à ce que ce jour soit arrivé. 1181, 1185, 1625.

2258. La prescription ne court pas contre l'héritier bénéficiaire, à l'égard des créances qu'il a contre la succession. — Elle court contre une succession vacante, quoique non pourvue de curateurs. 996, P. c. ; 802, 811, C.

2259. Elle court encore pendant les trois mois pour faire inventaire , et les quarante jours pour délibérer. 797.

CHAPITRE V.

DU TEMPS REQUIS POUR PRESCRIRE

SECTION I.

Dispositions générales.

2260. La prescription se compte par jours, et non par heures.

2261. Elle est acquise lorsque le dernier jour du terme est accompli.

De la Prescription trentenaire.

2262. Toutes les actions, tant réelles que personnelles, sont prescrites par trente ans, sans que celui qui allègue cette prescription soit obligé d'en rapporter un titre, ou qu'on puisse lui opposer l'exception déduite de la mauvaise foi. 966, 1254, 1378, 2281.

2263. Après vingt-huit ans de la date du dernier titre, le débiteur d'une rente peut être contraint à fournir à ses frais un titre nouvel à son créancier ou à ses ayant-cause. 877, 1357.

2264. Les règles de la prescription sur d'autres objets que ceux mentionnés dans le présent titre sont expliquées dans les titres qui leur sont propres. 32, 328, 330, 475, 559, 617, 619, 642, 706, 789, 809, 880, 886, 957, 966, 1047, 1212, 1622, 1648, 2676, 1854, 2180, C.; 64, 108, 189, 373, 375, 430, 431, 433, Co.; 633, 655 à 657, 659, I. c.

De la prescription par dix et vingt ans.

2265. Celui qui acquiert de bonne foi et par juste titre un immeuble, en prescrit la propriété par dix ans, si le véritable propriétaire habite dans le ressort de la cour royale dans l'étendue de laquelle l'immeuble est situé; et par vingt ans, s'il est domicilié hors dudit ressort. 550, 555, 1369, 2180, 2267.

2266. Si le véritable propriétaire a eu son domicile en différens temps, dans le ressort et hors du ressort, il faut, pour compléter la prescription, ajouter à ce qui manque aux dix ans de présence, un nombre d'années d'absence double de celui qui manque pour compléter les dix ans de présence.

2267. Le titre nul par défaut de forme ne peut servir de base à la prescription de dix et vingt ans. 550.

2268. La bonne foi est toujours présumée. et c'est à celui qui allègue la mauvaise foi à la prouver. 550.

2269. Il suffit que la bonne foi ait existé au moment de l'acquisition.

2270. Après dix ans, l'architecte et les entrepreneurs sont déchargés de la garantie des gros ouvrages qu'ils ont faits ou dirigés. 1788, 1792, 2274.

De quelques Prescriptions particulières.

2271. L'action des maîtres et instituteurs des sciences et arts, pour les leçons qu'ils donnent au mois, 2260, 2274, 2278: — Celle des hôteliers et traiteurs, à raison du logement et de la nourriture qu'ils fournissent, 1952, 2102: — Celle des ouvriers et gens de travail, pour le paiement de leurs journées, fournitures et salaires, 1781, 2101, — Se prescrivent par six mois.

2272. L'action des médecins, chirurgiens et apothicaires, pour leurs visites, opérations et médicamens, 1622, 2101: — Celle des huissiers, pour le salaire des actes qu'ils signifient, et des commissions qu'ils exécutent, 2060, 2276; — Celle des marchands, pour les marchandises qu'ils vendent aux particuliers non marchands, 1329, 2101; — Celle des maîtres de pension, pour le prix de la pension de leurs élèves; et des autres maîtres, pour le prix de l'apprentissage, 2201; — Celle des domestiques qui se louent à l'année, pour le paiement de leur salaire, — se prescrivent par un an. 1781, 2101.

2273. L'action des avoués, pour le paiement de leurs frais et salaires, se prescrit par deux ans, à compter du jugement des procès, ou de la conciliation des parties, ou depuis la révocation desdits avoués. A l'égard des affaires non terminées, ils ne peuvent former de demandes pour leurs frais et salaires qui remonteraient à plus de cinq ans. 2260, 2275, 2276. C.; 49, P. c.

2274. La prescription, dans les cas ci-dessus, a lieu, quoiqu'il y ait eu continuation de fournitures, livraisons, services et travaux. — Elle ne cesse de courir que lorsqu'il y a eu compte arrêté, cédule ou obligation, ou citation en justice non périmée. 2244, 2278, C.; 57 P. c.

2275. Néanmoins ceux auxquels ces prescriptions seront opposées peuvent déférer le serment à ceux qui les opposent, sur la question de savoir si la chose a été réellement payée. — Le serment pourra être déféré aux veuves et héritiers, ou aux tuteurs de ces derniers, s'ils sont mineurs, pour qu'ils aient à déclarer s'ils ne savent pas que la chose soit due. 1358, 1781, 2278.

2276. Les juges et avoués sont déchargés des pièces cinq ans après le jugement des procès. — Les huissiers, après deux ans, depuis l'exécution de la commission, ou la signification des actes dont ils étaient chargés, en sont pareillement déchargés. 2272, 2278.

2277. Les arrérages de rentes perpétuelles et viagères; — Ceux des pensions alimentaires; — Les loyers des maisons, et le prix de ferme des biens ruraux; — Les intérêts des sommes prêtées, et généralement tout ce qui est payable par année, ou à des termes périodiques plus courts, — Se prescrivent par cinq ans. 1728, 1905, 1968, 1983, 2278.

2278. Les prescriptions dont il s'agit dans les articles de la présente section courent contre les mineurs et les interdits, sauf leur recours contre leurs tuteurs. 2252, C.; 598, P. c.

2279. En fait de meubles, la possession vaut titre. — Néanmoins celui qui a perdu ou auquel il a été volé une chose, peut la revendiquer pendant trois ans, à compter du jour de la perte ou du vol, contre celui dans les mains duquel il la trouve; sauf à celui-ci son recours contre celui duquel il la tient. 527, 549, 1295, 1926 2102. C.; 576. Co.; 826, P. c.

2280. Si le possesseur actuel de la chose volée ou perdue l'a achetée dans une foire ou dans un marché, ou dans une vente publique, ou d'un marchand vendant des choses pareilles, le propriétaire originaire ne peut se la faire rendre qu'en remboursant au possesseur le prix qu'elle lui a coûté. 2279.

2281. Les prescriptions commencées à l'époque de la publication du présent titre seront réglées conformément aux lois anciennes. 2, 2227, 2262. — Néanmoins les prescriptions alors commencées, et pour lesquelles il faudrait encore, suivant les anciennes lois, plus de trente ans à compter de la même époque, seront accomplies par ce laps de trente ans.

LOI

SUR LA CONTRAINTE PAR CORPS.

(17 Avril 1832.)

TITRE PREMIER.

DISPOSITIONS RELATIVES A LA CONTRAINTE PAR CORPS EN MATIÈRE DE COMMERCE.

Art. 1er. La contrainte par corps sera prononcée, sauf les exceptions et les modifications ci-après, contre toute personne condamnée pour dette commerciale au paiement d'une somme principale de deux cents francs et au-dessus.

2. Ne sont point soumis à la contrainte par corps en matière de commerce,

1° Les femmes et les filles non légalement réputées marchandes publiques;

2° Les mineurs non commerçans, ou qui ne sont point réputés majeurs pour fait de leur commerce;

3° Les veuves et héritiers des justiciables des tribunaux de commerce assignés devant ces tribunaux en reprise d'instance, ou par action nouvelle, en raison de leur qualité.

3. Les condamnations prononcées par les tribunaux de commerce contre des individus non négocians, pour signatures apposées, soit à des lettre

de change réputées simples promesses aux termes de l'article 112 du Code de commerce, soit à des billets à ordre, n'emportent point la contrainte par corps, à moins que ces signatures et engagemens n'aient eu pour cause des opérations de commerce, trafic, change, banque ou courtage.

4. La contrainte par corps, en matière de commerce, ne pourra être prononcée contre les débiteurs qui auront commencé leur soixante-et-dixième année.

5. L'emprisonnement pour dette commerciale cessera de plein droit après un an, lorsque le montant de la condamnation principale ne s'élèvera pas à cinq cents francs;

Après deux ans, lorsqu'il ne s'élèvera pas à mille francs;

Après trois ans, lorsqu'il ne s'élèvera pas à trois mille francs;

Après quatre ans, lorsqu'il ne s'élèvera pas à cinq mille francs;

Après cinq ans, lorsqu'il sera de cinq mille francs et au-dessus.

6. Il cessera pareillement de plein droit le jour où le débiteur aura commencé sa soixante-et-dixième année.

TITRE II.

DISPOSITIONS RELATIVES A LA CONTRAINTE PAR CORPS EN MATIÈRE CIVILE.

SECTION I.

Contrainte par corps en matière civile ordinaire.

7. Dans tous les cas où la contrainte par corps a lieu en matière civile ordinaire, la durée en sera fixée par le jugement de condamnation; elle sera d'un an au moins et de dix ans au plus.

Néanmoins, s'il s'agit de fermages de biens ruraux aux cas prévus par l'article 2062 du Code civil, ou de l'exécution des condamnations intervenues dans le cas où la contrainte par corps n'est pas obligée, et où la loi attribue seulement aux juges la faculté de la prononcer, la durée de la contrainte ne sera que d'un an au moins et de cinq ans au plus.

SECTION II.

Contrainte par corps en matière de deniers et effets mobiliers publics.

8. Sont soumis à la contrainte par corps, pour raison du reliquat de leurs comptes, déficit ou débet constatés à leur charge, et dont ils ont été déclarés responsables,

1° Les comptables de deniers publics ou d'effets mobiliers publics, et leurs cautions;

2° Leurs agens ou préposés qui ont personnellement géré ou fait la recette;

3° Toutes personnes qui ont perçu des deniers publics dont elles n'ont point effectué le versement ou l'emploi, ou qui, ayant reçu des effets mobiliers appartenant à l'État, ne les représentent pas, ou ne justifient pas de l'emploi qui leur avait été prescrit.

9. Sont compris dans les dispositions de l'article précédent: les comptables chargés de la perception des deniers ou de la garde et de l'emploi des effets mobiliers appartenant aux communes, aux hospices et aux établissemens publics, ainsi que leurs cautions et leurs agens et préposés ayant personnellement géré ou fait la recette.

10. Sont également soumis à la contrainte par corps,

1° Tous entrepreneurs, fournisseurs, soumissionnaires et traitans, qui ont passé des marchés ou traités intéressant l'État, les communes, les établissemens de bienfaisance et autres établissemens publics, et qui sont déclarés débiteurs par suite de leurs entreprises;

2° Leurs cautions, ainsi que leurs agens et préposés qui ont personnellement géré l'entreprise, et toutes personnes déclarées responsables des mêmes services.

11. Seront encore soumis à la contrainte par corps, tous redevables, débiteurs et cautions de droits de douanes, d'octrois et autres contributions indirectes, qui ont obtenu un crédit et qui n'ont pas acquitté à échéance le montant de leurs soumissions ou obligations.

23

12. La contrainte par corps pourra être prononcée, en vertu des quatre articles précédens, contre les femmes et les filles.

Elle ne pourra l'être contre les septuagénaires.

13. Dans les cas énoncés dans la présente section, la contrainte par corps n'aura jamais lieu que pour une somme principale excédant trois cents francs.

Sa durée sera fixée dans les limites de l'article 7 de la présente loi, paragraphe premier.

TITRE III.

DISPOSITIONS RELATIVES A LA CONTRAINTE PAR CORPS CONTRE LES ÉTRANGERS.

14. Tout jugement qui interviendra au profit d'un Français contre un étranger non domicilié en France, emportera la contrainte par corps, à moins que la somme principale de la condamnation ne soit inférieure à cinquante francs, sans distinction entre les dettes civiles et les dettes commerciales.

15. Avant le jugement de condamnation, mais après l'échéance ou l'exigibilité de la dette, le président du tribunal de première instance dans l'arrondissement duquel se trouvera l'étranger non domicilié, pourra, s'il y a de suffisans motifs, ordonner son arrestation provisoire, sur la requête du créancier français.

Dans ce cas, le créancier sera tenu de se pourvoir en condamnation dans la huitaine de l'arrestation du débiteur, faute de quoi celui-ci pourra demander son élargissement.

La mise en liberté sera prononcée par ordonnance de référé, sur une assignation donnée au créancier par l'huissier que le président aura commis dans l'ordonnance même qui autorisait l'arrestation, et, à défaut de cet huissier, par tel autre qui sera commis spécialement.

16. L'arrestation provisoire n'aura pas lieu ou cessera, si l'étranger justifie qu'il possède sur le territoire français un établissement de commerce ou des immeubles, le tout d'une valeur suffisante pour assurer le paiement de la dette, ou s'il fournit pour caution une personne domiciliée en France et reconnue solvable.

17. La contrainte par corps exercée contre un étranger en vertu de jugement pour dette civile ordinaire, ou pour dette commerciale, cessera de plein droit après deux ans, lorsque le montant de la condamnation principale ne s'élèvera pas à cinq cents francs:

Après quatre ans, lorsqu'il ne s'élèvera pas à mille francs;

Après six ans, lorsqu'il ne s'élèvera pas à trois mille francs;

Après huit ans, lorsqu'il ne s'élèvera pas à cinq mille francs;

Après dix ans, lorsqu'il sera de cinq mille francs et au-dessus.

S'il s'agit d'une dette civile pour laquelle un Français serait soumis à la contrainte par corps, les dispositions de l'article 7 seront applicables aux étrangers, sans que toutefois le minimum de la contrainte puisse être au-dessous de deux ans.

18. Le débiteur étranger, condamné pour dette commerciale, jouira du bénéfice des articles 4 et 6 de la présente loi. En conséquence, la contrainte par corps ne sera point prononcée contre lui, ou elle cessera dès qu'il aura commencé sa soixante-et-dixième année.

Il en sera de même à l'égard de l'étranger condamné pour dette civile, le cas de stellionat excepté.

La contrainte par corps ne sera pas prononcée contre les étrangères pour dettes civiles, sauf aussi le cas de stellionat, conformément au premier paragraphe de l'article 2060 du Code civil, qui leur est déclaré applicable.

TITRE IV.

DISPOSITIONS COMMUNES AUX TROIS TITRES PRÉCÉDENS.

19. La contrainte par corps n'est jamais prononcée contre le débiteur au profit,

1° De son mari ni de sa femme:

2° De ses ascendans, descendans, frères ou sœurs, ou alliés au même degré.

Les individus mentionnés dans les

deux paragraphes ci-dessus, contre lesquels il serait intervenu des jugemens de condamnation par corps, ne pourront être arrêtés en vertu desdits jugemens : s'ils sont détenus, leur élargissement aura lieu immédiatement après la promulgation de la présente loi.

20. Dans les affaires où les tribunaux civils ou de commerce statuent en dernier ressort, la disposition de leur jugement relative à la contrainte par corps sera sujette à l'appel : cet appel ne sera pas suspensif.

21. Dans aucun cas, la contrainte par corps ne pourra être exécutée contre le mari et contre la femme simultanément pour la même dette.

22. Tout huissier, garde du commerce ou exécuteur des mandemens de justice, qui, lors de l'arrestation d'un débiteur, se refuserait à le conduire en référé devant le président du tribunal de première instance, aux termes de l'article 786 du Code de procédure civile, sera condamné à mille francs d'amende, sans préjudice des dommages-intérêts.

23. Les frais liquidés que le débiteur doit consigner ou payer pour empêcher l'exercice de la contrainte par corps, ou pour obtenir son élargissement, conformément aux articles 798 et 800, paragraphe 2, du Code de procédure, ne seront jamais que les frais de l'instance, ceux de l'expédition et de la signification du jugement et de l'arrêt s'il y a lieu, ceux enfin de l'exécution relative à la contrainte par corps seulement.

24. Le débiteur, si la contrainte par corps n'a pas été prononcée pour dette commerciale, obtiendra son élargissement en payant ou consignant le tiers du principal de la dette et de ses accessoires, et en donnant pour le surplus une caution acceptée par le créancier, ou reçue par le tribunal civil dans le ressort duquel le débiteur sera détenu.

25. La caution sera tenue de s'obliger solidairement avec le débiteur à payer, dans un délai qui ne pourra excéder une année, les deux tiers qui resteront dus.

26. À l'expiration du délai prescrit par l'article précédent, le créancier, s'il n'est pas intégralement payé, pourra exercer de nouveau la contrainte par corps contre le débiteur principal, sans préjudice de ses droits contre la caution.

27. Le débiteur qui aura obtenu son élargissement de plein droit après l'expiration des délais fixés par les articles 5, 7, 13 et 17 de la présente loi, ne pourra plus être détenu ou arrêté pour dettes contractées antérieurement à son arrestation et échues au moment de son élargissement, à moins que ces dettes n'entraînent par leur nature et leur quotité une contrainte plus longue que celle qu'il aura subie, et qui, dans ce dernier cas, lui sera toujours comptée pour la durée de la nouvelle incarcération.

28. Un mois après la promulgation de la présente loi, la somme destinée à pourvoir aux alimens des détenus pour dettes devra être consignée d'avance, et pour trente jours au moins.

Les consignations pour plus de trente jours ne vaudront qu'autant qu'elles seront d'une seconde ou de plusieurs périodes de trente jours.

29. À compter du même délai d'un mois, la somme destinée aux alimens sera de trente francs à Paris, et de vingt cinq francs dans les autres villes, pour chaque période de trente jours.

30. En cas d'élargissement, faute de consignation d'alimens, il suffira que la requête présentée au président du tribunal civil, soit signée par le débiteur détenu et par le gardien de la maison d'arrêt pour dettes, ou même certifiée véritable par le gardien, si le détenu ne sait pas signer.

Cette requête sera présentée en *duplicata* : l'ordonnance du président, aussi rendue par *duplicata*, sera exécutée sur l'une des minutes qui restera entre les mains du gardien ; l'autre minute sera déposée au greffe du tribunal, et enregistrée *gratis*.

31. Le débiteur élargi faute de consignation d'alimens ne pourra plus être incarcéré pour la même dette.

32. Les dispositions du présent titre et celles du Code de procédure civile sur l'emprisonnement auxquelles il n'est pas dérogé par la présente loi, sont applicables à l'exercice de toutes contraintes par corps, soit pour dettes commerciales, soit pour dettes civiles, même pour celles qui sont énoncées à la deuxième section du titre II ci-dessus, et enfin à la contrainte par corps qui est exercée contre les étrangers.

Néanmoins, pour les cas d'arrestation provisoire, le créancier ne sera pas tenu de se conformer à l'article 780 du Code de procédure, qui prescrit une signification et un commandement préalable.

TITRE V.

DISPOSITIONS RELATIVES A LA CONTRAINTE PAR CORPS EN MATIÈRE CRIMINELLE, CORRECTIONNELLE ET DE POLICE.

33. Les arrêts, jugemens et exécutoires portant condamnation, au profit de l'État, à des amendes, restitutions, dommages-intérêts et frais en matière criminelle, correctionnelle ou de police, ne pourront être exécutés par la voie de la contrainte par corps que cinq jours après le commandement qui sera fait aux condamnés, à la requête du receveur de l'enregistrement et des domaines.

Dans le cas où le jugement de condamnation n'aurait pas été précédemment signifié au débiteur, le commandement portera en tête un extrait de ce jugement, lequel contiendra le nom des parties et le dispositif.

Sur le vu du commandement et sur la demande du receveur de l'enregistrement et des domaines, le procureur du roi adressera les réquisitions nécessaires aux agens de la force publique et autres fonctionnaires chargés de l'exécution des mandemens de justice.

Si le débiteur est détenu, la recommandation pourra être ordonnée immédiatement après la notification du commandement.

34. Les individus contre lesquels la contrainte par corps aura été mise à exécution aux termes de l'article précédent, subiront l'effet de cette contrainte jusqu'à ce qu'ils aient payé le montant des condamnations, ou fourni une caution admise par le receveur des domaines, ou, en cas de contestation de sa part, déclarée bonne et valable par le tribunal civil de l'arrondissement.

La caution devra s'exécuter dans le mois, à peine de poursuites.

35. Néanmoins les condamnés qui justifieront de leur insolvabilité, suivant le mode prescrit par l'article 420 du Code d'instruction criminelle, seront mis en liberté après avoir subi quinze jours de contrainte, lorsque l'amende et les autres condamnations pécuniaires n'excéderont pas quinze francs; un mois, lorsqu'elles s'élèveront de quinze à cinquante francs; deux mois, lorsque l'amende et les autres condamnations s'élèveront de cinquante à cent francs; et quatre mois, lorsqu'elles excéderont cent francs.

36. Lorsque la contrainte par corps aura cessé en vertu de l'article précédent, elle pourra être reprise, mais une seule fois, et quant aux restitutions, dommages et intérêts et frais seulement, s'il est jugé contradictoirement avec le débiteur qu'il lui est survenu des moyens de solvabilité.

37. Dans tous les cas, la contrainte par corps exercée en vertu de l'article 33 est indépendante des peines prononcées contre les condamnés.

38. Les arrêts et jugemens contenant des condamnations en faveur des particuliers pour réparations de crimes, délits ou contraventions, commis à leur préjudice, seront, à leur diligence, signifiés et exécutés suivant les mêmes formes et voies de contrainte que les jugemens portant des condamnations au profit de l'État.

Toutefois les parties poursuivantes seront tenues de pourvoir à la consignation d'alimens, aux termes de la présente loi, lorsque la contrainte aura lieu à leur requête et dans leur intérêt.

39. Lorsque la condamnation prononcée n'excédera pas trois cents francs, la mise en liberté des condamnés, arrêtés ou détenus à la requête et dans l'intérêt des particuliers ne pourra avoir lieu, en vertu des articles 34, 35 et 36, qu'autant que la validité des cautions ou l'insolvabilité des condamnés auront été, en cas de contestation, jugées contradictoirement avec le créancier.

La durée de la contrainte sera déterminée par le jugement de condamnation dans les limites de six mois à cinq ans.

40. Dans tous les cas et quand bien même l'insolvabilité du débiteur pourrait être constatée, si la condamnation prononcée, soit en faveur d'un particulier, soit en faveur de l'État, s'élève à trois cents francs, la durée de la contrainte sera déterminée par le jugement de condamnation dans les limites fixées par l'article 7 de la présente loi.

Néanmoins, si le débiteur a commencé sa soixante-et-dixième année avant le jugement, les juges pourront réduire le minimum à six mois, et ils ne pourront dépasser un maximum de cinq ans.

S'il atteint sa soixante-et-dixième année pendant la durée de la contrainte, sa détention sera de plein droit réduite à la moitié du temps qu'elle avait encore à courir aux termes du jugement.

41. Les articles 19, 21 et 22 de la présente loi, sont applicables à la contrainte par corps exercée par suite des condamnations criminelles, correctionnelles et de police.

TITRE VI.

DISPOSITIONS TRANSITOIRES.

42. Un mois après la promulgation de la présente loi, tous débiteurs actuellement détenus pour dettes civiles ou commerciales obtiendront leur élargissement, s'ils ont commencé leur soixante-et-dixième année, à l'exception toutefois des stellionataires, à l'égard desquels il n'est nullement dérogé au Code civil.

43. Après le même délai d'un mois, les individus actuellement détenus pour dettes civiles emportant contrainte par corps obtiendront leur élargissement, si cette contrainte a duré dix ans dans les cas prévus au premier paragraphe de l'article 7, et si cette contrainte a duré cinq ans, dans les cas prévus au deuxième paragraphe du même article, comme encore si elle a duré dix ans, et s'ils sont détenus comme débiteurs ou rétentionnaires de deniers ou effets mobiliers de l'État, des communes et des établissemens publics.

44. Deux mois après la promulgation de la présente loi, les étrangers actuellement détenus pour dettes, et dont l'emprisonnement aura duré dix ans, obtiendront également leur élargissement.

45. Les individus actuellement détenus pour amendes, restitutions et frais, en matière correctionnelle et de police, seront admis à jouir du bénéfice des articles 38, 39 et 40, savoir : les condamnés à quinze francs et au dessous, dans la huitaine; et les autres dans la quinzaine de la promulgation de la présente loi.

Dispositions générales.

46. Les lois du 15 germinal an VI, du 4 floréal de la même année et du 10 septembre 1807, sont abrogées. Sont également abrogées, en ce qui concerne la contrainte par corps, toutes dispositions de lois antérieures relatives aux cas où cette contrainte peut être prononcée contre les débiteurs de l'État, des communes et des établissemens publics. Néanmoins celle de ces dispositions qui concerne le mode des poursuites à exercer contre ces mêmes débiteurs, et celle du titre XIII du Code forestier, de la loi sur la pêche fluviale, ainsi que les dispositions relatives au bénéfice de cession, sont maintenues et continueront d'être exécutées.

23.

LOI

CONTENANT ORGANISATION DU NOTARIAT.

(25 Ventôse an 11 [16 mars 1803].)

TITRE PREMIER.

DES NOTAIRES ET DES ACTES NOTARIÉS.

SECTION I.

Des fonctions, ressort et devoirs des notaires.

Art. 1er. Les notaires sont les fonctionnaires publics établis pour recevoir tous les actes et contrats auxquels les parties doivent ou veulent faire donner le caractère d'authenticité attaché aux actes de l'autorité publique, et pour en assurer la date, en conserver le dépôt, en délivrer des grosses et expéditions.

2. Ils sont institués à vie.

3. Ils sont tenus de prêter leur ministère lorsqu'ils en sont requis.

4. Chaque notaire devra résider dans le lieu qui lui sera fixé par le gouvernement. En cas de contravention, le notaire sera considéré comme démissionnaire : en conséquence, le grand-juge ministre de la justice, après avoir pris l'avis du tribunal, pourra proposer au gouvernement le remplacement.

5. Les notaires exercent leurs fonctions, savoir, ceux des villes où est établi le tribunal d'appel, dans l'étendue du ressort de ce tribunal : — Ceux des villes où il n'y a qu'un tribunal de première instance, dans l'étendue du ressort de ce tribunal ; — Ceux des autres communes, dans l'étendue du ressort du tribunal de paix.

6. Il est défendu à tout notaire d'instrumenter hors de son ressort, à peine d'être suspendu de ses fonctions pendant trois mois, d'être destitué en cas de récidive, et de tous dommages-intérêts.

7. Les fonctions de notaires sont incompatibles avec celles de juges, commissaires du gouvernement près les tribunaux, leurs substituts, greffiers, avoués, huissiers, préposés à la recette des contributions directes et indirectes, juges, greffiers et huissiers des justices de paix, commissaires de police et commissaires aux ventes.

SECTION II.

Des actes, de leur forme ; des minutes, grosses, expéditions et répertoires.

8. Les notaires ne pourront recevoir des actes dans lesquels leurs parens ou alliés, en ligne directe à tous les degrés, et en collatérale jusqu'au degré d'oncle ou de neveu inclusivement, seraient parties, ou qui contiendraient quelque disposition en leur faveur.

9. Les actes seront reçus par deux notaires, ou par un notaire assisté de deux témoins, citoyens français, sachant signer, et domiciliés dans l'arrondissement communal où l'acte sera passé.

10. Deux notaires, parens ou alliés au degré prohibé par l'art. 8, ne pourront concourir au même acte. — Les parens, alliés, soit du notaire, soit des parties contractantes, au degré prohibé par l'art. 8, leurs clercs et leurs serviteurs, ne pourront être témoins.

11. Le nom, l'état et la demeure des parties, devront être connus des notaires, ou leur être attestés dans l'acte par deux citoyens connus d'eux, ayant les mêmes qualités que celles requises pour être témoin instrumentaire.

12. Tous les actes doivent énoncer les nom et lieu de résidence du notaire qui les reçoit, à peine de cent francs d'amende contre le notaire contrevenant. — Ils doivent également énoncer les noms des témoins instrumentaires leur demeure, le lieu, l'année et le jour où les actes sont passés, sous les peines prononcées par l'article 68 ci-après, et même de faux, si le cas y échoit.

13. Les actes de notaires seront écrits en un seul et même contexte, lisiblement, sans abréviation, blanc, lacune ni intervalle : ils contiendront les noms, prénoms, qualités et do-

meures des parties, ainsi que des témoins qui seraient appelés dans le cas de l'art. 11; ils énonceront en toutes lettres les sommes et les dates : les procurations des contractans seront annexées à la minute, qui fera mention que lecture de l'acte a été faite aux parties : le tout à peine de cent francs d'amende contre le notaire contrevenant.

14. Les actes seront signés par les parties, les témoins et les notaires, qui doivent en faire mention à la fin de l'acte. — Quant aux parties qui ne savent ou ne peuvent signer, le notaire doit faire mention, à la fin de l'acte, de leurs déclarations à cet égard.

15. Les renvois et apostilles ne pourront, sauf l'exception ci-après, être écrits qu'en marge; ils seront signés ou paraphés, tant par les notaires que par les autres signataires, à peine de nullité des renvois et apostilles. Si la longueur du renvoi exige qu'il soit transporté à la fin de l'acte, il devra être non-seulement signé ou paraphé comme les renvois écrits en marge, mais encore expressément approuvé par les parties, à peine de nullité du renvoi.

16. Il n'y aura ni surcharge, ni interligne, ni addition dans le corps de l'acte; et les mots surchargés, interlignés ou ajoutés, seront nuls. Les mots qui devront être rayés le seront de manière que le nombre puisse en être constaté à la marge de leur page correspondante, ou à la fin de l'acte, et approuvé de la même manière que les renvois écrits en marge; le tout à peine d'une amende de cinquante francs contre le notaire, ainsi que de tous dommages-intérêts, même de destitution en cas de fraude.

17. Le notaire qui contreviendra aux lois et aux arrêtés du gouvernement concernant les noms et qualifications supprimées, les clauses et expressions féodales, les mesures et l'annuaire de la république, ainsi que la numération décimale, sera condamné à une amende de cent francs, qui sera double en cas de récidive.

18. Le notaire tiendra exposé dans son étude un tableau sur lequel il inscrira les noms, prénoms, qualités

et demeures des personnes qui, dans l'étendue du ressort où il peut exercer, sont interdites et assistées d'un conseil judiciaire, ainsi que la mention des jugemens relatifs : le tout immédiatement après la notification qui en aura été faite, et à peine des dommages-intérêts des parties.

19. Tous actes notariés feront foi en justice, et seront exécutoires dans toute l'étendue de la république. — Néanmoins, en cas de plainte en faux principal, l'exécution de l'acte argué de faux sera suspendue par la déclaration du jury d'accusation, prononçant qu'il y a lieu à accusation; en cas d'inscription de faux faite incidemment, les tribunaux pourront, suivant la gravité des circonstances, suspendre provisoirement l'exécution de l'acte.

20. Les notaires seront tenus de garder minute de tous les actes qu'ils recevront. — Ne sont néanmoins compris dans la présente disposition, les certificats de vie, procurations, actes de notoriété, quittances de fermages, de loyers, de salaires, arrérages de pensions et rentes, et autres actes simples qui, d'après les lois, peuvent être délivrés en brevet.

21. Le droit de délivrer des grosses et des expéditions n'appartiendra qu'au notaire possesseur de la minute; et, néanmoins, tout notaire pourra délivrer copie d'un acte qui lui aura été déposé pour minute.

22. Les notaires ne pourront se dessaisir d'aucune minute, si ce n'est dans les cas prévus par la loi et en vertu d'un jugement. — Avant de s'en dessaisir, ils en dresseront et signeront une copie figurée qui, après avoir été certifiée par le président et le commissaire du tribunal civil de leur résidence, sera substituée à la minute, dont elle tiendra lieu jusqu'à sa réintégration.

23. Les notaires ne pourront également, sans l'ordonnance du président du tribunal de première instance, délivrer expédition, ni donner connaissance des actes à d'autres qu'aux personnes intéressées en nom direct, héritiers ou ayans-droit, à peine des dommages-intérêts, d'une amende de cent francs, et d'être, en cas de réci-

dive, suspendus de leurs fonctions pendant trois mois; sauf néanmoins l'exécution des lois et réglemens sur le droit d'enregistrement, et de celles relatives aux actes qui doivent être publiés dans les tribunaux.

24. En cas de compulsoire, le procès verbal sera dressé par le notaire dépositaire de l'acte, à moins que le tribunal qui l'ordonne ne commette un de ses membres, ou tout autre juge, ou un autre notaire.

25. Les grosses seules seront délivrées en forme exécutoire : elles seront intitulées et terminées dans les mêmes termes que les jugemens des tribunaux.

26. Il doit être fait mention, sur la minute, de la délivrance d'une première grosse, faite à chacune des parties intéressées : il ne peut lui en être délivré d'autre, à peine de destitution, sans une ordonnance du président du tribunal de première instance, laquelle demeurera jointe à la minute.

27. Chaque notaire sera tenu d'avoir un cachet ou sceau particulier, portant son nom, qualité et résidence, et, d'après un modèle uniforme, le type de la république française.—Les grosses et expéditions des actes porteront l'empreinte de ce cachet.

28. Les actes notariés seront légalisés, savoir : ceux des notaires à la résidence des tribunaux d'appel, lorsqu'on s'en servira hors de leur ressort ; et ceux des autres notaires, lorsqu'on s'en servira hors de leur département.—La légalisation sera faite par le président du tribunal de première instance de la résidence du notaire, ou du lieu où sera délivré l'acte ou l'expédition.

29. Les notaires tiendront répertoire de tous les actes qu'ils recevront.

30. Les répertoires seront visés, cotés et paraphés par le président, ou, à son défaut, par un autre juge du tribunal civil de la résidence : ils contiendront la date, la nature et l'espèce de l'acte, les noms des parties, et la relation de l'enregistrement.

TITRE II.
RÉGIME DU NOTARIAT.

SECTION I.
Nombre, placement et cautionnement des notaires.

31. Le nombre des notaires pour chaque département, leur placement et résidence, seront déterminés par le gouvernement, de manière, 1° que dans les villes de cent mille habitans et au-dessus, il y ait un notaire, au plus, par six mille habitans: 2° que dans les autres villes, bourgs ou villages, il y ait deux notaires au moins, ou cinq au plus, par chaque arrondissement de justice de paix.

32. Les suppressions ou réductions de places ne seront effectuées que par mort, démission ou destitution.

33. Les notaires exercent sans patentes ; mais ils sont assujettis à un cautionnement fixé par le gouvernement, d'après les bases ci-après, et qui sera spécialement affecté à la garantie des condamnations prononcées contre eux, par suite de l'exercice de leurs fonctions. — Lorsque, par l'effet de cette garantie, le montant du cautionnement aura été employé en tout ou en partie, le notaire sera suspendu de ses fonctions, jusqu'à ce que le cautionnement ait été entièrement rétabli ; et, faute par lui de rétablir, dans les six mois, l'intégralité du cautionnement, il sera considéré comme démissionnaire, et remplacé.

34. Le cautionnement sera fixé par le gouvernement, en raison combinée des ressort et résidence de chaque notaire, d'après un *minimum* et un *maximum*, suivant le tableau ci-après ;

SAVOIR :

	POUR LES NOTAIRES DES RESSORTS DES					
	TRIBUNAUX d'appel.		TRIBUNAUX de 1re inst.		JUSTICES de paix.	
	DROITS.		DROITS.		DROITS.	
ET RÉSIDENCES	min.	max.	min.	max.	min.	max.
	fr.	fr.	fr.	fr.	fr.	fr.
Au-dessous de 5000 habitans	»	»	1000	1500	500	800
De 5000 à 10000	2000	2500	1500	1800	800	1000
De 10000 à 25000	2500	3200	1800	2200	1000	1400
De 25000 à 50000	3200	3800	2200	2800	1400	2000
De 50000 à 75000	3800	4400	2800	3400	»	»
De 75000 à 100000	4400	5000	3400	4000	»	»
De 100000 et au-dessus.	»	6000	»	»	»	»
De Paris.	»	12000	»	»	»	»

Ces cautionnemens seront versés, remboursés, et les intérêts payés conformément aux lois sur les cautionnemens, sous la déduction de tous versemens antérieurs.

SECTION II.

Conditions pour être admis, et mode de nomination au notariat.

35. Pour être admis aux fonctions de notaire, il faudra,

1° Jouir de l'exercice des droits de citoyen;

2° Avoir satisfait aux lois sur la conscription militaire;

3° Être âgé de 25 ans accomplis;

4° Justifier du temps de travail prescrit par les articles suivans.

36. Le temps de travail ou stage sera, sauf les exceptions ci-après, de six années entières et non interrompues, dont une des deux dernières, au moins, en qualité de premier clerc chez un notaire d'une classe égale à celle où se trouvera la place à remplir.

37. Le temps de travail pourra n'être que de quatre années, lorsqu'il en aura été employé trois dans l'étude d'un notaire d'une classe supérieure à la place qui devra être remplie, et lorsque, pendant la quatrième, l'aspirant aura travaillé, en qualité de premier clerc, chez un notaire d'une classe supérieure ou égale à celle où se trouvera la place pour laquelle il se présentera.

38. Le notaire déjà reçu, et exerçant, depuis un an, dans une classe inférieure, sera dispensé de toute justification de stage, pour être admis à une place de notaire vacante dans une place immédiatement supérieure.

39. L'aspirant qui aura travaillé pendant quatre ans, sans interruption, chez un notaire de première ou de seconde classe, et qui aura été, pendant deux ans au moins, défenseur ou avoué près d'un tribunal civil, pourra être admis dans une des classes où il aura fait son stage, pourvu que, pendant l'une des deux dernières années de son stage, il ait travaillé, en qualité de premier clerc, chez un notaire d'une classe égale à celle où se trouvera la place à remplir.

40. Le temps de travail exigé par les articles précédens, devra être d'un tiers en sus, toutes les fois que l'aspirant, ayant travaillé chez un notaire

d'une classe inférieure, se présentera pour remplir une place d'une classe immédiatement supérieure.

41. Pour être admis à exercer dans la troisième classe de notaires, il suffira que l'aspirant ait travaillé, pendant trois années, chez un notaire de première ou de seconde classe, ou qu'il ait exercé, comme défenseur ou avoué, pendant l'espace de deux années, auprès du tribunal d'appel ou de première instance, et qu'en outre il ait travaillé, pendant un an, chez un notaire.

42. Le gouvernement pourra dispenser de la justification du temps d'étude, les individus qui auront exercé des fonctions administratives ou judiciaires.

43. L'aspirant demandera à la chambre de discipline du ressort dans lequel il devra exercer, un certificat de moralité et de capacité. Le certificat ne pourra être délivré qu'après que la chambre aura fait parvenir au commissaire du gouvernement du tribunal de première instance, l'expédition qui l'aura accordé.

44. En cas de refus, la chambre donnera un avis motivé, et le communiquera au commissaire du gouvernement, qui l'adressera au grand-juge, avec ses observations.

45. Les notaires seront nommés par le premier consul, et obtiendront de lui une commission qui énoncera le lieu fixe de la résidence.

46. Les commissions de notaires seront, dans leur intitulé, adressées au tribunal de première instance dans le ressort duquel le pourvu aura sa résidence.

47. Dans les deux mois de sa nomination, et à peine de déchéance, le pourvu sera tenu de prêter, à l'audience du tribunal auquel la commission aura été adressée, le serment que la loi exige de tout fonctionnaire public, ainsi que celui de remplir ses fonctions avec exactitude et probité. — Il ne sera admis à prêter serment qu'en représentant l'original de sa commission et la quittance du versement de son cautionnement. — Il sera tenu de faire enregistrer le procès-verbal de prestation de serment au

secrétariat de la municipalité du lieu où il devra résider, et au greffe de tous les tribunaux dans le ressort desquels il doit exercer.

48. Il n'aura le droit d'exercer qu'à compter du jour où il aura prêté serment.

49. Avant d'entrer en fonctions, les notaires devront déposer au greffe de chaque tribunal de première instance de leur département, et au secrétariat de la municipalité de leur résidence, leur signature et paraphe. — Les notaires à la résidence des tribunaux d'appel, feront, en outre, ce dépôt au greffe des autres tribunaux de première instance de leur ressort.

SECTION III.
Chambre de Discipline.

50. Les chambres qui seront établies pour la discipline intérieure des notaires, seront organisées par des réglemens.

51. Les honoraires et vacations des notaires seront réglés, à l'amiable, entre eux et les parties ; sinon, par le tribunal civil de la résidence du notaire, sur l'avis de la chambre, et sur simples mémoires, sans frais.

52. Tout notaire suspendu, destitué ou remplacé, devra, aussitôt après la notification qui lui aura été faite de sa suspension, de sa destitution, ou de son remplacement, cesser l'exercice de son état, à peine de tous dommages et intérêts et des autres condamnations prononcées par les lois contre tout fonctionnaire suspendu ou destitué qui continue l'exercice de ses fonctions. — Le notaire suspendu ne pourra les reprendre, sous les mêmes peines, qu'après la cessation du temps de la suspension.

53. Toutes suspensions, destitutions, condamnations d'amende et dommages-intérêts, seront prononcées contre les notaires par le tribunal civil de leur résidence, à la poursuite des parties intéressées, ou d'office à la poursuite et diligence du commissaire du gouvernement. — Ces jugemens seront sujets à l'appel, et exécutoires par provision, excepté quant aux condamnations pécuniaires.

Garde, Transmission, Tables des minutes, et Recouvremens.

54. Les minutes et répertoires d'un notaire remplacé ou dont la place aura été supprimée, pourront être remis par lui ou par ses héritiers à l'un des notaires résidant dans la même commune, ou à l'un des notaires résidant dans le même canton, si le remplacé était le seul notaire établi dans la commune.

55. Si la remise des minutes et répertoires du notaire remplacé n'a pas été effectuée, conformément à l'article précédent, dans le mois à compter du jour de la prestation de serment du successeur, la remise en sera faite à celui-ci.

56. Lorsque la place de notaire sera supprimée, le titulaire ou ses héritiers seront tenus de remettre les minutes et répertoires dans le délai de deux mois du jour de la suppression, à l'un des notaires de la commune, ou à l'un des notaires du canton, conformément à l'article 54.

57. Le commissaire du gouvernement près le tribunal de première instance est chargé de veiller à ce que les remises ordonnées par les articles précédens soient effectuées ; et dans le cas de suppression de la place, si le titulaire ou ses héritiers n'ont pas fait choix, dans les délais prescrits, du notaire à qui les minutes et répertoires devront être remis, le commissaire indiquera celui qui en demeurera dépositaire. — Le titulaire ou ses héritiers, en retard de satisfaire aux dispositions des articles 55 et 56, seront condamnés à cent francs d'amende par chaque mois de retard, à compter du jour de la sommation qui leur aura été faite d'effectuer la remise.

58. Dans tous les cas, il sera dressé un état sommaire des minutes remises ; et le notaire qui les recevra, s'en chargera au pied de cet état, dont un double sera remis à la chambre de discipline.

59. Le titulaire ou ses héritiers, et le notaire qui recevra les minutes, aux termes des articles 54, 55 et 56, traiteront de gré à gré des recouvremens, à raison des actes dont les honoraires

sont encore dus, et du bénéfice des expéditions. — S'ils ne peuvent s'accorder, l'appréciation en sera faite par deux notaires, dont les parties conviendront, ou qui seront nommés d'office parmi les notaires de la même résidence, ou, à leur défaut, parmi ceux de la résidence la plus voisine.

60. Tous dépôts de minutes, sous la dénomination de *Chambres de contrats, bureaux de tabellionage,* et autres, sont maintenus à la garde de leurs possesseurs actuels. Les grosses et expéditions ne pourront en être délivrées que par un notaire de la résidence des dépôts, ou, à défaut, par un notaire de la résidence la plus voisine. — Néanmoins, si lesdits dépôts de minutes ont été remis au greffe d'un tribunal, les grosses et expéditions pourront, dans ce cas seulement, être délivrées par le greffier.

61. Immédiatement après le décès du notaire ou autre possesseur de minutes, les minutes et répertoires seront mis sous les scellés par le juge de paix de la résidence, jusqu'à ce qu'un autre notaire en ait été provisoirement chargé par ordonnance du président du tribunal de la résidence.

TITRE III

DES NOTAIRES ACTUELS.

62. Sont maintenus définitivement tous les notaires qui, au jour de la promulgation de la présente loi, seront en exercice.

63. Sont également maintenus définitivement les notaires qui, au jour de la promulgation de la présente loi, n'ayant point été remplacés, n'auraient interrompu l'exercice de leurs fonctions ou n'auraient été empêchés d'y entrer que pour cause, soit d'incompatibilité, soit de service militaire.

64. Tous lesdits notaires exerceront ou continueront d'exercer leurs fonctions, et conserveront entre eux, rang suivant la date de leurs réceptions respectives. — Mais ils seront tenus, dans les trois mois du jour de la publication de la présente loi,

1° De remettre au greffe du tribunal de première instance de leur résidence, et sur un récépissé du greffier, tous les titres et pièces concernant leurs précédentes nomination et réception :

2° De se pourvoir, avec ce récépissé, auprès du gouvernement, à l'effet d'obtenir du premier consul une commission confirmative, dans laquelle seront rappelés la date de leurs nomination et réception primitives, ainsi que le lieu fixe de leur résidence.

65. Dans les deux mois qui suivront la délivrance de cette commission, chacun desdits notaires sera tenu de prêter le serment prescrit par l'art. 47, et de se conformer aux dispositions de l'article 49 pour le dépôt des signature et paraphe. — Le présent article et le précédent seront exécutés, à peine de déchéance.

66. Les notaires qui réunissent des fonctions incompatibles, seront tenus, dans les trois mois du jour de la publication de la présente loi, de faire leur option, et d'en déposer l'acte au greffe du tribunal de première instance de leur résidence: sinon ils seront considérés comme ayant donné leur démission de l'état de notaire, et remplacés ; et, dans le cas où ils continueraient à l'exercer, ils encourront les peines prononcées par l'art. 52.

67. A compter du jour de leur option, ils auront un délai de trois mois pour obtenir la commission du premier consul, et pour remplir les formalités prescrites aux art. 47 et 49 ; le tout sous les mêmes peines.

DISPOSITIONS GÉNÉRALES.

68. Tout acte fait en contravention aux dispositions contenues aux articles 6, 8, 9, 10, 14, 20, 52, 64, 65, 66 et 67, est nul, s'il n'est pas revêtu de la signature de toutes les parties ; et lorsque l'acte sera revêtu de la signature de toutes les parties contractantes, il ne vaudra que comme écrit sous signature privée : sauf, dans les deux cas, s'il y a lieu, les dommages-intérêts contre le notaire contrevenant.

69. La loi du 6 octobre 1791, et toutes autres, sont abrogées en ce qu'elles ont de contraire à la présente.

LOI

RELATIVE A L'ÉTABLISSEMENT ET A L'ORGANISATION DES CHAMBRES DES NOTAIRES.

(2 Nivôse an 12 [24 décembre 1803].)

Chambre des Notaires et ses attributions.

ART. 1er. Il sera établi auprès de chaque tribunal civil de première instance, et dans son chef-lieu, une chambre des notaires de son ressort, pour leur discipline intérieure.

2. Les attributions de la chambre seront :

1° De maintenir la discipline intérieure entre les notaires, et de prononcer l'application de toutes les censures et autres dispositions de discipline ;

2° De prévenir ou concilier tous différens entre notaires, et notamment ceux sur des communications, remises, dépôts et rétentions de pièces, fonds et autres objets quelconques ; sur des questions, soit de réception et garde des minutes, soit de préférence ou concurrence dans les inventaires, partages, ventes ou adjudications et autres actes ; et, en cas de non-conciliation, d'émettre son opinion par simple avis ;

3° De prévenir ou concilier également toutes plaintes et réclamations de la part de tiers contre des notaires, à raison de leurs fonctions, donner simplement son avis sur les dommages-intérêts qui en résulteraient, et réprimer par voie de censure et autres dispositions de discipline, toutes infractions qui en seraient l'objet ; sans préjudice de l'action devant les tribunaux, s'il y a lieu :

4° De donner comme tiers son avis sur les difficultés concernant le réglement des honoraires et vacations des notaires, ainsi que sur tous différens soumis à cet égard au tribunal civil :

5° De délivrer, ou refuser, s'il y a lieu, tous certificats de bonnes mœurs et capacité à elle demandés par les aspirans qui se présenteront pour être admis aux fonctions de notaires, prendre à ce sujet toutes délibér. tions, ou donner tous avis motivés, les adresser ou communiquer à qui de droit :

6° De recevoir en dépôt les états de minutes dépendantes des places de notaires supprimés ;

7° Et enfin de représenter tous les notaires de l'arrondissement collectivement, sous les rapports de leurs droits et intérêts communs.

Organisation de la Chambre.

3. Chaque chambre de notaires sera composée de membres désignés par eux parmi les notaires de l'arrondissement. — Leur nombre est fixé à dix-neuf pour la chambre des notaires de Paris, à neuf lorsque celui des notaires en ressort de la chambre sera au-dessus de cinquante, et à sept lorsqu'il sera au-dessous.

4. Les membres de la chambre ne pourront délibérer valablement qu'autant que ceux présens et votans seront au moins au nombre de douze pour Paris, de sept pour les chambres composées de neuf membres, et de cinq pour les autres chambres.

5. Les membres de la chambre choisiront entre eux :

1° Un président qui aura voix prépondérante en cas de partage d'opinions. Il convoquera la chambre extraordinairement quand il le jugera à propos, ou sur la réquisition motivée de deux autres membres ; il aura la police d'ordre dans la chambre ;

2° Un syndic qui sera partie poursuivante contre les notaires inculpés. Il sera entendu préalablement à toutes délibérations de la chambre, qui sera tenue de délibérer sur tous ses réquisitoires ; il aura, comme le pré-

sident, le droit de la convoquer. il poursuivra l'exécution de ses délibérations, dans la forme ci-après déterminée, et agira pour la chambre, dans tous les cas et conformément à ce qu'elle aura délibéré ;

3° Un rapporteur qui recueillera les renseignemens sur les affaires contre les notaires inculpés, et en fera rapport à la chambre ;

4° Un secrétaire qui rédigera les délibérations de la chambre. qui sera le gardien des archives, et délivrera toutes les expéditions ;

5° Un trésorier qui tiendra la bourse commune ci-après établie, fera les recettes et dépenses autorisées par la chambre : il en rendra compte, à la fin de chaque trimestre, à la chambre assemblée, qui les arrêtera, ainsi que de droit, et lui en donnera sa décharge.

6. Le nombre des membres qui doivent composer les chambres de notaires, d'après l'article 3. celui qui, d'après l'article 4, est nécessaire à la validité des délibérations de la chambre, pourront être, suivant les localités, réduits ou augmentés par le gouvernement. — Le nombre des syndics pourra être porté à trois pour Paris, et à deux pour les chambres dont le ressort comprendra plus de cinquante notaires.

7. Indépendamment des attributions particulières données aux membres désignés dans l'article 5, chacun d'eux aura voix délibérative, ainsi que les autres membres, dans toutes les assemblées de la chambre, et néanmoins lorsqu'il s'agira d'affaires où le syndic sera partie contre un notaire inculpé. le syndic n'aura pas voix consultative, et ne sera point compté parmi les votans, à moins que son opinion ne soit à décharge.

8. Les fonctions spéciales attribuées par l'article 5, à chacun des membres dont il ordonne la création, pourront être cumulées lorsque le nombre des membres composant la chambre sera au-dessous de sept, et néanmoins les fonctions de président, de syndic et de rapporteur seront toujours exercées par trois personnes différentes. —Quel que soit le nombre des mem-

bres composant la chambre, la même cumulation de fonctions, pourra avoir lieu momentanément, en cas d'absence ou empêchement de quelqu'un des membres désignés dans l'article 5, lesquels, pour ce cas, se suppléeront entre eux, ou pourront même être suppléés par tel autre membre de la chambre. — Les suppléans momentanés seront nommés par le président de la chambre, ou, s'il est absent, par la majorité des membres présens en nombre suffisant pour délibérer.

Pouvoir de la Chambre dans les moyens de discipline.

9. La chambre prononcera par voie de décision, pour les cas de police et discipline intérieure.

10. La chambre mandera les notaires à ses séances, prononcera contre eux par forme de discipline, et suivant la gravité des cas, soit le rappel à l'ordre, soit la censure simple par la décision même, soit la censure avec réprimande par le président, aux notaires en personne, dans la chambre assemblée, soit la privation de voix délibérative dans l'assemblée générale, soit l'interdiction de l'entrée de la chambre pendant un espace de temps qui ne pourra excéder trois ans, pour la première fois, et qui pourra s'étendre à six ans en cas de récidive.

11. Si l'inculpation portée à la chambre contre un notaire paraît assez grave pour mériter la suspension du notaire inculpé, la chambre s'adjoindra, par la voie du sort, d'autres notaires de son ressort : savoir, celle de Paris, dix notaires, et les autres chambres, un nombre égal, plus un, à celui de leurs membres. — La chambre, ainsi composée, émettra, par forme de simple avis, et à la majorité absolue des voix, son opinion sur la suspension et sa durée. — Les voix seront recueillies en ce cas au scrutin secret par *oui* ou par *non*; mais l'avis ne pourra être formé, si les deux tiers au moins de tous les membres appelés à l'assemblée n'y sont présens.

12. Quand l'avis émis par la majorité des membres de la chambre sera pour la suspension, il sera déposé au greffe du tribunal; expédition en sera remise au commissaire du Gouvernement, qui en fera l'usage prescrit par la loi.

Mode de procéder en la Chambre.

13. Le syndic déférera à la chambre les faits relatifs à la discipline; et il sera tenu de les lui dénoncer, soit d'office, quand il en aura eu connaissance, soit sur la provocation des parties intéressées, soit sur celle d'un des membres de la chambre. — Les notaires inculpés seront cités à la chambre, avec délai suffisant, qui ne pourra être au dessous de cinq jours, à la diligence du syndic, par une simple lettre indicative de l'objet, signée de lui, et envoyée par le secrétaire qui en tiendra note. — Si le notaire ne comparaît point sur la lettre du syndic, il sera cité, une seconde fois, dans le même délai, à la même diligence, par ministère d'huissier.

14. Quant aux différens entre notaires, et aux difficultés sur lesquelles la chambre est chargée d'émettre son avis, les notaires pourront se présenter contradictoirement, et sans citation préalable, aux séances de la chambre; ils pourront également y être cités, soit par simples lettres indicatives des objets, signées des notaires provoquans, renvoyées par le secrétaire auquel ils en laisseront des doubles, soit par des citations ordinaires, dont ils déposeront les originaux au secrétariat. Ces citations officielles, ou par lettres, seront données avec les mêmes délais que celles du syndic, après avoir été préalablement soumises au *visa* du président de la chambre.

15. La chambre prendra ses délibérations dans les affaires particulières, après avoir entendu ou dûment appelé dans la forme ci-dessus prescrite, les notaires inculpés ou intéressés, ensemble les tierces parties qui voudront être entendues, et qui, dans tous les cas, pourront se faire représenter ou assister par un notaire. — Les délibérations de la chambre seront motivées et signées sur la minute, par le président et le secrétaire à la séance même où elles seront prises. — Chaque délibération contien-

dra les noms des membres présens.
— Ces délibérations n'étant que de
simples actes d'administration, d'ordre ou de discipline intérieure, ou de
simples avis, ne seront, dans aucun
cas, sujettes au droit d'enregistrement, non plus que les pièces y relatives. — Les délibérations de la
chambre seront notifiées, quand il y
aura lieu, dans la même forme que
les citations, et il en sera fait mention
par le secrétaire, en marge desdites
délibérations.

16. Les assemblées de la chambre
se tiendront en un local à ce destiné
dans la ville où elle sera établie. —
Chaque année il y aura de droit deux
assemblées générales, et il pourra y
en avoir d'autres extraordinaires toutes les fois que les circonstances l'exigeront, et que la chambre le jugera
convenable. — Les assemblées générales ou extraordinaires seront convo-
quées conformément aux dispositions
rappelées en l'art. 5. Tous les notaires
du ressort de la chambre seront invités
à s'y rendre, soit pour les nominations
dont parle l'article 18 ci-après, soit
pour se concerter sur ce qui intéres-
sera l'exercice de leurs fonctions.

17. Il ne pourra être pris de délibération en assemblée générale, qu'autant que le nombre des notaires présens sera au moins du tiers de tous
ceux du ressort de la chambre, non
compris dans ce tiers les membres de
la chambre.

*Nomination des Membres de la Chambre,
et durée de leurs fonctions.*

18. Les membres de la chambre seront nommés par l'assemblée générale
des notaires de son ressort, convoqués à cet effet. — La moitié desdits
membres sera choisie dans les plus
anciens en exercice, formant le tiers
de tous les notaires du ressort. — La
nomination aura lieu à la majorité
absolue des voix, au scrutin secret,
et par bulletin de liste contenant un
nombre de noms qui ne pourra excéder celui des membres à nommer.

19. Les membres de la chambre seront renouvelés chaque année, et par
tiers, pour les nombres qui compor-
tent cette division, et par portion

approchant le plus du tiers, pour les
autres nombres, en faisant alterner,
chaque année, les portions inférieures et supérieures au tiers, mais en
commençant par les inférieures, et
de manière que, dans tous les cas,
aucun membre ne puisse rester en
fonctions plus de trois ans consécutifs. — Les deux premiers renouvel-
lemens seront indiqués par le sort, les
autres par l'ancienneté de nomination.

20. Les membres désignés pour composer la chambre nommeront entre
eux, en suivant le mode de l'article 18,
les président et autres officiers dont
parle l'article 5. Le président sera toujours pris parmi les plus anciens désignés dans l'article 18. — Cette nomination particulière se renouvellera
chaque année; les mêmes pourront
être réélus; à égalité de voix, le plus
ancien d'âge obtiendra la préférence.

21. La nomination des membres
de la chambre se fera, de droit, le
15 brumaire de chaque année. — Ils
entreront en fonctions le 1er frimaire
suivant, et le même jour nommeront
les président et autres officiers, qui de
suite entreront aussi en fonctions. —
La première nomination aura lieu
au plus tard le 15 pluviôse prochain,
et les membres entreront en fonctions
dans la huitaine qui suivra leur nomination.

Fonds pour les dépenses de la Chambre.

22. Il y aura une bourse commune
pour les dépenses de la chambre. —
Elle sera établie de manière qu'elle
n'excède pas les dépenses nécessaires.
— Elle sera consentie par l'assemblée
générale, répartie sur les divers membres de l'arrondissement, et le rôle
rendu exécutoire par le président du
tribunal d'appel du ressort, sur le
rapport et d'après l'avis du commissaire établi près le même tribunal. —
L'arrêté qui aura ainsi établi la bourse
commune, sera adressé au grand-
juge, qui prononcera sur les réclamations.

23. Il sera pourvu, lors du réglement général à faire pour l'exécution
de la loi du 25 ventôse an 11, sur le
notariat, à toutes autres dispositions

qui pourraient concerner les chambres de discipline.

24. Le grand-juge, ministre de la justice, est chargé de l'exécution du présent arrêté, qui sera inséré au Bulletin des Lois.

LOI

SUR LE TAUX DE L'INTÉRÊT DE L'ARGENT.

(3 Septembre 1807.)

Art. 1er. L'intérêt conventionnel ne pourra excéder, en matière civile, cinq pour cent, ni, en matière de commerce, six pour cent ; le tout sans retenue.

2. L'intérêt légal sera, en matière civile, de cinq pour cent, et en matière de commerce, de six pour cent, aussi sans retenue.

3. Lorsqu'il sera prouvé que le prêt conventionnel a été fait à un taux excédant celui qui est fixé par l'art. 1er, le prêteur sera condamné par le tribunal saisi de la contestation à restituer cet excédant, s'il l'a reçu, ou à souffrir la réduction sur le principal de la créance ; et pourra même être renvoyé, s'il y a lieu, devant le tribunal correctionnel, pour y être jugé conformément à l'article suivant.

4. Tout individu qui sera prévenu de se livrer habituellement à l'usure, sera traduit devant le tribunal correctionnel, et, en cas de conviction, condamné à une amende qui ne pourra excéder la moitié des capitaux qu'il aura prêtés à usure. — S'il résulte de la procédure qu'il y a eu escroquerie de la part du prêteur, il sera condamné, outre l'amende ci-dessus, à un emprisonnement qui ne pourra excéder deux ans.

5. Il n'est rien innové aux stipulations d'intérêts par contrats ou autres actes faits jusqu'au jour de la publication de la présente loi.

LOI DU 18 MAI 1816,

QUI ABOLIT LE DIVORCE.

Titre 6 entier et 227, 767, 1441, 1452, 1463, C.; 174, 187, 268, 578. — Titre 9 et 1004, P. c.; 66, Co.; 156, 522, I. c.; 107, 137, 248, P.

Art. 1er. Le divorce est aboli. — 2. Toutes demandes et instances en divorce pour causes déterminées sont converties en demandes et instances en séparation de corps ; les jugemens et arrêts restés sans exécution par le défaut de prononciation du divorce par l'officier civil, conformément aux articles 227, 264, 265 et 266 du Code civil, sont restreints aux effets de la séparation. — 3. Tous actes faits pour parvenir au divorce par consentement mutuel sont annulés ; les jugemens et arrêts rendus en ce cas, mais non suivis de la prononciation du divorce, sont considérés comme non avenus, conformément à l'article 294.

LOI DU 2 JANVIER 1817,

SUR LES ÉTABLISSEMENS ECCLÉSIASTIQUES.

Art. 1er. Tout établissement ecclésiastique, reconnu par la loi, pourra accepter, avec l'autorisation du roi, tous les biens meubles, immeubles ou rentes, qui lui seront donnés par actes entre-vifs ou par actes de dernière volonté.

2. Tout établissement ecclésiastique, reconnu par la loi, pourra également, avec l'autorisation du roi, acquérir des biens meubles ou des rentes.

3. Les immeubles ou rentes appartenant à un établissement ecclésiastique, seront possédés à perpétuité par ledit établissement, et seront inaliénables à moins que l'aliénation ne soit autorisée. 910.

LOI DU 14 JUILLET 1819,

SUR LE DROIT D'AUBAINE.

11, 726, 912 ; C.

Art. 1er. Les articles 726 et 912 du Code civil sont abrogés ; en conséquence les étrangers auront le droit de succéder, de disposer et de recevoir de la même manière que les Français dans toute l'étendue du royaume. — 2. Dans le cas de partage d'une même succession entre des cohéritiers étrangers et français, ceux-ci prélèveront sur les biens situés en France une portion égale à la valeur des biens situés en pays étranger dont ils seraient exclus, à quelque titre que ce soit, en vertu des lois et coutumes locales.

LOI

RELATIVE AUX CHEMINS VICINAUX.

(28 Juillet 1824.)

Art. 1er. Les chemins reconnus, par un arrêté du préfet sur une délibération du conseil municipal, pour être nécessaires à la communication des communes, sont à la charge de celles sur le territoire desquelles ils sont établis, sauf le cas prévu par l'article 9 ci-après.

2. Lorsque les revenus des communes ne suffisent point aux dépenses ordinaires de ces chemins, il y est pourvu par des prestations en argent ou en nature, au choix des contribuables.

3. Tout habitant chef de famille ou d'établissement à titre de propriétaire

de régisseur, de fermier, ou de colon partiaire, qui est porté sur l'un des rôles des contributions directes, peut être tenu pour chaque année :

1° A une prestation qui ne peut excéder deux journées de travail ou leur valeur en argent, pour lui et pour chacun de ses fils vivant avec lui, ainsi que pour chacun de ses domestiques mâles, pourvu que les uns et les autres soient valides et âgés de vingt ans accomplis ;

2° A fournir deux journées au plus de chaque bête de trait ou de somme, de chaque cheval de selle ou d'attelage de luxe, et de chaque charrette en sa possession pour son service, ou pour le service dont il est chargé.

4. En cas d'insuffisance des moyens ci-dessus, il pourra être perçu sur tout contribuable jusqu'à cinq centimes additionnels au principal de ses contributions directes.

5. Les prestations et les cinq centimes mentionnés dans l'article précédent, seront votés par les conseils municipaux, qui fixeront également le taux de la conversion des prestations en nature. Les préfets en autoriseront l'imposition, le recouvrement en sera poursuivi comme pour les contributions directes, les dégrévemens prononcés sans frais, les comptes rendus comme pour les autres dépenses communales. Dans le cas prévu par l'art. 4, les conseils municipaux devront être assistés des plus imposés, en nombre égal à celui de leurs membres.

6. Si des travaux indispensables exigent qu'il soit ajouté par des contributions extraordinaires au produit des prestations, il y sera pourvu, conformément aux lois, par des ordonnances royales.

7. Toutes les fois qu'un chemin sera habituellement ou temporairement dégradé par des exploitations de mines, de carrières, de forêts, ou de toute autre entreprise industrielle, il pourra y avoir lieu à obliger les entrepreneurs ou propriétaires à des subventions particulières : lesquelles seront, sur la demande des communes, réglées par les conseils de préfecture, d'après les expertises contradictoires.

8. Les propriétés de l'état et de la couronne contribueront aux dépenses des chemins communaux, dans les proportions qui seront réglées par les préfets en conseil de préfecture.

9. Lorsqu'un même chemin intéresse plusieurs communes, et en cas de discord entre elles sur la proportion de cet intérêt et des charges à supporter, ou en cas de refus de subvenir auxdites charges, le préfet prononce, en conseil de préfecture, sur la délibération des conseils municipaux, assistés des plus imposés, ainsi qu'il est dit à l'article 5.

10. Les acquisitions, aliénations et échanges, ayant pour objet les chemins communaux, seront autorisés par arrêtés des préfets en conseil de préfecture, après délibération des conseils municipaux intéressés, et après enquête *de commodo et incommodo* ; lorsque la valeur des terrains à acquérir, à vendre ou à échanger, n'excédera pas trois mille francs. — Seront aussi autorisés par les préfets, dans les mêmes formes, les travaux d'ouverture ou d'élargissement desdits chemins, et l'extraction des matériaux nécessaires à leur établissement, qui pourront donner lieu à des expropriations pour cause d'utilité publique, en vertu de la loi du 8 mars 1810 ; lorsque l'indemnité due aux propriétaires pour les terrains ou pour les matériaux, n'excédera pas la même somme de trois mille francs.

LOI

SUR LES SUBSTITUTIONS.

(17 Mai 1826.)

ARTICLE UNIQUE. Les biens dont il est permis de disposer, aux termes des articles 913, 915 et 916 du code civil, pourront être donnés en tout ou en partie, par acte entre-vifs ou testamentaire, avec la charge de les rendre à un ou plusieurs enfans du donataire, nés ou à naître, jusqu'au deuxième degré inclusivement. — Seront observés, pour l'exécution de cette disposition, les art. 1051 et suivans du Code civil jusques et y compris l'art. 1074.

FIN DU CODE CIVIL.

TABLE ALPHABÉTIQUE

DU

CODE CIVIL.

Absens. Pag. 10 à 13	Consentement. Pag. 86
Acceptation de communauté. 115	Contrats et obligations. 85
Acheteur. 131	Contrat de mariage. 108
Actes de l'état civil. 4	— de louage. 134
— de naissance. 5	— aléatoire. 152
— de mariage. 6	— de société. 143
— de décès. 7	Conventions. 85
— des militaires hors du royaume. 8	Décès. 7
— sous seing privé. 102	Délits. 107
— récognitifs et confirmatifs. 103	Délivrance. 128
Administration de la communauté. 112	Dépôt volontaire. 149
	— nécessaire. 151
Adoption. 27	Dettes. 67, 99, 117, 120
Ameublissement. 119	Droits et devoirs des époux. 17
Antichrèse. 161	Dispositions permises. 81
Aveu. 105	— entre époux. 84
Baux. 135	Dissolution de la communauté. 114
— à loyer. 137	— du mariage. 18
— à ferme. 138	Divorce 18
Bénéfice d'inventaire. 61	Dommages. 107
Biens. 40 à 43	— et intérêts. 88
— dotaux. 124	Domicile. 9
— paraphernaux. 126	Domestiques (Louage). 140
Caducité des testamens. 80	Donations entre-vifs. 69, 73, 84, 85
Capacité de donner et recevoir. 69	Dot. 123
Cautionnement. 155	Droits civils. 1, 2, 3
Cession de biens. 98	— d'accession. 43
Cheptel simple. 141	Echange. 134
— à moitié. 142	Engagemens sans convention. 106
— à ferme. 142	Emancipation. 38
Communauté légale. 109	Enfans légitimes. 26
— conventionnelle. 119	— naturels. 26
— réduite aux acquêts. 119	Eviction 129
— à titre universel. 122	Exclusion de la communauté. 119
Compensation. 99	Expropriation forcée. 175
Confusion. 100	Extinction des servitudes 55
Conseil de famille. 32	— des obligations. 95
— judiciaire. 40	— du cautionnement. 157
Conservateurs des hypothèques. 174	— des hypothèques. 171
Consignation. 97	Filiation. 25
Contrainte par corps. 159	Gage. 160

TABLE 201

Garantie des lots. Pag.	68
Hypothèques.	165
— légales.	ibid.
— judiciaires.	166
— conventionnelles.	ibid.
Immeubles.	40
Imputation des paiemens.	96
Inaliénabilité du fonds dotal.	124
Inscriptions hypothécaires.	168
Interdiction.	39
Interprétation des conventions.	89
Jeu et pari.	152
Jouissance des droits civils.	1
— d'une chose, d'un droit.	176
Legs universel.	78
— à titre universel.	ibid.
— particuliers.	79
Lésion d'outre-moitié.	132
Licitation.	133
Louage (Contrat de).	134
Majorité.	38
Mandat.	153
Marchés.	140
Mariage. 6. 13 à	18
— sans communauté.	122
Meubles.	41
Minorité.	31
Mitoyenneté.	51
Naissance.	5
Nantissement.	160
Nullité de mariage.	15
Novation.	98
Obligations.	85
— conditionnelles.	90
— à terme.	91
— alternatives.	ibid.
— solidaires.	92
— divisibles.	93
— indivisibles.	94
— avec clauses pénales.	ibid.
Offres et consignation.	97
Opposition au mariage.	14
Ouvriers (Louage).	140
Paternité.	25
Parts inégales dans la communauté.	121
Partage. 63, 68, 83,	116
Paiement.	95
Perte de la chose due.	100
Portion de biens disponible.	70
Possession.	176
Préciput.	121
Prescription.	176
Présomptions.	105
Prêt à usage.	147
— de consommation.	148

Prêt à intérêt. Pag.	148
Preuve littérale.	101
— testimoniale.	104
Privation des droits civils.	2
Priviléges.	162
Procuration.	153
Propriété.	43
Puissance paternelle.	29
Purge des hypothèques.	172
Qualités pour contracter.	13
— pour succéder.	56
— pour acheter ou vendre.	127
Quasi-contrats.	107
Quasi-délits.	ibid.
Rachat.	131
Radiation des inscriptions.	19
Rapports.	65
Reddition de compte de tutelle.	37
Réduction de legs.	71
— d'inscription.	169
Renonciation à la communauté.	118
Rente viagère.	152
— perpétuelle.	147
Reprise d'apport.	121
Rescision.	68
Restitution de la dot.	125
Révocation de testament.	80
Séparation de corps.	25
— de biens.	123
— de dettes.	120
Serment.	105
Séquestre conventionnel.	151
— judiciaire.	152
Servitudes.	50
Sociétés.	143
Solidarité.	92
Subrogation.	96
Subrogé tuteur.	33
Successions.	55
— collatérales.	58
— irrégulières.	59
— vacantes.	63
Surveillance des mineurs.	12
Testamens.	69
Tiers détenteurs.	170
Transports de créances.	133
Transactions.	158
Tutelle.	31
— officieuse.	29
Tuteur.	35
Usage et habitation.	49
Usufruit.	46
Validité des conventions.	86
Vendeur (ses obligations).	128
Vente.	126
Voituriers	140

LOIS DIVERSES.

Loi sur la contrainte par corps en matière civile et de commerce.   Pag. 180

— sur le notariat.   186

— sur les chambres des notaires.   192

— sur les intérêts de l'argent.   296

Loi qui abolit le divorce.   Pag. 197

— sur les établissemens ecclésiastiques.   197

— sur le droit d aubaine.   ibid.

— sur les chemins vicinaux.   ibid.

— sur les substitutions.   199

FIN DE LA TABLE DU CODE CIVIL.

CODE
DE PROCÉDURE CIVILE.

PREMIÈRE PARTIE.
PROCÉDURE DEVANT LES TRIBUNAUX.

LIVRE PREMIER.
DE LA JUSTICE DE PAIX.

(Décrété le 14 avril 1806. Promulgué le 24 du même mois.)

TITRE PREMIER.
DES CITATIONS.

Art. 1er. Toute citation devant les juges de paix contiendra la date des jour, mois et an, les noms, profession et domicile du demandeur, les noms, demeure et immatricule de l'huissier, les noms et demeure du défendeur ; elle énoncera sommairement l'objet et les moyens de la demande, et indiquera le juge de paix qui doit connaître de la demande, et le jour et l'heure de la comparution. 4, 61, P. c. ; 102. C. : 7, pr. ta.

2. En matière purement personnelle ou mobilière, la citation sera donnée devant le juge du domicile du défendeur ; s'il n'a pas de domicile, devant le juge de sa résidence. 59, 565, P. c. ; 159 et s. I. c.

3. Elle le sera devant le juge de la situation de l'objet litigieux, lorsqu'il s'agira. 50, 59. — 1° Des actions pour dommages aux champs, fruits et récoltes. 444 et s. P. — 2° Des déplacemens de bornes, des usurpations de terres, arbres, haies, fossés et autres clôtures, commis dans l'année ; des entreprises sur les cours d'eau, commises pareillement dans l'année, et de toutes autres actions possessoires. 23, 38, P. c. ; 645, 646, 666, 2228, 2243, C. ; 568, 589, 456, P. — 3° Des réparations locatives. 1754, 1764, 2102. 605, 606, 865, C. — 4° Des indemnités prétendues par le fermier ou locataire pour non-jouissance, lorsque le droit ne sera pas contesté ; et des dégradations alléguées par le propriétaire. 1721, 1731, 1769, C ; 7, pr. ta.

4. La citation sera notifiée par l'huissier de la justice de paix du domicile du défendeur : en cas d'empêchement, par celui qui sera commis par le juge : copie en sera laissée à la partie : s'il ne se trouve personne en son domicile, la copie sera laissée au maire ou adjoint de la commune, qui visera l'original sans frais. 1, 52, 61, 66, 72. — L'huissier de la justice de paix ne pourra instrumenter pour ses parens en ligne directe, ni pour ses frères, sœurs, et alliés au même degré. 68, 601, 628, 673, 676, 681, 687, P. c. ; 459, C. ; 7, pr. ta.

5. Il y aura un jour au moins entre celui de la citation et le jour indiqué pour la comparution, si la partie citée est domiciliée dans la distance de trois myriamètres. — Si elle est domiciliée au delà de cette distance, il sera ajouté un jour par trois myriamètres. — Dans le cas où les délais n'auront point été observés, si le défendeur ne comparaît pas, le juge ordonnera qu'il sera réassigné, et les frais de la première citation seront à la charge du demandeur. 8, 19.

6. Dans les cas urgens, le juge donnera une cédule pour abréger les délais, et pourra permettre de citer, même dans le jour et à l'heure indiqués. 63, 795, P. c. ; 7, pr. ta.

7. Les parties pourront toujours se présenter volontairement devant un juge de paix ; auquel cas il jugera leur

différent, soit en dernier ressort, si les lois ou les parties l'y autorisent, soit à la charge de l'appel, encore qu'il ne fût le juge naturel des parties, ni à raison du domicile du défendeur, ni à raison de la situation de l'objet litigieux. — La déclaration des parties qui demanderont jugement sera signée par elles, ou mention sera faite si elles ne peuvent signer. 11, pr. ta. ; 1005, P. c.

TITRE II.
LES AUDIENCES DU JUGE DE PAIX, ET DE LA COMPARUTION DES PARTIES.

8. Les juges de paix indiqueront au moins deux audiences par semaine : ils pourront juger tous les jours, même ceux de dimanches et fêtes, le matin et l'après-midi. — Ils pourront donner audience chez eux, en tenant les portes ouvertes. 9, 27, pr. ta. : 10, 15, 87, P. c.

9. Au jour fixé par la citation, ou convenu entre les parties, elles comparaîtrent en personne ou par leurs fondés de pouvoir, sans qu'elles puissent faire signifier aucune défense. 13.

10. Les parties seront tenues de s'expliquer avec modération devant le juge, et de garder en tout le respect qui est dû à la justice : si elles y manquent, le juge les y rappellera d'abord par un avertissement ; en cas de récidive, elles pourront être condamnées à une amende qui n'excédera pas la somme de dix francs, avec affiches du jugement, dont le nombre n'excédera pas celui des communes du canton. 222, P. ; 88, 781, P. c.

11. Dans le cas d'insulte ou irrévérence grave envers le juge, il en dressera procès verbal, et pourra condamner à un emprisonnement de trois jours au plus. 90, 91, P. c ; 181, 504, 505, I. c. ; 222, 226, 228, P.

12. Les jugemens, dans les cas prévus par les précédens articles, seront exécutoires par provision. 17, 18.

13. Les parties ou leurs fondés de pouvoir seront entendus contradictoirement. La cause sera jugée sur-le-champ, ou à la première audience ; le juge, s'il le croit nécessaire, se fera remettre les pièces. 7, 9, 19, 222, P.

14. Lorsqu'une des parties déclarera vouloir s'inscrire en faux, déniera l'écriture, ou déclarera ne pas la reconnaître, le juge lui en donnera acte : il paraphera la pièce, et renverra la cause devant les juges qui doivent en connaître. 7, pr. ta. ; 193, 214, 427, P. c.

15. Dans les cas où un interlocutoire aurait été ordonné, la cause sera jugée définitivement, au plus tard dans le délai de quatre mois du jour du jugement interlocutoire : après ce délai, l'instance sera périmée de droit ; le jugement qui serait rendu sur le fond sera sujet à l'appel, même dans les matières dont le juge de paix connaît en dernier ressort, et sera annulé, sur la réquisition de la partie intéressée. — Si l'instance est périmée par la faute du juge, il sera passible des dommages et intérêts. 397, 404, 505, 509.

16. L'appel des jugemens de la justice de paix ne sera pas recevable après les trois mois, à dater du jour de la signification faite par l'huissier de la justice de paix, ou tel autre, commis par le juge. 1, 3, 21, 27. pr. ta. ; 31, 404. 443, 453, P. c.

17. Les jugemens des justices de paix, jusqu'à concurrence de trois cents francs, seront exécutoires par provision, nonobstant l'appel, et sans qu'il soit besoin de fournir caution : les juges de paix pourront, dans les autres cas, ordonner l'exécution provisoire de leurs jugemens, mais à la charge de donner caution. 12, 135, 155, 439, 840. 848, P. c. ; 21, pr. ta.

18. Les minutes de tout jugement seront portées par le greffier sur la feuille d'audience, et signées par le juge qui aura tenu l'audience et par le greffier. 50.

TITRE III.
DES JUGEMENS PAR DÉFAUT, ET DES OPPOSITIONS A CES JUGEMENS.

19. Si, au jour indiqué par la citation, l'une des parties ne comparaît pas, la cause sera jugée par défaut, sauf la réassignation dans le cas prévu dans le dernier alinéa de l'article 3. — 21, pr. ta.

20. La partie condamnée par dé-

faut pourra former opposition, dans les trois jours de la signification faite par l'huissier du juge de paix, ou autre qu'il aura commis. — L'opposition contiendra sommairement les moyens de la partie, et assignation au prochain jour d'audience, en observant toutefois les délais prescrits pour les citations : elle indiquera les jour et heure de la comparution, et sera notifiée ainsi qu'il est dit ci-dessus. 4.

21. Si le juge de paix sait par lui-même, ou par les représentations qui lui seraient faites à l'audience par les proches, voisins ou amis du défendeur, que celui-ci n'a pu être instruit de la procédure, il pourra, en adjugeant le défaut, fixer, pour le délai de l'opposition, le temps qui lui paraîtra convenable : et, dans le cas où la prorogation n'aurait été ni accordée d'office ni demandée, le défaillant pourra être relevé de la rigueur du délai, et admis à opposition, en justifiant qu'à raison d'absence ou de maladie grave, il n'a pu être instruit de la procédure.

22. La partie opposante qui se laisserait juger une seconde fois par défaut ne sera plus reçue à former une nouvelle opposition.

TITRE IV.
DES JUGEMENS SUR LES ACTIONS POSSESSOIRES.

23. Les actions possessoires ne seront recevables qu'autant qu'elles auront été formées dans l'année du trouble, par ceux qui, depuis une année au moins, étaient en possession paisible par eux ou les leurs, à titre non précaire. 3, P. c.; 2228, 2243, 1141, 1961, C.

24. Si la possession ou le trouble sont déniés, l'enquête qui sera ordonnée ne pourra porter sur le fond du droit. 54.

25. Le possessoire et le pétitoire ne seront jamais cumulés.

26. Le demandeur au pétitoire ne sera plus recevable à agir au possessoire. 171.

27. Le défendeur au possessoire ne pourra se pourvoir au pétitoire qu'après que l'instance sur le possessoire aura été terminée : il ne pourra, s'il a succombé, se pourvoir qu'après qu'il aura pleinement satisfait aux condamnations prononcées contre lui. — Si néanmoins la partie qui les a obtenues était en retard de les faire liquider, le juge du pétitoire pourra fixer, pour cette liquidation, un délai, après lequel l'action au pétitoire sera reçue.

TITRE V.
DES JUGEMENS QUI NE SONT PAS DÉFINITIFS, ET DE LEUR EXÉCUTION.

28. Les jugemens qui ne seront pas définitifs ne seront point expédiés, quand ils auront été rendus contradictoirement et prononcés en présence des parties. Dans le cas où le jugement ordonnerait une opération à laquelle les parties devraient assister, il indiquera le lieu, le jour et l'heure, et la prononciation vaudra citation. 25, 31, 34, 40.

29. Si le jugement ordonne une opération par des gens de l'art, le juge délivrera à la partie requérante, cédule de citation pour appeler les experts; elle fera mention du lieu, du jour, de l'heure; et contiendra le fait, les motifs, et la disposition du jugement relative à l'opération ordonnée. — Si le jugement ordonne une enquête, la cédule de citation fera mention de la date du jugement, du lieu, du jour et de l'heure. 7, 21, 24, 25, pr. ta.; 34, 41, P. c.

30. Toutes les fois que le juge de paix se transportera sur les lieux contentieux, soit pour en faire la visite, soit pour entendre les témoins, il sera accompagné du greffier, qui apportera la minute du jugement préparatoire. 12, pr. ta.; 18, 28, 782, P. c.

31. Il n'y aura lieu à l'appel des jugemens préparatoires qu'après le jugement définitif et conjointement avec l'appel de ce jugement; mais l'exécution des jugemens préparatoires ne portera aucun préjudice aux droits des parties sur l'appel, sans qu'elles soient obligées de faire à cet égard aucune protestation ni réserve. — L'appel des jugemens interlocutoires est permis avant que le jugement définitif ait été rendu. — Dans

ce cas, il sera donné expédition du jugement interlocutoire. 16, 404, 451, 454, P. c.; 21, pr. ta.

TITRE VI.
DE LA MISE EN CAUSE DES GARANS.

32. Si, au jour de la première comparution, le défendeur demande à mettre garant en cause, le juge accordera délai suffisant en raison de la distance du domicile du garant; la citation donnée au garant sera libellée, sans qu'il soit besoin de lui notifier le jugement qui ordonne sa mise en cause. 21, pr. ta.; 1, 175, P. c.

33. Si la mise en cause n'a pas été demandée à la première comparution, ou si la citation n'a pas été faite dans le délai fixé, il sera procédé, sans délai, au jugement de l'action principale, sauf à statuer séparément sur la demande en garantie. 178.

TITRE VII.
DES ENQUÊTES.

34. Si les parties sont contraires en faits de nature à être constatés par témoins, et dont le juge de paix trouve la vérification utile et admissible, il ordonnera la preuve et en fixera précisément l'objet. 21, 24, pr. ta.; 28, 252, P. c.

35. Au jour indiqué, les témoins, après avoir dit leurs noms, profession, âge et demeure, feront le serment de dire vérité, et déclareront s'ils sont parens ou alliés des parties et à quel degré, et s'ils sont leurs serviteurs ou domestiques. 262 et s.

36. Ils seront entendus séparément, en présence des parties, si elles comparaissent; elles seront tenues de fournir leurs reproches avant la déposition, et de les signer; si elles ne le savent ou ne le peuvent, il en sera fait mention: les reproches ne pourront être reçus après la déposition commencée, qu'autant qu'ils seront justifiés par écrit. 270. 782.

37. Les parties n'interrompront point les témoins: après la déposition, le juge pourra, sur la réquisition des parties, et même d'office, faire aux témoins les interpellations convenables. 273 et s.

38. Dans tous les cas où la vue du lieu peut être utile pour l'intelligence des dépositions, et spécialement dans les actions pour déplacement de bornes, usurpations de terres, arbres et haies, fossés ou autres clôtures, et pour entreprises sur les cours d'eau, le juge de paix se transportera, s'il le croit nécessaire, sur le lieu, et ordonnera que les témoins y seront entendus. 8, pr. ta.; 2, 28, 30, 41, P. c.

39. Dans les causes sujettes à l'appel, le greffier dressera procès-verbal de l'audition des témoins: cet acte contiendra leurs noms, âge, profession et demeure, leur serment de dire vérité, leur déclaration s'ils sont parens, alliés, serviteurs ou domestiques des parties, et les reproches qui auraient été fournis contre eux. Lecture de ce procès-verbal sera faite à chaque témoin pour la partie qui le concerne: il signera sa déposition, ou mention sera faite qu'il ne sait ou ne peut signer. Le procès-verbal sera, en outre, signé par le juge et le greffier. Il sera procédé immédiatement au jugement, ou au plus tard à la première audience. 15, 55, 274, 411.

40. Dans les causes de nature à être jugées en dernier ressort, il ne sera point dressé de procès-verbal; mais le jugement énoncera les noms, âge, profession et demeure des témoins, leur serment, leur déclaration s'ils sont parens, alliés, serviteurs ou domestiques des parties, les reproches, et le résultat des dépositions. 28, 43, 410,

TITRE VIII.
DES VISITES DES LIEUX, ET DES APPRÉCIATIONS.

41. Lorsqu'il s'agira, soit de constater l'état des lieux, soit d'apprécier la valeur des indemnités et dédommagemens demandés, le juge de paix ordonnera que le lieu contentieux sera visité par lui, en présence des parties. 28, 58, 295, P. c.; 148, l. c.

42. Si l'objet de la visite ou de l'appréciation exige des connaissances qui soient étrangères au juge, il ordonnera que les gens de l'art, qu'il nommera par le même jugement, feront la visite avec lui, et donneront

leur avis : il pourra juger sur le lieu
même, sans désemparer. Dans les
causes sujettes à l'appel, procès verbal de la visite sera dressé par le
greffier, qui constatera le serment
prêté par les experts. Le procès verbal sera signé par le juge, par le
greffier et par les experts; et si les
experts ne savent ou ne peuvent signer, il en sera fait mention. 21,
35, pr. ta.; 502, P. c.

43. Dans les causes non sujettes à
l'appel, il ne sera point dressé de procès verbal, mais le jugement énoncera les noms des experts, la prestation de leur serment, et le résultat
de leurs avis. 28, 40.

TITRE IX.
DE LA RÉCUSATION DES JUGES DE PAIX.

44. Les juges de paix pourront être
récusés, 1° quand ils auront intérêt
personnel à la contestation : 2° quand
ils seront parens ou alliés d'une des
parties, jusqu'au degré de cousin germain inclusivement ; 3° si, dans l'année qui a précédé la récusation, il
y a eu procès criminel entre eux et
l'une des parties ou son conjoint, ou
ses parens et alliés en ligne directe ;
4° s'il y a procès civil existant entre
eux et l'une des parties, ou son conjoint; 5° s'ils ont donné un avis
écrit dans l'affaire. 378 et s.

45. La partie qui voudra récuser
un juge de paix sera tenue de former
la récusation et d'en exposer les motifs par un acte qu'elle fera signifier,
par le premier huissier requis, au
greffier de la justice de paix, qui visera l'original. L'exploit sera signé,
sur l'original et la copie, par la partie
ou son fondé de pouvoir spécial.
La copie sera déposée au greffe, et
communiquée immédiatement au juge par le greffier. 14, pr. ta.; 30,
384, P. c.

46. Le juge sera tenu de donner
au bas de cet acte, dans le délai de
deux jours, sa déclaration par écrit,
portant ou son acquiescement à la
récusation, ou son refus de s'abstenir, avec ses réponses aux moyens
de récusation. 366 et s.

47. Dans les trois jours de la réponse du juge qui refuse de s'absté-

nir, ou faute par lui de répondre,
expédition de l'acte de récusation,
et de la déclaration du juge, s'il y en
a, sera envoyée par le greffier, sur la
réquisition de la partie la plus diligente, au procureur du roi près le
tribunal de première instance dans le
ressort duquel la justice de paix est
située : la récusation y sera jugée en
dernier ressort dans la huitaine, sur
les conclusions du procureur du roi,
sans qu'il soit besoin d'appeler les parties. 14, pr. ta.

LIVRE II.
DES TRIBUNAUX INFÉRIEURS.

(Suite du Décret du 14 avril 1806.)

TITRE PREMIER.
DE LA CONCILIATION.

48. Aucune demande principale
introductive d'instance entre les parties capables de transiger, et sur des
objets qui peuvent être la matière
d'une transaction, ne sera reçue dans
les tribunaux de première instance, que le défendeur n'ait été préalablement appelé en conciliation
devant le juge de paix, ou que les
parties n'y aient volontairement comparu. 2045, C.; 69, pr. ta.

49. Sont dispensées du préliminaire de la conciliation, 1443, C.;
718, 865, 878, P. c., — 1° Les demandes qui intéressent l'état et le domaine, les communes, les établissemens publics, les mineurs, les interdits, les curateurs aux successions
vacantes, 69, 481, 998; — 2° Les
demandes qui requièrent célérité, 72,
404; — 3° Les demandes en intervention ou en garantie, 175, 339;
— 4° Les demandes en matière de
commerce, 415 et s.; — 5° Les demandes de mise en liberté; celles en
main levée de saisie ou opposition,
en paiement de loyers, fermages ou
arrérages de rentes ou pensions : celles
des avoués en paiement de frais, 60,
520, 404, 566, 795; — 6° Les demandes formées contre plus de deux
parties, encore qu'elles aient le même
intérêt, 59; — 7° Les demandes en
vérification d'écritures, en désaveu,

en règlement de juges, en renvoi, en prise à partie; les demandes contre un tiers saisi, et en général sur les saisies, sur les offres réelles, sur la remise des titres, sur leur communication, sur les séparations de biens, sur les tutelles et curatelles : et enfin toutes les causes exceptées par les lois. 195. 552, 565, 568, 505, 566, 570, 657, 718, 815, 839, 865, 882, 890.

50. Le défendeur sera cité en conciliation, 2, 59, P. c.; 102, C., — 1° En matière criminelle et réelle, devant le juge de paix de son domicile; s'il y a deux défendeurs, devant le juge de l'un d'eux, au choix du demandeur; — 2° En matière de société autre que celle de commerce, tant qu'elle existe, devant le juge du lieu où elle est établie, 59, P. c.; 1852, C.; — 3° En matière de succession, sur les demandes entre héritiers, jusqu'au partage inclusivement; sur les demandes qui seraient intentées par les créanciers du défunt avant le partage; sur les demandes relatives à l'exécution des dispositions à cause de mort, jusqu'au jugement définitif devant le juge de paix du lieu où la succession est ouverte. 59.

51. Le délai de la citation sera de trois jours au moins. 1033.

52. La citation sera donnée par un huissier de la justice de paix du défendeur; elle énoncera sommairement l'objet de la conciliation. 1, 4, P. c.; 21, pr. ta.

53. Les parties comparaîtront en personne; en cas d'empêchement, par un fondé de pouvoir.

54. Lors de la comparution, le demandeur pourra expliquer, même augmenter sa demande, et le défendeur former celles qu'il jugera convenables : le procès verbal qui en sera dressé contiendra les conditions de l'arrangement, s'il y en a; dans le cas contraire, il fera sommairement mention que les parties n'ont pu s'accorder. — Les conventions des parties, insérées au procès verbal, ont force d'obligation privée. 10, pr. ta.; 58, 65, P. c.; 152, 1318, C.

55. Si l'une des parties défère le serment à l'autre, le juge de paix le

recevra, ou fera mention du refus de le prêter. 1358 et s., C.

56. Celle des parties qui ne comparaîtra pas sera condamnée à une amende de dix francs; et toute audience lui sera refusée jusqu'à ce qu'elle ait justifié de la quittance.

57. La citation en conciliation interrompra la prescription, et fera courir les intérêts : le tout, pourvu que la demande soit formée dans le mois, à dater du jour de la non comparution ou de la non conciliation. 1154, 2245, 2274, C.

58. En cas de non comparution de l'une des parties, il en sera fait mention sur le registre du greffe de la justice de paix, et sur l'original ou la copie de la citation, sans qu'il soit besoin de dresser procès verbal. 13, pr. ta.; 54, 65, P. c.

TITRE II.
DES AJOURNEMENS.

59. En matière personnelle, le défendeur sera assigné devant le tribunal de son domicile : s'il n'a pas de domicile, devant le tribunal de sa résidence; — S'il y a plusieurs défendeurs, devant le tribunal du domicile de l'un deux, au choix du demandeur; — En matière réelle, devant le tribunal de la situation de l'objet litigieux; — En matière mixte, devant le juge de la situation, ou devant le juge du domicile du défendeur; — En matière de société, tant qu'elle existe, devant le juge du lieu où elle est établie; — En matière de succession, 1° sur les demandes entre héritiers, jusqu'au partage inclusivement; 2° sur les demandes qui seraient intentées par des créanciers du défunt, avant le partage; 3° sur les demandes relatives à l'exécution des dispositions à cause de mort, jusqu'au jugement définitif, devant le tribunal du lieu où la succession est ouverte; — En matière de faillite, devant le juge du domicile du failli; — En matière de garantie, devant le juge où la demande originaire sera pendante; — Enfin, en cas d'élection de domicile pour l'exécution d'un acte, devant le tribunal du domicile élu, ou devant le tribunal du domicile réel du

défendeur, conformément à l'art. 111 du Code civil. — 27, 68, pr. ta. ; 2, 50, 64, 68, 175, 181, 356, 363, 420, 527, 567, P. c. ; 202, C., 440, 635, Co.

60. Les demandes formées pour frais par les officiers ministériels, seront portées au tribunal où les frais ont été faits. 49, P. c. ; 9, 151, pr. ta.

61. L'exploit d'ajournement contiendra, 1° La date du jour, mois et an, les noms, profession et domicile du demandeur, la constitution de l'avoué qui occupera pour lui, et chez lequel l'élection de domicile sera de droit, à moins d'une élection contraire par le même exploit ; — 2° Les noms, demeure et immatricule de l'huissier, les noms et demeure du défendeur, et mention de la personne à laquelle copie de l'exploit sera laissée ; — 3° L'objet de la demande, l'exposé sommaire des moyens ; — 4° L'indication du tribunal qui doit connaître de la demande, et du délai pour comparaître : le tout à peine de nullité. 1, 68, 447, 1029, P. c. ; 72, I. c. : 27, 68, pr. ta.

62. Dans le cas du transport d'un huissier, il ne lui sera payé pour tous frais de déplacement qu'une journée au plus. 66, pr. ta. ; 67, 71, P. c.

63. Aucun exploit ne sera donné un jour de fête légale, si ce n'est en vertu de permission du président du tribunal. 781, 828, 1037, P. c. : 25, P.

64. En matière réelle ou mixte, les exploits énonceront la nature de l'héritage, la commune, et, autant qu'il est possible, la partie de la commune où il est situé, et deux au moins des tenans et aboutissans ; s'il s'agit d'un domaine, corps de ferme ou métairie, il suffira d'en désigner le nom et la situation ; le tout à peine de nullité. 59.

65. Il sera donné, avec l'exploit, copie du procès verbal de non conciliation, ou copie de la mention de non comparution, à peine de nullité ; sera aussi donnée copie des pièces ou de la partie des pièces sur lesquelles la demande est fondée : à défaut de ces copies, celles que le demandeur sera tenu de donner dans le cours de l'instance n'entreront point en taxe. 28, pr. ta. ; 54, 58, P. c.

66. L'huissier ne pourra instrumenter pour ses parens et alliés, et ceux de sa femme, en ligne directe à l'infini, ni pour ses parens et alliés collatéraux, jusqu'au degré de cousin issu de germain inclusivement ; le tout à peine de nullité. 4, 71.

67. Les huissiers seront tenus de mettre à la fin de l'original et de la copie de l'exploit, le coût d'icelui, à peine de cinq francs d'amende, payables à l'instant de l'enregistrement. 66, pr. ta. ; 62, 1029, P. c.

68. Tous les exploits seront faits à personne ou domicile : mais si l'huissier ne trouve au domicile ni la partie, ni aucun de ses parens ou serviteurs, il remettra de suite la copie à un voisin, qui signera l'original ; si ce voisin ne peut ou ne veut signer, l'huissier remettra la copie au maire ou adjoint de la commune, lequel visera l'original sans frais. L'huissier fera mention du tout, tant sur l'original que sur la copie. 4, 9, 61, 70, 71, 419, P. c. ; 102, 111, C. ; 70, pr. ta.

69. Seront assignés, 1° L'état, lorsqu'il s'agit de domaines et droits domaniaux, en la personne ou au domicile du préfet du département où siège le tribunal devant lequel doit être portée la demande en première instance, 48, 70, P. c. ; 27, pr. ta. : — 2° Le trésor royal, en la personne ou au bureau de l'agent ; — 3° Les administrations ou établissemens publics, en leurs bureaux, dans le lieu où réside le siège de l'administration ; dans les autres lieux, en la personne et au bureau de leur préposé, 16, 1039, P. c. ; 18, Co. ; — 4° Le roi, pour ses domaines, en la personne du procureur du roi de l'arrondissement ; — 5° Les communes, en la personne ou au domicile du maire ; et à Paris, en la personne ou au domicile du préfet ; — Dans les cas ci-dessus, l'original sera visé de celui à qui copie de l'exploit sera laissée ; en cas d'absence ou de refus, le visa sera donné, soit par le juge de paix, soit par le procureur du roi près le tribunal de première instance, auquel, en ce cas, la copie sera laissée ; — 6° Les sociétés

25.

de commerce, tant qu'elles existent, en leur maison sociale ; et s'il n'y en a pas, en la personne ou au domicile de l'un des associés ; — 7° Les unions et directions de créanciers, en la personne ou au domicile de l'un des syndics ou directeurs ; — 8° Ceux qui n'ont aucun domicile connu en France, au lieu de leur résidence actuelle : si le lieu n'est pas connu, l'exploit sera affiché à la principale porte de l'auditoire du tribunal où la demande est portée ; une seconde copie sera donnée au procureur du roi, lequel visera l'original ; — 9° Ceux qui habitent le territoire français hors du continent, et ceux qui sont établis chez l'étranger, au domicile du procureur du roi près le tribunal où sera portée la demande, lequel visera l'original, et enverra la copie, pour les premiers, au ministre de la marine, et pour les seconds, à celui des affaires étrangères. 75, 550, 1039.

70. Ce qui est prescrit par les deux articles précédens sera observé à peine de nullité. 78, pr. ta. ; 1029, P. c.

71. Si un exploit est déclaré nul par le fait de l'huissier, il pourra être condamné aux frais de l'exploit et de la procédure annulée, sans préjudice des dommages et intérêts de la partie, suivant les circonstances. 152, 560, 523, 1031, P. c. ; 78, pr. ta.

72. Le délai ordinaire des ajournemens, pour ceux qui sont domiciliés en France, sera de huitaine. — Dans les cas qui requerront célérité, le président pourra, par ordonnance rendue sur requête, permettre d'assigner à bref délai. 49, 59, 76, 345, 404, 417, 1033, P. c. ; 77, pr. ta.

73. Si celui qui est assigné demeure hors de la France continentale, le délai sera, — 1° Pour ceux demeurant en Corse, dans l'île d'Elbe ou de Capraja, en Angleterre et dans les états limitrophes de France, de deux mois ; — 2° Pour ceux demeurant dans les autres états de l'Europe, de quatre mois ; — 3° Pour ceux demeurant hors d'Europe, en deçà du Cap de Bonne-Espérance, de six mois ; — Et pour ceux demeurant au delà, d'un an. 69, 74, 445, 486,

560, 639, 1035, P. c. ; 511, Co

74. Lorsqu'une assignation à une partie domiciliée hors de la France sera donnée à sa personne en France, elle n'emportera que les délais ordinaires, sauf au tribunal à les prolonger s'il y a lieu.

TITRE III.
CONSTITUTION D'AVOUÉS, ET DÉFENSES.

75. Le défendeur sera tenu, dans les délais de l'ajournement, de constituer avoué ; ce qui se fera par acte signifié d'avoué à avoué. Le défendeur ni le demandeur ne pourront révoquer leur avoué sans en constituer un autre. Les procédures faites et jugemens obtenus contre l'avoué révoqué et non remplacé seront valables. 68, 70, pr. ta. ; 148, 149, 342, 352, 529, 1038, P. c.

76. Si la demande a été formée à bref délai, le défendeur pourra, au jour de l'échéance, faire présenter à l'audience un avoué, auquel il sera donné acte de sa constitution ; ce jugement ne sera point levé : l'avoué sera tenu de réitérer, dans le jour, sa constitution par acte ; faute par lui de le faire, le jugement sera levé à ses frais. 80, pr. ta. ; 72, P. c.

77. Dans la quinzaine du jour de la constitution, le défendeur fera signifier ses défenses signées de son avoué : elles contiendront offre de communiquer les pièces à l'appui ou à l'amiable, d'avoué à avoué, ou par la voie du greffe. 72, 91, pr. ta. ; 61, P. c.

78. Dans la huitaine suivante, le demandeur fera signifier sa réponse aux défenses. 81.

79. Si le défendeur n'a point fourni ses défenses dans le délai de quinzaine, le demandeur poursuivra l'audience sur un simple acte d'avoué à avoué. 70, pr. ta.

80. Après l'expiration du délai accordé au demandeur pour faire signifier sa réponse, la partie la plus diligente pourra poursuivre l'audience sur un simple acte d'avoué à avoué ; pourra même le demandeur poursuivre l'audience, après la signification des défenses, et sans y répondre. 154.

81. Aucunes autres écritures ni significations n'entreront en taxe.

82. Dans tous les cas où l'audience peut être poursuivie sur un acte d'avoué à avoué, il n'en sera admis en taxe qu'un seul pour chaque partie. 70, pr. ta.; 154, 1031, P. c.

TITRE IV.
DE LA COMMUNICATION AU MINISTÈRE PUBLIC.

83. Seront communiquées au procureur du roi les causes suivantes : — 1º Celles qui concernent l'ordre public, l'état, le domaine, les communes, les établissemens publics, les dons et legs au profit des pauvres ; — 2º Celles qui concernent l'état des personnes et les tutelles; — 5º Les déclinatoires sur incompétence; — 4º Les règlemens de juge, les récusations et renvois pour parenté et alliance; — 5º Les prises à parties; — 6º Les causes des femmes non autorisées par leurs maris, ou même autorisées, lorsqu'il s'agit de leur dot, et qu'elles sont mariées sous le régime dotal : les causes des mineurs, et généralement toutes celles où l'une des parties est défendue par un curateur ; — 7º Les causes concernant ou intéressant les personnes présumées absentes. — Le procureur du roi pourra néanmoins prendre communication de toutes les autres causes dans lesquelles il croira son ministère nécessaire; le tribunal pourra même l'ordonner d'office. 47, 49, 69, 227, 249, 251, 311, 359, 571, 572, 385, 594, 498, 668, 762, 782, 856, 858, 865, 883, 886, 891, 892, 900, 1004, 1039, P. c.; 53, 99, 114, 184, 191, 200, 302, 356, 360, 486, 491, 496, 515, C.; 90, pr. ta.

84. En cas d'absence ou empêchement des procureurs du roi et de leurs substituts, ils seront remplacés par l'un des juges ou suppléans

TITRE V.
DES AUDIENCES, DE LEUR PUBLICITÉ ET DE LEUR POLICE.

85. Pourront les parties, assistées de leurs avoués, se défendre elles-mêmes : le tribunal cependant aura la faculté de leur interdire ce droit, s'il reconnaît que la passion, ou l'inexpérience, les empêche de discuter leur cause avec la décence convenable ou la clarté nécessaire pour l'instruction des juges. 470.

86. Les parties ne pourront charger de leur défense, soit verbale, soit par écrit, même à titre de consultation, les juges en activité de service, procureurs généraux, avocats généraux, procureurs du roi, substituts des procureurs généraux et du roi, même dans les tribunaux autres que ceux près desquels ils exercent leurs fonctions : pourront néanmoins les juges, procureurs généraux, avocats généraux, procureurs du roi, et substituts des procureurs généraux et du roi, plaider, dans tous les tribunaux, leurs causes personnelles et celles de leurs femmes, parens ou alliés en ligne directe, et de leurs pupilles. 378, 470, 1040.

87. Les plaidoiries seront publiques, excepté dans le cas où la loi ordonne qu'elles seront secrètes. Pourra cependant le tribunal ordonner qu'elles se feront à huis clos, si la discussion publique devait entraîner ou scandale ou des inconvéniens graves; mais, dans ce cas, le tribunal sera tenu d'en délibérer, et de rendre compte de sa délibération au procureur général près la cour royale ; et si la cause est pendante dans une cour royale, au ministre de la justice. 85, pr. ta.; 8, 95, 111, 470, P. c.; 155, 171, 190, 210, I. c.

88. Ceux qui assisteront aux audiences se tiendront découverts, dans le respect et le silence : tout ce que le président ordonnera pour le maintien de l'ordre sera exécuté ponctuellement et à l'instant. — La même disposition sera observée dans les lieux où, soit les juges, soit les procureurs du roi, exerceront des fonctions de leur état. 10, 276, 1036, P. c.; 54, 181, 267, 504, I. c.

89. Si un ou plusieurs individus, quels qu'ils soient, interrompent le silence, donnent des signes d'approbation ou d'improbation, soit à la défense des parties, soit aux discours des juges ou du ministère public,

soit aux interpellations, avertissemens ou ordres des président, juge-commissaire ou procureur du roi, soit aux jugemens ou ordonnances, causent ou excitent du tumulte de quelque manière que ce soit et si, après l'avertissement des huissiers, ils ne rentrent pas dans l'ordre sur-le-champ, il leur sera enjoint de se retirer, et les résistans seront saisis et déposés à l'instant dans la maison d'arrêt pour vingt-quatre heures : ils y seront reçus sur l'exhibition de l'ordre du président, qui sera mentionné au procès verbal de l'audience. 10, 781, P. c.; 34, 267, 504, I. c.

90. Si le trouble est causé par un individu remplissant une fonction près le tribunal, il pourra, outre la peine ci-dessus, être suspendu de ses fonctions; la suspension, pour la première fois, ne pourra excéder le terme de trois mois. Le jugement sera exécutoire par provision, ainsi que dans le cas de l'article précédent. 10, 1056, P. c.; 267, 504, I. c.; 577, P.

91. Ceux qui outrageraient ou menaceraient les juges ou les officiers de justice dans l'exercice de leurs fonctions, seront, de l'ordonnance du président, du juge commissaire ou du procureur du roi, chacun dans le lieu dont la police lui appartient, saisis et déposés à l'instant dans la maison d'arrêt, interrogés dans les vingt-quatre heures, et condamnés par le tribunal, sur le vu du procès verbal qui constatera le délit, à une détention qui ne pourra excéder le mois, et à une amende qui ne pourra être moindre de vingt-cinq francs, ni excéder trois cents francs. — Si le délinquant ne peut être saisi à l'instant, le tribunal prononcera contre lui, dans les vingt-quatre heures, les peines ci-dessus, sauf l'opposition que le condamné pourra former dans les dix jours du jugement, en se mettant en état de détention. 10, 11, P. c.; 181, 504, I. c.; 222 à 255, P.

92. Si les délits commis méritaient peine afflictive ou infamante, le prévenu sera envoyé en état de mandat de dépôt devant le tribunal compétent, pour être poursuivi et puni suivant les règles établies par le Code

d'instruction criminelle. 505, 506 et s., I. c.; 222 à 255, P.

TITRE VI.
DES DÉLIBÉRÉS ET INSTRUCTIONS PAR ÉCRIT.

93. Le tribunal pourra ordonner que les pièces seront mises sur le bureau, pour en être délibéré au rapport d'un juge nommé par le jugement, avec indication du jour auquel le rapport sera fait. 84, pr. ta.; 110, 116, 199, 202, 222, 280, 542, 571, 585, 594, 539, 542, 562, 668, 762, 779, 856, 859, 863, 885, 865, 891, 981, 987, P. c.; 240, 245, C.

94. Les parties et leurs défenseurs seront tenus d'exécuter le jugement qui ordonnera le délibéré, sans qu'il soit besoin de le lever ni signifier, et sans sommation : si l'une des parties ne remet point ses pièces, la cause sera jugée sur les pièces de l'autre. 90, pr. ta.

95. Si une affaire ne paraît pas susceptible d'être jugée sur plaidoirie ou délibéré, le tribunal ordonnera qu'elle sera instruite par écrit, pour en être fait rapport par l'un des juges nommé par le jugement. — Aucune cause ne peut être mise en rapport qu'à l'audience et à la pluralité des voix. 84, pr. ta.; 110, 558, 541, 550, 461, P. c.

96. Dans la quinzaine de la signification du jugement, le demandeur fera signifier une requête contenant ses moyens; elle sera terminée par un état des pièces produites au soutien. — Le demandeur sera tenu, dans les vingt-quatre heures qui suivront cette signification, de produire au greffe et de faire signifier l'acte de produit. 70, 75, 91, pr. ta.; 98, 105, P. c.; 409, P.

97. Dans la quinzaine de la production du demandeur au greffe, le défendeur en prendra communication, et fera signifier sa réponse avec état au bas des pièces au soutien; dans les vingt-quatre heures de cette signification, il rétablira au greffe la production par lui prise en communication, fera la sienne, et en signifiera l'acte. — Dans le cas où il y aurait plusieurs défendeurs, s'ils ont

tout à la fois des avoués et des intérêts différens, ils auront chacun les délais ci-dessus fixés, pour prendre communication, répondre et produire : la communication leur sera donnée successivement, à commencer par le plus diligent. 70, 75, 91, pr. ta. : 106, P. c.

98. Si le demandeur n'avait pas produit dans le délai ci-dessus fixé, le défendeur mettra sa production au greffe, ainsi qu'il a été dit ci-dessus : le demandeur n'aura que huitaine pour en prendre communication et contredire : ce délai passé, il sera procédé au jugement, sur la production du défendeur. 96, 106.

99. Si c'est le défendeur qui ne produit pas dans le délai qui lui est accordé, il sera procédé au jugement, sur la production du demandeur.

100. Si l'un des délais fixés expire sans qu'aucun des défendeurs ait pris communication, il sera procédé au jugement sur ce qui aura été produit.

101. Faute par le demandeur de produire, le défendeur le plus diligent mettra sa production au greffe; et l'instruction sera continuée ainsi qu'il est dit ci-dessus.

102. Si l'une des parties veut produire de nouvelles pièces, elle le fera au greffe, avec acte de produit contenant état desdites pièces, lequel sera signifié à avoué, sans requête de production nouvelle ni écritures, à peine de rejet de la taxe, lors même que l'état des pièces contiendrait de nouvelles conclusions. 71, pr. ta. ; 105, 1051. P. c.

103. L'autre partie aura huitaine pour prendre communication, et fournir sa réponse, qui ne pourra excéder six rôles. 73, 90, pr. ta. ; 106, P. c.

104. Les avoués déclareront, au bas des originaux et des copies de toutes leurs requêtes et écritures, le nombre des rôles, qui sera aussi énoncé dans l'acte de produit, à peine de rejet lors de la taxe. 70, 74, pr. ta.

105. Il ne sera passé en taxe que les écritures et significations énoncées au présent titre. 1051.

106. Les communications seront prises au greffe sur les récépissés des avoués, qui en contiendront la date. 97, 103.

107. Si les avoués ne rétablissent dans les délais ci-dessus fixés, les productions par eux prises en communication, il sera, sur le certificat du greffier, et sur un simple acte pour venir plaider, rendu jugement à l'audience, qui les condamnera personnellement, et sans appel, à ladite remise, aux frais du jugement, sans répétition, et en dix francs au moins de dommages-intérêts par chaque jour de retard. — Si les avoués ne rétablissent les productions dans la huitaine de la signification dudit jugement, le tribunal pourra prononcer, sans appel, de plus forts dommages-intérêts, même condamner l'avoué par corps, et l'interdire pour tel temps qu'il estimera convenable. — Lesdites condamnations pourront être prononcées sur la demande des parties, sans qu'elles aient besoin d'avoués, et sur un simple mémoire qu'elles remettront ou au président, ou au rapporteur, ou au procureur du roi. 152, 191, 541, 560, 556, 562, 916, 1029, P. c.; 2060, C.; 90, pr. ta.

108. Il sera tenu au greffe un registre sur lequel seront portées toutes les productions, suivant leur ordre de dates : ce registre, divisé en colonnes, contiendra la date de la production, les noms des parties, de leurs avoués et du rapporteur ; il sera laissé une colonne en blanc.

109. Lorsque toutes les parties auront produit, ou après l'expiration des délais ci-dessus fixés, le greffier, sur la réquisition de la partie la plus diligente, remettra les pièces au rapporteur, qui s'en chargera, en signant sur la colonne laissée en blanc au registre des productions. 342.

110. Si le rapporteur décède, se démet, ou ne peut faire le rapport, il en sera commis un autre, sur requête, par ordonnance du président, signifiée à partie ou à son avoué trois jours au moins avant le rapport. 95, 95, P. c. ; 70, 76, pr. ta.

111. Tous rapports, même sur dé-

ibérés, seront faits à l'audience ; le rapporteur résumera le fait et les moyens sans ouvrir son avis : les défenseurs n'auront, sous aucun prétexte, la parole après le rapport ; ils pourront seulement remettre sur-le-champ au président de simples notes énonciatives des faits sur lesquels ils prétendraient que le rapport a été incomplet ou inexact. 87, 358, 541, P. c.

112. Si la cause est susceptible de communication, le procureur du roi sera entendu en ses conclusions à l'audience. 83, 87.

113. Les jugemens rendus sur les pièces de l'une des parties, faute par l'autre d'avoir produit, ne seront point susceptibles d'opposition. 85, pr. ta.; 550, P. c.

114. Après le jugement, le rapporteur remettra les pièces au greffe ; et il en sera déchargé par la seule radiation de sa signature sur le registre des productions.

115. Les avoués, en retirant leurs pièces, émargeront le registre ; cet émargement servira de décharge au greffier. 70, 91, pr. ta.

TITRE VII.
DES JUGEMENS.

116. Les jugemens seront rendus à la pluralité des voix, et prononcés sur-le-champ : néanmoins les juges pourront se retirer dans la chambre du conseil pour y recueillir les avis ; ils pourront aussi continuer la cause à une des prochaines audiences, pour prononcer le jugement. 569, 1. c.; 86, pr. ta.

117. S'il se forme plus de deux opinions, les juges plus faibles en nombre seront tenus de se réunir à l'une des deux opinions qui auront été émises par le plus grand nombre ; toutefois ils ne seront tenus de s'y réunir qu'après que les voix auront été recueillies une seconde fois. 467.

118. En cas de partage, on appellera, pour le vider, un juge ; à défaut du juge, un suppléant : à son défaut, un avocat attaché au barreau ; à son défaut un avoué ; tous appelés selon l'ordre du tableau : l'affaire sera de nouveau plaidée. 117, 468.

119. Si le jugement ordonne la comparution des parties, il indiquera le jour de la comparution.

120. Tout jugement qui ordonnera un serment énoncera les faits sur lesquels il sera reçu. 1357, C.; 366, P.

121. Le serment sera fait par la partie en personne, et à l'audience. Dans le cas d'un empêchement légitime et dûment constaté, le serment pourra être prêté devant le juge que le tribunal aura commis, et qui se transportera chez la partie, assisté du greffier. — Si la partie à laquelle le serment est déféré est trop éloignée, le tribunal pourra ordonner qu'elle prêtera le serment devant le tribunal du lieu de sa résidence. — Dans tous les cas, le serment sera fait en présence de l'autre partie, ou elle dûment appelée par acte d'avoué à avoué, et, s'il n'y a pas d'avoué constitué, par exploit contenant l'indication du jour de la prestation. 29, 70, pr. ta.; 572, 1035, P. c.; 1357, C.; 366, P.

122. Dans les cas où les tribunaux peuvent accorder des délais pour l'exécution de leurs jugemens, ils le feront par le jugement même qui statuera sur la contestation, et qui énoncera les motifs du délai. 124, 136, P. c.; 1244, 1900, C.; 157, Co.

123. Le délai courra du jour du jugement, s'il est contradictoire, et de celui de la signification, s'il est par défaut. 1035.

124. Le débiteur ne pourra obtenir un délai, ni jouir du délai qui lui aura été accordé, si ses biens sont vendus à la requête d'autres créanciers, s'il est en état de faillite, de contumace, ou s'il est constitué prisonnier, ni enfin lorsque, par son fait, il aura diminué les sûretés qu'il avait données par le contrat à son créancier. 122, P. c.; 1188, 1244, 1613, 1900, 1913, 2059, C.; 448, Co.

125. Les actes conservatoires seront valables, nonobstant le délai accordé.

126. La contrainte par corps ne sera prononcée que dans les cas prévus par la loi : il est néanmoins laissé à la prudence des juges de la prononcer, — 1° Pour dommages et intérêts en matière civile, au-dessus de la somme de trois cents francs ; — 2° Pour

reliquats de comptes de tutelle, curatelle, d'administration de corps et
communauté. établissemens publics,
ou de toute administration confiée
par justice, et pour toutes restitutions
à faire par suite desdits comptes. 213,
527, 542, 603, P. c.: 474, 1146,
2059, C.

127. Pourront les juges, dans les
cas énoncés en l'article précédent,
ordonner qu'il sera sursis à l'exécution de la contrainte par corps, pendant le temps qu'ils fixeront; après
lequel elle sera exercée sans nouveau
jugement. Ce sursis ne pourra être
accordé que par le jugement qui statuera sur la contestation, et qui énoncera les motifs du délai. 1244, C.;
570, Co.

128. Tous jugemens qui condamneront en des dommages et intérêts,
en contiendront la liquidation, ou ordonneront qu'ils seront donnés par
état. 185, 523, P. c.; 1146, C.

129. Les jugemens qui condamneront à une restitution de fruits ordonneront qu'elle sera faite en nature
pour la dernière année; et pour les
années précédentes, suivant les mercuriales du marché le plus voisin, eu
égard aux saisons et aux prix communs de l'année; sinon à dire d'experts, à défaut de mercuriales. Si la
restitution en nature pour la dernière
année est impossible, elle se fera
comme pour les années précédentes.
526 et s.

130. Toute partie qui succombera
sera condamnée aux dépens. 613, C.;
137, 185, 192, 193, 338, 401, 403,
525, 543, 662, 716, P. c.; 162, 171,
194, 368, I. c.

131. Pourront néanmoins les dépens être compensés en tout ou en
partie, entre conjoints, ascendans,
descendans, frères et sœurs, ou alliés
au même degré: les juges pourront
aussi compenser les dépens en tout ou
en partie, si les parties succombent
respectivement sur quelques chefs.

132. Les avoués et huissiers qui
auront excédé les bornes de leur ministère, les tuteurs, curateurs, héritiers bénéficiaires ou autres administrateurs qui auront compromis les intérêts de leur administration, pourront

être condamnés aux dépens en leur
nom et sans répétition, même aux
dommages et intérêts s'il y a lieu;
sans préjudice de l'interdiction contre
les avoués et huissiers, et de la destitution contre les tuteurs et autres, suivant la gravité des circonstances. 71,
360, 444, 525, 1030, P. c.; 450, 509,
804, 1146, C.

133. Les avoués pourront demander la distraction des dépens à leur
profit, en affirmant, lors de la prononciation du jugement, qu'ils ont
fait la plus grande partie des avances.
La distraction des dépens ne pourra
être prononcée que par le jugement
qui en portera la condamnation:
dans ce cas, la taxe sera poursuivie
et l'exécutoire délivré au nom de l'a-
voué, sans préjudice de l'action contre sa partie.

134. S'il a été formé une demande
provisoire, et que la cause soit en état
sur le provisoire et sur le fond, les
juges seront tenus de prononcer sur
le tout par un seul jugement. 172,
288, 338.

135. L'exécution provisoire sans
caution sera ordonnée, s'il y a titre
authentique, promesse reconnue, ou
condamnation précédente par jugement dont il n'y ait point d'appel. —
L'exécution provisoire pourra être ordonnée, avec ou sans caution, lorsqu'il s'agira: — 1° D'apposition et levée de scellés, ou confection d'inventaire; — 2° De réparations urgentes;
— 3° D'expulsion des lieux, lorsqu'il
n'y a pas de bail, ou que le bail est
expiré; — 4° De séquestre, commissaires et gardiens; — 5° De réceptions de caution et certificateurs; —
6° De nomination de tuteurs, curateurs, et autres administrateurs, et de
reddition de compte; — 7° De pensions ou provisions alimentaires. 17,
137, 155, 459, 457, 521, 527, 581,
592, 809, 840, 848, 907, 928, 941,
1004, 1024, P. c.; 1724, 1737, C.

136. Si les juges ont omis de prononcer l'exécution provisoire, ils ne
pourront l'ordonner par un second
jugement, sauf aux parties à la demander sur l'appel. 122, 155.

137. L'exécution provisoire ne pourra être ordonnée pour les dépens.

quand même ils seraient adjugés pour tenir lieu de dommages et intérêts. 130 et s.

138. Le président et le greffier signeront la minute de chaque jugement aussitôt qu'il sera rendu : il sera fait mention, en marge de la feuille d'audience, des juges et du procureur du roi qui y auront assisté ; cette mention sera également signée par le président et le greffier. 139.

139. Les greffiers qui délivreront expédition d'un jugement avant qu'il ait été signé, seront poursuivis comme faussaires. 140, 1029, P. c.; 195, 448, I. c.: 258, P.

140. Les procureurs du roi et généraux se feront représenter tous les mois les minutes des jugemens, et vérifieront s'il a été satisfait aux dispositions ci-dessus : en cas de contravention, ils en dresseront procès verbal, pour être procédé ainsi qu'il appartiendra. 455, P. c.; 196, I. c.

141. La rédaction des jugemens contiendra les noms des juges, du procureur du roi, s'il a été entendu, ainsi que des avoués ; les noms, professions et demeures des parties, leurs conclusions, l'exposition sommaire des points de fait et de droit, les motifs et le dispositif des jugemens. 156, 142, 455, 470, P. c.; 163, 176, I. c.

142. La rédaction sera faite sur les qualités signifiées entre les parties : en conséquence, celle qui voudra lever un jugement contradictoire sera tenue de signifier à l'avoué de son adversaire les qualités contenant les noms, professions et demeures des parties, les conclusions, et les points de fait et de droit. 142 à 144, 146, P. c.; 87, 88, pr. ta.

143. L'original de cette signification restera pendant vingt-quatre heures entre les mains des huissiers audienciers.

144. L'avoué qui voudra s'opposer, soit aux qualités, soit à l'exposé des points de fait et de droit, le déclarera à l'huissier, qui sera tenu d'en faire mention. 90, pr. ta.

145. Sur un simple acte d'avoué à avoué, les parties seront réglées sur cette opposition par le juge qui aura présidé : en cas d'empêchement, par

le plus ancien, suivant l'ordre du tableau. 70, 90, pr. ta.

146. Les expéditions des jugemens seront intitulées et terminées au nom du roi, conformément à l'art. 48 de la Charte constitutionnelle. 185, 443, 545, P. c.; 1317, C.

147. S'il y a avoué en cause, le jugement ne pourra être exécuté qu'après avoir été signifié à avoué, à peine de nullité ; les jugemens provisoires et définitifs qui prononceront des condamnations, seront en outre signifiés à la partie, à personne ou domicile, et il sera fait mention de la signification à l'avoué. 29, pr. ta.; 155, 548, 1029, P. c.

148. Si l'avoué est décédé ou a cessé de postuler, la signification à partie suffira ; mais il sera fait mention du décès ou de la cessation des fonctions de l'avoué. 75, 162, 342, 1058.

TITRE VIII.
DES JUGEMENS PAR DÉFAUT ET OPPOSITIONS.

149. Si le défendeur ne constitue pas avoué, ou si l'avoué constitué ne se présente pas au jour indiqué pour l'audience, il sera donné défaut. 19, 75, 349, 434, P. c.; 29, 82, pr. ta.

150. Le défaut sera prononcé à l'audience, sur l'appel de la cause ; et les conclusions de la partie qui le requiert seront adjugées, si elles se trouvent justes et bien vérifiées : pourront néanmoins les juges faire mettre les pièces sur le bureau, pour prononcer le jugement à l'audience suivante. 19.

151. Lorsque plusieurs parties auront été citées pour le même objet à différens délais, il ne sera pris défaut contre aucune d'elles qu'après l'échéance du plus long délai. 168. pr. ta.

152. Toutes les parties appelées et défaillantes seront comprises dans le même défaut ; et s'il en est pris contre chacune d'elles séparément, les frais desdits défauts n'entreront point en taxe, et resteront à la charge de l'avoué, sans qu'il puisse les répéter contre la partie. 152, 1051, P. c.; 168, pr. ta.

153. Si de deux ou de plusieurs parties assignées, l'une fait défaut et l'autre comparaît, le profit du défaut sera joint , et le jugement de jonction sera signifié à la partie défaillante par un huissier commis : la signification contiendra assignation au jour auquel la cause sera appelée ; il sera statué par un seul jugement , qui ne sera pas susceptible d'opposition. 156 , 470 , 754, P. c.; 29, 168, pr. ta.

154. Le défendeur qui aura constitué avoué pourra, sans avoir fourni de défenses, suivre l'audience par un seul acte, et prendre défaut contre le demandeur qui ne comparaîtrait pas. 168, pr. ta.; 80, 82, 454, P. c.

155. Les jugemens par défaut ne seront pas exécutés avant l'échéance de la huitaine de la signification à avoué , s'il y a eu constitution d'avoué, et de la signification à personne ou domicile , s'il n'y a pas eu constitution d'avoué ; à moins qu'on en cas d'urgence l'exécution n'en ait été ordonnée avant l'expiration de ce délai , dans les cas prévus par l'art. 155. — Pourront aussi les juges, dans le cas seulement où il y aurait péril en la demeure , ordonner l'exécution nonobstant l'opposition, avec ou sans caution ; ce qui ne pourra se faire par le même jugement. 17, 147, 435, 449, 459.

156. Tous jugemens par défaut contre une partie qui n'a pas constitué d'avoué seront signifiés par un huissier commis, soit par le tribunal, soit par le juge du domicile du défaillant, que le tribunal aura désigné; ils seront exécutés dans les six mois de leur obtention, sinon seront réputés non avenus. 29, 76, 89, pr. ta.; 643, Co.; 153 , 159 , 370, 435, 548. 695, 1029, P. c. : 1206, C.

157. Si le jugement est rendu contre une partie ayant un avoué, l'opposition ne sera recevable que pendant huitaine, à compter du jour de la signification à avoué. 89 , pr. ta.; 113, 155 , 159, 165. 351 , 436, 440 , 809, P. c.

158. S'il est rendu contre une partie qui n'a pas d'avoué, l'opposition sera recevable jusqu'à l'exécution du jugement. 643, Co.: 113 , 159, 162, 165, P. c.

159 Le jugement est réputé exécuté , lorsque les meubles saisis ont été vendus, ou que le condamné a été

emprisonné ou recommandé , ou que la saisie d'un ou de plusieurs de ses immeubles lui a été notifiée . ou que les frais ont été payés , ou enfin lorsqu'il y a quelque acte duquel il résulte nécessairement que l'exécution du jugement a été connue de la partie défaillante : l'opposition formée dans les délais ci-dessus et dans les formes ci-après prescrites, suspend l'exécution, si elle n'a pas été ordonnée nonobstant opposition. 155, 562.

160. Lorsque le jugement aura été rendu contre une partie ayant un avoué, l'opposition ne sera recevable qu'autant qu'elle aura été formée par requête d'avoué à avoué. 157, 161, 165.

161. La requête contiendra les moyens d'opposition , à moins que des moyens de défense n'aient été signifiés avant le jugement, auquel cas il suffira de déclarer qu'on les emploie comme moyens d'opposition : l'opposition qui ne sera pas signifiée dans cette forme n'arrêtera pas l'exécution ; elle sera rejetée sur un simple acte, et sans qu'il soit besoin d'aucune autre instruction. 75 , pr. ta.; 157, 160, 175, 437. 1029, P. c.

162. Lorsque le jugement aura été rendu contre une partie n'ayant pas d'avoué, l'opposition pourra être formée, soit par acte extrajudiciaire, soit par déclaration sur les commandemens , procès verbaux de saisie ou d'emprisonnement, ou tout autre acte d'exécution, à la charge par l'opposant de la réitérer avec constitution d'avoué, par requête, dans la huitaine ; passé lequel temps elle ne sera plus recevable, et l'exécution sera continuée, sans qu'il soit besoin de la faire ordonner. — Si l'avoué de la partie qui a obtenu le jugement est décédé , ou ne peut plus postuler, elle fera notifier une nouvelle constitution d'avoué au défaillant, lequel sera tenu, dans les délais ci-dessus , à compter de la signification, de réitérer son opposition par requête, avec constitution d'avoué. — Dans aucun cas, les moyens d'opposition fournis postérieurement à la requête n'entreront en taxe. 29, 75, pr. ta ; 148 158, 159, 161, 165, 541, 458, 1038, P. c.

163. Il sera tenu au greffe un registre sur lequel l'avoué de l'opposant fera mention sommaire de l'opposition, en énonçant les noms des parties et de leurs avoués, les dates du jugement et de l'opposition : il ne sera dû de droit d'enregistrement que dans le cas où il en serait délivré expédition. 90, pr. ta.; 164, 548, P. c.

164. Aucun jugement par défaut ne sera exécuté à l'égard d'un tiers, que sur certificat du greffier, constatant qu'il n'y a aucune opposition portée sur le registre. 90, pr. ta.

165. L'opposition ne pourra jamais être reçue contre un jugement qui aurait débouté d'une première opposition. 113, 157, 351.

TITRE IX.

DES EXCEPTIONS.

§ 1er. De la Caution à fournir par les Étrangers.

166. Tous étrangers, demandeurs principaux ou intervenans, seront tenus, si le défendeur le requiert, avant toute exception, de fournir caution de payer les frais et dommages-intérêts auxquels ils pourraient être condamnés. 75, 90, pr. ta.; 173, 517, P. c.; 2040, 2041, C.

167. Le jugement qui ordonnera la caution fixera la somme jusqu'à concurrence de laquelle elle sera fournie : le demandeur qui consignera cette somme, ou qui justifiera que ses immeubles situés en France sont suffisans pour en répondre, sera dispensé de fournir caution. 75, pr. ta.

§ II. Des Renvois.

168. La partie qui aura été appelée devant un tribunal autre que celui qui doit connaître de la contestation, pourra demander son renvoi devant les juges compétens. 181, 424, P. c.; 75, pr. ta.

169. Elle sera tenue de former cette demande préalablement à toutes autres exceptions et défenses. 171, 173, 186, 424.

170. Si néanmoins le tribunal était incompétent à raison de la matière, le renvoi pourra être demandé, en tout état de cause ; et si le renvoi n'é-tait pas demandé, le tribunal sera tenu de renvoyer d'office devant qui de droit. 175, 424, 475, 476.

171. S'il a été formé précédemment, en un autre tribunal, une demande pour le même objet, ou si la contestation est connexe à une cause déjà pendante en un autre tribunal, le renvoi pourra être demandé et ordonné. 794.

172. Toute demande en renvoi sera jugée sommairement, sans qu'elle puisse être réservée ni jointe au principal. 134, 138, 405, 425, 473.

§ III. Des Nullités.

173. Toute nullité d'exploit ou d'acte de procédure est couverte, si elle n'est proposée avant toute défense ou exception autre que les exceptions d'incompétence. 75, pr. ta.; 61, 169, 186, 187, 261, 400, 456, 1029, P. c.

§ IV. Des Exceptions dilatoires.

174. L'héritier, la veuve, la femme divorcée ou séparée de biens, assignée comme commune, auront trois mois, du jour de l'ouverture de la succession ou dissolution de la communauté, pour faire inventaire, et quarante jours pour délibérer : si l'inventaire a été fait avant les trois mois, le délai de quarante jours commencera du jour qu'il aura été parachevé. — S'ils justifient que l'inventaire n'a pu être fait dans les trois mois, il leur sera accordé un délai convenable pour le faire, et quarante jours pour délibérer ; ce qui sera réglé sommairement. — L'héritier conserve néanmoins, après l'expiration des délais ci-dessus accordés, la faculté de faire encore inventaire et de se porter héritier bénéficiaire, s'il n'a pas fait d'ailleurs acte d'héritier, ou s'il n'existe pas contre lui de jugement passé en force de chose jugée qui le condamne en qualité d'héritier pur et simple. 75, pr. ta.; 177, 186, 1033, P. c.; 795, C.

175. Celui qui prétendra avoir droit d'appeler en garantie sera tenu de le faire dans la huitaine du jour de la demande originaire, outre un jour par trois myriamètres. S'il y a plusieurs garans intéressés en la même garantie, il n'y aura qu'un seul délai

pour tous, qui sera réglé selon la distance du lieu de la demeure du garant le plus éloigné. 52, 49, 177, 151, 186, 464.

176. Si le garant prétend avoir droit d'en appeler un autre en sous-garantie, il sera tenu de le faire dans le délai ci-dessus, à compter du jour de la demande en garantie formée contre lui, ce qui sera successivement observé à l'égard du sous-garant ultérieur.

177. Si néanmoins le défendeur originaire est assigné dans les délais pour faire inventaire et délibérer, le délai pour appeler garant ne commencera que du jour où ceux pour faire inventaire et délibérer seront expirés.

178. Il n'y aura pas d'autre délai pour appeler garant, en quelque matière que ce soit, sous prétexte de minorité ou autre cause privilégiée ; sauf à poursuivre les garans, mais sans que le jugement de la demande principale en soit retardé. 55, 444, 484, 1020.

179. Si les délais des assignations en garantie ne sont échus en même temps que celui de la demande originaire, il ne sera pris aucun défaut contre le défendeur originaire, lorsqu'avant l'expiration du délai il aura déclaré, par acte d'avoué à avoué, qu'il a formé sa demande en garantie : sauf, si le défendeur, après l'échéance du délai pour appeler le garant, ne justifie pas de la demande en garantie, à faire droit sur la demande originaire : même à le condamner à des dommages-intérêts, si la demande en garantie par lui alléguée se trouve n'avoir pas été formée. 5, P. c.; 70, pr. ta.

180. Si le demandeur originaire soutient qu'il n'y a lieu au délai pour appeler garant, l'incident sera jugé sommairement. 404, P. c.; 75, pr. ta.

181. Ceux qui seront assignés en garantie seront tenus de procéder devant le tribunal où la demande originaire sera pendante, encore qu'ils dénient être garans : mais s'il paraît par écrit, ou par l'évidence du fait, que la demande originaire n'a été formée que pour les traduire hors de leur tribunal, ils y seront renvoyés. 59, 168,

357, P. c.; 141, 142, 657, Co.

182. En garantie formelle, pour les matières réelles ou hypothécaires, le garant pourra toujours prendre le fait et cause du garanti, qui sera mis hors de cause, s'il le requiert avant le premier jugement. — Cependant le garanti, quoique mis hors de cause, pourra y assister pour la conservation de ses droits, et le demandeur originaire pourra demander qu'il y reste pour la conservation des siens.

183. En garantie simple, le garant pourra seulement intervenir, sans prendre le fait et cause du garanti. 339 et s.

184. Si les demandes originaire et en garantie sont en état d'être jugées en même temps, il y sera fait droit conjointement : sinon le demandeur originaire pourra faire juger sa demande séparément : le même jugement prononcera sur la disjonction, si les deux instances ont été jointes ; sauf, après le jugement du principal, à faire droit sur la garantie, s'il y échet.

185. Les jugemens rendus contre les garans formels seront exécutoires contre les garantis. — Il suffira de signifier le jugement aux garantis, soit qu'ils aient été mis hors de cause, ou qu'ils y aient assisté, sans qu'il soit besoin d'autre demande ni procédure. A l'égard des dépens, dommages et intérêts, la liquidation et l'exécution ne pourront en être faites que contre les garans. — Néanmoins en cas d'insolvabilité du garant, le garanti sera passible des dépens, à moins qu'il n'ait été mis hors de cause : il le sera aussi des dommages et intérêts, si le tribunal juge qu'il y a lieu. 128, 150, 525, 545.

186. Les exceptions dilatoires seront proposées conjointement et avant toute défense au fond. 169, 173, 558.

187. L'héritier, la veuve et la femme divorcée ou séparée, pourront ne proposer leurs exceptions dilatoires qu'après l'échéance des délais pour faire inventaire et délibérer. 174,

§ V. De la Communication des Pièces.

188. Les parties pourront respec-

tivement demander, par un simple
acte, communication des pièces employées contre elles, dans les trois
jours où lesdites pièces auront été signifiées ou employées. 70, pr. ta.;
1053, P. c.

189. La communication sera faite
entre avoués, sur récépissé, ou par
dépôt au greffe : les pièces ne pourront être déplacées, si ce n'est qu'il
y en ait minute, ou que la partie y
consente. 91, pr. ta.

190. Le délai de la communication
sera fixé, ou par le récépissé de l'a-
voué, ou par le jugement qui l'aura
ordonnée : s'il n'était pas fixé, il sera
de trois jours.

191. Si, après l'expiration du délai, l'avoué n'a pas rétabli les pièces,
il sera, sur simple requête, et même
sur simple mémoire de la partie, rendu ordonnance portant qu'il sera contraint à ladite remise, incontinent et
par corps; même à payer trois francs
de dommages-intérêts à l'autre partie
par chaque jour de retard, du jour
de la signification de ladite ordonnance, outre les frais desdites requête
et ordonnance, qu'il ne pourra répéter contre son constituant. 70, 76,
pr. ta.; 107, 1029, 1031. P. c.; 2060, C.

192. En cas d'opposition, l'accident sera réglé sommairement : si l'a-
voué succombe, il sera condamné
personnellement aux dépens de l'incident, même en tels autres dommages-intérêts et peines qu'il appartiendra, suivant la nature des circonstances. 75, pr. ta.; 107, 1031, P. c.

TITRE X.

DE LA VÉRIFICATION DES ÉCRITURES.

193. Lorsqu'il s'agira de reconnaissance et vérification d'écritures privées, le demandeur pourra, sans permission du juge, faire assigner à trois
jours pour avoir acte de la reconnaissance, ou pour faire tenir l'écrit
pour reconnu. — Si le défendeur ne
dénie pas la signature, tous les frais
relatifs à la reconnaissance ou à la
vérification, même ceux de l'enregistrement de l'écrit, seront à la charge
du demandeur. 14, 49, 59, 130, 1035.

194. Si le défendeur ne comparaît
pas, il sera donné défaut, et l'écrit

sera tenu pour reconnu : si le défendeur reconnaît l'écrit, le jugement
en donnera acte au demandeur. 2123,
C.; 214, P. c.

195. Si le défendeur dénie la signature à lui attribuée, ou déclare
ne pas reconnaître celle attribuée à
un tiers, la vérification en pourra être
ordonnée tant par titre que par experts et par témoins. 211, 252 et s.

196. Le jugement qui autorisera la
vérification ordonnera qu'elle sera
faite par trois experts, et les nommera
d'office, à moins que les parties ne
se soient accordées pour les nommer.
Le même jugement commettra le juge
devant qui la vérification se fera : il
portera aussi que la pièce à vérifier
sera déposée au greffe, après que son
état aura été constaté, et qu'elle aura
été signée et paraphée par le demandeur ou son avoué, et par le greffier,
lequel dressera du tout un procès verbal. 92, pr. ta.; 219, 225, 502, P. c.;
448, I. c.

197. En cas de récusation contre
le juge-commissaire ou les experts, il
sera procédé ainsi qu'il est prescrit
aux titres XVI et XXI du présent livre.
308, 378.

198. Dans les trois jours du dépôt
de la pièce, le défendeur pourra en
prendre communication au greffe sans
déplacement : lors de ladite communication, la pièce sera paraphée par
lui, ou par son avoué, ou par son
fondé de pouvoir spécial; et le greffier
en dressera procès verbal. 92, pr. ta.;
1035, P. c.

199. Au jour indiqué par l'ordonnance du juge-commissaire, et sur la
sommation de la partie la plus diligente signifiée à avoué s'il en a été
constitué, sinon à domicile, par un
huissier commis par ladite ordonnance, les parties seront tenues de comparaître devant ledit commissaire,
pour convenir de pièces de comparaison : si le demandeur en vérification
ne comparaît pas, la pièce sera rejetée; si c'est le défendeur, le juge
pourra tenir la pièce pour reconnue.
Dans les deux cas, le jugement sera
rendu à la prochaine audience, sur le
rapport du juge-commissaire, sans
acte à venir plaider : il sera suscepti-

ble d'opposition. 76, 92. pr. ta.; 214, P. c.

200. Si les parties ne s'accordent pas sur les pièces de comparaison, le juge ne pourra recevoir comme telles, — 1° Que les signatures apposées aux actes par-devant notaires, ou celles apposées aux actes judiciaires, en présence du juge et du greffier, ou enfin les pièces écrites et signées par celui dont il s'agit de comparer l'écriture, en qualité de juge, greffier, notaire, avoué, huissier, ou comme faisant, à tout autre titre, fonction de personne publique ;—2° Les écritures et signatures privées, reconnues par celui à qui est attribuée la pièce à vérifier, mais non celles déniées ou non reconnues par lui, encore qu'elles eussent été précédemment vérifiées et reconnues être de lui. — Si la dénégation ou méconnaissance ne porte que sur partie de la pièce à vérifier, le juge pourra ordonner que le surplus de ladite pièce servira de pièce de comparaison. 236, 325, P. c.; 453, 456, I. c.

201. Si les pièces de comparaison sont entre les mains de dépositaires publics ou autres, le juge-commissaire ordonnera qu'aux jour et heure par lui indiqués les détenteurs desdites pièces les apporteront au lieu où se fera la vérification : à peine, contre les dépositaires publics, d'être contraints par corps, et les autres par les voies ordinaires, sauf même à prononcer contre ces derniers la contrainte par corps, s'il y échet. 166, pr. ta.; 204, 221, P. c.; 2060, C.; 454, I. c.

202. Si les pièces de comparaison ne peuvent être déplacées, ou si les détenteurs sont trop éloignés, il est laissé à la prudence du tribunal d'ordonner, sur le rapport du juge-commissaire, et après avoir entendu le procureur du roi, que la vérification se fera dans le lieu de la demeure des dépositaires, ou dans le lieu le plus proche, ou que, dans un délai déterminé, les pièces seront envoyées au greffe par les voies que le tribunal indiquera par son jugement. 222.

203. Dans ce dernier cas, si le dépositaire est personne publique, il

sera préalablement expédition ou copie collationnée des pièces, laquelle sera vérifiée sur la minute ou original par le président du tribunal de son arrondissement, qui en dressera procès verbal : ladite expédition ou copie sera mise par le dépositaire au rang de ses minutes, pour en tenir lieu jusqu'au renvoi des pièces; et il pourra en délivrer des grosses ou expéditions, en faisant mention du procès verbal qui aura été dressé. — Le dépositaire sera remboursé de ses frais par le demandeur en vérification, sur la taxe qui en sera faite par le juge qui aura dressé le procès verbal, d'après lequel sera délivré exécutoire. 205, 245, P. c.; 455, I. c.

204. La partie la plus diligente fera sommer par exploit les experts et les dépositaires de se trouver aux lieu, jour et heure indiqués par l'ordonnance du juge-commissaire; les experts, à l'effet de prêter serment et de procéder à la vérification, et les dépositaires, à l'effet de représenter les pièces de comparaison : il sera fait sommation à la partie d'être présente, par acte d'avoué à avoué. Il sera dressé du tout procès verbal : il en sera donné aux dépositaires copie par extrait, en ce qui les concerne, ainsi que du jugement. 29, 70, 76, 166, pr. ta.; 336, P. c.

205. Lorsque les pièces seront représentées par les dépositaires, il est laissé à la prudence du juge-commissaire d'ordonner qu'ils resteront présens à la vérification, pour la garde desdites pièces, et qu'ils les retireront et représenteront à chaque vacation; ou d'ordonner qu'elles resteront déposées ès mains du greffier, qui s'en chargera par procès verbal : dans ce dernier cas, le dépositaire, s'il est personne publique, pourra en faire expédition, ainsi qu'il est dit par l'art. 203 : et ce, encore que le lieu où se fait la vérification soit hors de l'arrondissement dans lequel le dépositaire a le droit d'instrumenter. 166, pr. ta.; 245, P. c.; 455, I. c.

206. A défaut ou en cas d'insuffisance des pièces de comparaison, le juge-commissaire pourra ordonner qu'il sera fait un corps d'écritures,

lequel sera dicté par les experts, le demandeur présent ou appelé. 70, 92. pr. ta. ; 461, I. c.

297. Les experts ayant prêté serment, les pièces leur étant communiquées, ou le corps d'écritures fait, les parties se retireront, après avoir fait, sur le procès verbal du juge-commissaire, telles réquisitions et observations qu'elles aviseront. 92, pr. ta. ; 256, 315, P. c. ; 317, I. c.

208. Les experts procèderont conjointement à la vérification, au greffe, devant le greffier ou devant le juge, s'il l'a ainsi ordonné; et s'ils ne peuvent terminer le même jour, ils remettront à jour et heure certains indiqués par le juge ou par le greffier. 256, 517, P. c. ; 164, pr. ta.

209. Leur rapport sera annexé à la minute du procès verbal du juge-commissaire, sans qu'il soit besoin de l'affirmer; les pièces seront remises aux dépositaires, qui en déchargeront le greffier sur le procès verbal. — La taxe des journées et vacations des experts sera faite sur le procès verbal, et il en sera délivré exécutoire contre le demandeur en vérification. 210, 242, 518, P. c. ; 463, I. c.

210. Les trois experts seront tenus de dresser un rapport commun et motivé, et de ne former qu'un seul avis à la pluralité des voix. — S'il y a des avis différens, le rapport en contiendra les motifs, sans qu'il soit permis de faire connaître l'avis particulier des experts. 518 et s.

211. Pourront être entendus comme témoins, ceux qui auront vu écrire et signer l'écrit en question, ou qui auront connaissance de faits pouvant servir à découvrir la vérité.

212. En procédant à l'audition des témoins, les pièces déniées ou méconnues leur seront représentées, et seront par eux paraphées: il en sera fait mention, ainsi que de leur refus: seront, au surplus, observées les règles ci-après prescrites pour les enquêtes. 234, 252, P. c. ; 254, 257, 457, I. c.

213. S'il est prouvé que la pièce est écrite ou signée par celui qui l'a déniée, il sera condamné à cent cinquante francs d'amende envers le do-maine, outre les dépens, dommages et intérêts de la partie, et pourra être condamné par corps même pour le principal. 126, 214, 246, 552, 780, 1029, P. c. ; 2060, C.

TITRE XI.
DU FAUX INCIDENT CIVIL.

214. Celui qui prétend qu'une pièce signifiée, communiquée ou produite dans le cours de la procédure, est fausse ou falsifiée, peut, s'il y échet, être reçu à s'inscrire en faux, encore que ladite pièce ait été vérifiée, soit avec le demandeur, soit avec le défendeur en faux, à d'autres fins que celles d'une poursuite de faux principal ou incident, et qu'en conséquence il soit intervenu un jugement sur le fondement de ladite pièce comme véritable. 14, 194, 199, 250, 427, 1015, P. c. ; 154, 250, 459, I. c. ; 145, P.

215. Celui qui voudra s'inscrire en faux sera tenu préalablement de sommer l'autre partie, par acte d'avoué à avoué, de déclarer si elle veut ou non se servir de la pièce, avec déclaration que, dans le cas où elle s'en servirait, il s'inscrira en faux. 71, pr. ta. ; 458, I. c.

216. Dans les huit jours, la partie sommée doit faire signifier, par acte d'avoué, sa déclaration, signée d'elle ou du porteur de sa procuration spéciale et authentique, dont copie sera donnée, si elle entend ou non se servir de la pièce arguée de faux. 71, pr. ta. ; 1055, P. c. ; 459, I. c.

217. Si le défendeur à cette sommation ne fait cette déclaration, ou s'il déclare qu'il ne veut pas se servir de la pièce, le demandeur pourra se pourvoir à l'audience sur un simple acte, pour faire ordonner que la pièce maintenue fausse sera rejetée par rapport au défendeur; sauf au demandeur à en tirer telles inductions ou conséquences qu'il jugera à propos, ou à former telles demandes qu'il avisera, pour ses dommages et intérêts. 220, 224, 250, P. c. ; 459, I. c.

218. Si le défendeur déclare qu'il veut se servir de la pièce, le demandeur déclarera par acte au greffe, signé de lui ou de son fondé de pouvoir spécial et authentique, qu'il entend s'inscrire en faux ; il poursuivra l'audience sur un simple acte, à l'effet de faire admettre l'inscription, et de faire nommer le commissaire devant lequel elle sera poursuivie. 427, P. c.; 459, I. c. ; 92, pr. ta.

219. Le défendeur sera tenu de remettre la pièce arguée de faux, au greffe, dans trois jours de la signification du jugement qui aura admis l'inscription et nommé le commissaire, et de signifier l'acte de mise au greffe dans les trois jours suivans. 196, P. c. ; 70, 91, pr. ta.

220. Faute par le défendeur de satisfaire, dans ledit délai, à ce qui est prescrit par l'article précédent, le demandeur pourra se pourvoir à l'audience, pour faire statuer sur le rejet de ladite pièce, suivant ce qui est porté en l'art. 217 ci-dessus ; si mieux il n'aime demander qu'il lui soit permis de faire remettre ladite pièce au greffe, à ses frais, dont il sera remboursé par le défendeur comme de frais préjudiciaux, à l'effet de quoi il lui en sera délivré exécutoire. 91, pr. ta. ; 217, 1055. P. c.

221. En cas qu'il y ait minute de la pièce arguée de faux, il sera ordonné, s'il y a lieu, par le juge-commissaire, sur la requête du demandeur, que le défendeur sera tenu, dans le temps qui lui sera prescrit, de faire apporter ladite minute au greffe, et que les dépositaires d'icelle y seront contraints, les fonctionnaires publics par corps, et ceux qui ne le sont pas, par voie de saisie, amende, et même par corps s'il y échet. 70, 76, 92, 166, pr. ta.; 201, P. c.; 2060, C.

222. Il est laissé à la prudence du tribunal d'ordonner, sur le rapport du juge-commissaire, qu'il sera procédé à la continuation de la poursuite du faux, sans attendre l'apport de la minute, comme aussi de statuer ce qu'il appartiendra, en cas que ladite minute ne pût être rapportée, ou qu'il fût suffisamment justifié qu'elle a été soustraite ou qu'elle est perdue. 202.

223. Le délai pour l'apport de la minute court du jour de la signification de l'ordonnance ou du jugement au domicile de ceux qui l'ont en leur possession. 29, pr. ta. ; 1055, P. c.

224. Le délai qui aura été prescrit au défendeur pour faire apporter la minute courra du jour de la signification de l'ordonnance ou du jugement à son avoué ; et, faute par le défendeur d'avoir fait les diligences nécessaires pour l'apport de ladite minute dans ce délai, le demandeur pourra se pourvoir à l'audience, ainsi qu'il est dit art. 217. — Les diligences ci-dessus prescrites au défendeur seront remplies, en signifiant par lui aux dépositaires, dans le délai qui aura été prescrit, copie de la signification qui lui aura été faite de l'ordonnance ou du jugement ordonnant l'apport de ladite minute, sans qu'il soit besoin, par lui, de lever expédition de ladite ordonnance ou audit jugement. 70, pr. ta. ; 1055, P. c.

225. La remise de ladite pièce prétendue fausse étant faite au greffe, l'acte en sera signifié à l'avoué du demandeur, avec sommation d'être présent au procès verbal ; et, trois jours après cette signification, il sera dressé procès verbal de l'état de la pièce. — Si c'est le demandeur qui a fait faire la remise, ledit procès verbal sera fait dans les trois jours de ladite remise, sommation préalablement faite au défendeur d'y être présent. 70, 166, pr. ta.: 196, 227, P. c ; 448, I. c.

226. S'il a été ordonné que les minutes seraient apportées, le procès verbal sera dressé conjointement, tant desdites minutes que des expéditions arguées de faux, dans les délais ci-dessus : pourra néanmoins le tribunal ordonner, suivant l'exigence des cas, qu'il sera d'abord dressé procès verbal de l'état desdites expéditions, sans attendre l'apport desdites minutes, de l'état desquelles il sera, en ce cas, dressé procès verbal séparément. 92, pr. ta.; 196, P. c. ; 448, I. c.

227. Le procès verbal contiendra mention et description des ratures, surcharges, interlignes et autres circonstances du même genre : il sera dressé par le juge-commissaire, en présence du procureur du roi, du demandeur et du défendeur, ou de

leurs fondés de procurations authentiques et spéciales : lesdites pièces et minutes seront paraphées par le juge-commissaire et le procureur du roi, par le défendeur et le demandeur, s'ils peuvent ou veulent les parapher : sinon il en sera fait mention. Dans le cas de non-comparution de l'une ou de l'autre des parties, il sera donné défaut et passé outre au procès verbal. 196, 198, P. c. ; 448, l. c.

228. Le demandeur en faux, ou son avoué, pourra prendre communication, en tout état de cause, des pièces arguées de faux, par les mains du greffier, sans déplacement et sans retard. 91, 92, pr ta.

229. Dans les huit jours qui suivront ledit procès verbal, le demandeur sera tenu de signifier au défendeur ses moyens de faux, lesquels contiendront les faits, circonstances et preuves par lesquels il prétend établir le faux ou la falsification, sinon le défendeur pourra se pourvoir à l'audience pour faire ordonner, s'il y échet, que ledit demandeur demeurera déchu de son inscription en faux. 75, pr. ta. ; 217, 247, 1055, P. c.

230. Sera tenu le défendeur, dans les huit jours de la signification des moyens de faux, d'y répondre par écrit; sinon le demandeur pourra se pourvoir à l'audience pour faire statuer sur le rejet de la pièce, suivant ce qui est prescrit art. 217 ci-dessus. 75. pr. ta. ; 1055, P. c.

231. Trois jours après lesdites réponses, la partie la plus diligente pourra poursuivre l'audience ; et les moyens de faux seront admis ou rejetés, en tout ou en partie : il sera ordonné, s'il y échet, que lesdits moyens ou aucuns d'eux demeureront joints, soit à l'incident en faux, si quelques-uns desdits moyens ont été admis, soit à la cause ou au procès principal ; le tout suivant la qualité desdits moyens et l'exigence des cas.

232. Le jugement ordonnera que les moyens admis seront prouvés, tant par titres que par témoins, devant le juge commis, sauf au défendeur la preuve contraire, et qu'il sera procédé à la vérification des pièces arguées de faux, par trois experts

écrivains, qui seront nommés d'office par le même jugement. 195, 212, 254, 252, 302, P. c. ; 1317. 1341, 1547, C. ; 164, pr. ta.

233. Les moyens de faux qui seront déclarés pertinens et admissibles seront énoncés expressément dans le dispositif du jugement qui permettra d'en faire preuve, et il ne sera fait preuve d'aucun autre moyen. Pourront néanmoins les experts faire telles observations dépendantes de leur art qu'ils jugeront à propos, sur les pièces prétendues fausses, sauf aux juges à y avoir tel égard que de raison.

234. En procédant à l'audition des témoins, seront observées les formalités ci-après prescrites pour les enquêtes : les pièces prétendues fausses leur seront représentées et paraphées d'eux, s'ils peuvent ou veulent les parapher ; sinon il en sera fait mention. — A l'égard des pièces de comparaison et autres qui doivent être représentées aux experts, elles pourront l'être aussi aux témoins, en tout ou en partie, si le juge-commissaire l'estime convenable ; auquel cas elles seront par eux paraphées, ainsi qu'il est ci-dessus prescrit. 207, 212, 252, P. c. ; 457, l. c.

235. Si les témoins représentent quelques pièces lors de leur déposition, elles y demeureront jointes, après avoir été paraphées, tant par le juge-commissaire que par lesdits témoins, s'ils peuvent ou veulent le faire ; sinon il en sera fait mention : et si lesdites pièces font preuve du faux ou de la verité des pièces arguées, elles seront représentées aux autres témoins qui en auraient connaissance ; et elles seront par eux paraphées, suivant ce qui est ci-dessus prescrit. 212.

236. La preuve par experts se fera en la forme suivante : — 1° Les pièces de comparaison seront convenues entre les parties, ou indiquées par le juge, ainsi qu'il est dit à l'art. 200, titre de la Vérification des Ecritures. — 2° Seront remis aux experts, le jugement qui aura admis l'inscription de faux ; les pièces prétendues fausses ; le procès verbal de l'état d'icelles : le jugement qui aura admis les moyens

de faux et ordonné le rapport d'experts ; les pièces de comparaison, lorsqu'il en aura été fourni : le procès verbal de présentation d'icelles, et le jugement par lequel elles auront été reçues : les experts mentionneront dans leur rapport la remise de toutes les pièces susdites, et l'examen auquel ils auront procédé, sans pouvoir en dresser aucun procès verbal ; ils parapheront les pièces prétendues fausses. — Dans le cas où les témoins ouraient joint des pièces à leur déposition, la partie pourra requérir et le juge-commissaire ordonner qu'elles seront représentées aux experts. — 3° Seront, au surplus, observées audit rapport les règles prescrites au titre *de la Vérification des Écritures.* 195, 502.

237. En cas de récusation, soit contre le juge-commissaire, soit contre les experts, il y sera procédé ainsi qu'il est prescrit aux titres XIV et XXI du présent livre. 197, 508, 578.

238. Lorsque l'instruction sera achevée, le jugement sera poursuivi sur un simple acte.

239. S'il résulte, de la procédure, des indices de faux ou de falsification, et que les auteurs ou complices soient vivans, et la poursuite du crime non éteinte par la prescription d'après les dispositions du Code pénal, le président délivrera mandat d'amener contre les prévenus, et remplira, à cet égard, les fonctions d'officier de police judiciaire. 250, P. c. ; 61, 462 I. c. ; 75, pr. ta.

240. Dans le cas de l'article précédent, il sera sursis à statuer sur le civil, jusqu'après le jugement sur le faux. 250, 448, P. c. ; 1519, C.

241. Lorsqu'en statuant sur l'inscription de faux, le tribunal aura ordonné la suppression, la lacération ou la radiation en tout ou en partie, même la réformation ou le rétablissement des pièces déclarées fausses, il sera sursis à l'exécution de ce chef du jugement, tant que le condamné sera dans le délai de se pourvoir par appel, requête civile ou cassation, ou qu'il n'aura pas formellement et valablement acquiescé au jugement. 244, P. c. ; 465, I. c.

242. Par le jugement qui interviendra sur le faux, il sera statué, ainsi qu'il appartiendra, sur la remise des pièces, soit aux parties, soit aux témoins qui les auront fournies ou représentées : ce qui aura lieu même à l'égard des pièces prétendues fausses, lorsqu'elles ne seront pas jugées telles : à l'égard des pièces qui auront été tirées d'un dépôt public, il sera ordonné qu'elles seront remises aux dépositaires, ou renvoyées par les greffiers de la manière prescrite par le tribunal ; le tout sans qu'il soit rendu séparément un autre jugement sur la remise des pièces, laquelle néanmoins ne pourra être faite qu'après le délai prescrit par l'article précédent. 209, 244, P. c. ; 465, I. c.

243. Il sera sursis, pendant ledit délai, à la remise des pièces de comparaison ou autres, si ce n'est qu'il en soit autrement ordonné par le tribunal, sur la requête des dépositaires desdites pièces, ou des parties qui auraient intérêt de la demander.

244. Il est enjoint aux greffiers de se conformer exactement aux articles précédens, en ce qui les regarde, à peine d'interdiction, d'amende qui ne pourra être moindre de cent francs, et des dommages-intérêts des parties, même d'être procédé extraordinairement s'il y échet. 128, 1029.

245. Pendant que lesdites pièces demeureront au greffe, les greffiers ne pourront délivrer aucune copie ni expédition des pièces prétendues fausses, si ce n'est en vertu d'un jugement : à l'égard des actes dont les originaux ou minutes auront été remis au greffe, et notamment des registres sur lesquels il y aurait des actes non argués de faux, lesdits greffiers pourront en délivrer des expéditions aux parties qui auront droit d'en demander, sans qu'ils puissent prendre de plus grands droits que ceux qui seraient dus aux dépositaires desdits originaux ou minutes : et sera le présent article exécuté, sous les peines portées par l'article précédent. — S'il a été fait par les dépositaires des minutes desdites pièces, des expéditions pour tenir lieu desdites minutes, en exécution de l'art. 205 du titre *de la*

l'érification des Écritures. lesdits actes ne pourront être expédiés que par lesdits dépositaires. 128, 205, 1029.

246. Le demandeur en faux qui succombera sera condamné à une amende qui ne pourra être moindre de trois cents francs, et à tels dommages et intérêts qu'il appartiendra. 128, 215, 247, 250, 1029.

247. L'amende sera encourue toutes les fois que l'inscription en faux ayant été faite au greffe, et la demande à fin de s'inscrire admise, le demandeur s'en sera désisté volontairement ou aura succombé, ou que les parties auront été mises hors de procès, soit par le défaut de moyens ou de preuves suffisantes, soit faute d'avoir satisfait, de la part du demandeur, aux diligences et formalités ci-dessus prescrites ; ce qui aura lieu, en quelques termes que la prononciation soit conçue, et encore que le jugement ne portât point condamnation d'amende : le tout, quand même le demandeur offrirait de poursuivre le faux par la voie extraordinaire. 229, 250, 1029.

248. L'amende ne sera pas encourue, lorsque la pièce, ou une des pièces, arguées de faux, aura été déclarée fausse en tout ou en partie, ou lorsqu'elle aura été rejetée de la cause ou du procès, comme aussi lorsque la demande à fin de s'inscrire en faux n'aura pas été admise ; et ce, de quelques termes que les juges se soient servis pour rejeter ladite demande, ou pour n'y avoir pas d'égard. 75, pr. ta.

249. Aucune transaction sur la poursuite du faux incident ne pourra être exécutée, si elle n'a été homologuée en justice, après avoir été communiquée au ministère public, lequel pourra faire, à ce sujet, telles réquisitions qu'il jugera à propos.

250. Le demandeur en faux pourra toujours se pourvoir, par la voie criminelle, en faux principal ; et dans ce cas, il sera sursis au jugement de la cause, à moins que les juges n'estiment que le procès puisse être jugé indépendamment de la pièce arguée de faux. 71, pr. ta. ; 240, 448, P. c. ; 1319, 2046, C.

251. Tout jugement d'instruction ou définitif, en matière de faux, ne pourra être rendu que sur les conclusions du ministère public. 83.

TITRE XII.
DES ENQUÊTES.

252. Les faits dont une partie demandera à faire preuve seront articulés succinctement par un simple acte de conclusion, sans écritures ni requête. — Ils seront, également par un simple acte, déniés ou reconnus dans les trois jours ; sinon ils pourront être tenus pour confessés ou avérés. 54, 253, 254, 324, 407, 413, P. c. : 71, pr. ta. ; 246, 247, C.

253. Si les faits sont admissibles, qu'ils soient déniés, et que la loi n'en défende pas la preuve, elle pourra être ordonnée. 252, 1341, C.

254. Le tribunal pourra aussi ordonner d'office la preuve des faits qui lui paraîtront concluans, si la loi ne le défend pas.

255. Le jugement qui ordonnera la preuve contiendra, — 1º Les faits à prouver : — 2º La nomination du juge devant qui l'enquête sera faite. — Si les témoins sont trop éloignés, il pourra être ordonné que l'enquête sera faite devant un juge commis par un tribunal désigné à cet effet. 1035.

256. La preuve contraire sera de droit : la preuve du demandeur et la preuve contraire seront commencées et terminées dans les délais fixés par les articles suivans.

257. Si l'enquête est faite au même lieu où le jugement a été rendu, ou dans la distance de trois myriamètres, elle sera commencée dans la huitaine du jour de la signification à avoué ; si le jugement est rendu contre une partie qui n'avait point d'avoué, le délai courra du jour de la signification à personne ou domicile : ces délais courent également contre celui qui a signifié le jugement ; le tout à peine de nullité. — Si le jugement est susceptible d'opposition, le délai courra du jour de l'expiration des délais de l'opposition. 157, 278, 292, 1033.

258. Si l'enquête doit être faite à une plus grande distance, le jugement fixera le délai dans lequel elle sera commencée. 278, 1035.

259. L'enquête est censée commencée, pour chacune des parties respectivement, par l'ordonnance qu'elle obtient du juge-commissaire, à l'effet d'assigner les témoins aux jour et heure par lui indiqués. — En conséquence, le juge-commissaire ouvrira les procès verbaux respectifs par la mention de la réquisition et de la délivrance de son ordonnance. 76, 91, pr. ta.

260. Les témoins seront assignés à personne ou domicile : ceux domiciliés dans l'étendue de trois myriamètres du lieu où se fait l'enquête, le seront au moins un jour avant l'audition : il sera ajouté un jour par trois myriamètres pour ceux domiciliés à une plus grande distance. Il sera donné copie à chaque témoin, du dispositif du jugement, seulement en ce qui concerne les faits admis, et de l'ordonnance du juge-commissaire; le tout à peine de nullité des dépositions des témoins envers lesquels les formalités ci-dessus n'auraient pas été observées. 29, pr. ta. ; 267, 294, 415, 1029. 1053. P. c. ; 510 et s. . l. c.

261. La partie sera assignée pour être présente à l'enquête, au domicile de son avoué, si elle en a constitué, sinon à son domicile; le tout trois jours au moins avant l'audition : les noms, professions et demeures des témoins à produire contre elle, lui seront notifiés : le tout à peine de nullité, comme ci-dessus. 258, 259, 261. 267, 270, 275. 275. 294, 408, 415. 1029,1051,1053, P. c. ; 29, pr. ta.

262. Les témoins seront entendus séparément, tant en présence qu'en l'absence des parties. — Chaque témoin, avant d'être entendu, déclarera ses noms, profession, âge et demeure, s'il est parent ou allié de l'une des parties, à quel degré, s'il est serviteur ou domestique de l'une d'elles : il fera serment de dire vérité : le tout à peine de nullité. 35, 268, 275. 1029.

263. Les témoins défaillans seront condamnés, par ordonnances du juge-commissaire qui seront exécutoires nonobstant opposition ou appel, à une somme qui ne pourra être moindre de dix francs, au profit de la partie, à titre de dommages et inté-

rêts : ils pourront de plus être condamnés, par la même ordonnance, à une amende qui ne pourra excéder la somme de cent francs. — Les témoins défaillans seront réassignés à leurs frais. 413, 1029. P. c. ; 80, 86, 157. 507. 555 579, l. c.

264. Si les témoins réassignés sont défaillans, ils seront condamnés, et par corps, à une amende de cent francs ; le juge-commissaire pourra même décerner contre eux un mandat d'amener. 1059, P. c. ; 80, 157, 555, l. c.

265. Si le témoin justifie qu'il n'a pu se présenter au jour indiqué, le juge-commissaire le déchargera, après sa déposition, de l'amende et des frais de réassignation. 81, 158, 556, l. c.

266. Si le témoin justifie qu'il est dans l'impossibilité de se présenter au jour indiqué, le juge-commissaire lui accordera un délai suffisant, qui néanmoins ne pourra excéder celui fixé pour l'enquête, ou se transportera pour recevoir la déposition. Si le témoin est éloigné, le juge-commissaire renverra devant le président du tribunal du lieu, qui entendra le témoin ou commettra un juge : le greffier de ce tribunal fera parvenir de suite la minute du procès verbal au greffe du tribunal où le procès est pendant, sauf à lui à prendre exécutoire pour les frais contre la partie à la requête de qui le témoin aura été entendu. 412, 782, 1053, P. c., 85, l. c.

267. Si les témoins ne peuvent être entendus le même jour, le juge-commissaire remettra à jour et heure certains : et il ne sera donné nouvelle assignation ni aux témoins, ni à la partie, encore qu'elle n'ait pas comparu. 260, P. c. ; 167, pr. ta.

268. Nul ne pourra être assigné comme témoin, s'il est parent ou allié en ligne directe de l'une des parties, ou son conjoint, même divorcé. 270, 275. 282. 415, P. c. ; 156, 322, l. c. ; 28, 42, P.

26 . Les procès verbaux d'enquête contiendront la date des jour et heure, les comparutions ou défauts des parties et témoins, la représentation des assignations, les remises à autres

jour et heure, si elles sont ordonnées ; à peine de nullité. 1029.

270. Les reproches seront proposés par la partie ou par son avoué avant la déposition du témoin, qui sera tenu de s'expliquer sur iceux ; ils seront circonstanciés et pertinens, et non en termes vagues et généraux. Les reproches et les explications du témoin seront consignés dans le procès verbal. 36, 268, 275, 282, 289, 415, P. c. ; 92, pr. ta.

271. Le témoin déposera, sans qu'il lui soit permis de lire aucun projet écrit. Sa déposition sera consignée sur le procès verbal ; elle lui sera lue, et il lui sera demandé s'il y persiste : le tout à peine de nullité : il lui sera demandé aussi s'il requiert taxe. 275, 292, 533, 1029.

272. Lors de la lecture de sa déposition, le témoin pourra faire tels changemens et additions que bon lui semblera ; ils seront écrits à la suite ou à la marge de sa déposition : il lui en sera donné lecture, ainsi que de la déposition, et mention en sera faite ; le tout à peine de nullité. 275, 292, 1029

273. Le juge-commissaire pourra, soit d'office, soit sur la réquisition des parties ou de l'une d'elles, faire au témoin les interpellations qu'il croira convenables pour éclaircir sa déposition : les réponses du témoin seront signées de lui, après lui avoir été lues, ou mention sera faite s'il ne veut ou ne peut signer ; elles seront également signées du juge et du greffier ; le tout à peine de nullité. 37, 275, 292, 415, 1029.

274. La déposition du témoin, ainsi que les changemens et additions qu'il pourra y faire, seront signés par lui, le juge et le greffier ; et si le témoin ne veut ou ne peut signer, il en sera fait mention : le tout à peine de nullité. Il sera fait mention de la taxe, s'il la requiert, ou de son refus. 275, 277, 292, 1029.

275. Les procès verbaux feront mention de l'observation des formalités prescrites par les articles 261, 262, 269, 270, 271, 272, 273 et 274 ci-dessus : ils seront signés, à la fin, par le juge et le greffier, et par les parties si elles le veulent ou le peuvent ; en cas de refus, il en sera fait mention : le tout à peine de nullité. 277, 280, 292, 1029.

276. La partie ne pourra, ni interrompre le témoin dans sa déposition, ni lui faire aucune interpellation directe, mais sera tenue de s'adresser au juge-commissaire, à peine de dix francs d'amende, et de plus forte amende, même d'exclusion, en cas de récidive ; ce qui sera prononcé par le juge-commissaire. Ses ordonnances seront exécutoires nonobstant appel ou opposition. 88 et s.

277. Si le témoin requiert taxe, elle sera faite par le juge-commissaire sur la copie de l'assignation, et elle vaudra exécutoire : le juge fera mention de la taxe sur son procès verbal. 574, 415.

278. L'enquête sera respectivement parachevée dans la huitaine de l'audition des premiers témoins, à peine de nullité, si le jugement qui l'a ordonnée n'a fixé un plus long délai. 257, 279, 292, 1029, 1031.

279. Si néanmoins l'une des parties demande prorogation dans le délai fixé pour la confection de l'enquête, le tribunal pourra l'accorder. 257, 278, 280, 409, P. c. ; 68, pr. ta.

280. La prorogation sera demandée sur le procès verbal du juge-commissaire, et ordonnée sur le référé qu'il en fera à l'audience, au jour indiqué par son procès verbal, sans sommation ni avenir, si les parties ou leurs avoués ont été présens : il ne sera accordé qu'une seule prorogation, à peine de nullité. 275.

281. La partie qui aura fait entendre plus de cinq témoins sur un même fait ne pourra répéter les frais des autres dépositions. 415, 1031, P. c. ; 168, pr. ta.

282. Aucun reproche ne sera proposé après la déposition, s'il n'est justifié par écrit. 270, 289, P. c. ; 71, pr. ta.

283. Pourront être reprochés, les parens ou alliés de l'une ou de l'autre des parties, jusqu'au degré de cousin issu de germain inclusivement ; les parens et alliés des conjoints au degré ci-dessus, si le conjoint est vivant ou si la partie ou le témoin en

a des enfans vivans : en cas que le conjoint soit décédé, et qu'il n'ait pas laissé de descendans, pourront être reprochés les parens et alliés en ligne directe, les frères, beaux - frères, sœurs et belles - sœurs. — Pourront aussi être reprochés, le témoin héritier présomptif ou donataire ; celui qui aura bu ou mangé avec la partie, et à ses frais, depuis la prononciation du jugement qui a ordonné l'enquête : celui qui aura donné des certificats sur les faits relatifs au procès : les serviteurs et domestiques : le témoin en état d'accusation ; celui qui aura été condamné à une peine afflictive ou infamante, ou même à une peine correctionnelle pour cause de vol. 268, 284, 289, P. c.; 25, C.; 156, 522, I. c.: 28, 42, P.

284. Le témoin reproché sera entendu dans sa déposition. 92, 168, pr. ta.

285. Pourront les individus âgés de moins de quinze ans révolus être entendus, sauf à avoir à leurs dépositions tel égard que de raison. 413, P. c.; 79, I. c.: 168, pr. ta.

286. Le délai pour faire enquête étant expiré, la partie la plus diligente fera signifier à avoué copie des procès verbaux, et poursuivra l'audience sur un simple acte. 82, P. c.; 70, pr. ta.

287. Il sera statué sommairement sur les reproches. 283, 404.

288. Si néanmoins le fond de la cause était en état, il pourra être prononcé sur le tout par un seul jugement. 134, 172, 558.

289. Si les reproches proposés avant la déposition ne sont justifiés par écrit, la partie sera tenue d'en offrir la preuve, et de désigner les témoins ; autrement elle n'y sera plus reçue : le tout sans préjudice des réparations, dommages et intérêts qui pourraient être dus au témoin reproché. 268, 270, 282, 287, P. c.: 71, pr. ta.

290. La preuve, s'il y échet, sera ordonnée par le tribunal, sauf la preuve contraire, et sera faite dans la forme ci-après réglée par les enquêtes sommaires. Aucun reproche ne pourra y être proposé, s'il n'est justifié par écrit. 407 et s.

291. Si les reproches sont admis, la déposition du témoin reproché ne sera point lue. 294.

292. L'enquête ou la déposition déclarée nulle par la faute du juge-commissaire, sera recommencée à ses frais : les délais de la nouvelle enquête ou de la nouvelle audition de témoins courront du jour de la signification du jugement qui l'aura ordonnée : la partie pourra faire entendre les mêmes témoins ; et si quelques-uns ne peuvent être entendus, les juges auront tel égard que de raison aux dépositions par eux faites dans la première enquête. 257, 260, 271, 278, 1029.

293. L'enquête déclarée nulle par la faute de l'avoué ou par celle de l'huissier, ne sera pas recommencée ; mais la partie pourra en répéter les frais contre eux, même des dommages et intérêts en cas de manifeste négligence ; ce qui est laissé à l'arbitrage du juge. 71, 132, 257, 260, 271, 278, 560, 415, 417, 1050.

294. La nullité d'une ou de plusieurs dépositions n'entraîne pas celle de l'enquête. 260, 291.

TITRE XIII.
DES DESCENTES SUR LES LIEUX.

295. Le tribunal pourra, dans le cas où il le croira nécessaire, ordonner que l'un des juges se transportera sur les lieux ; mais il ne pourra l'ordonner dans les matières où il n'échoit qu'un simple rapport d'experts, s'il n'en est requis par l'une ou par l'autre des parties. 58, 41, 296, 302, P. c.

296. Le jugement commettra l'un des juges qui y auront assisté.

297. Sur la requête de la partie la plus diligente, le juge - commissaire rendra une ordonnance qui fixera les lieu, jour et heure de la descente : la signification en sera faite d'avoué à avoué, et vaudra sommation. 70, 76, 92, pr. ta.

298. Le juge-commissaire fera mention, sur la minute de son procès verbal, des jours employés au transport, séjour et retour.

299. L'expédition du procès verbal sera signifiée par la partie la plus di-

ligente aux avoués des autres parties ;
et trois jours après, elle pourra poursuivre l'audience sur un simple acte.
70, pr. ta. ; 82, P. c.

300. La présence du ministère public ne sera nécessaire que dans le cas
où il sera lui-même partie. 83 et s.

301. Les frais de transport seront
avancés par la partie requérante, et
par elle consignés au greffe. 319,
852.

TITRE XIV.
DES RAPPORTS D'EXPERTS.

302. Lorsqu'il y aura lieu à un
rapport d'experts, il sera ordonné par
un jugement, lequel énoncera clairement les objets de l'expertise. 295,
971, P. c. ; 1675, 1676, C.

303. L'expertise ne pourra se faire
que par trois experts, à moins que les
parties ne consentent qu'il soit procédé par un seul. 196, 252, 429, 955,
P. c. ; 126, 455, 466, 824, 834,
1678, C.

304. Si, lors du jugement qui ordonne l'expertise, les parties se sont
accordées pour nommer les experts,
le même jugement leur donnera acte
de la nomination.

305. Si les experts ne sont pas convenus par les parties, le jugement ordonnera qu'elles seront tenues d'en
nommer dans les trois jours de la signification ; sinon, qu'il sera procédé
à l'opération par les experts qui seront nommés d'office par le même jugement. Ce même jugement nomme-
ra le juge-commissaire, qui recevra
le serment des experts convenus ou
nommés d'office : pourra néanmoins
le tribunal ordonner que les experts
prêteront leur serment devant le juge
de paix du canton où ils procéderont.
1055, 1055.

306. Dans le délai ci-dessus, les
parties qui se seront accordées pour
la nomination des experts, en feront
leur déclaration au greffe. 91, pr. ta.;
1055, P. c.

307. Après l'expiration du délai ci-
dessus, la partie la plus diligente
prendra l'ordonnance du juge, et fera
sommation aux experts nommés par
les parties ou d'office, pour faire leur
serment, sans qu'il soit nécessaire que

les parties y soient présentes. 29, 76,
91, pr. ta.

308. Les récusations ne pourront
être proposées que contre les experts
nommés d'office, à moins que les causes n'en soient survenues depuis la
nomination et avant le serment. 197,
257, 450.

309. La partie qui aura des moyens
de récusation à proposer sera tenue
de le faire dans les trois jours de la
nomination, par un simple acte signé
d'elle ou de son mandataire spécial,
contenant les causes de récusation,
et les preuves, si elle en a, ou l'offre
de les vérifier par témoins : le délai ci-
dessus expiré, la récusation ne pourra être proposée, et l'expert prêtera
serment au jour indiqué par la sommation. 71, pr. ta. ; 1035, P. ca.

310. Les experts pourront être récusés par les motifs pour lesquels les
témoins peuvent être reprochés. 283,
P. c. ; 25, C. ; 28, 42, 45, P.

311. La récusation contestée sera
jugée sommairement à l'audience, sur
un simple acte, et sur les conclusions
du ministère public ; les juges pourront ordonner la preuve par témoins,
laquelle sera faite dans la forme ci-
après prescrite pour les enquêtes sommaires. 71, pr. ta. ; 83, 405, P. c.

312. Le jugement sur la récusation
sera exécutoire, nonobstant l'appel.
155.

313. Si la récusation est admise,
il sera d'office, par le même jugement, nommé un nouvel expert ou
de nouveaux experts à la place de celui ou de ceux récusés.

314. Si la récusation est rejetée, la
partie qui l'aura faite sera condamnée
en tel dommages et intérêts qu'il appartiendra, même envers l'expert,
s'il le requiert ; mais, dans ce dernier cas, il ne pourra demeurer expert. 128, 590, P. c. ; 1146, C.

315. Le procès-verbal de prestation
de serment contiendra indication,
par les experts, du lieu et des jour
et heure de leur opération. — En cas
de présence des parties ou de leurs
avoués, cette indication vaudra sommation. — En cas d'absence, il sera
fait sommation aux parties, par acte
d'avoué, de se trouver aux jour et

heure que les experts auront indiqués. .70, 91, pr. ta. ; 267, 280, 1054, P. c.

316. Si quelque expert n'accepte point la nomination, ou ne se présente point, soit pour le serment, soit pour l'expertise, aux jour et heure indiqués, les parties s'accorderont sur-le-champ pour en nommer un autre à sa place ; sinon la nomination pourra être faite d'office par le tribunal. — L'expert qui, après avoir prêté serment, ne remplira pas sa mission, pourra être condamné par le tribunal qui l'avait commis, à tous les frais frustratoires, et même aux dommages-intérêts, s'il y échet. 505, 520, P. c. : 1146, C.

317. Le jugement qui aura ordonné le rapport, et les pièces nécessaires, seront remis aux experts : les parties pourront faire tels dires et réquisitions qu'elles jugeront convenables : il en sera fait mention dans le rapport ; il sera rédigé sur le lieu contentieux, ou dans le lieu et aux jour et heure qui seront indiqués par les experts. — La rédaction sera écrite par un des experts et signée par tous : s'ils ne savent pas tous écrire, elle sera écrite et signée par le greffier de la justice de paix du lieu où ils auront procédé. 15, 92, pr. ta. ; 956, P.c.

318. Les experts dresseront un seul rapport ; ils ne formeront qu'un seul avis à la pluralité des voix. — Ils indiqueront néanmoins, en cas d'avis différens, les motifs des divers avis, sans faire connaître quel a été l'avis personnel de chacun d'eux. 210, 956, P. c. : 824, 1679, C.

319. La minute du rapport sera déposée au greffe du tribunal qui aura ordonné l'expertise, sans nouveau serment de la part des experts : leurs vacations seront taxées par le président au bas de la minute ; et il en sera délivré exécutoire contre la partie qui aura requis l'expertise ou qui l'aura poursuivie si elle a été ordonnée d'office. 209, 501, 957.

320. En cas de retard ou de refus de la part des experts de déposer leur rapport, ils pourront être assignés à trois jours, sans préliminaire de conciliation, par devant le tribunal qui les aura commis, pour se voir condam-

ner, même par corps s'il y échet, à faire ledit dépôt : il y sera statué sommairement et sans instruction. 159, pr. ta. ; 516, P. c.

321. Le rapport sera levé et signifié à avoué par la partie la plus diligente ; l'audience sera poursuivie sur un simple acte. 70, 71, pr. ta. ; 85, 286, 299, P. c.

322. Si les juges ne trouvent point dans le rapport les éclaircissemens suffisans, ils pourront ordonner d'office une nouvelle expertise, par un ou plusieurs experts qu'ils nommeront également d'office, et qui pourront demander aux précédens experts les renseignemens qu'ils trouveront convenables.

323. Les juges ne sont point astreints à suivre l'avis des experts, si leur conviction s'y oppose.

TITRE XV.
DE L'INTERROGATOIRE SUR FAITS ET ARTICLES.

324. Les parties peuvent, en toutes matières et en tout état de cause, demander de se faire interroger respectivement sur faits et articles pertinens concernant seulement la matière dont est question, sans retard de l'instruction ni du jugement. 428.

325. L'interrogatoire ne pourra être ordonné que sur requête contenant les faits et par jugement rendu à l'audience : il y sera procédé, soit devant le président, soit devant un juge par lui commis. 70, 79, pr. ta.

326. En cas d'éloignement, le président pourra commettre le président du tribunal dans le ressort duquel la partie réside, ou le juge de paix du canton de cette résidence. 1055.

327. Le juge commis indiquera, au bas de l'ordonnance qui l'aura nommé, les jour et heure de l'interrogatoire : le tout sans qu'il soit besoin de procès verbal contenant réquisition ou délivrance de son ordonnance.

328. En cas d'empêchement légitime de la partie, le juge se transportera au lieu où elle est retenue. 555.

329. Vingt-quatre heures au moins avant l'interrogatoire, seront signifiées par le même exploit, à person-

ne ou domicile, la requête et les ordonnances du tribunal, du président ou du juge qui devra procéder à l'interrogatoire, avec assignation donnée par un huissier qu'il aura commis à cet effet. 29, pr. ta.

330. Si l'assigné ne comparaît pas, ou refuse de répondre après avoir comparu, il en sera dressé procès verbal sommaire, et les faits pourront être tenus pour avérés. 428.

331. Si, ayant fait défaut sur l'assignation, il se présente avant le jugement, il sera interrogé, en payant les frais du premier procès verbal et de la signification, sans répétition.

332. Si, au jour de l'interrogatoire, la partie assignée justifie d'empêchement légitime, le juge indiquera un autre jour pour l'interrogatoire, sans nouvelle assignation.

333. La partie répondra en personne, sans pouvoir lire aucun projet de réponse par écrit, et sans assistance de conseil, aux faits contenus en la requête, même à ceux sur lesquels le juge l'interrogera d'office ; les réponses seront précises et pertinentes sur chaque fait, et sans aucun terme calomnieux ni injurieux : celui qui aura requis l'interrogatoire ne pourra y assister. 271.

334. L'interrogatoire achevé sera lu à la partie, avec interpellation de déclarer si elle a dit vérité et persiste : si elle ajoute, l'addition sera rédigée en marge ou à la suite de l'interrogatoire ; elle lui sera lue, et il lui sera fait la même interpellation : elle signera l'interrogatoire et les additions : et si elle ne sait ou ne veut signer, il en sera fait mention. 70, pr. ta. ; 271, P. c.

335. La partie qui voudra faire usage de l'interrogatoire, le fera signifier, sans qu'il puisse être un sujet d'écritures de part ni d'autre. 70, pr. ta.

336. Seront tenues les administrations d'établissemens publics de nommer un administrateur ou agent pour répondre sur les faits et articles qui leur auront été communiqués : elles donneront, à cet effet, un pouvoir spécial dans lequel les réponses seront expliquées et affirmées véritables,

sinon les faits pourront être tenus pour avérés ; sans préjudice de faire interroger les administrateurs et agens sur les faits qui leur seront personnels, pour y avoir, par le tribunal, tel égard que de raison. 1032.

TITRE XVI.
DES INCIDENS.

§ Ier. *Des demandes incidentes.*

337. Les demandes incidentes seront formées par un simple acte contenant les moyens et les conclusions, avec offre de communiquer les pièces justificatives sur récépissé, ou par dépôt au greffe. — Le défendeur à l'incident donnera sa réponse par un simple acte. 71, pr. ta. ; 77, 82, 188, 406, P. c.

338. Toutes demandes incidentes seront formées en même temps ; les frais de celles qui seraient proposées postérieurement, et dont les causes auraient existé à l'époque des premières, ne pourront être répétés. — Les demandes incidentes seront jugées par préalable, s'il y a lieu ; et, dans les affaires sur lesquelles il aura été ordonné une instruction par écrit l'incident sera porté à l'audience, pour être statué ce qu'il appartiendra. 134, 186, 288, 541, 1031.

§ II. *De l'Intervention.*

339. L'intervention sera formée par requête qui contiendra les moyens et conclusions, dont il sera donné copie ainsi que des pièces justificatives. 49, 65, 406, 466, 536, P. c.; 75, pr. ta.

340. L'intervention ne pourra retarder le jugement de la cause principale, quand elle sera en état.

341. Dans les affaires sur lesquelles il aura été ordonné une instruction par écrit, si l'intervention est contestée par l'une des parties, l'incident sera porté à l'audience. 338.

TITRE XVII.
DES REPRISES D'INSTANCES, ET CONSTITUTION DE NOUVEL AVOUÉ.

342. Le jugement de l'affaire qui sera en état ne sera différé, ni par le changement d'état des parties, ni par la cessation des fonctions dans

lesquelles elles procédaient, ni par leur mort, ni par les décès, démissions, interdictions ou destitutions de leurs avoués. 75, 93, 109, 148, 597, 426, 1038.

343 L'affaire sera en état, lorsque la plaidoirie sera commencée ; la plaidoirie sera réputée commencée, quand les conclusions auront été contradictoirement prises à l'audience. — Dans les affaires qui s'instruisent par écrit, la cause sera en état quand l'instruction sera complète, ou quand les délais pour les productions et réponses seront expirés. 75, 90, 95, 369.

344. Dans les affaires qui ne seront pas en état, toutes procédures faites postérieurement à la notification de la mort de l'une des parties seront nulles : il ne sera pas besoin de signifier les décès, démissions, interdictions et destitutions des avoués ; les poursuites faites et les jugemens obtenus depuis seront nuls, s'il n'y a constitution de nouvel avoué. 70, pr. ta. ; 75, 447, 1029, 1038, P. c.

345. Ni le changement d'état des parties, ni la cessation des fonctions dans lesquelles elles procédaient, n'empêcheront la continuation des procédures. — Néanmoins le défendeur qui n'aurait pas constitué avoué avant le changement d'état ou le décès du demandeur sera assigné de nouveau à un délai de huitaine, pour voir adjuger des conclusions, et sans qu'il soit besoin de conciliation préalable. 72, 75, 1038.

346. L'assignation en reprise ou en constitution sera donnée aux délais fixés au titre des Ajournemens, avec indication des noms des avoués qui occupaient, et du rapporteur, s'il y en a. 72, pr. ta.

347. L'instance sera reprise par acte d'avoué à avoué. 71, pr. ta.

348. Si la partie assignée en reprise conteste, l'incident sera jugé sommairement. 75, pr. ta. ; 404, P. c.

349. Si, à l'expiration du délai, la partie assignée en reprise ou en constitution ne comparait pas, il sera rendu jugement qui tiendra la cause pour reprise, et ordonnera qu'il sera procédé suivant les derniers erremens, et sans qu'il puisse y avoir d'autres

délais que ceux qui restaient à courir, 149 et s.

350. Le jugement rendu par défaut contre une partie, sur la demande en reprise d'instance ou en constitution de nouvel avoué, sera signifié par un huissier commis : si l'affaire est en rapport, la signification énoncera le nom du rapporteur. 29, pr. ta. ; 95, P. c.

351. L'opposition à ce jugement sera portée à l'audience, même dans les affaires en rapport. 95, 157, 165.

TITRE XVIII.
DU DÉSAVEU.

352. Aucunes offres, aucun aveu ou consentement, ne pourront être faits, donnés ou acceptés sans un pouvoir spécial, à peine de désaveu. 49, 75, 402, 812, P. c. ; 1109, 1258, 1356, 1987, C.

353. Le désaveu sera fait au greffe du tribunal qui devra en connaître, par un acte signé de la partie, ou du porteur de sa procuration spéciale et authentique : l'acte contiendra les moyens, conclusions, et constitution d'avoué. 92, pr. ta.

354. Si le désaveu est formé dans le cours d'une instance encore pendante, il sera signifié sans autre demande, par acte d'avoué, tant à l'avoué contre lequel le désaveu est dirigé, qu'aux autres avoués de la cause ; et ladite signification vaudra sommation de défendre au désaveu. 70, 75, 76, pr. ta.

355. Si l'avoué n'exerce plus ses fonctions, le désaveu sera signifié par l'exploit à son domicile : s'il est mort, le désaveu sera signifié à ses héritiers, avec assignation au tribunal où l'instance est pendante, et notifié aux parties de l'instance par acte d'avoué à avoué. 29, 70, pr. ta.

356. Le désaveu sera toujours porté au tribunal devant lequel la procédure désavouée aura été instruite, encore que l'instance dans le cours de laquelle il est formé soit pendante en un autre tribunal ; le désaveu sera dénoncé aux parties de l'instance principale, qui seront appelées dans celle de désaveu. 59, P. c. ; 91, pr. ta.

357. Il sera sursis à toute procé-

27*

dure et au jugement de l'instance principale, jusqu'à celui du désaveu, à peine de nullité ; sauf cependant à ordonner que le désavouant fera juger le désaveu dans un délai fixe, sinon qu'il sera fait droit.

358. Lorsque le désaveu concernera un acte sur lequel il n'y a point instance, la demande sera portée au tribunal du défendeur. 59.

359. Toute demande en désaveu sera communiquée au ministère public. 83.

360. Si le désaveu est déclaré valable, le jugement, ou les dispositions du jugement relatives aux chefs qui ont donné lieu au désaveu, demeureront annulées et comme non avenues : le désavoué sera condamné, envers le demandeur et les autres parties, en tous dommages-intérêts, même puni d'interdiction, ou poursuivi extraordinairement, suivant la gravité du cas et la nature des circonstances. 128, 132, 1029, P. c.; 1146, C.

361. Si le désaveu est rejeté, il sera fait mention du jugement de rejet en marge de l'acte de désaveu, et le demandeur pourra être condamné, envers le désavoué et les autres parties, en tels dommages et réparations qu'il appartiendra. 128, P. c.; 1146, C.; 91, pr. ta.

362. Si le désaveu est formé à l'occasion d'un jugement qui aura acquis force de chose jugée, il ne pourra être reçu après la huitaine, à dater du jour où le jugement devra être réputé exécuté, aux termes de l'art. 159 ci-dessus. 556.

TITRE XIX.
DES RÈGLEMENS DE JUGES.

363. Si un différent est porté à deux ou à plusieurs tribunaux de paix ressortissant au même tribunal, le règlement de juges sera porté à ce tribunal. — Si les tribunaux de paix relèvent de tribunaux différens, le règlement de juges sera porté à la cour royale. — Si ces tribunaux ne ressortissent pas à la même cour royale, le règlement sera porté à la cour de cassation. — Si un différent est porté à deux ou à plusieurs tribunaux de première instance ressortissant à la même cour royale, le règlement de juges sera porté à cette cour : il sera porté à la cour de cassation, si les tribunaux ne ressortissent pas tous à la même cour royale, ou si le conflit existe entre une ou plusieurs cours. 2, 49, 59, 171, 461, P. c.; 525, I. c.

364. Sur le vu des demandes formées dans différens tribunaux, il sera rendu, sur requête, jugement portant permission d'assigner en règlement, et les juges pourront ordonner qu'il sera sursis à toutes procédures dans lesdits tribunaux. 78, pr. ta.; 528 et s., I. c.

365. Le demandeur signifiera le jugement et assignera les parties au domicile de leurs avoués. — Le délai pour signifier le jugement et pour assigner sera de quinzaine, à compter du jour du jugement. — Le délai pour comparaître sera celui des ajournemens, en comptant les distances d'après le domicile respectif des avoués. 29, pr. ta.; 72, 366, 1033, P. c.

366. Si le demandeur n'a pas assigné dans les délais ci-dessus, il demeurera déchu du règlement de juges, sans qu'il soit besoin de le faire ordonner ; et les poursuites pourront être continuées dans le tribunal saisi par le défendeur en règlement. 1029.

367. Le demandeur qui succombera pourra être condamné aux dommages-intérêts envers les autres parties. 128, P. c.; 1146, C.

TITRE XX.
DU RENVOI A UN AUTRE TRIBUNAL POUR PARENTÉ OU ALLIANCE.

368. Lorsqu'une partie aura deux parens ou alliés jusqu'au degré de cousin issu de germain inclusivement, parmi les juges d'un tribunal de première instance, ou trois parens ou alliés au même degré dans une cour royale ; ou lorsqu'elle aura un parent audit degré parmi les juges du tribunal de première instance, ou deux parens dans la cour royale, et qu'elle-même sera membre du tribunal ou de cette cour, l'autre partie pourra demander le renvoi. 49, 168, P. c.; 542, 545, I. c.

369. Le renvoi sera demandé avant le commencement de la plaidoirie; et, si l'affaire est en rapport, avant que l'instruction soit achevée, ou que les délais soient expirés, sinon il ne sera plus reçu. 98, 345, 382. P. c.; 543, I. c.

370 Le renvoi sera proposé par acte au greffe, lequel contiendra les moyens, et sera signé de la partie ou de son fondé de procuration spéciale et authentique. 92, pr. ta.: 594, P. c.

371. Sur l'expédition dudit acte, présentée avec les pièces justificatives, il sera rendu jugement qui ordonnera. 1° la communication aux juges à raison desquels le renvoi est demandé, pour faire, dans un délai fixe, leur déclaration au bas de l'expédition du jugement; 2° la communication au ministère public; 3° le rapport, à jour indiqué, par l'un des juges nommés par ledit jugement. 383, P. c.; 546, I. c.

372. L'expédition de l'acte à fin de renvoi, les pièces y annexées, et le jugement mentionné en l'article précédent, seront signifiés aux autres parties. 70, 92, pr. ta.

373. Si les causes de la demande en renvoi sont avouées ou justifiées dans un tribunal de première instance, le renvoi sera fait à l'un des autres tribunaux ressortissant en la même cour royale; et si c'est dans une cour royale, le renvoi sera fait à l'une des trois cours les plus voisines. 75, pr. ta.

374. Celui qui succombera sur sa demande en renvoi, sera condamné à une amende qui ne pourra être moindre de cinquante francs, sans préjudice des dommages-intérêts de la partie, s'il y a lieu. 128, 390. 1029.

375. Si le renvoi est prononcé, qu'il n'y ait pas d'appel, ou que l'appelant ait succombé, la contestation sera portée devant le tribunal qui devra en connaître, sur simple assignation, et la procédure y sera continuée suivant ses derniers errements.

376. Dans tous les cas, l'appel du jugement de renvoi sera suspensif. 457, P. c.: 550, I. c.

377. Sont applicables audit appel, les dispositions des articles 392, 595.

594, 595, titre de la Récusation, ci-après.

TITRE XXI.
DE LA RÉCUSATION.

378. Tout juge peut être récusé pour les causes ci-après : — 1° S'il est parent ou allié des parties, ou de l'une d'elles, jusqu'au degré de cousin issu de germain inclusivement; — 2° Si la femme du juge est parente ou alliée de l'une des parties, ou si le juge est parent ou allié de la femme de l'une des parties, au degré ci-dessus, lorsque la femme est vivante, ou qu'étant décédée, il en existe des enfans; si elle est décédée et qu'il n'y ait point d'enfans, le beau-père, le gendre ni les beaux-frères ne pourront être juges: — La disposition relative à la femme décédée s'appliquera à la femme divorcée, s'il existe des enfans du mariage dissous; — 3° Si le juge, sa femme, leurs ascendans et descendans, ou alliés dans la même ligne, ont un différent sur pareille question que celle dont il s'agit entre les parties; — 4° S'ils ont un procès en leur nom dans un tribunal où l'une des parties sera juge: s'ils sont créanciers ou débiteurs d'une des parties; — Si dans les cinq ans qui ont précédé la récusation, il y a eu procès criminel entre eux et l'une des parties, ou son conjoint, ou ses parens ou alliés en ligne directe: — 6° S'il y a procès civil entre le juge, sa femme, leurs ascendans ou descendans, ou alliés dans la même ligne, et l'une des parties, et que ce procès, s'il a été intenté par la partie, l'ait été avant l'instance dans laquelle la récusation est proposée; si, ce procès étant terminé, il ne l'a été que dans les six mois précédant la récusation; — 7° Si le juge est tuteur, subrogé tuteur ou curateur, héritier présomptif, ou donataire, maître ou commensal de l'une des parties: s'il est administrateur de quelque établissement, société ou direction, partie dans la cause: si l'une des parties est sa présomptive héritière: — 8° Si le juge a donné conseil, plaidé ou écrit sur le différent; s'il en a précédemment connu com-

me juge ou comme arbitre ; s'il a
sollicité, recommandé ou fourni aux
frais du procès ; s'il a déposé comme
témoin : si, depuis le commencement
du procès, il a bu ou mangé avec
l'une ou l'autre des parties dans leur
maison, ou reçu d'elle des présens ;
— 9° S'il y a inimitié capitale entre
lui et l'une des parties ; s'il y a eu,
de sa part, agressions, injures ou
menaces, verbalement ou par écrit,
depuis l'instance, ou dans les six
mois précédant la récusation proposée. 14, 197, 237, 363, 368, 514,
1014, 475.

379. Il n'y aura pas lieu à récusation, dans les cas où le juge serait
parent du tuteur ou du curateur de
l'une des deux parties, ou des membres ou administrateurs d'un établissement, société, direction ou union,
partie dans la cause, à moins que
lesdits tuteurs, administrateurs ou intéressés, n'aient un intérêt distinct
ou personnel.

380. Tout juge qui saura cause
de récusation en sa personne sera
tenu de la déclarer à la chambre,
qui décidera s'il doit s'abstenir.

381. Les causes de récusation relatives aux juges sont applicables au
ministère public, lorsqu'il est partie
jointe ; mais il n'est pas récusable,
lorsqu'il est partie principale.

382. Celui qui voudra récuser devra le faire avant le commencement
de la plaidoirie ; et, si l'affaire est
en rapport, avant que l'instruction
soit achevée, ou que les délais soient
expirés, à moins que les causes de
la récusation ne soient survenues postérieurement. 98, 343, 369.

383. La récusation contre les juges
commis aux descentes, enquêtes et
autres opérations, ne pourra être
proposée que dans les trois jours qui
courront, 1° si le jugement est contradictoire, du jour du jugement ;
2° si le jugement est par défaut et
qu'il n'y ait pas d'opposition, du
jour de l'expiration de la huitaine
de l'opposition ; 3° si le jugement a
été rendu par défaut et qu'il y ait eu
opposition, du jour du débouté d'opposition, même par défaut. 1033.

384. La récusation sera proposée

par un acte au greffe, qui en contiendra les moyens, et sera signé de
la partie, ou du fondé de sa procuration authentique et spéciale, laquelle sera annexée à l'acte. 92,
pr. ta.; 570, P. c.

385. Sur l'expédition de l'acte de
récusation, remise dans les vingt-
quatre heures par le greffier au président du tribunal, il sera, sur le
rapport du président et les conclusions du ministère public, rendu jugement qui, si la récusation est inadmissible, la rejettera ; et, si elle est
admissible, ordonnera, 1° la communication au juge récusé, pour
s'expliquer en termes précis sur les
faits, dans le délai qui sera fixé par
le jugement ; 2° la communication
au ministère public, et indiquera le
jour où le rapport sera fait par l'un
des juges nommé par ledit jugement.
371.

386. Le juge récusé fera sa déclaration au greffe, à la suite de la minute de l'acte de récusation.

387. A compter du jour du jugement qui ordonnera la communication, tous jugemens et opérations
seront suspendues : si cependant l'une
des parties prétend que l'opération
est urgente et qu'il y a péril dans le
retard, l'incident sera porté à l'audience sur un simple acte, et le tribunal pourra ordonner qu'il sera
procédé par un autre juge. 591.

388. Si le juge récusé convient des
faits qui ont motivé sa récusation,
ou si ces faits sont prouvés, il sera
ordonné qu'il s'abstiendra.

389. Si le récusant n'apporte
preuve par écrit ou commencement
de preuve des causes de la récusation, il est laissé à la prudence du
tribunal de rejeter la récusation sur
la simple déclaration du juge, ou
d'ordonner la preuve testimoniale.
1347, C.

390. Celui dont la récusation aura
été déclarée non admissible, ou non
recevable, sera condamné à telle
amende qu'il plaira au tribunal, laquelle ne pourra être moindre de
cent francs, et sans préjudice, s'il y
a lieu, de l'action du juge en réparation et dommages et intérêts, au-

quel cas il ne pourra demeurer juge. 514, 1029.

391. Tout jugement sur récusation, même dans les matières où le tribunal de première instance juge en dernier ressort, sera susceptible d'appel : si néanmoins la partie soutient qu'attendu l'urgence il est nécessaire de procéder à une opération sans attendre que l'appel soit jugé, l'incident sera porté à l'audience sur un simple acte ; et le tribunal qui aura rejeté la récusation pourra ordonner qu'il sera procédé à l'opération par un autre juge. 376, 387.

392. Celui qui voudra appeler sera tenu de le faire dans les cinq jours du jugement, par un acte au greffe, lequel sera motivé et contiendra énonciation du dépôt au greffe des pièces au soutien. 377, 396. 1033.

393. L'expédition de l'acte de récusation, de la déclaration du juge, du jugement, de l'appel, et les pièces jointes, seront envoyées sous trois jours par le greffier, à la requête et aux frais de l'appelant, au greffier de la cour royale.

394. Dans les trois jours de la remise au greffier de la cour royale, il présentera lesdites pièces à la cour, laquelle indiquera le jour du jugement, et commettra l'un des juges ; sur son rapport et sur les conclusions du ministère public, il sera rendu à l'audience jugement, sans qu'il soit nécessaire d'appeler les parties.

395. Dans les vingt-quatre heures de l'expédition du jugement, le greffier de la cour royale renverra les pièces à lui adressées, au greffier du tribunal de première instance.

396. L'appelant sera tenu, dans le mois du jour du jugement de première instance qui aura rejeté sa récusation, de signifier aux parties le jugement sur l'appel, ou certificat du greffier de la cour royale, contenant que l'appel n'est pas jugé, et indication du jour déterminé par la cour : sinon le jugement qui aura rejeté la récusation, sera exécuté par provision ; et ce qui sera fait en conséquence sera valable, encore que la récusation fût admise sur l'appel. 70, pr. ta.

TITRE XXII.

DE LA PÉREMPTION.

397. Toute instance, encore qu'il n'y ait pas eu constitution d'avoué, sera éteinte par discontinuation de poursuites pendant trois ans. — Ce délai sera augmenté de six mois, dans tous les cas où il y aura lieu à demande en reprise d'instance, ou constitution de nouvel avoué. 15, 156, 342, 401, 1029.

398. La péremption courra contre l'état, les établissemens publics, et toutes personnes, même mineures, sauf leur recours contre les administrateurs et tuteurs. 2278, C.

399. La péremption n'aura pas lieu de droit : elle se couvrira par les actes valables faits par l'une ou l'autre des parties avant la demande en péremption.

400. Elle sera demandée par requête d'avoué à avoué, à moins que l'avoué soit décédé, ou interdit, ou suspendu, depuis le moment où elle a été acquise. 75, pr. ta.; 342, P. c.

401. La péremption n'éteint pas l'action ; elle emporte seulement extinction de la procédure, sans qu'on puisse, dans aucun cas, opposer aucun des actes de la procédure éteinte, ni s'en prévaloir. — En cas de péremption, le demandeur principal est condamné à tous les frais de la procédure périmée. 130, 469, 543.

TITRE XXIII.

DU DÉSISTEMENT.

402. Le désistement peut être fait et accepté par de simples actes signés des parties ou de leurs mandataires, et signifiés d'avoué à avoué. 352, P. c.; 1987, C. ; 71, pr. ta.

403. Le désistement, lorsqu'il aura été accepté, emportera de plein droit consentement que les choses soient remises de part et d'autre au même état qu'elles étaient avant la demande. — Il emportera également soumission de payer les frais, au paiement desquels la partie qui se sera désistée sera contrainte sur simple ordonnance du président mise au bas de la taxe, parties présentes, ou appelées par acte d'avoué à avoué. — Cette ordonnance,

si elle émane d'un tribunal de première instance, sera exécutée nonobstant opposition ou appel; elle sera exécutée nonobstant opposition, si elle émane d'une cour royale. 150, 545, P. c.; 70, 76, pr. ta.

TITRE XXIV.
DES MATIÈRES SOMMAIRES.

404. Seront réputés matières sommaires, et instruits comme tels, — Les appels des juges de paix; — Les demandes pures personnelles, à quelque somme qu'elles puissent monter, quand il y a titre, pourvu qu'il ne soit pas contesté; — Les demandes formées sans titre, lorsqu'elles n'excèdent pas mille francs; — Les demandes provisoires ou qui requièrent célérité; — Les demandes en paiement de loyers et fermages et arrérages de rentes. 12, 16, 24, 51, 49, 72, 172, 180, 192, 287, 511, 520, 548, 521, 608, 669, 765, 779, 794, 805, 809, 852, 840, 847, P. c.; 449, 823, 975, C.; 19, 67, 75, 95, 119, 122, 125, pr. ta.

405. Les matières sommaires seront jugées à l'audience, après les délais de la citation échus, sur un simple acte, sans autres procédures ni formalités. 82.

406. Les demandes incidentes et les interventions seront formées par requête d'avoué, qui ne pourra contenir que des conclusions motivées. 527, 559, P. c.; 16, 21, pr. ta.

407. S'il y a lieu à enquête, le jugement qui l'ordonnera contiendra les faits, sans qu'il soit besoin de les articuler préalablement, et fixera les jour et heure où les témoins seront entendus à l'audience. 54, 252, 452.

408. Les témoins seront assignés au moins un jour avant celui de l'audition. 260, 415, P. c.; 76, pr. ta.

409. Si l'une des parties demande prorogation, l'incident sera jugé sur-le-champ. 279, 452.

410. Lorsque le jugement ne sera pas susceptible d'appel, il ne sera point dressé procès-verbal de l'enquête; il sera seulement fait mention, dans le jugement, des noms des témoins, et du résultat de leurs dépositions. 40, 262, 269.

411. Si le jugement est susceptible d'appel, il sera dressé procès verbal, qui contiendra les sermens des témoins, leur déclaration s'ils sont parens, alliés, serviteurs ou domestiques des parties, les reproches qui auraient été formés contre eux, et le résultat de leurs dépositions. 59, 262, 269.

412. Si les témoins sont éloignés ou empêchés, le tribunal pourra commettre le tribunal ou le juge de paix de leur résidence : dans ce cas, l'enquête sera rédigée par écrit; il en sera dressé procès verbal. 266, 1055.

413. Seront observées en la confection des enquêtes sommaires les dispositions du titre XII, des Enquêtes, relatives aux formalités ci-après : — La copie aux témoins, ou dispositif du jugement par lequel ils sont appelés; — Copie à la partie, des noms des témoins; — L'amende et les peines contre les témoins défaillans; — La prohibition d'entendre les conjoints des parties, les parens et alliés en ligne directe; — Les reproches par la partie présente, la manière de les juger, les interpellations aux témoins, la taxe; — Le nombre des témoins dont les voyages passent en taxe; — La faculté d'entendre les individus âgés de moins de quinze ans révolus. 152, 260, 261, 265, 268, 270, 275, 277, 281, 285.

TITRE XXV.
PROCÉDURE DEVANT LES TRIBUNAUX DE COMMERCE.

414. La procédure devant les tribunaux de commerce se fait sans le ministère d'avoués. 627, 651 à 657, 659, Co.; 459. P. c.

415. Toute demande doit y être formée par exploit d'ajournement, suivant les formalités ci-dessus prescrites au titre des Ajournemens. 49, 61, P. c.; 29, pr. ta.

416. Le délai sera au moins d'un jour. 1055.

417. Dans les cas qui requerront célérité, le président du tribunal pourra permettre d'assigner, même de jour à jour et d'heure à heure, et de saisir les effets mobiliers : il pourra, suivant l'exigence des cas, assujettir le demandeur à donner caution, ou à justifier

le solvabilité suffisante. Ses ordonnances seront exécutoires nonobstant opposition ou appel. 172, Co. ; 72, 418, 554, P. c.

418. Dans les affaires maritimes où il existe des parties non domiciliées, et dans celles où il s'agit d'agrès, victuailles, équipages et radoubs de vaisseaux prêts à mettre à la voile, et autres matières urgentes et provisoires, l'assignation de jour à jour ou d'heure à heure pourra être donnée sans ordonnance, et le défaut pourra être jugé sur-le-champ. 29, pr. ta.; 190, Co.

419. Toutes assignations données à bord à la personne assignée seront valables. 68.

420. Le demandeur pourra assigner, à son choix, — Devant le tribunal du domicile du défendeur : — Devant celui dans l'arrondissement duquel la promesse a été faite et la marchandise livrée ; — Devant celui dans l'arrondissement duquel le paiement devait être effectué. 763, P. c. ; 111, 1609, 1651, C.; 100, Co.

421. Les parties seront tenues de comparaître en personne, ou par le ministère d'un fondé de procuration spéciale. 627, Co.

422. Si les parties comparaissent, et qu'à la première audience il n'intervienne pas jugement définitif, les parties non domiciliées dans le lieu où siège le tribunal seront tenues d'y faire l'élection d'un domicile. — L'élection de domicile doit être mentionnée sur le plumitif de l'audience ; à défaut de cette élection, toute signification, même celle du jugement définitif, sera faite valablement au greffe du tribunal. 436, 440, 445, 456.

423. Les étrangers demandeurs ne peuvent être obligés, en matière de commerce, à fournir une caution de payer les frais et dommages-intérêts auxquels il pourront être condamnés, même lorsque la demande est portée devant un tribunal civil dans les lieux où il n'y a pas de tribunal de commerce. 166, 167, P. c.; 16, C.

424. Si le tribunal est incompétent à raison de la matière, il renverra les parties, encore que le déclinatoire n'ait pas été proposé. 636, Co. — Le déclinatoire pour toute autre cause ne

pourra être proposé que préalablement à tou te autre défense. 168 à 170, 442.

425. Le même jugement pourra, en rejetant le déclinatoire, statuer sur le fond, mais par deux dispositions distinctes, l'une sur la compétence, l'autre sur le fond ; les dispositions sur la compétence pourront toujours être attaquées par la voie de l'appel. 172, 454, 472.

426. Les veuves et héritiers des justiciables du tribunal de commerce y seront assignés en reprise, ou par action nouvelle, sauf, si les qualités sont contestées, à les renvoyer aux tribunaux ordinaires pour y être réglés, et ensuite être jugés sur le fond au tribunal de commerce. 342 et s.

427. Si une pièce produite est méconnue, déniée ou arguée de faux, et que la partie persiste à s'en servir, le tribunal renverra devant les juges qui doivent en connaître, et il sera sursis au jugement de la demande principale. — Néanmoins, si la pièce n'est relative qu'à un des chefs de la demande, il pourra être passé outre au jugement des autres chefs. 14, 214, 218, 442, P. c.; 1353, C.

428. Le tribunal pourra, dans tous les cas, ordonner, même d'office, que les parties seront entendues en personne, à l'audience ou dans la chambre, et, s'il y a empêchement légitime, commettre un des juges, ou même un juge de paix, pour les entendre, lequel dressera procès-verbal de leurs déclarations. 324, 330.

429. S'il y a lieu à renvoyer les parties devant des arbitres pour examen de comptes, pièces et registres, il sera nommé un ou trois arbitres pour entendre les parties, et les concilier, si faire se peut, sinon donner leur avis. — S'il y a lieu à visite ou estimation d'ouvrages ou marchandises, il sera nommé un ou trois experts. — Les arbitres et les experts seront nommés d'office par le tribunal, à moins que les parties n'en conviennent à l'audience. 29, pr. ta.; 305, P. c.; 52, 55, Co.

430. La récusation ne pourra être proposée que dans les trois jours de la nomination. 308 et s.

431. Le rapport des arbitres et experts sera déposé au greffe du tribunal. 319. P. c.; 61. Co.

432. Si le tribunal ordonne la preuve par témoins, il y sera procédé dans les formes ci-dessus prescrites pour les enquêtes sommaires. Néanmoins, dans les causes sujettes à appel, les dépositions seront rédigées par écrit par le greffier, et signées par le témoin ; en cas de refus, mention en sera faite. 407, 410, 782, P. c.; 1541, C.; 509, Co.

433. Seront observées, dans la rédaction et l'expédition des jugemens, les formes prescrites dans les articles 141 et 146 pour les tribunaux de première instance. 545.

434. Si le demandeur ne se présente pas, le tribunal donnera défaut, et renverra le défendeur de la demande. — Si le défendeur ne comparaît pas, il sera donné défaut, et les conclusions du demandeur seront adjugées, si elles se trouvent justes et bien vérifiées. 149, 154.

435. Aucun jugement par défaut ne pourra être signifié que par un huissier commis à cet effet par le tribunal ; la signification contiendra, à peine de nullité, élection de domicile dans la commune où elle se fait, si le demandeur n'y est domicilié. — Le jugement sera exécutoire un jour après la signification et jusqu'à l'opposition. 29, pr. ta.; 155, 156, P. c.; 642, 643, Co.

436. L'opposition ne sera plus recevable après la huitaine du jour de la signification. 29, pr. ta.; 157, P. c.; 645. Co.

437. L'opposition contiendra les moyens de l'opposant, et assignation dans le délai de la loi ; elle sera signifiée au domicile élu. 29, pr. ta.; 161, P. c.

438. L'opposition faite à l'instant de l'exécution, par déclaration sur le procès-verbal de l'huissier, arrêtera l'exécution ; à la charge, par l'opposant, de la réitérer dans les trois jours par exploit contenant assignation ; passé lequel délai, elle sera censée non avenue. 162.

439. Les tribunaux de commerce pourront ordonner l'exécution provisoire de leur jugement, nonobstant l'appel, et sans caution, lorsqu'il y aura titre non attaqué, ou condamnation précédente dont il n'y aura pas d'appel : dans les autres cas, l'exécution provisoire n'aura lieu qu'à la charge de donner caution, ou de justifier de solvabilité suffisante. 17, 135, 458, 840, 841, 848, P. c.; 29, pr. ta.

440. La caution sera présentée par acte signifié au domicile de l'appelant, s'il demeure dans le lieu où siége le tribunal, si non au domicile par lui élu en exécution de l'article 422, avec sommation à jour et heure fixes de se présenter au greffe pour prendre communication, sans déplacement, des titres de la caution, s'il est ordonné qu'elle en fournira, et à l'audience, pour voir prononcer sur l'admission, en cas de contestation. 29. pr. ta.; 518, P. c.; 2011. 2018, 2040, C.

441. Si l'appelant ne comparaît pas, ou ne conteste point la caution, elle fera sa soumission au greffe ; s'il conteste, il sera statué au jour indiqué par la sommation : dans tous les cas, le jugement sera exécutoire, nonobstant opposition ou appel. 29, pr. ta.; 519, P. c.

442. Les tribunaux de commerce ne connaîtront point de l'exécution de leurs jugemens. 427, 553.

LIVRE III.

DES COURS ROYALES.

(Décret du 17 avril 1806. Promulgué le 27 du même mois.)

TITRE UNIQUE.

DE L'APPEL, ET DE L'INSTRUCTION SUR L'APPEL.

443. Le délai pour interjeter appel sera de trois mois : il courra, pour les jugemens contradictoires, du jour de la signification à personne ou domicile ; — Pour les jugemens par défaut, du jour où l'opposition ne sera plus recevable. 16, 147, 157, 158, 159, 577, 592, 443 à 446, 509, 589, 669, 718, 723, 730, 734, 736, 751 à 753, 755, 765, 800, 809, 894, 1035, P. c.; 265, 291, 357, C.; 52, 604, 614, 644, 645, 648, Co.; 174, 203, 205. I. c.; 176,

pr. ta. — L'intimé pourra néanmoins interjeter incidemment appel en tout état de cause, quand même il aurait signifié le jugement sans protestation. 203. I. c.

444. Ces délais emporteront déchéance : ils courront contre toutes parties, sauf le recours contre qui de droit ; mais ils ne courront contre le mineur non émancipé, que du jour où le jugement aura été signifié tant au tuteur qu'au subrogé tuteur, encore que ce dernier n'ait pas été en cause. 132, 178, 484, 1029, P. c.; 420, 450, C.

445. Ceux qui demeurent hors de la France continentale auront, pour interjeter appel, outre le délai de trois mois depuis la signification du jugement, le délai des ajournemens réglé par l'article 73 ci-dessus. 74, 486, 639. 1033, P. c.; 511, Co.

446. Ceux qui seront absens du territoire européen du royaume, pour service de terre ou de mer, ou employés dans les négociations extérieures pour le service de l'état, auront, pour interjeter appel, outre le délai de trois mois depuis la signification du jugement, le délai d'une année. 485.

447. Les délais de l'appel seront suspendus par la mort de la partie condamnée. — Ils ne reprendront leur cours qu'après la signification du jugement faite au domicile du défunt, avec les formalités prescrites en l'article 61, et à compter de l'expiration des délais pour faire inventaire et délibérer, si le jugement a été signifié avant que ces derniers délais fussent expirés. — Cette signification pourra être faite aux héritiers collectivement, et sans désignation des noms et qualités. 29, pr. ta.; 344. 487, P. c.

448. Dans le cas où le jugement aurait été rendu sur une pièce fausse, ou si la partie avait été condamnée faute de représenter une pièce décisive qui était retenue par son adversaire, les délais de l'appel ne courront que du jour où le faux aura été reconnu ou juridiquement constaté, ou que la pièce aura été recouvrée, pourvu que, dans ce dernier cas, il y ait preuve par écrit du jour où la pièce a été recouvrée, et non au-

trement. 240, 250, 480, 488, P. c.: 1319, 2057, C.

449. Aucun appel d'un jugement non exécutoire par provision ne pourra être interjeté dans la huitaine, à dater du jour du jugement ; les appels interjetés dans ce délai seront déclarés non recevables, sauf à l'appelant à les réitérer, s'il est encore dans le délai. 135, 192, 809, 455, P. c.; 645, 809, Co.

450. L'exécution des jugemens non exécutoires par provision sera suspendue pendant ladite huitaine. 157, 453, P. c.: 203, I. c.

451. L'appel d'un jugement préparatoire ne pourra être interjeté qu'après le jugement définitif et conjointement avec l'appel de ce jugement, et le délai de l'appel ne courra que du jour de la signification du jugement définitif : cet appel sera recevable, encore que le jugement préparatoire ait été exécuté sans réserves. — L'appel d'un jugement interlocutoire pourra être interjeté avant le jugement définitif ; il en sera de même des jugemens qui auraient accordé une provision. 31, P. c.; 157, Co.

452. Sont réputés préparatoires les jugemens rendus pour l'instruction de la cause, et qui tendent à mettre le procès en état de recevoir jugement définitif. — Sont réputés interlocutoires les jugemens rendus lorsque le tribunal ordonne, avant dire droit, une preuve, une vérification, ou une instruction qui préjuge le fond 70, pr. ta.; 255, 295, 302, 555, P. c.

453. Seront sujets à l'appel les jugemens qualifiés en dernier ressort, lorsqu'ils auront été rendus par des juges qui ne pouvaient prononcer qu'en première instance. — Ne seront recevables les appels des jugemens rendus sur des matières dont la connaissance en dernier ressort appartient aux premiers juges, mais qu'ils auraient omis de qualifier, ou qu'ils auraient qualifiés en premier ressort. 391, 452, P. c.; 2167, 2168, C.

454. Lorsqu'il s'agira d'incompétence, l'appel sera recevable, encore que le jugement ait été qualifié en dernier ressort. 16, 163, 376, 425.

455 Les appels des jugemens sus-

ceptibles d'opposition ne seront point recevables pendant la durée du délai pour l'opposition. 20, 157, 158, 449, 809.

456. L'acte d'appel contiendra assignation dans les délais de la loi, et sera signifié à personne ou domicile, à peine de nullité. 29, pr. ta.; 59, 72, 173, 445, 584, 726, 754, 1028, 1033, P. c.; 102, 1317, 1319, C.

457. L'appel des jugemens définitifs ou interlocutoires sera suspensif, si le jugement ne prononce pas l'exécution provisoire dans les cas où elle est autorisée. — L'exécution des jugemens mal à propos qualifiés en dernier ressort ne pourra être suspendue qu'en vertu de défenses obtenues par l'appelant, à l'audience de la cour royale, sur assignation à bref délai. — A l'égard des jugemens non qualifiés, ou qualifiés en premier ressort, et dans lesquels les juges étaient autorisés à prononcer en dernier ressort, l'exécution provisoire pourra en être ordonnée par la cour royale, à l'audience, et sur un simple acte. 148, pr. ta.; 155, 576, 453, 458, P. c.

458. Si l'exécution provisoire n'a pas été prononcée dans les cas où elle est autorisée, l'intimé pourra, sur un simple acte, la faire ordonner à l'audience, avant le jugement de l'appel. 453, 472, P. c.; 148, pr. ta.

459. Si l'exécution provisoire a été ordonnée hors des cas prévus par la loi, l'appelant pourra obtenir des défenses à l'audience, sur assignation à bref délai, sans qu'il puisse en être accordé sur requête non communiquée. 460, P. c.; 148, pr. ta.

460. En aucun autre cas, il ne pourra être accordé des défenses, ni être rendu aucun jugement tendant à arrêter directement ou indirectement l'exécution du jugement, à peine de nullité. 478, 497

461. Tout appel, même de jugement rendu sur instruction par écrit, sera porté à l'audience : sauf à la cour à ordonner l'instruction par écrit, s'il y a lieu. 951, 809.

462. Dans la huitaine de la constitution d'avoué par l'intimé, l'appelant signifiera ses griefs contre le jugement. L'intimé répondra dans la hui-

taine suivante. L'audience sera poursuivie sans autre procédure. 85, 456, 1052.

463. Les appels de jugemens rendus en matière sommaire seront portés à l'audience sur simple acte, et sans autre procédure. Il en sera de même de l'appel des autres jugemens, lorsque l'intimé n'aura pas comparu. 82.

464. Il ne sera formé, en cause d'appel, aucune nouvelle demande, à moins qu'il ne s'agisse de compensation, ou que la demande nouvelle ne soit la défense à l'action principale. — Pourront aussi les parties demander des intérêts, arrérages, loyers et autres accessoires échus depuis le jugement de première instance, et les dommages et intérêts pour le préjudice souffert depuis ledit jugement. 464, 736, P. c.; 547, 1146, 1289, 1728, 1905, 2277, C.

465. Dans les cas prévus par l'article précédent, les nouvelles demandes et les exceptions du défendeur ne pourront, 1030, être formées que par de simples actes de conclusions motivées. — Il en sera de même, dans les cas où les parties voudraient changer ou modifier leurs conclusions. — Toute pièce d'écriture qui ne sera que la répétition des moyens ou exceptions déjà employées par écrit, soit en première instance, soit sur l'appel, ne passera point en taxe. — Si la même pièce contient à la fois de nouveaux moyens ou exceptions, et la répétition des anciens, on n'allouera en taxe que la partie relative aux nouveaux moyens ou exceptions. 1031.

466. Aucune intervention ne sera reçue, si ce n'est de la part de ceux qui auraient droit de former tierce opposition. 552, 474, 722, P. c.: 450, 882, 1166, 1447, C.

467. S'il se forme plus de deux opinions, les juges plus faibles en nombre seront tenus de se réunir à l'une des deux opinions qui auront été émises par le plus grand nombre. 117.

468. En cas de partage dans une cour royale, on appellera, pour le vider, un au moins ou plusieurs des

juges qui n'auront pas connu de l'affaire ; et toujours en nombre impair, en suivant l'ordre du tableau : l'affaire sera de nouveau plaidée, ou de nouveau rapportée, s'il s'agit d'une instruction par écrit. — Dans les cas où tous les juges auraient connu de l'affaire, il sera appelé, pour le jugement, trois anciens jurisconsultes. 118

469. La péremption en cause d'appel aura l'effet de donner au jugement dont est appel la force de chose jugée. 397 et s.

470. Les autres règles établies pour les tribunaux inférieurs seront observées dans les cours royales.

471. L'appelant qui succombera sera condamné à une amende de cinq francs, s'il s'agit du jugement d'un juge de paix, et de dix francs sur l'appel d'un jugement de tribunal de première instance ou de commerce. 90, pr. ta.; 574, 590, 479, 500, 513, 616, 1029, P. c.

472. Si le jugement est confirmé, l'exécution appartiendra au tribunal dont est appel : si le jugement est infirmé, l'exécution, entre les mêmes parties, appartiendra à la cour royale qui aura prononcé, ou à un autre tribunal qu'elle aura indiqué par le même arrêt; sauf les cas de la demande en nullité d'emprisonnement, en expropriation forcée, et autres, dans lesquels la loi attribue juridiction.

473. Lorsqu'il y aura appel d'un jugement interlocutoire, si le jugement est infirmé, et que la matière soit disposée à recevoir une décision définitive, les cours royales et autres tribunaux d'appel pourront statuer en même temps sur le fond définitivement, par un seul et même jugement. 528. — Il en sera de même dans les cas où les cours royales ou autres tribunaux d'appel infirmeraient, soit pour vice de forme, soit pour toute autre cause, des jugemens définitifs.

LIVRE IV.

DES VOIES EXTRAORDINAIRES POUR ATTAQUER LES JUGEMENS.

(Suite du Décret du 17 avril 1806.)

TITRE PREMIER.
DE LA TIERCE OPPOSITION.

474. Une partie peut former tierce opposition à un jugement qui préjudicie à ses droits, et lors duquel, ni elle ni ceux qu'elle représente n'ont été appelés. 466, 875, 1022, P. c.; 100. 1166, 1354. C.; 494, Co.

475. La tierce opposition formée par action principale sera portée au tribunal qui aura rendu le jugement attaqué. — La tierce opposition incidente à une contestation dont un tribunal est saisi sera formée par requête à ce tribunal, s'il est égal ou supérieur à celui qui a rendu le jugement. 75. pr. ta.: 337, 490, P. c.

476. S'il n'est égal ou supérieur, la tierce opposition incidente sera portée, par action principale, au tribunal qui aura rendu le jugement.

477. Le tribunal devant lequel le jugement attaqué aura été produit, pourra, suivant les circonstances, passer outre ou surseoir. 478, 491.

478. Les jugemens passés en force de chose jugée, portant condamnation à délaisser la possession d'un héritage, seront exécutés contre les parties condamnées, nonobstant la tierce opposition et sans y préjudicier. — Dans les autres cas, les juges pourront, suivant les circonstances, suspendre l'exécution du jugement. 497, P. c.: 1551, C.

479. La partie dont la tierce opposition sera rejetée sera condamnée à une amende qui ne pourra être moindre de cinquante francs, sans préjudice des dommages et intérêts de la partie, s'il y a lieu. 150, 156, 471, 1029, P. c.; 1146, C.

TITRE II.
DE LA REQUÊTE CIVILE.

480. Les jugemens contradictoires rendus en dernier ressort par les tribunaux de première instance et les

cours royales, et les jugemens par défaut rendus aussi en dernier ressort, et qui ne sont plus susceptibles d'opposition, pourront être rétractés, sur la requête de ceux qui auront été parties ou dûment appelés, pour les causes ci-après. 497, 503, 1026, 1029. — 1º S'il y a eu dol personnel. 488, P. c.; 1116, C. — 2º Si les formes prescrites à peine de nullité ont été violées, soit avant, soit lors des jugemens, pourvu que la nullité n'ait pas été couverte par les parties. 173, 1029. — 3º S'il a été prononcé sur choses non demandées. — 4º S'il a été adjugé plus qu'il n'a été demandé. — 5º S'il a été omis de prononcer sur l'un des chefs de demande. — 6º S'il y a contrariété des jugemens en dernier ressort, entre les mêmes parties et sur les mêmes moyens, dans les mêmes cours ou tribunaux. 489, 501, 504. — 7º Si, dans un même jugement, il y a des dispositions contraires. — 8º Si, dans les cas où la loi exige la communication au ministère public, cette communication n'a pas eu lieu, et que le jugement ait été rendu contre celui pour qui elle était ordonnée. 83. — 9º Si l'on a jugé sur pièces reconnues ou déclarées fausses depuis le jugement. 448, 488. — 10º Si, depuis le jugement, il a été recouvré des pièces décisives, et qui avaient été retenues par le fait de la partie. 448, 488, P. c.; 2057. C.

481. L'état, les communes, les établissemens publics et les mineurs, seront encore reçus à se pourvoir, s'ils n'ont été défendus, ou s'ils ne l'ont été valablement. 49, 83.

482. S'il n'y a ouverture que contre un chef de jugement, il sera seul rétracté, à moins que les autres n'en soient dépendans.

483. La requête civile sera signifiée avec assignation, dans les trois mois, à l'égard des majeurs, du jour de la signification à personne ou domicile, du jugement attaqué. 492, 1033, P. c.; 78, pr. ta.

484. Le délai de trois mois ne courra contre les mineurs que du jour de la signification du jugement, faite, depuis leur majorité, à personne ou domicile. 178, 444.

485. Lorsque le demandeur sera absent du territoire européen du royaume pour un service de terre ou de mer, ou employé dans les négociations extérieures pour le service de l'état, il aura, outre le délai ordinaire de trois mois depuis la signification du jugement, le délai d'une année. 446.

486. Ceux qui demeurent hors de la France continentale auront, outre le délai de trois mois depuis la signification du jugement, le délai des ajournemens réglé par l'article 73 ci-dessus.

487. Si la partie condamnée est décédée dans les délais ci-dessus fixés pour se pourvoir, ce qui en restera à courir ne commencera, contre la succession, que dans les délais et de la manière prescrite en l'article 447 ci-dessus. 344.

488. Lorsque les ouvertures de requête civile seront le faux, le dol, ou la découverte de pièces nouvelles, les délais ne courront que du jour où, soit le faux, soit le dol, auront été reconnus, ou les pièces découvertes; pourvu que, dans ces deux derniers cas, il y ait preuve par écrit du jour, et non autrement. 448, 480, P. c.; 2057, C.

489. S'il y a contrariété de jugemens, le délai courra du jour de la signification du dernier jugement. 480, 501, 504.

490. La requête civile sera portée au même tribunal où le jugement attaqué aura été rendu; il pourra y être statué par les mêmes juges. 475, 493, 502.

491. Si une partie veut attaquer par la requête civile un jugement produit dans une cause pendante en un tribunal autre que celui qui l'a rendu, elle se pourvoira devant le tribunal qui a rendu le jugement attaqué; et le tribunal saisi de la cause dans laquelle il est produit pourra, suivant les circonstances, passer outre ou surseoir. 477.

492. La requête civile sera formée par assignation au domicile de l'avoué de la partie qui a obtenu le jugement attaqué, si elle est formée dans les six mois de la date du jugement; après ce délai, l'assignation sera don-

née au domicile de la partie. 78, pr. ta.; 544, 483, P. c.

493. Si la requête civile est formée incidemment devant un tribunal compétent pour en connaître, elle le sera par requête d'avoué à avoué; mais si elle est incidente à une contestation portée dans un autre tribunal que celui qui a rendu le jugement, elle sera formée par assignation devant les juges qui ont rendu le jugement. 75, pr. ta.; 357, 475, 490, 492, 496, 502, 1038, P. c.

494. La requête civile d'aucune partie autre que celle qui stipule les intérêts de l'état ne sera reçue, si, avant que cette requête ait été présentée, il n'a été consigné une somme de trois cents francs pour amende, et cent cinquante francs pour les dommages-intérêts de la partie, sans préjudice de plus amples dommages-intérêts, s'il y a lieu : la consignation sera de moitié, si le jugement est par défaut ou par forclusion, et du quart, s'il s'agit de jugemens rendus par les tribunaux de première instance. 90, pr. ta.; 500, P. c.; 1146, C.

495. La quittance du receveur sera signifiée en tête de la demande, ainsi qu'une consultation de trois avocats exerçant depuis dix ans au moins près un des tribunaux du ressort de la cour royale dans lequel le jugement a été rendu, — La consultation contiendra déclaration qu'ils sont d'avis de la requête civile, et elle en énoncera aussi les ouvertures; sinon la requête ne sera pas reçue. 140, pr. ta.; 449, P. c.

496. Si la requête civile est signifiée dans les six mois de la date du jugement, l'avoué de la partie qui a obtenu le jugement, sera constitué de droit sans nouveau pouvoir. 495.

497. La requête civile n'empêchera pas l'exécution du jugement attaqué : nulles défenses ne pourront être accordées: celui qui aura été condamné à délaisser un héritage ne sera reçu à plaider sur la requête civile qu'en rapportant la preuve de l'exécution du jugement au principal. 460, 478.

498. Toute requête civile sera communiquée au ministère public. 83 et s.

499. Aucun moyen autre que les ouvertures de requête civile énon-

cées en la consultation ne sera discuté à l'audience ni par écrit. 493.

500. Le jugement qui rejettera la requête civile condamnera le demandeur à l'amende et aux dommages-intérêts ci-dessus fixés, sans préjudice de plus amples dommages-intérêts. s'il y a lieu. 494, 1039, P. c.; 1146, C.

501. Si la requête civile est admise, le jugement sera rétracté, et les parties seront remises au même état où elles étaient avant ce jugement : les sommes consignées seront rendues, et les objets des condamnations qui auront été perçus en vertu du jugement rétracté seront restitués.—Lorsque la requête civile aura été entérinée pour raison de contrariété de jugemens, le jugement qui entérinera la requête civile ordonnera que le premier jugement sera exécuté selon sa forme et teneur. 90, 92, 175, pr. ta.; 480, 489, 503, 504, P.c.

502. Le fond de la contestation sur laquelle le jugement rétracté aura été rendu sera porté au même tribunal qui aura statué sur la requête civile. 490, 493.

503. Aucune partie ne pourra se pourvoir en requête civile, soit contre le jugement déjà attaqué par cette voie, soit contre le jugement qui l'aura rejetée, soit contre celui rendu sur le rescisoire, à peine de nullité et de dommages-intérêts, même contre l'avoué qui, ayant occupé sur la première demande, occuperait sur la seconde. 1029 et s.

504. La contrariété de jugemens rendus en dernier ressort, entre les mêmes parties et sur les mêmes moyens en différens tribunaux, donne ouverture à cassation : et l'instance est formée et jugée conformément aux lois qui sont particulières à la cour de cassation. 480.

TITRE III.
DE LA PRISE A PARTIE.

505. Les juges peuvent être pris à partie dans les cas suivans. 49, 85, 509, P. c.; 51, Co. — 1° S'il y a dol, fraude ou concussion, qu'on prétendrait avoir été commis, soit dans le cours de l'instruction, soit lors des

jugemens. — 2° Si la prise à partie est expressément prononcée par la loi. 74, 77, 112, 164, 271, 593, I. c. — 3° Si la loi déclare les juges responsables, à peine de dommages et intérêts. 15, P. c.; 2063, C. — 4° S'il y a déni de justice. 506, P. c.; 4, C.; 185, P.

506. Il y a déni de justice, lorsque les juges refusent de répondre les requêtes ou négligent de juger les affaires en état et en tour d'être jugées. 4, C.: 185, P.

507. Le déni de justice sera constaté par deux réquisitions faites aux juges en la personne des greffiers, et signifiées de trois en trois jours au moins pour les juges de paix et de commerce, et de huitaine en huitaine au moins pour les autres juges: tout huissier requis sera tenu de faire ces réquisitions, à peine d'interdiction. 29, pr. ta.

508. Après les deux réquisitions, le juge pourra être pris à partie. 479, 483, I. c.

509. La prise à partie contre les juges de paix, contre les tribunaux de commerce ou de première instance, ou contre quelqu'un de leurs membres, et la prise à partie contre un conseiller à une cour royale ou à une cour d'assises, seront portées à la cour royale du ressort. — La prise à partie contre les cours d'assises, contre les cours royales ou l'une de leurs sections, sera portée à la haute-cour, conformément à l'article 101 de l'acte du 18 mai 1804, 479, 483, I. c.

510. Néanmoins aucun juge ne pourra être pris à partie sans permission préalable du tribunal devant lequel la prise à partie sera portée.

511. Il sera présenté, à cet effet, une requête signée de la partie ou de son fondé de procuration authentique et spéciale, laquelle procuration sera annexée à la requête, ainsi que les pièces justificatives, s'il y en a, à peine de nullité.

512. Il ne pourra être employé aucun terme injurieux contre les juges, à peine, contre la partie, de telle amende, et contre son avoué, de telle injonction ou suspension qu'il appartiendra. 1036, P. c.; 577, P.

513. Si la requête est rejetée, la partie sera condamnée à une amende qui ne pourra être moindre de trois cents francs, sans préjudice des dommages et intérêts envers les parties, s'il y a lieu. 516, 1029, P. c.; 1146, C.

514. Si la requête est admise, elle sera signifiée dans trois jours au juge pris à partie, qui sera tenu de fournir ses défenses dans la huitaine. — Il s'abstiendra de la connaissance du différent; il s'abstiendra même, jusqu'au jugement définitif de la prise à partie, de toutes les causes que la partie, ou ses parens en ligne directe, ou son conjoint, pourront avoir dans son tribunal, à peine de nullité des jugemens. 29, 75, pr. ta.; 378, P. c.

515. La prise à partie sera portée à l'audience sur un simple acte, et sera jugée par une autre section que celle qui l'aura admise: si la cour royale n'est composée que d'une section, le jugement de la prise à partie sera renvoyé à la cour royale la plus voisine par la cour de cassation. 82, 168.

516. Si le demandeur est débouté, il sera condamné à une amende qui ne pourra être moindre de trois cents francs, sans préjudice des dommages-intérêts envers les parties, s'il y a lieu. 513, 1029.

LIVRE V.

DE L'EXÉCUTION DES JUGEMENS.

(Décret du 21 avril 1806. Promulgué le 1er mai suivant.)

TITRE PREMIER.
DES RÉCEPTIONS DE CAUTIONS.

517. Le jugement qui ordonnera de fournir caution fixera le délai dans lequel elle sera présentée, et celui dans lequel elle sera acceptée ou contestée. 17, 542, 852, 992, 1035, P. c.; 2040, C.: 44, 117, I. c.

518. La caution sera présentée par exploit signifié à la partie, si elle n'a point d'avoué, et par acte d'avoué, si elle en a constitué, avec copie de l'acte de dépôt, qui sera fait au greffe, des titres qui constatent la solvabilité de la caution, sauf le cas où la loi n'exige pas que la solvabilité soit éta-

blie par titres. 71, 91, pr. ta.; 440, 993,
P. c.; 2185, C.

519. La partie pourra prendre au
greffe communication des titres; si
elle accepte la caution, elle le déclarera par un simple acte : dans ce cas,
ou si la partie ne conteste pas dans
le délai, la caution fera au greffe sa
soumission, qui sera exécutoire sans
jugement, même pour la contrainte
par corps, s'il y a lieu à contrainte.
21, 71, 91, pr. ta.; 17, 522, P. c.; 2040,
2060, C.

520. Si la partie conteste la caution
dans le délai fixé par le jugement,
l'audience sera poursuivie sur un
simple acte. 71, pr. ta.; 82, 994, P. c.

521. Les réceptions de caution seront jugées sommairement, sans requête ni écritures : le jugement sera
exécuté nonobstant appel. 155, 404.

522. Si la caution est admise, elle
fera sa soumission, conformément à
l'art. 519 ci-dessus. 91, pr. ta.; 2040, C.

TITRE II.
DE LA LIQUIDATION DES DOMMAGES-INTÉ-RÊTS.

523. Lorsque l'arrêt ou le jugement n'aura pas fixé les dommages-
intérêts, la déclaration en sera signifiée à l'avoué du défendeur, s'il en a
été constitué : et les pièces seront
communiquées sur récépissé de l'a-
voué, ou par la voie du greffe. 91,
141, pr. ta.; 15, 71, 97, 98, 107, 126,
128, 152, 157, 244, 516, 551, P. c.;
179, 554, 555, 772, 1205, 1444,
1768, C.

524. Le défendeur sera tenu, dans
les délais fixés par les art. 97 et 98, et
sous les peines y portées, de remettre
lesdites pièces, et, huitaine après
l'expiration desdits délais, de faire
ses offres au demandeur, de la somme
qu'il avisera pour les dommages-intérêts; sinon, la cause sera portée sur
un simple acte à l'audience, et il
sera condamné à payer le montant de
la déclaration, si elle est trouvée juste
et bien vérifiée. 71, 142, pr. ta.; 126,
812, P. c.; 1257, C.

525. Si les offres contestées sont
jugées suffisantes, le demandeur sera
condamné aux dépens, du jour des
offres. 130, P. c.; 1260, C.

TITRE III.
DE LA LIQUIDATION DES FRUITS.

526. Celui qui sera condamné à
restituer des fruits, en rendra compte
dans la forme ci-après; et il sera procédé comme sur les autres comptes
rendus en justice. 527, 551.

TITRE IV.
DES REDDITIONS DE COMPTES.

527. Les comptables commis par
justice seront poursuivis devant les
juges qui les auront commis; les tuteurs, devant les juges du lieu où la
tutelle a été déférée ; tous autres
comptables, devant les juges de leur
domicile. 59, 905, 995, P. c.; 471,
C.; 575, Co.

528. En cas d'appel d'un jugement
qui aurait rejeté une demande en
reddition de compte, l'arrêt infirmatif renverra, pour la reddition et le
jugement du compte, au tribunal où
la demande avait été formée, ou à
tout autre tribunal de première instance que l'arrêt indiquera. — Si le
compte a été rendu et jugé en première instance, l'exécution de l'arrêt
infirmatif appartiendra à la cour qui
l'aura rendu, ou à un autre tribunal
qu'elle aura indiqué par le même
arrêt. 472 et s.

529. Les oyans qui auront le même
intérêt nommeront un seul avoué :
faute de s'accorder sur le choix, le
plus ancien occupera, et néanmoins
chacun des oyans pourra en constituer
un; mais les frais occasionés par
cette constitution particulière, et faits
tant activement que passivement,
seront supportés par l'oyant. 75,
130, 556.

530. Tout jugement portant condamnation de rendre compte fixera
le délai dans lequel le compte sera
rendu, et commettra un juge.

531. Si le préambule du compte,
en y comprenant la mention de l'acte
ou du jugement qui aura commis le
rendant, et du jugement qui aura
ordonné le compte, excède six rôles,
l'excédant ne passera point en taxe.
75, pr. ta.

532. Le rendant n'emploiera pour
dépenses communes que les frais de

voyage, s'il y a lieu, les vacations de l'avoué qui aura mis en ordre les pièces du compte, les grosses et copies, les frais de présentation et affirmation. 92, pr. ta.

533. Le compte contiendra les recette et dépense effectives : il sera terminé par la récapitulation de la balance desdites recette et dépense, sauf à faire un chapitre particulier des objets à recouvrer.

534. Le rendant présentera et affirmera son compte en personne ou par procureur spécial, dans le délai fixé, et au jour indiqué par le juge-commissaire, les oyans présens, ou appelés à personne ou domicile, s'ils n'ont avoué, et par acte d'avoué, s'ils en ont constitué. — Le délai passé, le rendant y sera contraint par saisie et vente de ses biens jusqu'à concurrence d'une somme que le tribunal arbitrera ; il pourra même y être contraint par corps, si le tribunal l'estime convenable. 29, 70, 92, pr. ta.; 126, 551, 572, P. c.

535. Le compte présenté et affirmé, si la recette excède la dépense, l'oyant pourra requérir du juge-commissaire exécutoire de cet excédant, sans approbation du compte. 92, pr. ta.

536. Après la présentation et affirmation, le compte sera signifié à l'avoué de l'oyant : les pièces justificatives seront cotées et paraphées par l'avoué du rendant ; si elles sont communiquées sur récépissé, elles seront rétablies dans le délai qui sera fixé par le juge-commissaire, sous les peines portées par l'art. 107. — Si les oyans ont constitué avoués différens, la copie et la communication ci-dessus seront données à l'avoué plus ancien seulement, s'ils ont le même intérêt, et à chaque avoué, s'ils ont des intérêts différens. — S'il y a des créanciers intervenans, ils n'auront tous ensemble qu'une seule communication, tant du compte que des pièces justificatives, par les mains du plus ancien des avoués qu'ils auront constitués. 92. pr. ta.; 559, 529, P. c.

537. Les quittances de fournisseurs, ouvriers, maîtres de pension, et autres de même nature, produites comme pièces justificatives du compte,

sont dispensées de l'enregistrement.

538. Aux jour et heure indiqués par le commissaire, les parties se présenteront devant lui pour fournir débats, soutenemens et réponses sur son procès verbal : si les parties ne se présentent pas, l'affaire sera portée à l'audience sur un simple acte. 92, pr. ta.

539. Si les parties ne s'accordent pas, le commissaire ordonnera qu'il en sera par lui fait rapport à l'audience, au jour qu'il indiquera ; elles seront tenues de s'y trouver, sans aucune sommation. 94, 280, 542.

540. Le jugement qui interviendra sur l'instance de compte contiendra le calcul de la recette et des dépenses, et fixera le reliquat précis, s'il y en a aucun.

541. Il ne sera procédé à la révision d'aucun compte, sauf aux parties, s'il y a erreurs, omissions, faux ou doubles emplois, à en former leurs demandes devant les mêmes juges. 2058. C.

542. Si l'oyant est défaillant, le commissaire fera son rapport au jour par lui indiqué : les articles seront alloués, s'ils sont justifiés ; le rendant, s'il est reliquataire, gardera les fonds, sans intérêts : et s'il ne s'agit point d'un compte de tutelle, le comptable donnera caution, si mieux il n'aime consigner. 126, 517, 589, 816, P. c.; 474, 1257, C.

TITRE V.

DE LA LIQUIDATION DES DÉPENS ET FRAIS.

543. La liquidation des dépens et frais sera faite, en matière sommaire, par le jugement qui les adjugera. 130, 404, P. c.; 1, pr. ta.

544. La manière de procéder à la liquidation des dépens et frais dans les autres matières sera déterminée par un ou plusieurs règlemens d'administration publique, qui seront exécutoires le même jour que le présent Code, et qui, après trois ans au plus tard, seront présentés en forme de loi au corps législatif, avec les changemens dont ils auront paru susceptibles. 2 et s. pr. ta.

TITRE VI.

RÈGLES GÉNÉRALES SUR L'EXÉCUTION FOR-
CÉE DES JUGEMENS ET ACTES.

545. Nul jugement ni acte ne pourront être mis à exécution, s'ils ne portent le même intitulé que les lois et ne sont terminés par un mandement aux officiers de justice, ainsi qu'il est dit art. 146. — 433, P. c.; 1317, C.

546. Les jugemens rendus par les tribunaux étrangers, et les actes reçus par les officiers étrangers, ne seront susceptibles d'exécution en France, que de la manière et dans les cas prévus par les art. 2123 et 2128 du Code civil.

547. Les jugemens rendus et les actes passés en France seront exécutoires dans tout le royaume, sans visa ni pareatis, encore que l'exécution ait lieu hors du ressort du tribunal par lequel les jugemens ont été rendus ou dans le territoire duquel les actes ont été passés. 877, C.; 146, 433, 545, P. c.; 98, I. c.

548. Les jugemens qui prononceront une main-levée, une radiation d'inscription hypothécaire, un paiement, ou quelque autre chose à faire par un tiers ou à sa charge, ne seront exécutoires, par les tiers ou contre eux, même après les délais de l'opposition ou de l'appel, que sur le certificat de l'avoué de la partie poursuivante, contenant la date de la signification du jugement faite au domicile de la partie condamnée, et sur l'attestation du greffier constatant qu'il n'existe contre le jugement ni opposition ni appel. 90, pr. ta.; 147, 156, 163, P. c.; 1962, 2157, C.

549. A cet effet, l'avoué de l'appelant fera mention de l'appel, dans la forme et sur le registre prescrits par l'art. 163. — 90, pr. ta.

550. Sur le certificat qu'il n'existe aucune opposition ni appel sur ce registre, les séquestres, conservateurs, et tous autres, seront tenus de satisfaire au jugement. 1962, 2157, C.

551. Il ne sera procédé à aucune saisie mobilière ou immobilière, qu'en vertu d'un titre exécutoire, et pour choses liquides et certaines : si la dette exigible n'est pas d'une somme en argent, il sera sursis, après la saisie, à toutes poursuites ultérieures, jusqu'à ce que l'appréciation en ait été faite. 523, 526, 527, 543, 545, 559, 583, 636, 673.

552. La contrainte par corps, pour objet susceptible de liquidation, ne pourra être exécutée qu'après que la liquidation aura été faite en argent. 126, 780, P. c.; 2059, C.

553. Les contestations élevées sur l'exécution des jugemens des tribunaux de commerce seront portées au tribunal de première instance du lieu où l'exécution se poursuivra. 442, 805.

554. Si les difficultés élevées sur l'exécution des jugemens ou actes requièrent célérité, le tribunal du lieu y statuera provisoirement, et renverra la connaissance du fond au tribunal d'exécution. 49, 72, 404, 417, 794, 805.

555. L'officier insulté dans l'exercice de ses fonctions dressera procès verbal de rébellion, et il sera procédé suivant les règles établies par le Code d'instruction criminelle. 785, P. c.; 553, I. c.; 209, P.

556. La remise de l'acte ou du jugement à l'huissier vaudra pouvoir pour toutes exécutions autres que la saisie immobilière et l'emprisonnement, pour lesquels il sera besoin d'un pouvoir spécial. 673, 780.

TITRE VII.

DES SAISIES-ARRÊTS OU OPPOSITIONS.

557. Tout créancier peut, en vertu de titres authentiques ou privés, saisir-arrêter entre les mains d'un tiers les sommes et effets appartenans à son débiteur, ou s'opposer à leur remise. 29, pr. ta.; 545, 817, P. c.; 803, 807, 808, 155, 1317, 1322, 1690, 1993, 2092, 2093, Co.; 523, 524, Co.

558. S'il n'y a pas de titre, le juge du domicile du débiteur, et même celui du domicile du tiers-saisi, pourront, sur requête, permettre la saisie-arrêt et opposition. 29, 77, pr. ta.; 559, P. c.

559. Tout exploit de saisie-arrêt ou opposition, fait en vertu d'un titre, contiendra l'énonciation du titre

et de la somme pour laquelle elle est faite : si l'exploit est fait en vertu de la permission du juge, l'ordonnance énoncera la somme pour laquelle la saisie-arrêt ou opposition est faite, et il sera donné copie de l'ordonnance en tête de l'exploit. — Si la créance pour laquelle on demande la permission de saisir-arrêter n'est pas liquide, l'évaluation provisoire en sera faite par le juge. — L'exploit contiendra aussi élection de domicile dans le lieu où demeure le tiers-saisi, si le saisissant n'y demeure pas; le tout à peine de nullité. 29, pr. ta.; 551, 557, P. c.; 1289, C.

560. La saisie-arrêt ou opposition entre les mains de personne non demeurant en France sur le continent, ne pourra point être faite au domicile des procureurs du roi; elle devra être signifiée à personne ou à domicile. 69, 659.

561. La saisie-arrêt ou opposition formée entre les mains des receveurs, dépositaires ou administrateurs de caisses ou deniers publics, en cette qualité, ne sera point valable, si l'exploit n'est fait à la personne préposée pour le recevoir, et s'il n'est visé par elle sur l'original, ou, en cas de refus, par le procureur du roi. 569, 1059.

562. L'huissier qui aura signé la saisie-arrêt ou opposition, sera tenu, s'il en est requis, de justifier de l'existence du saisissant à l'époque où le pouvoir de saisir a été donné, à peine d'interdiction, et des dommages et intérêts des parties. 71, 1029, 1031.

563. Dans la huitaine de la saisie-arrêt ou opposition, outre un jour pour trois myriamètres de distance entre le domicile du tiers-saisi et celui du saisissant, et un jour pour trois myriamètres de distance entre le domicile de ce dernier et celui du débiteur saisi, le saisissant sera tenu de dénoncer la saisie-arrêt ou opposition au débiteur saisi, et de l'assigner en validité. 29, pr. ta.; 565, 641, 1033, P. c.

564. Dans un pareil délai, outre celui en raison des distances, à compter du jour de la demande en validité, cette demande sera dénoncée

à la requête du saisissant, au tiers saisi, qui ne sera tenu de faire aucune déclaration avant que cette dénonciation lui ait été faite. 29, pr. ta.; 1033, P. c.

565. Faute de demande en validité, la saisie ou opposition sera nulle : faute de dénonciation de cette demande au tiers-saisi, les paiemens par lui faits jusqu'à la dénonciation seront valables. 563 et s.

566. En aucun cas il ne sera nécessaire de faire précéder la demande en validité par une citation en conciliation. 49.

567. La demande en validité, et la demande en main-levée formée par la partie saisie, seront portées devant le tribunal du domicile de la partie saisie. 59, 570.

568. Le tiers-saisi ne pourra être assigné en déclaration, s'il n'y a titre authentique, ou jugement qui ait déclaré la saisie-arrêt ou l'opposition valable. 545, 557, 569.

569. Les fonctionnaires publics dont il est parlé à l'article 561, ne seront point assignés en déclaration; mais ils délivreront un certificat constatant s'il est dû à la partie saisie, et énonçant la somme, si elle est liquide. 91, pr. ta.; 575, P. c.

570. Le tiers-saisi sera assigné, sans citation préalable en conciliation, devant le tribunal qui doit connaître de la saisie; sauf à lui, si sa déclaration est contestée, à demander son renvoi devant son juge. 29, 75, pr. ta.; 49, 567, 638, P. c.

571. Le tiers-saisi assigné fera sa déclaration, et l'affirmera au greffe, s'il est sur les lieux: sinon, devant le juge de paix de son domicile, sans qu'il soit besoin, dans ce cas, de réitérer l'affirmation au greffe. 554, 554, 577.

572. La déclaration et l'affirmation pourront être faites par procuration spéciale. 121, 554, 1038.

573. La déclaration énoncera les causes et le montant de la dette; les paiemens à compte, si aucuns ont été faits; l'acte ou les causes de libération, si le tiers-saisi n'est plus débiteur, et dans tous les cas, les saisies-arrêts ou oppositions formées entre

es mains. 92, pr. ta.; 569, 577, P.c.

574. Les pièces justificatives de la déclaration seront annexées à cette déclaration ; le tout sera déposé au reffe, et l'acte de dépôt sera signifié par un seul acte contenant constitution d'avoué. 70, 82, 92, pr. ta.

575. S'il survient de nouvelles saisies-arrêts ou oppositions, le tiers-saisi les dénoncera à l'avoué du premier saisissant, par extrait contenant es noms et élection de domicile des saisissans, et les causes des saisies-arrêts ou oppositions. 70, pr. ta.; 569. 58, 817, P. c.

576. Si la déclaration n'est pas contestée, il ne sera fait aucune autre procédure, ni de la part du tiers-saisi, ni contre lui.

577. Le tiers-saisi qui ne fera pas la déclaration ou qui ne fera pas les justifications ordonnées par les articles ci-dessus, sera déclaré débiteur pur et simple des causes de la saisie.

578. Si la saisie-arrêt ou opposition est formée sur effets mobiliers, le tiers-saisi sera tenu de joindre à sa déclaration un état détaillé desdits effets. 70. pr. ta.

579. Si la saisie-arrêt ou opposition est déclarée valable, il sera procédé à la vente et distribution du prix, ainsi qu'il sera dit au titre *de la distribution par contribution.* 656 et s.

580. Les traitemens et pensions dus par l'état ne pourront être saisis que pour la portion déterminée par les lois ou par les règlemens et ordonnances royaux.

581. Seront insaisissables, 1° les choses déclarées insaisissables par la loi ; 2° les provisions alimentaires adjugées par justice ; 3° les sommes et objets disponibles déclarés insaisissables par le testateur ou donateur ; 4° les sommes et pensions pour alimens, encore que le testament ou acte de donation ne les déclare pas insaisissables. 582, 592, 1004, P. c.; 59, 268, 301, 1981, C.

582. Les provisions alimentaires ne pourront être saisies que pour cause d'alimens ; les objets mentionnés aux numéros 3 et 4 du précédent article pourront être saisis par des créanciers postérieurs à l'acte de do-

nation ou à l'ouverture du legs ; et ce, en vertu de la permission du juge, et pour la portion qu'il déterminera. 77, pr. ta.

TITRE VIII.
DES SAISIES-EXÉCUTIONS.

583. Toute saisie-exécution sera précédée d'un commandement à la personne ou au domicile du débiteur, fait au moins un jour avant la saisie, et contenant notification du titre, s'il n'a déjà été notifié. 29, pr. ta.; 626, 819, 586, 657, 674, 675, P. c.

584. Il conviendra élection de domicile jusqu'à la fin de la poursuite, dans la commune où doit se faire l'exécution, si le créancier n'y demeure ; et le débiteur pourra faire à ce domicile élu toutes significations, même d'offres réelles et d'appel. 29, pr. ta.; 59, 456, P. c.; 111, 1258, 1264, C.

585. L'huissier sera assisté de deux témoins, Français, majeurs, non parens ni alliés des parties ou de l'huissier, jusqu'au degré de cousin issu de germain inclusivement, ni leurs domestiques : il énoncera sur le procès-verbal leurs noms, professions et demeures : les témoins signeront l'original et les copies. La partie poursuivante ne pourra être présente à la saisie. 51, pr. ta.; 783, P. c.

586. Les formalités des exploits seront observées dans les procès-verbaux de saisie-exécution ; ils contiendront itératif commandement, si la saisie est faite en la demeure du saisi. 51, pr. ta.; 61, P. c.

587. Si les portes sont fermées, ou si l'ouverture en est refusée, l'huissier pourra établir gardien aux portes pour empêcher le divertissement : il se retirera sur-le-champ, sans assignation, devant le juge de paix, ou, à son défaut, devant le commissaire de police, et dans les communes où il n'y en a pas, devant le maire, et à son défaut, devant l'adjoint, en présence desquels l'ouverture des portes, même celle des meubles fermans, sera faite, au fur et à mesure de la saisie. L'officier qui se transportera ne dressera point de procès-verbal : mais il signera celui de l'huis-

sier, lequel ne pourra dresser du tout qu'un seul et même procès verbal. 6, 31, 32, pr. ta.; 591, P. c.

588. Le procès verbal contiendra la désignation détaillée des objets saisis : s'il y a des marchandises, elles seront pesées, mesurées ou jaugées, suivant leur nature. 51, pr. ta.; 1050, P. c.

589. L'argenterie sera spécifiée par pièces et poinçons, et elle sera pesée. 51, pr. ta. : 621, P. c.

590. S'il y a des deniers comptans, il sera fait mention du nombre et de la qualité des espèces : l'huissier les déposera au lieu établi pour les consignations : à moins que le saisissant et la partie saisie, ensemble les opposans, s'il y en a, ne conviennent d'un autre dépositaire. 51, 55, pr. ta.; 814, P. c.; 1259, C.

591. Si le saisi est absent, et qu'il y ait refus d'ouvrir aucune pièce ou meuble, l'huissier en requerra l'ouverture ; et, s'il se trouve des papiers, il requerra l'apposition des scellés par l'officier appelé pour l'ouverture. 587, 907 et s.

592. Ne pourront être saisis, 581, 593, — 1° Les objets que la loi déclare immeubles par destination, 525, C.; — 2° Le coucher nécessaire des saisis, ceux de leurs enfans vivant avec eux : les habits dont les saisis sont vêtus et couverts, 593 ; — 3° Les livres relatifs à la profession du saisi, jusqu'à la somme de trois cents francs, à son choix ; — 4° Les machines et instrumens servant à l'enseignement, pratique ou exercice des sciences et arts, jusqu'à concurrence de la même somme, et au choix du saisi ; — 5° Les équipemens des militaires, suivant l'ordonnance et le grade ; — 6° Les outils des artisans, nécessaires à leurs occupations personnelles ; — 7° Les farines et menues denrées nécessaires à la consommation du saisi et de sa famille pendant un mois ; — 8° Enfin, une vache, ou trois brebis, ou deux chèvres, au choix du saisi, avec les pailles, fourrages et grains nécessaires pour la litière et la nourriture desdits animaux pendant un mois. 524, 525, C.

593. Lesdits objets ne pourront être saisis pour aucune créance, même celle de l'état, si ce n'est pour alimens fournis à la partie saisie, ou sommes dues aux fabricans ou vendeurs desdits objets, ou à celui qui aura prêté pour les acheter, fabriquer ou réparer : pour fermages et moissons des terres à la culture desquelles ils sont employés ; loyers des manufactures, moulins, pressoirs, usines dont ils dépendent, et loyers des lieux servant à l'habitation personnelle du débiteur. — Les objets spécifiés sous le n° 2 du précédent article ne pourront être saisis pour aucune créance. 2102, C.

594. En cas de saisie d'animaux et ustensiles servant à l'exploitation des terres, le juge de paix pourra, sur la demande du saisissant, le propriétaire et le saisi entendus ou appelés, établir un gérant à l'exploitation.

595. Le procès verbal contiendra indication du jour de la vente. 602, 615, 1054.

596. Si la partie saisie offre un gardien solvable, et qui se charge volontairement et sur-le-champ, il sera établi par l'huissier. 34, pr. ta.; 598, 628, P. c.

597. Si le saisi ne présente gardien solvable et de la qualité requise, il en sera établi un par l'huissier.

598. Ne pourront être établis gardiens, le saisissant, son conjoint, ses parens et alliés jusqu'au degré de cousin issu de germain inclusivement, et ses domestiques ; mais le saisi, son conjoint, ses parens, alliés et domestiques, pourront être établis gardiens, de leur consentement et de celui du saisissant. 821, 825, 830.

599. Le procès verbal sera fait sans déplacer ; il sera signé par le gardien en l'original et la copie : s'il ne sait signer, il en sera fait mention ; et il lui sera laissé copie du procès verbal. 601 et s.

600. Ceux qui, par voies de fait, empêcheraient l'établissement du gardien, ou qui enlèveraient et détourneraient des effets saisis, seront poursuivis conformément au Code d'instruction criminelle. 209, 579, P.

601. Si la saisie est faite au domi-

ile de la partie, copie lui sera laissée sur-le-champ du procès verbal. ignée des personnes qui auront signé l'original; si la partie est absente, copie sera remise au maire ou adjoint, ou au magistrat qui, en cas de refus de porter, aura fait faire ouverture, et qui visera l'original. 31, pr. ta.; 599, P. c.

602. Si la saisie est faite hors du domicile et en l'absence du saisi, copie lui sera notifiée dans le jour, outre un jour pour trois myriamètres; sinon les frais de garde et le délai pour la vente ne courront que du jour de la notification. 29, pr. ta.; 1033, P. c.

603. Le gardien ne peut se servir des choses saisies, les louer ou prêter, à peine de privation des frais de garde, et de dommages-intérêts, au paiement desquels il sera contraignable par corps.

604. Si les objets saisis ont produit quelques profits ou revenus, il est tenu d'en compter, même par corps. 126, P. c.; 1961, C.

605. Il peut demander sa décharge, si la vente n'a pas été faite au jour indiqué par le procès verbal, sans qu'elle ait été empêchée par quelque obstacle; et en cas d'empêchement, la décharge peut être demandée deux mois après la saisie, sauf au saisissant à faire nommer un autre gardien.

606. La décharge sera demandée contre le saisissant et le saisi, par une assignation en référé devant le juge du lieu de la saisie: si elle est accordée, il sera préalablement procédé au récolement des effets saisis, parties appelées. 29, 35, pr. ta.; 806, P. c.

607. Il sera passé outre, nonobstant toutes réclamations de la part de la partie saisie, sur lesquelles il sera statué en référé. 806 et s.

608. Celui qui se prétendra propriétaire des objets saisis ou de partie d'iceux pourra s'opposer à la vente par exploit signifié au gardien, et dénoncé au saisissant et au saisi, contenant assignation libellée et l'énonciation des preuves de propriété, à peine de nullité: il y sera statué par le tribunal du lieu de la saisie, comme en matière sommaire — Le ré-

clamant qui succombera sera condamné, s'il y échet, aux dommages et intérêts du saisissant. 29, pr. ta.; 404, 606, 727, 826, P. c.; 549, 2102, C.

609. Les créanciers du saisi, pour quelque cause que ce soit, même pour loyers, ne pourront former opposition que sur le prix de la vente: leurs oppositions en contiendront les causes; elles seront signifiées au saisissant et à l'huissier ou autre officier chargé de la vente, avec élection de domicile dans le lieu où la saisie est faite, si l'opposant n'y est pas domicilié: le tout à peine de nullité des oppositions, et des dommages-intérêts contre l'huissier, s'il y a lieu. 29, pr. ta.; 71, 610, 615, P. c.; 2102, C.

610. Le créancier opposant ne pourra faire aucune poursuite, si ce n'est contre la partie saisie, et pour obtenir condamnation: il n'en sera fait aucune contre lui, sauf à discuter les causes de son opposition lors de la distribution des deniers.

611. L'huissier qui, se présentant pour saisir, trouverait une saisie déjà faite et un gardien établi, ne pourra pas saisir de nouveau; mais il pourra procéder au récolement des meubles et effets sur le procès verbal, que le gardien sera tenu de lui représenter: il saisira les effets omis, et fera sommation au premier saisissant de vendre le tout dans la huitaine: le procès verbal de récolement vaudra opposition sur les deniers de la vente. 36, pr. ta.; 679, P. c.

612. Faute par le saisissant de faire vendre dans le délai ci-après fixé, tout opposant ayant titre exécutoire pourra, sommation préalable faite au saisissant, et sans former aucune demande en subrogation, faire procéder au récolement des effets saisis, sur la copie du procès verbal de saisie, que le gardien sera tenu de représenter, et de suite à la vente. 29, pr. ta.; 616, 721, P. c.

613. Il y aura au moins huit jours entre la signification de la saisie au débiteur et la vente. 595, 602, 614.

614. Si la vente se fait à un jour autre que celui indiqué par la signification, la partie saisie sera appelée,

avec un jour d'intervalle, outre un jour pour trois myriamètres en raison de la distance du domicile du saisi, et du lieu où les effets seront vendus. 29, pr. ta.; 595, 602, 615, 1035, P. c.

615. Les opposans ne seront point appelés. 609 et s.

616. Le procès verbal de récolement qui précédera la vente ne contiendra aucune énonciation des effets saisis, mais seulement de ceux en déficit, s'il y en a. 57, pr. ta. ; 612, P. c.

617. La vente sera faite au plus prochain marché public, aux jour et heure ordinaires des marchés, ou un jour de dimanche : pourra néanmoins le tribunal permettre de vendre les effets en un autre lieu plus avantageux. Dans tous les cas, elle sera annoncée un jour auparavant par quatre placards au moins, affichés, l'un au lieu où sont les effets, l'autre à la porte de la maison commune, le troisième au marché du lieu, et s'il n'y en a pas, au marché voisin, le quatrième à la porte de l'auditoire de la justice de paix : et si la vente se fait dans un lieu autre que le marché ou le lieu où sont les effets, un cinquième placard sera apposé au lieu où se fera la vente. La vente sera. en outre, annoncée, par la voie des journaux, dans les villes où il y en a. 38, 76, pr. ta. ; 618, 622, 631, 945, 949, P. c.

618. Les placards indiqueront les lieu, jour et heure de la vente, et la nature des objets sans détail particulier. 650.

619. L'apposition sera constatée par exploit, auquel sera annexé un exemplaire du placard.

620. S'il s'agit de barques, chaloupes et autres bâtimens de mer du port de dix tonneaux et au-dessous, bacs, galiotes, bateaux et autres bâtimens de rivière, moulins et autres édifices mobiles, assis sur bateaux ou autrement, il sera procédé à leur adjudication sur les ports, gares ou quais où ils se trouvent : il sera affiché quatre placards au moins, conformément à l'article précédent ; et il sera fait, à trois divers jours consecutifs, trois publications au lieu où

sont lesdits objets : la première publication ne sera faite que huit jours au moins après la signification de la saisie. Dans les villes où il s'imprime des journaux, il sera suppléé à ces trois publications par l'insertion qui sera faite au journal, de l'annonce de ladite vente, laquelle annonce sera répétée trois fois dans le cours du mois précédant la vente. 531, C.; 207, Co.

621. La vaisselle d'argent, les bagues et joyaux de la valeur de trois cents francs au moins, ne pourront être vendus qu'après placards apposés en la forme ci-dessus, et trois expositions, soit au marché, soit dans l'endroit où sont lesdits effets ; sans que néanmoins, dans aucun cas, lesdits objets puissent être vendus au-dessous de leur valeur réelle, s'il s'agit de vaisselle d'argent, ni au-dessous de l'estimation qui en aura été faite par des gens de l'art, s'il s'agit de bagues et joyaux. — Dans les villes où il s'imprime des journaux, les trois publications seront suppléées comme il est dit en l'article précédent. 589, P. c.; 554, Co.; 41, pr. ta.

622. Lorsque la valeur des effets saisis excédera le montant des causes de la saisie et des oppositions, il ne sera procédé qu'à la vente des objets suffisant à fournir la somme nécessaire pour le paiement des créances et frais.

623. Le procès verbal constatera la présence ou le défaut de comparution de la partie saisie. 40, pr. ta.

624. L'adjudication sera faite au plus offrant, en payant comptant faute de paiement, l'effet sera revendu sur-le-champ à la folle enchère de l'adjudicataire. 1031, P. c. ; 1649, C. 412, P.

625. Les commissaires priseurs et huissiers seront personnellement responsables du prix des adjudications et feront mention, dans leurs procès verbaux, des noms et domiciles des adjudicataires : ils ne pourront recevoir d'eux aucune somme au-dessus de l'enchère, à peine de concussion 132, 1030, P. c. ; 159, P.

TITRE IX.

DE LA SAISIE DES FRUITS PENDANS PAR RACINE, OU DE LA SAISIE-BRANDON.

626. La saisie-brandon ne pourra être faite que dans les six semaines qui précéderont l'époque ordinaire de la maturité des fruits : elle sera précédée d'un commandement, avec un jour d'intervalle. 29, pr. ta.; 585, 688, 821, P. c.; 520, C.

627. Le procès verbal de saisie contiendra l'indication de chaque pièce, sa contenance et sa situation, et deux au moins de ses tenans et aboutissans, et la nature des fruits. 40, 45, pr. ta.; 675. P. c.

628. Le garde champêtre sera établi gardien, à moins qu'il ne soit compris dans l'exclusion portée par l'article 598; s'il n'est présent, la saisie lui sera signifiée; il sera aussi laissé copie au maire de la commune de la situation, et l'original sera visé par lui. — Si les communes sur lesquelles les biens sont situés sont contiguës ou voisines, il sera établi un seul gardien, autre néanmoins qu'un garde champêtre : le visa sera donné par le maire de la commune du cheflieu de l'exploitation; et s'il n'y en a pas, par le maire de la commune où est située la majeure partie des biens. 29, 44, 45, pr. ta.; 597, 1059, P. c.

629. La vente sera annoncée par placards affichés, huitaine au moins avant la vente, à la porte du saisi, à celle de la maison commune, et, s'il n'y en a pas, au lieu où s'apposent les actes de l'autorité publique : au principal marché du lieu, et s'il n'y en a pas, au marché le plus voisin, et à la porte de l'auditoire de la justice de paix. 617 et s.

630. Les placards désigneront les jour, heure et lieu de la vente, les noms et demeures du saisi et du saisissant, la quantité d'hectares et la nature de chaque espèce de fruits, la commune où ils sont situés, sans autre désignation. 618.

631. L'apposition des placards sera constatée ainsi qu'il est dit au titre des Saisies-Exécutions. 613, 617, 619.

632. La vente sera faite un jour de dimanche ou de marché.

633. Elle pourra être faite sur les lieux ou sur la place de la commune où est située la majeure partie des objets saisis. — La vente pourra aussi être faite sur le marché du lieu, et s'il n'y en a pas, sur le marché le plus voisin. 617.

634. Seront, au surplus, observées les formalités prescrites au titre des Saisies-Exécutions. 585 et s.

635. Il sera procédé à la distribution du prix de la vente ainsi qu'il sera dit au titre de la Distribution par contribution. 656 et s.

TITRE X.
DE LA SAISIE DES RENTES CONSTITUÉES SUR PARTICULIERS.

636. La saisie d'une rente constituée ne peut avoir lieu qu'en vertu d'un titre authentique et exécutoire. — Elle sera précédée d'un commandement fait à la personne ou au domicile de la partie obligée ou condamnée, au moins un jour avant la saisie, et contenant notification du titre, si elle n'a déjà été faite. 29, 128, pr. ta.; 545, 585, P. c.; 1517, 1910, C.

637. La rente sera saisie entre les mains de celui qui la doit, par exploit contenant, outre les formalités ordinaires, l'énonciation du titre constitutif de la rente, de sa quotité et de son capital, et du titre de la créance du saisissant; les noms, profession et demeure de la partie saisie, élection de domicile chez un avoué près le tribunal devant lequel la vente sera poursuivie, et assignation au tiers-saisi en déclaration devant le même tribunal : le tout à peine de nullité. 46, pr. ta.; 49, 559, 578, 640, P. c.

638. Les dispositions contenues aux articles 570, 571, 572, 573, 574, 575 et 576, relatives aux formalités que doit remplir le tiers-saisi, seront observées par le débiteur de la rente. — Et si ce débiteur ne fait pas sa déclaration, ou s'il la fait tardivement, ou s'il ne fait pas les justifications ordonnées, il pourra, selon les cas, être condamné à servir la rente faute d'avoir justifié de sa libération, ou à des dommages-intérêts résultant soit de son silence, soit du retard apporté à

faire sa déclaration, soit de la procédure à laquelle il aura donné lieu.

639. La saisie entre les mains de personnes non-demeurant en France sur le continent sera signifiée à personne ou domicile : et seront observées, pour la citation, les délais prescrits par l'article 75. — 560, 642.

640. L'exploit de saisie vaudra toujours saisie-arrêt des arrérages échus et à échoir jusqu'à la distribution. 637.

641. Dans les trois jours de la saisie, outre un jour pour trois myriamètres de distance entre le domicile du débiteur de la rente et celui du saisissant, et pareil délai en raison de la distance entre le domicile de ce dernier et celui de la partie saisie, le saisissant sera tenu, à peine de nullité de la saisie, de la dénoncer à la partie saisie, et de lui notifier le jour de la première publication. 29, pr. la.: 565, 1055, P. c.

642. Lorsque le débiteur de la rente sera domicilié hors du continent du royaume, le délai pour la dénonciation ne courra que du jour de l'échéance de la citation au saisi. 75, 639.

643. Quinzaine après la dénonciation à la partie saisie, le saisissant sera tenu de mettre au greffe du tribunal du domicile de la partie saisie le cahier des charges, contenant les noms, professions et demeures du saisissant, de la partie saisie et du débiteur de la rente ; la nature de la rente, sa quotité, celle du capital, la date et l'énonciation du titre en vertu duquel elle est constituée ; l'énonciation de l'inscription, si le titre contient hypothèque, et si aucune a été prise pour la sûreté de la rente ; les noms et demeure de l'avoué du poursuivant, les conditions de l'adjudication, et la mise à prix : la première publication se fera à l'audience. 697.

644. Extrait du cahier des charges, contenant les renseignemens ci-dessus, sera remis au greffier huitaine avant la remise du cahier des charges au greffe, et par lui inséré dans un tableau placé à cet effet dans l'auditoire du tribunal devant lequel se poursuit la vente.

645. Huitaine avant la remise du cahier des charges au greffe, pareil extrait sera placardé, 1° à la porte de la maison de la partie saisie, 2° à celle du débiteur de la rente, 3° à la principale porte du tribunal, 4° et à la principale place du lieu où se poursuit la vente. 617, 683.

646. Pareil extrait sera inséré dans l'un des journaux imprimés dans la ville où se poursuit la vente : et s'il n'y en a pas, dans l'un de ceux imprimés dans le département, s'il y en a. 620, 683.

647. Sera observé, relativement auxdits placards et annonces, ce qui est prescrit au titre *de la Saisie immobilière*. 682, 683 et s.

648. La seconde publication se fera après la première ; et la rente saisie pourra, lors de ladite publication, être adjugée, sauf le délai qui sera prescrit par le tribunal. 704.

649. Il sera fait une troisième publication, lors de laquelle l'adjudication définitive sera faite au plus offrant et dernier enchérisseur. 705 et s.

650. Il sera affiché de nouveaux placards et inséré nouvelles annonces dans les journaux, trois jours avant l'adjudication définitive. 704 et s.

651. Les enchères seront reçues par le ministère d'avoués. 707, 709, 713.

652. Les formalités prescrites au titre *de la Saisie immobilière*, pour la rédaction du jugement d'adjudication : l'acquit des conditions et du prix, et la revente sur folle enchère, seront observées lors de l'adjudication des rentes. 714, 715.

653. Si la rente a été saisie par deux créanciers, la poursuite appartiendra à celui qui le premier aura dénoncé ; en cas de concurrence, au porteur du titre plus ancien : et si les titres sont de même date, à l'avoué le plus ancien. 719 et s.

654. La partie saisie sera tenue de proposer ses moyens de nullité, si aucuns elle a, avant l'adjudication préparatoire, après laquelle elle ne pourra proposer que les moyens de nullité contre les procédures postérieures. 717.

655. La distribution du prix sera

faite ainsi qu'il sera prescrit au titre *de la Distribution par contribution*, sans préjudice néanmoins des hypothèques établies antérieurement à la loi du 11 brumaire an VII (1er novembre 1798). 656.

TITRE XI.
DE LA DISTRIBUTION PAR CONTRIBUTION.

656. Si les deniers arrêtés ou le prix des ventes ne suffisent pas pour payer les créanciers, le saisi et les créanciers seront tenus, dans le mois de convenir de la distribution par contribution. 579, 655, 659, 749, 990.

657. Faute par le saisi et les créanciers de s'accorder dans ledit délai, l'officier qui aura fait la vente sera tenu de consigner, dans la huitaine suivante, et à la charge de toutes les oppositions, le montant de la vente, déduction faite de ses frais d'après la taxe qui aura été faite par le juge sur la minute du procès-verbal : il sera fait mention de cette taxe dans les expéditions. 659, 814, P. c. ; 42, pr. ta. ; 1259, C.

658. Il sera tenu au greffe un registre des contributions, sur lequel un juge sera commis par le président, sur la réquisition du saisissant, ou, à son défaut, de la partie la plus diligente ; cette réquisition sera faite par simple note portée sur le registre. 95, pr. ta. ; 750, 777, P. c.

659. Après l'expiration des délais portés aux articles 656 et 657, et en vertu de l'ordonnance du juge commis, les créanciers seront sommés de produire, et la partie saisie de prendre communication des pièces produites, et de contredire, s'il y échet. 29, 96, 132, pr. ta. ; 750, P. c.

660. Dans le mois de la sommation, les créanciers opposans, soit entre les mains du saisissant, soit en celles de l'officier qui aura procédé à la vente, produiront, à peine de forclusion, leurs titres ès mains du juge commis, avec acte contenant demande en collocation et constitution d'avoué. 97, pr. ta. ; 664, 754, P. c.

661. Le même acte contiendra la demande à fin de privilège : néanmoins le propriétaire pourra appeler la partie saisie et l'avoué plus ancien en référé devant le juge-commissaire, pour faire statuer préliminairement sur son privilège pour raison des loyers à lui dus. 29, 97, 98, pr. ta. ; 806, P. c. ; 878, 2102, 2111, C.

662. Les frais de poursuite seront prélevés, par privilège, avant toute créance autre que celle pour loyers dus au propriétaire. 716, P. c. ; 2101, C.

663. Le délai ci-dessus fixé, expiré, et même auparavant, si les créanciers ont produit, le commissaire dressera, ensuite de son procès-verbal, l'état de distribution sur les pièces produites : le poursuivant dénoncera, par acte d'avoué, la clôture du procès-verbal aux créanciers produisans et à la partie saisie, avec sommation d'en prendre communication, et de contredire sur le procès-verbal du commissaire dans la quinzaine. 29, 99, 100, pr. ta. ; 755, P. c.

664. Faute par les créanciers et la partie saisie de prendre communication ès mains du juge-commissaire dans ledit délai, ils demeureront forclos, sans nouvelle sommation ni jugement : il ne sera fait aucun dire, s'il n'y a lieu à contester. 756, P. c. ; 513, Co.

665. S'il n'y a point de contestation, le juge-commissaire clorra son procès-verbal, arrêtera la distribution des deniers, et ordonnera que le greffier délivrera mandement aux créanciers, en affirmant par eux la sincérité de leurs créances. 670, 759, P. c. ; 101, pr. ta.

666. S'il s'élève des difficultés, le juge-commissaire renverra à l'audience : elle sera poursuivie par la partie la plus diligente, sur un simple acte d'avoué à avoué, sans autre procédure. 82, 758.

667. Le créancier contestant, celui contesté, la partie saisie, et l'avoué le plus ancien des opposans, seront seuls en cause ; le poursuivant ne pourra être appelé en cette qualité. 669, 760.

668. Le jugement sera rendu sur le rapport du juge-commissaire et des conclusions du ministère public. 85, 95, 761.

669. L'appel de ce jugement sera interjeté dans les dix jours de la signification à avoué : l'acte d'appel sera signifié au domicile de l'avoué; il contiendra citation et énonciation des griefs : il y sera statué comme en matière sommaire. — Ne pourront être intimées sur ledit appel que les parties indiquées par l'art. 667. — 404, 445, 456, 763.

670. Après l'expiration du délai fixé pour l'appel, et en cas d'appel, après la signification de l'arrêt au domicile de l'avoué, le juge-commissaire clorra son procès verbal, ainsi qu'il est prescrit par l'art. 665. — 767.

671. Huitaine après la clôture du procès verbal, le greffier délivrera les mandemens aux créanciers, en affirmant par eux la sincérité de leur créance par devant lui. 101, pr. ta.; 665, 771, P. c.

672. Les intérêts des sommes admises en distribution cesseront du jour de la clôture du procès verbal de distribution, s'il ne s'élève pas de contestation : en cas de contestation, du jour de la signification du jugement qui aura statué; en cas d'appel, quinzaine après la signification du jugement sur appel. 665, 668, 767.

TITRE XII.
DE LA SAISIE IMMOBILIÈRE.

673. La saisie immobilière sera précédée d'un commandement à personne ou domicile, en tête duquel sera donnée copie entière du titre en vertu duquel elle est faite : ce commandement contiendra élection de domicile dans le lieu où siége le tribunal qui devra connaître de la saisie, si le créancier n'y demeure pas; il énoncera que, faute de paiement, il sera procédé à la saisie des immeubles du débiteur. L'huissier ne se fera point assister de témoins; il fera, dans le jour, viser l'original par le maire ou l'adjoint du domicile du débiteur, et il laissera une seconde copie à celui qui donnera le visa. 29, pr. ta.; 545, 583, 636, 717, 1036, P. c.; 2204, 2217, C.

674. La saisie immobilière ne pourra être faite que trente jours après le commandement : si le créancier laisse

écouler plus de trois mois entre le commandement et la saisie, il sera tenu de le réitérer dans les formes et avec le délai ci-dessus. 717, 1033, P. c.; 2216, C.

675. Le procès verbal de saisie contiendra, outre les formalités communes à tous les exploits, l'énonciation du jugement ou du titre exécutoire, le transport de l'huissier sur les biens saisis, la désignation de l'extérieur des objets saisis, si c'est une maison, et énoncera l'arrondissement, la commune et la rue, 2210, où elle est située, et les tenans et aboutissans : si ce sont des biens ruraux, la désignation des bâtimens, s'il y en a, la nature et la contenance au moins approximative de chaque pièce, 524, 1615, 2118, deux au moins de ses tenans et aboutissans, le nom du fermier ou colon s'il y en a, 1030, l'arrondissement et la commune où elle est située : quelle que soit la nature du bien, le procès verbal contiendra en outre l'extrait de la matrice du rôle de contribution foncière pour tous les articles saisis, l'indication du tribunal où la saisie sera portée, et constitution d'avoué chez lequel le domicile du saisissant sera élu de droit. 47, 176, pr. ta.; 61, 627, 682, 717, P. c.; 2118, 2204, C.

676. Copie entière du procès verbal de saisie sera avant l'enregistrement, laissée aux greffiers des juges de paix, et aux maires ou adjoints des communes de la situation de l'immeuble saisi, si c'est une maison; si ce sont des biens ruraux, à ceux de la situation des bâtimens s'il y en a, et s'il n'y en a pas, à ceux de la situation de la partie des biens à laquelle la matrice du rôle de la contribution foncière attribue le plus de revenus : les maires ou adjoints et greffiers viseront l'original du procès verbal, lequel fera mention des copies qui auront été laissées. 48, pr. ta.; 717, 1059, P. c.; 2110, C.

677. La saisie immobilière sera transcrite dans un registre à ce destiné au bureau des hypothèques de la situation des biens, pour la partie des objets saisis qui se trouve dans l'ar-

rondissement. 102, pr. la.; 678, 681. 717, 719, P. c.; 2200 C.

678. Si le conservateur ne peut procéder à la transcription de la saisie à l'instant où elle lui est présentée, il fera mention sur l'original, qui lui sera laissé, des heure, jour, mois et an auxquels il aura été remis; et, en cas de concurrence, le premier présenté sera transcrit. 679, P. c.; 2200, C.

679. S'il y a eu précédente saisie, le conservateur constatera son refus en marge de la seconde; il énoncera la date de la précédente saisie, les noms, demeures et professions du saisissant et du saisi, l'indication du tribunal où la saisie est portée, le nom de l'avoué du saisissant, et la date de la transcription.

680. La saisie immobilière sera, en outre, transcrite au greffe du tribunal où doit se faire la vente, et ce dans la quinzaine du jour de la transcription au bureau des hypothèques, outre un jour pour trois myriamètres de distance entre le lieu de la situation des biens et le tribunal. 192, pr. ta.: 682, 717, 1055, P. c.

681. La saisie immobilière, enregistrée comme il est dit aux art. 677 et 680, sera dénoncée au saisi dans la quinzaine du jour du dernier enregistrement, outre un jour pour trois myriamètres de distance entre le domicile du saisi et la situation des biens: elle contiendra la date de la première publication. L'original de cette dénonciation sera visé dans les vingt-quatre heures par le maire du domicile du saisi, et enregistré dans la huitaine, outre un jour pour trois myriamètres, au bureau de la conservation des hypothèques de la situation des biens: et mention en sera faite en marge de l'enregistrement de la saisie réelle. 675, 689, 692, 696, 717, 752, 1055, P. c.; 49, 105, pr. ta.

682. Le greffier du tribunal sera tenu, dans les trois jours de l'enregistrement mentionné en l'art. 680, d'insérer dans un tableau placé à cet effet dans l'auditoire, un extrait contenant, — 1° La date de la saisie et des enregistremens; — 2° Les noms,

professions et demeures du saisi et du saisissant, et de l'avoué de ce dernier; — 3° Les noms de l'arrondissement, de la commune, de la rue, des maisons saisies; — 4° L'indication sommaire des biens ruraux, en autant d'articles qu'il y a de communes, lesquelles seront indiquées, ainsi que les arrondissemens: chaque article contiendra seulement la nature et la quantité des objets, et les noms des fermiers ou colons, s'il y en a; si néanmoins les biens situés dans la même commune sont exploités par plusieurs personnes, ils seront divisés en autant d'articles qu'il y aura d'exploitans; — 5° L'indication du jour de la première publication; — 6° Les noms des maires, et greffiers des juges de paix, auxquels copies de la saisie auront été laissées. 104, pr. ta.; 647, 675, 695, 697, 717, P. c.

683. L'extrait prescrit par l'article précédent sera inséré, sur la poursuite du saisissant, dans un des journaux imprimés dans le lieu où siège le tribunal devant lequel la saisie se poursuit; et s'il n'y en a pas, dans l'un de ceux imprimés dans le département, s'il y en a: il sera justifié de cette insertion par la feuille contenant ledit extrait, avec la signature de l'imprimeur, légalisée par le maire. 105, pr. ta.: 646, 705, 717. 868, 962, P. c.: 457, 512, 569, 592, 599, 659, Co.; 2194, C.

684. Extrait pareil à celui prescrit par l'article précédent, imprimé en forme de placard, sera affiché, — 1° A la porte du domicile du saisi; — 2° A la principale porte des édifices saisis; — 3° A la principale place de la commune où le saisi est domicilié, de celle de la situation des biens, et de celle du tribunal où la vente se poursuit; — 4° Au principal marché desdites communes, et lorsqu'il n'y en a pas, aux deux marchés les plus voisins; — 5° A la porte de l'auditoire du juge de paix de la situation des bâtimens; et s'il n'y a pas de bâtimens, à la porte de l'auditoire de la justice de paix où se trouve la majeure partie des biens saisis; — 6° Aux portes extérieures des tribunaux du domicile du saisi, de la situation des biens, et

de la vente. 106, pr. ta.; 645, 695, 705, 717, P. c.

685. L'apposition des placards sera constatée par un acte auquel sera annexé un exemplaire du placard : par cet acte l'huissier attestera que l'apposition a été faite aux lieux désignés par la loi, sans les détailler. 50, pr. ta.; 717, P. c.

686. Les originaux du placard et le procès verbal d'apposition ne pourront être grossoyés sous aucun prétexte. 50, 406, pr. ta.

687. L'original dudit procès verbal sera visé par le maire de chacune des communes dans lesquelles l'apposition aura été faite, et il sera notifié à la partie saisie, avec copie du placard. 29, pr. ta.; 673, 696, 700, 705, 717, P. c.

688. Si les immeubles saisis ne sont pas loués ou affermés, le saisi en restera en possession jusqu'à la vente, comme séquestre judiciaire : à moins qu'il ne soit autrement ordonné par le juge, sur la réclamation d'un ou plusieurs créanciers. Les créanciers pourront néanmoins faire la coupe et la vente, en tout ou en partie, des fruits pendans par les racines. 690, P. c.; 1956, 1961. C.

689. Les fruits échus depuis la dénonciation au saisi seront immobilisés, pour être distribués avec le prix de l'immeuble par ordre d'hypothèques. 681, 691, P. c.; 526, C.

690. Le saisi ne pourra faire aucune coupe de bois ni dégradation, à peine de dommages et intérêts, auxquels il sera condamné par corps : il pourra même être poursuivi par la voie criminelle, suivant la gravité des circonstances. 688, P. c.; 2061, C.

691. Si les immeubles sont loués par bail dont la date ne soit pas certaine, avant le commandement, la nullité pourra en être prononcée, si les créanciers ou l'adjudicataire le demandent. — Si le bail a une date certaine, les créanciers pourront saisir et arrêter les loyers ou fermages; et, dans ce cas, il en sera des loyers ou fermages échus depuis la dénonciation faite au saisi, comme des fruits mentionnés en l'art. 689. — 755. 1828. 1743. C.

692. La partie saisie ne peut, à compter du jour de la dénonciation à elle faite de la saisie, aliéner les immeubles, à peine de nullité, et sans qu'il soit besoin de la faire prononcer. 681, 689, P. c.; 1585, 1594, 1599, C.

693. Néanmoins l'aliénation ainsi faite aura son exécution, si avant l'adjudication l'acquéreur consigne somme suffisante pour acquitter, en principal, intérêts et frais, les créances inscrites, et signifie l'acte de consignation aux créanciers inscrits. — Si les deniers ainsi déposés ont été empruntés, les prêteurs n'auront d'hypothèque que postérieurement aux créanciers inscrits lors de l'aliénation. 29, pr. ta.; 594, 817. P. c.; 1257, 1599, 2103, C.

694. Faute d'avoir fait la consignation avant l'adjudication, il ne pourra y être sursis sous aucun prétexte. 720, 729, 752.

695. Un exemplaire du placard imprimé prescrit par l'art. 684 sera notifié aux créanciers inscrits, 2166, aux domiciles élus par leurs inscriptions, huit jours au moins avant la première publication de l'enchère, outre un jour pour trois myriamètres de distance entre la commune du bureau de la conservation et celle où se fait la vente. 29, 107, pr. ta.; 682, 717, 1033. P. c.

696. La notification prescrite par l'article précédent sera enregistrée en marge de la saisie, au bureau de la conservation : du jour de cet enregistrement, la saisie ne pourra plus être rayée que du consentement des créanciers, ou en vertu de jugemens rendus contre eux. 108, pr. ta.; 717, P. c.

697. Quinzaine au moins avant la première publication, le poursuivant déposera au greffe le cahier des charges, contenant, 1° l'énonciation du titre en vertu duquel la saisie a été faite, du commandement, de l'exploit de saisie, et des actes et jugemens qui auront pu être faits ou rendus: 2° la désignation des objets saisis, telle qu'elle a été insérée dans le procès verbal: 3° les conditions de la vente; 4° et une mise à prix par le poursuivant. 109, pr. ta.; 645, 699, 714, 717. P. c.

698. Le poursuivant demeurera adjudicataire pour la mise à prix, s'il ne se présente pas de surenchérisseur. 708.

699. Les dires, publications et adjudications, seront mis sur le cahier des charges, à la suite de la mise à prix. 111, pr. ta.

700. Le cahier des charges sera publié, pour la première fois, un mois au moins après la notification du procès verbal d'affiches à la partie saisie. 111, pr. ta.; 687, P. c.

701. Il ne pourra y avoir moins d'un mois ni plus de six semaines de délai entre ladite notification et la première publication. 687, 717, 732, 965.

702. Le cahier des charges sera publié à l'audience successivement de quinzaine en quinzaine, trois fois au moins avant l'adjudication préparatoire. 111, 112, pr. ta.; 706, 717, 732, 741, P. c.

703. Huit jours au moins avant cette adjudication, outre un jour pour trois myriamètres de distance entre le lieu de la situation de la majeure partie des biens saisis et celui où siège le tribunal, il sera inséré dans un journal, ainsi qu'il est dit en l'art. 683, de nouvelles annonces: les mêmes placards seront apposés aux endroits désignés en l'art. 684: ils contiendront, en outre, la mise à prix et l'indication du jour où se fera l'adjudication préparatoire. — Cette addition sera manuscrite; et si elle donnait lieu à une réimpression de placards, les frais n'entreront pas en taxe. 683, 705, 717, 732, 1033.

704. Dans les quinze jours de cette adjudication, nouvelles annonces seront insérées dans les journaux, et nouveaux placards affichés dans la forme ci-dessus, contenant, en outre, la mention de l'adjudication préparatoire, du prix moyennant lequel elle a été faite, et indication du jour de l'adjudication définitive. 683, 717, 732, 1033.

705. L'insertion aux journaux, des seconde et troisième annonces, et les seconde et troisième appositions de placards, seront justifiées dans la même forme que les premières. 683, 685, 717, 732.

706. Il sera procédé à l'adjudication définitive, au jour indiqué lors de l'adjudication préparatoire: le délai entre les deux adjudications ne pourra être moindre de six semaines. 115, pr. ta.; 717, 732, 742, P. c.; 2212, 2213, 2215, C.

707. Les enchères seront faites par le ministère d'avoués et à l'audience: aussitôt que les enchères seront ouvertes, il sera allumé successivement des bougies préparées de manière que chacune ait une durée d'environ une minute. — L'enchérisseur cesse d'être obligé, si son enchère est couverte par une autre, lors même que cette dernière serait déclarée nulle 114. pr. ta.; 717, 729, 742, P. c.

708. Aucune adjudication ne pourra être faite qu'après l'extinction de trois bougies allumées successivement. — S'il y a eu enchérisseur lors de l'adjudication préparatoire, l'adjudication ne deviendra définitive qu'après l'extinction de trois feux sans nouvelle enchère.— Si, pendant la durée d'une des trois premières bougies, il survient des enchères, l'adjudication ne pourra être faite qu'après l'extinction de deux feux sans enchère survenue pendant leur durée. 698, 715, 742. P. c.: 412, P.

709. L'avoué dernier enchérisseur sera tenu, dans les trois jours de l'adjudication, de déclarer l'adjudicataire, et de fournir son acceptation; sinon, de représenter son pouvoir, lequel demeurera annexé à la minute de sa déclaration: faute de ce faire il sera réputé adjudicataire en son nom. 715, 742. P. c.: 1596, C.

710. Toute personne pourra, dans la huitaine du jour où l'adjudication aura été prononcée, faire au greffe du tribunal, par elle-même ou par un fondé de procuration spéciale, une surenchère, pourvu qu'elle soit du quart au moins du prix principal de la vente. 115. pr. ta.; 715, 747, 833, 945, 965, 972, 988, 1037, P. c.; 1596, C.: 412, P.

711. La surenchère permise par l'article précédent ne sera reçue qu'à la charge, par le surenchérisseur, d'en faire, à peine de nullité, la dénonciation, dans les vingt-quatre heures, aux

avoués de l'adjudicataire, du poursuivant, et de la partie saisie, si elle a avoué constitué, sans néanmoins qu'il soit nécessaire de faire cette dénonciation à la personne ou au domicile de la partie saisie qui n'aurait pas d'avoué. — La dénonciation sera faite par un simple acte contenant avenir à la prochaine audience, sans autre procédure. 116, pr. ta.; 82, 965, P. c.

712. Au jour indiqué, ne pourront être admis à concourir que l'adjudicataire et celui qui aura enchéri du quart, lequel, en cas de folle enchère, sera tenu par corps de la différence de son prix d'avec celui de la vente. 737, 744, 780.

713. Les avoués ne pourront se rendre adjudicataires pour le saisi, les personnes notoirement insolvables, 2185, les juges, juges suppléans, procureurs généraux, avocats généraux, procureurs du roi, substituts des procureurs généraux et du roi, et greffiers du tribunal où se poursuit et se fait la vente, à peine de nullité de l'adjudication et de tous dommages et intérêts. 710, P. c.; 1596, C.

714. Le jugement d'adjudication ne sera autre que la copie du cahier des charges, rédigé ainsi qu'il est dit dans l'art. 697; il sera revêtu de l'intitulé des jugemens et du mandement qui les termine, avec injonction à la partie saisie de délaisser la possession aussitôt la signification du jugement, sous peine d'y être contrainte, même par corps. 652, 731, 733, P. c.; 2061, 2215, C.; 412, P.

715. Le jugement d'adjudication ne sera délivré à l'adjudicataire, qu'en rapportant par lui au greffier quittance des frais ordinaires de poursuite, et la preuve qu'il a satisfait aux conditions de l'enchère, qui doivent être exécutées avant ladite délivrance; lesquelles quittances demeureront annexées à la minute du jugement, et seront copiées ensuite de l'adjudication : faute par l'adjudicataire de faire lesdites justifications dans les vingt jours de l'adjudication, il y sera contraint par la voie de la folle enchère, ainsi qu'il sera dit ci-après, sans préjudice des autres voies de droit. 662, 737, P. c.; 1654, 1649, C.

716. Les frais extraordinaires de poursuite seront payés par privilége sur le prix, lorsqu'il en aura été ainsi ordonné par jugement. 662, 715, 724, P. c.; 2101, C.

717. Les formalités prescrites par les art. 673, 674, 675, 676, 677, 680, 681, 682, 683, 684, 685, 687, 695, 696, 697, 699, 700, 701, 702, 1er alinéa de 703, 704, 705, 706, 707, 708, seront observées, à peine de nullité. 733 et s.

TITRE XIII.
DES INCIDENS SUR LA POURSUITE DE SAISIE IMMOBILIÈRE.

718. Toute contestation incidente à une poursuite de saisie immobilière sera jugée sommairement dans les cours et dans les tribunaux; les demandes ne seront pas précédées de citation au bureau de conciliation. 49, 404, 675, 733, 735.

719. Si deux saisissans ont fait enregistrer deux saisies de biens différens, poursuivies dans le même tribunal, elles seront réunies, sur la requête de la partie la plus diligente, et seront continuées par le premier saisissant : la jonction sera ordonnée, encore que l'une des saisies soit plus ample que l'autre; mais elle ne pourra, en aucun cas, être demandée après la remise de l'enchère au greffe : en cas de concurrence, la poursuite appartiendra à l'avoué porteur du titre plus ancien; et si les titres sont de même date, à l'avoué le plus ancien. 117, pr. ta.; 673, 677, 680, 697, P. c.

720. Si une seconde saisie présentée à l'enregistrement est plus ample que la première, elle sera enregistrée pour les objets non compris en la première saisie, et le second saisissant sera tenu de dénoncer sa saisie au premier saisissant, qui poursuivra sur les deux, si elles sont au même état, sinon surseoira à la première, et suivra sur la deuxième jusqu'à ce qu'elle soit au même degré : et alors elles seront réunies en une seule poursuite, qui sera portée devant le tribunal de la première saisie. 118, pr. ta.; 677, 680, 694, 721, P. c.

721. Faute par le premier saisissant d'avoir poursuivi sur la seconde saisie

à lui dénoncée, conformément à l'article ci-dessus. le second saisissant pourra par un simple acte demander la subrogation. 119, pr. ta.; 724, P. c.

722. Elle pourra être également demandée en cas de collusion, fraude ou négligence de la part du poursuivant. — Il y a négligence, lorsque le poursuivant n'a pas rempli une formalité, ou n'a pas fait un acte de procédure dans les délais prescrits : sauf, dans le cas de collusion ou fraude, les dommages-intérêts envers qui il appartiendra. 119, pr. ta.

723. L'appel d'un jugement qui aura statué sur cette contestation incidente ne sera recevable que dans la quinzaine du jour de la signification à avoué. 443.

724. Le poursuivant contre qui la subrogation aura été prononcée sera tenu de remettre les pièces de la poursuite au subrogé, sur son récépissé; et il ne sera payé de ses frais qu'après l'adjudication, soit sur le prix, soit par l'adjudicataire. — Si le poursuivant a contesté la subrogation, les frais de la contestation seront à sa charge, et ne pourront, en aucun cas, être employés en frais de poursuite et payés sur le prix. 716.

725. Lorsqu'une saisie immobilière aura été rayée, le plus diligent des saisissans postérieurs pourra poursuivre sur sa saisie, encore qu'il ne se soit pas présenté le premier à l'enregistrement.

726. Si le débiteur interjette appel du jugement en vertu duquel on procède à la saisie, il sera tenu d'intimer sur cet appel, et de dénoncer et faire viser l'intimation au greffier du tribunal devant lequel se poursuit la vente; et ce, trois jours au moins avant la mise du cahier des charges au greffe : sinon, l'appel ne sera pas reçu, et il sera passé outre à l'adjudication. 120, pr. ta.; 456, 697, P. c.

727. La demande en distraction de tout ou de partie de l'objet saisi, sera formée par requête d'avoué, tant contre le saisissant que contre la partie saisie, le créancier premier inscrit et l'avoué adjudicataire provisoire. Cette action sera formée par exploit contre

celle des parties qui n'aura pas avoué en cause, et, dans ce cas, contre le créancier au domicile élu par l'inscription. 29, 122, pr. ta.; 608, 826, P. c.; 880, C.

728. La demande en distraction contiendra l'énonciation des titres justificatifs, qui seront déposés au greffe, et la copie de l'acte de ce dépôt. 121, pr. ta.

729. Si la distraction demandée n'est que d'une partie des objets saisis, il sera passé outre, nonobstant cette demande, à la vente du surplus des objets saisis : pourront néanmoins les juges, sur la demande des parties intéressées, ordonner le sursis pour le tout; l'adjudicataire provisoire peut, dans ce cas, demander la décharge de son adjudication. 125, pr. ta.; 694, 752, P. c.

730. L'appel du jugement rendu sur la demande en distraction sera interjeté avec assignation, dans la quinzaine du jour de la signification à personne ou domicile, outre un jour par trois myriamètres en raison de la distance du domicile réel des parties : ce délai passé, l'appel ne sera plus reçu. 584.

731. L'adjudication définitive ne transmet à l'adjudicataire d'autres droits à la propriété que ceux qu'avait le saisi. 695, 696, 759, 772, P. c.; 2197, 2205, 2171, C.

732. Lorsque l'une des publications de l'enchère aura été retardée par un incident, il ne pourra y être procédé qu'après une nouvelle apposition de placards et insertion de nouvelles annonces en la forme ci-dessus prescrite. 683, 684, 695, 719.

733. Les moyens de nullité contre la procédure qui précède l'adjudication préparatoire ne pourront être proposés après ladite adjudication : ils seront jugés avant ladite adjudication; et si les moyens de nullité sont rejetés, l'adjudication préparatoire sera prononcée par le même jugement. 124, pr. ta.; 714, 717, 755, 756, P. c.

734. L'appel du jugement qui aura statué sur ces nullités ne sera pas reçu, s'il n'a été interjeté avec intimation dans la quinzaine de la signification du jugement à avoué : l'appel

sera notifié au greffier, et visé par lui. 29, pr. ta.

735. La partie saisie sera tenue de proposer par requête, avec avenir à jour indiqué, ses moyens de nullité, si aucuns elle a, contre les procédures postérieures à l'adjudication provisoire, vingt jours au moins avant celui indiqué pour l'adjudication définitive : les juges seront tenus de statuer sur les moyens de nullité, dix jours au moins avant ladite adjudication définitive. 125, pr. ta.; 706, P. c.; 1289, C.

736. L'appel de ce jugement ne sera pas recevable après la huitaine de la prononciation ; il sera notifié au greffier, et visé par lui : la partie saisie ne pourra, sur l'appel, proposer autres moyens de nullité que ceux présentés en première instance. 29, pr. ta.; 464, 755, P. c.

737. Faute par l'adjudicataire d'exécuter les clauses d'adjudication, le bien sera vendu à sa folle enchère. 715, 745 et s., P. c.; 885, C.

738. Le poursuivant la vente sur folle enchère se fera délivrer par le greffier un certificat constatant que l'adjudicataire n'a point justifié de l'acquit des conditions exigibles de l'adjudication. 126, pr. ta.

739. Sur ce certificat, et sans autre procédure ni jugement, il sera apposé de nouveaux placards et inséré de nouvelles annonces, dans la forme ci-dessus prescrite, lesquels porteront que l'enchère sera publiée de nouveau au jour indiqué; cette publication ne pourra avoir lieu que quinzaine au moins après l'apposition des placards. 683 et s.

740. Le placard sera signifié à l'avoué de l'adjudicataire, et à la partie saisie, au domicile de son avoué, et, si elle n'en a pas, à son domicile, au moins huit jours avant la publication.

741. L'adjudication préparatoire pourra être faite à la seconde publication, qui aura lieu quinzaine après la première. 702.

742. A la quinzaine suivante, ou au jour plus éloigné qui aura été fixé par le tribunal, il sera procédé à une troisième publication, lors de laquelle les objets saisis pourront être

vendus définitivement : chacune desdites publications sera précédée de placards et annonces, ainsi qu'il est dit ci-dessus; et seront observées, lors de l'adjudication, les formalités prescrites par les art. 707, 708 et 709. — 706 et s.

743. Si néanmoins l'adjudicataire justifiait de l'acquit des conditions de l'adjudication, et consignait la somme réglée par le tribunal pour le paiement des frais de folle enchère, il ne serait pas procédé à l'adjudication définitive, et l'adjudicataire éventuel serait déchargé. 673, 757.

744. Le fol enchérisseur est tenu par corps de la différence de son prix d'avec celui de la revente sur folle enchère, sans pouvoir réclamer l'excédant s'il y en a : cet excédant sera payé aux créanciers, ou, si les créanciers sont désintéressés, à la partie saisie. 712. P. c.; 2191, C.

745. Les articles relatifs aux nullités et aux délais et formalités de l'appel sont communs à la poursuite de la folle enchère. 717, 725, 726, 730, 734, 736.

746. Les immeubles appartenant à des majeurs maîtres de disposer de leurs droits, ne pourront, à peine de nullité, être mis aux enchères en justice, lorsqu'il ne s'agira que de ventes volontaires. 747, 753, 985, P. c.; 819, 1582, C.

747. Néanmoins, lorsqu'un immeuble aura été saisi réellement, il sera libre aux intéressés, s'ils sont tous majeurs et maîtres de leurs droits, de demander que l'adjudication soit faite aux enchères, devant notaires ou en justice, sans autres formalités que celles prescrites aux art. 957, 958, 959, 960, 961, 962, 964, sur la Vente des biens immeubles. 157, pr. ta.; 955, 985, P. c.; 819, C.

748. Dans le cas de l'article précédent, si un mineur ou interdit est créancier, le tuteur pourra, sur un avis de parents, se joindre aux autres parties intéressées pour la même demande. — Si le mineur ou interdit est débiteur, les autres parties intéressées ne pourront faire cette demande qu'en se soumettant à obser-

ver toutes les formalités pour la vente des biens des mineurs. 954. 968, P. c.; 824, 2206, C.

TITRE XIV.
DE L'ORDRE.

749. Dans le mois de la signification du jugement d'adjudication, s'il n'est pas attaqué; en cas d'appel, dans le mois de la signification du jugement confirmatif, les créanciers et la partie saisie seront tenus de se régler entre eux sur la distribution du prix. 656, 714, P. c.: 2195, C.

750. Le mois expiré, faute par les créanciers et la partie saisie de s'être réglés entre eux, le saisissant, dans la huitaine, et à son défaut, après ce délai, le créancier le plus diligent ou l'adjudicataire, requerra la nomination d'un juge-commissaire, devant lequel il sera procédé à l'ordre. 150, 152, pr ta.; 618, 657, 775, 779. P. c.

751. Il sera tenu au greffe, à cet effet, un registre des adjudications, sur lequel le requérant l'ordre fera son réquisitoire, à la suite duquel le président du tribunal nommera un juge-commissaire. 658, P. c.; 150, 151, pr. ta.

752. Le poursuivant prendra l'ordonnance du juge-commissaire, qui ouvrira le procès verbal d'ordre, auquel sera annexé un extrait délivré par le conservateur, de toutes les inscriptions existantes. 151, pr. ta.; 659, P. c.; 2180, C.

753. En vertu de l'ordonnance du commissaire, les créanciers seront sommés de produire, par acte signifié aux domiciles élus par leurs inscriptions, ou à celui de leurs avoués, s'il y en a de constitués. 29, 152, pr. ta.; 659, 1030. P. c.

754. Dans le mois de cette sommation, chaque créancier sera tenu de produire ses titres avec acte de produit, signé de son avoué, et contenant demande en collocation. Le commissaire fera mention de la remise sur son procès verbal. 155, pr. ta.; 660 P. ç.

755. Le mois expiré, et même auparavant, si les créanciers ont produit, le commissaire dressera, en suite de son procès verbal, un état de collocation sur les pièces produites. Le poursuivant dénoncera, par acte d'avoué à avoué, aux créanciers produisans et à la partie saisie, la confection de l'état de collocation, avec sommation d'en prendre communication, et de contredire, s'il y échet, sur le procès verbal du commissaire, dans le délai d'un mois. 154, pr. ta.; 663, P. c.

756. Faute par les créanciers produisans de prendre communication des productions ès mains du commissaire dans ledit délai, ils demeureront forclos, sans nouvelle sommation ni jugement, 1029; il ne sera fait aucun dire, s'il n'y a contestation. 173, 664, 758 775, P. c.; 515, Co.

757. Les créanciers qui n'auront produit qu'après le délai fixé supporteront sans répétition, et sans pouvoir les employer dans aucun cas, les frais auxquels leur production tardive, et la déclaration d'icelle aux créanciers à l'effet d'en prendre connaissance, auront donné lieu. Ils seront garans des intérêts qui auront couru, à compter du jour où ils auraient cessé si la production eût été faite dans le délai fixé. 156, pr. ta.; 767, 774, C.

758. En cas de contestation, le commissaire renverra les contestans à l'audience, et néanmoins arrêtera l'ordre pour les créances antérieures à celles contestées, et ordonnera la délivrance des bordereaux de collocation de ces créanciers, qui ne seront tenus à aucun rapport à l'égard de ceux qui produiraient postérieurement. 666, 771.

759. S'il ne s'élève aucune contestation, le juge-commissaire fera la clôture de l'ordre; il liquidera les frais de radiation et de poursuite d'ordre, qui seront colloqués par préférence à toutes autres créances; il prononcera la déchéance des créanciers non produisans, ordonnera la délivrance des bordereaux de collocation aux créanciers utilement colloqués, et la radiation des inscriptions de ceux non utilement colloqués. Il sera fait distraction en faveur de l'adjudicataire, sur le montant de chaque bordereau, des frais de

radiation de l'inscription. 157, pr. ta.; 665, 767, 772, 777, P. c.

760. Les créanciers postérieurs en ordre d'hypothèque aux collocations contestées seront tenus, dans la huitaine du mois accordé pour contredire, de s'accorder entre eux sur le choix d'un avoué; sinon ils seront représentés par l'avoué du dernier créancier colloqué. Le créancier qui contestera individuellement supportera les frais auxquels sa contestation particulière aura donné lieu, sans pouvoir les répéter ni employer en aucun cas. L'avoué poursuivant ne pourra en cette qualité être appelé dans la contestation. 667 et s.; 754, 756.

761. L'audience sera poursuivie par la partie la plus diligente, sur un simple acte d'avoué à avoué, sans autre procédure. 82, 668, 765.

762. Le jugement sera rendu sur le rapport du juge-commissaire et les conclusions du ministère public; il contiendra liquidation des frais. 111, 666, 668.

763. L'appel de ce jugement ne sera reçu, s'il n'est interjeté dans les dix jours de sa signification à avoué, outre un jour par trois myriamètres de distance du domicile réel de chaque partie: il contiendra assignation, et l'énonciation des griefs. 443, 669, 1033, P. c.; 2148, 2152, 2156, C.

764. L'avoué du créancier dernier colloqué pourra être intimé s'il y a lieu. 667, 669.

765. Il ne sera signifié sur l'appel que des conclusions motivées de la part des intimés; et l'audience sera poursuivie ainsi qu'il est dit en l'article 761.

766. L'arrêt contiendra liquidation des frais; les parties qui succomberont sur l'appel seront condamnées aux dépens, sans pouvoir les répéter. 768, 770.

767. Quinzaine après le jugement des contestations, et, en cas d'appel, quinzaine après la signification de l'arrêt qui y aura statué, le commissaire arrêtera définitivement l'ordre des créances contestées et de celles postérieures, et ce, conformément à ce qui est prescrit par l'art. 759:

les intérêts et arrérages des créanciers utilement colloqués cesseront. 670, 672, 770.

768. Les frais de l'avoué qui aura représenté les créanciers contestans, seront colloqués, par préférence à toutes autres créances, sur ce qui restera de deniers à distribuer, déduction faite de ceux qui auront été employés à acquitter les créances antérieures à celles contestées. 759, 766. 777.

769. L'arrêt qui autorisera l'emploi des frais prononcera la subrogation au profit du créancier sur lequel les fonds manqueront, ou de la partie saisie. L'exécutoire énoncera cette disposition, et indiquera la partie qui devra en profiter.

770. La partie saisie et le créancier sur lequel les fonds manqueront auront leur recours contre ceux qui auront succombé dans la contestation, pour les intérêts et arrérages qui auront couru pendant le cours desdites contestations. 766 et s.

771. Dans les dix jours après l'ordonnance du juge-commissaire, le greffier délivrera à chaque créancier utilement colloqué le bordereau de collocation, qui sera exécutoire contre l'acquéreur. 671, 758.

772. Le créancier colloqué, en donnant quittance du montant de sa collocation, consentira la radiation de son inscription. 759, 775, P. c.; 2158, C.

773. Au fur et à mesure du paiement des collocations, le conservateur des hypothèques, sur la représentation du bordereau et de la quittance du créancier, déchargera d'office l'inscription, jusqu'à concurrence de la somme acquittée. 759, 772.

774. L'inscription d'office sera rayée définitivement, en justifiant, par l'adjudicataire, du paiement de la totalité de son prix, soit aux créanciers utilement colloqués, soit à la partie saisie, et de l'ordonnance du juge-commissaire qui prononce la radiation des inscriptions des créanciers non colloqués. 579, 772, P. c.; 157, pr. ta.

775. En cas d'aliénation autre que celle par expropriation, l'ordre ne pourra être provoqué s'il n'y a plus

de trois créanciers inscrits ; et il le sera par le créancier le plus diligent ou l'acquéreur après l'expiration des trente jours qui suivront les délais prescrits par les articles 2185 et 2194 du Code civil. 2195, 2218, C.

776. L'ordre sera introduit et réglé dans les formes prescrites par le présent titre.

777. L'acquéreur sera employé par préférence pour le coût de l'extrait des inscriptions et dénonciations aux créanciers inscrits. 759, 768, P. c.; 2201. C.

778. Tout créancier pourra prendre inscription pour conserver les droits de son débiteur, mais le montant de la collocation du débiteur sera distribué, comme chose mobilière, entre tous les créanciers inscrits ou opposans avant la clôture de l'ordre. 660, P. c.

779. En cas de retard ou de négligence dans la poursuite d'ordre, la subrogation pourra être demandée. La demande en sera formée par requête insérée au procès verbal d'ordre, communiquée au poursuivant par acte d'avoué, jugée sommairement en la chambre du conseil, sur le rapport du juge-commissaire. 138, pr. ta.; 760, P. c.

TITRE XV.
DE L'EMPRISONNEMENT.

780. Aucune contrainte par corps ne pourra être mise à exécution qu'un jour après la signification, avec commandement, du jugement qui l'a prononcée. — Cette signification sera faite par un huissier commis par ledit jugement ou par le président du tribunal de première instance du lieu où se trouve le débiteur. — La signification contiendra aussi élection de domicile dans la commune où siège le tribunal qui a rendu ce jugement, si le créancier n'y demeure pas. 51, 76, pr. ta.; 126, 166, 442, 455, 552, 784, 790, 795, 794, P. c.; 16, 2059, 2065, 2069, C.; 551, P.

781. Le débiteur ne pourra être arrêté, 1° Avant le lever et après le coucher du soleil ; — 2° Les jours de fête légale ; — 3° Dans les édifices consacrés au culte, et pendant les exercices religieux seulement ; — 4° Dans le lieu et pendant le terme des séances des autorités constituées ; — 5° Dans une maison quelconque, même dans son domicile, à moins qu'il eût été ainsi ordonné par le juge de paix du lieu, lequel juge de paix devra, dans ce cas, se transporter dans la maison avec l'officier ministériel. 6°, 52, pr. ta.; 795, 1037, P.; 184, P.

782. Le débiteur ne pourra non plus être arrêté, lorsque, appelé comme témoin devant un directeur du jury ou devant un tribunal de première instance, ou une cour royale ou d'assises, il sera porteur d'un sauf-conduit. — Le sauf-conduit pourra être accordé par le directeur du jury, par le président du tribunal ou de la cour où les témoins devront être entendus. Les conclusions du ministère public seront nécessaires. — Le sauf-conduit réglera la durée de son effet, à peine de nullité. — En vertu du sauf-conduit, le débiteur ne pourra être arrêté, ni le jour fixé pour sa comparution, ni pendant le temps nécessaire pour aller et pour revenir. 50, 266, 432, 794.

783. Le procès verbal d'emprisonnement contiendra, outre les formalités ordinaires des exploits, 1° itératif commandement ; 2° élection de domicile dans la commune où le débiteur sera détenu, si le créancier n'y demeure pas : l'huissier sera assisté de deux recors. 55, 77, pr. ta.; 787, 789, 794, P. c.

784. S'il s'est écoulé une année entière depuis le commandement, il sera fait un nouveau commandement par un huissier commis à cet effet. 780, 804.

785. En cas de rébellion, l'huissier pourra établir garnison aux portes pour empêcher l'évasion et requérir la force armée ; et le débiteur sera poursuivi conformément aux dispositions du Code d'instruction criminelle. 555, P. c.; 554, I. c.; 188, 209, P.

786. Si le débiteur requiert qu'il en soit référé, il sera conduit sur-le-champ devant le président du tribu

nal de première instance du lieu où l'arrestation aura été faite, lequel statuera en état de référé : si l'arrestation est faite hors des heures de l'audience, le débiteur sera conduit chez le président. 54, pr. ta.: 806 et s., P. c.

787. L'ordonnance sur référé sera consignée sur le procès verbal de l'huissier, et sera exécutée sur-le-champ. 794.

788. Si le débiteur ne requiert pas qu'il en soit référé, ou si, en cas de référé, le président ordonne qu'il soit passé outre, le débiteur sera conduit dans la prison du lieu : et s'il n'y en a pas, dans celle du lieu le plus voisin : l'huissier et tous autres qui conduiraient, recevraient ou retiendraient le débiteur dans un lieu de détention non légalement désigné comme tel, seront poursuivis comme coupables du crime de détention arbitraire. 794, P. c.; 615, I. c.: 119, P.

789. L'écrou du débiteur énoncera, 1° Le jugement : 2° Les noms et domicile du créancier : 3° L'élection de domicile, s'il ne demeure pas dans la commune : 4° Les noms, demeure et profession du débiteur ; 5° la consignation d'un mois d'alimens au moins ; 6° Enfin, mention de la copie qui sera laissée au débiteur, parlant à sa personne, tant du procès verbal d'emprisonnement que de l'écrou. Il sera signé de l'huissier. 55, 55, pr. ta.; 785, 791, 794, 797, 805, P. c.

790. Le gardien ou geôlier transcrira sur son registre le jugement qui autorise l'arrestation : faute par l'huissier de représenter ce jugement, le geôlier refusera de recevoir le débiteur et de l'écrouer. 56, pr. ta.; 780, 794, P. c.

791. Le créancier sera tenu de consigner les alimens d'avance. Les alimens ne pourront être retirés, lorsqu'il y aura recommandation, si ce n'est du consentement du recommandant. 789, 794, 800, 803.

792. Le débiteur pourra être recommandé par ceux qui auraient le droit d'exercer contre lui la contrainte par corps. Celui qui est arrêté comme prévenu d'un délit peut aussi être recommandé ; et il sera retenu par l'effet de la recommandation, encore que son élargissement ait été prononcé et qu'il ait été acquitté du délit. 57, pr. ta.; 126, 552, 794, 796. P. c.; 2059, C.

793. Seront observées pour les recommandations, les formalités ci-dessus prescrites pour l'emprisonnement : néanmoins l'huissier ne sera pas assisté de recors ; et le recommandant sera dispensé de consigner les alimens, s'ils ont été consignés. — Le créancier qui a fait emprisonner pourra se pourvoir contre le recommandant devant le tribunal du lieu où le débiteur est détenu, à l'effet de le faire contribuer au paiement des alimens par portion égale. 57, pr. ta.; 780, 794, 796, P. c.

794. A défaut d'observation des formalités ci-dessus prescrites, le débiteur pourra demander la nullité de l'emprisonnement, et la demande sera portée au tribunal du lieu où il est détenu ; si la demande en nullité est fondée sur des moyens du fond, elle sera portée devant le tribunal de l'exécution du jugement. 554. 780, 799.

795. Dans tous les cas, la demande pourra être formée à bref délai, en vertu de permission de juge, et l'assignation donnée par huissier commis au domicile élu par l'écrou : la cause sera jugée sommairement, sur les conclusions du ministère public. 77 pr. ta.; 49, 85, 404, 789, 802, 805, P. c.

796. La nullité de l'emprisonnement, pour quelque cause qu'elle soit prononcée, n'emporte point la nullité des recommandations. 58, pr. ta.; 792, P. c.

797. Le débiteur dont l'emprisonnement est déclaré nul ne peut être arrêté pour la même dette qu'un jour au moins après sa sortie. 804.

798. Le débiteur sera mis en liberté, en consignant entre les mains du geôlier de la prison les causes de son emprisonnement et les frais de la capture. 800, 802.

799. Si l'emprisonnement est déclaré nul, le créancier pourra être condamné en des dommages-intérêts envers le débiteur. 218, 794.

800. Le débiteur légalement in

carcéré obtiendra son élargissement, 77, pr. ta., — 1º Par le consentement du créancier qui l'a fait incarcérer, et des recommandans, s'il y en a. 801, P. c.; 1109, C.: — 2º Par le paiement ou la consignation des sommes dues tant au créancier qui a fait emprisonner qu'au recommandant, des intérêts échus, des frais liquidés, de ceux d'emprisonnement, et de la restitution des alimens consignés, 798, 802, P. c.; 1255, 1257, C.; — 3º Par le bénéfice de cession, 898, P. c.; 1265, C.; — 4º A défaut par les créanciers d'avoir consigné d'avance les alimens, 791, 803: — 5º Et enfin, si le débiteur a commencé sa soixante-dixième année, et si, dans ce dernier cas, il n'est pas stellionataire, 77, pr. ta.; 2066, C.

801. Le consentement à la sortie du débiteur pourra être donné, soit devant notaire, soit sur le registre d'écrou.

802. La consignation de la dette sera faite entre les mains du geôlier, sans qu'il soit besoin de la faire ordonner; si le geôlier refuse, il sera assigné à bref délai devant le tribunal du lieu, en vertu de permission: l'assignation sera donnée par huissier commis. 554, 798, 800, 805, P. c.; 77, pr. ta.

803. L'élargissement, faute de consignation d'alimens sera ordonné sur le certificat de non consignation, délivré par le geôlier, et annexé à la requête présentée au président du tribunal, sans sommation préalable. — Si cependant le créancier en retard de consigner les alimens fait la consignation avant que le débiteur ait formé sa demande en élargissement, cette demande ne sera plus recevable. 77, pr. ta.; 800, 804, 885, P. c.

804. Lorsque l'élargissement aura été ordonné faute de consignation d'alimens, le créancier ne pourra de nouveau faire emprisonner le débiteur, qu'en lui remboursant les frais par lui faits pour obtenir son élargissement, ou les consignant, à son refus, ès mains du greffier, et en consignant aussi d'avance six mois d'alimens: on ne sera point tenu de recommencer les formalités préalables

à l'emprisonnement, s'il a lieu dans l'année du commandement. 784, 797.

805. Les demandes en élargissement seront portées au tribunal dans le ressort duquel le débiteur est détenu. Elles seront formées à bref délai, au domicile élu par l'écrou, en vertu de permission du juge, sur requête présentée à cet effet: elles seront communiquées au ministère public, et jugées, sans instruction, à la première audience, préférablement à toutes autres causes, sans remise ni tour de rôle. 554, 786, 795, 802.

TITRE XVI.
DES RÉFÉRÉS.

806. Dans tous les cas d'urgence, ou lorsqu'il s'agira de statuer provisoirement sur les difficultés relatives à l'exécution d'un titre exécutoire ou d'un jugement, il sera procédé ainsi qu'il va être réglé ci-après. 95, pr. ta.; 606, 607, 661, 786, 829, 843, 845, 852, 921, 944, 948, P. c.

807. La demande sera portée à une audience tenue à cet effet par le président du tribunal de première instance, ou par le juge qui le remplace, aux jour et heure indiqués par le tribunal. 29, pr. t.; 553, P. c.

808. Si néanmoins le cas requiert célérité, le président, ou celui qui le représente, pourra permettre d'assigner, soit à l'audience, soit à son hôtel, à heure indiquée, même les jours de fête; et, dans ce cas, l'assignation ne pourra être donnée qu'en vertu de l'ordonnance du juge, qui commettra un huissier à cet effet. 76, pr. ta.; 554, 1040, P. c.

809. Les ordonnances sur référés ne feront aucun préjudice au principal; elles seront exécutoires par provision, sans caution, si le juge n'a pas ordonné qu'il en serait fourni une. — Elles ne seront pas susceptibles d'opposition. — Dans les cas où la loi autorise l'appel, cet appel pourra être interjeté même avant le délai de huitaine, à dater du jugement; et il ne sera point recevable s'il a été interjeté après la quinzaine, à dater du jour de la signification du jugement. — L'appel sera jugé

sommairement et sans procédure 29, 149. pr. ta.; 155, 449, 455, 811, P. c.

810. Les minutes des ordonnances sur référés seront déposées au greffe. 59, pr. ta.

811. Dans le cas d'absolue nécessité, le juge pourra ordonner l'exécution de son ordonnance sur la minute. 809, 922.

DEUXIÈME PARTIE.
PROCÉDURES DIVERSES.

LIVRE PREMIER.

(Décret du 22 avril 1806. Promalgué le 2 mai suivant.)

TITRE PREMIER.
DES OFFRES DE PAIEMENT, ET DE LA CONSIGNATION.

812. Tout procès verbal d'offres désignera l'objet offert, de manière qu'on ne puisse y en substituer un autre; et si ce sont des espèces, il en contiendra l'énumération et la qualité. 552, P. c.; 1257, C.

813. Le procès verbal fera mention de la réponse, du refus ou de l'acceptation du créancier, et s'il a signé, refusé ou déclaré ne pouvoir signer. 59, pr. ta.

814. Si le créancier refuse les offres, le débiteur peut, pour se libérer, consigner la somme ou la chose offerte, en observant les formalités prescrites par l'art. 1259 du Code civil.

815. La demande qui pourra être intentée, soit en validité, soit en nullité des offres ou de la consignation, sera formée d'après les règles établies pour les demandes principales : si elle est incidente, elle le sera par requête. 75, pr. ta.; 49, 59, 557, P. c.

816. Le jugement qui déclarera les offres valables, ordonnera, dans le cas où la consignation n'aurait pas encore eu lieu, que, faute par le créancier d'avoir reçu la somme ou la chose offerte, elle sera consignée : il prononcera la cessation des intérêts du jour de la réalisation.

817. La consignation volontaire ou ordonnée sera toujours à la charge des oppositions. s'il en existe, et en les dénonçant au créancier. 501, 557, 573, 575, P. c.; 209, Co.; 1257, 1259, C.

818. Le surplus est réglé par les dispositions du Code civil, relatives aux offres de paiement et à la consignation. 1251, 1257, C.

TITRE II.
DU DROIT DES PROPRIÉTAIRES SUR LES MEUBLES, EFFETS ET FRUITS DE LEURS LOCATAIRES ET FERMIERS, OU DE LA SAISIE-GAGERIE ET DE LA SAISIE-ARRÊT SUR DÉBITEURS FORAINS.

819. Les propriétaires et principaux locataires de maisons ou biens ruraux, soit qu'il y ait bail, soit qu'il n'y en ait pas, peuvent, un jour après le commandement, et sans permission du juge, faire saisir-gager, pour loyers et fermages échus, les effets et fruits étant dans lesdites maisons ou bâtimens ruraux, et sur les terres. — Ils peuvent même faire saisir-gager à l'instant, en vertu de la permission qu'ils en auront obtenue, sur requête, du président du tribunal de première instance. — Ils peuvent aussi saisir les meubles qui garnissaient la maison ou la ferme, lorsqu'ils ont été déplacés sans leur consentement; et ils conservent sur eux leur privilége, pourvu qu'ils en aient fait la revendication, conformément à l'art. 2102 du Code civil. 29, 61, 76, pr. ta.; 586, 593, 609, 826, P. c.; 1728, 2102, C.

820. Peuvent les effets des sous-fermiers et sous-locataires, garnissant les lieux par eux occupés, et les fruits des terres qu'ils sous-louent; être saisis-gagés pour les loyers et fermages dus par le locataire ou fermier de qui ils tiennent : mais ils obtiendront main-levée, en justifiant qu'ils ont payé sans fraude, et sans qu'ils puissent opposer des paiemens faits par anticipation. 1753, 2102, C.

821. La saisie-gagerie sera faite en

la même forme que la saisie-exécution : le saisi pourra être constitué gardien ; et s'il y a des fruits, elle sera faite dans la forme établie par le titre ix du livre précédent. 586, 598, 626.

822. Tout créancier, même sans titre, peut, sans commandement préalable, mais avec permission du président du tribunal de première instance et même du juge de paix, faire saisir les effets trouvés en la commune qu'il habite, appartenant à son débiteur forain. 61, 65, 76, pr. ta.

823. Le saisissant sera gardien des effets, s'ils sont en ses mains ; sinon, il sera établi un gardien. 598.

824. Il ne pourra être procédé à la vente, sur les saisies énoncées au présent titre, qu'après qu'elles auront été déclarées valables : le saisi, dans le cas de l'art. 821, le saisissant dans le cas de l'art. 825, ou le gardien, s'il en a été établi, seront condamnés par corps à la représentation des effets. 126, 613, 617, 780, P. c.; 2059, C.

825. Seront, au surplus, observées les règles ci-devant prescrites pour la saisie-exécution, la vente et la distribution des deniers. 61, pr. ta.: 586, 617, 656, P. c.

TITRE III.
DE LA SAISIE-REVENDICATION.

826. Il ne pourra être procédé à aucune saisie-revendication, qu'en vertu d'ordonnance du président du tribunal de première instance rendue sur requête ; et ce, à peine de dommages-intérêts tant contre la partie que contre l'huissier qui aura procédé à la saisie. 77, pr. ta.: 608, 727, P. c.; 576, Co.; 1926, 2102, 2279, C.

827. Toute requête à fin de saisie-revendication désignera sommairement les effets. 77, pr. ta.

828. Le juge pourra permettre la saisie-revendication, même les jours de fête légale. 8, 63, 1037.

829. Si celui chez lequel on veut revendiquer refuse les portes ou s'oppose à la saisie, il en sera référé au juge ; et cependant il sera sursis à la saisie, sauf au requé-

rant à établir garnison aux portes. 29, 62, pr. ta.; 806, P. c.

830. La saisie-revendication sera faite en la même forme que la saisie-exécution, si ce n'est que celui chez qui elle est faite pourra être constitué gardien. 586, 598, 806.

831. La demande en validité de la saisie sera portée devant le tribunal du domicile de celui sur qui elle est faite : et si elle est connexe à une instance déjà pendante, elle le sera au tribunal saisi de cette instance.

TITRE IV.
DE LA SURENCHÈRE SUR ALIÉNATION VOLONTAIRE.

832. Les notifications et réquisitions prescrites par les articles 2183 et 2185 du Code civil seront faites par un huissier commis à cet effet, sur simple requête, par le président du tribunal de première instance de l'arrondissement où elles auront lieu ; elles contiendront constitution d'avoués près le tribunal où la surenchère et l'ordre devront être portés. 65, 76, 128, pr. ta.; 1050, P. c. — L'acte de réquisition de mise aux enchères contiendra, à peine de nullité de la surenchère, l'offre de la caution, avec assignation à trois jours devant le même tribunal, pour la réception de ladite caution, à laquelle il sera procédé sommairement.

833. Si la caution est rejetée, la surenchère sera déclarée nulle et l'acquéreur maintenu, à moins qu'il n'ait été fait d'autres surenchères par d'autres créanciers.

834. Les créanciers qui, ayant une hypothèque aux termes des art. 2123, 2127 et 2128 du Code civil, n'auront pas fait inscrire leurs titres antérieurement aux aliénations qui seront faites à l'avenir des immeubles hypothéqués, ne seront reçus à requérir la mise aux enchères, conformément aux dispositions du chap. viii, titre xviii du livre iii du Code civil, qu'en justifiant de l'inscription qu'ils auront prise depuis l'acte translatif de propriété, et au plus tard dans la quinzaine de la transcription de cet acte. 2109. C. —

Il en sera de même à l'égard des créanciers ayant privilége sur des immeubles, sans préjudice des autres droits résultant au vendeur et aux héritiers, des articles 2108 et 2109 du Code civil. 2195 et s.

835. Dans le cas de l'article précédent, le nouveau propriétaire n'est pas tenu de faire aux créanciers dont l'inscription n'est pas antérieure à la transcription de l'acte, les significations prescrites par les art. 2183 et 2184 du Code civil; et dans tous les cas, faute par les créanciers d'avoir requis la mise aux enchères dans le délai et les formes prescrits, le nouveau propriétaire n'est tenu que du paiement du prix, conformément à l'art. 2186 du Code civil.

836. Pour parvenir à la revente sur enchère, prévue par l'art. 2187 du Code civil, le poursuivant fera apposer des placards indicatifs de la première publication, laquelle sera faite quinzaine après cette apposition. 684, P. c.; 2204, C.

837. Le procès verbal d'apposition de placards sera notifié au nouveau propriétaire, si c'est le créancier qui poursuit; et au créancier surenchérisseur, si c'est l'acquéreur.

838. L'acte d'aliénation tiendra lieu de minute d'enchère. — Le prix porté dans l'acte, et la somme de la surenchère tiendront lieu d'enchère. 697 à 700, P. c.; 2186, 2187, C.

TITRE V.
DES VOIES A PRENDRE POUR AVOIR EXPÉDITION OU COPIE D'UN ACTE, OU POUR LE FAIRE RÉFORMER.

839. Le notaire ou autre dépositaire qui refusera de délivrer expédition ou copie d'un acte aux parties intéressées en nom direct, héritiers ou ayant-droit, y sera condamné, et par corps, sur assignation à bref délai, donnée en vertu de permission du président du tribunal de première instance, sans préliminaire de conciliation. 78, pr. ta.; 49, 780, 843, 844, P. c.

840. L'affaire sera jugée sommairement, et le jugement exécuté, nonobstant opposition ou appel. 17, 155, 404, 459, 848.

841. La partie qui voudra obtenir copie d'un acte non enregistré, ou même resté imparfait, présentera sa requête au président du tribunal de première instance, sauf l'exécution des lois et réglemens relatifs à l'enregistrement. 29, 78, pr. ta.; 844, 850, P. c.

842. La délivrance sera faite, s'il y a lieu, en exécution de l'ordonnance mise en suite de la requête; et il en sera fait mention au bas de la copie délivrée.

843. En cas de refus de la part du notaire ou dépositaire, il en sera référé au président du tribunal de première instance. 806 et s.

844. La partie qui voudra se faire délivrer une seconde grosse, soit d'une minute d'acte, soit par forme d'ampliation sur une grosse déposée, présentera, à cet effet, requête au président du tribunal de première instance : en vertu de l'ordonnance qui interviendra, elle fera sommation au notaire pour faire la délivrance à jour et heure indiqués, et aux parties intéressées, pour y être présentes; mention sera faite de cette ordonnance au bas de la seconde grosse, ainsi que de la somme pour laquelle on pourra exécuter, si la créance est acquittée ou cédée en partie. 29, 78, pr. ta.; 850, 854, P. c.; 45, C.

845. En cas de contestation, les parties se pourvoiront en référé. 806 et s.

846. Celui qui, dans le cours d'une instance, voudra se faire délivrer expédition ou extrait d'un acte dans lequel il n'aura pas été partie, se pourvoira ainsi qu'il va être réglé. 855.

847. La demande à fin de compulsoire sera formée par requête d'avoué à avoué : elle sera portée à l'audience sur un simple acte, et jugée sommairement sans aucune procédure. 75, pr. ta.; 404, P. c.

848. Le jugement sera exécutoire, nonobstant appel ou opposition. 155, 840.

849. Les procès verbaux de compulsoire ou collation seront dressés et l'expédition ou copie délivrée par le notaire ou dépositaire, à moins que

le tribunal qui l'aura ordonnée n'ait commis un de ses membres, ou tout autre juge de tribunal de première instance, ou un autre notaire. 168, pr. ta.

850. Dans tous les cas, les parties pourront assister au procès verbal, et y insérer tels dires qu'elles aviseront. 92, pr. ta.

851. Si les frais et déboursés de la minute de l'acte sont dus au dépositaire, il pourra refuser expédition tant qu'il ne sera pas payé desdits frais, outre ceux d'expédition.

852. Les parties pourront collationner l'expédition ou copie à la minute, dont lecture sera faite par le dépositaire : si elles prétendent qu'elles ne sont pas conformes, il en sera référé, à jour indiqué par le procès verbal, au président du tribunal, lequel fera la collation ; à cet effet, le dépositaire sera tenu d'apporter la minute. — Les frais du procès verbal, ainsi que ceux du transport du dépositaire, seront avancés par le requérant. 168, pr. ta.; 501, 519, P. c; 45, C

853. Les greffiers et dépositaires des registres publics en délivreront, sans ordonnance de justice, expédition, copie ou extrait, à tous requérans, à la charge de leurs droits, à peine de dépens, dommages et intérêts.

854. Une seconde expédition exécutoire d'un jugement ne sera délivrée à la même partie qu'en vertu d'ordonnance du président du tribunal où il aura été rendu. 78, pr. ta. — Seront observées les formalités prescrites pour la délivrance des secondes grosses des actes devant notaires. 844.

855. Celui qui voudra faire ordonner la rectification d'un acte de l'état civil présentera requête au président du tribunal de première instance. 78. pr. ta.; 99, C.

856. Il y sera statué sur rapport, et sur les conclusions du ministère public. Les juges ordonneront, s'ils l'estiment convenable, que les parties intéressées seront appelées, et que le conseil de famille sera préalablement convoqué. — S'il y a lieu d'appeler les parties intéressées, la demande sera formée par exploit, sans préliminaire de conciliation. — Elle le sera par acte d'avoué, si les parties sont en instance. 29, 71, pr. ta.; 49, 882, P. c.; 54, C.

857. Aucune rectification, aucun changement, ne pourront être faits sur l'acte : mais les jugemens de rectification seront inscrits sur les registres par l'officier de l'état civil, aussitôt qu'ils lui auront été remis : mention en sera faite en marge de l'acte réformé ; et l'acte ne sera plus délivré qu'avec les rectifications ordonnées. à peine de tous dommages intérêts contre l'officier qui l'aurait délivré. 49, 99, 2150, C.

858. Dans le cas où il n'y aurait d'autre partie que le demandeur en rectification, et où il croirait avoir à se plaindre du jugement, il pourra, dans les trois mois depuis la date de ce jugement, se pourvoir à la cour royale, en présentant au président une requête, sur laquelle sera indiqué un jour auquel il sera statué à l'audience sur les conclusions du ministère public. 443, P. c ; 150, pr. ta.

TITRE VI.

DE QUELQUES DISPOSITIONS RELATIVES À L'ENVOI EN POSSESSION DES BIENS D'UN ABSENT.

859. Dans le cas prévu par l'art. 112 du Code civil, et pour y faire statuer, il sera présenté requête au président du tribunal. Sur cette requête, à laquelle seront joints les pièces et documens, le président commettra un juge pour faire le rapport au jour indiqué : et le jugement sera prononcé après avoir entendu le procureur du roi. 114, C.; 78, pr. ta.

860. Il sera procédé de même dans le cas où il s'agirait de l'envoi en possession provisoire autorisé par l'article 120 du Code civil. 78, pr. ta.

TITRE VII.

AUTORISATION DE LA FEMME MARIÉE.

861. La femme qui voudra se faire autoriser à la poursuite de ses droits, après avoir fait une sommation à son mari, et sur le refus par lui fait, présentera requête au président, qui

rendra ordonnance portant permission de citer le mari, à jour indiqué, à la chambre du conseil, pour déduire les causes de son refus. 29, 78, pr. ta.; 878, P. c.; 215, 218, C.

862. Le mari entendu, ou faute par lui de se présenter, il sera rendu, sur les conclusions du ministère public, jugement qui statuera sur la demande de la femme. 112, P. c.; 245, 256, C.

863. Dans le cas de l'absence présumée du mari, ou lorsqu'elle aura été déclarée, la femme qui voudra se faire autoriser à la poursuite de ses droits présentera également requête au président du tribunal, qui ordonnera la communication au ministère public, et commettra un juge pour faire son rapport à jour indiqué. 78, pr. ta.; 865, P. c.; 112, 115, 222, C.

864. La femme de l'interdit se fera autoriser en la forme prescrite par l'article précédent, elle joindra à sa requête le jugement d'interdiction. 78, pr. ta.; 222, 224, C.

TITRE VIII.
DES SÉPARATIONS DE BIENS.

865. Aucune demande en séparation de biens ne pourra être formée sans une autorisation préalable, que le président du tribunal devra donner sur la requête qui lui sera présentée à cet effet. Pourra néanmoins le président, avant de donner l'autorisation, faire les observations qui lui paraîtront convenables. 78, pr. ta.; 65, Co.; 49, 869, P. c.; 311, 1443, C.

866. Le greffier du tribunal inscrira, sans délai, dans un tableau placé à cet effet dans l'auditoire, un extrait de la demande en séparation, lequel contiendra. — 1º La date de la demande; — 2º Les noms, prénoms, profession et demeure des époux; — 3º Les noms et demeure de l'avoué constitué, qui sera tenu de remettre, à cet effet, ledit extrait au greffier, dans les trois jours de la demande. 92, pr. ta.; 65, Co.; 869, P. c.

867. Pareil extrait sera inséré dans les tableaux placés, à cet effet, dans l'auditoire du tribunal de commerce, dans les chambres d'avoués de pre-

mière instance et dans celles de notaires, le tout dans les lieux où il y en a : lesdites insertions seront certifiées par les greffiers et par les secrétaires des chambres. 92, pr. ta.; 69, P. c.; 65, Co.

868. Le même extrait sera inséré, à la poursuite de la femme, dans l'un des journaux qui s'impriment dans le lieu où siége le tribunal; et s'il n'y en a pas, dans l'un de ceux établis dans le département, s'il y en a. — Ladite insertion sera justifiée ainsi qu'il est dit au titre *de la Saisie immobilière*, art. 683. — 92, pr. ta.; 65, Co.; 869, P. c.

869. Il ne pourra être, sauf les actes conservatoires, prononcé, sur la demande en séparation, aucun jugement qu'un mois après l'observation des formalités ci-dessus prescrites, et qui seront observées à peine de nullité, laquelle pourra être opposée par le mari ou par ses créanciers. 1029, P. c.; 65, Co.

870. L'aveu du mari ne fera pas preuve, lors même qu'il n'y aurait pas de créanciers. 1443, 1447, C.; 65, Co.

871. Les créanciers du mari pourront, jusqu'au jugement définitif, sommer l'avoué de la femme, par acte d'avoué à avoué, de leur communiquer la demande en séparation et les pièces justificatives, même intervenir pour la conservation de leurs droits, sans préliminaire de conciliation. 70, 75, pr. ta.; 65, Co.; 49, 339, P. c.

872. Le jugement de séparation sera lu publiquement, l'audience tenante, au tribunal de commerce du lieu, s'il y en a : extrait de ce jugement, contenant la date, la désignation du tribunal où il a été rendu, les noms, prénoms, profession et demeure des époux, sera inséré sur un tableau à ce destiné, et exposé pendant un an dans l'auditoire des tribunaux de première instance et de commerce du domicile du mari, même lorsqu'il ne sera pas négociant, et s'il n'y a pas de tribunal de commerce, dans la principale salle de la maison commune du domicile du mari. Pareil extrait sera inséré au ta-

bleau exposé en la chambre des avoués et notaires, s'il y en a. La femme ne pourra commencer l'exécution du jugement que du jour où les formalités ci-dessus auront été remplies, sans que néanmoins il soit nécessaire d'attendre l'expiration du susdit délai d'un an. — Le tout, sans préjudice des dispositions portées en l'art. 1445 du Code civil. 92, pr. ta. ; 880, P. c.; 65 à 67, Co.

873. Si les formalités prescrites au présent titre ont été observées, les créanciers du mari ne seront plus reçus, après l'expiration du délai dont il s'agit dans l'article précédent, à se pourvoir par tierce opposition contre le jugement de séparation. 65, 67, Co. ; 1447, C.

874. La renonciation de la femme à la communauté sera faite au greffe du tribunal saisi de la demande en séparation. 91, pr. ta.; 65, 67, Co. ; 997, P. c.; 1457, C.

TITRE IX.
DE LA SÉPARATION DE CORPS, ET DU DIVORCE.

875. L'époux qui voudra se pourvoir en séparation de corps sera tenu de présenter au président du tribunal de son domicile, requête contenant sommairement les faits : il y joindra les pièces à l'appui, s'il y en a. 79, pr. ta. ; 306, 311, C.

876. La requête sera répondue d'une ordonnance portant que les parties comparaîtront devant le président au jour qui sera indiqué par ladite ordonnance. 29.

877. Les parties seront tenues de comparaître en personne, sans pouvoir se faire assister d'avoués ni de conseils.

878. Le président fera aux deux époux les représentations qu'il croira propres à opérer un rapprochement : s'il ne peut y parvenir, il rendra ensuite de la première ordonnance, une seconde portant qu'attendu qu'il n'a pu concilier les parties, il les renvoie à se pourvoir, sans citation préalable au bureau de conciliation : il autorisera par la même ordonnance la femme à procéder sur la demande, et à se retirer provisoirement dans

telle maison dont les parties seront convenues, ou qu'il indiquera d'office ; il ordonnera que les effets à l'usage journalier de la femme lui seront remis. Les demandes en provision seront portées à l'audience. 49.

879. La cause sera instruite dans les formes établies pour les autres demandes, et jugée sur les conclusions du ministère public. 83, P. c.; 307, C.

880. Extrait du jugement qui prononcera la séparation sera inséré aux tableaux exposés tant dans l'auditoire des tribunaux que dans les chambres d'avoués et notaires, ainsi qu'il est dit art. 872. — 92, pr. ta.

881. A l'égard du divorce, il sera procédé comme il est prescrit au Code civil. 174, P. c.; 229, 234, C.

TITRE X.
DES AVIS DE PARENS.

882. Lorsque la nomination d'un tuteur n'aura pas été faite en sa présence, elle lui sera notifiée, à la diligence du membre de l'assemblée qui aura été désigné par elle : ladite notification sera faite dans les trois jours de la délibération, outre un jour par trois myriamètres de distance entre le lieu où s'est tenue l'assemblée et le domicile du tuteur. 406, 438 et s. C. ; 895, 968, P. c.

883. Toutes les fois que les délibérations du conseil de famille ne seront pas unanimes, l'avis de chacun des membres qui la composent sera mentionné dans le procès verbal. — Le tuteur, subrogé tuteur ou curateur, même les membres de l'assemblée, pourront se pourvoir contre la délibération ; ils formeront leur demande contre les membres qui auront été d'avis de la délibération, sans qu'il soit nécessaire d'appeler en conciliation. 29, pr. ta. ; 49, 888, P. c.; 416, C.

884. La cause sera jugée sommairement. 404, P. c.

885. Dans tous les cas où il s'agira d'une délibération sujette à homologation, une expédition de la délibération sera présentée au président, lequel, par ordonnance au bas de ladite délibération, ordonnera la con-

munication au ministère public, et commettra un juge pour en faire le rapport à jour indiqué. 467, C.; 78 pr. ta.

886. Le procureur du roi donnera ses conclusions au bas de ladite ordonnance : la minute du jugement d'homologation sera mise à la suite desdites conclusions sur le même cahier. 78. pr. ta.

887. Si le tuteur, ou autre chargé de poursuivre l'homologation, ne le fait dans le délai fixé par la délibération, ou, à défaut de fixation, dans le délai de quinzaine, un des membres de l'assemblée pourra poursuivre l'homologation contre le tuteur, et aux frais de celui-ci sans répétition.

888. Ceux des membres de l'assemblée qui croiront devoir s'opposer à l'homologation le déclareront, par acte extrajudiciaire, à celui qui est chargé de la poursuivre; et s'ils n'ont pas été appelés, ils pourront former opposition au jugement. 29, pr. ta.; 885, P. c.

889. Les jugemens rendus sur délibération du conseil de famille seront sujets à l'appel. 448, C.

TITRE XI.
DE L'INTERDICTION. 489 et s. C.

890. Dans toute poursuite d'interdiction, les faits d'imbécillité, de démence ou de fureur, 493, C. seront énoncés en la requête présentée au président du tribunal : on y joindra les pièces justificatives, et l'on indiquera les témoins. 79, pr. ta.; 489, 492, C.: 117, se. ta.

891. Le président du tribunal ordonnera la communication de la requête au ministère public, et commettra un juge pour faire rapport au jour indiqué. 85.

892. Sur le rapport du juge et les conclusions du procureur du roi, le tribunal ordonnera que le conseil de famille, formé selon le mode déterminé par le Code civil, section IV du chapitre II, au titre *de la Minorité*, *de la Tutelle et de l'Emancipation*, donnera son avis sur l'état de la personne dont l'interdiction est demandée. 92, pr. ta.; 406, 494. C.

893. La requête et l'avis du conseil

de famille seront signifiés au défendeur avant qu'il soit procédé à son interrogatoire. — Si l'interrogatoire et les pièces produites sont insuffisans, et si les faits peuvent être justifiés par témoins, le tribunal ordonnera, s'il y a lieu, l'enquête, qui se fera en la forme ordinaire. — Il pourra ordonner, si les circonstances l'exigent, que l'enquête sera faite hors de la présence du défendeur; mais, dans ce cas, son conseil pourra le représenter. 252, 890, 892, P. c.; 496, 497, 499, 501, 505, C.

894. L'appel interjeté par celui dont l'interdiction aura été prononcée sera dirigé contre le provoquant. — L'appel interjeté par le provoquant, ou par un des membres de l'assemblée, le sera contre celui dont l'interdiction aura été provoquée. — En cas de nomination de conseil, l'appel de celui auquel il aura été donné sera dirigé contre le provoquant. 443 et s.

895. S'il n'y a pas d'appel du jugement d'interdiction, ou s'il est confirmé sur l'appel, il sera pourvu à la nomination d'un tuteur et d'un subrogé tuteur à l'interdit, suivant les règles prescrites au titre *Des Avis de parens*. — L'administrateur provisoire, nommé en exécution de l'art. 497 du Code civil, cessera ses fonctions, et rendra compte au tuteur, s'il ne l'est pas lui-même. 527, 882, P. c.: 405, 420, 427, C.

896. La demande en main-levée d'interdiction sera instruite et jugée dans la même forme que l'interdiction. 890 et s.

897. Le jugement qui prononcera défense de plaider, transiger, emprunter, recevoir un capital mobilier, en donner décharge, aliéner ou hypothéquer sans assistance de conseil, sera affiché dans la forme prescrite par l'article 501 du Code civil.

TITRE XII.
DU BÉNÉFICE DE CESSION. 566 et s., Co.: 1265, C.: 92, pr. ta.

898. Les débiteurs qui seront dans le cas de réclamer la cession judiciaire accordée par l'art. 1268 du Code civil seront tenus, à cet effet,

de déposer au greffe du tribunal où la demande sera portée leur bilan, leurs livres, s'ils en ont, et leurs titres actifs.

899. Le débiteur se pourvoira devant le tribunal de son domicile.

900. La demande sera communiquée au ministère public; elle ne suspendra l'effet d'aucune poursuite, sauf aux juges à ordonner, parties appelées, qu'il sera sursis provisoirement. 83, P. c.; 570, Co.

901. Le débiteur admis au bénéfice de cession sera tenu de réitérer sa cession en personne. 655, Co., et non par procureur, ses créanciers appelés, à l'audience du tribunal de commerce de son domicile; et s'il n'y en a pas, à la maison commune, un jour de séance: la déclaration du débiteur sera constatée, dans ce dernier cas, par procès verbal de l'huissier, qui sera signé par le maire. 64, pr. ta.

902. Si le débiteur est détenu, le jugement qui l'admettra au bénéfice de cession ordonnera son extraction avec les précautions en tel cas requises et accoutumées, à l'effet de faire sa déclaration conformément à l'article précédent. 65, pr. ta.; 800, P. c.; 1270, C.

903. Les nom, prénom, profession et demeure du débiteur seront insérés dans un tableau public à ce destiné, placé dans l'auditoire du tribunal de commerce de son domicile, ou du tribunal de première instance qui en fait les fonctions, et dans le lieu des séances de la maison commune. 92, pr. ta.

904. Le jugement qui admettra au bénéfice de cession vaudra pouvoir aux créanciers, à l'effet de faire vendre les biens meubles et immeubles du débiteur; et il sera procédé à cette vente dans les formes prescrites pour les héritiers sous bénéfice d'inventaire. 945, 953, P. c.; 1269, C.

905. Ne pourront être admis au bénéfice de cession, les étrangers, les stellionataires, les banqueroutiers frauduleux, les personnes condamnées pour cause de vol ou d'escroquerie, ni les personnes comptables, tuteurs, administrateurs et dépositai-

res. 11, 1268, 1270, 1945, 2059, C.; 575, 596, Co.; 579, 405, P.

906. Il n'est au surplus rien préjugé, par les dispositions du présent titre, à l'égard du commerce, aux usages duquel il n'est, quant à présent, rien innové. 566, Co.

LIVRE II.

PROCÉDURES RELATIVES A L'OUVERTURE D'UNE SUCCESSION.

(Décret du 28 avril 1806. Promulgué le 8 mai suivant.)

TITRE PREMIER.

DE L'APPOSITION DES SCELLÉS APRÈS DÉCÈS.

907. Lorsqu'il y aura lieu à l'apposition des scellés après décès, elle sera faite par les juges de paix, et à leur défaut, par leurs suppléans. 449. 553, Co.; 591, 912, 924, P. c.; 249, P.; 601, 769, 775, 810, 819, 820, 1006, 1031, 1034, C.

908. Les juges de paix et leurs suppléans se serviront d'un sceau particulier, qui restera entre leurs mains, et dont l'empreinte sera déposée au greffe du tribunal de première instance.

909. L'apposition des scellés pourra être requise, — 1° Pour tous ceux qui prétendront droit dans la succession ou dans la communauté; — 2° Par tous créanciers fondés en titre exécutoire, ou autorisés par une permission, soit du président du tribunal de première instance, soit du juge de paix du canton où le scellé doit être apposé. 821, C. — 3° Et en cas d'absence, soit du conjoint, soit des héritiers ou de l'un d'eux, par les personnes qui demeuraient avec le défunt, et par ses serviteurs et domestiques. 1, 16, 78, pr. ta.; 950, P. c.; 819, C.

910. Les prétendant-droit et les créanciers mineurs émancipés pourront requérir l'apposition des scellés sans l'assistance de leur curateur. — S'ils sont mineurs non émancipés, et s'ils n'ont pas de tuteur, ou s'il est absent, elle pourra être requise par un de leurs parens. 882, P. c.; 406, 481, 499, C.

911. Le scellé sera apposé, soit à

la diligence du ministère public, soit sur la déclaration du maire ou adjoint de la commune, et même d'office par le juge de paix, — 1° Si le mineur est sans tuteur, et que le scellé ne soit pas requis par un parent; — 2° Si le conjoint, ou si les héritiers ou l'un d'eux, sont absens; — 3° Si le défunt était dépositaire public; auquel cas le scellé ne sera apposé que pour raison de ce dépôt et sur les objets qui le composent. 819, C.; 914, P. c.; 94, pr. ta.

912. Le scellé ne pourra être apposé que par le juge de paix des lieux ou par ses suppléans.

913. Si le scellé n'a pas été apposé avant l'inhumation, le juge constatera, par son procès verbal, le moment où il a été requis de l'apposer, et les causes qui ont retardé soit la réquisition soit l'apposition.

914. Le procès verbal d'apposition contiendra, — 1° La date des an, mois, jour et heure; — 2° Les motifs de l'apposition: — 3° Les noms, profession et demeure du requérant, s'il y en a, et son élection de domicile dans la commune où le scellé est apposé, s'il n'y demeure; — 4° S'il n'y a pas de partie requérante, le procès verbal énoncera que le scellé a été apposé d'office ou sur le réquisitoire ou sur la déclaration de l'un des fonctionnaires dénommés dans l'art. 911; — 5° L'ordonnance qui permet le scellé, s'il en a été rendu; — 6° Les comparutions et dires des parties; — 7° La désignation des lieux, bureaux, coffres, armoires, sur les ouvertures desquels le scellé a été apposé; — 8° Une description sommaire des effets qui ne sont pas mis sous les scellés. 924; — 9° Le serment, lors de la clôture de l'apposition, par ceux qui demeurent dans le lieu, qu'ils n'ont rien détourné, vu ni su qu'il ait été rien détourné directement ni indirectement; — 10° L'établissement du gardien présenté, s'il a les qualités requises; sauf, s'il ne les a pas, ou s'il n'en est pas présenté, à en établir un d'office par le juge de paix.

915. Les clefs des serrures sur lesquelles le scellé a été apposé resteront, jusqu'à sa levée, entre les mains du greffier de la justice de paix, lequel fera mention, sur le procès verbal, de la remise qui lui en aura été faite : et ne pourront le juge ni le greffier aller, jusqu'à la levée, dans la maison où est le scellé, à peine d'interdiction, à moins qu'ils n'en soient requis, ou que leur transport n'ait été précédé d'une ordonnance motivée.

916. Si, lors de l'apposition, il est trouvé un testament ou autres papiers cachetés, le juge de paix en constatera la forme extérieure, le sceau et la suscription s'il y en a, paraphera l'enveloppe avec les parties présentes, si elles le savent ou le peuvent, et indiquera les jour et heure où le paquet sera par lui présenté au président du tribunal de première instance : il fera mention du tout sur son procès verbal, lequel sera signé des parties, sinon mention sera faite de leur refus. 2, 3, 16, 94, pr. ta.; 920, P. c.; 976, 1007, C.

917. Sur la réquisition de toute partie intéressée, le juge de paix fera, avant l'apposition du scellé, la perquisition du testament dont l'existence sera annoncée : et s'il le trouve, il procédera ainsi qu'il est dit ci-dessus. 918 et s.

918. Aux jour et heure indiqués, sans qu'il soit besoin d'aucune assignation, les paquets trouvés cachetés seront présentés par le juge de paix au président du tribunal de première instance, lequel en fera l'ouverture, en constatera l'état, et en ordonnera le dépôt si le contenu concerne la succession. 94, pr. ta.; 1007, C.

919. Si les paquets cachetés paraissent, par leur suscription, ou par quelque autre preuve écrite, appartenir à des tiers, le président du tribunal ordonnera que ces tiers seront appelés dans un délai qu'il fixera, pour qu'ils puissent assister à l'ouverture : il la fera au jour indiqué, en leur présence ou à leur défaut; et si les paquets sont étrangers à la succession, il les leur remettra sans en faire connaître le contenu, on les cachetera de nouveau pour leur être remis à leur première réquisition.

920. Si un testament est trouvé ouvert, le juge de paix en constatera l'état, et observera ce qui est prescrit en l'art. 916. — 94, pr. ta.

921. Si les portes sont fermées, s'il se rencontre des obstacles à l'apposition des scellés, s'il s'élève, soit avant soit pendant le scellé, des difficultés, il y sera statué en référé par le président du tribunal. A cet effet, il sera sursis, et établi par le juge de paix garnison extérieure, même intérieure si le cas y échet; et il en référera surle-champ au président du tribunal. — Pourra néanmoins le juge de paix, s'il y a péril dans le retard, statuer par provision, sauf à en référer ensuite au président du tribunal. 2, 3, 16, 94, pr. ta.; 806, P. c.

922. Dans tous les cas où il sera référé par le juge de paix au président du tribunal, soit en matière de scellé, soit en autre matière, ce qui sera fait et ordonné sera constaté sur le procès verbal dressé par le juge de paix; le président signera ses ordonnances sur ledit procès verbal. 94, pr. ta.; 155, 809, 811, P. c.

923. Lorsque l'inventaire sera parachevé, les scellés ne pourront être apposés, à moins que l'inventaire ne soit attaqué, et qu'il ne soit ainsi ordonné par le président du tribunal. — Si l'apposition des scellés est requise pendant le cours de l'inventaire, les scellés ne seront apposés que sur les objets non inventoriés.

924. S'il n'y a aucun effet mobilier, le juge de paix dressera un procès verbal de carence. — S'il y a des effets mobiliers qui soient nécessaires à l'usage des personnes qui restent dans la maison, ou sur lesquels le scellé ne puisse être mis, le juge de paix fera un procès-verbal contenant description sommaire desdits effets. 915.

925. Dans les communes où la population est de vingt mille âmes et audessus, il sera tenu, au greffe du tribunal de première instance, un registre d'ordre pour les scellés, sur lequel seront inscrits, d'après la déclaration que les juges de paix de l'arrondissement seront tenus d'y faire parvenir dans les vingt-quatre heures

de l'apposition, 1° les noms et demeures des personnes sur les effets desquelles le scellé aura été apposé; 2° le nom et la demeure du juge qui a fait l'apposition; 3° le jour où elle a été faite. 17, pr. ta.

TITRE II.
DES OPPOSITIONS AUX SCELLÉS.

926. Les oppositions aux scellés pourront être faites, soit par une déclaration sur le procès verbal de scellé, soit par exploit signifié au greffier du juge de paix. 18, 20, 21, pr. ta.; 927, 931, 1039, P. c.; 821, C.

927. Toutes oppositions à scellé contiendront, à peine de nullité, outre les formalités communes à tout exploit, — 1° Élection de domicile dans la commune ou dans l'arrondissement de la justice de paix où le scellé est apposé, si l'opposant n'y demeure pas; — 2° L'énonciation précise de la cause de l'opposition.

TITRE III.
DE LA LEVÉE DU SCELLÉ.

928. Le scellé ne pourra être levé et l'inventaire fait que trois jours après l'inhumation s'il a été apposé auparavant, et trois jours après l'apposition si elle a été faite depuis l'inhumation, à peine de nullité des procès-verbaux de levée des scellés et inventaire, et des dommages et intérêts contre ceux qui les auront faits et requis: le tout à moins que, pour des causes urgentes et dont il sera fait mention dans son ordonnance, il n'en soit autrement ordonné par le président du tribunal de première instance. Dans ce cas, si les parties qui ont droit d'assister à la levée ne sont pas présentes, il sera appelé pour elles, tant à la levée qu'à l'inventaire, un notaire nommé d'office par le président. 77, pr. ta.; 155, 936, P. c.

929. Si les héritiers ou quelquesuns d'eux sont mineurs non émancipés, il ne sera pas procédé à la levée des scellés, qu'ils n'aient été, ou préalablement pourvus de tuteurs, ou émancipés. 94, pr. ta.; 882, 911, P. c.: 405, 476, C.

930. Tous ceux qui ont droit de faire apposer les scellés pourront en

requérir la levée, excepté ceux qui ne les ont fait apposer qu'en exécution de l'art. 909, n° 3 ci-dessus. 909, P. c. ; 486, Co. ; 1445, C.

931. Les formalités pour parvenir à la levée des scellés seront, — 1° Une réquisition à cet effet, consignée sur le procès verbal du juge de paix ; — 2° Une ordonnance du juge, indicative des jour et heure où la levée sera faite ; — 3° Une sommation d'assister à cette levée, faite au conjoint survivant, aux présomptifs héritiers, à l'exécuteur testamentaire, aux légataires universels et à titre universel s'ils sont connus, et aux opposans. — Il ne sera pas besoin d'appeler les intéressés demeurant hors de la distance de cinq myriamètres ; mais on appellera pour eux, à la levée et à l'inventaire, un notaire nommé d'office par le président du tribunal de première instance. — Les opposans seront appelés aux domiciles par eux élus. 77, 94, pr. ta. ; 928, 956, 942, P. c.

932. Le conjoint, l'exécuteur testamentaire, les héritiers, les légataires universels, et ceux à titre universel, pourront assister à toutes les vacations de la levée du scellé et de l'inventaire, en personne ou par un mandataire. — Les opposans ne pourront assister, soit en personne, soit par un mandataire, qu'à la première vacation : ils seront tenus de se faire représenter, aux vacations suivantes, par un seul mandataire pour tous, dont ils conviendront ; sinon il sera nommé d'office par le juge. — Si parmi ces mandataires se trouvent des avoués près le tribunal de première instance du ressort, ils justifieront de leurs pouvoirs par la représentation du titre de leur partie : et l'avoué le plus ancien, suivant l'ordre du tableau, des créanciers fondés en titre authentique, assistera de droit pour tous les opposans : si aucun des créanciers n'est fondé en titre authentique, l'avoué le plus ancien des opposans fondés en titre privé assistera. L'ancienneté sera définitivement réglée à la première vacation. 1, 16, 94, pr. ta.

933. Si l'un des opposans avait des intérêts différens de ceux des autres, ou des intérêts contraires, il pourra assister en personne, ou par un mandataire particulier, à ses frais. 94 pr. ta.

934. Les opposans pour la conservation des droits de leur débiteur ne pourront assister à la première vacation, ni concourir au choix d'un mandataire commun pour les autres vacations. 778, 952, P. c. ; 1166, C. ; 1, 16, 94, pr. ta.

935. Le conjoint commun en biens, les héritiers, l'exécuteur testamentaire, et les légataires universels ou à titre universel, pourront convenir du choix d'un ou deux notaires, et d'un ou deux commissaires-priseurs ou experts ; s'ils n'en conviennent pas, il sera procédé, suivant la nature des objets, par un ou deux notaires, commissaires-priseurs ou experts, nommés d'office par le président du tribunal de première instance. Les experts prêteront serment devant le juge de paix. 2, 3, 16, pr. t.

936. Le procès verbal de levée contiendra, 1° la date ; 2° les noms, profession, demeure et élection de domicile du requérant : 3° l'énonciation de l'ordonnance délivrée pour la levée ; 4° l'énonciation de la sommation prescrite par l'art. 931 ci-dessus ; 5° les comparutions et dires des parties : 6° la nomination des notaires, commissaires-priseurs et experts qui doivent opérer ; 7° la reconnaissance des scellés, s'ils sont sains et entiers ; s'ils ne le sont pas, l'état des altérations, sauf à se pourvoir ainsi qu'il appartiendra pour raison desdites altérations ; 8° les réquisitions à fin de perquisitions, le résultat desdites perquisitions, et toutes autres demandes sur lesquelles il y aura lieu de statuer. 917, 930, 935, P. c. ; 249, P.

937. Les scellés seront levés successivement, et à fur et mesure de la confection de l'inventaire ; ils seront réapposés à la fin de chaque vacation. 486, Co. ; 16, 94, pr. ta.

938. On pourra réunir les objets de même nature, pour être inventoriés successivement suivant leur ordre ; ils seront, dans ce cas, replacés sous les scellés.

939. S'il est trouvé des objets et papiers étrangers à la succession et

réclamés par des tiers, ils seront remis à qui il appartiendra ; s'ils ne peuvent être remis à l'instant, et qu'il soit nécessaire d'en faire la description, elle sera faite sur le procès verbal des scellés, et non sur l'inventaire.

940. Si la cause de l'apposition des scellés cesse avant qu'ils soient levés, ou pendant le cours de leur levée, ils seront levés sans description. 94, pr. ta. ; 907, 950, P. c.

TITRE IV.
DE L'INVENTAIRE.

941. L'inventaire peut être requis par ceux qui ont droit de requérir la levée du scellé. 909, 950, 1000, P. c. ; 279, 451, 461, 600, 626, 794, 1031, 1054, 1058, C. ; 486, Co. ; 168, pr. ta.

942. Il doit être fait en présence. 1º du conjoint survivant. 2º des héritiers présomptifs, 3º de l'exécuteur testamentaire si le testament est connu, 4º des donataires, et légataires universels ou à titre universel, soit en propriété, soit en usufruit, ou eux dûment appelés, s'ils demeurent dans la distance de cinq myriamètres ; s'ils demeurent au delà, il sera appelé, pour tous les absens, un seul notaire, nommé par le président du tribunal de première instance, pour représenter les parties appelées et défaillantes. 164, pr. ta. ; 113, 1027, 1031, C. ; 956, P. c.

943. Outre les formalités communes à tous les actes devant notaires, l'inventaire contiendra, — 1º Les noms, professions et demeures des requérans, des comparans, des défaillans et des absens, s'ils sont connus, du notaire appelé pour les représenter, des commissaires priseurs et experts ; et la mention de l'ordonnance qui commet le notaire pour les absens et défaillans : — 2º L'indication des lieux où l'inventaire est fait ; — 3º La description et estimation des effets, laquelle sera faite à juste valeur et sans crue : — 4º La désignation des qualité, poids et titre de l'argenterie ; — 5º La désignation des espèces en numéraire ; — 6º Les papiers seront cotés par première et dernière ; ils seront paraphés de la main d'un des

notaires ; s'il y a des livres et registres de commerce, l'état en sera constaté, les feuillets en seront pareillement cotés et paraphés, s'ils ne le sont ; s'il y a des blancs dans les pages écrites, ils seront bâtonnés ; — 7º La déclaration des titres actifs et passifs ; — 8º La mention du serment prêté, lors de la clôture de l'inventaire, par ceux qui ont été en possession des objets avant l'inventaire ou qui ont habité la maison dans laquelle sont les-dits objets, qu'ils n'en ont détourné, vu détourner ni su qu'il en ait été détourné aucun ; — 9º La remise des effets et papiers, s'il y a lieu, entre les mains de la personne dont on conviendra, ou qui à défaut sera nommée par le président du tribunal. 588, P. c. ; 825, 842, C.

944. Si, lors de l'inventaire, il s'élève des difficultés, ou s'il est formé des réquisitions pour l'administration de la communauté ou de la succession, ou pour autres objets, et qu'il n'y soit déféré par les autres parties, les notaires délaisseront les parties à se pourvoir en référé devant le président du tribunal de première instance : ils pourront en référer eux-mêmes, s'ils résident dans le canton où siège le tribunal : dans ce cas, le président mettra son ordonnance sur la minute du procès verbal. 168, pr. ta. ; 806, P. c. ; 805, 1026, 1454, C.

TITRE V.
DE LA VENTE DU MOBILIER.

945. Lorsque la vente des meubles dépendans d'une succession aura lieu en exécution de l'art. 826 du Code civil, cette vente sera faite dans les formes prescrites au titre 744 des Saisies-exécutions. 617 à 621, 624, 625, 949, 1000, P. c. ; 796, 806, 826, C. ; 492, 528, Co. ; 412, P.

946. Il y sera procédé sur la réquisition de l'une des parties intéressées, en vertu de l'ordonnance du président du tribunal de première instance, et par un officier public. 77, pr. ta. ; 945, P. c.

947. On appellera les parties ayant droit d'assister à l'inventaire, et qui demeureront ou auront élu domicile dans la distance de cinq myriamè-

tres : l'acte sera signifié au domicile élu. 29, pr. ta. ; 931, 942, 950, P. c.

948. S'il s'élève des difficultés, il pourra être statué provisoirement en référé par le président du tribunal de première instance. 806 et s.

949. La vente se fera dans le lieu où sont les effets, s'il n'en est autrement ordonné. 945, 617.

950. La vente sera faite tant en absence que présence, sans appeler personne pour les non-comparans. 947.

951. Le procès verbal fera mention de la présence ou de l'absence du requérant.

952. Si toutes les parties sont majeures, présentes et d'accord, et qu'il n'y ait aucun tiers intéressé, elles ne seront obligées à aucune des formalités ci-dessus. 985.

TITRE VI.
DE LA VENTE DES BIENS IMMEUBLES.

953. Si les immeubles n'appartiennent qu'à des majeurs, ils seront vendus, s'il y a lieu, de la manière dont les majeurs conviendront. — S'il y a lieu à licitation, elle sera faite conformément à ce qui est prescrit au titre *des Partages et Licitations.* 806, C. ; 943, 966, 972, 987, P. c.

954. Si les immeubles n'appartiennent qu'à des mineurs, la vente ne pourra en être ordonnée que d'après un avis de parens. — Cet avis ne sera point nécessaire lorsque les immeubles appartiendront en partie à des majeurs et à des mineurs, et lorsque la licitation sera ordonnée sur la demande des majeurs. — Il sera procédé à cette licitation ainsi qu'il est prescrit au titre *des Partages et Licitations.* 457, 459, 460, C.; 882, 966, P. c.; 7, 528, 532, 564, Co.; 128, pr. ta.

955. Lorsque le tribunal civil homologuera les délibérations du conseil de famille relatives à l'aliénation des biens immeubles des mineurs, il nommera, par le même jugement, un ou trois experts, suivant que l'importance des biens paraîtra l'exiger, et ordonnera que, sur leur estimation, les enchères seront publiquement ouvertes devant un membre du tribunal ou devant un notaire à ce commis

aussi par le même jugement. 78, pr. ta. : 502, 969, P. c.

956. Les experts, après avoir prêté serment, rédigeront leur rapport en un seul avis, à la pluralité des voix ; il présentera les bases de l'estimation qu'ils auront faite. 318 et s.

957. Ils remettront la minute de leur rapport ou au greffe ou chez le notaire, suivant qu'un membre du tribunal ou un notaire aura été commis pour recevoir les enchères. 519 et s.

958. Les enchères seront ouvertes sur un cahier de charges, déposé au greffe ou chez le notaire commis, et contenant, — 1° L'énonciation du jugement homologatif de l'avis des parens ; — 2° Celle du titre de propriété: — 3° La désignation des biens à vendre, et le prix de leur estimation ; — 4° Les conditions de la vente. 747.

959. Ce cahier sera lu à l'audience, si la vente se fait en justice. Lors de sa lecture, le jour auquel il sera procédé à la première adjudication, ou adjudication préparatoire, sera annoncé. Ce jour sera éloigné de six semaines au moins.

960. L'adjudication préparatoire, soit devant le tribunal, soit devant le notaire, sera indiquée par des affiches. Ces affiches ou placards ne contiendront que la désignation sommaire des biens, les noms, professions et domiciles du mineur, de son tuteur et de son subrogé tuteur, et la demeure du notaire, si c'est devant un notaire que la vente doit être faite. 682, P. c.; 459. C.

961. Ces placards seront apposés, par trois dimanches consécutifs, — 1° A la principale porte de chacun des bâtimens dont la vente sera poursuivie ; — 2° A la principale porte des communes de la situation des biens ; et à Paris, à la principale porte seulement de la municipalité dans l'arrondissement de laquelle les biens sont situés ; — 3° A la porte extérieure du tribunal qui aura permis la vente ; et à celle du notaire, si c'est un notaire qui doit y procéder. — Les maires des communes où ces placards auront été apposés, les viseront et certifieront sans frais, sur un exem-

plaire qui restera joint au dossier. 684, P. c.; 65, pr. ta.

962. Copie desdits placards sera insérée dans un journal, conformément à l'art. 683 ci-dessus. Cette insertion sera constatée ainsi qu'il est dit au titre *de la Saisie immobilière* ; elle sera faite huit jours au moins avant le jour indiqué pour l'adjudication préparatoire.

963. L'apposition des placards et l'insertion aux journaux seront réitérées huit jours au moins avant l'adjudication définitive. 703.

964. Au jour indiqué pour l'adjudication définitive, si les enchères ne s'élèvent pas au prix de l'estimation, le tribunal pourra ordonner, sur un nouvel avis de parens, que l'immeuble sera adjugé au plus offrant, même au-dessous de l'estimation ; à l'effet de quoi l'adjudication sera remise à un delai fixé par le jugement, et qui ne pourra être moindre de quinzaine. — Cette adjudication sera encore indiquée par des placards apposés dans les communes et lieux, visés, certifiés, et insérés dans les journaux, comme il est dit ci-dessus, huit jours au moins avant l'adjudication. 78, pr. ta.; 960, P. c.; 412, P.

965. Seront observées, au surplus, relativement à la réception des enchères, à la forme de l'adjudication et à ses suites, les dispositions contenues dans les art. 707 et suivans du titre *de la Saisie immobilière* ; néanmoins si les enchères sont reçues par un notaire, elles pourront être faites par toutes personnes, sans ministère d'avoué. 964.

TITRE VII.
DES PARTAGES ET LICITATIONS.

966. Dans les cas des art. 823 et 838 du Code civil, lorsque le partage doit être fait en justice, la partie la plus diligente se pourvoira. 988, P. c.; 465, 815, 817, 823, 882, C.

967. Entre deux demandeurs, la poursuite appartiendra à celui qui aura fait viser le premier l'original de son exploit par le greffier du tribunal : ce visa sera daté du jour et de l'heure. 78, 90, pr. ta.; 823, 838, C.

968. Le tuteur spécial et particulier qui doit être donné à chaque mineur ayant des intérêts opposés sera nommé suivant les règles contenues au titre *des Avis de parens.* 838, C.; 882, 954, P. c.

969. Le même jugement qui prononcera sur la demande en partage commettra, s'il y a lieu, un juge, conformément à l'art. 823 du Code civil, et ordonnera que les immeubles, s'il y en a, seront estimés par experts, de la manière prescrite en l'art. 824 du même Code. 955, P. c. ; 459, 823, C.

970. En prononçant sur cette demande, le tribunal ordonnera par le même jugement le partage, s'il peut avoir lieu, ou la vente par licitation, qui sera faite, soit devant un membre du tribunal, soit devant un notaire. 955, 977, 982, P. c.; 575, 823, 827, C.; 131, pr. ta.

971. Il sera procédé aux nominations, prestations de serment et rapports d'experts, suivant les formalités prescrites au titre *des Rapports d'experts* : néanmoins, lorsque toutes les parties seront majeures, il pourra n'être nommé qu'un expert, si elles y consentent. 302 et s.

972. Le poursuivant demandera l'entérinement du rapport, par requête de simples conclusions d'avoué à avoué. On se conformera pour la vente aux formalités prescrites dans le titre *de la Vente des biens immeubles,* en ajoutant dans le cahier des charges, — Les noms, demeure et profession du poursuivant, les noms et demeure de son avoué ; — Les noms, demeures et professions des colicitans. — Copie du cahier des charges sera signifiée aux avoués des colicitans par un simple acte, dans la huitaine du dépôt au greffe ou chez le notaire. 70, 75, 128, 129, pr. ta.; 955, 958. P. c.

973. S'il s'élève des difficultés sur le cahier des charges, elles seront vidées à l'audience, sans aucune requête, et sur un simple acte d'avoué à avoué. 977, P. c.; 822, C.

974. Lorsque la situation des immeubles aura exigé plusieurs expertises distinctes, et que chaque immeuble aura été déclaré impartageable, il n'y aura cependant pas lieu à licitation, s'il résulte du rapprochement des rapports que la totalité des immeubles peut se partager commodément. 827, C.

975. Si la demande en partage n'a pour objet que la division d'un ou de plusieurs immeubles sur lesquels les droits des intéressés soient déjà liquides, les experts, en procédant à l'estimation, composeront les lots ainsi qu'il est prescrit par l'art. 466 du Code civil ; et, après que leur rapport aura été entériné, les lots seront tirés au sort, soit devant le juge-commissaire, soit devant un notaire commis par le tribunal. 978, P. c. ; 466, 851, C.

976. Dans les autres cas, le poursuivant fera sommer les copartageans de comparaître, au jour indiqué, devant le juge-commissaire, qui renverra les parties devant un notaire dont elles conviendront, si elles peuvent et veulent en convenir, ou qui, à défaut, sera nommé d'office par le tribunal, à l'effet de procéder aux comptes, rapports, formation de masses, prélèvemens, compositions de lots, et fournissemens, ainsi qu'il est ordonné par le Code civil, art. 828. — Il en sera de même après qu'il aura été procédé à la licitation, si le prix de l'adjudication doit être confondu avec d'autres objets dans une masse commune de partage pour former la balance entre les divers lots. 29, 76, 92, pr. ta.

977. Le notaire commis procédera seul et sans l'assistance d'un second notaire ou de témoins : si les parties se font assister auprès de lui d'un conseil, les honoraires de ce conseil n'entreront point dans les frais de partage, et seront à leur charge. — Au cas de l'art. 857 du Code civil, le notaire rédigera en un procès verbal séparé les difficultés et dires des parties : ce procès verbal sera, par lui, remis au greffe, et y sera retenu. — Si le juge-commissaire renvoie les parties à l'audience, l'indication du jour où elles devront comparaître leur tiendra lieu d'ajournement. — Il ne sera fait aucune sommation pour comparaître, soit devant le juge, soit à l'audience.

29, 92, 168, pr. ta.: 970, 973, P. c.

978. Lorsque la masse du partage, les rapports et prélévemens à faire par chacune des parties intéressées auront été établis par le notaire, suivant les art. 829, 830 et 831 du Code civil, les lots seront faits par l'un des cohéritiers, s'ils sont tous majeurs, s'ils s'accordent sur le choix, et si celui qu'ils auront choisi accepte la commission : dans le cas contraire, le notaire, sans qu'il soit besoin d'aucune autre procédure, renverra les parties devant le juge-commissaire, et celui-ci nommera un expert. 975, P. c.; 831, 834, C.: 168, pr. ta.

979. Le cohéritier choisi par les parties, ou l'expert nommé pour la formation des lots, en établira la composition par un rapport qui sera reçu et rédigé par le notaire à la suite des opérations précédentes.

980. Lorsque les lots auront été fixés, et que les contestations sur leur formation, s'il y en a eu, auront été jugées, le poursuivant fera sommer les copartageans à l'effet de se trouver, à jour indiqué, en l'étude du notaire, pour assister à la clôture de son procès verbal, en entendre lecture, et le signer avec lui, s'ils le peuvent et le veulent. 29, pr. ta.: 835, C.

981. Le notaire remettra l'expédition du procès verbal de partage à la partie la plus diligente pour en poursuivre l'homologation par le tribunal ; sur le rapport du juge-commissaire, le tribunal homologuera le partage, s'il y a lieu, les parties présentes, ou appelées si toutes n'ont pas comparu à la clôture du procès verbal, et sur les conclusions du procureur du roi, dans le cas où la qualité des parties requerra son ministère.

982. Le jugement d'homologation ordonnera le tirage des lots, soit devant le juge-commissaire, soit devant le notaire, lequel en fera la délivrance aussitôt après le tirage. 92, pr. ta.; 970, P. c.

983. Soit le greffier, soit le notaire, seront tenus de délivrer tels extraits, en tout ou en partie, du procès verbal de partage que les parties intéressées requerront.

984. Les formalités ci-dessus seront

suivies dans les licitations et partages tendant à faire cesser l'indivision, lorsque des mineurs ou autres personnes non jouissant de leurs droits civils y auront intérêt. 819, 858, C.

985. Au surplus, lorsque tous les copropriétaires ou cohéritiers seront majeurs, jouissant de leurs droits civils, présens ou dûment représentés, ils pourront s'abstenir des voies judiciaires, ou les abandonner en tout état de cause, et s'accorder pour procéder de telle manière qu'ils aviseront. 952, P. c.; 819, C.

TITRE VIII.
DU BÉNÉFICE D'INVENTAIRE.

986. Si l'héritier veut, avant de prendre qualité, et conformément au Code civil, se faire autoriser à procéder à la vente d'effets mobiliers dépendans de la succession, il présentera, à cet effet, requête au président du tribunal de première instance dans le ressort duquel la succession est ouverte. — La vente en sera faite par un officier publie, après les affiches et publications ci-dessus prescrites pour la vente du mobilier. 77. pr. ta.; 617, 945, 989, 1000, P. c.: 461, 796, 805, C.

987. S'il y a lieu à vendre des immeubles dépendans de la succession, l'héritier bénéficiaire présentera au président du tribunal de première instance une requête où ils seront désignés: cette requête sera communiquée au ministère public; sur ses conclusions et le rapport d'un juge nommé à cet effet, il sera rendu jugement qui ordonnera préalablement que les immeubles seront vus et estimés par un expert nommé d'office. 78, pr. ta.; 955, 969, P. c.: 806, C.

988. Si le rapport est régulier, il sera entériné sur requête par le même tribunal; et, sur les conclusions du ministère public, le jugement ordonnera la vente. — Il sera procédé à ladite vente suivant les formalités prescrites au titre des Partages et Licitations. — L'héritier bénéficiaire sera réputé héritier pur et simple, s'il a vendu des immeubles sans se conformer aux règles prescrites dans le présent titre. 78, 128, pr. ta.; 955, 972, P. c., 792. 801. C.

989. S'il y a lieu à faire procéder à la vente du mobilier, 555, 555, 805, C., et des rentes dépendant de la succession, la vente sera faite suivant les formes prescrites pour la vente de ces sortes de biens, à peine contre l'héritier bénéficiaire d'être réputé héritier pur et simple. 645, 945, 986, P. c.: 796. 805, C.

990. Le prix de la vente du mobilier sera distribué par contribution entre les créanciers opposans, suivant les formalités indiquées au titre de la Distribution par contribution. 656, P. c.: 806, 808, C.

991. Le prix de la vente des immeubles sera distribué suivant l'ordre des privilèges et hypothèques. 749, P. c.: 808, 809, 2166, C.

992. Le créancier, ou autre partie intéressée, qui voudra obliger l'héritier bénéficiaire à donner caution, lui fera faire sommation, à cet effet, par acte extrajudiciaire signifié à personne ou domicile. 29, pr. ta.; 517. P. c.: 807, C.

993. Dans les trois jours de cette sommation, outre un jour par trois myriamètres de distance entre le domicile de l'héritier et la commune où siège le tribunal, il sera tenu de présenter caution au greffe du tribunal de l'ouverture de la succession, dans la forme prescrite pour les réceptions de caution. 518.

994. S'il s'élève des difficultés relativement à la réception de la caution, les créanciers provoquans seront représentés par l'avoué le plus ancien. 520 et s.

995. Seront observées, pour la reddition du compte du bénéfice d'inventaire, les formes prescrites au titre des Redditions de comptes. 527, P. c.; 805, 809. C.

996. Les actions à intenter par l'héritier bénéficiaire contre la succession seront intentées contre les autres héritiers: et s'il n'y en a pas, ou qu'elles soient intentées par tous, elles le seront contre un curateur au bénéfice d'inventaire, nommé en la même forme que le curateur à la succession vacante. 998 P. c.; 802, 812. C.

TITRE IX.

DE LA RENONCIATION A LA COMMUNAUTÉ OU A LA SUCCESSION.

997. Les renonciations à communauté ou à succession seront faites au greffe du tribunal dans l'arrondissement duquel la dissolution de la communauté ou l'ouverture de la succession se sera opérée, sur le registre prescrit par l'art. 784 du Code civil, et en conformité de l'article 1457 du même Code, sans qu'il soit besoin d'autre formalité. 91, pr. ta.; 874, P. c.; 784, 845, 1453, 1461, 1463, C.

TITRE X.

DU CURATEUR A UNE SUCCESSION VACANTE.

998. Lorsqu'après l'expiration des délais pour faire inventaire et pour délibérer, il ne se présente personne qui réclame une succession, qu'il n'y a pas d'héritier connu, ou que les héritiers connus y ont renoncé, cette succession est réputée vacante; elle est pourvue d'un curateur conformément à l'art. 812 du Code civil. 77, pr. ta.; 795, C.; 49, P. c.

999. En cas de concurrence entre deux ou plusieurs curateurs, le premier nommé sera préféré, sans qu'il soit besoin de jugement.

1000. Le curateur est tenu, avant tout, de faire constater l'état de la succession par un inventaire, si fait n'a été, et de faire vendre les meubles suivant les formalités prescrites aux titres de l'Inventaire et de la Vente du mobilier. 941, 945, P. c.; 815, C.

1001. Il ne pourra être procédé à la vente des immeubles et rentes que suivant les formes qui ont été prescrites au titre du Bénéfice d'Inventaire. 128. pr. ta.; 987, 989. P. c.; 805, 815, C.

1002. Les formalités prescrites pour l'héritier bénéficiaire s'appliqueront également au mode d'administration et au compte à rendre par le curateur à la succession vacante. 986, P. c.; 814, C.

LIVRE III.

(Décret du 29 avril 1806. Promulgué le 9 mai suivant.)

TITRE UNIQUE.

DES ARBITRAGES.

1003. Toutes personnes peuvent compromettre sur les droits dont elles ont la libre disposition. 1006, P. c.; 1123, 1989, C.; 51, 63, Co.

1004. On ne peut compromettre sur les dons et legs d'alimens, logement et vêtemens; sur les séparations d'entre mari et femme, divorces, questions d'état, ni sur aucune des contestations qui seraient sujettes à communication au ministère public. 83, 174, 581, 1010.

1005. Le compromis pourra être fait par procès verbal devant les arbitres choisis, ou par acte devant notaire, ou sous signature privée. 53, Co.

1006. Le compromis désignera les objets en litige et les noms des arbitres, à peine de nullité. 1027, 1028.

1007. Le compromis sera valable, encore qu'il ne fixe pas de délai; et en ce cas la mission des arbitres ne durera que trois mois, du jour du compromis. 1012, 1013, 1015, 1018, 1028, P. c.; 51, 54, Co.

1008. Pendant le délai de l'arbitrage, les arbitres ne pourront être révoqués que du consentement unanime des parties.

1009. Les parties et les arbitres suivront, dans la procédure, les délais et les formes établis pour les tribunaux, si les parties n'en sont autrement convenues. 1011, 1027.

1010. Les parties pourront, lors et depuis le compromis, renoncer à l'appel. — Lorsque l'arbitrage sera sur appel ou sur requête civile, le jugement arbitral sera définitif et sans appel. 1023, 1028, P. c.: 52, 63, Co.

1011. Les actes de l'instruction, et les procès verbaux du ministère des arbitres, seront faits par tous les arbitres, si le compromis ne les autorise à commettre l'un d'eux. 1009.

1012. Le compromis finit, 1° par le décès, refus, déport ou empêchement d'un des arbitres, s'il n'y a clause qu'il sera passé outre, ou que le remplacement sera au choix des parties ou au choix de l'arbitre ou des arbitres restans ; 2° par l'expiration du délai stipulé, ou de celui de trois mois s'il n'en a pas été réglé ; 3° par le partage, si les arbitres n'ont pas le pouvoir de prendre un tiers-arbitre. 1007, 1014, 1017, 1028, P. c.; 54, 55, 59, 60, Co.

1013 Le décès, lorsque tous les héritiers sont majeurs, ne mettra pas fin au compromis : le délai pour instruire et juger sera suspendu pendant celui pour faire inventaire et délibérer. 1007, P. c.; 795, C.; 62, 63, Co.

1014. Les arbitres ne pourront se déporter, si leurs opérations sont commencées : ils ne pourront être récusés, si ce n'est pour cause survenue depuis le compromis.

1015. S'il est formé inscription de faux, même purement civile, ou s'il s'élève quelque incident criminel, les arbitres délaisseront les parties à se pourvoir, et les délais de l'arbitrage continueront à courir du jour du jugement de l'incident. 1007.

1016. Chacune des parties sera tenue de produire ses défenses et pièces, quinzaine au moins avant l'expiration du délai du compromis ; et seront tenus les arbitres de juger sur ce qui aura été produit. — Le jugement sera signé par chacun des arbitres ; et dans le cas où il y aurait plus de deux arbitres, si la minorité refusait de le signer, les autres arbitres en feraient mention et le jugement aura le même effet que s'il avait été signé par chacun des arbitres. — Un jugement arbitral ne sera, dans aucun cas, sujet à l'opposition. 1007, 1028, P. c.; 56, Co.

1017. En cas de partage, les arbitres autorisés à nommer un tiers seront tenus de le faire par la décision qui prononce le partage : s'ils ne peuvent en convenir, ils le déclareront sur le procès verbal, et le tiers sera nommé par le président du tribunal qui doit ordonner l'exécution de la décision arbitrale. — Il sera, à cet effet, présenté requête par la partie la plus diligente. — Dans les deux cas, les arbitres divisés seront tenus de rédiger leur avis distinct et motivé, soit dans

le même procès verbal, soit dans des procès verbaux séparés. 77, pr. ta. ; 1012, 1020, P. c.; 60, Co.

1018. Le tiers-arbitre sera tenu de juger dans le mois du jour de son acceptation, à moins que ce délai n'ait été prolongé par l'acte de la nomination : il ne pourra prononcer qu'après avoir conféré avec les arbitres divisés, qui seront sommés de se réunir à cet effet. — Si tous les arbitres ne se réunissent pas, le tiers-arbitre prononcera seul ; et néanmoins il sera tenu de se conformer à l'un des avis des autres arbitres. 1007, P. c. ; 29, pr. ta.; 51, Co.

1019. Les arbitres et tiers-arbitres décideront d'après les règles du droit, à moins que le compromis ne leur donne pouvoir de prononcer comme amiables compositeurs. 1028.

1020. Le jugement arbitral sera rendu exécutoire par une ordonnance du président du tribunal de première instance dans le ressort duquel il a été rendu : à cet effet, la minute du jugement sera déposée dans les trois jours, par l'un des arbitres, au greffe du tribunal. 91, pr. ta. — S'il avait été compromis sur l'appel d'un jugement, la décision arbitrale sera déposée au greffe de la cour royale, et l'ordonnance rendue par le président de cette cour. — Les poursuites pour les frais du dépôt et les droits d'enregistrement ne pourront être faites que contre les parties. 1021, 1023, 1028. P. c.; 2125, C.; 61. Co.

1021. Les jugemens arbitraux, même ceux préparatoires, ne pourront être exécutés qu'après l'ordonnance qui sera accordée, à cet effet, par le président du tribunal, au bas ou en marge de la minute, sans qu'il soit besoin d'en communiquer au ministère public : et sera ladite ordonnance expédiée ensuite de l'expédition de la décision. — La connaissance de l'exécution du jugement appartient au tribunal qui a rendu l'ordonnance.

1022. Les jugemens arbitraux ne pourront, en aucun cas, être opposés à des tiers. 1165, C.

1023. L'appel des jugemens arbitraux sera porté, savoir : devant les tribunaux de première instance, pour les matières qui, s'il n'y eût point eu d'arbitrage, eussent été, soit en premier, soit en dernier ressort, de la compétence des juges de paix : et, devant les cours royales, pour les matières qui eussent été, soit en premier, soit en dernier ressort, de la compétence des tribunaux de première instance. 1010, 1026. 1028.

1024. Les règles sur l'exécution provisoire des jugemens des tribunaux sont applicables aux jugemens arbitraux. 135 et s.

1025. Si l'appel est rejeté, l'appelant sera condamné à la même amende que s'il s'agissait d'un jugement des tribunaux ordinaires.

1026. La requête civile pourra être prise contre les jugemens arbitraux, dans les délais, formes, et cas ci-devant désignés pour les jugemens des tribunaux ordinaires. — Elle sera portée devant le tribunal qui eût été compétent pour connaître de l'appel 480, 1028.

1027. Ne pourront cependant être proposés pour ouvertures, — 1° L'inobservation des formes ordinaires, si les parties n'en étaient autrement convenues, ainsi qu'il est dit en l'art. 1009 ; — 2° Le moyen résultant de ce qu'il aura été prononcé sur choses non demandées, sauf à se pourvoir en nullité, suivant l'article ci-après. 1009, 1028.

1028. Il ne sera besoin de se pourvoir par appel ni requête civile dans les cas suivans : — 1° Si le jugement a été rendu sans compromis, ou hors des termes du compromis ; — 2° S'il l'a été sur compromis nul ou expiré, 1012, P. c.: 54. Co. — 3° S'il n'a été rendu que par quelques arbitres non autorisés à juger en l'absence des autres ; — 4° S'il l'a été par un tiers sans en avoir conféré avec les arbitres partagés ; — 5° Enfin s'il a été prononcé sur choses non demandées. — Dans tous ces cas, les parties se pourvoiront par opposition à l'ordonnance d'exécution, devant le tribunal qui l'aura rendue, et demanderont la nullité de l'acte qualifié *jugement arbitral*. — Il ne pourra y avoir recours en cassation que contre les jugemens des tribunaux, rendus, soit sur requête civile, soit sur appel d'un jugement

arbitral. 1004, 1006, 1012, 1018, 1020, P. c.: 61, Co.

Dispositions générales.

1029. Aucune des nullités, amendes et déchéances prononcées dans le présent Code n'est comminatoire. 67, 70, 175, 215, 246, 260, 263, 264, 272, 278, 292, 374, 390, 444 456, 471, 479, 480, 500, 512, 516 654, 869, 1039.

1030. Aucun exploit ou acte de procédure ne pourra être déclaré nul, si la nullité n'en est pas formellement prononcée par la loi. — Dans les cas où la loi n'aurait pas prononcé la nullité, l'officier ministériel pourra, soit pour omission, soit pour contravention, être condamné à une amende, qui ne sera pas moindre de cinq francs et n'excédera pas cent francs. 408, I. c.

1031. Les procédures et les actes nuls ou frustratoires, et les actes qui auront donné lieu à une condamnation d'amende, seront à la charge des officiers ministériels qui les auront faits, lesquels, suivant l'exigence des cas, seront en outre passibles des dommages et intérêts de la partie, et pourront même être suspendus de leurs fonctions. 71, 152, 560, 525, P. c.; 1146, C.

1032. Les communes et les établissemens publics seront tenus, pour former une demande en justice, de se conformer aux lois administratives.

1033. Le jour de la signification ni celui de l'échéance ne sont jamais comptés pour le délai général fixé pour les ajournemens, les citations, sommations et autres actes faits à personne ou domicile : ce délai sera augmenté d'un jour à raison de trois myriamètres de distance : quand il y aura lieu à voyage ou renvoi et retour, l'augmentation sera du double.

1034. Les sommations pour être présent aux rapports d'experts, ainsi que les assignations données en vertu de jugement de jonction, indiqueront seulement le lieu, le jour et l'heure de la première vacation ou de la première audience : elles n'auront pas besoin d'être réitérées, quoique la vacation ou l'audience ait été continuée à un autre jour. 315.

1035. Quand il s'agira de recevoir un serment, une caution, de procéder à une enquête, à un interrogatoire sur faits et articles, de nommer des experts, et généralement de faire une opération quelconque en vertu d'un jugement, et que les parties ou les lieux contentieux seront trop éloignés, les juges pourront commettre un tribunal voisin, un juge, ou même un juge de paix, suivant l'exigence des cas; ils pourront même autoriser un tribunal à nommer, soit un de ses membres, soit un juge de paix, pour procéder aux opérations ordonnées. 255, 505, 526, 517.

1036. Les tribunaux, suivant la gravité des circonstances, pourront, dans les causes dont ils seront saisis, prononcer, même d'office, des injonctions, supprimer des écrits, les déclarer calomnieux, et ordonner l'impression et l'affiche de leurs jugemens. 88, P. c.; 519, 504, I. c.; 571, 577, P.

1037. Aucune signification ni exécution ne pourra être faite, depuis le 1er octobre jusqu'au 31 mars, avant six heures du matin et après six heures du soir: et depuis le 1er avril jusqu'au 30 septembre, avant quatre heures du matin et après neuf heures du soir; non plus que les jours de fête légale, si ce n'est en vertu de permission du juge, dans le cas où il y aurait péril en la demeure. 65, 781. 828.

1038. Les avoués qui ont occupé dans les causes où il est intervenu des jugemens définitifs seront tenus d'occuper sur l'exécution de ces jugemens

sans nouveaux pouvoirs, pourvu qu'elle ait lieu dans l'année de la prononciation des jugemens. 75. 148, 162, 342.

1039. Toutes significations faites à des personnes publiques préposées pour les recevoir, seront visées par elles sans frais sur l'original. — En cas de refus, l'original sera visé par le procureur du roi près le tribunal de première instance de leur domicile. Les refusans pourront être condamnés, sur les conclusions du ministère public, à une amende, qui ne pourra être moindre de cinq francs. 19, pr. ta.; 1029, P. c.

1040. Tous actes et procès verbaux du ministère du juge seront faits au lieu où siège le tribunal: le juge y sera toujours assisté du greffier, qui gardera les minutes et délivrera les expéditions : en cas d'urgence, le juge pourra répondre en sa demeure les requêtes qui lui seront présentées ; le tout, sauf l'exécution des dispositions portées au titre *des Référés*. 806, 808.

1041. Le présent Code sera exécuté à dater du 1er janvier 1807 : en conséquence, tous procès qui seront intentés depuis cette époque seront instruits conformément à ses dispositions. Toutes lois, coutumes, usages et réglemens relatifs à la procédure civile seront abrogés.

1042. Avant cette époque, il sera fait, tant pour la taxe des frais que pour la police et discipline des tribunaux, des réglemens d'administration publique. — Dans trois ans au plus tard, les dispositions de ces réglemens qui contiendraient des mesures législatives seront présentées au corps législatif en forme de loi.

LOI

CONCERNANT LA SUPPRESSION DES OFFICES MINISTÉRIELS, ET L'ÉTABLISSEMENT DES AVOUÉS.

'(20 Mars 1791.)

Art. 1er. La vénalité et l'hérédité des offices ministériels auprès des tribunaux pour le contentieux, sont supprimés.

2. Le ministère des officiers publics, sera nécessaire pour les citations, significations et exécutions.

3. Il y aura auprès des tribunaux de districts des officiers ministériels ou avoués, dont la fonction sera exclusivement de représenter les parties, d'être chargés et responsables des pièces et titres des parties, de faire les actes de formes nécessaires pour la régularité de la procédure et mettre l'affaire en état; ces avoués pourront même défendre les parties, soit verbalement soit par écrit; pourvu qu'ils y soient expressément autorisés par les parties, lesquelles auront toujours le droit de se défendre elles-mêmes verbalement et par écrit, ou d'employer le ministère d'un défenseur officieux pour leur défense, soit verbale, soit par écrit.

4. Les ci-devant juges des cours supérieures et siéges royaux, les avocats et procureurs du roi, leurs substituts, les juges et procureurs fiscaux des ci-devant justices seigneuriales, gradués avant le 4 août 1789, les ci-devant procureurs des parlemens, cours des aides, conseils supérieurs, présidiaux, bailliages et autres siéges royaux supprimés, les ci-devant avocats inscrits sur les tableaux dans les lieux où ils étaient en usage, ou exerçant publiquement près les siéges ci-dessus désignés, seront admis de droit à remplir près des tribunaux de district où ils jugeront à propos de se fixer, les fonctions d'avoués, en se faisant préalablement inscrire au greffe desdits tribunaux.

5. Les juges, avocats et procureurs fiscaux des ci-devant justices seigneu-

riales ressortissant nuement aux cours supérieures, les avocats gradués avant le 4 août 1789, et les procureurs en titre d'office ou en vertu de provisions, ayant exercé près desdites justices, seront admis à remplir les fonctions d'avoués près des nouveaux tribunaux.

6. Les avocats reçus dans les ci-devant cours et siéges royaux avant le 4 août 1789; — Ceux qui ont été reçus après cette époque en vertu de grades obtenus sans bénéfice d'âge, ni dispense d'âge ni d'étude; — Les premiers clercs de procureurs dans les cours et siéges royaux, qui sont majeurs de vingt-cinq ans, et qui ont travaillé pendant cinq ans chez un ci-devant procureur, et ceux qui, étant licenciés en droit avant le 4 août 1789, ou l'étant devenus depuis, sans bénéfice d'âge, sans dispense d'âge ni d'étude, ont achevé cinq années de cléricature, seront admis à la fonction d'avoués, en s'inscrivant au greffe des tribunaux.

7. Les anciens procureurs des juridictions seigneuriales établis dans les villes où des tribunaux de district sont maintenant fixés, seront reçus comme avoués auprès desdits tribunaux.

8. Tous ceux qui sont admis à s'inscrire au greffe des tribunaux en qualité d'avoués, ne pourront en remplir les fonctions qu'après avoir prêté devant ces tribunaux le serment civique, et celui de remplir leurs fonctions avec exactitude et fidélité.

9. Les avoués seront tenus de fixer leur domicile dans le lieu où sera situé le tribunal de district, au greffe duquel ils se seront fait inscrire. Aucun avoué ne pourra exercer ses fonctions en même temps dans plusieurs tribunaux de district, à moins qu'ils ne soient établis dans la même ville.

10. L'assemblée nationale se réserve de déterminer les règles d'après lesquelles les citoyens pourront être par la suite admis aux fonctions d'avoués.

11. Les huissiers-priseurs de Paris, et les huissiers en la prévôté de l'hôtel, continueront provisoirement leurs fonctions jusqu'à ce que l'assemblée nationale ait statué à leur égard; néanmoins les huissiers - priseurs ne pourront exercer leurs fonctions que dans l'étendue du département de Paris; tous droits de suite demeurant dès à présent supprimés.

12. Pourront les huissiers qui seront attachés aux tribunaux de district établis dans la ville de Paris, exercer leurs fonctions dans toute l'étendue du département de Paris.

13. Tous les autres huissiers ou sergens royaux, même ceux des ci-devant justices seigneuriales ressortissant immédiatement aux parlemens et cours supérieures supprimés, pourront, en vertu de leurs anciennes immatricules et sans avoir égard aux privilèges et attributions de leurs offices, qui demeurent abolis, continuer d'exercer concurremment entre eux leurs fonctions dans le ressort des tribunaux de district qui auront remplacé celui dans lequel ils étaient immatriculés, et même dans l'étendue de tous les tribunaux de district, dont les chefs-lieux seront établis dans le territoire qui composait l'ancien ressort des tribunaux supprimés.

14. Tous les officiers ministériels supprimés sont autorisés à poursuivre leurs recouvremens, en quelque lieu que les parties soient domiciliées, pardevant le tribunal de district dans le ressort duquel était établi le chef-lieu de l'ancien tribunal où ces officiers exerçaient leurs fonctions.

15. Les liquidations, règlemens et taxes de dépens, en exécution d'arrêts et de jugemens définitifs rendus par les ci-devant parlemens et autres tribunaux supprimés, seront faits suivant les règlemens, et portés devant les juges de district établis dans les lieux où résidaient les anciens tribunaux qui ont jugé en dernier ressort.

ORDONNANCE DU ROI,

CONTENANT RÈGLEMENT SUR L'EXERCICE DE LA PROFESSION D'AVOCAT ET LA DISCIPLINE DU BARREAU.

(20 Novembre 1822.)

TITRE PREMIER.

Du Tableau.

Art. 1er. Les avocats inscrits sur le tableau dressé en vertu de l'article 29 de la loi du 13 mars 1804 (22 ventôse an 12) seront répartis en colonnes ou sections.

2. Il sera formé sept colonnes, si le tableau comprend cent avocats ou un plus grand nombre; quatre, s'il en comprend moins de cent et plus de cinquante; trois, s'il en comprend moins de cinquante et plus de trente-cinq; et deux seulement, s'il en comprend moins de trente-cinq et plus de vingt.

3. La répartition prescrite par les articles précédens sera faite par les anciens bâtonniers et le conseil de discipline actuellement en exercice, réunis sur la convocation de nos procureurs généraux pour les avocats exerçant près les cours royales, et de nos procureurs près les tribunaux de première instance, pour les avocats exerçant dans ces tribunaux.

4. Cette répartition pourra être renouvelée tous les trois ans, s'il est ainsi ordonné par nos cours royales, sur la réquisition de nos procureurs généraux ou sur la demande du conseil de discipline.

5. Nul ne pourra être inscrit sur le

tableau des avocats d'une cour ou d'un tribunal, s'il n'exerce réellement près de ce tribunal ou de cette cour.

6. Le tableau sera réimprimé au commencement de chaque année judiciaire, et déposé au greffe de la cour ou du tribunal auquel les avocats inscrits seront attachés.

TITRE II

Du conseil de discipline.

7. Le conseil de discipline sera composé, premièrement, des avocats qui auront déjà exercé les fonctions de bâtonnier; secondement, des deux plus anciens de chaque colonne, suivant l'ordre du tableau; troisièmement, d'un secrétaire choisi indistinctement parmi ceux qui seront âgés de trente ans accomplis, et qui auront au moins dix ans d'exercice.

8. Le bâtonnier et le secrétaire seront nommés par le conseil de discipline, à la majorité absolue des suffrages. — Ces nominations seront renouvelées au commencement de chaque année judiciaire, sur la convocation de nos procureurs près nos cours et nos tribunaux.

9. Le bâtonnier est chef de l'ordre et préside le conseil de discipline.

10. Lorsque le nombre des avocats portés sur le tableau n'atteindra pas celui de vingt, les fonctions des conseils de discipline seront remplies, savoir : s'il s'agit d'avocats exerçant près d'une cour royale, par le tribunal de première instance de cette ville où siége la cour; dans les autres cas, par le tribunal auquel seront attachés les avocats inscrits au tableau.

11. Les tribunaux qui seront chargés, aux termes de l'article précédent, des attributions du conseil de discipline, nommeront annuellement, le jour de la rentrée, un bâtonnier, qui sera choisi parmi les avocats compris dans les deux premiers tiers du tableau, suivant l'ordre de leur inscription,

12. Les attributions du conseil de discipline consistent, 1° à prononcer sur les difficultés relatives à l'inscription dans le tableau de l'ordre; 2° à

exercer la surveillance que l'honneur et les intérêts de cet ordre rendent nécessaire; 3° à appliquer, lorsqu'il y a lieu, les mesures de discipline autorisées par les règlemens.

13. Le conseil de discipline statue sur l'admission au stage, des licenciés en droit qui ont prêté le serment d'avocat dans nos cours royales; sur l'inscription au tableau, des avocats stagiaires après l'expiration de leur stage, et sur le rang de ceux qui, ayant déjà été inscrits au tableau et ayant abandonné l'exercice de leur profession, se présenteraient de nouveau pour le reprendre.

14. Les conseils de discipline sont chargés de maintenir les sentimens de fidélité à la monarchie et aux institutions constitutionnelles, et les principes de modération, de désintéressement et de probité sur lesquels repose l'honneur de l'ordre des avocats. — Ils surveillent les mœurs et la conduite des avocats stagiaires.

15. Les conseils de discipline répriment d'office, ou sur les plaintes qui leur sont adressées, les infractions et les fautes commises par les avocats inscrits au tableau.

16. Il n'est point dérogé, par les dispositions qui précèdent, au droit qu'ont les tribunaux de réprimer les fautes commises à leur audience par les avocats.

17. L'exercice du droit de discipline ne met point obstacle aux poursuites que le ministère public ou les parties civiles se croiraient fondés à intenter dans les tribunaux, pour la répression des actes qui constitueraient des délits ou des crimes.

18. Les peines de discipline sont : — L'avertissement, — La réprimande, — L'interdiction temporaire, — La radiation du tableau. — L'interdiction temporaire ne peut excéder le terme d'une année.

19. Aucune peine de discipline ne peut être prononcée sans que l'avocat inculpé ait été entendu, ou appelé avec délai de huitaine.

20. Dans les siéges où les fonctions du conseil de discipline seront exercées par le tribunal, aucune peine de discipline ne pourra être prononcée

qu'après avoir pris l'avis écrit du bâtonnier.

21. Toute décision du conseil de discipline emportant interdiction temporaire ou radiation sera transmise, dans les trois jours, au procureur général, qui en assurera et en surveillera l'exécution.

22. Le procureur général pourra, quand il le jugera nécessaire, requérir qu'il lui soit délivré une expédition des décisions emportant avertissement ou réprimande.

23. Pourra également le procureur général demander expédition de toute décision par laquelle le conseil de discipline aurait prononcé l'absolution de l'avocat inculpé.

24. Dans les cas d'interdiction à temps ou de radiation, l'avocat condamné pourra interjeter appel devant la cour du ressort.

25. Le droit d'appeler des décisions rendues par les conseils de discipline, dans les cas prévus par l'article 15, appartient également à nos procureurs généraux.

26. L'appel, soit du procureur général, soit de l'avocat condamné, ne sera recevable qu'autant qu'il aura été formé dans les dix jours de la communication qui leur aura été donnée par le bâtonnier, de la décision du conseil de discipline.

27. Les cours statueront sur l'appel en assemblée générale et dans la chambre du conseil, ainsi qu'il est prescrit par l'article 52 de la loi du 20 avril 1810, pour les mesures de discipline qui sont prises à l'égard des membres des cours et des tribunaux.

28. Lorsque l'appel aura été interjeté par l'avocat condamné, les cours pourront, quand il y aura lieu, prononcer une peine plus forte, quoique le procureur général n'ait pas lui-même appelé.

29. L'avocat qui aura encouru la peine de la réprimande ou de l'interdiction, sera inscrit au dernier rang de la colonne dont il fera partie.

TITRE III.

Du Stage.

30. La durée du stage sera de trois années.

31. Le stage pourra être fait en divers cours, sans qu'il doive néanmoins être interrompu pendant plus de trois mois.

32. Les conseils de discipline pourront, selon les cas, prolonger la durée du stage.

33. Les avocats stagiaires ne feront point partie du tableau. Ils seront néanmoins répartis et inscrits à la suite de chacune des colonnes, selon la date de leur admission.

34. Les avocats stagiaires ne pourront plaider ou écrire dans aucune cause, qu'après avoir obtenu des deux membres du conseil de discipline appartenant à leur colonne, un certificat constatant leur assiduité aux audiences pendant deux années. Ce certificat sera visé par le conseil de discipline.

35. Dans les siéges où le nombre des avocats inscrits au tableau sera inférieur à celui de vingt, le certificat d'assiduité sera délivré par le président et par notre procureur.

36. Sont dispensés de l'obligation imposée par l'article 34 ceux des avocats stagiaires qui auront atteint leur vingt-deuxième année.

37. Les avoués licenciés en droit qui, après avoir donné leur démission, se présenteront pour être admis dans l'ordre des avocats, seront soumis au stage.

TITRE IV.

Dispositions générales.

38. Les licenciés en droit sont reçus avocats par nos cours royales. Ils prêtent serment en ces termes :

« Je jure d'être fidèle au roi, « d'obéir à la charte constitutionnelle « de ne rien dire ou publier, contraire « défenseur ou conseil, de la sûreté « aux lois, aux réglemens, à la « de l'état et à la paix publique, et « de ne jamais m'écarter du respect « dû aux tribunaux et aux autorités « publiques. »

39. Les avocats inscrits aux tableaux de nos cours royales pourront seuls plaider devant elles.

Ils ne pourront plaider hors du ressort de la cour près de laquelle ils exercent, qu'après avoir obtenu, sur l'avis du conseil de discipline, l'agrément du premier président de cette cour, et l'autorisation de notre garde des sceaux ministre secrétaire d'état au département de la justice.

40. Les avocats attachés à un tribunal de première instance ne pourront plaider que dans la cour d'assises et dans les autres tribunaux du même département.

41. L'avocat nommé d'office pour la défense d'un accusé ne pourra refuser son ministère sans faire approuver ses motifs d'excuse ou d'empêchement par les cours d'assises, qui prononceront, en cas de résistance, l'une des peines déterminées par l'article 18 ci-dessus.

42. La profession d'avocat est incompatible avec toutes les fonctions de l'ordre judiciaire, à l'exception de celle de suppléant : avec les fonctions de préfet, de sous préfet et de secrétaire général de préfecture; avec celles de greffier, de notaire et d'avoué; avec les emplois à gages et ceux d'agent comptable ; avec toute espèce de négoce. En sont exclues toutes personnes exerçant la profession d'agent d'affaires.

43. Toute attaque qu'un avocat se permettrait de diriger, dans ses plaidoiries ou dans ses écrits, contre la religion, les principes de la monarchie, la charte, les lois du royaume ou les autorités établies, sera réprimée immédiatement, sur les conclusions du ministère public, par le tribunal saisi de l'affaire, lequel prononcera l'une des peines prescrites par l'article 18 ; sans préjudice des poursuites extraordinaires, s'il y a lieu.

44. Enjoignons à nos cours de se conformer exactement à l'article 9 de la loi du 20 avril 1810, et, en conséquence, de faire connaître chaque année, à notre garde des sceaux ministre de la justice, *ceux des avocats qui se seront fait remarquer par leurs lumières, leurs talens, et surtout par la délicatesse et le désintéressement qui doivent caractériser cette profession.*

45. Le décret du 14 décembre 1810 est abrogé. Les usages observés dans le barreau relativement aux droits et aux devoirs des avocats dans l'exercice de leur profession, sont maintenus.

TITRE V.

Dispositions transitoires.

46. Les conseils de discipline dont la nomination aura été faite antérieurement à la publication de la présente ordonnance, selon les formes établies par le décret du 14 décembre 1810, seront maintenus jusqu'à l'époque fixée par ce décret pour le renouvellement.

47. Les conseils de discipline mentionnés en l'article précédent se conformeront, dans l'exercice de leurs attributions, aux dispositions de la présente ordonnance.

48. Notre garde des sceaux, ministre secrétaire d'état au département de la justice, est chargé de l'exécution de la présente ordonnance.

FIN DU CODE DE PROCÉDURE CIVILE.

TABLE ALPHABÉTIQUE

DU

CODE DE PROCÉDURE CIVILE.

Actions possessoires. Pag.	3
Ajournemens.	6
Appel.	38
Appréciations.	4
Arbitrages.	84
Audiences des juges de paix.	2
— des tribunaux.	9
Autorisation de la femme mariée.	71
Avis de parens.	73
Bénéfice de cession.	74
— d'inventaire.	83
Cautions.	44
— des étrangers.	16
Citations.	1
Comparution.	2
Communication au ministère public.	9
— de pièces.	17
Conciliation.	5
Consignation.	68
Constitution d'avoués.	8
Curateur.	84
Défenses.	8
Délibérés.	10
Délivrance d'actes.	70
Demandes incidentes.	30
Dépens et frais.	46
Désaveu.	31
Descentes sur les lieux.	27
Désistement.	35
Dispositions générales.	86
Distributions par contributions.	55
Divorce.	73
Dommages-intérêts.	45
Emprisonnemens.	65
Enquêtes.	24
Envoi en possession.	71
Exceptions dilatoires.	16
Exécution des jugemens.	3
Exécution forcée.	47
Faux incident.	20

Garans mis en cause. Pag.	4
Incidens.	30 et 60
Instruction par écrit.	10
— sur l'appel.	38
Interrogatoire sur faits et articles.	29
Inventaire.	79
Jugemens.	2 et 12
— par défaut.	2 et 14
— non définitifs.	3
Levée de scellés.	77
Licitations.	81
Liquidation.	45
Matières sommaires.	36
Nullités.	16
Offres et consignation.	68
Oppositions aux scellés.	77
Ordre.	63
Partages.	81
Péremption.	35
Prise à partie.	43
Procédure en matière de commerce.	36
Rapports d'experts.	28
Réception de cautions.	44
Récusation.	33
Redditions de compte.	45
Référés.	6
Règlement de juges.	
Renonciation.	
Renvoi.	
Reprise d'instance.	1
Requête civile.	47
Saisie-arrêt.	49
— exécution.	53
— brandon.	ibid.
— des rentes.	56
— immobilière.	68
— gagerie.	69
— revendication.	75
Scellés.	72
Séparation de biens	

Séparation de corps	Pag. 73	Vente mobilière. Pag. 79
Succession vacante.	84	— immobilière. 80
Surenchère.	69	Vérification d'écritures. 18
Tierce opposition.	41	Visites des lieux. 4

LOIS.

Loi concernant la suppression des offices ministériels, et l'établissement des Avoués.　　　　88

Ordonnance contenant règlement sur l'exercice de la profession d'avocat et la discipline du barreau.　　　　89

FIN DE LA TABLE DU CODE DE PROCÉDURE CIVILE.

CODE DE COMMERCE.

LIVRE PREMIER.

DU COMMERCE EN GÉNÉRAL.

(Tit. Ier. — VII. Loi décrétée le 10 septembre 1807, promulguée le 20. — Tit. VIII. Loi décrétée le 11, promulguée le 21.)

TITRE PREMIER.

DES COMMERÇANS.

Art. 1er. Sont commerçans ceux qui exercent des actes de commerce, et en font leur profession habituelle. 8, 85, 586, 631, 636, 638.

2. Tout mineur émancipé de l'un et de l'autre sexe, âgé de dix-huit ans accomplis, qui voudra profiter de la faculté que lui accorde l'art. 487 du Code civil, de faire le commerce, ne pourra en commencer les opérations, ni être réputé majeur quant aux engagemens par lui contractés pour faits de commerce, 1° s'il n'a été préalablement autorisé par son père, ou par sa mère, en cas de décès, interdiction ou absence du père, ou, à défaut du père et de la mère, par une délibération du conseil de famille, homologuée par le tribunal civil ; 2° si, en outre, l'acte d'autorisation n'a été enregistré et affiché au tribunal de commerce du lieu où le mineur veut établir son domicile. 6, 114, Co.; 572, 478, 1125, 1508, C.

3. La disposition de l'article précédent est applicable aux mineurs même non commerçans, à l'égard de tous les faits qui sont déclarés faits de commerce par les dispositions des art. 632 et 633.

4. La femme ne peut être marchande publique sans le consentement de son mari. 5, 7, 67, 113, Co.; 217, 1125, 1419, C.

5. La femme, si elle est marchande publique, peut, sans l'autorisation de son mari, s'obliger pour ce qui concerne son négoce : et, audit cas, elle oblige aussi son mari, s'il y a communauté entre eux. 7, 65, 67, Co.; 220, C. — Elle n'est pas réputée marchande publique, si elle ne fait que détailler les marchandises du commerce de son mari : elle n'est réputée telle que lorsqu'elle fait un commerce séparé.

6. Les mineurs marchands, autorisés comme il est dit ci-dessus, peuvent engager et hypothéquer leurs immeubles. — Ils peuvent même les aliéner, mais en suivant les formalités prescrites par les art. 457 et suivans du Code civil. 2, 114, 558, Co.; 460, 484, 487, 2075, 2084, 2126, C.; 954, P. c.

7. Les femmes marchandes publiques peuvent également engager, hypothéquer et aliéner leurs immeubles — Toutefois leurs biens stipulés dotaux, quand elles sont mariées sous le régime dotal, ne peuvent être hypothéqués ni aliénés que dans les cas déterminés et avec les formes réglées par le Code civil. 4, 65, 67, Co.; 217, 225, 1538, 1558, 2075, 2084, 2124, C.

TITRE II.

DES LIVRES DE COMMERCE.

8. Tout commerçant est tenu d'avoir un livre-journal qui *présente*, jour par jour, ses dettes actives et passives, les opérations de son commerce, ses négociations, acceptations ou endossemens d'effets, et généralement tout ce qu'il reçoit et paie, à quelque titre que ce soit ; et qui *énonce*, mois par mois, les sommes employées à la dépense de sa maison : le tout indépendamment des autres livres usités dans le commerce, mais qui ne sont pas indispensables. — Il est tenu de mettre en liasse les lettres missives qu'il reçoit, et de copier sur un registre celles qu'il envoie. 10, 586.

9. Il est tenu de faire, tous les ans, sous seing privé, un inventaire de ses effets mobiliers et immobiliers, et de ses dettes actives et passives, et de le copier, année par année, sur un re-

gistre spécial à ce destiné. 14, 486, 491.

10. Le livre-journal et le livre des inventaires seront paraphés et visés une fois par année. — Le livre de copies de lettres ne sera pas soumis à cette formalité. — Tous seront tenus par ordre de dates, sans blancs, lacunes ni transports en marge.

11. Les livres dont la tenue est ordonnée par les articles 8 et 9 ci-dessus, seront cotés, paraphés et visés, soit par un des juges des tribunaux de commerce, soit par le maire ou un adjoint, dans la forme ordinaire et sans frais. Les commerçans seront tenus de conserver ces livres pendant dix ans. 84.

12. Les livres de commerce, régulièrement tenus, peuvent être admis par le juge pour faire preuve entre commerçans pour faits de commerce. 14, 17, Co.: 1329, 1330, 1430, C.

13. Les livres que les individus faisant le commerce sont obligés de tenir, et pour lesquels ils n'auront pas observé les formalités ci-dessus prescrites, ne pourront être représentés ni faire foi en justice, au profit de ceux qui les auront tenus; sans préjudice de ce qui sera réglé au livre des *Faillites et Banqueroutes*. 587, 593.

14. La communication des livres et inventaires ne peut être ordonnée en justice que dans les affaires de succession, communauté, partage de société, et en cas de faillite. 60, 440, 465.

15. Dans le cours d'une contestation, la représentation des livres peut être ordonnée par le juge, même d'office, à l'effet d'en extraire ce qui concerne le différent. 12, 17, Co.;

16. En cas que les livres dont la représentation est offerte, requise ou ordonnée, soient dans des lieux éloignés du tribunal saisi de l'affaire, les juges peuvent adresser une commission rogatoire au tribunal de commerce du lieu, ou déléguer un juge de paix pour en prendre connaissance, dresser un procès verbal du contenu, et l'envoyer au tribunal saisi de l'affaire. 1035, P. c.

17. Si la partie aux livres de laquelle on offre d'ajouter foi refuse de les représenter, le juge peu déférer le serment à l'autre partie. 1330. 1366, C.; 120, P. c.

TITRE III
DES SOCIÉTÉS.

SECTION I.
Des diverses Sociétés, et de leurs Règles.

18. Le contrat de société se règle par le droit civil, par les lois particulières au commerce, et par les conventions des parties. 1832, 1859, 1873. C.

19. La loi reconnaît trois espèces de sociétés commerciales:—La société en nom collectif,—La société en commandite, — La société anonyme. 47, Co.; 1836, 1873, C.

20. La *société en nom collectif* est celle que contractent deux personnes ou un plus grand nombre, et qui a pour objet de faire le commerce sous une raison sociale. 39, 41, 46.

21. Les noms des associés peuvent seuls faire partie de la raison sociale. 23, 25.

22. Les associés en nom collectif indiqués dans l'acte de société sont solidaires pour tous les engagemens de la société, encore qu'un seul des associés ait signé, pourvu que ce soit sous la raison sociale. 26. Co.: 1862, C.

23. La *société en commandite* se contracte entre un ou plusieurs associés responsables et solidaires, et un ou plusieurs associés, simples bailleurs de fonds, que l'on nomme *commanditaires ou associés en commandite*. — Elle est régie sous un nom social, qui doit être nécessairement celui d'un ou de plusieurs des associés responsables et solidaires. 26, 38, 41, 46.

24. Lorsqu'il y a plusieurs associés solidaires et en nom, soit que tous gèrent ensemble, soit qu'un ou plusieurs gèrent pour tous, la société est, à la fois, société en nom collectif à leur égard, et société en commandite à l'égard des simples bailleurs de fonds.

25. Le nom d'un associé commanditaire ne peut faire partie de la raison sociale. 21, 23.

26. L'associé commanditaire n'est

passible des pertes que jusqu'à concurrence des fonds qu'il a mis ou a dû mettre dans la société. 25, 27, 33, Co.; 1862, C.

27. L'associé commanditaire ne peut faire aucun acte de gestion, ni être employé pour les affaires de la société, même en vertu de procuration. 25, 25, 28.

28. En cas de contravention à la prohibition mentionnée dans l'article précédent, l'associé commanditaire est obligé solidairement, avec les associés en nom collectif, pour toutes les dettes et engagemens de la société.

29. La *société anonyme* n'existe point sous un nom social : elle n'est désignée par le nom d'aucun des associés. 30, 37, 40, 45.

30. Elle est qualifiée par la désignation de l'objet de son entreprise.

31. Elle est administrée par des mandataires à temps, révocables, associés ou non associés, salariés ou gratuits.

32. Les administrateurs ne sont responsables que de l'exécution du mandat qu'ils ont reçu. — Ils ne contractent, à raison de leur gestion, aucune obligation personnelle ni solidaire relativement aux engagemens de la société.

33. Les associés ne sont passibles que de la perte du montant de leur intérêt dans la société.

34. Le capital de la société anonyme se divise en actions et même en coupons d'action d'une valeur égale. 35 et s.

35. L'action peut être établie sous la forme d'un titre au porteur. — Dans ce cas, la cession s'opère par la tradition du titre.

36. La propriété des actions peut être établie par une inscription sur les registres de la société. — Dans ce cas, la cession s'opère par une déclaration de transfert inscrite sur les registres, et signée de celui qui fait le transport ou d'un fondé de pouvoir.

37. La société anonyme ne peut exister qu'avec l'autorisation du roi, et avec son approbation pour l'acte qui la constitue ; cette approbation doit être donnée dans la forme prescrite pour les règlemens d'administration publique. 29, 40, 43, 45, 46, Co.; 1866, C.

38. Le capital des sociétés en commandite pourra être aussi divisé en actions, sans aucune autre dérogation aux règles établies pour ce genre de société. 34 et s.

39. Les sociétés en nom collectif ou en commandite doivent être constatées par des actes publics ou sous signature privée, en se conformant dans ce dernier cas, à l'art. 1325 du Code civil. 20, 25, 41, 49, Co.; 1325, 1341, 1347, 1854, C.

40. Les sociétés anonymes ne peuvent être formées que par des actes publics. 29, 37, 43.

41. Aucune preuve par témoins ne peut être admise contre et outre le contenu dans les actes de société, ni sur ce qui serait allégué avoir été dit avant l'acte, lors de l'acte ou depuis, encore qu'il s'agisse d'une somme au-dessous de cent cinquante francs. 39, Co.; 1341, 1854, C.

42. L'extrait des actes de société en nom collectif et en commandite doit être remis, dans la quinzaine de leur date, au greffe du tribunal de commerce de l'arrondissement dans lequel est établie la maison du commerce social, pour être transcrit sur le registre, et affiché pendant trois mois dans la salle des audiences. — Si la société a plusieurs maisons de commerce situées dans divers arrondissemens, la remise, la transcription et l'affiche de cet extrait, seront faites au tribunal de commerce de chaque arrondissement. — Ces formalités seront observées, à peine de nullité, à l'égard des intéressés ; mais le défaut d'aucune d'elles ne pourra être opposé à des tiers par les associés. 20, 25, 39, 45, 49, 64, Co.; 1993, C.

43. L'extrait doit contenir, — Les noms, prénoms, qualités et demeures des associés autres que les actionnaires ou commanditaires ; — La raison de commerce de la société ; — La désignation de ceux des associés autorisés à gérer, administrer et signer pour la société ; — Le montant des valeurs fournies ou à fournir par actions ou en commandite ; — L'époque où la so-

ciéte doit commencer, et celle où
elle doit finir.

44. L'extrait des actes de société est
signé, pour les actes publics, par les
notaires, et. pour les actes sous seing
privé, par tous les associés, si la société est en nom collectif, et par les
associés solidaires ou gérans, si la société est en commandite, soit qu'elle
se divise ou ne se divise pas en actions.

45. L'ordonnance du roi qui autorise les sociétés anonymes devra être
affichée avec l'acte d'association et
pendant le même temps. 29, 57,
40, 42.

46. Toute continuation de société,
après son terme expiré, sera constatée
par une déclaration des co-associés. —
Cette déclaration, et tous actes portant
dissolution de société avant le terme
fixé pour sa durée par l'acte qui l'établit, tout changement ou retraite d'associés, toutes nouvelles stipulations
ou clauses, tout changement à la raison de société, sont soumis aux formalités prescrites par les art. 42, 43 et
44. — En cas d'omission de ces formalités, il y aura lieu à l'application
des dispositions pénales de l'art. 42,
5e alinéa. 20, 23, 39, 42, 49, 50, Co.;
1358, C.

47. Indépendamment des trois espèces de sociétés ci-dessus, la loi reconnaît les associations commerciales
en participation. 19, 48.

48. Ces associations sont relatives à
une ou plusieurs opérations de commerce; elles ont lieu pour les objets,
dans les formes, avec les proportions
d'intérêt et aux conditions convenues
entre les participans.

49. Les associations en participation peuvent être constatées par la
représentation des livres, de la correspondance, ou par la preuve testimoniale, si le tribunal juge qu'elle peut
être admise. 59, 109, Co.; 1834, C.

50. Les associations commerciales
en participation ne sont pas sujettes
aux formalités prescrites pour les autres sociétés. 59, 42, 46, Co.; 50, P. c.

SECTION II.

*Des Contestations entre Associés, et
de la Manière de les décider.*

51. Toute contestation entre asso-

ciés, et pour raison de la société,
sera jugée par des arbitres. 62, Co.:
1005, 1028, P. c.

52. Il y aura lieu à l'appel du jugement arbitral ou au pourvoi en cassation, si la renonciation n'a pas été
stipulée. L'appel sera porté devant la
cour royale. 63, 646, Co.; 1010,
1023, P. c.

53. La nomination des arbitres se
fait, — Par un acte sous signature privée, — Par acte notarié, — Par acte
extrajudiciaire, — Par un consentement donné en justice. 55, Co.;
1005, P. c.

54. Le délai pour le jugement est
fixé par les parties, lors de la nomination des arbitres; et, s'ils ne sont
pas d'accord sur le délai, il sera réglé
par les juges.

55. En cas de refus de l'un ou de
plusieurs des associés de nommer des
arbitres, les arbitres sont nommés
d'office par le tribunal de commerce.
53, Co.; 1012, P. c.

56. Les parties remettent leurs pièces et mémoires aux arbitres, sans aucune formalité de justice. 1016, P. c.

57. L'associé en retard de remettre
les pièces et mémoires est sommé de
le faire dans les dix jours. 1009, P. c.

58. Les arbitres peuvent, suivant
l'exigence des cas, proroger le délai
pour la production des pièces.

59. S'il n'y a renouvellement de
délai, ou si le nouveau délai est expiré, les arbitres jugent sur les seules
pièces et mémoires remis. 1012, P. c.

60. En cas de partage, les arbitres
nomment un sur-arbitre, s'il n'est
nommé par le compromis: si les arbitres sont discordans sur le choix,
le sur-arbitre est nommé par le tribunal de commerce.

61. Le jugement arbitral est motivé. — Il est déposé au greffe du tribunal de commerce. — Il est rendu
exécutoire sans aucune modification,
et transcrit sur les registres, en vertu
d'une ordonnance du président du
tribunal, lequel est tenu de la rendre
pure et simple, et dans le délai de
trois jours du dépôt au greffe. 1019
et s., P. c.

62. Les dispositions ci-dessus sont
communes aux veuves, héritiers ou

ayant-cause des associés. 1012, P. c.

63. Si les mineurs sont intéressés dans une contestation pour raison d'une société commerciale, le tuteur ne pourra renoncer à la faculté d'appeler du jugement arbitral. 51, Co.; 1010, 1012, P. c.

64. Toutes actions contre les associés non liquidateurs et leurs veuves, héritiers ou ayant-cause, sont prescrites cinq ans après la fin ou la dissolution de la société, si l'acte de société qui en énonce la durée, ou l'acte de dissolution, a été affiché et enregistré conformément aux articles 42, 43, 44 et 46, et si, depuis cette formalité remplie, la prescription n'a été interrompue à leur égard par aucune poursuite judiciaire. 4, 5, 7, 108, 189, 431, Co.; 2277, C.

TITRE IV.
DES SÉPARATIONS DE BIENS.

65 Toute demande en séparation de biens sera poursuivie, instruite et jugée conformément à ce qui est prescrit au Code civil, liv. III, tit. v, chap. II, sec. III, et au Code de procédure civile, 2ᵉ partie, liv. 1, titre VIII. 4, 5, 7, Co.; 865, P. c.; 78, pr ta.

66. Tout jugement qui prononcera une séparation de corps ou un divorce entre mari et femme dont l'un serait commerçant sera soumis aux formalités prescrites par l'art. 872 du Code de procédure civile; à défaut de quoi, les créanciers seront toujours admis à s'y opposer, pour ce qui touche leurs intérêts, et à contredire toute liquidation qui en aurait été la suite. 1445, C.; 872, P. c.

67. Tout contrat de mariage entre époux dont l'un sera commerçant, sera transmis par extrait, dans le mois de sa date, aux greffes et chambres désignés par l'art. 872 du Code de procédure civile, pour être exposé au tableau, conformément au même article. 68, Co. — Cet extrait annoncera si les époux sont mariés en communauté, s'ils sont séparés de biens, ou s'ils ont contracté sous le régime dotal.

68. Le notaire qui aura reçu le contrat de mariage sera tenu de faire la remise ordonnée par l'article précédent, sous peine de cent francs d'amende, et même de destitution et de responsabilité envers les créanciers, s'il est prouvé que l'omission soit la suite d'une collusion.

69. Tout époux séparé de biens, ou marié sous le régime dotal, qui embrasserait la profession de commerçant postérieurement à son mariage, sera tenu de faire pareille remise dans le mois du jour où il aura ouvert son commerce, à peine, en cas de faillite, d'être puni comme banqueroutier frauduleux. 4, 5, 7, 67, 593, Co.; 872, P. c.; 402, 405, P.

70 La même remise sera faite, sous les mêmes peines, dans l'année de la publication de la présente loi, par tout époux séparé de biens, ou marié sous le régime dotal, qui, au moment de ladite publication, exercerait la profession de commerçant. 67, Co.; 872, P. c.

TITRE V
DES BOURSES DE COMMERCE, AGENS DE CHANGE ET COURTIERS.

SECTION I.
Des Bourses de Commerce.

71. La bourse de commerce est la réunion qui a lieu, sous l'autorité du roi, des commerçans, capitaines de navire, agens de change et courtiers. 75.

72. Le résultat des négociations et des transactions qui s'opèrent dans la bourse détermine le cours du change des marchandises, des assurances, du fret ou nolis, du prix des transports par terre ou par eau, des effets publics et autres dont le cours est susceptible d'être coté. 76.

73. Ces divers cours sont constatés par les agens de change et courtiers, dans la forme prescrite par les règlemens de police généraux ou particuliers. 404, P.

SECTION II.
Des Agens de Change et Courtiers.

74. La loi reconnaît, pour les actes de commerce, des agens intermédiaires; savoir, les agens de change

et les courtiers. 76, 78, 81, 83, 87, Co.; 404, P.

75. Il y en a dans toutes les villes qui ont une bourse de commerce. — Ils sont nommés par le roi.

76. Les agens de change, constitués de la manière prescrite par la loi, ont seuls le droit de faire les négociations des effets publics et autres susceptibles d'être cotés; de faire pour le compte d'autrui les négociations des lettres de change ou billets, et de tous papiers commerçables, et d'en constater le cours. — Les agens de change pourront faire, concurremment avec les courtiers de marchandises, les négociations et le courtage des ventes ou achats des matières métalliques. Ils ont seuls le droit d'en constater le cours. 78, 85, 87.

77. Il y a des courtiers de marchandises, — Des courtiers d'assurances, — Des courtiers interprètes et conducteurs de navires, — Des courtiers de transport par terre et par eau. 76, 78, 81, 85, 87.

78. Les courtiers de marchandises, constitués de la manière prescrite par la loi, ont seuls le droit de faire le courtage des marchandises, d'en constater le cours; ils exercent, concurremment avec les agens de change, le courtage des matières métalliques. 76, 81.

79. Les courtiers d'assurances rédigent les contrats ou polices d'assurance, concurremment avec les notaires; ils en attestent la vérité par leur signature, certifient le taux des primes pour tous les voyages de mer ou de rivière. 81 et s.

80. Les courtiers interprètes et conducteurs de navires font le courtage des affrètemens: ils ont, en outre, seuls le droit de traduire, en cas de contestations portées devant les tribunaux, les déclarations, chartes-parties, connaissemens, contrats, et tous actes de commerce dont la traduction serait nécessaire; enfin, de constater le cours du fret ou du nolis. — Dans les affaires contentieuses de commerce, et pour le service des douanes, ils serviront seuls de truchement à tous étrangers, maîtres de navire, marchands, équipages de

vaisseau et autres personnes de mer. 81 et s.

81. Le même individu peut, si l'acte du gouvernement qui l'institue l'y autorise, cumuler les fonctions d'agent de change, de courtier de marchandises ou d'assurances, et de courtier interprète et conducteur de navires. 77 et s.

82. Les courtiers de transport par terre et par eau, constitués selon la loi, ont seuls, dans les lieux où ils sont établis, le droit de faire le courtage des transports par terre et par eau: ils ne peuvent cumuler, dans aucun cas et sous aucun prétexte, les fonctions de courtiers de marchandises, d'assurances, ou de courtiers conducteurs de navires, désignées aux art. 78, 79 et 80.

83. Ceux qui ont fait faillite ne peuvent être agens de change ni courtiers, s'ils n'ont été réhabilités. 437, 604, Co.; 619, 655, l. c.

84. Les agens de change et courtiers sont tenus d'avoir un livre revêtu des formes prescrites par l'art. 11. — Ils sont tenus de consigner dans ce livre, jour par jour et par ordre de dates, sans ratures, interlignes ni transpositions, et sans abréviations ni chiffres, toutes les conditions des ventes, achats, assurances, négociations, et en général de toutes les opérations faites par leur ministère.

85. Un agent de change ou courtier ne peut, dans aucun cas ou sous aucun prétexte, faire des opérations de commerce ou de banque pour son compte. — Il ne peut s'intéresser directement ni indirectement, sous son nom, ou sous un nom interposé, dans aucune entreprise commerciale. — Il ne peut recevoir ni payer pour le compte de ses commettans. 87.

86. Il ne peut se rendre garant de l'exécution des marchés dans lesquels il s'entremet.

87. Toute contravention aux dispositions énoncées dans les deux articles précédens, entraîne la peine de destitution, et une condamnation d'amende, qui sera prononcée par le tribunal de police correctionnelle, et qui ne peut être au-dessus de trois mille francs, sans préjudice de l'ac-

tion des parties en dommages et intérêts.

88. Tout agent de change ou courtier destitué en vertu de l'article précédent, ne peut être réintégré dans ses fonctions.

89. En cas de faillite, tout agent de change ou courtier est poursuivi comme banqueroutier. 438, 586, Co. ; 404, P.

90. Il sera pourvu, par des règlemens d'administration publique, à tout ce qui est relatif à la négociation et transmission de propriété des effets publics. 421, P.

TITRE VI.

DES COMMISSIONNAIRES.

SECTION I.

Des Commissionnaires en général.

91. Le commissionnaire est celui qui agit en son propre nom, ou sous un nom social, pour le compte d'un commettant. 107, 593.

92. Les devoirs et les droits du commissionnaire qui agit au nom d'un commettant sont déterminés par le Code civil, liv. III, tit. XIII. 1984, 1992, C.

93. Tout commissionnaire qui a fait des avances sur des marchandises à lui expédiées d'une autre place pour être vendues pour le compte d'un commettant, a privilége, pour le remboursement de ses avances, intérêts et frais, sur la valeur des marchandises, si elles sont à sa disposition, dans ses magasins, ou dans un dépôt public, ou si, avant qu'elles soient arrivées, il peut constater, par un connaissement ou par une lettre de voiture, l'expédition qui lui en a été faite. 2001, 2002, C. ; 95, 106, 285, 308, 443, 577, Co.

94. Si les marchandises ont été vendues et livrées pour le compte du commettant, le commissionnaire se rembourse, sur le produit de la vente, du montant de ses avances, intérêts et frais, par préférence aux créanciers du commettant. 106, 285.

95. Tous prêts, avances ou paiemens qui pourraient être faits sur des marchandises déposées ou consignées par un individu résidant dans le lieu du domicile du commissionnaire, ne donnent privilége au commissionnaire ou dépositaire qu'autant qu'il s'est conformé aux dispositions prescrites par le Code civil, livre III, titre XVII, pour les prêts sur gages ou nantissemens. 2074, 2084, 2102, C. ; 95, Co.

SECTION II.

Des Commissionnaires pour les transports par terre et par eau.

96. Le commissionnaire qui se charge d'un transport par terre ou par eau est tenu d'inscrire sur son livre-journal la déclaration de la nature et de la quantité des marchandises, et, s'il en est requis, de leur valeur. 8, 107, Co. ; 1782, C. ; 386, 387, P.

97. Il est garant de l'arrivée des marchandises et effets dans le délai déterminé par la lettre de voiture, hors les cas de la force majeure légalement constatée. 100, 102, 104, 108, Co. ; 1783, 1785, C. ; 386, P.

98. Il est garant des avaries ou pertes de marchandises et effets, s'il n'y a stipulation contraire dans la lettre de voiture, ou force majeure. 100, 101, 105, 108, Co. ; 1784, 1992, C.

99. Il est garant des faits du commissionnaire intermédiaire auquel il adresse les marchandises. 100, 108, Co. ; 1784, C.

100. La marchandise sortie du magasin du vendeur ou de l'expéditeur voyage, s'il n'y a convention contraire, aux risques et périls de celui à qui elle appartient, sauf son recours contre le commissionnaire et le voiturier chargés du transport. 97, Co. ; 1994, C.

101. La lettre de voiture forme un contrat entre l'expéditeur et le voiturier, ou entre l'expéditeur, le commissionnaire et le voiturier. 1152, C.

102. La lettre de voiture doit être datée.—Elle doit exprimer.—La nature et le poids ou la contenance des objets à transporter, — Le délai dans lequel le transport doit être effectué. — Elle indique, — Le nom et le domicile du commissionnaire par l'entremise duquel le transport s'opère, s'il y en a un, — Le nom de celui

à qui la marchandise est adressée, — Le nom et le domicile du voiturier. — Elle énonce, — Le prix de la voiture, — L'indemnité due pour cause de retard. — Elle est signée par l'expéditeur ou le commissionnaire. — Elle présente en marge les marques et numéros des objets à transporter.— La lettre de voiture est copiée par le commissionnaire sur un registre coté et paraphé, sans intervalle et de suite.

SECTION III.
Du Voiturier.

103. Le voiturier est garant de la perte des objets à transporter, hors les cas de la force majeure. — Il est garant des avaries autres que celles qui proviennent du vice propre de la chose ou de la force majeure. 98, 105, 107, Co.; 1157, 1782, 1783, 1784, 1917, 2102, C.

104. Si, par l'effet de la force majeure, le transport n'est pas effectué dans le délai convenu, il n'y a pas lieu à indemnité contre le voiturier pour cause de retard. 97, 105.

105. La réception des objets transportés et le paiement du prix de la voiture éteignent toute action contre le voiturier. 1157, C.; 103, Co.

106. En cas de refus ou contestation pour la réception des objets transportés, leur état est vérifié et constaté par des experts nommés par le président du tribunal de commerce, ou, à son défaut, par le juge de paix, et par ordonnance au pied d'une requête. — Le dépôt ou séquestre, et ensuite le transport dans un dépôt public, peuvent en être ordonnés. — La vente peut en être ordonnée en faveur du voiturier, jusqu'à concurrence du prix de la voiture. 93 et s., 2102, C.

107. Les dispositions contenues dans le présent titre sont communes aux maîtres de bateaux, entrepreneurs de diligences et voitures publiques. 91, 96, 103, Co.; 1786, C.

108. Toutes actions contre le commissionnaire et le voiturier, à raison de la perte ou de l'avarie des marchandises, sont prescrites après six mois, pour les expéditions faites dans l'intérieur de la France, et après un

an, pour celles faites à l'étranger; le tout à compter, pour les cas de perte, du jour où le transport des marchandises aurait dû être effectué, et pour les cas d'avarie, du jour où la remise des marchandises aurait été faite, sans préjudice des cas de fraude ou d'infidélité. 97, 103, Co.; 1784, C.

TITRE VII.
DES ACHATS ET VENTES

109. Les achats et ventes se constatent, 632, Co.; 1582, C.; 419, 423, P.; — Par actes publics, — Par actes sous signature privée, — Par le bordereau ou arrêté d'un agent de change ou courtier, dûment signé par les parties, 84. — Par une facture acceptée, — Par la correspondance, — Par les livres des parties, 8, — Par la preuve testimoniale, dans le cas où le tribunal croira devoir l'admettre. 41, 49, Co.; 1341, C.

TITRE VIII.
DE LA LETTRE DE CHANGE, DU BILLET A ORDRE ET DE LA PRESCRIPTION.

SECTION I.
De la Lettre de change.

§ Ier. De la Forme de la Lettre de change.

110. La lettre de change est tirée d'un lieu sur un autre. 112, 118, 187, 189, 631, 632, 636. — Elle est datée. — Elle énonce, — La somme à payer, 147 et s., — Le nom de celui qui doit payer, — L'époque et le lieu où le paiement doit s'effectuer, 129 et s., — La valeur fournie en espèces, en marchandises, en compte, ou de toute autre manière, 1108, 1151, C. — Elle est à l'ordre d'un tiers, ou à l'ordre du tireur lui-même. — Si elle est par 1re, 2e, 3e, 4e, etc., elle l'exprime. 147.

111. Une lettre de change peut être tirée sur un individu et payable au domicile d'un tiers. — Elle peut être tirée par ordre et pour le compte d'un tiers. 115 et s.

112. Sont réputées simples promesses toutes lettres de change contenant supposition, soit de nom, soit de qualité, soit de domicile, soit des lieux d'où elles sont tirées ou dans lesquels elles sont payables. 159, 187, 636, Co. ; 147, P.

113. La signature des femmes et des filles non négociantes ou marchandes publiques sur lettre de change ne vaut, à leur égard, que comme simple promesse. 637, Co.; 1326, C.

114. Les lettres de change souscrites par des mineurs non négocians sont nulles à leur égard ; sauf les droits respectifs des parties, conformément à l'art. 1312 du Code civil.

§ II. De la Provision.

115. La provision doit être faite par le tireur, ou par celui pour le compte de qui la lettre de change sera tirée, sans que le tireur cesse d'être personnellement obligé. 111, 117.

116. Il y a provision, si, à l'échéance de la lettre de change, celui sur qui elle est fournie est redevable au tireur, ou à celui pour compte de qui elle est tirée, d'une somme au moins égale au montant de la lettre de change. 115, 170.

117. L'acceptation suppose la provision. — Elle en établit la preuve à l'égard des endosseurs. — Soit qu'il y ait ou non acceptation, le tireur seul est tenu de prouver, en cas de dénégation, que ceux sur qui la lettre était tirée avaient provision à l'échéance : sinon il est tenu de la garantir, quoique le protêt ait été fait après les délais fixés. 118, 168, 170.

§ III. De l'Acceptation.

118. Le tireur et les endosseurs d'une lettre de change sont garans solidaires de l'acceptation et du paiement à l'échéance. 121, 128, 136, 140, 143.

119. Le refus d'acceptation est constaté par un acte que l'on nomme *protêt faute d'acceptation.* 126, 156, 163, 173.

120. Sur la notification du protêt faute d'acceptation, les endosseurs et le tireur sont respectivement tenus de donner caution pour assurer le paiement de la lettre de change à son échéance, ou d'en effectuer le remboursement avec les frais de protêt et de rechange. — La caution

121. Celui qui accepte une lettre de change contracte l'obligation d'en payer le montant. — L'accepteur n'est pas restituable contre son acceptation, quand même le tireur aurait failli à son insu avant qu'il eût accepté. 136, 137, 138, 148.

122. L'acceptation d'une lettre de change doit être signée. — L'acceptation est exprimée par le mot *accepté.* — Elle est datée, si la lettre est à un ou plusieurs jours ou mois de vue ; — Et, dans ce dernier cas, le défaut de date de l'acceptation rend la lettre exigible au terme y exprimé, à compter de sa date. 1156, C.

123. L'acceptation d'une lettre de change payable dans un autre lieu que celui de la résidence de l'accepteur indique le domicile où le paiement doit être effectué ou les diligences faites.

124. L'acceptation ne peut être conditionnelle, mais elle peut être restreinte quant à la somme acceptée. — Dans ce cas, le porteur est tenu de faire protester la lettre de change pour le surplus.

125. Une lettre de change doit être acceptée à sa présentation, ou au plus tard dans les vingt-quatre heures de la présentation. — Après les vingt-quatre heures, si elle n'est pas rendue, acceptée ou non acceptée, celui qui l'a retenue est passible de dommages-intérêts envers le porteur.

§ IV. De l'Acceptation par intervention.

126. Lors du protêt faute d'acceptation, la lettre de change peut être acceptée par un tiers intervenant pour le tireur ou pour l'un des endosseurs. — L'intervention est mentionnée dans l'acte du protêt : elle est signée par l'intervenant. 119, 158, 173, 187.

127. L'intervenant est tenu de notifier sans délai son intervention à celui pour qui il est intervenu.

128. Le porteur de la lettre de change conserve tous ses droits contre le tireur et les endosseurs, à raison du défaut d'acceptation par celui sur qui la lettre était tirée, nonobstant toutes acceptations par intervention. 118, 160.

§ V. De l'Échéance.

129. Une lettre de change peut être tirée, 144, 160,

à vue, 122, 130, 134,

$\left.\begin{array}{l}\text{à un ou plusieurs jours}\\ \text{à un ou plusieurs mois}\\ \text{à une ou plusieurs usances, 152,}\end{array}\right\}$ de vue,

$\left.\begin{array}{l}\text{à un ou plusieurs jours}\\ \text{à un ou plusieurs mois}\\ \text{à une ou plusieurs usances}\end{array}\right\}$ de date,

à jour fixe ou à jour déterminé, en foire. 133.

130. La lettre de change à vue est payable à sa présentation. 160, 161.

131. L'échéance d'une lettre de change

$\left.\begin{array}{l}\text{à un ou plusieurs jours}\\ \text{à un ou plusieurs mois}\\ \text{à une ou plusieurs usances.}\end{array}\right\}$ de vue,

est fixée par la date de l'acceptation, ou par celle du protêt faute d'acceptation.

132. L'usance est de trente jours, qui courent du lendemain de la date de la lettre de change. — Les mois sont tels qu'ils sont fixés par le calendrier grégorien. 144 et s.

133. Une lettre de change payable en foire est échue la veille du jour fixé pour la clôture de la foire, ou le jour de la foire, si elle ne dure qu'un jour. 161, 162.

134. Si l'échéance d'une lettre de change est à un jour férié légal, elle est payable la veille. 161, 162.

135. Tous délais de grâce, de faveur, d'usage ou d'habitude locale, pour le paiement des lettres de change, sont abrogés. 157, 161.

§ VI. De l'Endossement.

136. La propriété d'une lettre de change se transmet par la voie de l'endossement. 138, 140, 159, 187, 281, 313, 583.

137. L'endossement est daté. — Il exprime la valeur fournie. — Il énonce le nom de celui à l'ordre de qui il est passé. 110, 138.

138. Si l'endossement n'est pas conforme aux dispositions de l'article précédent, il n'opère pas le transport, il n'est qu'une procuration. 585 et s.

139. Il est défendu d'antidater les ordres, à peine de faux.

§ VII. De la Solidarité.

140. Tous ceux qui ont signé, accepté ou endossé une lettre de change, sont tenus à la garantie solidaire envers le porteur. 118, 187, Co.; 1200, C.

§ VIII. De l'Aval.

141. Le paiement d'une lettre de change, indépendamment de l'acceptation et de l'endossement, peut être garanti par un aval. 118, 140, 187.

142. Cette garantie est fournie, par un tiers, sur la lettre même ou par acte séparé. — Le donneur d'aval est tenu solidairement et par les mêmes voies que les tireur et endosseurs, sauf les conventions différentes des parties. 164, 170, 171, 189.

§ IX. Du Paiement.

143. Une lettre de change doit être payée dans la monnaie qu'elle indique. 187.

144. Celui qui paie une lettre de change avant son échéance est responsable de la validité du paiement. 129, 146.

145. Celui qui paie une lettre de change à son échéance et sans opposition est présumé valablement libéré. 129, 149.

146. Le porteur d'une lettre de change ne peut être contraint d'en recevoir le paiement avant l'échéance.

147. Le paiement d'une lettre de change fait sur une seconde, troisième, quatrième, etc., est valable lorsque la seconde, troisième, quatrième, etc., porte que ce paiement annule l'effet des autres. 110, 148.

148. Celui qui paie une lettre de change sur une seconde, troisième, quatrième, etc., sans retirer celle

sur laquelle se trouve son acceptation n'opère point sa libération à l'égard du tiers porteur de son acceptation. 110, 121.

149. Il n'est admis d'opposition au paiement qu'en cas de perte de la lettre de change, ou de la faillite du porteur. 145, 150, 457.

150. En cas de perte d'une lettre de change *non acceptée*, celui à qui elle appartient peut en poursuivre le paiement sur une seconde, troisième, quatrième, etc. 152, 154, 175.

151. Si la lettre de change perdue est revêtue de l'acceptation, le paiement ne peut en être exigé sur une seconde, troisième, quatrième, etc., que par ordonnance du juge, et en donnant caution. 152, 155.

152. Si celui qui a perdu la lettre de change, qu'elle soit acceptée ou non, ne peut représenter la seconde, troisième, quatrième, etc., il peut demander le paiement de la lettre de change perdue, et l'obtenir par l'ordonnance du juge, en justifiant de sa propriété par ses livres, et en donnant caution. 155.

153. En cas de refus de paiement, sur la demande formée en vertu des deux articles précédens, le propriétaire de la lettre de change perdue conserve tous ses droits par un acte de protestation. — Cet acte doit être fait le lendemain de l'échéance de la lettre de change perdue. — Il doit être notifié aux tireur et endosseurs, dans les formes et délais prescrits ci-après pour la notification du protêt. 165 et s.

154. Le propriétaire de la lettre de change égarée doit, pour s'en procurer la seconde, s'adresser à son endosseur immédiat, qui est tenu de lui prêter son nom et ses soins pour agir envers son propre endosseur: et ainsi en remontant d'endosseur en endosseur jusqu'au tireur de la lettre. Le propriétaire de la lettre de change égarée supportera les frais.

155. L'engagement de la caution, mentionné dans les art. 151 et 152, est éteint après trois ans, si, pendant ce temps, il n'y a eu ni demandes ni poursuites juridiques. 189.

156. Les paiemens faits à compte

sur le montant d'une lettre de change sont à la décharge des tireur et endosseurs. — Le porteur est tenu de faire protester la lettre de change pour le surplus. 158, 163, 173.

157. Les juges ne peuvent accorder aucun délai pour le paiement d'une lettre de change. 1244, C.; 122, 551, P. c.

§ X. *Du Paiement par intervention.*

158. Une lettre de change protestée peut être payée par tout intervenant pour le tireur ou pour l'un des endosseurs. — L'intervention et le paiement seront constatés dans l'acte de protêt ou à la suite de l'acte. 126, Co.; 1236, C.

159. Celui qui paie une lettre de change par intervention est subrogé aux droits du porteur, et tenu des mêmes devoirs pour les formalités à remplir. — Si le paiement par intervention est fait pour le compte du tireur, tous les endosseurs sont libérés. — S'il est fait pour un endosseur, les endosseurs subséquens sont libérés. — S'il y a concurrence pour le paiement d'une lettre de change par intervention, celui qui opère le plus de libérations est préféré. — Si celui sur qui la lettre était originairement tirée, et sur qui a été fait le protêt faute d'acceptation, se présente pour la payer, il sera préféré à tous autres. 119, 160, Co.; 1236, C.

§ XI. *Des Droits et Devoirs du porteur.*

160. Le porteur d'une lettre de change tirée du continent et des îles de l'Europe, et payable dans les possessions européennes de la France, soit à vue, soit à un ou plusieurs jours ou mois ou usances de vue, doit en exiger le paiement ou l'acceptation dans les six mois de sa date, sous peine de perdre son recours sur les endosseurs et même sur le tireur, si celui-ci a fait provision. — Le délai est de huit mois, pour la lettre de change tirée des Echelles du Levant et des côtes septentrionales de l'Afrique, sur les possessions européennes de la France; et réciproquement, du continent et des îles de l'Europe sur les établissemens français aux Echelles

du Levant et aux côtes septentrionales de l'Afrique. — Le délai est d'un an pour les lettres de change tirées des côtes occidentales de l'Afrique, jusques et compris le cap de Bonne-Espérance. — Il est aussi d'un an pour les lettres de change tirées du continent et des îles des Indes occidentales sur les possessions européennes de la France ; et réciproquement, du continent et des îles de l'Europe sur les possessions françaises ou établissemens français aux côtes occidentales de l'Afrique, au continent et aux îles des Indes occidentales. — Le délai est de deux ans pour les lettres de change tirées du continent et des îles des Indes orientales sur les possessions européennes de la France ; et réciproquement, du continent et des îles de l'Europe sur les possessions françaises ou établissemens français au continent et aux îles des Indes orientales. — Les délais ci-dessus de huit mois, d'un an et de deux ans, sont doublés en temps de guerre maritime. 118, 125, 129, 143, 187.

161. Le porteur d'une lettre de change doit en exiger le paiement le jour de son échéance. 129, 133.

162. Le refus de paiement doit être constaté, le lendemain du jour de l'échéance, par un acte que l'on nomme *protêt faute de paiement*. — Si ce jour est un jour férié légal, le protêt est fait le jour suivant. 133, 173, 184.

163. Le porteur n'est dispensé du protêt faute de paiement, ni par le protêt faute d'acceptation, ni par la mort ou faillite de celui sur qui la lettre de change est tirée. — Dans le cas de faillite de l'accepteur avant l'échéance, le porteur peut faire protester, et exercer son recours. 119, 156, 173, 448, Co.; 1188, C.; 124, P.c.

164. Le porteur d'une lettre de change protestée faute de paiement peut exercer son action en garantie, — Ou individuellement contre le tireur et chacun des endosseurs, — Ou collectivement contre les endosseurs et le tireur. — La même faculté existe pour chacun des endosseurs, à l'égard du tireur et des endosseurs qui le précèdent. 140, 155, 165, 172.

165. Si le porteur exerce le recours individuellement contre son cédant, il doit lui faire notifier le protêt, et, à défaut de remboursement, le faire citer en jugement dans les quinze jours qui suivent la date du protêt, si celui-ci réside dans la distance de cinq myriamètres. — Ce délai, à l'égard du cédant domicilié à plus de cinq myriamètres de l'endroit où la lettre de change était payable, sera augmenté d'un jour par deux myriamètres et demi excédant les cinq myriamètres. 164, 167, 168, 171.

166. Les lettres de change tirées de France et payables hors du territoire continental de la France, en Europe, étant protestées, les tireurs et endosseurs résidant en France seront poursuivis dans les délais ci-après : — De deux mois pour celles qui étaient payables en Corse, dans l'île d'Elbe ou de Capraja, en Angleterre et dans les états limitrophes de la France ; — De quatre mois pour celles qui étaient payables dans les autres états de l'Europe ; — De six mois pour celles qui étaient payables aux Échelles du Levant et sur les côtes septentrionales de l'Afrique ; — D'un an pour celles qui étaient payables aux côtes occidentales de l'Afrique, jusques et compris le cap de Bonne-Espérance, et dans les Indes occidentales ; — De deux ans pour celles qui étaient payables dans les Indes orientales. — Ces délais seront observés dans les mêmes proportions pour le recours à exercer contre les tireurs et endosseurs résidant dans les possessions françaises situées hors d'Europe. — Les délais ci-dessus, de six mois, d'un an et de deux ans, seront doublés en temps de guerre maritime. 164, 167, 171.

167. Si le porteur exerce son recours collectivement contre les endosseurs et le tireur, il jouit, à l'égard de chacun d'eux, du délai déterminé par les articles précédens. — Chacun des endosseurs a le droit d'exercer le même recours, ou individuellement, ou collectivement, dans le même délai. — A leur égard, le délai court du lendemain de la date de la citation en justice. 165, 168.

168. Après l'expiration des délais ci-dessus, — Pour la présentation de la lettre de change à vue, ou à un ou plusieurs jours ou mois ou usances de vue, — Pour le protêt faute de paiement, — Pour l'exercice de l'action en garantie, — Le porteur de la lettre de change est déchu de tous droits contre les endosseurs. 160, 162, 164, 171, Co.; 1285, 1693, C.

169. Les endosseurs sont également déchus de toute action en garantie contre leurs cédans, après les délais ci-dessus prescrits, chacun en ce qui le concerne. 160, 164, Co.; 173, P. c.; 2224, C.

170. La même déchéance a lieu contre le porteur et les endosseurs, à l'égard du tireur lui-même, si ce dernier justifie qu'il y avait provision à l'échéance de la lettre de change. — Le porteur, dans ce cas, ne conserve d'action que contre celui sur qui la lettre était tirée. 115, 160, 171.

171. Les effets de la déchéance prononcée par les trois articles précédens cessent en faveur du porteur, contre le tireur, ou contre celui des endosseurs qui, après l'expiration des délais fixés pour le protêt, la notification du protêt ou la citation en jugement, a reçu par compte, compensation ou autrement, les fonds destinés au paiement de la lettre de change. 168 et s.

172. Indépendamment des formalités prescrites pour l'exercice de l'action en garantie, le porteur d'une lettre de change protestée faute de paiement, peut, en obtenant la permission du juge, saisir conservatoirement les effets mobiliers des tireur, accepteurs et endosseurs. 164 et s., Co.; 417, 418, P. c.

§ XII. *Des Protêts.*

173. Les protêts faute d'acceptation ou de paiement sont faits par deux notaires, ou par un notaire et deux témoins, ou par un huissier et deux témoins. — Le protêt doit être fait, — Au domicile de celui sur qui la lettre de change était payable, ou à son dernier domicile connu, — Au domicile des personnes indiquées par la lettre de change pour la payer au besoin, — Au domicile du tiers qui a accepté par intervention; — Le tout par un seul et même acte. — En cas de fausse indication de domicile, le protêt est précédé d'un acte de perquisition. 119, 162, 175, 184, 187, 189, 448.

174. L'acte de protêt contient, — La transcription littérale de la lettre de change, de l'acceptation, des endossemens, et des recommandations qui y sont indiquées, — La sommation de payer le montant de la lettre de change. — Il énonce, — La présence ou l'absence de celui qui doit payer, — Les motifs du refus de payer, et l'impuissance ou le refus de signer.

175. Nul acte, de la part du porteur de la lettre de change, ne peut suppléer l'acte de protêt, hors le cas prévu par les art. 150 et suivans, touchant la perte de la lettre de change.

176. Les notaires et les huissiers sont tenus, à peine de destitution, dépens, dommages-intérêts envers les parties, de laisser copie exacte des protêts, et de les inscrire en entier, jour par jour et par ordre de dates, dans un registre particulier, coté, paraphé, et tenu dans les formes prescrites pour les répertoires. 1146, C.; 71, 152, 1051, P. c.

§ XIII. *Du Rechange.*

177. Le rechange s'effectue par une retraite. 180, 187.

178. La retraite est une nouvelle lettre de change, au moyen de laquelle le porteur se rembourse sur le tireur, ou sur l'un des endosseurs, du principal de la lettre protestée, de ses frais, et du nouveau change qu'il paie. 110, 181, 184.

179. Le rechange se règle, à l'égard du tireur, par le cours du change du lieu où la lettre de change était payable, sur le lieu d'où elle a été tirée. — Il se règle, à l'égard des endosseurs, par le cours du change du lieu où la lettre de change a été remise ou négociée par eux, sur le lieu où le remboursement s'effectue. 71, 181.

180. La retraite est accompagnée d'un compte de retour.

181. Le compte de retour com

prend, — Le principal de la lettre de change protestée, — Les frais de protêt et autres frais légitimes, tels que commission de banque, courtage, timbre et ports de lettres. — Il énonce le nom de celui sur qui la retraite est faite, et le prix du change auquel elle est négociée. — Il est certifié par un agent de change. — Dans les lieux où il n'y a pas d'agent de change, il est certifié par deux commerçans. — Il est accompagné de la lettre de change protestée, du protêt, ou d'une expédition de l'acte de protêt. — Dans le cas où la retraite est faite sur l'un des endosseurs, elle est accompagnée, en outre, d'un certificat qui constate le cours du change du lieu où la lettre de change était payable, sur le lieu d'où elle a été tirée. 178, 182, 186.

182. Il ne peut être fait plusieurs comptes de retour sur une même lettre de change. — Ce compte de retour est remboursé d'endosseur à endosseur respectivement, et définitivement par le tireur.

183. Les rechanges ne peuvent être cumulés. Chaque endosseur n'en supporte qu'un seul, ainsi que le tireur.

184. L'intérêt du principal de la lettre de change protestée faute de paiement est dû à compter du jour du protêt. 162, 175, 187, Co.; 1153, C.

185. L'intérêt des frais de protêt, rechange, et autres frais légitimes, n'est dû qu'à compter du jour de la demande en justice.

186. Il n'est point dû de rechange, si le compte de retour n'est pas accompagné des certificats d'agens de change ou de commerçans, prescrits par l'art. 181.

SECTION II.
Du Billet à ordre.

187. Toutes les dispositions relatives aux lettres de change, et concernant — L'échéance, 110, — L'endossement, 129 et s., — La solidarité, 136 et s., — L'aval, 140, — Le paiement, 141 et s., — Le paiement par intervention, 145 et s., — Le protêt, 158 et s., — Les devoirs et droits du porteur, 160 et s., — Le rechange ou les intérêts, 175 et s., — sont applicables aux billets à ordre, sans préjudice des dispositions relatives aux cas prévus par les art. 636, 637 et 638. — 177, 184, 189, 634, 636, Co.; 1326, C.

188. Le billet à ordre est daté. — Il énonce — La somme à payer, — Le nom de celui à l'ordre de qui il est souscrit, — L'époque à laquelle le paiement doit s'effectuer, — La valeur qui a été fournie en espèces, en marchandises, en compte, ou de toute autre manière. 636 et s.

SECTION III.
De la Prescription.

189. Toutes actions relatives aux lettres de change, et à ceux des billets à ordre souscrits par des négocians, marchands ou banquiers, ou pour faits de commerce, se prescrivent par cinq ans, à compter du jour du protêt, ou de la dernière poursuite juridique, s'il n'y a eu condamnation, ou si la dette n'a été reconnue par acte séparé. — Néanmoins les prétendus débiteurs seront tenus, s'ils en sont requis, d'affirmer, sous serment, qu'ils ne sont plus redevables; et leurs veuves, héritiers ou ayant-cause, qu'ils estiment de bonne foi qu'il n'est plus rien dû. 110, 155, 187, Co.; 1352, 1357, C.; 120, P. c.

LIVRE II.
DU COMMERCE MARITIME.

(Tit. Ier. — VIII. — IX. — X. — XI. — XIV. — Lois décrétées le 15 septembre 1807, promulguées le 25.)

TITRE PREMIER.

DES NAVIRES ET AUTRES BATIMENS DE MER.

190. Les navires et autres bâtimens de mer sont meubles. — Néanmoins ils sont affectés aux dettes du vendeur, et spécialement à celles que la loi déclare privilégiées. 191, 197, 286,

653, Co. ; 551 , 2100, C. ; 620. P. c.

191. Sont privilégiés , et dans l'ordre où elles sont rangées, les dettes ci-après désignées, 192, 199, 214, 531 ; — 1º Les frais de justice et autres , faits pour parvenir à la vente et à la distribution du prix, 192 ; — 2º Les droits de pilotage , tonnage , cale, amarrage et bassin ou avant-bassin , 192 ; — 3º Les gages du gardien , et frais de garde du bâtiment, depuis son entrée dans le port jusqu'à la vente, 192 ; — 4º Le loyer des magasins où se trouvent déposés les agrès et les apparaux, 192 ; — 5º Les frais d'entretien du bâtiment et de ses agrès et apparaux, depuis son dernier voyage et son entrée dans le port, 192 ; — 6º Les gages et loyers du capitaine et autres gens de l'équipage employés au dernier voyage, 192, 271 ; — 7º Les sommes prêtées au capitaine pour les besoins du bâtiment pendant le dernier voyage , et le remboursement du prix des marchandises par lui vendues pour le même objet, 192 : — 8º Les sommes dues au vendeur, aux fournisseurs et ouvriers employés à la construction , si le navire n'a point encore fait de voyage ; et les sommes dues aux créanciers pour fournitures , travaux , main-d'œuvre , pour radoub , victuailles , armement et équipement , avant le départ du navire , s'il a déjà navigué, 192 ; — 9º Les sommes prêtées à la grosse sur le corps, quille, agrès, apparaux, pour radoub, victuailles, armement et équipement , avant le départ du navire, 192 , 512 , 520 : — 10º Le montant des primes d'assurances faites sur le corps, quille , agrès, apparaux , et sur armement et équipement du navire, dues pour le dernier voyage, 192 ; — 11º Les dommages-intérêts dus aux affréteurs, pour le défaut de délivrance des marchandises qu'ils ont chargées, ou pour remboursement des avaries soufflertes par lesdites marchandises par la faute du capitaine ou de l'équipage. 191.— Les créanciers compris dans chacun des numéros du présent article viendront en concurrence , et au marc le franc, en cas d'insuffisance du prix. 552 , 577 , Co. ; 1097, 2006, C.

192. Le privilège accordé aux dettes énoncées dans le précédent article ne peut être exercé qu'autant qu'elles seront justifiées dans les formes suivantes : — 1º Les frais de justice seront constatés par les états de frais arrêtés par les tribunaux compétens ; — 2º Les droits de tonnage et autres, par les quittances légales des receveurs ; — 3º Les dettes désignées par les num. 1, 3, 4 et 5 de l'art. 191 , seront constatées par des états arrêtés par le président du tribunal de commerce : — 4º Les gages et loyers de l'équipage, par les rôles d'armement et désarmement arrêtés dans les bureaux de l'inscription maritime ; — 5º Les sommes prêtées et la valeur des marchandises vendues pour les besoins du navire pendant le dernier voyage, par des états arrêtés par le capitaine, appuyés de procès verbaux signés par le capitaine et les principaux de l'équipage, constatant la nécessité des emprunts : — 6º La vente du navire par un acte ayant date certaine ; et les fournitures pour l'armement , équipement et victuailles du navire, seront constatées par les mémoires , factures ou états visés par le capitaine et arrêtés par l'armateur , dont un double sera déposé au greffe du tribunal de commerce avant le départ du navire , ou , au plus tard , dans les dix jours après son départ. — 7º Les sommes prêtées à la grosse sur le corps, quille, agrès, apparaux, armement et équipement , avant le départ du navire , seront constatées par des contrats passés devant notaires , ou sous signature privée , dont les expéditions ou doubles seront déposés au greffe du tribunal de commerce dans les dix jours de leur date. — 8º Les primes d'assurance seront constatées par les polices ou par les extraits des livres des courtiers d'assurances. — 9º Les dommages-intérêts dus aux affréteurs seront constatés par les jugemens, ou par les décisions arbitrales qui seront intervenues.

193. Les privilèges des créanciers seront éteints, — Indépendamment des moyens généraux d'extinction des obligations ,—Par la vente en justice faite dans les formes établies par le

titre suivant; — Ou lorsqu'après une vente volontaire le navire aura fait un voyage en mer sous le nom et aux risques de l'acquéreur, et sans opposition de la part des créanciers du vendeur. 194, 196, 197, Co; 1183, 1234, 2190, C.; 707, P. c.

194. Un navire est censé avoir fait un voyage en mer, —Lorsque son départ et son arrivée auront été constatés dans deux ports différens et trente jours après le départ : —Lorsque, sans être arrivé dans un autre port, il s'est écoulé plus de soixante jours entre le départ et le retour dans le même port, ou lorsque le navire, parti pour un voyage de long cours, a été plus de soixante jours en voyage, sans réclamation de la part des créanciers du vendeur.

195. La vente volontaire d'un navire doit être faite par écrit, et peut avoir lieu par acte public, ou par acte sous signature privée. — Elle peut être faite pour le navire entier, ou pour une portion du navire, le navire étant dans le port ou en voyage. 226, 633, Co.; 1317, 1322, C.

196. La vente volontaire d'un navire en voyage ne préjudicie pas aux créanciers du vendeur. En conséquence, nonobstant la vente, le navire ou son prix continue d'être le gage desdits créanciers, qui peuvent même, s'ils le jugent convenable, attaquer la vente pour cause de fraude. 190, 193.

TITRE II.
DE LA SAISIE ET VENTE DES NAVIRES.

197. Tous bâtimens de mer peuvent être saisis et vendus par autorité de justice; et le privilége des créanciers sera purgé par les formalités suivantes. 191, 215, Co.; 545, P. c.

198. Il ne pourra être procédé à la saisie que vingt-quatre heures après le commandement de payer. 199, Co.; 551, 583, P. c.

199. Le commandement devra être fait à la personne du propriétaire ou à son domicile, s'il s'agit d'une action générale à exercer contre lui. — Le commandement pourra être fait au capitaine du navire, si la créance est du nombre de celles qui sont suscepti-

bles de privilége sur le navire, aux termes de l'art. 191.

200. L'huissier énonce dans le procès verbal, — Les nom, profession et demeure du créancier pour qui il agit ; — Le titre en vertu duquel il procède ; — La somme dont il poursuit le paiement ; — L'élection de domicile faite par le créancier dans le lieu où siége le tribunal devant lequel la vente doit être poursuivie, et dans le lieu où le navire saisi est amarré ; — Les noms du propriétaire et du capitaine ; — Le nom, l'espèce et le tonnage du bâtiment. — Il fait l'énonciation et la description des chaloupes, canots, agrès, ustensiles, armes, munitions et provisions ; — Il établit un gardien. 204, 627, Co. ; 442, P. c.

201. Si le propriétaire du navire saisi demeure dans l'arrondissement du tribunal, le saisissant doit lui faire notifier, dans le délai de trois jours, copie du procès verbal de saisie, et le faire citer devant le tribunal, pour voir procéder à la vente des choses saisies. — Si le propriétaire n'est point domicilié dans l'arrondissement du tribunal, les significations et citations lui sont données à la personne du capitaine du bâtiment saisi, ou, en son absence, à celui qui représente le propriétaire ou le capitaine ; et le délai de trois jours est augmenté d'un jour à raison de deux myriamètres et demi (cinq lieues) de la distance de son domicile. — S'il est étranger et hors de France, les citations et significations sont données ainsi qu'il est prescrit par le Code de procédure civile, art. 69.

202. Si la saisie a pour objet un bâtiment dont le tonnage soit au-dessus de dix tonneaux, — Il sera fait trois criées et publications des objets en vente. — Les criées et publications seront faites consécutivement de huitaine en huitaine, à la bourse et dans la principale place publique du lieu où le bâtiment est amarré. — L'avis en sera inséré dans un des papiers publics imprimés dans le lieu où siége le tribunal devant lequel la saisie se poursuit : et s'il n'y en a pas, dans l'un de ceux qui seraient im-

primés dans le département. 207.

203. Dans les deux jours qui suivent chaque criée et publication, il est apposé des affiches, — Au grand mât du bâtiment saisi, — A la porte principale du tribunal devant lequel on procède, — Dans la place publique et sur le quai du port où le bâtiment est amarré, ainsi qu'à la bourse de commerce. 68, P. c.

204. Les criées, publications et affiches doivent désigner, — Les nom, profession et demeure du poursuivant, — Les titres en vertu desquels il agit, — Le montant de la somme qui lui est due, — L'élection de domicile par lui faite dans le lieu où siège le tribunal, et dans le lieu où le bâtiment est amarré ; — Les nom et domicile du propriétaire du navire saisi ; — Le nom du bâtiment, et, s'il est armé ou en armement, celui du capitaine, — Le tonnage du navire, — Le lieu où il est gissant ou flottant, — Le nom de l'avoué du poursuivant, — La première mise à prix, — Les jours des audiences auxquelles les enchères seront reçues.

205. Après la première criée, les enchères seront reçues le jour indiqué par l'affiche. — Le juge commis d'office pour la vente continue de recevoir les enchères après chaque criée, de huitaine en huitaine, à jour certain fixé par son ordonnance.

206. Après la troisième criée, l'adjudication est faite au plus offrant et dernier enchérisseur, à l'extinction des feux, sans autre formalité. — Le juge commis d'office peut accorder une ou deux remises, de huitaine chacune. — Elles sont publiées et affichées.

207. Si la saisie porte sur des barques, chaloupes et autres bâtimens du port de dix tonneaux et au-dessous, l'adjudication sera faite à l'audience, après la publication sur le quai pendant trois jours consécutifs, avec affiche au mât, ou, à défaut, en autre lieu apparent du bâtiment, et à la porte du tribunal. — Il sera observé un délai de huit jours francs entre la signification de la saisie et la vente. 202 et s.

208. L'adjudication du navire fait

cesser les fonctions du capitaine ; sauf à lui à se pourvoir en dédommagement contre qui de droit. 221.

209. Les adjudicataires des navires de tout tonnage seront tenus de payer le prix de leur adjudication dans le délai de vingt-quatre heures, ou de le consigner sans frais au greffe du tribunal de commerce, à peine d'y être contraints par corps. — A défaut de paiement ou de consignation, le bâtiment sera remis en vente, et adjugé trois jours après une nouvelle publication et affiche unique, à la folle enchère des adjudicataires, qui seront également contraints par corps pour le paiement du déficit, des dommages, des intérêts et des frais. 2059, C. ; 757, 744, P. c.

210. Les demandes en distraction seront formées et notifiées au greffe du tribunal avant l'adjudication. — Si les demandes en distraction ne sont formées qu'après l'adjudication, elles seront converties, de plein droit, en opposition à la délivrance des sommes provenant de la vente. 727, P. c.

211. Le demandeur ou l'opposant aura trois jours pour fournir ses moyens. — Le défendeur aura trois jours pour contredire. — La cause sera portée à l'audience sur une simple citation.

212. Pendant trois jours après celui de l'adjudication, les oppositions à la délivrance du prix seront reçues : passé ce temps, elles ne seront plus admises. 557, P. c.

213. Les créanciers opposans sont tenus de produire au greffe leurs titres de créance, dans les trois jours qui suivent la sommation qui leur en est faite par le créancier poursuivant ou par le tiers saisi : faute de quoi il sera procédé à la distribution du prix de la vente, sans qu'ils y soient compris. 656, P. c.

214. La collocation des créanciers et la distribution de deniers sont faites entre les créanciers privilégiés, dans l'ordre prescrit par l'art. 191 ; et entre les autres créanciers, au marc le franc de leurs créances. — Tout créancier colloqué l'est tant pour son principal que pour les intérêts et frais.

215. Le bâtiment prêt à faire voile n'est pas saisissable, si ce n'est à raison de dettes contractées pour le voyage qu'il va faire ; et même, dans ce dernier cas, le cautionnement de ces dettes empêche la saisie. — Le bâtiment est censé prêt à faire voile lorsque le capitaine est muni de ses expéditions pour son voyage.

TITRE III.
DES PROPRIÉTAIRES DE NAVIRES.

216. Tout propriétaire de navire est civilement responsable des faits du capitaine, pour ce qui est relatif au navire et à l'expédition. — La responsabilité cesse par l'abandon du navire et du fret. 191, 221, 280, 353. 405, 407.

217. Les propriétaires des navires équipés en guerre ne seront toutefois responsables des délits et déprédations commis en mer par les gens de guerre qui sont sur leurs navires, ou par les équipages, que jusqu'à concurrence de la somme pour laquelle ils auront donné caution, à moins qu'ils n'en soient participans ou complices. 223.

218. Le propriétaire peut congédier le capitaine. — Il n'y a pas lieu à indemnité, s'il n'y a convention par écrit.

219. Si le capitaine congédié est copropriétaire du navire, il peut renoncer à la copropriété, et exiger le remboursement du capital qui la représente. — Le montant de ce capital est déterminé par des experts convenus, ou nommés d'office.

220. En tout ce qui concerne l'intérêt commun des propriétaires d'un navire, l'avis de la majorité est suivi. — La majorité se détermine par une portion d'intérêt dans le navire, excédant la moitié de sa valeur. — La licitation du navire ne peut être accordée que sur la demande des propriétaires formant ensemble la moitié de l'intérêt total dans le navire, s'il n'y a, par écrit, convention contraire.

TITRE IV.
DU CAPITAINE.

221. Tout capitaine, maître ou patron, chargé de la conduite d'un navire ou autre bâtiment, est garant de ses fautes, même légères, dans l'exercice de ses fonctions. 216, 230, 236, 241, 293, 355, 405, 407, 455, 635.

222. Il est responsable des marchandises dont il se charge. — Il en fournit une reconnaissance. — Cette reconnaissance se nomme connaissement. 226, 228, 256, 259, 281, 420.

223. Il appartient au capitaine de former l'équipage du vaisseau, et de choisir et louer les matelots et autres gens de l'équipage ; ce qu'il fera néanmoins de concert avec les propriétaires, lorsqu'il sera dans le lieu de leur demeure. 217, 250.

224. Le capitaine tient un registre coté et paraphé par l'un des juges du tribunal de commerce, ou par le maire ou son adjoint, dans les lieux où il n'y a pas de tribunal de commerce. — Ce registre contient, 1° Les résolutions prises pendant le voyage, — La recette et la dépense concernant le navire, et généralement tout ce qui concerne le fait de sa charge, et tout ce qui peut donner lieu à un compte à rendre, à une demande à former. 242, 397.

225. Le capitaine est tenu, avant de prendre charge, de faire visiter son navire, aux termes et dans les formes prescrits par les règlemens. — Le procès verbal de visite est déposé au greffe du tribunal de commerce ; il en est délivré extrait au capitaine. 226, 297, 450.

226. Le capitaine est tenu d'avoir à bord, — L'acte de propriété du navire, — L'acte de francisation, — Le rôle d'équipage, — Les connaissemens et chartes-parties, — Les procès verbaux de visite, — Les acquits de paiement ou à caution des douanes. 195, 222, 225, 228. 250.

227. Le capitaine est tenu d'être en personne dans son navire, à l'entrée et à la sortie des ports, havres ou rivières. 251, 258, 241.

228. En cas de contravention aux obligations imposées par les quatre articles précédens, le capitaine est responsable de tous les événemens envers les intéressés au navire et au chargement.

229. Le capitaine répond également de tout le dommage qui peut arriver aux marchandises qu'il aurait chargées sur le tillac de son vaisseau sans le consentement par écrit du chargeur. — Cette disposition n'est point applicable au petit cabotage. 105, 107, 239, 421.

230. La responsabilité du capitaine ne cesse que par la preuve d'obstacles de force majeure.

231. Le capitaine et les gens de l'équipage qui sont à bord, ou qui sur les chaloupes se rendent à bord pour faire voile, ne peuvent être arrêtés pour dettes civiles, si ce n'est à raison de celles qu'ils auront contractées pour le voyage; et même, dans ce dernier cas, il ne peuvent être arrêtés, s'ils donnent caution. 2060, 2070. C.

232. Le capitaine, dans le lieu de la demeure des propriétaires ou de leurs fondés de pouvoir, ne peut sans leur autorisation spéciale, faire travailler au radoub du bâtiment, acheter des voiles, cordages et autres choses pour le bâtiment, prendre à cet effet de l'argent sur le corps du navire, ni fréter le navire. 256, 321.

233. Si le bâtiment était frété du consentement des propriétaires, et que quelques-uns d'eux fissent refus de contribuer aux frais nécessaires pour l'expédier, le capitaine pourra, en ce cas, vingt-quatre heures après sommation faite aux refusans de fournir leur contingent, emprunter à la grosse pour leur compte sur leur portion d'intérêt dans le navire, avec autorisation du juge. 322.

234. Si, pendant le cours du voyage, il y a nécessité de radoub, ou d'achat de victuailles, le capitaine, après l'avoir constaté par un procès verbal signé des principaux de l'équipage, pourra, en se faisant autoriser en France par le tribunal de commerce, ou, à défaut, par le juge de paix, chez l'étranger par le consul français, ou, à défaut, par le magistrat des lieux, emprunter sur le corps et quille du vaisseau, mettre en gage ou vendre des marchandises jusqu'à concurrence de la somme que les besoins constatés exigent. — Les propriétaires, ou le capitaine qui les

représente, tiendront compte des marchandises vendues, d'après le cours des marchandises de même nature et qualité dans le lieu de la décharge du navire, à l'époque de son arrivée. 298, 312, 400.

235. Le capitaine, avant son départ d'un port étranger ou des colonies françaises pour revenir en France, sera tenu d'envoyer à ses propriétaires ou à leurs fondés de pouvoir, un compte signé de lui, contenant l'état de son chargement, le prix des marchandises de sa cargaison, les sommes par lui empruntées, les noms et demeure des prêteurs.

236. Le capitaine qui aura, sans nécessité, pris de l'argent sur le corps, avitaillement ou équipement du navire, engagé ou vendu des marchandises ou des victuailles, ou qui aura employé dans ses comptes des avaries et des dépenses supposées, sera responsable envers l'armement, et personnellement tenu du remboursement de l'argent ou du paiement des objets, sans préjudice de la poursuite criminelle, s'il y a lieu. 234, 298.

237. Hors le cas d'innavigabilité légalement constatée, le capitaine ne peut, à peine de nullité de la vente, vendre le navire sans un pouvoir spécial des propriétaires. 241, 390.

238. Tout capitaine de navire, engagé pour un voyage, est tenu de l'achever, à peine de tous dépens, dommages-intérêts envers les propriétaires et les affréteurs. 241, 252.

239. Le capitaine qui navigue à profit commun sur le chargement ne peut faire aucun trafic ni commerce pour son compte particulier, s'il n'y a convention contraire. 229, 251.

240. En cas de contravention aux dispositions mentionnées dans l'article précédent, les marchandises embarquées par le capitaine pour son compte particulier sont confisquées au profit des autres intéressés.

241. Le capitaine ne peut abandonner son navire pendant le voyage, pour quelque danger que ce soit, sans l'avis des officiers et principaux de l'équipage; et, en ce cas, il est tenu de sauver avec lui l'argent et ce qu'il pourra des marchandises les plus

précieuses de son chargement, sous peine d'en répondre en son propre nom.—Si les objets ainsi tirés du navire sont perdus par quelque cas fortuit, le capitaine en demeurera déchargé. 230, 246, 296, 391, 410.

242. Le capitaine est tenu, dans les vingt-quatre heures de son arrivée, de faire viser son registre, et de faire son rapport. — Le rapport doit énoncer, — Le lieu et le temps de son départ, — La route qu'il a tenue, — Les hasards qu'il a courus, — Les désordres arrivés dans le navire, et toutes les circonstances remarquables de son voyage. 243, 246, 247, 375.

243. Le rapport est fait au greffe devant le président du tribunal de commerce. — Dans les lieux où il n'y a pas de tribunal de commerce, le rapport est fait au juge de paix de l'arrondissement. — Le juge de paix qui a reçu le rapport est tenu de l'envoyer, sans délai, au président du tribunal de commerce le plus voisin. —Dans l'un et l'autre cas, le dépôt en est fait au greffe du tribunal de commerce.

244. Si le capitaine aborde dans un port étranger, il est tenu de se présenter au consul de France, de lui faire un rapport, et de prendre un certificat constatant l'époque de son arrivée et de son départ, l'état et la nature de son chargement.

245. Si, pendant le cours du voyage, le capitaine est obligé de relâcher dans un port français, il est tenu de déclarer au président du tribunal de commerce du lieu les causes de sa relâche. — Dans les lieux où il n'y a pas de tribunal de commerce, la déclaration est faite au juge de paix du canton. — Si la relâche forcée a lieu dans un port étranger, la déclaration est faite au consul de France, ou, à son défaut, au magistrat du lieu.

246. Le capitaine qui a fait naufrage, et qui s'est sauvé seul ou avec partie de son équipage, est tenu de se présenter devant le juge du lieu, ou, à défaut de juge, devant toute autre autorité civile, d'y faire son rapport, de le faire vérifier par ceux de son équipage qui se seraient sauvés et se trouveraient avec lui, et d'en

lever expédition. 248, 258, 298, 412.

247. Pour vérifier le rapport du capitaine, le juge reçoit l'interrogatoire des gens de l'équipage, et, s'il est possible, des passagers, sans préjudice des autres preuves. — Les rapports non vérifiés ne sont point admis à la décharge du capitaine, et ne font point foi en justice, excepté dans le cas où le capitaine naufragé s'est sauvé seul dans le lieu où il fait son rapport. — La preuve des faits contraires est réservée aux parties.

248. Hors le cas de péril imminent, le capitaine ne peut décharger aucune marchandise avant d'avoir fait son rapport, à peine de poursuites extraordinaires contre lui.

249. Si les victuailles du bâtiment manquent pendant le voyage, le capitaine, en prenant l'avis des principaux de l'équipage, pourra contraindre ceux qui auront des vivres en particulier de les mettre en commun, à la charge de leur en payer la valeur.

TITRE V.

DE L'ENGAGEMENT ET DES LOYERS DES MATELOTS ET GENS DE L'ÉQUIPAGE.

250 Les conditions d'engagement du capitaine et des hommes d'équipage d'un navire sont constatées par le rôle d'équipage, ou par les conventions des parties. 226, 270, 319, 655, Co. ; 59, 60, 61, C.

251. Le capitaine et les gens de l'équipage ne peuvent, sous aucun prétexte, charger dans le navire aucune marchandise pour leur compte, sans la permission des propriétaires et sans en payer le fret, s'ils n'y sont autorisés par l'engagement. 259.

252. Si le voyage est rompu par le fait des propriétaires, capitaine et affréteurs, avant le départ du navire, les matelots loués au voyage ou au mois sont payés des journées par eux employées à l'équipement du navire. Ils retiennent pour indemnité les avances reçues. — Si les avances ne sont pas encore payées, ils reçoivent pour indemnité un mois de leurs gages convenus. — Si la rupture arrive après le voyage commencé, les ma-

telots loués au voyage sont payés en entier aux termes de leur convention. — Les matelots loués au mois reçoivent leurs loyers stipulés pour le temps qu'ils ont servi, et en outre, pour indemnité, la moitié de leurs gages pour le reste de la durée présumée du voyage pour lequel ils étaient engagés. — Les matelots loués au voyage ou au mois reçoivent, en outre, leur conduite de retour jusqu'au lieu du départ du navire, à moins que le capitaine, les propriétaires ou affréteurs, ou l'officier d'administration, ne leur procurent leur embarquement sur un autre navire revenant audit lieu de leur départ. 218, 258, 253, 272, 288, 349.

253. S'il y a interdiction de commerce avec le lieu de la destination du navire, ou si le navire est arrêté par ordre du gouvernement avant le voyage commencé, — Il n'est dû aux matelots que les journées employées à équiper le bâtiment. 276, 299.

254. Si l'interdiction de commerce ou l'arrêt du navire arrive pendant le cours du voyage, — Dans le cas d'interdiction, les matelots sont payés à proportion du temps qu'ils auront servi; — Dans le cas de l'arrêt, le loyer des matelots engagés au mois court pour moitié pendant le temps de l'arrêt; — Le loyer des matelots engagés au voyage est payé aux termes de leur engagement.

255. Si le voyage est prolongé, le prix des loyers des matelots engagés au voyage est augmenté à proportion de la prolongation. 257, 272.

256. Si la décharge du navire se fait volontairement dans un lieu plus rapproché que celui qui est désigné par l'affrétement, il ne leur est fait aucune diminution.

257. Si les matelots sont engagés au profit ou au fret, il ne leur est dû aucun dédommagement ni journées pour la rupture, le retardement ou la prolongation de voyage occasionnés par force majeure. — Si la rupture, le retardement ou la prolongation arrivent par le fait des chargeurs, les gens de l'équipage ont part aux indemnités qui sont adjugées au navire. — Ces indemnités sont parta-

gées entre les propriétaires du navire et les gens de l'équipage, dans la même proportion que l'aurait été le fret. — Si l'empêchement arrive par le fait du capitaine ou des propriétaires, ils sont tenus des indemnités dues aux gens de l'équipage.

258. En cas de prise, de bris et naufrage, avec perte entière du navire et des marchandises, les matelots ne peuvent prétendre aucun loyer. — Ils ne sont point tenus de restituer ce qui leur a été avancé sur leurs loyers. 246, 272, 500, 504.

259. Si quelque partie du navire est sauvée, les matelots engagés au voyage ou au mois sont payés de leurs loyers échus sur les débris du navire qu'ils ont sauvé. — Si les débris ne suffisent pas, ou s'il n'y a que des marchandises sauvées, ils sont payés de leurs loyers subsidiairement sur le fret. 527, 428.

260. Les matelots engagés au fret sont payés de leurs loyers seulement sur le fret, à proportion de celui que reçoit le capitaine.

261. De quelque manière que les matelots soient loués, ils sont payés des journées par eux employées à sauver les débris et les effets naufragés.

262. Le matelot est payé de ses loyers, traité et pansé aux dépens du navire, s'il tombe malade pendant le voyage, ou s'il est blessé au service du navire. 264, 272.

263. Le matelot est traité et pansé aux dépens du navire et du chargement, s'il est blessé en combattant contre les ennemis et les pirates. 400.

264. Si le matelot, sorti du navire sans autorisation, est blessé à terre, les frais de ses pansement et traitement sont à sa charge : il pourra même être congédié par le capitaine. — Ses loyers, en ce cas, ne lui seront payés qu'à proportion du temps qu'il aura servi.

265. En cas de mort d'un matelot pendant le voyage, si le matelot est engagé au mois, ses loyers sont dus à sa succession jusqu'au jour de son décès. — Si le matelot est engagé au voyage, la moitié de ses loyers est due

s'il meurt en allant ou au port d'arrivée. — Le total de ses loyers est dû s'il meurt en revenant. — Si le matelot est engagé au profit ou au fret, sa part entière est due s'il meurt le voyage commencé. — Les loyers du matelot tué en défendant le navire sont dus en entier pour tout le voyage, si le navire arrive à bon port.

266. Le matelot pris dans le navire et fait esclave ne peut rien prétendre contre le capitaine, les propriétaires ni les affréteurs, pour le paiement de son rachat. — Il est payé de ses loyers jusqu'au jour où il est pris et fait esclave.

267. Le matelot pris et fait esclave, s'il a été envoyé en mer ou à terre pour le service du navire, a droit à l'entier paiement de ses loyers. — Il a droit au paiement d'une indemnité pour son rachat, si le navire arrive à bon port. 269, 272.

268. L'indemnité est due par les propriétaires du navire, si le matelot a été envoyé en mer ou à terre pour le service du navire. — L'indemnité est due par les propriétaires du navire et du chargement, si le matelot a été envoyé en mer ou à terre pour le service du navire et du chargement.

269. Le montant de l'indemnité est fixé à six cents francs. — Le recouvrement et l'emploi en seront faits suivant les formes déterminées par le gouvernement, dans un règlement relatif au rachat des captifs.

270. Tout matelot qui justifie qu'il est congédié sans cause valable a droit à une indemnité contre le capitaine. — L'indemnité est fixée au tiers des loyers, si le congé a lieu avant le voyage commencé. — L'indemnité est fixée à la totalité des loyers et aux frais du retour, si le congé a lieu pendant le cours du voyage. — Le capitaine ne peut, dans aucun des cas ci-dessus, répéter le montant de l'indemnité contre les propriétaires du navire. — Il n'y a pas lieu à indemnité, si le matelot est congédié avant la clôture du rôle d'équipage. — Dans aucun cas, le capitaine ne peut congédier un matelot dans les pays étrangers.

271. Le navire et le fret sont spécialement affectés aux loyers des matelots. 191, 286, 307, 408.

272. Toutes les dispositions concernant les loyers, pansement et rachat des matelots, sont communes aux officiers et à tous autres gens de l'équipage. 252, 633.

TITRE VI.
DES CHARTES-PARTIES, AFFRÉTEMENS OU NOLISSEMENS.

273. Toute convention pour louage d'un vaisseau, appelée *charte-partie*, *offrétement* ou *nolissement*, doit être rédigée par écrit. — Elle énonce, — Le nom et le tonnage du navire, — Le nom du capitaine, — Les noms du fréteur et de l'affréteur, — Le lieu et le temps convenus pour la charge et pour la décharge, — Le prix du fret ou nolis, — Si l'affrétement est total ou partiel, — L'indemnité convenue pour le cas de retard. 226, 228, 286, 289, 455.

274. Si le temps de la charge et de la décharge du navire n'est point fixé par les conventions des parties, il est réglé suivant l'usage des lieux.

275. Si le navire est frété au mois, et s'il n'y a convention contraire, le fret court du jour où le navire a fait voile. 300.

276. Si, avant le départ du navire, il y a interdiction de commerce avec le pays pour lequel il est destiné, les conventions sont résolues sans dommages-intérêts de part ni d'autre. — Le chargeur est tenu des frais de la charge et de la décharge des marchandises. 255, 299.

277. S'il existe une force majeure qui n'empêche que pour un temps la sortie du navire, les conventions subsistent, et il n'y a pas lieu à dommages-intérêts à raison du retard. — Elles subsistent également, et il n'y a lieu à aucune augmentation de fret, si la force majeure arrive pendant le voyage.

278. Le chargeur peut, pendant l'arrêt du navire, faire décharger ses marchandises à ses frais, à condition de les recharger ou d'indemniser le capitaine.

279. Dans le cas de blocus du port pour lequel le navire est destiné, le

capitaine est tenu , s'il n'a des ordres contraires , de se rendre dans un des ports voisins de la même puissance où il lui sera permis d'aborder

280. Le navire , les agrès et appaваих , le fret et les marchandises chargées , sont respectivement affectés à l'exécution des conventions des parties .

TITRE VII.
DU CONNAISSEMENT.

281. Le connaissement doit exprimer la nature et la quantité ainsi que les espèces ou qualités des objets à transporter. — Il indique. — Le nom du chargeur,—Le nom et l'adresse de celui à qui l'expédition est faite , — Le nom et le domicile du capitaine , — Le nom et le tonnage du navire,— Le lieu du départ et celui de la destination. — Il énonce le prix du fret. — Il présente en marge les marques et numéros des objets à transporter. — Le connaissement peut être à ordre , ou au porteur, ou à personne dénommée. 156 , 222 , 226 , 228 , 285, 286, 344, 420.

282. Chaque connaissement est fait en quatre originaux au moins : — Un pour le chargeur , — Un pour celui à qui les marchandises sont adressées , — Un pour le capitaine , — Un pour l'armateur du bâtiment. — Les quatre originaux sont signés par le chargeur et par le capitaine , dans les vingt-quatre heures après le chargement. — Le chargeur est tenu de fournir au capitaine , dans le même délai , les acquits des marchandises chargées.

283. Le connaissement , rédigé dans la forme ci-dessus prescrite , fait foi entre toutes les parties intéressées au chargement , et entre elles et les assureurs.

284. En cas de diversité entre les connaissemens d'un même chargement , celui qui sera entre les mains du capitaine fera foi, s'il est rempli de la main du chargeur , ou de celle de son commissionnaire : et celui qui est présenté par le chargeur ou le consignataire sera suivi , s'il est rempli de la main du capitaine.

285. Tout commissionnaire ou consignataire qui aura reçu les marchandises mentionnées dans les connaisse-

mens ou chartes-parties , sera tenu d'en donner reçu au capitaine qui le demandera , à peine de tous dépens , dommages-intérêts , même de ceux de retardement.

TITRE VIII.
DU FRET OU NOLIS.

286. Le prix du loyer d'un navire ou autre bâtiment de mer est appelé fret ou nolis. — Il est réglé par les conventions des parties. — Il est constaté par la charte-partie ou par le connaissement. — Il a lieu pour la totalité ou pour partie du bâtiment, pour un voyage entier ou pour un temps limité , au tonneau , au quintal , à forfait , ou à cueillette , avec désignation du tonnage du vaisseau. 275 , 281 , 307, 308. 386, 433 , 633.

287. Si le navire est loué en totalité , et que l'affréteur ne lui donne pas toute sa charge , le capitaine ne peut prendre d'autres marchandises sans le consentement de l'affréteur. — L'affréteur profite du fret des marchandises qui complètent le chargement du navire qu'il a entièrement affrété. 229 , 250, 251.

288. L'affréteur qui n'a pas chargé la quantité de marchandises portée par la charte-partie , est tenu de payer le fret en entier, et pour le chargement complet auquel il s'est engagé. — S'il en charge davantage , il paie le fret de l'excédant sur le prix réglé par la charte-partie. — Si cependant l'affréteur , sans avoir rien chargé, rompt le voyage avant le départ , il paiera en indemnité , au capitaine , la moitié du fret convenu par la charte-partie pour la totalité du chargement qu'il devait faire. — Si le navire a reçu une partie de son chargement , et qu'il parte à non-charge , le fret entier sera dû au capitaine. 252 , 273, 291. 294 , 349.

289. Le capitaine qui a déclaré le navire d'un plus grand port qu'il n'est , est tenu des dommages-intérêts envers l'affréteur. 275.

290. N'est réputé y avoir erreur en la déclaration du tonnage d'un navire , si l'erreur n'excède un quarantième , ou si la déclaration est conforme au certificat de jauge.

291. Si le navire est chargé à cueil-lette, soit au quintal, au tonneau ou à forfait, le chargeur peut retirer ses marchandises, avant le départ du na-vire, en payant le demi-fret. — Il supportera les frais de charge, ainsi que ceux de décharge et de recharge-ment des autres marchandises qu'il faudrait déplacer, et ceux du retarde-ment. 288, 293.

292. Le capitaine peut faire mettre à terre, dans le lieu du chargement, les marchandises trouvées dans son navire, si elles ne lui ont point été déclarées, ou en prendre le fret au plus haut prix qui sera payé dans le même lieu pour les marchandises de même nature.

293. Le chargeur qui retire ses mar-chandises pendant le voyage est tenu de payer le fret en entier et tous les frais de déplacement occasionés par le déchargement : si les marchandises sont retirées pour cause des faits ou des fautes du capitaine, celui-ci est responsable de tous les frais. 221.

294. Si le navire est arrêté au dé-part, pendant la route, ou au lieu de sa décharge, par le fait de l'affréteur, les frais du retardement sont dus par l'affréteur. — Si, ayant été frété pour l'aller et le retour, le navire fait son retour sans chargement ou avec un chargement incomplet, le fret entier est dû au capitaine, ainsi que l'inté-rêt du retardement.

295. Le capitaine est tenu des dom-mages-intérêts envers l'affréteur, si, par son fait, le navire a été arrêté ou retardé au départ, pendant sa route, ou au lieu de sa décharge. — Ces dom-mages-intérêts sont réglés par des ex-perts. 216, 221.

296. Si le capitaine est contraint de faire radouber le navire pendant le voyage, l'affréteur est tenu d'atten-dre, ou de payer le fret en entier. — Dans le cas où le navire ne pourrait être radoubé, le capitaine est tenu d'en louer un autre. — Si le capitaine n'a pu louer un autre navire, le fret n'est dû qu'à proportion de ce que le voyage est avancé. 257, 241, 391.

297. Le capitaine perd son fret, et répond des dommages-intérêts de l'af-fréteur si celui-ci prouve que, lors-

que le navire a fait voile, il était hors d'état de naviguer. — La preuve est admissible nonobstant et contre les certificats de visite au départ. 225.

298. Le fret est dû pour les mar-chandises que le capitaine a été con-traint de vendre pour subvenir aux victuailles, radoub et autres nécessi-tés pressantes du navire, en tenant par lui compte de leur valeur au prix que le reste ou autre pareille mar-chandise de même qualité sera vendu au lieu de la décharge, si le navire ar-rive à bon port. — Si le navire se perd, le capitaine tiendra compte des mar-chandises sur le pied qu'il les aura vendues, en retenant également le fret porté aux connaissemens. 254, 256, 246, 258, 294.

299. S'il arrive interdiction de com-merce avec le pays pour lequel le na-vire est en route, et qu'il soit obligé de revenir avec son chargement, il n'est dû au capitaine que le fret de l'aller, quoique le vaisseau ait été af-frété pour l'aller et le retour. 255, 276.

300. Si le vaisseau est arrêté dans le cours de son voyage par l'ordre d'une puissance, — il n'est dû aucun fret pour le temps de sa détention, si le navire est affrété au mois; ni aug-mentation de fret, s'il est loué au voyage. — La nourriture et les loyers de l'équipage pendant la détention du navire sont réputés avaries. 258, 275, 397.

301. Le capitaine est payé du fret des marchandises jetées à la mer pour le salut commun, à la charge de con-tribution.

302. Il n'est dû aucun fret pour les marchandises perdues par naufrage ou échouement, pillées par des pira-tes ou prises par les ennemis. — Le capitaine est tenu de restituer le fret qui lui aura été avancé, s'il n'y a con-vention contraire. 246, 258.

303. Si le navire et les marchandi-ses sont rachetés, ou si les marchan-dises sont sauvées du naufrage, le ca-pitaine est payé du fret jusqu'au lieu de la prise ou du naufrage. — Il est payé du fret entier en contribuant au rachat, s'il conduit les marchandises au lieu de leur destination.

304. La contribution pour le rachat se fait sur le prix courant des marchandises au lieu de leur décharge, déduction faite des frais, et sur la moitié du navire et du fret. — Les loyers des matelots n'entrent point en contribution.

305. Si le consignataire refuse de recevoir les marchandises, le capitaine peut, par autorité de justice, en faire vendre pour le paiement de son fret, et faire ordonner le dépôt du surplus. — S'il y a insuffisance, il conserve son recours contre le chargeur.

306. Le capitaine ne peut retenir les marchandises dans son navire, faute de paiement de son fret. — Il peut, dans le temps de la décharge, demander le dépôt en mains tierces jusqu'au paiement de son fret.

307. Le capitaine est préféré, pour son fret, sur les marchandises de son chargement, pendant quinzaine après leur délivrance, si elles n'ont passé en mains tierces. 271, 286.

308. En cas de faillite des chargeurs ou réclamateurs avant l'expiration de la quinzaine, le capitaine est privilégié sur tous les créanciers pour le paiement de son fret et des avaries qui lui sont dues. 93, 597, 555.

309. En aucun cas le chargeur ne peut demander de diminution sur le prix du fret.

310. Le chargeur ne peut abandonner pour le fret les marchandises diminuées de prix ou détériorées par leur vice propre ou par cas fortuit. — Si toutefois des futailles contenant vin, huile, miel et autres liquides, ont tellement coulé qu'elles soient vides ou presque vides, lesdites futailles pourront être abandonnées pour le fret.

TITRE IX.
DES CONTRATS A LA GROSSE.

311. Le contrat à la grosse est fait devant notaire, ou sous signature privée. — Il énonce, — Le capital prêté et la somme convenue pour le profit maritime, — Les objets sur lesquels le prêt est affecté, — Les noms du navire et du capitaine, — Ceux du prêteur et de l'emprunteur ; — Si le prêt a lieu pour un voyage, — Pour quel voyage et pour quel temps ; — L'époque du remboursement. 191, 515, 518, 520, 525, 529, 452, 655.

312. Tout prêteur à la grosse, en France, est tenu de faire enregistrer son contrat au greffe du tribunal de commerce, dans les dix jours de la date, à peine de perdre son privilège ; — et si le contrat est fait à l'étranger, il est soumis aux formalités prescrites à l'article 234.

313. Tout acte de prêt à la grosse peut être négocié par la voie de l'endossement, s'il est à ordre. — En ce cas, la négociation de cet acte a les mêmes effets et produit les mêmes actions en garantie que celle des autres effets de commerce. 136, 140, 514.

314. La garantie de paiement ne s'étend pas au profit maritime, à moins que le contraire n'ait été expressément stipulé.

315. Les emprunts à la grosse peuvent être affectés, — Sur le corps et quille du navire, — Sur les agrès et apparaux, — Sur l'armement et les victuailles, — Sur le chargement, — Sur la totalité de ces objets conjointement, ou sur une partie déterminée de chacun d'eux. 191.

316. Tout emprunt à la grosse, fait pour une somme excédant la valeur des objets sur lesquels il est affecté, peut être déclaré nul, à la demande du prêteur, s'il est prouvé qu'il y a fraude de la part de l'emprunteur.

317. S'il n'y a fraude, le contrat est valable jusqu'à la concurrence de la valeur des effets affectés à l'emprunt, d'après l'estimation qui en est faite ou convenue ; — Le surplus de la somme empruntée est remboursé avec intérêt au cours de la place.

318. Tous emprunts sur le fret à faire du navire et sur le profit espéré des marchandises, sont prohibés. — Le prêteur, dans ce cas, n'a droit qu'au remboursement du capital, sans aucun intérêt.

319. Nul prêt à la grosse ne peut être fait aux matelots ou gens de mer sur leurs loyers ou voyages. 250 et s.

320. Le navire, les agrès et les apparaux, l'armement et les victuailles, même le fret acquis, sont affectés par

privilége au capital et intérêts de l'argent donné à la grosse sur le corps et quille du vaisseau. — Le chargement est également affecté aux capital et intérêts de l'argent donné à la grosse sur le chargement. — Si l'emprunt a été fait sur un objet particulier du navire ou du chargement, le privilége n'a lieu que sur l'objet, et dans la proportion de la quotité affectée à l'emprunt. 191.

321. Un emprunt à la grosse fait par le capitaine dans le lieu de la demeure des propriétaires du navire, sans leur autorisation authentique ou leur intervention dans l'acte, ne donne action et privilége que sur la portion que le capitaine peut avoir au navire et au fret. 232, 256.

322. Sont affectées aux sommes empruntées, même dans le lieu de la demeure des intéressés, pour radoub et victuailles, les parts et portions des propriétaires qui n'auraient pas fourni leur contingent pour mettre le bâtiment en état, dans les vingt-quatre heures de la sommation qui leur en sera faite. 233.

323. Les emprunts faits pour le dernier voyage du navire sont remboursés par préférence aux sommes prêtées pour un précédent voyage, quand même il serait déclaré qu'elles sont laissées par continuation ou renouvellement. — Les sommes empruntées pendant le voyage sont préférées à celles qui auraient été empruntées avant le départ du navire ; et s'il y a plusieurs emprunts faits pendant le même voyage, le dernier emprunt sera toujours préféré à celui qui l'aura précédé. 311.

324. Le prêteur à la grosse sur marchandises chargées dans un navire désigné au contrat, ne supporte pas la perte des marchandises, même par fortune de mer, si elles ont été chargées sur un autre navire, à moins qu'il ne soit légalement constaté que ce chargement a eu lieu par force majeure.

325. Si les effets sur lesquels le prêt à la grosse a eu lieu sont entièrement perdus, et que la perte soit arrivée par cas fortuit, dans le temps et dans le lieu des risques, la somme prêtée ne peut être réclamée.

326. Les déchets, diminutions et pertes qui arrivent par le vice propre de la chose ; et les dommages causés par le fait de l'emprunteur, ne sont point à la charge du prêteur.

327. En cas de naufrage, le paiement des sommes empruntées à la grosse est réduit à la valeur des effets sauvés et affectés au contrat, déduction faite des frais de sauvetage. 259. 331, 417.

328. Si le temps des risques n'est point déterminé par le contrat, il court, à l'égard du navire, des agrès, apparaux, armement et victuailles, du jour que le navire a fait voile, jusqu'au jour où il est ancré ou amarré au port ou lieu de sa destination. — A l'égard des marchandises, le temps des risques court du jour qu'elles ont été chargées dans le navire, ou dans les gabares pour les y porter, jusqu'au jour où elles sont délivrées à terre. 341.

329. Celui qui emprunte à la grosse sur des marchandises, n'est point libéré par la perte du navire et du chargement, s'il ne justifie qu'il y avait, pour son compte, des effets jusqu'à la concurrence de la somme empruntée.

330. Les prêteurs à la grosse contribuent, à la décharge des emprunteurs, aux avaries communes. — Les avaries simples sont aussi à la charge des prêteurs, s'il n'y a convention contraire. 397 et s.

331. S'il y a contrat à la grosse & assurance sur le même navire ou sur le même chargement, le produit des effets sauvés du naufrage est partagé entre le prêteur à la grosse, *pour son capital seulement*, et l'assureur, pour les sommes assurées, au marc le franc de leur intérêt respectif, sans préjudice des priviléges établis à l'article 191. — 327, 417.

TITRE X.

DES ASSURANCES.

SECTION I.

Du Contrat d'assurance, de sa forme et de son objet.

332. Le contrat d'assurance est rédigé par écrit. — Il est daté du jour auquel il est souscrit. — Il y est énon-

cé si c'est avant ou après midi. — Il peut être fait sous signature privée. — Il ne peut contenir aucun blanc. — Il exprime, — Le nom et le domicile de celui qui fait assurer, sa qualité de propriétaire ou de commissionnaire, — Le nom et la désignation du navire, — Le nom du capitaine, — Le lieu où les marchandises ont été ou doivent être chargées, — Le port d'où ce navire a dû ou doit partir, — Les ports ou rades dans lesquels il doit charger ou décharger, — Ceux dans lesquels il doit entrer, — La nature et la valeur ou l'estimation des marchandises ou objets que l'on fait assurer, — Les temps auxquels les risques doivent commencer et finir, — La somme assurée, — La prime ou le coût de l'assurance, — La soumission des parties à des arbitres en cas de contestation, si elle a été convenue, — Et généralement toutes les autres conditions dont les parties sont convenues. 335, 338, 342, 347, 357, 361, 432, 633, 393, 409.

333. La même police peut contenir plusieurs assurances, soit à raison des marchandises, soit à raison du taux de la prime, soit à raison des différens assureurs.

334. L'assurance peut avoir pour objet, — Le corps et quille du vaisseau, vide ou chargé, armé ou non armé, seul ou accompagné, — Les agrès et apparaux, — Les armemens, — Les victuailles, — Les sommes prêtées à la grosse, — Les marchandises du chargement, et toutes autres choses ou valeurs estimables à prix d'argent, sujettes aux risques de la navigation. 342, 347, 355.

335. L'assurance peut être faite sur le tout ou sur une partie desdits objets, conjointement ou séparément. — Elle peut être faite en temps de paix ou en temps de guerre, avant ou pendant le voyage du vaisseau. — Elle peut être faite pour l'aller et le retour, ou seulement pour l'un des deux, pour le voyage entier ou pour un temps limité, — Pour tous voyages ou transports par mer, rivières et canaux navigables. 356, 358.

336. En cas de fraude dans l'estimation des effets assurés, en cas de supposition ou de falsification, l'assureur peut faire procéder à la vérification et estimation des objets, sans préjudice de toutes autres poursuites, soit civiles, soit criminelles. 348, 357.

337. Les chargemens faits aux Echelles du Levant, aux côtes d'Afrique et autres parties du monde, pour l'Europe, peuvent être assurés, sur quelque navire qu'ils aient lieu, sans désignation du navire ni du capitaine. — Les marchandises elles-mêmes peuvent, en ce cas, être assurées sans désignation de leur nature et espèce. — Mais la police doit indiquer celui à qui l'expédition est faite ou doit être consignée, s'il n'y a convention contraire dans la police d'assurance. 332.

338. Tout effet dont le prix est stipulé dans le contrat en monnaie étrangère, est évalué au prix que la monnaie stipulée vaut en monnaie de France, suivant le cours à l'époque de la signature de la police.

339. Si la valeur des marchandises n'est point fixée par le contrat, elle peut être justifiée par les factures ou par les livres : à défaut, l'estimation en est faite suivant le prix courant au temps et au lieu du chargement, y compris tous les droits payés et les frais faits jusqu'à bord.

340. Si l'assurance est faite sur le retour d'un pays où le commerce ne se fait que par troc, et que l'estimation des marchandises ne soit pas faite par la police, elle sera réglée sur le pied de la valeur de celles qui ont été données en échange, en y joignant les frais de transport.

341. Si le contrat d'assurance ne règle point le temps des risques, les risques commencent et finissent dans le temps réglé par l'article 328 pour les contrats à la grosse.

342. L'assureur peut faire réassurer par d'autres les effets qu'il a assurés. — L'assuré peut faire assurer le coût de l'assurance. — La prime de réassurance peut être moindre ou plus forte que celle de l'assurance. 334, 347.

343. L'augmentation de prime qui aura été stipulée en temps de paix pour le temps de guerre qui pourrait survenir, et dont la quotité n'aura pas été déterminée par les contrats

d'assurance, est réglée par les tribunaux, en ayant égard aux risques, aux circonstances et aux stipulations de chaque police d'assurance.

344. En cas de perte des marchandises assurées et chargées pour le compte du capitaine sur le vaisseau qu'il commande, le capitaine est tenu de justifier aux assureurs l'achat des marchandises, et d'en fournir un connaissement signé par deux des principaux de l'équipage. 281 et s.

345. Tout homme de l'équipage et tout passager qui apportent des pays étrangers des marchandises assurées en France, sont tenus d'en laisser un connaissement dans les lieux où le chargement s'effectue, entre les mains du consul de France, et, à défaut, entre les mains d'un Français notable négociant, ou du magistrat du lieu.

346. Si l'assureur tombe en faillite lorsque le risque n'est pas encore fini, l'assuré peut demander caution, ou la résiliation du contrat. — L'assureur a le même droit en cas de faillite de l'assuré. 437 et s.

347. Le contrat d'assurance est nul, s'il a pour objet, — Le fret des marchandises existant à bord du navire, — Le profit espéré des marchandises, — Les loyers des gens de mer, — Les sommes empruntées à la grosse, — Les profits maritimes des sommes prêtées à la grosse. 334, 342, 361.

348. Toute réticence, toute fausse déclaration de la part de l'assuré, toute différence entre le contrat d'assurance et le connaissement, qui diminueraient l'opinion du risque ou en changeraient le sujet, annulent l'assurance. — L'assurance est nulle, même dans le cas où la réticence, la fausse déclaration ou la différence, n'auraient pas influé sur le dommage ou la perte de l'objet assuré. 365 et s.

SECTION II.
Des Obligations de l'Assureur et de l'Assuré.

349. Si le voyage est rompu avant le départ du vaisseau, même par le fait de l'assuré, l'assurance est annulée; l'assureur reçoit, à titre d'indemnité, demi pour cent de la somme assurée. 252, 288, 655.

350. Sont aux risques des assureurs, toutes pertes et dommages qui arrivent aux objets assurés, par tempête, naufrage, échouement, abordage fortuit, changemens forcés de route, de voyage ou de vaisseau, jet, feu, prise, pillage, arrêt par ordre de puissance, déclaration de guerre, représailles, et généralement par toutes les autres fortunes de mer. 352, 355, 435.

351. Tout changement de route, de voyage ou de vaisseau, et toutes pertes et dommages provenant du fait de l'assuré, ne sont point à la charge de l'assureur; et même la prime lui est acquise, s'il a commencé à courir les risques. 361, 364, 392.

352. Les déchets, diminutions et pertes qui arrivent par le vice propre de la chose, et les dommages causés par le fait et faute des propriétaires, affréteurs ou chargeurs, ne sont point à la charge des assureurs.

353. L'assureur n'est point tenu des prévarications et fautes du capitaine et de l'équipage, connues sous le nom de *baraterie de patron*, s'il n'y a convention contraire. 216, 221.

354. L'assureur n'est point tenu du pilotage, touage et lamanage, ni d'aucune espèce de droits imposés sur le navire et les marchandises.

355. Il sera fait désignation dans la police, des marchandises sujettes, par leur nature, à détérioration particulière ou diminution, comme blés ou sels, ou marchandises susceptibles de coulage; sinon les assureurs ne répondront point des dommages ou pertes qui pourraient arriver à ces mêmes denrées, si ce n'est toutefois que l'assuré eût ignoré la nature du chargement lors de la signature de la police.

356. Si l'assurance a pour objet des marchandises pour l'aller et le retour, et si, le vaisseau étant parvenu à sa première destination, il ne se fait point de chargement en retour, ou si le chargement en retour n'est pas complet, l'assureur reçoit seulement les deux tiers proportionnels de la prime convenue, s'il n'y a stipulation contraire.

357. Un contrat d'assurance ou de

réassurance consenti pour une somme excédant la valeur des effets chargés, est nul à l'égard de l'assuré seulement, s'il est prouvé qu'il y a dol ou fraude de sa part. 356, 359.

358. S'il n'y a ni dol ni fraude, le contrat est valable jusqu'à concurrence de la valeur des effets chargés, d'après l'estimation qui en est faite ou convenue. — En cas de pertes, les assureurs sont tenus d'y contribuer chacun à proportion des sommes par eux assurées. — Ils ne reçoivent pas la prime de cet excédant de valeur, mais seulement l'indemnité de demi pour cent. 360, 401

359. S'il existe plusieurs contrats d'assurance faits sans fraude sur le même chargement, et que le premier contrat assure l'entière valeur des effets chargés, il subsistera seul. — Les assureurs qui ont signé les contrats subséquens, sont libérés : ils ne reçoivent que demi pour cent de la somme assurée. — Si l'entière valeur des effets chargés n'est pas assurée par le premier contrat, les assureurs qui ont signé les contrats subséquens répondent de l'excédant en suivant l'ordre de la date des contrats. 355, 357.

360. S'il y a des effets chargés pour le montant des sommes assurées, en cas de perte d'une partie, elle sera payée par tous les assureurs de ces effets, au marc le franc de leur intérêt. 358, 401.

361. Si l'assurance a lieu divisément pour des marchandises qui doivent être chargées sur plusieurs vaisseaux désignés, avec énonciation de la somme assurée sur chacun, et si le chargement entier est mis sur un seul vaisseau, ou sur un moindre nombre qu'il n'en est désigné dans le contrat, l'assureur n'est tenu que de la somme qu'il a assurée sur le vaisseau ou sur les vaisseaux qui ont reçu le chargement, nonobstant la perte de tous les vaisseaux désignés ; et il recevra néanmoins demi pour cent des sommes dont les assurances se trouvent annulées. 347, 351, 392.

362. Si le capitaine a la liberté d'entrer dans différens ports pour compléter ou échanger son chargement, l'assureur ne court les risques des effets assurés que lorsqu'ils sont à bord, s'il n'y a convention contraire.

363. Si l'assurance est faite pour un temps limité, l'assureur est libre après l'expiration du temps, et l'assuré peut faire assurer les nouveaux risques.

364. L'assureur est déchargé des risques, et la prime lui est acquise, si l'assuré envoie le vaisseau en un lieu plus éloigné que celui qui est désigné par le contrat, quoique sur la même route. — L'assurance a son entier effet, si le voyage est raccourci. 351 et s.

365. Toute assurance faite après la perte ou l'arrivée des objets assurés est nulle, s'il y a présomption qu'avant la signature du contrat l'assuré a pu être informé de la perte, ou l'assureur de l'arrivée des objets assurés. 348, 368.

366. La présomption existe si, en comptant trois quarts de myriamètre (une lieue et demie) par heure, sans préjudice des autres preuves, il est établi que de l'endroit de l'arrivée ou de la perte du vaisseau, ou du lieu où la première nouvelle en est arrivée, elle a pu être portée dans le lieu où le contrat d'assurance a été passé, avant la signature du contrat.

367. Si cependant l'assurance est faite sur bonnes ou mauvaises nouvelles, la présomption mentionnée dans les articles précédens n'est point admise. — Le contrat n'est annulé que sur la preuve que l'assuré savait la perte, ou l'assureur l'arrivée du navire, avant la signature du contrat.

368. En cas de preuve contre l'assuré, celui-ci paie à l'assureur une double prime. — En cas de preuve contre l'assureur, celui-ci paie à l'assuré une somme double de la prime convenue. — Celui d'entre eux contre qui la preuve est faite est poursuivi correctionnellement. 191, I. c.

SECTION III.
Du Délaissement.

369. Le délaissement des objets assurés peut être fait, — En cas de prise, — De naufrage, — D'échouement avec bris, — D'innavigabilité par fortune de mer, — En cas d'ar-

rêt d'une puissance étrangère, — En cas de perte ou détérioration des effets assurés, si la détérioration ou la perte va au moins à trois quarts. — Il peut être fait, en cas d'arrêt de la part du gouvernement, après le voyage commencé. 350, 372, 381, 387, 389, 595.

370. Il ne peut être fait avant le voyage commencé. 389 et s.

371. Tous autres dommages sont réputés avaries, et se règlent, entre les assureurs et les assurés, à raison de leurs intérêts. 397, 401, 409.

372. Le délaissement des objets assurés ne peut être partiel ni conditionnel. — Il ne s'étend qu'aux effets qui sont l'objet de l'assurance et du risque.

373. Le délaissement doit être fait aux assureurs dans le terme de six mois, à partir du jour de la réception de la nouvelle de la perte arrivée aux ports ou côtes de l'Europe, ou sur celles d'Asie et d'Afrique, dans la Méditerranée, ou bien, en cas de prise, de la réception de celle de la conduite du navire dans l'un des ports ou lieux situés aux côtes ci-dessus mentionnées; — Dans le délai d'un an après la réception de la nouvelle de la perte arrivée ou de la prise conduite aux colonies des Indes occidentales, aux îles Açores, Canaries, Madère et autres îles et côtes occidentales d'Afrique et orientales d'Amérique; — Dans le délai de deux ans après la nouvelle des pertes arrivées ou des prises conduites dans toutes les autres parties du monde. — Et ces délais passés, les assurés ne seront plus recevables à faire le délaissement. 375, 379, 582, 585, 451, 452.

374. Dans le cas où le délaissement peut être fait, et dans le cas de tous autres accidens aux risques des assureurs, l'assuré est tenu de signifier à l'assureur les avis qu'il a reçus. — La signification doit être faite dans les trois jours de la réception de l'avis. 578, 584, 587, 590.

375. Si, après un an expiré, à compter du jour du départ du navire, ou du jour auquel se rapportent les dernières nouvelles reçues, pour les voyages ordinaires, — Après deux ans pour les voyages de long cours,

— L'assuré déclare n'avoir reçu aucune nouvelle de son navire, il peut faire le délaissement à l'assureur, et demander le paiement de l'assurance, sans qu'il soit besoin d'attestation de la perte. — Après l'expiration de l'an ou des deux ans, l'assuré a, pour agir, les délais établis par l'art. 375. — 377.

376. Dans le cas d'une assurance pour temps limité, après l'expiration des délais établis, comme ci-dessus, pour les voyages ordinaires et pour ceux de long cours, la perte du navire est présumée arrivée dans le temps de l'assurance.

377. Sont réputés voyages de long cours ceux qui se font aux Indes orientales et occidentales, à la mer Pacifique, au Canada, à Terre-Neuve, au Groënland, et aux autres côtes et îles de l'Amérique méridionale et septentrionale, aux Açores, Canaries, à Madère, et dans toutes les côtes et pays situés sur l'Océan, au delà des détroits de Gibraltar et du Sund.

378. L'assuré peut, par la signification mentionnée en l'article 374, ou faire le délaissement avec sommation à l'assureur de payer la somme assurée dans le délai fixé par le contrat, ou se réserver de faire le délaissement dans les délais fixés par la loi.

379. L'assuré est tenu, en faisant le délaissement, de déclarer toutes les assurances qu'il a faites ou fait faire, même celles qu'il a ordonnées, et l'argent qu'il a pris à la grosse, soit sur le navire, soit sur les marchandises, faute de quoi, le délai du paiement, qui doit commencer à courir du jour du délaissement, sera suspendu jusqu'au jour où il fera notifier ladite déclaration, sans qu'il en résulte aucune prorogation du délai établi pour former l'action en délaissement.

380. En cas de déclaration frauduleuse, l'assuré est privé des effets de l'assurance; il est tenu de payer les sommes empruntées, nonobstant la perte ou la prise du navire.

381. En cas de naufrages ou d'échouement avec bris, l'assuré doit, sans préjudice du délaissement à faire en temps et lieu, travailler au recou-

vrement des effets naufragés. — Sur son affirmation, les frais de recouvrement lui sont alloués jusqu'à concurrence de la valeur des effets recouvrés.

382. Si l'époque du paiement n'est point fixée par le contrat, l'assureur est tenu de payer l'assurance trois mois après la signification du délaissement. 373.

383. Les actes justificatifs du chargement et de la perte sont signifiés à l'assureur avant qu'il puisse être poursuivi pour le paiement des sommes assurées.

384. L'assureur est admis à la preuve des faits contraires à ceux qui sont consignés dans les attestations. — L'admission à la preuve ne suspend pas les condamnations de l'assureur au paiement provisoire de la somme assurée, à la charge par l'assuré de donner caution. — L'engagement de la caution est éteint après quatre années révolues, s'il n'y a pas eu de poursuite.

385. Le délaissement signifié et accepté ou jugé valable, les effets assurés appartiennent à l'assureur, à partir de l'époque du délaissement. — L'assureur ne peut, sous prétexte du retour du navire, se dispenser de payer la somme assurée.

386. Le fret des marchandises sauvées, quand même il aurait été payé d'avance, fait partie du délaissement du navire, et appartient également à l'assureur, sans préjudice des droits des prêteurs à la grosse, de ceux des matelots pour leur loyer, et des frais et dépenses pendant le voyage. 286 et s.

387. En cas d'arrêt de la part d'une puissance, l'assuré est tenu de faire la signification à l'assureur, dans les trois jours de la réception de la nouvelle. — Le délaissement des objets arrêtés ne peut être fait qu'après un délai de six mois de la signification, si l'arrêt a eu lieu dans les mers d'Europe, dans la Méditerranée, ou dans la Baltique ; — Qu'après le délai d'un an, si l'arrêt a eu lieu en pays plus éloigné. — Ces délais ne courent que du jour de la signification de l'arrêt. — Dans le cas où les marchandises arrêtées seraient périssables, les délais ci-dessus mentionnés sont réduits

à un mois et demi pour le premier cas, et à trois mois pour le second cas. 373, 374.

388. Pendant les délais portés par l'article précédent, les assurés sont tenus de faire toutes diligences qui peuvent dépendre d'eux, à l'effet d'obtenir la main-levée des effets arrêtés. — Pourront, de leur côté, les assureurs, ou de concert avec les assurés, ou séparément, faire toutes démarches à même fin.

389. Le délaissement à titre d'innavigabilité ne peut être fait, si le navire échoué peut être relevé, réparé, et mis en état de continuer sa route pour le lieu de sa destination. — Dans ce cas, l'assuré conserve son recours sur les assureurs, pour les frais et avaries occasionés par l'échouement. 369, 370, 400.

390. Si le navire a été déclaré innavigable, l'assuré sur le chargement est tenu d'en faire la notification dans le délai de trois jours de la réception de la nouvelle. 374, 387.

391. Le capitaine est tenu, dans ce cas, de faire toutes diligences pour se procurer un autre navire à l'effet de transporter les marchandises au lieu de leur destination. 237, 241, 296.

392. L'assureur court les risques des marchandises chargées sur un autre navire, dans le cas prévu par l'article précédent, jusqu'à leur arrivée et leur déchargement. 351, 361.

393. L'assureur est tenu, en outre, des avaries, frais de déchargement, magasinage, rembarquement, de l'excédant du fret, et de tous autres frais qui auront été faits pour sauver les marchandises, jusqu'à concurrence de la somme assurée. 387.

394. Si, dans les délais prescrits par l'art. 587, le capitaine n'a pu trouver de navire pour recharger les marchandises et les conduire au lieu de leur destination, l'assuré peut en faire le délaissement.

395. En cas de prise, si l'assuré n'a pu en donner avis à l'assureur, il peut racheter les effets sans attendre son ordre. — L'assuré est tenu de signifier à l'assureur la composition qu'il aura faite, aussitôt qu'il en aura les moyens. 369, 400.

396. L'assureur a le choix de prendre la composition à son compte, ou d'y renoncer : il est tenu de notifier son choix à l'assuré, dans les vingt-quatre heures qui suivent la signification de la composition. — S'il déclare prendre la composition à son profit, il est tenu de contribuer, sans délai, 165, au paiement du rachat dans les termes de la convention, et à proportion de son intérêt ; et il continue de courir les risques du voyage, conformément au contrat d'assurance. — S'il déclare renoncer au profit de la composition. il est tenu au paiement de la somme assurée. sans pouvoir rien prétendre aux effets rachetés. — Lorsque l'assureur n'a pas notifié son choix dans le délai susdit, il est censé avoir renoncé au profit de la composition.

TITRE XI.
DES AVARIES.

397. Toutes dépenses extraordinaires faites pour le navire et les marchandises conjointement ou séparément. — Tout dommage qui arrive au navire et aux marchandises, depuis leur chargement et départ jusqu'à leur retour et déchargement, — sont réputés avaries. 500, 508, 550, 571, 400, 403, 455.

398. A défaut de conventions spéciales entre toutes les parties, les avaries sont réglées conformément aux dispositions ci-après.

399. Les avaries sont de deux classes, avaries grosses ou communes, et avaries simples ou particulières.

400. Sont avaries communes, — 1° Les choses données par composition et à titre de rachat du navire et des marchandises ; — 2° Celles qui sont jetées à la mer ; — 3° Les câbles ou mâts rompus ou coupés : — 4° Les ancres et autres effets abandonnés pour le salut commun : — 5° Les dommages occasionés par le jet aux marchandises restées dans le navire ; — 6° Les pansement et nourriture des matelots blessés en défendant le navire, les loyer et nourriture des matelots pendant la détention, quand le navire est arrêté en voyage par ordre d'une puissance, et pen-

dant les réparations des dommages volontairement soufferts pour le salut commun, si le navire est affrété au mois :—7° Les frais du déchargement pour alléger le navire et entrer dans un havre ou dans une rivière, quand le navire est contraint de le faire par tempête ou par la poursuite de l'ennemi : — 8° Les frais faits pour remettre à flot le navire échoué dans l'intention d'éviter la perte totale ou la prise : — Et en général, les dommages soufferts volontairement et les dépenses faites d'après délibérations motivées, pour le bien et salut commun du navire et des marchandises, depuis leur chargement et départ jusqu'à leur retour et déchargement. 254. 265, 389, 395, 403, 408, 410.

401. Les avaries communes sont supportées par les marchandises et par la moitié du navire et du fret, au marc le franc de la valeur. 558, 560, 571, 404.

402. Le prix des marchandises est établi par leur valeur au lieu du déchargement.

403. Sont avaries particulières, — 1° Le dommage arrivé aux marchandises par leur vice propre, par tempête, prise, naufrage ou échouement ; — 2° Les frais faits pour les sauver : — 3° La perte des câbles, ancres, voiles, mâts, cordages, causée par tempête ou autre accident de mer ; — Les dépenses résultant de toutes relâches occasionées soit par la perte fortuite de ces objets, soit par le besoin d'avitaillement, soit par voie d'eau à réparer ; — 4° La nourriture et le loyer des matelots pendant la détention, quand le navire est arrêté en voyage par ordre d'une puissance, et pendant les réparations qu'on est obligé d'y faire, si le navire est affrété au voyage : — 5° La nourriture et le loyer des matelots pendant la quarantaine, que le navire soit loué au voyage ou au mois ; — Et en général, les dépenses faites et le dommage souffert pour le navire seul, ou pour les marchandises seules, depuis leur chargement et départ jusqu'à leur retour et déchargement. 500, 408.

404. Les avaries particulières sont

supportées et payées par le propriétaire de la chose qui a essuyé le dommage ou occasioné la dépense. 401.

405. Les dommages arrivés aux marchandises, faute par le capitaine d'avoir bien fermé les écoutilles, amarré le navire, fourni de bons guindages, et par tous autres accidens provenant de la négligence du capitaine ou de l'équipage, sont également des avaries particulières supportées par le propriétaire des marchandises, mais pour lesquelles il a son recours contre le capitaine, le navire et le fret. 216, 221.

406. Les lamanages, touages, pilotages, pour entrer dans les havres ou rivières, ou pour en sortir, les droits de congés, visites, rapports, tonnes, balises, ancrages et autres droits de navigation, ne sont point avaries; mais ils sont de simples frais à la charge du navire.

407. En cas d'abordage de navires, si l'évènement a été purement fortuit, le dommage est supporté, sans répétition, par celui des navires qui l'a éprouvé. — Si l'abordage a été fait par la faute de l'un des capitaines, le dommage est payé par celui qui l'a causé. — S'il y a doute dans les causes de l'abordage, le dommage est réparé à frais communs, et par égale portion, par les navires qui l'ont fait et souffert. — Dans ces deux derniers cas, l'estimation du dommage est faite par experts. 216, 221, 435.

408. Une demande pour avaries n'est point recevable, si l'avarie commune n'excède pas un pour cent de la valeur cumulée du navire et des marchandises, et si l'avarie particulière n'excède pas aussi un pour cent de la valeur de la chose endommagée.

409. La clause *franc d'avaries* affranchit les assureurs de toutes avaries, soit communes, soit particulières, excepté dans les cas qui donnent ouverture au délaissement; et, dans ces cas, les assurés ont l'option entre le délaissement et l'exercice d'action d'avarie. 371.

TITRE XII.
DU JET ET DE LA CONTRIBUTION.

410. Si, par tempête ou par la chasse de l'ennemi, le capitaine se croit obligé, pour le salut du navire, de jeter en mer une partie de son chargement, de couper ses mâts ou d'abandonner ses ancres, il prend l'avis des intéressés au chargement qui se trouvent dans le vaisseau, et des principaux de l'équipage. — S'il y a diversité d'avis, celui du capitaine et des principaux de l'équipage est suivi. 241.

411. Les choses les moins nécessaires, les plus pesantes et de moindre prix, sont jetées les premières, et ensuite les marchandises du premier pont au choix du capitaine, et par l'avis des principaux de l'équipage.

412. Le capitaine est tenu de rédiger par écrit la délibération, aussitôt qu'il en a les moyens. — La délibération exprime—Les motifs qui ont déterminé le jet, — Les objets jetés ou endommagés. — Elle présente la signature des délibérans, ou les motifs de leur refus de signer. — Elle est transcrite sur le registre. 246.

413. Au premier port où le navire abordera, le capitaine est tenu, dans les vingt-quatre heures de son arrivée, d'affirmer les faits contenus dans la délibération transcrite sur le registre. 246.

414. L'état des pertes et dommages est fait dans le lieu du déchargement du navire, à la diligence du capitaine et par experts. — Les experts sont nommés par le tribunal de commerce, si le déchargement se fait dans un port français. — Dans les lieux où il n'y a pas de tribunal de commerce, les experts sont nommés par le juge de paix. — Ils sont nommés par le consul de France, et, à son défaut, par le magistrat du lieu, si la décharge se fait dans un port étranger. — Les experts prêtent serment avant d'opérer.

415. Les marchandises jetées sont estimées suivant le prix courant du lieu du déchargement; leur qualité est constatée par la production des connaissemens, et des factures s'il y en a.

416. Les experts nommés en vertu de l'article précédent font la répartition des pertes et dommages. — La

répartition est rendue exécutoire par l'homologation du tribunal. — Dans les ports étrangers, la répartition est rendue exécutoire par le consul de France, ou, à son défaut, par tout tribunal compétent sur les lieux.

417. La répartition pour le paiement des pertes et dommages est faite sur les effets jetés et sauvés, et sur moitié du navire et du fret, à proportion de leur valeur au lieu du déchargement. 527, 531, 419, 423, 427.

418. Si la qualité des marchandises a été déguisée par le connaissement, et qu'elles se trouvent d'une plus grande valeur, elles contribuent sur le pied de leur estimation, si elles sont sauvées : — Elles sont payées d'après la qualité désignée par le connaissement, si elles sont perdues. — Si les marchandises déclarées sont d'une qualité inférieure à celle qui est indiquée par le connaissement, elles contribuent d'après la qualité indiquée par le connaissement, si elles sont sauvées ; — elles sont payées sur le pied de leur valeur, si elles sont jetées ou endommagées.

419. Les munitions de guerre et de bouche, et les hardes des gens de l'équipage, ne contribuent point au jet ; la valeur de celles qui auront été jetées sera payée par contribution sur tous les autres effets.

420. Les effets dont il n'y a pas de connaissement ou déclaration du capitaine ne sont pas payés s'ils sont jetés ; ils contribuent s'ils sont sauvés. 281.

421. Les effets chargés sur le tillac du navire contribuent s'ils sont sauvés. — S'ils sont jetés, ou endommagés par le jet, le propriétaire n'est point admis à former une demande en contribution : il ne peut exercer son recours que contre le capitaine. 229.

422. Il n'y a lieu à contribution pour raison du dommage arrivé au navire, que dans le cas où le dommage a été fait pour faciliter le jet.

423. Si le jet ne sauve le navire, il n'y a lieu à aucune contribution. — Les marchandises sauvées ne sont point tenues du paiement ni du dédommagement de celles qui ont été jetées ou endommagées.

424. Si le jet sauve le navire, et si le navire, en continuant sa route vient à se perdre, les effets sauvés contribuent au jet sur le pied de leur valeur en l'état où ils se trouvent, déduction faite des frais de sauvetage.

425. Les effets jetés ne contribuent en aucun cas au paiement des dommages arrivés depuis le jet aux marchandises sauvées. — Les marchandises ne contribuent point au paiement du navire perdu, ou réduit à l'état d'innavigabilité.

426. Si, en vertu d'une délibération, le navire a été ouvert pour en extraire les marchandises, elles contribuent à la réparation du dommage causé au navire.

427. En cas de perte des marchandises mises dans des barques pour alléger le navire entrant dans un port ou une rivière, la répartition en est faite sur le navire et son chargement en entier. — Si le navire périt avec le reste de son chargement, il n'est fait aucune répartition sur les marchandises mises dans les allèges, quoiqu'elles arrivent à bon port.

428. Dans tous les cas ci-dessus exprimés, le capitaine et l'équipage sont privilégiés sur les marchandises ou le prix en provenant, pour le montant de la contribution. 259, 271.

429. Si, depuis la répartition, les effets jetés sont recouvrés par les propriétaires, ils sont tenus de rapporter au capitaine et aux intéressés ce qu'ils ont reçu dans la contribution, déduction faite des dommages causés par le jet et des frais de recouvrement.

TITRE XIII.

DES PRESCRIPTIONS.

430. Le capitaine ne peut acquérir la propriété du navire par voie de prescription. 225, Co. ; 2236, C.

431. L'action en délaissement est prescrite dans les délais exprimés par l'article 373.

432. Toute action dérivant d'un contrat à la grosse, ou d'une police d'assurance, est prescrite après cinq ans, à compter de la date du contrat. 311, 331, 434.

433. Sont prescrites, — Toutes actions en paiement pour fret de navire, gages et loyers des officiers, matelots et autres gens de l'équipage, un an après le voyage fini ; — Pour nourriture fournie aux matelots par l'ordre du capitaine, un an après la livraison ; — Pour fournitures de bois et autres choses nécessaires aux constructions, équipement et avitaillement du navire, un an après ces fournitures faites ; — Pour salaires d'ouvriers, et pour ouvrages faits, un an après la réception des ouvrages ; — Toute demande en délivrance de marchandises, un an après l'arrivée du navire. 250, 272, 286, 454.

434. La prescription ne peut avoir lieu, s'il y a cédule, obligation, arrêté de compte ou interpellation judiciaire.

TITRE XIV.

FINS DE NON-RECEVOIR.

485. Sont non-recevables, — Toutes actions contre le capitaine et les assureurs, pour dommage arrivé à la marchandise, si elle a été reçue sans protestation ; —Toutes actions contre l'affréteur, pour avaries, si le capitaine a livré les marchandises et reçu son fret sans avoir protesté ; — Toutes actions en indemnité pour dommages causés par l'abordage dans un lieu où le capitaine a pu agir, s'il n'a point fait de réclamation. 221, 275, 350, 397, 407, 436.

436. Ces protestations et réclamations sont nulles, si elles ne sont faites et signifiées dans les vingt-quatre heures, et si, dans le mois de leur date, elles ne sont suivies d'une demande en justice.

LIVRE III.

DES FAILLITES ET DES BANQUEROUTES.

(Loi décrétée le 12 septembre 1807. Promulguée le 22.)

DISPOSITIONS GÉNÉRALES.

437. Tout commerçant qui cesse ses paiemens est en état de faillite. 440 et s.

438. Tout commerçant failli qui se trouve dans l'un des cas de faute grave ou de fraude prévus par la présente loi, est en état de banqueroute. 586 et s.

439. Il y a deux espèces de banqueroutes : — La banqueroute simple ; elle sera jugée par les tribunaux correctionnels ; — La banqueroute frauduleuse ; elle sera jugée par les cours d'assises. 586, 593.

TITRE PREMIER.

DE LA FAILLITE.

CHAPITRE PREMIER.

DE L'OUVERTURE DE LA FAILLITE.

440. Tout failli sera tenu, dans les trois jours de la cessation de paiemens, d'en faire la déclaration au greffe du tribunal de commerce ; le jour où il aura cessé ses paiemens sera compris dans ces trois jours. — En cas de faillite d'une société en nom collectif, la déclaration du failli contiendra le nom et l'indication du domicile de chacun des associés solidaires. 521. 587.

441. L'ouverture de la faillite est déclarée par le tribunal de commerce : son époque est fixée, soit par la retraite du débiteur, soit par la clôture de ses magasins, soit par la date de tous actes constatant le refus d'acquitter ou de payer des engagemens de commerce. —Tous les actes ci-dessus mentionnés ne constateront néanmoins l'ouverture de la faillite que lorsqu'il y aura cessation de paiemens ou déclaration du failli. 437, 449, 454.

442. Le failli, à compter du jour de la faillite, est dessaisi, de plein droit, de l'administration de tous ses biens. 447, 494, 530.

443. Nul ne peut acquérir privilège ni hypothèque sur les biens du

failli, dans les dix jours qui précèdent d'ouverture de la faillite.

444. Tous actes translatifs de propriétés immobilières, faits par le failli. à titre gratuit, dans les dix jours qui précèdent l'ouverture de la faillite, sont nuls et sans effet relativement à la masse des créanciers : tous actes du même genre, à titre onéreux, sont susceptibles d'être annulés, sur la demande des créanciers, s'ils paraissent aux juges porter des caractères de fraude. 445, Co. : 1167, 1582, C.

445. Tous actes ou engagemens pour fait de commerce, contractés par le débiteur dans les dix jours qui précèdent l'ouverture de la faillite, sont présumés frauduleux, quant au failli : ils sont nuls, lorsqu'il est prouvé qu'il y a fraude de la part des autres contractans. 1167, 1328, C.

446. Toutes sommes payées, dans les dix jours qui précèdent l'ouverture de la faillite, pour dettes commerciales non échues, sont rapportées.

447. Tous actes ou paiemens faits en fraude des créanciers, sont nuls. 1167, C.

448. L'ouverture de la faillite rend exigibles les dettes passives non échues : à l'égard des effets de commerce par lesquels le failli se trouvera être l'un des obligés, les autres obligés ne seront tenus que de donner caution pour le paiement à l'échéance, s'ils n'aiment mieux payer immédiatement. 1188, C.

CHAPITRE II.
DE L'APPOSITION DES SCELLÉS.

449. Dès que le tribunal de commerce aura connaissance de la faillite, soit par la déclaration du failli, soit par la requête de quelque créancier, soit par la notoriété publique, il ordonnera l'apposition des scellés : expédition du jugement sera sur-le-champ adressée au juge de paix. 441, 450, 454, Co. : 907, 912, P. c. ; 249, P.

450. Le juge de paix pourra aussi apposer les scellés, sur la notoriété acquise.

451. Les scellés seront apposés sur les magasins, comptoirs, caisses, portefeuilles, livres, registres, papiers, meubles et effets du failli.

452. Si la faillite est faite par des associés réunis en société collective, les scellés seront apposés, non-seulement dans le principal manoir de la société, mais dans le domicile séparé de chacun des associés solidaires.

453. Dans tous les cas, le juge de paix adressera, sans délai, au tribunal de commerce, le procès verbal de l'apposition des scellés.

CHAPITRE III.
DE LA NOMINATION DU JUGE-COMMISSAIRE ET DES AGENS DE LA FAILLITE.

454. Par le même jugement qui ordonnera l'apposition des scellés, le tribunal de commerce déclarera l'époque de l'ouverture de la faillite ; il nommera un de ses membres commissaire de la faillite, et un ou plusieurs agens, suivant l'importance de la faillite, pour remplir, sous la surveillance du commissaire, les fonctions qui leur sont attribuées par la présente loi. — Dans le cas où les scellés auraient été apposés par le juge de paix, sur la notoriété acquise, le tribunal se conformera au surplus des dispositions ci-dessus prescrites dès qu'il aura connaissance de la faillite. 441, 449, 455, 462, 481, 483, 485, 694, 525.

455. Le tribunal de commerce ordonnera, en même temps, ou le dépôt de la personne du failli dans la maison d'arrêt pour dettes, ou la garde de sa personne par un officier de police ou de justice, ou par un gendarme. Il ne pourra, en cet état, être reçu contre le failli, d'écrou ou recommandation, en vertu d'aucun jugement du tribunal de commerce. 466 et s., Co. ; 2063, C.

456. Les agens que nommera le tribunal pourront être choisis parmi les créanciers présumés, ou tous autres, qui offriraient le plus de garantie pour la fidélité de leur gestion. Nul ne pourra être nommé agent deux fois dans le cours de la même année, à moins qu'il ne soit créancier. 459, 462.

457. Le jugement sera affiché, et inséré par extrait dans les journaux, suivant le mode établi par l'art. 683 du Code de procédure civile. — Il

sera exécutoire provisoirement, mais susceptible d'opposition ; savoir : pour le failli, dans les huit jours qui suivront celui de l'affiche ; pour les créanciers présens ou représentés, et pour tout autre intéressé, jusques et y compris le jour du procès verbal constatant la vérification des créances; pour les créanciers en demeure, jusqu'à l'expiration du dernier délai qui leur aura été accordé.

458. Le juge commissaire fera au tribunal de commerce le rapport de toutes les contestations que la faillite pourra faire naître et qui seront de la compétence de ce tribunal. — Il sera chargé spécialement d'accélérer la confection du bilan, la convocation des créanciers, et de surveiller la gestion de la faillite, soit pendant la durée de la gestion provisoire des agens, soit pendant celle de l'administration des syndics provisoires ou définitifs. 466, 474, 476, 493, 508.

459. Les agens nommés par le tribunal de commerce géreront la faillite sous la surveillance du commissaire, jusqu'à la nomination des syndics : leur gestion provisoire ne pourra durer que quinze jours au plus, à moins que le tribunal ne trouve nécessaire de prolonger cette agence de quinze autres jours pour tout délai. 462, 482, 494, 499.

460. Les agens seront révocables par le tribunal qui les aura nommés. 456 et s.

461. Les agens ne pourront faire aucune fonction, avant d'avoir prêté serment, devant le commissaire, de bien et fidèlement s'acquitter des fonctions qui leur seront attribuées. 456 et s.

CHAPITRE IV.

DES FONCTIONS PRÉALABLES DES AGENS, ET DES PREMIÈRES DISPOSITIONS A L'ÉGARD DU FAILLI.

462. Si, après la nomination des agens et la prestation du serment, les scellés n'avaient point été apposés, les agens requerront le juge de paix de procéder à l'apposition. 449, 461.

463. Les livres du failli seront extraits des scellés, et remis par le juge de paix aux agens, après avoir été ar-

rêtés par lui : il constatera sommairement, par son procès verbal, l'état dans lequel ils se trouveront. — Les effets du portefeuille qui seront à courte échéance ou susceptibles d'acceptation seront aussi extraits des scellés par le juge de paix, décrits et remis aux agens pour en faire le recouvrement; le bordereau en sera remis au commissaire. — Les agens recevront les autres sommes dues au failli, et sur leurs quittances, qui devront être visées par le commissaire. Les lettres adressées au failli seront remises aux agens : ils les ouvriront, s'il est absent : s'il est présent, il assistera à leur ouverture. 8, 442, 465, 468, 472, 492, 585.

464. Les agens feront retirer et vendre les denrées et marchandises sujettes à dépérissement prochain, après avoir exposé leurs motifs au commissaire et obtenu son autorisation. — Les marchandises non dépérissables ne pourront être vendues par les agens qu'après la permission du tribunal de commerce, et sur le rapport du commissaire. 492.

465. Toutes les sommes reçues par les agens seront versées dans une caisse à deux clefs, dont il sera fait mention à l'article 496. — 550.

466. Après l'apposition des scellés, le commissaire rendra compte au tribunal de l'état apparent des affaires du failli, et pourra proposer ou sa mise en liberté pure et simple, avec sauf-conduit provisoire de sa personne, ou sa mise en liberté avec sauf-conduit, en fournissant caution de se représenter, sous peine de paiement d'une somme que le tribunal arbitrera, et qui tournera, le cas advenant, au profit des créanciers. 455, 468, 490.

467. A défaut par le commissaire de proposer un sauf-conduit pour le failli, ce dernier pourra présenter sa demande au tribunal de commerce, qui statuera après avoir entendu le commissaire.

468. Si le failli a obtenu un sauf-conduit, les agens l'appelleront auprès d'eux, pour clore et arrêter les livres en sa présence. — Si le failli ne se rend pas à l'invitation, il sera sommé de comparaître. — Si le failli ne

comparait pas quarante-huit heures après la sommation, il sera réputé s'être absenté à dessein. — Le failli pourra néanmoins comparaître par fondé de pouvoir, s'il propose des empêchemens jugés valables par le commissaire. 465, 472, 493, 498, 516, Co. ; 782, P. c.

469. Le failli qui n'aura pas obtenu de sauf-conduit comparaîtra par un fondé de pouvoir ; à défaut de quoi il sera réputé s'être absenté à dessein. 466, 472.

CHAPITRE V.
DU BILAN.

470. Le failli qui aura, avant la déclaration de sa faillite, préparé son bilan, ou état passif et actif de ses affaires, et qui l'aura gardé par devers lui, le remettra aux agens, dans les vingt-quatre heures de leur entrée en fonctions. 471, 528.

471. Le bilan devra contenir l'énumération et l'évaluation de tous les effets mobiliers et immobiliers du débiteur, l'état des dettes actives et passives, le tableau des profits et des pertes, le tableau des dépenses ; le bilan devra être certifié véritable, daté et signé par le débiteur.

472. Si, à l'époque de l'entrée en fonctions des agens, le failli n'avait pas préparé le bilan, il sera tenu, par lui ou par son fondé de pouvoir, suivant les cas prévus par les articles 468 et 469, de procéder à la rédaction du bilan, en présence des agens ou de la personne qu'ils auront proposée. — Les livres et papiers du failli lui seront, à cet effet, communiqués sans déplacement. 489.

473. Dans tous les cas où le bilan n'aurait pas été rédigé, soit par le failli soit par un fondé de pouvoir, les agens procéderont eux-mêmes à la formation du bilan, au moyen des livres et papiers du failli, et au moyen des informations et renseignemens qu'ils pourront se procurer auprès de la femme du failli, de ses enfans, de ses commis et autres employés.

474. Le juge-commissaire pourra aussi, soit d'office, soit sur la demande d'un ou de plusieurs créanciers, ou même de l'agent, interroger les individus désignés dans l'article précédent, à l'exception de la femme et des enfans du failli, tant sur ce qui concerne la formation du bilan, que sur les causes et les circonstances de sa faillite.

475. Si le failli vient à décéder après l'ouverture de sa faillite, sa veuve ou ses enfans pourront se présenter pour suppléer leur auteur dans la formation du bilan, et pour toutes les autres obligations imposées au failli par la présente loi ; à leur défaut, les agens procéderont. 468, 470, 487, 493, 516.

CHAPITRE VI.
DES SYNDICS PROVISOIRES.
SECTION I.
De la nomination des Syndics provisoires.

476. Dès que le bilan aura été remis par les agens au commissaire, celui-ci dressera, dans trois jours pour tout délai, la liste des créanciers, qui sera remise au tribunal de commerce, et il les fera convoquer par lettres, affiches, et insertion dans les journaux. 458.

477. Même avant la confection du bilan, le commissaire délégué pourra convoquer les créanciers, suivant l'exigence des cas.

478. Les créanciers susdits se réuniront, en présence du commissaire, aux jour et lieu indiqués par lui.

479. Toute personne qui se présenterait comme créancier à cette assemblée, et dont le titre serait postérieurement reconnu supposé de concert entre elle et le failli, encourra les peines portées contre les complices de banqueroutiers frauduleux. 402, 405. P.

480. Les créanciers réunis présenteront au juge-commissaire une liste triple du nombre des syndics provisoires qu'ils estimeront devoir être nommés ; sur cette liste, le tribunal de commerce nommera.

SECTION II.
De la Cessation des fonctions des Agens.

481. Dans les vingt-quatre heures

qui suivront la nomination des syndics provisoires, les agens cesseront leurs fonctions, et rendront compte aux syndics, en présence du commissaire, de toutes leurs opérations et de l'état de la faillite. 454, 485, 488, 527, Co. : 527, P. c.

482. Après ce compte rendu, les syndics continueront les opérations commencées par les agens, et seront chargés provisoirement de toute l'administration de la faillite, sous la surveillance du juge-commissaire. 458, 494, 499.

SECTION III.
Des Indemnités pour les Agens.

483. Les agens, après la reddition de leur compte, auront droit à une indemnité, qui leur sera payée par les syndics provisoires. 485.

484. Cette indemnité sera réglée selon les lieux et suivant la nature de la faillite, d'après les bases qui seront établies par un règlement d'administration publique.

485. Si les agens ont été pris parmi les créanciers, ils ne recevront aucune indemnité.

CHAPITRE VII.

DES OPÉRATIONS DES SYNDICS PROVISOIRES.

SECTION I.
De la levée des scellés, et de l'Inventaire.

486. Aussitôt après leur nomination, les syndics provisoires requerront la levée des scellés, et procéderont à l'inventaire des biens du failli. Ils seront libres de se faire aider, pour l'estimation, par qui ils jugeront convenable. Conformément à l'article 957 du Code de procédure civile, cet inventaire se fera par les syndics à mesure que les scellés seront levés, et le juge de paix y assistera et le signera à chaque vacation. 489, 517.

487. Le failli sera présent ou dûment appelé à la levée des scellés et aux opérations de l'inventaire. 468, 475.

488. En toute faillite, les agens, syndics provisoires et définitifs, seront tenus de remettre, dans la huitaine de leur entrée en fonctions, au ma-gistrat de sûreté, 22, I. c., de l'arrondissement, un mémoire ou compte sommaire de l'état apparent de la faillite, de ses principales causes et circonstances, et des caractères qu'elle paraît avoir. 481.

489. Le magistrat de sûreté pourra, s'il le juge convenable, se transporter au domicile du failli ou des faillis, assister à la rédaction du bilan, de l'inventaire et des autres actes de la faillite, se faire donner tous les renseignemens qui en résulteront, et faire en conséquence les actes ou poursuites nécessaires ; le tout d'office et sans frais. 471, 486, 520, 595.

490. S'il présume qu'il y a banqueroute simple ou frauduleuse, s'il y a mandat d'amener, de dépôt ou d'arrêt décerné contre le failli, il en donnera connaissance, sans délai, au juge-commissaire du tribunal de commerce ; en ce cas, ce commissaire ne pourra proposer ni le tribunal accorder de sauf-conduit au failli. 466, 468.

SECTION II.
De la Vente des Marchandises et Meubles, et des Recouvremens.

491. L'inventaire terminé, les marchandises, l'argent, les titres actifs, meubles et effets du débiteur, seront remis aux syndics, qui s'en chargeront au pied dudit inventaire. 465.

492. Les syndics pourront, sous l'autorisation du commissaire, procéder au recouvrement des dettes actives du failli. — Ils pourront aussi procéder à la vente de ses effets et marchandises, soit par la voie des enchères publiques, par l'entremise des courtiers et à la bourse soit à l'amiable, à leur choix. 465, 585, Co. : 126. P. c.

493. Si le failli a obtenu un sauf-conduit, les syndics pourront l'employer pour faciliter et éclairer leur gestion : ils fixeront les conditions de son travail. 468, 475.

494. A compter de l'entrée en fonctions des agens et ensuite des syndics, toute action civile intentée, avant la faillite, contre la personne et les biens mobiliers du failli, par un créancier privé, ne pourra être suivie que contre les agens et les syndics ; et toute

action qui serait intentée après la faillite ne pourra l'être que contre les agens et les syndics. 442, 454, 459, 482. 499.

495. Si les créanciers ont quelque motif de se plaindre des opérations des syndics, ils en référeront au commissaire, qui statuera, s'il y a lieu, on fera son rapport au tribunal de commerce. 458.

496. Les deniers provenant des ventes et des recouvremens seront versés, sous la déduction des dépenses et frais, dans une caisse à double serrure. Une des clefs sera remise au plus âgé des agens ou syndics, et l'autre à celui d'entre les créanciers que le commissaire aura préposé à cet effet. 465, 527, 550.

497. Toutes les semaines, le bordereau de situation de la caisse de la faillite sera remis au commissaire, qui pourra, sur la demande des syndics, et à raison des circonstances, ordonner le versement de tout ou partie des fonds à la caisse d'amortissement, ou entre les mains du délégué de cette caisse dans les départemens, à la charge de faire courir, au profit de la masse, les intérêts accordés aux sommes consignées à cette même caisse.

498. Le retirement des fonds versés à la caisse d'amortissement se fera en vertu d'une ordonnance du commissaire.

SECTION III.
Des Actes conservatoires.

499. A compter de leur entrée en fonctions, les agens, et ensuite les syndics, seront tenus de faire tous actes pour la conservation des droits du failli sur ses débiteurs. — Ils seront aussi tenus de requérir l'inscription aux hypothèques sur les immeubles des débiteurs du failli, si elle n'a été requise par ce dernier, et s'il a des titres hypothécaires. L'inscription sera reçue au nom des agens et syndics, qui joindront à leurs ... reaux un extrait des jugemens ... uront nommés. 469, 482, 494. ... seront tenus de prendre ... u nom de la masse des ... les immeubles du

failli dont ils connaîtront l'existence. L'inscription sera reçue sur un simple bordereau énonçant qu'il y a faillite, et relatant la date du jugement par lequel ils auront été nommés. 2146, 2154, C.

SECTION IV.
De la Vérification des Créances.

501. La vérification des créances sera faite sans délai; le commissaire veillera à ce qu'il y soit procédé diligemment, à mesure que les créanciers se présenteront. 504, 511, 519.

502. Tous les créanciers du failli seront avertis, à cet effet, par les papiers publics et par lettres des syndics, de se présenter, dans le délai de quarante jours, par eux ou par leurs fondés de pouvoir, aux syndics de la faillite : de leur déclarer à quel titre et pour quelle somme ils sont créanciers, et de leur remettre leurs titres de créance, ou de les déposer au greffe du tribunal de commerce. Il leur en sera donné récépissé. 512 et s.

503. La vérification des créances sera faite contradictoirement entre le créancier ou son fondé de pouvoir et les syndics, et en présence du juge-commissaire, qui en dressera procès verbal. Cette opération aura lieu dans les quinze jours qui suivront le délai fixé par l'article précédent. 505, 597.

504. Tout créancier dont la créance aura été vérifiée et affirmée pourra assister à la vérification des autres créances, et fournir tout contredit aux vérifications faites ou à faire. 506 et s.

505. Le procès verbal de vérification énoncera la représentation des titres de créance, le domicile des créanciers et de leurs fondés de pouvoir. — Il contiendra la description sommaire des titres, lesquels seront rapprochés des registres du failli. — Il mentionnera les surcharges, ratures et interlignes. — Il exprimera que le porteur est légitime créancier de la somme par lui réclamée. — Le commissaire pourra, suivant l'exigence des cas, demander aux créanciers la représentation de leurs registres, ou l'extrait fait par les juges de commerce du lieu, en vertu d'un com-

pulsoire; il pourra aussi. d'office, renvoyer devant le tribunal de commerce. qui statuera sur son rapport. 506, 508.

506. Si la créance n'est pas contestée, les syndics signeront, sur chacun des titres, la déclaration suivante : —*Admis au passif de la faillite de ***, pour la somme de.... le....* Le visa du commissaire sera mis au bas de la déclaration. 504, 514.

507. Chaque créancier, dans le délai de huitaine, après que sa créance aura été vérifiée, sera tenu d'affirmer, entre les mains du commissaire, que ladite créance est sincère et véritable. 513, 514, 597.

508. Si la créance est contestée en tout ou en partie, le juge commissaire, sur la réquisition des syndics, pourra ordonner la représentation des titres du créancier, et le dépôt de ces titres au greffe du tribunal de commerce. Il pourra même, sans qu'il soit besoin de citation, renvoyer les parties, à bref délai, devant le tribunal de commerce, qui jugera sur son rapport. 458.

509. Le tribunal de commerce pourra ordonner qu'il soit fait, devant le commissaire, enquête sur les faits, et que les personnes qui pourront fournir des renseignemens soient à cet effet citées par-devant lui. 252, 452, P. c.

510. A l'expiration des délais fixés pour les vérifications des créances, les syndics dresseront un procès verbal contenant les noms de ceux des créanciers qui n'auront pas comparu. Ce procès verbal, clos par le commissaire, les établira en demeure.

511. Le tribunal de commerce, sur le rapport du commissaire, fixera, par jugement, un nouveau délai pour la vérification. — Ce délai sera déterminé d'après la distance du domicile du créancier en demeure : de manière qu'il y ait un jour par chaque distance de trois myriamètres : à l'égard des créanciers résidant hors de France, on observera les délais prescrits par l'article 73 du Code de procédure civile.

512. Le jugement qui fixera le nouveau délai sera notifié aux créanciers, au moyen des formalités voulues par l'article 683 du Code de procédure civile ; l'accomplissement de ces formalités vaudra signification à l'égard des créanciers qui n'auront pas comparu, sans que, pour cela, la nomination des syndics définitifs soit retardée.

513. A défaut de comparution et affirmation dans le délai fixé par le jugement, les défaillans ne seront pas compris dans les répartitions à faire. 664, 756, 758, P. c. — Toutefois la voie de l'opposition leur sera ouverte jusqu'à la dernière distribution des deniers inclusivement, mais sans que les défaillans, quand même ils seraient des créanciers inconnus, puissent rien prétendre aux répartitions consommées, qui, à leur égard, seront réputées irrévocables, et sur lesquelles ils seront entièrement déchus de la part qu'ils auraient pu prétendre.

CHAPITRE VIII.
DES SYNDICS DÉFINITIFS ET DE LEURS FONCTIONS.
SECTION I.
De l'Assemblée des Créanciers dont les Créances sont vérifiées et affirmées.

514. Dans les trois jours après l'expiration des délais prescrits pour l'affirmation des créanciers connus, les créanciers dont les créances ont été admises seront convoqués par les syndics provisoires. 506, 511.

515. Aux lieu, jour et heure qui seront fixés par le commissaire, l'assemblée se formera sous sa présidence ; il n'y sera admis que des créanciers reconnus, ou leurs fondés de pouvoirs. 506, 510.

516. Le failli sera appelé à cette assemblée : il devra s'y présenter en personne, s'il a obtenu un sauf-conduit; et il ne pourra s'y faire représenter que pour des motifs valables, et approuvés par le commissaire. 468 475.

517. Le commissaire vérifiera les pouvoirs de ceux qui s'y présenteront comme fondés de procuration ; il fera rendre compte en sa présence, par les syndics provisoires, de l'état de la faillite, des formalités qui auront été

remplies et des opérations qui auront eu lieu : le failli sera entendu. 475.

518. Le commissaire tiendra procès verbal de ce qui aura été dit et décidé dans cette assemblée.

SECTION II.
Du Concordat.

519. Il ne pourra être consenti de traité entre les créanciers délibérans et le débiteur failli, qu'après l'accomplissement des formalités ci-dessus prescrites. — Ce traité ne s'établira que par le concours d'un nombre de créanciers formant la majorité, et représentant, en outre, par leurs titres de créances vérifiées, les trois quarts de la totalité des sommes dues, selon l'état des créances vérifiées et enregistrées, conformément à la section IV du chapitre VII; le tout à peine de nullité. 501, 522.

520. Les créanciers hypothécaires inscrits et ceux nantis d'un gage n'auront point de voix dans les délibérations relatives au concordat. 524, 555, 559.

521. Si l'examen des actes, livres et papiers du failli, donne quelque présomption de banqueroute, il ne pourra être fait aucun traité entre le failli et les créanciers, à peine de nullité : le commissaire veillera à l'exécution de la présente disposition. 526, 586 et s.

522. Le concordat, s'il est consenti, sera, à peine de nullité, signé séance tenante : si la majorité des créanciers présens consent au concordat, mais ne forme pas les trois quarts en somme, la délibération sera remise à huitaine pour tout délai. 519.

523. Les créanciers opposans au concordat seront tenus de faire signifier leurs oppositions aux syndics et au failli dans huitaine pour tout délai. 1167, C.

524. Le traité sera homologué dans la huitaine du jugement sur les oppositions. L'homologation le rendra obligatoire pour tous les créanciers, et conservera l'hypothèque à chacun d'eux sur les immeubles du failli; à cet effet, les syndics seront tenus de faire inscrire aux hypothèques le jugement d'homologation, à moins qu'il

n'y ait été dérogé par le concordat. 526, 559, 588. Co.; 2146, C.

525. L'homologation étant signifiée aux syndics provisoires, ceux-ci rendront leur compte définitif au failli, en présence du commissaire; ce compte sera débattu et arrêté. En cas de contestation, le tribunal de commerce prononcera : les syndics remettront ensuite au failli l'universalité de ses biens, ses livres, papiers, effets. — Le failli donnera décharge; les fonctions du commissaire et des syndics cesseront, et il sera dressé du tout procès verbal par le commissaire. 527, P. c.

526. Le tribunal de commerce pourra, pour cause d'inconduite ou de fraude, refuser l'homologation du concordat; et, dans ce cas, le failli sera en prévention de banqueroute, et renvoyé de droit devant le magistrat de sûreté, qui sera tenu de poursuivre d'office. — S'il accorde l'homologation, le tribunal déclarera le failli excusable, et susceptible d'être réhabilité aux conditions exprimées au titre ci après de la Réhabilitation. 531, 586, 604, Co.; 29, I. c.

SECTION III.
De l'Union des Créanciers.

527. S'il n'intervient point de traité, les créanciers assemblés formeront, à la majorité individuelle des créanciers présens, un contrat d'union; ils nommeront un ou plusieurs syndics définitifs : les créanciers nommeront un caissier, chargé de recevoir les sommes provenant de toute espèce de recouvrement. Les syndics définitifs recevront le compte des syndics provisoires, ainsi qu'il a été dit pour le compte des agens à l'article 481. — 465, 496, 565.

528. Les syndics représenteront la masse des créanciers; ils procéderont à la vérification du bilan, s'il y a lieu. — Ils poursuivront, en vertu du contrat d'union, et sans autres titres authentiques, la vente des immeubles du failli, celle de ses marchandises et effets mobiliers, et la liquidation de ses dettes actives et passives, le tout sous la surveillance du commissaire, et sans qu'il soit besoin

d'appeler le failli. 470. 492, 564, 588, 600.

529. Dans tous les cas, il sera, sous l'approbation du commissaire, remis au failli et à sa famille, les vêtemens, hardes et meubles nécessaires à l'usage de leurs personnes. Cette remise se fera sur la proposition des syndics, qui en dresseront l'état. 554.

530. S'il n'existe pas de présomption de banqueroute, le failli aura droit de demander, à titre de secours, une somme sur ses biens : les syndics en proposeront la quotité : et le tribunal, sur le rapport du commissaire, la fixera en proportion des besoins et de l'étendue de la famille du failli, de sa bonne foi, et du plus ou moins de perte qu'il fera supporter à ses créanciers. 442, 465, 496.

531. Toutes les fois qu'il y aura union de créanciers, le commissaire du tribunal de commerce lui rendra compte des circonstances. Le tribunal prononcera, sur son rapport, comme il est dit à la section II du présent chapitre, si le failli est ou non excusable, et susceptible d'être réhabilité. — En cas de refus du tribunal de commerce, le failli sera en prévention de banqueroute, et renvoyé, de droit, devant le magistrat de sûreté, 586, 604. Co. ; 29. I. c., comme il est dit à l'article 526.

CHAPITRE IX.

DES DIFFÉRENTES ESPÈCES DE CRÉANCIERS, ET DE LEURS DROITS EN CAS DE FAILLITE.

SECTION I.
Dispositions générales.

532. S'il n'y a pas d'action en expropriation des immeubles, formée avant la nomination des syndics définitifs, eux seuls seront admis à poursuivre la vente : ils seront tenus d'y procéder dans huitaine, selon la forme qui sera indiquée ci-après. 564, Co. ; 637, P. c.

533. Les syndics présenteront au commissaire l'état des créanciers se prétendant privilégiés sur les meubles: et le commissaire autorisera le paiement de ces créanciers sur les premiers deniers rentrés. S'il y a des créanciers contestant le privilége, le tribunal prononcera : les frais seront supportés par ceux dont la demande aura été rejetée, et ne seront pas au compte de la masse. 2100, C.

534. Le créancier porteur d'engagemens solidaires entre le failli et d'autres coobligés qui sont en faillite, participera aux distributions dans toutes les masses, jusqu'à son parfait et entier paiement. 558 et s.

535. Les créanciers du failli qui seront valablement nantis par des gages ne seront inscrits dans la masse que pour mémoire. 520, 526.

536. Les syndics seront autorisés à retirer les gages au profit de la faillite, en remboursant la dette.

537. Si les syndics ne retirent pas le gage, qu'il soit vendu par les créanciers, et que le prix excède la créance, le surplus sera recouvré par les syndics; si le prix est moindre que la créance, le créancier nanti viendra à contribution pour le surplus. 558 et s.

538. Les créanciers garantis par un cautionnement seront compris dans la masse, sous la déduction des sommes qu'ils auront reçues de la caution; la caution sera comprise dans la même masse pour tout ce qu'elle aura payé à la décharge du failli. 558 et s.

SECTION II.
Des Droits des Créanciers hypothécaires.

539. Lorsque la distribution du prix des immeubles sera faite antérieurement à celle du prix des meubles, ou simultanément, les seuls créanciers hypothécaires non remplis sur le prix des immeubles, concourront, à proportion de ce qui leur restera dû, avec les créanciers chirographaires, sur les deniers appartenant à la masse chirographaire. 520, 524, 545, 558.

540. Si la vente du mobilier précède celle des immeubles et donne lieu à une ou plusieurs répartitions de deniers avant la distribution du prix des immeubles, les créanciers hypothécaires concourront à ces répartitions dans la proportion de leurs créances totales, et sauf, le cas

échéant, les distractions dont il sera ci-après parlé. 558 et s.

541. Après la vente des immeubles et le jugement d'ordre entre les créanciers hypothécaires, ceux d'entre ces derniers qui viendront en ordre utile sur le prix des immeubles pour la totalité de leurs créances, ne toucheront le montant de leur collocation hypothécaire que sous la déduction des sommes par eux perçues dans la masse chirographaire. — Les sommes ainsi déduites ne resteront point dans la masse hypothécaire, mais retourneront à la masse chirographaire, au profit de laquelle Il en sera fait distraction 558 et s.

542. A l'égard des créanciers hypothécaires qui ne seront colloqués que partiellement dans la distribution du prix des immeubles, il sera procédé comme il suit : —Leurs droits sur la masse chirographaire seront définitivement réglés d'après les sommes dont ils resteront créanciers après leur collocation immobilière ; et les deniers qu'ils auront touchés au delà de cette proportion dans la distribution antérieure, leur seront retenus sur le montant de leur collocation hypothécaire, et reversés dans la masse chirographaire.

543. Les créanciers hypothécaires qui ne viennent point en ordre utile, seront considérés comme purement et simplement chirographaires. 558 et s.

SECTION III.
Des Droits des Femmes.

544. En cas de faillite, les droits et actions des femmes, lors de la publication de la présente loi, seront réglés ainsi qu'il suit. 547, Co. ; 1445, 1470, 1495, 1514, 1536, 1541, 1564, C.

545. Les femmes mariées sous le régime dotal, les femmes séparées de biens, et les femmes communes en biens qui n'auraient point mis les immeubles apportés en communauté, reprendront en nature lesdits immeubles et ceux qui leur seront survenus par successions ou donations entre-vifs ou pour cause de mort. 548, Co. : 1470, 1495. 1554, 1564, C.

546. Elles reprendront pareillement les immeubles acquis par elles et en leur nom, des deniers provenant desdites successions et donations, pourvu que la déclaration d'emploi soit expressément stipulée au contrat d'acquisition, et que l'origine des deniers soit constatée par inventaire ou par tout autre acte authentique. 547, Co. : 1402, 1495, C.

547. Sous quelque régime qu'ait été formé le contrat de mariage, hors le cas prévu par l'article précédent, la présomption légale est que les biens acquis par la femme du failli appartiennent à son mari, sont payés de ses deniers, et doivent être réunis à la masse de son actif : sauf à la femme à fournir la preuve du contraire. 550, Co. : 1402, 1404, C.

548. L'action en reprise, résultant des dispositions des articles 545 et 546, ne sera exercée par la femme qu'à charge des dettes et hypothèques dont les biens seront grevés, soit que la femme s'y soit volontairement obligée, soit qu'elle y ait été judiciairement condamnée.

549. La femme ne pourra exercer. dans la faillite, aucune action à raison des avantages portés au contrat de mariage : et réciproquement, les créanciers ne pourront se prévaloir, dans aucun cas, des avantages faits par la femme au mari dans le même contrat. 553, Co. : 1091, 1096, 1480, 1515, C.

550. En cas que la femme ait payé des dettes pour son mari, la présomption légale est qu'elle l'a fait des deniers de son mari ; et elle ne pourra, en conséquence, exercer aucune action dans la faillite, sauf la preuve contraire, comme il est dit à l'article 547.

551. La femme dont le mari était commerçant à l'époque de la célébration du mariage n'aura hypothèque, pour les deniers ou effets mobiliers qu'elle justifiera avoir apportés en dot, pour le remploi de ses biens aliénés pendant le mariage, et pour l'indemnité des dettes par elle contractées avec son mari, que sur les immeubles qui appartenaient à son mari, à l'époque

ci-dessus. 553, Co.; 1472, 1493, 2155, C.

552. Sera, à cet égard, assimilée à la femme dont le mari était commerçant à l'époque de la célébration du mariage, la femme qui aura épousé un fils de négociant, n'ayant, à cette époque, aucun état ou profession déterminée, et qui deviendrait lui-même négociant. 555, Co.; 1472, 1495. 2155, C.

553. Sera exceptée des dispositions des articles 549 et 551, et jouira de tous les droits hypothécaires accordés aux femmes par le Code civil, la femme dont le mari avait, à l'époque de la célébration du mariage, une profession déterminée autre que celle de négociant : néanmoins cette exception ne sera pas applicable à la femme dont le mari ferait le commerce dans l'année qui suivrait la célébration du mariage. 2155, C.

554. Tous les meubles meublans, effets mobiliers, diamans, tableaux, vaisselle d'or et d'argent, et autres objets, tant à l'usage du mari qu'à celui de la femme, sous quelque régime qu'ait été formé le contrat de mariage, seront acquis aux créanciers, sans que la femme puisse en recevoir autre chose que les habits et linge à son usage, qui lui seront accordés d'après les dispositions de l'article 529. —Toutefois la femme pourra reprendre les bijoux, diamans et vaisselle qu'elle pourra justifier, par état légalement dressé, annexé aux actes, ou par bons et loyaux inventaires, lui avoir été donnés par contrat de mariage, ou lui être advenus par succession seulement.

555. La femme qui aurait détourné, diverti ou recélé des effets mobiliers portés en l'article précédent, des marchandises, des effets de commerce, de l'argent comptant, sera condamnée à les rapporter à la masse, et poursuivie en outre comme complice de banqueroute frauduleuse. 597, Co.; 1460, 1477. C.; 403. P.

556. Pourra aussi, suivant la nature des cas, être poursuivie comme complice de banqueroute frauduleuse, la femme qui aura prêté son nom ou son intervention à des actes faits par le mari en fraude de ses créanciers. 597, Co. : 403, P.

557. Les dispositions portées en la présente section ne seront point applicables aux droits et actions des femmes acquis avant la publication de la présente loi. 544.

CHAPITRE X.

DE LA RÉPARTITION ENTRE LES CRÉANCIERS, ET DE LA LIQUIDATION DU MOBILIER.

558. Le montant de l'actif mobilier du failli, distraction faite des frais et dépenses de l'administration de la faillite, du secours qui a été accordé au failli, et des sommes payées aux privilégiés, sera réparti entre tous les créanciers au marc le franc de leurs créances vérifiées et affirmées. 534, 539.

559. A cet effet, les syndics remettront, tous les mois, au commissaire, un état de situation de la faillite, et des deniers existant en caisse ; le commissaire ordonnera, s'il y a lieu, une répartition entre les créanciers, et en fixera la quotité.

560. Les créanciers seront avertis des décisions du commissaire et de l'ouverture de la répartition.

561. Nul paiement ne sera fait que sur la représentation du titre constitutif de la créance. — Le caissier mentionnera, sur le titre, le paiement qu'il effectuera : le créancier donnera quittance en marge de l'état de répartition.

562. Lorsque la liquidation sera terminée, l'union des créanciers sera convoquée à la diligence des syndics sous la présidence du commissaire ; les syndics rendront leur compte, et son reliquat formera la dernière répartition. 527, P. c.

563. L'union pourra, dans tout état de cause, se faire autoriser par le tribunal de commerce, le failli dûment appelé, à traiter à forfait des droits et actions dont le recouvrement n'aurait pas été opéré, et à les aliéner : en ce cas, les syndics feront tous les actes nécessaires.

CHAPITRE XI.

DU MODE DE VENTE DES IMMEUBLES DU FAILLI.

564. Les syndics de l'union, sous l'autorisation du commissaire, procéderont à la vente des immeubles suivant les formes prescrites par le Code civil pour la vente des biens des mineurs. 528, Co. ; 459, C. : 958. P. c.

565. Pendant huitaine après l'adjudication, tout créancier aura droit de surenchérir. La surenchère ne pourra être au-dessous du dixième du prix principal de l'adjudication. 710. P. c.

TITRE II.

DE LA CESSION DE BIENS.

566. La cession de biens par le failli est volontaire ou judiciaire. 1265, C. : 898. P. c.

567. Les effets de la cession volontaire se déterminent par les conventions entre le failli et les créanciers. 1266, C.

568. La cession judiciaire n'éteint point l'action des créanciers sur les biens que le failli peut acquérir par la suite ; elle n'a d'autre effet que de soustraire le débiteur à la contrainte par corps. 1268, 1270, C. ; 800, P. c.

569. Le failli qui sera dans le cas de réclamer la cession judiciaire sera tenu de former sa demande au tribunal, qui se fera remettre les titres nécessaires : la demande sera insérée dans les papiers publics, comme il est dit à l'article 683 du Code de procédure civile. 655, Co. ; 898, P. c.

570. La demande ne suspendra l'effet d'aucune poursuite, sauf au tribunal à ordonner, parties appelées, qu'il y sera sursis provisoirement. 900, P. c.

571. Le failli admis au bénéfice de cession sera tenu de faire ou de réitérer sa cession en personne et non par procureur, ses créanciers appelés, à l'audience du tribunal de commerce de son domicile ; et, s'il n'y a pas de tribunal de commerce, à la maison commune, un jour de séance. La déclaration du failli sera constatée, dans ce dernier cas, par le procès-verbal de l'huissier, qui sera signé par le maire 901, P. c.

572. Si le débiteur est détenu, le jugement qui l'admettra au bénéfice de cession ordonnera son extraction, avec les précautions en tel cas requises et accoutumées, à l'effet de faire sa déclaration conformément à l'article précédent. 902, P. c.

573. Les nom, prénoms, profession et demeure du débiteur, seront insérés dans les tableaux à ce destinés, placés dans l'auditoire du tribunal de commerce de son domicile, ou du tribunal civil qui en fait les fonctions, dans le lieu des séances de la maison commune, et à la bourse. 903, 909 , P. c.

574. En exécution du jugement qui admettra le débiteur au bénéfice de cession, les créanciers pourront faire vendre les biens meubles et immeubles du débiteur, et il sera procédé à cette vente dans les formes prescrites pour les ventes faites par union de créanciers. 903, 904, P. c. ; 1269, C.

575. Ne pourront être admis au bénéfice de cession, 1270, 1945, C. ; 905, P. c, — 1° Les stellionataires, les banqueroutiers frauduleux, les personnes condamnées pour fait de vol ou d'escroquerie, ni les personnes comptables ; — 2° Les étrangers, les tuteurs, administrateurs ou dépositaires. 596, 613, Co. : 1945, 2059, C. ; 905, P. c. ; 579, 405, P.

TITRE III.

DE LA REVENDICATION.

576. Le vendeur pourra, en cas de faillite, revendiquer les marchandises par lui vendues et livrées, et dont le prix ne lui a pas été payé, dans les cas et aux conditions ci-après exprimés.

577. La revendication ne pourra avoir lieu que pendant que les marchandises expédiées seront encore en route, soit par terre, soit par eau, et avant qu'elles soient entrées dans les magasins du failli ou dans les magasins du commissionnaire chargé de les vendre pour le compte du failli. 93. Co. : 2102, C. ; 826, P. c.

578. Elles ne pourront être revendiquées, si, avant leur arrivée, elles

ont été vendues sans fraude, sur factures et connaissement ou lettres de voiture.

579. En cas de revendication, le revendiquant sera tenu de rendre l'actif du failli indemne de toute avance faite pour fret ou voiture, commission, assurance ou autres frais, et de payer les sommes dues pour mêmes causes, si elles n'ont pas été acquittées.

580. La revendication ne pourra être exercée que sur les marchandises qui seront reconnues être identiquement les mêmes, et que lorsqu'il sera reconnu que les balles, barriques ou enveloppes dans lesquelles elles se trouvaient lors de la vente, n'ont pas été ouvertes, que les cordes ou marques n'ont été ni enlevées ni changées, et que les marchandises n'ont subi en nature et quantité ni changement ni altération.

581. Pourront être revendiquées, aussi long-temps qu'elles existeront en nature, en tout ou en partie, les marchandises consignées au failli, à titre de dépôt, ou pour être vendues pour le compte de l'envoyeur : dans ce dernier cas même, le prix desdites marchandises pourra être revendiqué, s'il n'a pas été payé ou passé en compte courant entre le failli et l'acheteur. 593.

582. Dans tous les cas de revendication, excepté ceux de dépôt et de consignation de marchandises, les syndics des créanciers auront la faculté de retenir les marchandises revendiquées, en payant au réclamant le prix convenu entre lui et le failli.

583. Les remises en effets de commerce, ou en tous autres effets non encore échus, ou échus et non encore payés, et qui se trouveront en nature dans le portefeuille du failli à l'époque de sa faillite, pourront être revendiquées, si ces remises ont été faites par le propriétaire avec le simple mandat d'en faire le recouvrement et d'en garder la valeur à sa disposition, ou si elles ont reçu de sa part la destination spéciale de servir au paiement d'acceptations ou de billets tirés au domicile du failli.

584. La revendication aura pareillement lieu pour les remises faites sans acceptation ni disposition, si elles sont entrées dans un compte courant par lequel le propriétaire ne serait que créditeur : mais elle cessera d'avoir lieu, si, à l'époque des remises, il était débiteur d'une somme quelconque.

585. Dans les cas où la loi permet la revendication, les syndics examineront les demandes ; ils pourront les admettre, sauf l'approbation du commissaire ; s'il y a contestation, le tribunal prononcera, après avoir entendu le commissaire.

TITRE IV.

DES BANQUEROUTES.

CHAPITRE PREMIER.
DE LA BANQUEROUTE SIMPLE.

586. Sera poursuivi comme banqueroutier simple, et pourra être déclaré tel, le commerçant failli qui se trouvera dans l'un ou plusieurs des cas suivans ; savoir : — 1° Si les dépenses de sa maison, qu'il est tenu d'inscrire mois par mois sur son livre-journal, sont jugées excessives ; — 2° S'il est reconnu qu'il a consommé de fortes sommes au jeu, ou à des opérations de pur hasard ; — 3° S'il résulte de son dernier inventaire que son actif étant de cinquante pour cent au-dessous de son passif, il a fait des emprunts considérables, et s'il a revendu des marchandises à perte ou au-dessous du cours ; — 4° S'il a donné des signatures de crédit ou de circulation pour une somme triple de son actif, selon son dernier inventaire. 8. 89. 592. 600, Co. ; 59, 402, P.

587. Pourra être poursuivi comme banqueroutier simple, et être déclaré tel. — Le failli qui n'aura pas fait au greffe la déclaration prescrite par l'article 440 : — Celui qui, s'étant absenté, ne se sera pas présenté en personne aux agens et aux syndics dans les délais fixés, et sans empêchement légitime ; — Celui qui présentera des livres irrégulièrement tenus, sans néanmoins que les irrégularités indiquent de fraude, ou qui ne les présentera pas tous : — Celui qui, ayant

une société, ne se sera pas conformé à l'article 440. — S, 468, 472, 516, 594.

588. Les cas de banqueroute simple seront jugés par les tribunaux de police correctionnelle, sur la demande des syndics ou sur celle de tout créancier du failli ou sur la poursuite d'office qui sera faite par le ministère public. 523, 524, 528, Co. ; 179, I. c.; 402, P.

589. Les frais de poursuite en banqueroute simple seront supportés par la masse, dans le cas où la demande aura été introduite par les syndics de la faillite. 528, Co. ; 194, I. c.

590. Dans le cas où la poursuite aura été intentée par un créancier, il supportera les frais, si le prévenu est déchargé; lesdits frais seront supportés par la masse, s'il est condamné. 194, I. c.

591. Les procureurs du roi sont tenus d'interjeter appel de tous jugemens des tribunaux de police correctionnelle, lorsque, dans le cours de l'instruction, ils auront reconnu que la prévention de banqueroute simple est de nature à être convertie en prévention de banqueroute frauduleuse. 202, 205, I. c.

592. Le tribunal de police correctionnelle, en déclarant qu'il y a banqueroute simple, devra, suivant l'exigence des cas, prononcer l'emprisonnement pour un mois au moins, et deux ans au plus. — Les jugemens seront affichés en outre, et insérés dans un journal, conformément à l'article 683 du Code de procédure civile. 613. Co. ; 402, P.

CHAPITRE II.
DE LA BANQUEROUTE FRAUDULEUSE.

593. Sera déclaré banqueroutier frauduleux tout commerçant failli qui se trouvera dans un ou plusieurs des cas suivans; savoir : — 1° S'il a supposé des dépenses ou des pertes, ou ne justifie pas de l'emploi de toutes ses recettes; — 2° S'il a détourné aucune somme d'argent, aucune dette active, aucunes marchandises, denrées ou effets mobiliers; — 3° S'il a fait des ventes, négociations ou donations supposées; — 4° S'il a supposé des dettes passives et collusoires entre lui

et des créanciers fictifs, en faisant des écritures simulées : ou en se constituant débiteur, sans cause ni valeur, par des actes publics ou par des engagemens sous signature privée : — 5° Si, ayant été chargé d'un mandat spécial, ou constitué dépositaire d'argent, d'effets de commerce, de denrées ou marchandises, il a, au préjudice du mandat ou dépôt, appliqué à son profit les fonds ou la valeur des objets sur lesquels portait soit le mandat, soit le dépôt ; — 6° S'il a acheté des immeubles ou des effets mobiliers à la faveur d'un prête-nom ; — 7° S'il a caché ses livres. 402, P. ; 14, 69, 95, 465, 472, 581, 597, 600, Co. ; 1927, 1987, 1996, C.

594. Pourra être poursuivi comme banqueroutier frauduleux, et être déclaré tel. — Le failli qui n'a pas tenu de livres, ou dont les livres ne présenteront pas sa véritable situation active et passive; — Celui qui, ayant obtenu un sauf-conduit, ne se sera pas représenté à justice. 8, 468, 472, 516, 587.

595. Les cas de banqueroute frauduleuse seront poursuivis d'office devant les cours d'assises, par les procureurs du roi et leurs substituts, sur la notoriété publique, ou sur la dénonciation soit des syndics, soit d'un créancier. 63, 274.

596. Lorsque le prévenu aura été atteint et déclaré coupable des délits énoncés dans les articles précédens, il sera puni des peines portées au Code pénal pour la banqueroute frauduleuse. 599, 612, Co. ; 402, P.

597. Seront déclarés complices des banqueroutiers frauduleux et seront condamnés aux mêmes peines que l'accusé, les individus qui seront convaincus de s'être entendus avec le banqueroutier pour recéler ou soustraire tout ou partie de ses biens meubles ou immeubles; d'avoir acquis sur lui des créances fausses, et qui, à la vérification et affirmation de leurs créances, auront persévéré à les faire valoir comme sincères et véritables. 555, 595, 598, 600. Co. ; 59, 366, 405, P.

598. Le même jugement qui aura prononcé les peines contre les com-

plices de banqueroutes frauduleuses les condamnera, — 1° A réintégrer à la masse des créanciers, les biens, droits et actions frauduleusement soustraits; — 2° A payer, envers ladite masse, des dommages-intérêts égaux à la somme dont ils ont tenté de la frauder.

599. Les arrêts des cours d'assises contre les banqueroutiers et leurs complices seront affichés, et de plus insérés dans un journal, conformément à l'art. 685 du Code de procédure civile. 612.

CHAPITRE III.
DE L'ADMINISTRATION DES BIENS EN CAS DE BANQUEROUTE.

600. Dans tous les cas de poursuites et de condamnations en banqueroute simple ou en banqueroute frauduleuse, les actions civiles, autres que celles dont il est parlé dans l'article 598, resteront séparées; et toutes les dispositions relatives aux biens, prescrites pour la faillite, seront exécutées sans qu'elles puissent être attirées, attribuées ni évoquées aux tribunaux de police correctionnelle ni aux cours d'assises. 528.

601. Seront cependant tenus les syndics de la faillite, de remettre aux procureurs du roi et à leurs substituts, toutes les pièces, titres, papiers et renseignemens qui leur seront demandés.

602. Les pièces, titres et papiers délivrés par les syndics, seront, pendant le cours de l'instruction, tenus en état de communication par la voie du greffe: cette communication aura lieu sur la réquisition des syndics, qui pourront y prendre des extraits privés ou en requérir d'officiels qui leur seront expédiés par le greffier.

603. Lesdites pièces, titres et papiers, seront, après le jugement, remis aux syndics, qui en donneront décharge; sauf néanmoins les pièces dont le jugement ordonnera le dépôt judiciaire.

TITRE V.

DE LA RÉHABILITATION.

604. Toute demande en réhabilitation, de la part du failli, sera adressée à la cour royale dans le ressort de laquelle il sera domicilié. 83, 526, 551, 612, Co.; 619, I. c.

605. Le demandeur sera tenu de joindre à sa pétition les quittances et autres pièces justifiant qu'il a acquitté intégralement toutes les sommes par lui dues en principal, intérêts et frais.

606. Le procureur général près la cour royale, sur la communication qui lui aura été faite de la requête, en adressera des expéditions, certifiées de lui, au procureur du roi près le tribunal d'arrondissement, et au président du tribunal de commerce du domicile du pétitionnaire, et, s'il a changé de domicile depuis la faillite, au tribunal de commerce dans l'arrondissement duquel elle a eu lieu, en les chargeant de recueillir tous les renseignemens qui seront à leur portée, sur la vérité des faits qui auront été exposés.

607. A cet effet, à la diligence tant du procureur du roi que du président du tribunal de commerce, copie de ladite pétition restera affichée, pendant un délai de deux mois, tant dans les salles d'audience de chaque tribunal, qu'à la bourse et à la maison commune, et sera insérée par extrait dans les papiers publics.

608. Tout créancier qui n'aura pas été payé intégralement de sa créance en principal, intérêts et frais, et toute autre partie intéressée, pourront, pendant la durée de l'affiche, former opposition à la réhabilitation, par simple acte au greffe, appuyé des pièces justificatives, s'il y a lieu. Le créancier opposant ne pourra jamais être partie dans la procédure tenue pour la réhabilitation, sans préjudice toutefois de ses autres droits.

609. Après l'expiration des deux mois, le procureur du roi et le président du tribunal de commerce transmettront, chacun séparément, au procureur général près la cour royale, les renseignemens qu'ils auront recueillis, les oppositions qui auront pu être formées, et les connaissances particulières qu'ils auraient sur la conduite du failli: ils y joindront leur avis sur sa demande.

610. Le procureur général près la cour royale fera rendre, sur le tout, arrêt portant admission ou rejet de la demande en réhabilitation : si la demande est rejetée, elle ne pourra plus être reproduite.

611. L'arrêt portant réhabilitation sera adressé tant au procureur du roi qu'au président des tribunaux auxquels la demande aura été adressée. Ces tribunaux en feront faire la lecture publique, et la transcription sur leurs registres.

612. Ne seront point admis à la réhabilitation, les stellionataires, les banqueroutiers frauduleux, les personnes condamnées pour fait de vol ou d'escroquerie, ni les personnes comptables, telles que les tuteurs, administrateurs ou dépositaires, qui n'auront pas rendu ou apuré leurs comptes. 83, 575, 596, Co. ; 1945, 2059, C. : 379, 405, P.

613. Pourra être admis à la réhabilitation le banqueroutier simple qui aura subi le jugement par lequel il aura été condamné. 592.

614. Nul commerçant failli ne pourra se présenter à la bourse, à moins qu'il n'ait obtenu sa réhabilitation. 71.

LIVRE IV.

DE LA JURIDICTION COMMERCIALE.

(Loi décrétée le 14 septembre 1807. Promulguée le 24.)

TITRE PREMIER.

DE L'ORGANISATION DES TRIBUNAUX DE COMMERCE.

615. Un règlement d'administration publique déterminera le nombre des tribunaux de commerce, et les villes qui seront susceptibles d'en recevoir par l'étendue de leur commerce et de leur industrie. 640. 641.

616. L'arrondissement de chaque tribunal de commerce sera le même que celui du tribunal civil dans le ressort duquel il sera placé ; et s'il se trouve plusieurs tribunaux de commerce dans le ressort d'un seul tribunal civil, il leur sera assigné des arrondissemens particuliers.

617. Chaque tribunal de commerce sera composé d'un juge-président, de juges et de suppléans. Le nombre des juges ne pourra pas être au-dessous de deux, ni au-dessus de huit, non compris le président. Le nombre des suppléans sera proportionné au besoin du service. Le règlement d'administration publique fixera, pour chaque tribunal, le nombre des juges et celui des suppléans.

618. Les membres des tribunaux de commerce seront élus dans une assemblée composée de commerçans notables, et principalement des chefs des maisons les plus anciennes et les plus recommandables par la probité, l'esprit d'ordre et d'économie. 1 et s.

619. La liste des notables sera dressée, sur tous les commerçans de l'arrondissement, par le préfet, et approuvée par le ministre de l'intérieur : leur nombre ne peut être au-dessous de vingt-cinq dans les villes où la population n'excède pas quinze mille âmes ; dans les autres villes, il doit être augmenté à raison d'un électeur pour mille âmes de population.

620. Tout commerçant pourra être nommé juge ou suppléant, s'il est âgé de trente ans, s'il exerce le commerce avec honneur et distinction depuis cinq ans. Le président devra être âgé de quarante ans, et ne pourra être choisi que parmi les anciens juges, y compris ceux qui ont exercé dans les tribunaux actuels, et même les anciens juges-consuls des marchands.

621. L'élection sera faite au scrutin individuel, à la pluralité absolue des suffrages ; et lorsqu'il s'agira d'élire le président, l'objet spécial de cette élection sera annoncé avant d'aller au scrutin.

622. A la première élection, le président et la moitié des juges et des suppléans dont le tribunal sera composé seront nommés, pour deux ans; la seconde moitié des juges et des suppléans sera nommée pour un an : aux élections postérieures, toutes les nominations seront faites pour deux ans.

623. Le président et les juges ne pourront rester plus de deux ans en place, ni être réélus qu'après un an d'intervalle.

624. Il y aura près de chaque tribunal un greffier et des huissiers nommés par le roi : leurs droits, vacations et devoirs, seront fixés par un règlement d'administration publique.

625. Il sera établi, pour la ville de Paris seulement, des gardes du commerce pour l'exécution des jugemens emportant la contrainte par corps : la forme de leur organisation et leurs attributions seront déterminées par un règlement particulier. 781, P. c.

626. Les jugemens, dans les tribunaux de commerce, seront rendus par trois juges au moins : aucun suppléant ne pourra être appelé que pour compléter ce nombre.

627. Le ministère des avoués est interdit dans les tribunaux de commerce, conformément à l'article 414 du Code de procédure civile; nul ne pourra plaider pour une partie devant ces tribunaux, si la partie, présente à l'audience, ne l'autorise, ou s'il n'est muni d'un pouvoir spécial. Ce pouvoir, qui pourra être donné au bas de l'original ou de la copie de l'assignation, sera exhibé au greffier avant l'appel de la cause, et par lui visé sans frais.

628. Les fonctions des juges de commerce sont seulement honorifiques.

629. Ils prêtent serment avant d'entrer en fonctions, à l'audience de la cour royale, lorsqu'elle siége dans l'arrondissement communal où le tribunal de commerce est établi : dans le cas contraire, la cour royale commet, si les juges de commerce le demandent, le tribunal civil de l'arrondissement pour recevoir leur serment; et, dans ce cas, le tribunal en dresse procès verbal, et l'envoie à la cour royale, qui en ordonne l'insertion

dans ses registres. Ces formalités sont remplies sur les conclusions du ministère public, et sans frais.

630. Les tribunaux de commerce sont dans les attributions et sous la surveillance du ministre de la justice.

TITRE II.
DE LA COMPÉTENCE DES TRIBUNAUX DE COMMERCE.

631. Les tribunaux de commerce connaîtront, — 1º De toutes contestations relatives aux engagemens et transactions entre négocians, marchands et banquiers; — 2º Entre toutes personnes, des contestations relatives aux actes de commerce. 1, 457, Co.; 171, 414, P. c.

632. La loi répute actes de commerce, — Tout achat de denrées et marchandises pour les revendre, soit en nature, soit après les avoir travaillées et mises en œuvre, ou même pour en louer simplement l'usage : —Toute entreprise de manufactures. de commission, de transport par terre ou par eau ; — Toute entreprise de fournitures, d'agences, bureaux d'affaires, établissemens de ventes à l'encan, de spectacles publics; — Toute opération de change, banque et courtage ; —Toutes les opérations des banques publiques; — Toutes obligations entre négocians, marchands et banquiers; — Entre toutes personnes, les lettres de change, ou remises d'argent faites de place en place. 1787, C.

633. La loi répute pareillement actes de commerce, — Toute entreprise de construction, et tous achats, ventes et reventes de bâtimens pour la navigation intérieure et extérieure ; — Toutes expéditions maritimes; — Tout achat ou vente d'agrès, apparaux et avitaillemens; — Tout affrétement ou nolissement, emprunt ou prêt à la grosse ; toutes assurances et autres contrats concernant le commerce de mer; — Tous accords et conventions pour salaires et loyers d'équipages; —Tous engagemens de gens de mer, pour le service de bâtimens de commerce. 190, 195, 221, 250, 275, 286, 511, 552.

634. Les tribunaux de commerce connaîtront également, — 1° Des actions contre les facteurs, commis des marchands ou leurs serviteurs, pour le fait seulement du trafic du marchand auquel ils sont attachés; — 2° Des billets faits par les receveurs, payeurs, percepteurs ou autres comptables des deniers publics. 636 et s.

635. Ils connaîtront enfin, — 1° Du dépôt du bilan et des registres du commerçant en faillite, de l'affirmation et de la vérification des créances; — 2° Des oppositions au concordat, lorsque les moyens de l'opposant seront fondés sur des actes ou opérations dont la connaissance est attribuée par la loi aux juges des tribunaux de commerce; — Dans tous les autres cas, ces oppositions seront jugées par les tribunaux civils; — En conséquence, toute opposition au concordat contiendra les moyens de l'opposant, à peine de nullité; — 3° De l'homologation du traité entre le failli et ses créanciers; — 4° De la cession de biens faite par le failli, pour la partie qui en est attribuée aux tribunaux de commerce par l'article 901 du Code de procédure civile. 470. 501, 519, 566.

636. Lorsque les lettres de change ne seront réputées que simples promesses aux termes de l'article 112, ou lorsque les billets à ordre ne porteront que des signatures d'individus non négocians, et n'auront pas pour occasion des opérations de commerce, trafic, change, banque ou courtage, le tribunal de commerce sera tenu de renvoyer au tribunal civil, s'il en est requis par le défendeur. 1, 112, 187, 652, 634, 637, Co.; 170, 424, P. c.

637. Lorsque ces lettres de change et ces billets à ordre porteront en même temps des signatures d'individus négocians et d'individus non négocians, le tribunal de commerce en connaîtra; mais il ne pourra prononcer la contrainte par corps contre les individus non négocians, à moins qu'ils ne se soient engagés à l'occasion d'opérations de commerce, trafic, change, banque ou courtage. 1, 652, 654, Co.; 1452, C.

638. Ne seront point de la compétence des tribunaux de commerce, les actions intentées contre un propriétaire, cultivateur ou vigneron, pour vente de denrées provenant de son cru; les actions intentées contre un commerçant, pour paiement de denrées et marchandises achetées pour son usage particulier. — Néanmoins les billets souscrits par un commerçant seront censés faits pour son commerce, et ceux des receveurs, payeurs, percepteurs ou autres comptables de deniers publics, seront censés faits pour leur gestion lorsqu'une autre cause n'y sera point énoncée. 1, 110, 187, 652, 634, 636.

639. Les tribunaux de commerce jugeront en dernier ressort; — 1° Toutes les demandes dont le principal n'excédera pas la valeur de mille francs; — 2° Toutes celles où les parties justiciables de ces tribunaux, et usant de leurs droits, auront déclaré vouloir être jugées définitivement et sans appel. 455. P. c.

640. Dans les arrondissemens où il n'y aura pas de tribunaux de commerce, les juges du tribunal civil exerceront les fonctions et connaîtront des matières attribuées aux juges de commerce par la présente loi.

641. L'instruction, dans ce cas, aura lieu dans la même forme que devant les tribunaux de commerce, et les jugemens produiront les mêmes effets. 414, P. c.

TITRE III.
DE LA FORME DE PROCÉDER DEVANT LES TRIBUNAUX DE COMMERCE.

642. La forme de procéder devant les tribunaux de commerce sera suivie telle qu'elle a été réglée par le titre XXV du livre II de la 1re partie du Code de procédure civile. 155, P. c.

643. Néanmoins les articles 156, 158 et 159 du même Code, relatifs aux jugemens par défaut rendus par les tribunaux inférieurs, seront applicables aux jugemens par défaut rendus par les tribunaux de commerce. 456, P. c.

644. Les appels des jugemens des tribunaux de commerce seront portés par-devant les cours dans le res-

sort desquelles ces tribunaux sont situés.

TITRE IV.
DE LA FORME DE PROCÉDER DEVANT LES COURS ROYALES.

645. Le délai pour interjeter appel des jugemens des tribunaux de commerce sera de trois mois, à compter du jour de la signification du jugement pour ceux qui auront été rendus contradictoirement, et du jour de l'expiration du délai de l'opposition, pour ceux qui auront été rendus par défaut : l'appel pourra être interjeté le jour même du jugement. 414, 420, P. c.

646. L'appel ne sera pas reçu lorsque le principal n'excédera pas la somme ou la valeur de mille francs, encore que le jugement n'énonce pas qu'il est rendu en dernier ressort, et même quand il énoncerait qu'il est rendu à la charge de l'appel. 639.

647. Les cours royales ne pourront, en aucun cas, à peine de nullité, et même des dommages et intérêts des parties, s'il y a lieu, accorder des défenses ni surseoir à l'exécution des jugemens des tribunaux de commerce, quand même ils seraient attaqués d'incompétence ; mais elles pourront, suivant l'exigence des cas, accorder la permission de citer extraordinairement à jour et heure fixes, pour plaider sur l'appel. 460, P. c.

648. Les appels des jugemens des tribunaux de commerce seront instruits et jugés dans les cours, comme appels de jugemens rendus en matière sommaire. La procédure, jusques et y compris l'arrêt définitif, sera conforme à celle qui est prescrite, pour les causes d'appel en matière civile, au livre III de la 1re partie du Code de procédure civile. 443, 469, P. c.

FIN DU CODE DE COMMERCE.

TABLE ALPHABÉTIQUE

DU

CODE DE COMMERCE.

Acceptations.	Pag. 9	Faillite.	Pag. 35
— par intervention.	ibid.	Fins de non recevoir.	ibid.
Achats.	8	Fonctions des agens de faillite.	37
Actes conservatoires.	40	Formes de procédure.	52, 53
Administration des biens du failli.	49	Fret.	23
Affrétemens.	22	Indemnité aux agens de faillite.	39
Agens de change.	5	Inventaires.	ibid.
— de faillite.	36	Jet.	33
Apposition de scellés.	ibid.	Juge-commissaire.	36
Appel.	52	Levée des scellés.	39
Assemblées de créanciers.	41	Lettre de change.	8
Assurances (Contrats d').	26	Liquidation.	45
Aval.	10	Livres de commerce.	1
Avaries.	30	Navires (Saisie des).	16
Banqueroute.	35. 47	— (vente des).	ibid.
— frauduleuse.	48	Nolissemens.	22
Bilan.	38	Nolis.	23
Billet à ordre.	14	Obligations de l'assureur.	28
Bourses de commerce.	5	— de l'assuré.	ibid.
Capitaines de navires.	18	Ouverture des faillites.	35
Cession de biens.	46	Paiement.	10
Chartes-parties.	22	— par intervention.	11
Commerçans.	1	Prescription.	14. 34
Commerce maritime.	14	Propriétaires de navires.	18
Commissionnaires.	7	Protêt.	13
— par terre et par eau.	ibid.	Provision.	9
Compétence.	51	Rechange.	13
Concordat.	42	Recouvrement.	39
Connaissement.	23	Réhabilitation.	49
Contestations entre associés.	4	Répartition.	45
Contrats à la grosse.	25	Revendication.	46
Contribution.	33	Séparation de biens.	5
Cours royales.	52	Sociétés.	2
Courtiers.	5	Solidarité.	10
Créanciers hypothécaires.	43	Syndics provisoires.	38
— chirographaires.	ibid.	— définitifs.	41
Délaissement.	29	Tribunaux de commerce.	50
Droits des femmes.	44	Union des créanciers.	42
— et devoirs des porteurs.	11	Ventes.	8
Échéance.	10	— des marchandises des faillis.	39
Endossement.	ibid.	Vérification des créances.	40
Engagement et loyer des matelots.	20	Voituriers.	8

FIN DE LA TABLE DU CODE DE COMMERCE.

CODE
D'INSTRUCTION CRIMINELLE.

DISPOSITIONS PRÉLIMINAIRES.

(Loi décrétée le 17 novembre 1808. Promulguée le 27 du même mois.)

Art. 1er. L'action pour l'application des peines n'appartient qu'aux fonctionnaires auxquels elle est confiée par la loi. — L'action en réparation du dommage causé par un crime, par un délit ou par une contravention, peut être exercée par tous ceux qui ont souffert de ce dommage. 3, 22, 145, 160, 167, 182, 197, 202, 210, 216, 271, 287. 561, 575, 413, 544, 557. I. c.

2. L'action publique pour l'application de la peine s'éteint par la mort du prévenu. — L'action civile, pour la réparation du dommage, peut être exercée contre le prévenu et contre ses représentans. — L'une et l'autre action s'éteignent par la prescription, ainsi qu'il est réglé au livre II, titre VII, chapitre V, *de la Prescription*. 655 et s., I. c.; 1385, C.

3. L'action civile peut être poursuivie en même temps et devant les mêmes juges que l'action publique. — Elle peut aussi l'être séparément : dans ce cas, l'exercice en est suspendu, tant qu'il n'a pas été prononcé définitivement sur l'action publique intentée avant ou pendant la poursuite de l'action civile. 600, Co.; 66,

145, 358, 562, 566, 429, 585, 635, I. c.; 235, C.; 117, P.

4. La renonciation à l'action civile ne peut arrêter ni suspendre l'exercice de l'action publique. 1, 66, 67, I. c.; 2046, C.; 249, P. c.

5. Tout Français qui se sera rendu coupable, hors du territoire de France, d'un crime attentatoire à la sûreté de l'état, de contrefaction du sceau de l'état, de monnaies nationales ayant cours, de papiers nationaux, de billets de banque autorisés par la loi, pourra être poursuivi, jugé et puni en France, d'après les dispositions des lois françaises. 7, 24, I. c.: 3, C.

6. Cette disposition pourra être étendue aux étrangers qui, auteurs ou complices des mêmes crimes, seraient arrêtés en France, ou dont le gouvernement obtiendrait l'extradition. 24, I. c.; 5, 11, C.

7. Tout Français qui se sera rendu coupable, hors du territoire du royaume, d'un crime contre un Français, pourra, à son retour en France, y être poursuivi et jugé, s'il n'a pas été poursuivi et jugé en pays étranger, et si le Français offensé rend plainte contre lui. 24, I. c.; 12, C.

LIVRE PREMIER.
DE LA POLICE JUDICIAIRE ET DES OFFICIERS DE POLICE QUI L'EXERCENT.

(Suite de la Loi du 17 novembre 1808.)

CHAPITRE PREMIER.
DE LA POLICE JUDICIAIRE.

8. La police judiciaire recherche les crimes, les délits et les contraventions, en rassemble les preuves, et en livre les auteurs aux tribunaux chargés de les punir. 10.

9. La police judiciaire sera exercée sous l'autorité des cours royales, et suivant les distinctions qui vont être établies. — Par les gardes champêtres et les gardes forestiers, 16. — Par les commissaires de police, 48 et s. — Par les maires et les adjoints de maire 11, — Par les procureurs du roi et

leurs substituts, 22 et s., — Par les juges de paix, 48 et s., — Par les officiers de gendarmerie, 48 et s., — Par les commissaires généraux de police. 48 et s., — Et par les juges d'instruction, 55, 279, 383, 464, I. c.; 198, 462, P.

10. Les préfets des départemens, et le préfet de police à Paris, pourront faire personnellement, ou requérir les officiers de police judiciaire, chacun en ce qui le concerne, de faire tous actes nécessaires à l'effet de constater les crimes, délits et contraventions, et d'en livrer les auteurs aux tribunaux chargés de les punir, conformément à l'article 8 ci-dessus. 514, I. c.

CHAPITRE II.
DES MAIRES, DES ADJOINTS DE MAIRE, ET DES COMMISSAIRES DE POLICE.

11. Les commissaires de police, et dans les communes où il n'y en a point, les maires, au défaut de ceux-ci les adjoints de maire, rechercheront les contraventions de police, même celles qui sont sous la surveillance spéciale des gardes forestiers et champêtres, à l'égard desquels ils auront concurrence et même prévention. — Ils recevront les rapports, dénonciations et plaintes qui seront relatifs aux contraventions de police. — Ils consigneront dans les procès verbaux qu'ils rédigeront à cet effet, la nature et les circonstances des contraventions, le temps et le lieu où elles auront été commises, les preuves ou indices à la charge de ceux qui en seront présumés coupables. 15, 16, 20, 31, 50, 63, 144, 154.

12. Dans les communes divisées en plusieurs arrondissemens, les commissaires de police exerceront ces fonctions dans toute l'étendue de la commune où ils sont établis, sans pouvoir alléguer que les contraventions ont été commises hors de l'arrondissement particulier auquel ils sont préposés. — Ces arrondissemens ne limitent ni ne circonscrivent leurs pouvoirs respectifs, mais indiquent seulement les termes dans lesquels chacun d'eux est plus spécialement astreint à un

exercice constant et régulier de ses fonctions.

13. Lorsque l'un des commissaires de police d'une même commune se trouvera légitimement empêché, celui de l'arrondissement voisin est tenu de le suppléer, sans qu'il puisse retarder le service pour lequel il sera requis, sous prétexte qu'il n'est pas le plus voisin du commissaire empêché, ou que l'empêchement n'est pas légitime ou n'est pas prouvé.

14. Dans les communes où il n'y a qu'un commissaire de police, s'il se trouve légitimement empêché, le maire, ou, au défaut de celui-ci, l'adjoint de maire, le remplacera, tant que durera l'empêchement. 11.

15. Les maires ou adjoints de maire remettront à l'officier par qui sera rempli le ministère public près le tribunal de police, toutes les pièces et renseignemens, dans les trois jours au plus tard, y compris celui où ils ont reconnu le fait sur lequel ils ont procédé. 20.

CHAPITRE III.
DES GARDES CHAMPÊTRES ET FORESTIERS.

16. Les gardes champêtres et les gardes forestiers, considérés comme officiers de police judiciaire, sont chargés de rechercher, chacun dans le territoire pour lequel ils auront été assermentés, les délits et les contraventions de police qui auront porté atteinte aux propriétés rurales et forestières. — Ils dresseront des procès verbaux, à l'effet de constater la nature, les circonstances, les temps, le lieu des délits et des contraventions, ainsi que les preuves et les indices qu'ils auront pu en recueillir. — Ils suivront les choses enlevées, dans les lieux où elles auront été transportées, et les mettront en séquestre, 1961 et s., C.; ils ne pourront néanmoins s'introduire dans les maisons, ateliers, bâtimens, cours adjacentes et enclos, si ce n'est en présence soit du juge de paix, soit de son suppléant, soit du commissaire de police, soit du maire du lieu, soit de son adjoint; et le procès verbal qui devra en être dressé sera signé par celui en présence duquel il aura été fait. — Ils arrêteront,

et conduiront devant le juge de paix ou devant le maire, tout individu qu'ils auront surpris en flagrant délit, ou qui sera dénoncé par la clameur publique, lorsque ce délit emportera la peine d'emprisonnement, ou une peine plus grave. — Ils se feront donner, pour cet effet, main-forte par le maire ou par l'adjoint de maire du lieu, qui ne pourra s'y refuser. 37, ec. ta.; 11, 18, 20, 41, 106, 154, I. c.; 184, P.

17. Les gardes champêtres et forestiers sont, comme officiers de police judiciaire, sous la surveillance du procureur du roi, sans préjudice de leur subordination à l'égard de leurs supérieurs dans l'administration. 9, 279, 479, 483.

18. Les gardes forestiers de l'administration, des communes et des établissemens publics, remettront leurs procès verbaux au conservateur, inspecteur ou sous-inspecteur forestier, dans le délai fixé par l'article 15. — L'officier qui aura reçu l'affirmation sera tenu, dans la huitaine d'en donner avis au procureur du roi. 20, 182.

19. Le conservateur, inspecteur ou sous inspecteur, fera citer les prévenus ou les personnes civilement responsables devant le tribunal correctionnel. 71, se. ta.; 179, I. c.; 1584, C.; 73, P.

20. Les procès verbaux des gardes champêtres des communes, et ceux des gardes champêtres et forestiers des particuliers, seront, lorsqu'il s'agira de simples contraventions, remis par eux, dans le délai fixé par l'article 15, au commissaire de police de la commune chef-lieu de la justice de paix, ou au maire dans les communes où il n'y a point de commissaire de police; et lorsqu'il s'agira d'un délit de nature à mériter une peine correctionnelle, la remise sera faite au procureur du roi. 15, 18, 19, 157, 159, I. c.; 90, se. ta.; 250, 251, P.

21. Si le procès verbal a pour objet une contravention de police, il sera procédé par le commissaire de police de la commune chef-lieu de la justice de paix, par le maire ou à son défaut par l'adjoint de maire, dans les communes où il n'y a point de commissaire de police, ainsi qu'il sera réglé au chapitre 1er, titre 1er du livre II du présent Code. 137, 144 et s.

CHAPITRE IV.

DES PROCUREURS DU ROI ET DE LEURS SUBSTITUTS.

SECTION I.

De la Compétence des Procureurs du Roi, relativement à la Police judiciaire.

22. Les procureurs du roi sont chargés de la recherche et de la poursuite de tous les délits dont la connaissance appartient aux tribunaux de police correctionnelle, ou aux cours d'assises. 1, 26, 29, 47, 51, 61, 64, 100, 101, 117, 121, 152, 153, 155, 156, 182, 249, 361, 479, 480, 481, 483, 484, 485.

23. Sont également compétens pour remplir les fonctions déléguées par l'article précédent, le procureur du roi du lieu du crime ou délit, celui de la résidence du prévenu, et celui du lieu où le prévenu pourra être trouvé. 63, 69.

24. Ces fonctions, lorsqu'il s'agira de crimes ou de délits commis hors du territoire français, dans les cas énoncés aux articles 5, 6 et 7, seront remplies par le procureur du roi du lieu où résidera le prévenu, ou par celui du lieu où il pourra être trouvé, ou par celui de sa dernière résidence connue. 23, 63, 69.

25. Les procureurs du roi et tous autres officiers de police judiciaire auront, dans l'exercice de leurs fonctions, le droit de requérir directement la force publique. 99, 108, I. c.; 256, P.

26. Le procureur du roi sera, en cas d'empêchement, remplacé par son substitut, ou, s'il a plusieurs substituts, par le plus ancien. S'il n'a pas de substitut, il sera remplacé par un juge commis à cet effet par le président. 288.

27. Les procureurs du roi seront tenus, aussitôt que les délits parviendront à leur connaissance, d'en donner avis au procureur général près la

cour royale, et d'exécuter ses ordres relativement à tous actes de police judiciaire. 249, 250, 274, 275, 276, 290.

28. Ils pourvoiront à l'envoi, à la notification et à l'exécution des ordonnances qui seront rendues par le juge d'instruction, d'après les règles qui seront ci-après établies au chapitre *des Juges d'instruction.* 22, 72, 80, 81, 135, 376.

SECTION II.

Mode de procéder des Procureurs du Roi dans l'exercice de leurs fonctions.

29. Toute autorité constituée, tout fonctionnaire ou officier public, qui, dans l'exercice de ses fonctions, acquerra la connaissance d'un crime ou d'un délit, sera tenu d'en donner avis sur-le-champ au procureur du roi près le tribunal dans le ressort duquel ce crime ou délit aura été commis, ou dans lequel le prévenu pourrait être trouvé, et de transmettre à ce magistrat tous les renseignemens, procès verbaux et actes qui y sont relatifs. 23, 40, 63, 558, 449, 483, I. c.; 505, P. c.; 336, 539, 567, 578, 433, P.

30. Toute personne qui aura été témoin d'un attentat, soit contre la sûreté publique, soit contre la vie ou la propriété d'un individu, sera pareillement tenu d'en donner avis au procureur du roi, soit du lieu du crime ou délit, soit du lieu où le prévenu pourra être trouvé. 23, 40, 48, 50, 66, 69, 106, 323, 558, I. c.; 727. C.; 103, 136, 173, 373, 378, P.

31. Les dénonciations seront rédigées par les dénonciateurs, ou par leurs fondés de procuration spéciale, ou par le procureur du roi s'il en est requis; elles seront toujours signées, par le procureur du roi à chaque feuillet, et par les dénonciateurs ou par leurs fondés de pouvoir. — Si les dénonciateurs ou leurs fondés de pouvoir ne savent ou ne veulent pas signer, il en sera fait mention. — La procuration demeurera toujours annexée à la dénonciation: et le dénonciateur pourra se faire délivrer, mais à ses frais, une copie de sa dénonciation. 42, se. ta.; 39, 48, 50, 76, 275, 558, I. c.; 103 et s. P.

32. Dans tous les cas de flagrant délit, lorsque le fait sera de nature à entraîner une peine afflictive ou infamante, le procureur du roi se transportera sur le lieu, sans aucun retard, pour y dresser les procès verbaux nécessaires à l'effet de constater le corps du délit, son état, l'état des lieux, et pour recevoir les déclarations des personnes qui auraient été présentes, ou qui auraient des renseignemens à donner. — Le procureur du roi donnera avis de son transport au juge d'instruction, sans être toutefois tenu de l'attendre pour procéder, ainsi qu'il est dit au présent chapitre. 98, se. ta.; 35, 41, 46, 51, 59, I. c.

33. Le procureur du roi pourra aussi, dans le cas de l'article précédent, appeler à son procès verbal les parens, voisins ou domestiques présumés en état de donner des éclaircissemens sur le fait; il recevra leurs déclarations, qu'ils signeront: les déclarations reçues en conséquence du présent article et de l'article précédent seront signées par les parties, ou, en cas de refus, il en sera fait mention. 59, 42, 46, 60.

34. Il pourra défendre que qui que ce soit sorte de la maison, ou s'éloigne du lieu, jusqu'après la clôture de son procès verbal. — Tout contrevenant à cette défense sera, s'il peut être saisi, déposé dans la maison d'arrêt: la peine encourue pour la contravention sera prononcée par le juge d'instruction, sur les conclusions du procureur du roi, après que le contrevenant aura été cité et entendu, ou par défaut s'il n'y paraît pas, sans autre formalité ni délai, et sans opposition ni appel. — La peine ne pourra excéder dix jours d'emprisonnement et cent francs d'amende. 71, se. ta.; 46, 504, I. c.; 88, P. c.

35. Le procureur du roi se saisira des armes et de tout ce qui paraîtra avoir servi ou avoir été destiné à commettre le crime ou le délit, ainsi que tout ce qui paraîtra en avoir été le produit, enfin de tout ce qui pourra servir à la manifestation de la vérité: il interpellera le prévenu de s'expliquer sur les choses saisies qui lui se-

ront représentées ; il dressera du tout un procès verbal, qui sera signé par le prévenu, ou mention sera faite de son refus. 37, se. ta.: 38, 59, 42, 46, 60, 89, 133, 154, I. c.

36. Si la nature du crime ou du délit est telle, que la preuve puisse vraisemblablement être acquise par les papiers ou autres pièces et effets en la possession du prévenu, le procureur du roi se transportera de suite dans le domicile du prévenu, pour y faire la perquisition des objets qu'il jugera utiles à la manifestation de la vérité. 88, se. ta.; 59, 42, 46, 68, 89, I. c.; 184, P.

37. S'il existe, dans le domicile du prévenu, des papiers ou effets qui puissent servir à conviction ou à décharge, le procureur du roi en dressera procès verbal, et se saisira desdits effets ou papiers. 37, se. ta.: 42, 46, 133, 190, 228, 291, 529, 474, I. c.

38. Les objets saisis seront clos et cachetés, si faire se peut ; ou s'ils ne sont pas susceptibles de recevoir des caractères d'écriture, ils seront mis dans un vase ou dans un sac, sur lequel le procureur du roi attachera une bande de papier qu'il scellera de son sceau. 37, se. ta.; 35, 59, 42, 46, I. c.

39. Les opérations prescrites par les articles précédens seront faites en présence du prévenu, s'il a été arrêté ; et, s'il ne veut ou ne peut y assister, en présence d'un fondé de pouvoir qu'il pourra nommer. Les objets lui seront présentés à l'effet de les reconnaître et de les parapher, s'il y a lieu ; et, au cas de refus, il en sera fait mention au procès verbal. 35, 42, 46, 60.

40. Le procureur du roi, audit cas de flagrant délit, et lorsque le fait sera de nature à entraîner peine afflictive ou infamante, fera saisir les prévenus présens contre lesquels il existerait des indices graves. — Si le prévenu n'est pas présent, le procureur du roi rendra une ordonnance à l'effet de le faire comparaître ; cette ordonnance s'appelle *mandat d'amener.* — La dénonciation seule ne constitue pas une présomption suffisante pour

décerner cette ordonnance contre un individu ayant domicile. — Le procureur du roi interrogera sur-le-champ le prévenu amené devant lui. 171, se. ta.; 30, 41, 42, 46, 60, 91, 105, 221, I. c.; 6, 21, P.

41. Le délit qui se commet actuellement, ou qui vient de se commettre, est un flagrant délit. — Seront aussi réputés flagrant délit, le cas où le prévenu est poursuivi par la clameur publique, et celui où le prévenu est trouvé saisi d'effets, armes, instrumens ou papiers faisant présumer qu'il est auteur ou complice, pourvu que ce soit dans un temps voisin du délit. 52, 46, 106, I. c.; 101, 121, P.

42. Les procès verbaux du procureur du roi, en exécution des articles précédens, seront faits et rédigés en la présence et revêtus de la signature du commissaire de police de la commune dans laquelle le crime ou le délit aura été commis, ou du maire, ou de l'adjoint du maire, ou de deux citoyens domiciliés dans la même commune. — Pourra néanmoins le procureur du roi dresser les procès verbaux sans assistance de témoins, lorsqu'il n'y aura pas possibilité de s'en procurer tout de suite. — Chaque feuillet du procès verbal sera signé par le procureur du roi et par les personnes qui y auront assisté : en cas de refus ou d'impossibilité de signer de la part de celles-ci, il en sera fait mention. 55, 46, 48.

43. Le procureur du roi se fera accompagner, au besoin, d'une ou de deux personnes, présumées, par leur art ou profession, capables d'apprécier la nature et les circonstances du crime ou délit. 16, 88, 90, se. ta.: 44, 46, 60, I. c.

44. S'il s'agit d'une mort violente, ou d'une mort dont la cause soit inconnue et suspecte, le procureur du roi se fera assister d'un ou deux officiers de santé, qui feront leur rapport sur les causes de la mort et sur l'état du cadavre. — Les personnes appelées, dans les cas du présent article et de l'article précédent, prêteront, devant le procureur du roi, le serment de faire leur rapport et de

donner leur avis en leur honneur et conscience. 16, 90, se. ta.; 46, 60, I. c.

45. Le procureur du roi transmettra sans délai, au juge d'instruction, les procès verbaux, actes, pièces et instrumens dressés ou saisis en conséquence des articles précédens, pour être procédé ainsi qu'il sera dit au chapitre *des Juges d'instruction*; et cependant le prévenu restera sous la main de la justice en état de mandat d'amener. 46, 60.

46. Les attributions faites ci-dessus au procureur du roi pour les cas de flagrant délit auront lieu aussi toutes les fois que, s'agissant d'un crime ou délit, même non flagrant, commis dans l'intérieur d'une maison, le chef de cette maison requerra le procureur du roi de le constater. 88, se. ta.; 52, 40. 42 à 45, 47, 52, I. c.; 184, 475, P.

47. Hors les cas énoncés dans les articles 52 et 46, le procureur du roi, instruit, soit par une dénonciation, soit par toute autre voie, qu'il a été commis dans son arrondissement un crime ou un délit, ou qu'une personne qui en est prévenue se trouve dans son arrondissement, sera tenu de requérir le juge d'instruction d'ordonner qu'il en soit informé, même de se transporter, s'il est besoin, sur les lieux, à l'effet d'y dresser tous les procès verbaux nécessaires, ainsi qu'il sera dit au chapitre *des Juges d'instruction.* 22, 29, 61, 71, I. c.; 184, P.; 88, se. ta.

CHAPITRE V.
DES OFFICIERS DE POLICE AUXILIAIRES DU PROCUREUR DU ROI.

48. Les juges de paix, les officiers de gendarmerie, les commissaires généraux de police, recevront les dénonciations de crimes ou délits commis dans les lieux où ils exercent leurs fonctions habituelles. 16, 29, 53.

49. Dans les cas de flagrant délit, ou dans le cas de réquisition de la part d'un chef de maison, ils dresseront les procès verbaux, recevront les déclarations des témoins, feront les visites et les autres actes qui sont, auxdits cas, de la compétence des procureurs du roi, le tout dans les

formes et suivant les règles établies au chapitre *des Procureurs du Roi.* 88, se. ta.: 52, 41, 46, 51, I. c.

50. Les maires, adjoints de maire, et les commissaires de police, recevront également les dénonciations et feront les actes énoncés en l'article précédent, en se conformant aux mêmes règles. 88, se. ta.; 16, 52, 51, I. c.

51. Dans les cas de concurrence entre les procureurs du roi et les officiers de police énoncés aux articles précédens, le procureur du roi fera les actes attribués à la police judiciaire : s'il a été prévenu, il pourra continuer la procédure, ou autoriser l'officier qui l'aura commencée à la suivre. 88, se. ta.

52. Le procureur du roi, exerçant son ministère dans les cas des articles 52 et 46, pourra, s'il le juge utile et nécessaire, charger un officier de police auxiliaire de partie des actes de sa compétence. 88, se. ta.

53. Les officiers de police auxiliaires renverront, sans délai, les dénonciations, procès verbaux et autres actes par eux faits dans les cas de leur compétence, au procureur du roi, qui sera tenu d'examiner sans retard les procédures, et de les transmettre, avec les réquisitions qu'il jugera convenables, au juge d'instruction. 45, 47, 48, 50, 61, 64.

54. Dans les cas de dénonciation de crimes ou délits autres que ceux qu'ils sont directement chargés de constater, les officiers de police judiciaire transmettront aussi sans délai au procureur du roi les dénonciations qui leur auront été faites; et le procureur du roi les remettra au juge d'instruction, avec son réquisitoire. 40, 45, 47, 50, 53, 64.

CHAPITRE VI.
DES JUGES D'INSTRUCTION.

SECTION I.
Du Juge d'instruction.

55. Il y aura, dans chaque arrondissement communal, un juge d'instruction. Il sera choisi par Sa Majesté parmi les juges du tribunal civil, pour trois ans : il pourra être continué plus long-temps; et il conservera

séance au jugement des affaires civiles. suivant le rang de sa réception. 59, 257, 415, 469, 483, 611, 613.

56. Il sera établi un second juge d'instruction dans les arrondissemens où il pourrait être nécessaire ; ce juge sera membre du tribunal civil. — Il y aura à Paris six juges d'instruction.

57. Les juges d'instruction seront, quant aux fonctions de police judiciaire, sous la surveillance du procureur général près la cour royale. 279, 289, 479, 483.

58. Dans les villes où il n'y a qu'un juge d'instruction, s'il est absent, malade ou autrement empêché, le tribunal de première instance désignera l'un des juges de ce tribunal pour le remplacer.

SECTION II.

Fonctions du Juge d'instruction.

DISTINCTION 1ʳᵉ. — Des cas de flagrant délit.

59. Le juge d'instruction, dans tous les cas réputés flagrant délit, peut faire directement, et par lui-même, tous les actes attribués au procureur du roi, en se conformant aux règles établies au chapitre des Procureurs du Roi et de leurs Substituts. Le juge d'instruction peut requérir la présence du procureur du roi, sans aucun retard néanmoins des opérations prescrites dans ledit chapitre. 88, se. ta.: 32, 41, 62, I. c.

60. Lorsque le flagrant délit aura déjà été constaté, et que le procureur du roi transmettra les actes et pièces au juge d'instruction, celui-ci sera tenu de faire, sans délai, l'examen de la procédure. — Il peut refaire les actes ou ceux des actes qui ne lui paraîtraient pas complets. 88, se. ta.; 32, 41, I. c.

DISTINCTION II. — De l'Instruction.

§ 1ᵉʳ. Dispositions générales.

61. Hors les cas de flagrant délit, le juge d'instruction ne fera aucun acte d'instruction et de poursuite qu'il n'ait donné communication de la procédure au procureur du roi. Il la lui communiquera pareillement lorsqu'elle sera terminée : et le pro-

cureur du roi fera les réquisitions qu'il jugera convenables, sans pouvoir retenir la procédure plus de trois jours. — Néanmoins le juge d'instruction délivrera, s'il y a lieu, le mandat d'amener, et même le mandat de dépôt, sans que ces mandats doivent être précédés des conclusions du procureur du roi. 71 se. ta.; 47, 53. 64, 70, 91, 127, 280, I. c.

62. Lorsque le juge d'instruction se transportera sur les lieux, il sera toujours accompagné du procureur du roi et du greffier du tribunal. 88, se. ta.; 59, I. c.

§ II. Des Plaintes.

63. Toute personne qui se prétendra lésée par un crime ou délit pourra en rendre plainte et se constituer partie civile devant le juge d'instruction, soit du lieu du crime ou délit, soit du lieu de la résidence du prévenu, soit du lieu où il pourra être trouvé. 23, 31, 65, 69, 116, 135, 145, 147, 182, 187, 275, 359, 535.

64. Les plaintes qui auraient été adressées au procureur du roi seront par lui transmises au juge d'instruction avec son réquisitoire ; celles qui auraient été présentées aux officiers auxiliaires de police seront par eux envoyées au procureur du roi, et transmises par lui au juge d'instruction, aussi avec son réquisitoire. — Dans les matières du ressort de la police correctionnelle, la partie lésée pourra s'adresser directement au tribunal correctionnel, dans la forme qui sera ci-après réglée. 45, 47, 53, 61, 145, 275.

65. Les dispositions de l'article 31, concernant les dénonciations, seront communes aux plaintes. 42, se. ta.

66. Les plaignans ne seront réputés partie civile s'ils ne le déclarent formellement, soit par la plainte, soit par acte subséquent, ou s'ils ne prennent, par l'un ou par l'autre, des conclusions en dommages-intérêts : ils pourront se départir dans les vingt-quatre heures : dans le cas du désistement, ils ne sont pas tenus des frais depuis qu'il aura été signifié, sans préjudice néanmoins des dommages-intérêts des prévenus, s'il y a

lieu. 42, 157, se. ta.; 63, 67, 358, I. c.

67. Les plaignans pourront se porter partie civile en tout état de cause jusqu'à la clôture des débats : mais en aucun cas leur désistement après le jugement ne peut être valable, quoiqu'il ait été donné dans les vingt-quatre heures de leur déclaration qu'ils se portent partie civile. 63, 359.

68. Toute partie civile qui ne demeurera pas dans l'arrondissement communal où se fait l'instruction, sera tenue d'y élire domicile par acte passé au greffe du tribunal. — A défaut d'élection de domicile par la partie civile, elle ne pourra opposer le défaut de signification contre les actes qui auraient dû lui être signifiés aux termes de la loi. 42, se. ta.; 116, 124, 155, 187, 555, I. c.

69. Dans le cas où le juge d'instruction ne serait ni celui du lieu du crime ou délit, ni celui de la résidence du prévenu, ni celui du lieu où il pourra être trouvé, il renverra la plainte devant le juge d'instruction qui pourrait en connaître. 42, se. ta.; 25, 29, 63, I. c.

70. Le juge d'instruction compétent pour connaître de la plainte, en ordonnera la communication au procureur du roi, pour être par lui requis ce qu'il appartiendra. 61.

§ III. De l'Audition des Témoins.

71. Le juge d'instruction fera citer devant lui les personnes qui auront été indiquées par la dénonciation, par la plainte, par le procureur du roi ou autrement, comme ayant connaissance, soit du crime ou délit, soit de ses circonstances. 74, 510, I. c.; 28, 34, 42, P.; 71, se. ta.

72. Les témoins seront cités par un huissier, ou par un agent de la force publique, à la requête du procureur du roi. 71, se. ta.; 28, 170, 324, I. c.; 61, P. c.

73. Ils seront entendus séparément, et hors de la présence du prévenu, par le juge d'instruction, assisté de son greffier. 62, 352, 510.

74. Ils représenteront, avant d'être entendus, la citation qui leur aura été donnée pour déposer; et il en sera

fait mention dans le procès verbal. 71, 77, 324.

75. Les témoins prêteront serment de dire toute la vérité, rien que la vérité : le juge d'instruction leur demandera leurs noms, prénoms, âge, état, profession, demeure : s'ils sont domestiques, parens ou alliés des parties, et à quel degré : il sera fait mention de la demande, et des réponses des témoins. 33, 77, 155, 517, I. c.; 25, C.; 28, 42, 43, P.

76. Les dépositions seront signées du juge, du greffier, et du témoin, après que lecture lui en aura été faite et qu'il aura déclaré y persister : si le témoin ne veut ou ne peut signer, il en sera fait mention. — Chaque page du cahier d'information sera signée par le juge et par le greffier.

77. Les formalités prescrites par les trois articles précédens seront remplies, à peine de cinquante francs d'amende contre le greffier, même, s'il y a lieu, de prise à partie contre le juge d'instruction. 164, I. c.; 506, 782. P. c.

78. Aucune interligne ne pourra être faite : les ratures et les renvois seront approuvés et signés par le juge d'instruction, par le greffier et par le témoin, sous les peines portées en l'article précédent. Les interlignes, ratures et renvois non approuvés, seront réputés non avenus.

79. Les enfans de l'un et de l'autre sexe, au-dessous de l'âge de quinze ans, pourront être entendus, par forme de déclaration et sans prestation de serment. 71, se. ta.; 25, C.; 28, 42, 378, P.; 317, I. c.

80. Toute personne citée pour être entendue en témoignage sera tenue de comparaître et de satisfaire à la citation : sinon, elle pourra y être contrainte par le juge d'instruction, qui, à cet effet, sur les conclusions du procureur du roi, sans autre formalité ni délai, et sans appel, prononcera une amende qui n'excédera pas cent francs, et pourra ordonner que la personne citée sera contrainte par corps à venir donner son témoignage. 71, se. ta.; 82, 86, 92, 157, 554, 510, I. c.; 782, P. c.; 236, 378, P.

81. Le témoin, ainsi condamné à l'amende sur le premier défaut, et qui, sur la seconde citation, produira devant le juge d'instruction des excuses légitimes, pourra, sur les conclusions du procureur du roi, être déchargé de l'amende. 26, sc. ta.; 51, 90, 155, I. c.

82. Chaque témoin qui demandera une indemnité sera taxé par le juge d'instruction. 27, 90, 155, sc. ta.

83. Lorsqu'il sera constaté, par le certificat d'un officier de santé, que des témoins se trouvent dans l'impossibilité de comparaître sur la citation qui leur aura été donnée, le juge d'instruction se transportera en leur demeure, quand ils habiteront dans le canton de la justice de paix du domicile du juge d'instruction. — Si les témoins habitent hors du canton, le juge d'instruction pourra commettre le juge de paix de leur habitation, à l'effet de recevoir leur déposition, et il enverra au juge de paix des notes et instructions qui feront connaître les faits sur lesquels les témoins devront déposer. 88, sc. ta.; 90, Ia. c.

84. Si les témoins résident hors de l'arrondissement du juge d'instruction, celui-ci requerra le juge d'instruction de l'arrondissement dans lequel les témoins sont résidans, de se transporter auprès d'eux pour recevoir leurs dépositions. — Dans le cas où les témoins n'habiteraient pas le canton du juge d'instruction ainsi requis, il pourra commettre le juge de paix de leur habitation, à l'effet de recevoir leurs dépositions, ainsi qu'il est dit dans l'article précédent. 88, sc. ta.; 103, 505, 451, I. c.

85. Le juge qui aura reçu les dépositions en conséquence des articles 83 et 84 ci-dessus, les enverra closes et cachetées au juge d'instruction du tribunal saisi de l'affaire. 103.

86. Si le témoin auprès duquel le juge se sera transporté, dans les cas prévus par les trois articles précédens, n'était pas dans l'impossibilité de comparaître sur la citation qui lui avait été donnée, le juge décernera un mandat de dépôt contre le témoin et l'officier de santé qui aura délivré le certificat ci-dessus mentionné. —

La peine portée en pareil cas sera prononcée par le juge d'instruction du même lieu, et sur la réquisition du procureur du roi, en la forme prescrite par l'article 80. — 42, 71, sc. ta.; 61, 95, I. c.; 159, 256, P.

§ IV. Des Preuves par écrit, et des Pièces de conviction.

87. Le juge d'instruction se transportera, s'il en est requis, et pourra même se transporter d'office dans le domicile du prévenu, pour y faire la perquisition des papiers, effets, et généralement de tous les objets qui seront jugés utiles à la manifestation de la vérité. 88, sc. ta.; 36, 61, 62, 89, I. c.

88. Le juge d'instruction pourra pareillement se transporter dans les autres lieux où il présumerait qu'on aurait caché les objets dont il est parlé dans l'article précédent. 88, sc. ta.

89. Les dispositions des articles 35, 36, 37, 38 et 39 concernant la saisie des objets dont la perquisition peut être faite par le procureur du roi, dans les cas de flagrant délit, sont communes au juge d'instruction.

90. Si les papiers ou les effets dont il y aura lieu de faire la perquisition, sont hors de l'arrondissement du juge d'instruction, il requerra le juge d'instruction du lieu où l'on peut les trouver, de procéder aux opérations prescrites par les articles précédens. 57, 88, sc. ta.; 63, 451, 464, I. c.

CHAPITRE VII.
DES MANDATS DE COMPARUTION, DE DÉPÔT, D'AMENER ET D'ARRÊT.

91. Lorsque l'inculpé sera domicilié, et que le fait sera de nature à ne donner lieu qu'à une peine correctionnelle, le juge d'instruction pourra, s'il le juge convenable, ne décerner contre l'inculpé qu'un mandat de comparution, sauf, après l'avoir interrogé, à convertir le mandat en tel autre mandat qu'il appartiendra. 40, 61, 93, 95, 97, 112, 479, I. c.; 121, 129, P. — Si l'inculpé fait défaut, le juge d'instruction décernera contre lui un mandat d'amener. — Il décernera pareillement mandat d'amener contre toute personne, de

quelque qualité qu'elle soit, inculpée d'un délit emportant peine afflictive ou infamante. 37, 41, sc. ta.

92. Il peut aussi donner des mandats d'amener contre les témoins qui refusent de comparaître sur la citation à eux donnée, conformément à l'article 80, et sans préjudice de l'amende portée en cet article.

93. Dans le cas de mandat de comparution, il interrogera de suite ; dans le cas de mandat d'amener, dans les vingt-quatre heures au plus tard. 40, 91, 103.

94. Il pourra, après avoir entendu les prévenus, et le procureur du roi ouï, décerner, lorsque le fait emportera peine afflictive ou infamante ou emprisonnement correctionnel, un mandat dans la forme qui sera ci-après présentée. 37, 41, sc. ta.; 96, I. c.; 121, 129, P.

95. Les mandats de comparution, d'amener et de dépôt, seront signés par celui qui les aura décernés, et munis de son sceau. — Le prévenu y sera nommé ou désigné le plus clairement qu'il sera possible. 112, 617.

96. Les mêmes formalités seront observées dans le mandat d'arrêt ; ce mandat contiendra de plus l'énonciation du fait pour lequel il est décerné, et la citation de la loi qui déclare que ce fait est un crime ou délit. 112.

97. Les mandats de comparution, d'amener, de dépôt ou d'arrêt, seront notifiés par un huissier, ou par un agent de la force publique, lequel en fera l'exhibition au prévenu, et lui en délivrera copie. — Le mandat d'arrêt sera exhibé au prévenu, lors même qu'il serait déjà détenu, et il lui en sera délivré copie. 37, 41, sc. ta. ; 28, 72, 105, 109, 112, I. c.

98. Les mandats d'amener, de comparution, de dépôt et d'arrêt, seront exécutoires dans toute l'étendue du royaume. — Si le prévenu est trouvé hors de l'arrondissement de l'officier qui aura délivré le mandat de dépôt ou d'arrêt, il sera conduit devant le juge de paix ou son suppléant. et. à leur défaut, devant le maire ou l'adjoint de maire, ou le commissaire de police du lieu, lequel visera le mandat, sans pouvoir en empêcher l'exécution. 100, 107

99. Le prévenu qui refusera d'obéir au mandat d'amener, ou qui, après avoir déclaré qu'il est prêt à obéir, tentera de s'évader. devra être contraint. — Le porteur du mandat d'amener emploiera, au besoin, la force publique du lieu le plus voisin : elle sera tenue de marcher, sur la réquisition contenue dans le mandat d'amener. 25, 91, 108, I. c.; 236, C.

100. Néanmoins, lorsqu'après plus de deux jours depuis la date du mandat d'amener, le prévenu aura été trouvé hors de l'arrondissement de l'officier qui a délivré ce mandat, et à une distance de plus de cinq myriamètres du domicile de cet officier, ce prévenu pourra n'être pas contraint de se rendre au mandat ; mais alors le procureur du roi de l'arrondissement où il aura été trouvé, et devant lequel il sera conduit, décernera un mandat de dépôt, en vertu duquel il sera retenu dans la maison d'arrêt. — Le mandat d'amener devra être pleinement exécuté, si le prévenu a été trouvé muni d'effets, de papiers ou d'instrumens qui feront présumer qu'il est auteur ou complice du délit pour raison duquel il est recherché, quels que soient le délai et la distance dans lesquels il aura été trouvé. 37, 41, sc. ta.; 54, 104, 127 à 150, 153, 605. 608, I. c.

101. Dans les vingt-quatre heures de l'exécution du mandat de dépôt, le procureur du roi qui l'aura délivré en donnera avis, et transmettra les procès verbaux, s'il en a été dressé, à l'officier qui a décerné le mandat d'amener.

102. L'officier qui a délivré le mandat d'amener, et auquel les pièces sont transmises, communiquera le tout, dans un pareil délai, au juge d'instruction près duquel il exerce ; ce juge se conformera aux dispositions de l'article 90. — 40, 46, 49, 50. 60. 61, 104.

103. Le juge d'instruction saisi de l'affaire directement ou par renvoi en exécution de l'article 90, transmettra, sous cachet, au juge d'instruc-

tion du lieu où le prévenu a été trouvé, les pièces, notes et renseignemens relatifs au délit, afin de faire subir interrogatoire à ce prévenu. — Toutes les pièces seront ensuite également renvoyées, avec l'interrogatoire, au juge saisi de l'affaire. 40. 95.

104. Si, dans le cours de l'instruction, le juge saisi de l'affaire décerne un mandat d'arrêt, il pourra ordonner, par ce mandat, que le prévenu sera transféré dans la maison d'arrêt du lieu où se fait l'instruction.—S'il n'est pas exprimé dans le mandat d'arrêt que le prévenu sera ainsi transféré, il restera en la maison d'arrêt de l'arrondissement dans lequel il aura été trouvé, jusqu'à ce qu'il ait été statué par la chambre du conseil conformément aux articles 127, 128, 129, 130, 131, 152 et 155 ci-après. — 100, 605, 608.

105. Si le prévenu contre lequel il a été décerné un mandat d'amener ne peut être trouvé, ce mandat sera exhibé au maire, ou à l'adjoint, ou au commissaire de police de la commune de la résidence du prévenu.— Le maire, l'adjoint ou le commissaire de police, mettra son visa sur l'original de l'acte de notification. 91, 97. I. c; 1039. P. c.

106. Tout dépositaire de la force publique, et même toute personne, sera tenu de saisir le prévenu surpris en flagrant délit, ou poursuivi, soit par la clameur publique, soit dans les cas assimilés au flagrant délit, et de le conduire devant le procureur du roi, sans qu'il soit besoin de mandat d'amener, si le crime ou délit emporte peine afflictive ou infamante. 50, 40, 41, I. c.; 475, P.

107. Sur l'exhibition du mandat de dépôt, le prévenu sera reçu et gardé dans la maison d'arrêt établie près le tribunal correctionnel : et le gardien remettra à l'huissier ou à l'agent de la force publique chargé de l'exécution du mandat, une reconnaissance de la remise du prévenu. 96, 98. 111, 605, 608.

108. L'officier chargé de l'exécution d'un mandat de dépôt ou d'arrêt se fera accompagner d'une force suffisante pour que le prévenu ne puisse se soustraire à la loi. — Cette force sera prise dans le lieu le plus à portée de celui où le mandat d'arrêt ou de dépôt devra s'exécuter ; et elle est tenue de marcher, sur la réquisition directement faite au commandant et contenue dans le mandat. 25, 99, 617.

109. Si le prévenu ne peut être saisi, le mandat d'arrêt sera notifié à sa dernière habitation; et il sera dressé procès verbal de perquisition. — Ce procès verbal sera dressé en présence des deux plus proches voisins du prévenu que le porteur du mandat d'arrêt pourra trouver, ils le signeront, ou, s'ils ne savent ou ne veulent pas signer, il en sera fait mention, ainsi que de l'interpellation qui en aura été faite. — Le porteur du mandat d'arrêt fera ensuite viser son procès verbal par le juge de paix ou son suppléant, ou, à son défaut, par le maire, l'adjoint ou le commissaire de police du lieu, et lui en laissera copie. — Le mandat d'arrêt et le procès verbal seront ensuite remis au greffe du tribunal. 71, 76, 77, se. ta.; 97. I. c.

110. Le prévenu saisi en vertu d'un mandat d'arrêt ou de dépôt, sera conduit, sans délai, dans la maison d'arrêt indiquée par le mandat. 4, 71, se. ta.; 605, 608, I. c.

111. L'officier chargé de l'exécution du mandat d'arrêt ou de dépôt, remettra le prévenu au gardien de la maison d'arrêt, qui lui en donnera décharge ; le tout dans la forme prescrite par l'article 107. — Il portera ensuite au greffe du tribunal correctionnel les pièces relatives à l'arrestation, et en prendra une reconnaissance. — Il exhibera ces décharge et reconnaissance dans les vingt-quatre heures au juge d'instruction : celui-ci mettra sur l'une et sur l'autre son vu, qu'il datera et signera.

112. L'inobservation des formalités prescrites pour les mandats de comparution, de dépôt, d'amener et d'arrêt, sera toujours punie d'une amende de cinquante francs au moins contre le greffier, et, s'il y a lieu, d'injonctions au juge d'instruction et au procureur du roi, même de prise à partie s'il y échet. 77, 91, 96.

58

CHAPITRE VIII.

DE LA LIBERTÉ PROVISOIRE ET DU CAUTIONNEMENT.

113. La liberté provisoire ne pourra jamais être accordée au prévenu lorsque le titre de l'accusation emportera une peine afflictive ou infamante. 6 , P.

114. Si le fait n'emporte pas une peine afflictive ou infamante , mais seulement une peine correctionnelle . la chambre du conseil pourra , sur la demande du prévenu , et sur les conclusions du procureur du roi , ordonner que le prévenu sera mis provisoirement en liberté , moyennant caution solvable-de se représenter à tous les actes de la procédure , et , pour l'exécution du jugement, aussitôt qu'il en sera requis. — La mise en liberté provisoire avec caution pourra être demandée et accordée en tout état de cause, 42, 61, pr. ta. ; 118 , P. c.

115. Néanmoins les vagabonds et les repris de justice ne pourront , en aucun cas , être mis en liberté provisoire. 71 , se. ta. ; 270 , P.

116. La demande en liberté provisoire sera notifiée à la partie civile , à son domicile ou à celui qu'elle aura élu. 71 , se. ta. ; 68 , I. c.

117. La solvabilité de la caution offerte sera discutée par le procureur du roi, et par la partie civile , dûment appelée. — Elle devra être justifiée par des immeubles libres , pour le montant du cautionnement et une moitié en sus, si mieux n'aime la caution déposer dans la caisse de l'enregistrement et des domaines le montant du cautionnement en espèces. 42, 71, se. ta. ; 2019, C. ; 119, I. c.

118. Le prévenu sera admis à être sa propre caution , soit en déposant le montant du cautionnement , soit en justifiant d'immeubles libres pour le montant du cautionnement et une moitié en sus , et en faisant , dans l'un ou l'autre cas, la soumission dont il sera parlé ci-après. 42 , se. ta.; 114, 117 , 120, I. c.

119. Le cautionnement ne pourra être au-dessous de cinq cents francs. — Si la peine correctionnelle était à la fois l'emprisonnement et une amen-

de . dont le double excéderait cinq cents francs , le cautionnement ne pourrait pas être exigé d'une somme plus forte que le double de cette amende. — S'il avait résulté du délit un dommage civil appréciable en argent , le cautionnement sera triple de la valeur du dommage, ainsi qu'il sera arbitré , pour cet effet seulement , par le juge d'instruction , sans néanmoins que dans ce cas le cautionnement puisse être au-dessous de cinq cents francs. 117, 121.

120. La caution admise fera sa soumission , soit au greffe du tribunal , soit devant notaires, de payer entre les mains du receveur de l'enregistrement le montant du cautionnement , en cas que le prévenu soit constitué en défaut de se représenter. — Cette soumission entraînera la contrainte par corps contre la caution : une expédition en forme exécutoire en sera remise à la partie civile , avant que le prévenu soit mis en liberté provisoire. 42 , se. ta. ; 114 , 122 , I. c. ; 2040, 2041, C.

121. Les espèces déposées et les immeubles servant de cautionnement, seront affectés par privilège, 1° au paiement des réparations civiles et des frais avancés par la partie civile ; 2° aux amendes ; le tout néanmoins sans préjudice du privilège du trésor royal , à raison des frais faits par la partie publique. — Le procureur du roi et la partie civile pourront prendre inscription hypothécaire , sans attendre le jugement définitif. L'inscription prise à la requête de l'un ou de l'autre profitera à tous les deux. 2146 , C. ; 54 , P. ; 124 , se. ta.

122. Le juge d'instruction rendra , le cas arrivant, sur les conclusions du procureur du roi ou sur la demande de la partie civile , une ordonnance pour le paiement de la somme cautionnée. — Ce paiement sera poursuivi à la requête du procureur du roi , et à la diligence du directeur de l'enregistrement. Les sommes recouvrées seront versées dans la caisse de l'enregistrement , sans préjudice des poursuites et des droits de la partie civile. 42 , se. ta. ; 125 , I. c.

123. Le juge d'instruction délivrera, deus la même forme et sur les mêmes réquisitions, une ordonnance de contrainte contre la caution ou les cautions d'un individu mis sous la surveillance spéciale du gouvernement, lorsque celui-ci aura été condamné, par un jugement devenu irrévocable, pour un crime ou pour un délit commis dans l'intervalle déterminé par l'acte de cautionnement. 42, se. ta.; 125, I. c.; 11, 44, 58, 67, P.

124. Le prévenu ne sera mis en liberté provisoire sous caution, qu'après avoir élu domicile dans le lieu où siège le tribunal correctionnel, par un acte reçu au greffe de ce tribunal. 42, se. ta.; 68, I. c.

125. Outre les poursuites contre la caution, s'il y a lieu, le prévenu sera saisi et écroué dans la maison d'arrêt, en exécution d'une ordonnance du juge d'instruction. 42, 71, pr. ta.

126. Le prévenu qui aurait laissé contraindre sa caution au paiement, ne sera plus, à l'avenir, recevable en aucun cas à demander de nouveau sa liberté provisoire moyennant caution.

CHAPITRE IX.
DU RAPPORT DES JUGES D'INSTRUCTION QUAND LA PROCÉDURE EST COMPLÈTE.

127. Le juge d'instruction sera tenu de rendre compte, au moins une fois par semaine, des affaires dont l'instruction lui est dévolue. — Le compte sera rendu à la chambre du conseil, composée de trois juges au moins, y compris le juge d'instruction ; communication préalablement donnée au procureur du roi, pour être par lui requis ce qu'il appartiendra. 104, 615.

128. Si les juges sont d'avis que le fait ne présente ni crime, ni délit, ni contravention, ou qu'il n'existe aucune charge contre l'inculpé, il sera déclaré qu'il n'y a pas lieu à poursuivre ; et si l'inculpé avait été arrêté, il sera mis en liberté. 42, 71, se. ta.; 104, 135, 637, I. c.

129. S'ils sont d'avis que le fait n'est qu'une simple contravention de police, l'inculpé sera renvoyé au tribunal de police, et il sera remis en liberté s'il est arrêté. — Les dispositions du présent article et de l'article

précédent ne pourront préjudicier aux droits de la partie civile ou de la partie publique, ainsi qu'il sera expliqué ci après. 42, 71, se. ta.; 135, 157, 637, I. c.

130. Si le délit est reconnu de nature à être puni par des peines correctionnelles, le prévenu sera renvoyé au tribunal de police correctionnelle. — Si, dans ce cas, le délit peut entraîner la peine d'emprisonnement, le prévenu, s'il est en arrestation, y demeurera provisoirement. 42, 71, se. ta.; 179, 191 à 193, 230, I. c.

131. Si le délit ne doit pas entraîner la peine de l'emprisonnement, le prévenu sera mis en liberté, à la charge de se représenter, à jour fixe, devant le tribunal compétent. 42, 71, se. ta.; 128 à 130, 135, I. c.

132. Dans tous les cas de renvoi, soit à la police municipale, soit à la police correctionnelle, le procureur du roi est tenu d'envoyer, dans les vingt-quatre heures au plus tard, au greffe du tribunal qui doit prononcer, toutes les pièces après les avoir cotées.

133. Si, sur le rapport fait à la chambre du conseil par le juge d'instruction, les juges ou l'un d'eux estiment que le fait est de nature à être puni de peines afflictives ou infamantes, et que la prévention contre l'inculpé est suffisamment établie, les pièces d'instruction, le procès verbal constatant le corps du délit, et un état des pièces servant à conviction, seront transmis sans délai, par le procureur du roi, au procureur général près la cour royale, pour être procédé ainsi qu'il sera dit au chapitre *des Mises en accusation.* — Les pièces de conviction resteront au tribunal d'instruction, sauf ce qui sera dit aux articles 248 et 291. — 160, 217, 228, 231, 235, 248, 291.

134. La chambre du conseil décernera, dans ce cas, contre le prévenu, une ordonnance de prise de corps, qui sera adressée avec les autres pièces au procureur général. — Cette ordonnance contiendra le nom du prévenu, son signalement, son domicile, s'ils sont connus, l'exposé du fait et la nature du délit. 231, 239.

135. Lorsque la mise en liberté des prévenus sera ordonnée conformément aux articles 128, 129 et 131 ci-dessus, le procureur du roi ou la partie civile pourra s'opposer à leur élargissement. L'opposition devra être formée dans un délai de vingt quatre heures, qui courra, contre le procureur du roi, à compter du jour de l'ordonnance de mise en liberté, et contre la partie civile, à compter du jour de la signification à elle faite de ladite ordonnance au domicile pa elle élu dans le lieu où siége le tribu nal. L'envoi des pièces sera fait ains qu'il est dit à l'article 132. — Le pré venu gardera prison jusqu'après l'ex piration du susdit délai. 71, se. ta. 68, 116, 133, 217, I. c.

136. La partie civile qui succom bera dans son opposition, sera con damnée aux dommages-intérêts enver le prévenu. 366.

LIVRE II.

DE LA JUSTICE.

TITRE PREMIER.

DES TRIBUNAUX DE POLICE.

(Loi décrétée le 19 novembre 1808.
Promulguée le 29 du même mois.)

CHAPITRE PREMIER.

DES TRIBUNAUX DE SIMPLE POLICE.

137. Sont considérés comme con traventions de police simple, les faits qui, d'après les dispositions du quatrième livre du Code pénal, peuvent donner lieu, soit à quinze francs d'amende ou au-dessous, soit à cinq jours d'emprisonnement ou au-dessous, qu'il y ait ou non confiscation des choses saisies, et quelle qu'en soit la valeur. 159, 166, 169, I. c.; 464 et s. . P.

138. La connaissance des contraventions de police est attribuée au juge de paix et au maire, suivant les règles et les distinctions qui seront ci-après établies. 148, 179.

§ Ier. *Du Tribunal du Juge de paix comme Juge de police.*

139. Les juges de paix connaîtront exclusivement. — 1º Des contraventions commises dans l'étendue de la commune chef-lieu du canton ; — 2º Des contraventions dans les autres communes de leur arrondissement, lorsque, hors le cas où les coupables auront été pris en flagrant délit, les contraventions auront été commises par des personnes non domiciliées ou non présentes dans la commune, o lorsque les témoins qui doivent dépo ser n'y sont pas résidans ou présens — 3º Des contraventions à raison de quelles la partie qui réclame conclu pour ses dommages-intérêts, à un somme indéterminée ou à une somm excédant quinze francs ; — 4º De contraventions forestières poursuivi à la requête des particuliers, 179 ; — 5º Des injures verbales, 505 ; — 6º De affiches, annonces, ventes, distribu tions ou débits d'ouvrages, écrits o gravures, contraires aux mœurs, 285 290. P.; — 7º De l'action contre le gens qui font le métier de deviner prono-tiquer, ou d'expliquer le songes. 137, 140, 166, 179, 192.

140. Les juges de paix connaîtro aussi, mais concurremment avec le maires, de toutes autres contraven tions commises dans leur arrondisse ment. 166 et s.

141. Dans les communes dans le quelles il n'y a qu'un juge de paix, connaîtra seul des affaires attribué à son tribunal : les greffiers et le huissiers de la justice de paix fero le service pour les affaires de police.

142. Dans les communes divisé en deux justices de paix ou plus, service au tribunal de police sera fa successivement par chaque juge paix, en commençant par le plus an cien : il y aura, dans ce cas, u greffier particulier pour le tribun de police.

143. Il pourra aussi, dans le c

île l'article précédent, y avoir deux sections pour la police : chaque section sera tenue par un juge de paix ; et le greffier aura un commis assermenté pour le suppléer.

144. Les fonctions du ministère public, pour les faits de police, seront remplies par le commissaire du lieu où siégera le tribunal : en cas d'empêchement du commissaire de police, ou s'il n'y en a point, elles seront remplies par le maire, qui pourra se faire remplacer par son adjoint. — S'il y a plusieurs commissaires de police, le procureur général près la cour royale nommera celui ou ceux d'entre eux qui feront le service. 9, 167, I. c. ; 581, P. c.

145. Les citations pour contravention de police seront faites à la requête du ministère public, ou de la partie qui réclame. — Elles seront notifiées par un huissier ; il en sera laissé copie au prévenu, ou à la personne civilement responsable. 71, se. ta.; 1584, 1797, C.; 1, 170, P. c.; 1, 137, 148, 169, I. c. : 75, P.

146. La citation ne pourra être donnée à un délai moindre que vingt-quatre heures, outre un jour par trois myriamètres, à peine de nullité tant de la citation que du jugement qui serait rendu par défaut. Néanmoins cette nullité ne pourra être proposée qu'à la première audience, avant toute exception et défense. — Dans les cas urgens, les délais pourront être abrégés et les parties citées à comparaître même dans le jour, et à heure indiquée, en vertu d'une cédule délivrée par le juge de paix. 42, 71, se. ta.; 151, 169. I. c.; 5, P. c.

147. Les parties pourront comparaître volontairement et sur un simple avertissement, sans qu'il soit besoin de citation. 169.

148. Avant le jour de l'audience, le juge de paix pourra, sur la réquisition du ministère public ou de la partie civile, estimer ou faire estimer les dommages, dresser ou faire dresser des procès verbaux, faire ou ordonner tous actes requérant célérité. 16, se. ta.; 1, I. c. ; 50, 41, P. c.

149. Si la personne citée ne comparaît pas au jour et à l'heure fixes

par la citation, elle sera jugée par défaut. 71, se. ta.; 146, 152, 159, 186, I. c.; 19, P. c.

150. La personne condamnée par défaut ne sera plus recevable à s'opposer à l'exécution du jugement, si elle ne se présente à l'audience indiquée par l'article suivant ; sauf ce qui sera ci-après réglé sur l'appel et le recours en cassation. 174, 187, I. c. 455, P. c.

151. L'opposition au jugement par défaut pourra être faite par déclaration en réponse au bas de l'acte de signification, ou par acte notifié dans les trois jours de la signification, outre un jour par trois myriamètres. — L'opposition emportera de droit citation à la première audience après l'expiration des délais, et sera réputée non avenue si l'opposant ne comparaît pas. 71, se. ta.; 187, I. c.

152. La personne citée comparaîtra par elle-même, ou par un fondé de procuration spéciale. 149, 185.

153. L'instruction de chaque affaire sera publique, à peine de nullité. — Elle se fera dans l'ordre suivant : — Les procès verbaux, s'il y en a, seront lus par le greffier, 16. — Les témoins, s'il en a été appelé par le ministère public ou la partie civile, seront entendus s'il y a lieu ; la partie civile prendra ses conclusions. 80, 155, 510, I. c.; 28, 42, P. — La personne citée proposera sa défense, et fera entendre ses témoins, si elle en a amené ou fait citer, et si, aux termes de l'article suivant, elle est recevable à les produire ; — Le ministère public résumera l'affaire et donnera ses conclusions : la partie citée pourra proposer ses observations. 144. — Le tribunal de police prononcera le jugement dans l'audience où l'instruction aura été terminée, et, au plus tard, dans l'audience suivante. 42, 71, se. ta.; 171, 190, I. c.; 25, C.

154. Les contraventions seront prouvées, soit par procès verbaux ou rapports, soit par témoins à défaut de rapports et procès verbaux, ou à leur appui. — Nul ne sera admis, à peine de nullité, à faire preuve par témoins outre ou contre le contenu aux pro-

cès verbaux ou rapports des officiers de police ayant reçu de la loi le pouvoir de constater les délits ou les contraventions jusqu'à inscription de faux. Quant aux procès verbaux et rapports faits par des agens, préposés ou officiers auxquels la loi n'a pas accordé le droit d'en être crus jusqu'à inscription de faux, ils pourront être débattus par des preuves contraires, soit écrites, soit testimoniales, si le tribunal juge à propos de les admettre. 11, 16, 55, 71, 189, I. c.; 1341, C.

155. Les témoins feront à l'audience, sous peine de nullité, le serment de dire toute la vérité, rien que la vérité; et le greffier en tiendra note, ainsi que de leurs noms, prénoms, âge, profession et demeure, et de leurs principales déclarations. 75, 157, 189, 211, 215, 317, 322, 323.

156. Les ascendans ou descendans de la personne prévenue, ses frères et sœurs ou alliés en pareil degré, la femme ou son mari, même après le divorce prononcé, ne seront ni appelés ni reçus en témoignage; sans néanmoins que l'audition des personnes ci-dessus désignées puisse opérer une nullité, lorsque, soit le ministère public, soit la partie civile, soit le prévenu, ne se sont pas opposés à ce qu'elles soient entendues. 317, 622, I. c.; 378, P.

157. Les témoins qui ne satisferont pas à la citation pourront y être contraints par le tribunal, qui, à cet effet et sur la réquisition du ministère public, prononcera dans la même audience, sur le premier défaut, l'amende, et, en cas d'un second défaut, la contrainte par corps. 42, 71, se. ta.; 80, 170, I. c.; 159, 236, P.

158. Le témoin ainsi condamné à l'amende sur le premier défaut, et qui, sur la seconde citation, produira devant le tribunal des excuses légitimes, pourra, sur les conclusions du ministère public, être déchargé de l'amende. — Si le témoin n'est pas cité de nouveau, il pourra volontairement comparaître par lui, ou par un fondé de procuration spéciale, à l'audience suivante, pour présenter ses excuses, et obtenir, s'il y a lieu,

décharge de l'amende. 42, 71, se. ta.; 81, I. c.; 236, P.

159. Si le fait ne présente ni délit ni contravention de police, le tribunal annulera la citation et tout ce qui aura suivi, et statuera par le même jugement sur les demandes en dommages-intérêts. 42, se. ta.; 66, 212, I. c.

160. Si le fait est un délit qui emporte une peine correctionnelle ou plus grave, le tribunal renverra les parties devant le procureur du roi. 42, 71, se. ta.; 47, 61, 71, 91, 127, 182, I. c.

161. Si le prévenu est convaincu de contravention de police, le tribunal prononcera la peine, et statuera par le même jugement sur les demandes en restitution et en dommages intérêts. 42, se. ta.; 157, 159, 192, I. c.

162. La partie qui succombera sera condamnée aux frais, même envers la partie publique. — Les dépens seront liquidés par le jugement. 66, 157, 176, 194, 368, I. c.: 52, P.: 174, se. ta.

163. Tout jugement définitif de condamnation sera motivé, et les termes de la loi appliquée y seront insérés, à peine de nullité. 141, 463, P. c.; 163, 172, 195, 369, 592, I. c.; 11, 464, P.; 18, se. ta. — Il y sera fait mention s'il est rendu en dernier ressort ou en première instance.

164. La minute du jugement sera signée par le juge qui aura tenu l'audience, dans les vingt-quatre heures au plus tard, à peine de vingt-cinq francs d'amende contre le greffier, et de prise à partie, s'il y a lieu, tant contre le greffier que contre le président. 77, 196, 370, 595.

165. Le ministère public et la partie civile poursuivront l'exécution du jugement, chacun en ce qui le concerne. 1, 22, 139, 145, 167, 192, 197.

§ II. De la Juridiction des Maires comme Juges de police.

166. Les maires des communes non chefs-lieux de canton connaîtront, concurremment avec les juges de paix, des contraventions commises dans l'étendue de leur commune, par les

personnes prises en flagrant délit, ou par des personnes qui résident dans la commune ou qui y sont présentes, lorsque les témoins y seront aussi résidans ou présens, et lorsque la partie réclamante conclura pour ses dommages-intérêts à une somme déterminée, qui n'excédera pas celle de quinze francs. — Ils ne pourront jamais connaître des contraventions attribuées exclusivement aux juges de paix par l'art. 139, ni d'aucune des matières dont la connaissance est attribuée aux juges de paix considérés comme juges civils.

167. Le ministère public sera exercé auprès du maire, dans les matières de police, par l'adjoint. En l'absence de l'adjoint, ou lorsque l'adjoint remplacera le maire comme juge de police, le ministère public sera exercé par un membre du conseil municipal, qui sera désigné à cet effet par le procureur du roi, pour une année entière. 144.

168. Les fonctions de greffier des maires dans les affaires de police, seront exercées par un citoyen que le maire proposera, et qui prêtera serment en cette qualité au tribunal de police correctionnelle. Il recevra, pour ses expéditions, les émolumens attribués au greffier du juge de paix. 41, 47, se. ta.; 1050, P. c.

169. Le ministère des huissiers ne sera pas nécessaire pour les citations aux parties; elles pourront être faites par un avertissement du maire, qui annoncera au défendeur le fait dont il est inculpé, le jour et l'heure où il doit se présenter. 145, 147, 149, 171.

170. Il en sera de même des citations aux témoins; elles pourront être faites par un avertissement qui indiquera le moment où leur déposition sera reçue. 72, 74, 157.

171. Le maire donnera son audience dans la maison commune; il entendra publiquement les parties et les témoins. — Seront, au surplus, observées les dispositions des articles 149, 150, 151, 153, 154, 155, 156, 157, 158, 159 et 160, concernant l'instruction et les jugemens au tribunal du juge de paix.

§ III. De l'Appel des Jugemens de police.

172. Les jugemens rendus en matière de police pourront être attaqués par la voie de l'appel, lorsqu'ils prononceront un emprisonnement, ou lorsque les amendes, restitutions et autres réparations civiles excéderont la somme de cinq francs, outre les dépens. 71, se. ta.; 173, 177, 526, I. c.; 404 à 406, 456, P. c.

173. L'appel sera suspensif. 203.

174. L'appel des jugemens rendus par le tribunal de police sera porté au tribunal correctionnel: cet appel sera interjeté dans les dix jours de la signification de la sentence à personne ou domicile; il sera suivi et jugé dans la même forme que les appels des sentences des justices de paix. 71, se. ta.; 203, 215, I. c.; 16, 404, 447, 455, 455, 465, 467, 471, 475, 545, P. c.

175. Lorsque, sur l'appel, le procureur du roi ou l'une des parties le requerra, les témoins pourront être entendus de nouveau, et il pourra même en être entendu d'autres.

176. Les dispositions des articles précédens sur la solennité de l'instruction, la nature des preuves, la forme, l'authenticité et la signature du jugement définitif, la condamnation aux frais, ainsi que les peines que ces articles prononcent, seront communes aux jugemens rendus sur l'appel, par les tribunaux correctionnels. 141, P. c.; 151, 162, I. c.

177. Le ministère public et les parties pourront, s'il y a lieu, se pourvoir en cassation contre les jugemens rendus en dernier ressort par le tribunal de police, ou contre les jugemens rendus par le tribunal correctionnel, sur l'appel des jugemens de police. — Le recours aura lieu dans la forme et dans les délais qui seront prescrits. 71, se. ta.; 150, 373, 413, 417, 427, I. c.

178. Au commencement de chaque trimestre, les juges de paix et les maires transmettront au procureur du roi l'extrait des jugemens de police qui auront été rendus dans le trimestre précédent, et qui auront prononcé la peine d'emprisonnement.

Cet extrait sera délivré sans frais par le greffier. — Le procureur du roi le déposera au greffe du tribunal correctionnel. — Il en rendra un compte sommaire au procureur général près la cour royale. 27, 198, 274.

CHAPITRE II.
DES TRIBUNAUX EN MATIÈRE CORREC-TIONNELLE.

179. Les tribunaux de première instance en matière civile connaîtront en outre, sous le titre de tribunaux correctionnels, de tous les délits forestiers poursuivis à la requête de l'administration, et de tous les délits dont la peine excède cinq jours d'emprisonnement et quinze francs d'amende. 157, 182, 479, 480.

180. Ces tribunaux pourront, en matière correctionnelle, prononcer au nombre de trois juges.

181. S'il se commet un délit correctionnel dans l'enceinte et pendant la durée de l'audience, le président dressera procès-verbal du fait, entendra le prévenu et les témoins, et le tribunal appliquera, sans désemparer, les peines prononcées par la loi. — Cette disposition aura son exécution pour les délits correctionnels commis dans l'enceinte et pendant la durée des audiences de nos cours, et même des audiences du tribunal civil, sans préjudice de l'appel de droit des jugemens rendus dans ces cas par les tribunaux civils ou correctionnels. 504, I. c.; 88, P. c.

182. Le tribunal sera saisi, en matière correctionnelle, de la connaissance des délits de sa compétence, soit par le renvoi qui lui en sera fait d'après les art. 130 et 160 ci-dessus, soit par la citation donnée directement au prévenu et aux personnes civilement responsables du délit par la partie civile, et, à l'égard des délits forestiers, par le conservateur, inspecteur ou sous-inspecteur forestier, ou par les gardes généraux, et, dans tous les cas, par le procureur du roi. 16, 64, 129, 190, 250, I. c.; 71, se. ta.

183. La partie civile fera, par l'acte de citation, élection de domicile dans la ville où siège le tribunal :

la citation énoncera les faits, et tiendra lieu de plainte. 145.

184. Il y aura au moins un délai de trois jours, outre un jour par trois myriamètres, entre la citation et le jugement, à peine de nullité de la condamnation qui serait prononcée par défaut contre la personne citée. — Néanmoins cette nullité ne pourra être proposée qu'à la première audience, et avant toute exception ou défense. 71, se. ta. ; 146, l. c. ; 1033, P. c.

185. Dans les affaires relatives à des délits qui n'entraîneront pas la peine d'emprisonnement, le prévenu pourra se faire représenter par un avoué : le tribunal pourra néanmoins ordonner sa comparution en personne. 71, se. ta. : 152, I. c.

186. Si le prévenu ne comparaît pas, il sera jugé par défaut. 71, se. ta.; 146, 149, 152, 190, 195, I. c.

187. La condamnation par défaut sera comme non avenue, si, dans les cinq jours de la signification qui en aura été faite au prévenu ou à son domicile, outre un jour par cinq myriamètres, celui-ci forme opposition à l'exécution du jugement, et notifie son opposition tant au ministère public qu'à la partie civile. — Néanmoins les frais de l'expédition de la signification du jugement par défaut, et de l'opposition, demeureront à la charge du prévenu. 71, se. ta.; 68, 150, 185, I. c.

188. L'opposition emportera de droit citation à la première audience, 20, P. c.; elle sera non avenue, si l'opposant n'y comparaît pas; et le jugement que le tribunal aura rendu sur l'opposition ne pourra être attaqué par la partie qui l'aura formée, si ce n'est par appel, ainsi qu'il sera dit ci-après. — Le tribunal pourra, s'il y échet, accorder une provision; et cette disposition sera exécutoire nonobstant l'appel. 42, 71, se. ta.: 151, 205, I. c.

189. La preuve des délits correctionnels se fera de la manière prescrite aux articles 154, 155 et 156 ci-dessus, concernant les contraventions de police. Les dispositions des articles 157, 158, 159, 160 et 161, sont contimunes aux tribunaux en matière correctionnelle. 366, I. c. ; 2279, 2280, C.

190. L'instruction sera publique, à peine de nullité. — Le procureur du roi, la partie civile ou son défenseur, et, à l'égard des délits forestiers, le conservateur, inspecteur ou sous-inspecteur forestiers, ou à leur défaut le garde général, 182, exposeront l'affaire : les procès verbaux ou rapports, s'il en a été dressé, seront lus par le greffier ; les témoins pour et contre seront entendus, s'il y a lieu, et les reproches proposés et jugés : les pièces pouvant servir à conviction ou à décharge seront représentées aux témoins et aux parties : le prévenu sera interrogé : le prévenu et les personnes civilement responsables proposeront leurs défenses ; le procureur du roi résumera l'affaire et donnera ses conclusions; le prévenu et les personnes civilement responsables du délit pourront répliquer. — Le jugement sera prononcé de suite, ou, au plus tard, à l'audience qui suivra celle où l'instruction aura été terminée. 16, 82, 153, 155, 210. I. c. ; 25, C.; 28, 42, 45, P.; 42, 71, se. ta.

191. Si le fait n'est réputé ni délit ni contravention de police, le tribunal annulera l'instruction, la citation et tout ce qui aura suivi, renverra le prévenu et statuera sur les demandes en dommages-intérêts. 159, 206, 212, 222, 229, 558, I. c.; 42, se. ta.

192. Si le fait n'est qu'une contravention de police, et si la partie publique ou la partie civile n'a pas demandé le renvoi, le tribunal appliquera la peine, et statuera, s'il y a lieu, sur les dommages-intérêts. — Dans ce cas, son jugement sera en dernier ressort. 42, se. ta.; 157, 159, 213, 230, 565, I. c.

193. Si le fait est de nature à mériter une peine afflictive ou infamante, le tribunal pourra décerner de suite le mandat de dépôt ou le mandat d'arrêt; et il renverra le prévenu devant le juge d'instruction compétent. 91, 94, 214, 230, I. c.; 6, P.; 42. se. ta.

194. Tout jugement de condamnation rendu contre le prévenu et les personnes civilement responsables du délit, ou contre la partie civile, les condamnera aux frais, même envers la partie publique. — Les frais seront liquidés par le même jugement. 66, 162, I. c.; 52, P.; 174, se. ta.

195. Dans le dispositif de tout jugement de condamnation seront énoncés les faits dont les personnes citées seront jugées coupables ou responsables, la peine et les condamnations civiles. — Le texte de la loi dont on fera l'application sera lu à l'audience par le président: il sera fait mention de cette lecture dans le jugement, et le texte de la loi y sera inséré, sous peine de cinquante francs d'amende contre le greffier. 163, 369, 592.

196. La minute du jugement sera signée au plus tard dans les vingt-quatre heures, par les juges qui l'auront rendu. — Les greffiers qui délivreront expédition d'un jugement avant qu'il ait été signé, seront poursuivis comme faussaires. — Les procureurs du roi se feront représenter, tous les mois, les minutes des jugemens; et en cas de contravention au présent article, ils en dresseront procès verbal pour être procédé ainsi qu'il appartiendra. 164, 570, 593, I. c.; 139, 140, C.

197. Le jugement sera exécuté à la requête du procureur du roi et de la partie civile, chacun en ce qui le concerne. — Néanmoins les poursuites pour le recouvrement des amendes et confiscations seront faites au nom du procureur du roi, par le directeur de la régie des droits d'enregistrement et domaines. 22; 28, 165.

198. Le procureur du roi sera tenu, dans les quinze jours qui suivront la prononciation du jugement, d'en envoyer un extrait au procureur général près la cour royale. 44, se. ta.; 27, 178, 202, 274, I. c.

199. Les jugemens rendus en matière correctionnelle pourront être attaqués par la voie de l'appel. 71, se. ta.; 199, 200, 475, 485, I. c.

200. Les appels des jugemens rendus en police correctionnelle seront portés des tribunaux d'arrondisse-

ment au tribunal du chef-lieu du département. — Les appels des jugemens rendus en police correctionnelle au chef-lieu du département seront portés au tribunal du chef-lieu du département voisin quand il sera dans le ressort de la même cour royale, sans néanmoins que les tribunaux puissent, dans aucun cas, être respectivement juges d'appel de leurs jugemens. — Il sera formé un tableau des tribunaux de chef-lieu auxquels les appels seront portés.

201. Dans le département où siège la cour royale, les appels des jugemens rendus en police correctionnelle seront portés à ladite cour. — Seront également portés à ladite cour les appels des jugemens rendus en police correctionnelle dans le chef-lieu d'un département voisin, lorsque la distance de cette cour n'en sera pas plus forte que celle du chef-lieu d'un autre département.

202. La faculté d'appeler appartiendra, 206, 287, I. c.; 44, se. ta.— 1° Aux parties prévenues ou responsables, 145, I. c.: 1584, 1797, C.; 75, P.;—2° A la partie civile, quant à ses intérêts civils seulement, 66;— 5° A l'administration forestière, 16, 19, 82; — 4° Au procureur du roi près le tribunal de première instance, lequel, dans le cas où il n'appellerait pas, sera tenu, dans le délai de quinzaine, d'adresser un extrait du jugement au magistrat du ministère public près le tribunal ou la cour qui doit connaître de l'appel; — 5° Au ministère public près le tribunal ou la cour qui doit prononcer sur l'appel. 44, se. ta.; 198, 205, 287, la. c.

203. Il y aura, sauf l'exception portée en l'article 205 ci-après, déchéance de l'appel, si la déclaration d'appeler n'a pas été faite au greffe du tribunal qui a rendu le jugement, dix jours au plus tard après celui où il a été prononcé; et, si le jugement est rendu par défaut, dix jours au plus tard après celui de la signification qui en aura été faite à la partie condamnée ou à son domicile, outre un jour par trois myriamètres. — Pendant ce délai et pendant l'instance d'appel, il sera sursis à l'exécution du jugement. 405, P.; 188, 204, I. c.: 71, se. ta.

204. La requête contenant les moyens d'appel pourra être remise, dans le même délai, au même greffe; elle sera signée de l'appelant, où d'un avoué, ou de tout autre fondé de pouvoir spécial. — Dans ce dernier cas, le pouvoir sera annexé à la requête. — Cette requête pourra aussi être remise directement au greffe du tribunal où l'appel sera porté. 71; se. ta.; 152, 207, I. c.

205. Le ministère public près le tribunal ou la cour qui doit connaître de l'appel, devra notifier son recours, soit au prévenu, soit à la personne civilement responsable du délit, dans les deux mois à compter du jour de la prononciation du jugement, ou, si le jugement lui a été légalement notifié par l'une des parties, dans le mois du jour de cette notification: sinon, il sera déchu. 192, 202, 287, I. c.; 71, se. ta.

206. La mise en liberté du prévenu acquitté ne pourra être suspendue, lorsqu'aucun appel n'aura été déclaré ou notifié dans les trois jours de la prononciation du jugement. 191, 205.

207. La requête, si elle a été remise au greffe du tribunal de première instance, et les pièces, seront envoyées, par le procureur du roi, au greffe de la cour ou du tribunal auquel l'appel sera porté, dans les vingt-quatre heures après la déclaration ou la remise de la notification d'appel. — Si celui contre lequel le jugement a été rendu est en état d'arrestation, il sera, dans le même délai, et par ordre du procureur du roi, transféré dans la maison d'arrêt du lieu où siège la cour ou le tribunal qui jugera l'appel. 204, I. c.; 3, 4, se. ta.

208. Les jugemens rendus par défaut sur l'appel pourront être attaqués par la voie de l'opposition, dans la même forme et dans les mêmes délais que les jugemens par défaut rendus par les tribunaux correctionnels. — L'opposition emportera de droit citation à la première audience, et sera comme non avenue, si l'op-

posant n'y comparaît pas. Le juge-. ment qui interviendra sur l'opposition ne pourra être attaqué par la partie qui l'aura formée, si ce n'est devant la cour de cassation. 186 à 188.

209. L'appel sera jugé à l'audience, dans le mois, sur un rapport fait par l'un des juges.

210. A la suite du rapport, et avant que le rapporteur et les juges émettent leur opinion, le prévenu, soit qu'il ait été acquitté, soit qu'il ait été condamné, les personnes civilement responsables du délit, la partie civile, et le procureur du roi, seront entendus dans la forme et dans l'ordre prescrits par l'article 190. — 71, se. ta.; 287, l. c.

211. Les dispositions des articles précédens sur la solennité de l'instruction, la nature des preuves, la forme, l'authenticité et la signature du jugement définitif de première instance, la condamnation aux frais, ainsi que les peines que ces articles prononcent, seront communes aux jugemens rendus sur l'appel. 154, 175, 189, 194.

212. Si le jugement est réformé parce que le fait n'est réputé délit ni contravention de police par aucune loi, la cour ou le tribunal renverra le prévenu, et statuera, s'il y a lieu, sur ses dommages-intérêts. 71, se. ta.; 159, 161, 191, 229, l. c.

213. Si le jugement est annulé parce que le fait ne présente qu'une contravention de police, et si la partie publique et la partie civile n'ont pas demandé le renvoi, la cour ou le tribunal prononcera la peine, et statuera également, s'il y a lieu, sur les dommages-intérêts. 157, 159, 192, 230, 365, l. c.; 71, se. ta.

214. Si le jugement est annulé parce que le délit est de nature à mériter une peine afflictive ou infamante, la cour ou le tribunal décernera, s'il y a lieu, le mandat de dépôt, ou même d'arrêt, et renverra le prévenu devant le fonctionnaire public compétent, autre toutefois que celui qui aura rendu le jugement ou fait l'instruction. 71, se. ta.; 91, 94, 195, 450, 451, l. c.; 405, P.

215. Si le jugement est annulé pour violation ou omission non réparée de formes prescrites par la loi à peine de nullité, la cour ou le tribunal statuera sur le fond.

216. La partie civile, le prévenu, la partie publique, les personnes civilement responsables du délit, pourront se pourvoir en cassation contre le jugement. 150, 152, 373, 413, 417, 427.

TITRE II.

DES AFFAIRES QUI DOIVENT ÊTRE SOUMISES AU JURY.

(Loi décrétée le 9 décembre 1808 promulguée le 19 du même mois.)

CHAPITRE PREMIER.

DES MISES EN ACCUSATION.

217. Le procureur général près la cour royale sera tenu de mettre l'affaire en état dans les cinq jours de la réception des pièces qui lui auront été transmises, en exécution de l'article 133 ou de l'article 135, et de faire son rapport dans les cinq jours suivans, au plus tard. — Pendant ce temps, la partie civile ou le prévenu pourront fournir tels mémoires qu'ils estimeront convenables, sans que le rapport puisse être retardé. 220, 222, 224, 234, 241, 271.

218. Une section de la cour royale, spécialement formée à cet effet, sera tenue de se réunir, au moins une fois par semaine, à la chambre du conseil, pour entendre le rapport du procureur général, et statuer sur ses réquisitions. 133, 135, 195, 257.

219. Le président sera tenu de faire prononcer la section au plus tard dans les trois jours du rapport du procureur général. 225.

220. Si l'affaire est de la nature de celles qui sont réservées à la haute-cour, ou à la cour de cassation, le procureur général est tenu d'en requérir la suspension et le renvoi, et la section de l'ordonner. 250, 455.

221. Hors le cas prévu par l'article précédent, les juges examineront s'il existe contre le prévenu des preuves ou des indices d'un fait qualifié crime par la loi, ou si ces preuves ou indices

sont assez graves pour que la mise en accusation soit prononcée. 229, 255, 655, 637, I. c.: 528, P.

222. Le greffier donnera aux juges, en présence du procureur général, lecture de toutes les pièces du procès ; elles seront ensuite laissées sur le bureau, ainsi que les mémoires que la partie civile et le prévenu auront fournis. 217, 276.

223. La partie civile, le prévenu, les témoins, ne paraîtront point.

224. Le procureur général, après avoir déposé sur le bureau sa réquisition écrite et signée, se retirera ainsi que le greffier.

225. Les juges délibéreront entre eux sans désemparer, et sans communiquer avec personne. 219, 225.

226. La cour statuera, par un seul et même arrêt, sur les délits connexes dont les pièces se trouveront en même temps produites devant elle. 507, 455, 526, 540.

227. Les délits sont connexes, soit lorsqu'ils ont été commis en même temps par plusieurs personnes réunies, soit lorsqu'ils ont été commis par différentes personnes même en différens temps et en divers lieux, mais par suite d'un concert formé à l'avance entre elles, soit lorsque les coupables ont commis les uns pour se procurer les moyens de commettre les autres, pour en faciliter, pour en consommer l'exécution, ou pour en assurer l'impunité. 507, 508, 455, 526, 540, I. c, : 245, P.

228. Les juges pourront ordonner, s'il y échet, des informations nouvelles ; — Ils pourront également ordonner, s'il y a lieu, l'apport des pièces servant à conviction qui seront restées déposées au greffe du tribunal de première instance : — Le tout dans le plus court délai. 251, 255, 655, 657.

229. Si la cour n'aperçoit aucune trace d'un délit prévu par la loi, ou si elle ne trouve pas des indices suffisans de culpabilité, elle ordonnera la mise en liberté du prévenu ; ce qui sera exécuté sur-le-champ, s'il n'est retenu pour autre cause. — Dans le même cas, lorsque la cour statuera sur une opposition à la mise en li-

berté du prévenu prononcée par les premiers juges, elle confirmera leur ordonnance ; ce qui sera exécuté comme il est dit au précédent paragraphe. 72, se. ta.; 128, 155, 159, 191, 212, 221, 246, 248, 655, I. c.

230. Si la cour estime que le prévenu doit être renvoyé à un tribunal de simple police ou à un tribunal de police correctionnelle, elle prononcera le renvoi, et indiquera le tribunal qui doit en connaître. — Dans le cas de renvoi à un tribunal de simple police, le prévenu sera mis en liberté. 71, se. ta.: 129, 192, 215, I. c

231. Si le fait est qualifié crime par la loi, et que la cour trouve des charges suffisantes pour motiver la mise en accusation, elle ordonnera le renvoi du prévenu aux assises. — Si le délit a été mal qualifié dans l'ordonnance de prise de corps, la cour l'annulera, et en décernera une nouvelle. — Si la cour, en prononçant l'accusation du prévenu, statue sur une opposition à sa mise en liberté, elle annulera l'ordonnance des premiers juges, et décernera une ordonnance de prise de corps. 71, se. ta.: 155 252, 271, 566, 655, 637, I. c.: 147, 150, P.

232. Toutes les fois que la cour décernera des ordonnances de prise de corps, elle se conformera au second paragraphe de l'article 154. — 255, I. c. ; 71, se. ta.

233. L'ordonnance de prise de corps, soit qu'elle ait été rendue par les premiers juges, soit qu'elle ait été par la cour, sera insérée dans l'arrêt de mise en accusation, lequel contiendra l'ordre de conduire l'accusé dans la maison de justice établie près la cour où il sera renvoyé. 154, 252. 259.

234. Les arrêts seront signés par chacun des juges qui les auront rendus ; il y sera fait mention, à peine de nullité, tant de la réquisition du ministère public, que du nom de chacun des juges. 164, 196, 217, 521.

235. Dans toutes les affaires, les cours royales, tant qu'elles n'auront pas décidé s'il y a lieu de prononcer la mise en accusation, pourront d'office, soit qu'il y ait eu ou non une in-

struction commencée par les premiers juges, ordonner des poursuites, se faire apporter les pièces, informer ou faire informer, et statuer ensuite ce qu'il appartiendra. 228, 246, 250, 274, 276.

236. Dans le cas du précédent article, un des membres de la section dont il est parlé en l'article 218 fera les fonctions de juge-instructeur.

237. Le juge entendra les témoins, ou commettra, pour recevoir leurs dépositions, un des juges du tribunal de première instance dans le ressort duquel ils demeurent, interrogera le prévenu, fera constater par écrit toutes les preuves ou indices qui pourront être recueillis, et décernera, suivant les circonstances, les mandats d'amener, de dépôt ou d'arrêt. 71, se. ta. : 71, 87, 91, l. c.

238. Le procureur général fera son rapport dans les cinq jours de la remise que le juge-instructeur lui aura faite des pièces. 217.

239. Il ne sera décerné préalablement aucune ordonnance de prise de corps : et s'il résulte de l'examen, qu'il y a lieu de renvoyer le prévenu à la cour d'assises ou au tribunal de police correctionnelle, l'arrêt portera cette ordonnance, ou celle de se représenter, si le prévenu a été admis à la liberté sous caution. 71, se. ta. : 253, l. c.

240. Seront, au surplus, observées les autres dispositions du présent Code, qui ne sont point contraires aux cinq articles précédens. 219.

241. Dans tous les cas où le prévenu sera renvoyé à la cour d'assises ou à la cour spéciale, le procureur général sera tenu de rédiger un acte d'accusation. — L'acte d'accusation exposera, 1º la nature du délit qui forme la base de l'accusation. 2º le fait et toutes les circonstances qui peuvent aggraver ou diminuer la peine ; le prévenu y sera dénommé et clairement désigné. — L'acte d'accusation sera terminé par le résumé suivant : —*En conséquence N… est accusé d'avoir commis tel meurtre, tel vol, ou tel autre crime, avec telle et telle circonstance.* 251, 257, 271.

242. L'arrêt de renvoi et l'acte d'accusation seront signifiés à l'accusé, et il lui sera laissé copie du tout. 71, se. ta.

243. Dans les vingt-quatre heures qui suivront cette signification, l'accusé sera transféré de la maison d'arrêt dans la maison de justice établie près la cour où il doit être jugé. 4, se. ta.

244. Si l'accusé ne peut être saisi ou ne se présente point, on procédera contre lui par contumace, ainsi qu'il sera réglé ci-après au chapitre II du titre IV du présent livre. 465 et s.

245. Le procureur général donnera avis de l'arrêt de renvoi à la cour d'assises, tant au maire du lieu du domicile de l'accusé s'il est connu, qu'à celui du lieu où le délit a été commis.

246. Le prévenu à l'égard duquel la cour royale aura décidé qu'il n'y a pas lieu au renvoi à la cour d'assises ne pourra plus y être traduit à raison du même fait, à moins qu'il ne survienne de nouvelles charges. 229, 247.

247. Sont considérés comme charges nouvelles, les déclarations des témoins, pièces et procès verbaux qui, n'ayant pu être soumis à l'examen de la cour royale, sont cependant de nature, soit à fortifier les preuves que la cour aurait trouvées trop faibles, soit à donner aux faits de nouveaux développemens utiles à la manifestation de la vérité.

248. En ce cas, l'officier de police judiciaire, ou le juge d'instruction, adressera, sans délai, copie des pièces et charges au procureur général près la cour royale : et sur la réquisition du procureur général, le président de la section criminelle indiquera le juge devant lequel il sera, à la poursuite de l'officier du ministère public, procédé à une nouvelle instruction, conformément à ce qui a été prescrit. — Pourra toutefois le juge d'instruction décerner, s'il y a lieu, sur les nouvelles charges, et avant leur envoi au procureur général, un mandat de dépôt contre le prévenu qui aurait été déjà mis en liberté d'après les dispositions de l'article 229. — 42, 71, se. ta. : 71, 87, 95, l. c.

249. Le procureur du roi enverra, tous les huit jours, au procureur général, une notice de toutes les affaires criminelles, de police correctionnelle ou de simple police, qui seront survenues. 27, 250, 274, 290.

250. Lorsque, dans la notice des causes de police correctionnelle ou de simple police, le procureur général trouvera qu'elles présentent des caractères plus graves, il pourra ordonner l'apport des pièces dans la quinzaine seulement de la réception de la notice, pour ensuite être par lui fait, dans un autre délai de quinzaine du jour de la réception des pièces, telles réquisitions qu'il estimera convenables, et par la cour être ordonné, dans le délai de trois jours, ce qu'il appartiendra. 160, 193, 214, 217, 235, 366.

CHAPITRE II.

DE LA FORMATION DES COURS D'ASSISES.

251. Il sera tenu des assises dans chaque département, pour juger les individus que la cour royale y aura envoyés. 251, 258.

252. Dans le département où siégent les cours royales, les assises seront tenues par trois des membres de la cour, dont l'un sera président. — Les fonctions du ministère public seront remplies, soit par le procureur général, soit par un des avocats généraux, soit par un des substituts du procureur général. — Le greffier de la cour y exercera ses fonctions par lui-même ou par l'un de ses commis assermentés. 256, 265, 271.

253. Dans les autres départemens, la cour d'assises sera composée, 1° d'un conseiller à la cour royale délégué à cet effet, et qui sera président de la cour d'assises; 2° de deux juges pris, soit parmi les conseillers de la cour royale, lorsque celle-ci jugera convenable de les déléguer à cet effet, soit parmi les présidens ou juges du tribunal de première instance du lieu de la tenue des assises; 3° du procureur du roi près le tribunal, ou de l'un de ses substituts, sans préjudice des dispositions contenues dans les articles 265, 271 et 284; 4° du gref-

fier du tribunal ou de l'un de ses commis assermentés.

254. *Abrogé.*

255. *Abrogé,*

256. *Abrogé.*

257. Les membres de la cour royale qui auront voté sur la mise en accusation ne pourront, dans la même affaire, ni présider les assises, ni assister le président, à peine de nullité. — Il en sera de même à l'égard du juge d'instruction. 55, 199, 218, 408, 562.

258. Les assises se tiendront ordinairement dans le chef-lieu de chaque département. — La cour royale pourra néanmoins désigner un tribunal autre que celui du chef-lieu. 562.

259. La tenue des assises aura lieu tous les trois mois. — Elles pourront se tenir plus souvent, si le besoin l'exige.

260. Le jour où les assises doivent s'ouvrir sera fixé par le président de la cour d'assises. — Les assises ne seront closes qu'après que toutes les affaires criminelles qui étaient en état lors de leur ouverture y auront été portées. 241, 261.

261. Les accusés qui ne seront arrivés dans la maison de justice qu'après l'ouverture des assises ne pourront y être jugés que lorsque le procureur général l'aura requis, lorsque les accusés y auront consenti, et lorsque le président l'aura ordonné. — En ce cas, le procureur général et les accusés seront considérés comme ayant renoncé à la faculté de se pourvoir en nullité contre l'arrêt portant renvoi à la cour d'assises. 295, 299, 562.

262. Les arrêts de la cour d'assises ne pourront être attaqués que par la voie de la cassation et dans les formes déterminées par la loi. 295, 299, 416.

263. Si, depuis la notification faite aux jurés, en exécution de l'article 389 du présent Code, le président de la cour d'assises se trouve dans l'impossibilité de remplir ses fonctions, il sera remplacé par le plus ancien des autres juges de la cour royale nommés ou délégués pour l'assister; et, s'il n'a pour assesseur aucun juge de la cour royale, par le président du tribunal de première instance. 257.

264. Les juges de la cour royale seront, en cas d'absence ou de tout autre empêchement, remplacés par d'autres juges de la même cour, et à leur défaut par des juges de première instance ; ceux de première instance le seront par les suppléans. — Les juges-auditeurs qui seront présens et auront l'âge requis concourront pour le remplacement avec les juges de première instance, suivant l'ordre de leur réception. 255, 256, 562.

265. Le procureur général pourra, même étant présent, déléguer ses fonctions à l'un de ses substituts. — Cette disposition est commune à la cour royale et à la cour d'assises. 271, 562.

§ 1er. *Fonctions du président.*

266. Le président est chargé, 1° d'entendre l'accusé lors de son arrivée dans la maison de justice ; 2° de convoquer les jurés, et de les tirer au sort. — Il pourra déléguer ces fonctions à l'un des juges. 260, 293, 306, 399, 465, 611, 615.

267. Il sera de plus chargé personnellement de diriger les jurés dans l'exercice de leurs fonctions, de leur exposer l'affaire sur laquelle ils auront à délibérer, même de leur rappeler leur devoir, de présider à toute l'instruction, et de déterminer l'ordre entre ceux qui demanderont à parler. — Il aura la police de l'audience. 181, 310, 319, 327, 354, 541, 504, I. c.; 88, P. c.

268. Le président est investi d'un pouvoir discrétionnaire, en vertu duquel il pourra prendre sur lui tout ce qu'il croira utile pour découvrir la vérité ; et la loi charge son honneur et sa conscience d'employer tous ses efforts pour en favoriser la manifestation. 269, 527.

269. Il pourra, dans le cours des débats, appeler, même par mandat d'amener, et entendre toutes personnes, ou se faire apporter toutes nouvelles pièces qui lui paraîtraient, d'après les nouveaux développemens donnés à l'audience, soit par les accusés, soit par les témoins, pouvoir ré-

pandre un jour utile sur le fait contesté. — Les témoins ainsi appelés ne prêteront point serment, et leurs déclarations ne seront considérées que comme renseignemens. 61, se. 1a.; 53, 79, 315, I. c.; 25, C.; 28, 42, 43, P.

270. Le président devra rejeter tout ce qui tendrait à prolonger les débats sans donner lieu d'espérer plus de certitude dans les résultats.

§ II. *Fonctions du procureur général près la cour royale.*

271. Le procureur général près la cour royale poursuivra, soit par lui-même, soit par son substitut, toute personne mise en accusation suivant les formes prescrites au chapitre 1er du présent titre. Il ne pourra porter à la cour aucune autre accusation, à peine de nullité, et s'il y a lieu, de prise à partie. 144, 217, 222, 224, 251, 258, 41, 245, 250 à 253, 261, 265, 271 à 277, 279 à 281, 284, 291, 292, 298, 300, 307, 308, 315, 316, 318, 319, 322, 323, 326, 328, 330 à 332, 353, 358, 362, 368, 573, 576, 579, 584, 587, 408, 435, 441, 464, 475, 480, 484, 520, 544, 557, 558, 565, 574, I. c.; 122, P.

272. Aussitôt que le procureur général ou son substitut aura reçu les pièces, il apportera tous ses soins à ce que les actes préliminaires soient faits et que tout soit en état, pour que les débats puissent commencer à l'époque de l'ouverture des assises. 242, 291, 293, 552.

273. Il assistera aux débats ; il requerra l'application de la peine ; il sera présent à la prononciation de l'arrêt. 276, 299.

274. Le procureur général, soit d'office, soit par les ordres du ministre de la justice, charge le procureur du roi de poursuivre les délits dont il a connaissance. 37, 271.

275. Il reçoit les dénonciations et les plaintes qui lui sont adressées directement, soit par la cour royale, soit par un fonctionnaire public, soit par un simple citoyen, et il en tient registre — Il les transmet au procureur du roi. 63 et s.

276. Il fait, au nom de la loi, tou-

tes les réquisitions qu'il juge utiles ; la cour est tenue de lui en donner acte et d'en délibérer. 278, 408.

277. Les réquisitions du procureur général doivent être de lui signées ; celles faites dans le cours d'un débat seront retenues par le greffier sur son procès verbal, et elles seront aussi signées par le procureur général : toutes les décisions auxquelles auront donné lieu ces réquisitions seront signées par le juge qui aura présidé et par le greffier. 508, 526, 550, 572.

278. Lorsque la cour ne déférera pas à la réquisition du procureur général, l'instruction ni le jugement ne seront arrêtés ni suspendus, sauf après l'arrêt, s'il y a lieu, le recours en cassation par le procureur général. 276, 408.

279. Tous les officiers de police judiciaire, même les juges d'instruction, sont soumis à la surveillance du procureur général. — Tous ceux qui, d'après l'article 9 du présent Code, sont, à raison de fonctions, même administratives, appelés par la loi à faire quelques actes de la police judiciaire, sont sous ce rapport seulement, soumis à la même surveillance. 27, 57, 249. 280, 289.

280. En cas de négligence des officiers de police judiciaire et des juges d'instruction, le procureur général les avertira : cet avertissement sera consigné par lui sur un registre tenu à cet effet.

281. En cas de récidive, le procureur général les dénoncera à la cour. — Sur l'autorisation de la cour, le procureur général les fera citer à la chambre du conseil. — La cour leur enjoindra d'être plus exacts à l'avenir, et les condamnera aux frais tant de la citation que de l'expédition et de la signification de l'arrêt, 42, 71, se-ta.; 485, l. c.

282. Il y aura récidive. lorsque le fonctionnaire sera repris, pour quelque affaire que ce soit, avant l'expiration d'une année, à compter du jour de l'avertissement consigné sur le registre.

283. Dans tous les cas où les procureurs du roi et les présidens sont autorisés à remplir les fonctions d'officier de police judiciaire ou de juge d'instruction, ils pourront déléguer au procureur du roi, au juge d'instruction. et au juge de paix, même d'un arrondissement communal voisin du lieu du délit, les fonctions qui leur sont respectivement attribuées, autres que le pouvoir de délivrer les mandats d'amener, de dépôt et d'arrêt contre les prévenus. 52, 46, 505, 530, 431, 433, 484.

§ III. *Fonctions du Procureur du roi au criminel.*

284. Le procureur du roi, dont il est parlé en l'article 255, remplacera, près la cour d'assises, le procureur général dans les départemens autres que celui où siége la cour royale, sans préjudice de la faculté que le procureur général aura toujours de s'y rendre lui-même pour y exercer ses fonctions. 255, 288.

285. Ce substitut résidera dans le chef-lieu du département. 255, 288.

286. Si les assises se tiennent dans une autre ville que le chef-lieu, il s'y transportera.

287. Le procureur du roi, 202, 210, 255, remplira aussi les fonctions du ministère public dans l'instruction et dans le jugement des appels de police correctionnelle.

288. En cas d'empêchement momentané, il sera remplacé par le procureur du roi près le tribunal de première instance du chef-lieu. 255.

289. Il surveillera les officiers de police judiciaire du département. 279.

290. Il rendra compte au procureur général, une fois tous les trois mois, et plus souvent s'il en est requis, de l'état de la justice du département, en matière criminelle, de police correctionnelle et de simple police. 27. 249, 274, 565.

CHAPITRE III.

DE LA PROCÉDURE DEVANT LA COUR D'ASSISES.

291. Quand l'accusation aura été prononcée, si l'affaire ne doit pas être jugée dans le lieu où siége la cour

royale, le procès sera, par les ordres du procureur général, envoyé, dans les vingt-quatre heures, au greffe du tribunal de première instance du chef-lieu du département, ou au greffe du tribunal qui pourrait avoir été désigné. — Dans tous les cas, les pièces servant de conviction qui seront restées déposées au greffe du tribunal d'instruction, ou qui auraient été apportées à celui de la cour royale, seront réunies dans le même délai au greffe où doivent être remises les pièces du procès. 155, 217, 572.

292. Les vingt-quatre heures courront du moment de la signification, faite à l'accusé, de l'arrêt de renvoi devant la cour d'assises. — L'accusé, s'il est détenu, sera, dans le même délai, envoyé dans la maison de justice du lieu où doivent se tenir les assises. 572, I. c.; 4, 71, se. ta.

293. Vingt-quatre heures au plus tard après la remise des pièces au greffe et l'arrivée de l'accusé dans la maison de justice, celui-ci sera interrogé par le président de la cour d'assises, ou par le juge qu'il aura délégué. 266.

294. L'accusé sera interpellé de déclarer le choix qu'il aura fait d'un conseil pour l'aider dans sa défense: sinon le juge lui en désignera un sur-le-champ, à peine de nullité de tout ce qui suivra. — Cette désignation sera comme non avenue, et la nullité ne sera pas prononcée, si l'accusé choisit un conseil. 302 et s., 555, 408, 468, 572.

295. Le conseil de l'accusé ne pourra être choisi par lui ou désigné par le juge que parmi les avocats ou avoués de la cour royale ou de son ressort, à moins que l'accusé n'obtienne du président de la cour d'assises la permission de prendre pour conseil un de ses parens ou amis.

296. Le juge avertira de plus l'accusé que, dans le cas où il se croirait fondé à former une demande en nullité, il doit faire sa déclaration dans les cinq jours suivans, et qu'après l'expiration de ce délai il n'y sera plus recevable. — L'exécution du présent article et des deux précédens sera constatée par un procès ver-

bal, que signeront l'accusé, le juge et le greffier : si l'accusé ne sait ou ne veut pas signer, le procès verbal en fera mention. 261, 572.

297. Si l'accusé n'a point été averti, conformément au précédent article, la nullité ne sera pas couverte par son silence : ses droits seront conservés, sauf à les faire valoir après l'arrêt définitif.

298. Le procureur général est tenu de faire sa déclaration dans le même délai, à compter de l'interrogatoire, et sous la même peine de déchéance portée en l'article 296. — 295.

299. La déclaration de l'accusé et celle du procureur général doivent énoncer l'objet de la demande en nullité. — Cette demande ne peut être formée que contre l'arrêt de renvoi à la cour d'assises, et dans les trois cas suivans : — 1° Si le fait n'est pas qualifié crime par la loi : — 2° Si le ministère public n'a pas été entendu ; — 3° Si l'arrêt n'a pas été rendu par le nombre de juges fixé par la loi. 234, 262, 408, 416, 429, 452, 570.

300. La déclaration doit être faite au greffe. — Aussitôt qu'elle aura été reçue par le greffier, l'expédition de l'arrêt sera transmise par le procureur général près la cour royale, au procureur général près la cour de cassation, laquelle sera tenue de prononcer, toutes affaires cessantes. 296, 423, I. c.; 42. se. ta.

301. Nonobstant la demande en nullité, l'instruction sera continuée jusqu'aux débats exclusivement.

302. Le conseil pourra communiquer avec l'accusé après son interrogatoire. — Il pourra aussi prendre communication de toutes les pièces, sans déplacement et sans retarder l'instruction. 294, 301, 572.

303. S'il y a de nouveaux témoins à entendre et qu'ils résident hors du lieu où se tient la cour d'assises, le président, ou le juge qui le remplace, pourra commettre, pour recevoir leurs dépositions, le juge d'instruction de l'arrondissement où ils résident, ou même d'un autre arrondissement : celui-ci, après les avoir reçues, les enverra closes et cachetées au greffier qui doit exercer ses fonctions à la cour

d'assises. 83, 283, 324, 431, 453, 572, J. c.; 71, se. 1a.

304. Les témoins qui n'auront pas comparu sur la citation du président ou du juge commis par lui, et qui n'auront pas justifié qu'ils en étaient légitimement empêchés, ou qui refuseront de faire leurs dépositions, seront jugés par la cour d'assises, et punis conformément à l'article 80.—42, se. 1a.

305. Les conseils des accusés pourront prendre ou faire prendre, à leurs frais, copie de telles pièces du procès qu'ils jugeront utiles à leur défense. — Il ne sera délivré gratuitement aux accusés, en quelque nombre qu'ils puissent être, et dans tous les cas, qu'une seule copie des procès verbaux constatant le délit, et des déclarations écrites des témoins. 502, 572, J. c.; 42, se. 1a. — Les présidens, les juges et le procureur général, sont tenus de veiller à l'exécution du présent article. 266 et s.; 55, se. 1a.

306. Si le procureur général ou l'accusé ont des motifs pour demander que l'affaire ne soit pas portée à la première assemblée de jury, ils présenteront au président de la cour d'assises une requête en prorogation de délai. — Le président décidera si cette prorogation doit être accordée; il pourra aussi, d'office, proroger le délai.

307. Lorsqu'il aura été formé, à raison du même délit, plusieurs actes d'accusation contre différens accusés, le procureur général pourra en requérir la jonction, et le président pourra l'ordonner, même d'office. 226, 572.

308. Lorsque l'acte d'accusation contiendra plusieurs délits non connexes, le procureur général pourra requérir que les accusés ne soient mis en jugement, quant à présent, que sur l'un ou quelques-uns de ces délits, et le président pourra l'ordonner d'office.

309. Au jour fixé pour l'ouverture des assises, la cour ayant pris séance, douze jurés se placeront, dans l'ordre désigné par le sort, sur des sièges séparés du public, des parties et des témoins, en face de celui qui est destiné à l'accusé.

CHAPITRE IV.

DE L'EXAMEN, DU JUGEMENT ET DE L'EXÉCUTION.

SECTION I.
De l'Examen.

310. L'accusé comparaîtra libre, et seulement accompagné de gardes pour l'empêcher de s'évader. Le président lui demandera son nom, ses prénoms, son âge, sa profession, sa demeure et le lieu de sa naissance.

311. Le président avertira le conseil de l'accusé, qu'il ne peut rien dire contre sa conscience ou contre le respect dû aux lois, et qu'il doit s'exprimer avec décence et modération. 294, 302, 305, 319, 335, 468, I. c.; 1036, P. c.; 377. P.

312. Le président adressera aux jurés debout et découverts, le discours suivant : — «Vous jurez et promettez »devant Dieu et devant les hommes, »d'examiner avec l'attention la plus »scrupuleuse les charges qui seront »portées contre N. : de ne trahir ni les »intérêts de l'accusé, ni ceux de la »société, qui l'accuse; de ne commu- »niquer avec personne jusqu'après vo- »tre déclaration; de n'écouter ni la »haine ou la méchanceté, ni la crainte »ou l'affection; de vous décider d'a- »près les charges et les moyens de dé- »fense, suivant votre conscience et vo- »tre intime conviction, avec l'impar- »tialité et la fermeté qui conviennent »à un homme probe et libre.» — Chacun des jurés, appelé individuellement par le président, répondra, en levant la main, Je le jure; à peine de nullité.

313. Immédiatement après, le président avertira l'accusé d'être attentif à ce qu'il va entendre. — Il ordonnera au greffier de lire l'arrêt de la cour royale portant renvoi à la cour d'assises, et l'acte d'accusation. —Le greffier fera cette lecture à haute voix.

314. Après cette lecture, le président rappellera à l'accusé ce qui est contenu en l'acte d'accusation, et lui dira :«Voilà de quoi vous êtes accusé; »vous allez entendre les charges qui »seront produites contre vous.»

315. Le procureur général exposera le sujet de l'accusation; il présentera

ensuite la liste des témoins qui devront être entendus, soit à sa requête, soit à la requête de la partie civile, soit à celle de l'accusé. — Cette liste sera lue à haute voix par le greffier. — Elle ne pourra contenir que les témoins dont les noms, profession et résidence auront été notifiés, vingt-quatre heures au moins avant l'examen de ces témoins, à l'accusé, par le procureur général ou la partie civile, et au procureur général par l'accusé; sans préjudice de la faculté accordée au président par l'art. 269. — 80, 524, 554, 510. — L'accusé et le procureur général pourront, en conséquence, s'opposer à l'audition d'un témoin qui n'aurait pas été indiqué ou qui n'aurait pas été clairement désigné dans l'acte de notification. — La cour statuera de suite sur cette opposition. 408, 574.

316. Le président ordonnera aux témoins de se retirer dans la chambre qui leur sera destinée. Ils n'en sortiront que pour déposer. Le président prendra des précautions, s'il en est besoin, pour empêcher les témoins de conférer entre eux du délit et de l'accusé, avant leur déposition.

317. Les témoins déposeront séparément l'un de l'autre, dans l'ordre établi par le procureur général. Avant de déposer, ils prêteront, à peine de nullité, le serment de parler sans haine et sans crainte, de dire toute la vérité et rien que la vérité. — Le président leur demandera leurs noms, prénoms, âge, profession, leur domicile ou résidence, s'ils connaissaient l'accusé avant le fait mentionné dans l'acte d'accusation, s'ils sont parens ou alliés, soit de l'accusé, soit de la partie civile, et à quel degré; il leur demandera encore s'ils ne sont pas attachés au service de l'un ou de l'autre : cela fait, les témoins déposeront oralement. 79, 322, 332, 408, 477, 510, I. c.; 25. C.; 28, 42, 43, P.

318. Le président fera tenir note par le greffier, des additions changemens ou variations qui pourraient exister entre la déposition d'un témoin et ses précédentes déclarations. — Le procureur général et l'accusé pourront requérir le président de faire tenir les notes de ces changemens, additions et variations. 528, 572, 574.

319. Après chaque déposition, le président demandera au témoin si c'est de l'accusé présent qu'il a entendu parler; il demandera ensuite à l'accusé s'il veut répondre à ce qui vient d'être dit contre lui. — Le témoin ne pourra être interrompu : l'accusé ou son conseil pourront le questionner par l'organe du président, après sa déposition, et dire, tant contre lui que contre son témoignage, tout ce qui pourra être utile à la défense de l'accusé. — Le président pourra également demander au témoin et à l'accusé, tous les éclaircissemens qu'il croira nécessaires à la manifestation de la vérité. — Les juges, le procureur général et les jurés auront la même faculté, en demandant la parole au président. La partie civile ne pourra faire de questions, soit au témoin, soit à l'accusé, que par l'organe du président. 311, 325, I. c.; 1036, P. c.; 577, P.

320. Chaque témoin, après sa déposition, restera dans l'auditoire, si le président n'en a ordonné autrement, jusqu'à ce que les jurés se soient retirés pour donner leur déclaration.

321. Après l'audition des témoins produits par le procureur général et par la partie civile, l'accusé sera entendre ceux dont il aura notifié la liste, soit sur les faits mentionnés dans l'acte d'accusation, soit pour attester qu'il est homme d'honneur, de probité, et d'une conduite irréprochable. — Les citations faites à la requête des accusés seront à leurs frais, ainsi que les salaires des témoins cités, s'ils en requièrent; sauf au procureur général à faire citer à sa requête les témoins qui lui seront indiqués par l'accusé, dans le cas où il jugerait que leur déclaration pût être utile pour la découverte de la vérité.

322. Ne pourront être reçues les dépositions. — 1° Du père, de la mère, de l'aïeul, de l'aïeule, ou de tout autre ascendant de l'accusé ou de l'un des accusés présens et soumis au même débat; — 2° Du fils, fille, petit-fils, petite-fille, ou de tout autre

descendant ; — 3° Des frères et sœurs: — 4° Des alliés aux mêmes degrés ; — 5° Du mari ou de la femme, même après le divorce prononcé : — 6° Des dénonciateurs dont la dénonciation est récompensée pécuniairement par la loi : — Sans néanmoins que l'audition des personnes ci-dessus désignées puisse opérer une nullité, lorsque, soit le procureur général, soit la partie civile, soit les accusés, ne se sont pas opposés à ce qu'elles soient entendues. 77, 82, 156, 408, 510, I. c.; 25, C.; 28, 42. 578. P.

323. Les dénonciateurs autres que ceux récompensés pécuniairement par la loi pourront être entendus en témoignage ; mais le jury sera averti de leur qualité de dénonciateurs. 50 et s.

324. Les témoins produits par le procureur général ou par l'accusé seront entendus dans le débat, même lorsqu'ils n'auraient pas préalablement déposé par écrit, lorsqu'ils n'auraient reçu aucune assignation, pourvu, dans tous les cas, que ces témoins soient portés sur la liste mentionnée dans l'article 515.

325. Les témoins, par quelque partie qu'ils soient produits, ne pourront jamais s'interpeller entre eux.

326. L'accusé pourra demander, après qu'ils auront déposé, que ceux qu'il désignera se retirent de l'auditoire, et qu'un ou plusieurs d'entre eux soient introduits et entendus de nouveau, soit séparément, soit en présence les uns des autres. — Le procureur général aura la même faculté. — Le président pourra aussi l'ordonner d'office.

327. Le président pourra, avant, pendant ou après l'audition d'un témoin, faire retirer un ou plusieurs accusés, et les examiner séparément sur quelques circonstances du procès ; mais il aura soin de ne reprendre la suite des débats généraux qu'après avoir instruit chaque accusé de ce qui se sera fait en son absence, et de ce qui en sera résulté.

328. Pendant l'examen, les jurés, le procureur général et les juges pourront prendre note de ce qui leur paraîtra important, soit dans les dépositions des témoins, soit dans la défense de l'accusé, pourvu que la discussion n'en soit pas interrompue.

329. Dans le cours ou à la suite des dépositions, le président fera représenter à l'accusé toutes les pièces relatives au délit, et pouvant servir à conviction : il l'interpellera de répondre personnellement s'il les reconnaît : le président les fera aussi représenter aux témoins, s'il y a lieu.

330. Si, d'après les débats, la déposition d'un témoin paraît fausse, le président pourra, sur la réquisition soit du procureur général, soit de la partie civile, soit de l'accusé, et même d'office, faire sur-le-champ mettre le témoin en état d'arrestation. Le procureur général, et le président ou l'un des juges par lui commis, rempliront à son égard, le premier, les fonctions d'officier de police judiciaire ; le second, les fonctions attribuées aux juges d'instruction dans les autres cas. — Les pièces d'instruction seront ensuite transmises à la cour royale, pour y être statué sur la mise en accusation. 561, P.

331. Dans le cas de l'article précédent, le procureur général, la partie civile ou l'accusé, pourront immédiatement requérir, et la cour ordonner, même d'office, le renvoi de l'affaire à la prochaine session.

332. Dans le cas où l'accusé, les témoins ou l'un d'eux ne parleraient pas la même langue ou le même idiome, le président nommera d'office, à peine de nullité, un interprète âgé de vingt-un ans au moins, et lui fera, sous la même peine, prêter serment de traduire fidèlement les discours à transmettre entre ceux qui parlent des langages différens. — L'accusé et le procureur général pourront récuser l'interprète, en motivant leur récusation. — La cour prononcera. — L'interprète ne pourra, à peine de nullité, même du consentement de l'accusé ni du procureur général, être pris parmi les témoins, les juges et les jurés. 517, 385, 408, I. c.; 578, P. c.; 16 et s., sc. ta.

333. Si l'accusé est sourd-muet, et ne sait pas écrire, le président nommera d'office pour son interprète la personne qui aura le plus d'habitude

de converser avec lui. — Il en sera de même à l'égard du témoin sourd-muet. — Le surplus des dispositions du précédent article sera exécuté. — Dans le cas où le sourd-muet saurait écrire, le greffier écrira les questions et observations qui lui seront faites : elles seront remises à l'accusé ou au témoin, qui donneront par écrit leurs réponses ou déclarations. Il sera fait lecture de tout par le greffier. 16 et s., se. 1a.

334. Le président déterminera celui des accusés qui devra être soumis le premier aux débats, en commençant par le principal accusé, s'il y en a un. — Il se fera ensuite un débat particulier sur chacun des autres accusés.

335. A la suite des dépositions des témoins, et des dires respectifs auxquels elles auront donné lieu, la partie civile, ou son conseil, et le procureur général, seront entendus, et développeront les moyens qui appuient l'accusation. — L'accusé et son conseil pourront leur répondre. — La réplique sera permise à la partie civile et au procureur général : mais l'accusé ou son conseil auront toujours la parole les derniers. — Le président déclarera ensuite que les débats sont terminés. 271, 311, 468. I. c.; 1056, P. c.: 277, P.

336. Le président résumera l'affaire. — Il fera remarquer aux jurés les principales preuves pour ou contre l'accusé. — Il leur rappellera les fonctions qu'ils auront à remplir. — Il posera les questions ainsi qu'il sera dit ci-après.

337. La question résultant de l'acte d'accusation sera posée en ces termes : — « L'accusé est-il coupable d'avoir »commis tel meurtre, tel vol ou tel »autre crime, avec toutes les circon-»stances comprises dans le résumé de »l'acte d'accusation ? »

338. S'il résulte des débats une ou plusieurs circonstances aggravantes, non mentionnées dans l'acte d'accusation, le président ajoutera la question suivante : — « L'accusé a-t-il com-»mis le crime avec telle ou telle cir-»constance ? »

339. Lorsque l'accusé aura proposé pour excuse un fait admis comme tel par la loi, le président devra, à peine de nullité, poser la question ainsi qu'il suit : — « Tel fait est-il constant ? » 65, 521, 526, 529, P.

340. Si l'accusé a moins de seize ans, le président posera cette question : — « L'accusé a-t-il agi avec discernement ? » 46, I. c.; 66, P.

341. En toute matière criminelle, même en cas de récidive, le président, après avoir posé les questions résultant de l'acte d'accusation et des débats, avertira le jury, à peine de nullité, que s'il pense, à la majorité de plus de sept voix, qu'il existe, en faveur d'un ou de plusieurs accusés reconnus coupables, des circonstances atténuantes, il devra en faire la déclaration en ces termes : — « A la majorité de plus de sept voix, il y a des circonstances atténuantes en faveur de tel accusé. » — Ensuite le président remettra les questions écrites aux jurés, dans la personne du chef du jury, et il leur remettra en même temps l'acte d'accusation, les procès verbaux qui constatent les délits, et les pièces du procès autres que les déclarations écrites des témoins. Il fera retirer l'accusé de l'auditoire.

342. Les questions étant posées et remises aux jurés, ils se rendront dans leur chambre pour y délibérer. — Leur chef sera le premier juré sorti par le sort, ou celui qui sera désigné par eux, et du consentement de ce dernier. — Avant de commencer la délibération, le chef des jurés leur fera lecture de l'instruction suivante, qui sera, en outre, affichée en gros caractères dans le lieu le plus apparent de leur chambre : — « La loi ne demande »pas compte aux jurés des moyens par »lesquels ils se sont convaincus; elle »ne leur prescrit point de règles des-»quelles ils doivent faire particulière-»ment dépendre la plénitude et la suf-»fisance d'une preuve : elle leur pres-»crit de s'interroger eux-mêmes dans »le silence et le recueillement, et de »chercher, dans la sincérité de leur »conscience, quelle impression ont »faite sur leur raison les preuves rap-»portées contre l'accusé, et les moyens »de sa défense. La loi ne leur dit »point, *Vous tiendrez pour vrai tout* »*fait attesté par tel ou tel nombre de*

»témoins; elle ne leur dit pas non »plus, *Vous ne regarderez pas comme »suffisamment établie, toute preuve qui »ne sera pas formée de tel procès ver-»bal, de telles pièces, de tant de té-»moins ou de tant d'indices;* elle ne »leur fait que cette seule question, »qui renferme toute la mesure de »leurs devoirs: *Avez-vous une intime »conviction?* — Ce qu'il est bien essen-»tiel de ne pas perdre de vue, c'est »que toute la délibération du jury »porte sur l'acte d'accusation; c'est »aux faits qui le constituent et qui en »dépendent, qu'ils doivent unique-»ment s'attacher; et ils manquent à »leur premier devoir, lorsque, pen-»sant aux dispositions des lois péna-»les, ils considèrent les suites que »pourra avoir, par rapport à l'accusé, »la déclaration qu'ils ont à faire. Leur »mission n'a pas pour objet la pour-»suite ni la punition des délits; ils ne »sont appelés que pour décider si l'ac-»cusé est, ou non, coupable du crime »qu'on lui impute. »

343. Les jurés ne pourront sortir de leur chambre qu'après avoir formé leur déclaration. — L'entrée n'en pourra être permise pendant leur dé-libération, pour quelque cause que ce soit, que par le président et par écrit. — Le président est tenu de don-ner au chef de la gendarmerie de ser-vice, l'ordre spécial et par écrit de faire garder les issues de leur cham-bre : ce chef sera dénommé et quali-fié dans l'ordre. — La cour pourra punir le juré contrevenant, d'une amende de cinq cents francs au plus. Tout autre qui aura enfreint l'ordre, ou celui qui ne l'aura pas fait exécuter, pourra être puni d'un emprisonnement de vingt-quatre heures. 42, 71, sc. la.

344. Les jurés délibéreront sur le fait principal, et ensuite sur chacune des circonstances. 341, 351.

345. Le chef du jury les interrogera d'après les questions posées, et cha-cun d'eux répondra ainsi qu'il suit : — 1° Si le juré pense que le fait n'est pas constant, ou que l'accusé n'en est pas convaincu, il dira : — *Non, l'ac-cusé n'est pas coupable.* En ce cas le juré n'aura rien de plus à répon-dre. — 2° S'il pense que le fait est constant, que l'accusé en est con-vaincu, et que la preuve existe à l'égard de toutes les circonstances, il dira : — *Oui, l'accusé est coupable d'avoir commis le crime avec toutes les circonstances comprises dans la position des questions.* — 3° S'il pense que le fait est constant, que l'accusé en est convaincu, mais que la preuve n'existe qu'à l'égard de quelques-unes des circonstances, il dira :—*Oui l'accu-sé est coupable d'avoir commis le crime avec telle circonstance, mais il n'est pas constant qu'il l'ait fait avec telle au-tre.* — 4° S'il pense que le fait est constant, que l'accusé en est convain-cu, mais qu'aucune des circonstances n'est prouvée, il dira : — *Oui, l'ac-cusé est coupable, mais sans aucune des circonstances.* — 5° S'il pense que des circonstances atténuantes existent en faveur de l'accusé, il dira : — *Oui, il y a des circonstances atténuantes en faveur de l'accusé.*

346. Le juré fera de plus, s'il y a lieu, une réponse particulière pour les cas prévus par les articles 539 et 540.

347. La décision du jury se for-mera contre l'accusé, à la majorité de plus de sept voix. — Elle se formera à la même majorité de plus de sept voix sur l'existence des circonstances atténuantes. — Dans l'un et l'autre cas, la déclaration du jury constatera cette majorité, à peine de nullité, sans que jamais le nombre de voix puisse y être exprimé.

348. Les jurés rentreront ensuite dans l'auditoire, et reprendront leur place. — Le président leur demandera quel est le résultat de leur délibéra-tion. — Le chef du jury se lèvera, et, la main placée sur son cœur, il dira, *Sur mon honneur et ma conscience, de-vant Dieu et devant les hommes, la dé-claration du jury est : Oui, l'accusé, etc. Non, l'accusé, etc.*

349. La déclaration du jury sera signée par le chef et remise par lui au président, le tout en présence des jurés. — Le président la signera, et la fera signer par le greffier.

350. La déclaration du jury ne pour-ra jamais être soumise à aucun recours. 352, 408, l. c. ; 181, 328, 331, P.

351. *Abrogé.*

352. Si, hors le cas prévu par le précédent article, les juges sont unanimement convaincus que les jurés, tout en observant les formes, se sont trompés au fond, la cour déclarera qu'il est sursis au jugement, et renverra l'affaire à la session suivante, pour être soumise à un nouveau jury, dont ne pourra faire partie aucun des premiers jurés. — Nul n'aura le droit de provoquer cette mesure, la cour ne pourra l'ordonner que d'office, et immédiatement après que la déclaration du jury aura été prononcée publiquement, et dans le cas où l'accusé aura été convaincu, jamais lorsqu'il n'aura pas été déclaré coupable. — La cour sera tenue de prononcer immédiatement après la déclaration du second jury, même quand elle serait conforme à la première. 181, P.

353. L'examen et les débats, une fois entamés, devront être continués sans interruption, et sans aucune espèce de communication au dehors, jusqu'après la déclaration du jury inclusivement. Le président ne pourra les suspendre que pendant les intervalles nécessaires pour le repos des juges, des jurés, des témoins et des accusés.

354. Lorsqu'un témoin qui aura été cité ne comparaîtra pas, la cour pourra, sur la réquisition du procureur général, et avant que les débats soient ouverts par la déposition du premier témoin inscrit sur la liste, renvoyer l'affaire à la prochaine session. 352, 579, I. c.: 71, se. ta.

355. Si, à raison de la non-comparution du témoin, l'affaire est renvoyée à la session suivante, tous les frais de citation, actes, voyages de témoins, et autres ayant pour objet de faire juger l'affaire, seront à la charge de ce témoin : et il y sera contraint, même par corps, sur la réquisition du procureur général, par l'arrêt qui renverra les débats à la session suivante. — Le même arrêt ordonnera, de plus, que ce témoin sera amené par la force publique devant la cour, pour y être entendu. — Et néanmoins, dans tous les cas, le témoin qui ne comparaîtra pas, ou qui refusera soit de prêter serment, soit de faire sa déposition, sera condamné à la

peine portée en l'article 80.—515,579.

356. La voie de l'opposition sera ouverte contre ces condamnations, dans les dix jours de la signification qui en aura été faite au témoin condamné ou à son domicile, outre un jour par cinq myriamètres ; et l'opposition sera reçue s'il prouve qu'il a été légitimement empêché, ou que l'amende contre lui prononcée doit être modérée. 71, se. ta.

SECTION II.

Du Jugement et de l'Exécution.

357. Le président fera comparaître l'accusé, et le greffier lira en sa présence la déclaration du jury. 571 et s. I, c.: 42, 71, se. ta.

358. Lorsque l'accusé aura été déclaré non coupable, le président prononcera qu'il est acquitté de l'accusation, et ordonnera qu'il soit mis en liberté, s'il n'est retenu pour autre cause. — La cour statuera ensuite sur les dommages-intérêts respectivement prétendus, après que les parties auront proposé leurs fins de non-recevoir ou leurs défenses, et que le procureur général aura été entendu. 1145, 1310, C.; 10, 46, 51, 75, P. — La cour pourra néanmoins, si elle le juge convenable, commettre l'un des juges, pour entendre les parties, prendre connaissance des pièces, et faire son rapport à l'audience, où les parties pourront encore présenter leurs observations, et où le ministère public sera entendu de nouveau. — L'accusé acquitté pourra aussi obtenir des dommages-intérêts contre ses dénonciateurs, pour fait de calomnie ; sans néanmoins que les membres des autorités constituées puissent être ainsi poursuivis à raison des avis qu'ils sont tenus de donner, concernant les délits dont ils ont cru acquérir la connaissance dans l'exercice de leurs fonctions, et sauf contre eux la demande en prise à partie, s'il y a lieu. — Le procureur général sera tenu, sur la réquisition de l'accusé, de lui faire connaître ses dénonciateurs. 30, 66, 159, 212, 229, 359, I. c.: 727, C.; 567. P.

359. Les demandes en dommages-intérêts, formées soit par l'accusé con-

tre ses dénonciateurs ou la partie civile, soit par la partie civile contre l'accusé ou le condamné, seront portées à la cour d'assises. — La partie civile est tenue de former sa demande en dommages-intérêts avant le jugement : plus tard, elle sera non-recevable. — Il en est de même de l'accusé, s'il a connu son dénonciateur. — Dans le cas où l'accusé n'aurait connu son dénonciateur que depuis le jugement, mais avant la fin de la session, il sera tenu, sous peine de déchéance, de porter sa demande à la cour d'assises : s'il ne l'a connu qu'après la clôture de la session, sa demande sera portée au tribunal civil. — A l'égard des tiers qui n'auraient pas été partie au procès, ils s'adresseront au tribunal civil.

360. Toute personne acquittée légalement ne pourra plus être reprise ni accusée à raison du même fait.

361. Lorsque, dans le cours des débats, l'accusé aura été inculpé sur un autre fait, soit par des pièces, soit par les dépositions des témoins, le président, après avoir prononcé qu'il est acquitté de l'accusation, ordonnera qu'il soit poursuivi à raison du nouveau fait : en conséquence, il le renverra en état de mandat de comparution ou d'amener, suivant les distinctions établies par l'article 91, et même en état de mandat d'arrêt, s'il y échet, devant le juge d'instruction de l'arrondissement où siége la cour, pour être procédé à une nouvelle instruction. — Cette disposition ne sera toutefois exécutée que dans le cas où, avant la clôture des débats, le ministère public aura fait des réserves à fin de poursuite. 358, 360, 365, 570, 586, l. c.; 71, 1*eu*ta.

362. Lorsque l'accusé aura été déclaré coupable, le procureur général fera sa réquisition à la cour pour l'application de la loi. — La partie civile fera la sienne pour restitution et dommages intérêts.

363. Le président demandera à l'accusé s'il n'a rien à dire pour sa défense. — L'accusé ni son conseil ne pourront plus plaider que le fait est faux, mais seulement qu'il n'est pas défendu ou qualifié délit par la loi,

ou qu'il ne mérite pas la peine dont le procureur général a requis l'application, ou qu'il n'emporte pas de dommages-intérêts au profit de la partie civile, ou enfin que celle-ci élève trop haut les dommages-intérêts qui lui sont dus.

364. La cour prononcera l'absolution de l'accusé, si le fait dont il est déclaré coupable n'est pas défendu par une loi. 29, 47, 229, 358, 410, 429, l. c.; 519, P.

365. Si ce fait est défendu, la cour prononcera la peine établie par la loi, même dans le cas où, d'après les débats, il se trouverait n'être plus de la compétence de la cour d'assises. — En cas de conviction de plusieurs crimes ou délits, la peine la plus forte sera seule prononcée. 192, 515, 566, 575.

366. Dans le cas d'absolution comme dans celui d'acquittement ou de condamnation, la cour statuera sur les dommages-intérêts prétendus par la partie civile ou par l'accusé; elle les liquidera par le même arrêt, ou commettra l'un des juges pour entendre les parties, prendre connaissance des pièces, et faire de tout son rapport, ainsi qu'il est dit article 358. — La cour ordonnera aussi que les effets pris seront restitués au propriétaire. — Néanmoins, s'il y a eu condamnation, cette restitution ne sera faite qu'en justifiant par le propriétaire, que le condamné a laissé passer les délais sans se pourvoir en cassation, ou s'il s'est pourvu, que l'affaire est définitivement terminée. 1146, 1510, C.; 10, 51, 75, P.

367. Lorsque l'accusé aura été déclaré excusable, la cour prononcera conformément au Code pénal. 339, 590, l. c.; 65, 521 et s., P.

368. L'accusé, ou la partie civile, qui succombera, sera condamné aux frais envers l'état et envers l'autre partie. — Dans les affaires soumises au jury, la partie civile qui n'aura pas succombé ne sera jamais tenue des frais. — Dans le cas où elle en aura consigné, en exécution du décret du 18 juin 1811, ils lui seront restitués. 66, 162, 194, 211, 478, l. c.; 59, P.; 162, 174, se. ta.

369. Les juges délibéreront et opineront à voix basse : ils pourront, pour cet effet, se retirer dans la chambre du conseil : mais l'arrêt sera prononcé à haute voix par le président, en présence du public et de l'accusé. — Avant de le prononcer, le président est tenu de lire le texte de la loi sur laquelle il est fondé. — Le greffier écrira l'arrêt ; il y insérera le texte de la loi appliquée, sous peine de cent francs d'amende. 116, P. c.

370. La minute de l'arrêt sera signée par les juges qui l'auront rendu, à peine de cent francs d'amende contre le greffier, et, s'il y a lieu, de prise à partie tant contre le greffier que contre les juges. — Elle sera signée dans les vingt-quatre heures de la prononciation de l'arrêt. 164, 196, 595, I. c. ; 58, se. ta.

371. Après avoir prononcé l'arrêt, le président pourra, selon les circonstances, exhorter l'accusé à la fermeté, à la résignation, ou réformer sa conduite.—Il l'avertira de la faculté qui lui est accordée de se pourvoir en cassation, et du terme dans lequel l'exercice de cette faculté est circonscrit.

372. Le greffier dressera un procès verbal de la séance, à l'effet de constater que les formalités prescrites ont été observées. — Il ne sera fait mention au procès verbal, ni des réponses des accusés, ni du contenu aux dépositions : sans préjudice toutefois de l'exécution de l'article 318, concernant les changemens, variations et contradictions dans les déclarations des témoins. — Le procès verbal sera signé par le président et par le greffier. — Le défaut de procès-verbal sera puni de cinq cents francs d'amende contre le greffier.

373. Le condamné aura trois jours francs après celui où son arrêt lui aura été prononcé, pour déclarer au greffe qu'il se pourvoit en cassation. — Le procureur général pourra, dans le même délai, déclarer au greffe qu'il demande la cassation de l'arrêt. — La partie civile aura aussi le même délai : mais elle ne pourra se pourvoir que quant aux dispositions relatives à ses intérêts civils. — Pendant ces trois jours, et s'il y a eu recours en cassation, jusqu'à la réception de l'arrêt de la cour de cassation, il sera sursis à l'exécution de l'arrêt de la cour.

374. Dans les cas prévus par les articles 409 et 412 du présent Code, le procureur général ou la partie civile n'auront que vingt-quatre heures pour se pourvoir.

375. La condamnation sera exécutée, dans les vingt-quatre heures qui suivront les délais mentionnés en l'article 373, s'il n'y a point de recours en cassation ; ou, en cas de recours, dans les vingt-quatre heures de la réception de l'arrêt de la cour de cassation qui aura rejeté la demande.

376. La condamnation sera exécutée par les ordres du procureur général ; il aura le droit de requérir directement, pour cet effet, l'assistance de la force publique. 26, 254, 475.

377. Si le condamné veut faire une déclaration, elle sera reçue par un des juges du lieu de l'exécution, assisté du greffier.

378. Le procès verbal d'exécution sera, sous peine de cent francs d'amende, dressé par le greffier, et transcrit par lui, dans les vingt-quatre heures, au pied de la minute de l'arrêt. La transcription sera signée par lui : et il fera mention du tout, sous la même peine, en marge du procès verbal. Cette mention sera également signée, et la transcription fera preuve comme le procès verbal même. 45, 55, se. ta.: 599, I. c.

379. Lorsque, pendant les débats qui auront précédé l'arrêt de condamnation, l'accusé aura été inculpé, soit par des pièces, soit par des dépositions de témoins, sur d'autres crimes que ceux dont il était accusé ; si ces crimes nouvellement manifestés méritent une peine plus grave que les premiers, ou si l'accusé a des complices en état d'arrestation, la cour ordonnera qu'il soit poursuivi, à raison de ces nouveaux faits, suivant les formes prescrites par le présent Code. — Dans ces deux cas, le procureur général surseoira à l'exécution de l'arrêt qui a prononcé la première condamnation, jusqu'à ce qu'il

ait été statué sur le second procès.

380. Toutes les minutes des arrêts rendus aux assises seront réunies et déposées au greffe du tribunal de première instance du chef-lieu du département.—Sont exceptées les minutes des arrêts rendus par la cour d'assises du département où siège la cour royale, lesquelles resteront déposées au greffe de ladite cour.

CHAPITRE V.
DU JURY ET DE LA MANIÈRE DE LE FORMER.

SECTION I.
Du Jury.

381. Nul ne peut remplir les fonctions de juré, s'il n'a trente ans accomplis et s'il ne jouit des droits politiques et civils, à peine de nullité. — Les jurés seront pris parmi les membres des colléges électoraux et parmi les personnes désignées dans les paragraphes 3 et suivans de l'article 382. 408, I. c.; 7, 17, 22. C.; 28, P.

382 Le 1er août de chaque année, le préfet de chaque département dressera une liste qui sera divisée en deux parties. — La première partie sera rédigée conformément à l'article 5 de la loi du 29 juin 1820, et comprendra toutes les personnes qui rempliront les conditions requises pour faire partie des colléges électoraux du département. — La seconde partie comprendra, — 1° Les électeurs qui, ayant leur domicile réel dans le département, exerceraient leurs droits électoraux dans un autre département; — 2° Les fonctionnaires publics nommés par le roi et exerçant des fonctions gratuites; — 3° Les officiers des armées de terre et de mer en retraite; — 4° Les docteurs et licenciés de l'une ou de plusieurs des facultés de droit, des sciences et des lettres; les docteurs en médecine; les membres et correspondans de l'institut; les membres des autres sociétés savantes reconnues par le roi; — 5° Les notaires après trois ans d'exercice de leurs fonctions. — Les officiers des armées de terre et de mer en retraite ne seront portés dans la liste générale qu'après qu'il aura été justifié qu'ils

jouissent d'une pension de retraite de douze cents francs au moins, et qu'ils ont depuis cinq ans un domicile réel dans le département. — Les licenciés de l'une des facultés de droit, des sciences et des lettres, qui ne seraient pas inscrits sur le tableau des avocats et des avoués près les cours et tribunaux, ou qui ne seraient pas chargés de l'enseignement de quelqu'une des matières appartenant à la faculté où ils auront pris leur licence, ne seront portés sur la liste générale qu'après qu'il aura été justifié qu'ils ont depuis dix ans un domicile réel dans le département. — Dans les départemens où les deux parties de la liste ne comprendraient pas huit cents individus, ce nombre sera complété par une liste supplémentaire, formée des individus les plus imposés parmi ceux qui n'auront pas été inscrits sur la première.

383. Les fonctions de juré sont incompatibles avec celles de ministre, de préfet, de sous-préfet, de juge, de procureur général, de procureur du roi, et de leurs substituts. — Elles sont également incompatibles avec celles de ministre d'un culte quelconque. — Les conseillers d'état chargés d'une partie d'administration, les commissaires du roi près les administrations ou régies, les septuagénaires, seront dispensés, s'ils le requièrent.

384. Les listes dressées en exécution de l'article 382 seront affichées au chef-lieu de chaque commune au plus tard le 15 août, et seront arrêtées et closes le 30 septembre. — Un exemplaire en sera déposé et conservé au secrétariat des mairies, des sous-préfectures, pour être donné en communication à toutes les personnes qui le requerront. — Il sera statué, suivant le mode établi par les articles 5 et 6 de la loi du 5 février 1817, sur les réclamations qui seraient formées contre la rédaction des listes. — Ces réclamations seront inscrites au secrétariat général de la préfecture, selon l'ordre et la date de leur réception. — Elles seront formées par simple mémoire et sans frais.

385. Nul ne pourra cesser de faire partie des listes prescrites par l'article 382 qu'en vertu d'une décision

motivée ou d'un jugement, contre lesquels le recours ou l'appel auront un effet suspensif.

386. Lorsque les colléges électoraux seront convoqués, la première partie de la dernière liste qui aura été arrêtée le 30 septembre précédent en exécution de l'article 384, tiendra lieu de la liste prescrite par l'article 5 de la loi du 5 février 1817 et par l'article 5 de la loi du 29 juin 1820. — Les préfets feront imprimer et afficher, dans ce cas, un tableau de rectification contenant l'indication des individus qui auront acquis ou perdu, depuis la publication de la liste générale, les qualités exigées pour exercer les droits électoraux. S'il s'est écoulé plus de deux mois depuis la clôture de la liste, les préfets en feront publier et afficher de nouveau la première partie avec le tableau de rectification. — Les réclamations de ceux qui auraient été omis dans la première partie de la liste arrêtée et close le 30 septembre, et qui auraient acquis les droits électoraux antérieurement à sa publication, ne seront admises qu'autant qu'elles auront été formées avant le 1er octobre.

387. Après le 30 septembre, les préfets extrairont, sous leur responsabilité, des listes générales dressées en exécution de l'article 382, une liste pour le service du jury de l'année suivante. — Cette liste sera composée du quart des listes générales, sans pouvoir excéder le nombre de trois cents noms, si ce n'est dans le département de la Seine, où elle sera composée de quinze cents. — Elle sera transmise immédiatement par le préfet au ministre de la justice, au premier président de la cour royale et au procureur général. — Nul ne sera porté deux ans de suite sur la liste prescrite par le présent article.

388. Dix jours au moins avant l'ouverture des assises, le premier président de la cour royale tirera au sort, sur la liste transmise par le préfet, trente-six noms qui formeront la liste des jurés pour toute la durée de la session. — Il tirera en outre quatre jurés supplémentaires pris parmi les individus mentionnés au troisième

paragraphe de l'article 393. — Le tirage sera fait en audience publique de la première chambre de la cour, ou de la chambre des vacations.

389. La liste entière ne sera point envoyée aux citoyens qui la composent; mais le préfet notifiera à chacun d'eux l'extrait de la liste qui constate que son nom y est porté. Cette notification leur sera faite huit jours au moins avant celui où la liste doit servir. — Ce jour sera mentionné dans la notification, laquelle contiendra aussi une sommation de se trouver au jour indiqué, sous les peines portées au présent Code. — A défaut de notification à la personne, elle sera faite à son domicile, ainsi qu'à celui du maire ou de l'adjoint du lieu; celui-ci est tenu de lui en donner connaissance.

390. Si parmi les quarante individus désignés par le sort il s'en trouve un ou plusieurs qui, depuis la formation de la liste arrêtée en exécution de l'article 387, soient décédés, ou aient été légalement privés des capacités exigées pour exercer les fonctions de jurés, ou aient accepté un emploi incompatible avec ces fonctions, la cour, après avoir entendu le procureur général, procédera, séance tenante, à leur remplacement. — Ce remplacement aura lieu dans la forme déterminée par l'article 388.

391. La liste des jurés sera comme non avenue après le service pour lequel elle aura été formée. — Hors les cas d'assises extraordinaires, les jurés qui auront satisfait aux réquisitions prescrites par l'article 389, ne pourront être placés plus d'une fois dans la même année sur la liste formée en exécution de l'article 387. — Dans les cas d'assises extraordinaires, ils ne pourront être placés sur cette liste plus de deux fois dans la même année. — Ne seront pas considérés comme ayant satisfait auxdites réquisitions ceux qui auront, avant l'ouverture de la session, fait admettre des excuses dont la cour d'assises aura jugé les causes temporaires. — Leurs noms, et ceux des jurés condamnés à l'amende pour la première ou deuxième fois, seront, immédiatement après la

session, adressés au premier président de la cour royale, qui les reportera sur la liste formée en exécution de l'article 387; et s'il ne reste plus de tirage à faire pour la même année, ils seront ajoutés à la liste de l'année suivante.

392. Nul ne peut être juré dans la même affaire où il aura été officier de police judiciaire, témoin ; interprète, expert ou partie, à peine de nullité.

SECTION II.

De la manière de former et de convoquer le Jury.

393. Au jour indiqué pour le jugement de chaque affaire, s'il y a moins de trente jurés présens, le nombre sera complété par les jurés supplémentaires mentionnés en l'article 388, lesquels seront appelés dans l'ordre de leur inscription sur la liste formée en vertu dudit article. — En cas d'insuffisance, le président désignera, en audience publique et par la voie du sort, les jurés qui devront compléter le nombre de trente. — Ils seront pris parmi ceux des individus inscrits sur la liste dressée en exécution de l'article 387 qui résideront dans la ville où se tiendront les assises, et subsidiairement parmi les autres habitans de cette ville qui seront compris dans les listes prescrites par l'article 382. — Les dispositions de l'article 391 ne s'appliquent pas aux remplacemens opérés en vertu du présent article.

394. Le nombre de douze jurés est nécessaire pour former un jury. — Lorsqu'un procès criminel paraîtra de nature à entraîner de longs débats, la cour d'assises pourra ordonner, avant le tirage de la liste des jurés, qu'indépendamment de douze jurés il en sera tiré au sort un ou deux autres qui assisteront aux débats. — Dans le cas où l'un ou deux des douze jurés seraient empêchés de suivre les débats jusqu'à la déclaration définitive du jury, ils seront remplacés par les jurés suppléans. — Le remplacement se fera suivant l'ordre dans lequel les jurés suppléans auront été appelés par le sort.

395. La liste des jurés sera notifiée à chaque accusé la veille du jour déterminé pour la formation du tableau: cette notification sera nulle, ainsi que tout ce qui aura suivi, si elle est faite plus tôt ou plus tard.

396. Tout juré qui ne se sera pas rendu à son poste sur la citation qui lui aura été notifiée, sera condamné par la cour d'assises à une amende, laquelle sera, — Pour la première fois, de cinq cents francs ; — Pour la seconde, de mille francs, — Et pour la troisième, de quinze cents francs, — Cette dernière fois, il sera de plus déclaré incapable d'exercer à l'avenir les fonctions de juré. L'arrêt sera imprimé et affiché à ses frais. — 392, 398, I.c.; 42, 71, 112, sc. ta.

397. Seront exceptés ceux qui justifieront qu'ils étaient dans l'impossibilité de se rendre au jour indiqué. — La cour prononcera sur la validité de l'excuse. 998, I. c.; 159, 236, P.; 42, 71, sc. ta.

398. Les peines portées en l'article 396 sont applicables à tout juré qui, même s'étant rendu à son poste, se retirerait avant l'expiration de ses fonctions, sans une excuse valable, qui sera également jugée par la cour. 42, 71, sc. ta.

399. Au jour indiqué, et pour chaque affaire, l'appel des jurés non excusés et non dispensés sera fait avant l'ouverture de l'audience, en leur présence, en présence de l'accusé et du procureur général. — Le nom de chaque juré répondant à l'appel sera déposé dans une urne. — L'accusé premièrement ou son conseil, et le procureur général, récuseront tels jurés qu'ils jugeront à propos, à mesure que leurs noms sortiront de l'urne, sauf la limitation exprimée ci-après. — L'accusé, son conseil, ni le procureur général ne pourront exposer leurs motifs de récusation. — Le jury de jugement sera formé à l'instant où il sera sorti de l'urne douze noms de jurés non récusés. 266, 393, I. c.; 42, 71, 112, sc. ta.

400. Les récusations que pourront faire l'accusé et le procureur général s'arrêteront lorsqu'il ne restera que douze jurés.

401. L'accusé et le procureur gé-

téral pourront exercer un égal nombre de récusations : et cependant, si les jurés sont en nombre impair, les accusés pourront exercer une récusation de plus que le procureur général.

402. S'il y a plusieurs accusés, ils pourront se concerter pour exercer leurs récusations ; ils pourront les exercer séparément. — Dans l'un et l'autre cas, ils ne pourront excéder le nombre de récusations déterminé pour un seul accusé par les articles précédens.

403. Si les accusés ne se concertent pas pour récuser, le sort réglera entre eux le rang dans lequel ils feront les récusations. Dans ce cas, les jurés récusés par un seul, et dans cet ordre, le seront pour tous, jusqu'à ce que le nombre des récusations soit épuisé.

404. Les accusés pourront se concerter pour exercer une partie des récusations, sauf à exercer le surplus suivant le rang fixé par le sort.

405. L'examen de l'accusé commencera immédiatement après la formation du tableau.

406. Si, par quelque événement, l'examen des accusés sur les délits ou sur quelques-uns des délits compris dans l'acte ou dans les actes d'accusation, est renvoyé à la session suivante, il sera fait une autre liste ; il sera procédé à de nouvelles récusations, et à la formation d'un nouveau tableau de douze jurés, d'après les règles prescrites ci-dessus, à peine de nullité.

TITRE III.

DES MANIÈRES DE SE POURVOIR CONTRE LES ARRÊTS OU JUGEMENS.

(Loi décrétée le 10 décembre 1808. Promulguée le 20.)

CHAPITRE PREMIER.
DES NULLITÉS DE L'INSTRUCTION ET DU JUGEMENT.

407. Les arrêts et jugemens rendus en dernier ressort, en matière criminelle, correctionnelle ou de police, ainsi que l'instruction et les poursuites qui les auront précédés, pourront être annulés dans les cas suivans, et sur des recours dirigés d'après les distinctions qui vont être établies.

§ 1er. *Matières criminelles.*

408. Lorsque l'accusé aura subi une condamnation, et que, soit dans l'arrêt de la cour royale qui aura ordonné son renvoi devant une cour d'assises, soit dans l'instruction et la procédure qui auront été faites devant cette dernière cour, soit dans l'arrêt même de condamnation, il y aura eu violation ou omission de quelques unes des formalités que le présent Code prescrit sous peine de nullité, cette omission ou violation donnera lieu, sur la poursuite de la partie condamnée ou du ministère public, à l'annulation de l'arrêt de condamnation, et de ce qui l'a précédé, à partir du plus ancien acte nul. — Il en sera de même, tant dans les cas d'incompétence que lorsqu'il aura été omis ou refusé de prononcer, soit sur une ou plusieurs demandes de l'accusé, soit sur une ou plusieurs réquisitions du ministère public, tendant à user d'une faculté ou d'un droit accordé par la loi, bien que la peine de nullité ne fût pas textuellement attachée à l'absence de la formalité dont l'exécution aura été demandée sur reprise. 220, 246, 252, 257, 261, 265, 271, 275, 276, 278, 294, 296, 301, 312, 315, 317, 322, 332, 335, 347, 358, 360, 381, 390, 394, 399, 406, 409, 410, 412, 429, 434, I. c. ; 358, P.

409. Dans le cas d'acquittement de l'accusé, l'annulation de l'ordonnance qui l'aura prononcé, et de ce qui l'aura précédée, ne pourra être poursuivie par le ministère public que dans l'intérêt de la loi et sans préjudicier à la partie acquittée. 358, 374, 412, 442.

410. Lorsque la nullité procédera de ce que l'arrêt aura prononcé une peine autre que celle appliquée par la loi à la nature du crime, l'annulation de l'arrêt pourra être poursuivie tant par le ministère public que par la partie condamnée. — La même action appartiendra au ministère public contre les arrêts d'absolution mentionnés en l'article 364, si l'absolu-

tion a été prononcée sur le fondement de la non-existence d'une loi
pénale qui pourtant aurait existé. 409,
411, 434.

411. Lorsque la peine prononcée
sera la même que celle portée par la
loi qui s'applique au crime, nul ne
pourra demander l'annulation de l'arrêt, sous le prétexte qu'il y aurait erreur dans la citation du texte de la loi.

412. Dans aucun cas la partie civile ne pourra poursuivre l'annulation
d'une ordonnance d'acquittement ou
d'un arrêt d'absolution : mais si l'arrêt a prononcé contre elle des condamnations civiles, supérieures aux
demandes de la partie acquittée ou
absoute, cette disposition de l'arrêt
pourra être annulée sur la demande
de la partie civile. 358, 366, 413, 429.

§ II. *Matières correctionnelles et de
police.*

413. Les voies d'annulation exprimées en l'art. 408 sont, en matière
correctionnelle et de police, respectivement ouvertes à la partie poursuivie pour un délit ou une contravention, au ministère public, et à la
partie civile, s'il y en a une, contre
tous arrêts ou jugemens en dernier
ressort, sans distinction de ceux qui
ont prononcé le renvoi de la partie ou
sa condamnation. — Néanmoins,
lorsque le renvoi de cette partie aura
été prononcé, nul ne pourra se prévaloir contre elle de la violation ou
omission des formes prescrites pour
assurer sa défense. 23, 177, 181,
215, 216, 373, 408, 410, 414,
416, 426, 427, 441.

414. La disposition de l'article 411
est applicable aux arrêts et jugemens
en dernier ressort rendus en matière
correctionnelle et de police. 410 et s.

III. *Disposition commune aux deux
paragraphes précédens.*

415. Dans le cas où, soit la cour
de cassation, soit une cour royale,
annulera une instruction, elle pourra
ordonner que les frais de la procédure
à recommencer seront à la charge de
l'officier ou juge-instructeur qui aura
commis la nullité. — Néanmoins la
présente disposition n'aura lieu que

pour des fautes très-graves, et à l'é-
gard seulement des nullités qui seront
commises deux ans après la mise en
activité du présent Code. 52. 71, se. ta.

CHAPITRE II.
DES DEMANDES EN CASSATION.

416. Le recours en cassation contre
les arrêts préparatoires et d'instruction ou les jugemens en dernier ressort de cette qualité, ne sera ouvert
qu'après l'arrêt ou jugement définitif:
l'exécution volontaire de tels arrêts ou
jugemens préparatoires ne pourra, en
aucun cas, être opposée comme fin
de non recevoir. — La présente disposition ne s'applique point aux arrêts ou jugemens rendus sur la
compétence. 575, 408, 413, 425,
429, 570.

417. La déclaration de recours sera
faite au greffier par la partie condamnée et signée d'elle et du greffier ;
et si le déclarant ne peut ou ne veut
signer, le greffier en fera mention.
— Cette déclaration pourra être faite,
dans la même forme, par l'avoué de
la partie condamnée ou par un fondé
de pouvoir spécial ; dans ce dernier
cas, le pouvoir demeurera annexé à
la déclaration. — Elle sera inscrite
sur un registre à ce destiné ; ce registre sera public, et toute personne
aura le droit de s'en faire délivrer des
extraits. 44, se. ta.; 152, 177, 216,
573. 413, 416. I. c.

418. Lorsque le recours en cassation contre un arrêt ou jugement en
dernier ressort, rendu en matière criminelle, correctionnelle ou de police,
sera exercé soit par la partie civile,
s'il y en a une, soit par le ministère
public, ce recours, outre l'inscription énoncée dans l'article précédent,
sera notifié à la partie contre laquelle
il sera dirigé, dans le délai de trois
jours. — Lorsque cette partie sera actuellement détenue, l'acte contenant
la déclaration de recours lui sera lu
par le greffier : elle le signera, et si
elle ne le peut ou ne le veut, le greffier en fera mention. — Lorsqu'elle
sera en liberté, le demandeur en cassation lui notifiera son recours, par
le ministère d'un huissier, soit à sa
personne, soit au domicile par elle

élu : le délai sera, en ce cas, augmenté d'un jour par chaque distance de trois myriamètres. 71, sc. ta.

419. La partie civile qui se sera pourvue en cassation est tenue de joindre aux pièces une expédition authentique de l'arrêt. — Elle est tenue, à peine de déchéance, de consigner une amende de cent cinquante francs, ou de la moitié de cette somme si l'arrêt est rendu par contumace ou par défaut. 42, sc. ta.; 420, 456, 457, I. c.

420. Sont dispensés de l'amende, 1° les condamnés en matière criminelle; 2° les agens publics pour affaires qui concernent directement l'administration et les domaines ou revenus de l'état. — A l'égard de toutes autres personnes, l'amende sera encourue par celles qui succomberont dans leur recours; seront néanmoins dispensées de la consigner celles qui joindront à leur demande en cassation, 1° un extrait du rôle des contributions, constatant qu'elles paient moins de six francs, ou un certificat du percepteur de leur commune, portant qu'elles ne sont point imposées; 2° un certificat d'indigence à elles délivré par le maire de la commune de leur domicile ou par son adjoint, visé par le sous-préfet et approuvé par le préfet de leur département.

421. Les condamnés, même en matière correctionnelle ou de police, à une peine emportant privation de la liberté, ne seront pas admis à se pourvoir en cassation, lorsqu'ils ne seront pas actuellement en état, ou lorsqu'ils n'auront pas été mis en liberté sous caution. — L'acte de leur écrou, ou de leur mise en liberté sous caution, sera annexé à l'acte de recours en cassation. — Néanmoins, lorsque le recours en cassation sera motivé sur l'incompétence, il suffira au demandeur, pour que son recours soit reçu, de justifier qu'il s'est actuellement constitué dans la maison de justice du lieu où siège la cour de cassation : le gardien de cette maison pourra l'y recevoir, sur la représentation de sa demande adressée au procureur général près cette cour, et

visée par ce magistrat. 46, 71, sc. ta

422. Le condamné ou la partie civile, soit en faisant sa déclaration, soit dans les dix jours suivans, pourra déposer au greffe de la cour ou du tribunal qui aura rendu l'arrêt ou le jugement attaqué, une requête contenant ses moyens de cassation. Le greffier lui en donnera reconnaissance, et remettra sur-le-champ cette requête au magistrat chargé du ministère public.

423. Après les dix jours qui suivront la déclaration, ce magistrat fera passer au ministre de la justice les pièces du procès, et les requêtes des parties, si elles en ont déposé. — Le greffier de la cour ou du tribunal qui aura rendu l'arrêt ou le jugement attaqué rédigera sans frais et joindra un inventaire des pièces, sous peine de cent francs d'amende, laquelle sera prononcée par la cour de cassation.

424. Dans les vingt-quatre heures de la réception de ces pièces, le ministre de la justice les adressera à la cour de cassation, et il en donnera avis au magistrat qui les lui aura transmises. — Les condamnés pourront aussi transmettre directement au greffe de la cour de cassation, soit leurs requêtes, soit les expéditions ou copies signifiées tant de l'arrêt ou du jugement que de leurs demandes en cassation. Néanmoins la partie civile ne pourra user du bénéfice de la présente disposition sans le ministère d'un avocat à la cour de cassation.

425. La cour de cassation, en toute affaire criminelle, correctionnelle ou de police, pourra statuer sur le recours en cassation, aussitôt après l'expiration des délais portés au présent chapitre, et devra y statuer, dans le mois au plus tard, à compter du jour où ces délais seront expirés. 373, 415, 416.

426. La cour de cassation rejettera la demande ou annulera l'arrêt ou le jugement, sans qu'il soit besoin d'un arrêt préalable d'admission. 415. 429.

427. Lorsque la cour de cassation annulera un arrêt ou un jugement rendu soit en matière correctionnelle, soit en matière de police, elle ren-

verra le procès et les parties devant une cour ou un tribunal de même qualité que celui qui aura rendu l'arrêt ou le jugement annulé. 177, 216, 415.

428. Lorsque la cour de cassation annulera un arrêt rendu en matière criminelle, il sera procédé comme il est dit aux sept articles suivans.

429. La cour de cassation prononcera le renvoi du procès, savoir : — Devant une cour royale autre que celle qui aura réglé la compétence et prononcé la mise en accusation, si l'arrêt est annulé pour l'une des causes exprimées en l'article 299 : — Devant une cour d'assises autre que celle qui aura rendu l'arrêt, si l'arrêt et l'instruction sont annulés pour cause de nullités commises à la cour d'assises ; — Devant un tribunal de première instance autre que celui auquel aura appartenu le juge d'instruction, si l'arrêt et l'instruction sont annulés aux chefs seulement qui concernent les intérêts civils : dans ce cas, le tribunal sera saisi sans citation préalable en conciliation. — Si l'arrêt et la procédure sont annulés pour cause d'incompétence, la cour de cassation renverra le procès devant les juges qui en doivent connaître, et les désignera : toutefois, si la compétence se trouvait appartenir au tribunal de première instance où siège le juge qui aurait fait la première instruction, le renvoi sera fait à un autre tribunal de première instance. — Lorsque l'arrêt sera annulé parce que le fait qui aura donné lieu à une condamnation se trouvera n'être pas un délit qualifié par la loi, le renvoi, s'il y a une partie civile, sera fait devant un tribunal de première instance autre que celui auquel aura appartenu le juge d'instruction ; et, s'il n'y a pas de partie civile, aucun renvoi ne sera prononcé. 299, 364, 408, 412, 416.

430. Dans tous les cas où la cour de cassation est autorisée à choisir une cour ou un tribunal pour le jugement d'une affaire renvoyée, ce choix ne pourra résulter que d'une délibération spéciale, prise en la chambre du conseil, immédiatement après la prononciation de l'arrêt de cassation,

et dont il sera fait mention expresse dans cet arrêt. 214, 451.

431. Les nouveaux juges d'instruction auxquels il pourrait être fait des délégations pour compléter l'instruction des affaires renvoyées, ne pourront être pris parmi les juges d'instruction établis dans le ressort de la cour dont l'arrêt aura été annulé. 84, 90, 214, 285, 505, 450, 451.

432. Lorsque le renvoi sera fait à une cour royale, celle-ci, après avoir réparé l'instruction en ce qui la concerne, désignera, dans son ressort, la cour d'assises par laquelle le procès devra être jugé.

433. Lorsque le procès aura été renvoyé devant une cour d'assises, et qu'il y aura des complices qui ne seront pas en état d'accusation, cette cour commettra un juge d'instruction, et le procureur général, l'un de ses substituts, pour faire, chacun en ce qui le concerne, l'instruction, dont les pièces seront ensuite adressées à la cour royale, qui prononcera s'il y a lieu ou non à la mise en accusation. 226, 285, 505.

434. Si l'arrêt a été annulé pour avoir prononcé une peine autre que celle que la loi applique à la nature du crime, la cour d'assises à qui le procès sera renvoyé rendra son arrêt sur la déclaration déjà faite par le jury. — Si l'arrêt a été annulé pour autre cause, il sera procédé à de nouveaux débats devant la cour d'assises à laquelle le procès sera renvoyé. — La cour de cassation n'annulera qu'une partie de l'arrêt, lorsque la nullité ne viciera qu'une ou quelques-unes de ses dispositions. 410 et s.

435. L'accusé dont la condamnation aura été annulée, et qui devra subir un nouveau jugement au criminel, sera traduit, soit en état d'arrestation, soit en exécution de l'ordonnance de prise de corps, devant la cour royale ou d'assises à qui son procès sera renvoyé.

436. La partie civile qui succombera dans son recours, soit en matière criminelle, soit en matière correctionnelle ou de police, sera condamnée à une indemnité de cent cinquante francs, et aux frais envers

la partie acquittée, absoute ou renvoyée : la partie civile sera de plus condamnée, envers l'état, à une amende de cent cinquante francs, ou de soixante-quinze francs seulement si l'arrêt ou le jugement a été rendu par contumace ou par défaut. — Les administrations ou régies de l'état et les agens qui succomberont ne seront condamnés qu'aux frais et à l'indemnité. 419, 420.

437. Lorsque l'arrêt ou le jugement aura été annulé, l'amende consignée sera rendue sans aucun délai, en quelques termes que soit conçu l'arrêt qui aura statué sur le recours, et quand même il aurait omis d'en ordonner la restitution.

438. Lorsqu'une demande en cassation aura été rejetée, la partie qui l'avait formée ne pourra plus se pourvoir en cassation contre le même arrêt ou jugement, sous quelque prétexte et par quelque moyen que ce soit.

439. L'arrêt qui aura rejeté la demande en cassation sera délivré dans les trois jours au procureur général près la cour de cassation, par simple extrait signé du greffier, lequel sera adressé au ministère de la justice, et envoyé par celui-ci au magistrat chargé du ministère public près le cour ou tribunal qui aura rendu l'arrêt ou le jugement attaqué.

440. Lorsqu'après une première cassation le second arrêt ou jugement sur le fond sera attaqué par les mêmes moyens, il sera procédé selon les formes prescrites par la loi du 16 septembre 1807.

441. Lorsque, sur l'exhibition d'un ordre formel à lui donné par le ministère de la justice, le procureur général près la cour de cassation dénoncera à la section criminelle, des actes judiciaires, arrêts ou jugemens contraires à la loi, ces actes, arrêts ou jugemens pourront être annulés, et les officiers de police ou les juges poursuivis, s'il y a lieu, de la manière exprimée au chapitre III du titre IV du présent livre. 485 et s.

442. Lorsqu'il aura été rendu par une cour royale ou d'assises, ou par un tribunal correctionnel ou de police, un arrêt ou jugement en dernier ressort, sujet à cassation, et contre lequel néanmoins aucune des parties n'aurait réclamé dans le délai déterminé, le procureur général près la cour de cassation pourra aussi d'office, et nonobstant l'expiration du délai, en donner connaissance à la cour de cassation : l'arrêt ou le jugement sera cassé, sans que les parties puissent s'en prévaloir pour s'opposer à son exécution.

CHAPITRE III.
DES DEMANDES EN RÉVISION.

443. Lorsqu'un accusé aura été condamné pour un crime, et qu'un autre accusé aura aussi été condamné par un autre arrêt, comme auteur du même crime ; si les deux arrêts ne peuvent se concilier, et sont la preuve de l'innocence de l'un ou de l'autre condamné, l'exécution des deux arrêts sera suspendue, quand même la demande en cassation de l'un ou de l'autre arrêt aurait été rejetée. — Le ministre de la justice, soit d'office, soit sur la réclamation des condamnés ou de l'un d'eux, ou du procureur général, chargera le procureur général près la cour de cassation, de dénoncer les deux arrêts à cette cour. — Ladite cour, section criminelle, après avoir vérifié que les deux condamnations ne peuvent se concilier, cassera les deux arrêts, et renverra les accusés, pour être procédé sur les actes d'accusation subsistans, devant une cour autre que celles qui auront rendu les deux arrêts. 475.

444. Lorsqu'après une condamnation pour homicide, il sera, de l'ordre exprès du ministre de la justice, adressé à la cour de cassation, section criminelle, des pièces représentées postérieurement à la condamnation, et propres à faire naître de suffisans indices sur l'existence de la personne dont la mort supposée aurait donné lieu à la condamnation, cette cour pourra préparatoirement désigner une cour royale, pour reconnaître l'existence et l'identité de la personne prétendue homicidée, et les constater par l'interrogatoire de cette personne, par audition de témoins, et par tous les moyens propres à

mettre en évidence le fait destructif de la condamnation. — L'exécution de la condamnation sera de plein droit suspendue par l'ordre du ministre de la justice, jusqu'à ce que la cour de cassation ait prononcé, et, s'il y a lieu ensuite, par l'arrêt préparatoire de cette cour. — La cour désignée par celle de cassation prononcera simplement sur l'identité ou non-identité de la personne : et après que son arrêt aura été, avec la procédure, transmis à la cour de cassation, celle-ci pourra casser l'arrêt de condamnation, et même renvoyer, s'il y a lieu, l'affaire à une cour d'assises autre que celles qui en auraient primitivement connu. 375, 447, I. c.; 296, P.

445. Lorsqu'après une condamnation contre un accusé, l'un ou plusieurs des témoins qui avaient déposé à charge contre lui, seront poursuivis pour avoir porté un faux témoignage dans le procès, et si l'accusation en faux témoignage est admise contre eux, ou même s'il est décerné contre eux des mandats d'arrêt, il sera sursis à l'exécution de l'arrêt de condamnation, quand même la cour de cassation aurait rejeté la requête du condamné. — Si les témoins sont ensuite condamnés pour faux témoignage à charge, le ministre de la justice, soit d'office, soit sur la réclamation de l'individu condamné par le premier arrêt, ou du procureur général, chargera le procureur général près la cour de cassation, de dénoncer le fait à cette cour.—Ladite cour, après avoir vérifié la déclaration du jury, sur laquelle le second arrêt aura été rendu, annulera le premier arrêt, si par cette déclaration les témoins sont convaincus de faux témoignage à charge contre le premier condamné ; et , pour être procédé contre l'accusé sur l'acte d'accusation subsistant, elle le renverra devant une cour d'assises autre que celles qui auront rendu soit le premier, soit le second arrêt. — Si les accusés de faux témoignage sont acquittés, le sursis sera levé de droit, et l'arrêt de condamnation sera exécuté. 330, 375, 446.

446. Les témoins condamnés pour faux témoignage ne pourront pas être entendus dans les nouveaux débats.

447. Lorsqu'il y aura lieu de réviser une condamnation pour la cause exprimée en l'article 444, et que cette condamnation aura été portée contre un individu mort depuis, la cour de cassation créera un curateur à sa mémoire, avec lequel se fera l'instruction, et qui exercera tous les droits du condamné. — Si, par le résultat de la nouvelle procédure, la première condamnation se trouve avoir été portée injustement, le nouvel arrêt déchargera la mémoire du condamné de l'accusation qui avait été portée contre lui.

TITRE IV.

DE QUELQUES PROCÉDURES PARTICULIÈRES.

(Chap. Ier. — V Loi décrétée le 12 décembre 1808 ; promulguée le 22 du même mois. Chap. VI. — VII. Loi décrétée le 15 ; promulguée le 23.)

CHAPITRE PREMIER.
DU FAUX.

448. Dans tous les procès pour faux en écriture, la pièce arguée de faux, aussitôt qu'elle aura été produite, sera déposée au greffe, signée et paraphée à toutes les pages par le greffier, qui dressera un procès verbal détaillé de l'état matériel de la pièce, et par la personne qui l'aura déposée, si elle sait signer, ce dont il sera fait mention ; le tout à peine de cinquante francs d'amende contre le greffier qui l'aura reçue sans que cette formalité ait été remplie. 449, 458, I. c.; 215, 225, P. c.; 145, P.

449. Si la pièce arguée de faux est tirée d'un dépôt public, le fonctionnaire qui s'en dessaisira, la signera aussi et la paraphera, comme il vient d'être dit, sous peine d'une pareille amende. 29, 462.

450. La pièce arguée de faux sera de plus signée par l'officier de police judiciaire, et par la partie civile ou son avoué, si ceux-ci se présentent. — Elle le sera également par le pré-

venu, au moment de sa comparution. — Si les comparans, ou quelques-uns d'entre eux, ne peuvent pas ou ne veulent pas signer, le procès verbal en fera mention. — En cas de négligence ou d'omission, le greffier sera puni de cinquante francs d'amende.

451. Les plaintes et dénonciations en faux pourront toujours être suivies, lors même que les pièces qui en sont l'objet auraient servi de fondement à des actes judiciaires ou civils. 214, 239, 250, P. c.

452. Tout dépositaire public ou particulier de pièces arguées de faux est tenu, sous peine d'y être contraint par corps, de les remettre, sur l'ordonnance donnée par l'officier du ministère public ou par le juge d'instruction.—Cette ordonnance et l'acte de dépôt lui serviront de décharge envers tous ceux qui auront intérêt à la pièce. 454, I. c.; 221, P. c.; 15, 42, 71, se. ta.

453. Les pièces qui seront fournies pour servir de comparaison seront signées et paraphées, comme il est dit aux trois premiers articles du présent chapitre pour la pièce arguée de faux, et sous les mêmes peines. 448, I. c.; 200, 256, P. c.

454. Tous dépositaires publics pourront être contraints, même par corps, à fournir les pièces de comparaison qui seront en leur possession : l'ordonnance par écrit et l'acte de dépôt leur serviront de décharge envers ceux qui pourraient avoir intérêt à ces pièces. 15, 42, 71, 90, se. ta.; 452, 456, I. c.; 201, P. c.

455. S'il est nécessaire de déplacer une pièce authentique, il en sera laissé au dépositaire une copie collationnée, laquelle sera vérifiée sur la minute ou l'original par le président du tribunal de son arrondissement, qui en dressera procès verbal ; et si le dépositaire est une personne publique, cette copie sera par lui mise au rang de ses minutes, pour en tenir lieu jusqu'au renvoi de la pièce, et il pourra en délivrer des grosses ou expéditions, en faisant mention du procès verbal. — Néanmoins, si la pièce se trouve faire partie d'un re-

gistre, de manière à ne pouvoir en être momentanément distraite, le tribunal pourra, en ordonnant l'apport du registre, dispenser de la formalité établie par le présent article. 42, se. ta.; 202, 256, 245, 405, P. c.

456. Les écritures privées peuvent aussi être produites pour pièces de comparaison, et être admises à ce titre, si les parties intéressées les reconnaissent. — Néanmoins les particuliers qui, même de leur aveu, en sont possesseurs, ne peuvent être immédiatement contraints à les remettre ; mais si, après avoir été cités devant le tribunal saisi pour faire cette remise ou déduire les motifs de leur refus, ils succombent, l'arrêt ou le jugement pourra ordonner qu'ils y seront contraints par corps. 42, 71, se. ta.; 200, 256 et s., P. c.

457. Lorsque les témoins s'expliqueront sur une pièce du procès, ils la parapheront et la signeront ; et s'ils ne peuvent signer, le procès verbal en fera mention. 212, 254, 255.

458. Si, dans le cours d'une instruction ou d'une procédure, une pièce produite est arguée de faux par l'une des parties, elle sommera l'autre de déclarer si elle entend se servir de la pièce. 460, I. c.; 214, 427, P. c.

459. La pièce sera rejetée du procès, si la partie déclare qu'elle ne veut pas s'en servir, ou si, dans le délai de huit jours, elle ne fait aucune déclaration ; et il sera passé outre à l'instruction et au jugement.—Si la partie déclare qu'elle entend se servir de la pièce, l'instruction sur le faux sera suivie incidemment devant la cour ou le tribunal saisi de l'affaire principale. 215 et s., P. c.; 1319, 2046, C.

460. Si la partie qui a argué de faux la pièce soutient que celui qui l'a produite est l'auteur ou le complice du faux, ou s'il résulte de la procédure que l'auteur ou le complice du faux soit vivant, et la poursuite du crime non éteinte par la prescription, l'accusation sera suivie criminellement dans les formes ci-dessus prescrites. — Si le procès est engagé au civil, il sera sursis au jugement jusqu'à ce qu'il ait été prononcé sur le faux — S'il s'agit de

crimes, délits ou contraventions, la cour ou le tribunal saisi est tenu de décider préalablement, et après avoir entendu l'officier chargé du ministère public, s'il y a lieu ou non à surseoir. 239, 240, 250, 437, 448, P. c.; 448, 458, I. c.; 1519, C.

461. Le prévenu ou l'accusé pourra être requis de produire et de former un corps d'écriture : en cas de refus ou de silence, le procès verbal en fera mention. 206, P. c.

462. Si une cour ou un tribunal trouve dans la visite d'un procès, même civil, des indices sur un faux et sur la personne qui l'a commis, l'officier chargé du ministère public ou le président transmettra les pièces au substitut du procureur général près le juge d'instruction, soit du lieu où le délit paraîtra avoir été commis, soit du lieu où le prévenu pourra être saisi, et il pourra même délivrer le mandat d'amener. 71, sc. ta.; 29, 449, I. c.

463. Lorsque des actes authentiques auront été déclarés faux en tout ou en partie, la cour ou le tribunal qui aura connu du faux, ordonnera qu'ils soient rétablis, rayés ou réformés, et du tout il sera dressé procès verbal. — Les pièces de comparaison seront renvoyées dans les dépôts d'où elles auront été tirées, ou seront remises aux personnes qui les auront communiquées ; le tout dans le délai de quinzaine à compter du jour de l'arrêt ou du jugement, à peine d'une amende de cinquante francs contre le greffier. 241, 242, 243, 244, P. c.

464. Le surplus de l'instruction sur le faux se fera comme sur les autres délits, sauf l'exception suivante. — Les présidens des cours d'assises, les procureurs généraux ou leurs substituts, les juges d'instruction et les juges de paix, pourront continuer, hors de leur ressort, les visites nécessaires chez les personnes soupçonnées d'avoir fabriqué, introduit, distribué de faux papiers royaux, de faux billets de la banque de France ou des banques de département. — La présente disposition a lieu également pour le crime de fausse monnaie, ou de contrefaction du sceau de l'état. 88, sc. ta.

CHAPITRE II.
DES CONTUMACES.

465. Lorsqu'après un arrêt de mise en accusation, l'accusé n'aura pu être saisi, ou ne se présentera pas dans les dix jours de la notification qui en aura été faite à son domicile : — Ou lorsqu'après s'être présenté ou avoir été saisi, il se sera évadé ; — Le président de la cour d'assises, ou, en son absence, le président du tribunal de première instance, et à défaut de l'un et de l'autre, le plus ancien juge de ce tribunal, rendra une ordonnance portant qu'il sera tenu de se représenter dans un nouveau délai de dix jours; sinon, qu'il sera déclaré rebelle à la loi, qu'il sera suspendu de l'exercice des droits de citoyen, que ses biens seront séquestrés pendant l'instruction de la contumace, que toute action en justice lui sera interdite pendant le même temps ; qu'il sera procédé contre lui, et que toute personne est tenue d'indiquer le lieu où il se trouve. — Cette ordonnance fera de plus mention du crime, et de l'ordonnance de prise de corps. 42, 71, sc. ta.; 244, I. c.; 25, C.

466. Cette ordonnance sera publiée à son de trompe ou de caisse, le dimanche suivant, et affichée à la porte du domicile de l'accusé, à celle du maire, et à celle de l'auditoire de la cour d'assises.—Le procureur général ou son substitut adressera aussi cette ordonnance au directeur des domaines et droits d'enregistrement du domicile du contumax. 71, 79, sc. ta.

467. Après un délai de dix jours il sera procédé au jugement de la contumace.

468. Aucun conseil, aucun avoué, ne pourra se présenter pour défendre l'accusé contumax. — Si l'accusé est absent du territoire européen de la France, ou s'il est dans l'impossibilité absolue de se rendre, ses parens ou ses amis pourront présenter son excuse et en plaider la légitimité.

469. Si la cour trouve son excuse légitime, elle ordonnera qu'il sera

sursis au jugement de l'accusé et au séquestre de ses biens, pendant un temps qui sera fixé, eu egard à la nature de l'excuse et à la distance des lieux.

470. Hors ce cas, il sera procédé de suite à la lecture de l'arrêt de renvoi à la cour d'assises de l'acte de notification de l'ordonnance ayant pour objet la représentation du contumax, et des procès verbaux dressés pour en constater la publication et l'affiche. — Après cette lecture, la cour, sur les conclusions du procureur général ou de son substitut, prononcera sur la contumace. — Si l'instruction n'est pas conforme à la loi, la cour la déclarera nulle, et ordonnera qu'elle sera recommencée à partir du plus ancien acte illégal. — Si l'instruction est régulière, la cour prononcera sur l'accusation et statuera sur les intérêts civils, le tout sans assistance ni intervention de jurés.

471. Si le contumax est condamné, ses biens seront, à partir de l'exécution de l'arrêt, considérés et régis comme biens d'absent; et le compte du séquestre sera rendu à qui il appartiendra, après que la condamnation sera devenue irrévocable par l'expiration du délai donné pour purger la contumace. 476, 655, 641, I. c.; 28, 120, C.; 527, 859, P. c.

472. Extrait du jugement de condamnation sera, dans les trois jours de la prononciation, à la diligence du procureur général ou de son substitut, affiché par l'exécuteur des jugemens criminels, à un poteau qui sera planté au milieu de l'une des places publiques de la ville chef lieu de l'arrondissement où le crime aura été commis. — Pareil extrait sera, dans le même délai, adressé au directeur des domaines et droits d'enregistrement du domicile du contumax. 44, se. ta.

473. Le recours en cassation ne sera ouvert contre les jugemens de contumace qu'au procureur général, et à la partie civile en ce qui la regarde. 373, 408.

474. En aucun cas la contumace d'un accusé ne suspendra ni ne retardera de plein droit l'instruction,

à l'égard de ses coaccusés présents. — La cour pourra ordonner, après le jugement de ceux-ci, la remise des effets déposés au greffe comme pièces de conviction, lorsqu'ils seront réclamés par les propriétaires ou ayant droit. Elle pourra aussi ne l'ordonner qu'à charge de représenter, s'il y a lieu. — Cette remise sera précédée d'un procès verbal de description, dressé par le greffier, à peine de cent francs d'amende.

475. Durant le séquestre, il peut être accordé des secours à la femme, aux enfans, au père ou à la mère de l'accusé, s'ils sont dans le besoin. — Ces secours seront réglés par l'autorité administrative. 25, 28, 55, C.

476. Si l'accusé se constitue prisonnier, ou s'il est arrêté avant que la peine soit éteinte par prescription, le jugement rendu par contumace et les procédures faites contre lui depuis l'ordonnance de prise de corps ou de se représenter, seront anéantis de plein droit, et il sera procédé à son égard dans la forme ordinaire. — Si cependant la condamnation par contumace était de nature à emporter la mort civile, et si l'accusé n'a été arrêté ou ne s'est représenté qu'après les cinq ans qui ont suivi l'exécution du jugement de contumace, ce jugement, conformément à l'article 50 du Code civil, conservera, pour le passé, les effets que la mort civile aurait produits dans l'intervalle écoulé depuis l'expiration des cinq ans jusqu'au jour de la comparution de l'accusé en justice. 26, 29, 50, 51, C.; 655, 641, I. c.

477. Dans les cas prévus par l'article précédent, si, pour quelque cause que ce soit, des témoins ne peuvent être produits aux débats, leurs dépositions écrites et les réponses écrites des autres accusés du même délit seront lues à l'audience: il en sera de même de toutes les autres pièces qui seront jugées par le président être de nature à répandre la lumière sur le délit et les coupables. 317.

478. Le contumax qui, après s'être représenté, obtiendrait son renvoi de l'accusation, sera toujours con-

41

damné aux frais occasionés par sa contumace. 368, I. c.; 51, C.

CHAPITRE III.

DES CRIMES COMMIS PAR DES JUGES, HORS DE LEURS FONCTIONS, ET DANS L'EXERCICE DE LEURS FONCTIONS.

SECTION I.

De la poursuite et instruction contre des Juges, pour crimes et délits par eux commis hors de leurs fonctions.

479. Lorsqu'un juge de paix, un membre de tribunal correctionnel ou de première instance, ou un officier chargé du ministère public près l'un de ces tribunaux, sera prévenu d'avoir commis, hors de ses fonctions, un délit emportant une peine correctionnelle, le procureur général près la cour royale le fera citer devant cette cour, qui prononcera sans qu'il puisse y avoir appel. 71, sc. ta.; 274, 479, 501, 502, I. c.; 9, P.

480. S'il s'agit d'un crime emportant peine afflictive ou infamante, le procureur général près la cour royale et le premier président de cette cour désigneront, le premier, le magistrat qui exercera les fonctions d'officier de police judiciaire; le second, le magistrat qui exercera les fonctions de juge d'instruction. 283, 303, 502, I. c.; 6, 7, 8, P.

481. Si c'est un membre de cour royale, ou un officier exerçant près d'elle le ministère public, qui soit prévenu d'avoir commis un délit ou un crime hors de ses fonctions, l'officier qui aura reçu les dénonciations ou les plaintes, sera tenu d'en envoyer de suite des copies au ministre de la justice, sans aucun retard de l'instruction, qui sera continuée comme il est précédemment réglé, et il adressera pareillement au ministre une copie des pièces. 42, sc. ta., 482, 502, I. c.; 121, P.

482. Le ministre de la justice transmettra les pièces à la cour de cassation, qui renverra l'affaire, s'il y a lieu, soit à un tribunal de police correctionnelle, soit à un juge d'instruction, pris l'un et l'autre hors du ressort de la cour à laquelle appartient le membre inculpé. — S'il s'agit de prononcer la mise en accusation, le renvoi sera fait à une autre cour royale. 128, 130, 133.

SECTION II.

De la poursuite et instruction contre des Juges et Tribunaux autres que les Membres de la Cour de cassation, les Cours royales et les Cours d'assises, pour forfaiture et autres crimes ou délits relatifs à leurs fonctions.

483. Lorsqu'un juge de paix ou de police, ou un juge faisant partie d'un tribunal de commerce, un officier de police judiciaire, un membre de tribunal correctionnel ou de première instance, ou un officier chargé du ministère public près l'un de ces juges ou tribunaux, sera prévenu d'avoir commis, dans l'exercice de ses fonctions, un délit emportant une peine correctionnelle, ce délit sera poursuivi et jugé comme il est dit à l'article 479.—505 et s., P. c.; 441, I. c.

484. Lorsque des fonctionnaires de la qualité exprimée en l'article précédent seront prévenus d'avoir commis un crime emportant la peine de forfaiture ou autre plus grave, les fonctions ordinairement dévolues au juge d'instruction et au procureur du roi seront immédiatement remplies par le premier président et le procureur général près la cour royale, chacun en ce qui le concerne, ou par tels autres officiers qu'ils auront respectivement et spécialement désignés à cet effet. — Jusqu'à cette délégation, et dans le cas où il existerait un corps de délit, il pourra être constaté par tout officier de police judiciaire; et pour le surplus de la procédure, on suivra les dispositions générales du présent Code. 60, 283, 505, 479, 502.

485. Lorsque le crime commis dans l'exercice des fonctions et emportant la peine de forfaiture ou autre plus grave, sera imputé soit à un tribunal entier de commerce, correctionnel ou de première instance, soit individuellement à un ou plusieurs membres des cours royales, et aux procureurs généraux et substituts près

ces cours, il sera procédé comme il suit. 494.

486. Le crime sera dénoncé au ministre de la justice, qui donnera, s'il y a lieu, ordre au procureur général près la cour de cassation, de le poursuivre sur la dénonciation. — Le crime pourra aussi être dénoncé directement à la cour de cassation par les personnes qui se prétendront lésées, mais seulement lorsqu'elles demanderont à prendre le tribunal ou le juge à partie, ou lorsque la dénonciation sera incidente à une affaire pendante à la cour de cassation. 510 et s., P. c.; 50, 491, I. c.

487. Si le procureur général près la cour de cassation ne trouve pas dans les pièces à lui transmises par le ministre de la justice, ou produites par les parties, tous les renseignemens qu'il jugera nécessaires, il sera, sur son réquisitoire, désigné par le premier président de cette cour un de ses membres, pour l'audition des témoins, et tous autres actes d'instruction qu'il peut y avoir lieu de faire dans la ville où siège la cour de cassation. 71, se. ta.

488. Lorsqu'il y aura des témoins à entendre ou des actes d'instruction à faire hors de la ville où siège la cour de cassation, le premier président de cette cour fera, à ce sujet, toutes délégations nécessaires, à un juge d'instruction, même d'un département ou d'un arrondissement autres que ceux du tribunal ou du juge prévenu. 88, se. ta.; 84, 283, 305, 490, 502, I. c.

489. Après avoir entendu les témoins et terminé l'instruction qui lui aura été déléguée, le juge d'instruction mentionné en l'article précédent renverra les procès verbaux et les autres actes, clos et cachetés, au premier président de la cour de cassation. 85, 305.

490. Sur le vu, soit des pièces qui auront été transmises par le ministre de la justice, ou produites par les parties, soit des renseignemens ultérieurs qu'il se sera procurés, le premier président décernera, s'il y a lieu, le mandat de dépôt. — Ce mandat désignera la maison d'arrêt dans la-

quelle le prévenu devra être déposé 71, se. ta.; 95, I. c.

491. Le premier président de la cour de cassation ordonnera de suite la communication de la procédure au procureur général, qui, dans les cinq jours suivans, adressera à la section des requêtes son réquisitoire contenant la dénonciation du prévenu. 486, 495.

492. Soit que la dénonciation portée à la section des requêtes ait été ou non précédée d'un mandat de dépôt, cette section y statuera, toutes affaires cessantes. — Si elle la rejette, elle ordonnera la mise en liberté du prévenu. — Si elle l'admet, elle renverra le tribunal ou le juge prévenu, devant les juges de la section civile, qui prononceront sur la mise en accusation. 71, se. ta.; 128, I. c.

493. La dénonciation incidente à une affaire pendante à la cour de cassation sera portée devant la section saisie de l'affaire : et si elle est admise, elle sera renvoyée de la section criminelle ou de celle des requêtes à la section civile, et de la section civile à celle des requêtes. 486, 491, 496.

494. Lorsque, dans l'examen d'une demande en prise à partie ou de toute autre affaire, et sans qu'il y ait de dénonciation directe ni incidente, l'une des sections de la cour de cassation apercevra quelque délit de nature à faire poursuivre criminellement un tribunal ou un juge de la qualité exprimée en l'article 479, elle pourra d'office ordonner le renvoi, conformément à l'article précédent.

495. Lorsque l'examen d'une affaire portée devant les sections réunies donnera lieu au renvoi d'office exprimé dans l'article qui précède, ce renvoi sera fait à la section civile.

496. Dans tous les cas, la section à laquelle sera fait le renvoi sur dénonciation ou d'office prononcera sur la mise en accusation. — Son président remplira les fonctions que la loi attribue aux juges d'instruction. 55, 99, 499.

497. Ce président pourra déléguer l'audition des témoins et l'interrogatoire des prévenus à un autre juge d'instruction, pris même hors de l'ar-

rondissement et du département où se trouvera le prévenu. 88, se. ta.: 84, 283. 303, 480, 488, I. c.

498. Le mandat d'arrêt que délivrera le président désignera la maison d'arrêt dans laquelle le prévenu devra être conduit. 94 et s.

499. La section de la cour de cassation, saisie de l'affaire, délibérera sur la mise en accusation, en séance non publique : les juges devront être en nombre impair. — Si la majorité des juges trouve que la mise en accusation ne doit pas avoir lieu, la dénonciation sera rejetée par un arrêt, et le procureur général fera mettre le prévenu en liberté. 229. 496.

500. Si la majorité des juges est pour la mise en accusation, cette mise en accusation sera prononcée par un arrêt, qui portera en même temps ordonnance de prise de corps. — En exécution de cet arrêt, l'accusé sera transféré dans la maison de justice de la cour d'assises qui sera désignée par celle de cassation, dans l'arrêt même. 71, se. ta.: 251, 456, I. c.

501. L'instruction, ainsi faite devant la cour de cassation, ne pourra être attaquée quant à la forme. — Elle sera commune aux complices du tribunal ou du juge poursuivi, lors même qu'ils n'exerceraient point de fonctions judiciaires. 226 et s.

502. Seront au surplus observées les autres dispositions du présent Code qui ne sont pas contraires aux formes de procéder prescrites par le présent chapitre.

503. Lorsqu'il se trouvera, dans la section criminelle saisie du recours en cassation dirigé contre l'arrêt de la cour d'assises à laquelle l'affaire aura été renvoyée, des juges qui auront concouru à la mise en accusation dans l'une des autres sections, ils s'abstiendront. — Et néanmoins, dans le cas d'un second recours qui donnera lieu à la réunion des sections, tous les juges en pourront connaître.

CHAPITRE IV.
DES DÉLITS CONTRAIRES AU RESPECT DU AUX AUTORITÉS CONSTITUÉES.

504. Lorsqu'à l'audience ou en tout autre lieu où se fait publiquement une instruction judiciaire, l'un ou plusieurs des assistans donneront des signes publics soit d'approbation, soit d'improbation, ou exciteront du tumulte, de quelque manière que ce soit, le président ou le juge les fera expulser ; s'ils résistent à ses ordres, ou s'ils rentrent, le président ou le juge ordonnera de les arrêter et conduire dans la maison d'arrêt : il sera fait mention de cet ordre dans le procès verbal ; et sur l'exhibition qui en sera faite au gardien de la maison d'arrêt, les perturbateurs y seront reçus et retenus pendant vingt-quatre heures. 89, 781, P. c.: 222, P.; 509. I. c.

505. Lorsque le tumulte aura été accompagné d'injures ou voies de fait donnant lieu à l'application ultérieure de peines correctionnelles ou de police, ces peines pourront être, séance tenante et immédiatement après que les faits auront été constatés, prononcées, savoir : — Celles de simple police, sans appel, de quelque tribunal ou juge qu'elles émanent ; — Et celles de police correctionnelle, à la charge de l'appel, si la condamnation a été portée par un tribunal sujet à appel, ou par un juge seul. 91, P. c.; 181, I. c.; 222, P.

506. S'il s'agit d'un crime commis à l'audience d'un juge seul, ou d'un tribunal sujet à appel, le juge ou le tribunal, après avoir fait arrêter le délinquant et dressé procès verbal des faits, enverra les pièces et le prévenu devant les juges compétens. 92, P. c.; 79, I. c.; 228, P.

507. A l'égard des voies de fait qui auraient dégénéré en crimes, ou de tous autres crimes flagrans et commis à l'audience de la cour de cassation, d'une cour royale ou d'une cour d'assises, la cour procédera au jugement de suite et sans désemparer. — Elle entendra les témoins, le délinquant et le conseil qu'il aura choisi ou qui lui aura été désigné par le président ; et, après avoir constaté les faits et ouï le procureur général ou son substitut, le tout publiquement, elle appliquera la peine par un arrêt, qui sera motivé.

508. Dans le cas de l'article précé-

dent, si les juges présens à l'audience sont au nombre de cinq ou de six, il faudra quatre voix pour opérer la condamnation. — S'ils sont au nombre de sept, il faudra cinq voix pour condamner. — Au nombre de huit et au delà, l'arrêt de condamnation sera prononcé aux trois quarts des voix, de manière toutefois que, dans le calcul de ces trois quarts, les fractions, s'il s'en trouve, soient appliquées en faveur de l'absolution.

509. Les préfets, sous-préfets, maires et adjoints, officiers de police administrative ou judiciaire, lorsqu'ils rempliront publiquement quelques actes de leur ministère, exerceront aussi les fonctions de police réglées par l'article 504; et, après avoir fait saisir les perturbateurs, ils dresseront procès verbal du délit, et enverront ce procès verbal, s'il y a lieu, ainsi que les prévenus, devant les juges compétens. 29.

CHAPITRE V.

DE LA MANIÈRE DONT SERONT REÇUES, EN MATIÈRE CRIMINELLE, CORRECTIONNELLE ET DE POLICE, LES DÉPOSITIONS DES PRINCES ET DE CERTAINS FONCTIONNAIRES DE L'ÉTAT.

510. Les princes ou princesses du sang royal, les grands dignitaires et le ministre de la justice ne pourront jamais être cités comme témoins, même pour les débats qui ont lieu en présence du jury, si ce n'est dans le cas où le roi, sur la demande d'une partie et le rapport du ministre de la justice, aurait, par une ordonnance spéciale, autorisé cette comparution. 71, 517, 511, 512.

511. Les dépositions des personnes de cette qualité seront, sauf l'exception ci-dessus prévue, rédigées par écrit et reçues par le premier président de la cour royale, si les personnes dénommées en l'article précédent résident ou se trouvent au chef-lieu d'une cour royale; sinon, par le président du tribunal de première instance de l'arrondissement dans lequel elles auraient leur domicile, ou se trouveraient accidentellement. — Il sera, à cet effet, adressé par la cour ou le juge d'instruction saisi de l'affaire, au président ci-dessus nommé, un état des faits, demandes et questions, sur lesquels le témoignage est requis. — Ce président se transportera aux demeures des personnes dont il s'agit, pour recevoir leurs dépositions. 88, se. ta.; 85, 505, J. c.

512. Les dépositions ainsi reçues seront immédiatement remises au greffe, ou envoyées closes et cachetées à celui de la cour ou du juge requérant, et communiquées sans délai à l'officier chargé du ministère public. — Dans l'examen devant le jury, elles seront lues publiquement aux jurés et soumises aux débats, sous peine de nullité. 85, 505, 505, 519.

513. Dans le cas où le roi aurait ordonné ou autorisé la comparution de quelques-unes des personnes ci-dessus désignées, devant le jury, l'ordonnance désignera le cérémonial à observer à leur égard.

514. A l'égard des ministres autres que le ministre de la justice, des grands officiers de la couronne, conseillers d'état chargés d'une partie dans l'administration publique, généraux en chef actuellement en service, ambassadeurs ou autres agens du roi accrédités près les cours étrangères, il sera procédé comme il suit : — Si leur déposition est requise devant la cour d'assises, ou devant le juge d'instruction du lieu de leur résidence ou de celui où ils se trouveraient accidentellement, ils devront la fournir dans les formes ordinaires. — S'il s'agit d'une déposition relative à une affaire poursuivie hors du lieu où ils résident pour l'exercice de leurs fonctions et de celui où ils se trouveraient accidentellement, et si cette déposition n'est pas requise devant le jury, le président ou le juge d'instruction saisi de l'affaire adressera à celui du lieu où résident ces fonctionnaires à raison de leurs fonctions, un état des faits, demandes et questions, sur lesquels leur témoignage est requis. — S'il s'agit du témoignage d'un agent résidant auprès d'un gouvernement étranger, cet état sera adressé au ministre de la justice, qui en fera le renvoi sur les lieux, et désignera la personne qui recevra la déposition.

515. Le président ou le juge d'instruction auquel sera adressé l'état mentionné en l'article précédent fera assigner le fonctionnaire devant lui, et recevra sa déposition par écrit. 514.

516. Cette déposition sera envoyée close et cachetée au greffe de la cour ou du juge requérant, communiquée et lue; comme il est dit en l'art. 512, et sous les mêmes peines.

517. Si les fonctionnaires de la qualité exprimée dans l'article 514 sont cités à comparaître comme témoins devant un jury assemblé hors du lieu où ils résident pour l'exercice de leurs fonctions, ou de celui où ils se trouveraient accidentellement, ils pourront en être dispensés par une ordonnance du roi. — Dans ce cas, ils déposeront par écrit, et l'on observera les dispositions prescrites par les articles 514, 515 et 516. — 88, se. ta.; 485, I. c.

CHAPITRE VI.

DE LA RECONNAISSANCE DE L'IDENTITÉ DES INDIVIDUS CONDAMNÉS, ÉVADÉS ET REPRIS.

518. La reconnaissance de l'identité d'un individu condamné, évadé et repris, sera faite par la cour qui aura prononcé sa condamnation. — Il en sera de même de l'identité d'un individu condamné à la déportation ou au bannissement, qui aura enfreint son ban et sera repris; et la cour, en prononçant l'identité, lui appliquera, de plus, la peine attachée par la loi à son infraction. 17, 55, P.

519. Tous ces jugemens seront rendus sans assistance de jurés, après que la cour aura entendu les témoins appelés tant à la requête du procureur général qu'à celle de l'individu repris, si ce dernier en a fait citer. — L'audience sera publique, et l'individu repris sera présent, à peine de nullité. 317.

520. Le procureur général et l'individu repris pourront se pourvoir en cassation, dans la forme et dans le délai déterminés par le présent Code, contre l'arrêt rendu sur la poursuite en reconnaissance d'identité. 375, 408. 616.

CHAPITRE VII.

MANIÈRE DE PROCÉDER EN CAS DE DESTRUCTION OU D'ENLÈVEMENT DES PIÈCES OU DU JUGEMENT D'UNE AFFAIRE.

521. Lorsque, par l'effet d'un incendie, d'une inondation ou de toute autre cause extraordinaire, des minutes d'arrêt rendus en matière criminelle ou correctionnelle, et non encore exécutés, ou des procédures encore indécises, auront été détruites, enlevées, ou se trouveront égarées, et qu'il n'aura pas été possible de les rétablir, il sera procédé ainsi qu'il suit.

522. S'il existe une expédition ou copie authentique de l'arrêt, elle sera considérée comme minute, et en conséquence remise dans le dépôt destiné à la conservation des arrêts. — A cet effet, tout officier public ou tout individu dépositaire d'une expédition ou d'une copie authentique de l'arrêt, est tenu, sous peine d'y être contraint par corps, de la remettre au greffe de la cour qui l'a rendu, sur l'ordre qui en sera donné par le président de cette cour. — Cet ordre lui servira de décharge envers ceux qui auront intérêt à la pièce. — Le dépositaire de l'expédition ou copie authentique de la minute détruite, enlevée ou égarée, aura la liberté, en la remettant dans le dépôt public, de s'en faire délivrer une expédition sans frais. 71, se. ta.; 1354, 1355, 1356, C.

523. Lorsqu'il n'existera plus, en matière criminelle, d'expédition ni de copie authentique de l'arrêt, si la déclaration du jury existe encore, en minute ou en copie authentique, on procédera, d'après cette déclaration, à un nouveau jugement.

524. Lorsque la déclaration du jury ne pourra plus être représentée, ou lorsque l'affaire aura été jugée sans jurés, et qu'il n'en existera aucun acte par écrit, l'instruction sera recommencée, à partir du point où les pièces se trouveront manquer tant en minute qu'en expédition ou copie authentique.

TITRE V.

DES RÈGLEMENS DE JUGES, ET DES RENVOIS D'UN TRIBUNAL A UN AUTRE.

(Loi décrétée le 14 décembre 1808.
Promulguée le 24 du même mois.)

CHAPITRE PREMIER.

DES RÈGLEMENS DE JUGES.

525. Toutes demandes en règlement de juges seront instruites et jugées sommairement et sur simples mémoires. 528, I. c.; 363, P. c.

526. Il y aura lieu à être réglé de juges par la cour de cassation, en matière criminelle, correctionnelle ou de police, lorsque des cours, tribunaux, ou juges d'instruction, ne ressortissant point les uns aux autres, seront saisis de la connaissance du même délit ou de délits connexes, ou de la même contravention. 129, 226, 527, 539, 540, I. c.; 363. P. c.

527. Il y aura lieu également à être réglé de juges par la cour de cassation, lorsqu'un tribunal militaire ou maritime, ou un officier de police militaire, ou tout autre tribunal d'exception, d'une part, une cour royale, ou d'assises, un tribunal jugeant correctionnellement, un tribunal de police ou un juge d'instruction, d'autre part, seront saisis de la connaissance du même délit ou de délits connexes, ou de la même contravention. 365 et s. P. c.; 441, I. c.

528. Sur le vu de la requête et des pièces, la cour de cassation, section criminelle, ordonnera que le tout soit communiqué aux parties, ou statuera définitivement, sauf l'opposition. 71, sc. ta.; 529, 552, I. c.; 564, P. c.

529. Dans le cas où la communication serait ordonnée sur le pourvoi en conflit du prévenu, de l'accusé ou de la partie civile, l'arrêt enjoindra à l'un et à l'autre des officiers chargés du ministère public près les autorités judiciaires concurremment saisies, de transmettre les pièces du procès et leur avis motivé sur le conflit.

530. Lorsque la communication sera ordonnée sur le pourvoi de l'un de ces officiers, l'arrêt ordonnera à l'autre de transmettre les pièces et son avis motivé,

531. L'arrêt de *soit communiqué* fera mention sommaire des actes d'où naîtra le conflit, et fixera, selon la distance des lieux, le délai dans lequel les pièces et les avis motivés seront apportés au greffe. — La notification qui sera faite de cet arrêt aux parties emportera de plein droit sursis au jugement du procès, et, en matière criminelle, à la mise en accusation, ou, si elle a déjà été prononcée, à la formation du jury dans les cours d'assises, mais non aux actes et aux procédures conservatoires ou d'instruction. — Le prévenu ou l'accusé et la partie civile pourront présenter leurs moyens sur le conflit, dans la forme réglée par le chapitre II du titre III du présent livre, pour le recours en cassation. 71, sc. ta.; 422, 554. 556, I. c. 564, P. c.

532. Lorsque, sur la simple requête, il sera intervenu arrêt qui aura statué sur la demande en règlement de juges, cet arrêt sera, à la diligence du procureur général près la cour de cassation, et par l'intermédiaire du ministre de la justice, notifié à l'officier chargé du ministère public près la cour, le tribunal ou le magistrat dessaisi. — Il sera notifié de même au prévenu ou à l'accusé, et à la partie civile, s'il y en a une. 558, I. c.; 364, P. c.

533. Le prévenu ou l'accusé et la partie civile pourront former opposition à l'arrêt dans le délai de trois jours, et dans les formes prescrites par le chapitre II du titre III du présent livre, pour le recours en cassation. 555, 557.

534. L'opposition dont il est parlé au précédent article entraînera de plein droit sursis au jugement du procès, comme il est dit en l'article 531.

535. Le prévenu qui ne sera pas en arrestation, l'accusé qui ne sera pas retenu dans la maison de justice, et la partie civile, ne seront point admis au bénéfice de l'opposition, s'ils n'ont antérieurement, ou dans le délai fixé

par l'article 555, élu domicile dans le lieu où siège l'une des autorités judiciaires en conflit. — A défaut de cette élection, ils ne pourront non plus exciper de ce qu'il ne leur aurait été fourni aucune communication, dont le poursuivant sera dispensé à leur égard. 68.

536. La cour de cassation, en jugeant le conflit, statuera sur tous les actes qui pourraient avoir été faits par la cour, le tribunal ou le magistrat qu'elle dessaisira. 551, 541.

537. Les arrêts rendus sur des conflits ne pourront pas être attaqués par la voie de l'opposition, lorsqu'ils auront été précédés d'un arrêt de *soit communiqué*, dûment exécuté. 529 à 551.

538. L'arrêt rendu, ou après un *soit communiqué*, ou sur une opposition, sera notifié aux mêmes parties et dans la même forme que l'arrêt qui l'aura précédé. 71, se. 1a.; 552, I. c.

539. Lorsque le prévenu ou l'accusé, l'officier chargé du ministère public, ou la partie civile, aura excipé de l'incompétence d'un tribunal de première instance ou d'un juge d'instruction, ou proposé un déclinatoire, soit que l'exception ait été admise ou rejetée, nul ne pourra recourir à la cour de cassation pour être réglé de juges; sauf à se pourvoir devant la cour royale contre la décision portée par le tribunal de première instance ou le juge d'instruction, et à se pourvoir en cassation, s'il y a lieu, contre l'arrêt rendu par la cour royale.

540. Lorsque deux juges d'instruction ou deux tribunaux de première instance, établis dans le ressort de la même cour royale, seront saisis de la connaissance du même délit ou de délits connexes, les parties seront réglées de juges par cette cour, suivant la forme prescrite au présent chapitre : sauf le recours, s'il y a lieu, à la cour de cassation. — Lorsque deux tribunaux de police simple seront saisis de la connaissance de la même contravention ou de contraventions connexes, les parties seront réglées de juges par le tribunal auquel ils res-

sortissent l'un et l'autre; et s'ils ressortissent à différens tribunaux, elles seront réglées par la cour royale sauf le recours, s'il y a lieu, à la cour de cassation. 526, 528, I. c.; 363, P. c.

541. La partie civile, le prévenu ou l'accusé qui succombera dans la demande en règlement de juges qu'il aura introduite, pourra être condamné à une amende qui toutefois n'excédera point la somme de trois cents francs, dont moitié sera pour la partie. 367, P. c.

CHAPITRE II.

DES RENVOIS D'UN TRIBUNAL A UN AUTRE.

542. En matière criminelle, correctionnelle et de police, la cour de cassation peut, sur la réquisition du procureur général près cette cour, renvoyer la connaissance d'une affaire, d'une cour royale ou d'assises à une autre, d'un tribunal correctionnel ou de police à un autre tribunal de même qualité, d'un juge d'instruction à un autre juge d'instruction, pour cause de sûreté publique ou de suspicion légitime. 568, 578, P. c. — Ce renvoi peut aussi être ordonné sur la réquisition des parties intéressées, mais seulement pour cause de suspicion légitime.

543. La partie intéressée qui aura procédé volontairement devant une cour, un tribunal ou un juge d'instruction, ne sera reçue à demander le renvoi qu'à raison des circonstances survenues depuis, lorsqu'elles seront de nature à faire naître une suspicion légitime. 552, I. c.; 569, 582, P. c.

544. Les officiers chargés du ministère public pourront se pourvoir immédiatement devant la cour de cassation, pour demander le renvoi pour cause de suspicion légitime : mais lorsqu'il s'agira d'une demande en renvoi pour cause de sûreté publique, ils seront tenus d'adresser leurs réclamations, leurs motifs et les pièces à l'appui, au ministre de la justice, qui les transmettra, s'il y a lieu, à la cour de cassation.

545. Sur le vu de la requête et des pièces, la cour de cassation, section

criminelle, statuera définitivement, sauf l'opposition, ou ordonnera que le tout soit communiqué. 528, 533, I. c.: 375, P. c.

546. Lorsque le renvoi sera demandé par le prévenu, l'accusé, ou la partie civile, et que la cour de cassation ne jugera à propos ni d'accueillir ni de rejeter cette demande sur-le-champ, l'arrêt en ordonnera la communication à l'officier chargé du ministère public près la cour, le tribunal ou le juge d'instruction saisi de la connaissance du délit, et enjoindra à cet officier de transmettre les pièces avec son avis motivé sur la demande en renvoi; l'arrêt ordonnera de plus, s'il y a lieu, que la communication sera faite à l'autre partie. 71, se. ta.; 529, I. c.

547. Lorsque la demande en renvoi sera formée par l'officier chargé du ministère public, et que la cour de cassation n'y statuera point définitivement, elle ordonnera, s'il y a lieu, que la communication sera faite aux parties, ou prononcera telle autre disposition préparatoire qu'elle jugera nécessaire. 71, se. ta.

548. Tout arrêt qui, sur le vu de la requête et des pièces, aura définitivement statué sur une demande en renvoi, sera, à la diligence du procureur général près la cour de cassation, et par l'intermédiaire du ministre de la justice, notifié soit à l'officier chargé du ministère public près la cour, le tribunal ou le juge d'instruction dessaisi, soit à la partie civile, au prévenu ou à l'accusé en personne ou au domicile élu. 71, se. t. ; 535, I. c.

549. L'opposition ne sera pas reçue, si elle n'est pas formée d'après les règles et dans le délai fixés au chapitre 1er du présent titre. 535.

550. L'opposition reçue emporte de plein droit sursis au jugement du procès, comme il est dit en l'art. 551.

551. Les articles 525, 530, 531, 534, 535, 536, 537, 538 et 541, seront communs aux demandes en renvoi d'un tribunal à un autre.

552. L'arrêt qui aura rejeté une demande en renvoi n'exclura pas une nouvelle demande en renvoi fondée sur des faits survenus depuis. 543.

TITRE VI.

DES COURS SPÉCIALES.

(Loi décrétée le 15 décembre 1808. Promulguée le 25.)

553 à 599. *Abrogés.*

TITRE VII.

DE QUELQUES OBJETS D'INTÉRÊT PUBLIC ET DE SURETÉ GÉNÉRALE.

(Loi décrétée le 16 décembre 1808 Promulguée le 26 du même mois.)

CHAPITRE PREMIER.
DU DÉPÔT GÉNÉRAL DE LA NOTICE DES JUGEMENS.

600. Les greffiers des tribunaux correctionnels et des cours d'assises seront tenus de consigner, par ordre alphabétique, sur un registre particulier, les noms, prénoms, professions, âge et résidences de tous les individus condamnés à un emprisonnement correctionnel ou à une plus forte peine : ce registre contiendra une notice sommaire de chaque affaire et de la condamnation, à peine de cinquante francs d'amende pour chaque omission. 49, se. ta.

601. Tous les trois mois, les greffiers enverront, sous peine de cent francs d'amende, copie de ces registres au ministre de la justice et à celui de la police générale. 42, se. ta.

602. Ces deux ministres feront tenir, dans la même forme, un registre général composé de ces diverses copies.

CHAPITRE II.
DES PRISONS, MAISONS D'ARRÊT ET DE JUSTICE.

603. Indépendamment des prisons établies pour peines, il y aura dans chaque arrondissement, près du tribunal de première instance, une maison d'arrêt pour y retenir les prévenus : et, près de chaque cour d'assises. une maison de justice pour y retenir ceux contre lesquels il aura été rendu une ordonnance de prise de corps. 100, 104, 107, 110, 245, 604, I. c.; 122, P.

604. Les maisons d'arrêt et de justice seront entièrement distinctes des prisons établies pour peines. 233, 243, 605, 605.

605. Les préfets veilleront à ce que ces différentes maisons soient non-seulement sûres, mais propres, et telles que la santé des prisonniers ne puisse être aucunement altérée.

606. Les gardiens de ces maisons seront nommés par les préfets.

607. Les gardiens des maisons d'arrêt, des maisons de justice et des prisons, seront tenus d'avoir un registre. — Ce registre sera signé et paraphé à toutes les pages, par le juge d'instruction, pour les maisons d'arrêt; par le président de la cour d'assises, ou, en son absence, par le président du tribunal de première instance, pour les maisons de justice; et par le préfet, pour les prisons pour peines, 608 et s.

608. Tout exécuteur de mandat d'arrêt, d'ordonnance de prise de corps, d'arrêt ou de jugement de condamnation, est tenu, avant de remettre au gardien la personne qu'il conduira, de faire inscrire sur le registre l'acte dont il sera porteur; l'acte de remise sera écrit devant lui. — Le tout sera signé tant par lui que par le gardien. — Le gardien lui en remettra une copie signée de lui, pour sa décharge. 100, 104, 107. 110, 243, 603.

609. Nul gardien ne pourra, à peine d'être poursuivi et puni comme coupable de détention arbitraire, recevoir ni retenir aucune personne qu'en vertu soit d'un mandat de dépôt, soit d'un mandat d'arrêt décerné selon les formes prescrites par la loi, soit d'un arrêt de renvoi devant une cour d'assises, d'un décret d'accusation ou d'un arrêt ou jugement de condamnation à peine afflictive ou à un emprisonnement, et sans que la transcription en ait été faite sur son registre. 618, l. c.; 119, 120, P.

610. Le registre ci-dessus mentionné contiendra également, en marge de l'acte de remise, la date de la sortie du prisonnier, ainsi que l'ordonnance, l'arrêt ou le jugement en vertu duquel elle aura lieu.

611. Le juge d'instruction est tenu de visiter, au moins une fois par mois, les personnes retenues dans la maison d'arrêt de l'arrondissement. — Une fois au moins dans le cours de chaque session de la cour d'assises, le président de cette cour est tenu de visiter les personnes retenues dans la maison de justice. — Le préfet est tenu de visiter, au moins une fois par an, toutes les maisons de justice et prisons, et tous les prisonniers du département. 613.

612. Indépendamment des visites ordonnées par l'article précédent, le maire de chaque commune où il y aura soit une maison d'arrêt, soit une maison de justice, soit une prison, et, dans les communes où il y aura plusieurs maires, le préfet de police ou le commissaire général de police, est tenu de faire, au moins une fois par mois, la visite de ces maisons.

613. Le maire, le préfet de police ou le commissaire général de police, veillera à ce que la nourriture des prisonniers soit suffisante et saine : la police de ces maisons lui appartiendra. — Le juge d'instruction et le président des assises pourront néanmoins donner respectivement tous les ordres qui devront être exécutés dans les maisons d'arrêt et de justice, et qu'ils croiront nécessaires, soit pour l'instruction, soit pour le jugement.

614. Si quelque prisonnier use de menaces, injures ou violences, soit à l'égard du gardien ou de ses préposés, soit à l'égard des autres prisonniers, il sera, sur les ordres de qui il appartiendra, resserré plus étroitement, enfermé seul, même mis aux fers en cas de fureur ou de violence grave, sans préjudice des poursuites auxquelles il pourrait avoir donné lieu.

CHAPITRE III.
DES MOYENS D'ASSURER LA LIBERTÉ INDIVIDUELLE CONTRE LES DÉTENTIONS ILLÉGALES OU D'AUTRES ACTES ARBITRAIRES.

615. En exécution des articles 77, 78, 79. 80, 81 et 82 de l'acte des constitutions du 22 frimaire an VIII, quiconque aura connaissance qu'un individu est détenu dans un lieu qui n'a pas été destiné à servir de maison

d'arrêt, de justice, ou de prison, est tenu d'en donner avis au juge de paix, au procureur du roi ou à son substitut, ou au juge d'instruction, ou au procureur général près la cour royale. 114, 119 et s. P.

616. Tout juge de paix, tout officier chargé du ministère public, tout juge d'instruction, est tenu d'office, ou sur l'avis qu'il en aura reçu, sous peine d'être poursuivi comme complice de détention arbitraire, de s'y transporter aussitôt, et de faire mettre en liberté la personne détenue, ou, s'il est allégué quelque cause légale de détention, de la faire conduire sur-le-champ devant le magistrat compétent. — Il dressera du tout son procès verbal. 68, se. ta.; 119. P.

617. Il rendra, au besoin, une ordonnance, dans la forme prescrite par l'article 95 du présent Code. — En cas de résistance, il pourra se faire assister de la force nécessaire: et toute personne requise est tenue de prêter main-forte. 99, 108.

618. Tout gardien qui aura refusé, ou de montrer au porteur de l'ordre de l'officier civil ayant la police de la maison d'arrêt, de justice, ou de la prison, la personne du détenu, sur la réquisition qui en sera faite, ou de montrer l'ordre qui le lui défend, ou de faire au juge de paix l'exhibition de ses registres, ou de lui laisser prendre telle copie que celui-ci croira nécessaire de partie de ses registres, sera poursuivi comme coupable ou complice de détention arbitraire. 120, P.; 609, I. c.

CHAPITRE IV.

DE LA RÉHABILITATION DES CONDAMNÉS.

619. Tout condamné à une peine afflictive ou infamante qui aura subi sa peine, ou qui aura obtenu, soit des lettres de commutation, soit des lettres de grâce, pourra être réhabilité. — La demande en réhabilitation ne pourra être formée par les condamnés aux travaux forcés à temps, à la détention ou à la réclusion, que cinq ans après l'expiration de leur peine : et par les condamnés à la dégradation civique, qu'après cinq ans à comp-

ter du jour où la condamnation sera devenue irrévocable, et cinq ans après qu'ils auront subi la peine de l'emprisonnement, s'ils y ont été condamnés. En cas de commutation, la demande en réhabilitation ne pourra être formée que cinq ans après l'expiration de la nouvelle peine, et, en cas de grâce, que cinq ans après l'enregistrement des lettres de grâce.

620. Nul ne sera admis à demander sa réhabilitation, s'il ne demeure depuis cinq ans dans le même arrondissement communal, s'il n'est pas domicilié depuis deux ans accomplis dans le territoire de la municipalité à laquelle sa demande est adressée, et s'il ne joint à sa demande des attestations de bonne conduite qui lui auront été données par les conseils municipaux, et par les municipalités dans le territoire desquelles il aura demeuré ou résidé pendant le temps qui aura précédé sa demande. — Ces attestations de bonne conduite ne pourront lui être délivrées qu'à l'instant où il quitterait son domicile ou son habitation. — Les attestations exigées ci-dessus devront être approuvées par le sous-préfet et le procureur du roi ou son substitut, et par les juges de paix des lieux où il aura demeuré ou résidé.

621. La demande en réhabilitation, les attestations exigées par l'article précédent, et l'expédition du jugement de condamnation, seront déposées au greffe de la cour royale dans le ressort de laquelle résidera le condamné.

622. La requête et les pièces seront communiquées au procureur général: il donnera ses conclusions motivées et par écrit.

623. L'affaire sera rapportée à la *chambre criminelle*.

624. La cour et le ministère public pourront, en tout état de cause, ordonner de nouvelles informations. 628.

625. La notice de la demande en réhabilitation sera insérée au journal judiciaire du lieu où siège la cour qui devra donner son avis, et du lieu où la condamnation aura été prononcée.

626. La cour, le procureur général entendu, donnera son

627. Cet avis ne pourra être donné que trois mois au moins après la présentation de la demande en réhabilitation.

628. Si la cour est d'avis que la demande en réhabilitation ne peut être admise, le condamné pourra se pourvoir de nouveau après un nouvel intervalle de cinq ans.

629. Si la cour pense que la demande en réhabilitation peut être admise, son avis, ensemble les pièces exigées par l'article 620, seront, par le procureur général, et dans le plus bref délai, transmis au ministre de la justice, qui pourra consulter le tribunal qui aura prononcé la condamnation.

630. Il en sera fait rapport à sa majesté par le ministre de la justice.

631. Si la réhabilitation est prononcée, il en sera expédié des lettres où l'avis de la cour sera inséré.

632. Les lettres de réhabilitation seront adressées à la cour qui aura délibéré l'avis : il en sera envoyé copie authentique à la cour qui aura prononcé la condamnation ; et transcription des lettres sera faite en marge de la minute de l'arrêt de condamnation. 28 à 31, P.

633. La réhabilitation fera cesser, pour l'avenir, dans la personne du condamné, toutes les incapacités qui résultaient de la condamnation. 553, I. c.; 28 à 31, P.

634. Le condamné pour récidive ne sera jamais admis à la réhabilitation. 553, I. c.; 56, P.

CHAPITRE V.

DE LA PRESCRIPTION.

635. Les peines portées par les arrêts ou jugemens rendus en matière criminelle se prescriront par vingt années révolues, à compter de la date des arrêts ou jugemens. — Néanmoins le condamné ne pourra résider dans le département où demeureraient, soit celui sur lequel ou contre la propriété duquel le crime aurait été commis, soit ses héritiers directs. — Le gouvernement pourra assigner au condamné le lieu de son domicile. 637, 642, I. c.; 7, 8, P.

636. Les peines portées par les arrêts ou jugemens rendus en matière correctionnelle, se prescriront par cinq années révolues, à compter de la date de l'arrêt ou du jugement rendu en dernier ressort ; et à l'égard des peines prononcées par les tribunaux de première instance, à compter du jour où ils ne pourront plus être attaqués par la voie de l'appel. 205, 205, 658, 642, I. c.; 9, P.

637. L'action publique et l'action civile résultant d'un crime de nature à entraîner la peine de mort ou des peines afflictives perpétuelles, ou de tout autre crime emportant peine afflictive ou infamante, se prescriront après dix années révolues, à compter du jour ou le crime aura été commis, si dans cet intervalle il n'a été fait aucun acte d'instruction ni de poursuite. — S'il a été fait, dans cet intervalle, des actes d'instruction ou de poursuite non suivis de jugement, l'action publique et l'action civile ne se prescriront qu'après dix années révolues, à compter du dernier acte, à l'égard même des personnes qui ne seraient pas impliquées dans cet acte d'instruction ou de poursuite. 655, 658, I. c.: 9, 10, 456, P.

638. Dans les deux cas exprimés en l'article précédent, et suivant les distinctions d'époques qui y sont établies, la durée de la prescription sera réduite à trois années révolues, s'il s'agit d'un délit de nature à être puni correctionnellement. 1, 656, et s.

639. Les peines portées par les jugemens rendus pour contraventions de police seront prescrites après deux années révolues ; savoir, pour les peines prononcées par arrêt ou jugement en dernier ressort, à compter du jour de l'arrêt ; et, à l'égard des peines prononcées par les tribunaux de première instance, à compter du jour où ils ne pourront plus être attaqués par la voie de l'appel. 157, 176, 640.

640. L'action publique et l'action civile pour une contravention de police, seront prescrites après une année révolue, à compter du jour où elle aura été commise, même lorsqu'il y aura

ou procès verbal, saisie, instruction ou poursuite, si dans cet intervalle il n'est point intervenu de condamnation; s'il y a eu un jugement définitif de première instance, de nature à être attaqué par la voie de l'appel, l'action publique et l'action civile se prescriront après une année révolue, à compter de la notification de l'appel qui en aura été interjeté. 137, 629.

641. En aucun cas, les condamnés par défaut ou par contumace, dont la peine est prescrite, ne pourront être admis à se présenter pour purger le défaut ou la contumace. 476, I. c.; 52, C.

642. Les condamnations civiles portées par les arrêts ou par les jugemens rendus en matière criminelle, correctionnelle ou de police, et devenus irrévocables, se prescriront d'après les règles établies par le Code civil. 555, 656, 659, I. c.; 2244, 2248, 2252, C.

643. Les dispositions du présent chapitre ne dérogent point aux lois particulières relatives à la prescription des actions résultant de certains délits ou de certaines contraventions. 484, P.

FIN DU CODE D'INSTRUCTION CRIMINELLE.

TABLE ALPHABÉTIQUE

DU

CODE D'INSTRUCTION CRIMINELLE.

Accusation.	Pag. 37	Liberté individuelle.	Pag. 56
Actes arbitraires.	56	Liberté provisoire.	12
Adjoints de maires.	2	Maires.	2
Appel.	17	Maisons d'arrêt.	55
Audition de témoins.	8	— de justice.	ibid.
Cassation.	40	Mandats de comparution.	9
Cautionnement.	12	— de dépôt.	ibid.
Commissaires de police.	2	— d'amener.	ibid.
Compétence des procureurs du roi.	3	— d'arrêt.	ibid.
Contumaces	46.	Matieres criminelles.	39
Convocation du jury.	38	— correctionnelles.	40
Cours royales.	21	— de police.	ibid.
— d'assises.	24	Mises en accusation.	21
— spéciales.	55	Mode de procéder des procureurs	
Crimes des juges.	48	du roi.	4
Délits.	50	Notices des jugemens.	55
Demandes en cassation.	40	Nullités.	39
— en révision.	ibid.	Officiers de police.	6
Déposition des princes.	51	Pièces de conviction.	9
— des fonctionnaires.	ibid.	Plaintes.	7
Destruction de pièces.	52	Police judiciaire.	1
Dispositions préliminaires.	1	Police simple.	14
Détentions illégales.	56	— correctionnelle.	18
Enlèvement de pièces.	52	Pourvoi.	39
Evasion.	ibid.	Prescription.	58
Examen.	28	Président d'assises.	25
Exécution de jugemens.	33	Preuves par écrit.	9
Faux.	44	Prisons.	55
Flagrant délit.	7	Procédure devant la cour.	26
Formation du jury.	36	Procureurs du roi.	3
Gardes champêtres.	2	Procureur général.	25
— forestiers.	ibid.	Rapport de l'instruction.	13
Identité.	52	Règlement de juges.	53
Instruction.	6	Réhabilitation des condamnés.	57
Jugement.	33	Renvoi d'un tribunal à un autre.	54
Juges d'instruction.	6	Révision.	43
— de paix.	14	Substituts.	3
Juridiction des maires.	16	Témoins.	8
Jury.	21, 36	Tribunaux de police.	14

FIN DE LA TABLE DU CODE D'INSTRUCTION CRIMINELLE.

CODE PENAL.

DISPOSITIONS PRÉLIMINAIRES.

(Loi décrétée le 12 février 1810. Promulguée le 22 du même mois.)

Art. 1er. L'infraction que les lois punissent des peines de police est une *contravention*. 464, P.; 21, 157, I. c. — L'infraction que les lois punissent de peines correctionnelles est un *délit*. 5, 9, 56, P.; 179, I. c. — L'infraction que les lois punissent d'une peine afflictive ou infamante est un *crime*. 6, 7, 8.

2. Toute tentative de *crime* qui aura été manifestée par un commencement d'exécution si elle n'a été suspendue ou n'a manqué son effet que par des circonstances indépendantes de la volonté de l'auteur, est considé-rée comme le *crime* même. 59, 60, 271, 551 à 553, 400.

3. Les tentatives de *délits* ne sont considérées comme *délits*, que dans les cas déterminés par une disposition spéciale de la loi. 179, 401, 405, 414, 415, 419, 420.

4. Nulle contravention, nul délit, nul crime, ne peuvent être punis de peines qui n'étaient pas prononcées par la loi avant qu'ils fussent commis. 45, 50, P.; 2, C.; 151, I. c.

5. Les dispositions du présent Code ne s'appliquent pas aux contraventions, délits et crimes *militaires*. 154.

LIVRE PREMIER.

DES PEINES EN MATIÈRE CRIMINELLE ET CORRECTIONNELLE ET DE LEURS EFFETS.

(Suite de la loi du 15 février 1810.)

6. Les peines en matière criminelle sont ou afflictives et infamantes, ou seulement infamantes.

7. Les peines afflictives et infamantes sont, — 1° La mort, 12, 13; — 2° Les travaux forcés à perpétuité, 15, 18, 20, 22; — 3° La déportation, 17 et s.; — 4° Les travaux forcés à temps, 19, 22; — 5° La détention; — 6° La réclusion, 21, 22, 198, 20, 37 à 39, 54, 75 à 85, 86, 87, 91 à 97, 125, 152, 159. (*Voir la Charte, art.* 57.)

8. Les peines infamantes sont, — 1° Le bannissement, 28, 32, 35, 198; — 3° La dégradation civique. 34.

9. Les peines en matière correctionnelles sont, 69, 198, 662, — 1° L'emprisonnement à temps dans un lieu de correction, 40, 41; — 2° L'interdiction à temps de certains droits civiques, civils ou de famille, 42, 43, 109, 112, 113, 123, 175, 185, 187, 192, 355, 374, 401, 405 à 408, 410; — 3° L'amende. 11, 52.

10. La condamnation aux peines établies par la loi est toujours prononcée sans préjudice des restitutions et dommages-intérêts qui peuvent être dus aux parties. 46, 51, 52, 54, 55, 73, 74, 117, 119, 180, 234 à 244, 468, P.; 258, 366, 584, I. c.; 11, 46, C.

11. Le renvoi sous la surveillance spéciale de la haute police, l'amende, et la confiscation spéciale, soit du corps du délit quand la propriété en appartient au condamné, soit des choses produites par le délit, soit de celles qui ont servi ou qui ont été destinées à le commettre, sont des peines communes aux matières criminelle et correctionnelle. 47 à 50, 58, 67, 100, 105, 107, 108, 136, 180, 221, 246, 271, 282, 315, 335, 343, 401, 416, 419 à 421, 436, 444, 452, 464, 470.

CHAPITRE PREMIER.
DES PEINES EN MATIÈRE CRIMINELLE.

12. Tout condamné à mort aura la tête tranchée. 7, 13, 27, 36, 56, 67, 75, 79 à 83, 86 à 91, 97, 125,

132, 139. 231, 233, 302 à 304, 316, 344, 351, 361, 365, 381, 434, 435, 457.

13. Le coupable condamné à mort pour parricide sera conduit sur le lieu de l'exécution, en chemise, nu-pieds, et la tête couverte d'un voile noir. — Il sera exposé sur l'échafaud pendant qu'un huissier fera au peuple lecture de l'arrêt de condamnation ; et il sera immédiatement exécuté à mort. 71, se. ta. ; 64, 65, 68, 86, 299, 319, 523, P.

14. Les corps des suppliciés seront délivrés à leurs familles, si elles les réclament, à la charge par elles de les faire inhumer sans aucun appareil. 85, C.

15. Les hommes condamnés aux travaux forcés seront employés aux travaux les plus pénibles ; ils traîneront à leurs pieds un boulet, ou seront attachés deux à deux avec une chaîne, lorsque la nature du travail auquel ils seront employés le permettra. 7, 18, 19, 22, 26, 36, 47, 56, 67, 70.

16. Les femmes et les filles condamnées aux travaux forcés n'y seront employées que dans l'intérieur d'une maison de force. 7, 18, 22, 27, 36, 47, 56, 67, 70.

17. La peine de la déportation consistera à être transporté et à demeurer à perpétuité dans un lieu déterminé par la loi, hors du territoire continental du royaume. 7, 18, 36. 56, 67, 70, 198. — Si le déporté rentre sur le territoire du royaume, il sera, sur la seule preuve de son identité, condamné aux travaux forcés à perpétuité. 518, I. c. — Le déporté qui ne sera pas rentré sur le territoire du royaume, mais qui sera saisi dans des pays occupés par les armées françaises, sera reconduit dans le lieu de sa déportation. — Tant qu'il n'aura pas été établi un lieu de déportation, ou lorsque les communications seront interrompues entre le lieu de la déportation et la métropole, le condamné subira à perpétuité la peine de la détention. 18, 36, 56, 65. 67, 70, 71, 198.

18. Les condamnations aux travaux forcés à perpétuité et à la déporta-

tion emporteront mort civile. — Néanmoins le gouvernement pourra accorder au condamné à la déportation, l'exercice des droits civils ou de quelques-uns de ces droits. 7, 15, 70, P. ; 22, C.

19. La condamnation à la peine des travaux forcés à temps sera prononcée pour cinq ans au moins, et vingt ans au plus. 7, 15, 16, 22, 23, 28 à 31, 36, 47, 56, 57, 67, 70, 71, 72. 180, 198.

20. Quiconque aura été condamné à la détention sera renfermé dans l'une des forteresses situées sur le territoire continental du royaume, qui auront été déterminées par une ordonnance du roi rendue dans la forme des réglemens d'administration publique. — Il communiquera avec les personnes placées dans l'intérieur du lieu de la détention ou avec celles du dehors, conformément aux réglemens de police établis par une ordonnance du roi. — La détention ne peut être prononcée pour moins de cinq ans, ni pour plus de vingt, sauf le cas prévu par l'article 33.

21. Tout individu de l'un ou de l'autre sexe, condamné à la peine de la réclusion, sera renfermé dans une maison de force, et employé à des travaux dont le produit pourra être en partie appliqué à son profit, ainsi qu'il sera réglé par le gouvernement. — La durée de cette peine sera au moins de cinq années, et de dix ans au plus. 8, 22, 23, 28 à 31, 36, 47, 56, 67, 71, 72, 198.

22. Quiconque aura été condamné à l'une des peines des travaux forcés à perpétuité, des travaux forcés à temps, ou de la réclusion, avant de subir sa peine, demeurera durant une heure exposé aux regards du peuple sur la place publique. Au-dessus de sa tête sera placé un écriteau portant, en caractères gros et lisibles, ses noms, sa profession, son domicile, sa peine et la cause de sa condamnation. — En cas de condamnation aux travaux forcés à temps ou à la réclusion, la cour d'assises pourra ordonner par son arrêt que le condamné, s'il n'est pas en état de récidive, ne subira pas l'exposition publique. —

Néanmoins, l'exposition publique ne sera jamais prononcée à l'égard des mineurs de dix-huit ans et des septuagénaires.

23. La durée des peines temporaires comptera du jour où la condamnation sera devenue irrévocable.

24. Néanmoins, à l'égard des condamnations à l'emprisonnement prononcées contre les individus en état de détention préalable, la durée de la peine, si le condamné ne s'est pas pourvu, comptera du jour du jugement ou de l'arrêt, nonobstant l'appel ou le pourvoi du ministère public, et quel que soit le résultat de cet appel ou de ce pourvoi. — Il en sera de même dans les cas où la peine aura été réduite, sur l'appel ou le pourvoi du condamné.

25. Aucune condamnation ne pourra être exécutée les jours de fêtes nationales ou religieuses, ni les dimanches. 260, P.; 8, 63, 781, 828, 1057, P. c.

26. L'exécution se fera sur l'une des places publiques du lieu qui sera indiqué par l'arrêt de condamnation. 376, I. c.

27. Si une femme condamnée à mort se déclare et s'il est vérifié qu'elle est enceinte, elle ne subira la peine qu'après sa délivrance. 16.

28. La condamnation à la peine des travaux forcés à temps, de la détention, de la réclusion ou du bannissement, emportera la dégradation civique. La dégradation civique sera encourue du jour où la condamnation sera devenue irrévocable, et, en cas de condamnation par contumace, du jour de l'exécution par effigie.

29. Quiconque aura été condamné à la peine des travaux forcés à temps, de la détention ou de la réclusion, sera, de plus, pendant la durée de sa peine, en état d'interdiction légale; il lui sera nommé un tuteur et un subrogé-tuteur pour gérer et administrer ses biens, dans les formes prescrites pour les nominations des tuteurs et subrogés-tuteurs aux interdits. 505 et s., C.; 31, P.; 882, 894, P. c.

30. Les biens du condamné lui seront remis après qu'il aura subi sa peine, et le tuteur lui rendra compte

de son administration. 31, P.; 527, P. c.

31. Pendant la durée de la peine, il ne pourra lui être remis aucune somme aucune provision, aucune portion de ses revenus. 619, 633, I. c.

32. Quiconque aura été condamné au bannissement sera transporté, par ordre du gouvernement, hors du territoire du royaume. — La durée du bannissement sera au moins de cinq années, et de dix ans au plus. 28, 33, 55, 36, 48, 56, 198.

33. Si le banni, avant l'expiration de sa peine, rentre sur le territoire du royaume, il sera, sur la seule preuve de son identité, condamné à la détention pour un temps au moins égal à celui qui restait à courir jusqu'à l'expiration du bannissement, et qui ne pourra excéder le double de ce temps.

34. La dégradation civique consiste : — 1° Dans la destitution et l'exclusion des condamnés de toutes fonctions, emplois ou offices publics : — 2° Dans la privation du droit de vote, d'élection, d'éligibilité, et en général de tous les droits civiques et politiques, et du droit de porter aucune décoration; — 3° Dans l'incapacité d'être juré, expert, d'être employé comme témoin dans des actes, et de déposer en justice autrement que pour y donner de simples renseignemens; — 4° Dans l'incapacité de faire partie d'aucun conseil de famille, et d'être tuteur, curateur, subrogé-tuteur ou conseil judiciaire, si ce n'est de ses propres enfans et sur l'avis conforme de la famille; — 5° Dans la privation du droit de port d'armes, du droit de faire partie de la garde nationale, de servir dans les armées françaises, de tenir école, ou d'enseigner et d'être employé dans aucun établissement d'instruction, à titre de professeur, maître ou surveillant.

35. Toutes les fois que la dégradation civique sera prononcée comme peine principale, elle pourra être accompagnée d'un emprisonnement dont la durée, fixée par l'arrêt de condamnation, n'excédera pas cinq ans. — Si le coupable est un étranger ou un Français ayant perdu la qualité de citoyen, la peine de l'emprisonne-

ment devra toujours être prononcée.

36. Tous arrêts qui porteront la peine de mort, des travaux forcés à perpétuité et à temps, la déportation, la détention, la réclusion, la dégradation civique et le bannissement, seront imprimés par extrait. — Ils seront affichés dans la ville centrale du département, dans celle où l'arrêt aura été rendu, dans la commune du lieu où le délit aura été commis, dans celle où se fera l'exécution et dans celle du domicile du condamné. 44, 104, sc. ta.

37. *Abrogé.*

38. *Abrogé.*

39. *Abrogé.*

CHAPITRE II.

DES PEINES EN MATIÈRE CORRECTIONNELLE.

40. Quiconque aura été condamné à la peine d'emprisonnement, sera renfermé dans une maison de correction : il y sera employé à l'un des travaux établis dans cette maison, selon son choix. 9, 198. — La durée de cette peine sera au moins de six jours, 69, 463, et de cinq années au plus : sauf les cas de récidive 57, 58, ou autres où la loi aura déterminé d'autres limites. — La peine à un jour d'emprisonnement est de vingt-quatre heures ; — Celle à un mois est de trente jours. 464.

41. Les produits du travail de chaque détenu pour délit correctionnel seront appliqués, partie aux dépenses communes de la maison, partie à lui procurer quelques adoucissemens, s'il les mérite, partie à former pour lui, au temps de sa sortie, un fonds de réserve : le tout ainsi qu'il sera ordonné par des règlemens d'administration publique.

42. Les tribunaux, jugeant correctionnellement, pourront, dans certains cas, interdire en tout ou en partie, l'exercice des droits civiques, civils et de famille suivans : — 1° De vote et d'élection ; — 2° D'éligibilité ; — 3° D'être appelé ou nommé aux fonctions de jurés ou autres fonctions publiques, ou aux emplois de l'administration ; ou d'exercer ces fonc-tions ou emplois ; — 4° De port d'armes : — 5° De vote et de suffrage dans les délibérations de famille ; — 6° D'être tuteur, curateur, si ce n'est de ses enfans, et sur l'avis seulement de la famille : — 7° D'être expert ou employé comme témoin dans les actes ; — 8° De témoignage en justice, autrement que pour y faire de simples déclarations.

43. Les tribunaux ne prononceront l'interdiction mentionnée dans l'article précédent, que lorsqu'elle aura été autorisée ou ordonnée par une disposition particulière de la loi. 4.

CHAPITRE III.

DES PEINES ET DES AUTRES CONDAMNATIONS QUI PEUVENT ÊTRE PRONONCÉES POUR CRIMES OU DÉLITS.

44. L'effet du renvoi sous la surveillance de la haute police sera de donner au gouvernement le droit de déterminer certains lieux dans lesquels il sera interdit au condamné de paraître après qu'il aura subi sa peine. En outre, le condamné devra déclarer, avant sa mise en liberté, le lieu où il veut fixer sa résidence ; il recevra une feuille de route réglant l'itinéraire dont il ne pourra s'écarter, et la durée de son séjour dans chaque lieu de passage. Il sera tenu de se présenter, dans les vingt-quatre heures de son arrivée, devant le maire de la commune ; il ne pourra changer de résidence sans avoir indiqué, trois jours à l'avance, à ce fonctionnaire, le lieu où il se propose d'aller habiter, et sans avoir reçu de lui une nouvelle feuille de route.

45. En cas de désobéissance aux dispositions prescrites par l'article précédent, l'individu mis sous la surveillance de la haute police sera condamné, par les tribunaux correctionnels, à un emprisonnement qui ne pourra excéder cinq ans.

46. *Abrogé.*

47. Les coupables condamnés aux travaux forcés à temps, à la détention et à la réclusion seront de plein droit, après qu'ils auront subi leur peine, et pendant toute la vie, sous la surveillance de la haute police. 19, 21.

48. Les coupables condamnés au bannissement seront, de plein droit, sous la même surveillance pendant un temps égal à la durée de la peine qu'ils auront subie. 52.

49. Devront être renvoyés sous la même surveillance, ceux qui auront été condamnés pour crimes ou délits qui intéressent la sûreté intérieure ou extérieure de l'état. 75 et s.

50. Hors les cas déterminés par les articles précédens, les condamnés ne seront placés sous la surveillance de la haute police de l'état que dans le cas où une disposition particulière de la loi l'aurait permis. 4.

51. Quand il y aura lieu à restitution, le coupable pourra être condamné en outre, envers la partie lésée, si elle le requiert, à des indemnités dont la détermination est laissée à la justice de la cour ou du tribunal, lorsque la loi ne les aura pas réglées, sans que la cour ou le tribunal puisse, du consentement même de ladite partie, en prononcer l'application à une œuvre quelconque.

52. L'exécution des condamnations à l'amende, aux restitutions, aux dommages-intérêts et aux frais, pourra être poursuivie par la voie de la contrainte par corps. 53, 54, 55, 467, 469, P.; 71, sc. ta.

53. Lorsque des amendes et des frais seront prononcés au profit de l'état, si, après l'expiration de la peine afflictive ou infamante, l'emprisonnement du condamné, pour l'acquit de ces condamnations pécuniaires, a duré une année complète, il pourra, sur la preuve acquise par les voies de droit, de son absolue insolvabilité, obtenir sa liberté provisoire. 1, 467. — La durée de l'emprisonnement sera réduite à six mois s'il s'agit d'un délit; sauf, dans tous les cas, à reprendre la contrainte par corps, s'il survient au condamné quelque moyen de solvabilité. 467. (*Modifié par le titre V de la loi du 17 avril 1832 sur la Contrainte par corps.*)

54. En cas de concurrence de l'amende ou de la confiscation avec les restitutions et les dommages-intérêts, sur les biens insuffisans du condamné, ces dernières condamnations ob-

tiendront la préférence. 7, 10, 46, 468. P.; 2146, C.; 121, I. c.

55. Tous les individus condamnés pour un même crime, ou pour un même délit, sont tenus solidairement des amendes, des restitutions, des dommages-intérêts et des frais. 59, 244.

CHAPITRE IV.
DES PEINES DE LA RÉCIDIVE POUR CRIMES ET DÉLITS.

56. Quiconque, ayant été condamné à une peine afflictive ou infamante, aura commis un second crime emportant comme peine principale la dégradation civique, sera condamné à la peine du bannissement. — Si le second crime emporte la peine du bannissement, il sera condamné à la peine de la détention. — Si le second crime emporte la peine de la réclusion, il sera condamné à la peine des travaux forcés à temps.—Si le second crime emporte la peine de la détention, il sera condamné au *maximum* de la même peine, laquelle pourra être élevée jusqu'au double. — Si le second crime emporte la peine des travaux forcés à temps, il sera condamné au *maximum* de la même peine, laquelle pourra être élevée jusqu'au double. —Si le second crime emporte la peine de la déportation, il sera condamné aux travaux forcés à perpétuité. — Quiconque, ayant été condamné aux travaux forcés à perpétuité, aura commis un second crime emportant la même peine, sera condamné à la peine de mort.—Toutefois, l'individu condamné par un tribunal militaire ou maritime ne sera, en cas de crime ou délit postérieur, passible des peines de la récidive qu'autant que la première condamnation aurait été prononcée pour des crimes ou délits punissables d'après les lois pénales ordinaires.

57. Quiconque, ayant été condamné pour un crime, aura commis un délit de nature à être puni correctionnellement, sera condamné au *maximum* de la peine portée par la loi, et cette peine pourra être élevée jusqu'au double. 40 et s.

58. Les coupables condamnés cor-

rectionnellement à un emprisonnement de plus d'une année seront
aussi, en cas de nouveau délit, condamnés au *maximum* de la peine portée par la loi, et cette peine pourra

être élevée jusqu'au double : ils seront
de plus mis sous la surveillance spéciale du gouvernement pendant au
moins cinq années, et dix ans au
plus. 374, 474, 478, 482, 485.

LIVRE II.

DES PERSONNES PUNISSABLES, EXCUSABLES OU RESPONSA-
BLES, POUR CRIMES OU POUR DÉLITS.

(Loi décrétée le 15 février 1810. Promulguée le 25 du même mois.)

CHAPITRE UNIQUE.

59. Les complices d'un crime ou
d'un délit seront punis de la même
peine que les auteurs mêmes de ce
crime ou de ce délit, sauf les cas où
la loi en aurait disposé autrement. 60
à 65, 102 à 107, 114, 116, 156 à
158, 190, 202, 203, 206, 207, 213,
217, 238 à 242. 284, 285, 288, 295,
358, 341, 380, 398, 431, 441, P.;
598. Co.

60. Seront punis comme complices
d'une action qualifiée crime ou délit,
ceux qui, par dons, promesses, menaces, abus d'autorité ou de pouvoir,
machinations ou artifices coupables,
auront provoqué à cette action, ou
donné des instructions pour la commettre. 59, 101, 295. — Ceux qui
auront procuré des armes, des instru-
ments, ou tout autre moyen qui aura
servi à l'action, sachant qu'ils de-
vaient y servir. 598, 599. — Ceux
qui auront, avec connaissance, aidé
ou assisté l'auteur ou les auteurs de
l'action, dans les faits qui l'auront
préparée ou facilitée, ou dans ceux
qui l'auront consommée; sans préjudice des peines qui seront spécialement portées par le présent Code
contre les auteurs de complots ou de
provocations attentatoires à la sûreté
intérieure ou extérieure de l'état,
même dans le cas où le crime qui
était l'objet des conspirateurs ou des
provocateurs n'aurait pas été commis.
69, 86, 101, 295, 598, P.: 337, I. C.

61. Ceux qui connaissent la conduite criminelle des malfaiteurs exerçant des brigandages ou des violences
contre la sûreté de l'état, la paix
publique, les personnes ou les propriétés, leur fournissent habituelle-

ment logement, lieu de retraite ou de
réunion, seront punis comme leurs
complices. 79, 91, 99.

62. Ceux qui sciemment auront
recélé, en tout ou en partie, des choses enlevées, détournées ou obtenues
à l'aide d'un crime ou d'un délit,
seront aussi punis comme complices
de ce crime ou délit. 59, 75.

63. Néanmoins, la peine de mort,
lorsqu'elle sera applicable aux auteurs
des crimes, sera remplacée, à l'égard
des recéleurs, par celle des travaux
forcés à perpétuité. — Dans tous les
cas, les peines des travaux forcés à
perpétuité ou de la déportation, lorsqu'il y aura lieu, ne pourront être
prononcées contre les recéleurs qu'autant qu'ils seront convaincus d'avoir
eu, au temps du recélé, connaissance
des circonstances auxquelles la loi attache les peines de mort, des travaux
forcés à perpétuité et de la déportation; sinon ils ne subiront que la
peine des travaux forcés à temps.

64. Il n'y a ni crime ni délit,
lorsque le prévenu était en état de
démence au temps de l'action, ou
lorsqu'il a été contraint par une force
à laquelle il n'a pu résister.

65. Nul crime ou délit ne peut
être excusé, ni la peine mitigée,
que dans les cas et dans les circonstances où la loi déclare le fait excusable, ou permet de lui appliquer
une peine moins rigoureuse. 64, 66 à
70, 100, 107, 108, 114, 116, 155,
157, 158, 163, 190, 213, 247, 248,
273, 284, 285, 288, 319 à 322, 324 à
329, 343, 346, 357, 370, 380, 441,
463, P.: 339, 346, 367, I. c.

66. Lorsque l'accusé aura moins
de seize ans, s'il est décidé qu'il a

agi *sans discernement*, il sera acquitté : mais il sera, selon les circonstances, remis à ses parens, ou conduit dans une maison de correction, pour y être élevé et détenu pendant tel nombre d'années que le jugement déterminera, et qui toutefois ne pourra excéder l'époque où il aura accompli sa vingtième année. 67, 463, P. ; 340, 346, I. c.

67. S'il est décidé qu'il a agi *avec discernement*, les peines seront prononcées ainsi qu'il suit : — S'il a encouru la peine de mort, des travaux forcés à perpétuité, de la déportation, il sera condamné à la peine de dix à vingt ans d'emprisonnement dans une maison de correction : — S'il a encouru la peine des travaux forcés à temps, de la détention ou de la réclusion, il sera condamné à être renfermé dans une maison de correction pour un temps égal au tiers au moins et à la moitié au plus de celui pour lequel il aurait pu être condamné à l'une de ces peines. — Dans tous les cas, il pourra être mis, par l'arrêt ou le jugement, sous la surveillance de la haute police pendant cinq ans au moins et dix ans au plus. — S'il a encouru la peine de la dégradation civique ou du bannissement, il sera condamné à être enfermé, d'un an à cinq ans, dans une maison de correction. 11, 40, 41, 44, 68.

68. L'individu, âgé de moins de seize ans, qui n'aura pas de complices présens au-dessus de cet âge, et qui sera prévenu de crimes autres que ceux que la loi punit de la peine de mort, de celle des travaux forcés à perpétuité, de la peine de la déportation ou de celle de la détention, sera jugé par les tribunaux correctionnels, qui se conformeront aux deux articles ci-dessus.

69. Dans tous les cas où le mineur de seize ans n'aura commis qu'un simple délit, la peine qui sera prononcée contre lui ne pourra s'élever au-dessus de la moitié de celle à laquelle il aurait pu être condamné s'il avait eu seize ans.

70. Les peines des travaux forcés à perpétuité, de la déportation et des travaux forcés à temps, ne seront prononcées contre aucun individu âgé de soixante-dix ans accomplis au moment du jugement. 15, 16, 17, 19, 71, P. ; 2066, C.

71. Ces peines seront remplacées, à leur égard, savoir : celle de la déportation, par la détention à perpétuité ; et les autres, par celle de la réclusion, soit à perpétuité, soit à temps, selon la durée de la peine qu'elle remplacera.

72. Tout condamné à la peine des travaux forcés à perpétuité ou à temps, dès qu'il aura atteint l'âge de soixante-dix ans accomplis, en sera relevé, et sera renfermé dans la maison de force pour tout le temps à expirer de sa peine, comme s'il n'eût été condamné qu'à la réclusion. 15, 18, 19, 21, 70, P. ; 2066, C.

73. Les aubergistes et hôteliers convaincus d'avoir logé plus de vingt-quatre heures quelqu'un qui, pendant son séjour, aurait commis un crime ou un délit, seront civilement responsables des restitutions, des indemnités et des frais adjugés à ceux à qui ce crime ou ce délit aurait causé quelque dommage, faute par eux d'avoir inscrit sur leur registre le nom, la profession et le domicile du coupable : sans préjudice de leur responsabilité dans le cas des articles 1952 et 1953 du Code civil. 51, 61, 99, 268, 475.

74. Dans les autres cas de responsabilité civile qui pourront se présenter dans les affaires criminelles, correctionnelles ou de police, les cours et tribunaux devant qui ces affaires seront portées se conformeront aux dispositions du Code civil, livre III, titre IV, chap. II, art. 1382.

LIVRE III.

DES CRIMES, DES DÉLITS ET DE LEUR PUNITION.

TITRE PREMIER.

CRIMES ET DÉLITS CONTRE LA CHOSE PUBLIQUE.

(Chap. 1er. — II. Loi décrétée le 15 février 1810. Promulguée le 25 du même mois.—Chap. III. Loi décrétée le 16. Promulguée le 26.)

CHAPITRE PREMIER.

CRIMES ET DÉLITS CONTRE LA SURETÉ DE L'ÉTAT.

SECTION I.

Des Crimes et Délits contre la sûreté extérieure de l'État.

75. Tout Français qui aura porté les armes contre la France sera puni de mort. 7, 12, 66, 67.

76. Quiconque aura pratiqué des machinations ou entretenu des intelligences avec les puissances étrangères ou leurs agens, pour les engager à commettre des hostilités ou à entreprendre la guerre contre la France, ou pour leur en procurer les moyens, sera puni de mort. — Cette disposition aura lieu dans le cas même où lesdites machinations ou intelligences n'auraient pas été suivies d'hostilités. 7, 12, 64, 66.

77. Sera également puni de mort, quiconque aura pratiqué des manœuvres ou entretenu des intelligences avec les ennemis de l'état, à l'effet de faciliter leur entrée sur le territoire et dépendances du royaume, ou de leur livrer des villes, forteresses, places, postes, ports, magasins, arsenaux, vaisseaux ou bâtimens appartenant à la France, ou de fournir aux ennemis des secours en soldats, hommes, argent, vivres, armes ou munitions, ou de seconder les progrès de leurs armes sur les possessions ou contre les forces françaises de terre ou de mer, soit en ébranlant la fidélité des officiers, soldats, matelots ou autres, envers le roi et l'état, soit de toute autre manière. 7, 12, 64, 66.

78. Si la correspondance avec les sujets d'une puissance ennemie, sans avoir pour objet l'un des crimes énoncés en l'article précédent, a néanmoins eu pour résultat de fournir aux ennemis des instructions nuisibles à la situation militaire ou politique de la France ou de ses alliés, ceux qui auront entretenu cette correspondance seront punis de la détention, sans préjudice de plus fortes peines dans le cas où ces instructions auraient été la suite d'un concert constituant un fait d'espionnage. 32, 49, 64, 66.

79. Les peines exprimées aux articles 76 et 77 seront les mêmes, soit que les machinations ou manœuvres énoncées en ces articles aient été commises envers la France, soit qu'elles l'aient été envers les alliés de la France, agissant contre l'ennemi commun. 7, 12, 64, 66.

80. Sera puni des peines exprimées en l'article 76, tout fonctionnaire public, tout agent du gouvernement, ou toute autre personne qui, chargée ou instruite officiellement ou à raison de son état, du secret d'une négociation ou d'une expédition, l'aura livré aux agens d'une puissance étrangère ou de l'ennemi. 7, 12, 64, 66.

81. Tout fonctionnaire public, tout agent, tout préposé du gouvernement, chargé, à raison de ses fonctions, du dépôt des plans de fortifications, arsenaux, ports ou rades, qui aura livré ces plans ou l'un de ces plans à l'ennemi ou aux agens de l'ennemi, sera puni de mort. 7, 12, 64, 66. — Il sera puni de la détention, s'il a livré ces plans aux agens d'une puissance étrangère, neutre ou alliée. 32, 49, 64, 66.

82. Toute autre personne qui, étant parvenue, par corruption, fraude ou violence, à soustraire lesdits plans, les aura livrés ou à l'ennemi ou aux agens d'une puissance étrangère, sera punie comme le fonctionnaire ou agent mentionné dans l'article précé-

dent, et selon les distinctions qui y sont établies. 81. — Si lesdits plans se trouvaient, sans le préalable emploi de mauvaises voies, entre les mains de la personne qui les a livrés, la peine sera, au premier cas mentionné dans l'article 81, la déportation ; 17 et s. — Et au second cas du même article, un emprisonnement de deux à cinq ans. 41, 42, 49.

83. Quiconque aura recélé, ou aura fait recéler les espions ou les soldats ennemis envoyés à la découverte et qu'il aura connus pour tels, sera condamné à la peine de mort. 12, 64, 66.

84. Quiconque aura, par des actions hostiles non approuvées par le gouvernement, exposé l'état à une déclaration de guerre, sera puni du bannissement ; et, si la guerre s'en est suivie, de la déportation. 17, 32, 49. 64, 66, 70, 71.

85. Quiconque aura, par des actes non approuvés par le gouvernement, exposé des Français à éprouver des représailles, sera puni du bannissement. 32, 49, 64, 66.

SECTION II.
Des crimes contre la sûreté intérieure de l'Etat.

§ Ier. *Des Attentats et Complots dirigés contre le Roi et sa famille.*

86. L'attentat contre la vie ou contre la personne du roi est puni de la peine du parricide. — L'attentat contre la vie ou contre la personne des membres de la famille royale, est puni de la peine de mort. — Toute offense commise publiquement envers la personne du roi sera punie d'un emprisonnement de six mois à cinq ans et d'une amende de cinq cents francs à dix mille francs. Le coupable pourra en outre être interdit de tout ou partie des droits mentionnés en l'article 42, pendant un temps égal à celui de l'emprisonnement auquel il aura été condamné. Ce temps courra à compter du jour où le coupable aura subi sa peine.

87. L'attentat dont le but sera, soit de détruire, soit de changer le gouvernement ou l'ordre de successibilité au trône, soit d'exciter les citoyens ou

habitans à s'armer contre l'autorité royale, sera puni de mort.

88. L'exécution ou la tentative constitueront seules l'attentat.

89. Le complot ayant pour but les crimes mentionnés aux articles 86 et 87, s'il a été suivi d'un acte commis ou commencé pour en préparer l'exécution, sera puni de la déportation. — S'il n'a été suivi d'aucun acte commis ou commencé pour en préparer l'exécution, la peine sera celle de la détention. — Il y a complot dès que la résolution d'agir est concertée et arrêtée entre deux ou plusieurs personnes. — S'il y a eu proposition faite et non agréée de former un complot pour arriver aux crimes mentionnés dans les articles 86 et 87, celui qui aura fait une telle proposition sera puni d'un emprisonnement d'un an à cinq ans. Le coupable pourra de plus être interdit, en tout ou en partie, des droits mentionnés en l'article 42.

90. Lorsqu'un individu aura formé seul la résolution de commettre l'un des crimes prévus par l'article 86, et qu'un acte pour en préparer l'exécution aura été commis ou commencé par lui seul et sans assistance, la peine sera celle de la détention.

§ II. *Des Crimes tendant à troubler l'Etat par la guerre civile, l'illégal emploi de la force armée, la dévastation et le pillage publics.*

91. L'attentat dont le but sera, soit d'exciter la guerre civile en armant ou en portant les citoyens ou habitans à s'armer les uns contre les autres, soit de porter la dévastation, le massacre et le pillage dans une ou plusieurs communes, sera puni de mort. 88, 125, I. c.; 7, 12, 64, 97-103 à 108. — Le complot ayant pour but l'un des crimes prévus au présent article, et la proposition de former ce complot, seront punis des peines portées en l'article 89, suivant les distinctions qui y sont établies.

92. Seront punis de mort ceux qui auront levé ou fait lever des troupes armées, engagé ou enrôlé, fait engager ou enrôler des soldats, ou leur auront fourni ou procuré des armes ou munitions, sans ordre ou autorisation

du pouvoir légitime. 7, 12, 64, 66, 86, 92, 97, 100 à 102.

93. Ceux qui, sans droit ou motif légitime, auront pris le commandement d'un corps d'armée, d'une troupe, d'une flotte, d'une escadre, d'un bâtiment de guerre, d'une place forte, d'un poste, d'un port, d'une ville ; — Ceux qui auront retenu, contre l'ordre du gouvernement, un commandement militaire quelconque ; — Les commandans qui auront tenu leur armée ou troupe rassemblée, après que le licenciement ou la séparation en auront été ordonnés, — Seront punis de la peine de mort. 7, 12, 64. 66, 97. 100, 102.

94. Toute personne qui, pouvant disposer de la force publique, en aura requis ou ordonné, fait requérir ou ordonner l'action ou l'emploi contre la levée des gens de guerre légalement établie, sera punie de la déportation. 7, 17. — Si cette réquisition ou cet ordre ont été suivis de leur effet, le coupable sera puni de mort. 7, 12, 17, 64, 66, 100, 102.

95. Tout individu qui aura incendié ou détruit. par l'explosion d'une mine, des édifices, magasins, arsenaux, vaisseaux, ou autres propriétés appartenant à l'état, sera puni de mort. 7, 12, 64, 66, 454, 435.

96. Quiconque, soit pour envahir des domaines, propriétés ou deniers publics, places, villes. forteresses, postes, magasins, arsenaux, ports, vaisseaux ou bâtimens appartenant à l'état, soit pour piller ou partager des propriétés publiques ou nationales, ou celles d'une généralité de citoyens, soit enfin pour faire attaque ou résistance envers la force publique agissant contre les auteurs de ces crimes, se sera mis à la tête de bandes armées, ou y aura exercé une fonction ou commandement quelconque, sera puni de mort. 7. 100, 102 et s.—Les mêmes peines seront appliquées à ceux qui auront dirigé l'association, levé ou fait lever, organisé ou fait organiser les bandes, ou leur auront. sciemment et volontairement, fourni ou procuré des armes, munitions et instrumens de crime, ou envoyé des convois de subsistances, ou qui auront de toute autre manière pratiqué des intelligences avec les directeurs ou commandans des bandes. 7, 12, 60, 64, 66, 91, 100, 101, 265, 453, 440, 475.

97. Dans le cas où l'un ou plusieurs des crimes mentionnés aux articles 86, 87. et 91 auront été exécutés ou simplement tentés par une bande, la peine de mort sera appliquée, sans distinction de grades. à tous les individus faisant partie de la bande et qui auront été saisis sur le lieu de la réunion séditieuse. 7, 96. — Sera puni des mêmes peines, quoique non saisi sur le lieu, quiconque aura dirigé la sédition, ou aura exercé dans la bande un emploi ou commandement quelconque. 7, 12, 91, 100.

98. Hors le cas où la réunion séditieuse aurait eu pour objet ou résultat l'un ou plusieurs des crimes énoncés aux articles 86, 87 et 91, les individus faisant partie des bandes dont il est parlé ci-dessus, sans y exercer aucun commandement ni emploi, et qui auront été saisis sur les lieux, seront punis de la déportation. 17, 18, 491, 91, 100, 209, 219, 265, 441.

99. Ceux qui, connaissant le but et le caractère desdites bandes, leur auront, sans contrainte, fourni des logemens, lieux de retraite ou de réunion, seront condamnés à la peine des travaux forcés à temps. 15, 19, 22. 49, 61, 70, 73, 91, 96. 100, 268.

100. Il ne sera prononcé aucune peine, pour le fait de sédition ; contre ceux qui, ayant fait partie de ces bandes sans y exercer aucun commandement, et sans y remplir aucun emploi ni fonctions, se seront retirés au premier avertissement des autorités civiles ou militaires, ou même depuis, lorsqu'ils n'auront été saisis que hors des lieux de la réunion séditieuse, sans opposer de résistance et sans armes. 91, 215, 265, 441. — Ils ne seront punis, dans ces cas, que des crimes particuliers qu'ils auraient personnellement commis ; et néanmoins ils pourront être renvoyés, pour cinq ans ou au plus jusqu'à dix, sous la surveillance spéciale de la haute police. 44 et s.

101. Sont compris dans le mot ar-

mes, toutes machines, tous instrumens ou ustensiles tranchans, perçans ou contondans. — Les couteaux et ciseaux de poche, les cannes simples, ne seront réputés armes qu'autant qu'il en aura été fait usage pour tuer, blesser ou frapper. 210, 211, 314, P.; 231, 416, 554, I. c.

Disposition commune aux deux Paragraphes de la présente Section.

102. Seront punis comme coupables des crimes et complots mentionnés dans la présente section, tous ceux qui, soit par discours tenus dans des lieux ou réunions publics, soit par placards affichés, soit par des écrits imprimés, auront excité directement les citoyens ou habitans à les commettre. 86, 217, 285, 295, 315. — Néanmoins, dans le cas où lesdites provocations n'auraient été suivies d'aucun effet, leurs auteurs seront simplement punis du bannissement. 32, 48. (*Abrogé par la loi du 17 mai 1819.*)

SECTION III.

De la révélation et de la non-révélation des Crimes qui compromettent la sûreté intérieure ou extérieure de l'État.

103. *Abrogé.*
104. *Abrogé.*
105. *Abrogé.*
106. *Abrogé.*
107. *Abrogé.*
108. Seront exemptés des peines prononcées contre les auteurs de complots ou d'autres crimes attentatoires à la sûreté intérieure ou extérieure de l'état, ceux des coupables qui, avant toute exécution ou tentative de ces complots ou de ces crimes, et avant toutes poursuites commencées, auront les premiers donné au gouvernement ou aux autorités administratives ou de police judiciaire, connaissance de ces complots ou crimes et de leurs auteurs ou complices, ou qui, même depuis le commencement des poursuites, auront procuré l'arrestation desdits auteurs ou complices. — Les coupables qui auront donné ces connaissances ou procuré ces arrestations, pourront néanmoins être condamnés à rester

pour la vie ou à temps sous la surveillance de la haute police. 11, 44, 105.

CHAPITRE II.
CRIMES ET DÉLITS CONTRE LA CHARTE CONSTITUTIONNELLE.

SECTION I.
Des crimes et Délits relatifs à l'exercice des Droits civiques.

109. Lorsque, par attroupement, voies de fait ou menaces, on aura empêché un ou plusieurs citoyens d'exercer leurs droits civiques, chacun des coupables sera puni d'un emprisonnement de six mois au moins et de deux ans au plus, et de l'interdiction du droit de voter et d'être éligible pendant cinq ans au moins et dix ans au plus. 40, 41, 42, 463.

110. Si ce crime a été commis par suite d'un plan concerté pour être exécuté soit dans tout le royaume, soit dans un ou plusieurs départemens, soit dans un ou plusieurs arrondissemens communaux, la peine sera le bannissement. 1, 32, 48.

111. Tout citoyen qui, étant chargé, dans un scrutin, du dépouillement des billets contenant les suffrages des citoyens, sera surpris falsifiant ces billets ou en soustrayant de la masse, ou y en ajoutant, ou inscrivant sur les billets des votans non lettrés des noms autres que ceux qui lui auraient été déclarés, sera puni de la peine de la dégradation civique. 22, 24, 28.

112. Toutes autres personnes coupables des faits énoncés dans l'article précédent seront punies d'un emprisonnement de six mois au moins et de deux ans au plus, et de l'interdiction du droit de voter et d'être éligibles pendant cinq ans au moins et dix ans au plus 40 à 42.

113. Tout citoyen qui aura, dans les élections, acheté ou vendu un suffrage à un prix quelconque, sera puni d'interdiction des droits de citoyen et de toute fonction ou emploi public, pendant cinq ans au moins et dix ans au plus. 42, 177. — Seront en outre le vendeur et l'acheteur du suffrage, condamnés chacun à une amende double de la valeur des choses reçues ou promises. 42, 52.

SECTION II.

Attentats à la Liberté.

114. Lorsqu'un fonctionnaire public, un agent ou un préposé du gouvernement, aura ordonné ou fait quelque acte arbitraire, et attentatoire soit à la liberté individuelle, soit aux droits civiques d'un ou de plusieurs citoyens, soit à la charte, il sera condamné à la peine de la dégradation civique. 34, 117, 341.— Si néanmoins il justifie qu'il a agi par ordre de ses supérieurs pour des objets du ressort de ceux-ci, et sur lesquels il leur était dû obéissance hiérarchique, il sera exempt de la peine, laquelle sera, dans ce cas, appliquée seulement aux supérieurs qui auront donné l'ordre. 34, 65, 190, 341.

115. Si c'est un ministre qui a ordonné ou fait les actes ou l'un des actes mentionnés en l'article précédent, et si, après les invitations mentionnées dans les articles 65 et 67 du sénatus-consulte du 28 floréal an XII, il a refusé ou négligé de faire réparer ces actes dans les délais fixés par ledit acte, il sera puni du bannissement. 32, 43, 48, 116.

116. Si les ministres prévenus d'avoir ordonné ou autorisé l'acte contraire à la charte prétendent que la signature à eux imputée leur a été surprise, ils seront tenus, en faisant cesser l'acte, de dénoncer celui qu'ils déclareront auteur de la surprise : sinon, ils seront poursuivis personnellement. 29, I. c.

117. Les dommages-intérêts qui pourraient être prononcés à raison des attentats exprimés dans l'article 114, seront demandés, soit sur la poursuite criminelle, soit par la voie civile, et seront réglés, eu égard aux personnes, aux circonstances et au préjudice souffert, sans qu'en aucun cas, et quel que soit l'individu lésé, lesdits dommages-intérêts puissent être au-dessous de vingt-cinq francs pour chaque jour de détention illégale et arbitraire et pour chaque individu. 10, 51, 52, 54, 55, 121, P.: 5, I. c.

118. Si l'acte contraire à la charte a été fait d'après une fausse signature du nom d'un ministre ou d'un fonc-tionnaire public, les auteurs du faux et ceux qui en auront sciemment fait usage seront punis des travaux forcés à temps, dont le *maximum* sera toujours appliqué dans ce cas. 15, 16, 19, 70 à 72, 147, 163 à 165.

119. Les fonctionnaires publics chargés de la police administrative ou judiciaire, qui auront refusé ou négligé de déférer à une réclamation légale tendant à constater les détentions illégales et arbitraires, soit dans les maisons destinées à la garde des détenus, soit partout ailleurs, et qui ne justifieront pas les avoir dénoncées à l'autorité supérieure, seront punis de la dégradation civique, et tenus des dommages-intérêts, lesquels seront réglés comme il est dit dans l'article 117. —34, 120, 341, P.: 8, 9, 18, 34, 46, 56, 609, 615, 616, I. c.

120. Les gardiens et concierges des maisons de dépôt, d'arrêt, de justice ou de peine, qui auront reçu un prisonnier sans mandat ou jugement, ou sans ordre provisoire du gouvernement; ceux qui l'auront retenu, ou auront refusé de le représenter à l'officier de police ou au porteur de ses ordres, sans justifier de la défense du procureur du roi ou du juge : ceux qui auront refusé d'exhiber leurs registres à l'officier de police, seront, comme coupables de détention arbitraire, punis de six mois à deux ans d'emprisonnement, et d'une amende de seize francs à deux cents francs. 40, 41, 52, P.; 609, 618, I. c.

121. Seront, comme coupables de forfaiture, punis de la dégradation civique, tout officier de police judiciaire, tous procureurs généraux ou du roi, tous substituts, tous juges, qui auront provoqué, donné ou signé un jugement, une ordonnance ou un mandat, tendant à la poursuite personnelle ou accusation, soit d'un ministre, soit d'un membre de la chambre des pairs, de la chambre des députés ou du conseil d'état, sans les autorisations prescrites par les lois de l'état; ou qui, hors les cas de flagrant délit ou de clameur publique, auront, sans les mêmes autorisations, donné ou signé l'ordre ou le mandat de saisir ou arrêter un ou plusieurs ministres ou membres de la chambre des pairs, de la chambre des.députés ou du conseil d'état. 54, 166, 168, P.; 40, 91, 94. 484. I. c.

122. Seront aussi punis de la dégradation civique, les procureurs généraux ou du roi, les substituts, les juges ou les officiers publics qui auront retenu ou fait retenir un individu hors des lieux déterminés par le gouvernement ou par l'administration publique, ou qui auront traduit un citoyen devant une cour d'assises, sans qu'il ait été préalablement mis légalement en accusation. 34, P.; 271, 603, 615, 616, I. c.

SECTION III.
Coalition des Fonctionnaires.

123. Tout concert de mesures contraires aux lois, pratiqué soit par la réunion d'individus ou de corps dépositaires de quelque partie de l'autorité publique, soit par députation ou correspondance entre eux, sera puni d'un emprisonnement de deux mois au moins et de six mois au plus, contre chaque coupable, qui pourra de plus être condamné à l'interdiction des droits civiques, et de tout emploi public, pendant dix ans au plus. 40 à 42.

124. Si, par l'un des moyens exprimés ci-dessus, il a été concerté des mesures contre l'exécution des lois ou contre les ordres du gouvernement, la peine sera le bannissement. 32, 48. — Si ce concert a eu lieu entre les autorités civiles et les corps militaires ou leurs chefs, ceux qui en seront les auteurs ou provocateurs seront punis de la déportation; les autres coupables seront bannis. 17, 32, 48.

125. Dans le cas où ce concert aurait eu pour objet ou résultat un complot attentatoire à la sûreté intérieure de l'état, les coupables seront punis de mort. 7, 12, 86 à 108.

126. Seront coupables de forfaiture, et punis de la dégradation civique, — Les fonctionnaires publics qui auront, par délibération, arrêté de donner des démissions dont l'objet ou l'effet serait d'empêcher ou de suspendre soit l'administration de la justice, soit l'ac-

complissement d'un service quelconque. 8, 34, 166.

SECTION IV.
Empiétement des Autorités administratives et judiciaires.

127. Seront coupables de forfaiture, et punis de la dégradation civique, — 1° Les juges, les procureurs généraux ou du roi, ou leurs substituts, les officiers de police, qui se seront immiscés dans l'exercice du pouvoir législatif, soit par des réglemens contenant des dispositions législatives, soit en arrêtant ou en suspendant l'exécution d'une ou de plusieurs lois, soit en délibérant sur le point de savoir si les lois seront publiées ou exécutées : — 2° Les juges, les procureurs généraux ou du roi, ou leurs substituts, les officiers de police judiciaire, qui auraient excédé leur pouvoir, en s'immisçant dans les matières attribuées aux autorités administratives, soit en faisant des réglemens sur ces matières, soit en défendant d'exécuter les ordres émanés de l'administration, ou qui, ayant permis ou ordonné de citer des administrateurs pour raison de l'exercice de leurs fonctions, auraient persisté dans l'exécution de leurs jugemens ou ordonnances, nonobstant l'annulation qui en aurait été prononcée, ou le conflit qui leur aurait été notifié. 8, 34, 128, 166, 185, P.; 483, I. c.; 1, 5, C.

128. Les juges qui, sur la revendication formellement faite par l'autorité administrative d'une affaire portée devant eux, auront néanmoins procédé au jugement avant la décision de l'autorité supérieure, seront punis chacun d'une amende de seize francs au moins et de cent cinquante francs au plus. — Les officiers du ministère public qui auront fait des réquisitions ou donné des conclusions pour ledit jugement seront punis de la même peine. 483 et s., I. c.; 9, 52, P.

129. La peine sera d'une amende de cent francs au moins et de cinq cents francs au plus contre chacun des juges qui, après une réclamation légale des parties intéressées ou de l'autorité administrative, auront, sans autorisation du gouvernement, rendu

des ordonnances ou décerné des mandats contre ses agens ou préposés prévenus de crimes ou délits commis dans l'exercice de leurs fonctions. — La même peine sera appliquée aux officiers du ministère public ou de police, qui auront requis lesdites ordonnances ou mandats. 485 et s.. I. c.; 9, 52, P.

130. Les préfets, sous-préfets, maires et autres administrateurs qui se seront immiscés dans l'exercice du pouvoir législatif, comme il est dit au n.º 1ᵉʳ de l'article 127. ou qui se seront ingérés de prendre des arrêtés généraux tendant à intimer des ordres ou des défenses quelconques à des cours ou tribunaux, seront punis de la dégradation civique. 8, 54.

131. Lorsque ces administrateurs entreprendront sur les fonctions judiciaires en s'ingérant de connaître de droits et intérêts privés du ressort des tribunaux, et qu'après la réclamation des parties ou de l'une d'elles, ils auront néanmoins décidé l'affaire avant que l'autorité supérieure ait prononcé, ils seront punis d'une amende de seize francs au moins et de cent cinquante francs au plus. 91, I. c.; 52 à 55, P.

CHAPITRE III.

CRIMES ET DÉLITS CONTRE LA PAIX PUBLIQUE.

SECTION I.

Du Faux.

§ Iᵉʳ. Fausse Monnaie.

132. Quiconque aura contrefait ou altéré les monnaies d'or ou d'argent ayant cours légal en France, ou participé à l'émission ou exposition desdites monnaies contrefaites ou altérées, ou à leur introduction sur le territoire français, sera puni des travaux forcés à perpétuité. 7, 12, 64, 66, 67, 155 à 158, 163.

133. Celui qui aura contrefait ou altéré des monnaies de billon ou de cuivre ayant cours légal en France, ou participé à l'émission ou exposition desdites monnaies contrefaites ou altérées, ou à leur introduction sur le territoire français, sera puni des travaux forcés à temps. 7, 15, 16, 18,

64, 66, 67, 70 à 72, 156 et s.; 163, 64, 475.

134. Tout individu qui aura, en France, contrefait ou altéré des monnaies étrangères, ou participé à l'émission, exposition ou introduction en France de monnaies étrangères contrefaites ou altérées, sera puni des travaux forcés à temps. 5, 6, 15, 16, 19, 64, 66, 67, 70 à 72, 135 et s.; 163 à 165.

135. La participation énoncée aux précédens articles ne s'applique point à ceux qui, ayant reçu pour bonnes des pièces de monnaies contrefaites ou altérées, les ont remises en circulation. — Toutefois celui qui aura fait usage desdites pièces après en avoir vérifié ou fait vérifier les vices, sera puni d'une amende triple au moins et sextuple au plus de la somme représentée par les pièces qu'il aura rendues à la circulation, sans que cette amende puisse en aucun cas être inférieure à seize francs. 52 et s.

136. *Abrogé.*

137. *Abrogé.*

138. Les personnes coupables des crimes mentionnés aux articles 132 et 133, seront exemptes de peines, si, avant la consommation de ces crimes et avant toutes poursuites, elles en ont donné connaissance et révélé les auteurs aux autorités constituées, ou si, même après les poursuites commencées, elles ont procuré l'arrestation des autres coupables. — Elles pourront néanmoins être mises pour la vie, ou à temps, sous la surveillance de la haute police. 11, 44, 108.

§ II. *Contrefaction des Sceaux de l'État, des Billets de banque, des Effets publics, et des Poinçons, Timbres et Marques.*

139. Ceux qui auront contrefait le sceau de l'état ou fait usage du sceau contrefait; — Ceux qui auront contrefait ou falsifié, soit des effets émis par le trésor public avec son timbre, soit des billets de banques autorisées par la loi, ou qui auront fait usage de ces effets et billets contrefaits ou falsifiés, ou qui les auront introduits dans l'enceinte du territoire français, — Seront punis des travaux

forcés à perpétuité. 7, 12, 64, 66, 67, 136 à 138, 142, 144, 165.

140. Ceux qui auront contrefait ou falsifié, soit un ou plusieurs timbres nationaux, soit les marteaux de l'état servant aux marques forestières, soit le poinçon ou les poinçons servant à marquer les matières d'or ou d'argent, ou qui auront fait usage des papiers, effets, timbres, marteaux ou poinçons falsifiés ou contrefaits, seront punis des travaux forcés à temps, dont le *maximum* sera toujours appliqué dans ce cas. 15, 16, 19, 64, 66, 67, 70 à 72, 163 à 165.

141. Sera puni de la réclusion quiconque s'étant indûment procuré les vrais timbres, marteaux ou poinçons ayant l'une des destinations exprimées en l'article 140, en aura fait une application ou usage préjudiciable aux droits ou intérêts de l'état. 21, 64, 66, 67, 163 à 165.

142. Ceux qui auront contrefait les marques destinées à être apposées, au nom du gouvernement, sur les diverses espèces de denrées ou de marchandises, ou qui auront fait usage de ces fausses marques; — Ceux qui auront contrefait le sceau, timbre ou marque d'une autorité quelconque, ou d'un établissement particulier de banque ou de commerce, ou qui auront fait usage des sceaux, timbres ou marques contrefaits, — Seront punis de la réclusion. 21, 64, 66, 163.

143. Sera puni de la dégradation civique quiconque, s'étant indûment procuré les vrais sceaux, timbres ou marques ayant l'une des destinations exprimées en l'article 142, en aura fait une application ou usage préjudiciable aux droits ou intérêts de l'état, d'une autorité quelconque, ou même d'un établissement particulier. 22, 24, 64 à 67, 163, 164, 168.

144. Les dispositions de l'article 138 sont applicables aux crimes mentionnés dans l'article 139.

§ III. *Des Faux en écritures publiques ou authentiques, et de commerce ou de banque.*

145. Tout fonctionnaire ou officier public qui, dans l'exercice de ses fonctions aura commis un faux, 111,

— Soit par fausses signatures, — Soit par altération des actes, écritures ou signatures, — Soit par supposition des personnes, — Soit par des écritures faites ou intercalées sur des registres ou d'autres actes publics, depuis leur confection ou clôture, — Sera puni des travaux forcés à perpétuité. 8, 15, 18, 20, 22, 59, 60, 64, 70 à 72, 145, 164, P.; 448 et s., I. c.

146. Sera aussi puni des travaux forcés à perpétuité, tout fonctionnaire ou officier public qui, en rédigeant des actes de son ministère, en aura frauduleusement dénaturé la substance ou les circonstances, soit en écrivant des conventions autres que celles qui auraient été tracées ou dictées par les parties, soit en constatant comme vrais des faits faux, ou comme avoués des faits qui ne l'étaient pas. 15, 18, 20, 22, 64, 70 à 72, 164.

147. Seront punies des travaux forcés à temps, toutes autres personnes qui auront commis un faux en écriture authentique et publique, ou en écriture de commerce ou de banque, — Soit par contrefaçon ou altération d'écritures ou de signatures, — Soit par fabrication de conventions, dispositions, obligations ou décharges ou par leur insertion après coup dans ces actes, — Soit par addition ou altération de clauses, de déclarations ou de faits que ces actes avaient pour objet de recevoir et de constater. 15, 16, 19, 29, 64, 66, 67, 70, 118, 164, 165, 407, P.; 1354, 1355, C.; 214, 219, 221, P. c.

148. Dans tous les cas exprimés au présent paragraphe, celui qui aura fait usage des actes faux sera puni des travaux forcés à temps. 15, 19, 64, 66, 70, 163, 165, P.; 262, I. c.

149. Sont exceptés des dispositions ci-dessus les faux commis dans les passe-ports et feuilles de route, sur lesquels il sera particulièrement statué ci-après. 155 à 158.

§ IV. *Du Faux en écriture privée.*

150. Tout individu qui aura, de l'une des manières exprimées en l'article 147, commis un faux en écriture privée, sera puni de la réclusion. 21, 64, 66, 67, 111, 163 à 165, P. ; 448, I. c.

151. Sera puni de la même peine celui qui aura fait usage de la pièce fausse. 21, 64, 66, 111, 163 à 165, P. ; 448, I. c.

152. Sont exceptés des dispositions ci-dessus les faux certificats de l'espèce dont il sera ci-après parlé. 159 à 162.

§ V. Des Faux commis dans les Passeports, Feuilles de route et Certificats.

153. Quiconque fabriquera un faux passe-port ou falsifiera un passe-port originairement véritable, ou fera usage d'un passe-port fabriqué ou falsifié, sera puni d'un emprisonnement d'une année au moins et de cinq ans au plus. 40, 64, 69, 165, 258, 281, 465.

154. Quiconque prendra, dans un passe port, un nom supposé, ou aura concouru comme témoin à faire délivrer le passe-port sous le nom supposé, sera puni d'un emprisonnement de trois mois à un an. — Les logeurs et aubergistes qui sciemment inscriront sur leurs registres, sous des noms faux ou supposés, les personnes logées chez eux, seront punis d'un emprisonnement de six jours au moins et d'un mois au plus. 40, 41, 61, 64, 69, 73, 165, 164, 258, 281, 465, 475, 565.

155. Les officiers publics qui délivreront un passe-port à une personne qu'ils ne connaîtront pas personnellement, sans avoir fait attester ses noms et qualités par deux citoyens à eux connus, seront punis d'un emprisonnement d'un mois à six mois. 40, 164, 465. — Si l'officier public, instruit de la supposition du nom, a néanmoins délivré le passe-port sous le nom supposé, il sera puni du bannissement. 52, 48.

156. Quiconque fabriquera une fausse feuille de route, ou falsifiera une feuille de route originairement véritable, ou fera usage d'une feuille de route fabriquée ou falsifiée, sera puni, savoir, — D'un emprisonnement d'une année au moins et de cinq ans au plus, si la fausse feuille de route n'a eu pour objet que de tromper la surveillance de l'autorité publique. 40, 163, 281, 463 ; — Du bannissement, si le trésor royal a payé au porteur de la fausse feuille, des frais de route qui ne lui étaient pas dus ou qui excédaient ceux auxquels il pouvait avoir droit, le tout néanmoins au-dessous de cent francs, 52, 48, 163 ; — Et de la réclusion, si les sommes indûment reçues par le porteur de la feuille s'élèvent à cent francs ou au delà. 21, 40, 41, 163, 165, 461.

157. Les peines portées en l'article précédent seront appliquées, selon les distinctions qui y sont posées, à toute personne qui se sera fait délivrer, par l'officier public, une feuille de route sous un nom supposé. 21, 163 et s., 281.

158. Si l'officier public était instruit de la supposition de nom lorsqu'il a délivré la feuille, il sera puni, savoir, — Dans le premier cas posé par l'article 156, du bannissement, 52, 48, 164 : — Dans le second cas du même article, de la réclusion, 21, 164, — Et dans le troisième cas, des travaux forcés à temps. 15, 19, 70, 164.

159. Toute personne qui, pour se rédimer elle-même ou en affranchir une autre d'un service public quelconque, fabriquera, sous le nom d'un médecin, chirurgien ou autre officier de santé, un certificat de maladie ou d'infirmité, sera punie d'un emprisonnement de deux à cinq ans. 40, 41. 58, 164, 281. 463.

160. Tout médecin, chirurgien ou autre officier de santé qui, pour favoriser quelqu'un, certifiera faussement des maladies ou infirmités propres à dispenser d'un service public, sera puni d'un emprisonnement de deux à cinq ans. 40, 164, 177. — S'il y a été mû par dons ou promesses, il sera puni du bannissement : les corrupteurs seront, en ce cas, punis de la même peine. 32, 40, 41, 48, 164, 464.

161. Quiconque fabriquera, sous le nom d'un fonctionnaire ou officier public, un certificat de bonne conduite, indigence ou autres circonstances propres à appeler la bienveillance du gouvernement ou des particuliers sur la personne y désignée, et à lui procurer places, crédit ou secours, sera puni d'un emprisonnement de six mois à deux ans. — La même peine sera appliquée, 1° à celui qui falsifiera un certificat de cette espèce, originairement véritable, pour l'approprier à une personne autre que celle à laquelle il a été primitivement délivré : 2° à tout individu qui se sera servi du certificat ainsi fabriqué ou falsifié. 40, 163, 281. 463.

162. Les faux certificats de toute autre nature, et d'où il pourrait résulter soit lésion envers des tiers, soit préjudice envers le trésor royal, seront punis, selon qu'il y aura lieu, d'après les dispositions des paragraphes III et IV de la présente section. 40. 41, 145 à 155, 161, 164, 281, 463.

Dispositions communes.

163. L'application des peines portées contre ceux qui ont fait usage de monnaies, billets, sceaux, timbres, marteaux, poinçons, marques et écrits faux, contrefaits, fabriqués ou falsifiés, cessera toutes les fois que le faux n'aura pas été connu de la personne qui aura fait usage de la chose fausse. 132 à 134, 139 à 143, 148, 151, 153, 154, 156, 161.

164. Il sera prononcé contre les coupables une amende dont le *maximum* pourra être porté jusqu'au quart du bénéfice illégitime que le faux aura procuré ou était destiné à procurer aux auteurs du crime, à leurs complices ou à ceux qui ont fait usage de la pièce fausse. Le *minimum* de cette amende ne pourra être inférieur à cent francs. 52 à 54, 65.

165. Tout faussaire condamné, soit aux travaux forcés, soit à la réclusion, subira l'exposition publique.

SECTION II.

De la Forfaiture et des Crimes et Délits des Fonctionnaires publics dans l'exercice de leurs fonctions.

166. Tout crime commis par un fonctionnaire public dans ses fonctions est une forfaiture. 121, 126, 127, 167, 168, 183. P.; 485 et s.; J. c.

167. Toute forfaiture pour laquelle la loi ne prononce pas de peines plus graves est punie de la dégradation civique. 54.

168. Les simples délits ne constituent pas les fonctionnaires en forfaiture.

§ 1er. *Des Soustractions commises par les Dépositaires publics.*

169. Tout percepteur, tout commis à une perception, dépositaire ou comptable public, qui aura détourné ou soustrait des deniers publics ou privés, ou effets actifs en tenant lieu, ou des pièces, titres, actes, effets mobiliers qui étaient entre ses mains en vertu de ses fonctions, sera puni des travaux forcés à temps, si les choses détournées ou soustraites sont d'une valeur au-dessus de trois mille francs. 15, 19, 64, 66, 70 à 72, 172, 250, 408. P.: 1928 et s, C.

170. La peine des travaux forcés à temps aura lieu également, quelle que soit la valeur des deniers ou des effets détournés ou soustraits, si cette valeur égale ou excède soit le tiers de la recette ou du dépôt, s'il s'agit de deniers ou effets une fois reçus ou déposés, soit le cautionnement, s'il s'agit d'une recette ou d'un dépôt attaché à une place sujette à cautionnement, soit enfin le tiers du produit commun de la recette pendant un mois, s'il s'agit d'une recette composée de rentrées successives et non sujette à cautionnement. 15, 19, 64, 66, 70, 169, 172, 250, 408.

171. Si les valeurs détournées ou soustraites sont au-dessous de trois mille francs, et en outre inférieures aux mesures exprimées en l'article précédent, la peine sera un emprisonnement de deux ans au moins et de cinq ans au plus, et le condamné sera de plus déclaré à jamais incapable d'exercer aucune fonction publique. 40 à 42, 72, 172.

172. Dans les cas exprimés aux trois articles précédens, il sera toujours prononcé contre le condamné une amende dont le *maximum* sera le quart des restitutions et indemnités, et le *minimum*, le douzième. 10, 52, 54, 55.

173. Tout juge, administrateur,

fonctionnaire ou officier public qui aura détruit, supprimé, soustrait ou détourné les actes et titres dont il était dépositaire en cette qualité, ou qui lui auront été remis ou communiqués à raison de ses fonctions, sera puni des travaux forcés à temps. — Tous agens, préposés ou commis, soit du gouvernement, soit des dépositaires publics, qui se seront rendus coupables des mêmes soustractions, seront soumis à la même peine 15, 19, 64, 70 à 72, 255 à 255, P.; 485, I. c.

§ II. *Des Concussions commises par des Fonctionnaires publics.*

174. Tous fonctionnaires, tous officiers publics, leurs commis ou préposés, tous percepteurs des droits, taxes, contributions, deniers, revenus publics ou communaux, et leurs commis ou préposés, qui se seront rendus coupables du crime de concussion, en ordonnant de percevoir ou en exigeant ou recevant ce qu'ils savaient n'être pas dû, ou excéder ce qui était dû pour droits, taxes, contributions, deniers ou revenus, ou pour salaires ou traitemens, seront punis, savoir, les fonctionnaires ou les officiers publics, de la peine de la réclusion, 21, 64, et leurs commis ou préposés, d'un emprisonnement, 50, 41, 463, de deux ans au moins et de cinq ans au plus. — Les coupables seront de plus condamnés à une amende dont le *maximum* sera le quart des restitutions et des dommages-intérêts, et le *minimum* le douzième. 10, 52 à 55.

§ III. *Des Délits de Fonctionnaires qui se seront ingérés dans des Affaires ou Commerces incompatibles avec leur qualité.*

175. Tout fonctionnaire, tout officier public, tout agent du gouvernement, qui, soit ouvertement, soit par actes simulés, soit par interposition de personnes, aura pris ou reçu quelque intérêt que ce soit, dans les actes, adjudications, entreprises ou régies dont il a ou avait, au temps de l'acte, en tout ou en partie, l'administration ou la surveillance, sera puni d'un emprisonnement de six

mois au moins et de deux ans au plus, et sera condamné à une amende qui ne pourra excéder le quart des restitutions et des indemnités, ni être au-dessous du douzième. — Il sera de plus déclaré à jamais incapable d'exercer aucune fonction publique. — La présente disposition est applicable à tout fonctionnaire ou agent du gouvernement qui aura pris un intérêt quelconque dans une affaire dont il était chargé d'ordonnancer le paiement ou de faire la liquidation. 40 à 42, 52 à 55, 171, P.; 2102, C.

176. Tout commandant des divisions militaires, des départemens ou des places et villes, tout préfet ou sous-préfet, qui aura, dans l'étendue des lieux où il a droit d'exercer son autorité, fait ouvertement, ou par des actes simulés, ou par interposition de personnes, le commerce des grains, grenailles, farines, substances farineuses, vins ou boissons, autres que ceux provenant de ses propriétés, sera puni d'une amende de cinq cents francs au moins, de dix mille francs au plus, et de la confiscation des denrées appartenant à ce commerce. 11, 52 à 55, P.; 2102, C.

§ IV. *De la Corruption des Fonctionnaires publics.*

177. Tout fonctionnaire public de l'ordre administratif ou judiciaire, tout agent ou préposé d'une administration publique, qui aura agréé des offres ou promesses, ou reçu des dons ou présens pour faire un acte de sa fonction ou de son emploi, même juste, mais non sujet à salaire, sera puni de la dégradation civique, et condamné à une amende double de la valeur des promesses agréées ou des choses reçues, sans que ladite amende puisse être inférieure à deux cents francs. — La présente disposition est applicable à tout fonctionnaire, agent ou préposé de la qualité ci-dessus exprimée, qui, par offres ou promesses agréées, dons ou présens reçus, se sera abstenu de faire un acte qui entrait dans l'ordre de ses devoirs. 22, 24, 51 à 55, 113, 160, 180, 181, 505, P. c.; 485, I. c.

178. Dans le cas où la corruption

aurait pour objet un fait criminel emportant une peine plus forte que celle de la dégradation civique, cette peine plus forte sera appliquée aux coupables.

179. Quiconque aura contraint ou tenté de contraindre par voies de fait ou menaces, corrompu ou tenté de corrompre par promesses, offres, dons ou présens, un fonctionnaire, agent ou préposé, de la qualité exprimée en l'article 177, pour obtenir, soit une opinion favorable, soit des procès verbaux, états, certificats ou estimations contraires à la vérité, soit des places, emplois, adjudications, entreprises ou autres bénéfices quelconques, soit enfin tout autre acte du ministère du fonctionnaire, agent ou préposé, sera puni des mêmes peines que le fonctionnaire, agent ou préposé corrompu. 2, 3, 40, 41, 52 à 55, 113, 177, 180, 224, 242, 365, P.; 505, P. c.; 483, I. c. — Toutefois, si les tentatives de contrainte ou corruption n'ont eu aucun effet, les auteurs de ces tentatives seront simplement punis d'un emprisonnement de trois mois au moins et de six mois au plus, et d'une amende de cent francs à trois cents francs. 3, 40, 52, 177, 180, 281.

180. Il ne sera jamais fait au corrupteur restitution des choses par lui livrées, ni de leur valeur : elles seront confisquées au profit des hospices des lieux où la corruption aura été commise. 10, 11.

181. Si c'est un juge prononçant en matière criminelle, ou un juré, qui s'est laissé corrompre, soit en faveur, soit au préjudice de l'accusé, il sera puni de la réclusion, outre l'amende ordonnée par l'article 177. — 21, 117, P.; 505, P. c.; 484, I. c.

182. Si, par l'effet de la corruption, il y a eu condamnation à une peine supérieure à celle de la réclusion, cette peine, quelle qu'elle soit, sera appliquée au juge ou juré coupable de corruption.

183. Tout juge ou administrateur qui se sera décidé par faveur pour une partie ou par inimitié contre elle, sera coupable de forfaiture et puni de la dégradation civique. 54, 166, 167, P.; 484, I c.

§ V. Des Abus d'autorité.

Ire CLASSE. — Des Abus d'autorité contre les particuliers.

184. Tout fonctionnaire de l'ordre administratif ou judiciaire, tout officier de justice ou de police tout commandant ou agent de la force publique qui, agissant en sadite qualité, se sera introduit dans le domicile d'un citoyen contre le gré de celui-ci, hors les cas prévus par la loi, et sans les formalités qu'elle a prescrites, sera puni d'un emprisonnement de six jours à un an, et d'une amende de seize francs à cinq cents francs, sans préjudice du second paragraphe de l'article 114. — Tout individu qui se sera introduit à l'aide de menaces ou de violence dans le domicile d'un citoyen, sera puni d'un emprisonnement de six jours à trois mois, et d'une amende de seize francs à deux cents francs.

185. Tout juge ou tribunal, tout administrateur ou autorité administrative, qui, sous quelque prétexte que ce soit, même du silence ou de l'obscurité de la loi, aura dénié de rendre la justice qu'il doit aux parties, après en avoir été requis, et qui aura persévéré dans son déni, après avertissement ou injonction de ses supérieurs, pourra être poursuivi, et sera puni d'une amende de deux cents francs au moins et de cinq cents francs au plus, et de l'interdiction de l'exercice des fonctions publiques depuis cinq ans jusqu'à vingt. 10, 42, 52 à 55, 127, P.; 4, C.; 5 5. P. c.; 483, I. c.

186. Lorsqu'un fonctionnaire ou un officier public, un administrateur, un agent ou un préposé du gouvernement ou de la police, un exécuteur des mandats de justice ou jugemens, un commandant en chef ou en sous-ordre de la force publique, aura, sans motif légitime, usé ou fait user de violences envers les personnes, dans l'exercice ou à l'occasion de l'exercice de ses fonctions, il sera puni selon la nature et la gravité de ces violences, et en élevant la peine

suivant la règle posée par l'article 198 ci-après. 198, 309 à 311.

187. Toute suppression, toute ouverture de lettres confiées à la poste, commise ou facilitée par un fonctionnaire ou un agent du gouvernement ou de l'administration des postes, sera punie d'une amende de seize francs à cinq cents francs et d'un emprisonnement de trois mois à cinq ans. Le coupable sera, de plus, interdit de toute fonction ou emploi public pendant cinq ans au moins et dix ans au plus. 10, 42, 52 à 55.

IIᵉ CLASSE. — Des Abus d'autorité contre la chose publique.

188. Tout fonctionnaire public, agent ou préposé du gouvernement, de quelque état et grade qu'il soit, qui aura requis ou ordonné, fait requérir ou ordonner l'action ou l'emploi de la force publique contre l'exécution d'une loi ou contre la perception d'une contribution légale, ou contre l'exécution soit d'une ordonnance ou mandat de justice, soit de tout autre ordre émané de l'autorité légitime, sera puni de la réclusion. 21, 190, 191. 209.

189. Si cette réquisition ou cet ordre ont été suivis de leur effet, la peine sera le *maximum* de la réclusion. 17, 70 à 72, 190, 191.

190. Les peines énoncées aux articles 188 et 189 ne cesseront d'être applicables aux fonctionnaires ou préposés qui auraient agi par ordre de leurs supérieurs, qu'autant que cet ordre aura été donné par ceux-ci pour des objets de leur ressort, et sur lesquels il leur était dû obéissance hiérarchique; dans ce cas, les peines portées ci-dessus ne seront appliquées qu'aux supérieurs qui les premiers auront donné cet ordre. 114 et s.

191 Si, par suite desdits ordres ou réquisitions, il survient d'autres crimes punissables de peines plus fortes que celles exprimées aux articles 188 et 189, ces peines plus fortes seront appliquées aux fonctionnaires, agens ou préposés coupables d'avoir donné lesdits ordres ou fait lesdites réquisitions. 181. 182, 203, 206, 208, 216, 264, 295.

§ VI. *De quelques Délits relatifs à la tenue des Actes de l'état civil.*

192. Les officiers de l'état civil qui auront inscrit leurs actes sur de simples feuilles volantes seront punis d'un emprisonnement d'un mois au moins et de trois mois au plus, et d'une amende de seize francs à deux cents francs. 40, 41, 52 à 55, 195, 463. P. : 52, C.

193. Lorsque, pour la validité d'un mariage, la loi prescrit le consentement des pères, mères ou autres personnes, et que l'officier de l'état civil ne se sera point assuré de l'existence de ce consentement, il sera puni d'une amende de seize francs à trois cents francs, et d'un emprisonnement de six mois au moins et d'un an au plus. 40, 41, 52 à 55, 195. 463, P. ; 52, C.

194. L'officier de l'état civil sera aussi puni de seize francs à trois cents francs d'amende, lorsqu'il aura reçu, avant le terme prescrit par l'article 228 du Code civil, l'acte de mariage d'une femme ayant déjà été mariée. 52 à 55, 195, 340.

195. Les peines portées aux articles précédens contre les officiers de l'état civil, leur seront appliquées, lors même que la nullité de leurs actes n'aurait pas été demandée, ou aurait été couverte; le tout sans préjudice des peines plus fortes prononcées en cas de collusion, et sans préjudice aussi des autres dispositions pénales du titre v du livre 1ᵉʳ du Code civil. 177, 340, P. ; 156, 192, 200, C.

§ VII. *De l'Exercice de l'autorité publique illégalement anticipé ou prolongé.*

196. Tout fonctionnaire public qui sera entré en exercice de ses fonctions sans avoir prêté le serment, pourra être poursuivi, et sera puni d'une amende de seize francs à cent cinquante francs. 52 à 55.

197. Tout fonctionnaire public révoqué, destitué, suspendu ou interdit légalement, qui, après en avoir eu la connaissance officielle, aura continué l'exercice de ses fonctions,

ou qui, étant électif ou temporaire, les aura exercées après avoir été remplacé, sera puni d'un emprisonnement de six mois au moins et de deux ans au plus. et d'une amende de cent francs à cinq cents francs. Il sera interdit de l'exercice de toute fonction publique pour cinq ans au moins et dix ans au plus, à compter du jour où il aura subi sa peine : le tout sans préjudice des plus fortes peines portées contre les officiers ou les commandans militaires, par l'article 95 du présent Code. 40 à 42, 52 à 55, 146, 258. P. ; 2102. C.

Dispositions particulières.

198. Hors les cas où la loi règle spécialement les peines encourues pour crimes ou délits commis par les fonctionnaires ou officiers publics, ceux d'entre eux qui auront participé à d'autres crimes ou délits qu'ils étaient chargés de surveiller ou de réprimer, seront punis comme il suit : — S'il s'agit d'un délit de police correctionnelle, ils subiront toujours le *maximum* de la peine attachée à l'espèce de délit; — Et s'il s'agit de crimes, ils seront condamnés, savoir, — A la réclusion, si le crime emporte contre tout autre coupable la peine du bannissement ou de la dégradation civique : — Aux travaux forcés à temps, si le crime emporte contre tout autre coupable la peine de la réclusion ou de la détention : — Et aux travaux forcés à perpétuité, lorsque le crime emportera contre tout autre coupable la peine de la déportation ou celle des travaux forcés à temps.—Au delà des cas qui viennent d'être exprimés, la peine commune sera appliquée sans aggravation. 7. 8, 9. 186, 555, 462. P. ; 2102, C.

SECTION III.

Des Troubles apportés à l'ordre public par les Ministres des cultes dans l'exercice de leur ministère.

§ Ier. *Des Contraventions propres à compromettre l'état civil des Personnes.*

199. Tout ministre d'un culte qui procédera aux cérémonies religieuses d'un mariage, sans qu'il lui ait été justifié d'un acte de mariage préalablement reçu par les officiers de l'état civil, sera, pour la première fois, puni d'une amende de seize francs à cent francs. 52 à 55.

200. En cas de nouvelles contraventions de l'espèce exprimée en l'article précédent, le ministre du culte qui les aura commises sera puni, savoir. — Pour la première récidive, d'un emprisonnement de deux à cinq ans, 40, 463 : — Et pour la seconde, de la détention. 17, 40, 41, 64, 70 à 72.

§ II. *Des Critiques, Censures ou Provocations dirigées contre l'Autorité publique dans un discours pastoral prononcé publiquement.*

201. Les ministres des cultes qui prononceront, dans l'exercice de leur ministère. et en assemblée publique, un discours contenant la critique ou censure du gouvernement, d'une loi, d'une ordonnance royale ou de tout autre acte de l'autorité publique, seront punis d'un emprisonnement de trois mois à deux ans. 40, 555, 463.

202. Si le discours contient une provocation directe à la désobéissance aux lois ou autres actes de l'autorité publique, ou s'il tend à soulever ou armer une partie des citoyens contre les autres, le ministre du culte qui l'aura prononcé sera puni d'un emprisonnement de deux à cinq ans, si la provocation n'a été suivie d'aucun effet, 40, 41; et du bannissement, si elle a donné lieu à désobéissance, autre toutefois que celle qui aurait dégénéré en sédition ou révolte. 52 à 56, 48, 64, 465.

203. Lorsque la provocation aura été suivie d'une sédition ou révolte dont la nature donnera lieu contre l'un ou plusieurs des coupables à une peine plus forte que celle du bannissement, cette peine, quelle qu'elle soit, sera appliquée au ministre coupable de la provocation. 92, 96 et s.; 191, 206. 265 et s.; 313, 440 à 442.

§ III. *Des Critiques, Censures ou Provocations dirigées contre l'Autorité publique dans un écrit pastoral.*

204. Tout écrit contenant des instructions pastorales, en quelque forme que ce soit, et dans lequel un ministre de culte se sera ingéré de critiquer ou censurer, soit le gouvernement, soit tout acte de l'autorité publique, emportera la peine du bannissement contre le ministre qui l'aura publié. 52, 45, 48, 64.

205. Si l'écrit mentionné en l'article précédent contient une provocation directe à la désobéissance aux lois ou autres actes de l'autorité publique, ou s'il tend à soulever ou armer une partie des citoyens contre les autres, le ministre qui l'aura publié sera puni de la détention. 17, 64, 70 à 72.

206. Lorsque la provocation contenue dans l'écrit pastoral aura été suivie d'une sédition ou révolte dont la nature donnera lieu contre l'un des coupables à une peine plus forte que celle de la déportation, cette peine quelle qu'elle soit, sera appliquée au ministre coupable de la provocation. 92, 96 et s.: 205, 208, 265 et s.; 515, 440 et s.

§ IV. *De la Correspondance des Ministres des cultes avec des Cours ou Puissances étrangères, sur des matières de religion.*

207. Tout ministre d'un culte qui aura, sur des questions ou matières religieuses, entretenu une correspondance avec une cour ou puissance étrangère, sans en avoir préalablement informé le ministre du roi chargé de la surveillance des cultes, et sans avoir obtenu son autorisation, sera, pour ce seul fait, puni d'une amende de cent francs à cinq cents francs, et d'un emprisonnement d'un mois à deux ans. 40, 41, 52 à 55, 455.

208. Si la correspondance mentionnée en l'article précédent a été accompagnée ou suivie d'autres faits contraires aux dispositions formelles d'une loi ou d'une ordonnance du roi, le coupable sera puni du bannissement, à moins que la peine résultant de la nature de ces faits ne soit plus forte, auquel cas cette peine plus forte sera seule appliquée. 32, 48.

SECTION IV.
Résistance, Désobéissance et autres Manquemens envers l'Autorité publique.

§ 1er. *Rébellion.*

209. Toute attaque, toute résistance avec violences et voies de fait envers les officiers ministériels, les gardes champêtres ou forestiers, la force publique, les préposés à la perception des taxes et des contributions, leurs porteurs de contraintes, les préposés des douanes, les séquestres, les officiers ou agens de la police administrative ou judiciaire, agissant pour l'exécution des lois, des ordres ou ordonnances de l'autorité publique, des mandats de justice ou jugemens, est qualifiée, selon les circonstances, crime ou délit de rébellion. 96, 98, 188, 210, 225, 250, 525, 458.

210. Si elle a été commise par plus de vingt personnes armées, les coupables seront punis des travaux forcés à temps : et s'il n'y a pas eu port d'armes, ils seront punis de la réclusion. 19, 21, 64, 70 à 72, 102, 214, 217, 515, 515, P.; 554, P. c.

211. Si la rébellion a été commise par une réunion armée de trois personnes ou plus jusqu'à vingt inclusivement, la peine sera la réclusion ; s'il n'y a pas eu port d'armes, la peine sera un emprisonnement de six mois au moins et deux ans au plus. 21, 40, 41, 96, 98, 101, 188, 214, 217, 218, 515, 514.

212. Si la rébellion n'a été commise que par une ou deux personnes, avec armes, elle sera punie d'un emprisonnement de six mois à deux ans ; et si elle a eu lieu sans armes, d'un emprisonnement de six jours à six mois. 40, 41, 218, 465.

213. En cas de rébellion avec bande ou attroupement, l'article 100 du présent Code sera applicable aux rebelles sans fonctions ni emplois dans la bande, qui se seront retirés au premier avertissement de l'autorité publique, ou même depuis, s'ils n'ont été saisis que hors du lieu de la rébellion, et

sans nouvelle résistance et sans armes. 100.

214. Toute réunion d'individus pour un crime ou un délit est réputée réunion armée, lorsque plus de deux personnes portent des armes ostensibles. 101.

215. Les personnes qui se trouveraient munies d'armes cachées, et qui auraient fait partie d'une troupe ou réunion non réputée armée, seront individuellement punies comme si elles avaient fait partie d'une troupe ou réunion armée. 101, 211.

216. Les auteurs des crimes et délits commis pendant le cours et à l'occasion d'une rébellion seront punis des peines prononcées contre chacun de ces crimes, si elles sont plus fortes que celles de la rébellion. 191, 251.

217. Sera puni comme coupable de la rébellion quiconque y aura provoqué, soit par des discours tenus dans des lieux ou réunions publiques, soit par placards affichés, soit par écrits imprimés. — Dans le cas où la rébellion n'aurait pas eu lieu, le provocateur sera puni d'un emprisonnement de six jours au moins et d'un an au plus. 40, 102, 210 à 212, 215, 221. 285, 315, 465. (*Abrogé par la loi du 17 mai 1819.*)

218. Dans tous les cas où il sera prononcé, pour fait de rébellion, une simple peine d'emprisonnement, les coupables pourront être condamnés en outre à une amende de seize francs à deux cents francs. 52 à 55, 211, 212, 217.

219. Seront punies comme réunions de rebelles, celles qui auront été formées avec ou sans armes, accompagnées de violences ou de menaces contre l'autorité administrative, les officiers et les agens de police, ou contre la force publique, — 1º Par les ouvriers ou journaliers, dans les ateliers publics ou manufactures; — 2º Par les individus admis dans les hospices : — 3º Par les prisonniers prévenus, accusés ou condamnés. 210 et s.

220. La peine appliquée pour rébellion à des prisonniers prévenus, accusés ou condamnés relativement à d'autres crimes ou délits, sera par

eux subie, savoir, — Par ceux qui, à raison des crimes ou délits qui ont causé leur détention, sont ou seraient condamnés à une peine non capitale ni perpétuelle, immédiatement après l'expiration de cette peine : — Et par les autres, immédiatement après l'arrêt ou jugement en dernier ressort, qui les aura acquittés ou renvoyés absous du fait pour lequel ils étaient détenus.

221. Les chefs d'une rébellion, et ceux qui l'auront provoquée, pourront être condamnés à rester, après l'expiration de leur peine, sous la surveillance spéciale de la haute police pendant cinq ans au moins et dix ans au plus. 11, 44.

§ II. *Outrages et Violences envers les Dépositaires de l'autorité et de la force publique.*

222. Lorsqu'un ou plusieurs magistrats de l'ordre administratif ou judiciaire auront reçu, dans l'exercice de leurs fonctions, ou à l'occasion de cet exercice, quelque outrage par paroles tendant à inculper leur honneur ou leur délicatesse, celui qui les aura ainsi outragés sera puni d'un emprisonnement d'un mois à deux ans. 10, 11, 91. P. c. — Si l'outrage a eu lieu à l'audience d'une cour ou d'un tribunal, l'emprisonnement sera de deux à cinq ans. 40, 41, 179, 226, 229, 372, 465, P.; 10 à 12, 89 à 91, P. c.; 504, 505, 509, I. c.

223. L'outrage fait par gestes ou menaces à un magistrat dans l'exercice ou à l'occasion de l'exercice de ses fonctions, sera puni d'un mois à six mois d'emprisonnement; et si l'outrage a eu lieu à l'audience d'une cour ou d'un tribunal, il sera puni d'un emprisonnement d'un mois à deux ans. 40, 41, 179, 226, 372, 465, P.; 91, P. c.; 509, I. c.

224. L'outrage fait par paroles, gestes ou menaces, à tout officier ministériel, ou agent dépositaire de la force publique, dans l'exercice ou à l'occasion de l'exercice de ses fonctions, sera puni d'une amende de seize francs à deux cents francs. 52 à 55, 179, 227, 412, 463.

225. La peine sera de six jours à un

mois d'emprisonnement, si l'outrage mentionné en l'article précédent a été dirigé contre un commandant de la force publique. 40, 41, 226, 463.

226. Dans les cas des articles 222, 223 et 225, l'offenseur pourra être, outre l'emprisonnement, condamné à faire réparation, soit à la première audience, soit par écrit; et le temps de l'emprisonnement prononcé contre lui ne sera compté qu'à dater du jour où la réparation aura eu lieu.

227. Dans le cas de l'article 224, l'offenseur pourra de même, outre l'amende, être condamné à faire réparation à l'offensé; et s'il retarde ou refuse, il y sera contraint par corps.

228. Tout individu qui, même sans armes, et sans qu'il en soit résulté de blessures, aura frappé un magistrat dans l'exercice de ses fonctions, ou à l'occasion de cet exercice, sera puni d'un emprisonnement de deux à cinq ans. — Si cette voie de fait a eu lieu à l'audience d'une cour ou d'un tribunal, le coupable sera en outre puni de la dégradation civique. 22, 24, 40, 41, 186, 229, 463.

229. Dans l'un et l'autre des cas exprimés en l'article précédent, le coupable pourra de plus être condamné à s'éloigner, pendant cinq à dix ans, du lieu où siège le magistrat, et d'un rayon de deux myriamètres. — Cette disposition aura son exécution à dater du jour où le condamné aura subi sa peine. — Si le condamné enfreint cet ordre avant l'expiration du temps fixé, il sera puni du bannissement. 52, 48.

230. Les violences de l'espèce exprimée en l'art. 228, dirigées contre un officier ministériel, un agent de la force publique, ou un citoyen chargé d'un ministère de service public, si elles ont eu lieu pendant qu'ils exerçaient leur ministère ou à cette occasion, seront punies d'un emprisonnement d'un mois à six mois. 40, 41, 186, 209, 228 à 231, 463.

231. Si les violences exercées contre les fonctionnaires et agens désignés aux articles 228 et 230, ont été la cause d'effusion de sang, blessures ou maladie, la peine sera la réclusion; si la mort s'en est suivie dans les

quarante jours, le coupable sera puni des travaux forcés à perpétuité. 12, 23, 186, 216.

232. Dans le cas même où ces violences n'auraient pas causé d'effusion de sang, blessures ou maladie, les coups seront punis de la réclusion s'ils ont été portés avec préméditation ou guet-apens. 21, 186, 216, 297, 298.

233. Si les coups ont été portés ou les blessures faites à un des fonctionnaires ou agens désignés aux articles 228 et 230, dans l'exercice ou à l'occasion de l'exercice de leurs fonctions, avec intention de donner la mort, le coupable sera puni de mort. 12, 295, 304.

§ III. *Refus d'un Service dû légalement.*

234. Tout commandant, tout officier ou sous officier de la force publique qui, après en avoir été légalement requis par l'autorité civile, aura refusé de faire agir la force à ses ordres, sera puni d'un emprisonnement d'un mois à trois mois, sans préjudice des réparations civiles qui pourraient être dues aux termes de l'article 10 du présent Code. 40, 41, 463, 475; P.; 95, 99, 576, I. c.

235. Les lois pénales et règlemens relatifs à la conscription militaire continueront de recevoir leur exécution.

236. Les témoins et jurés qui auront allégué une excuse reconnue fausse, seront condamnés, outre les amendes prononcées pour la non-comparation, à un emprisonnement de six jours à deux mois. 40, 463, P.; 80, 86, 396, I. c.

§ IV. *Évasion de détenus, Recèlement de criminels.*

237. Toutes les fois qu'une évasion de détenus aura lieu, les huissiers, les commandans en chef ou en sous-ordre, soit de la gendarmerie, soit de la force armée servant d'escorte ou garnissant les postes, les concierges, gardiens, geôliers, et tous autres préposés à la conduite, au transport ou à la garde des détenus, seront punis ainsi qu'il suit.

238. Si l'évadé était prévenu de délits de police, ou de crimes simplement infamans, ou s'il était prison-

tier de guerre, les préposés à sa garde ou conduite seront punis, en cas de négligence, d'un emprisonnement de six jours à deux mois, et en cas de connivence, d'un emprisonnement de six mois à deux ans. — Ceux qui, n'étaut pas chargés de la garde ou de la conduite du détenu, auront procuré ou facilité son évasion, seront punis de six jours à trois mois d'emprisonnement. 8, 9, 40, 41, 242, 244, 246, 247, 465.

239. Si les détenus évadés, ou l'un d'eux, étaient prévenus ou accusés d'un crime de nature à entraîner une peine afflictive à temps, ou condamnés pour l'un de ces crimes, la peine sera, contre les préposés à la garde ou conduite, en cas de négligence, un emprisonnement de deux mois à six mois; en cas de connivence, la réclusion. — Les individus non chargés de la garde des détenus, qui auront procuré ou facilité l'évasion, seront punis d'un emprisonnement de trois mois à deux ans. 7, 21, 40, 41, 242, 244, 246, 247.

240. Si les évadés, ou l'un d'eux, sont prévenus ou accusés de crimes de nature à entraîner la peine de mort ou des peines perpetuelles, ou s'ils sont condamnés à l'une de ces peines, leurs conducteurs ou gardiens seront punis d'un an à deux ans d'emprisonnement, en cas de négligence, et des travaux forcés à temps, en cas de connivence. 7, 40, 41, 242, 244, 246, 247, 465. — Les individus non chargés de la conduite ou de la garde, qui auront facilité ou procuré l'évasion, seront punis d'un emprisonnement d'un an au moins, et de cinq ans au plus. 19, 70 à 72.

241. Si l'évasion a eu lieu ou a été tentée avec violences ou bris de prison, les peines contre ceux qui l'auront favorisée en fournissant des instrumens propres à l'opérer, seront, au cas que l'évadé fût de la qualité exprimée en l'art. 238, trois mois à deux ans d'emprisonnement: au cas de l'article 239, deux à cinq ans d'emprisonnement: et au cas de l'article 240, la réclusion. 21, 40, 41, 246, 247, 465.

242. Dans tous les cas ci-dessus,

lorsque les tiers qui auront procuré ou facilité l'évasion, y seront parvenus en corrompant les gardiens ou geôliers, ou de connivence avec eux, ils seront punis des mêmes peines que lesdits gardiens et geôliers. 179, 365.

243. Si l'évasion avec bris ou violences a été favorisée par transmission d'armes, les gardiens et conducteurs qui y auront participé seront punis des travaux forcés à perpétuité: les autres personnes, des travaux forcés à temps. 15, 16, 18, 19, 70 à 72, 101, 244.

244. Tous ceux qui auront connivé à l'évasion d'un détenu seront solidairement condamnés, à titre de dommages-intérêts, à tout ce que la partie civile du détenu aurait eu droit d'obtenir contre lui. 10, 46, 51, 52, 258.

245. A l'égard des détenus qui se seront évadés ou qui auront tenté de s'évader par bris de prison ou par violences, ils seront, pour ce seul fait, punis de six mois à un an d'emprisonnement, et subiront cette peine immédiatement après l'expiration de celle qu'ils auront encourue pour le crime ou délit à raison duquel ils étaient détenus, ou immédiatement après l'arrêt ou jugement qui les aura acquittés ou renvoyés absous dudit crime ou délit; le tout sans préjudice de plus fortes peines qu'ils auraient pu encourir pour d'autres crimes qu'ils auraient commis dans leurs violences. 40 et s.

246. Quiconque sera condamné, pour avoir favorisé une évasion ou des tentatives d'évasion, à un emprisonnement de plus de six mois, pourra, en outre, être mis sous la surveillance spéciale de la haute police, pour un intervalle de cinq à dix ans. 11, 44.

247. Les peines d'emprisonnement ci-dessus établies contre les conducteurs ou les gardiens, en cas de négligence seulement, cesseront lorsque les évadés seront repris ou représentés, pourvu que ce soit dans les quatre mois de l'évasion, et qu'ils ne soient pas arrêtés pour d'autres crimes ou délits commis postérieurement. 258.

248. Ceux qui auront recélé ou fait

recéler des personnes qu'ils savaient avoir commis des crimes emportant peine afflictive, seront punis de trois mois d'emprisonnement au moins, et de deux ans au plus. — Sont exceptés de la présente disposition les ascendans ou descendans, époux ou épouse même divorcés, frères ou sœurs des criminels recélés, ou leurs alliés aux mêmes degrés. 7, 40, 41, 107, 157, 463.

§ V. *Bris de scellés et Enlèvement de pièces dans les Dépôts publics.*

249. Lorsque des scellés apposés soit par ordre du gouvernement, soit par suite d'une ordonnance de justice rendue en quelque matière que ce soit, auront été brisés, les gardiens seront punis, pour simple négligence, de six jours à six mois d'emprisonnement. 40, 41, 63, 463, P.: 907, P. c.

250. Si le bris des scellés s'applique à des papiers et effets d'un individu prévenu ou accusé d'un crime emportant la peine de mort, des travaux forcés à perpétuité, ou de la déportation ou qui soit condamné à l'une de ces peines ; le gardien négligent sera puni de six mois à deux ans d'emprisonnement. 40, 463, P.: 169, 175. 907, P. c.

251. Quiconque aura, à dessein, brisé des scellés apposés sur des papiers ou effets de la qualité énoncée en l'article précédent, ou participé au bris des scellés, sera puni de la réclusion ; et si c'est le gardien lui-même, il sera puni des travaux forcés à temps. 15, 16, 19, 21, 70 à 72.

252. A l'égard de tous autres bris de scellés, les coupables seront punis de six mois à deux ans d'emprisonnement ; et si c'est le gardien lui-même, il sera puni de deux à cinq ans de la même peine. 40, 41, 463, P. ; 950, P. c.

253. Tout vol commis à l'aide d'un bris de scellés sera puni comme vol commis à l'aide d'effraction. 384.

254. Quant aux soustractions, destructions et enlèvemens de pièces ou de procédures criminelles, où d'autres papiers, registres, actes et effets, contenus dans des archives, greffes ou dépôts publics, ou remis à un déposi-

taire public en cette qualité, les peines seront, contre les greffiers, archivistes, notaires ou autres dépositaires négligens, de trois mois à un an d'emprisonnement, et d'une amende de cent francs à trois cents francs. 40, 41, 52 à 55, 169 à 175, 255, 384, 408, 463.

255. Quiconque se sera rendu coupable des soustractions, enlèvemens ou destructions mentionnés en l'article précédent, sera puni de la réclusion. — Si le crime est l'ouvrage du dépositaire lui-même, il sera puni des travaux forcés à temps. 15, 19, 21, 70 à 72. 379, 408.

256. Si le bris de scellés, les soustractions, enlèvemens ou destructions de pièces ont été commis avec violences envers les personnes, la peine sera, contre toute personne, celle des travaux forcés à temps, sans préjudice de peines plus fortes, s'il y a lieu, d'après la nature des violences et des autres crimes qui y seraient joints. 15, 19, 70 à 72, 295, 382, 408.

§ VI. *Dégradation de monumens.*

257. Quiconque aura détruit, abattu, mutilé ou dégradé des monumens, statues et autres objets destinés à l'utilité ou à la décoration publique, et élevés par l'autorité publique ou avec son autorisation, sera puni d'un emprisonnement d'un mois à deux ans, et d'une amende de cent francs à cinq cents francs. 40, 51, 52 à 55, 96, 457, 456, 463.

§ VII. *Usurpations de titres ou fonctions.*

258. Quiconque, sans titre, se sera immiscé dans des fonctions publiques, civiles ou militaires, ou aura fait les actes d'une de ces fonctions, sera puni d'un emprisonnement de deux à cinq ans, sans préjudice de la peine de faux, si l'acte porte le caractère de ce crime. 40, 41, 52. 145, 155, 197, 344, 463.

259. Toute personne qui aura publiquement porté un costume, un uniforme ou une décoration qui ne lui appartiendra pas, sera punie d'un emprisonnement de six mois à deux ans. 40, 153, 344, 381, 384.

§ VIII. *Entraves au libre exercice des cultes.*

260. Tout particulier qui, par des voies de fait ou des menaces, aura contraint ou empêché une ou plusieurs personnes d'exercer l'un des cultes autorisés, d'assister à l'exercice de ce culte, de célébrer certaines fêtes, d'observer certains jours de repos, et, en conséquence, d'ouvrir ou de fermer leurs ateliers, boutiques ou magasins, et de faire ou quitter certains travaux, sera puni, pour ce seul fait, d'une amende de seize francs à deux cents francs, et d'un emprisonnement de six jours à deux mois. 40, 41, 52 à 55, 264, 463.

261. Ceux qui auront empêché, retardé ou interrompu les exercices d'un culte par des troubles ou désordres causés dans le temple ou autre lieu destiné ou servant actuellement à ces exercices, seront punis d'une amende de seize francs à trois cents francs ; et d'un emprisonnement de six jours à trois mois. 40, 52, 264, 463.

262. Toute personne qui aura, par paroles ou gestes, outragé les objets d'un culte dans les lieux destinés ou servant actuellement à son exercice, ou les ministres de ce culte dans leurs fonctions, sera punie d'une amende de seize francs à cinq cents francs, et d'un emprisonnement de quinze jours à six mois. 40, 41, 52 à 55, 264, 463.

263. Quiconque aura frappé le ministre d'un culte dans ses fonctions, sera puni de la dégradation civique. 22, 24.

264. Les dispositions du présent paragraphe ne s'appliquent qu'aux troubles, outrages ou voies de fait dont la nature ou les circonstances ne donneront pas lieu à de plus fortes peines, d'après les autres dispositions du présent Code. 191, 295, 509.

SECTION V.

Associations de malfaiteurs, Vagabondage et Mendicité.

§ Ier. *Associations de malfaiteurs.*

265. Toute association de malfaiteurs envers les personnes ou les propriétés est un crime contre la paix publique. 209, 214.

266. Ce crime existe par le seul fait d'organisation de bandes ou de correspondance entre elles et leurs chefs ou commandans, ou de conventions tendant à rendre compte ou à faire distribution ou partage du produit des méfaits.

267. Quand ce crime n'aurait été accompagné ni suivi d'aucun autre, les auteurs, directeurs de l'association, et les commandans en chef ou en sous-ordre de ces bandes, seront punis des travaux forcés à temps. 313. 440 à 442.

268. Seront punis de la réclusion tous autres individus chargés d'un service quelconque dans ces bandes, et ceux qui auront sciemment et volontairement fourni aux bandes ou à leurs divisions, des armes, munitions, instrumens de crime, logement, retraite ou lieu de réunion. 21, 60. 75, 96, 98, 100, 205.

§ II. *Vagabondage.*

269. Le vagabondage est un délit. 265, 270, 277, P.: 555, I. c.

270. Les vagabonds ou gens sans aveu sont ceux qui n'ont ni domicile certain, ni moyens de subsistance, et qui n'exercent habituellement ni métier ni profession. 555 et s., I. c.

271. Les vagabonds ou gens sans aveu qui auront été légalement déclarés tels, seront, pour ce seul fait, punis de trois à six mois d'emprisonnement. Ils seront renvoyés, après avoir subi leur peine, sous la surveillance de la haute police pendant cinq ans au moins et dix ans au plus. — Néanmoins les vagabonds âgés de moins de seize ans ne pourront être condamnés à la peine d'emprisonnement ; mais sur la preuve des faits de vagabondage, ils seront renvoyés sous la surveillance de la haute police jusqu'à l'âge de vingt ans accomplis, à moins qu'avant cet âge ils n'aient contracté un engagement régulier dans les armées de terre ou de mer. 40, 41, 44, 282.

272. Les individus déclarés vagabonds par jugement pourront, s'ils sont étrangers, être conduits, par les

ordres du gouvernement, hors du territoire du royaume.

273. Les vagabonds nés en France
pourront, après un jugement même
passé en force de chose jugée, être réclamés par délibération du conseil
municipal de la commune où ils sont
nés, ou cautionnés par un citoyen solvable. — Si le gouvernement accueille
la réclamation ou agrée la caution,
les individus ainsi réclamés ou cautionnés seront, par ses ordres, renvoyés ou conduits dans la commune
qui les a réclamés, ou dans celle qui
leur sera assignée pour résidence, sur
la demande de la caution. 44, 46.

§ III. Mendicité.

274. Toute personne qui aura été
trouvée mendiant dans un lieu pour
lequel il existera un établissement public organisé afin d'obvier à la mendicité, sera punie de trois à six mois
d'emprisonnement, et sera, après l'expiration de sa peine, conduite au dépôt de mendicité. 40, 41, 277, 463.

275. Dans les lieux où il n'existe
point encore de tels établissemens, les
mendians d'habitude valides seront
punis d'un mois à trois mois d'emprisonnement. — S'ils ont été arrêtés
hors du canton de leur résidence, ils
seront punis d'un emprisonnement de
six mois à deux ans. 40, 277, 463.

276. Tous mendians, même inva-
lides, qui auront usé de menaces, ou
seront entrés sans permission du propriétaire ou des personnes de sa maison, soit dans une habitation, soit
dans un enclos en dépendant. — Ou
qui feindront des plaies ou infirmités,
— Ou qui mendieront en réunion, à
moins que ce ne soient le mari et la
femme, le père ou la mère et leurs jeunes enfans, l'aveugle et son conducteur, — Seront punis d'un emprisonnement de six mois à deux ans. 40, 41,
277, 463.

Dispositions communes aux Vagabonds et Mendians.

277. Tout mendiant ou vagabond
qui aura été saisi travesti d'une manière quelconque, — Ou porteur d'armes, bien qu'il n'en ait usé ni menacé. — Ou muni de limes, crochets

ou autres instrumens propres soit à
commettre des vols ou d'autres délits,
soit à lui procurer les moyens de pénétrer dans les maisons, — Sera puni
de deux à cinq ans d'emprisonnement.
40, 41, 101, 259.

278. Tout mendiant ou vagabond
qui sera trouvé porteur d'un ou de
plusieurs effets d'une valeur supérieure à cent francs, et qui ne justifiera point d'où ils lui proviennent,
sera puni de la peine portée en l'article 276.

279. Tout mendiant ou vagabond
qui aura exercé quelque acte de violence que ce soit envers les personnes,
sera puni de la réclusion, sans préjudice de peines plus fortes, s'il y a
lieu, à raison du genre et des circonstances de la violence. 21, 309, P.;
555. I. c.

280. Abrogé.

281. Les peines établies par le présent Code contre les individus porteurs
de faux certificats, faux passe-ports ou
fausses feuilles de route, seront toujours, dans leur espèce, portées au
maximum quand elles seront appliquées à des vagabonds ou mendians.
153, 162.

282. Les mendians qui auront été
condamnés aux peines portées par
les articles précédens, seront renvoyés, après l'expiration de leur peine, sous la surveillance de la haute
police pour cinq ans au moins et dix
ans au plus. 271.

SECTION VI.

*Délits commis par la voie d'Écrits, Ima-
ges ou Gravures, distribués sans nom
d'Auteur, Imprimeur ou Graveur.*

283. Toute publication ou distribution d'ouvrages, écrits, avis, bulletins, affiches, journaux, feuilles périodiques ou autres imprimés, dans
lesquels ne se trouvera pas l'indication vraie des noms, profession et demeure de l'auteur ou de l'imprimeur,
sera, pour ce seul fait, punie d'un
emprisonnement de six jours à six
mois, contre toute personne qui aura
sciemment contribué à la publication
ou distribution. 40, 41, 286, 289, 463.

284. Cette disposition sera réduite

à des peines de simple police, — 1º A l'égard des crieurs, afficheurs, vendeurs ou distributeurs qui auront fait connaître la personne de laquelle ils tiennent l'écrit imprimé; — 2º A l'égard de quiconque aura fait connaître l'imprimeur; — 3º A l'égard même de l'imprimeur qui aura fait connaître l'auteur. 288, 290, 475, 477.

285. Si l'écrit imprimé contient quelques provocations à des crimes ou délits, les crieurs, afficheurs, vendeurs et distributeurs seront punis comme complices des provocateurs, à moins qu'ils n'aient fait connaître ceux dont ils tiennent l'écrit contenant la provocation. — En cas de révélation, ils n'encourront qu'un emprisonnement de six jours à trois mois: et la peine de complicité ne restera applicable qu'à ceux qui n'auront point fait connaître les personnes dont ils auront reçu l'écrit imprimé, et à l'imprimeur, s'il est connu.

286. Dans tous les cas ci-dessus, il y aura confiscation des exemplaires saisis. 40, 60, 102, 217, 295, 515.

287. Toute exposition ou distribution de chansons, pamphlets, figures ou images contraires aux bonnes mœurs, sera punie d'une amende de seize francs à cinq cents francs, d'un emprisonnement d'un mois à un an, et de la confiscation des planches et des exemplaires imprimés ou gravés de chansons, figures ou autres objets du délit. 11, 40, 41, 52 à 55, 465.

288. La peine d'emprisonnement et l'amende prononcées par l'article précédent seront réduites à des peines de simple police. — 1º A l'égard des crieurs, vendeurs ou distributeurs qui auront fait connaître la personne qui leur a remis l'objet du délit; — 2º A l'égard de quiconque aura fait connaître l'imprimeur ou le graveur; — 3º A l'égard même de l'imprimeur ou du graveur qui auront fait connaître l'auteur ou la personne qui les aura chargés de l'impression ou de la gravure. 284, 475, 477.

289. Dans tous les cas exprimés en la présente section, et où l'auteur sera connu, il subira le *maximum* de la peine attachée à l'espèce du délit.

290. Tout individu qui, sans y avoir été autorisé par la police, fera le métier de crieur ou afficheur d'écrits imprimés, dessins ou gravures, même munis des noms d'auteur, imprimeur, dessinateur ou graveur, sera puni d'un emprisonnement de six jours à deux mois. 40, 41, 284, 288, 465. [*Abrogé par la loi du 10 décembre 1830, sur les afficheurs et les crieurs publics.*]

SECTION VII.

Des Associations ou Réunions illicites.

291. Nulle association de plus de vingt personnes, dont le but sera de se réunir tous les jours ou à certains jours marqués pour s'occuper d'objets religieux, littéraires, politiques ou autres, ne pourra se former qu'avec l'agrément du gouvernement, et sous les conditions qu'il plaira à l'autorité publique d'imposer à la société. — Dans le nombre de personnes indiqué par le présent article ne sont pas comprises celles domiciliées dans la maison où l'association se réunit.

292. Toute association de la nature ci-dessus exprimée qui se sera formée sans autorisation, ou qui, après l'avoir obtenue, aura enfreint les conditions à elle imposées, sera dissoute. — Les chefs, directeurs ou administrateurs de l'association seront en outre punis d'une amende de seize francs à deux cents francs. 52 à 55.

293. Si, par discours, exhortations, invocations ou prières, en quelque langue que ce soit, ou par lecture, affiche, publication ou distribution d'écrits quelconques, il a été fait, dans ces assemblées, quelque provocation à des crimes ou à des délits, la peine sera de cent francs à trois cents francs d'amende, et de trois mois à deux ans d'emprisonnement, contre les chefs, directeurs et administrateurs de ces associations; sans préjudice des peines plus fortes qui seraient portées par la loi contre les individus personnellement coupables de la provocation, lesquels, en aucun cas, ne pourront être punis d'une peine moindre que celle infligée aux chefs, directeurs et administrateurs

de l'association. 40, 41, 50, 53 à 55, 60, 101, 191, 313, 463.

294. Tout individu qui, sans la permission de l'autorité municipale, aura accordé ou consenti l'usage de sa maison ou de son appartement, en tout ou en partie, pour la réunion des membres d'une association même autorisée, ou pour l'exercice d'un culte, sera puni d'une amende de seize francs à deux cents francs. 52 à 55, 411, 463.

TITRE II.
CRIMES ET DÉLITS CONTRE LES PARTICULIERS.

CHAPITRE PREMIER.
Crimes et Délits contre les Personnes.

(Loi décrétée le 17 février 1810. Promulguée le 27 du même mois.)

SECTION I.
Meurtres et autres Crimes capitaux, Menaces d'attentats contre les personnes.

§ 1er. *Meurtre, Assassinat, Parricide, Infanticide, Empoisonnement.*

295. L'homicide commis volontairement est qualifié meurtre. 64, 66, 67, 319, 321, 322, 324, 326, à 329, 437.

296. Tout meurtre commis avec préméditation ou de guet-apens est qualifié assassinat. 297, 298, 302 à 304, 64, 66, 67, 68, 521, 527 à 329.

297. La préméditation consiste dans le dessein formé, avant l'action, d'attenter à la personne d'un individu déterminé, ou même de celui qui sera trouvé ou rencontré, quand même ce dessein serait dépendant de quelque circonstance ou de quelque condition.

298. Le guet-apens consiste à attendre plus ou moins de temps, dans un ou divers lieux, un individu, soit pour lui donner la mort, soit pour exercer sur lui des actes de violence.

299. Est qualifié parricide le meurtre des pères ou mères légitimes, naturels ou adoptifs, ou de tout autre ascendant légitime. 13, 86, 302, 312, 319, 323.

300. Est qualifié infanticide le meurtre d'un enfant nouveau-né. 64, 302, 319.

301. Est qualifié empoisonnement tout attentat à la vie d'une personne, par l'effet de substances qui peuvent donner la mort plus ou moins promptement, de quelque manière q e ces substances aient été employées ou administrées, et quelles qu'en aient été les suites. 64, 66, 302, 317, 452.

302. Tout coupable d'assassinat, de parricide, d'infanticide ou d'empoisonnement, sera puni de mort, sans préjudice de la disposition particulière contenue en l'article 13, relativement au parricide. 12, 64, 66 à 68, 319.

303. Seront punis comme coupables d'assassinat, tous malfaiteurs, quelle que soit leur dénomination, qui, pour l'exécution de leurs crimes, emploient des tortures ou commettent des actes de barbarie. 12, 64, 66, 319, 344.

304. Le meurtre emportera la peine de mort, lorsqu'il aura précédé, accompagné ou suivi un autre crime. 559. — Le meurtre emportera également la peine de mort, lorsqu'il aura eu pour objet, soit de préparer, faciliter ou exécuter un délit, soit de favoriser la fuite ou d'assurer l'impunité des auteurs ou complices de ce délit. — En tout autre cas, le coupable de meurtre sera puni des travaux forcés à perpétuité. 12, 15, 18 à 20, 22, 64, 66 à 68, 70 à 72, 319, 321, 322, 324, 326 à 329, 437.

§ II. *Menaces.*

305. Quiconque aura menacé, par écrit anonyme ou signé, d'assassinat, d'empoisonnement, ou de tout autre attentat contre les personnes, qui serait punissable de la peine de mort, des travaux forcés à perpétuité, ou de la déportation, sera puni de la peine des travaux forcés à temps, dans le cas où la menace aurait été faite avec ordre de déposer une somme d'argent dans un lieu indiqué, ou de remplir toute autre condition. 15, 16, 19, 22, 70, 313, 344, 456.

306. Si cette menace n'a été ac-

compagnée, d'aucun ordre ou condition, la peine sera d'un emprisonnement de deux ans au moins, et de cinq ans au plus, et d'une amende de cent francs à six cents francs. 40, 41, 52 à 55, 308, 313, 436, 465.

307. Si la menace faite avec ordre ou sous conditions a été verbale, le coupable sera puni d'un emprisonnement de six mois à deux ans, et d'une amende de vingt-cinq francs à trois cents francs. 40, 52, 308, 313, 436, 465.

308. Dans les cas prévus par les deux précédens articles, le coupable pourra de plus être mis, par l'arrêt ou le jugement, sous la surveillance de la haute police pour cinq ans au moins, et dix au plus. 11, 44.

SECTION II.

Blessures et Coups volontaires non qualifiés Meurtre et autres Crimes et Délits volontaires.

309. Sera puni de la réclusion tout individu qui, volontairement, aura fait des blessures ou porté des coups, s'il est résulté de ces sortes de violences une maladie ou incapacité de travail personnel pendant plus de vingt jours. — Si les coups portés ou les blessures faites volontairement, mais sans intention de donner la mort, l'ont pourtant occasionée, le coupable sera puni de la peine des travaux forcés à temps.

310. Lorsqu'il y aura eu préméditation ou guet-apens, la peine sera, si la mort s'en est suivie, celle des travaux forcés à perpétuité, et si la mort ne s'en est pas suivie, celle des travaux forcés à temps.

311. Lorsque les blessures ou les coups n'auront occasioné aucune maladie ni incapacité de travail personnel de l'espèce mentionnée en l'article 309, le coupable sera puni d'un emprisonnement de six jours à deux ans, et d'une amende de seize francs à deux cents francs, ou de l'une de ces deux peines seulement. 40, 41, 52 à 55, 186, 212, 263, 312, 315, 520, 521, 527 à 529, 463. — S'il y a eu préméditation ou guet-apens, l'emprisonnement sera de deux ans à cinq ans.

et l'amende de cinquante francs à cinq cents francs. 297, 298.

312. Dans les cas prévus par les articles 309, 310 et 311, si le coupable a commis le crime envers ses père ou mère légitimes, naturels ou adoptifs, ou autres ascendans légitimes, il sera puni ainsi qu'il suit. 310, 327. — Si l'article auquel le cas se référera prononce l'emprisonnement et l'amende, le coupable subira la peine de la réclusion. 21 et s. — Si l'article prononce la peine de la réclusion, il subira celle des travaux forcés à temps. 15, 19, 22, 70. — Si l'article prononce la peine des travaux forcés à temps, il subira celle des travaux forcés à perpétuité. 15, 18, 22, 70, 320, 328, 329.

313. Les crimes et les délits prévus dans la présente section et dans la section précédente, s'ils sont commis en réunion séditieuse, avec rébellion ou pillage, sont imputables aux chefs, auteurs, instigateurs et provocateurs de ces réunions, rébellions ou pillages, qui seront punis comme coupables de ces crimes ou de ces délits, et condamnés aux mêmes peines que ceux qui les auront personnellement commis. 96, 97, 205, 206, 209, 217, 221, 226, 293, 295, 315, 401, 440, 442.

314. Tout individu qui aura fabriqué ou débité des stilets, tromblons ou quelque espèce que ce soit d'armes prohibées par la loi ou par des réglemens d'administration publique, sera puni d'un emprisonnement de six jours à six mois. — Celui qui sera porteur desdites armes sera puni d'une amende de seize francs à deux cents francs. — Dans l'un et l'autre cas, les armes seront confisquées. — Le tout sans préjudice de plus forte peine, s'il y échet, en cas de complicité de crime. 40, 41, 52 à 55, 96, 101, 243, 265, 315, 381, 385, 463, 471, 479.

315. Outre les peines correctionnelles mentionnées dans les articles précédens, les tribunaux pourront prononcer le renvoi sous la surveillance de la haute police depuis deux ans jusqu'à dix ans. 11, 44, 318, 312, 314.

316. Toute personne coupable du

crime de castration subira la peine des travaux forcés à perpétuité. — Si la mort en est résultée avant l'expiration des quarante jours qui auront suivi le crime, le coupable subira la peine de mort. 12, 15, 16. 18, 20, 22, 325, 326.

317. Quiconque, par alimens, breuvages, médicamens, violences, ou par tout autre moyen, aura procuré l'avortement d'une femme enceinte, soit qu'elle y ait consenti ou non, sera puni de la réclusion. 301 518. — La même peine sera prononcée contre la femme qui se sera procuré l'avortement à elle-même, ou qui aura consenti à faire usage des moyens à elle indiqués ou administrés à cet effet, si l'avortement s'en est suivi. 21 et s. — Les médecins, chirurgiens et autres officiers de santé, ainsi que les pharmaciens qui auront indiqué ou administré ces moyens, seront condamnés à la peine des travaux forcés à temps, dans le cas où l'avortement aurait eu lieu. 15, 19, 21, 22, 70. — Celui qui aura occasioné à autrui une maladie ou incapacité de travail personnel, en lui administrant volontairement, de quelque manière que ce soit, des substances qui, sans être de nature à donner la mort, sont nuisibles à la santé, sera puni d'un emprisonnement d'un mois à cinq ans, et d'une amende de seize francs à cinq cents francs; il pourra de plus être renvoyé sous la surveillance de la haute police pendant deux ans au moins et dix ans au plus. — Si la maladie ou incapacité de travail personnel a duré plus de vingt jours, la peine sera celle de la réclusion. — Si le coupable a commis, soit le délit, soit le crime, spécifiés aux deux paragraphes ci-dessus, envers un de ses ascendans, tels qu'ils sont désignés en l'article 312, il sera puni, au premier cas, de la réclusion, et au second cas, des travaux forcés à temps.

318. Quiconque aura vendu ou débité des boissons falsifiées, contenant des mixtions nuisibles à la santé, sera puni d'un emprisonnement de six jours à deux ans, et d'une amende de seize francs à cinq cents francs. — Seront saisies et confisquées les bois-

sons falsifiées, trouvées appartenir au vendeur ou débitant. 40, 41, 52 à 55, 463, 475, 476.

SECTION III.

Homicide, Blessures et Coups involontaires, Crimes et Délits excusables, et Cas où ils ne peuvent être excusés; Homicide, Blessures et Coups qui ne sont ni crimes ni délits.

§ Ier. *Homicide, Blessures et Coups involontaires.*

319. Quiconque, par maladresse, imprudence, inattention, négligence ou inobservation des règlemens, aura commis involontairement un homicide, ou en aura involontairement été la cause, sera puni d'un emprisonnement de trois mois à deux ans, et d'une amende de cinquante francs à six cents francs. 40, 41, 52 à 55, 295, 299 à 301, 304.

320. S'il n'est résulté du défaut d'adresse ou de précaution que des blessures ou coups, l'emprisonnement sera de six jours à deux mois, et l'amende sera de seize francs. 40, 41, 52 à 55, 309, 311, 312, 317.

§ II. *Crimes et Délits excusables,. et Cas où ils ne peuvent être excusés.*

321. Le meurtre ainsi que les blessures et les coups sont excusables, s'ils ont été provoqués par des coups ou violences graves envers les personnes. 295, 304, 309, 311, 326, P.; 559, I. e.

322. Les crimes et délits mentionnés au précédent article sont également excusables, s'ils ont été commis en repoussant pendant le jour l'escalade ou l'effraction des clôtures, murs ou entrée d'une maison ou d'un appartement habité ou de leurs dépendances. 295, 304, 309, 311, 326, P.; 559, I. e. — Si le fait est arrivé pendant la nuit, ce cas est réglé par l'article 329. — 295, 304, 309, 311, 316, 326, 395, 397.

323. Le parricide n'est jamais excusable. 15, 86, 299, 312.

324. Le meurtre commis par l'époux sur l'épouse, ou par celle-ci sur son époux, n'est pas excusable, si la vie de l'époux ou de l'épouse qui a

commis le meurtre n'a pas été mise en péril dans le moment même où le meurtre a eu lieu. — Néanmoins, dans le cas d'adultère, prévu par l'article 336, le meurtre commis par l'époux sur son épouse, ainsi que sur le complice, à l'instant où il les surprend en flagrant délit dans la maison conjugale, est excusable.

325. Le crime de castration, s'il a été immédiatement provoqué par un outrage violent à la pudeur, sera considéré comme meurtre ou blessures excusables. 316, 326.

326. Lorsque le fait d'excuse sera prouvé, — S'il s'agit d'un crime emportant la peine de mort, ou celle des travaux forcés à perpétuité, ou celle de la déportation, la peine sera réduite à un emprisonnement d'un an à cinq ans; — S'il s'agit de tout autre crime, elle sera réduite à un emprisonnement de six mois à deux ans; — Dans ces deux premiers cas, les coupables pourront de plus être mis par l'arrêt ou le jugement sous la surveillance de la haute police pendant cinq ans au moins, et dix ans au plus. — S'il s'agit d'un délit, la peine sera réduite à un emprisonnement de six jours à six mois. 11, 40, 44, 463.

§ III. *Homicide, Blessures et Coups non qualifiés crimes ni délits.*

327. Il n'y a ni crime ni délit, lorsque l'homicide, les blessures et les coups étaient ordonnés par la loi et commandés par l'autorité légitime. 295, 304, 309, 311, P.: 1332. C.

328. Il n'y a ni crime ni délit, lorsque l'homicide, les blessures et les coups étaient commandés par la nécessité actuelle de la légitime défense de soi-même ou d'autrui. 295, 304, 359, 311.

329. Sont compris dans les cas de nécessité actuelle de défense, les deux cas suivans : — 1° Si l'homicide a été commis, si les blessures ont été faites, ou si les coups ont été portés en repoussant pendant la nuit l'escalade ou l'effraction des clôtures, murs ou entrée d'une maison ou d'un appartement habité ou de leurs dépendances; — 2° Si le fait a eu lieu en se défen-

dant contre les auteurs de vols ou de pillages exécutés avec violence. 295, 309, 311, 322, 381, 395, 397.

Attentats aux Mœurs.

330. Toute personne qui aura commis un outrage public à la pudeur sera punie d'un emprisonnement de trois mois à un an, et d'une amende de seize francs à deux cents francs. 40, 41, 52 à 55, 463.

331. Tout attentat à la pudeur, consommé ou tenté sans violence sur la personne d'un enfant de l'un ou de l'autre sexe âgé de moins de onze ans, sera puni de la réclusion.

332. Quiconque aura commis le crime de viol sera puni des travaux forcés à temps. — Si le crime a été commis sur la personne d'un enfant au-dessous de l'âge de quinze ans accomplis, le coupable subira le *maximum* de la peine des travaux forcés à temps. — Quiconque aura commis un attentat à la pudeur, consommé ou tenté avec violence contre des individus de l'un ou de l'autre sexe, sera puni de la réclusion.—Si le crime a été commis sur la personne d'un enfant au-dessous de l'âge de quinze ans accomplis, le coupable subira la peine des travaux forcés à temps.

333. Si les coupables sont les ascendans de la personne sur laquelle a été commis l'attentat, s'ils sont de la classe de ceux qui ont autorité sur elle, s'ils sont ses instituteurs ou ses serviteurs à gages, ou serviteurs à gages des personnes ci-dessus désignées, s'ils sont fonctionnaires ou ministres d'un culte, ou si le coupable, quel qu'il soit, a été aidé dans son crime par une ou plusieurs personnes, la peine sera celle des travaux forcés à temps, dans le cas prévu par l'article 331, et des travaux forcés à perpétuité, dans les cas prévus par l'article précédent.

334. Quiconque aura attenté aux mœurs, en excitant, favorisant ou facilitant habituellement la débauche ou la corruption de la jeunesse de l'un ou de l'autre sexe au-dessous de l'âge de vingt-un ans, sera puni d'un emprisonnement de six mois à deux

ans, et d'une amende de cinquante francs à cinq cents francs. — Si la prostitution ou la corruption a été excitée, favorisée ou facilitée par leurs pères, mères, tuteurs ou autres personnes chargées de leur surveillance, la peine sera de deux ans à cinq ans d'emprisonnement, et trois cents francs d'amende. 40, 41, 52 à 55, 385, 463.

335. Les coupables du délit mentionné au précédent article seront interdits de toute tutelle et curatelle, et de toute participation aux conseils de famille : savoir, les individus auxquels s'applique le premier paragraphe de cet article, pendant deux ans au moins, et cinq ans au plus, et ceux dont il est parlé au second paragraphe, pendant dix ans au moins, et vingt ans au plus. — Si le délit a été commis par le père ou la mère, le coupable sera de plus privé des droits et avantages à lui accordés sur la personne et biens de l'enfant par le Code civil, livre 1er, titre IX, de la Puissance paternelle. — Dans tous les cas, les coupables pourront de plus être mis, par l'arrêt ou le jugement, sous la surveillance de la haute police, en observant, pour la durée de la surveillance, ce qui vient d'être établi pour la durée de l'interdiction mentionnée au présent article. 11, 42, 44, P.; 371, C.

336. L'adultère de la femme ne pourra être dénoncé que par le mari : cette faculté même cessera, s'il est dans le cas prévu par l'article 339. — 524, P.; 272, C

337. La femme convaincue d'adultère subira la peine de l'emprisonnement pendant trois mois au moins, et deux ans au plus. — Le mari restera le maître d'arrêter l'effet de cette condamnation, en consentant à reprendre sa femme. 229, 298, 308, 313, C.; 40, 41, 465, P.

338. Le complice de la femme adultère sera puni de l'emprisonnement pendant le même espace de temps, et, en outre, d'une amende de cent francs à deux mille francs. 40, 52, 59, P.; 637, I. c. — Les seules preuves qui pourront être admises contre le prévenu de complicité se

ront, outre le flagrant délit, celles résultant de lettres ou autres pièces écrites par le prévenu. 41, 71, 87, I. c.

339. Le mari qui aura entretenu une concubine dans la maison conjugale, et qui aura été convaincu sur la plainte de la femme, sera puni d'une amende de cent francs à deux mille francs. 52 à 55, 556.

340. Quiconque étant engagé dans les liens du mariage en aura contracté un autre avant la dissolution du précédent, sera puni de la peine des travaux forcés à temps. — L'officier public qui aura prêté son ministère à ce mariage, connaissant l'existence du précédent, sera condamné à la même peine. 15, 16, 19, 22, 70, 194, P.; 147, C.

SECTION V.

Arrestations illégales et Séquestrations de personnes.

341. Seront punis de la peine des travaux forcés à temps ceux qui, sans ordre des autorités constituées et hors les cas où la loi ordonne de saisir des prévenus, auront arrêté, détenu ou séquestré des personnes quelconques. — Quiconque aura prêté un lieu pour exécuter la détention ou séquestration subira la même peine. 15, 19, 22, 70, 114, 119, P.; 615, I. c.

342. Si la détention ou séquestration a duré plus d'un mois, la peine sera celle des travaux forcés à perpétuité. 15, 16, 19, 70.

343. La peine sera réduite à l'emprisonnement de deux ans à cinq ans, si les coupables des délits mentionnés en l'article 341, non encore poursuivis de fait, ont rendu la liberté à la personne arrêtée, séquestrée ou détenue, avant le dixième jour accompli depuis celui de l'arrestation, détention ou séquestration. Ils pourront néanmoins être renvoyés sous la surveillance de la haute police, depuis cinq ans jusqu'à dix ans. 11, 40, 41, 44, 465.

344. Dans chacun des deux cas suivans, — 1° Si l'arrestation a été exécutée avec le faux costume, sous un faux nom, ou sur un faux ordre de l'autorité publique : — 2° Si l'individu arrêté, détenu ou séquestré a été me-

nacé de la mort, — Les coupables seront punis des travaux forcés à perpétuité. — Mais la peine sera celle de la
mort, si les personnes arrêtées, déte-
nues ou séquestrées, ont été soumises
à des tortures corporelles.

SECTION VI.

*Crimes et Délits tendant à empêcher ou
détruire la preuve de l'état civil d'un
enfant, ou à compromettre son existence ; Enlèvement de Mineurs ; Infraction aux lois sur les Inhumations.*

§ 1er. *Crimes et Délits envers l'Enfant.*

345. Les coupables d'enlèvement,
de recélé ou de suppression d'un enfant, de substitution d'un enfant à
un autre, ou de supposition d'un enfant à une femme qui ne sera pas
accouchée, seront punis de la réclusion. — La même peine aura lieu
contre ceux qui, étant chargés d'un
enfant, ne le représenteront point aux
personnes qui ont le droit de le réclamer. 21, 354, P. ; 328, 329, C.

346. Toute personne qui, ayant
assisté à un accouchement, n'aura
pas fait la déclaration à elle prescrite
par l'article 56 du Code civil, et dans
le délai fixé par l'article 55 du même
Code, sera punie d'un emprisonnement de six jours à six mois, et d'une
amende de seize francs à trois cents
francs. 40, 41, 52 à 55, 465.

347. Toute personne qui, ayant
trouvé un enfant nouveau-né, ne
l'aura pas remis à l'officier de l'état
civil, ainsi qu'il est prescrit par l'article 58 du Code civil, sera punie des
peines portées au précédent article.
— La présente disposition n'est point
applicable à celui qui aurait consenti
à se charger de l'enfant, et qui aurait
fait sa déclaration à cet égard devant la municipalité du lieu où l'enfant a été trouvé.

348. Ceux qui auront porté à un
hospice un enfant au-dessous de l'âge
de sept ans accomplis, qui leur aurait été confié afin qu'ils en prissent
soin ou pour toute autre cause, seront
punis d'un emprisonnement de six
semaines à six mois, et d'une amende
de seize francs à cinquante francs. —

Toutefois aucune peine ne sera prononcée, s'ils n'étaient pas tenus ou
ne s'étaient pas obligés de pourvoir
gratuitement à la nourriture et à l'entretien de l'enfant, et si personne n'y
avait pourvu. 40, 41, 52 à 55, 465.

349. Ceux qui auront exposé et délaissé en un lieu solitaire un enfant
au-dessous de l'âge de sept ans accomplis ; ceux qui auront donné l'ordre
de l'exposer ainsi, si cet ordre a été
exécuté, seront, pour ce seul fait,
condamnés à un emprisonnement de
six mois à deux ans et à une amende
de seize francs à deux cents francs.
40, 52, 351, 465.

350. La peine portée au précédent article sera de deux ans à cinq
ans, et l'amende de cinquante francs
à quatre cents francs, contre les tuteurs ou tutrices, instituteurs ou institutrices de l'enfant exposé et délaissé
par eux ou par leur ordre. 40, 52,
351, 465.

351. Si, par suite de l'exposition et
du délaissement prévus par les articles
349 et 350, l'enfant est demeuré mutilé ou estropié, l'action sera considérée comme blessures volontaires à
lui faites par la personne qui l'a exposé et délaissé ; et si la mort s'en est
ensuivie, l'action sera considérée comme meurtre : au premier cas, les
coupables subiront la peine applicable aux blessures volontaires ; et, au
second cas, celle du meurtre. 295,
304, 309 et s.

352. Ceux qui auront exposé et
délaissé en un lieu non solitaire un
enfant au-dessous de l'âge de sept ans
accomplis, seront punis d'un emprisonnement de trois mois à un an, et
d'une amende de seize francs à cent
francs. 40, 41, 52 à 55, 349, 465.

353. Le délit prévu par le précédent article sera puni d'un emprisonnement de six mois à deux ans, et
d'une amende de vingt-cinq francs à
deux cents francs, s'il a été commis
par les tuteurs ou tutrices, instituteurs
ou institutrices de l'enfant. 40, 41,
52 à 55, 349, 465.

§ II. *Enlèvement de Mineurs.*

354. Quiconque aura, par fraude
ou violence, enlevé ou fait enlever

des mineurs, ou les aura entraînés, détournés ou déplacés, ou les aura fait entraîner, détourner ou déplacer des lieux où ils étaient mis par ceux à l'autorité ou à la direction desquels ils étaient soumis ou confiés, subira la peine de la réclusion. 21, 345.

355. Si la personne ainsi enlevée ou détournée est une fille au-dessous de seize ans accomplis, la peine sera celle des travaux forcés à temps. 15, 18, 19, 22, 70.

356. Quand la fille au-dessous de seize ans aurait consenti à son enlèvement ou suivi volontairement le ravisseur, si celui-ci était majeur de vingt-un ans ou au-dessus, il sera condamné aux travaux forcés à temps. 15, 19, 22, 70, 354, P.; 540, C. — Si le ravisseur n'avait pas encore vingt-un ans, il sera puni d'un emprisonnement de deux à cinq ans. 15, 19, 40, 465.

357. Dans le cas où le ravisseur aurait épousé la fille qu'il a enlevée, il ne pourra être poursuivi que sur la plainte des personnes qui, d'après le Code civil, ont le droit de demander la nullité du mariage, ni condamné qu'après que la nullité du mariage aura été prononcée. 180, C.

§ III. *Infraction aux lois sur les Inhumations.*

358. Ceux qui, sans l'autorisation préalable de l'officier public, dans le cas où elle est prescrite, auront fait inhumer un individu décédé, seront punis de six jours à deux mois d'emprisonnement, et d'une amende de seize francs à cinquante francs, sans préjudice de la poursuite des crimes dont les auteurs de ce délit pourraient être prévenus dans cette circonstance — La même peine aura lieu contre ceux qui auront contrevenu, de quelque manière que ce soit, à la loi et aux règlemens relatifs aux inhumations précipitées. 77, C.; 40, 52, 563, P.

359. Quiconque aura recélé ou caché le cadavre d'une personne homicidée ou morte des suites de coups ou blessures, sera puni d'un emprisonnement de six mois à deux ans, et d'une amende de cinquante francs à quatre

cents francs, sans préjudice de peines plus graves, s'il a participé au crime. 40, 41, 52 à 55, 295, 297, 309, 465.

360. Sera puni d'un emprisonnement de trois mois à un an, et de seize francs à deux cents francs d'amende, quiconque se sera rendu coupable de violation de tombeaux ou de sépultures; sans préjudice des peines contre les crimes ou les délits qui seraient joints à celui-ci. 40, 41, 52 à 55, 463.

§ Ier. *Faux témoignage.*

361. Quiconque sera coupable de faux témoignage en matière criminelle, soit contre l'accusé, soit en sa faveur, sera puni de la peine des travaux forcés à temps. — Si néanmoins l'accusé a été condamné à une peine plus forte que celle des travaux forcés à temps, le faux témoin qui a déposé contre lui subira la même peine. 15, 16, 19, 22, 70, P.; 299, I. c.

362. Quiconque sera coupable de faux témoignage en matière correctionnelle, soit contre le prévenu, soit en sa faveur, sera puni de la réclusion. 21, 364. — Quiconque sera coupable de faux témoignage en matière de police, soit contre le prévenu, soit en sa faveur, sera puni de la dégradation civique et de la peine de l'emprisonnement pour un an au moins et cinq ans au plus.

363. Le coupable de faux témoignage en matière civile sera puni de la peine de la réclusion. 21, 364.

364. Le faux témoin en matière correctionnelle ou civile, qui aura reçu de l'argent, une récompense quelconque ou des promesses, sera puni des travaux forcés à temps. — Le faux témoin en matière de police, qui aura reçu de l'argent, une récompense quelconque ou des promesses, sera puni de la réclusion. — Dans tous les cas, ce que le faux témoin aura reçu sera confisqué. 15, 16, 19, 22, 70.

365. Le coupable de subornation de témoins sera passible des mêmes peines que le faux témoin, selon les distinctions contenues dans les articles 361, 362, 363 et 364.

366. Celui à qui le serment aura été déféré ou référé en matière civile, et qui aura fait un faux serment, sera puni de la dégradation civique. 1365, C. ; 34, P. ; 120, P. c.

§ II. *Calomnie, Injures, Révélation de secrets.*

(*La loi du 17 mai 1819. modifiée par celle du 25 mars 1822, a abrogé les articles 367, 368, 369, 570, 571, 572, 574, 575 et 577 du présent paragraphe.*)

367. Sera coupable du délit de calomnie celui qui, soit dans des lieux ou réunions publiques, soit dans un acte authentique et public, soit dans un écrit imprimé ou non qui aura été affiché, vendu ou distribué, aura imputé à un individu quelconque des faits qui, s'ils existaient, exposeraient celui contre lequel ils sont articulés à des poursuites criminelles ou correctionnelles, ou même l'exposeraient seulement au mépris ou à la haine des citoyens. — La présente disposition n'est point applicable aux faits dont la loi autorise la publicité, ni à ceux que l'auteur de l'imputation était, par la nature de ses fonctions ou de ses devoirs, obligé de révéler ou de réprimer. 373. P. ; 29, 30, 375, I. c.

368. Est réputée fausse, toute imputation à l'appui de laquelle la preuve légale n'est point rapportée. En conséquence, l'auteur de l'imputation ne sera pas admis, pour sa défense, à demander que la preuve en soit faite : il ne pourra pas non plus alléguer comme moyen d'excuse que les pièces ou les faits sont notoires, ou que les imputations qui donnent lieu à la poursuite sont copiées ou extraites de papiers étrangers, ou d'autres écrits imprimés 370, 572, 471.

369. Les calomnies mises au jour par la voie de papiers étrangers pourront être poursuivies contre ceux qui auront envoyé les articles ou donné l'ordre de les insérer, ou contribué à l'introduction ou à la distribution de ces papiers en France. 371.

370. Lorsque le fait imputé sera légalement prouvé vrai, l'auteur de l'imputation sera à l'abri de toute peine. — Ne sera considérée comme preuve légale que celle qui résultera d'un jugement, ou de tout autre acte authentique.

371. Lorsque la preuve légale ne sera pas rapportée, le calomniateur sera puni des peines suivantes : — Si le fait imputé est de nature à mériter la peine de mort, les travaux forcés à perpétuité ou la déportation, le coupable sera puni d'un emprisonnement de deux à cinq ans, et d'une amende de deux cents francs à cinq mille francs. — Dans tous les autres cas, l'emprisonnement sera d'un mois à six mois, et l'amende de cinquante francs à deux mille francs. 40, 41, 52 à 55, 574, 465.

372. Lorsque les faits imputés seront punissables suivant la loi, et que l'auteur de l'imputation les aura dénoncés, il sera, durant l'instruction sur ces faits, sursis à la poursuite et au jugement du délit de calomnie. 565 et s.

373. Quiconque aura fait par écrit une dénonciation calomnieuse contre un ou plusieurs individus, aux officiers de justice ou de police administrative ou judiciaire, sera puni d'un emprisonnement d'un mois à un an, et d'une amende de cent francs à trois mille francs. 40, 41, 42, 52 à 55, 367, 571, 574, 465, P. ; 727, C. ; 358, I. c.

374. Dans tous les cas, le calomniateur sera, à compter du jour où il aura subi sa peine, interdit, pendant cinq ans au moins et dix ans au plus, des droits mentionnés en l'article 42 du présent Code.

375. Quant aux injures ou aux expressions outrageantes qui ne renfermeraient l'imputation d'aucun fait précis, mais celle d'un vice déterminé, si elles ont été proférées dans des lieux ou réunions publiques, ou insérées dans des écrits imprimés ou non, qui auraient été répandus et distribués, la peine sera une amende de seize francs à cinq cents francs. 52 à 55, 465.

376. Toutes autres injures ou expressions outrageantes qui n'auront pas eu ce double caractère de gra-

vité et de publicité, ne donneront lieu qu'à des peines de simple police. 471.

377. A l'égard des imputations et des injures qui seraient contenues dans les écrits relatifs à la défense des parties, ou dans les plaidoyers, les juges saisis de la contestation pourront, en jugeant la cause, ou prononcer la suppression des injures ou des écrits injurieux, ou faire des injonctions aux auteurs du délit, ou les suspendre de leurs fonctions, et statuer sur les dommages-intérêts. 90, 1036, P. c. : 504, 1. c. — La durée de cette suspension ne pourra excéder six mois : en cas de récidive, elle sera d'un an au moins et de cinq ans au plus. — Si les injures ou écrits injurieux portent le caractère de calomnie grave, et que les juges saisis de la contestation ne puissent connaître du délit, ils ne pourront prononcer contre les prévenus qu'une suspension provisoire de leurs fonctions, et les renverront, pour le jugement du délit, devant les juges compétens.

378. Les médecins, chirurgiens et autres officiers de santé, ainsi que les pharmaciens, les sages-femmes, et toutes autres personnes dépositaires, par état ou profession, des secrets qu'on leur confie, qui, hors le cas où la loi les oblige à se porter dénonciateurs, auront révélé ces secrets, seront punis d'un emprisonnement d'un mois à six mois, et d'une amende de cent francs à cinq cents francs. 40, 52, 103, 136, 358, 359, 463.

CHAPITRE II.

CRIMES ET DÉLITS CONTRE LES PROPRIÉTÉS

(Loi décrétée le 19 février 1810. Promulguée le 1er mars suivant.)

SECTION I.
Vols.

379. Quiconque a soustrait frauduleusement une chose qui ne lui appartient pas est coupable de vol. 255, 380, 386, P. ; 1293, 1302, 2279. C.

380. Les soustractions commises par des maris au préjudice de leurs femmes, par des femmes au préjudice de leurs maris, par un veuf ou une veuve quant aux choses qui avaient appartenu à l'époux décédé, par des enfans ou autres descendans au préjudice de leurs pères ou mères ou autres ascendans, par des pères et mères ou autres ascendans au préjudice de leurs enfans ou autres descendans, ou par des alliés aux mêmes degrés, ne pourront donner lieu qu'à des réparations civiles. — A l'égard de tous autres individus qui auraient recélé ou appliqué à leur profit tout ou partie des objets volés, ils seront punis comme coupables de vol. 792, 801, 1460, 1477, C. ; 59, 62, 107. P.

381. Seront punis des travaux forcés à perpétuité, les individus coupables de vols commis avec la réunion des cinq circonstances suivantes : — 1° Si le vol a été commis la nuit, 12, 63, 64, 66 : — 2° S'il a été commis par deux ou plusieurs personnes ; — 3° Si les coupables ou l'un d'eux étaient porteurs d'armes apparentes ou cachées, 101 ; — 4° S'ils ont commis le crime soit à l'aide d'effraction extérieure ou d'escalade ou de fausses clefs, dans une maison, appartement, chambre ou logement habités ou servant à l'habitation, ou leurs dépendances, soit en prenant le titre d'un fonctionnaire public ou d'un officier civil ou militaire, ou après s'être revêtus de l'uniforme ou du costume du fonctionnaire ou de l'officier, ou en alléguant un faux ordre de l'autorité civile ou militaire, 259, 344, 384, 390, 593, 397, 598 ; — 5° S'ils ont commis le crime avec violence ou menace de faire usage de leurs armes.

382. Sera puni de la peine des travaux forcés à temps, tout individu coupable de vol commis à l'aide de violence, et, de plus, avec deux des quatre premières circonstances prévues par le précédent article. — Si même la violence à l'aide de laquelle le vol a été commis a laissé des traces de blessures ou de contusions, cette circonstance seule suffira pour que la peine des travaux forcés à perpétuité soit prononcée. 15, 16, 18 à 20, 22, 63, 64, 66 à 68, 70 à 72, 256.

383. Les vols commis sur les chemins publics emporteront la peine des travaux forcés à perpétuité, lorsqu'ils auront été commis avec deux des circonstances prévues dans l'article 381. 5, 18, 20, 22, 63, 64, 66, 70, 256, 301.

384. Sera puni de la peine des travaux forcés à temps, tout individu coupable de vol commis à l'aide d'un des moyens énoncés dans le n° 4 de l'article 381, même quoique l'effraction, l'escalade et l'usage des fausses clefs aient eu lieu dans des édifices, parcs ou enclos non servant à l'habitation et non dépendant des maisons habitées, et lors même que l'effraction n'aurait été qu'intérieure. 15, 19, 22, 70, 254, 591, 595 à 596.

385. Sera également puni de la peine des travaux forcés à temps, tout individu coupable de vol commis, soit avec violence, lorsqu'elle n'aura laissé aucune trace de blessure ou de contusion, et qu'elle ne sera accompagnée d'aucune autre circonstance, soit sans violence, mais avec la réunion des trois circonstances suivantes : — 1° Si le vol a été commis la nuit : — 2° S'il a été commis par deux ou plusieurs personnes : — 3° Si le coupable, ou l'un des coupables, était porteur d'armes apparentes ou cachées. 15, 16, 19, 22, 64, 66 à 68, 70, 71, 591.

386. Sera puni de la peine de la réclusion, tout individu coupable de vol commis dans l'un des cas ci-après : — 1° Si le vol a été commis la nuit, et par deux ou plusieurs personnes, ou s'il a été commis avec une de ces deux circonstances seulement, mais en même temps dans un lieu habité ou servant à l'habitation, ou dans les édifices consacrés aux cultes légalement établis en France ; — 2° Si le coupable, ou l'un des coupables, était porteur d'armes apparentes ou cachées, même quoique le lieu où le vol a été commis ne fût ni habité ni servant à l'habitation, et encore quoique le vol ait été commis le jour et par une seule personne ; 3° Si le voleur est un domestique ou un homme de service à gages, même lorsqu'il aura commis le vol envers des personnes qu'il ne servait pas, mais qui se trouvaient soit dans la maison de son maître, soit dans celle où il l'accompagnait ; ou si c'est un ouvrier, compagnon ou apprenti, dans la maison, l'atelier ou le magasin de son maître ; ou un individu travaillant habituellement dans l'habitation où il aura volé ; — 4° Si le vol a été commis par un aubergiste, un hôtelier, un voiturier, un batelier ou un de leurs préposés, lorsqu'ils auront volé tout ou partie des choses qui leur étaient confiées à ce titre. 21, 64, 66 à 68, 379.

387. Les voituriers, bateliers ou leurs préposés, qui auront altéré des vins ou toute autre espèce de liquides ou de marchandises dont le transport leur avait été confié, et qui auront commis cette altération par le mélange de substances malfaisantes, seront punis de la peine portée au précédent article. 21, 64, 66, P. : 1782, C. : 96, Co. — S'il n'y a pas eu mélange de substances malfaisantes, la peine sera un emprisonnement d'un mois à un an, et une amende de seize francs à cent francs. 40, 52, 462.

388. Quiconque aura volé ou tenté de voler dans les champs, des chevaux ou bêtes de charge, de voiture ou de monture, gros et menus bestiaux, ou des instrumens d'agriculture, sera puni d'un emprisonnement d'un an au moins et de cinq ans au plus, et d'une amende de seize francs à cinq cents francs. — Il en sera de même à l'égard des vols de bois dans les ventes, et de pierres dans les carrières, ainsi qu'à l'égard du vol de poisson en étang, vivier ou réservoir — Quiconque aura volé ou tenté de voler dans les champs, des récoltes ou autres productions utiles de la terre, déjà détachées du sol, ou des meules de grains faisant partie de récoltes, sera puni d'un emprisonnement de quinze jours à deux ans, et d'une amende de seize francs à deux cents francs. — Si le vol a été commis, soit la nuit, soit par plusieurs personnes, soit à l'aide de voitures ou d'animaux de charge, l'emprisonnement sera d'un an à cinq ans, et l'amende de seize francs à cinq cents francs. — Lorsque

le vol ou la tentative de vol de récoltes ou autres productions utiles de la terre, qui, avant d'être soustraites, n'étaient pas encore détachées du sol, aura eu lieu, soit avec des paniers ou des sacs ou autres objets équivalens, soit la nuit, soit à l'aide de voitures ou d'animaux de charge, soit par plusieurs personnes, la peine sera d'un emprisonnement de quinze jours à deux ans, et d'une amende de seize francs à deux cents francs. — Dans tous les cas spécifiés au présent article, les coupables pourront, indépendamment de la peine principale, être interdits de tout ou partie des droits mentionnés en l'article 42, pendant cinq ans au moins et dix ans au plus, à compter du jour où ils auront subi leur peine. Ils pourront aussi être mis, par l'arrêt ou le jugement, sous la surveillance de la haute police pendant le même nombre d'années.

389. Sera puni de la réclusion celui qui, pour commettre un vol, aura enlevé ou déplacé des bornes servant de séparation aux propriétés.

390. Est réputé *maison habitée*, tout bâtiment, logement, loge, cabane, même mobile, qui, sans être actuellement habité, est destiné à l'habitation, et tout ce qui en dépend, comme cours, basses-cours, granges, écuries, édifices qui y sont enfermés, quel qu'en soit l'usage, et quand même ils auraient une clôture particulière dans la clôture ou enceinte générale. 451.

391. Est réputé *parc* ou *enclos*, tout terrain environné de fossés, de pieux, de claies, de planches, de haies vives ou sèches, ou de murs, de quelque espèce de matériaux que ce soit, quelles que soient la hauteur, la profondeur, la vétusté, la dégradation de ces diverses clôtures, quand il n'y aurait pas de porte fermant à clef ou autrement, ou quand la porte serait à claire-voie et ouverte habituellement.

392. Les parcs mobiles destinés à contenir du bétail dans la campagne, de quelque matière qu'ils soient faits, sont aussi réputés enclos : et lorsqu'ils tiennent aux cabanes mobiles ou autres abris destinés aux gardiens, ils

sont réputés dépendans de maison habitée.

393. Est qualifié *effraction*, tout forcement, rupture, dégradation, démolition, enlèvement de murs, toits, planchers, portes, fenêtres, serrures, cadenas, ou autres ustensiles ou instrumens servant à fermer ou à empêcher le passage, et de toute espèce de clôture, quelle qu'elle soit. 581, 584, 594.

394. Les effractions sont extérieures ou intérieures.

395. Les effractions extérieures sont celles à l'aide desquelles on peut s'introduire dans les maisons, cours, basses-cours, enclos ou dépendances, ou dans les appartemens ou logemens particuliers.

396. Les effractions intérieures sont celles qui, après l'introduction dans les lieux mentionnés en l'article précédent, sont faites aux portes ou clôtures du dedans, ainsi qu'aux armoires ou autres meubles fermés. — Est compris dans la classe des effractions intérieures, le simple enlèvement des caisses, boîtes, ballots sous toile et corde, et autres meubles fermés, qui contiennent des effets quelconques, bien que l'effraction n'ait pas été faite sur le lieu.

397. Est qualifiée *escalade*, toute entrée dans les maisons, bâtimens, cours, basses-cours, édifices quelconques, jardins, parcs et enclos, exécutée par-dessus les murs, portes, toitures ou toute autre clôture. — L'entrée par une ouverture souterraine autre que celle qui a été établie pour servir d'entrée, est une circonstance de même gravité que l'escalade. 581, 584.

398. Sont qualifiés *fausses clefs*, tous crochets, rossignols, passe-partout, clefs imitées, contrefaites, altérées, ou qui n'ont pas été destinées par le propriétaire, locataire, aubergiste ou logeur, aux serrures, cadenas, ou aux fermetures quelconques auxquelles le coupable les aura employées.

399. Quiconque aura contrefait ou altéré des clefs sera condamné à un emprisonnement de trois mois à deux ans, et à une amende de vingt-cinq

francs a cent cinquante francs. — Si le coupable est un serrurier de profession, il sera puni de la réclusion. —Le tout sans préjudice de plus fortes peines, s'il y échet, en cas de complicité de crime. 21, 40, 41, 52 à 55, 462.

400. Quiconque aura extorqué par force, violence ou contrainte, la signature ou la remise d'un écrit, d'un acte, d'un titre, d'une pièce quelconque contenant ou opérant obligation, disposition ou décharge, sera puni de la peine des travaux forcés à temps. — Le saisi qui aura détruit, détourné ou tenté de détourner des objets saisis sur lui et confiés à sa garde, sera puni des peines portées en l'article 406. — Il sera puni des peines portées en l'article 401, si la garde des objets saisis, et par lui détruits ou détournés avait été confiée à un tiers. — Celui qui aura recélé sciemment les objets détournés, le conjoint, les ascendans et descendans du saisi qui l'auront aidé dans la destruction ou le détournement de ces objets, seront punis d'une peine égale à celle qu'il aura encourue. 15, 16, 19, 22, 64, 66, 70 à 72, 400, P.; 887, 119, 1111, 2055, C.

401. Les autres vols non spécifiés dans la présente section, les larcins et filouteries, ainsi que les tentatives de ces mêmes délits, seront punis d'un emprisonnement d'un an au moins et de cinq ans au plus, et pourront même l'être d'une amende qui sera de seize francs au moins et de cinq cents francs au plus. — Les coupables pourront encore être interdits des droits mentionnés en l'article 42 du présent Code, pendant cinq ans au moins et dix ans au plus, à compter du jour où ils auront subi leur peine. — Ils pourront aussi être mis, par l'arrêt ou le jugement, sous la surveillance de la haute police pendant le même nombre d'années. 3, 9, 11, 40, 41, 42, 44, 52 à 55, 59 à 65, 185, 240, 254, 379, 462, 465, P.; 1528, C.

Banqueroutes, Escroqueries, et autres espèces de Fraude.

§ Ier. *Banqueroute et Escroquerie.*

402. Ceux qui, dans les cas prévus par le Code de commerce, seront déclarés coupables de banqueroute, seront punis ainsi qu'il suit. 408, P.; 586, 593, 598, 599, Co.—Les banqueroutiers frauduleux seront punis de la peine des travaux forcés à temps. 15, 19, 22, 70: — Les banqueroutiers simples seront punis d'un emprisonnement d'un mois au moins et de deux ans au plus. 15, 16, 19, 40, 41, 65, 70 à 72, 462, P.; 586, 587, 593, Co.

403. Ceux qui, conformément au Code de commerce, seront déclarés complices de banqueroute frauduleuse, seront punis de la même peine que les banqueroutiers frauduleux. 59, 60, 462, P.; 479, 555, 597, Co.

404. Les agens de change et courtiers qui auront fait faillite seront punis de la peine des travaux forcés à temps : s'ils sont convaincus de banqueroute frauduleuse, la peine sera celle des travaux forcés à perpétuité. 15, 16, 18, 19, 64, 70 à 72, P.; 75, 89, Co.

405. Quiconque, soit en faisant usage de faux noms ou de fausses qualités, soit en employant des manœuvres frauduleuses pour persuader l'existence de fausses entreprises, d'un pouvoir ou d'un crédit imaginaire, ou pour faire naître l'espérance ou la crainte d'un succès, d'un accident ou de tout autre événement chimérique, se sera fait remettre ou délivrer des fonds, des meubles ou des obligations, dispositions, billets, promesses, quittances ou décharges, et aura, par un de ces moyens, escroqué ou tenté d'escroquer la totalité ou partie de la fortune d'autrui, sera puni d'un emprisonnement d'un an au moins et de cinq ans au plus, et d'une amende de cinquante francs au moins et de trois mille francs au plus. —Le coupable pourra être, en outre, à compter du jour où il aura subi sa peine, interdit pendant cinq ans au moins et dix ans au plus, des droits

mentionnés en l'article 42 du présent Code : le tout sauf les peines plus graves, s'il y a crime de faux. 3, 40, 41, 42. 52 à 55, 465, P.; 203, 1. c.; 2059, C.

§ II. Abus de confiance.

406. Quiconque aura abusé des besoins, des faiblesses ou des passions d'un mineur, pour lui faire souscrire, à son préjudice, des obligations, quittances ou décharges, pour prêt d'argent ou de choses mobilières, ou d'effets de commerce ; ou de tous autres effets obligatoires, sous quelque forme que cette négociation ait été faite ou déguisée, sera puni d'un emprisonnement de deux mois au moins, de deux ans au plus, et d'une amende qui ne pourra excéder le quart des restitutions et des dommages intérêts qui seront dus aux parties lésées, ni être moindre de vingt cinq francs. — La disposition portée au second paragraphe du précédent article pourra de plus être appliquée. 40 à 42, 51 à 55, 462, 475, P.; 485, C.

407. Quiconque, abusant d'un blanc-seing qui lui aura été confié, aura frauduleusement écrit au-dessus une obligation ou décharge, ou tout autre acte pouvant compromettre la personne ou la fortune du signataire, sera puni des peines portées en l'article 405. — Dans le cas où le blanc-seing ne lui aurait pas été confié, il sera poursuivi comme faussaire et puni comme tel. 60, 145, 405, 482.

408. Quiconque aura détourné ou dissipé, au préjudice des propriétaires, possesseurs ou détenteurs, des effets, deniers, marchandises, billets, quittances ou tous autres écrits contenant ou opérant obligation ou décharge, qui ne lui auraient été remis qu'à titre de louage, de dépôt, de mandat ou pour un travail salarié ou non salarié, à la charge de les rendre ou représenter, ou d'en faire un usage ou un emploi déterminé, sera puni des peines portées dans l'article 406. — Si l'abus de confiance prévu et puni par le précédent paragraphe a été commis par un domestique, homme de service à gages, élève, clerc, commis, ou-

vrier, compagnon ou apprenti, au préjudice de son maître, la peine sera celle de la réclusion. — Le tout sans préjudice de ce qui est dit aux articles 254, 255 et 256, relativement aux soustractions et enlèvemens de deniers, effets ou pièces, commis dans les dépôts publics. 1800, 1915, 1923, 1924, 2079, C.; 40, 42, 52, 169, 254, 462, P.

409. Quiconque, après avoir produit dans une contestation judiciaire quelque titre, pièce ou mémoire, l'aura soustrait de quelque manière que ce soit, sera puni d'une amende de vingt-cinq francs à trois cents francs. — Cette peine sera prononcée par le tribunal saisi de la contestation. 52, 462, P.; 96, P. c.

§ III. Contravention aux Règlemens sur les maisons de jeu, les loteries et les maisons de prêt sur gages.

410. Ceux qui auront tenu une maison de jeux de hasard, et y auront admis le public, soit librement, soit sur la présentation des intéressés ou affiliés, les banquiers de cette maison, tous ceux qui auront établi ou tenu des loteries non autorisées par la loi, tous administrateurs, préposés ou agens de ces établissemens, seront punis d'un emprisonnement de deux mois au moins, et de six mois au plus, et d'une amende de cent francs à six mille francs. — Les coupables pourront être de plus, à compter du jour où ils auront subi leur peine, interdits, pendant cinq ans au moins et dix ans au plus, des droits mentionnés en l'article 42 du présent Code. — Dans tous les cas, seront confisqués tous les fonds ou effets qui seront trouvés exposés au jeu ou mis à la loterie, les meubles, instrumens, ustensiles, appareils employés ou destinés au service des jeux ou des loteries, les meubles et les effets mobiliers dont les lieux seront garnis ou décorés. 1, 40, 42, 52, 421, 462, 475, 477, P.; 1965, C.

411. Ceux qui auront établi ou tenu des maisons de prêt sur gages ou nantissement, sans autorisation légale, ou qui, ayant une autorisation, n'auront pas tenu un registre conforme

aux règlemens, contenant de suite, sans aucun blanc ou interligne, les sommes ou les objets prêtés, les noms, domicile et profession des emprunteurs, la nature, la qualité, la valeur des objets mis en nantissement, seront punis d'un emprisonnement de quinze jours au moins, de trois mois au plus, et d'une amende de cent francs à deux mille francs. 40, 52, 294, 462, P.; 2075, C.

§ IV. *Entraves apportées à la liberté des Enchères.*

412. Ceux qui, dans les adjudications de la propriété, de l'usufruit ou de la location des choses mobilières ou immobilières, d'une entreprise, d'une fourniture, d'une exploitation ou d'un service quelconque, auront entravé ou troublé la liberté des enchères ou des soumissions, par voies de fait, violences ou menaces, soit avant, soit pendant les enchères ou les soumissions, seront punis d'un emprisonnement de quinze jours au moins, de trois mois au plus, et d'une amende de cent francs au moins et de cinq mille francs au plus. — La même peine aura lieu contre ceux qui par dons, promesses, auront écarté les enchérisseurs. 40, 52, 224, 462, P.; 459, 895, C.; 624, 710, 945, 964, P. c.

§ V. *Violation des Règlemens relatifs aux manufactures, au commerce et aux arts.*

413. Toute violation des règlemens d'administration publique, relatifs aux produits des manufactures françaises qui s'exporteront à l'étranger, et qui ont pour objet de garantir la bonne qualité, les dimensions et la nature de la fabrication, sera punie d'une amende de deux cents francs au moins, de trois mille francs au plus, et de la confiscation des marchandises. Ces deux peines pourront être prononcées cumulativement ou séparement, selon les circonstances. 52 à 55, 462, 463.

414. Toute coalition entre ceux qui font travailler des ouvriers, tendant à forcer injustement et abusivement l'abaissement des salaires, suivie d'une tentative ou d'un commencement d'exécution, sera punie d'un emprisonnement de six jours à un mois, et d'une amende de deux cents francs à trois mille francs. 5, 40, 41, 52 à 55, 462, 463.

415. Toute coalition de la part des ouvriers pour faire cesser en même temps de travailler, interdire le travail dans un atelier, empêcher de s'y rendre et d'y rester avant ou après de certaines heures, et en général pour suspendre, empêcher, enchérir les travaux, s'il y a eu tentative ou commencement d'exécution, sera punie d'un emprisonnement d'un mois au moins et de trois mois au plus. — Les chefs ou moteurs seront punis d'un emprisonnement de deux ans à cinq ans. 3, 11. 40, 41, 44, 416, 462, 463.

416. Seront aussi punis de la peine portée par l'article précédent et d'après les mêmes distinctions, les ouvriers qui auront prononcé des amendes, des défenses, des interdictions ou toutes proscriptions sous le nom de *damnations*, et sous quelque qualification que ce puisse être, soit contre les directeurs d'ateliers et entrepreneurs d'ouvrages, soit les uns contre les autres. — Dans le cas du présent article et dans celui du précédent, les chefs ou moteurs du délit pourront, après l'expiration de leur peine, être mis sous la surveillance de la haute police pendant deux ans au moins et cinq ans au plus. 11, 40, 41, 44, 462, 463.

417. Quiconque, dans la vue de nuire à l'industrie française, aura fait passer en pays étranger des directeurs, commis ou des ouvriers d'un établissement, sera puni d'un emprisonnement de six mois à deux ans, et d'une amende de cinquante francs à trois cents francs. 40, 41, 52 à 55, 462, 463.

418. Tout directeur, commis, ouvrier de fabrique, qui aura communiqué à des étrangers ou à des Français résidant en pays étranger, des secrets de la fabrique où il est employé, sera puni de la réclusion, et d'une amende de cinq cents francs à vingt mille francs. — Si ces secrets ont été communiqués à des Français résidant en France, la peine sera

d'un emprisonnement de trois mois à deux ans, et d'une amende de seize francs à deux cents francs. 21, 40, 52 à 55, 462.

419. Tous ceux qui, par des faits faux ou calomnieux, semés à dessein dans le public, par des sur-offres faites aux prix que demandaient les vendeurs eux-mêmes, par réunion ou coalition entre les principaux détenteurs d'une même marchandise ou denrée, tendant à ne la pas vendre, ou à ne la vendre qu'à un certain prix, ou qui, par des voies ou moyens frauduleux quelconques, auront opéré la hausse ou la baisse du prix des denrées ou marchandises ou des papiers et effets publics au-dessous des prix qu'aurait déterminés la concurrence naturelle et libre du commerce, seront punis d'un emprisonnement d'un mois au moins, d'un an au plus, et d'une amende de cinq cents francs à dix mille francs. Les coupables pourront de plus être mis, par l'arrêt ou jugement, sous la surveillance de la haute police pendant deux ans au moins et cinq ans au plus. 11, 40, 41, 52 à 55, 462, 463, P.; 109, Co.

420. La peine sera d'un emprisonnement de deux mois au moins et de deux ans au plus, et d'une amende de mille francs à vingt mille francs, si ces manœuvres ont été pratiquées sur grains, grenailles, farines, substances farineuses, pain, vin ou toute autre boisson. — La mise en surveillance qui pourra être prononcée sera de cinq ans au moins et de dix ans au plus. 11, 40, 42, 44, 52 à 55, 462, 463, P.; 109, Co.

421. Les paris qui auront été faits sur la hausse ou la baisse des effets publics seront punis des peines portées par l'art. 419. — 40, 44, 52, 410, 462.

422. Sera réputée pari de ce genre, toute convention de vendre ou de livrer des effets publics qui ne seront pas prouvés par le vendeur avoir existé à sa disposition au temps de la convention, ou avoir dû s'y trouver au temps de la livraison.

423. Quiconque aura trompé l'acheteur sur le titre des matières d'or ou d'argent, sur la qualité d'une pierre fausse vendue pour fine, sur la nature de toutes marchandises; quiconque, par usage de faux poids ou de fausses mesures, aura trompé sur la quantité des choses vendues, sera puni de l'emprisonnement pendant trois mois au moins, un an au plus, et d'une amende qui ne pourra excéder le quart des restitutions et dommages-intérêts, ni être au-dessous de cinquante francs. — Les objets du délit, ou leur valeur, s'ils appartiennent encore au vendeur, seront confisqués : les faux poids et les fausses mesures seront aussi confisqués, et de plus seront brisés. 40, 51 à 55, 462, 463, 479, P.; 109, Co.

424. Si le vendeur et l'acheteur se sont servis, dans leurs marchés, d'autres poids ou d'autres mesures que ceux qui ont été établis par les lois de l'état, l'acheteur sera privé de toute action contre le vendeur qui l'aura trompé par l'usage de poids ou de mesures prohibés : sans préjudice de l'action publique pour la punition tant de cette fraude que de l'emploi même des poids et des mesures prohibés. — La peine, en cas de fraude, sera celle portée par l'article précédent. — La peine pour l'emploi des mesures et poids prohibés sera déterminée par le livre IV du présent Code, contenant les peines de simple police. 40, 52, 462, 479 à 481, P.; 109, Co.

425. Toute édition d'écrits, de composition musicale, de dessin, de peinture ou de toute autre production, imprimée ou gravée en entier ou en partie, au mépris des lois et réglemens relatifs à la propriété des auteurs, est une contrefaçon, et toute contrefaçon est un délit. 427, 429.

426. Le débit d'ouvrages contrefaits, l'introduction sur le territoire français d'ouvrages qui, après avoir été imprimés en France, ont été contrefaits chez l'étranger, sont un délit de la même espèce.

427. La peine contre le contrefacteur, ou contre l'introducteur, sera une amende de cent francs au moins et de deux mille francs au plus : et contre le débitant, une amende de vingt-cinq francs au moins et de cinq cents francs au plus. — La

confiscation de l'édition contrefaite sera prononcée tant contre le contrefacteur que contre l'introducteur et le débitant. — Les planches, moules ou matrices des objets contrefaits, seront aussi confisqués. 52 à 55, 429, 465.

428. Tout directeur, tout entrepreneur de spectacle, toute association d'artistes, qui aura fait représenter sur son théâtre des ouvrages dramatiques, au mépris des lois et règlemens relatifs à la propriété des auteurs, sera puni d'une amende de cinquante francs au moins, de cinq cents francs au plus, et de la confiscation des recettes. 52, 429.

429. Dans les cas prévus par les quatre articles précédens, le produit des confiscations, ou les recettes confisquées, seront remis au propriétaire pour l'indemniser d'autant du préjudice qu'il aura souffert; le surplus de son indemnité, ou l'entière indemnité, s'il n'y a eu ni vente d'objets confisqués ni saisie de recettes, sera réglé par les voies ordinaires. 51.

§ VI. *Délits des Fournisseurs.*

430. Tous individus chargés, comme membres de compagnie ou individuellement, de fournitures, d'entreprises ou régies pour le compte des armées de terre et de mer, qui, sans y avoir été contraints par une force majeure, auront fait manquer le service dont ils sont chargés, seront punis de la peine de la réclusion, et d'une amende qui ne pourra excéder le quart des dommages-intérêts, ni être au-dessous de cinq cents francs; le tout sans préjudice de peines plus fortes en cas d'intelligence avec l'ennemi. 21, 52 à 55, 77, 455.

431. Lorsque la cessation du service proviendra du fait des agens des fournisseurs, les agens seront condamnés aux peines portées par le précédent article. — Les fournisseurs et leurs agens seront également condamnés, lorsque les uns et les autres auront participé au crime. 77 et s.

432. Si des fonctionnaires publics ou des agens, préposés ou salariés du gouvernement, ont aidé les coupables à faire manquer le service, ils seront punis de la peine des travaux forcés à temps; sans préjudice de peines plus fortes en cas d'intelligence avec l'ennemi. 15, 19, 22, 70, 77, 79, 455, P.; 2102, C.

433. Quoique le service n'ait pas manqué, si, par négligence, les livraisons et les travaux ont été retardés, ou s'il y a eu fraude sur la nature, la qualité ou la quantité des travaux ou main d'œuvres, ou des choses fournies, les coupables seront punis d'un emprisonnement de six mois au moins et de cinq ans au plus, et d'une amende qui ne pourra excéder le quart des dommages-intérêts, ni être moindre de cent francs. — Dans les divers cas prévus par les articles composant le présent paragraphe, la poursuite ne pourra être faite que sur la dénonciation du gouvernement. 48, 52, 462, P.; 1, 29, l. c.

SECTION III.
Destructions, Dégradations, Dommages.

434. Quiconque aura volontairement mis le feu à des édifices, navires, bateaux, magasins, chantiers, quand ils sont habités ou servent à l'habitation, et généralement aux lieux habités ou servant à l'habitation, qu'ils appartiennent ou n'appartiennent pas à l'auteur du crime, sera puni de mort. — Sera puni de la même peine quiconque aura volontairement mis le feu à tout édifice servant à des réunions de citoyens. — Quiconque aura volontairement mis le feu à des édifices, navires, bateaux, magasins, chantiers, lorsqu'ils ne sont ni habités ni servant à habitation, ou à des forêts, bois taillis ou récoltes sur pied, lorsque ces objets ne lui appartiennent pas, sera puni de la peine des travaux forcés à temps. — Celui qui, en mettant le feu à l'un des objets énumérés dans le paragraphe précédent et à lui-même appartenant, aura volontairement causé un préjudice quelconque à autrui, sera puni des travaux forcés à temps. — Quiconque aura volontairement mis le feu à des bois ou récoltes abattus, soit que les bois soient en tas ou en cordes, et les récoltes en tas ou en meules, si ces objets ne lui appartiennent pas, sera puni des travaux forcés

à temps. — Celui qui, en mettant le feu à l'un des objets énumérés dans le paragraphe précédent et à lui-même appartenant, aura volontairement causé un préjudice quelconque à autrui, sera puni de la réclusion. — Celui qui aura communiqué l'incendie à l'un des objets énumérés dans les précédens paragraphes, en mettant volontairement le feu à des objets quelconques, appartenant soit à lui, soit à autrui, et placés de manière à communiquer ledit incendie, sera puni de la même peine que s'il avait directement mis le feu à l'un desdits objets. — Dans tous les cas, si l'incendie a occasioné la mort d'une ou plusieurs personnes se trouvant dans les lieux incendiés au moment où il a éclaté, la peine sera la mort.

435. La peine sera la même, d'après les distinctions faites en l'article précédent, contre ceux qui auront détruit, par l'effet d'une mine, des édifices, navires ou bateaux, magasins ou chantiers.

436. La menace d'incendier une habitation ou toute autre propriété, sera punie de la peine portée contre la menace d'assassinat, et d'après les distinctions établies par les articles 305, 306 et 307.

437. Quiconque aura volontairement détruit ou renversé, par quelque moyen que ce soit, en tout ou en partie, des édifices, des ponts, digues ou chaussées ou autres constructions qu'il savait appartenir à autrui, sera puni de la réclusion, 15, 16, 19, 21, 52 à 55, 66 à 68, 70 à 72, 257, 451, et d'une amende qui ne pourra excéder le quart des restitutions et indemnités, ni être au-dessous de cent francs. — S'il y a eu homicide, 12, 15, 19, 22, 64, 66, 67. 70, 504, 509 ou blessures, le coupable sera, dans le premier cas, puni de mort, et dans le second, puni de la peine des travaux forcés à temps.

438. Quiconque, par des voies de fait, se sera opposé à la confection des travaux autorisés par le gouvernement, sera puni d'un emprisonnement de trois mois à deux ans, et d'une amende qui ne pourra excéder le quart des dommages-intérêts, ni

être au-dessous de seize francs. — Les moteurs subiront le *maximum* de la peine. 40, 52, 209, 462.

439. Quiconque aura volontairement brûlé ou détruit, d'une manière quelconque, des registres, minutes ou actes originaux de l'autorité publique, des titres, billets, lettres de change, effets de commerce ou de banque, contenant ou opérant obligation, disposition ou décharge, sera puni ainsi qu'il suit : — Si les pièces détruites sont des actes de l'autorité publique, ou des effets de commerce ou de banque, la peine sera la réclusion ; — S'il s'agit de toute autre pièce, le coupable sera puni d'un emprisonnement de deux ans à cinq ans, et d'une amende de cent francs à trois cents francs. 21, 40, 48, 51 à 55, 64, 66 à 68, 143, 434, 459, 458. 462, 465, 479.

440. Tout pillage, tout dégât de denrées ou marchandises, effets, propriétés mobilières, commis en réunion ou bande et à force ouverte, sera puni des travaux forcés à temps : chacun des coupables sera de plus condamné à une amende de deux cents francs à cinq mille francs. 15, 19, 22, 52 à 55, 64, 66 à 68, 70 à 72. 96 à 98, 100, 205, 206, 265, 293, 441, 475.

441. Néanmoins ceux qui prouveront avoir été entraînés par des provocations ou sollicitations à prendre part à ces violences, pourront n'être punis que de la peine de la réclusion. 21, 100, 213.

442. Si les denrées pillées ou détruites sont des grains, grenailles ou farines, substances farineuses, pain, vin ou autre boisson, la peine que subiront les chefs, instigateurs ou provocateurs seulement, sera le *maximum* des travaux forcés à temps, et celui de l'amende prononcée par l'article 440. — 15, 19, 22, 52, 475.

443. Quiconque, à l'aide d'une liqueur corrosive ou par tout autre moyen, aura volontairement gâté des marchandises ou matières servant à fabrication, sera puni d'un emprisonnement d'un mois à deux ans, et d'une amende qui ne pourra excéder le quart des dommages-intérêts, ni être moindre de seize francs. — Si le

délit a été commis par un ouvrier de la fabrique ou par un commis de la maison de commerce, l'emprisonnement sera de deux à cinq ans, sans préjudice de l'amende, ainsi qu'il vient d'être dit. 40, 41, 52 à 55, 462, 465.

444. Quiconque aura dévasté des récoltes sur pied ou des plants venus naturellement ou faits de main d'homme, sera puni d'un emprisonnement de deux ans au moins et de cinq ans au plus. 457. — Les coupables pourront de plus être mis, par l'arrêt ou le jugement, sous la surveillance de la haute police pendant cinq ans au moins et dix ans au plus. 40, 41, 44, 388, 449, 450, 455, 462, 465.

445. Quiconque aura abattu un ou plusieurs arbres qu'il savait appartenir à autrui sera puni d'un emprisonnement qui ne sera pas au-dessous de six jours, ni au-dessus de six mois, à raison de chaque arbre, sans que la totalité puisse excéder cinq ans. 11, 40, 41, 363. 450, 455, 462, 463, P.; 591, 593, 1728, C.; 137, 179, I. c.

446. Les peines seront les mêmes à raison de chaque arbre mutilé, coupé ou écorcé de manière à le faire périr.

447. S'il y a eu destruction d'une ou de plusieurs greffes, l'emprisonnement sera de six jours à deux mois, à raison de chaque greffe, sans que la totalité puisse excéder deux ans. 40, 450, 455, 462.

448. Le *minimum* de la peine sera de vingt jours dans les cas prévus par les articles 445 et 446, et de dix jours dans le cas prévu par l'article 447, si les arbres étaient plantés sur les places, routes, chemins, rues ou voies publiques ou vicinales ou de traverse. 40, 450, 455, 462.

449. Quiconque aura coupé des grains ou des fourrages qu'il savait appartenir à autrui, sera puni d'un emprisonnement qui ne sera pas au-dessous de six jours, ni au-dessus de deux mois. 11, 40, 41, 388, 444, 450, 455, 462, 463.

450. L'emprisonnement sera de vingt jours au moins et de quatre mois au plus, s'il a été coupé du grain en vert. — Dans les cas prévus par le présent article et les six précédens, si le fait a été commis en haine d'un fonctionnaire public et à raison de ses fonctions, le coupable sera puni du *maximum* de la peine établie par l'article auquel le cas se réfèrera. — Il en sera de même, quoique cette circonstance n'existe point, si le fait a été commis pendant la nuit. 40, 444, 455, 462.

451. Toute rupture, toute destruction d'instrumens d'agriculture, de parcs de bestiaux, de cabanes de gardiens, sera punie d'un emprisonnement d'un mois au moins, d'un an au plus. 40 à 42, 388, 457, 455, 462, 463, 479.

452. Quiconque aura empoisonné des chevaux ou autres bêtes de voiture, de monture ou de charge, des bestiaux à cornes, des moutons, chèvres ou porcs, ou des poissons dans des étangs, viviers ou réservoirs, sera puni d'un emprisonnement d'un an à cinq ans, et d'une amende de seize francs à trois cents francs. Les coupables pourront être mis, par l'arrêt ou le jugement, sous la surveillance de la haute police pendant deux ans au moins et cinq ans au plus. 11, 40, 41, 44, 52 à 55, 301, 388, 457, 453, 455, 462, 463, 479, P.: 524, 564.

453. Ceux qui, sans nécessité, auront tué l'un des animaux mentionnés au précédent article, seront punis ainsi qu'il suit : — Si le délit a été commis dans les bâtimens, enclos et dépendances, ou sur les terres dont le maître de l'animal tué était propriétaire, locataire, colon ou fermier, la peine sera un emprisonnement de deux mois à six mois : — S'il a été commis dans les lieux dont le coupable était propriétaire, locataire, colon ou fermier l'emprisonnement sera de six jours à un mois ; — S'il a été commis dans tout autre lieu, l'emprisonnement sera de quinze jours à six semaines. — Le *maximum* de la peine sera toujours prononcé en cas de violation de clôture. 40, 444, 455, 462.

454. Quiconque aura, sans nécessité, tué un animal domestique dans un lieu dont celui à qui cet animal appartient est propriétaire, locataire, colon ou fermier, sera puni d'un em-

prisonnement de six jours au moins et de six mois au plus. — S'il y a eu violation de clôture, le *maximum* de la peine sera prononcé. 40, 41, 455, 462.

455. Dans les cas prévus par les articles 444 et suivans jusqu'au précédent article inclusivement, il sera prononcé une amende qui ne pourra excéder le quart des restitutions et dommages-intérêts, ni être au-dessous de seize francs. 52 et s.

456. Quiconque aura, en tout ou en partie, comblé des fossés, détruit des clôtures, de quelques matériaux qu'elles soient faites, coupé ou arraché des haies vives ou sèches; quiconque aura déplacé ou supprimé des bornes, ou pieds corniers, ou autres arbres plantés ou reconnus pour établir les limites entre différens héritages, sera puni d'un emprisonnement qui ne pourra être au-dessous d'un mois ni excéder une année, et d'une amende égale au quart des restitutions et des dommages-intérêts, qui, dans aucun cas, ne pourra être au-dessous de cinquante francs. 40, 42, 52 à 55, 389, 444, 462, 463, P.; 640, 666, C.

457. Seront punis d'une amende qui ne pourra excéder le quart des restitutions et des dommages-intérêts, ni être au-dessous de cinquante francs, les propriétaires ou fermiers, ou toute personne jouissant de moulins, usines ou étangs, qui, par l'élévation du déversoir de leurs eaux au-dessus de la hauteur déterminée par l'autorité compétente, auront inondé les chemins ou les propriétés d'autrui. — S'il est résulté du fait quelques dégradations, la peine sera, outre l'amende, un emprisonnement de six jours à un mois. 40, 41, 52 à 55, 462, 463.

458. L'incendie des propriétés mobilières ou immobilières d'autrui, qui aura été causé par la vétusté ou le défaut soit de réparations soit de nettoyage de fours, cheminées, forges, maisons ou usines prochaines, ou par des feux allumés dans les champs à moins de cent mètres des maisons, édifices, forêts, bruyères, bois, vergers, plantations, haies, meules, tas de grains, pailles, foins, fourrages, ou de tout autre dépôt de matières combustibles, ou par des feux ou lumières portés ou laissés sans précaution suffisante, ou par des pièces d'artifice allumées ou tirées par négligence ou imprudence, sera puni d'une amende de cinquante francs au moins, et de cinq cents francs au plus. 52 à 55, 454, 459, 462, 471, 475, 479.

459. Tout détenteur ou gardien d'animaux ou de bestiaux soupçonnés d'être infectés de maladie contagieuse, qui n'aura pas averti sur-le-champ le maire de la commune où ils se trouvent, et qui même, avant que le maire ait répondu à l'avertissement, ne les aura pas tenus renfermés, sera puni d'un emprisonnement de six jours à deux mois, et d'une amende de seize francs à deux cents francs. 40, 52, 462.

460. Seront également punis d'un emprisonnement de deux mois à six mois, et d'une amende de cent francs à cinq cents francs, ceux qui, au mépris des défenses de l'administration, auront laissé leurs animaux ou bestiaux infectés communiquer avec d'autres. 40, 41, 52 à 55, 462, 463, 475, 479.

461. Si, de la communication mentionnée au précédent article, il est résulté une contagion parmi les autres animaux, ceux qui auront contrevenu aux défenses de l'autorité administrative seront punis d'un emprisonnement de deux ans à cinq ans, et d'une amende de cent francs à mille francs; le tout sans préjudice de l'exécution des lois et règlemens relatifs aux maladies épizootiques, et de l'application des peines y portées. 40, 52, 462, 475, 479.

462. Si les délits de police correctionnelle dont il est parlé au précédent chapitre ont été commis par des gardes champêtres ou forestiers, ou des officiers de police, à quelque titre que ce soit, la peine d'emprisonnement sera d'un mois au moins, et d'un tiers au plus en sus de la peine la plus forte qui serait appliquée à un autre coupable du même délit. 40, 41, 52 à 55, 198, 463, P.; 9, I. c.

Dispositions générales.

463. Les peines prononcées par la loi contre ceux ou ceux des accusés re-

connus coupables, en faveur de qui le jury aura déclaré les circonstances atténuantes, seront modifiées ainsi qu'il suit : — Si la peine prononcée par la loi est la mort, la cour appliquera la peine des travaux forcés à perpétuité ou celle des travaux forcés à temps. — Néanmoins, s'il s'agit de crimes contre la sûreté extérieure ou intérieure de l'état, la cour appliquera la peine de la déportation ou celle de la détention; mais dans les cas prévus par les articles 86, 96 et 97, elle appliquera la peine des travaux forcés à perpétuité ou celle des travaux forcés à temps. — Si la peine est celle des travaux forcés à perpétuité, la cour appliquera la peine des travaux forcés à temps ou celle de la réclusion. — Si la peine est celle de la déportation, la cour appliquera la peine de la détention ou celle du bannissement. — Si la peine est celle des travaux forcés à temps la cour appliquera la peine de la réclusion ou les dispositions de l'article 401, sans toutefois pouvoir réduire la durée de l'emprisonnement au-dessous de deux ans. — Si la peine est celle de la réclusion, de la détention, du bannissement ou de la dégradation civique, la cour appliquera les dispositions de l'article 401, sans toutefois pouvoir réduire la durée de l'emprisonnement au-dessous d'un an. — Dans les cas où le Code prononce le *maximum* d'une peine afflictive, s'il existe des circonstances atténuantes, la cour appliquera le *minimum* de la peine, ou même la peine inférieure. — Dans tous les cas où la peine de l'emprisonnement et celle de l'amende sont prononcées par le Code pénal, si les circonstances paraissent atténuantes, les tribunaux correctionnels sont autorisés, même en cas de récidive, à réduire l'emprisonnement, même au-dessous de six jours, et l'amende, même au-dessous de seize francs; ils pourront aussi prononcer séparément l'une ou l'autre de ces peines, et même substituer l'amende à l'emprisonnement, sans qu'en aucun cas elle puisse être au-dessous des peines de simple police.

LIVRE IV.

CONTRAVENTIONS DE POLICE, ET PEINES.

(Loi décrétée le 20 février 1810. Promulguée le 2 mars suivant.)

CHAPITRE PREMIER.

DES PEINES.

464. Les peines de police sont, — L'emprisonnement, — L'amende, — Et la confiscation de certains objets saisis. 137, I. c.; 11, 40, 52, P.

465. L'emprisonnement, pour contravention de police, ne pourra être moindre d'un jour, ni excéder cinq jours, selon les classes, distinctions et cas ci-après spécifiés. — Les jours d'emprisonnement sont des jours complets de vingt-quatre heures. 40, 41, 473, 474, 476, 478, 480, 482.

466. Les amendes pour contravention pourront être prononcées depuis un franc jusqu'à quinze francs inclusivement, selon les distinctions et classes ci-après spécifiées, et seront appliquées au profit de la commune où la contravention aura été commise. 52, 467, 468.

467. La contrainte par corps a lieu pour le paiement de l'amende. — Néanmoins le condamné ne pourra être, pour cet objet, détenu plus de quinze jours, s'il justifie de son insolvabilité. 52 et s.

468. En cas d'insuffisance des biens, les restitutions et les indemnités dues à la partie lésée sont préférées à l'amende. 46, 54.

469. Les restitutions, indemnités et frais entraîneront la contrainte par corps, et le condamné gardera prison jusqu'à parfait paiement : néanmoins, si ces condamnations sont prononcées au profit de l'état, les condamnés pourront jouir de la faculté accordée par l'art. 467, dans le cas d'insolvabilité prévu par cet article. 52 et s.

470. Les tribunaux de police pourront aussi, dans les cas déterminés par la loi, prononcer la confiscation, soit des choses saisies en contravention, soit des choses produites par la contravention, soit des matières ou des instrumens qui ont servi ou étaient destinés à la commettre. 11, 472, 477, 481.

CHAPITRE II.

CONTRAVENTIONS ET PEINES.

SECTION I.

Première Classe.

471. Seront punis d'amende, depuis un franc jusqu'à cinq francs inclusivement, 466 à 468, 472, 474, P.: 1382, C., — 1° Ceux qui auront négligé d'entretenir, réparer ou nettoyer les fours, cheminées ou usines où l'on fait usage du feu, 455 : — 2° Ceux qui auront violé la défense de tirer, en certains lieux, des pièces d'artifice, 472, 475 ; — 3° Les aubergistes et autres qui, obligés à l'éclairage, l'auront négligé ; ceux qui auront négligé de nettoyer les rues ou passages, dans les communes où ce soin est laissé à la charge des habitans ; — 4° Ceux qui auront embarrassé la voie publique, en y déposant ou y laissant sans nécessité, des matériaux ou des choses quelconques qui empêchent ou diminuent la liberté ou la sûreté du passage ; ceux qui, en contravention aux lois et règlemens, auront négligé d'éclairer les matériaux par eux entreposés ou les excavations par eux faites dans les rues et places, 479 ; — 5° Ceux qui auront négligé ou refusé d'exécuter les règlemens ou arrêtés concernant la petite voierie, ou d'obéir à la sommation émanée de l'autorité administrative, de réparer ou démolir les édifices menaçant ruine, 475, 479 ; — 6° Ceux qui auront jeté ou exposé au-devant de leurs édifices des choses de nature à nuire par leur chute ou par des exhalaisons insalubres, 475, 476, 479 ; — 7° Ceux qui auront laissé dans les rues, chemins, places, lieux publics, ou dans les champs, des coutres de charrue, pinces, barres, barreaux ou autres machines, ou instrumens ou armes dont puissent abuser les voleurs et autres malfaiteurs, 472, 479, P.: 1383, C. ; — 8° Ceux qui auront négligé d'écheniller dans les campagnes ou jardins où ce soin est prescrit par la loi ou les règlemens ; — 9° Ceux qui, sans autre circonstance prévue par les lois, auront cueilli ou mangé, sur le lieu même, des fruits appartenant à autrui ; — 10° Ceux qui, sans autre circonstance, auront glané, râtelé ou grapillé dans les champs non encore entièrement dépouillés et vidés de leurs récoltes, ou avant le moment du lever ou après celui du coucher du soleil, 473 : — 11° Ceux qui, sans avoir été provoqués, auront proféré contre quelqu'un des injures, autres que celles prévues depuis l'article 367 jusques et compris l'art. 378. — 367, 376, P.: 189, I. c. ; — 12° Ceux qui imprudemment auront jeté des immondices sur quelque personne, 475, 476, 479, P.: 1382, C. ; — 13° Ceux qui, n'étant ni propriétaires, ni usufruitiers, ni locataires, ni fermiers, ni jouissant d'un terrain ou d'un droit de passage, ou qui n'étant agens ni préposés d'aucune de ces personnes, seront entrés et auront passé sur un terrain ou sur partie de ce terrain, s'il est préparé ou ensemencé, 475, P.: 1382, C. ; — 14° Ceux qui auront laissé passer leurs bestiaux ou leurs bêtes de trait, de charge ou de monture, sur le terrain d'autrui, avant l'enlèvement de la récolte ; — 15° Ceux qui auront contrevenu aux réglemens légalement faits par l'autorité administrative, et ceux qui ne se seront pas conformés aux réglemens ou arrêtés publiés par l'autorité municipale, en vertu des articles 3 et 4, titre XI de la loi du 16-24 août 1790, et de l'article 46, titre Ier de la loi du 19-22 juillet 1791. 475, 479, P.: 682, 1382, C.

472. Seront, en outre, confisquées, les pièces d'artifice saisies dans le cas du n° 2 de l'art. 471, les coutres, les instrumens et les armes mentionnés dans le n° 7 du même article. 470, 471.

473. La peine d'emprisonnement, pendant trois jours au plus, pourra

de plus être prononcée, selon les circonstances, contre ceux qui auront tiré des pièces d'artifice ; contre ceux qui auront glané, râtelé ou grapillé en contravention au n° 10 de l'article 471.—465, 471, 474.

474. La peine d'emprisonnement contre toutes les personnes mentionnées en l'article 471 aura toujours lieu, en cas de récidive ; pendant trois jours au plus. 465, 483.

SECTION II.
Deuxième Classe.

475. Seront punis d'amende, depuis six francs jusqu'à dix francs inclusivement, 466 à 468, 476, 478, P. ; 1382, C., — 1° Ceux qui auront contrevenu aux bans de vendanges ou autres bans autorisés par les règlemens, 471 ; — 2° Les aubergistes, hôteliers, logeurs ou loueurs de maisons garnies, qui auront négligé d'inscrire de suite, et sans aucun blanc, sur un registre tenu régulièrement, les noms, qualités, domicile habituel, dates d'entrée et de sortie, de toute personne qui aurait couché ou passé une nuit dans leurs maisons : ceux d'entre eux qui auraient manqué à représenter ce registre aux époques déterminées par les règlemens, ou lorsqu'ils en auraient été requis, aux maires, adjoints, officiers ou commissaires de police, ou aux citoyens commis à cet effet : le tout sans préjudice des cas de responsabilité mentionnés en l'article 73 du présent Code, relativement aux crimes ou aux délits de ceux qui, ayant logé ou séjourné chez eux, n'auraient pas été régulièrement inscrits 61, 154 ; — 3° Les rouliers, charretiers, conducteurs de voitures quelconques ou de bêtes de charge, qui auraient contrevenu aux réglemens par lesquels ils sont obligés de se tenir constamment à portée de leurs chevaux, bêtes de trait ou de charge et de leurs voitures, et en état de les guider et conduire ; d'occuper un seul côté des rues, chemins ou voies publiques ; de se détourner ou ranger devant toutes autres voitures, et, à leur approche, de leur laisser libre au moins la moitié des rues, chaus-

sées, routes et chemins, 476 479 ; — 4° Ceux qui auront fait ou laissé courir les chevaux, bêtes de trait, de charge ou de monture, dans l'intérieur d'un lieu habité, ou violé les règlemens contre le chargement, la rapidité ou la mauvaise direction des voitures ; — Ceux qui contreviendront aux dispositions des ordonnances et réglemens ayant pour objet : — La solidité des voitures publiques ; — Leur poids ; — Le mode de leur chargement : — Le nombre et la sûreté des voyageurs ; — L'indication, dans l'intérieur des voitures, des places qu'elles contiennent et du prix des places ; — L'indication, à l'extérieur, du nom du propriétaire, 476, 479, P. ; 1385, C. ; — 5° Ceux qui auront établi ou tenu dans les rues, chemins, places ou lieux publics, des jeux de loterie ou d'autres jeux de hasard, 410, 477 ; — 6° Ceux qui auront vendu ou débité des boissons falsifiées : sans préjudice des peines plus sévères qui seront prononcées par les tribunaux de police correctionnelle, dans le cas où elles contiendraient des mixtions nuisibles à la santé, 518, 476, 477 ; — 7° Ceux qui auraient laissé divaguer des fous ou des furieux étant sous leur garde, ou des animaux malfaisans ou féroces : ceux qui auront excité ou n'auront pas retenu leurs chiens lorsqu'ils attaquent ou poursuivent les passans, quand même il n'en serait résulté aucun mal ni dommages, 459, 460, 479, P. ; 491, 1385, C. ; — 8° Ceux qui auraient jeté des pierres ou d'autres corps durs ou des immondices contre les maisons, édifices et clôtures d'autrui, ou dans les jardins ou enclos, et ceux aussi qui auraient volontairement jeté des corps durs ou des immondices sur quelqu'un, 471, 476, 479 ; — 9° Ceux qui, n'étant propriétaires, usufruitiers, ni jouissant d'un terrain où d'un droit de passage, y sont entrés et y ont passé dans le temps où ce terrain était chargé de grains en tuyau, de raisins ou autres fruits mûrs ou voisins de la maturité, 471 ; — 10° Ceux qui auraient fait ou laissé passer des bestiaux, animaux de trait, de charge ou de monture, sur le terrain d'autrui, ensemencé ou chargé d'une récolte, en quelque saison que ce soit, ou dans un bois taillis appartenant à autrui. 471, 472, P.; 1385, C; — 11° Ceux qui auraient refusé de recevoir les espèces et monnaies nationales, non fausses ni altérées, selon la valeur pour laquelle elles ont cours, 133; — 12° Ceux qui, le pouvant, auront refusé ou négligé de faire les travaux, le service, ou de prêter le secours dont ils auront été requis, dans les circonstances d'accidens, tumultes, naufrage, inondation, incendie ou autres calamités, ainsi que dans les cas de brigandages, pillages, flagrant délit, clameur publique ou d'exécution judiciaire, 56, 234, 434, 440, 458, P.; 46, 106, 376, I. c.; — 13° Les personnes désignées aux articles 284 et 288 du présent Code; — 14° Ceux qui exposent en vente des comestibles gâtés, corrompus ou nuisibles; — 15° Ceux qui déroberont, sans aucune des circonstances prévues en l'article 388, des récoltes ou autres productions utiles de la terre, qui, avant d'être soustraites, n'étaient pas encore détachées du sol.

476. Pourra, suivant les circonstances, être prononcé, outre l'amende portée en l'article précédent, l'emprisonnement pendant trois jours au plus, contre les rouliers, charretiers, voituriers et conducteurs en contravention; contre ceux qui auront contrevenu aux réglemens ayant pour objet, soit la rapidité, la mauvaise direction ou le chargement des voitures ou des animaux, soit la solidité des voitures publiques, leur poids, le mode de leur chargement, le nombre et la sûreté des voyageurs; contre les vendeurs et débitans de boissons falsifiées; contre ceux qui auraient jeté des corps durs ou des immondices. 465, 475, 478.

477. Seront saisis et confisqués, 1° les tables, instrumens, appareils des jeux ou des loteries établies dans les rues, chemins et voies publiques, ainsi que les enjeux, les fonds, denrées, objets ou lots proposés aux joueurs, dans le cas de l'article 476; 2° les boissons falsifiées, trouvées appartenir au vendeur et débitant: ces boissons seront répandues; 3° les écrits ou gravures contraires aux mœurs: ces objets seront mis sous le pilon; 4° les comestibles gâtés, corrompus ou nuisibles: ces comestibles seront détruits. 284, 288, 470, 475

478. La peine de l'emprisonnement pendant cinq jours au plus sera toujours prononcée, en cas de récidive, contre toutes les personnes mentionnées dans l'article 475. — 465, 476, 483. — Les individus mentionnés au n° 5 du même article qui seraient repris pour le même fait en état de récidive, seront traduit devant le tribunal de police correctionnelle, et punis d'un emprisonnement de six jours à un mois, et d'une amende de seize francs à deux cents francs.

SECTION III.

Troisième Classe.

479. Seront punis d'une amende de onze à quinze francs inclusivement, 466 à 468, 480, 482, P.; 1382, C., — 1° Ceux qui, hors les cas prévus depuis l'article 454 jusques et compris l'article 462, auront volontairement causé du dommage aux propriétés mobilières d'autrui, 1382, C.; — 2° Ceux qui auront occasioné la mort ou la blessure des animaux ou bestiaux appartenant à autrui, par l'effet de la divagation des fous ou furieux, ou d'animaux malfaisans ou féroces, ou par la rapidité ou la mauvaise direction ou le chargement excessif des voitures, chevaux, bêtes de trait, de charge ou de monture, 452, 475, 480, P.; 1385, C.; — 3° Ceux qui auront occasioné les mêmes dommages par l'emploi ou l'usage d'armes sans précaution ou avec maladresse, ou par jet de pierres ou d'autres corps durs, 471, 475, 480: — 4° Ceux qui auront causé les mêmes accidens par la vétusté, la dégradation, le défaut de réparation ou d'entretien des maisons ou édifices, ou par l'encombrement ou l'excavation, ou telles autres œuvres, dans ou près les rues, chemins, places ou voies publiques, sans les précaution

ou signaux ordonnés ou d'usage, 1386, C.; 458, 468, 471, P.; — 5° Ceux qui auront de faux poids ou de fausses mesures dans leurs magasins, boutiques, ateliers ou maisons de commerce, ou dans les halles, foires ou marchés, sans préjudice des peines qui seront prononcées par les tribunaux de police correctionnelle contre ceux qui auraient fait usage de ces faux poids ou de ces fausses mesures, 423, 424, 480, 481; — 6° Ceux qui emploieront des poids ou des mesures différens de ceux qui sont établis par les lois en vigueur, 423, 424, 480, 481 : — Les boulangers et bouchers qui vendront le pain ou la viande au-delà du prix fixé par la taxe légalement faite et publiée : — 7° Les gens qui font le métier de deviner et pronostiquer, ou d'expliquer les songes; 480, 481. — 8° Les auteurs ou complices de bruits ou tapages injurieux ou nocturnes, troublant la tranquillité des habitans. 480; — 9° Ceux qui auront méchamment enlevé ou déchiré les affiches apposées par ordre de l'administration ; — 10° Ceux qui mèneront sur le terrain d'autrui des bestiaux, de quelque nature qu'ils soient, et notamment dans les prairies artificielles, dans les vignes, oseraies, dans les plants de câpriers, dans ceux d'oliviers, de mûriers, de grenadiers, d'orangers et d'arbres du même genre, dans tous les plants ou pépinières d'arbres fruitiers ou autres, faits de main d'homme; — 11° Ceux qui auront dégradé ou détérioré, de quelque manière que ce soit, les chemins publics, ou usurpé sur leur largeur; — 12° Ceux qui, sans y être dûment autorisés, auront enlevé des chemins publics les gazons, terres ou pierres, ou qui, dans les lieux appartenant aux communes, auraient enlevé les terres ou matériaux, à moins qu'il n'existe un usage général qui l'autorise.

480. Pourra, selon les circonstances, être prononcée la peine d'emprisonnement pendant cinq jours au plus, — 1° Contre ceux qui auront occasioné la mort ou la blessure des animaux ou bestiaux appartenant à autrui, dans les cas prévus par le n° 3 du précédent article ; 2° contre les possesseurs de faux poids et de fausses mesures; 3° contre ceux qui emploient des poids ou des mesures différens de ceux que la loi en vigueur a établis ; contre les boulangers et bouchers, dans les cas prévus par le paragraphe 6 de l'article précédent ; 4° contre les interprètes de songes ; 5° contre les auteurs ou complices de bruits ou tapages injurieux ou nocturnes. 465, 479.

481. Seront, de plus, saisis et confisqués, 1° les faux poids, les fausses mesures, ainsi que les poids et les mesures différens de ceux que la loi a établis ; 2° les instrumens, ustensiles et costumes servant ou destinés à l'exercice du métier de devin, pronostiqueur, ou interprète de songes. 470, 479.

482. La peine d'emprisonnement pendant cinq jours aura toujours lieu, pour récidive, contre les personnes et dans les cas mentionnés en l'article 479. — 465, 483.

Disposition commune aux trois Sections ci-dessus.

483. Il y a récidive dans tous les cas prévus par le présent livre, lorsqu'il a été rendu contre le contrevenant, dans les douze mois précédens, un premier jugement pour contravention de police commise dans le ressort du même tribunal. 56, 58, 474, 478, 482. — L'article 465 du présent Code sera applicable à toutes les contraventions ci-dessus indiquées.

Disposition générale.

484. Dans toutes les matières qui n'ont pas été réglées par le présent Code et qui sont régies par des lois et réglemens particuliers, les cours et les tribunaux continueront de les observer. 507, 456.

LOI

CONTENANT DIVERSES MODIFICATIONS AU CODE PÉNAL.

(25 juin 1824.)

Art. 1er Les individus âgés de moins de seize ans, qui n'auront pas de complices au-dessus de cet âge, et qui seront prévenus de crimes autres que ceux auxquels la loi attache la peine de mort, celle des travaux forcés à perpétuité, ou celle de la déportation, seront jugés par les tribunaux correctionnels, qui se conformeront aux articles 66, 67 et 68 du Code pénal.

2. Les vols et tentatives de vols spécifiés dans l'article 388 du Code pénal seront jugés correctionnellement, et punis des peines déterminées par l'article 401 du même Code.

3. Seront jugés dans les mêmes formes, et punis des mêmes peines, les vols ou tentatives de vols commis dans l'auberge ou l'hôtellerie dans laquelle le coupable était reçu.

Le vol commis par un aubergiste, un hôtelier, un batelier, un voiturier, ou un de leurs préposés, quand ils auront volé tout ou partie des choses qui leur étaient confiées à ce titre, continuera d'être puni conformément à l'article 386 du Code pénal.

4. Les cours d'assises, lorsqu'elles auront reconnu qu'il existe des circonstances atténuantes, et sous la condition de le déclarer expressément, pourront, dans les cas et de la manière déterminés par les articles 5 et suivans, jusques et y compris l'article 12, réduire les peines prononcées par le Code pénal.

5. La peine prononcée par l'article 302 du Code pénal contre la mère coupable d'infanticide, pourra être réduite à celle des travaux forcés à perpétuité.

Cette réduction de peine n'aura lieu à l'égard d'aucun individu autre que la mère.

6. La peine prononcée par l'article 309 du Code pénal contre tout individu coupable d'avoir volontairement fait des blessures ou porté des coups dont il est résulté une incapacité de travail de plus de vingt jours, pourra être réduite aux peines déterminées par l'article 401 du même Code, sans que l'emprisonnement puisse être au-dessous de trois années.

La peine ne pourra être réduite dans les cas prévus par les articles 310 et 312 du même Code.

7. La peine prononcée par l'article 383 du Code pénal contre les coupables de vols ou de tentatives de vols sur un chemin public, quand ces vols auront été commis sans menaces, sans armes apparentes ou cachées, sans violence et sans aucune des autres circonstances aggravantes prévues par l'article 381 du Code pénal, pourra être réduite, soit à celle des travaux forcés à temps, soit à celle de la réclusion.

8. La peine prononcée par l'article 384 du Code pénal contre les coupables de vol ou de tentative de vol commis à l'aide d'effraction ou d'escalade, pourra être réduite, soit à celle de la réclusion, soit au maximum des peines correctionnelles déterminées par l'article 401 du même Code.

9. La peine prononcée par l'article 386 du Code pénal contre les individus déclarés coupables des vols prévus par le n° 1er de cet article, pourra être réduite au maximum des peines correctionnelles déterminées par l'article 401 du même Code.

10. Les articles 2, 3 et 8 de la présente loi ne s'appliquent pas aux vols commis la nuit, ni aux vols commis par deux ou plusieurs personnes.

Les dispositions de ces articles, ainsi que celles de l'article 9, seront également inapplicables aux vols qui, indépendamment des circonstances spécifiées dans chacun desdits articles, auront été accompagnés d'une ou de plusieurs des autres circonstances aggravantes prévues par les articles 381 et suivans du Code pénal.

Les vols dont il vient d'être fait mention continueront à être punis conformément au Code pénal.

11. Les peines correctionnelles qui seront prononcées d'après les articles précédens, ne pourront, dans aucun cas, être réduites en vertu de l'article 463 du Code pénal.

12. Les dispositions ci-dessus, autres toutefois que celles de l'article 5, ne s'appliquent ni aux mendians, ni aux vagabonds, ni aux individus qui, antérieurement au fait pour lequel ils sont poursuivis, auront été condamnés, soit à des peines afflictives ou infamantes, soit à un emprisonnement correctionnel de plus de six mois.

13. Lorsque les vols et tentatives de vols de récoltes et autres productions utiles de la terre, qui, avant d'avoir été soustraites, n'étaient pas encore détachées du sol, auront été commis, soit avec des voitures ou d'animaux de charge, soit de nuit par plusieurs personnes, les individus qui en auront été déclarés coupables seront punis conformément à l'art. 401 du Code pénal.

FIN DU CODE PÉNAL.

TABLE ALPHABÉTIQUE

DU

CODE PÉNAL.

Abus d'autorité.	Pag. 19	Emploi illégal de la force.	Pag. 9
— de confiance.	41	Empoisonnement.	30
Actes de l'état civil.	20	Enlevement de pièces.	26
Arrestations illégales.	34	— de mineurs.	35
Assassinat.	30	Entraves à la liberté des cultes.	27
Associations de malfaiteurs.	27	Escroqueries.	41
Attentats.	8	Evasion de détenus.	24
— à la liberté.	12	Fausse monnaie.	14
— aux mœurs.	33	Faux.	ibid.
Banqueroutes.	40	— en écritures publiques.	15
Blessures et coups volontaires.	31	— en écritures de commerce.	ibid.
— involontaires.	32	— dans les passeports.	16
Bris de scellés.	26	— témoignages.	36
Calomnies.	36	Forfaiture.	17
Coalition des fonctionnaires.	13	Fraude.	41
Complots.	8	Homicide involontaire.	32
Concussion des fonctionnaires.	18	Infanticide.	30
Contraventions.	50	Inhumation.	36
Contrefaçons.	15	Injures.	36
Corruption des fonctionnaires.	18	Liberté des enchères.	43
Crimes contre l'état.	7	Loteries.	42
— contre la charte.	11	Maisons de jeu.	ibid.
— contre la paix publique.	14	— de prêt.	ibid.
— de lèse-majesté.	8	Menaces.	30
— contre l'enfant.	34	Mendicité.	28
— excusables.	32	Meurtres.	30
Critiques contre l'autorité.	21	Ministres des cultes.	21, 22
Dégradations.	45	Non-révélation.	10
— des monumens.	26	Outrages.	23
Délits de la presse.	28	Parricide.	30
— des fonctionnaires.	18	Peines criminelles.	2
— des fournisseurs.	45	— correctionnelles.	4
Désobéissance.	22	— de la récidive.	5
Destruction.	45	Personnes punissables.	6
Dévastations.	9	— excusables.	ibid.
Discours pastoral.	21	— responsables.	ibid.
Disposition générale.	53	Pillage.	9
— préliminaires.	1	Peines de 1re classe.	50
Dommages.	45	— de 2e classe.	51
Empiétement des autorités.	13	— de 3e classe.	52

Provocations.	Pag. 21	Réunions illicites.	Pag. 29
Rébellion.	22	Révélation.	10
Recélement de criminels.	24	— de secrets.	36
Refus d'un service.	ibid.	Soustractions des dépositaires.	17
Réglemens relatifs aux manufac-		Séquestrations de personnes.	34
tures.	43	Usurpations de titres.	26
— au commerce.	ibid.	Vagabondage.	27
— aux arts.	ibid.	Violences.	23
Résistance.	22	Vols.	38

Loi contenant diverses modifications au Code pénal. 54

FIN DE LA TABLE DU CODE PÉNAL.

CODE FORESTIER.

Du 21 mai 1827. (Promulgué le 31 juillet suivant.)

TITRE PREMIER.

DU RÉGIME FORESTIER.

Art. 1er. Sont soumis au régime forestier, et seront administrés conformément aux dispositions de la présente loi, — 1° Les bois et forêts qui font partie du domaine de l'État; — 2° Ceux qui font partie du domaine de la couronne; — 3° Ceux qui sont possédés à titre d'apanage et de majorats réversibles à l'État: — 4° Les bois et forêts des communes et des sections de communes: — 5° Ceux des établissemens publics; — 6° Les bois et forêts dans lesquels l'État, la couronne, les communes ou les établissemens publics ont des droits de propriété indivis avec des particuliers.

2. Les particuliers exercent sur leurs bois tous les droits résultant de la propriété, sauf les restrictions qui seront spécifiées dans la présente loi.

TITRE II.

DE L'ADMINISTRATION FORESTIÈRE.

3. Nul ne peut exercer un emploi forestier, s'il n'est âgé de vingt-cinq ans accomplis; néanmoins les élèves sortant de l'école forestière pourront obtenir des dispenses d'âge.

4. Les emplois de l'administration forestière sont incompatibles avec toutes autres fonctions, soit administratives, soit judiciaires.

5. Les agens et préposés de l'administration forestière ne pourront entrer en fonctions qu'après avoir prêté serment devant le tribunal de première instance de leur résidence, et avoir fait enregistrer leur commission et l'acte de prestation de leur serment au greffe des tribunaux dans le ressort desquels ils devront exercer leurs fonctions. — Dans le cas d'un changement de résidence qui les placerait dans un autre ressort en la même qualité, il n'y aura pas lieu à une autre prestation de serment.

6. Les gardes sont responsables des délits, dégâts, abus et abroutissemens qui ont lieu dans leurs triages, et passibles des amendes et indemnités encourues par les délinquans, lorsqu'ils n'ont pas dûment constaté les délits.

7. L'empreinte de tous les marteaux dont les agens et les gardes forestiers font usage, tant pour la marque des bois de délit et des chablis que pour les opérations de balivage et de martelage, est déposée au greffe des tribunaux, savoir: — Celle des marteaux particuliers dont les agens et gardes sont pourvus, aux greffes des tribunaux de première instance dans le ressort desquels ils exercent leurs fonctions; — Celle du marteau royal uniforme, aux greffes des tribunaux de première instance et des cours royales.

TITRE III.

DES BOIS ET FORÊTS QUI FONT PARTIE DES DOMAINES DE L'ÉTAT.

SECTION Ire.

De la Délimitation et du Bornage.

8. La séparation entre les bois et forêts de l'État et les propriétés riveraines pourra être requise, soit par l'administration forestière, soit par les propriétaires riverains.

9. L'action en séparation sera intentée, soit par l'État, soit par les propriétaires riverains, dans les formes ordinaires. — Toutefois, il sera sursis à statuer sur les actions partielles, si l'administration forestière offre d'y faire droit dans le délai de six mois, en procédant à la délimitation générale de la forêt.

10. Lorsqu'il y aura lieu d'opérer la délimitation générale et le bornage

47

d'une forêt de l'Etat, cette opération sera annoncée deux mois d'avance par un arrêté du préfet, qui sera publié et affiché dans les communes limitrophes, et signifié au domicile des propriétaires riverains ou à celui de leurs fermiers, gardes ou agens. — Après ce délai, les agens de l'administration forestière procéderont à la délimitation en présence ou en l'absence des propriétaires riverains.

11. Le procès verbal de la délimitation sera immédiatement déposé au secrétariat de la préfecture, et par extrait au secrétariat de la sous-préfecture, en ce qui concerne chaque arrondissement. Il en sera donné avis par un arrêté du préfet, publié et affiché dans les communes limitrophes. Les intéressés pourront en prendre connaissance, et former leur opposition dans le délai d'une année, à dater du jour où l'arrêté aura été publié. — Dans le même délai, le Gouvernement déclarera s'il approuve ou s'il refuse d'homologuer ce procès verbal en tout ou en partie. — Sa déclaration sera rendue publique de la même manière que le procès verbal de délimitation.

12. Si, à l'expiration de ce délai, il n'a été élevé aucune réclamation par les propriétaires riverains contre le procès verbal de délimitation, et si le Gouvernement n'a pas déclaré son refus d'homologuer, l'opération sera définitive. — Les agens de l'administration forestière procéderont, dans le mois suivant, au bornage, en présence des parties intéressées, ou celles dûment appelées par un arrêté du préfet, ainsi qu'il est prescrit par l'article 10.

13. En cas de contestations élevées, soit pendant les opérations, soit par suite d'oppositions formées par les riverains en vertu de l'article 11, elles seront portées par les parties intéressées devant les tribunaux compétens, et il sera sursis à l'abornement jusqu'après leur décision. — Il y aura également lieu au recours devant les tribunaux de la part des propriétaires riverains, si, dans le cas prévu par l'article 12, les agens forestiers se refusaient à procéder au bornage.

14. Lorsque la séparation ou délimitation sera effectuée par un simple bornage, elle sera faite à frais communs. — Lorsqu'elle sera effectuée par des fossés de clôture, ils seront exécutés aux frais de la partie requérante, et pris en entier sur son terrain.

SECTION II.

De l'Aménagement.

15. Tous les bois et forêts du domaine de l'Etat sont assujettis à un aménagement réglé par des ordonnances royales.

16. Il ne pourra être fait dans les bois de l'Etat aucune coupe extraordinaire quelconque, ni aucune coupe de quarts en réserve ou de massifs réservés par l'aménagement pour croître en futaie, sans une ordonnance spéciale du Roi, à peine de nullité des ventes, sauf le recours des adjudicataires, s'il y a lieu, contre les fonctionnaires ou agens qui auraient ordonné ou autorisé ces coupes. — Cette ordonnance spéciale sera insérée au Bulletin des lois.

SECTION III.

Des Adjudications des Coupes.

17. Aucune vente ordinaire ou extraordinaire ne pourra avoir lieu dans les bois de l'Etat que par voie d'adjudication publique, laquelle devra être annoncée, au moins quinze jours d'avance, par des affiches apposées dans le chef-lieu du département, dans le lieu de la vente, dans la commune de la situation des bois, et dans les communes environnantes.

18. Toute vente faite autrement que par adjudication publique sera considérée comme vente clandestine, et déclarée nulle. Les fonctionnaires et agens qui auraient ordonné ou effectué la vente seront condamnés solidairement à une amende de 5.000 fr. au moins, et de 6.000 fr. au plus, et l'acquéreur sera puni d'une amende égale à la valeur des bois vendus.

19. Sera de même annulée, quoique faite par adjudication publique, toute vente qui n'aura point été précédée des publications et affiches prescrites par l'article 17, ou qui aura été effectuée dans d'autres lieux ou à un autre jour que ceux qui auront été indiqués par les affiches ou les procès verbaux de remise de vente. — Les fonctionnaires ou agens qui auraient contrevenu à ces dispositions seront condamnés solidairement à une amende de 1.000 à 5.000 fr.; et une amende pareille sera prononcée contre les adjudicataires, en cas de complicité.

20. Toutes les contestations qui pourront s'élever pendant les opérations d'adjudication, sur la validité des enchères ou sur la solvabilité des enchérisseurs et des cautions, seront décidées immédiatement par le fonctionnaire qui présidera la séance d'adjudication.

21. Ne pourront prendre part aux ventes, ni par eux-mêmes, ni par personnes interposées, directement ou indirectement, soit comme parties principales, soit comme associés ou cautions : — 1° Les agens et gardes forestiers et les agens forestiers de la marine, dans toute l'étendue du royaume, les fonctionnaires chargés de présider ou de concourir aux ventes, et les receveurs du produit des coupes, dans toute l'étendue du territoire où ils exercent leurs fonctions. — En cas de contravention, ils seront punis d'une amende qui ne pourra excéder le quart ni être moindre du douzième du montant de l'adjudication, et ils seront en outre passibles de l'emprisonnement et de l'interdiction qui sont prononcés par l'art. 175 du Code pénal; — 2° Les parens et alliés en ligne directe, les frères et beaux-frères, oncles et neveux des agens et gardes forestiers et des agens forestiers de la marine, dans toute l'étendue du territoire pour lequel ces agens ou gardes sont commissionnés. — En cas de contravention, ils seront punis d'une amende égale à celle qui est prononcée par le paragraphe précédent : — 3° Les conseillers de préfecture, les juges, officiers du ministère public et greffiers des tribunaux de première instance, dans tout l'arrondissement de leur ressort. — En cas de contravention, ils seront passibles de tous dommages-intérêts, s'il y a lieu. —

Toute adjudication qui serait faite en contravention aux dispositions du présent article, sera déclarée nulle.

22. Toute association secrète ou manœuvre entre les marchands de bois ou autres, tendant à nuire aux enchères, à les troubler ou à obtenir les bois à plus bas prix, donnera lieu à l'application des peines portées par l'article 412 du Code pénal, indépendamment de tous dommages-intérêts : et si l'adjudication a été faite au profit de l'association secrète ou des auteurs desdites manœuvres, elle sera déclarée nulle.

23. Aucune déclaration de command ne sera admise, si elle n'est faite immédiatement après l'adjudication et séance tenante.

24. Faute par l'adjudicataire de fournir les cautions exigées par le cahier des charges, dans le délai prescrit, il sera déclaré déchu de l'adjudication par un arrêté du préfet, et il sera procédé, dans les formes ci-dessus prescrites, à une nouvelle adjudication de la coupe à sa folle-enchère. — L'adjudicataire déchu sera tenu, par corps, de la différence entre son prix et celui de la revente, sans pouvoir réclamer l'excédant, s'il y en a.

25. Toute personne capable et reconnue solvable sera admise, jusqu'à l'heure de midi du lendemain de l'adjudication, à faire une offre de surenchère, qui ne pourra être moindre du cinquième du montant de l'adjudication. — Dès qu'une pareille offre aura été faite, l'adjudicataire et les surenchérisseurs pourront faire de semblables déclarations de simple surenchère, jusqu'à l'heure de midi du surlendemain de l'adjudication, heure à laquelle le plus offrant restera définitivement adjudicataire. — Toutes déclarations de surenchère devront être faites au secrétariat qui sera indiqué par le cahier des charges, et dans les délais ci-dessus fixés : le tout sous peine de nullité. — Le secrétaire commis à l'effet de recevoir ces déclarations sera tenu de les consigner immédiatement sur un registre à ce destiné, d'y faire mention expresse du jour et de l'heure précise où il les aura reçues, et d'en donner commu-

nication à l'adjudicataire et aux surenchérisseurs, dès qu'il en sera requis; le tout sous peine de 5oo fr. d'amende, sans préjudice de plus fortes peines en cas de collusion. — En conséquence, il n'y aura lieu à aucune signification des déclarations de surenchère, soit par l'administration, soit par les adjudicataires et surenchérisseurs.

26. Toutes contestations au sujet de la validité des surenchères seront portées devant les conseils de préfecture.

27. Les adjudicataires et surenchérisseurs sont tenus, au moment de l'adjudication ou de leurs déclarations de surenchère, d'élire domicile dans le lieu où l'adjudication aura été faite; faute par eux de le faire, tous actes postérieurs leur seront valablement signifiés au secrétariat de la sous-préfecture.

28. Tout procès verbal d'adjudication emporte exécution parée et contrainte par corps contre les adjudicataires, leurs associés et cautions, tant pour le paiement du prix principal de l'adjudication que pour accessoires et frais. — Les cautions sont en outre contraignables, solidairement et par les mêmes voies, au paiement des dommages, restitutions et amendes qu'aurait encourus l'adjudicataire.

SECTION IV.

Des Exploitations.

29. Après l'adjudication, il ne pourra être fait aucun changement à l'assiette des coupes, et il n'y sera ajouté aucun arbre ou portion de bois, sous quelque prétexte que ce soit, à peine, contre l'adjudicataire, d'une amende égale au triple de la valeur des bois non compris dans l'adjudication, et sans préjudice de la restitution de ces mêmes bois ou de leur valeur. — Si les bois sont de meilleure nature ou qualité, ou plus âgés que ceux de la vente, il paiera l'amende comme pour bois coupé en délit, et une somme double à titre de dommages-intérêts. — Les agens forestiers qui auraient permis ou toléré ces additions ou changemens, seront punis de pareille amende, sauf l'application, s'il y a lieu, de l'article 207 de la présente loi.

30. Les adjudicataires ne pourront commencer l'exploitation de leurs coupes, avant d'avoir obtenu, par écrit, de l'agent forestier local, le permis d'exploiter, à peine d'être poursuivis comme délinquans pour les bois qu'ils auraient coupés.

31. Chaque adjudicataire sera tenu d'avoir un facteur ou garde-vente, qui sera agréé par l'agent forestier local, et assermenté devant le juge de paix —Ce garde-vente sera autorisé à dresser des procès verbaux, tant dans la vente qu'à l'ouïe de la cognée. Ses procès verbaux seront soumis aux mêmes formalités que ceux des gardes forestiers, et feront foi jusqu'à preuve contraire. — L'espace appelé l'ouïe de la cognée est fixé à la distance de deux cent cinquante mètres, à partir des limites de la coupe.

32. Tout adjudicataire sera tenu, sous peine de 100 fr. d'amende, de déposer chez l'agent forestier local et au greffe du tribunal de l'arrondissement l'empreinte du marteau destiné à marquer les arbres et bois de sa vente. — L'adjudicataire et ses associés ne pourront avoir plus d'un marteau pour la même vente, ni en marquer d'autres bois que ceux qui proviendront de cette vente, sous peine de 5oo fr. d'amende.

33. L'adjudicataire sera tenu de respecter tous les arbres marqués ou désignés pour demeurer en réserve, quelle que soit leur qualification, lors même que le nombre en excéderait celui qui est porté au procès verbal de martelage, et sans que l'on puisse admettre en compensation d'arbres coupés en contravention, d'autres arbres non réservés que l'adjudicataire aurait laissés sur pied.

34. Les amendes encourues par les adjudicataires, en vertu de l'article précédent, pour abattage ou déficit d'arbres réservés, seront du tiers en sus de celles qui sont déterminées par l'article 192, toutes les fois que l'essence et la circonférence des arbres pourront être constatées. — Si, à raison de l'enlèvement des arbres et de leurs souches, ou de toute autre cir-

constance, il y a impossibilité de constater l'essence et la dimension des arbres, l'amende ne pourra être moindre de 5o fr. ni excéder 2oo fr. — Dans tous les cas, il y aura lieu à la restitution des arbres, ou, s'ils ne peuvent être représentés, de leur valeur, qui sera estimée à une somme égale à l'amende encourue. — Sans préjudice des dommages-intérêts.

35. Les adjudicataires ne pourront effectuer aucune coupe ni enlèvement de bois avant le lever ni après le coucher du soleil, à peine de 1oo fr. d'amende.

36. Il leur est interdit, à moins que le procès-verbal d'adjudication n'en contienne l'autorisation expresse, de peler ou d'écorcer sur pied aucun des bois de leurs ventes, sous peine de 5o à 5oo fr. d'amende; et il y aura lieu à la saisie des écorces et bois écorcés, comme garantie des dommages-intérêts, dont le montant ne pourra être inférieur à la valeur des arbres indûment pelés ou écorcés.

37. Toute contravention aux clauses et conditions du cahier des charges, relativement au mode d'abattage des arbres et au nettoiement des coupes, sera puni d'une amende qui ne pourra être moindre de 5o fr. ni excéder 5oo fr., sans préjudice des dommages-intérêts.

38. Les agens forestiers indiqueront, par écrit, aux adjudicataires, les lieux où il pourra être établi des fosses ou fourneaux pour charbon, des loges ou des ateliers : il n'en pourra être placé ailleurs, sous peine, contre l'adjudicataire, d'une amende de 5o fr. pour chaque fosse ou fourneau, loge ou atelier établi en contravention à cette disposition.

39. La traite des bois se fera par les chemins désignés au cahier des charges, sous peine, contre ceux qui en pratiqueraient de nouveaux, d'une amende dont le minimum sera de 5o francs et le maximum de 2oo francs, outre les dommages-intérêts.

40. La coupe des bois et la vidange des ventes seront faites dans les délais fixés par le cahier des charges, à moins que les adjudicataires n'aient obtenu de l'administration forestière une pro-

rogation de délai; à peine d'une amende de 5o à 5oo fr., et, en outre, des dommages-intérêts, dont le montant ne pourra être inférieur à la valeur estimative des bois restés sur pied ou gisans sur les coupes. — Il y aura lieu à la saisie de ces bois, à titre de garantie pour les dommages-intérêts.

41. A défaut, par les adjudicataires, d'exécuter, dans les délais fixés par le cahier des charges, les travaux que ce cahier leur impose, tant pour relever et faire façonner les ramiers, et pour nettoyer les coupes des épines, ronces et arbustes nuisibles, selon le mode prescrit à cet effet, que pour les réparations des chemins de vidanges, fossés, repiquement de places à charbon et autres ouvrages à leur charge, ces travaux seront exécutés à leurs frais, à la diligence des agens forestiers, et sur l'autorisation du préfet, qui arrêtera ensuite le mémoire des frais, et le rendra exécutoire contre les adjudicataires pour le paiement.

42. Il est défendu à tous adjudicataires, leurs facteurs et ouvriers, d'allumer du feu ailleurs que dans leurs loges ou ateliers, à peine d'une amende de 1o à 1oo fr., sans préjudice de la réparation du dommage qui pourrait résulter de cette contravention.

43. Les adjudicataires ne pourront déposer dans leurs ventes d'autres bois que ceux qui en proviendront, sous peine d'une amende de 1oo francs à 1,ooo francs.

44. Si, dans le cours de l'exploitation ou de la vidange, il était dressé des procès verbaux de délits ou vices d'exploitation, il pourra y être donné suite sans attendre l'époque du récolement. — Néanmoins, en cas d'insuffisance d'un premier procès verbal, sur lequel il ne sera pas intervenu de jugement, les agens forestiers pourront, lors du récolement, constater par un nouveau procès verbal les délits et contraventions.

45. Les adjudicataires, à dater du permis d'exploiter, et jusqu'à ce qu'ils aient obtenu leur décharge, sont responsables de tout délit forestier commis dans leurs ventes et à l'ouïe de la cognée, si leurs facteurs ou gardes-ventes n'en font leurs rapports, les-

quels doivent être remis à l'agent forestier dans le délai de cinq jours.

46. Les adjudicataires et leurs cautions seront responsables et contraignables par corps au paiement des amendes et restitutions encourues pour délits et contraventions commis, soit dans la vente, soit à l'ouïe de la cognée, par les facteurs, gardes-ventes, ouvriers, bûcherons, voituriers, et tous autres employés par les adjudicataires.

SECTION V.

Des Réarpentages et Récolemens.

47. Il sera procédé au réarpentage et au récolement de chaque vente, dans les trois mois qui suivront le jour de l'expiration des délais accordés pour la vidange des coupes. — Ces trois mois écoulés, les adjudicataires pourront mettre en demeure l'administration par acte extrajudiciaire signifié à l'agent forestier local : et si, dans le mois après la signification de cet acte, l'administration n'a pas procédé au réarpentage et au récolement, l'adjudicataire demeurera libéré.

48. L'adjudicataire ou son cessionnaire sera tenu d'assister au récolement : et il lui sera, à cet effet, signifié, au moins dix jours d'avance, un acte contenant l'indication des jours où se feront le réarpentage et le récolement : faute par lui de se trouver sur les lieux ou de s'y faire représenter, les procès verbaux de réarpentage et de récolement seront réputés contradictoires.

49. Les adjudicataires auront le droit d'appeler un arpenteur de leur choix pour assister aux opérations du réarpentage : à défaut par eux d'user de ce droit, les procès verbaux de réarpentage n'en seront pas moins réputés contradictoires.

50. Dans le délai d'un mois après la clôture des opérations, l'administration et l'adjudicataire pourront requérir l'annulation du procès verbal pour défaut de forme ou pour fausse énonciation. — Ils se pourvoiront, à cet effet, devant le conseil de préfecture, qui statuera. — En cas d'annulation du procès verbal, l'administration pourra, dans le mois qui suivra,

y faire suppléer par un nouveau procès verbal.

51. À l'expiration des délais fixés par l'article 50, et si l'administration n'a élevé aucune contestation, le préfet délivrera à l'adjudicataire la décharge d'exploitation.

52. Les arpenteurs seront passibles de tous dommages-intérêts par suite des erreurs qu'ils auront commises, lorsqu'il en résultera une différence d'un vingtième de l'étendue de la coupe. — Sans préjudice de l'application, s'il y a lieu, des dispositions de l'art. 207.

SECTION VI.

Des Adjudications de Glandée, Panage et Paisson.

53. Les formalités prescrites par la section III du présent titre, pour les adjudications des coupes de bois, seront observées pour les adjudications de glandée, panage et paisson. — Toutefois, dans les cas prévus par les articles 18 et 19, l'amende infligée aux fonctionnaires et agens sera de 100 fr. au moins et de 1,000 fr. au plus, et celle qui aura été encourue par l'acquéreur sera égale au montant du prix de la vente.

54. Les adjudicataires ne pourront introduire dans les forêts un plus grand nombre de porcs que celui qui sera déterminé par l'acte d'adjudication, sous peine d'une amende double de celle qui est prononcée par l'article 199.

55. Les adjudicataires seront tenus de faire marquer les porcs d'un fer chaud, sous peine d'une amende de 5 francs par chaque porc qui ne serait point marqué. — Ils devront déposer l'empreinte de cette marque au greffe du tribunal, et le fer servant à la marque au bureau de l'agent forestier local, sous peine de 50 fr. d'amende.

56. Si les porcs sont trouvés hors des cantons désignés par l'acte d'adjudication, ou des chemins indiqués pour s'y rendre, il y aura lieu, contre l'adjudicataire, aux peines prononcées par l'article 199. En cas de récidive, outre l'amende encourue par l'adjudicataire, le pâtre sera condam-

né à un emprisonnement de cinq à quinze jours.

57. Il est défendu aux adjudicataires d'abattre, de ramasser ou d'emporter des glands, faînes ou autres fruits, semences ou productions des forêts, sous peine d'une amende double de celle qui est prononcée par l'art. 144.

SECTION VII.
Des Affectations à titre particulier dans les Bois de l'Etat.

58. Les affectations de coupes de bois ou délivrances, soit par stères, soit par pieds d'arbre, qui ont été concédées à des communes, à des établissemens industriels ou à des particuliers, nonobstant les prohibitions établies par les lois et les ordonnances alors existantes, continueront d'être exécutées jusqu'à l'expiration du terme fixé par les actes de concession, s'il ne s'étend pas au-delà du 1er septembre 1837. — Les affectations faites au préjudice des mêmes prohibitions, soit à perpétuité, soit sans indication de termes, ou à des termes plus éloignés que le 1er septembre 1837, cesseront à cette époque d'avoir aucun effet. — Les concessionnaires de ces dernières affectations qui prétendraient que leur titre n'est pas atteint par les prohibitions ci-dessus rappelées, et qu'il leur confère des droits irrévocables, devront, pour y faire statuer, se pourvoir devant les tribunaux, dans l'année qui suivra la promulgation de la présente loi, sous peine de déchéance. — Si leur prétention est rejetée, ils jouiront néanmoins des effets de la concession, jusqu'au terme fixé par le second paragraphe du présent article. — Dans le cas où leur titre serait reconnu valable par les tribunaux, le Gouvernement, quelles que soient la nature et la durée de l'affectation, aura la faculté d'en affranchir les forêts de l'Etat, moyennant un cantonnement qui sera réglé de gré à gré, ou en cas de contestation, par les tribunaux, pour tout le temps que devait durer la concession. L'action en cantonnement ne pourra pas être exercée par les concessionnaires.

59. Les affectations faites pour le service d'une usine cesseront en entier, de plein droit et sans retour, si le roulement de l'usine est arrêté pendant deux années consécutives, sauf les cas d'une force majeure dûment constatée.

60. A l'avenir, il ne sera fait dans les bois de l'Etat aucune affectation ou concession de la nature de celles dont il est question dans les deux articles précédens.

SECTION VIII.
Des Droits d'usage dans les Bois de l'Etat.

61. Ne seront admis à exercer un droit d'usage quelconque dans les bois de l'Etat, que ceux dont les droits auront été, au jour de la promulgation de la présente loi, reconnus fondés, soit par des actes du Gouvernement, soit par des jugemens ou arrêts définitifs, ou seront reconnus tels par suite d'instances administratives ou judiciaires actuellement engagées, ou qui seraient intentées devant les tribunaux, dans le délai de deux ans, à dater du jour de la promulgation de la présente loi, par des usagers actuellement en jouissance.

62. Il ne sera plus fait, à l'avenir, dans les forêts de l'Etat, aucune concession de droits d'usage, de quelque nature et sous quelque prétexte que ce puisse être.

63. Le Gouvernement pourra affranchir les forêts de l'Etat de tout droit d'usage en bois, moyennant un cantonnement qui sera réglé de gré à gré, et, en cas de contestation, par les tribunaux. — L'action en affranchissement d'usage par voie de cantonnement n'appartiendra qu'au Gouvernement et non aux usagers.

64. Quant aux autres droits d'usage quelconques et aux pâturage, panage et glandée dans les mêmes forêts, ils ne pourront être convertis en cantonnement; mais ils pourront être rachetés moyennant des indemnités qui seront réglées de gré à gré, ou, en cas de contestation, par les tribunaux. — Néanmoins le rachat ne pourra être requis par l'administration, dans les lieux où l'exercice du droit de pâturage est devenu d'une absolue néces-

sité pour les habitans d'une ou de plusieurs communes. Si cette nécessité est contestée par l'administration forestière, les parties se pourvoiront devant le conseil de préfecture, qui, après une enquête *de commodo et incommodo*, statuera sauf le recours au Conseil d'Etat.

65. Dans toutes les forêts de l'Etat qui ne seront point affranchies au moyen du cantonnement ou de l'indemnité, conformément aux art. 63 et 64 ci-dessus, l'exercice des droits d'usage pourra toujours être réduit par l'administration, suivant l'état et la possibilité des forêts, et n'aura lieu que conformément aux dispositions contenues aux articles suivans. — En cas de contestation sur la possibilité et l'état des forêts, il y aura lieu à recours au conseil de préfecture.

66. La durée de la glandée et du panage ne pourra excéder trois mois. — L'époque de l'ouverture en sera fixée chaque année par l'administration forestière.

67. Quels que soient l'âge ou l'essence des bois, les usagers ne pourront exercer leurs droits de pâturage et de panage que dans les cantons qui auront été déclarés défensables par l'administration forestière, sauf le recours au conseil de préfecture, et ce nonobstant toutes possessions contraires.

68. L'administration forestière fixera, d'après les droits des usagers, le nombre des porcs qui pourront être mis en panage et des bestiaux qui pourront être admis au pâturage.

69. Chaque année, avant le 1er mars pour le pâturage, et un mois avant l'époque fixée par l'administration forestière pour l'ouverture de la glandée et du panage, les agens forestiers feront connaître aux communes et aux particuliers jouissant des droits d'usage, les cantons déclarés défensables, et le nombre des bestiaux qui seront admis au pâturage et au panage. — Les maires seront tenus d'en faire la publication dans les communes usagères.

70. Les usagers ne pourront jouir de leurs droits de pâturage et de panage que pour les bestiaux à leur propre usage, et non pour ceux dont ils font commerce, à peine d'une amende double de celle qui est prononcée par l'article 199.

71. Les chemins par lesquels les bestiaux devront passer pour aller au pâturage ou au panage et en revenir, seront désignés par les agens forestiers. — Si ces chemins traversent des taillis ou des recrûs de futaies non défensables, il pourra être fait, à frais communs entre les usagers et l'administration, et d'après l'indication des agens forestiers, des fossés suffisamment larges et profonds, ou toute autre clôture, pour empêcher les bestiaux de s'introduire dans les bois.

72. Le troupeau de chaque commune ou section de commune devra être conduit par un ou plusieurs pâtres communs, choisis par l'autorité municipale; en conséquence, les habitans des communes usagères ne pourront ni conduire eux-mêmes ni faire conduire leurs bestiaux à garde séparée, sous peine de 2 fr. d'amende par tête de bétail. — Les porcs ou bestiaux de chaque commune ou section de commune usagère formeront un troupeau particulier et sans mélange de bestiaux d'une autre commune ou section, sous peine d'une amende de 5 à 10 fr. contre le pâtre, et d'un emprisonnement de cinq à dix jours en cas de récidive. — Les communes et sections de commune seront responsables des condamnations pécuniaires qui pourront être prononcées contre lesdits pâtres ou gardiens, tant pour les délits et contraventions prévus par le présent titre, que pour tous autres délits forestiers commis par eux pendant le temps de leur service et dans les limites du parcours.

73. Les porcs et bestiaux seront marqués d'une marque spéciale. — Cette marque devra être différente pour chaque commune ou section de commune usagère. — Il y aura lieu, par chaque tête de porc ou de bétail non marqué, à une amende de 5 fr.

74. L'usager sera tenu de déposer l'empreinte de la marque au greffe du tribunal de première instance, et le fer servant à la marque au bureau de

l'agent forestier local ; le tout sous peine de 50 fr. d'amende.

75. Les usagers mettront des clochettes au cou de tous les animaux admis au pâturage, sous peine de 2 fr. d'amende par chaque bête qui serait trouvée sans clochette dans les forêts.

76. Lorsque les porcs et bestiaux des usagers seront trouvés hors des cantons déclarés défensables ou désignés pour le panage, ou hors des chemins indiqués pour s'y rendre, il y aura lieu contre le pâtre à une amende de 5 à 30 fr. En cas de récidive, le pâtre pourra être condamné en outre à un emprisonnement de cinq à quinze jours.

77. Si les usagers introduisent au pâturage un plus grand nombre de bestiaux, ou au panage un plus grand nombre de porcs que celui qui aura été fixé par l'administration conformément à l'article 68, il y aura lieu, pour l'excédant, à l'application des peines prononcées par l'article 199.

78. Il est défendu à tous usagers, nonobstant tous titres et possessions contraires, de conduire ou faire conduire des chèvres, brebis ou moutons dans les forêts ou sur les terrains qui en dépendent, à peine contre les propriétaires, d'une amende qui sera double de celle qui est prononcée par l'article 199, et contre les pâtres ou bergers, de 15 fr. d'amende. En cas de récidive, le pâtre sera condamné, outre l'amende, à un emprisonnement de cinq à quinze jours. — Ceux qui prétendraient avoir joui du pacage ci-dessus en vertu de titres valables ou d'une possession équivalente à titre, pourront, s'il y a lieu, réclamer une indemnité, qui sera réglée de gré à gré, ou, en cas de contestation, par les tribunaux. — Le pacage des moutons pourra néanmoins être autorisé, dans certaines localités, par des ordonnances du Roi.

79. Les usagers qui ont droit à des livraisons de bois, de quelque nature que ce soit, ne pourront prendre ces bois qu'après que la délivrance leur en aura été faite par les agens forestiers, sous les peines portées par le titre XII pour les bois coupés en délit.

80. Ceux qui n'ont d'autre droit que celui de prendre le bois mort, sec et gisant, ne pourront, pour l'exercice de ce droit, se servir de crochets ou ferremens d'aucune espèce, sous peine de 5 fr. d'amende.

81. Si les bois de chauffage se délivrent par coupe, l'exploitation en sera faite, aux frais des usagers, par un entrepreneur spécial nommé par eux et agréé par l'administration forestière. — Aucun bois ne sera partagé sur pied ni abattu par les usagers individuellement, et les lots ne pourront être faits qu'après l'entière exploitation de la coupe, à peine de confiscation de la portion de bois abattu afférente à chacun des contrevenans. — Les fonctionnaires ou agens qui auraient permis ou toléré la contravention, seront passibles d'une amende de 50 fr., et demeureront en outre personnellement responsables, et sans aucun recours, de la mauvaise exploitation et de tous les délits qui pourraient avoir été commis.

82. Les entrepreneurs de l'exploitation des coupes délivrées aux usagers se conformeront à tout ce qui est prescrit aux adjudicataires pour l'usance et la vidange des ventes ; ils seront soumis à la même responsabilité et passibles des mêmes peines en cas de délits ou contraventions. — Les usagers ou communes usagères seront garans solidaires des condamnations prononcées contre lesdits entrepreneurs.

83. Il est interdit aux usagers de vendre ou d'échanger les bois qui leur sont délivrés et de les employer à aucune autre destination que celle pour laquelle le droit d'usage a été accordé. — S'il s'agit de bois de chauffage, la contravention donnera lieu à une amende de 10 à 100 fr. — S'il s'agit de bois à bâtir ou de tout autre bois non destiné au chauffage, il y aura lieu à une amende double de la valeur des bois, sans que cette amende puisse être au-dessous de 50 fr.

84. L'emploi des bois de construction devra être fait dans un délai de deux ans, lequel néanmoins pourra être prorogé par l'administration forestière. Ce délai expiré, elle pourra disposer des arbres non employés.

85. Les défenses prononcées par l'article 57 sont applicables à tous usagers quelconques, et sous les mêmes peines.

TITRE IV.

DES BOIS ET FORÊTS QUI FONT PARTIE DU DOMAINE DE LA COURONNE.

86. Les bois et forêts qui font partie du domaine de la couronne sont exclusivement régis et administrés par le ministre de la maison du Roi, conformément aux dispositions de la loi du 8 novembre 1814.

87. Les agens et gardes des forêts de la couronne sont en tout assimilés aux agens et gardes de l'administration forestière, tant pour l'exercice de leurs fonctions que pour la poursuite des délits et contraventions.

88. Toutes les dispositions de la présente loi qui sont applicables aux bois et forêts du domaine de l'Etat, le sont également aux bois et forêts qui font partie du domaine de la couronne, sauf les exceptions qui résultent de l'article 86 ci-dessus.

TITRE V.

DES BOIS ET FORÊTS QUI SONT POSSÉDÉS A TITRE D'APANAGE OU DE MAJORATS RÉVERSIBLES A L'ÉTAT.

89. Les bois et forêts qui sont possédés par les Princes à titre d'apanage, ou par des particuliers à titre de majorats réversibles à l'Etat, sont soumis au régime forestier, quant à la propriété du sol et à l'aménagement des bois. En conséquence, les agens de l'administration forestière y seront chargés de toutes les opérations relatives à la délimitation, au bornage et à l'aménagement, conformément aux dispositions des sections Ire et II du titre III de la présente loi. Les art. 60 et 62 sont également applicables à ces bois et forêts. — L'administration forestière y fera faire les visites et opérations qu'elle jugera nécessaires pour s'assurer que l'exploitation est conforme à l'aménagement, et que les autres dispositions du présent titre sont exécutées.

TITRE VI.

DES BOIS DES COMMUNES ET DES ÉTABLISSEMENS PUBLICS.

90. Sont soumis au régime forestier, d'après l'article 1er de la présente loi, les bois taillis ou futaies appartenant aux communes et aux établissemens publics, qui auront été reconnus susceptibles d'aménagement ou d'une exploitation régulière, par l'autorité administrative, sur la proposition de l'administration forestière, et d'après l'avis des conseils municipaux ou des administrateurs des établissemens publics. — Il sera procédé dans les mêmes formes à tout changement qui pourrait être demandé, soit de l'aménagement, soit du mode d'exploitation. — En conséquence, toutes les dispositions des six premières sections du titre III leur sont applicables, sauf les modifications et exceptions portées au présent titre. — Lorsqu'il s'agira de la conversion en bois et de l'aménagement de terrains en pâturages, la proposition de l'administration forestière sera communiquée au maire ou aux administrateurs des établissemens publics. Le conseil municipal ou ces administrateurs seront appelés à en délibérer : en cas de contestation, il sera statué par le conseil de préfecture, sauf le pourvoi au Conseil d'Etat.

91. Les communes et établissemens publics ne peuvent faire aucun défrichement de leurs bois, sans une autorisation expresse et spéciale du Gouvernement ; ceux qui l'auraient ordonné ou effectué sans cette autorisation seront passibles des peines portées au titre XV contre les particuliers, pour les contraventions de même nature.

92. La propriété des bois communaux ne peut jamais donner lieu à partage entre les habitans. — Mais lorsque deux ou plusieurs communes possèdent un bois par indivis, chacune conserve le droit d'en provoquer le partage.

93. Un quart des bois appartenant aux communes et aux établissemens publics sera toujours mis en réserve, lorsque ces communes ou établissemens possèderont au moins dix hec-

tares de bois réunis ou divisés. — Cette disposition n'est pas applicable aux bois peuplés totalement en arbres résineux.

94. Les communes et établissemens publics entretiendront, pour la conservation de leurs bois, le nombre de gardes particuliers qui sera déterminé par le maire et les administrateurs des établissemens, sauf l'approbation du préfet, sur l'avis de l'administration forestière.

95. Le choix de ces gardes sera fait, pour les communes, par le maire, sauf l'approbation du conseil municipal; et pour les établissemens publics par les administrateurs de ces établissemens. — Ces choix doivent être agréés par l'administration forestière, qui délivre aux gardes leurs commissions. — En cas de dissentiment, le préfet prononcera.

96. A défaut, par les communes ou établissemens publics, de faire choix d'un garde dans le mois de la vacance de l'emploi, le préfet y pourvoira, sur la demande de l'administration forestière.

97. Si l'administration forestière et les communes ou établissemens publics jugent convenable de confier à un même individu la garde d'un canton de bois appartenant à des communes ou établissemens publics, et d'un canton de bois de l'État, la nomination du garde appartient à cette administration seule. Son salaire sera payé proportionnellement par chacune des parties intéressées.

98. L'administration forestière peut suspendre de leurs fonctions les gardes des bois des communes et des établissemens publics; s'il y a lieu à destitution, le préfet la prononcera, après avoir pris l'avis du conseil municipal ou des administrateurs des établissemens propriétaires, ainsi que de l'administration forestière. — Le salaire de ces gardes est réglé par le préfet, sur la proposition du conseil municipal ou des établissemens propriétaires.

99. Les gardes des bois des communes et des établissemens publics sont en tout assimilés aux gardes des bois de l'État, et soumis à l'autorité des mêmes agens; ils prêtent serment dans les mêmes formes, et leurs procès-verbaux font également foi en justice pour constater les délits et contraventions commis même dans les bois soumis au régime forestier autres que ceux dont la garde leur est confiée.

100. Les ventes des coupes, tant ordinaires qu'extraordinaires, seront faites à la diligence des agens forestiers, dans les mêmes formes que pour les bois de l'État, et en présence du maire ou d'un adjoint, pour les bois des communes, et d'un des administrateurs pour ceux des établissemens publics : sans toutefois que l'absence des maires ou administrateurs, dûment appelés, entraîne la nullité des opérations. — Toute vente ou coupe effectuée par l'ordre des maires des communes ou des administrateurs des établissemens publics en contravention au présent article, donnera lieu contre eux à une amende qui ne pourra être au-dessous de 500 fr, ni excéder 6,000 fr, sans préjudice des dommages-intérêts qui pourraient être dus aux communes ou établissemens propriétaires. — Les ventes ainsi effectuées seront déclarées nulles.

101. Les incapacités et défenses prononcées par l'article 21 sont applicables aux maires, adjoints et receveurs des communes, ainsi qu'aux administrateurs et receveurs des établissemens publics, pour les ventes des bois des communes et établissemens dont l'administration leur est confiée. — En cas de contravention, ils seront passibles des peines prononcées par le paragraphe Ier de l'article précité, sans préjudice des dommages-intérêts, s'il y a lieu : et les ventes seront déclarées nulles.

102. Lors des adjudications des coupes ordinaires et extraordinaires des bois des établissemens publics, il sera fait réserve en faveur de ces établissemens, et suivant les formes qui seront prescrites par l'autorité administrative, de la quantité de bois, tant de chauffage que de construction, nécessaire pour leur propre usage. — Les bois ainsi délivrés ne pourront être employés qu'à la destination pour laquelle ils auront été réservés, et ne

pourront être vendus ni échangés sans l'autorisation du préfet. Les administrateurs qui auraient consenti de pareilles ventes ou échanges, seront passibles d'une amende égale à la valeur de ces bois, et de la restitution, au profit de l'établissement public, de ces mêmes bois ou de leur valeur. Les ventes ou échanges seront en outre déclarés nuls.

103. Les coupes des bois communaux destinées à être partagées en nature pour l'affouage des habitans, ne pourront avoir lieu qu'après que la délivrance en aura été préalablement faite par les agens forestiers, et en suivant les formes prescrites par l'article 81, pour l'exploitation des coupes affouagères délivrées aux communes dans les bois de l'État; le tout sous les peines portées par ledit article.

104. Les actes relatifs aux coupes et arbres délivrés en nature, en exécution des deux articles précédens, seront visés pour timbre et enregistrés en débet, et il n'y aura lieu à la perception des droits que dans le cas de poursuites devant les tribunaux.

105. S'il n'y a titre ou usage contraire, le partage des bois d'affouage se fera par feu, c'est-à-dire, par chef de famille ou de maison ayant domicile réel et fixe dans la commune; s'il n'y a également titre ou usage contraire, la valeur des arbres délivrés pour constructions ou réparations sera estimée à dire d'experts et payée à la commune.

106. Pour indemniser le Gouvernement des frais d'administration des bois des communes ou établissemens publics, il sera ajouté annuellement à la contribution foncière établie sur ces bois une somme équivalente à ces frais. Le montant de cette somme sera réglé chaque année par la loi de finances: elle sera répartie au marc le franc de ladite contribution, et perçue de la même manière.

107. Moyennant les perceptions ordonnées par l'article précédent, toutes les opérations de conservation et de régie dans les bois des communes et des établissemens publics seront faites par les agens et préposés de l'administration forestière, sans aucuns frais.

— Les poursuites, dans l'intérêt des communes et des établissemens publics, pour délits ou contraventions commis dans leurs bois, et la perception des restitutions et dommages-intérêts prononcés en leur faveur, seront effectuées sans frais par les agens du Gouvernement, en même temps que celles qui ont pour objet le recouvrement des amendes dans l'intérêt de l'État. — En conséquence, il n'y aura lieu à exiger à l'avenir des communes et établissemens publics, ni aucun droit de vacation, d'arpentage, de réarpentage, de décime, de prélèvement quelconque, pour les agens et préposés de l'administration forestière, ni le remboursement soit des frais des instances dans lesquelles l'administration succomberait, soit de ceux qui tomberaient en non-valeurs par l'insolvabilité des condamnés.

108. Le salaire des gardes particuliers restera à la charge des communes et des établissemens publics.

109. Les coupes ordinaires et extraordinaires sont principalement affectées au paiement des frais de gardes de la contribution foncière et des sommes qui reviennent au Trésor en exécution de l'article 106. — Si les coupes sont délivrées en nature pour affouage, et que les communes n'aient pas d'autres ressources, il sera distrait une portion suffisante des coupes, pour être vendue aux enchères avant toute distribution, et le prix en être employé au paiement desdites charges.

110. Dans aucun cas et sous aucun prétexte, les habitans des communes et les administrateurs ou employés des établissemens publics ne peuvent introduire ni faire introduire dans les bois appartenant à ces communes ou établissemens publics, des chèvres, brebis ou moutons. sous les peines prononcées par l'article 199 contre ceux qui auraient introduit ou permis d'introduire ces animaux, et par l'article 78 contre les pâtres ou gardiens. Cette prohibition n'aura son exécution que dans deux ans, à compter du jour de la publication de la présente loi, dans les bois où, nonobstant les dispositions de l'ordonnance de 1669, le pâturage des moutons a été toléré jus-

qu'à présent. Toutefois le pacage des brebis ou moutons pourra être autorisé, dans certaines localités, par des ordonnances spéciales de Sa Majesté.

'111. La faculté accordée au Gouvernement par l'article 65, d'affranchir les forêts de l'Etat de tous droits d'usage en bois, est applicable, sous les mêmes conditions, aux communes et aux établissemens publics, pour les bois qui leur appartiennent.

112. Toutes les dispositions de la huitième section du titre III sur l'exercice des droits d'usage dans les bois de l'Etat, sont applicables à la jouissance des communes et des établissemens publics dans leurs propres bois, ainsi qu'aux droits d'usage dont ces mêmes bois pourraient être grevés; sauf les modifications résultant du présent titre, et à l'exception des art. 61, 73, 74, 83 et 84.

TITRE VII.

DES BOIS ET FORÊTS INDIVIS QUI SONT SOUMIS AU RÉGIME FORESTIER.

113. Toutes les dispositions de la présente loi relatives à la conservation et à la régie des bois qui font partie du domaine de l'Etat, ainsi qu'à la poursuite des délits et contraventions commis dans ces bois, sont applicables aux bois indivis mentionnés à l'article 1er § VI de la présente loi, sauf les modifications portées par le titre VI pour les bois des communes et des établissemens publics.

114. Aucune coupe ordinaire ou extraordinaire, exploitation ou vente, ne pourra être faite par les possesseurs copropriétaires, sous peine d'une amende égale à la valeur de la totalité des bois abattus ou vendus; toutes ventes ainsi faites seront déclarées nulles.

115. Les frais de délimitation, d'arpentage et de garde seront supportés par le domaine et les copropriétaires, chacun dans la proportion de ses droits. — L'administration forestière nommera les gardes, réglera leur salaire, et aura seule le droit de les révoquer.

116. Les copropriétaires auront, dans les restitutions et dommages-intérêts, la même part que dans le produit des ventes, chacun dans la proportion de ses droits.

TITRE VIII.

DES BOIS DES PARTICULIERS.

117. Les propriétaires qui voudront avoir, pour la conservation de leurs bois, des gardes particuliers, devront les faire agréer par le sous-préfet de l'arrondissement, sauf le recours au préfet en cas de refus. — Ces gardes ne pourront exercer leurs fonctions qu'après avoir prêté serment devant le tribunal de première instance.

118. Les particuliers jouiront, de la même manière que le Gouvernement et sous les conditions déterminées par l'article 65, de la faculté d'affranchir leurs forêts de tous droits d'usage en bois.

119. Les droits de pâturage, parcours, panage et glandée dans les bois des particuliers, ne pourront être exercés que dans les parties de bois déclarées défensables par l'administration forestière, et suivant l'état et la possibilité des forêts, reconnus et constatés par la même administration. — Les chemins par lesquels les bestiaux devront passer pour aller au pâturage et pour en revenir seront désignés par le propriétaire.

120. Toutes les dispositions contenues dans les articles 64, 66, § I; 70, 72, 73, 75, 76; 78, § I et II; 79, 80, 83 et 85 de la présente loi, sont applicables à l'exercice des droits d'usage dans les bois des particuliers, lesquels y exercent, à cet effet, les mêmes droits et la même surveillance que les agens du Gouvernement dans les forêts soumises au régime forestier.

121. En cas de contestation entre le propriétaire et l'usager, il sera statué par les tribunaux.

TITRE IX.

AFFECTATIONS SPÉCIALES DES BOIS A DES SERVICES PUBLICS.

SECTION Ire.

Des Bois destinés au service de la Marine.

122. Dans tous les bois soumis au régime forestier, lorsque des coupes

48

devront y avoir lieu, le département de la marine pourra faire choisir et marteler par ses agens les arbres propres aux constructions navales, parmi ceux qui n'auront pas été marqués en réserve par les agens forestiers.

123. Les arbres ainsi marqués seront compris dans les adjudications et livrés par les adjudicataires à la marine, aux conditions qui seront indiquées ci-après.

124. Pendant dix ans, à compter de la promulgation de la présente loi, le département de la marine exercera le droit de choix et de martelage sur les bois des particuliers, futaies, arbres de réserve, avenues, lisières et arbres épars. — Ce droit ne pourra être exercé que sur les arbres en essence de chêne, qui seront destinés à être coupés, et dont la circonférence, mesurée à un mètre du sol, sera de 15 décimètres au moins. — Les arbres qui existeront dans les lieux clos attenant aux habitations, et qui ne sont point aménagés en coupes réglées, ne seront point assujettis au martelage.

125. Tous les propriétaires seront tenus, sauf l'exception énoncée en l'article précédent, et hors le cas de besoins personnels pour réparations et constructions, de faire, six mois d'avance, à la sous-préfecture, la déclaration des arbres qu'ils ont l'intention d'abattre, et les lieux où ils sont situés. — Le défaut de déclaration sera puni d'une amende de 18 fr. par mètre de tour pour chaque arbre susceptible d'être déclaré.

126. Les particuliers pourront disposer librement des arbres déclarés, si la marine ne les a pas fait marquer pour son service, dans les six mois à compter du jour de l'enregistrement de la déclaration à la sous-préfecture. — Les agens de la marine seront tenus, à peine de nullité de leur opération, de dresser des procès verbaux de martelage des arbres dans les bois de l'Etat, des communes, des établissemens publics et des particuliers, de faire viser ces procès verbaux par le maire, dans la huitaine, et d'en déposer immédiatement une expédition à la mairie de la commune où le martelage aura eu lieu. — Aussitôt après ce

dépôt, les adjudicataires, communes, établissemens ou propriétaires, pourront disposer des bois qui n'auront pas été marqués.

127. Les adjudicataires des bois soumis au régime forestier, les maires des communes, ainsi que les administrateurs des établissemens publics, pour les exploitations faites sans adjudication, et les particuliers, traiteront de gré à gré du prix de leurs bois avec la marine. — En cas de contestation le prix sera réglé par experts nommés contradictoirement, et, s'il y a partage entre les experts, il en sera nommé un d'office par le président du tribunal de première instance, à la requête de la partie la plus diligente; les frais de l'expertise seront supportés en commun.

128. Les adjudicataires des bois soumis au régime forestier, les maires des communes, ainsi que les administrateurs des établissemens publics pour les exploitations faites sans adjudication, et les particuliers, pourront disposer librement des arbres marqués pour la marine, si, dans les trois mois après qu'ils en auront fait notifier à la sous-préfecture l'abattage, la marine n'a pas pris livraison de la totalité des arbres marqués appartenant au même propriétaire, et n'en a pas acquitté le prix.

129. La marine aura, jusqu'à l'abattage des arbres, la faculté d'annuler les martelages opérés pour son service; mais, conformément à l'article précédent, elle devra prendre tous les arbres marqués qui auront été abattus, ou les abandonner en totalité.

130. Lorsque les propriétaires de bois n'auront pas fait abattre les arbres déclarés, dans le délai d'un an, à dater du jour de leur déclaration, elle sera considérée comme non avenue, et ils seront tenus d'en faire une nouvelle.

131. Ceux qui, dans les cas de besoins personnels pour réparations ou constructions, voudront faire abattre des arbres sujets à déclaration, ne pourront procéder à l'abattage qu'après avoir fait préalablement constater ces besoins par le maire de la commune. — Tout propriétaire convaincu

d'avoir, sans motifs valables, donné en tout ou en partie, à ses arbres, une destination autre que celle qui aura été énoncée dans le procès verbal constatant les besoins personnels, sera passible de l'amende portée par l'art. 125 pour défaut de déclaration.

132. Le Gouvernement déterminera les formalités à remplir, tant pour les déclarations de volonté d'abattre, que pour constater, soit les besoins, dans le cas prévu par l'article précédent, soit les martelages et les abattages. Ces formalités seront remplies sans frais.

133. Les arbres qui auront été marqués pour le service de la marine, dans les bois soumis au régime forestier, comme sur toute propriété privée, ne pourront être distraits de leur destination, sous peine d'une amende de 45 fr. par mètre de tour de chaque arbre; sauf néanmoins les cas prévus par les articles 126 et 128. Les arbres marqués pour le service de la marine ne pourront être écarris avant la livraison, ni détériorés par ses agens avec des haches, scies, sondes ou autres instrumens, à peine de la même amende.

134. Les délits et contraventions concernant le service de la marine seront constatés, dans tous les bois, par procès verbaux, soit des agens et gardes forestiers, soit des maîtres, contre-maîtres et aides-contre-maîtres assermentés de la marine: en conséquence, les procès verbaux de ces maîtres, contre-maîtres et aides contre-maîtres feront foi en justice comme ceux des gardes forestiers, pourvu qu'ils soient dressés et affirmés dans les mêmes formes et dans les mêmes délais.

135. Les dispositions du présent titre ne sont applicables qu'aux localités où le droit de martelage sera jugé indispensable pour le service de la marine, et pourra être utilement exercé par elle. — Le Gouvernement fera dresser et publier l'état des départemens, arrondissemens et cantons qui ne seront pas soumis à l'exercice de ce droit. — La même publicité sera donnée au rétablissement de cet exercice dans les localités exercées, lorsque le Gouvernement jugera ce rétablissement nécessaire.

SECTION II.

Des Bois destinés au service des Ponts et Chaussées pour les travaux du Rhin.

136. Dans tous les cas où les travaux d'endigage ou de fascinage sur le Rhin exigeront une prompte fourniture de bois ou oseraies, le préfet, en constatant l'urgence, pourra en requérir la délivrance, d'abord dans les bois de l'Etat: en cas d'insuffisance de ces bois, dans ceux des communes et des établissemens publics, et subsidiairement enfin dans ceux des particuliers: le tout à la distance de cinq kilomètres des bords du fleuve.

137. En conséquence, tous particuliers propriétaires de bois taillis ou autres dans les îles, sur les rives, et à une distance de cinq kilomètres des bords du fleuve, seront tenus de faire, trois mois d'avance, à la sous-préfecture, une déclaration des coupes qu'ils se proposeront d'exploiter. — Si, dans le délai de trois mois, les bois ne sont pas requis, le propriétaire pourra en disposer librement.

138. Tout propriétaire qui, hors les cas d'urgence, effectuerait la coupe de ses bois sans avoir fait la déclaration prescrite par l'article précédent, sera condamné à une amende d'un franc par are de bois ainsi exploité. — L'amende sera de 4 francs par are contre tout propriétaire qui, après que la réquisition de ses bois lui aura été notifiée, les détournerait de la destination pour laquelle ils auraient été requis.

139. Dans les bois soumis au régime forestier, l'exploitation des bois requis sera faite par les entrepreneurs des travaux des ponts et chaussées, d'après les indications et sous la surveillance des agens forestiers. Ces entrepreneurs seront, dans ce cas, soumis aux mêmes obligations et à la même responsabilité que les adjudicataires des coupes des bois de l'Etat.

140. Dans les bois des particuliers, l'exploitation des bois requis sera faite également, et sous la même responsabilité, par les entrepreneurs des tra-

vaux, si mieux n'aime le propriétaire faire exploiter lui-même ; ce qu'il devra déclarer aussitôt que la réquisition lui aura été notifiée. — A défaut par le propriétaire d'effectuer l'exploitation dans le délai fixé par la réquisition, il y sera procédé à ses frais sur l'autorisation du préfet.

141. Le prix des bois et oseraies requis en exécution de l'article 136, sera payé par les entrepreneurs des travaux à l'Etat et aux communes ou établissemens publics, comme aux particuliers, dans le délai de trois mois après l'abattage constaté, et d'après le même mode d'expertise déterminé par l'article 127 de la présente loi pour les arbres marqués par la marine. — Les communes et les particuliers seront indemnisés, de gré à gré ou à dire d'experts, du tort qui pourrait être résulté pour eux de coupes exécutées hors des saisons convenables.

142. Le Gouvernement déterminera les formalités qui devront être observées pour la réquisition des bois, les déclarations et notifications, en conséquence de ce qui est prescrit par les articles précédens.

143. Les contraventions et délits en cette matière seront constatés par procès-verbaux des agens et gardes forestiers, des conducteurs des ponts et chaussées et des officiers de police assermentés, qui devront observer à cet égard les formalités et délais prescrits au titre XI, section Ire, pour les procès-verbaux dressés par les gardes de l'administration forestière

TITRE X.

POLICE ET CONSERVATION DES BOIS ET FORÊTS.

SECTION Ire.

Dispositions applicables à tous les Bois et Forêts en général.

144. Toute extraction ou enlèvement non autorisé de pierre, sable, minerai, terre ou gazon, tourbe, bruyères, genêts, herbages, feuilles vertes ou mortes, engrais existant sur le sol des forêts, glands, faînes, et autres fruits ou semences des bois et forêts, donnera lieu à des amendes qui seront fixées ainsi qu'il suit : — Par charretée ou tombereau, de 10 à 50 fr. pour chaque bête attelée ; — Par chaque charge de bête de somme, de 5 à 15 fr. ; — Par chaque charge d'homme, de 2 à 6 fr.

145. Il n'est point dérogé aux droits conférés à l'administration des ponts et chaussées d'indiquer les lieux où doivent être faites les extractions de matériaux pour les travaux publics ; néanmoins les entrepreneurs seront tenus envers l'Etat, les communes et établissemens publics, comme envers les particuliers, de payer toutes les indemnités de droit, et d'observer toutes les formes prescrites par les lois et réglemens en cette matière.

146. Quiconque sera trouvé dans les bois et forêts, hors des routes et chemins ordinaires, avec serpes, cognées, haches, scies et autres instrumens de même nature, sera condamné à une amende de 10 fr. et à la confiscation desdits instrumens.

147. Ceux dont les voitures, bestiaux, animaux de charge ou de monture, seront trouvés dans les forêts, hors des routes et chemins ordinaires, seront condamnés, savoir : — Par chaque voiture, à une amende de 10 fr. pour les bois de dix ans et au-dessus, et de 20 fr. pour les bois au-dessous de cet âge ; — Par chaque tête ou espèce de bestiaux non attelés, aux amendes fixées pour délit de pâturage par l'article 199. — Le tout sans préjudice des dommages-intérêts.

148. Il est défendu de porter ou allumer du feu dans l'intérieur et à la distance de deux cents mètres des bois et forêts, sous peine d'une amende de 20 à 100 fr. : sans préjudice, en cas d'incendie, des peines portées par le Code pénal, et de tous dommages-intérêts, s'il y a lieu.

149. Tous usagers qui, en cas d'incendie, refuseront de porter des secours dans les bois soumis à leur droit d'usage, seront traduits en police correctionnelle, privés de ce droit pendant un an au moins, et cinq ans au plus, et condamnés en outre aux peines portées en l'art. 475 du Code pénal.

150. Les propriétaires riverains des bois et forêts ne peuvent se prévaloir de l'article 672 du Code civil pour l'élagage des lisières desdits bois et forêts, si ces arbres de lisière ont plus de trente ans. — Tout élagage qui serait exécuté sans l'autorisation des propriétaires des bois et forêts, donnera lieu à l'application des peines portées par l'article 196.

SECTION II.

*Dispositions spéciales applicables seule-
ment aux Bois et Forêts soumis au
régime forestier.*

151. Aucun four à chaux ou à plâtre, soit temporaire, soit permanent, aucune briqueterie et tuilerie, ne pourront être établis dans l'intérieur et à moins d'un kilomètre des forêts, sans l'autorisation du Gouvernement, à peine d'une amende de 100 à 500 fr., et de démolition des établissemens.

152. Il ne pourra être établi sans l'autorisation du Gouvernement, sous quelque prétexte que ce soit, aucune maison sur perches, loge, baraque ou hangar, dans l'enceinte et à moins d'un kilomètre des bois et forêts, sous peine de 50 fr. d'amende, et de la démolition dans le mois, à dater du jour du jugement qui l'aura ordonnée.

153. Aucune construction de maisons ou fermes ne pourra être effectuée, sans l'autorisation du Gouvernement, à la distance de 500 mètres des bois et forêts soumis au régime forestier, sous peine de démolition. — Il sera statué dans le délai de six mois sur les demandes en autorisation ; passé ce délai, la construction pourra être effectuée. — Il n'y aura point lieu à ordonner la démolition des maisons ou fermes actuellement existantes. Ces maisons ou fermes pourront être réparées, reconstruites et augmentées sans autorisation. — Sont exceptés des dispositions du paragraphe premier du présent article, les bois et forêts appartenant aux communes, et qui sont d'une contenance au-dessous de 250 hectares.

154. Nul individu habitant les maisons ou fermes actuellement existan-

tes dans le rayon ci-dessus fixé, ou dont la construction y aura été autorisée en vertu de l'article précédent, ne pourra établir dans lesdites maisons ou fermes aucun atelier à façonner le bois, aucun chantier ou magasin pour faire le commerce de bois, sans la permission spéciale du Gouvernement, sous peine de 50 fr d'amende et de la confiscation des bois. — Lorsque les individus qui auront obtenu cette permission auront subi une condamnation pour délits forestiers, le Gouvernement pourra leur retirer ladite permission.

155. Aucune usine à scier le bois ne pourra être établie dans l'enceinte et à moins de deux kilomètres de distance des bois et forêts, qu'avec l'autorisation du Gouvernement, sous peine d'une amende de 100 à 500 fr. et de la démolition dans le mois, à dater du jugement qui l'aura ordonnée.

156. Sont exceptées des dispositions des trois articles précédens les maisons et usines qui font partie de villes, villages ou hameaux formant une population agglomérée, bien qu'elles se trouvent dans les distances ci-dessus fixées des bois et forêts.

157. Les usines, hangars et autres établissemens autorisés en vertu des articles 151, 152, 154 et 155, seront soumis aux visites des agens et gardes forestiers, qui pourront y faire toutes perquisitions sans l'assistance d'un officier public, pourvu qu'ils se présentent au nombre de deux au moins, ou que l'agent ou garde forestier soit accompagné de deux témoins domiciliés dans la commune.

158. Aucun arbre, bille ou tranche, ne pourra être reçu dans les scieries dont il est fait mention en l'article 155, sans avoir été préalablement reconnu par le garde forestier du canton et marqué de son marteau ; ce qui devra avoir lieu dans les cinq jours de la déclaration qui en aura été faite, sous peine contre les exploitans desdites scieries, d'une amende de 50 à 300 fr. En cas de récidive, l'amende sera double, et la suppression de l'usine pourra être ordonnée par le tribunal.

48

TITRE XI.

DES POURSUITES EN RÉPARATION DE DÉLITS ET CONTRAVENTIONS.

SECTION Ire.

Des poursuites exercées au nom de l'Administration forestière.

159. L'administration forestière est chargée, tant dans l'intérêt de l'État que dans celui des autres propriétaires de bois et forêts soumis au régime forestier, des poursuites en réparation de tous délits et contraventions commis dans ces bois et forêts, sauf l'exception mentionnée en l'article 87. — Elle est également chargée de la poursuite en réparation des délits et contraventions spécifiés aux articles 134, 145 et 219. — Les actions et poursuites seront exercées par les agens forestiers au nom de l'administration forestière, sans préjudice du droit qui appartient au ministère public.

160. Les agens, arpenteurs et gardes forestiers recherchent et constatent par procès verbaux les délits et contraventions, savoir : les agens et arpenteurs, dans toute l'étendue du territoire pour lequel ils sont commissionnés ; et les gardes, dans l'arrondissement du tribunal près duquel ils sont assermentés.

161. Les gardes sont autorisés à saisir les bestiaux trouvés en délit, et les instrumens, voitures et attelages des délinquans, et à les mettre en séquestre. Ils suivront les objets enlevés par les délinquans jusque dans les lieux où ils auront été transportés, et les mettront également en séquestre. — Ils ne pourront néanmoins s'introduire dans les maisons, bâtimens, cours adjacentes et enclos, si ce n'est en présence, soit du juge de paix ou de son adjoint, soit du maire du lieu ou de son adjoint, soit du commissaire de police.

162. Les fonctionnaires dénommés en l'article précédent ne pourront se refuser à accompagner sur-le-champ les gardes, lorsqu'ils en seront requis par eux pour assister à des perquisitions. — Ils seront tenus, en outre, de signer le procès verbal du séquestre ou de la perquisition faite en leur

présence, sauf au garde, en cas de refus de leur part, à en faire mention au procès verbal.

163. Les gardes arrêteront et conduiront devant le juge de paix ou devant le maire tout inconnu qu'ils auront surpris en flagrant délit.

164. Les agens et les gardes de l'administration des forêts ont le droit de requérir directement la force publique pour la répression des délits et contraventions en matière forestière, ainsi que pour la recherche et la saisie des bois coupés en délit, vendus ou achetés en fraude.

165. Les gardes écriront eux-mêmes leurs procès verbaux ; ils les signeront et les affirmeront, au plus tard le lendemain de la clôture desdits procès verbaux, par-devant le juge de paix du canton ou l'un de ses suppléans, ou par-devant le maire ou l'adjoint, soit de la commune de leur résidence, soit de celle où le délit a été commis ou constaté ; le tout sous peine de nullité. — Toutefois, si, par suite d'un empêchement quelconque, le procès verbal est seulement signé par le garde, mais non écrit en entier de sa main, l'officier public qui en recevra l'affirmation devra lui en donner préalablement lecture, et faire ensuite mention de cette formalité ; le tout sous peine de nullité du procès verbal.

166. Les procès verbaux que les agens forestiers, les gardes généraux et les gardes à cheval dresseront, soit isolément, soit avec le concours d'un garde, ne seront point soumis à l'affirmation.

167. Dans les cas où le procès verbal portera saisie, il en sera fait aussitôt après l'affirmation une expédition qui sera déposée dans les vingt-quatre heures au greffe de la justice de paix, pour qu'il en puisse être donné communication à ceux qui réclameraient les objets saisis.

168. Les juges de paix pourront donner main-levée provisoire des objets saisis, à la charge du paiement des frais de séquestre, et moyennant une bonne et valable caution. — En cas de contestation sur la solvabilité de la caution, il sera statué par le juge de paix.

169. Si les bestiaux saisis ne sont pas réclamés dans les cinq jours qui suivront le séquestre, ou s'il n'est pas fourni bonne et valable caution, le juge de paix en ordonnera la vente à l'enchère, au marché le plus voisin. Il y sera procédé à la diligence du receveur des domaines, qui la fera publier vingt-quatre heures d'avance. — Les frais de séquestre et de vente seront taxés par le juge de paix et prélevés sur le produit de la vente : le surplus restera déposé entre les mains du receveur des domaines, jusqu'à ce qu'il ait été statué en dernier ressort sur le procès verbal. — Si la réclamation n'a lieu qu'après la vente des bestiaux saisis, le propriétaire n'aura droit qu'à la restitution du produit net de la vente, tous frais déduits, dans le cas où cette restitution serait ordonnée par le jugement.

170. Les procès verbaux seront, sous peine de nullité, enregistrés dans les quatre jours qui suivront celui de l'affirmation, ou celui de la clôture du procès verbal, s'il n'est pas sujet à l'affirmation. — L'enregistrement s'en fera en débet, lorsque les délits ou contravention intéresseront l'État, le domaine de la Couronne, ou les communes et les établissemens publics.

171. Toutes les actions et poursuites exercées au nom de l'administration générale des forêts, et à la requête de ses agens, en réparation de délits ou contraventions en matière forestière, sont portées devant les tribunaux correctionnels, lesquels sont seuls compétens pour en connaître.

172. L'acte de citation doit, à peine de nullité, contenir la copie du procès verbal et de l'acte d'affirmation.

173. Les gardes de l'administration forestière pourront, dans les actions et poursuites exercées en son nom, faire toutes citations et significations d'exploits, sans pouvoir procéder aux saisies-exécutions. — Leurs rétributions, pour les actes de ce genre, seront taxées comme pour les actes faits par les huissiers des juges de paix.

174. Les agens forestiers ont le droit d'exposer l'affaire devant le tribunal, et sont entendus à l'appui de leurs conclusions.

175. Les délits ou contraventions en matière forestière seront prouvés, soit par procès verbaux, soit par témoins à défaut de procès verbaux ou en cas d'insuffisance de ces actes.

176. Les procès verbaux revêtus de toutes les formalités prescrites par les articles 165 et 170, et qui sont dressés et signés par deux agens ou gardes forestiers, font preuve, jusqu'à inscription de faux, des faits matériels relatifs aux délits et contraventions qu'ils constatent, quelles que soient les condamnations auxquelles ces délits et contraventions peuvent donner lieu. — Il ne sera, en conséquence, admis aucune preuve outre ou contre le contenu de ces procès verbaux, à moins qu'il n'existe une cause légale de récusation contre l'un des signataires.

177. Les procès verbaux revêtus de toutes les formalités prescrites, mais qui ne seront dressés et signés que par un seul agent ou garde, feront de même preuve suffisante jusqu'à inscription de faux, mais seulement lorsque le délit ou la contravention n'entraînera pas une condamnation de plus de cent francs, tant pour amende que pour dommages-intérêts. — Lorsqu'un de ces procès verbaux constatera à la fois contre divers individus des délits ou contraventions distincts et séparés, il n'en fera pas moins foi, aux termes du présent article, pour chaque délit ou contravention qui n'entraînerait pas une condamnation de plus de cent francs, tant pour amende que pour dommages-intérêts, quelle que soit la quotité à laquelle pourraient s'élever toutes les condamnations réunies.

178. Les procès verbaux qui, d'après les dispositions qui précèdent, ne font point foi et preuve suffisante jusqu'à inscription de faux, peuvent être corroborés et combattus par toutes les preuves légales, conformément à l'article 154 du Code d'instruction criminelle.

179. Le prévenu qui voudra s'inscrire en faux contre le procès verbal sera tenu d'en faire, par écrit ou en personne, ou par un fondé de pouvoirs spécial par acte notarié, la déclaration au greffe du tribunal, avant l'audience indiquée par la citation. — Cette déclaration sera reçue par le greffier du tribunal : elle sera signée par le prévenu ou son fondé de pouvoirs, et dans le cas où il ne saurait ou ne pourrait signer, il en sera fait mention expresse. — Au jour indiqué pour l'audience, le tribunal donnera acte de la déclaration, et fixera un délai de trois jours au moins et de huit jours au plus, pendant lequel le prévenu sera tenu de faire au greffe le dépôt des moyens de faux, et des noms, qualités et demeures des témoins qu'il voudra faire entendre. — A l'expiration de ce délai, et sans qu'il soit besoin d'une citation nouvelle, le tribunal admettra les moyens de faux, s'ils sont de nature à détruire l'effet du procès-verbal, et il sera procédé sur le faux conformément aux lois. — Dans le cas contraire, ou faute par le prévenu d'avoir rempli toutes les formalités ci-dessus prescrites, le tribunal déclarera qu'il n'y a lieu à admettre les moyens de faux, et ordonnera qu'il soit passé outre au jugement.

180. Le prévenu contre lequel aura été rendu un jugement par défaut, sera encore admissible à faire sa déclaration d'inscription de faux pendant le délai qui lui est accordé par la loi pour se présenter à l'audience sur l'opposition par lui formée.

181. Lorsqu'un procès-verbal sera rédigé contre plusieurs prévenus, et qu'un ou quelques-uns d'entre eux seulement s'inscriront en faux, le procès-verbal continuera de faire foi à l'égard des autres, à moins que le fait sur lequel portera l'inscription de faux ne soit indivisible et commun aux autres prévenus.

182. Si, dans une instance en réparation de délit ou contravention, le prévenu excipe d'un droit de propriété ou autre droit réel, le tribunal saisi de la plainte statuera sur l'incident en se conformant aux règles suivantes : — L'exception préjudicielle ne sera admise qu'autant qu'elle sera fondée, soit sur un titre apparent, soit sur des faits de possession équivalens, personnels au prévenu et par lui articulés avec précision, et si le titre produit ou les faits articulés sont de nature, dans le cas où ils seraient reconnus par l'autorité compétente, à ôter au fait qui sert de base aux poursuites tout caractère de délit ou de contravention. — Dans le cas de renvoi à fins civiles, le jugement fixera un bref délai dans lequel la partie qui aura élevé la question préjudicielle devra saisir les juges compétens de la connaissance du litige et justifier de ses diligences : sinon il sera passé outre. Toutefois, en cas de condamnation, il sera sursis à l'exécution du jugement, sous le rapport de l'emprisonnement, s'il était prononcé, et le montant des amendes, restitutions et dommages-intérêts sera versé à la caisse des dépôts et consignations, pour être remis à qui il sera ordonné par le tribunal qui statuera sur le fond du droit.

183. Les agens de l'administration des forêts peuvent, en son nom, interjeter appel des jugemens, et se pourvoir contre les arrêts et jugemens en dernier ressort ; mais ils ne peuvent se désister de leurs appels sans son autorisation spéciale.

184. Le droit attribué à l'administration des forêts et à ses agens de se pourvoir contre les jugemens et arrêts par appel ou par recours en cassation, est indépendant de la même faculté qui est accordée par la loi au ministère public, lequel peut toujours en user, même lorsque l'administration ou ses agens auraient acquiescé aux jugemens et arrêts.

185. Les actions en réparation de délits et contraventions en matière forestière se prescrivent par trois mois, à compter du jour où les délits et contraventions ont été constatés, lorsque les prévenus sont désignés dans les procès-verbaux. Dans le cas contraire, le délai de prescription est de six mois, à compter du même jour, sans préjudice, à l'égard des adjudicataires et entrepreneurs des coupes, des dispositions contenues aux articles 45, 47, 50, 51 et 82 de la présente loi.

186. Les dispositions de l'article précédent ne sont point applicables aux contraventions, délits et malver

sations commis par des agens, préposés ou gardes de l'administration forestière dans l'exercice de leurs fonctions ; les délais de prescription à l'égard de ces préposés et de leurs complices seront les mêmes qui sont déterminés par le Code d'instruction criminelle.

187. Les dispositions du Code d'instruction criminelle sur la poursuite des délits et contraventions, sur les citations et délais, sur les défauts, oppositions, jugemens, appels et recours en cassation, sont et demeurent applicables à la poursuite des délits et contraventions spécifiés par la présente loi, sauf les modifications qui résultent du présent titre.

SECTION II.

Des poursuites exercées au nom et dans l'intérêt des particuliers.

188. Les procès verbaux dressés par les gardes des bois et forêts des particuliers feront foi jusqu'à preuve contraire.

189. Les dispositions contenues aux articles 161. 162, 163, 165, 167, 168, 169, 170 § Ier, 172, 175, 182, 185 et 187 ci-dessus, sont applicables aux poursuites exercées au nom et dans l'intérêt des particuliers, pour délits et contraventions commis dans les bois et forêts qui leur appartiennent. — Toutefois, dans les cas prévus par l'article 169, lorsqu'il y aura lieu à effectuer la vente des bestiaux saisis, le produit net de la vente sera versé à la caisse des dépôts et consignations.

190. Il n'est rien changé aux dispositions du Code d'instruction criminelle relativement à la compétence des tribunaux, pour statuer sur les délits et contraventions commis dans les bois et forêts qui appartiennent aux particuliers.

191. Les procès verbaux dressés par les gardes des bois des particuliers seront, dans le délai d'un mois, à dater de l'affirmation, remis au procureur du Roi ou au juge de paix, suivant leur compétence respective.

TITRE XII.

DES PEINES ET CONDAMNATIONS POUR TOUS LES BOIS ET FORÊTS EN GÉNÉRAL.

192. La coupe ou l'enlèvement d'arbres ayant deux décimètres de tour et au-dessus donnera lieu à des amendes qui seront déterminées dans les proportions suivantes, d'après l'essence et la circonférence de ces arbres. — Les arbres sont divisés en deux classes. — La première comprend les chênes, hêtres, charmes, ormes, frênes, érables, platanes, pins, sapins, mélèzes, châtaigniers, noyers, aliziers, sorbiers, cormiers, merisiers et autres arbres fruitiers. — La seconde se compose des aulnes, tilleuls, bouleaux, trembles, peupliers, saules, et de toutes les espèces non comprises dans la première classe. — Si les arbres de la première classe ont deux décimètres de tour, l'amende sera d'un franc par chacun de ces deux décimètres, et s'accroîtra ensuite progressivement de 10 cent. par chacun des autres décimètres. — Si les arbres de la seconde classe ont deux décimètres de tour, l'amende sera de 50 cent. par chacun de ces deux décimètres, et s'accroîtra ensuite progressivement de 5 cent. par chacun des autres décimètres. — Le tout conformément au tableau annexé à la présente loi. — La circonférence sera mesurée à un mètre du sol.

193. Si les arbres auxquels s'applique le tarif établi par l'article précédent ont été enlevés et façonnés, le tour en sera mesuré sur la souche : et si la souche a été également enlevée, le tour sera calculé dans la proportion d'un cinquième en sus de la dimension totale des quatre faces de l'arbre écarri. — Lorsque l'arbre et la souche auront disparu, l'amende sera calculée suivant la grosseur de l'arbre arbitrée par le tribunal, d'après les documens du procès.

194. L'amende pour coupe ou enlèvement de bois qui n'auront pas deux décimètres de tour sera, pour chaque charretée, de 10 fr. par bête attelée, de 5 fr. par chaque charge de bête de somme, et de 2 fr. par fagot, fouée ou charge d'homme. — S'il s'a-

git d'arbres semés ou plantés dans les forêts depuis moins de cinq ans. la peine sera d'une amende de 3 fr. par chaque arbre, quelle qu'en soit la grosseur, et, en outre, d'un emprisonnement de six à quinze jours.

195. Quiconque arrachera des plants dans les bois et forêts sera puni d'une amende qui ne pourra être moindre de 10 fr. ni excéder 500 fr. : et si le délit a été commis dans un semis ou plantation exécutés de main d'homme, il sera prononcé en outre un emprisonnement de quinze jours à un mois.

196. Ceux qui, dans les bois et forêts, auront échouppé, écorcé ou mutilé des arbres, ou qui en auront coupé les principales branches, seront punis comme s'ils les avaient abattus par le pied.

197. Quiconque enlèvera des chablis et bois de délit sera condamné aux mêmes amendes et restitutions que s'il les avait abattus sur pied.

198. Dans les cas d'enlèvement frauduleux de bois et d'autres productions du sol des forêts, il y aura toujours lieu, outre les amendes, à la restitution des objets enlevés ou de leur valeur, et de plus, selon les circonstances, à des dommages-intérêts. — Les scies, haches, serpes, cognées et autres instrumens de même nature dont les délinquans et leurs complices seront trouvés munis, seront confisqués.

199. Les propriétaires d'animaux trouvés de jour en délit dans les bois de dix ans et au-dessus, seront condamnés à une amende de 1 fr. pour un cochon, 2 fr. pour une bête à laine, 3 fr. pour un cheval ou autre bête de somme, 4 fr. pour une chèvre, 5 fr. pour un bœuf, une vache ou un veau. — L'amende sera double si les bois ont moins de dix ans; sans préjudice, s'il y a lieu, des dommages-intérêts.

200. Dans les cas de récidive, la peine sera toujours doublée. — Il y a récidive, lorsque dans les douze mois précédens il a été rendu contre le délinquant ou contrevenant un premier jugement pour délit ou contravention en matière forestière.

201. Les peines seront également doublées lorsque les délits ou contraventions auront été commis la nuit, ou que les délinquans auront fait usage de la scie pour couper les arbres sur pied.

202. Dans tous les cas où il y aura lieu à adjuger des dommages-intérêts, ils ne pourront être inférieurs à l'amende simple prononcée par le jugement.

203. Les tribunaux ne pourront appliquer aux matières réglées par le présent Code les dispositions de l'article 463 du Code pénal.

204. Les restitutions et dommages-intérêts appartiennent au propriétaire ; les amendes et confiscations appartiennent toujours à l'Etat.

205. Dans tous les cas où les ventes et adjudications seront déclarées nulles pour cause de fraude ou collusion, l'acquéreur ou adjudicataire, indépendamment des amendes et dommages-intérêts prononcés contre lui, sera condamné à restituer les bois déjà exploités, ou à en payer la valeur sur le pied du prix d'adjudication ou de vente.

206. Les maris, pères, mères et tuteurs, et en général tous maîtres et commettans, seront civilement responsables des délits et contraventions commis par leurs femmes, enfans mineurs et pupilles, demeurant avec eux et non mariés, ouvriers, voituriers et autres subordonnés ; sauf tout recours de droit. — Cette responsabilité sera réglée conformément au paragraphe dernier de l'article 1384 du Code civil, et s'étendra aux restitutions, dommages-intérêts et frais, sans pouvoir toutefois donner lieu à la contrainte par corps, si ce n'est dans le cas prévu par l'article 46.

207. Les peines que la présente loi prononce, dans certains cas spéciaux, contre des fonctionnaires ou contre des agens et préposés de l'administration forestière, sont indépendantes des poursuites et peines dont ces fonctionnaires, agens ou préposés seraient passibles d'ailleurs pour malversation, concussion ou abus de pouvoir. — Il en est de même quant aux poursuites qui pourraient être dirigées, aux termes des articles 179 et 180

du Code pénal, contre tous délinquans ou contrevenans, pour fait de tentative de corruption envers des fonctionnaires publics et des agens et préposés de l'administration forestière.

208. Il y aura lieu à l'application des dispositions du même Code dans tous les cas non spécifiés par la présente loi.

TITRE XIII.

DE L'EXÉCUTION DES JUGEMENS.

SECTION Ire.

De l'Exécution des Jugemens rendus à la requête de l'Administration forestière ou du Ministère public.

209. Les jugemens rendus à la requête de l'administration forestière, ou sur la poursuite du ministère public, seront signifiés par simple extrait qui contiendra le nom des parties et le dispositif du jugement. — Cette signification fera courir les délais de l'opposition et de l'appel des jugemens par défaut

210. Le recouvrement de toutes les amendes forestières est confié aux receveurs de l'enregistrement et des domaines. — Ces receveurs sont également chargés du recouvrement des restitutions, frais et dommages-intérêts résultant des jugemens rendus pour délits et contraventions dans les bois soumis au régime forestier.

211. Les jugemens portant condamnation à des amendes, restitutions, dommages-intérêts et frais, sont exécutoires par la voie de la contrainte par corps, et l'exécution pourra en être poursuivie cinq jours après un simple commandement fait aux condamnés. — En conséquence, et sur la demande du receveur de l'enregistrement et des domaines, le procureur du Roi adressera les réquisitions nécessaires aux agens de la force publique chargés de l'exécution des mandemens de justice.

212. Les individus contre lesquels la contrainte par corps aura été prononcée pour raison des amendes et autres condamnations et réparations pécuniaires, subiront l'effet de cette contrainte, jusqu'à ce qu'ils aient

payé le montant desdites condamnations, ou fourni une caution admise par le receveur des domaines, ou, en cas de contestation de sa part, déclarée bonne et valable par le tribunal de l'arrondissement.

213. Néanmoins, les condamnés qui justifieraient de leur insolvabilité, suivant le mode prescrit par l'article 420 du Code d'instruction criminelle, seront mis en liberté après avoir subi quinze jours de détention, lorsque l'amende et les autres condamnations pécuniaires n'excéderont pas 15 fr. — La détention ne cessera qu'au bout d'un mois, lorsque ces condamnations s'élèveront ensemble de 15 à 50 fr. — Elle ne durera que deux mois, quelle que soit la quotité desdites condamnations. — En cas de récidive, la durée de la détention sera double de ce qu'elle eût été sans cette circonstance.

214. Dans tous les cas, la détention employée comme moyen de contrainte est indépendante de la peine d'emprisonnement prononcée contre les condamnés pour tous les cas où la loi l'inflige.

SECTION II.

De l'Exécution des jugemens rendus dans l'intérêt des particuliers.

215. Les jugemens contenant des condamnations en faveur des particuliers, pour réparation des délits ou contraventions commis dans leurs bois, seront, à leur diligence, signifiés et exécutés suivant les mêmes formes et voies de contrainte que les jugemens rendus à la requête de l'administration forestière. — Le recouvrement des amendes prononcées par les mêmes jugemens sera opéré par les receveurs de l'enregistrement et des domaines.

216. Toutefois, les propriétaires seront tenus de pourvoir à la consignation d'alimens prescrite par le Code de procédure civile, lorsque la détention aura lieu à leur requête et dans leur intérêt.

217. La mise en liberté des condamnés ainsi détenus à la requête et dans l'intérêt des particuliers, ne

pourra être accordée, en vertu des articles 212 et 215, qu'autant que la validité des cautions ou l'insolvabilité des condamnés aura été, en cas de contestation de la part desdits propriétaires, jugée contradictoirement entre eux.

TITRE XIV.

DISPOSITION GÉNÉRALE.

218. Sont et demeurent abrogés, pour l'avenir, toutes lois, ordonnances, édits et déclarations, arrêts du Conseil, arrêtés et décrets, et tous réglemens intervenus, à quelque époque que ce soit, sur les matières réglées par le présent Code, en tout ce qui concerne les forêts. — Mais les droits acquis antérieurement au présent Code seront jugés, en cas de contestation, d'après les lois, ordonnances, édits et déclarations, arrêts du Conseil, arrêtés, décrets et réglemens ci-dessus mentionnés.

TITRE XV.

DISPOSITIONS TRANSITOIRES.

219. Pendant vingt ans, à dater de la promulgation de la présente loi, aucun particulier ne pourra arracher ni défricher ses bois qu'après en avoir fait préalablement la déclaration à la sous-préfecture, au moins six mois d'avance, durant lesquels l'administration pourra faire signifier au propriétaire son opposition au défrichement. Dans les six mois, à dater de cette signification, il sera statué sur l'opposition par le préfet, sauf le recours au Ministre des finances. — Si, dans les six mois après la signification de l'opposition, la décision du Ministre n'a pas été rendue et signifiée au propriétaire des bois, le défrichement pourra être effectué.

220. En cas de contravention à l'article précédent, le propriétaire sera condamné à une amende calculée à raison de 500 fr. au moins et de 1,500 fr. au plus par hectare de bois défriché, et, en outre, à rétablir les lieux en nature de bois dans le délai qui sera fixé par le jugement, et qui ne pourra excéder trois années.

221. Faute par le propriétaire d'effectuer la plantation ou le semis dans le délai prescrit par le jugement, il y sera pourvu à ses frais par l'administration forestière, sur l'autorisation préalable du préfet, qui arrêtera le mémoire des travaux faits, et le rendra exécutoire contre le propriétaire.

222. Les dispositions des trois articles qui précèdent sont applicables aux semis et plantations exécutés, par suite de jugemens, en remplacement de bois défrichés.

223. Seront exceptés des dispositions de l'article 219, — 1° Les jeunes bois, pendant les vingt premières années après leur semis ou plantation, sauf le cas prévu en l'article précédent; — 2° Les parcs ou jardins clos et attenant aux habitations : — 3° Les bois non clos, d'une étendue au-dessous de quatre hectares, lorsqu'ils ne feront point partie d'un autre bois qui compléterait une contenance de quatre hectares, ou qu'ils ne seront pas situés sur le sommet ou la pente d'une montagne.

224. Les actions ayant pour objet des défrichemens commis en contravention à l'article 219 se prescriront par deux ans, à dater de l'époque où le défrichement aura été consommé.

225. Les semis et plantations de bois, sur le sommet et le penchant des montagnes et sur les dunes, seront exempts de tout impôt pendant vingt ans.

TARIF des Amendes à prononcer par arbre, d'après sa grosseur et son essence. (Art. 192.)

ARBRES DE PREMIÈRE CLASSE.			ARBRES DE SECONDE CLASSE.		
Circonfé-rence.	Amende par décimètre.	Amende par arbre.	Circonfé-rence.	Amende par décimètre.	Amende par arbre.
décimètres.	fr. c.	fr. c.	décimètres.	fr c	fr. c.
1	1 »	» »	1	» »	» »
2	1 00	2 00	2	0 50	1 00
3	1 10	3 30	3	0 55	1 65
4	1 20	4 80	4	0 60	2 40
5	1 30	6 50	5	0 65	3 25
6	1 40	8 40	6	0 70	4 20
7	1 50	10 50	7	0 75	5 25
8	1 60	12 80	8	0 80	6 40
9	1 70	15 30	9	0 85	7 65
10	1 80	18 00	10	0 90	9 00
11	1 90	20 90	11	0 95	10 45
12	2 00	24 00	12	1 00	12 00
13	2 10	27 30	13	1 05	13 65
14	2 20	30 80	14	1 10	15 40
15	2 30	34 50	15	1 15	17 25
16	2 40	38 40	16	1 20	19 20
17	2 50	42 50	17	1 25	21 25
18	2 60	46 80	18	1 30	23 40
19	2 70	51 30	19	1 35	25 65
20	2 80	56 00	20	1 40	28 00
21	2 90	60 90	21	1 45	30 45
22	3 00	66 00	22	1 50	33 50
23	3 10	71 30	23	1 55	35 65.
24	3 20	76 80	24	1 60	38 40
25	3 30	82 50	25	1 65	41 25
26	3 40	88 40	26	1 70	44 20
27	3 50	94 50	27	1 75	47 25
28	3 60	100 80	28	1 80	50 40
29	3 70	107 30	29	1 85	53 65
30	3 80	114 00	30	1 90	57 00
31	3 90	120 90	31	1 95	60 45
32	4 00	128 00	32	2 00	64 00

49

LOI

du 6 juin 1827,

QUI PROROGE JUSQU'AU 1ᵉʳ JANVIER 1829 L'EXÉCUTION DE DISPOSITIONS DES ART. 106 ET 107 DU CODE FORESTIER.

(Promulguée le 31 juillet.)

ARTICLE UNIQUE. Les perceptions autorisées pour indemniser le Gouvernement des frais d'administration des bois des communes ou établissemens publics, sous la dénomination de *droit de vacation, de décime, d'arpentage, de réarpentage,* ainsi que le remboursement des frais d'instance avancés par l'administration des forêts, continueront de s'opérer comme par le passé jusqu'au 1ᵉʳ janvier 1829 — En conséquence, les dispositions contenues aux articles 106 et 107 du Code forestier ne seront exécutoires qu'à partir de ladite époque du 1ᵉʳ janvier 1829.

ORDONNANCE DU ROI,

POUR L'EXÉCUTION DU CODE FORESTIER.

(1ᵉʳ août 1827.)

TITRE PREMIER.

DE L'ADMINISTRATION FORESTIÈRE.

Art. 1ᵉʳ. Les attributions conférées par le Code à l'administration forestière seront exercées, sous l'autorité de notre ministre des finances, par une direction générale dont l'organisation est réglée ainsi qu'il suit :

SECTION Iʳᵉ.

De la Direction générale des Forêts.

2. La direction générale des forêts se compose d'un directeur général et de trois administrateurs nommés par nous, sur la proposition de notre ministre des finances.

3. En cas d'absence du directeur-général, le ministre des finances désignera celui des administrateurs qui en remplira les fonctions.

4. Le directeur-général dirige et surveille, sous les ordres de notre ministre des finances, toutes les opérations relatives au service. — Il correspond seul avec les diverses autorités. — Il a seul le droit de recevoir et d'ouvrir la correspondance. — Il donne et signe tous les ordres généraux de service. — Il travaille avec le ministre des finances, et lui rend compte de tous les résultats de son administration.

5. Notre ministre des finances déterminera les parties de service dont la suite sera attribuée à chaque administrateur. — Les administrateurs pourront être chargés de missions temporaires dans les départemens, avec l'approbation du ministre des finances.

6. Les administrateurs se réunissent en conseil d'administration, sous la présidence du directeur-général. — En cas d'empêchement, le directeur-général délègue la présidence à l'un des administrateurs.

7. Le directeur-général soumettra à notre ministre des finances, après délibération préalable du conseil d'administration, les objets dont la nomenclature suit : — 1° Budget général de l'administration forestière ; —

2° Création et suppression d'emplois supérieurs ; — 3° Destitution, révocation ou mise en jugement des agens forestiers du grade de sous-inspecteur et au-dessus ; — 4° Liquidations de pensions ; — 5° Changemens dans la circonscription des arrondissemens forestiers ; — 6° Projets d'aménagemens, de partages et d'échanges de bois, de cantonnement ou de rachats de droits d'usage ; — 7° Coupes extraordinaires ; — 8° Etats annuels des coupes ordinaires ; — 9° Cahier des charges pour les adjudications des coupes ordinaires ; — 10° Remboursemens pour moins de mesures ; — 11° Remises ou modérations d'amendes ; — 12° Extraction de minerai ou de matériaux dans les forêts ; — 13° Constructions à proximité des forêts ; — 14° Pourvois au Conseil d'État ; — 15° Dispositions de service qui donneraient lieu à une dépense au-dessus de 500 fr. ; — 16° Oppositions à des défrichemens ; — 17° Instructions générales et questions douteuses sur l'exécution des lois et ordonnances.

8. Dans toutes les affaires autres que celles qui sont mentionnées en l'article précédent, le directeur-général statuera, sauf le recours des parties devant notre ministre des finances. — Le directeur-général devra toutefois prendre l'avis du conseil d'administration sur les destitutions, révocations ou mises en jugement des agens au-dessous du grade de sous-inspecteur et des préposés de l'administration forestière, sur toutes les affaires contentieuses, ainsi que sur toutes les dépenses au-dessous de 500 fr.

9. Un vérificateur-général des arpentages sera attaché à la direction générale des forêts. — Il sera nommé par notre ministre des finances.

SECTION II.

Du Service forestier dans les Départemens.

10. La division territoriale de la France en conservations forestières est arrêtée conformément au tableau annexé à la présente ordonnance. — Les conservations seront subdivisées en inspections et sous-inspections,

dont le nombre et les circonscriptions seront fixés par notre ministre des finances. — La direction générale déterminera le nombre et la résidence des gardes-généraux, des arpenteurs, des gardes à cheval et des gardes à pied, ainsi que les arrondissemens et triages dans lesquels ils devront exercer leurs fonctions.

11. La direction générale a sous ses ordres : — 1° Des agens sous les dénominations de conservateurs, d'inspecteurs, de sous-inspecteurs et de gardes-généraux ; — 2° Des arpenteurs ; — 3° Des gardes à cheval et des gardes à pied.

12. Les conservateurs seront nommés par nous, sur la proposition de notre ministre des finances. — Le ministre des finances nommera aux places d'inspecteur et de sous-inspecteur, sur la proposition du directeur-général. — Le directeur-général nommera à tous les autres emplois. — Les nominations à tous les grades supérieurs à celui de garde-général seront toujours faites parmi les agens du grade immédiatement inférieur, qui auront au moins deux ans d'exercice dans ce grade.

13. Nul ne sera promu au grade de garde-général, si préalablement il n'a fait partie de l'École forestière, dont il sera parlé ci-après, ou s'il n'a exercé, pendant deux ans au moins, les fonctions de garde à cheval.

§ 1. Des Agens forestiers.

14. Chacun des agens dénommés en l'art. 11, § 1°, fera, suivant l'ordre hiérarchique, les opérations, vérifications et tournées qui lui seront prescrites en exécution du Code forestier et de la présente ordonnance, surveillera le service des agens et gardes qui lui seront subordonnés, et leur transmettra les ordres et instructions qu'il recevra de ses supérieurs. Il pourra faire suppléer, en cas d'empêchement, les agens et gardes employés sous ses ordres, à la charge d'en rendre compte, sans délai, à son supérieur immédiat.

15. Les conservateurs correspondront directement avec la direction générale et avec les autorités supérieures des départemens. — Les autres

agens correspondront avec le chef de
service sous les ordres duquel ils seront placés immédiatement, et lui rendront compte de leurs opérations.

16. Les agens forestiers seront tenus
d'avoir des sommiers et registres, dont
la direction générale déterminera le
nombre et la destination, et sur lesquels ils inscriront régulièrement, par
ordre de date, les ordonnances et ordres de service qui leur seront transmis, leurs diverses opérations, leurs
procès verbaux et les déclarations qui
leur seront remises. — Ils feront coter
et parapher ces registres par le préfet
ou le sous-préfet du lieu de leur résidence, et signeront chaque enregistrement, en faisant mention, en marge
de chaque pièce ou procès verbal, de
l'inscription à laquelle elle aura donné
lieu sur les registres, avec indication
du folio. — Les inspecteurs, sous-
inspecteurs et gardes-généraux tiendront, en outre, un registre spécial
sur lequel ils annoteront sommairement, par ordre de réception, les procès verbaux qui leur seront remis par
les gardes, et indiqueront en regard
le résultat des poursuites et la date
des jugemens auxquels ces procès verbaux auront donné lieu.

17. Les agens forestiers seront responsables des titres, plans et autres
actes dont ils se trouveront dépositaires en vertu de leurs fonctions. —
A chaque mutation d'emploi, il en
sera dressé, ainsi que des registres et
sommiers, un inventaire en double
qui constituera le nouvel agent responsable, en opérant la décharge de
son prédécesseur.

18. L'uniforme des agens forestiers
est réglé ainsi qu'il suit : — Pour tous
les agens, habit et pantalon de drap
vert; l'habit boutonné sur la poitrine;
le collet droit; le gilet chamois; les
boutons de métal blanc, ayant un
pourtour de feuilles de chêne et portant au milieu les mots *Direction générale des forêts*, avec une fleur de
lis; le chapeau français avec une ganse
en argent et un bouton pareil à ceux
de l'habit; une épée. — La broderie
sera en argent et le dessin en feuilles
de chêne. — Les conservateurs porteront la broderie au collet, aux pa-

remens et au bas de la taille de l'habit,
avec une baguette unie sur les bords
de l'habit et du gilet. — Les inspecteurs porteront la broderie au collet
et aux paremens. — L'habit des sous-
inspecteurs sera brodé au collet, avec
une baguette unie aux paremens. —
Les gardes-généraux auront deux rameaux de chêne de la longueur de dix
centimètres brodés de chaque côté du
collet de l'habit.

§ II. *Des Arpenteurs.*

19. Les arpenteurs nommés et commissionnés par le directeur-général
des forêts feront, sous les ordres des
agens forestiers chefs de service, l'arpentage des coupes ordinaires et extraordinaires, et toutes les opérations
de géométrie nécessaires pour les délimitations, aménagemens, partages,
échanges et cantonnemens.

20. Leurs rétributions pour l'arpentage des coupes seront fixées par
notre ministre des finances. — Pour
les autres opérations énoncées en l'article précédent, et généralement pour
toutes les opérations extraordinaires
dont les arpenteurs pourraient être
chargés, leur salaire sera réglé, de
gré à gré, entre eux et la direction
générale.

21. L'uniforme des arpenteurs sera
de même forme et de même couleur
que celui des agens forestiers : mais
le collet et les paremens seront en
velours noir, avec une broderie pareille à celle des gardes-généraux.

22. Les arpenteurs forestiers constateront les délits qu'ils reconnaîtront
dans le cours de leurs opérations, les
déplacemens de bornes et toute dégradation ou altération de limites, et
ils remettront aux agens forestiers
les procès verbaux qu'ils en auront
dressés.

23. Les arpenteurs seront tenus de
représenter, à toute réquisition, aux
agens forestiers chefs de service, les
minutes et expéditions des procès verbaux, plans et actes quelconques relatifs à leurs travaux. — En cas de
cessation de fonctions, les arpenteurs
ou leurs héritiers remettront ces actes
à l'agent forestier chef de service, dans
le délai de quinze jours.

§ III. *Des Gardes à cheval et des Gardes à pied.*

24. Les gardes à cheval et les gardes à pied sont spécialement chargés de faire des visites journalières dans les bois soumis au régime forestier, et de dresser procès verbal de tous les délits ou contraventions qui y auront été commis.

25. Les gardes forestiers résideront dans le voisinage des forêts ou triages confiés à leur surveillance. Le lieu de leur résidence sera indiqué par le conservateur.

26. Les gardes forestiers tiendront un registre d'ordre qu'ils feront coter et parapher par le sous-préfet de l'arrondissement. — Ils y transcriront régulièrement leurs procès verbaux par ordre de date. Ils signeront cet enregistrement, et inscriront en marge de chaque procès verbal le folio du registre où il se trouvera inscrit. — Ils feront mention, sur le même registre et dans le même ordre, de toutes les significations et citations dont ils auront été chargés. — Ils y feront également mention des établis et des bois de délit qu'ils auront reconnus, et en donneront avis, sans délai, à leur supérieur immédiat. — A chaque mutation, les gardes seront tenus de remettre ce registre à celui qui leur succèdera.

27. Les gardes à cheval et les gardes à pied adresseront leurs rapports à leur chef immédiat, et lui remettront leurs procès verbaux revêtus de toutes les formalités prescrites.

28. Indépendamment des fonctions communes aux gardes à cheval et aux gardes à pied, le directeur-général pourra attribuer aux gardes à cheval des fonctions de surveillance immédiate sur les gardes à pied.

29. L'uniforme des gardes à cheval et des gardes à pied sera l'habit, le pantalon et le gilet de drap vert. — L'habit des gardes à cheval aura sur le collet une broderie semblable à celle qui sera déterminée ci-après pour les élèves de l'Ecole royale forestière. — Les gardes à cheval et les gardes à pied porteront une bandoulière chamois avec bandes de drap vert, et au milieu une plaque de métal blanc portant ces mots : *Forêts royales*, avec une fleur de lis.

30. Les gardes sont autorisés à porter un fusil simple pour leur défense lorsqu'ils font leurs tournées et visites dans les forêts.

§ IV. *Dispositions communes aux Agens et Préposés.*

31. Il est interdit aux agens et gardes, sous peine de révocation, de faire le commerce de bois, d'exercer aucune industrie où le bois sera employé comme matière principale, de tenir auberge ou de vendre des boissons en détail.

32. Nul ne pourra exercer un emploi forestier dans l'étendue de la conservation où il fera ses approvisionnemens de bois comme propriétaire ou fermier de forges, fourneaux, verreries et autres usines à feu ou de scieries et autres établissemens destinés au travail des bois.

33. Les agens forestiers ne pourront avoir sous leurs ordres leurs parens ou alliés en ligne directe, ni leurs frères ou beaux-frères, oncles ou neveux.

34. Les agens et les gardes forestiers, ainsi que les arpenteurs, seront toujours revêtus de leur uniforme ou des marques distinctives de leur grade dans l'exercice de leurs fonctions.

35. Les agens et gardes ne pourront sous aucun prétexte, rien exiger ni recevoir des communes, des établissemens publics et des particuliers, pour les opérations qu'ils auront faites à raison de leurs fonctions.

36. Le marteau royal, uniforme destiné aux opérations de balivage et de martelage, aura pour empreinte une fleur de lis avec le numéro de la conservation. — Il sera déposé chez l'agent chef de service de chaque inspection, et renfermé dans un étui fermant à deux clefs, dont l'une restera entre les mains de cet agent, et l'autre entre les mains de l'agent immédiatement inférieur. — L'agent dépositaire de ce marteau est chargé d'en entretenir l'étui et la monture en bon état, et demeure responsable de son dépôt dans l'étui et de la remise de la seconde clef à l'agent à qui elle

doit être confiée. — La direction générale déterminera, sous l'approbation de notre ministre des finances, les mesures propres à prévenir les abus dans l'emploi de ce marteau.

37. Les agens forestiers, les arpenteurs et les gardes seront pourvus chacun d'un marteau particulier, dont la direction générale déterminera, sous l'approbation de notre ministre des finances, la forme, l'empreinte et l'emploi, et dont chacun d'eux sera chargé de déposer l'empreinte aux cours et tribunaux, conformément à l'article 7 du Code forestier.

38. Les agens et préposés ne pourront être destitués que par l'autorité même à qui appartient le droit de les nommer. — Toutefois le directeur-général pourra, dans les cas d'urgence, suspendre de leurs fonctions et remplacer provisoirement les agens qui ne sont pas nommés par lui : mais il devra en rendre compte immédiatement à notre ministre des finances. — Les conservateurs pourront, dans le même cas, suspendre provisoirement de leurs fonctions les gardes-généraux et les préposés sous leurs ordres, mais à charge d'en rendre compte immédiatement au directeur-général.

39. Le directeur-général, après avoir pris l'avis du conseil d'administration, pourra dénoncer aux tribunaux les gardes-généraux et les préposés forestiers, ou autoriser leur mise en jugement pour faits relatifs à leurs fonctions. — Notre ministre des finances pourra de même dénoncer aux tribunaux les inspecteurs et sous-inspecteurs des forêts, ou autoriser leur mise en jugement. — Les conservateurs ne pourront être poursuivis devant les tribunaux qu'en vertu d'autorisation accordée par nous en Conseil d'État.

SECTION III.

Des Écoles forestières.

40. Il y aura, sous la surveillance de notre directeur-général des forêts, — 1° Une École royale destinée à former des sujets pour les emplois d'agens forestiers : — 2° Des écoles secondaires pour l'instruction d'élèves gardes.

§ I. *École royale.*

41. L'enseignement dans l'École royale aura pour objet : — L'histoire naturelle dans ses rapports avec les forêts ; — Les mathématiques appliquées à la mesure des solides et la levée des plans ; — La législation et la jurisprudence, tant administratives que judiciaires, en matière forestière ; — L'économie forestière en ce qui concerne spécialement la culture, l'aménagement et l'exploitation des forêts, et l'éducation des arbres propres aux constructions civiles et navales ; — Le dessin ; — La langue allemande.

42. Notre ministre des finances nommera, pour être attachés à l'École royale forestière, trois professeurs, savoir : — Un professeur d'histoire naturelle ; — Un professeur de mathématiques ; — Un professeur d'économie forestière, de législation et de jurisprudence. — Les cours seront de deux années ; ils commenceront au 1er novembre de chaque année, et se termineront au 1er septembre suivant. — L'un des trois professeurs remplira les fonctions de directeur de l'École. — Un maître de dessin et un maître d'allemand seront attachés à l'École royale.

43. L'École royale forestière sera établie à Nancy. — Il sera affecté à cette École : — 1° Une maison pour servir aux cours des professeurs, à l'établissement d'une bibliothèque et d'un cabinet d'histoire naturelle, et au logement du directeur ; — 2° Un terrain pour les pépinières et cultures forestières nécessaires à l'instruction des élèves.

44. Le nombre des élèves est fixé à vingt-quatre. — Les aspirans seront examinés, tant à Paris que dans les départemens, par les examinateurs des Écoles royales militaires, dans le même temps et dans les mêmes lieux. Pour être admis au concours à une place d'élève, chaque aspirant devra adresser au directeur-général des forêts : — 1° Son acte de naissance, constatant qu'à l'époque du 1er novembre l'aspirant aura dix-neuf ans accomplis et n'aura pas plus de vingt-deux ans ; — 2° Un certificat signé d'un docteur en médecine ou en chirurgie et dû-

ment légalisé, attestant que l'aspirant est de bonne constitution, et qu'il a été vacciné ou qu'il a eu la petite-vérole; — 3° Un certificat en forme, constatant qu'il a terminé son cours d'humanités; — 4° La preuve qu'il possède un revenu annuel de 1,200 francs, ou . à défaut, une obligation par laquelle ses parens s'engagent à lui fournir une pension de pareille somme pendant son séjour à l'Ecole forestière, et une pension de 400 fr. depuis le moment où il sortira de l'Ecole jusqu'à l'époque où il sera employé comme garde-général en activité.

45. Les candidats seront examinés sur les objets ci-après, savoir: — 1° L'arithmétique complète et l'exposition du nouveau système métrique; — 2° La géométrie élémentaire et le dessin; — 3° La langue française; — 4° Ils traduiront, sous les yeux de l'examinateur, un morceau d'un des auteurs latins, poète ou prosateur, qu'on explique en rhétorique. — Les candidats ne seront examinés que sur les objets indiqués par le programme; mais on aura égard aux connaissances plus étendues qu'ils pourront posséder, surtout en algèbre, en trigonométrie, en physique et en chimie.

46. Les élèves seront nommés par notre ministre des finances, selon le rang d'instruction et de capacité qui aura été assigné aux aspirans, d'après le résultat des examens. Ils auront, pendant la durée de leur séjour à l'Ecole, le rang de garde à cheval.

47. Leur uniforme est réglé ainsi qu'il suit: — Habit et pantalon de drap vert; boutons de métal blanc, portant les mots: *Ecole royale forestière*. L'habit boutonné sur la poitrine; deux légers rameaux de chêne, de la longueur de cinq centimètres, et un gland, brodés en argent, de chaque côté du collet: le gilet blanc; le chapeau français, avec ganse en argent.

48. Les élèves feront chaque année dans les forêts, aux époques qui seront indiquées par le directeur-général, et sous la conduite du professeur qu'il aura désigné, des excursions qui auront pour but la démonstration et l'application sur le terrain des principes qui leur auront été enseignés.

49. A la fin de chaque année, un jury composé des trois professeurs, et présidé par le directeur-général ou par l'administrateur qu'il aura délégué, procédera à l'examen des élèves qui auront complété leurs deux années d'étude.

50. Les élèves qui auront satisfait à l'examen de sortie, auront le rang de garde-général, et obtiendront, dès qu'ils auront l'âge requis, ou qu'il leur aura été accordé par nous des dispenses d'âge, les premiers emplois vacans dans ce grade. — Toutefois la moitié de ces emplois demeurera expressément réservée pour l'avancement des gardes à cheval en activité.

51. Si les élèves, après avoir terminé leurs cours et fait preuve des connaissances requises, n'ont pas atteint l'âge de vingt-cinq ans, ni obtenu de nous des dispenses d'âge, ou s'il n'existe point d'emplois de garde-général vacans, ils jouiront du traitement de garde à cheval, et seront provisoirement employés, soit près de la direction générale à Paris, soit près des conservateurs ou des inspecteurs dans les arrondissemens les plus importans. — Dès qu'ils auront satisfait à la condition d'âge, et que des vacances auront lieu, les premiers emplois de garde-général leur seront acquis par préférence aux autres élèves qui auraient postérieurement terminé leurs cours.

52. Ceux qui, après les deux années d'étude révolues, n'auront point fait preuve, devant le jury d'examen, de l'instruction nécessaire pour exercer des fonctions actives, seront admis à suivre les cours pendant une troisième année; mais si, après cette troisième année, ils sont encore reconnus incapables, ils cesseront de faire partie de l'Ecole et de l'administration forestières. — Quant à ceux qui, d'après les comptes périodiques rendus au directeur-général des forêts par le directeur de l'Ecole, ne suivront pas exactement les cours, ou dont la conduite aura donné lieu à des plaintes graves, il en sera référé à notre ministre des finances, qui ordonnera, s'il y a lieu, leur radiation du tableau des élèves.

53. Notre ministre des finances fixé

ra, par un règlement spécial, la division des cours, le classement des élèves, l'ordre et les heures des leçons, la police de l'École et les attributions du directeur.

§ II. Écoles secondaires.

54. Il sera établi des écoles secondaires dans les régions de la France les plus boisées. — Elles seront destinées à former des sujets pour les emplois de gardes. — La durée des cours sera de deux ans.

55. L'enseignement dans les écoles secondaires aura pour objet: — 1° L'écriture, la grammaire et les quatre premières règles de l'arithmétique; — 2° La connaissance des arbres forestiers et de leurs qualités et usages, et spécialement celle des arbres propres aux constructions civiles et navales. —3° Les semis et plantations; —4° Les principes sur les aménagemens, les estimations et les exploitations ; — 5° La connaissance des dispositions législatives et reglementaires qui concernent les fonctions des gardes, la rédaction des procès verbaux et les formalités dont ils doivent être revêtus: les citations: la tenue d'un livre-journal et l'exercice des droits d'usage.

56. Nous déterminerons, par une ordonnance spéciale, les lieux où les écoles secondaires seront établies, le nombre des élèves, les conditions d'admissibilité, et les moyens de pourvoir à l'entretien et à l'enseignement des élèves de ces écoles.

TITRE II.

DES BOIS ET FORÊTS QUI FONT PARTIE DU DOMAINE DE L'ÉTAT.

SECTION Ire.

De la Délimitation et du Bornage.

57. Toute demande en délimitation et bornage entre les forêts de l'Etat et les propriétés riveraines seront adressées au préfet du département.

58. Si les demandes ont pour objet des délimitations partielles, il sera procédé dans les formes ordinaires. — Dans le cas où, les parties étant d'accord pour opérer la délimitation et le bornage, il y aurait lieu à nommer des experts, le préfet, après avoir pris l'avis du conservateur des forêts et du directeur des domaines, nommera un agent forestier pour opérer comme expert dans l'intérêt de l'Etat.

59. Lorsqu'en exécution de l'art. 10 du Code, il s'agira d'effectuer la délimitation générale d'une forêt, le préfet nommera, ainsi qu'il est prescrit par l'article précédent, les agens forestiers et les arpenteurs qui devront procéder dans l'intérêt de l'Etat, et indiquera le jour fixé pour le commencement des opérations et le point du départ.

60. Les maires des communes où devra être affiché l'arrêté destiné à annoncer les opérations relatives à la délimitation générale, seront tenus d'adresser au préfet des certificats constatant que cet arrêté a été publié et affiché dans ces communes.

61. Le procès verbal de délimitation sera rédigé par les experts suivant l'ordre dans lequel l'opération aura été faite. Il sera divisé en autant d'articles qu'il y aura de propriétaires riverains, et chacun de ces articles sera clos séparément et signé par les parties intéressées. — Si les propriétaires riverains ne peuvent pas signer ou refusent de le faire, si même ils ne se présentent ni en personne ni par un fondé de pouvoir, il en sera fait mention. — En cas de difficulté sur la fixation des limites, les réquisitions, dires et observations contradictoires seront consignés au procès verbal. — Toutes les fois que, par un motif quelconque, les lignes de pourtour d'une forêt, telles qu'elles existent actuellement, devront être rectifiées de manière à déterminer l'abandon d'une portion du sol forestier, le procès verbal devra énoncer les motifs de cette rectification, quand même il n'y aurait à ce sujet aucune contestation entre les experts.

62. Dans le délai fixé par l'art. 11 du Code forestier, notre ministre des finances nous rendra compte des motifs qui pourront déterminer l'approbation ou le refus d'homologation du procès verbal de délimitation, et il y sera statué par nous sur son rapport.

— A cet effet, aussitôt que ce procès verbal aura été déposé au secrétariat de la préfecture, le préfet en fera faire une copie entière qu'il adressera sans délai à notre ministre des finances.

63. Les intéressés pourront requérir des extraits dûment certifiés du procès verbal de délimitation, en ce qui concernera leurs propriétés. — Les frais d'expédition de ces extraits seront à la charge des requérans, et réglés à raison de 75 cent. par rôle d'écriture, conformément à l'article 57 de la loi du 25 juin 1794 (7 messidor an 2).

64. Les réclamations que les propriétaires pourront former, soit pendant les opérations, soit dans le délai d'un an, devront être adressées au préfet du département, qui les communiquera au conservateur des forêts et au directeur des domaines pour avoir leurs observations.

65. Les maires justifieront, dans la forme prescrite par l'article 60, de la publication de l'arrêté pris par le préfet pour faire connaître notre résolution relativement au procès-verbal de délimitation. Il en sera de même pour l'arrêté par lequel le préfet appellera les riverains au bornage, conformément à l'article 12 du Code forestier.

66. Les frais de délimitation et de bornage seront établis par articles séparés pour chaque propriétaire riverain, et supportés en commun entre l'administration et lui. — L'état en sera dressé par le conservateur des forêts et visé par le préfet. Il sera remis au receveur des domaines, qui poursuivra, par voie de contrainte, le paiement des sommes à la charge des riverains, sauf l'opposition, sur laquelle il sera statué par les tribunaux conformément aux lois.

SECTION II.

Des Aménagemens.

67. Il sera procédé à l'aménagement des forêts dont les coupes ne sont pas fixées régulièrement ou conformément à la nature du sol et des essences. — Notre ministre des finances nous présentera, au mois de janvier de chaque année, l'état des aménagemens effectués durant l'année révolue.

68. Les aménagemens seront réglés principalement dans l'intérêt des produits en matière et de l'éducation des futaies. — En conséquence, l'administration recherchera les forêts et parties de forêts qui pourront être réservées pour croître en futaie, et elle en proposera l'aménagement, en indiquant celles où le mode d'exploitation par éclaircie pourrait être le plus avantageusement employé.

69. Dans toutes les forêts qui seront aménagées à l'avenir, l'âge de la coupe des taillis sera fixé à vingt-cinq ans au moins, et il n'y aura d'exception à cette règle que pour les forêts dont les essences dominantes seront le châtaignier et les bois blancs, ou qui seront situés sur des terrains de la dernière qualité.

70. Lors de l'exploitation des taillis, il sera réservé cinquante baliveaux de l'âge de la coupe par hectare. En cas d'impossibilité, les causes en seront énoncées aux procès verbaux de balivage et de martelage. — Les baliveaux modernes et anciens ne pourront être abattus qu'autant qu'ils seront dépérissans ou hors d'état de prospérer jusqu'à une nouvelle révolution.

71. Seront considérées comme coupes extraordinaires, et ne pourront en conséquence être effectuées qu'en vertu de nos ordonnances spéciales, celles qui intervertiraient l'ordre établi par l'aménagement ou par l'usage observé dans les forêts dont l'aménagement n'aurait pu encore être réglé, toutes les coupes par anticipation, et celles des bois ou portion de bois mis en réserve pour croître en futaie, et dont le terme d'exploitation n'aurait pas été fixé par l'ordonnance d'aménagement.

72. Pour les forêts d'arbres résineux où les coupes se feront en jardinant, l'ordonnance d'aménagement déterminera l'âge ou la grosseur que les arbres devront atteindre avant que la coupe puisse en être ordonnée.

SECTION III.

Des Assiettes, Arpentages, Baliva-
ges, Martelages et Adjudications
des Coupes.

73. Chaque année, les conservateurs adresseront au directeur-général les états des coupes ordinaires à asseoir, conformément aux aménagemens, ou selon les usages actuellement observés dans les forêts qui ne se sont pas encore aménagées. — Ces états seront soumis à l'approbation de notre ministre des finances. — Les conservateurs adresseront pareillement au directeur-général, pour chaque coupe extraordinaire à autoriser par nos ordonnances, un procès verbal qui énoncera les motifs de la coupe proposée, l'état, l'âge, la consistance et la nature des bois qui la composeront, le nombre d'arbres de réserve qu'elle comportera, et les travaux à exécuter dans l'intérêt du sol forestier.

74. Lorsque les coupes ordinaires et extraordinaires auront été autorisées, les conservateurs désigneront ou feront désigner par les agens forestiers les arbres d'assiette, et feront procéder aux arpentages.

75. Les arpenteurs ne pourront, sous peine de révocation et sans préjudice de toutes poursuites en dommages-intérêts, donner aux laies et tranchées qu'ils ouvriront pour le mesurage des coupes plus d'un mètre de largeur. — Les bois qui en proviendront feront partie de l'adjudication de chaque coupe, ou seront vendus suivant la forme des menus marchés.

76. Les coupes seront délimitées par des pieds corniers et parois : lorsqu'il ne se trouvera pas d'arbres sur les angles pour servir de pieds corniers, les arpenteurs y suppléeront par des piquets, et emprunteront au dehors ou au dedans de la coupe les arbres les plus apparens et les plus propres à servir de témoins. — L'arpenteur sera tenu de faire usage au moins de l'un des pieds corniers de la précédente vente. — Tous les arbres de limites seront marqués au pied, et le plus près de terre qu'il sera possible, du marteau de l'arpenteur, savoir : les pieds corniers sur deux

faces ; l'une, dans la direction de la ligne qui sera à droite, et l'autre, dans celle de la ligne qui sera à gauche, et les parois sur une seule face, du côté et en regard de la coupe. — L'arpenteur fera, au-dessus de chaque empreinte de son marteau, dans la même direction, et à la hauteur d'un mètre, une entaille destinée à recevoir l'empreinte du marteau royal.

77. Les arpenteurs dresseront des plans et procès verbaux d'arpentage des coupes qu'ils auront mesurées, et ils y indiqueront toutes les circonstances nécessaires pour servir à la reconnaissance des limites de ces coupes lors du récolement. — Ils en enverront immédiatement deux expéditions à l'inspecteur ou à l'agent qui en remplira les fonctions dans l'arrondissement.

78. Il sera procédé à chaque opération de balivage et de martelage par deux agens au moins ; le garde du triage devra y assister, et il sera fait au procès verbal mention de sa présence.

79. Les pieds corniers, les parois et les arbres à réserver dans les coupes seront marqués du marteau royal, savoir : les arbres de limites à la hauteur d'un mètre, et les arbres anciens, les modernes et les baliveaux de l'âge du taillis à la hauteur et de la manière qui seront déterminées par les instructions de l'administration. — Les baliveaux de l'âge du taillis pourront être désignés par un simple griffage ou toute autre marque autorisée par l'administration, lorsque ces arbres seront trop faibles pour recevoir l'empreinte du marteau royal. — Il sera fait mention dans les affiches et dans le procès verbal d'adjudication, du mode de martelage ou de désignation des arbres de réserve.

80. Dans les coupes qui s'exploitent en jardinant ou par pieds d'arbres, le marteau royal sera appliqué aux arbres à abattre, et la marque sera faite au corps et à la racine.

81. Les procès verbaux de balivage et de martelage indiqueront le nombre et les espèces d'arbres qui auront été marqués en réserve, avec distinction en baliveaux de l'âge, modernes

et anciens, pieds corniers et parois.
— Ces procès verbaux, revêtus de la
signature de tous les agens qui auront
concouru à l'opération, seront adressés, dans le délai de huit jours, au
conservateur.—L'estimation des coupes sera faite par un procès verbal
séparé qui sera adressé au conservateur dans le même délai.

82. Les conditions générales des
adjudications seront établies par un
cahier des charges délibéré chaque
année par la direction générale des
forêts, et approuvé par notre ministre
des finances. — Les clauses particulières seront arrêtées par les conservateurs. — Les clauses et conditions,
tant générales que particulières, seront toutes de rigueur, et ne pourront
jamais être réputées comminatoires.

83. Quinze jours avant l'époque
fixée pour l'adjudication, l'agent forestier chef de service fera déposer au
secrétariat de l'autorité administrative qui devra présider à la vente, —
1° Les procès verbaux d'arpentage, de
balivage et de martelage des coupes;
— 2° Une expédition du cahier des
charges générales et des clauses particulières et locales. — Le fonctionnaire qui devra présider à la vente
apposera son visa au bas de ces pièces
pour en constater le dépôt.

84. Les affiches indiqueront le lieu,
le jour et l'heure où il sera procédé
aux ventes, les fonctionnaires qui devront les présider, la situation, la nature et la contenance des coupes, et
le nombre, la classe et l'essence des
arbres marqués en réserve. — Elles
seront rédigées par l'agent supérieur
de l'arrondissement forestier, approuvées par le conservateur, et apposées,
sous l'autorisation du préfet, à la diligence de l'agent forestier, lequel
sera tenu de rapporter les certificats
d'apposition que les maires délivreront aux gardes ou autres qui les auront placardées. — Les préfets et sous-
préfets emploieront au surplus les
autres moyens de publication qui seront à leur disposition. — Il sera fait
mention dans les procès verbaux d'adjudication des mesures qui auront été
prises pour donner aux ventes toute
la publicité possible.

85. Il sera fait dans les affiches et
dans les actes de vente des coupes
extraordinaires, mention des ordonnances spéciales qui les auront autorisées.

86. Les adjudications des coupes
ordinaires et extraordinaires auront
lieu par-devant les préfets et sous-
préfets, dans les chefs-lieux d'arrondissement. — Toutefois les préfets,
sur la proposition des conservateurs,
pourront permettre que les coupes
dont l'évaluation n'excèdera pas 500 f.
soient adjugées au chef-lieu d'une des
communes voisines des bois et sous la
présidence du maire. — Les adjudications se feront, dans tous les cas,
en présence des agens forestiers et des
receveurs chargés du recouvrement
des produits.

87. Les adjudications se feront aux
enchères et à l'extinction des feux. —
Avant l'ouverture des enchères, le
conservateur ou l'agent forestier qui
le remplacera pour l'adjudication, fera
connaître au fonctionnaire qui présidera la vente le montant de l'estimation des coupes, et les feux ne seront
allumés que lorsque les offres seront
égales à l'estimation. — Si cependant
les offres se rapprochaient de l'estimation les feux pourraient être allumés sur la proposition de l'agent forestier.

88. Quant aux bois à couper par
éclaircie, le directeur-général pourra
ordonner qu'ils soient exploités et façonnés pour le compte de l'Etat, et
l'entreprise en sera adjugée au rabais.
— Les bois façonnés seront vendus
par lots dans la forme ordinaire des
adjudications aux enchères, et à la
charge par ceux qui s'en rendront adjudicataires de payer le prix de l'abattage et de la façon desdits bois.

89. Lorsque, faute d'offres suffisantes, les adjudications n'auront pu
avoir lieu, elles seront remises, séance
tenante, au jour qui sera indiqué par
le président, sur la proposition de l'a-
gent forestier. — Le directeur-général
pourra, au surplus, autoriser le renvoi
de l'adjudication à l'année suivante, et
même ordonner, s'il y a lieu, et avec
l'approbation de notre ministre des
finances, que l'exploitation des coupes

pour le compte de l'État et la vente des bois soient effectuées de la manière qui est autorisée par l'article précédent pour les exploitations par éclaircie.

90. Les frais à payer comptant par les adjudicataires seront réglés par le préfet, sur la proposition du conservateur, et l'état en sera affiché dans le lieu des séances, avant l'ouverture et pendant toute la durée de la séance d'adjudication.

91. Les procès verbaux des adjudications seront signés sur-le-champ par tous les fonctionnaires présens et par l'adjudicataire ou son fondé de pouvoirs ; et, dans le cas d'absence de ces derniers, ou s'ils ne veulent ou ne peuvent signer, il en sera fait mention au procès verbal.

SECTION IV.

Des Exploitations.

92. Le permis d'exploiter sera délivré par l'agent forestier local chef de service, aussitôt que l'adjudicataire lui aura présenté les pièces justificatives exigées à cet effet par le cahier des charges.

93. Dans le mois qui suivra l'adjudication, pour tout délai, et avant que le permis d'exploiter soit délivré, l'adjudicataire pourra exiger qu'il soit procédé, contradictoirement avec lui ou son fondé de pouvoirs, au souchetage et à la reconnaissance des délits qui auraient été commis dans la vente ou à l'ouïe de la cognée. — Cette opération sera exécutée dans l'intérêt de l'État et sans frais par un agent forestier accompagné du garde du triage. — Le procès verbal qui en sera dressé constatera le nombre des souches qui auront été trouvées, leur essence et leur grosseur. Il sera signé par l'adjudicataire ou son fondé de pouvoirs, ainsi que par l'agent et le garde forestier présens. — Les souches seront marquées du marteau de l'agent forestier.

94. Le facteur ou garde-vente de l'adjudicataire tiendra un registre sur papier timbré, coté et paraphé par l'agent forestier ; il y inscrira, jour par jour et sans lacune, la mesure et la quantité des bois qu'il aura débités et vendus, ainsi que les noms des personnes auxquelles il les aura livrés.

95. Tout adjudicataire de coupes dans lesquelles il y aura des arbres à abattre sera tenu d'avoir un marteau dont la forme sera déterminée par l'administration, et d'en marquer les arbres et bois de charpente qui sortiront de la vente. — Le dépôt de l'empreinte de ce marteau au greffe du tribunal et chez l'agent forestier local devra être effectué dans le délai de dix jours, à dater de la délivrance du permis d'exploiter, sous les peines portées par l'article 52 du Code forestier. Il sera donné acte de ce dépôt à l'adjudicataire par l'agent forestier.

96. Les prorogations de délai de coupe ou de vidange ne pourront être accordées que par la direction générale des forêts. — Il n'en sera accordé qu'autant que les adjudicataires se soumettront d'avance à payer une indemnité calculée d'après le prix de la feuille et le dommage qui résultera du retard de la coupe ou de la vidange.

SECTION V.

Des Réarpentages et Récolemens.

97. Le réarpentage des coupes sera exécuté par un arpenteur autre que celui qui aura fait le premier mesurage, mais en présence de celui-ci, ou lui dûment appelé.

98. L'opération du récolement sera faite par deux agens au moins, et le garde du triage y sera appelé. — Les agens forestiers en dresseront un procès verbal qui sera signé tant par eux que par l'adjudicataire ou son fondé de pouvoirs.

99. Les préfets ne délivreront aux adjudicataires les décharges d'exploitation qu'après avoir pris l'avis des conservateurs.

SECTION VI.

Des Adjudications de Glandée, Panage et Paisson, et des Ventes de Chablis, de Bois de délit, et autres menus marchés.

100. Le conservateur fera reconnaître, chaque année, par les agens

forestiers locaux, les cantons des bois et forêts où des adjudications de glandée, panage et paisson pourront avoir lieu sans nuire au repeuplement et à la conservation des forêts. Il autorisera en conséquence ces adjudications.

101. Les gardes constateront le nombre, l'essence et la grosseur des arbres abattus ou rompus par les vents, les orages, ou tous autres accidens. Ils en dresseront des procès verbaux qu'ils remettront à leur chef immédiat dans les dix jours de la rédaction. — La reconnaissance de ces chablis sera faite sans délai par un agent forestier, qui les marquera de son marteau.

102. Les conservateurs autoriseront et feront effectuer les adjudications des chablis, ainsi que celles des bois provenant de délits, de recépages, d'élagages ou d'essartémens, et qui n'auront pas été vendus sur pied, et généralement tous autres menus marchés.

103. Les arbres sur pied, quoique endommagés, ébranchés, morts ou dépérissans, ne pourront être abattus et vendus, même comme menus marchés, sans l'autorisation spéciale de notre ministre des finances.

104. Les adjudications mentionnées dans les articles 100, 102 et 103 ci-dessus seront effectuées avec les mêmes formalités que les adjudications des coupes ordinaires de bois.

SECTION VII.

Des Concessions à charge de repeuplement.

105. Lorsqu'au lieu d'opérer par adjudication à prix d'argent ou par économie des semis ou plantations dans les forêts, l'administration jugera convenable d'en concéder temporairement les vides et clairières à charge de repeuplement, les agens forestiers procéderont d'abord à la reconnaissance des lieux, et le procès verbal qu'ils en dresseront constatera le nombre, l'essence et les dimensions des arbres existans sur les terrains à concéder. — Le conservateur transmettra à la direction générale ce procès verbal, avec ses observations,

et un projet de cahier des charges spécial pour chaque concession, par lequel les concessionnaires devront particulièrement être assujétis aux dispositions des articles 34, 41, 42, 44 et 46 du Code forestier.

106. Le directeur général des forêts soumettra à notre ministre des finances les projets de concession avec toutes les pièces à l'appui.

107. Les concessions de cette nature ne pourront être effectuées que par voie d'adjudication publique, avec les mêmes formalités que les adjudications des coupes de bois.

108. La réception des travaux, la reconnaissance des lieux et le récolement seront effectués, ainsi qu'il est prescrit par les articles 98 et 99 de la présente ordonnance pour le récolement des coupes de bois.

SECTION VIII.

Des Affectations à titre particulier dans les Forêts de l'État.

109. Lorsque des délivrances en vertu d'affectations à titre particulier devront être faites par coupes ou par pieds d'arbres, les ayant-droits ne pourront en effectuer l'exploitation qu'après que la désignation et la délivrance leur en auront été faites régulièrement et par écrit par l'agent forestier chef de service. — Les opérations d'arpentage, de balivage et de martelage, ainsi que le réarpentage et le récolement, seront effectuées par les agens de l'administration forestière, de la même manière que pour les coupes des bois de l'État et avec les mêmes réserves. — Les possesseurs d'affectations se conformeront, pour l'exploitation des bois qui leur seront ainsi délivrés, à tout ce qui est prescrit aux adjudicataires des bois de l'État pour l'usance et la vidange des ventes.

110. Lorsque les délivrances devront être faites par stères, elles seront imposées comme charges aux adjudicataires des coupes, et les possesseurs d'affectations ne pourront enlever les bois auxquels ils auront droit qu'après que le comptage en aura été fait contradictoirement entre eux et l'ad-

judicataire, en présence de l'agent forestier local.

111. Lorsqu'il y aura lieu d'estimer la valeur des bois à délivrer aux affouagistes, il sera procédé à l'estimation par un agent forestier nommé par le préfet et un expert nommé par l'affouagiste ; en cas de partage, un troisième expert sera nommé par le président du tribunal.

SECTION IX.
Des droits d'usage dans les Bois de l'État.

112. Lorsqu'il y aura lieu d'affranchir les forêts de l'État des droits d'usage en bois au moyen d'un cantonnement, le conservateur en adressera la proposition au directeur-général, qui la soumettra à l'approbation de notre ministre des finances.

113. Le ministre des finances prescrira au préfet, s'il y a lieu, de procéder aux opérations préparatoires du cantonnement.—A cet effet, un agent forestier désigné par le conservateur, un expert choisi par le directeur des domaines, et un troisième expert nommé par le préfet, estimeront :—1º D'après les titres des usagers, les droits d'usage en bois, en indiquant par une somme fixe en argent la valeur représentative de ces divers droits, tant en bois de chauffage qu'en bois de construction ; — 2º Les parties de bois à abandonner pour le cantonnement, dont ils feront connaître l'assiette, l'abornement, la contenance, l'essence dominante et l'évaluation en fond et en superficie, en distinguant le taillis de la futaie et mentionnant les claires voies, s'il y en a ; — 3º Les procès verbaux indiqueront en outre les routes, rivières ou canaux qui servent aux débouchés, et les villes ou usines à la consommation desquelles les bois sont employés. — La proposition de cantonnement, ainsi fixée provisoirement, sera signifiée par le préfet à l'usager.

114. Si l'usager donne son consentement à cette proposition, il sera passé entre le préfet et lui, et sous la forme administrative, acte de l'engagement pris par l'usager d'accepter sans nulle contestation le cantonnement tel qu'il lui a été proposé sauf notre homologation.— Cet acte, avec toutes les pièces à l'appui, sera transmis par le préfet à notre ministre des finances, qui, après avoir pris l'avis des directions générales des domaines et des forêts, soumettra le projet de cantonnement à notre homologation.

115. Si l'usager refuse de consentir au cantonnement qui lui est proposé, et élève des réclamations, soit sur l'évaluation de ses droits d'usage, soit sur l'assiette et la valeur du cantonnement, le préfet en référera à notre ministre des finances, lequel lui prescrira, s'il y a lieu, d'intenter action contre l'usager devant les tribunaux, conformément à l'article 65 du Code forestier.

116. Lorsqu'il y aura lieu d'effectuer le rachat d'un droit d'usage quelconque, autre que l'usage en bois, suivant la faculté accordée au gouvernement par l'article 64 du Code forestier, il sera procédé de la manière prescrite pour le cantonnement des usages en bois par les articles 112, 113, 114 et 115 ci dessus. — Toutefois, si le droit d'usage appartient à une commune, notre ministre des finances, avant de prononcer sur la proposition de l'administration forestière, la communiquera au préfet, lequel donnera des renseignemens précis et son avis motivé sur l'absolue nécessité de l'usage pour les habitans. — Lorsque le ministre aura prononcé, le préfet, avant de faire procéder à l'estimation préparatoire, notifiera la proposition de rachat au maire de la commune usagère, en lui prescrivant de faire délibérer le conseil municipal, pour qu'il exerce, s'il le juge à propos, le pourvoi qui lui est réservé par le § 2 de l'article 64 du Code forestier. — Le procès verbal des experts ne contiendra que l'évaluation en argent des droits des usagers, d'après leurs titres.

117. En cas de contestation sur l'état et la possibilité des forêts et sur le refus d'admettre les animaux au pâturage et au panage dans certains cantons déclarés non défensables, le pourvoi contre les décisions rendues par les conseils de préfecture, en exécu

tion des art. 65 et 67 du Code forestier aura effet suspensif jusqu'à la décision rendue par nous en Conseil d'état.

118. Les maires des communes et les particuliers jouissant du droit de pâturage ou de panage dans les forêts de l'État remettront annuellement à l'agent forestier local, avant le 31 décembre pour le pâturage, et avant le 31 juin pour le panage, l'état des bestiaux que chaque usager possède, avec la distinction de ceux qui servent à son propre usage et de ceux dont il fait commerce.

119. Chaque année, les agens forestiers locaux constateront par des procès-verbaux, d'après la nature, l'âge et la situation des bois, l'état des cantons qui pourront être délivrés pour le pâturage, la glandée et le panage dans les forêts soumises à ces droits; ils indiqueront le nombre des animaux qui pourront y être admis et les époques où l'exercice de ces droits d'usage pourra commencer et devra finir. — Les propositions des agens forestiers seront soumises à l'approbation du conservateur avant le 1er février pour le pâturage, et avant le 1er août pour le panage et la glandée.

120. Les pâtres des communes usagères seront choisis par le maire, et agréés par le conseil municipal.

121. Le dépôt du fer servant à la marque des animaux et de l'empreinte de ce fer devra être effectué par l'usager, ainsi que le prescrit l'article 74 du Code forestier, avant l'époque fixée pour l'ouverture du pâturage ou du panage, sous les peines portées par cet article. — L'agent forestier local donnera acte de ce dépôt à l'usager.

122. Les bois de chauffage qui se délivrent par stère seront mis en charges sur les coupes adjugées, et fournis aux usagers par les adjudicataires aux époques fixées par le cahier des charges. — Pour les communes usagères, la délivrance des bois de chauffage sera faite au maire, qui en fera effectuer le partage entre les habitans. — Lorsque les bois de chauffage se délivreront par coupes, l'entrepreneur de l'exploitation sera agréé par l'agent forestier local.

123. Aucune délivrance de bois pour constructions ou réparations ne sera faite aux usagers que sur la présentation de devis dressés par des gens de l'art et constatant les besoins. — Ces devis seront remis, avant le 1er février de chaque année, à l'agent forestier local, qui en donnera reçu : et le conservateur, après avoir fait effectuer les vérifications qu'il jugera nécessaires, adressera l'état de toutes les demandes de cette nature au directeur-général, en même temps que l'état général des coupes ordinaires, pour être revêtu de son approbation. — La délivrance de ces bois sera mise en charge sur les coupes en adjudication, et sera faite à l'usager par l'adjudicataire à l'époque fixée par le cahier des charges. — Dans le cas d'urgence constatée par le maire de la commune, la délivrance pourra être faite en vertu d'un arrêté du préfet rendu sur l'avis du conservateur. L'abatage et le façonnage des arbres auront lieu aux frais de l'usager, et les branchages et remanens seront vendus comme menus marchés.

TITRE III.

DES BOIS ET FORÊTS QUI FONT PARTIE DU DOMAINE DE LA COURONNE.

124. Toutes les dispositions de la présente ordonnance concernant les forêts de l'État seront applicables aux bois et forêts de la couronne, sauf les exceptions qui résultent du titre IV du Code forestier.

TITRE IV.

DES BOIS ET FORÊTS QUI SONT POSSÉDÉS PAR LES PRINCES À TITRE D'APANAGE, ET PAR DES PARTICULIERS À TITRE DE MAJORATS RÉVERSIBLES À L'ÉTAT.

125. Toutes les dispositions des 1re et IIe sections du titre II de la présente ordonnance relativement à la délimitation, au bornage et à l'aménagement des forêts de l'État, à l'exception de l'article 68, sont applicables aux bois et forêts qui sont possédés par les princes à titre d'apanage, ou par des particuliers à titre de majorats réversibles à l'État.

126. Les possesseurs auront droit d'intervenir comme parties intéressées dans tous débats et actions relativement à la propriété.

127. Les visites que l'article 89 du Code forestier prescrit à l'administration de faire faire dans ces bois et forêts, auront pour objet de vérifier s'ils sont régis et administrés conformément aux dispositions de ce Code, aux titres constitutifs des apanages ou majorats, et aux états ou procès verbaux qui ont été ou seront dressés en exécution de ces titres. — Ces visites ne seront faites que par des agens forestiers qui seront désignés par le conservateur local ou par le directeur général des forêts. Elles auront lieu au moins une fois par an. — Les agens dresseront des procès verbaux du résultat de leurs visites, et remettront ces procès verbaux au conservateur, qui les transmettra, sans délai, avec ses observations, au directeur général des forêts.

TITRE V.

DES BOIS DES COMMUNES ET DES ÉTABLISSEMENS PUBLICS.

128. L'administration forestière dressera incessamment un état général des bois appartenant à des communes ou établissemens publics, et qui doivent être soumis au régime forestier, aux termes des art. 1er et 90 du Code, comme étant susceptibles d'aménagement ou d'une exploitation régulière. — S'il y a contestation à ce sujet de la part des communes ou établissemens propriétaires, la vérification de l'état des bois sera faite par les agens forestiers, contradictoirement avec les maires ou administrateurs. — Le procès verbal de cette vérification sera envoyé par le conservateur au préfet, qui fera délibérer les conseils municipaux des communes ou les administrateurs des établissemens propriétaires, et transmettra le tout, avec son avis, à notre ministre des finances, sur le rapport duquel il sera statué par nous.

129. Lorsqu'il y aura lieu d'opérer la délimitation des bois des communes et des établissemens publics, il sera procédé de la manière prescrite par la 1re section du titre II de la présente ordonnance pour la délimitation et le bornage des forêts de l'Etat, sauf les modifications des articles suivans.

130. Dans les cas prévus par les articles 58 et 59, le préfet, avant de nommer les agens forestiers chargés d'opérer comme experts dans l'intérêt des communes ou établissemens propriétaires, prendra l'avis des conservateurs des forêts et celui des maires et administrateurs.

131. Le maire de la commune, ou l'un des administrateurs de l'établissement propriétaire, aura droit d'assister à toutes les opérations, conjointement avec l'agent forestier nommé par le préfet. Ses dires, observations et oppositions seront exactement consignés au procès verbal. — Le conseil municipal ou les administrateurs seront appelés à délibérer sur les résultats du procès verbal avant qu'il soit soumis à notre homologation.

132. Lorsqu'il s'élèvera des contestations ou des oppositions, les communes ou établissemens propriétaires seront autorisés à intenter action ou à défendre, s'il y a lieu, et les actions seront suivies par les maires ou administrateurs, dans la forme ordinaire.

133. L'état des frais de délimitation et de bornage, dressé par le conservateur et visé par le préfet, sera remis au receveur de la commune ou de l'établissement propriétaire, qui percevra le montant des sommes mises à la charge des riverains, et, en cas de refus, en poursuivra le paiement par toutes les voies de droit au profit et pour le compte de ceux à qui ces frais seront dus.

134. Toutes les dispositions des IIe, IIIe, IVe, Ve et VIe sections du titre II de la présente ordonnance, sont applicables aux bois des communes et des établissemens publics, à l'exception des articles 68 et 88, et sauf les modifications qui résultent du titre VI du Code forestier et des dispositions du présent titre.

135. Nos ordonnances d'aménagement ne seront rendues qu'après que les conseils municipaux ou les administrateurs des établissemens propriétitaires auront été consultés sur les propositions d'aménagement, et que les préfets auront donné leur avis.

136. Les mêmes formalités seront observées lorsqu'il s'agira de faire effectuer des travaux extraordinaires, tels que recépages, répeuplemens, clôtures, routes, constructions de loges pour les gardes et autres travaux d'amélioration. — Si les communes ou établissemens propriétaires n'élèvent aucune objection contre les travaux projetés, ces travaux pourront être autorisés par le préfet sur la proposition du conservateur. Dans le cas contraire, il sera statué par nous sur le rapport de notre ministre des finances.

137. Dans les coupes des bois des communes et des établissemens publics, la réserve prescrite par l'art. 70 de la présente ordonnance sera de quarante baliveaux au moins et de cinquante au plus par hectare. — Lors de la coupe des quarts en réserve, le nombre des arbres à conserver sera de soixante au moins et de cent au plus par hectare.

138. Les indemnités que les adjudicataires des bois des communes et des établissemens publics devront payer, en exécution de l'article 96 de la présente ordonnance, lorsqu'il leur sera accordé des délais de coupe et de vidange, seront versées dans les caisses des receveurs des communes ou établissemens propriétaires.

139. Il ne pourra être fait, dans les bois des communes et des établissemens publics, aucune adjudication de glandée, panage ou paisson, qu'en vertu d'autorisation spéciale du préfet, qui devra consulter à ce sujet les communes ou établissemens propriétaires, et prendre l'avis de l'agent forestier local.

140. Hors le cas de dépérissement des quarts en réserve, l'autorisation de les couper ne sera accordée que pour cause de nécessité bien constatée, et à défaut d'autres moyens d'y pourvoir. — Les demandes de cette nature, appuyées de l'avis des préfets, ne nous seront soumises par notre ministre des finances qu'après avoir été par lui communiquées à notre ministre de l'intérieur.

141. Les communes qui ne sont pas dans l'usage d'employer la totalité des bois de leurs coupes à leur propre consommation, feront connaître à l'agent forestier local la quantité de bois qui leur sera nécessaire, tant pour chauffage que pour constructions et réparations, et il en sera fait délivrance, soit par l'adjudicataire de la coupe, soit au moyen d'une réserve sur cette coupe ; le tout conformément à leur demande et aux clauses du cahier des charges de l'adjudication.

142. Les administrateurs des établissemens publics donneront chaque année un état des quantités de bois, tant de chauffage que de construction, dont ces établissemens auront besoin. Cet état sera visé par le sous-préfet, et transmis par lui à l'agent forestier local. — Les quantités de bois ainsi déterminées seront mises en charge lors de la vente des coupes, et délivrées à l'établissement par l'adjudicataire, aux époques qui seront fixées par le cahier des charges.

143. Lorsqu'il y aura lieu à l'expertise prévue par l'article 105 du Code forestier, cette expertise sera faite, dans le procès verbal même de la délivrance, par le maire de la commune ou son délégué, par l'agent forestier, et par un expert au choix de la partie prenante. — Le procès verbal sera remis au receveur municipal par l'agent forestier.

144. Dans le cas prévu par le paragraphe 2 de l'article 109 du Code, le préfet, sur les propositions de l'agent forestier local et du maire de la commune, déterminera la portion de coupe affouagère qui devra être vendue aux enchères pour acquitter les frais de garde, la contribution foncière et l'indemnité attribuée au trésor par l'article 106 du Code. — Le produit de cette vente sera versé dans la caisse du receveur municipal pour être employé à l'acquittement de ces charges.

145. Lorsqu'il y aura lieu d'user de la faculté accordée par le Code forestier aux communes et aux établissemens publics, d'affranchir leurs bois de droits d'usage, le conseil municipal ou les administrateurs de la commune

ou de l'établissement propriétaire seront d'abord consultés sur la convenance et l'utilité soit du cantonnement, soit du rachat, et le préfet soumettra leur délibération, avec les observations de l'agent forestier et son propre avis en forme d'arrêté, à notre ministre des finances, qui nous soumettra un projet d'ordonnance, après s'être concerté avec notre ministre de l'intérieur. — Il sera ensuite procédé de la manière prescrite par les articles 114, 115 et 116 de la présente ordonnance; mais le second expert au lieu d'être nommé par le directeur des domaines, sera choisi par le maire, sauf l'approbation du conseil municipal, ou par les administrateurs de l'établissement. — S'il s'élève des contestations, il sera procédé conformément à l'article 115 de la présente ordonnance. Toutefois les actions seront suivies devant les tribunaux par le maire ou les administrateurs, suivant les formes prescrites par les lois.

146. Toutes les dispositions de la section IX du titre II de la présente ordonnance, sur l'exercice des droits d'usage dans les bois de l'Etat, sont applicables à la jouissance des communes et des établissemens publics dans leurs propres bois, sauf les modifications qui résultent du présent titre, et à l'exception des articles 121 et 123.

TITRE VI.

DES BOIS INDIVIS QUI SONT SOUMIS AU RÉGIME FORESTIER.

147. En exécution des articles 1er et 113 du Code forestier, toutes les dispositions de la présente ordonnance relatives aux forêts de l'Etat sont applicables aux bois dans lesquels l'Etat a des droits de propriété indivis, soit avec des communes ou des établissemens publics, soit avec des particuliers. — Ces dispositions sont également applicables aux bois indivis entre le domaine de la couronne et les particuliers, sauf les modifications qui résultent du titre IV du Code forestier et du titre III de la présente ordonnance. — Quant aux bois indivis entre des communes ou des établisse-

mens publics et les particuliers, ils seront régis conformément aux dispositions du titre VI du Code forestier et du titre V de la présente ordonnance.

148. Lorsqu'il y aura lieu d'effectuer des travaux extraordinaires pour l'amélioration des bois indivis, le conservateur communiquera aux co-propriétaires les propositions et projets de travaux.

149. L'administration des forêts soumettra incessamment à notre ministre des finances le relevé de tous les bois indivis entre l'Etat et d'autres propriétaires, en indiquant quels sont ceux dont le partage peut être effectué sans inconvénient. — Notre ministre des finances décidera s'il y a lieu de provoquer le partage, et l'action sera, en conséquence, intentée et suivie conformément au droit commun et dans les formes ordinaires. — Lorsque les parties auront à nommer des experts, ces experts seront nommés : — Dans l'intérêt de l'Etat, par le préfet, sur la proposition du directeur des domaines, qui devra se concerter à ce sujet avec le conservateur, pour désigner un agent forestier; — Dans l'intérêt des communes, par le maire, sauf l'approbation du conseil municipal; — Dans l'intérêt des établissemens publics, par les administrateurs de ces établissemens.

TITRE VII.

DES BOIS DES PARTICULIERS.

150. Les gardes des bois des particuliers ne seront admis à prêter serment qu'après que leurs commissions auront été visées par le sous-préfet de l'arrondissement. — Si le sous-préfet croit devoir refuser son visa, il en rendra compte au préfet, en lui indiquant les motifs de son refus. — Ces commissions seront inscrites dans les sous-préfectures, sur un registre où seront relatés les noms et demeures des propriétaires et des gardes, ainsi que la désignation et la situation des bois.

151. Lorsque les propriétaires ou les usagers seront dans le cas de requérir l'intervention d'un agent forestier pour visiter les bois des particu-

tiers, à l'effet d'en constater l'état et la possibilité ou de déclarer s'ils sont défensables, ils en adresseront la demande au conservateur, qui désignera un agent forestier pour procéder à cette visite. — L'agent forestier ainsi désigné dressera procès verbal de ses opérations, en énonçant toutes les circonstances sur lesquelles sa déclaration sera fondée. — Il déposera ce procès verbal à la sous-préfecture, où les parties pourront en réclamer des expéditions.

TITRE VIII.

DES AFFECTATIONS SPÉCIALES DE BOIS A DES SERVICES PUBLICS.

SECTION 1re.

Des Bois destinés au service de la Marine.

152. Dans les bois dont la régie est confiée à l'administration forestière, aussitôt après la désignation et l'assiette des coupes ordinaires ou extraordinaires, le conservateur en adressera l'état au directeur ou au sous directeur de la marine. — Dès que le balivage et le martelage des coupes auront été effectués, les agens forestiers chefs de service dans chaque inspection en donneront avis aux ingénieurs, maîtres ou contre-maîtres de la marine, qui procéderont immédiatement à la recherche et au martelage des bois propres au service de la marine royale. — Outre l'expédition des procès verbaux de martelage que les agens de la marine doivent, aux termes de l'article 126 du Code forestier, faire viser par le maire et déposer à la mairie de la commune où le martelage aura eu lieu, ils en remettront immédiatement une seconde expédition aux agens forestiers chefs de service. — Le résultat des opérations des agens de la marine sera toujours porté sur les affiches des ventes, et tout martelage effectué ou signifié aux agens forestiers après l'apposition des affiches sera considéré comme nul.

153. Quant aux arbres épars qui devront être abattus sur les propriétés des communes ou des établissemens publics non soumises au régime fo-

restier, les maires et administrateurs en feront la déclaration telle qu'elle est prescrite par les articles 124 et 125 du Code forestier.

154. Les déclarations prescrites par l'article 125 du Code indiqueront l'arrondissement, le canton et la commune de la situation des bois, les noms et demeures des propriétaires, le nom du bois et sa contenance, la situation et l'étendue du terrain sur lequel se trouveront les arbres, le nombre et les espèces d'arbres qu'on se proposera d'abattre et leur grosseur approximative. — Elles seront faites et déposées à la sous préfecture, en double minute, dont l'une, visée par le sous-préfet, sera remise au déclarant. — Les sous-préfets qui auront reçu les déclarations, les feront enregistrer, les transmettront immédiatement au directeur du service forestier de la marine, et en donneront avis à l'agent forestier local.

155. Dès que les déclarations leur seront parvenues, les agens de la marine procéderont à la reconnaissance et au martelage des arbres propres aux constructions navales, et se conformeront exactement aux dispositions de l'article 126 du Code forestier, pour les procès verbaux qu'ils doivent dresser de cette opération.

156. Les arbres qui auront été marqués pour le service de la marine devront être abattus du 1er octobre au 1er avril. — La notification de l'abatage de ces arbres sera faite à la sous-préfecture et transmise aux agens de la marine, de la manière qui est prescrite par l'article 154 ci-dessus, pour les déclarations de volonté d'abattre.

157. Dès que la notification de l'abatage leur sera parvenue, les agens de la marine feront la visite des arbres abattus, et en dresseront un procès verbal, dont ils déposeront une copie à la mairie de la commune où les bois sont situés.

158. Les arbres qui auront été marqués pour le service de la marine dans les bois soumis au régime forestier, comme sur toute propriété privée, seront livrés en grume et en forêt; mais les adjudicataires ou les propriétaires pourront traiter de gré à gré avec les agens de la marine, relativement au mode de livraison des bois, à leur équarrissage et à leur transport sur les ports flottables ou autres lieux de dépôt.

159. Dans les cas prévus par l'article 131 du Code forestier, le maire, sur la réquisition du propriétaire des arbres sujets à déclaration pour le service de la marine, constatera par un procès verbal le nombre d'arbres dont ce propriétaire aura réellement besoin pour constructions ou réparations, l'âge et les dimensions de ces arbres. — Ce procès verbal sera déposé à la sous-préfecture et transmis aux agens de la marine, de la manière qui est prescrite par l'article 154 de la présente ordonnance, pour les déclarations de volonté d'abattre.

160. Les procès verbaux que les agens de la marine sont autorisés, par l'article 134 du Code, à dresser pour constater les délits et les contraventions concernant le service de la marine, seront remis par eux, dans le délai prescrit par les articles 15 et 18 du Code d'instruction criminelle, aux agens forestiers chargés de la poursuite devant les tribunaux.

161. Notre ministre de la marine présentera incessamment à notre approbation l'état des départemens, arrondissemens et cantons qui ne seront point soumis à l'exercice du droit de martelage pour les constructions navales : cet état, approuvé par nous, sera inséré au Bulletin des lois. — Les mêmes formalités seront observées lorsqu'il y aura lieu d'assujétir de nouveau à l'exercice du droit de martelage l'un des départemens, arrondissemens ou cantons qui en auront été ainsi affranchis. Nos ordonnances à ce sujet seront toujours publiées avant le 1er mars pour l'ordinaire suivant.

SECTION II.

Des Bois destinés au service des Ponts et Chaussées pour le fascinage du Rhin.

162. Chaque année, avant le 1er août, le conservateur fournira aux préfets des départemens du Haut et du Pas-Rhin un tableau des coupes des bois de l'Etat, des communes et des établissemens publics, qui devront avoir lieu dans ces départemens, sur les rives et à la distance de cinq kilomètres du fleuve. — Ce tableau, divisé en deux parties, dont l'une comprendra les bois de l'Etat, et l'autre ceux des communes et des établissemens publics, indiquera la situation de chaque coupe, et les ressources qu'elle pourra produire pour les travaux d'endigage et de fascinage.

163. Les déclarations prescrites aux propriétaires par l'article 137 du Code forestier seront faites dans les formes et de la manière qui sont déterminées par l'article 154 de la présente ordonnance pour le service de la marine. — Elles seront transmises immédiatement au préfet par les sous-préfets.

164. Le préfet, sur le rapport des ingénieurs des ponts et chaussées constatant l'urgence, prendra un arrêté pour désigner, à proximité du lieu où le danger se manifestera, les propriétés où seront coupés les bois nécessaires pour les travaux. — Il adressera cet arrêté à l'agent forestier supérieur de l'arrondissement et à l'ingénieur en chef des ponts et chaussées.

165. Lorsque la réquisition portera sur des bois régis par l'administration forestière, les agens forestiers locaux procéderont sur-le-champ et dans les formes ordinaires, à la désignation du canton où la coupe devra être faite et aux opérations de balivage et de martelage. — Lorsque les bois sur lesquels frappera la réquisition appartiendront à des particuliers, l'agent forestier en fera faire, par un garde, la signification au propriétaire.

166. La déclaration à laquelle est tenu, en vertu de l'article 140 du Code forestier, le propriétaire qui préférera exploiter lui-même les bois requis, sera faite à la sous-préfecture, et dans les formes qui sont prescrites pour les déclarations de volonté d'abattre, par l'article 145 de la présente ordonnance. — Le sous-préfet en donnera avis immédiatement au préfet et à l'ingénieur des ponts et chaussées chargé de l'exécution des travaux.

167. Dans le cas d'urgence prévu par l'article 138 du Code forestier, le

propriétaire qui, pour des besoins personnels, serait obligé de faire couper sans délai des bois soumis à la déclaration, devra faire constater l'urgence de la manière qui est prescrite par l'article 159 de la présente ordonnance. — Le procès verbal sera transmis au préfet par le sous-préfet.

168. Pour l'exécution des dispositions de l'article 141 du Code forestier, l'abattage des bois requis sera constaté, dans les bois régis par l'administration forestière, par un procès verbal d'un agent forestier, et dans les autres bois, par un procès verbal dressé par le maire de la commune. — Lorsqu'il y aura lieu de nommer des experts pour la fixation des indemnités, l'expert dans l'intérêt de l'administration des ponts et chaussées sera nommé par le préfet. — Les ingénieurs des ponts et chaussées ne délivreront aux entrepreneurs des travaux le certificat à fin de paiement pour solde, qu'autant qu'ils justifieront avoir entièrement payé les sommes mises à leur charge pour le prix des bois requis et livrés.

TITRE IX.

POLICE ET CONSERVATION DES BOIS ET FORÊTS QUI SONT RÉGIS PAR L'ADMINISTRATION FORESTIÈRE.

169. Dans les bois et forêts qui sont régis par l'administration forestière, l'extraction de productions quelconques du sol forestier ne pourra avoir lieu qu'en vertu d'une autorisation formelle délivrée par le directeur-général des forêts, s'il s'agit des bois de l'État; et s'il s'agit de ceux des communes et des établissemens publics, par les maires ou administrateurs des communes ou établissemens propriétaires, sauf l'approbation du directeur-général des forêts, qui, dans tous les cas, réglera les conditions et le mode d'extraction. — Quant au prix, il sera fixé, pour les bois de l'État, par le directeur-général des forêts, et pour les bois des communes et des établissemens publics, par le préfet, sur les propositions des maires ou administrateurs.

170. Lorsque les extractions de ma-

tériaux auront pour objet des travaux publics, les ingénieurs des ponts et chaussées, avant de dresser le cahier des charges des travaux, désigneront à l'agent forestier supérieur de l'arrondissement les lieux où ces extractions devront être faites. — Les agens forestiers, de concert avec les ingénieurs ou conducteurs des ponts et chaussées, procéderont à la reconnaissance des lieux, détermineront les limites du terrain où l'extraction pourra être effectuée, le nombre, l'espèce et les dimensions des arbres dont elle pourra nécessiter l'abatage, et désigneront les chemins à suivre pour le transport des matériaux. En cas de contestation sur ces divers objets, il sera statué par le préfet.

171. Les diverses clauses et conditions qui devront, en conséquence des dispositions de l'article précédent, être imposées aux entrepreneurs, tant pour le mode d'extraction que pour le rétablissement des lieux en bon état, seront rédigées par les agens forestiers, et remises par eux au préfet, qui les fera insérer au cahier des charges des travaux.

172. L'évaluation des indemnités dues à raison de l'occupation ou de la fouille des terrains, et des dégâts causés par l'extraction, sera faite conformément aux articles 55 et 56 de la loi du 16 septembre 1807. — L'agent forestier supérieur de l'arrondissement remplira les fonctions d'expert dans l'intérêt de l'État: et les experts dans l'intérêt des communes ou des établissemens publics seront nommés par les maires ou les administrateurs.

173. Les agens forestiers et les ingénieurs et conducteurs des ponts et chaussées sont expressément chargés de veiller à ce que les entrepreneurs n'emploient pas les matériaux provenant des extractions à d'autres travaux que ceux pour lesquels elles auront été autorisées. — Les agens forestiers exerceront contre les contrevenans toutes poursuites de droit.

174. Les arbres et portions de bois qu'il serait indispensable d'abattre pour effectuer les extractions, seront vendus comme menus marchés, sur l'autorisation du conservateur.

175. Les réclamations qui pourront s'élever relativement à l'exécution des travaux d'extraction et à l'évaluation des indemnités, seront soumises aux conseils de préfecture, conformément à l'article 4 de la loi du 17 février 1800 [28 pluviôse an VIII].

176. Quand les arbres de lisière qui ont actuellement plus de trente ans auront été abattus, les arbres qui les remplaceront devront être élagués, conformément à l'article 672 du Code civil, lorsque l'élagage en sera requis par les riverains. — Les plantations ou réserves destinées à remplacer les arbres actuels de lisière seront effectuées en arrière de la ligne de délimitation des forêts, à la distance prescrite par l'article 671 du Code civil.

177. Les établissemens et constructions mentionnés dans les articles 151, 152, 153, 154 et 155 du Code forestier ne pourront être autorisés que par nos ordonnances spéciales. — Lorsqu'il s'agira des fours à chaux ou à plâtre, des briqueteries et des tuileries dont il est fait mention en l'article 161 de ce Code, il sera d'abord statué par nous sur la demande d'autorisation, sans préjudice des droits des tiers et des oppositions qui pourraient s'élever. Il sera ensuite procédé suivant les formes prescrites par le décret du 15 octobre 1810, et par nos ordonnances des 14 janvier 1815 et 29 juillet 1818.

178. Les demandes à fin d'autorisation pour construction de maisons ou fermes, en exécution des paragraphes 1er et 2 de l'article 155 du Code, seront remises à l'agent forestier supérieur de l'arrondissement, en double minute, dont l'une, revêtue du visa de cet agent, sera rendue au déclarant.

179. Dans le délai de six mois, à dater de la publication de la présente ordonnance, les propriétaires des usines et constructions mentionnées dans les articles 151, 152 et 155 du Code forestier, et non comprises dans les dispositions exceptionnelles de l'article 156 du même Code, seront tenus de remettre aux conservateurs les titres en vertu desquels ces usines ou constructions ont été établies. — Les conservateurs adresseront ces titres avec leurs observations à la direction générale des forêts, qui les soumettra à notre ministre des finances. — Si les propriétaires ne font pas le dépôt de leurs titres dans le délai ci-dessus fixé, ou si les titres ne justifient pas suffisamment de leurs droits, l'administration forestière poursuivra la démolition de leurs usines et constructions en vertu des lois et règlemens antérieurs à la publication du Code forestier, ainsi qu'il est prescrit par le paragraphe 2 de l'article 218 de ce code.

180. Les possesseurs des scieries dont il est fait mention en l'article 155 du Code forestier, seront tenus, chaque fois qu'ils voudront faire transporter dans ces scieries ou dans les bâtimens et enclos qui en dépendent, des arbres, billes ou troncs, d'en remettre à l'agent forestier local une déclaration détaillée, en indiquant de quelles propriétés ces bois proviennent. — Ces déclarations énonceront le nombre et le lieu de dépôt des bois; elles seront faites en double minute, dont une sera visée et remise au déclarant par l'agent forestier, qui en tiendra un registre spécial. — Les arbres, billes ou troncs seront marqués, sans frais, par le garde forestier du canton ou par un des agens forestiers locaux, dans le délai de cinq jours après la déclaration.

TITRE X.

DES POURSUITES EXERCÉES AU NOM DE L'ADMINISTRATION FORESTIÈRE.

181. Les agens et les gardes dresseront, jour par jour, des procès verbaux des délits et contraventions qu'ils auront reconnus. — Ils se conformeront, pour la rédaction et la remise de ces procès verbaux, aux articles 16 et 18 du Code d'instruction criminelle.

182. Dans le cas où les officiers de police judiciaire désignés dans l'article 161 du Code forestier refuseraient, après avoir été légalement requis, d'accompagner les gardes dans leurs visites et perquisitions, les gardes rédigeront procès verbal du refus, et adresseront sur-le-champ ce procès

verbal à l'agent forestier, qui en rendra compte à notre procureur près le tribunal de première instance. — Il en sera de même dans le cas où l'un des fonctionnaires dénommés dans l'article 165 du même Code aurait négligé ou refusé de recevoir l'affirmation des procès verbaux dans le délai prescrit par la loi.

183. Lorsque les procès verbaux porteront saisie, l'expédition qui, aux termes de l'article 167 du Code forestier, doit en être déposée au greffe de la justice de paix dans les vingt-quatre heures après l'affirmation, sera signée et remise par l'agent ou le garde qui aura dressé le procès verbal.

184. Lorsque le juge de paix aura accordé la main-levée provisoire des objets saisis, il en donnera avis à l'agent forestier local.

185. Aux audiences tenues dans nos cours et tribunaux pour le jugement des délits et contraventions poursuivis à la requête de la direction générale des forêts, l'agent chargé de la poursuite aura une place particulière à la suite du parquet de nos procureurs et de leurs substituts. Il y assistera en uniforme, et se tiendra découvert pendant l'audience.

186. Les agens forestiers dresseront, pour le ressort de chaque tribunal de police correctionnelle et au commencement de chaque trimestre, un mémoire, en triple expédition, des citations et significations faites par les gardes pendant le trimestre précédent; cet état sera rendu exécutoire, visé et ordonnancé conformément au règlement du 18 juin 1811.

187. A la fin de chaque trimestre, les conservateurs adresseront au directeur général des forêts un état des jugemens et arrêts rendus à la requête de l'administration forestière, avec une indication sommaire de la situation des poursuites intentées et sur lesquelles il n'aura pas encore été statué.

TITRE XI.

DE L'EXÉCUTION DES JUGEMENS RENDUS A LA REQUÊTE DE L'ADMINISTRATION FORESTIÈRE OU DU MINISTÈRE PUBLIC.

188. Les extraits des jugemens par défaut seront remis par les greffiers de nos cours et tribunaux aux agens forestiers, dans les trois jours après celui où les jugemens auront été prononcés. — L'agent forestier supérieur de l'arrondissement les fera signifier immédiatement aux condamnés, et remettra en même temps au receveur des domaines un état indiquant les noms des condamnés, la date de la signification des jugemens, et le montant des condamnations en amendes, dommages intérêts et frais. — Quinze jours après la signification du jugement, l'agent forestier remettra les originaux des exploits de signification au receveur des domaines, qui procédera alors contre les condamnés conformément aux dispositions de l'article 211 du Code forestier. — Si, durant ce délai, le condamné interjette appel ou forme opposition, l'agent forestier en donnera avis au receveur.

189. Quant aux jugemens contradictoires, lorsqu'il n'aura été fait par les condamnés aucune déclaration d'appel, les greffiers en remettront l'extrait directement aux receveurs des domaines dix jours après celui où le jugement aura été prononcé, et les receveurs procéderont contre les condamnés conformément aux dispositions de l'article 211 du Code forestier. — L'extrait des arrêts ou jugemens rendus sur appel sera remis directement aux receveurs des domaines par les greffiers de nos cours et tribunaux d'appel, quatre jours après celui où le jugement aura été prononcé, si le condamné ne s'est point pourvu en cassation.

190. A la fin de chaque trimestre, les directeurs des domaines remettront au directeur général de l'enregistrement et des domaines un état indiquant les recouvremens effectués en exécution de jugemens correctionnels en matière forestière, et les condamnations pécuniaires tombées en non-valeur par suite de l'insolvabilité des condamnés.

191. Les condamnés qui, en raison de leur insolvabilité, invoqueront l'application de l'article 215 du Code forestier, présenteront leur requête,

accompagnée des pièces justificatives prescrites par l'article 420 du Code d'instruction criminelle, à nos procureurs, qui ordonneront, s'il y a lieu, que les condamnés soient mis en liberté à l'expiration des délais fixés par l'article 215 du Code forestier, et en donneront avis aux receveurs des domaines.

TITRE XII.

DISPOSITIONS TRANSITOIRES SUR LE DÉFRICHEMENT DES BOIS.

192. Les déclarations prescrites par l'article 219 du Code forestier indiqueront le nom, la situation et l'étendue des bois que les particuliers se proposeront de défricher. Elles seront faites en double minute, et remises à la sous-préfecture, où il en sera tenu registre. — L'une des minutes, visée par le sous-préfet, sera rendue au déclarant, et l'autre sera transmise par le sous-préfet à l'agent forestier supérieur de l'arrondissement.

193. L'agent forestier procédera à la reconnaissance de l'état et de la situation des bois, et en dressera un procès verbal, auquel il joindra un rapport détaillé indiquant les motifs d'intérêt public qui seraient de nature à influer sur la détermination à prendre à cet égard. Il remettra le tout sans délai au conservateur, avec la déclaration du propriétaire.

194. Si le conservateur estime que le bois ne doit pas être défriché, il fera signifier au propriétaire une opposition au défrichement, et en référera au préfet, en lui transmettant les pièces avec ses observations. — Dans le cas contraire, le conservateur en référera sans délai au directeur général des forêts, qui en rendra compte à notre ministre des finances.

195. Le préfet statuera sur l'opposition, dans le délai d'un mois, par un arrêté énonçant les motifs de sa décision. — Dans le délai de huit jours, le préfet fera signifier cet arrêté à l'agent forestier supérieur de l'arrondissement, ainsi qu'au propriétaire des bois, et le soumettra, avec les pièces à l'appui, à notre ministre des finances, qui rendra et fera signifier au propriétaire sa décision définitive dans les six mois à dater du jour de la signification de l'opposition.

196. Lorsque des maires et adjoints auront dressé des procès verbaux pour constater des défrichemens effectués en contravention au titre XV du Code forestier, ils seront tenus, indépendamment de la remise qu'ils en doivent faire à nos procureurs, d'en adresser une copie certifiée à l'agent forestier local.

197. Nos ministres secrétaires-d'état aux départemens de la justice, de l'intérieur, de la marine et des finances, sont chargés, chacun en ce qui le concerne, de l'exécution de la présente ordonnance, qui sera insérée au Bulletin des lois.

TABLEAU de la Division territoriale du Royaume en vingt Conservations forestières, indiquant les Chefs-Lieux et les Départemens qui forment chaque Conservation.

NUMÉROS et chefs-lieux des conservations.	DÉPARTEMENS.	NUMÉROS et chefs-lieux des conservations.	DÉPARTEMENS.
1re. Paris.	Eure-et-Loir. Loiret. Oise. Seine. Seine-et-Marne. Seine-et-Oise.	12e. Toulouse.	Ariége. Aude. Garonne (Haute). Pyrénées-Orient. Tarn. Tarn-et-Garonne.
2e. Troyes.	Aube. Marne (Haute). Yonne.	13e. Grenoble.	Ain. Alpes (Hautes). Drôme. Isère. Loire. Rhône.
3e. Rouen.	Calvados. Eure. Manche. Seine-Inférieure.	14e. Rennes.	Côtes-du-Nord. Finistère. Ille-et-Vilaine. Loire-Inférieure. Morbihan.
4e. Douai.	Aisne. Nord. Pas-de-Calais. Somme.	15e. Clermont.	Cantal. Corrèze. Creuse. Loire (Haute). Puy-de-Dôme. Vienne (Haute).
5e. Châlons	Ardennes. Marne. Meuse.		
6e. Nancy.	Meurthe. Moselle. Vosges.	16e. Bordeaux.	Dordogne. Gironde. Lot. Lot-et-Garonne.
7e. Colmar.	Doubs. Rhin (Bas). Rhin (Haut).		
8e. Dijon.	Côte d'Or. Jura. Saône (Haute). Saône-et-Loire.	17e. Pau.	Gers. Landes. Pyrénées (Basses). Pyrénées (Hautes).
9e. Bourges.	Allier. Cher. Indre. Nièvre.	18e. Nimes.	Ardèche. Aveyron. Gard. Hérault. Lozère.
10e. Niort.	Charente. Charente-Infér. Sèvres (Deux). Vendée. Vienne.	19e. Aix.	Alpes (Basses). Bouches-du-Rhône. Var. Vaucluse.
11e. Le Mans.	Indre-et-Loire. Loir-et-Cher. Maine-et-Loire. Mayenne. Orne. Sarthe.	20e. Bastia.	Corse (Ile de)

ÉTAT approuvé par le Roi le 26 août 1827, des Départemens, Arrondissemens et Cantons qui ne seront pas soumis à l'exercice du Droit de Martelage pour le Service de la Marine. (Articles 135 de la Loi du 21 mai 1827, et 161 de l'Ordonnance du 1er août de la même année.)

DÉPARTEMENS.	LOCALITÉS où les propriétaires seront exempts de faire les déclarations prescrites par l'article 125 de la loi du 21 mai 1827.	DIRECTIONS FORESTIÈRES de la marine auxquelles appartiennent les localités, exceptées.
Ardennes........	Les cantons de Charleville, Flize, Mézières, Monthermé, Renwez, de l'arrondissement de Mézières : les cantons de Fumay, Givet, Rocroy, de l'arrondissement de Rocroy ; les cantons de Carignan, Mouzon, Sedan, (deux justices de paix) de l'arrondissem. de Sedan.	1re direction.
Alpes (Hautes)...	Tout le département............	4e idem.
Aude............	Idem.....................	4e idem.
Aveyron.........	Idem.....................	3e et 4e idem.
Cantal..........	Idem.....................	3e idem.
Corrèze.........	Idem.....................	3e idem.
Corse...........	Idem.....................	″
Côte-d'Or......	Les cantons de Châtillon-sur-Seine, Laignes, Montigny-sur-Aube, de l'arrondissement de Châtillon-sur-Seine ; les cantons de Montbard, Précy-sous-Thil, Saulieu, Semur, de l'arrondissement de Semur...	1re idem.
Côtes-du-Nord...	Les arrondissem. de Guingamp, Lannion, Loudéac : les cantons de Châtelaudren, Etables, Paimpol, Ploeuc, Plouha, Quintin, de l'arrondissement de Saint-Brieuc.	2e idem.
Dordogne.......	L'arrondissement de Sarlat.......	3e idem.
Eure-et-Loir....	L'arrondissement de Châteaudun, et les cantons d'Auneau, Chartres (deux justices de paix), Illiers, Janville, Voves, de l'arrondissement de Chartres.............	1re idem.
Gironde........	Les arrondissemens de Blaye et de Lesparre.................	5e idem.
Hérault.........	Tout le département............	4e idem.
Loire (Haute)....	Idem.....................	2e idem.
Lot...	Idem.....................	5e idem

DÉPARTEMENS	LOCALITÉS où les propriétaires seront exempts de faire les déclarations prescrites par l'article 125 de la loi du 21 mai 1827.	DIRECTIONS FORESTIÈRES de la marine aux quelles appartiennent les localités exceptées.
Lot-et-Garonne...	L'arrondissement d'Agen et les cantons de Caucon, Castillonnès, Fumel, Monflanquin, Penne, Tournon, Villeneuve-d'Agen, Villeréal, de l'arrondissem. de Villeneuve-d'Agen..........	3e direction.
Lozère.........	Tout le département..........	3e idem.
Marne (Haute)...	Les cantons d'Andelot, Arc en-Barrois, Chaumont, Saint-Blin, de l'arrondissement de Chaumont...	1re idem.
Meurthe........	Tout le département..........	1re et 4e id.
Meuse..........	Les arrondissemens de Commerci et de Montmédy, et les cantons de Charny, Etain, Fresnes en-Woevre et Verdun, de l'arrondissement de Verdun..........	1re idem
Moselle.......	Tout le département..........	4e idem.
Nièvre.........	L'arrondissement de Clamecy....	1re idem.
Orne..........	Les arrondissemens d'Argentan et de Domfront..........	1re idem.
Pas-de-Calais....	Les arrondissemens d'Arras, Béthune et Saint-Pol..........	1re idem.
Puy de-Dôme....	Tout le département..........	2e et 3e id.
Pyrénées-Orient..	Idem..........	4e idem.
Rhin (Bas)......	Idem..........	4e idem.
Rhône..........	Idem..........	4e idem.
Sèvres (Deux)....	Les cantons d'Argenton-le-Château, Bressuire, Châtillon sur-Sèvres, Saint-Varent, Thouars, de l'arrondissement de Bressuire..........	2e et 3e id.
Somme........	Les arrondissem. d'Amiens, Doullens, Montdidier et Péronne.....	1re idem.
Tarn..........	L'arrondissement de Castres.....	3e et 4e id
Tarn-et-Garonne..	Tout le département..........	3e idem.
Vienne........	Les arrondissemens de Châtellerault et Loudun : les cantons de Mirebeau et Neuville, de l'arrondissement de Poitiers : le canton de Saint-Savin, de l'arrondissement de Montmorillon..........	2e et 3e id.
Vosges........	Les cantons de Coussey et de Neufchâteau, de l'arrondissement de Neufchâteau..........	1re idem.
Yonne........	Les cantons de Bléneau et Saint-Fargeau, de l'arrondissement de Joigny..........	2e idem.

TABLE ALPHABÉTIQUE

DU

CODE FORESTIER

ET

DE L'ORDONNANCE D'EXÉCUTION DE CE CODE.

Adjudication des coupes. Pag. 2, 34
Administration forestière. 1, 26
Affectations dans les bois de l'é-
tat. 7, 37
Agens et préposés. 27, 29
Aménagemens. 2, 33
Arpentages. 34
Arpenteurs. 28
Assiettes. 34
Balivages. *ibid.*
Bois de l'Etat. 1
— de la couronne. 10, 39
— d'apanage. *ibid.*
— de majorats. *ibid.*
— des communes. 10, 40
— des établissemens publics. *ibid.*
— des particuliers. 13, 42
— de délit. 36
— indivis. 13, 42
— destinés à la marine. 13, 43
—aux ponts et chaussées. 15, 44
Bornages. 32
Concessions. 37
Conservation des forêts. 16, 45
Défrichemens. 48
Délimitation. 32
Délits et contraventions. 18
Direction générale. 26
Dispositions générales. 24

Dispositions transitoires. Pag. 24
Droits d'usage. 7, 38
Ecoles forestières. 30
Ecole royale. *ibid.*
Ecoles secondaires. 32
Exécution des jugemens. 23, 47
Exploitations. 4. 36
Gardes à cheval. 29
— à pied. *ibid.*
Glandée. 6, 36
Martelages. 34
Menus marchés. 36
Ordonnance du roi. 26
Paisson. 6, 36
Panage. *ibid.*
Peines et condamnations. 21
Police des forêts. 16, 45
Poursuites. 18, 21, 46
Réarpentage. 6, 36
Récolemens. *ibid.*
Régime forestier. 1
Repeuplement. 37
Service forestier. 27
Tarif des amendes. 25
Tableau de la division du royaume. 49
Ventes de chablis. 36
Loi qui proroge l'exécution des
articles 106 et 107 du Code fo-
restier. 26

FIN DE LA TABLE DU CODE FORESTIER.

LOI
RELATIVE A LA PÊCHE FLUVIALE.

(15 Avril 1829.)

TITRE PREMIER.
DU DROIT DE PÊCHE.

ART. 1er. Le droit de pêche sera exercé au profit de l'État : — 1° Dans tous les fleuves, rivières, canaux et contre-fossés navigables ou flottables avec bateaux, trains ou radeaux, et dont l'entretien est à la charge de l'État ou de ses ayant-causes; — 2° Dans les bras, noues, boires et fossés qui tirent leurs eaux des fleuves et rivières navigables ou flottables dans lesquels on peut en tout temps passer ou pénétrer librement en bateau de pêcheur, et dont l'entretien est également à la charge de l'État. — Sont toutefois exceptés les canaux et fossés existans, ou qui seraient creusés dans les propriétés particulières, et entretenus aux frais des propriétaires.

2. Dans toutes les rivières et canaux autres que ceux qui sont désignés à l'article précédent, les propriétaires riverains auront, chacun de son côté, le droit de pêche jusqu'au milieu du cours de l'eau, sans préjudice des droits contraires établis par possession ou titres.

3. Des ordonnances royales, insérées au Bulletin des Lois, détermineront, après une enquête de commodo et incommodo, quelles sont les parties des fleuves et rivières et quels sont les canaux désignés dans les deux premiers paragraphes de l'article 1er où le droit de pêche sera exercé au profit de l'État. — De semblables ordonnances fixeront des limites entre la pêche fluviale et la pêche maritime dans les fleuves et rivières affluant à la mer. Ces limites seront les mêmes que celles de l'inscription maritime ; mais la pêche qui se fera au-dessus du point où les eaux cesseront d'être salées, sera soumise aux règles de police et de conservation établies pour la pêche fluviale. — Dans le cas où des cours d'eau seraient rendus ou déclarés navigables ou flottables, les propriétaires qui seront privés du droit de pêche, auront droit à une indemnité préalable, qui sera réglée selon les formes prescrites par les articles 16, 17 et 18 de la loi du 8 mars 1810, compensation faite des avantages qu'ils pourraient retirer de la disposition prescrite par le gouvernement.

4. Les contestations entre l'administration et les adjudicataires, relatives à l'interprétation et à l'exécution des conditions des baux et adjudications, et toutes celles qui s'élèveraient entre l'administration et ses ayant-cause et des tiers intéressés à raison de leurs droits ou de leurs propriétés, seront portées devant les tribunaux.

5. Tout individu qui se livrera à la pêche sur les fleuves et rivières navigables ou flottables, canaux, ruisseaux ou cours d'eau quelconques, sans la permission de celui à qui le droit de pêche appartient, sera condamné à une amende de vingt francs au moins, et de cent francs au plus, indépendamment des dommages-intérêts. — Il y aura lieu, en outre, à la restitution du prix du poisson qui aura été pêché en délit, et la confiscation des filets et engins de pêche pourra être prononcée. — Néanmoins il est permis à tout individu de pêcher à la ligne flottante tenue à la main, dans les fleuves, rivières et canaux désignés dans les deux premiers paragraphes de l'article 1er de la présente loi, le temps du frai excepté.

TITRE II.
DE L'ADMINISTRATION ET DE LA RÈGLE DE LA PÊCHE.

6 (art. 3 du Code forestier). « Nul ne peut exercer l'emploi de garde-pêche, s'il n'est âgé de vingt-cinq ans accomplis. »

7 (art. 5 du Code forestier). « Les préposés chargés de la surveillance de la pêche ne pourront entrer en

»fonctions qu'après avoir prêté ser-
»ment devant le tribunal de première
» instance de leur résidence, et avoir
»fait enregistrer leur commission et
»l'acte de prestation de leur serment
»au greffe des tribunaux dans le res-
»sort desquels ils devront exercer leurs
»fonctions. — Dans le cas d'un chan-
»gement de résidence qui les placerait
»dans un autre ressort en la même
»qualité, il n'y aura pas lieu à une
»nouvelle prestation de serment. »

8. Les gardes-pêche pourront être
déclarés responsables des délits commis dans leurs cantonnemens, et passibles des amendes et indemnités encourues par les délinquans, lorsqu'ils
n'auront pas dûment constaté les délits.

9. L'empreinte des fers dont les
gardes-pêche font usage pour la marque des filets, sera déposée au greffe
des tribunaux de première instance.

TITRE III.
DES ADJUDICATIONS DES CANTONNEMENS DE PÈCHE.

10. La pêche au profit de l'État sera
exploitée, soit par voie d'adjudication
publique aux enchères et à l'extinction des feux, conformément aux dispositions du présent titre, soit par
concession de licences à prix d'argent.
— Le mode de concession par licence
ne pourra être employé qu'à défaut
d'offres suffisantes.—En conséquence,
il sera fait mention, dans les procès
verbaux d'adjudication, des mesures
qui auront été prises pour leur donner toute la publicité possible et des
offres qui auront été faites.

11. L'adjudication publique devra
être annoncée au moins quinze jours
à l'avance par des affiches apposées
dans le chef-lieu du département,
dans les communes riveraines du cantonnement et dans les communes environnantes.

12 (art. 18 du Code forestier).
« Toute location faite autrement que
»par adjudication publique sera con-
»sidérée comme clandestine et décla-
»rée nulle. Les fonctionnaires et agens
»qui l'auraient ordonnée ou effectuée,
»seront condamnés solidairement à
»une amende égale ou double du fer-

»mage annuel du cantonnement de
»pêche. »— Sont exceptées les concessions par voie de licence.

13 (art. 19 du Code forestier). « Sera
»de même annulée toute adjudication
»qui n'aura point été précédée des
»publications et affiches prescrites par
»l'article 11, ou qui aura été effectuée
»dans d'autres lieux, à autres jour et
»heure que ceux qui auront été indi-
»qués par les affiches ou les procès-
»verbaux de remise en location. — Les
»fonctionnaires ou agens qui auraient
»contrevenu à ces dispositions, se-
»ront condamnés solidairement à une
»amende égale à la valeur annuelle
»du cantonnement de pêche ; et une
»amende pareille sera prononcée con-
»tre les adjudicataires en cas de com-
»plicité. »

14 (art. 20 du Code forestier).
« Toutes les contestations qui pour-
»ront s'élever, pendant les opérations
»d'adjudication, sur la validité des
»enchères ou sur la solvabilité des
»enchérisseurs et des cautions, seront
»décidées immédiatement par le fonc-
»tionnaire qui présidera la séance
»d'adjudication. »

15 (art. 21 du Code forestier). « Ne
»pourront prendre part aux adjudi-
»cations, ni par eux-mêmes, ni par
»personnes interposées, directement
»ou indirectement, soit comme par-
»ties principales, soit comme associés
»ou cautions, — 1° Les agens et gar-
»des forestiers et gardes-pêche, dans
»toute l'étendue du royaume ; les
»fonctionnaires chargés de présider
»ou de concourir aux adjudications
»et les receveurs du produit de la pê-
»che, dans toute l'étendue du terri-
»toire où ils exercent leurs fonctions ;
»— En cas de contravention, ils se-
»ront punis d'une amende qui ne
»pourra excéder le quart ni être moin-
»dre du douzième du montant de
»l'adjudication : et ils seront, en ou-
»tre, passibles de l'emprisonnement et
»de l'interdiction qui sont prononcés
»par l'article 175 du Code pénal : —
»2° Les parens et alliés en ligne di-
»recte, les frères et beaux-frères, on-
»cles et neveux des agens et gardes
»forestiers et gardes-pêche, dans toute
»l'étendue du territoire pour lequel

»ces agens ou gardes sont commis-
»sionnés ; — En cas de contravention,
»ils seront punis d'une amende égale
»à celle qui est prononcée par le pa-
»ragraphe précédent : — 3° Les con-
»seillers de préfecture, les juges, of-
»ficiers du ministère public et gref-
»fiers des tribunaux de première
»instance, dans tout l'arrondissement
»de leur ressort ; — En cas de contra-
»vention, ils seront passibles de tous
»dommages et intérêts, s'il y a lieu.
»— Toute adjudication qui serait faite
»en contravention aux dispositions du
»présent article, sera déclarée nulle.»

16 (art. 22 du Code forestier).
« Toute association secrète ou ma-
»nœuvre entre les pêcheurs ou au-
»tres, tendant à nuire aux enchères,
»à les troubler ou à obtenir les can-
»tonnemens de pêche à plus bas prix,
»donnera lieu à l'application des pei-
»nes portées par l'article 412 du Code
»pénal, indépendamment de tous
»dommages-intérêts ; et si l'adjudica-
»tion a été faite au profit de l'associa-
»tion secrète ou des auteurs desdites
»manœuvres, elle sera déclarée
»nulle »

17 (art. 23 du Code forestier).
« Aucune déclaration de command ne
»sera admise, si elle n'est faite immé-
»diatement après l'adjudication et
»séance tenante. »

18 (art. 24 du Code forestier).
« Faute par l'adjudicataire de fournir
»les cautions exigées par le cahier des
»charges dans le délai prescrit, il
»sera déclaré déchu de l'adjudication par
»un arrêté du préfet, et il sera pro-
»cédé dans les formes ci-dessus pres-
»crites à une nouvelle adjudication
»du cantonnement de pêche, à sa folle
»enchère. —. L'adjudicataire déchu
»sera tenu par corps de la différence
»entre son prix et celui de la nouvelle
»adjudication, sans pouvoir réclamer
»l'excédent, s'il y en a. »

19 (art. 25 du Code forestier).
« Toute personne capable et reconnue
»solvable sera admise, jusqu'à l'heure
»de midi du lendemain de l'adjudi-
»cation, à faire une offre de suren-
»chère, qui ne pourra être moindre
»du cinquième du montant de l'adju-
»dication. — Dès qu'une pareille offre

»aura été faite, l'adjudicataire et les
»surenchérisseurs pourront faire de
»semblables déclarations de simple
»surenchère jusqu'à l'heure de midi
»du surlendemain de l'adjudication,
»heure à laquelle le plus offrant res-
»tera définitivement adjudicataire. —
»Toutes déclarations de surenchère
»devront être faites au secrétariat qui
»sera indiqué par le cahier des char-
»ges, et dans les délais ci-dessus fixés :
»le tout sous peine de nullité. — Le
»secrétaire commis à l'effet de rece-
»voir ces déclarations sera tenu de les
»consigner immédiatement sur un re-
»gistre à ce destiné, d'y faire mention
»expresse du jour et de l'heure précise
»où il les aura reçues, et d'en donner
»communication à l'adjudicataire et
»aux surenchérisseurs, dès qu'il en
»sera requis. Le tout sous peine de
»trois cents francs d'amende, sans
»préjudice de plus fortes peines en
»cas de collusion. — En conséquence,
»il n'y aura lieu à aucune signification
»des déclarations de surenchère, soit
»par l'administration, soit par les ad-
»judicataires et surenchérisseurs »

20 (art. 26 du Code forestier).
« Toutes contestations au sujet de la
»validité des surenchères seront por-
»tées devant les conseils de préfec-
»ture. »

21 (art. 27 du Code forestier). « Les
»adjudicataires et surenchérisseurs
»sont tenus au moment de l'adjudi-
»cation ou de leurs déclarations de
»surenchère, d'élire domicile dans
»le lieu où l'adjudication aura été
»faite : faute par eux de le faire, tous
»actes postérieurs leur seront vala-
»blement signifiés au secrétariat de la
»sous-préfecture. »

22 (art. 28 du Code forestier). « Tout
»procès verbal d'adjudication em-
»porte exécution parée et contrainte
»par corps contre les adjudicataires,
»leurs associés et cautions, tant pour
»le paiement du prix principal de
»l'adjudication que pour accessoires
»et frais. — Les cautions sont en outre
»contraignables solidairement et par
»les mêmes voies au paiement des
»dommages, restitutions et amendes
»qu'aurait encourus l'adjudicataire. »

TITRE IV,

CONSERVATION ET POLICE DE LA PÊCHE.

23. Nul ne pourra exercer le droit de pêche dans les fleuves et rivières navigables ou flottables, les canaux, ruisseaux, ou cours d'eau quelconques, qu'en se conformant aux dispositions suivantes :

24. Il est interdit de placer dans les rivières navigables ou flottables, canaux et ruisseaux, aucun barrage, appareil, ou établissement quelconque de pêcherie, ayant pour objet d'empêcher entièrement le passage du poisson. — Les délinquans seront condamnés à une amende de cinquante francs à cinq cents francs, et, en outre, aux dommages-intérêts, et les appareils ou établissemens de pêche seront saisis et détruits.

25. Quiconque aura jeté dans les eaux des drogues ou appâts, qui sont de nature à enivrer le poisson ou à le détruire, sera puni d'une amende de trente francs à trois cents francs, et d'un emprisonnement d'un mois à trois mois.

26. Des ordonnances royales détermineront, — 1° Les temps, saisons et heures pendant lesquels la pêche sera interdite dans les rivières et cours d'eau quelconques ; — 2° Les procédés et modes de pêche qui, étant de nature à nuire au repeuplement des rivières, devront être prohibés ; — 3° Les filets, engins et instrumens de pêche qui seront défendus comme étant aussi de nature à nuire au repeuplement des rivières ; — 4° Les dimensions de ceux dont l'usage sera permis dans les divers départemens pour la pêche des différentes espèces de poissons ; — 5° Les dimensions au-dessous desquelles les poissons de certaines espèces qui seront désignées ne pourront être pêchés et devront être rejetés en rivière ; — 6° Les espèces de poissons avec lesquelles il sera défendu d'appâter les hameçons, nasses, filets ou autres engins.

27. Quiconque se livrera à la pêche pendant les temps, saisons et heures prohibés par les ordonnances, sera puni d'une amende de trente à deux cents francs.

28. Une amende de trente à cent francs sera prononcée contre ceux qui feront usage, en quelque temps et en quelque fleuve, rivière, canal ou ruisseau que ce soit, de l'un des procédés ou modes de pêche ou de l'un des instrumens ou engins de pêche prohibés par les ordonnances. — Si le délit a eu lieu pendant le temps du frai, l'amende sera de soixante à deux cents francs.

29. Les mêmes peines sont prononcées contre ceux qui se serviront, pour une autre pêche, de filets permis seulement pour celle du poisson de petite espèce — Ceux qui seront trouvés porteurs ou munis, hors de leur domicile, d'engins ou instrumens de pêche prohibés, pourront être condamnés à une amende qui n'excédera pas vingt francs, et à la confiscation des engins ou instrumens de pêche, à moins que ces engins ou instrumens ne soient destinés à la pêche dans des étangs ou réservoirs.

30. Quiconque pêchera, colportera ou débitera des poissons qui n'auront point les dimensions déterminées par les ordonnances sera puni d'une amende de vingt à cinquante francs, et de la confiscation desdits poissons. Sont néanmoins exceptées de cette disposition les ventes de poissons provenant des étangs ou réservoirs. — Sont considérés comme des étangs ou réservoirs les fossés et canaux appartenant à des particuliers, dès que les eaux cessent naturellement de communiquer avec les rivières.

31. La même peine sera prononcée contre les pêcheurs qui appâteront leurs hameçons, nasses, filets ou autres engins, avec des poissons des espèces prohibées qui seront désignées par les ordonnances.

32. Les fermiers de la pêche et porteurs de licences, leurs associés, compagnons et gens à gages, ne pourront faire usage d'aucun filet ou engin quelconque, qu'après qu'il aura été plombé ou marqué par les agens de l'administration de la police de la pêche. — La même obligation s'étendra à tous autres pêcheurs compris dans les limites de l'inscription maritime, pour les engins et filets dont ils

feront usage dans les cours d'eau désignés par les paragraphes 1er et 2 de l'article 1er de la présente loi. — Les délinquans seront punis d'une amende de vingt francs pour chaque filet ou engin non plombé ou marqué.

33. Les contre-maîtres, les employés du balisage et les mariniers qui fréquentent les fleuves, rivières et canaux navigables ou flottables, ne pourront avoir dans leurs bateaux ou équipages aucun filet ou engin de pêche, même non prohibé, sous peine d'une amende de cinquante francs, et de la confiscation des filets. — A cet effet, ils seront tenus de souffrir la visite sur leurs bateaux et équipages, des agens chargés de la police de la pêche, aux lieux où ils aborderont.— La même amende sera prononcée contre ceux qui s'opposeront à cette visite.

34. Les fermiers de la pêche et les porteurs de licences, et tous pêcheurs en général, dans les rivières et canaux désignés par les deux premiers paragraphes de l'article 1er de la présente loi, seront tenus d'amener leurs bateaux, et de faire l'ouverture de leurs loges et hangars, bannetons, huches et autres réservoirs ou boutiques à poisson, sur leurs cantonnemens, à toute réquisition des agens et préposés de l'administration de la pêche, à l'effet de constater les contraventions qui pourraient être par eux commises aux dispositions de la présente loi — Ceux qui s'opposeront à la visite ou refuseront l'ouverture de leurs boutiques à poisson, seront, pour ce seul fait, punis d'une amende de cinquante francs.

35. Les fermiers et porteurs de licences ne pourront user, sur les fleuves, rivières et canaux navigables, que du chemin de halage ; sur les rivières et cours d'eau flottables, que du marche-pied. Ils traiteront de gré à gré avec les propriétaires riverains pour l'usage des terrains dont ils auront besoin pour retirer et assener leurs filets.

Des poursuites exercées au nom de l'Administration.

36. Le gouvernement exerce la surveillance et la police de la pêche dans l'intérêt général. — En conséquence, les agens spéciaux par lui institués à cet effet, par les gardes champêtres, éclusiers des canaux et autres officiers de police judiciaire, sont tenus de constater les délits qui sont spécifiés au titre IV de la présente loi, en quelques lieux qu'ils soient commis ; et lesdits agens spéciaux exerceront, conjointement avec les officiers du ministère public, toutes les poursuites et actions en réparation de ces délits. — Les mêmes agens et gardes de l'administration, les gardes champêtres, les éclusiers, les officiers de la police judiciaire, pourront constater également le délit spécifié en l'article 5, et ils transmettront leurs procès verbaux au procureur du roi.

37. Les gardes-pêche nommés par l'administration sont assimilés aux gardes forestiers royaux.

38. Ils recherchent et constatent par procès verbaux les délits dans l'arrondissement du tribunal près duquel ils sont assermentés.

39 (*art. 161 du Code forestier*). « Ils «sont autorisés à saisir les *filets* et au «tres *instrumens de pêche prohibés*, »ainsi que le poisson pêché en délit.

40. Les gardes-pêche ne pourront, sous aucun prétexte, s'introduire dans les maisons et enclos et attenans pour la recherche des filets prohibés.

41. Les filets et engins de pêche qui auront été saisis comme prohibés, ne pourront, dans aucun cas, être remis sous caution : ils seront déposés au greffe, et y demeureront jusqu'après le jugement pour être ensuite détruits. — Les filets non prohibés dont la confiscation aurait été prononcée en exécution de l'article 5, seront vendus au profit du trésor. — En cas de refus, de la part des délinquans, de remettre immédiatement le filet déclaré prohibé après la sommation

du garde-pêche, ils seront condamnés à une amende de cinquante francs.

42. Quant au poisson saisi pour cause de délit, il sera vendu sans délai dans la commune la plus voisine du lieu de la saisie, à son de trompe et aux enchères publiques, en vertu d'ordonnance du juge de paix ou de ses suppléans si la vente a lieu dans un chef-lieu de canton, ou, dans le cas contraire, d'après l'autorisation du maire de la commune : ces ordonnances ou autorisations seront délivrées sur la requête des agens ou gardes qui auront opéré la saisie, et sur la présentation du procès verbal régulièrement dressé et affirmé par eux. — Dans tous les cas, la vente aura lieu en présence du receveur des domaines, et, à défaut, du maire ou adjoint de la commune, ou du commissaire de police.

43. Les gardes-pêche ont le droit de requérir directement la force publique pour la répression des délits *en matière de pêche*, ainsi que pour la saisie des filets prohibés et du poisson *pêché en délit*.

44 (*art. 165 du Code forestier*). « Ils »écriront eux-mêmes leurs procès »verbaux : ils les signeront, et les af-»firmeront, au plus tard le lendemain »de la clôture desdits procès verbaux, »par-devant le juge de paix du canton »ou l'un de ses suppléans, ou par-de-»vant le maire ou l'adjoint, soit de la »commune de leur résidence, soit de »celle où le délit a été commis ou »constaté ; le tout sous peine de nul-»lité. — Toutefois, si par suite d'un »empêchement quelconque, le pro-»cès verbal est seulement signé par le »garde-pêche, mais non écrit en en-»tier de sa main, l'officier public qui »en recevra l'affirmation devra lui en »donner préalablement lecture, et »faire ensuite mention de cette for-»malité; le tout sous peine de nullité »du procès-verbal. »

45 (*art. 166 du Code forestier*). « Les »procès verbaux dressés par les agens »forestiers, les gardes généraux et les »gardes à cheval, soit isolément, soit »avec le concours des gardes-pêche »royaux et des gardes champêtres, ne »seront point soumis à l'affirmation. »

46. Dans le cas où le procès verbal portera saisie, il en sera fait une expédition qui sera déposée dans les vingt-quatre heures au greffe de la justice de paix, pour qu'il en puisse être donné communication à ceux qui réclameraient les objets saisis. — Le délai ne courra que du moment de l'affirmation pour les procès verbaux qui sont soumis à cette formalité

47 (*art. 170 du Code forestier*). « Les »procès verbaux seront, sous peine »de nullité, enregistrés dans les qua-»tre jours qui suivront celui de l'affir-»mation, ou celui de la clôture du »procès verbal, s'il n'est pas sujet à »l'affirmation. — L'enregistrement »s'en fera en débet. »

48. Toutes les poursuites exercées en réparation de délits pour fait de pêche, seront portées devant les tribunaux correctionnels.

49 (*art. 172 du Code forestier*). « L'acte de citation doit, à peine de »nullité, contenir la copie du procès »verbal et de l'acte d'affirmation. »

50 (*art. 173 du Code forestier*). « Les »gardes de l'administration *chargés* »de la surveillance de la pêche pour-»ront, dans les actions et poursuites »exercées en son nom, faire toutes »citations et significations d'exploits, »sans pouvoir procéder aux saisies-»exécutions. — Leurs rétributions »pour les actes de ce genre seront »taxées comme pour les actes faits par »les huissiers des juges de paix. »

51 (*art. 174 du Code forestier*). « Les »agens de cette administration ont le »droit d'exposer l'affaire devant le »tribunal, et sont entendus à l'appui »de leurs conclusions. »

52. Les délits en matière de pêche seront prouvés, soit par procès verbaux, soit par témoins à défaut de procès verbaux ou en cas d'insuffisance de ces actes.

53. Les procès verbaux revêtus de toutes les formalités prescrites par les articles 44 et 47 ci-dessus, et qui sont dressés et signés par deux agens ou gardes-pêche, font preuve, jusqu'à inscription de faux, des faits matériels relatifs aux délits qu'ils constatent, quelles que soient les condamnations auxquelles ces délits peuvent donner

lieu. — Il ne sera, en conséquence, admis aucune preuve outre ou contre le contenu de ces procès verbaux, à moins qu'il n'existe une cause légale de récusation contre l'un des signataires.

54. Les procès verbaux revêtus de toutes les formalités prescrites, mais qui ne seront dressés et signés que par un seul agent ou garde-pêche, feront de même preuve suffisante jusqu'à inscription de faux, mais seulement lorsque le délit n'entraînera pas une condamnation de plus de cinquante francs, tant pour amende que pour dommages-intérêts.

55 (art. 178 du Code forestier). « Les »procès verbaux qui, d'après les dis-»positions qui précèdent, ne font »point foi et preuve suffisante jusqu'à »inscription de faux, peuvent être »corroborés et combattus par toutes »les preuves légales, conformément à »l'article 154 du Code d'instruction »criminelle. »

56. Le prévenu qui voudra s'inscrire en faux contre le procès verbal, sera tenu d'en faire par écrit et en personne, ou par un fondé de pouvoir spécial par acte notarié, la déclaration au greffe du tribunal avant l'audience indiquée par la citation.— Cette déclaration sera reçue par le greffier du tribunal; elle sera signée par le prévenu ou son fondé de pouvoir; et dans le cas où il ne saurait ou ne pourrait signer, il en sera fait mention expresse. — Au jour indiqué pour l'audience, le tribunal donnera acte de la déclaration, et fixera un délai de huit jours au moins et de quinze jours au plus, pendant lequel le prévenu sera tenu de faire au greffe le dépôt des moyens de faux, et des noms, qualités et demeures des témoins qu'il voudra faire entendre. — A l'expiration de ce délai, et sans qu'il soit besoin d'une citation nouvelle, le tribunal admettra les moyens de faux, s'ils sont de nature à détruire l'effet du procès-verbal, et il sera procédé sur le faux conformément aux lois. — Dans le cas contraire, et faute par le prévenu d'avoir rempli toutes les formalités ci-dessus prescrites, le tribunal déclarera qu'il n'y a lieu à admettre les moyens de faux, et ordonnera qu'il soit passé outre ou jugement.

57 (art. 180 du Code forestier). « Le »prévenu contre lequel aura été rendu »un jugement par défaut, sera encore »admissible à faire sa déclaration d'in-»scription de faux pendant le délai »qui lui est accordé par la loi pour se »présenter à l'audience sur l'opposi-»tion par lui formée. »

58 (art. 181 du Code forestier). « Lorsqu'un procès verbal sera rédigé »contre plusieurs prévenus, et qu'un »ou quelques-uns d'entre eux seule-»ment s'inscriront en faux, le procès-»verbal continuera de faire foi à l'é-»gard des autres, à moins que le fait »sur lequel portera l'inscription de »faux ne soit indivisible et commun »aux autres prévenus. »

59. Si dans une instance en réparation de délit le prévenu excipe d'un droit de propriété ou tout autre droit réel, le tribunal saisi de la plainte statuera sur l'incident — L'exception préjudicielle ne sera admise qu'autant qu'elle sera fondée, soit sur un titre apparent, soit sur des faits de possession équivalens, articulés avec précision, et si le titre produit ou les faits articulés sont de nature, dans le cas où ils seraient reconnus par l'autorité compétente, à ôter au fait qui sert de base aux poursuites tout caractère de délit. — Dans le cas de renvoi à fins civiles, le jugement fixera un bref délai dans lequel la partie qui aura élevé la question préjudicielle devra saisir les juges compétens de la connaissance du litige et justifier de ses diligences; sinon il sera passé outre. Toutefois, en cas de condamnation, il sera sursis à l'exécution du jugement sous le rapport de l'emprisonnement, s'il était prononcé, et le montant des amendes, restitutions et dommages-intérêts, sera versé à la caisse des dépôts et consignations, pour être remis à qui il sera ordonné par le tribunal qui statuera sur le fond de droit.

60 (art. 183 du Code forestier). « Les »agens de l'administration chargés de »la surveillance de la pêche peuvent, »en son nom, interjeter appel des

»jugemens et se pourvoir contre les
»arrêts et jugemens en dernier res-
»sort; mais ils ne peuvent se désister
»de leurs appels sans son autorisation
»spéciale. »

61 (art. 184 du Code forestier). « Le
»droit attribué à l'administration et à
»ses agens de se pourvoir contre les
»jugemens et arrêts par appel ou par
»recours en cassation, est indépen-
»dant de la même faculté qui est ac-
»cordée par la loi au ministère public,
»lequel peut toujours en user, même
»lorsque l'administration ou ses agens
»auraient acquiescé aux jugemens et
»arrêts. »

62. Les actions en réparation de
délits en matière de pêche se prescrivant par un mois à compter du jour
où les délits ont été constatés, lorsque
les prévenus sont désignés dans les
procès verbaux. Dans le cas contraire,
le délai de prescription est de trois
mois, à compter du même jour.

63. Les dispositions de l'article précédent ne sont pas applicables aux délits et malversations commis par les
agens, préposés ou gardes de l'administration dans l'exercice de leurs
fonctions; les délais de prescription à
l'égard de ces préposés et de leurs
complices seront les mêmes que ceux
qui sont déterminés par le Code d'instruction criminelle.

64. Les dispositions du Code d'instruction criminelle sur les poursuites
des délits, sur défauts, oppositions,
jugemens, appels et recours en cassation, sont et demeurent applicables
à la poursuite des délits spécifiés par
la présente loi, sauf les modifications
qui résultent du présent titre.

SECTION II.

Des poursuites exercées au nom et dans
l'intérêt des Fermiers de la Pêche et
des Particuliers.

65. Les délits qui portent préjudice
aux fermiers de la pêche, aux porteurs de licences et aux propriétaires
riverains, seront constatés par leurs
gardes, lesquels sont assimilés aux
gardes-bois des particuliers.

66 (art. 188 du Code forestier). « Les

»procès verbaux dressés par ces gar-
»des feront foi jusqu'à preuve con-
»traire. »

67. Les poursuites et actions seront
exercées au nom et à la diligence des
parties intéressées.

68. Les dispositions contenues aux
articles 38, 39, 40, 41, 42, 43, 44,
45, 46, 47, paragraphe 1er, 49, 52,
59, 62 et 64 de la présente loi, sont
applicables aux poursuites exercées
au nom et dans l'intérêt des particuliers et des fermiers de la pêche, pour
les délits commis à leur préjudice.

TITRE VI.

DES PEINES ET CONDAMNATIONS.

69. Dans le cas de récidive, la
peine sera toujours doublée. — Il y a
récidive lorsque, dans les douze mois
précédens, il a été rendu contre le
délinquant un premier jugement pour
délit en matière de pêche.

70. Les peines seront également
doublées lorsque les délits auront été
commis la nuit.

71 (art. 202 du Code forestier).
« Dans tous les cas où il y aura lieu à
»adjuger des dommages-intérêts, ils
»ne pourront être inférieurs à l'a-
»mende simple prononcée par le ju-
»gement. »

72. Dans tous les cas prévus par la
présente loi, si le préjudice causé
n'excède pas vingt-cinq francs, et
si les circonstances paraissent atténuantes, les tribunaux sont autorisés
à réduire l'emprisonnement même
au-dessous de six jours, et l'a-
mende même au-dessous de seize
francs; il pourront aussi prononcer
séparément l'une ou l'autre de ces
peines, sans qu'en aucun cas elle
puisse être au-dessous des peines de
simple police.

73 (art. 204 du Code forestier). « Les
»restitutions et dommages-intérêts
»appartiennent aux fermiers, por-
»teurs de licences et propriétaires ri-
»verains, si le délit est commis à leur
»préjudice; mais, lorsque le délit a
»été commis par eux-mêmes au dé-
»triment de l'intérêt général, ces
»dommages-intérêts appartiennent à
»l'Etat. — Appartiennent également

»à l'État toutes les amendes et con-
»fiscations. »

74. Les maris, pères, mères, tuteurs, fermiers et porteurs de licences,
ainsi que tous propriétaires, maîtres
et commettans, seront civilement
responsables des délits en matière de
pêche commis par leurs femmes, en
fans mineurs, pupilles, bateliers et
compagnons, et tous autres subordonnés, sauf tout recours de droit. —
Cette responsabilité sera réglée conformément à l'art 1384 du Code civil.

TITRE VII.
DE L'EXÉCUTION DES JUGEMENS.

SECTION 1re.

*De l'Exécution des Jugemens rendus à
la requête de l'Administration ou du
Ministère public.*

75 (art. 909 du *Code forestier*). «Les
»jugemens rendus à la requête de
»l'administration chargée de la police
»de la pêche, ou sur la poursuite du
»ministère public, seront signifiés par
»simple extrait qui contiendra le nom
»des parties et le dispositif du juge-
»ment. — Cette signification fera cou-
»rir les délais de l'opposition et de
»l'appel des jugemens par défaut. »

76. Le recouvrement de toutes les
amendes pour délits de pêche est confié aux receveurs de l'enregistrement
des domaines. Ces receveurs sont également chargés du recouvrement des
restitutions, frais et dommages-intérêts résultant des jugemens rendus en
matière de pêche.

77 (art. 211 du *Code forestier*). «Les
»jugemens portant condamnation à
»des amendes, restitutions, domma-
»ges-intérêts et frais, sont exécutoires
»par la voie de la contrainte par corps;
»et l'exécution pourra en être pour-
»suivie cinq jours après un simple
»commandement fait aux condamnés.
»— En conséquence, et sur la de-
»mande du receveur de l'enregistre-
»ment et des domaines, le procureur
»du roi adressera les réquisitions né-
»cessaires aux agens de la force pu-
»blique chargés de l'exécution des
»mandemens de justice. »

78 (art. 212 du *Code forestier*). «Les
»individus contre lesquels la con-

»trainte par corps aura été prononcée
»pour raison des amendes et autres
»condamnations et réparations pécu-
»niaires, subiront l'effet de cette con-
»trainte jusqu'à ce qu'ils aient payé le
»montant desdites condamnations, ou
»fourni une caution admise par le
»receveur des domaines, ou, en cas
»de contestation de sa part, déclarée
»bonne et valable par le tribunal de
»l'arrondissement. »

79 (art. 213 du *Code forestier*).
«Néanmoins, les condamnés qui jus-
»tifieront de leur insolvabilité, sui-
»vant le mode prescrit par l'article 120
»du Code d'instruction criminelle,
»seront mis en liberté après avoir
»subi quinze jours de détention, lors-
»que l'amende et les autres condam-
»nations pécuniaires n'excéderont pas
»quinze francs.—La détention ne ces-
»sera qu'au bout d'un mois, lors-
»que les condamnations s'élèveront
»ensemble de quinze à cinquante
»francs. — Elle ne durera que deux
»mois, quelle que soit la quotité des
»dites condamnations. — En cas de
»récidive, la durée de la détention
»sera double de ce qu'elle eût été
»sans cette circonstance. »

80 (art. 214 du *Code forestier*).
«Dans tous les cas, la détention em-
»ployée comme moyen de contrainte
»est indépendante de la peine d'em-
»prisonnement prononcée contre les
»condamnés pour tous les cas où la
»loi l'inflige. »

SECTION II.

*De l'Exécution des Jugemens rendus
dans l'intérêt des Fermiers de la
pêche et des Particuliers.*

81. Les jugemens contenant des
condamnations en faveur des fermiers
de la pêche, des porteurs de licences
et des particuliers, pour réparation
des délits commis à *leur préjudice*,
seront, à leur diligence, signifiés et
exécutés suivant les mêmes formes et
voies de contrainte que les jugemens
rendus à la requête de l'administration chargée de la surveillance de la
pêche. — Le recouvrement des amendes prononcées par les mêmes jugemens sera opéré par les receveurs de
l'enregistrement et des domaines.

82. La mise en liberté des condamnés, détenus par voie de contrainte par corps à la requête et dans l'intérêt des particuliers, ne pourra être accordée, en vertu des articles 78 et 79, qu'autant que la validité des cautions ou la solvabilié des condamnés aura été, en cas de contestation de la part desdits propriétaires, jugée contradictoirement entre eux.

TITRE VIII.

DISPOSITIONS GÉNÉRALES.

83. Sont et demeurent abrogés toutes lois, ordonnances, édits et déclarations, arrêts du conseil, arrêtés et décrets, et tous réglemens intervenus, à quelque époque que ce soit, sur les matières réglées par la présente loi, en tout ce qui concerne la pêche. — Mais les droits acquis antérieurement à la présente loi seront jugés, en cas de contestation, d'après les lois existant avant sa promulgation.

DISPOSITIONS TRANSITOIRES.

84. Les prohibitions portées par les articles 6, 8 et 10, et la prohibition de pêcher à autres heures que depuis le lever du soleil jusqu'à son coucher, portée par l'article 5 du titre XXXI de l'ordonnance de 1669, continueront à être exécutées jusqu'à la promulgation des ordonnances royales qui, aux termes de l'article 26 de la présente loi, détermineront les temps où la pêche sera interdite dans tous les cours d'eau, ainsi que les filets et instrumens de pêche dont l'usage sera prohibé. — Toutefois les contraventions aux articles ci-dessus énoncés de l'ordonnance de 1669 seront punies conformément aux dispositions de la présente loi, ainsi que tous les délits qui y sont prévus, à dater de sa publication.

TARIF
DES FRAIS ET DÉPENS

POUR LE RESSORT

DE LA COUR ROYALE DE PARIS.

LIVRE PREMIER.

DES JUSTICES DE PAIX.

CHAPITRE PREMIER.

TAXE DES ACTES ET VACATIONS DES JUGES
DE PAIX.

Art. 1er. Code de P. c., art. 909,
952. Il est accordé au juge de paix,
pour chaque vacation d'apposition,
reconnaissance et levée de scellés,
qui sera de trois heures au moins, —
Paris, 5 f. — Villes où il y a tribunal
de première instance, 3 f. 75 c. —
Autres villes et cantons ruraux, 2 f.
50 c. — Dans la première vacation seront compris les temps du transport
et du retour du juge de paix : s'il n'y a
qu'une seule vacation, elle sera payée
comme complète, encore qu'elle n'ait
pas été de trois heures. — Si le nombre des vacations d'apposition, reconnaissance et levée de scellés paraît
excessif, le président du tribunal de
première instance, en procédant à la
taxe, pourra le réduire.

2. P. c., art. 921, 955, 956. S'il
y a lieu à référé, lors de l'apposition
des scellés, — Ou dans le cours de
leur levée, — Ou pour présenter un
testament ou autre papier cacheté,
au président du tribunal de première
instance, — Les vacations du juge de
paix lui seront allouées comme celles
pour l'apposition, la reconnaissance
et la levée de ces scellés.

3. En cas de transport du juge de
paix devant le président du tribunal
de première instance, il lui est accordé par chaque myriamètre, 2 f. —
Autant pour le retour, 2 f. — Et par
journée de cinq myriamètres, 10 f.

— Il ne lui est accordé qu'une seule
journée quand la distance ne sera pas
de plus de deux myriamètres et demi ,
y compris sa vacation devant le président du tribunal. — Si la distance
est de plus de deux myriamètres et
demi, il lui sera payé deux journées
pour l'aller, le retour et la vacation
devant le président du tribunal.

4. C., art. 406. Pour l'assistance
du juge de paix à tout conseil de famille, — Paris, 5 f. — Villes où il y
a tribunal de première instance, 3 f.
75 c. — Autres villes et cantons ruraux, 2 f. 50 c.

Nota. Le juge de paix ne pourra
jamais prendre plus de deux vacations.

5. C., art. 70 et 71. Pour l'acte de
notoriété sur la déclaration de sept
témoins, pour constater, autant que
possible, l'époque de la naissance
d'un individu de l'un ou de l'autre
sexe, qui se propose de contracter
mariage, et les causes qui empêchent
de représenter son acte de naissance,
— Paris, 5 f. — Villes où il y a tribunal de première instance, 3 f. 75 c.
— Autres villes et cantons ruraux ,
2 f. 50 c. — Et pour la délivrance de
tout autre acte de notoriété qui doit
être donné par le juge de paix, —
Paris, 1 f. — Villes où il y a tribunal
de première instance, 75 c. — Autres
villes et cantons ruraux, 50 c.

6. P. c., art. 587, 781. Pour le
transport du juge de paix, à l'effet
d'être présent à l'ouverture des portes
en cas de saisie-exécution, par chaque
vacation de trois heures, — Paris,

5 f. — Villes où il y a tribunal de première instance, 3 f. 75 c. — Autres villes et cantons ruraux, 2 f. 50 c. — Et à l'arrestation d'un débiteur condamné par corps, dans le domicile où ce dernier se trouve, — Paris, 10 f. — Villes où il y a tribunal de première instance, 7 f. 50 c. — Autres villes et cantons ruraux, 5 f.

7. P. c., art. 4, 6, 29. Il n'est rien alloué au juge de paix. 1° pour toute cédule qu'il pourra délivrer; — 14. 2° Pour le paraphe des pièces en cas de dénégation d'écriture, et de déclaration qu'on entend s'inscrire en faux incident.

8. P. c., art. 38. Il lui est alloué pour transport, soit à l'effet de visiter des lieux contentieux, soit à l'effet d'entendre des témoins, lorsque le transport aura été expressément requis par l'une des parties et que le juge l'aura trouvé nécessaire, par chaque vacation, — Paris, 5 f. — Villes où il y a tribunal de première instance, 5 f. 75 c. — Autres villes et cantons ruraux, 2 f. 50 c.

Nota. Le procès verbal du juge doit faire mention de la réquisition de la partie, et il n'est rien alloué à défaut de cette mention.

CHAPITRE II.
TAXE DES GREFFIERS DES JUGES DE PAIX.

9. P. c., art. 8. Il sera taxé aux greffiers des justices de paix, par chaque rôle d'expédition qu'ils délivreront, et qui contiendra vingt lignes à la page et dix syllabes à la ligne, — Paris, 50 c. — Villes où il y a tribunal de première instance, 40 c. — Autres villes et cantons ruraux, 40 c.

10. P. c., art. 54. Pour l'expédition du procès verbal qui constatera que les parties n'ont pu être conciliées, et qui ne doit contenir qu'une mention sommaire qu'elles n'ont pu s'accorder, il sera alloué, — Paris, 1 f. — Villes et cantons ruraux, 80 c.

11. P. c., art. 7. La déclaration des parties qui demandent à être jugées par le juge de paix sera insérée dans le jugement, et il ne sera rien taxé au greffier pour l'avoir reçue, non plus que pour tout autre acte du greffe.

12. P. c., art. 50. Pour transport sur les lieux contentieux, quand il sera ordonné, il sera alloué au greffier les deux tiers de la taxe du juge de paix.

13. P. c., art. 58. Il n'est rien alloué pour la mention sur le registre du greffe et sur l'original, ou copie de la citation en conciliation, quand l'une des parties ne comparaît pas.

14. P. c., art. 45 et 47. Pour la transmission au procureur du roi de la récusation et de la réponse du juge, tous frais de port compris, — Paris, 5 f. — Villes où il y a tribunal de première instance, 5 f. — Autres villes et cantons ruraux, 5 f.

15. P. c., art. 317. Il sera taxé au greffier du juge de paix qui aura assisté aux opérations des experts, et qui aura écrit la minute de leur rapport, dans le cas où tous, ou l'un d'eux, ne sauraient écrire, les deux tiers des vacations allouées à un expert.

16. Il lui est alloué les deux tiers des vacations du juge de paix pour assistance, — C., art. 406. Aux conseils de famille; — P. c., art. 907. Aux appositions des scellés; — 932. Aux reconnaissances et levées de scellés; — 921 et 935. Aux référés; — C., art. 70 et 71. Aux actes de notoriété. — Il est encore alloué au greffier les deux tiers des frais de transport dans les mêmes cas où ils sont alloués aux juges de paix. — Les greffiers des juges de paix ne pourront délivrer d'expéditions entières des procès verbaux d'apposition, reconnaissance et levée des scellés, qu'autant qu'ils en seront expressément requis par écrit. — Ils seront tenus de délivrer les extraits qui leur seront demandés, quoique l'expédition entière n'ait été ni demandée, ni délivrée.

17. P. c., art. 925. Il sera taxé au greffier du juge de paix, — Pour sa vacation, à l'effet de faire la déclaration de l'apposition des scellés sur le registre du greffe du tribunal de première instance, dans les villes où elle est prescrite, les deux tiers d'une vacation du juge de paix.

18. P. c., art. 926. Il lui sera alloué pour chaque opposition aux

scellés qui sera formée par déclaration sur le procès verbal de scellés, — Paris, 50 c. — Villes où il y a tribunal de première instance, 40 c. — Autres villes et cantons ruraux, 40 c.

19. P. c., art. 1039. Il ne lui sera rien alloué pour les oppositions formées par le ministère des huissiers et visées par lui.

20. P. c., art. 926. Il est alloué pour chaque extrait des oppositions aux scellés, à raison, par chaque opposition, de — Paris, 50 c. — Villes où il y a tribunal de première instance, 40 c. — Autres villes et cantons ruraux, 40 c.

CHAPITRE III.
TAXE DES HUISSIERS DES JUGES DE PAIX.

21. Pour l'original — De chaque citation contenant demande, — Paris, 1 f. 50 c. — Villes où il y a tribunal de première instance, 1 f. 25 c. — Autres villes et cantons ruraux, 1 f. 25 c. — P. c., art. 16 et 19. De signification de jugement, id — 17. De sommation de fournir caution ou d'être présent à la réception et soumission de la caution ordonnée, id. — 20. D'opposition au jugement par défaut, contenant assignation à la prochaine audience, 1 f. 50 c. — 52. De demande en garantie, id. — 34. De citation aux témoins, id — 42. De citation aux gens de l'art et experts, id. — 52. De citation en conciliation, id. — C., art. 406. De citation aux membres qui doivent composer le conseil de famille, 1 f. 50 c. — De notification de l'avis du conseil de famille, id. — 926. D'opposition aux scellés, id. — De sommation à la levée de scellés, id. — Et pour chaque copie des actes ci-dessus énoncés, le quart de l'original.

22. Pour la copie des pièces qui pourra être donnée avec les actes, par chaque rôle d'expédition de vingt lignes à la page et de dix syllabes à la ligne, — Paris, 25 c. — Villes où il y a tribunal de première instance, 20 c. — Autres villes et cantons ruraux, 20 c.

23. Pour transport qui ne pourra être alloué qu'autant qu'il y aura plus d'un demi-myriamètre (une lieue ancienne) de distance entre la demeure de l'huissier et le lieu où l'exploit devra être posé, aller et retour, par myriamètre, 2 f. — Il ne sera rien alloué aux huissiers des juges de paix pour visa par le greffier de la justice de paix, ou par les maires et adjoints des communes du canton, dans les différens cas prévus par le Code de procédure.

CHAPITRE IV.
TAXE DES TÉMOINS, EXPERTS ET GARDIENS DES SCELLÉS.

24. P. c., art. 29 et 54. Il sera taxé au témoin entendu par le juge de paix, une somme équivalente à une journée de travail, même à une double journée, si le témoin a été obligé de se faire remplacer dans sa profession; ce qui est laissé à la prudence du juge. — Il sera taxé au témoin qui n'a pas de profession, 2 f. — Il ne sera point passé de frais de voyage si le témoin est domicilié dans le canton où il est entendu. — S'il est domicilié hors du canton et à une distance de plus de deux myriamètres et demi du lieu où il fera sa déposition, il lui sera alloué autant de fois une somme double de journée de travail, ou une somme de 4 f., qu'il y aura de fois cinq myriamètres de distance entre son domicile et le lieu où il aura déposé.

25. P. c., art. 29 et 42. La taxe des experts en justice de paix sera la même que celle des témoins, et il ne leur sera alloué de frais de voyage que dans les mêmes cas.

26. Les frais de garde seront taxés par chaque jour, pendant les douze premiers jours. — Paris, 2 f. 50 c. — Villes où il y a tribunal de première instance, 2 f. — Autres villes et cantons ruraux, 1 f. 50 c. — Ensuite seulement à raison de, — Paris, 1 f.

Villes où il y a tribunal de première instance, 80 c. — Autres villes et cantons ruraux, 60 c.

LIVRE II.

DE LA TAXE DES FRAIS DANS LES TRIBUNAUX INFÉRIEURS ET DANS LES COURS.

TITRE PREMIER.

DE LA TAXE DES ACTES DES HUIS-SIERS ORDINAIRES.

§ I. *Actes de première classe.*

27. P. c., art. 16, 59, 61 et 69, n° 8. Pour l'original d'un exploit d'appel du jugement de la justice de paix, — D'un exploit d'ajournement, même en cas de domicile inconnu en France, et d'affiche à la porte de l'auditoire, — Paris, 2 f. — Partout ailleurs, 1 f. 50 c.

28. P. c., art. 65. Pour les copies de pièces qui doivent être données avec l'exploit d'ajournement et autres actes, par rôle contenant vingt lignes à la page et dix syllabes à la ligne, ou évaluées sur ce pied, — Paris, 25 c. — Partout ailleurs, 20 c. — Le droit de copie de toute espèce de pièces et de jugemens appartiendra à l'avoué, quand les copies de pièces seront faites par lui ; l'avoué sera tenu de signer les copies de pièces et de jugemens, et sera garant de leur exactitude. — Les copies seront correctes et lisibles, à peine de rejet de la taxe.

29. P. c., art. 121. Pour l'original d'une sommation d'être présent à la prestation d'un serment ordonné. — 147. D'une signification de jugement à domicile. — 153. De signification d'un jugement de jonction par un huissier commis. — 156. De signification d'un jugement par défaut contre partie, par un huissier commis. — 162. D'opposition au jugement par défaut rendu contre partie. — 204. De sommation aux experts et aux dépositaires des pièces de comparaison, en vérification d'écritures. — 223. De signification aux dépositaires de l'ordonnance ou du jugement qui porte que la minute de la pièce sera apportée au greffe. — 260 et 261. D'assignation aux témoins dans les enquêtes. — D'assignation à la partie contre laquelle se fait l'enquête.

— 307. De signification de l'ordonnance du juge-commissaire pour faire prêter serment aux experts. — 329. De la signification de la requête des ordonnances, pour faire subir interrogatoires sur faits et articles. — 350. De la signification du jugement rendu par défaut contre partie, sur demande en reprise d'instance, ou en constitution de nouvel avoué, par un huissier commis. — 355. De signification du désaveu. — 365. De signification du jugement, portant permission d'assigner en règlement de juges, contenant assignation. — 415. Pour l'original d'une demande formée au tribunal de commerce. — 429. D'une sommation de comparaître devant les arbitres, ou experts nommés par le tribunal de commerce. — 435. De signification de jugement par défaut du tribunal de commerce par un huissier commis. — 436 et 437. Pour l'original d'opposition au jugement par défaut rendu par le tribunal de commerce, contenant les moyens d'opposition et assignation. — 439. De signification des jugemens contradictoires. — 440 et 441. De l'acte de présentation de caution avec sommation à jour et heure fixes, de se présenter au greffe pour prendre communication des titres de la caution et assignation à l'audience, en cas de contestation pour y être statué. — 456. Original d'un acte d'appel de jugemens des tribunaux de première instance et de commerce, contenant assignation et constitution d'avoué. — 447. De signification de jugement à des héritiers collectivement au domicile du défunt. — 507. D'une réquisition aux tribunaux de juger en la personne du greffier. — 514. De signification de la requête et du jugement qui admet une prise à partie. — 518. De signification de la présentation de caution, avec copie de l'acte de dépôt au greffe des titres de solvabilité de la caution. —

554. De signification de l'ordonnance du juge commis pour entendre un compte, et sommation de se trouver devant lui, aux jour et heure indiqués, pour être présent à la présentation et affirmation. — 557, 558 et 559. D'un exploit de saisie-arrêt ou opposition, contenant énonciation de la somme pour laquelle elle est faite, et des titres, ou de l'ordonnance du juge. — 563. De la dénonciation au saisi de la saisie-arrêt, ou opposition, avec assignation en validité. — 564. De la dénonciation au tiers-saisi de la demande en validité formée contre le débiteur saisi. — 570. De l'assignation au tiers-saisi pour faire sa déclaration. — 583 et 584. D'un commandement, pour parvenir à une saisie-exécution. — 602. De la notification de la saisie-exécution faite hors du domicile du saisi ; et en son absence. — 606. D'une assignation en référé à la requête du gardien, qui demande sa décharge. — D'une sommation à la partie saisie, pour être présente au récolement des effets saisis, quand le gardien a obtenu sa décharge. — 608. D'une opposition à vente à la requête de celui qui se prétendra propriétaire des objets saisis entre les mains du gardien. — De dénonciation de cette opposition au saisissant et au saisi, avec assignation libellée et l'énonciation des preuves de propriété. — Le gardien ne pourra être assigné. — P. c., art. 609. D'une opposition sur le prix de la vente, qui en contiendra les causes. — 612. D'une sommation au premier saisissant de faire vendre. — 614. D'une sommation à la partie saisie, pour être présente à la vente, qui ne serait pas faite au jour indiqué par le procès-verbal de saisie-exécution. — 626. Pour l'original du commandement qui doit précéder la saisie-brandon. — 628. De dénonciation de la saisie-brandon au garde champêtre, gardien de droit à ladite saisie, et qui ne sera pas présent au procès verbal. — 636. Pour l'original du commandement qui doit procéder la saisie des rentes constituées sur particuliers. — 641. De dénonciation à la partie saisie de l'exploit de saisie de rentes constituées sur particuliers. — 659 et 660. D'une sommation aux créanciers de produire, dans les contributions, et à la partie saisie de prendre communication des pièces produites et de contredire, s'il y échet. — 661. D'une sommation à la partie saisie, qui n'a point d'avoué constitué, à la requête du propriétaire de comparaître en référé devant le juge-commissaire, pour faire statuer préliminairement sur son privilège pour raison des loyers à lui dus. — 663. De dénonciation à la partie saisie, qui n'a point d'avoué constitué, de la clôture du procès-verbal du juge-commissaire en contribution, avec sommation d'en prendre communication, et de contredire sur le procès-verbal dans la quinzaine. — 673. Pour l'original d'un commandement tendant à saisie immobilière. — 687. De la notification à la partie saisie de l'acte d'apposition de placards en saisie immobilière. — 695. De la signification aux créanciers inscrits de l'acte de consignation fait par l'acquéreur, en cas d'aliénation, qui peut avoir lieu après la saisie immobilière, sous la condition de consigner. — 695. De la notification d'un exemplaire du placard aux créanciers inscrits. — P. c., art. 727. De la demande en distraction d'objets saisis immobilièrement contre la partie qui n'a pas avoué en cause. — 734 et 736. De la notification au greffier de l'appel du jugement qui aura statué sur les nullités proposées en saisie mobilière. — 753. De sommation aux créanciers inscrits de produire dans les ordres. — 807. D'assignation en référé, dans le cas d'urgence, ou lorsqu'il s'agit de statuer sur les difficultés relatives à l'exécution d'un titre exécutoire ou d'un jugement. — 809. De signification d'une ordonnance sur référé. — C., art. 1259. D'une sommation d'être présent à la consignation de la somme offerte. — De dénonciation du procès-verbal de dépôt de la chose ou de la somme consignée, au créancier qui n'était pas présent à la consignation. — 1264. De sommation aux créanciers d'enlever le corps certain, qui doit être livré au lieu où il se trouve.

— P. c., art. 819. D'un commandement à la requête des propriétaires et principaux locataires de maisons ou biens ruraux, à leurs locataires, sous-locataires et fermiers pour paiement de loyers ou fermages échus. — C., art. 2185. De la notification aux créanciers inscrits de l'extrait du titre du nouveau propriétaire, de la transcription et du tableau prescrit par l'art. 2183 du Code civil. — P. c., art. 839. D'une assignation et sommation à un notaire, et aux parties intéressées, s'il y a lieu, pour avoir expédition d'un acte parfait. — 841. D'un acte non enregistré, ou resté imparfait. — 844. Ou une seconde grosse. — 861. D'une sommation à la requête de la femme à son mari, de l'autoriser. — 856. D'une demande à domicile, à fin de rectification d'un acte de l'état civil. — 876. D'une demande en séparation de corps. — C. art. 241. D'une demande en divorce pour cause déterminée. — P. c., art. 885. D'ajournement, pour demander la réformation d'un avis du conseil de famille qui n'a pas été unanime. — 888. De l'opposition formée à la requête des membres d'un conseil de famille à l'homologation de la délibération. — 947. De sommation aux parties qui doivent être appelées à la vente des meubles dépendans d'une succession. — 976. De sommation aux copartageans de comparaître devant le juge commissaire. — 980. De sommation aux parties pour assister à la clôture du procès verbal de partage chez le notaire. — 992. De sommation à la requête d'un créancier, à l'héritier bénéficiaire de donner caution. — 1018. De sommation aux arbitres de se réunir au tiers arbitre pour vider le partage. — De tout exploit contenant sommation de faire une chose, ou opposition à ce qu'une chose soit faite, protestation de nullité, et généralement de tous actes simples du ministère des huissiers non compris dans la seconde partie du présent tarif, — Paris, 2 f. — Partout ailleurs, 1 f. 50 c. — Pour chaque copie, le quart de l'original. — Indépendamment des copies de pièces qui n'auront pas été faites par

les avoués, et qui seront taxées comme il a été dit ci-dessus.

§ II. *Actes de seconde classe et Procès verbaux.*

30. P. c., art. 43. Pour l'original de la récusation du juge de paix, qui en contiendra les motifs, et qui sera signé par la partie ou son fondé de pouvoir spécial, ainsi que la copie, — Paris, 3 f. — Villes où il y a tribunal de première instance, 2 f. 25 c. — Autres villes et cantons ruraux, 2 f. 25 c. — Et pour la copie, le quart.

31. P. c., art. 585, 586, 587, 588, 589, 590 et 601. Pour un procès verbal de saisie-exécution, qui durera trois heures, y compris le temps nécessaire pour requérir, soit le juge de paix, soit le commissaire de police ou les maires et adjoints, en cas de refus d'ouverture de porte, — Paris, y compris 1 f. 50 c pour chaque témoin, 8 f. — Villes où il y a tribunal de première instance, — Et autres villes et cantons ruraux, y compris 1 f. pour chaque témoin, 6 f. — Si la saisie dure plus de trois heures, par chacune des vacations subséquentes aussi de trois heures, — Paris, y compris 80 c. pour chaque témoin, 5 f. — Villes où il y a tribunal de première instance, — Et autres villes et cantons ruraux, y compris 60 c. pour chaque témoin, 3 f. 75 c. — Dans les taxes ci-dessus se trouvent comprises les copies pour la partie saisie et le gardien.

32. P. c., art. 587. Vacation du commissaire de police qui aura été requis pour être présent à l'ouverture des portes et des meubles fermant à clef, ou aux maires et adjoints si ces derniers le requièrent, — Paris, 5 f. — Villes où il y a tribunal de première instance, 3 f. 75 c. — Autres villes et cantons ruraux, 2 f. 50 c.

33. P. c., art. 590. Vacation de l'huissier pour déposer au lieu établi pour les consignations, ou entre les mains du dépositaire qui sera convenu, les deniers comptans qui pourraient avoir été trouvés, — Paris, 2 f. — Villes où il y a tribunal de première instance, 3 f. 50 c. — Autres villes et cantons ruraux, 1 f. 50 c

34. P. c., art. 596. Les frais de garde seront taxés par chaque jour, pendant les douze premiers jours, — Paris. 2 f. 50 c. — Villes où il y a tribunal de première instance, 2 f. — Autres villes et cantons ruraux, 1 f. 50 c. — Ensuite, seulement à raison de, — Paris, 1 f. — Villes où il y a tribunal de première instance, 80 c. — Autres villes et cantons ruraux, 60 c.

35. P. c., art. 606. Pour un procès verbal de récolement des effets saisis, quand le gardien a obtenu sa décharge, — Paris, 3 f. — Villes où il y a tribunal de première instance, 2 f. 25 c. — Autres villes et cantons ruraux, 2 f. 25 c. — Ce procès verbal ne contiendra aucun détail, si ce n'est pour constater les effets qui pourraient se trouver en déficit, et l'huissier ne sera point assisté de témoins. — Il sera laissé copie du procès verbal de récolement au gardien qui aura obtenu sa décharge : il remettra la copie de la saisie qu'il avait entre les mains au nouveau gardien, qui se chargera du contenu sur le procès verbal de récolement. — Pour chacune des copies à donner du procès verbal de récolement, le quart de l'original.

36. P. c., art. 611. Dans le cas de saisie antérieure et d'établissement de gardien pour le procès verbal de récolement sur le premier procès verbal que le gardien sera tenu de représenter, et qui, sans entrer dans aucun détail et contenant seulement la saisie des effets omis, et sommation au premier saisissant de vendre, témoins compris et deux copies, sera taxé, — Paris, 6 f. — Villes où il y a tribunal de première instance, 4 f. 50 c. — Autres villes et cantons ruraux, 4 f. 50 c. — Et pour une troisième copie, s'il y a lieu, le quart de l'original.

37. P. c., art. 616. Pour le procès verbal de récolement qui précédera la vente, et qui ne contiendra aucune énonciation des effets saisis, mais seulement de ceux en déficit, s'il y en a, y compris les témoins, — Paris, 6 f. — Villes où il y a tribunal de première instance, 4 f. 50 c. — Autres villes et cantons ruraux, 4 f. 50 c. — Il n'en sera point donné de copie.

38. P. c., art. 617. S'il y a lieu au transport des effets saisis, l'huissier sera remboursé de ses frais sur les quittances qu'il en représentera, ou sur sa simple déclaration, si les voituriers et gens de peine ne savent écrire : ce qu'il constatera par son procès verbal de vente. — Il sera alloué à l'huissier ou autre officier qui procédera à la vente. pour la rédaction de l'original du placard qui doit être affiché, — Paris, 1 f. — Villes où il y a tribunal de première instance, 2 f. — Autres villes et cantons ruraux, 1 f. — Pour chacun des placards, s'ils sont manuscrits, — Paris, 50 c. — Villes où il y a tribunal de première instance, 50 c. — Autres villes et cantons ruraux, 50 c. — Et s'ils sont imprimés, l'officier qui procédera à la vente, en sera remboursé sur les quittances de l'imprimeur et de l'afficheur.

39. Pour l'original de l'exploit qui constatera l'apposition des placards, dont il ne sera point donné de copie. — Paris, 5 f. — Villes où il y a tribunal de première instance, 2 f. 25 c. Autres villes et cantons ruraux, 2 f. 25 c. — Il sera passé en outre la somme qui aura été payée pour l'insertion de l'annonce de la vente dans un journal, si la vente est faite dans une ville où il s'en imprime : — Pour chaque vacation de trois heures à la vente, le procès verbal compris, il sera taxé à l'huissier, dans les lieux où ils sont autorisés à la faire, — Paris, 8 f. — Villes où il y a tribunal de première instance, 5 f. — Autres villes et cantons ruraux, 4 f. — Et à Paris où les ventes sont faites par les commissaires priseurs, il sera alloué à l'huissier, pour requérir le commissaire priseur, une vacation de 2 f.

40. P. c., art. 625. En cas d'absence de la partie saisie, son absence sera constatée, et il ne sera nommé aucun officier pour la représenter.

41. P. c., art. 620 et 621. Dans le cas de publication sur les lieux où se trouvent les barques, chaloupes et autres bâtimens, prescrits par l'article 620 du Code, et dans le cas d'exposition de la vaisselle d'argent, bagues et joyaux, ordonnée par l'article 621, il sera alloué à l'huissier pour chacune des deux premières publications ou expositions, — Paris, 6 fr. — Villes où il y a tribunal de première instance, 4 f. — Autres villes et cantons ruraux, 3 f. — La troisième publication ou exposition est comprise dans la vacation de vente. — A Paris et dans les villes où il s'imprime des journaux, les vacations pour publications et expositions ne pourront être allouées aux huissiers, attendu qu'il doit y être suppléé par l'insertion dans un journal. — Si l'expédition du procès verbal de vente est requise par l'une des parties, il sera alloué à l'huissier ou autre officier, qui aura procédé à la vente, par chaque rôle d'expédition, contenant vingt-cinq lignes à la page, et dix à douze syllabes à la ligne, — Paris, 1 f. — Villes où il y a tribunal de première instance, 50 c. — Autres villes et cantons ruraux, 40 c.

42. P. c., art. 657. Pour la vacation de l'huissier ou autre officier, qui aura procédé à la vente, pour faire taxer ses frais par le juge, sur la minute de son procès verbal, — Paris, 3 f. — Villes où il y a tribunal de première instance, 2 f. — Autres villes et cantons ruraux, 1 f. 50 c. — Et pour consigner les deniers provenant de la vente, — Paris, 3 f. — Villes où il y a tribunal de première instance, 2 f. — Autres villes et cantons ruraux, 1 f. 50 c.

43. P. c., art. 627. Pour un procès verbal de saisie-brandon, contenant l'indication de chaque pièce, sa contenance et sa situation, deux au moins de ses tenans et aboutissans, et la nature des fruits, quand il n'y sera pas employé plus de trois heures, — Paris, 6 f. — Villes où il y a tribunal de première instance, 5 f. — Autres villes et cantons ruraux, 4 f. — Et quand il sera employé plus de trois heures pour chacune des autres vacations aussi de trois heures, — Paris, 5 f. — Villes où il y a tribunal de première instance, 4 f. — Autres villes et cantons ruraux, 3 f. — L'huissier ne sera point assisté de témoins.

44 P. c., art. 628. Pour les copies à délivrer à la partie saisie, au maire de la commune et au garde champêtre ou autre gardien, par chacune, le quart de l'original.

Nota. Le surplus des actes sera taxé comme en saisie-exécution.

45. Il sera alloué pour frais de garde, soit au garde champêtre, soit à tout autre gardien qui pourrait être établi, aux termes de l'article 628, par chaque jour, savoir : — Au garde champêtre, — Paris, 75 c. — Villes où il y a tribunal de première instance, 75 c. — Autres villes et cantons ruraux, 75 c. — Et à tout autre que le garde champêtre, — Paris, 1 f. 25 c. — Villes où il y a tribunal de première instance, 1 f. 25 c. — Autres villes et cantons ruraux, 1 f. 25 c.

46. P. c., art. 637. Pour un exploit de saisie du fonds d'une rente constituée sur particulier, contenant assignation au tiers-saisi en déclaration affirmative devant le tribunal. — Paris, 4 f. — Villes où il y a tribunal de première instance, 3 f. — Autres villes et cantons ruraux, 3 f. — Pour la copie, le quart.

Nota. La dénonciation des placards et de tous les autres actes seront taxés comme en saisie immobilière.

47. P. c., art. 675. Pour un procès verbal de saisie immobilière auquel il n'aura été employé que trois heures, — Paris, 6 f. — Villes où il y a tribunal de première instance, 5 f. — Autres villes et cantons ruraux, 5 f. — Et cette somme sera augmentée par chacune des vacations subséquentes qui auront pu être employées, de — Paris, 5 f. — Villes où il y a tribunal de première instance, 4 f. — Autres villes et cantons ruraux, 4 f. — L'huissier ne se fera point assister de témoins.

48. P. c., art. 676. Pour chaque copie de ladite saisie qui sera laissée au greffier des juges de paix et aux maires ou adjoints des communes de la situation, le quart de l'original.

49. P. c., art. 681. Pour la dénonciation de la saisie immobilière et des enregistremens à la partie saisie — Paris, 2 f. 50 c. — Villes où il y

a tribunal de première instance, 2 f. — Autres villes et cantons ruraux, 2 f. — Pour la copie de ladite dénonciation, le quart.

50. P. c., art. 685 et 686. Pour l'original de l'acte d'apposition de placards en saisie immobilière, lequel ne contiendra pas la désignation des lieux où ils ont été apposés, — Paris 4 f. — Villes où il y a tribunal de première instance, 3 f. — Autres villes et cantons ruraux, 3 f.

51. P. c., art. 780. Pour l'original de la signification du jugement qui prononce la contrainte par corps, avec commandement, — Paris, 3 f. — Villes où il y a tribunal de première instance, 2 f. — Autres villes et cantons ruraux, 1 f. 25 c. — Et pour la copie, le quart.

52. P. c., art. 781. Vacation pour obtenir l'ordonnance du juge de paix, à l'effet, par ce dernier de se transporter dans le lieu où se trouve le débiteur condamné par corps, et requérir son transport. — Paris, 2 f. 50 c. — Villes où il y a tribunal de première instance, 2 f. — Autres villes et cantons ruraux, 2 f.

53. P. c., art. 783 et 789. Pour le procès verbal d'emprisonnement d'un débiteur, y compris l'assistance de deux recors et l'écrou, Paris, 60 f. 25 c. — Villes où il y a tribunal de première instance, 40 f. — Autres villes et cantons ruraux, 30 f. — Il ne pourra être passé aucun procès verbal de perquisition, pour lequel l'huissier n'aura point de recours, même contre sa partie, la somme ci-dessus lui étant allouée en considération de toutes les démarches qu'il pourrait faire.

54. P. c., art. 786. Vacation de l'huissier en référé, si le débiteur arrêté le requiert, — Paris, 8 f. — Villes où il y a tribunal de première instance, 6 f. — Autres villes et cantons ruraux, 6 f.

55. P. c., art. 789. Pour la copie du procès verbal d'emprisonnement et de l'écrou, le tout ensemble, — Paris, 3 f. — Villes où il y a tribunal de première instance, 2 f. 25 c. — Autres villes et cantons ruraux, 2 f. 25 c.

56. P. c., art. 790. Il sera taxé au gardien ou geôlier qui transcrira sur son registre le jugement, portant la contrainte par corps, par chaque rôle d'expédition, — Paris, 25 c. — Villes où il y a tribunal de première instance, 20 c. — Autres villes et cantons ruraux, 20 c.

57. P. c., art. 792 et 793. Pour un acte de recommandation d'un débiteur emprisonné sans assistance de recors, — Paris, 4 f. — Villes où il y a tribunal de première instance, 3 f. — Autres villes et cantons ruraux, 3 f. — Pour chaque copie à donner au débiteur et au geôlier, le quart.

58. P. c., art. 796. Pour la signification du jugement qui déclare un emprisonnement nul, et la mise en liberté du débiteur. Paris, 4 f. — Villes où il y a tribunal de première instance, 3 f. — Autres villes et cantons ruraux, 3 f. — Pour la copie à laisser au gardien ou geôlier, le quart.

59. P. c., art. 815. Pour l'original d'un procès verbal d'offres, contenant le refus ou l'acceptation du créancier, — Paris, 3 f. — Villes où il y a tribunal de première instance, 2 f. 25 c. — Autres villes et cantons ruraux, 2 f. 25 c. — Pour la copie, le quart.

60. C., art. 1259. D'un procès verbal de consignation, de la somme ou de la chose offerte, — Paris, 5 f. — Villes où il y a tribunal de première instance, 4 f. — Autres villes et cantons ruraux, 4 f. — Pour chaque copie à laisser au créancier, s'il est présent, et au dépositaire, le quart.

61. P. c., art. 819, 822, 825. Les procès verbaux de saisie-gagerie sur locataires et fermiers, — Et ceux de saisie des effets du débiteur forain, — Seront taxés comme ceux de saisie-exécution, ainsi que tout le reste de la poursuite.

62. P. c. art. 829. Pour un procès verbal tendant à saisie-revendication, s'il y a refus de portes ou opposition à la saisie, contenant assignation en référé devant le juge, y compris les témoins, — Paris, 5 f. — Villes où il y a tribunal de première instance, 4 f. — Autres villes et can-

tons ruraux, 4 f. — Pour la copie, le quart. — Le procès verbal de saisie-revendication sera taxé comme celui de saisie exécution.

63. P. c., 822; C., art. 2185. Pour l'original de l'acte, contenant réquisition d'un créancier inscrit, à fin de mises aux enchères et adjudications publiques de l'immeuble aliéné par son débiteur, — Paris, 5 f. — Villes où il y a tribunal de première instance, 4 f. — Autres villes et cantons ruraux, 4 f. — Et pour la copie, le quart. — L'original et la copie de cette réquisition seront signés par le requérant ou par son fondé de procuration spéciale. — Il contiendra la soumission de porter ou faire porter le prix à un dixième en sus de celui qui aura été stipulé dans le contrat, et l'offre d'une caution avec assignation devant le tribunal pour la réception de la caution.

64. P. c., art. 901. Pour un procès verbal de réitération de la cession par le débiteur failli à la maison commune, s'il n'y a pas de tribunal de commerce, — Paris, 4 f. — Villes où il y a tribunal de première instance, 5 f. — Autres villes et cantons ruraux, 5 f.

65. P. c., art. 902. Pour un procès verbal d'extraction de la prison du débiteur failli, à l'effet de faire la réitération de sa cession de biens, indépendamment du procès verbal de ladite réitération. — Paris, 6 f. Villes où il y a tribunal de première instance, 5 f. — Autres villes et cantons ruraux, 5 f. — Le procès verbal d'apposition de placards, en vente de biens immeubles de mineurs, ou dépendans d'une succession bénéficiaire ou vacante, ou abandonnés par un débiteur failli, sera taxé comme en saisie-immobilière, — Pour chaque original de protêt, intervention à protêt, et sommation d'intervenir, assistans et copie compris, — Paris, 2 f. — Villes où il y a tribunal de première instance, 1 f. 50 c. — Autres villes et cantons ruraux, 1 f. 50 c. — Pour l'original d'un protêt avec perquisition, assistans et copie compris, Paris, 5 f. — Villes où il y a tribunal de première instance, 4 f.

— Autres villes et cantons ruraux, 4 f.

§ III. Dispositions générales relative aux Huissiers.

66. P. c., art. 62. Il ne sera rien alloué aux huissiers pour transport jusqu'à un demi-myriamètre. — Il leur sera alloué au delà d'un demi-myriamètre, pour frais de voyage, qui ne pourra excéder une journée de cinq myriamètres (dix lieues anciennes) savoir : au delà d'un demi-myriamètre et jusqu'à un myriamètre, pour aller et retour, — Paris, 4 f. — Villes et cantons ruraux, 4 f. — Au delà d'un myriamètre, il sera alloué par chaque demi-myriamètre, sans distinction, 2 f. — Il sera taxé pour *visa* de chacun des actes qui y sont assujettis. — Paris, 1 f. — Villes où il y a tribunal de première instance, 75 c. — Autres villes et cantons ruraux, 75 c. — En cas de refus de la part du fonctionnaire public qui doit donner le *visa*, et dans le cas où l'huissier sera obligé, à raison de ce refus, de requérir le *visa* du procureur du roi, le droit sera double. — Les huissiers qui seront commis pour donner des ajournemens, faire des significations de jugemens, et tous autres actes, ou procéder à des opérations, ne pourront prendre de plus forts droits que ceux énoncés au présent tarif, à peine de restitution et d'interdiction, quels que soient la cour et le tribunal auxquels ils sont attachés. — Les huissiers qui auront omis de mettre au bas de l'original et de chaque copie des actes de leur ministère la mention du coût d'icelui, pourront, indépendamment de l'amende portée par l'article 67 du Code de procédure, être interdits de leurs fonctions sur la réquisition d'office des procureurs généraux et des procureurs du roi.

TITRE II.

DES AVOUÉS DE PREMIÈRE INSTANCE.

CHAPITRE PREMIER.
MATIÈRES SOMMAIRES.

67. Les dépens, dans ces matières, seront liquidés, tant en demandant qu'en défendant; savoir : — Pour

l'obtention d'un jugement par défaut contre partie ou avoués, y compris les qualités et la signification à avoué, s'il y a lieu, quand la demande n'excédera pas 1,000 f. — Paris, 7 f. 50 c. — Dans le ressort, les trois quarts. — Et quand elle excédera 1.000 f., jusqu'à 5,000 f., 10 f. — Et quand elle excédera 5,000 f., 15 f. — Et pour l'obtention d'un jugement contradictoire ou définitif, quand la demande n'excédera pas 1,000 f., 15 f. — Et quand elle excédera 1,000 f., jusqu'à 5,000 f., 20 f. — Quand elle excédera 5,000 f., 30 f.

Nota. Si la valeur de l'objet de la contestation est indéterminée, le juge allouera l'une des sommes ci-dessus indiquées.

S'il y a lieu à enquête, ou à visite et estimation d'experts ordonnée contradictoirement, et s'il est intervenu aussi jugement contradictoire sur l'enquête ou le rapport d'experts, il sera alloué un demi-droit. — Et en outre, pour copie des procès verbaux d'enquête et d'expertise, par chaque rôle, à Paris, 15 c. — Dans le ressort, les trois quarts. — S'il y a plus de deux parties en cause, et si elles ont des intérêts contraires, il sera alloué un quart en sus des droits ci-dessus à l'avoué qui aura suivi contre chacune des autres parties. — S'il y a lieu à un interrogatoire sur faits et articles, il sera passé à l'avoué de la partie à la requête de laquelle il aura été subi, un demi-droit, et en outre, pour copie du procès-verbal d'interrogatoire, par chaque rôle d'expédition, à Paris, 15 c. — Dans le ressort, les trois quarts. — Il sera passé à l'avoué qui lèvera le jugement rendu contradictoirement, pour dressé des qualités et de signification du jugement à avoué, le quart du droit accordé pour l'obtention du jugement contradictoire. — Il ne sera alloué aucun honoraire aux avocats dans ces sortes de causes. — Si l'avoué est révoqué, ou si les pièces lui sont retirées, il lui sera alloué, savoir : — S'il y a eu constitution d'avoué avant l'obtention d'un jugement par défaut, moitié du droit accordé pour faire rendre un jugement par défaut. — Et s'il a été

obtenu un premier jugement par défaut ou un jugement interlocutoire, indépendamment de l'émolument pour ces jugemens, moitié du droit accordé pour obtenir un jugement contradictoire. — Mais ces droits ne seront acquis, et ils ne pourront être exigés que lorsqu'il y aura eu constitution d'avoué dans le premier cas, ou qu'il aura été formé opposition au premier jugement par défaut, et que l'avoué qui aura obtenu le premier jugement, aura suivi l'audience sur le débouté d'opposition. — Au moyen de la fixation ci-dessus, il ne sera passé aucun autre honoraire pour aucun acte et sous aucun prétexte. Il ne sera alloué en outre que les simples débour-és.

CHAPITRE II.

MATIÈRES ORDINAIRES.

§ Ier. *Droit de Consultation.*

68. Pr. c., ar.. 59, 61, 75, etc. Pour la consultation sur toute demande principale, intervention, tierce-opposition et requête civile, tant en demandant qu'en défendant, sans qu'il puisse être passé plus d'un droit par chaque avoué et par cause, et sans que l'intervention d'un appelé en garantie puisse y donner lieu ; le droit ne pourra être exigé qu'autant qu'il aura été obtenu un jugement par défaut contre partie, ou qu'il y aura eu constitution d'avoué, et y compris la procuration sous signature privée ou par-devant notaire, indépendamment des déboursés. — A Paris, 10 f. — Dans le ressort, 7 f. 50 c.

69. Il ne sera alloué aucun émolument à l'avoué dans le cas où il comparaîtrait au bureau de conciliation pour sa partie.

§ II. *Actes de première classe.*

70. Pr. c., art. 75. Pour l'original d'une constitution d'avoué. — 79, 82 et *passim*. Pour un acte d'avoué à avoué pour suivre l'audience, sans qu'il puisse en être passé plus d'un seul pour chaque jugement par défaut, interlocutoire ou contradictoire. — 452. Les avoués seront tenus de se représenter au jour indiqué par les

jugemens préparatoires ou de remise, sans qu'il soit besoin d'aucune sommation. — Pr. c., art. 96, 104. Pour l'original d'un acte de déclaration de production par le demandeur en instruction par écrit, contenant le nombre des rôles dont la requête est composée. — 97. Id., de la part du défendeur. — 110. De la signification de l'ordonnance du président, portant nomination d'un autre rapporteur, en cas de décès, démission ou impossibilité de faire le rapport en délibéré ou instruction par écrit. — 113, 1é sultat de l'article. D'une sommation d'être présent au retrait des pièces, après les jugemens sur délibéré ou en instruction par écrit. — 121. D'une sommation d'avoué à avoué, pour être présent à la prestation d'un serment ordonné. — 145. D'une sommation d'avoué à avoué pour être réglé sur une opposition aux qualités. — 179. De la déclaration au demandeur originaire de la part du défendeur, qu'il a formé une demande en garantie. — 179. — De la dénonciation au demandeur originaire de la demande en garantie. — 188. De la sommation de communiquer les pièces signifiées ou employées dans la cause. — 191. De la signification de la requête et de l'ordonnance, portant que l'avoué qui retient des pièces sera tenu de les remettre. — De la signification de l'acte de dépôt au greffe de la pièce dont l'écriture est déniée. — 204. De la sommation de comparaître devant le juge commis en vérification d'écritures, pour être présent au serment des experts et à la représentation des pièces de comparaison. — 206. De la sommation pour être présent à la confection d'un corps d'écriture. — 219. De la signification de l'acte de dépôt au greffe d'une pièce arguée de faux. — 221. De la sommation pour être présent à la réquisition d'apport au greffe de la minute de la pièce arguée de faux. — 224. De la signification de l'ordonnance portant que la minute de la pièce arguée de faux sera apportée au greffe — Pr. c., art. 225. De la signification de l'acte de dépôt au greffe de la pièce arguée de faux, avec sommation d'être présent au pro-

cès verbal qui sera dressé de son état. — 286. De la signification des procès verbaux d'enquête. — 297. De la signification de l'ordonnance du juge commis pour faire une descente sur les lieux, contenant la désignation des jour, lieu et heure, et sommation d'y être présent. — 299. De la signification du procès verbal du juge-commissaire qui a fait une descente sur les lieux. — 315. De la sommation contenant indication des jour et heure choisis par les experts, si la partie n'était pas présente à la prestation de leur serment. — 321. De la signification du rapport des experts. — 335. De la signification de l'interrogatoire sur faits et articles. — 344. De la notification du décès d'une partie. — 345. 355. — De la signification d'un désaveu. — 372. De la signification de l'acte à fin de renvoi d'un tribunal à un autre, des pièces y annexées, et du jugement intervenu. — 596. De la signification de l'arrêt intervenu sur l'appel d'un jugement qui aura rejeté une récusation, ou du certificat du greffier de la cour royale, contenant que l'appel n'est pas jugé, et indication du jour où il doit l'être. — 405. De la sommation de se trouver devant le président, et voir déclarer la taxe des frais exécutoires en cas de désistement de la demande. — 534. De la sommation d'être présent à la présentation et affirmation d'un compte. — 574. De la signification, de la déclaration affirmative, et du dépôt des pièces contenant constitution d'avoué. — 575. D'un acte contenant dénonciation d'opposition formée sur le débiteur entre les mains d'un tiers-saisi. — 578. De la signification de l'état détaillé des effets mobiliers saisis et arrêtés entre les mains d'un tiers-saisi. — Pr. c., art. 871. De la sommation à la requête des créanciers du mari, à l'avoué de la femme poursuivant sa séparation de biens, de leur communiquer la demande et les pièces justificatives. — 972. De l'acte de signification du cahier des charges en licitation, aux avoués des colicitans. — Titre des partages. De l'acte de sommation aux avoués des copartageans de se trouver, soit devant le juge-commissaire, soit devant le notaire, pour procéder aux opérations du partage. — Paris, 1 f. — Dans le ressort. 75 c. — Pour les copies de chacun des actes ci-dessus énoncés, indépendamment des copies des pièces, le quart.

§ III. *Actes de deuxième classe.*

71. Pr. c., art. 102. Acte de production nouvelle en instruction par écrit, contenant l'état des pièces. — 215. Sommation à la partie adverse de déclarer si elle veut, ou non, se servir d'une pièce produite, avec déclaration que, dans le cas où elle s'en servirait, le demandeur s'inscrira en faux. — 216. Déclaration de la partie sommée, signée d'elle ou du fondé de sa procuration spéciale et authentique, dont il sera donné copie, qu'elle entend ou non se servir de la pièce arguée de faux. — 252. Acte contenant articulation succincte des faits dont une partie demandera à faire preuve. — Acte contenant réponse au précédent et dénégation ou reconnaissance des faits. — 282. Acte contenant la justification des reproches par écrit. — Acte en réponse. — 289. Acte contenant offre de prouver les reproches contre les témoins non justifiés par écrit, et désignation des témoins à entendre sur les reproches. — Acte en réponse. — 509. Acte contenant les moyens de récusation contre les experts. — Pr. c., art. 311. Acte contenant réponse aux moyens de récusation. — 337. Acte contenant les moyens et conclusion des demandes incidentes. — Acte servant de réponse aux demandes incidentes. — 347. Acte de reprise d'instance. — 402. Acte de désistement et d'acceptation de désistement. — 518. Acte de présentation de caution. — 519. Acte de déclaration d'acceptation de caution. — 520. Acte de contestation de la caution offerte. — 524. Acte d'offres sur la déclaration des dommages et intérêts. — Acte contenant demande en rectification d'un acte de l'état civil. — Acte servant de réponse. — Tous ces actes seront taxés pour l'original. — Paris, 6 f. — Dans le ressort. 3 f. 75 c. — Et pour chaque copie, indépendamment des copies de pièces, le quart.

§ IV. *Des Requêtes et Défenses qui peuvent être grossoyées, et des Copies de Pièces.*

72. P. c., art. 77. Pour l'original ou grosse des requêtes servant de défenses aux demandes, contenant vingt-cinq lignes à la page et douze syllabes à la ligne, — Paris, 2 f. — Dans le ressort, 1 f. 50 c. — Les copies des pièces qui seront données avec les défenses, ou qui pourront être signifiées dans les causes, seront taxées, à raison du rôle, de vingt-cinq lignes à la page, et de douze syllabes à la ligne, ou évaluées sur ce pied, — Paris, 50 c. — Dans le ressort, 25 c. — Les copies de tous actes ou jugemens, qui seront signifiées avec les exploits des huissiers, appartiendront à l'avoué, si elles ont été faites par lui, à la charge de les certifier véritables et de les signer.

73. Pour l'original ou grosses des requêtes contenant réponse aux défenses dans la forme ci-dessus, pour chaque rôle, — Paris, 2 f. — Dans le ressort, 1 f. 50 c. — P. c., art. 96. Des requêtes en instruction par écrit, terminées par l'état des pièces, id. — 97. Id. servant de réponse à celles en instruction par écrit, avec état des pièces au soutien, id. — 103. Id. en réponse aux productions de nouvelles pièces qui ne pourront excéder six rôles.

74. P. c., art. 104. Dans les instructions par écrit, les grosses et les copies de toutes les requêtes porteront la déclaration du nombre de rôles dont elles sont composées, à peine de rejet de la taxe.

75. P. c., art. 161. Pour la grosse de la requête d'opposition au jugement par défaut contenant les moyens, par chaque rôle, — Paris, 2 f. — Dans le ressort, 1 f. 50 c. — Si les moyens ont été fournis avant le jugement par défaut, la requête d'opposition, sans les moyens, ne sera passée que pour un rôle. id. — 166. Id. pour la grosse de la requête, qui ne pourra excéder deux rôles, tendant à ce que l'étranger demandeur soit tenu de fournir caution. — *Id.* de celle en réponse qui ne pourra non plus excéder deux rôles. — 168. *Id.* de la requête pour proposer un déclinatoire, qui ne pourra excéder six rôles. — *Id.* de la réponse. — 175. *Id.* de la requête en nullité de la demande ou du jugement, qui ne pourra non plus excéder six rôles. — *Id.* de la réponse. — 174. *Id.* de la requête pour demander délai pour délibérer et faire inventaire, qui ne pourra aussi excéder six rôles. — *Id.* de la réponse. — 180. *Id.* de la requête pour soutenir qu'il n'y a lieu d'appeler garant, qui ne pourra excéder six rôles. — *Id.* de la réponse. — 192. *Id.* de la requête d'opposition à l'ordonnance portant contrainte de remettre des pièces, qui ne pourra excéder deux rôles. — *Id.* de la réponse. — 229. *Id.* de la requête contenant les moyens de faux. — 230. *Id.* de la requête contenant réponse aux moyens de faux. — 339. *Id.* de la requête d'intervention. — *Id.* de la requête en réponse à l'intervention. — 348. *Id.* de la requête contenant contestation sur la demande en reprise d'instance, qui ne pourra excéder six rôles. — *Id.* de la réponse. — 354. *Id.* de la requête servant de moyens contre un désaveu. — Et réponse. — 373. *Id.* de la requête contre la demande à fin de renvoi d'un tribunal à un autre, pour cause de parenté ou alliance. — Et pour la réponse. — 400. *Id.* de la requête en péremption d'instance, qui ne pourra excéder six rôles. — *Id.* de la réponse. — 475. *Id.* de la requête de tierce opposition. — Et réponse. — 493. *Id.* de la requête civile incidente. — Et réponse. — 514. *Id.* de la requête contenant défense du juge pris à partie. — Et réponse. — 531. *Id.* pour la grosse d'un compte dont le préambule ne pourra excéder six rôles. — Il ne sera fait qu'une seule grosse. — 570. *Id.* pour la grosse de la requête du tiers-saisi, qui demandera son renvoi devant son juge, en cas que sa déclaration affirmative soit contestée : cette requête ne pourra excéder deux rôles. — Et réponse. — 815. *Id.* de la requête pour demander incidemment la validité ou la nullité d'offres réelles. — Et réponse. —

847. *Id.* de la requête, à fin de se faire autoriser à compulser un acte qui ne pourra excéder six rôles. — Et réponse. — P. c., art. 871. *Id.* de la requête d'intervention des créanciers du mari dans les demandes en séparation de biens. — Et réponse. — 972. *Id.* de la requête de conclusions motivées contenant demande en entérinement du rapport des experts, en partage et licitation. — Et réponse. — Il sera taxé pour chacun des rôles des requêtes ci-dessus énoncées. — Paris, 2 f. — Dans le ressort, 1 f. 50 c. — Et pour chaque copie, par rôle, le quart. — Le nombre des rôles de requêtes en réponse ne pourra jamais excéder celui fixé pour la requête en demande.

Nota. Il ne sera passé aucuns frais d'impression des requêtes et défenses même autorisées.

§V. *Requêtes qui ne peuvent être gros-soyers, et Copies d'Actes.*

76. P. c., art. 110. Requête pour faire nommer un autre rapporteur en instruction par écrit ou sur délibéré. — 156. Pour faire commettre un huissier à l'effet de signifier un jugement par défaut contre partie. — 191. Pour faire contraindre un avoué à remettre les pièces qu'il a prises en communication. — 199. Pour obtenir l'ordonnance du juge-commissaire en vérification d'écriture, à l'effet de sommer la partie adverse de comparaître à jour et heure certains, pour convenir de pièces de comparaison. — 204. A fin d'obtenir l'ordonnance du commissaire en vérification d'écritures, pour sommer les experts de prêter serment, et les dépositaires de représenter les pièces de comparaison. — 221. Au juge-commissaire en inscription de faux incident pour faire ordonner l'apport de la minute de la pièce arguée par le dépositaire. — 259. Au juge commis pour procéder à une enquête, à l'effet d'obtenir son ordonnance, indiquant le jour et l'heure pour lesquels les témoins seront assignés. — P. c., art. 297. Au juge commis pour faire une descente sur les lieux, à l'effet d'obtenir son ordonnance, portant l'indication des

jour, lieu et heure. — 507. Au juge-commissaire pour demander son or-donnance, à l'effet de faire prêter serment aux experts convenus ou nommés d'office. — 405. En cas de désistement de la demande pour obtenir l'ordonnance du président, afin de rendre la taxe des frais exécutoire. — 354. Au juge commis pour entendre un compte, à l'effet d'obtenir l'ordonnance fixant le jour et l'heure de la présentation. — 617. A fin de permission de vendre les meubles saisis exécutés dans un lieu plus avantageux que celui indiqué par la loi. — 780. Pour faire commettre un huissier à l'effet de signifier le jugement portant contrainte par corps. — 808. A fin d'assigner extraordinairement en référé, si le cas requiert célérité.—819. A fin de saisir-gager à l'instant les meubles et effets garnissant les maisons et fermes. — 822. A fin de permission de saisir les effets de son débiteur forain, trouvés en la commune qu'habite le créancier. — 832. A fin de faire commettre un huissier pour notifier le titre du nouveau propriétaire aux créanciers inscrits. — A fin de faire commettre un huissier, à l'effet de notifier la réquisition de surenchère. — 976. Au juge-commissaire en partage et licitation, à l'effet d'obtenir son ordonnance pour citer les autres parties à comparaître par-devant lui. — C., art. 467. Au procureur du roi pour faire désigner trois jurisconsultes, sans l'avis desquels le tuteur du mineur ne pourra transiger. — Les requêtes ci-dessus énoncées ne seront point grossoyées, et seront taxées, — Paris, 2 f. — Dans le ressort, 1 f. 50 c. — La vacation, pour demander l'ordonnance du président ou du juge-commissaire, et se la faire délivrer, est comprise dans la taxe.

77. P. c., art. 72. Requête contenant demande pour abréger les délais dans les cas qui requièrent célérité. — 558. Pour obtenir permission de saisir et arrêter, entre les mains d'un tiers, ce qu'il doit au débiteur quand il n'y a pas de titre. — 582. Pour avoir permission de saisir et arrêter la portion que le juge déterminera dans des sommes ou pensions données ou lé-

gues pour aliment, et ce, pour créances postérieures aux dons et legs. — C., art. 783. A l'effet d'obtenir, pour le témoin assigné, un sauf-conduit, qui ne pourra être accordé que sur les conclusions du ministère public, et qui réglera sa durée. — P. c., art. 795. A l'effet de demander la nullité de l'emprisonnement d'un débiteur détenu pour dettes. — 800. Pour demander la liberté d'un débiteur détenu pour dettes, dans tous les cas prévus par l'article 800. — 802. Pour assigner le geôlier qui refuse de recevoir la consignation de la dette. — 805. Pour demander la liberté, faute de consignation d'alimens. — 826, 827. Pour demander la permission de saisir, revendiquer, contenant la désignation des effets. — C., art. 113; P. c., art. 928, 951. Id. pour faire commettre un notaire à l'effet de représenter les absens présumés, dans les inventaires, comptes, partages et liquidations dans lesquels ils sont intéressés. — P. c., art. 946. Pour faire autoriser à la vente du mobilier d'une succession. — 986. A fin d'être autorisé sans attribution de qualité, à faire procéder à la vente d'effets mobiliers dépendans d'une succession. — 996. Pour faire nommer un curateur au bénéfice d'inventaire. — 998. Pour faire nommer un curateur à une succession vacante. — 1017. Id., à l'effet de faire nommer un tiers-arbitre. — Elles seront taxées, — Paris, 3 f. — Dans le ressort, 2 f. 25 c. — Les requêtes ci-dessus ne seront point grossoyées. — Et la vacation pour prendre l'ordonnance est comprise dans la taxe.

78. P. c., art. 564. Requête à fin d'obtenir permission d'assigner en règlement de juges. — 485 et 492. Requête civile principale. — 839, 841, 844, 854. A fin de permission de se faire délivrer expédition ou copie d'un acte parfait non enregistré, ou même resté imparfait, ou pour se faire délivrer une seconde grosse. — 855. A fin de réformation d'un acte de l'état civil. — 859. A l'effet de faire pourvoir à l'administration des biens d'une personne présumée absente. — C., art. 113 Pour avoir permission de

faire enquête pour constater l'absence.
— P. c., art. 860. A fin d'envoi en
possession provisoire des biens d'un
absent. — 861. De la femme à l'effet
de citer son mari à la chambre du
conseil pour déduire les causes de son
refus de l'autoriser. — 863 et 864. De
la femme en cas d'absence présumée
ou déclarée du mari, ou en cas d'interdiction pour se faire autoriser. —
865. De la femme qui se pourvoit en
séparation de biens. — P. c., art.
885 ; C., art. 467. A fin d'homologation de l'avis d'un conseil de famille.
— C., art. 1008. Pour demander l'envoi en possession du legs universel.
— P. c., art. 909. Du créancier pour
obtenir la permission de faire apposer
un scellé. — 955 et 964. A fin d'homologation d'un avis du conseil de
famille pour aliéner les immeubles
des mineurs, ou pour être autorisé
à vendre au-dessous de l'estimation.
— 987. De l'héritier bénéficiaire à
l'effet d'être autorisé à vendre les immeubles dépendans d'une succession
bénéficiaire. — 988. Pour demander
l'entérinement du rapport d'experts
qui ont fait l'estimation des immeubles dépendans d'une succession bénéficiaire. — Id. d'un curateur à une
succession vacante.— 70 et 71. — Id.
pour demander l'homologation d'un
acte de notoriété délivré par le juge
de paix sur la déposition de sept témoins, pour suppléer à un acte de
naissance. — Ces requêtes ne peuvent
être grossoyées, et l'émolument pour
prendre les ordonnances et communiquer au ministère public, est compris dans la taxe qui sera de, — Paris, 7 f. 50 c. — Dans le ressort, 5 f.
50 c.

79. P. c , art. 325. Requête pour
avoir permission de faire interroger
sur faits et articles contenant les faits.
— Cette requête ne sera point signifiée ni la partie appelée avant le jugement qui admettra ou rejettera la
demande, à fin de faire interroger:
elle ne sera notifiée qu'avec le jugement et l'ordonnance du juge commis pour faire subir l'interrogatoire.
— 875. De l'époux qui se pourvoit en
séparation de corps, contenant sommairement les faits. — C., art. 256.

De l'époux qui se pourvoit en divorce
pour cause déterminée, contenant le
détail des faits.— P. c., art. 890. Contenant demande à fin d'interdiction,
le détail des faits et l'indication des
témoins. — Ces requêtes ne peuvent
être grossoyées, et l'émolument pour
prendre les ordonnances et communiquer au ministère public est compris dans la taxe. — Paris, 15 f. —
Dans le ressort, 12 f.

§ VI. *Plaidoiries et assistance aux
Jugemens.*

80. P. c., art. 76. et s. Pour honoraires de l'avocat qui aura plaidé la
cause contradictoirement, — Paris,
15 f. — Dans le ressort, 10 f.

81. Pour assistance de l'avoué à
l'audience, à l'effet de demander acte
de sa constitution, en cas d'abréviation des délais, — Paris, 1 f. 50 c.—
— Dans le ressort, 1 f.

82. P. c., art. 149. Assistance et
plaidoirie aux jugemens par défaut,
— Paris, 3 f. — Dans le ressort, 2 f.
45 c. — Pour l'honoraire de l'avocat
qui aura pris le jugement par défaut,
— Paris, 5 f. — Dans le ressort, 4 f.
— Quand le jugement par défaut aura
été pris par un avocat, le droit d'assistance de l'avoué ne sera, — Paris,
que de 1 f. — Dans le ressort, 75 c.

83. P. c., art. 87. Pour assistance
de chaque avoué à tout jugement portant remise de cause, ou indication
de jour, sans que les jugemens puissent être levés, ni qu'il soit signifié de
qualité, ou donné d'avenir, — Paris,
3 f. — Dans le ressort, 2 f. 25 c.

84. P. c., art. 95 et 95. Pour assistance et observations des avoués aux
jugemens qui ordonneront une instruction par écrit, — Paris, 5 f. —
Dans le ressort, 4 f.

85. P. c., art. 115. Pour assistance
aux jugemens sur délibéré ou instruction par écrit, y compris les notes
qu'ils pourront fournir, — Paris, 5 f.
— Dans le ressort, 4 f.

86. P. c., art. 116. Pour assistance
des avoués à chaque journée des plaidoiries qui précèdent les jugemens
interlocutoires et définitifs, contradictoires quand les causes sont plai-
dées par les parties elles-mêmes ou

par des avocats, — Paris, 5 f. — Dans le ressort, 2 f. 25 c. — Et quand les avoués plaideront eux-mêmes, — Paris, 10 f. — Dans le ressort, 6 f.

§ VII. *Qualités et Significations des Jugémens.*

87. P. c., art. 142. Pour l'original des qualités contenant les noms, profession et demeure des parties, leurs conclusions et les points de fait et de droit, sans que les motifs des conclusions puissent y être insérés, ni qu'on puisse rappeler, dans les points de fait et de droit, les moyens des parties, savoir, pour celles d'un jugement par défaut, — Paris, 3 f. 75 c. — Dans le ressort, 2 f. 80 c. — Pour celles d'un jugement contradictoire sur plaidoirie ou délibéré, — Paris, 7 f. 50 c. — Dans le ressort, 5 f. 50 c. — Et celles d'un jugement en instruction par écrit, — Paris, 10 f. — Dans le ressort, 7 f. 50 c.

88. P. c., art. 142. Pour chaque copie qui ne pourra être signifiée que dans le cas où le jugement serait contradictoire, le quart.

89. P. c., art. 156 et 157. Pour signification de tout jugement à avoué ou à domicile, par chaque rôle d'expédition, — Paris. 50 c. — Dans le ressort, 25 c.

§ VIII. *Des Vacations.*

90. Vacation pour mettre la cause au rôle. — P. c., art. 83. Pour communiquer les pièces de la cause au ministère public et les retirer, le tout ensemble. — 94. Pour produire et retirer les pièces dans les causes où il a été ordonné un délibéré.—102. Pour produire au greffe des pièces nouvelles en instructions par écrit. — 103. Pour prendre en communication les pièces nouvelles produites en instruction par écrit. — 107. Pour prendre le certificat du greffier, constatant que la partie adverse n'a pas produit en instruction par écrit dans les délais fixés. — 109. Pour requérir le greffier, après que toutes les parties ont produit en instruction par écrit ou après l'expiration des délais, de remettre les pièces au rapporteur. — 144. Pour former opposition à des

qualités; le droit ne sera passé qu'autant que le président aura ordonné une réformation. — 145. Pour faire régler les qualités des jugemens en cas d'opposition, — P. c., art. 163, 164 et 549. Pour faire la mention sur le registre tenu au greffe de l'opposition au jugement par défaut, ou de l'appel de tout jugement, quand il y aura dans les jugemens des dispositions qui doivent être exécutées par des tiers. — 471 et 494. Pour consigner l'amende en requête civile, ou sur appel dans toutes les causes, à l'exception des matières sommaires. — 501. Pour la retirer. — 548. Pour donner certificat contenant la date de la signification, au domicile de la partie condamnée, du jugement qui prononce une main-levée, la radiation d'inscription hypothécaire, un paiement ou autre chose à faire par un tiers ou contre lui. — Pour requérir du greffier le certificat qu'il n'existe contre le jugement énoncé ci-dessus, ni opposition, ni appel, portés sur le registre tenu au greffe. — 967. Pour faire viser par le greffier la demande en partage et licitation, — Paris, 1 f. 50 c. — Dans le ressort, 1 f. 15 c.

91. P. c., art. 77 et 189. Vacation pour donner et prendre communication des pièces de la cause à l'amiable, sur récépissé ou par la voie du greffe, et le rétablissement entre les mains de l'avoué, ou le retrait du greffe, le tout ensemble. — 96. Pour produire au greffe dans les causes où il a été ordonné une instruction par écrit. 97. Pour prendre communication au greffe de la production du demandeur en instruction par écrit et le rétablissement de cette production, le tout ensemble. — 115. Pour retirer les pièces du greffe dans les instructions par écrit. — 219, 220. Pour déposer au greffe les pièces arguées de faux. — 259. Pour requérir l'ordonnance du juge commis à l'effet de procéder à une enquête et signer le procès-verbal d'ouverture. — 306. Pour faire la déclaration au greffe des experts convenus. — 307, 315. Pour être présent à la prestation de serment des experts devant le juge-

commissaire. — P. c., art. 561. Pour faire faire la mention, en marge de l'acte de désaveu, du jugement qui l'aura rejeté. — 518. Pour déposer au greffe les titres de solvabilité de la caution présentée. — 519. Pour prendre communication au greffe des titres de solvabilité de la caution. — 519 et 522. Pour faire faire au greffe la soumission d'une caution. — 523. Pour déposer au greffe, ou donner en communication sur récépissé à l'amiable les pièces justificatives de la déclaration des dommages et intérêts, et les retirer, le tout ensemble. — Pour prendre communication à l'amiable sur récépissé, ou au greffe, des pièces justificatives de la déclaration de dommages et intérêts, et les rétablir, le tout ensemble. — 569. Pour requérir des fonctionnaires publics, tiers-saisi, le certificat du montant de ce qu'ils doivent à la partie saisie. — 874. Pour assister au greffe la femme qui fait sa renonciation à la communauté, en cas de séparation de biens. — C., art. 240. Pour prendre l'ordonnance du tribunal qui permet de citer l'époux défendeur en divorce. — P. c., art. 997; C., art. 793 et 794. Pour assister au greffe la femme qui renonce à la communauté après décès, ou l'héritier qui renonce à la succession, ou qui ne l'accepte que sous bénéfice d'inventaire. — P. c., art. 1020. Pour demander l'ordonnance d'exequatur d'une décision arbitrale. — Paris, 3 f. — Dans le ressort. 2 f. 25 c.

92. P. c., art. 196. Vacation pour déposer au greffe une pièce dont l'écriture est déniée, et assistance au procès-verbal dressé par le greffier de l'état de ladite pièce. — 198. — Id. pour prendre communication de ladite pièce et assistance au procès-verbal dressé par le greffier. — 199. Id. devant le juge-commissaire, pour convenir des pièces de comparaison. — 284. 207. Pour être présent du serment des experts à la représentation des pièces de comparaison et faire les réquisitions et observations par chaque vacation. — P. c., art. 206. A la confection du corps d'écriture fait par le défendeur, s'il est

ainsi ordonné. — 218. Pour former une inscription de faux incident au greffe. — 221. Pour requérir du juge-commissaire son ordonnance, à l'effet de faire apporter au greffe la pièce arguée de faux, dont il y a minute. — 226. Au procès-verbal de l'état des pièces arguées de faux. — 228. De l'avoué du demandeur, pour prendre, en tout état de cause, communication de la pièce arguée de faux. — 270. A l'audition des témoins, par trois heures. — 297. En cas de descente sur les lieux, par trois heures. — 517. Des avoués au rapport d'experts, s'ils en sont expressément requis par leurs parties, pour ne les répéter que contre elles, et sans qu'elles puissent entrer en taxe. — 355. Pour former un désaveu au greffe, contenant les moyens, conclusion et constitution d'avoués. — 570. Pour former par acte au greffe la demande à fin de renvoi d'un tribunal à un autre pour parenté et alliance. — 384. Pour faire au greffe l'acte contenant les moyens de récusation contre un juge. — Pour interjeter appel au greffe du jugement qui aura rejeté la récusation, avec énonciation des moyens et dépôt des pièces au soutien. — 532, 536. Pour mettre en ordre les pièces d'un compte à rendre, les coter et les parapher. — Il sera passé une vacation pour cinquante pièces, deux pour cent, et ainsi de suite. — 535. A la présentation et affirmation du compte. — 555. Pour requérir du juge-commissaire exécutoire de l'excédant de la recette sur la dépense dans les comptes présentés. — 536. Pour prendre en communication les pièces justificatives du compte et les rétablir, le tout ensemble. — 538. Pour fournir des débats sur le procès-verbal d'un juge-commissaire. — Par chaque vacation de trois heures, dont le nombre sera fixé et arbitré par le juge-commissaire. — P. c., art. 538. Id. pour fournir soutènements et réponses. — Par chaque vacation de trois heures, dont le nombre sera fixé et arbitré par le juge-commissaire. — 573 et 574. Pour faire au greffe une déclaration affirmative sur saisie-arrêt.

contenant les causes et le montant de la dette, les paiemens à compte si aucuns ont été faits, l'acte ou les causes de libération, et les saisies-arrêts formées entre les mains du tiers-saisi et le dépôt au greffe des pièces justificatives, le tout ensemble. — 850. Pour assistance au compulsoire, et dires au procès verbal par chaque vacation. — 866, 867, 868. Pour faire et remettre l'extrait de la demande en séparation de biens qui doit être insérée dans les tableaux de l'auditoire du tribunal où se poursuit la séparation et du tribunal de commerce, des chambres des avoués de première instance et des notaires, et la faire insérer dans un journal, le tout ensemble. — 872. Pour faire insérer l'extrait du jugement qui aura prononcé la séparation de biens dans les mêmes tableaux et dans un journal, le tout ensemble. — 880. Pour faire insérer l'extrait du jugement qui prononcera la séparation de corps dans les mêmes tableaux et dans un journal, le tout ensemble. — C., art. 242, 243. Pour assister à huis clos les époux dans le cas de demande en divorce, représenter les pièces, faire les observations, et indiquer les témoins. — P. c., art. 892. Pour assister à la délibération du conseil de famille qui suit la demande en interdiction et avant l'interrogatoire. — 501. Id. pour faire l'extrait du jugement qui prononcera une interdiction ou une nomination de conseil, le faire insérer dans le tableau de l'auditoire et des études des notaires de l'arrondissement et dans un journal, le tout ensemble. — Le jugement d'interdiction ou de nomination de conseil ne sera point signifié aux notaires de l'arrondissement : l'extrait en sera remis au secrétaire de leur chambre qui en donnera récépissé, et qui le communiquera à ses collègues, qui seront tenus d'en prendre note, et de l'afficher dans leurs études. — 898. Pour déposer au greffe le bilan, les livres et les titres actifs, s'il y en a, du débiteur qui demande à être admis au bénéfice de cession. — P. c., art. 903. Pour faire l'extrait du jugement qui admet à la cession

de biens, et le faire insérer au tableau du tribunal de commerce, ou du tribunal de première instance, qui en fait les fonctions, dans le lieu des séances de la maison commune et dans un journal, le tout ensemble. — 976, 977 et 982. Vacation au partage, soit devant le juge-commissaire, soit devant le notaire commis par lui, par trois heures. — 977. Les vacations devant le notaire n'entreront point en frais de partage : elles ne pourront être répétées que contre la partie qui aura requis l'assistance de l'avoué. — Paris, 6 f. — Dans le ressort, 4 f. 50 c.

93. P. c., art. 806. Vacation en référé contradictoire. — Paris, 5 f. — Dans le ressort, 3 f. 75 c. — Et par déf. ut, — Paris, 3 f. — Dans le ressort, 2 f. 25 c.

94. P. c., art. 929. Vacation pour requérir une apposition de scellés. — 911. Id. à l'apposition des scellés, par trois heures. — 916, 918, 920, 921, 922. En référé lors de l'apposition, ou dans le cours de la levée. — 951. Pour en requérir la levée. — 982, 955, etc. A chaque vacation de trois heures, à la reconnaissance et levée. — 940. Pour requérir la levée des scellés sans description. — A la reconnaissance et levée sans description. — Paris, 6 f. — Dans le ressort, 4 f. 50. c.

§ IX. *Poursuite de Contribution.*

95. P. c., art. 658. Vacation pour requérir sur le registre tenu au greffe la nomination d'un juge-commissaire, devant lequel il sera procédé à une contribution. — Paris, 5 f. — Dans le ressort, 3 f. 75 c. — S'il se présente deux ou plusieurs requérans en même temps au greffe, ils se retireront devant le président du tribunal qui décidera sur-le-champ celui dont la réquisition sera reçue : il n'y aura ni appel ni opposition contre la décision : il n'en sera point dressé procès verbal, et il ne sera alloué aucune vacation aux avoués pour s'être transportés devant le président.

96. P. c., art. 659. Pour la requête au juge-commissaire à l'effet d'obtenir son ordonnance pour sommer les opposans de produire et la partie saisie

de prendre communication des pièces produites et de contredire s'il y échet, et la vacation pour obtenir l'ordonnance du commissaire, le tout en semble, — Paris, 3 f. — Dans le ressort, 2 f. 25 c.

97. P. c., art. 660 et 661. Pour l'acte de production des titres contenant demande en collocation, et même à fin de privilège et constitution d'avoué, y compris la vacation pour produire, — Paris, 10 f. — Dans le ressort, 7 f. 50 c. — Il ne sera point signifié.

98. P. c., art. 661. Pour la sommation, à la requête du propriétaire, à l'avoué de la partie saisie, si elle en a constitué un, et au plus ancien de ceux des opposans pour comparaître en référé par-devant le juge commissaire, à l'effet de faire statuer préliminairement sur son privilège, pour raison des loyers à lui dus, — Paris, 1 f. — Dans le ressort, 75 c. — Et pour chaque copie, le quart. — Vacation en référé devant le juge-commissaire qui statuera sur le privilège réclamé pour loyers dus, par défaut, — Paris, 3 f. — Dans le ressort, 2 f. 25 c. — Et contradictoirement, — Paris, 5 f. — Dans le ressort, 3 f. 75 c.

99. P. c., art. 663. Pour l'acte de dénonciation de la clôture du procès verbal de contribution du juge-commissaire aux avoués des créanciers produisans et de la partie saisie, si elle en a un, avec sommation d'en prendre communication et de contredire sur le procès-verbal dans la quinzaine, — Paris, 1 f. — Dans le ressort, 75 c. — Et pour chaque copie, le quart. — Le procès-verbal du juge-commissaire ne sera ni levé ni signifié, et il ne sera enregistré que lors de la délivrance des mandemens aux créanciers.

100. P. c., art. 663. Vacation pour prendre communication de l'état de contribution et contredire sur le procès-verbal du juge-commissaire, sans qu'il puisse en être passé plus d'une, sous quelque prétexte que ce soit. — Paris, 5 f. — Dans le ressort, 3 f. 75 c. — Il ne sera fait aucun dire, s'il n'y a lieu à contredire — Il sera

alloué à l'avoué du poursuivant autant de demi-droits de vacation pour prendre communication de l'état de contribution et contredire, qu'il y aura eu de créanciers produisans, — Paris, 2 f. 50 c. — Dans le ressort, 1 f. 80 c.

101. P. c., art. 665 et 671. Vacation pour requérir la délivrance du mandement au créancier utilement colloqué, et être présent à l'affirmation de la créance devant le greffier; l'avoué signera le procès verbal. — Paris, 2 f. — Dans le ressort, 1 f. 50 c.

Nota. Les mandemens collectivement contiendront la totalité du procès-verbal du juge-commissaire. Si on délivrait, indépendamment des mandemens, une expédition entière, ce sera un double emploi. — En cas de contestations, les dépens de ces contestations seront taxés comme dans les autres matières, suivant leur nature sommaire ou ordinaire.

§ X. *Poursuite de Saisie immobilière.*

102. P. c., art 677 et 680. Vacation pour faire transcrire le procès verbal de saisie immobilière au bureau de la conservation des hypothèques et au greffe du tribunal où doit se faire la vente, par chacune, — Paris, 6 f. — Dans le ressort, 4 f. 50 c.

103. P. c., art. 681. Pour faire enregistrer au bureau de la conservation des hypothèques la dénonciation faite à la partie saisie, de la saisie immobilière — Paris, 6 f. — Dans le ressort, 4 f. 50. c.

104. P. c., art. 681. Pour l'extrait de la saisie immobilière qui doit être inséré dans un tableau placé à cet effet dans l'auditoire, — Paris, 6 f. — Dans le ressort, 4 f. 50 c.

105. P. c., art. 682. Pour l'extrait pareil à celui prescrit par l'article 82 qui doit être inséré dans un journal. — Il sera passé autant de droits à l'avoué qu'il y aura eu d'insertions prescrites par le Code. — Paris, 2 f. — Dans le ressort, 2 f. 50 c. — Pour faire légaliser la signature de l'imprimeur, par le maire, s'il y a lieu, —

Paris, 2 f. — Dans le ressort, 1 f. 50 c.

106. P. c., art. 684, 686. Pour l'extrait de la saisie immobilière, qui doit être imprimé et placardé, et qui servira d'original, et ne pourra être grossoyé, — Paris, 5 f. — Dans le ressort, 4 f. 50 c. — Il ne sera passé qu'un droit à l'avoué, attendu qu'aux termes de l'article 703 il ne doit entrer en taxe qu'une seule impression de placards, et que les additions, lors des appositions subséquentes, doivent être manuscrites.

107. P. c., art. 695. Vacation pour se faire délivrer l'extrait des inscriptions, — Paris, 6 f. — Dans le ressort, 4 f. 50 c.

108. P. c., art. 696. Vacation pour faire enregistrer, à la conservation des hypothèques, la notification du placard faite aux créanciers inscrits, — Paris, 6 f. — Dans le ressort, 4 f. 50 c.

109. P. c., art. 697. Pour la grosse du cahier des charges, contenant vingt-cinq lignes à la page et douze syllabes à la ligne, — Paris, 2 f. — Dans le ressort, 1 f. 50 c. — Il ne sera signifié de copie, ni à la partie saisie, ni aux créanciers inscrits, attendu que cette grosse doit être déposée au greffe, quinzaine avant la première publication, et que toute partie intéressée a la faculté d'en prendre communication.

110. Il ne sera fait qu'une seule grosse, et il n'en sera point remis à l'huissier audiencier pour les publications : l'huissier publiera sur la note qui lui sera remise par le greffier, et le greffier constatera les publications qui seront d'ailleurs signées par le juge, — Vacation pour déposer au greffe le cahier des charges, — Paris, 3 f. — Dans le ressort, 2 f. 45 c.

111. P. c., art 699 et 700. A chaque publication des charges, avec les dires qui pourront avoir lieu, — Paris, 3 f. — Dans le ressort, 2 f. 45 c. — Il ne sera point signifié d'acte de remise de la publication du cahier des charges, attendu que les parties intéressées peuvent se présenter à la première publication, et

connaître les jours auxquels les publications subséquentes auront lieu ; que d'ailleurs l'apposition des placards et l'insertion dans un journal, annonçant les adjudications préparatoires et définitives, les instruiront suffisamment.

112. P. c., art. 702. Vacation à l'adjudication préparatoire, — Paris, 6 f. — Dans le ressort, 4 f. 50 c.

113. P. c., art. 706. Vacation à l'adjudication définitive, — Paris, 15 f. — Dans le ressort, 12 f. — Indépendamment des émolumens ci-dessus fixés, il sera alloué à l'avoué poursuivant, sur le prix des biens dont l'adjudication sera faite au-dessus de 2,000 francs : savoir, depuis 2,000 francs jusqu'à 10,000 f., un pour cent ; sur la somme excédant 10,000 francs jusqu'à 50,000 f., demi pour cent : sur la somme excédant 50,000 francs jusqu'à 100,000 fr., un quart pour cent ; et sur l'excédant de 100,000 francs, indéfiniment, un huitième d'un pour cent. En cas d'adjudication par lots de biens compris dans la même poursuite, en l'état où elle se trouvera lors des adjudications, la totalité des prix des lots sera réunie pour fixer le montant de la remise. — Il ne sera passé que trois quarts de la remise aux avoués des tribunaux de département.

114. P. c., art. 707. Vacation pour enchérir, — Paris, 7 f. 50 c. — Dans le ressort, 5 f. 65 c. — Pour enchérir et se rendre adjudicataire, — Paris, 15 f. — Dans le ressort, 11 f. 25 c. — Pour faire la déclaration de command, — Paris, 6 f. — Dans le ressort, 4 f. 50 c.

Nota. Les vacations pour enchérir ou pour la déclaration de command sont à la charge de l'enchérisseur ou de l'adjudicataire.

115. P. c., art. 710. Vacation pour faire au greffe la surenchère du quart au moins du prix principal de l'adjudication en saisie immobilière, — Paris, 15 f. — Dans le ressort, 11 f. 25 c.

116. P. c., art. 711. Pour l'acte de la dénonciation de la surenchère aux avoués de l'adjudicataire, du poursuivant et de la partie saisie, si

rôle en a constitué, contenant avenir à la prochaine audience, — Paris, 1 f. — Dans le ressort, 75 c. — Pour chaque copie, le quart.

117. P. c., art. 719. Pour la requête d'avoué à avoué, contenant demande à fin de réunion de poursuites de saisies immobilières de biens différens portés devant le même tribunal, par chaque rôle, — Paris, 2 f. — Dans le ressort, 1 f. 50 c. — Pour la copie, le quart. — Pour la requête en défense à cette même demande, Paris, 2 f. — Dans le ressort, 1 f. 50 c. — Pour la copie, le quart.

118. P. c., art. 720. Pour l'acte de dénonciation de la plus ample saisie au premier saisissant, à la requête du plus ample saisissant, avec sommation de se mettre en état, — Paris, 3 f. — Dans le ressort, 2 f. 25 c. — Pour la copie, le quart.

119. P. c., art. 721 et 722. Pour l'acte contenant demande en subrogation, à la poursuite, soit faute par le premier saisissant de s'être mis en état sur la plus ample saisie, soit en cas de collusion, faute ou négligence de la part du poursuivant, — Paris, 5 f. — Dans le ressort, 3 f. 75 c. — Pour la copie, le quart. — Pour l'acte en réponse, — Paris, 5 f. — Dans le ressort, 3 f. 75 c. — Pour la copie, le quart.

120. P. c., art. 726. Vacation pour faire viser par le greffier l'exploit d'intimation sur l'appel du jugement, en vertu duquel il a été procédé à la saisie immobilière, — Paris, 2 f. — Dans le ressort, 1 f. 50 c.

121. P. c., art. 728. *Id.* pour déposer au greffe les titres justificatifs d'une demande en distraction d'objets immobiliers saisis, — Paris, 3 f. — Dans le ressort, 2 f. 45 c.

122. P. c., art. 727. Pour la requête d'avoué à avoué, contenant demande en distraction par chaque rôle, — Paris, 2 f. — Dans le ressort, 1 f. 50 c. — Pour la copie, le quart. — Requête en réponse par chaque rôle, — Paris, 2 f. — Dans le ressort, 1 f. 50 c. — Pour la copie, le quart.

123. P. c., art. 729. Pour la requête d'avoué à avoué, contenant demande en décharge de l'adjudica-

tion préparatoire de la part de l'adjudicataire, en cas de demande en distraction de tout ou partie de l'objet saisi immobilièrement, par chaque rôle, sans cependant qu'elle puisse excéder le nombre de trois rôles, — Paris, 2 f. — Dans le ressort, 1 f. 50 c. — Pour la copie, le quart. — Pour la réponse, — Paris, 2 f. — Dans le ressort, 1 f. 50 c. — Pour la copie, le quart.

124. P. c., art. 733. Requête d'avoué à avoué de la part de la partie saisie, contenant ses moyens de nullité contre la procédure antérieure à l'adjudication préparatoire, par chaque rôle, — Paris, 2 f. — Dans le ressort, 1 f. 50 c. — Pour la copie, le quart. — Pour la réponse, — Paris, 2 f. — Dans le ressort, 1 f. 50 c. — Pour la copie, le quart.

125. P. c., art. 735. Requête d'avoué à avoué de la part de la partie saisie, contenant ses moyens contre les procédures postérieures à l'adjudication préparatoire, — Paris, 2 f. — Dans le ressort, 1 f. 50 c. — Pour la copie, le quart. — Pour la requête en réponse, — Paris, 2 f. — Dans le ressort, 1 f. 50 c. — Pour la copie, le quart.

126. P. c., art. 578. Vacation pour requérir le certificat du greffier, constatant que l'adjudicataire n'a point justifié de l'acquit des conditions exigibles de l'adjudication, — Paris, 3 f. — Dans le ressort, 2 f. 25 c.

127. P. c., art. 747. Requête non grossoyée et non signifiée, sur le consentement de toutes les parties intéressées, pour demander, après saisie immobilière, que l'immeuble saisi soit vendu aux enchères par-devant notaires ou en justice, — Paris, 6 f. — Dans le ressort, 4 f. 50 c.

128. Les émolumens des avoués pour dresser le cahier des charges, en faire le dépôt au greffe pour les publications, les extraits à placarder et insérer dans les journaux, les adjudications préparatoires et définitives, seront réglés et taxés comme en saisie immobilière, lorsqu'il s'agira, — P. c., art. 656. 1° De saisies de rentes constituées sur particuliers; — 832. 2° De surenchère sur aliénation volontaire ; — 954. 5° De ventes d'immeubles de mineurs, et des biens dotaux dans le régime dotal : — 972. 4° De vente sur licitation : — 958 et 1001. 5° Et de vente d'immeubles dépendants d'une succession bénéficiaire, ou vacante, ou provenant d'un débiteur failli, ou qui a fait cession.

129. La remise proportionnelle sur le prix de l'adjudication sera divisée en licitation, ainsi qu'il suit : — Moitié appartiendra à l'avoué poursuivant. — La seconde moitié sera partagée par égales portions entre tous les avoués qui ont occupé dans la licitation, y compris l'avoué poursuivant qui aura sa part comme les autres dans cette seconde moitié. — L'art. 972 prescrivant en licitation la signification du cahier des charges par un simple acte aux avoués des colicitans, cet acte sera taxé comme un acte simple, et la copie du cahier des charges, comme celle de requête d'avoué à avoué. — Dans tous les cahiers des charges, il est expressément défendu d'y stipuler d'autres et plus grands droits au profit des avoués, que ceux énoncés au présent tarif, et s'il y est inséré quelque clause pour les exhausser, elle sera réputée non écrite.

§ XI. *Poursuite d'ordre.*

130. P. c., art. 750. Vacation pour requérir sur le registre tenu au greffe, la nomination, par le président du tribunal, d'un juge-commissaire devant lequel il sera procédé à l'ordre, — Paris, 6 f. — Dans le ressort, 4 f. 50 c. — Si deux ou plusieurs avoués se présentent en même temps au greffe pour faire la même réquisition, ils se retireront sur-le-champ, sans sommation, devant le président du tribunal, qui décidera quelle est la réquisition qui doit être admise sans dresser aucun procès-verbal : il ne sera reçu ni appel ni opposition contre la décision du président, et il ne sera alloué aucune vacation aux avoués.

131. P. c., art. 752. Requête au juge-commissaire, à l'effet d'obtenir son ordonnance, portant que les créanciers inscrits seront tenus de

produire, et vacation pour se faire délivrer l'ordonnance, le tout ensemble, — Paris, 3 f. — Dans le ressort, 2 f. 25 c. — Vacation pour se faire délivrer, par le conservateur des hypothèques, l'extrait des inscriptions. — Paris, 6 f. — Dans le ressort, 4 f. 50 c.

132. P. c., art. 755. Sommation d'avoué à avoué aux créanciers inscrits qui en ont constitué, de produire dans le mois, — Paris, 1 f. — Dans le ressort, 75 c. — Et pour chaque copie, le quart.

133. P. c., art. 754. Acte de production des titres contenant demande en collocation et constitution d'avoué, y compris la vacation pour produire, — Paris, 20 f. — Dans le ressort, 15 f. — Il ne sera point signifié.

134. P. c., art. 755. Dénonciation par acte d'avoué à avoué aux créanciers produisans et à la partie saisie de la confection de l'état de collocation, avec sommation d'en prendre communication, et de contredire, s'il y échet, sur le procès-verbal du commissaire dans le délai d'un mois. Le procès-verbal ne sera ni levé ni signifié, et il ne sera enregistré que lors de la délivrance des mandemens, — Paris, 3 f. — Dans le ressort, 2 f. 25 c. — Et pour chaque copie, le quart.

135. Vacation pour prendre communication des productions, et contredire sur le procès-verbal du commissaire, sans qu'il puisse être passé plus d'une vacation dans le même ordre, sous quelque prétexte que ce soit. — Paris, 10 f. — Dans le ressort, 7 f. 50 c. — Il sera passé à l'avoué poursuivant une demi-vacation par chaque production, pour en prendre communication et contredire s'il y a lieu, — Paris, 5 f. — Dans le ressort, 3 f. 75 c.

136. P. c., art. 757. Pour la dénonciation aux créanciers inscrits et à la partie saisie des productions faites après les délais dans les ordres, et sommation d'en prendre communication, et de contredire s'il y a lieu. — Paris, 3 f. — Dans le ressort, 2 f. 25 c. — Pour chaque copie, le quart.

137. P. c., art. 759. Vacation pour faire rayer une ou plusieurs inscriptions en vertu du même jugement, — Paris, 6 f. — Dans le ressort, 4 f. 50 c. — Vacation pour requérir et se faire délivrer le mandement ou bordereau de collocation. — Paris, 5 f. — Dans le ressort, 3 f. 75 c.

Nota. Les bordereaux de collocation et l'ordonnance de main-levée des inscriptions non utilement colloquées, contenant nécessairement la totalité du procès-verbal du juge-commissaire, l'expédition entière serait un double emploi : elle ne sera ni levée, ni signifiée.

138. P. c., art. 779. Requête pour demander la subrogation à la poursuite d'ordre ; elle ne sera point grossoyée, — Paris, 3 f — Dans le ressort, 2 f. 25 c.

139. Vacation pour faire insérer au procès-verbal du juge-commissaire, — Paris, 1 f. 50 c. — Dans le ressort, 1 f. 15 c. — Signification de la requête au poursuivant par acte d'avoué à avoué, — Paris, 1 f. — Dans le ressort, 75 c. — Pour la copie, le quart. — Acte servant de réponse, — Paris, 1 f. — Dans le ressort, 75 c. — Pour la copie, le quart.

§ XII. *Actes particuliers.*

140. P. c., art. 495. Pour la consultation de trois avocats exerçant depuis dix ans, qui doit précéder la requête civile, principale ou incidente, — Paris, 72 f. — Dans le ressort, 72 f.

141. P. c., art. 523. Pour la déclaration de dommages-intérêts, par article, — Paris, 60 c. — Dans le ressort, 45 c. — Pour la copie signifiée par chaque article, — Paris, 15 c. — Dans le ressort, 12 c.

142. P. c., argument de l'art. 524. Pour chaque apostille de l'avoué défendeur sur la déclaration de dommages et intérêts, — Paris, 60 c. — Dans le ressort, 45 c.

143. C., art. 2183. Composition de l'extrait de l'acte de vente, ou donation, qui doit être dénoncé aux créanciers inscrits par l'acquéreur ou donataire, — Paris, 15 f. — Dans le ressort, 11 f. 75 c. — Et en outre par chaque inscription extraite, — Paris, 1 f. — Dans le ressort, 75 c. — Les copies de cet extrait et des inscriptions seront taxées comme les copies de pièces.

144. Il sera taxé aux avoués par chaque journée de campagne, à raison de cinq myriamètres pour un jour, lorsque leur présence sera autorisée par la loi, ou requise par leurs parties, y compris leurs frais de transport et de nourriture, — Paris, 50 f. — Dans le ressort, 22 f. 50 c.

145. Quand les parties seront domiciliées hors de l'arrondissement du tribunal, il sera passé à leurs avoués, pour frais de port de pièces et de correspondances, par chaque jugement définitif, — Paris, 10 f. — Dans le ressort, 7 f. 50 c. — Et par chaque interlocutoire, — Paris, 5 f. — Dans le ressort, 3 f. 75 c.

146. Lorsque les parties feront un voyage et qu'elles se seront présentées au greffe, assistées de leur avoué, pour y affirmer que le voyage a été fait dans la seule vue du procès, il leur sera alloué, quels que soient leur état et leur profession, pour frais de voyage, séjour et retour, 3 francs par chaque myriamètre de distance entre leur domicile et le tribunal où le procès sera pendant, et à l'avoué pour vacation au greffe, — Paris, 1 f. 50 c. — Dans le ressort, 1 f. 15 c. — Il ne sera passé en taxe qu'un seul voyage en première instance, et un seul en cause d'appel. La taxe pour la partie sera la même en l'un et l'autre cas. — Cependant, si la comparution d'une partie avait été ordonnée par jugement, et qu'en définitif les dépens lui fussent adjugés, il lui sera alloué, pour cet objet, une taxe égale à celle d'un témoin.

CHAPITRE III.
AVOUÉS DE LA COUR ROYALE DE PARIS.

147. Les émoluments des avoués de la cour royale seront taxés au même prix et dans la même forme que ceux des avoués du tribunal de première instance de Paris, avec une augmentation sur chaque espèce de droits ; savoir, dans les matières sommaires, du double, et, dans les matières ordinaires, du double pour le droit de consultation, ainsi que pour le port de pièces, lorsque les parties seront domiciliées hors de l'arrondissement du tribunal de première instance de Paris, et, pour les autres droits, d'une moitié seulement de ceux attribués aux avoués de première instance. — Néanmoins, dans les demandes de condamnation de frais d'un avoué contre sa partie, il ne sera alloué que moitié du droit ci dessus fixé pour les matières sommaires.

148. P. c., art. 457. 458, 459. Les frais des demandes à fin de défenses contre les jugemens mal à propos qualifiés en dernier ressort, ou dont l'exécution provisoire a été mal à propos ordonnée, hors les cas prévus par la loi, ainsi que ceux des demandes à fin d'exécution provisoire des jugemens non qualifiés ou mal à propos qualifiés en premier ressort, et de ceux qui n'auraient pas prononcé l'exécution provisoire dans les cas où elle devait l'être, seront liquidés comme en matière sommaire.

149. P. c., art. 809. Il en sera de même des frais faits sur les appels d'ordonnances des référés.

150. P. c., art. 858. Les requêtes en prise à partie, et celles de pourvoi contre un jugement qui a statué sur une demande en rectification d'un acte de l'état civil, quand il n'y a d'autre partie que le demandeur en rectification, seront taxées 15 f.

CHAPITRE IV.
DISPOSITIONS COMMUNES AUX AVOUÉS DES COURS ET DES TRIBUNAUX.

151. Tous les avoués seront tenus d'avoir un registre qui sera coté et paraphé par le président du tribunal auquel ils seront attachés, ou par des juges du siège qui sera par lui commis, sur lequel registre ils inscriront eux-mêmes, par ordre de date et sans aucun blanc, toutes les sommes qu'ils recevront de leurs parties. — Ils représenteront ce registre toutes les fois qu'ils en seront requis, et qu'ils formeront des demandes en condamna-

tion de frais : et faute de représentation ou de tenue régulière, ils seront déclarés non recevables dans leurs demandes. — Le tarif ne comprend que l'émolument net des avoués et autres officiers : les déboursés seront payés en outre. — Les officiers ne pourront exiger de plus forts droits que ceux énoncés au présent tarif, à peine de restitution, dommages et intérêts, et d'interdiction s'il y a lieu. — Il ne sera passé aux juges de paix, aux experts, aux avoués, aux notaires et à tous officiers ministériels que trois vacations par jour quand ils opéreront dans le lieu de leur résidence : deux par matinée, et une seule l'après dîner.

CHAPITRE V.
DES HUISSIERS-AUDIENCIERS.

§ 1er. Des Tribunaux de première Instance.

152. Pour chaque appel de cause sur le rôle et lors des jugemens par défaut, interlocutoires et définitifs, sans qu'il soit alloué aucun droit pour les jugemens préparatoires et de simples remises, — Paris, 50 c. — Tribunaux du ressort, 25 c.

153. Pour chaque publication du cahier des charges, dans toutes espèces de ventes, — Paris, 1 f. — Tribunaux du ressort, 75 c.

154. Pour la même publication, lors de l'adjudication préparatoire,— Paris, 5 f. — Tribunaux du ressort, 2 f. 25 c.

155. Pour la publication, lors de l'adjudication définitive, y compris les frais de bougies, que les huissiers disposeront et allumeront eux-mêmes, — Paris, 5 f. — Tribunaux du ressort, 5 f. 75 c.

156. Pour signification de toute espèce, d'avoué à avoué, sans aucune distinction à l'ordinaire, — Paris, 50 c. — Tribunaux du ressort, 25 c. — Pour signification extraordinaire, c'est-à-dire à une autre heure que celle où se font les significations ordinaires, suivant l'usage du tribunal, — Paris, 1 f.

Nota. Ces significations doivent être faites à heure datée, et à défaut de date, elles ne seront taxées que comme signification ordinaires ; elles ne sont passées en taxe, comme extraordinaires, qu'à Paris seulement.

Les huissiers-audienciers, quoiqu'ils soient commis pour faire des significations ou autres opérations, ne pourront exiger autres ni plus forts droits que les huissiers ordinaires : et ils seront obligés de se conformer à toutes les dispositions du Code, comme tous les autres huissiers : mais les frais de transport des huissiers de la cour royale, commis par elle, seront, dans ce cas, alloués suivant la taxe, quelle que soit la distance.

§ II. *Des Huissiers-Audienciers de la Cour royale de Paris.*

157. Pour l'appel des causes sur le rôle, ou lors des arrêts par défaut, interlocutoires et définitifs, à la charge d'envoyer des bulletins aux avoués pour toutes les remises de causes qui seront ordonnées, 1 f. 25 c. — Il ne sera passé aucun droit d'appel pour les simples remises de causes et les jugemens préparatoires.

158. Pour signification de toute espèce, d'avoué à avoué, sans aucune distinction, à l'ordinaire, 75 c. — A l'extraordinaire ou à heure datée, 1 f. 50 c.

CHAPITRE VI.

DES EXPERTS, DES DÉPOSITAIRES DE PIÈCES, ET DES TÉMOINS.

159. P. c., art. 320. Il sera taxé aux experts, par chaque vacation de trois heures, quand ils opèreront dans les lieux où ils sont domiciliés ou dans la distance de deux myriamètres ; savoir, dans le département de la Seine, — Pour les artisans ou laboureurs, 4 f. — Pour les architectes et autres artistes, 8 f. — Dans les autres départemens, —Aux artisans et laboureurs, 3 f. — Aux architectes et autres artistes, 6 f.

160. Au delà de deux myriamètres, il sera alloué par chaque myriamètre, pour frais de voyage et nourriture, aux architectes et autres artistes, soit pour aller, soit pour revenir, — A ceux de Paris, 6 f. — A

ceux des départemens, 4 f. 50 c.

161. Il leur sera alloué pendant leur séjour, à la charge de faire quatre vacations par jour, savoir : — A ceux de Paris, 32 f. — A ceux des départemens, 24 f.

Nota. La taxe sera réduite dans le cas où le nombre de quatre vacations n'aurait pas été employé.

S'il y a lieu à transport d'un laboureur au delà de deux myriamètres, il sera alloué 3 f. par myriamètre, pour aller, et autant pour le retour, sans néanmoins qu'il puisse rien être alloué au delà de cinq myriamètres.

162. Il sera encore alloué aux experts deux vacations ; l'une pour leur prestation de serment : l'autre pour le dépôt de leur rapport, indépendamment de leurs frais de transport, s'ils sont domiciliés à plus de deux myriamètres de distance du lieu où siège le tribunal ; il leur sera accordé par myriamètre, en ce cas, le cinquième de leur journée de campagne. — Au moyen de cette taxe, les experts ne pourront rien réclamer ni pour frais de voyage, ni de nourriture, ni pour s'être fait aider par des écrivains ou par des toiseurs et porte-chaines, ni sous quelque autre prétexte que ce soit ; ces frais, s'ils ont eu lieu, restent à leur charge. — Le président, en procédant à la taxe de leurs vacations, en réduira le nombre, s'il lui paraît excessif.

163. Il sera taxé aux experts en vérification d'écritures et en cas d'inscription de faux incident, par chaque vacation de trois heures, indépendamment de leurs frais de voyage, s'il y a lieu, — Paris, 8 f. — Tribunaux du ressort, 6 f.

164. P. c., art. 208 et 232. Il ne leur sera rien alloué pour prestation de serment, ni pour dépôt de leur procès verbal, attendu qu'ils doivent opérer en présence du juge ou du greffier, et que le tout est compris dans leurs vacations.

165. Il leur sera alloué pour frais de voyage, s'ils sont domiciliés à plus de deux myriamètres du lieu où se fait la vérification, — Paris, 32 f. — Tribunaux du ressort, 24 fr. — A raison de cinq myriamètres par journée, et au moyen de cette taxe, ils ne pourront rien réclamer pour frais de transport et de nourriture.

166. P. c., art. 201, 204, 205, 221, 225. Il sera taxé aux dépositaires qui devront représenter les pièces de comparaison en vérification d'écritures ou arguées de faux, en inscription de faux incident, indépendamment de leurs frais de voyage, par chaque vacation de trois heures devant le juge-commissaire ou le greffier, savoir :

1°. Aux greffiers, 1° des cours royales, 12 f.; 2° des cours d'assises, 12 f.; 3° des tribunaux de première instance, 10 f. — 2°. Aux notaires, 1° de Paris, 9 f.; 2° des départemens, 6 f. 75 c. — 3°. Aux avoués, 1° des cours royales, 8 f.; 2° des tribunaux de première instance, 6 f. — 4°. Aux huissiers, 1° de Paris, 5 f.; 2° des départemens, 4 f. — 5°. Aux autres fonctionnaires publics ou autres particuliers, s'ils le requièrent, 6 f.

167. Il sera taxé au témoin, à raison de son état et de sa profession, une journée pour sa déposition : et s'il n'a pas été entendu le premier jour pour lequel il aura été cité, dans le cas prévu par l'article 267, il lui sera passé deux journées, indépendamment des frais de voyage, si le témoin est domicilié à plus de deux myriamètres du lieu où se fait l'enquête. — Le *maximum* de la taxe du témoin sera de 10 f., et le *minimum*, 2 f. — Les frais de voyage sont fixés à 5 f. par myriamètre pour l'aller et retour.

CHAPITRE VII.
DES NOTAIRES.

I. 168. Il sera taxé aux notaires, pour tous les actes indiqués par le Code civil et par le Code judiciaire, — Pour chaque vacation de trois heures, — P. c., art. 849. 1° Aux compulsoires faits en leur étude. — 852. 2° Devant le juge, en cas que leur transport devant lui ait été requis. — C., art. 151, 152, 155 et 154. 3° A tout acte respectueux et formel, pour demander le conseil du père et de la mère, ou celui des aïeuls ou aïeules,

à l'effet de contracter mariage. — 279. 4° Aux inventaires contenant estimation des biens meubles et immeubles des époux qui veulent demander le divorce par consentement mutuel. — 281, 284 et 285. 5° Aux procès verbaux qu'ils doivent dresser de tout ce qui aura été dit et fait devant le juge, en cas de demande en divorce par consentement mutuel. — P. c., art. 941 et s. 6° Aux inventaires après décès. — 944. 7° En référé devant le président du tribunal, s'il s'élève des difficultés, ou s'il est formé des réquisitions pour l'administration de la communauté, ou de la succession, ou pour tous autres objets. — P. c., art. 977, 978, etc. 8° A tous les procès verbaux qu'ils dresseront en tous autres cas et dans lesquels ils seront tenus de constater le temps qu'ils y auront employé. — P. c., art. 977. 9° Au greffe pour y déposer la minute du procès verbal des difficultés élevées dans les partages, contenant les dires des parties. — Paris, 9 f. — Villes où il y a tribunal de première instance, 6 f. — Partout ailleurs, 4 f.

169. Dans tous les cas où il est alloué des vacations aux notaires, il ne leur sera rien passé pour les minutes de leurs procès verbaux.

II. 170. Quand les notaires seront obligés de se transporter à plus d'un myriamètre de leur résidence, indépendamment de leur journée, il leur sera alloué pour tous frais de voyage et nourriture, par chaque myriamètre, un cinquième de leurs vacations, et autant pour le retour. — Et par journée qui sera comptée à raison de cinq myriamètres, aussi pour l'aller et le retour, quatre vacations.

III. 171. Il sera passé aux notaires pour la formation des comptes que les copartageans peuvent se devoir de la masse générale de la succession, des lots et des fournissemens à faire à chacun des copartageans, une somme correspondante au nombre des vacations que le juge arbitrera avoir été employées à la confection de l'opération.

IV. 172. Les remises accordées aux avoués sur les prix des ventes d'immeubles, seront allouées aux notaires, dans le cas où les tribunaux renverront des ventes d'immeubles par-devant eux, mais sans distinction de celles dont le prix n'excèdera pas 2000 francs; et au moyen de cette remise, ils ne pourront rien exiger pour les minutes de leurs procès verbaux de publication et d'adjudication.

V. 173. Tous les autres actes du ministère des notaires, notamment les partages et ventes volontaires qui auront lieu par-devant eux, seront taxés par le président du tribunal de première instance de leur arrondissement, suivant leur nature et les difficultés que leur rédaction aura présentées, et sur les renseignemens qui leur seront fournis par les notaires et les parties.

VI. 174. Les expéditions de tous les actes reçus par les notaires, y compris celles des inventaires et de tous procès verbaux, contiendront vingt-cinq lignes à la page et quinze syllabes à la ligne, et leur seront payées par chaque rôle, — Paris, 3 f. Villes où il y a tribunal de première instance, 2 f. — Partout ailleurs, 1 f. 50 c.

VII. 175. C., art. 501. Les notaires seront tenus de prendre à leur chambre de discipline, et de faire afficher dans leurs études, l'extrait des jugemens qui auront prononcé des interdictions contre des particuliers, ou qui leur auront nommé des conseils, sans qu'il soit besoin de leur signifier les jugemens.

DÉCRET

RELATIF A LA LIQUIDATION DES DÉPENS EN MATIÈRE SOMMAIRE.

(Du 16 février 1807.)

Art. 1er. La liquidation des dépens en matière sommaire sera faite par les arrêts et jugemens qui les auront adjugés : à cet effet, l'avoué qui aura obtenu la condamnation remettra dans le jour, au greffier tenant la plume à l'audience, l'état des dépens adjugés : et la liquidation en sera insérée dans le dispositif de l'arrêt ou jugement.

2. Les dépens dans les matières ordinaires seront liquidés par un des juges qui aura assisté au jugement; mais le jugement pourra être expédié et délivré avant que la liquidation soit faite.

3. L'avoué qui requerra la taxe remettra au greffier l'état des dépens adjugés, avec les pièces justificatives.

4. Le juge chargé de liquider taxera chaque article en marge de l'état, sommera le total au bas, le signera, mettra le taxé sur chaque pièce justificative, et paraphera : l'état demeurera annexé aux qualités.

5. Le montant de la taxe sera porté au bas de l'état des dépens adjugés; il sera signé du juge qui y aura procédé et du greffier. Lorsque ce montant n'aura pas été compris dans l'expédition de l'arrêt ou jugement, il en sera délivré exécutoire par le greffier.

6. L'exécutoire ou le jugement au chef de la liquidation seront susceptibles d'opposition. L'opposition sera formée dans les trois jours de la signification à avoué avec citation; il y sera statué sommairement, et il ne pourra être interjeté appel de ce jugement que lorsqu'il y aura appel de quelques dispositions sur le fond.

7. Si la partie qui a obtenu l'arrêt ou le jugement néglige de le lever, l'autre partie fera une sommation de le lever dans les trois jours.

8. Faute de satisfaire à cette sommation, la partie qui aura succombé pourra lever une expédition du jugement, sans que les frais soient taxés; sauf à l'autre partie à les faire taxer dans la forme ci-dessus prescrite.

9. Les demandes des avoués et

autres officiers ministériels, en paiement de frais contre les parties pour lesquelles ils auront occupé ou instrumenté, seront portées à l'audience, sans qu'il soit besoin de citer en conciliation; il sera donné, en tête des assignations, copie du mémoire des frais réclamés.

TARIF DES FRAIS DE TAXE.

Il ne sera rien alloué aux avoués pour l'état des dépens adjugés en matière sommaire qu'ils doivent remettre aux greffiers, à l'effet d'en faire insérer la liquidation dans l'arrêt ou le jugement. — Pour chaque article entrant en taxe des dépens adjugés en matière ordinaire, il sera alloué 10 c. — Au moyen de cette taxe, il ne sera alloué à l'avoué aucune vacation à l'effet de remettre et retirer les pièces justificatives.

Nota. Il ne pourra être fait qu'un article pour chaque pièce de la procédure, tant pour l'avoir dressé que pour l'original, copie et signification, et tous les droits qui en résulient. — Chaque article sera divisé en deux parties : la première comprendra les déboursés, y compris le salaire des huissiers, et la seconde l'émolument net de l'avoué ; en conséquence, les états seront formés sur deux colonnes, l'une des déboursés, l'autre de l'émolument de l'avoué. — Pour la sommation à l'avoué de la partie qui a obtenu la condamnation de dépens de lever le jugement . — Paris, 1 f. —Dans le ressort, 75 c. — Et pour la copie, le quart. — Pour l'original de l'acte contenant opposition, soit à un exécutoire de dépens, soit au chef du jugement qui les a liquidés, avec sommation de comparaître à la chambre du conseil pour être statué sur ladite opposition,—Paris, 1 f.—Dans le ressort. 75 c. — Et pour chaque copie, le quart. — Pour assistance et plaidoirie à la chambre du conseil, — Paris, 7 f. 50 c. — Dans le ressort, les trois quarts. — Pour les qualités et signification à avoué du jugement qui interviendra, s'il n'y a qu'une partie, le tout ensemble, — Paris, 5 f. — Dans le ressort, 4 f. — S'il y a plusieurs avoués, pour chacune des autres copies tant des qualités que du jugement, —Paris, 1 f. —Dans le ressort, 75 c. — Il ne sera passé aucun droit pour la taxe des frais.

DÉCRET

QUI REND COMMUN A PLUSIEURS COURS D'APPEL ET TRIBUNAUX LE TARIF DES FRAIS ET DÉPENS DE CEUX DE PARIS, ET EN FIXE LA RÉDUCTION POUR LES AUTRES.

(Du 16 février 1807.)

Art. 1er. Le tarif des frais et dépens de la cour royale de Paris, décrété aujourd'hui, est rendu commun aux cours royales de Lyon, Bordeaux et Rouen. — Toutes les sommes portées en ce tarif seront réduites d'un dixième pour la taxe des frais et dépens dans les autres cours d'appel.

2. Le tarif des frais et dépens décrété pour le tribunal de première instance et pour les justices de paix établis à Paris, est rendu commun aux tribunaux de première instance et aux justices de paix établis à Lyon, Bordeaux et Rouen. — Toutes les sommes portées en ce tarif seront réduites d'un dixième dans la taxe des frais et dépens pour les tribunaux de pre-

mière instance et pour les justices de paix établis dans les villes où siège une cour d'appel, ou dans les villes dont la population excède trente mille âmes.

3. Dans tous les autres tribunaux de première instance et justices de paix du royaume, le tarif des frais et dépens sera le même que celui décrété pour les tribunaux de première instance et les justices de paix du ressort de la cour royale de Paris,

autres que ceux établis dans cette capitale.

4. Le tarif des frais de taxe, décrété également aujourd'hui pour le ressort de la cour royale de Paris, est aussi déclaré commun à tout le royaume : en conséquence, dans tous les chefs lieux de la cour royale, les droits de taxe seront perçus comme à Paris ; et partout ailleurs ils seront perçus comme dans le ressort de la cour royale de Paris.

CONSEIL D'ÉTAT.

EXTRAIT DES MINUTES DE LA SECRÉTAIRERIE D'ÉTAT.

(Séance du 16 février 1807.)

Avis du Conseil d'État sur l'instruction des Procès intentés devant et après le 1er janvier 1807.

(Séance du 6 janvier 1807.)

Le conseil d'État, qui, d'après le renvoi ordonné par S. M., a entendu le rapport de la section de législation sur celui du chancelier, concernant l'exécution de l'article 1041 du Code de procédure civile, — Vu ledit article ainsi conçu : — « Le présent «Code sera exécuté à dater du 1er «janvier 1807; en conséquence, tous «procès qui seront intentés depuis «cette époque seront instruits con-«formément à ses dispositions; toutes «lois, coutumes, usages et règlemens «relatifs à la procédure civile, sont «abrogés. » — Est d'avis que les seuls procès intentés depuis le 1er janvier 1807 doivent être instruits conformément aux dispositions du Code ; mais que l'on ne doit comprendre dans la classe des affaires antérieure-

ment intentées, ni les appels interjetés depuis l'époque du 1er janvier 1807, ni les saisies faites depuis, ni les ordres et contributions lorsque la réquisition d'ouverture du procès verbal est postérieure, ni les expropriations forcées, lorsque la procédure réglée par la loi du 11 brumaire an 7, a été entamée par l'apposition des affiche avant le 1er janvier 1807. Ces appels, saisies, contributions et affiches sont dans le fait le principe d'une nouvelle procédure qui s'introduit à la suite d'une précédente. Dans tous les autres cas, l'instruction des affaires entamées avant le 1er janvier 1807 doit être continuée conformément aux règlemens antérieurs au Code de procédure.

TARIF
EN MATIÈRE CRIMINELLE.

DÉCRET CONTENANT RÈGLEMENT POUR L'ADMINISTRATION DE LA JUSTICE EN MATIÈRE CRIMINELLE, DE POLICE CORRECTIONNELLE ET DE SIMPLE POLICE, ET TARIF GÉNÉRAL DES FRAIS.

(Du 18 juin 1811.)

Sur le rapport du ministre de la justice; — Vu les lois et règlemens concernant les frais de justice criminelle, et notamment la loi du 30 nivôse an 5, l'arrêté du gouvernement du 6 messidor an 6, les lois des 18 germinal an 7, 7 pluviôse an 9, 5 pluviôse an 13, le décret du 24 février 1806, et la loi du 5 septembre 1807; — Vu aussi le Code d'instruction criminelle, le Code pénal, la loi organique du 20 avril 1810, le décret du 6 juillet de la même année, et les décrets des 30 janvier et 2 février 1811; — Le conseil d'état entendu, le décret suivant a été rendu.

Dispositions préliminaires.

Art. 1er. L'administration de l'enregistrement continuera de faire l'avance des frais de justice criminelle, pour les actes et procédures qui seront ordonnés d'office ou à la requête du ministère public; sauf à poursuivre, ainsi que de droit, le recouvrement de ceux desdits frais qui ne sont point à la charge de l'état : le tout dans la forme et selon les règles établies par notre présente ordonnance.

2. Sont compris sous la dénomination de frais de justice criminelle, sans distinction des frais d'instruction et de poursuite en matière de police correctionnelle et de simple police, — 1º Les frais de translation des prévenus ou accusés : de transport des procédures et des objets pouvant servir à conviction ou à décharge; — 2º Les frais d'extradition des prévenus, accusés ou condamnés; — 3º Les honoraires et vacations des médecins, chirurgiens, sages-femmes, experts et interprètes; — 4º Les indemnités qui peuvent être accordées aux témoins et aux jurés; — 5º Les frais de garde de scellés, et ceux de mise en fourrière; — 6º Les droits d'expédition et autres alloués aux greffiers; — 7º Les salaires des huissiers; — 8º L'indemnité accordée aux officiers de justice dans le cas de transport sur le lieu du crime ou délit; — 9º Les frais de voyage et de séjour accordés à nos conseillers dans les cours royales, et à nos conseillers auditeurs délégués pour compléter le nombre des juges d'une cour d'assises ou spéciale, ainsi qu'aux officiers du ministère public, autres néanmoins que les substituts en service près les cours d'assises et spéciales hors du chef-lieu, à l'égard desquels il a été statué par l'article 10 du décret du 30 janvier 1811; — 10º Les frais de voyage et de séjour auxquels l'instruction des procédures peut donner lieu; — 11º Le port des lettres et paquets pour l'instruction criminelle; — 12º Les frais d'impression des arrêts, jugemens et ordonnances de justice; — 13º Les frais d'exécution des jugemens criminels, et les gages des exécuteurs; — 14º Les dépenses assimilées à celles de l'instruction des procès criminels, et qui résulteront, savoir, — Des procédures d'office pour l'interdiction; — Des poursuites d'office en matière civile; — Des inscriptions hypothécaires requises par le ministère public; — Du transport des greffes.

3. Ne sont point compris sous la

dénomination de frais de justice criminelle, — 1° Les honoraires des conseils ou défenseurs des accusés, même de ceux qui sont nommés d'office, non plus que les droits et honoraires des avoués, dans le cas où leur ministère serait employé ; — 2° Les indemnités de route des militaires en activité de service, appelés en témoignage devant quelques juges ou tribunaux que ce soit, et ce, conformément à l'article 69 de la loi du 28 germinal an 6, et à l'arrêté du gouvernement du 22 messidor an 5 : — 3° Les frais d'apposition des affiches d'arrêts, jugemens ou ordonnances de justice, lesquels continueront à être payés par les communes, ainsi qu'il résulte des articles 9 et 10 de l'arrêté du gouvernement du 27 brumaire an 6 ; — 4° Les frais d'inhumation des condamnés et de tous cadavres trouvés sur la voie publique, ou dans quelque autre lieu que ce soit, lesquels sont également à la charge des communes, aux termes de l'article 26 du décret du 25 prairial an 12 ; lors toutefois que les cadavres ne sont pas réclamés par les familles, et sauf le recours des communes contre les héritiers ; — 5° Les frais de translation des condamnés dans les bagnes, dans les maisons centrales de correction, etc., lesquels continueront d'être à la charge du ministère de l'intérieur, conformément à l'avis du conseil d'état du 10 janvier 1807, approuvé le 16 février suivant ; — 6° Les frais de conduite des mendians et vagabonds qui ne sont point traduits devant les tribunaux, lesquels continueront d'être à la charge du ministère de l'intérieur, conformément à l'avis du conseil d'état du 1er décembre 1807, approuvé le 11 janvier 1808 ; — 7° Les frais de translation de tous individus arrêtés par mesure de haute police, lesquels continueront à être payés par le ministère de la police, conformément au même avis ; — 8° Les frais de translation de tous condamnés évadés du lieu de leur détention, qui continueront à être supportés par les ministres de la guerre, de la marine, de l'intérieur et de la police, chacun en ce qui le concerne ; — 9° Les dépenses des prisons, maisons de correction, maisons de dépôt, d'arrêt et de justice, lesquelles resteront à la charge du ministère de l'intérieur, en vertu de la loi du 10 vendémiaire an 4, et de l'arrêté du gouvernement du 23 brumaire suivant ; — 10° Les frais de translation des déserteurs des armées de terre et de mer, qui sont à la charge des ministères de la guerre et de la marine ; — 11° Les dépenses occasionées par les poursuites intentées devant les tribunaux militaires ou maritimes, et les frais de procédures qui ont lieu devant les tribunaux ordinaires contre les conscrits réfractaires et les déserteurs, lesquels sont également à la charge des ministères de la guerre et de la marine, conformément aux articles 8 et 9 du décret du 8 juillet 1806 ; — 12° Toutes autres dépenses, de quelque nature qu'elles soient, qui n'ont pas pour objet la recherche, la poursuite et la punition de crimes, délits ou contraventions de la compétence, soit de la haute-cour, soit des cours royales, des cours d'assises ou spéciales, soit des tribunaux correctionnels ou de simple police, sauf les exceptions énoncées dans le titre 2 de notre présent décret.

TITRE PREMIER.

TARIF DES FRAIS.

CHAPITRE PREMIER.

DES FRAIS DE TRANSLATION DES PRÉVENUS OU ACCUSÉS, DU TRANSPORT DES PROCÉDURES, OU DES OBJETS POUVANT SERVIR A CONVICTION OU A DÉCHARGE.

4. Les prévenus ou accusés seront conduits à pied par la gendarmerie, de brigade en brigade : néanmoins ils pourront, si des circonstances extraordinaires l'exigent, être transférés, soit en voiture, soit à cheval, sur les réquisitions motivées de nos officiers de justice. — Les réquisitions seront rapportées en général, ou par copies dûment certifiées par les officiers qui donneront les ordres, à l'appui de chaque état ou mémoire de frais à

fournir par ceux qui auront fait le transport.

5. Lorsque la translation par voie extraordinaire sera ordonnée d'office ou demandée par le prévenu ou accusé, à cause de l'impossibilité où il se trouverait de faire ou de continuer le voyage à pied, cette impossibilité sera constatée par certificat de médecin ou de chirurgien. — Ce certificat sera mentionné dans la réquisition, et y demeurera joint.

6. Dans les cas d'exception ci-dessus, la translation des prévenus ou accusés sera faite par les entrepreneurs généraux des transports et convois militaires, et au prix de leur marché. — Dans les localités où le service des transports militaires ne sera point organisé, les réquisitions seront adressées aux officiers municipaux, qui y pourvoiront par les moyens ordinaires, et aux prix les plus modérés.

7. Les prévenus et accusés pourront toujours se faire transporter en voiture, à leurs frais, en se soumettant aux mesures de précaution que prescrira le magistrat qui aura ordonné la translation, ou le chef d'escorte chargé de l'exécuter.

8. La translation des prévenus ou accusés, soit dans l'intérieur de Paris, soit de Paris à Bicêtre et de Bicêtre à Paris, se fera toujours par voitures fermées et par un entrepreneur particulier, en vertu d'un marché passé par le préfet du département de la Seine, et qui ne pourra être exécuté qu'avec l'approbation de notre chancelier.

9. Les procédures et les effets pouvant servir à conviction ou à décharge, seront transportés par les gendarmes chargés de la conduite des prévenus ou accusés. — Si, à raison du poids ou du volume, ces objets ne peuvent être transportés par les gendarmes, ils le seront, d'après un ordre par écrit du magistrat qui ordonnera le transport, soit par les messageries, soit par les entrepreneurs des transports et convois militaires, soit par toute autre voie plus économique, sauf les précautions convenables pour la sûreté des objets.

10. Les alimens et autres secours in-dispensablement nécessaires aux prévenus ou accusés, pendant leur translation, leur seront fournis dans les prisons et maisons d'arrêt des lieux de la route. — Cette dépense ne sera point considérée comme faisant partie des frais généraux de justice : mais elle sera confondue dans la masse des dépenses ordinaires des prisons et maisons d'arrêt. — Dans les lieux où il n'y a point de prisons, les officiers municipaux feront faire la fourniture des alimens et autres objets, et le remboursement en sera fait aux fournisseurs comme frais généraux de justice.

11. Les gendarmes ne pourront accompagner les prévenus ou accusés au delà de la résidence d'une des brigades les plus voisines de celle dont ils feront eux-mêmes partie, sans un ordre exprès du capitaine commandant la gendarmerie du département.

12. Si, pour l'exécution d'ordres supérieurs relatifs à la translation des prévenus ou accusés, il est nécessaire d'employer des moyens extraordinaires de transport, tels que la poste, les diligences ou autres voies semblables, les frais de ce transport et autres dépenses que les gendarmes se trouvent obligés de faire en route, leur seront remboursés comme frais de justice criminelle, sur leurs mémoires détaillés, auxquels ils joindront les ordres qu'ils auront reçus, ainsi que des quittances particulières pour les dépenses de nature à être ainsi constatées. — Si les gendarmes n'ont pas de fonds suffisans pour faire les avances, il leur sera délivré un mandat provisoire de la somme présumée nécessaire, par le magistrat qui ordonnera le transport. — Il sera fait mention du montant de ce mandat sur l'ordre de transport. — A leur arrivée à leur destination, les gendarmes feront régler définitivement leur mémoire par le magistrat devant qui le prévenu devra comparaître. — Il ne sera alloué aux gendarmes aucuns frais de retour : ils recevront seulement l'indemnité prescrite par les articles 68 et 69 de la loi du 28 germinal an 6.

13. Lorsqu'en conformité des dis-

positions du Code d'Instruction criminelle sur le faux, et dans les cas prévus notamment par les articles 452 et 454, des dépositaires publics, tels que les greffiers, notaires, avoués et huissiers, seront tenus de se transporter au greffe ou devant un juge d'instruction, pour remettre des pièces arguées de faux ou des pièces de comparaison, il leur sera alloué, pour chaque vacation de trois heures, la même indemnité qui leur est accordée par l'article 166 du décret du 16 février 1807, relativement à l'inscription de faux incident. — Les dépositaires publics auront toujours le droit de faire en personne le transport et la remise des pièces, sans qu'on puisse les obliger à les confier à des tiers.

14. Les autres dépositaires particuliers recevront, pour le même objet, l'indemnité réglée par ledit article 166.

15. Dans les cas prévus par les deux articles précédens, les frais de voyage et de séjour des greffiers, notaires, avoués et dépositaires particuliers, seront réglés ainsi qu'il sera dit dans le chapitre 8 ci-après, pour les médecins, chirurgiens, etc. — Quant aux huissiers, on se conformera aux dispositions dudit chapitre 8 en ce qui les concerne.

CHAPITRE II.
DES HONORAIRES ET VACATIONS DES MÉDECINS, CHIRURGIENS, SAGES-FEMMES, EXPERTS ET INTERPRÈTES.

16. Les honoraires et vacations des médecins, chirurgiens, sages-femmes, experts et interprètes, à raison des opérations qu'ils feront, sur la réquisition de nos officiers de justice ou de police judiciaire, dans les cas prévus par les articles 43, 44, 148, 552 et 555 du Code d'Instruction criminelle, seront réglés ainsi qu'il suit :

17. Chaque médecin ou chirurgien recevra, savoir : 1° Pour chaque visite et rapport, y compris le premier pansement, s'il y a lieu, — Paris, 6 f. — Villes de quarante mille habitans et au-dessus, 5 f. — Autres villes et communes, 3 f. — 2° Pour les ouvertures de cadavres ou autres opérations plus difficiles que la simple visite, et en sus

des droits ci-dessus : — Paris, 9 f. — Villes de quarante mille habitans et au-dessus, 7 f. — Autres villes et communes, 5 f.

18. Les visites faites par les sages femmes seront payées, — Paris, 3 f. — Autres villes et communes, 2 f.

19. Outre les droits ci-dessus, le prix des fournitures nécessaires pour les opérations, sera remboursé.

20. Pour les frais d'exhumation des cadavres, on suivra les tarifs locaux.

21. Il ne sera rien alloué pour soins et traitemens administrés, soit après le premier pansement, soit après les visites ordonnées d'office.

22. Chaque expert ou interprète recevra, pour chaque vacation de trois heures, et pour chaque rapport, lorsqu'il sera fait par écrit, savoir : — Paris, 5 f. — Villes de quarante mille habitans et au-dessus, 4 f. — Autres villes et communes, 3 f. — Les vacations de nuit sont payées moitié en sus. — Il ne pourra être alloué, pour chaque journée, que deux vacations de jour et une de nuit.

23. Les traductions par écrit seront payées pour chaque rôle de trente lignes à la page et de seize à dix-huit syllabes à la ligne, savoir : — Paris, 1 f. 25 c. — Villes de quarante mille habitans et au-dessus, 1 f. — Autres villes et communes, 75 c.

24. Dans le cas de transport à plus de deux kilomètres de leur résidence, les médecins, chirurgiens, sages-femmes, experts et interprètes, outre la taxe ci-dessus fixée pour leurs vacations, seront indemnisés de leurs frais de voyage et séjour, de la manière déterminée dans le chapitre 8 ci-après.

25. Dans tous les cas où les médecins, chirurgiens, sages-femmes, experts et interprètes seront appelés, soit devant le juge d'instruction, soit aux débats, à raison de leurs déclarations, visites ou rapports, les indemnités dues pour cette comparution leur seront payées comme à des témoins, s'ils requièrent taxe.

CHAPITRE III.
DES INDEMNITÉS QUI PEUVENT ÊTRE ACCORDÉES AUX TÉMOINS ET AUX JURÉS.

26. Conformément à l'article 82

b du Code d'Instruction criminelle, les témoins entendus dans l'instruction et lors du jugement des affaires criminelles et de police, recevront, s'ils le demandent, une indemnité qui demeure réglée ainsi qu'il suit :

27. Pour chaque jour que le témoin aura été détourné de son travail ou de ses affaires, il pourra lui être taxé, savoir : — Paris, 2 f. — Villes de quarante mille habitans et au-dessus, 1 f. 50 c. — Autres villes et communes, 1 f.

28. Les témoins du sexe féminin, admis à déposer, et les enfans de l'un et de l'autre sexe au-dessous de l'âge de quinze ans, entendus par forme de déclaration, recevront, savoir : — Paris, 1 f. 25 c. — Villes de quarante mille habitans et au-dessus, 1 f.— Autres villes et communes, 75 c.

29. Les témoins qui comparaîtront en justice dans un état de maladie ou d'infirmité dûment constaté, auront droit au double de la taxe accordée aux témoins valides.

30. Si les témoins sont obligés de se transporter hors du lieu de leur résidence, il pourra leur être alloué des frais de voyage et de séjour, tels qu'ils seront réglés dans le chapitre 8 ci-après. — Audit cas, les frais de séjour, tels qu'ils seront fixés par le n° 2 de l'article 96 ci-après, leur tiendront lieu de la taxe déterminée dans les articles 27 et 28 ci-dessus.

31. Nos officiers de justice n'accorderont aucune taxe aux militaires en activité de service, lorsqu'ils seront appelés en témoignage. — Néanmoins, il pourra leur être accordée une indemnité pour leur séjour forcé hors de leur garnison ou cantonnement, en se conformant, pour les officiers de tout grade, à la fixation faite par le n° 2 de l'article 96 du présent décret, et en allouant la moitié seulement de ladite indemnité aux sous-officiers et soldats.

32. Tous les témoins qui reçoivent un traitement quelconque, à raison d'un service public, n'auront droit qu'au remboursement des frais de voyage, s'il y a lieu et s'ils le requièrent, sur le pied réglé dans le chapitre 8 ci-après.

33. Conformément à la loi du 5 pluviôse an 13, l'indemnité accordée aux témoins ne sera avancée par le trésor royal, qu'autant qu'ils auront été cités, soit à la requête du ministère public, soit en vertu d'ordonnance rendue d'office, dans les cas prévus par les articles 269 et 303 du Code d'Instruction criminelle.

34. Les témoins cités à la requête, soit des accusés, conformément à l'article 321 du Code d'Instruction criminelle, soit des parties civiles, conformément à la loi du 5 pluviôse an 13, recevront les indemnités ci-dessus déterminées : elles leur seront payées par ceux qui les auront appelés en témoignage.

35. Les jurés qui auront été obligés de se transporter à plus de deux kilomètres de leur résidence actuelle, pourront être remboursés des frais de voyage seulement, sur le pied réglé dans le chapitre 8 ci-après, si toutefois ils le requièrent : et il ne sera rien alloué pour toute autre cause que ce soit, à raison de leurs fonctions.

36. Nos officiers de justice énonceront, dans les mandats qu'ils délivreront au profit des témoins et des jurés, que la taxe a été requise.

CHAPITRE IV.
DES FRAIS DE GARDE DE SCELLÉS, ET DE CEUX DE MISE EN FOURRIÈRE.

37. Dans les cas prévus par les articles 16, 55, 57, 58, 89 et 90 du Code d'Instruction criminelle, il ne sera accordé de taxe, pour la garde des scellés, que lorsque le juge instructeur n'aura pas jugé à propos de confier cette garde à des habitans de la maison où les scellés auront été apposés. — Dans ce cas, il sera alloué, pour chaque jour, au gardien nommé d'office, savoir : — Paris, 2 f. 50 c. — Villes de quarante mille habitans et au-dessus, 2 f. — Autres villes et communes, 1 f.

38. En matière criminelle et correctionnelle, les femmes ne peuvent être constituées gardiennes des scellés, conformément à la loi du 6 vendémiaire an 5, qui recevra, quant à ce, son exécution.

39. Les animaux et tous objets pé-

rissables, pour quelques causes qu'ils aient été saisis, ne pourront rester en fourrière ou sous le séquestre plus de huit jours. — Après ce délai, la main-levée provisoire pourra en être accordée. — S'ils ne doivent ou ne peuvent être restitués, ils seront mis en vente, et les frais de fourrière seront prélevés sur le produit de la vente, par privilége et préférence à tous autres.

40. La main levée provisoire des animaux saisis et des objets périssables mis en séquestre, sera ordonnée par le juge de paix ou par le juge d'instruction, moyennant caution, et le paiement des frais de fourrière et de séquestre. — Si lesdits objets doivent être vendus, la vente sera ordonnée par les mêmes magistrats. — Cette vente sera faite à l'enchère, au marché le plus voisin, à la diligence de l'administration de l'enregistrement. — Le jour de la vente sera indiqué par affiches, vingt-quatre heures à l'avance, à moins que la modicité de l'objet ne détermine le magistrat à en ordonner la vente sans formalités; ce qu'il exprimera dans son ordonnance. — Le produit de la vente sera versé dans la caisse de l'administration de l'enregistrement, pour en être disposé ainsi qu'il en sera ordonné par le jugement définitif.

CHAPITRE V.
DES DROITS D'EXPÉDITION ET AUTRES ALLOUÉS AUX GREFFIERS.

41. Il est dû aux greffiers des cours royales, des tribunaux correctionnels et des tribunaux de police, suivant le cas, des droits d'expédition, des droits fixes et des indemnités, indépendamment du traitement fixe qui leur est accordé par nos décrets.

42. Les droits d'expédition sont dus pour tous les actes et pièces dont il est fait mention dans les articles du Code d'instruction criminelle, sous les numéros 51, 63, 65, 66, 68, 81, 86, 114, 117, 118, 120, 122, 123, 124, 125, 128, 129, 130, 131, 146, 155, 157, 158, 159, 160, 161, 188, 190, 192, 193, 248, 281, 300, 304, 305, 345, 358, 396, 397, 398, 415, 419, 452, 454, 455, 456, 465, 481, 568, 595 et 601.

43. Ces droits d'expédition ne sont dus que lorsque les expéditions sont demandées, soit par les parties qui en requièrent la délivrance à leurs frais, soit par le ministère public; dans ce dernier cas, le trésor royal en fait les avances, s'il n'y a pas de partie civile, ou si la partie est dans un état d'indigence dûment constaté. — Hors les cas ci-dessus, il n'est rien dû aux greffiers pour les actes sus-énoncés, lorsque les signification, notification ou communication en sont faites sur les minutes, ainsi qu'il sera dit ci-après.

44. Il n'est dû qu'un droit fixe aux greffiers pour les *extraits* qu'ils sont tenus de délivrer, en conformité des articles 198, 202, 417 et 472 du Code d'Instruction criminelle, et de l'article 56 du Code pénal.

45. Il leur est accordé une indemnité pour leur assistance aux actes désignés dans l'article 378 du Code d'Instruction criminelle, et pour l'accomplissement des formalités prescrites par l'article 83 du Code Civil.

46. L'expédition de l'acte d'écrou dont il est fait mention en l'article 421 du Code d'Instruction criminelle, sera payé comme *extrait* aux concierges des prisons, suivant la fixation qui sera faite dans l'article 50 ci-après.

47. En conformité de l'article 168 du Code d'Instruction criminelle, les droits d'expédition dus aux greffiers des maires, agissant comme juges de police, seront les mêmes que ceux des greffiers des autres tribunaux de police.

48. Les droits d'expédition dus aux greffiers des cours et tribunaux, sont fixés à 40 c. par rôle de vingt-huit lignes à la page, et de quatorze à seize syllabes à la ligne.

49. Les droits d'expédition pour chacune des copies du registre tenu par les greffiers, aux termes de l'article 600 du Code d'Instruction criminelle, qui doivent être adressées à notre chancelier et à notre ministre de la police générale, conformément à l'article 601 du même Code, sont fixées à 10 c. pour chaque article du registre.

50. Les droits fixés pour les extraits sont réglés à 60 c., quel que soit le nombre des rôles de chaque extrait. — En matière forestière, ces droits ne seront que de 25 c.

51. L'état de liquidation des frais et dépens sera dressé par le greffier, et les copies qu'il en délivrera lui seront payées à raison de 5 c. par article.

52. Lors des exécutions des arrêts criminels, le greffier de la cour, du tribunal ou de la justice de paix du lieu où se fera l'exécution, sera tenu d'y assister, d'en dresser procès verbal, et, dans le cas d'exécution à mort, il fera parvenir à l'officier de l'état civil, les renseignemens prescrits par le Code civil. — A cet effet le greffier se rendra, soit à l'hôtel de ville, soit dans une maison située sur la place publique où se fera l'exécution, et qui leur sera désignée par l'autorité administrative.

53. Il est alloué aux greffiers, pour tous droits d'assistance, transcription du procès verbal au bas de l'arrêt, et déclaration à l'officier de l'état civil, savoir : — 1° Pour les exécutions à mort, Paris, 20 f. — Villes de quarante mille habitans et au-dessus, 15 f. — Autres villes et communes, 10 f. — 2° Pour les exécutions par effigies et expositions, Paris, 10 f. — Villes de quarante mille habitans et au-dessus, 5 f. — Autres villes et communes, 3 fr.

54. Les accusés paieront au taux réglé par notre présent décret, les expéditions et copies qu'ils demanderont, outre celles qui leur seront délivrées gratuitement, aux termes de l'article 305 du Code d'Instruction criminelle.

55. Dans le cas de renvoi des accusés, soit devant un autre juge d'instruction, soit à une autre cour d'assises ou spéciale, il ne pourra leur être délivré, aux frais du trésor royal, de nouvelles copies des pièces dont ils auront déjà reçu une copie en exécution du susdit article 305.

56. En matière correctionnelle et de simple police, aucune expédition ou copie des pièces de la procédure ne pourra être délivrée aux parties sans une autorisation expresse de notre procureur général. — Mais il leur sera délivré sur leur seule demande, expédition de la plainte, de la dénonciation, des ordonnances et des jugemens définitifs. — Toutes ces expéditions seront à leurs frais.

57. Conformément à l'article 5 de notre décret du 24 février 1806, les greffiers ne délivreront aucune expédition ou copie susceptible d'être taxée par le rôle, ni aucun extrait, sans les avoir soumis à l'examen de nos procureurs, qui en feront prendre note sur un registre tenu au parquet. — Nos procureurs viseront, en outre, les expéditions.

58. Ne seront point insérés dans la rédaction des arrêts et jugemens les plaidoyers prononcés, soit par le ministère public, soit par les défenseurs des prévenus ou accusés ; mais seulement leurs conclusions.

59. Toutes les fois qu'une procédure en matière criminelle, de police correctionnelle, ou de simple police, devra être transmise à quelque cour ou tribunal que ce soit, ou à notre ministre de la justice ; la procédure et les pièces seront envoyées en minutes, sans en excepter aucune, à moins que notre ministre ne désigne des pièces pour n'être expédiées que par copies ou par extraits.

60. Dans tous les cas où il y aura envoi des pièces d'une procédure, le greffier sera tenu d'y joindre un inventaire qu'il dressera sans frais, ainsi qu'il est prescrit par l'article 423 du Code d'Instruction criminelle.

61. Ne seront expédiés, dans la forme exécutoire, que les arrêts, jugemens et ordonnances de justice que les parties ou le ministère public demanderont dans cette forme.

62. Toutes les fois que l'officier du ministère public aura pris une expédition d'un arrêt ou d'un jugement portant peine d'amende ou de confiscation, pour en poursuivre l'exécution en ce qui le concerne, il remettra cette expédition au préposé de l'enregistrement chargé du recouvrement des condamnations pécuniaires, pour tenir lieu de l'extrait dont la remise est ordonnée par les arrêts du

Gouvernement des 1er et 16 nivôse an 5. — Cette remise de l'expédition n'aura lieu que lorsque nos procureurs ou leurs substituts auront consommé tous les actes de leur ministère.

63. Il n'est rien alloué aux greffiers pour les écritures qu'ils sont tenus de faire sous la dictée ou l'inspection des magistrats, ni pour la minute d'aucun acte quelconque, non plus aussi que pour les simples renseignemens qui leur seront demandés par le ministère public pour être transmis à nos ministres.

64. Nous défendons très-expressément, aux greffiers et à leurs commis, d'exiger d'autres ou de plus forts droits que ceux qui leur sont attribués par notre présente ordonnance, soit à titre de prompte expédition, soit comme gratification, ni pour quelque cause et sous quelque prétexte que ce soit. — En cas de contravention, nous voulons qu'ils soient destitués de leurs emplois, et condamnés à une amende qui ne pourra être moindre de cinq cents francs, ni excéder six mille francs; sans préjudice toutefois, suivant la gravité des cas, de l'application des dispositions de l'article 174 du Code pénal. — Ordonnons à nos procureurs généraux et nos procureurs du roi, de dénoncer d'office, ou de poursuivre, sur la plainte des parties intéressées, les abus qui viendront à leur connaissance.

CHAPITRE VI.
DES SALAIRES DES HUISSIERS.

65. Le service des huissiers près de nos cours royales sera déterminé par une délibération prise en assemblée générale de la cour. — Tous les huissiers pourront être appelés indistinctement à faire le service civil et le service criminel, à tour de rôle. — Néanmoins, ceux des huissiers ci-devant attachés aux cours criminelles qui seront jugés les plus aptes à mettre le service criminel en activité, seront attachés de préférence, pendant les quatre années qui courront du jour de l'installation de chaque cour royale, au service des chambres criminelles de la cour, des cours d'assises et de la cour spéciale du chef-lieu.

66. Les cours royales pourront fixer le lieu de la résidence de tous huissiers de leur ressort, et la changer, sur la réquisition de notre procureur général. — Le service des huissiers des tribunaux de première instance sera réglé par une délibération de chaque tribunal pour son arrondissement.

67. Les huissiers n'ont aucun traitement fixe; il leur est seulement accordé des salaires à raison des actes confiés à leur ministère.

68. Les dispositions du décret du 17 mars 1809, concernant les huissiers attachés à la cour de justice criminelle du département de la Seine, continueront à être exécutées à l'égard des huissiers qui seront attachés au service criminel près notre cour royale de Paris, et ce, jusqu'à ce qu'il en soit autrement ordonné par nous.

69. En exécution de l'article 120 du décret du 6 juillet 1810, notre chancelier, après avoir pris l'avis de nos cours royales, qui lui transmettront leurs délibérations, nous présentera, d'ici au 1er janvier 1812, un rapport, — Sur l'organisation en communauté des huissiers résidant et exploitant dans chaque arrondissement communal; — Sur le nombre d'huissiers qui doivent être attachés au service des audiences de nos cours et tribunaux; — Sur les indemnités qu'il pourra y avoir lieu d'accorder aux huissiers-audienciers pour leur service particulier; — Sur les règlemens de police et de discipline nécessaires pour tous; — Et sur l'établissement d'une bourse commune entre tous les membres de chaque communauté d'arrondissement.

70. Lorsqu'il n'aura pas été délivré au ministère public des expéditions des actes ou jugemens à signifier, les significations seront faites par les huissiers, sur les minutes qui leur seront confiées par les greffiers, sous leur récépissé, à la charge par eux de les rétablir au greffe, dans les vingt-quatre heures qui suivront la signification, sous peine d'y être contraints par corps, en cas de retard. — Lors-

qu'un acte ou jugement aura été remis en expédition au ministère public, la signification sera faite sur cette expédition, sans qu'il en soit délivré une seconde pour cet objet. — Les copies de tous les actes, arrêts, jugemens et pièces à signifier, seront toujours faites par les huissiers ou par leurs scribes.

71. Les salaires des huissiers, pour tous les actes de leur ministère résultant du Code d'Instruction criminelle et du Code pénal, sont réglés et fixés ainsi qu'il suit : — 1° Pour toutes citations, significations, notifications, communications et mandats de comparution, dans les cas prévus par les articles 19, 34, 72, 81, 91, 97, 109, 114, 116, 117, 128, 129, 130, 131, 135, 145, 146, 149, 151, 155, 157, 158, 160, 172, 174, 177, 182, 185, 186, 187, 188, 190, 199, 203, 205, 212, 213, 214, 229, 230, 251, 242, 266, 269, 281, 292, 303, 321, 354, 355, 356, 358, 389, 394, 396, 397, 598, 415, 418, 421, 452, 454, 456, 466, 479, 487, 492, 500, 507, 517, 519, 528, 552, 558, 546, 547, 548 et 567 du Code d'Instruction criminelle, pour l'original seulement. Paris, 1 f. — Villes de quarante mille habitans et au-dessus, 75 c. — Autres villes et communes, 50 c. — 2° Pour chaque copie des actes ci-dessus désignés, Paris, 75 c. — Villes de quarante mille habitans et au-dessus, 60 c. — Autres villes et communes, 50 c. — 3° Pour l'exécution des mandats d'amener, dans les cas prévus par les articles 40, 61, 80, 91, 92, 237, 269, 355, 361 et 462, du Code d'Instruction criminelle, y compris l'exploit de signification et la copie, Paris, 8 f. —Villes de quarante mille habitans et au-dessus, 6 f. —Autres villes et communes, 5 f. — 4°. Pour l'exécution des mandats de dépôt, aux cas prévus par les articles 34, 40, 61, 80, 100, 195, 214, 237, 248 et 490 du Code d'Instruction criminelle, y compris l'exploit de signification et la copie, Paris, 5 f. — Villes de quarante mille habitans et au-dessus, 4 f. — Autres villes et communes, 3 f. — 5° Pour la capture de chaque prévenu, accusé ou condamné, en exécution d'un mandat d'arrêt, ordonnance de prise de corps, arrêt ou jugement quelconque emportant saisie de la personne, y compris l'exploit de signification, la copie et le procès-verbal de perquisition, lors même qu'il s'agirait de l'exécution d'un seul mandat d'arrêt, ordonnance de prise de corps, arrêt ou jugement qui concerneraient plusieurs individus, et dans les cas prévus par les articles 80, 94, 109, 110, 154, 167, 195, 214, 251, 252, 257, 259, 343, 355, 361, 452, 454, 456, 500 et 522 du Code d'Instruction criminelle, et par les article 46 et 51 du Code pénal, savoir : Paris, 21 f. — Villes de quarante mille habitans et au-dessus, 18 f. — Autres villes et communes, 15 f. — 6° Pour l'extraction de chaque prisonnier, sa conduite devant le juge, et sa réintégration dans la prison, Paris, 75 c. — Villes de quarante mille habitans et au-dessus, 60 c. — Autres villes et communes, 50 c. — 7° Pour le procès-verbal de perquisition, dont il est fait mention dans l'article 109 du Code d'Instruction criminelle, et qui n'est pas suivi de capture, y compris l'exploit de signification et la copie du mandat d'arrêt, de l'ordonnance de prise de corps, ou de l'arrêt ou jugement qui auront donné lieu à la perquisition, savoir : Paris, 6 f. — Villes de quarante mille habitans et au-dessus, 4 f. — Autres villes et communes, 3 f. — 8° Pour la publication à son de trompe ou de caisse, et les affiches de l'ordonnance, qui, aux termes des articles 465 et 466 du Code d'Instruction criminelle, doit être rendue et publiée contre les accusés contumax, y compris le procès-verbal de la publication ; savoir : Paris, 18 f. — Villes de quarante mille habitans et au-dessus, 15 f. — Autres villes et communes, 12 fr. — 9° Pour la lecture de l'arrêt de condamnation à mort, dont il est fait mention dans l'article 13 du Code pénal. — Paris, 30 f. — Villes de quarante mille habitans et au-dessus, 25 f. — Autres villes et communes, 15 f. — 10° Pour le salaire particulier des scribes employés pour les co-

pièce de tous les actes dont il est fait mention ci-dessus, et de toutes les autres pièces dont il doit être donné copie, et ce, pour chaque rôle d'écriture de trente lignes à la page et de dix-huit à vingt syllabes à la ligne, non compris le premier rôle, Paris, 50 c. — Villes de quarante mille habitans et au-dessus, 40 c. —Autres villes et communes, 50 c.— 11° Pour assistance à l'inscription de l'écrou, lorsque le prévenu se trouve déjà incarcéré, et pour la radiation de l'écrou dans tous les cas, Paris, 1 f. — Villes de quarante mille habitans et au-dessus, 75 c. — Autres villes et communes, 50 c.

72. Il ne sera alloué aucune taxe aux agens de la force publique, pour raison des citations, notifications et significations dont ils seront chargés par les officiers de police judiciaire et par le ministère public.

73. Si un mandat d'amener et un mandat de dépôt ont été décernés dans les mêmes vingt-quatre heures, contre le même individu et par le même magistrat, il n'y aura pas lieu de cumuler et d'allouer aux huissiers la taxe ci-dessus établie pour l'exécution des deux mandats; mais, audit cas, il leur sera alloué pour toute taxe, savoir : Paris, 10 f. — Villes de quarante mille habitans et au-dessus, 8 f. — Autres villes et communes, 6 f.

74. Lorsque des individus contre lesquels il aura été décerné des mandats d'arrêt et ordonnances de prise de corps, ou rendu des arrêts ou jugemens emportant saisie de la personne, se trouveront déjà arrêtés d'une manière quelconque, l'exécution des actes ci-dessus, à leur égard, ne sera payée aux huissiers qu'au taux réglé par le n° 1 de l'article 71, pour les citations, significations et notifications. — Il en sera de même pour l'exécution des mandats d'amener, lorsque l'individu se trouvera arrêté, lorsqu'il se sera présenté volontairement, ou qu'il n'aura pu être saisi.

75. Les huissiers ne dresseront un procès verbal de perquisition qu'en vertu d'un mandat d'arrêt, ordonnance de prise de corps, arrêt ou

jugement de condamnation à peine afflictive ou infamante, ou à l'emprisonnement.

76. Il ne sera payé, dans une même affaire, qu'un seul procès verbal pour chaque individu, quel que soit le nombre des perquisitions qui auront été faites dans la même commune.

77. Si, malgré les perquisitions faites par l'huissier, le prévenu, accusé ou condamné n'est point arrêté, une copie en forme du mandat d'arrêt, de l'ordonnance de prise de corps, de l'arrêt ou jugement de condamnation, sera adressée au commissaire général de police, à son défaut au commandant de la gendarmerie; et à Paris, au préfet de police. — Le préfet, les commissaires-généraux de police et les commandans de la gendarmerie donneront aussitôt à leurs subordonnés l'ordre d'assister les huissiers dans leurs recherches, et de les aider de leurs renseignemens. — Enjoignons aux agens de la force publique et de la police, de prêter aide et main-forte aux huissiers, toutes et quantes fois ils en seront par eux requis, et sans pouvoir en exiger aucune rétribution, à peine d'être poursuivis et punis suivant l'exigence des cas. — Néanmoins, lorsque des gendarmes ou agens de police, porteurs de mandemens de justice, viendront à découvrir, hors de la présence des huissiers, les prévenus, accusés ou condamnés, ils les arrêteront, et les conduiront devant le magistrat compétent; et, dans ce cas, le droit de capture leur sera dévolu.

78. Le salaire des recors sera toujours à la charge des huissiers qui les auront employés.

79. Il en sera de même des frais pour la publication à son de trompe ou de caisse, prescrite par l'article 466 du Code d'Instruction criminelle.

80. Lorsque lesdites publications et affiches se feront dans deux communes différentes, chacun des deux huissiers qui en seront chargés, ne recevra que la moitié de la taxe fixée par l'article 71, n° 8.

81. Les frais de voyage et de séjour des huissiers seront alloués, ainsi qu'il

sera dit dans le chapitre 8 ci après.

82. Notre chancelier fera dresser et parvenir à nos procureurs, des modèles des mémoires que les huissiers auront à fournir pour la répétition de leurs salaires ; et les huissiers seront tenus de s'y conformer exactement, sous peine de rejet de leurs mémoires.

83. Pour faciliter la vérification de la taxe des mémoires des huissiers, il sera tenu, au parquet de nos cours et tribunaux, un registre des actes de ces officiers ministériels: on y désignera sommairement chaque affaire: et en marge ou à la suite de cette désignation, on relatera, par ordre de dates, l'objet et la nature des diligences, à mesure qu'elles seront faites, ainsi que le montant du salaire qui y est affecté. — Nos procureurs examineront en même temps les écritures, afin de s'assurer qu'elles comprennent le nombre de lignes à la page et de syllabes à la ligne prescrit par l'article 71, n° 10, et ils réduiront au taux convenable le prix des écritures qui ne seraient pas dans les proportions établies par ledit article.

84. Nos procureurs et les juges d'instruction ne pourront user, si ce n'est pour causes graves, de la faculté qui leur est accordée par la loi du 6 pluviôse an 13, de charger un huissier d'instrumenter hors du canton de sa résidence : ils seront tenus d'énoncer ces causes dans leur mandement, lequel contiendra, en outre, le nom de l'huissier, la désignation du nombre et de la nature des actes, et l'indication du lieu où ils devront être mis à exécution. Le mandement sera toujours joint au mémoire de l'huissier.

85. Tout huissier qui refusera d'instrumenter dans une procédure suivie à la requête du ministère public, ou de faire le service auquel il est tenu près la cour ou le tribunal, et qui, après injonction à lui faite par l'officier compétent, persistera dans son refus, sera destitué, sans préjudice de tous dommages et intérêts, et des autres peines qu'il aura encourues.

86. Les dispositions de l'article 64 ci-dessus, sont communes aux huissiers, lesquels, en cas de contravention, seront poursuivis de la même manière par nos procureurs, et sous les mêmes peines.

CHAPITRE VII.
DU TRANSPORT DES MAGISTRATS.

87. Les frais de voyage et de séjour des conseillers des cours royales et des conseillers-auditeurs, délégués dans les cas prévus par les articles 19 et 21 du décret du 30 janvier 1811 seront payés aux taux réglés par ces mêmes articles.

88. Dans les cas prévus par les articles 32, 36, 43, 46, 47, 49, 50, 51, 52, 59, 60, 62, 83, 84, 87, 88, 90, 464, 488, 497, 511 et 616 du Code d'instruction criminelle, les juges et les officiers du ministère public recevront des indemnités ainsi qu'il suit : — S'ils se transportent à plus de cinq kilomètres de leur résidence, ils recevront, pour tous frais de voyage, de nourriture et de séjour, une indemnité de 9 f. par jour : — S'ils se transportent à plus de deux myriamètres, l'indemnité sera de 12 f. par jour.

89. L'indemnité du greffier ou commis assermenté qui accompagnera le juge ou l'officier du ministère public sera, — Dans le premier cas, de 6 f. par jour ; — Dans le second, de 8 f.

CHAPITRE VIII.
DES FRAIS DE VOYAGE ET DE SÉJOUR AUXQUELS L'INSTRUCTION DES PROCÉDURES PEUT DONNER LIEU.

90. Il est accordé des indemnités aux médecins, chirurgiens, sages-femmes, experts, interprètes, témoins, jurés, huissiers et gardes champêtres et forestiers, lorsqu'à raison des fonctions qu'ils doivent remplir, et notamment dans les cas prévus par les articles 20, 43 et 44 du Code d'Instruction criminelle, ils seront obligés de se transporter à plus de deux kilomètres de leur résidence, soit dans le canton, soit au delà.

91. Cette indemnité est fixée pour chaque myriamètre parcouru en allant et en revenant, savoir : — 1° Pour les médecins, chirurgiens, experts,

interprètes et jurés, à 2 f. 50 c. —
2° Pour les sages-femmes, témoins,
huissiers, gardes champêtres et forestiers, à 1 f. 50 c.

92. L'indemnité sera réglée par
myriamètre et demi-myriamètre. —
Les fractions de huit ou neuf kilomètres seront comptées pour un myriamètre, et celles de trois à sept kilomètres pour un demi-myriamètre.

93. Pour faciliter le règlement de
cette indemnité, les préfets feront
dresser un tableau des distances en
myriamètres et kilomètres, de chaque commune au chef-lieu du canton, au chef-lieu d'arrondissement, et
au chef-lieu de département. — Ce tableau sera déposé aux greffes des
cours royales, des tribunaux de première instance et des justices de paix,
et il sera transmis à notre chancelier.

94. L'indemnité de 2 f. 50 c. sera
portée à 3 f.; et celle de 1 f. 50 c. à
2 f., pendant les mois de novembre,
décembre, janvier et février.

95. Lorsque les individus dénommés ci-dessus seront arrêtés, dans le
cours du voyage, par force majeure,
ils recevront en indemnité, pour
chaque jour de séjour forcé, savoir :
— 1° Ceux de la première classe,
2 f. — 2° Ceux de la seconde, 1 f.
50 c. — Ils seront tenus de faire constater par le juge de paix ou ses suppléans, ou par le maire, ou, à son
défaut, par ses adjoints, la cause du
séjour forcé en route, et d'en représenter le certificat à l'appui de leur
demande en taxe.

96. Si les mêmes individus, autres
que les jurés, huissiers, gardes champêtres et forestiers, sont obligés de
prolonger leur séjour dans la ville où
se fera l'instruction de la procédure,
et qui ne sera point celle de leur résidence, il leur sera alloué, pour
chaque jour de séjour, une indemnité
fixée ainsi qu'il suit : — 1° Pour les
médecins, chirurgiens, experts et
interprètes, Paris, 4 f. — Villes
de quarante mille habitans et au-
dessus, 2 f. 50 c. — Autres villes et
communes, 2 f. — 2° Pour les sages-
femmes et témoins, Paris, 3 f. —
Villes de quarante mille habitans et

au-dessus, 2 f. — Autres villes et
communes, 1 f. 50 c.

97. La taxe des indemnités de
voyage et de séjour sera double pour
les enfans mâles au-dessous de l'âge
de quinze ans, et pour les filles au-
dessous de l'âge de vingt-un ans,
lorsqu'ils seront appelés en témoignage, et qu'ils seront accompagnés,
dans leur route ou séjour, par leurs
père, mère, tuteur ou curateur, à la
charge par ceux-ci de justifier de
leur qualité.

CHAPITRE IX.
DU PORT DES LETTRES ET PAQUETS.

98. Les états de crédit mentionnés
dans l'article 14 de l'arrêté du Gouvernement du 27 prairial an 8, relatif
à la franchise et au contre-seing, seront tenus à l'avenir, pour les fonctionnaires ci-après désignés, savoir :
— 1° Les premiers présidens des
cours royales ; — 2° Nos procureurs
généraux près les mêmes cours ; —
3° Les présidens des cours d'assises et
des cours spéciales ; — 4° Les substituts de nos procureurs généraux
près les cours d'assises et spéciales du
chef-lieu ; — 5° Nos procureurs près
les tribunaux de première instance ;
— 6° Les juges d'instruction ; —
7° Les juges de paix ; — 8° Les greffiers en chef des cours royales, et les
greffiers des tribunaux de première
instance.

99. Nos procureurs généraux jouiront en outre, dans le ressort de la
cour royale, du contre-seing et de la
franchise pour les lettres et paquets
qu'ils adresseront aux autorités constituées et aux fonctionnaires désignés
dans l'état annexé au règlement du
27 prairial an 8, et pour ceux qui
leur seront adressés des divers points
du ressort.

100. Les directeurs des postes sont
tenus de comprendre, dans lesdits
états de crédit, tous paquets ou lettres
que les fonctionnaires ci-dessus désignés jugeront nécessaires d'affranchir ou de charger pour tous autres
fonctionnaires publics quelconques.

101. Les paquets ou lettres avec
enveloppe, adressés aux greffiers, ne
seront par eux ouverts qu'au parquet,

en présence de nos procureurs ou d'un substitut, lesquels feront tenir, sur un registre particulier, une note indicative de chaque envoi, du lieu du départ, du montant de la taxe, et de l'affaire à laquelle l'envoi se rapportera. — Ce registre servira de contrôle aux états qui seront fournis chaque mois par les greffiers, ainsi qu'il sera dit ci-après.

102. À la fin de chaque mois, il sera fait des états de crédit, article par article, pour les paquets adressés aux premiers présidens, aux présidens des cours d'assises et des cours spéciales. Ces états, certifiés par eux, et par le directeur des postes, seront exécutoires de plein droit au profit du directeur des postes, après avoir été préalablement visés par le préfet. — Les états relatifs au crédit des autres fonctionnaires désignés dans l'article 98, seront certifiés par eux et par le directeur des postes, rendus exécutoires au profit du directeur des postes, par ordonnance du président de la cour ou du tribunal, et visés par le préfet.

103. Les fonctionnaires mentionnés dans l'article 98 pourront aussi employer, pour le transport de leurs dépêches, toutes autres voies qui leur paraîtront plus expéditives et plus économiques que celle de la poste, et particulièrement les messagers des préfectures, sous-préfectures ou autres.

CHAPITRE X.
DES FRAIS D'IMPRESSION.

104. Il ne sera payé des frais d'impression, sur les fonds généraux des frais de justice criminelle, que pour les objets suivans : — 1° Pour les extraits d'arrêts de condamnation à des peines afflictives ou infamantes, ainsi qu'il est dit dans l'article 36 du Code pénal; — 2° Pour les ordonnances portant nomination des présidens et assesseurs des cours d'assises, et les arrêts de convocation des cours d'assises et spéciales : le tout en conformité de la loi du 20 avril 1810, et du décret du 6 juillet suivant; — 3° Pour les signalemens des personnes à arrêter; — 4° Pour les états et mo-

dèles d'états relatifs au paiement, à la liquidation et au recouvrement des frais de justice; — 5° Pour les actes dont une loi ou un décret aura ordonné l'impression, et pour ceux dont notre chancelier jugera l'impression et la publication nécessaires par une décision spéciale.

105. Seront imprimés en placards tous les actes qui doivent être publiés et affichés, et ce, conformément au modèle que notre chancelier en fera dresser à notre imprimerie royale. — Ce modèle sera envoyé à nos procureurs près les cours et tribunaux. — Toutes impressions qui ne seront point conformes au modèle, seront rejetées.

106. Le nombre d'exemplaires des placards et des autres impressions sera déterminé par nos procureurs généraux, suivant les localités.

107. Les placards destinés à être affichés seront transmis aux maires, qui les feront apposer dans les lieux accoutumés.

108. Les cours royales et les tribunaux de première instance nommeront un imprimeur pour faire le service de la cour et du tribunal. — Nos procureurs généraux informeront notre chancelier du prix et des conditions des marchés qui seront faits avec les imprimeurs de la cour royale et des tribunaux du ressort.

109. Les épreuves de toutes les impressions seront adressées par les imprimeurs à nos procureurs près les cours et tribunaux, et la correction en sera faite au parquet. — Elles seront communiquées au conseiller-rapporteur et au président de chambre qui aura prononcé l'arrêt, lorsqu'ils le demanderont.

110. Il sera tenu note, au parquet, de toutes les impressions, à mesure qu'elles seront exécutées. — Deux exemplaires de chaque objet seront remis au parquet. — Deux seront adressés à notre chancelier.

111. Tous les trois mois, les imprimeurs fourniront leurs mémoires à nos procureurs, qui les feront vérifier. Ils joindront, à chaque article, un exemplaire de l'objet imprimé, comme pièce justificative. — Ces mémoi-

res seront rendus exécutoires par ordonnance des présidens de nos cours et tribunaux, sur les réquisitions du ministère public. — L'ordonnance contiendra l'indication des lois, des décrets ou des décisions de votre chancelier, en vertu desquels l'impression aura été ordonnée.

112. Les frais d'impression qui seront à la charge d'un juré condamné pour avoir manqué à ses fonctions, dans les cas prévus par les articles 396 et 398 du Code d'Instruction criminelle, seront les mêmes que ceux du marché passé pour les impressions de la cour ou du tribunal. — Auxdits cas, les frais d'affiches seront payés au prix d'usage dans chaque localité.

CHAPITRE XI.
DES FRAIS D'EXÉCUTION DES ARRÊTS.

113. Il sera fait, par notre chancelier, un réglement qui déterminera les dépenses nécessaires pour l'exécution des arrêts criminels, et réglera le mode de leur paiement. — Ce réglement sera adressé à nos procureurs près les cours et tribunaux, et aux préfets, pour le faire exécuter, chacun en ce qui le concerne.

114. La loi du 22 germinal an 4, relative à la réquisition des ouvriers pour les travaux nécessaires à l'exécution des jugemens, continuera d'être exécutée. — Les dispositions de la même loi seront observées dans le cas où il y aurait lieu de faire fournir un logement aux exécuteurs.

115. Les lois des 13 juin 1793, 3 frimaire et 22 floréal an 2, relatives au nombre, au placement, aux gages et à la nomination des exécuteurs et de leurs aides, continueront d'être exécutées.

116. Notre chancelier est autorisé à disposer, sur les fonds généraux des frais de justice, d'une somme de 36 mille francs par année, pour l'employer à donner, sur l'avis de nos procureurs et des préfets, des secours alimentaires aux exécuteurs infirmes ou sans emploi, à leurs veuves et à leurs enfans orphelins, jusqu'à l'âge de douze ans. — Au moyen de la présente disposition, tous les réglemens

antérieurs sur les secours accordés aux exécuteurs et à leurs familles sont abrogés.

TITRE II.
DES DÉPENSES ASSIMILÉES A CELLES DE L'INSTRUCTION DES PROCÈS CRIMINELS.

CHAPITRE PREMIER.
DE L'INTERDICTION D'OFFICE.

117. Indépendamment des poursuites qui seront dirigées contre ceux qui laissent divaguer des fous et des furieux, pour faire prononcer contre les délinquans les peines portées par les articles 471 et 479 du Code pénal, le ministère public, lorsque l'interdiction ne sera pas provoquée par les parens, la poursuivra d'office, nonseulement dans les cas de fureur, mais aussi dans les cas d'imbécillité et de démence, si l'individu n'a ni époux, ni épouse, ni parens connus, conformément à l'article 491 du Code civil.

118. Les frais de cette procédure seront avancés, par l'administration de l'enregistrement, sur le pied du tarif fixé par notre présent décret; et les actes auxquels cette procédure donnera lieu seront visés pour timbre et enregistrés en débet, conformément aux lois des 13 brumaire et 22 frimaire an 7.

119. Si l'interdit est solvable, les frais de l'interdiction seront à sa charge; et le recouvrement en sera poursuivi, avec privilége et préférence, sur ses biens, et en cas d'insuffisance, sur ceux de ses père, mère, époux ou épouse. — Ce privilége s'exercera conformément aux régles prescrites par la loi du 5 septembre 1807.

120. Si l'interdit et les parens désignés dans l'article précédent sont dans un état d'indigence dûment constaté par certificat du maire, visé et approuvé par le sous-préfet et par le préfet, il ne sera passé en taxe que les salaires des huissiers et l'indemnité due aux témoins non parens ni alliés de l'interdit.

CHAPITRE II.

DES POURSUITES D'OFFICE EN MATIÈRE CIVILE.

121. Les frais des actes et procédures faits sur la poursuite d'office du ministère public, dans les cas prévus par le Code civil, et notamment par les articles 50, 53, 81, 184, 191 et 192, relativement aux actes de l'état civil, seront payés, taxés et recouvrés, ainsi qu'il est dit dans le chapitre précédent.

122. Il en sera de même lorsque le ministère public poursuivra d'office les rectifications des actes de l'état civil, en conformité de l'avis du Conseil d'État du 12 brumaire an 11 ; comme aussi au sujet des poursuites faites en conformité de la loi du 25 ventôse an 11, sur le notariat, et généralement dans tous les cas où le ministère public agit dans l'intérêt de la loi et pour assurer son exécution.

123. Il n'est point dérogé, par les précédentes dispositions, à celles du décret du 12 juillet 1807, concernant les droits à percevoir par les officiers de l'état civil.

CHAPITRE III.

DES INSCRIPTIONS HYPOTHÉCAIRES REQUISES PAR LE MINISTÈRE PUBLIC.

124. Les frais d'inscription hypothécaire, lorsqu'elle sera requise par le ministère public, en conformité de l'article 121 du Code d'Instruction criminelle, seront avancés par l'administration de l'enregistrement, laquelle en sera remboursée sur les biens des condamnés, dans les cas et aux formes de droit.

125. Il en sera de même dans tous les cas où le ministère public est tenu, conformément à la loi et aux décrets, de prendre des inscriptions d'office, dans l'intérêt des femmes, des mineurs, du trésor royal, etc., etc.

CHAPITRE IV.

DU RECOUVREMENT DES AMENDES ET CAUTIONNEMENS.

126. Les frais des recouvremens des amendes prononcées dans les cas prévus par le Code d'Instruction criminelle et par le Code pénal, seront taxés conformément au tarif réglé par les décrets du 16 février 1807, pour la procédure civile. — L'avance de ces frais ne sera point imputée, par l'administration de l'enregistrement, sur les fonds généraux des frais de justice criminelle : elle s'en remboursera, suivant les formes de droit, sur les parties condamnées. — En cas d'insolvabilité des condamnés, les frais de poursuite seront alloués à l'administration, dans ses comptes, en conformité de l'article 66 de la loi du 22 frimaire an 7.

127. Il en sera de même pour le recouvrement des cautionnemens fournis à l'effet d'obtenir la liberté provisoire des prévenus, et dans les cas prévus par les articles 122 et 125 du Code d'Instruction criminelle.

128. La même disposition est applicable, quant à la taxe, aux poursuites faites par les cautions, à l'effet d'obtenir les restitutions, dans les cas de droit, des sommes déposées dans la caisse de l'administration de l'enregistrement, aux termes de l'article 117 du Code d'Instruction criminelle.

CHAPITRE V.

DU TRANSPORT DES GREFFES.

129. Lorsqu'il y aura lieu au déplacement des registres, minutes, et autres papiers d'un greffe, les frais d'emballage et de transport seront acquittés comme frais généraux de justice, avec les formalités prescrites par notre présent décret.

130. Dans les cas prévus ci-dessus, il sera dressé sans frais, par le greffier, et, à son défaut, par le juge de paix, un bref état des registres et papiers à transporter. — La décharge au transport sera donnée au bas de cet état.

131. Le mode et les frais du transport seront réglés par le préfet ou le sous-préfet de l'arrondissement, et une copie du marché sera envoyée à notre chancelier. — Ces marchés ne seront soumis à l'enregistrement que pour le droit fixe d'un franc.

TITRE III.

DU PAIEMENT ET RECOUVREMENT DES FRAIS DE JUSTICE CRIMINELLE.

CHAPITRE PREMIER.

DU MODE DE PAIEMENT.

132. Le mode de paiement des frais diffère suivant leur nature et leur urgence ; il est réglé ainsi qu'il suit.

133. Les frais urgens seront acquittés sur simple taxe et mandat du juge, mis au bas des réquisitions, copies de convocations ou de citations, états ou mémoires des parties.

134. Sont réputés frais urgens, — 1° Les indemnités des témoins et des jurés ; — 2°. Toutes dépenses relatives à des fournitures ou opérations pour lesquelles les parties prenantes ne sont pas habituellement employées; — 3° Les frais d'extradition des prévenus, accusés ou condamnés.

135. Lorsqu'un témoin se trouvera hors d'état de fournir aux frais de son déplacement, il lui sera délivré, par le président de la cour ou du tribunal du lieu de sa résidence, et à son défaut par le juge de paix, un mandat provisoire, à compte de ce qui pourra lui revenir pour son indemnité. — Le receveur de l'enregistrement qui acquittera ce mandat fera mention de l'à-compte, en marge ou au bas de la copie de la citation.

136. Dans le cas où l'instruction d'une procédure criminelle exigerait des dépenses extraordinaires et non prévues par notre présent décret, elles ne pourront être faites qu'avec l'autorisation motivée de nos procureurs généraux, sous leur responsabilité personnelle, et à la charge par eux d'en informer, sans délai, notre chancelier.

137. Au commencement de chaque trimestre, les receveurs de l'enregistrement réuniront en un seul état, sur papier libre, tous les frais urgens qu'ils auront acquittés pendant le trimestre précédent, pour ledit état être revêtu des formalités de l'exécu-

toire et du *visa* dont il sera parlé ci-après.

138. Les dépenses non réputées urgentes seront payées sur les états ou mémoires des parties prenantes, revêtus de la taxe et de l'exécutoire du juge, et du *visa* du préfet du département.

139. Les états ou mémoires seront taxés article par article, et l'exécutoire sera délivré à la suite, le tout dans la forme qui sera prescrite par notre chancelier. — La taxe de chaque article rappellera la disposition du présent décret sur laquelle elle sera fondée.

140. Les formalités de la taxe et de l'exécutoire seront remplies, sans frais, par les présidens, les juges d'instruction et les juges de paix, chacun en ce qui le concerne. — L'exécutoire sera décerné sur les réquisitions de l'officier du ministère public, lequel signera la minute de l'ordonnance.

141. Les juges qui auront décerné les mandats ou exécutoire, et les officiers du ministère public qui y auront apposé leur signature, seront responsables de tout abus ou exagération dans les taxes, solidairement avec les parties prenantes, et sauf leur recours contre elle.

142. Les présidens et les juges d'instruction ne pourront refuser de taxer et de rendre exécutoires, s'il y a lieu, des états ou mémoires de frais de justice criminelle, par la seule raison que ces frais n'auraient pas été faits par leur ordre direct, pourvu toutefois qu'ils aient été faits en vertu des ordres d'une autorité compétente, dans le ressort de la cour ou tribunal que ces juges président, ou dont ils sont membres.

143. Les états ou mémoires taxés et rendus exécutoires, ainsi qu'il est dit dans les articles précédens, seront vérifiés par le préfet du département, qui apposera son *visa*, sans frais, au bas de l'exécutoire ; le tout dans la forme qui sera indiquée par notre chancelier.

144. Les états ou mémoires seront dressés de manière que nos officiers de justice et les préfets puissent y apposer leurs taxes, exécutoires, règle-

ment et *visa* ; autrement ils seront rejetés , ainsi que les mémoires de greffiers ou d'huissiers qui ne seraient point conformes aux modèles arrêtés par notre chancelier, comme il est dit dans l'article 82 ci-dessus.

145. Il sera fait, de chaque état ou mémoire , trois expéditions, dont une sur papier timbré, et deux sur papier libre. — Chacune de ces expéditions sera revêtue de la taxe ou de l'exécutoire du juge , et du *visa* du préfet. — La première sera remise au payeur, avec les pièces au soutien des articles susceptibles d'être ainsi justifiés. — Le prix du timbre , tant de l'état ou mémoires que des pièces à l'appui, est à la charge de la partie prenante. — L'une des expéditions sur papier libre restera déposée aux archives de la préfecture ; — L'autre sera transmise à notre chancelier , avec l'état du trimestre dont il sera parlé ci-après.

146. Les états ou mémoires qui ne s'élèveront pas à plus de 10 f. ne seront point sujets à la formalité du timbre.

147. Aucun état ou mémoire fait au nom de deux ou plusieurs parties prenantes ne sera rendu exécutoire , s'il n'est signé de chacune d'elles : le paiement ne pourra être fait que sur leur acquit individuel, ou sur celui de la personne qu'elles auront autorisée spécialement, et par écrit, à toucher le montant de l'état ou mémoire. — Cette autorisation et l'acquit seront mis au bas de l'état, et ne donneront lieu à la perception d'aucun droit.

148. Les états ou mémoires qui comprendraient des dépenses autres que celles qui , d'après notre présent décret , doivent être payées sur les fonds généraux des frais de justice, seront rejetés de la taxe et du *visa*, sauf aux parties réclamantes à diviser leurs mémoires par nature de dépenses, pour le montant en être acquitté par qui de droit.

149. Les exécutoires qui n'auront pas été présentés au *visa* du préfet dans le délai d'une année, à compter de l'époque à laquelle les frais auront été faits , ou dont le paiement n'aura pas été réclamé dans les six mois de la date du *visa*, ne pourront être acquittés qu'autant qu'il sera justifié que les retards ne sont point imputables à la partie dénommée dans l'exécutoire. — Cette justification ne pourra être admise que par notre chancelier, après avoir pris l'avis de nos procureurs généraux, ou des préfets , s'il y a lieu.

150. Les frais d'extradition des prévenus , accusés ou condamnés, seront acquittés sur simple mandat du préfet le plus voisin du lieu où se fera l'extradition , d'après les états de dépense dûment certifiés par les autorités compétentes. Ces états demeureront joints aux mandats des préfets.

151. Les gages des exécuteurs criminels et de leurs aides seront payés , par mois ou par trimestre, sur simples mandats des préfets.

152. Les préfets ne délivreront leurs mandats et n'apposeront leur *visa* sur les exécutoires, que d'après les règles établies par notre présent décret , et après une exacte vérification de chacun des articles de dépense portés dans les états ou mémoires. — Ils réduiront au taux convenable les sommes qui surpasseraient les fixations faites par les décrets, et les articles non tarifés qui leur paraîtraient exagérés. — Ils rejetteront en totalité les dépenses non autorisées ou non suffisamment justifiées et celles dont la taxe ne rappellerait pas l'article qui l'autorise, ainsi qu'il est dit dans l'art. 139 ci-dessus. — Ils pourront exiger la représentation des pièces , à l'effet de vérifier les taxes soumises à leur révision.

153. Le secrétaire général de l'administration de l'enregistrement à Paris , et les directeurs de cette administration dans les départemens , ne pourront refuser leur *visa* sur les mandats ou exécutoires qui auront été délivrés conformément aux dispositions du présent décret, si ce n'est dans les cas suivans : — 1° S'il existe des saisies ou oppositions au préjudice des parties prenantes, ainsi qu'il est dit dans le décret du 15 pluviôse an 13; — 2° Si ces mandats ou exécutoires comprennent des dépenses autres que celle dont l'administration de l'enregistrement est chargée de faire l'avance

sur les crédits ouverts à notre chancelier. — Dans ces deux cas, le secrétaire général et les directeurs de l'administration feront mention, en marge ou au bas des mandats ou exécutoires, des motifs de leur refus de les
viser.

154. Les mandats et exécutoires
délivrés pour les causes et dans les
formes déterminées par notre présent
décret seront payables chez les receveurs établis près le tribunal de qui
ils émaneront.

155. Les greffiers et les huissiers ne
pourront réclamer directement des
parties le paiement des droits qui leur
sont attribués.

CHAPITRE II.

DE LA LIQUIDATION ET DU RECOUVREMENT
DES FRAIS.

156. La condamnation aux frais sera prononcée, dans toutes les procédures, *solidairement* contre tous les
auteurs et complices du même fait,
contre les personnes civilement responsables du délit.

157. Ceux qui se seront constitués parties civiles, soit qu'ils succombent ou
non, seront personnellement tenus des
frais d'instruction, expédition et signification des jugemens, sauf leur recours contre les prévenus ou accusés
qui seront condamnés, et contre les
personnes civilement responsables du
délit.

158. Sont assimilés aux parties civiles, — 1° Toute régie ou administra-
tration publique, relativement aux
procès suivis, soit à sa requête, soit
même d'office et dans son intérêt ;
2° Les communes et les établissemens
publics, dans les procès instruits, ou
à leur requête, ou même d'office,
pour crimes ou délits commis contre
leurs propriétés.

159. Toutes les fois qu'il y aura
partie civile en cause, et qu'elle n'aura pas justifié de son indigence dans la
forme prescrite par l'article 420 du
Code d'Instruction criminelle, les
exécutoires pour les frais d'instruction, expédition et signification des
jugemens, pourront être décernés directement contre elle.

160. En matière de police simple
ou correctionnelle, la partie civile qui
n'aura pas justifié de son indigence
sera tenue, avant toutes poursuites,
de déposer au greffe ou entre les
mains du receveur de l'enregistrement, la somme présumée nécessaire
pour les frais de la procédure. — Il
ne sera exigé aucune rétribution pour
la garde de ce dépôt, à peine de concussion.

161. Dans les exécutoires décernés
sur les caisses de l'administration de
l'enregistrement, pour des faits qui
ne sont point à la charge de l'État, il
sera fait mention qu'il n'y a point de
partie civile en cause, ou que la partie civile a justifié de son indigence.

162. Sont déclarés, dans tous les
cas, à la charge de l'État, et sans recours envers les condamnés, — 1° Les
frais de voyage des conseillers de nos
cours royales et des conseillers-auditeurs qui seront délégués aux cours
d'assises ou spéciales ; — 2° L'indemnité des jurés pour leur déplacement ;
— 3° Toutes les dépenses pour l'exécution des arrêts criminels.

163. Il sera dressé, pour chaque
affaire criminelle, correctionnelle ou
de simple police, un état de liquidation des frais autres que ceux qui
sont mentionnés dans l'article précédent ; et lorsque cette liquidation
n'aura pu être insérée, soit dans l'ordonnance de mise en liberté, soit dans
l'arrêt ou le jugement de condamnation, d'absolution ou d'acquittement,
le juge compétent décernera exécutoire contre qui de droit, au bas dudit état de liquidation.

164. Le greffier remettra, dans le
plus court délai, au préposé de l'administration de l'enregistrement chargé du recouvrement, un extrait de
l'ordonnance, arrêt ou jugement,
pour ce qui concerne la liquidation
et la condamnation au remboursement des frais, ou une copie de l'état
de liquidation rendu exécutoire, ainsi
qu'il est dit dans l'article précédent.
— Il en transmettra un double à notre chancelier, pour servir à la vérification de l'état de trimestre dont il
sera parlé ci-après.

165. Les préfets inscriront sur un

registre particulier sommairement et par ordre de dates et de numéros, les mandats qu'ils délivreront en vertu de notre présent décret, ainsi que les *visa* qu'ils apposeront sur les états ou mémoires, avec indication du nombre et de la nature des pièces produites au soutien. — Ils porteront le numéro de l'inscription, tant sur les mandats que sur les trois expéditions desdits états ou mémoires, et sur chacune des pièces produites à l'appui ; ces pièces seront, en outre, cotées par première et dernière.

166. Dans la première quinzaine de chaque trimestre, les préfets adresseront à notre chancelier, un état relevé sur le registre mentionné dans l'article précédent, et conforme au modèle arrêté par ce ministre ; ils y joindront les doubles des états ou mémoires qu'ils auront visés pendant le trimestre expiré.

167. Dans la première quinzaine du second mois de chaque trimestre, les directeurs de l'administration de l'enregistrement adresseront au directeur-général de cette administration, un état conforme au modèle arrêté par notre chancelier, avec les mandats et exécutoires que les receveurs de leur arrondissement auront acquittés pendant le trimestre précédent. — Ces mandats et exécutoires seront accompagnés des originaux des pièces justificatives.

168. Le directeur-général de l'administration de l'enregistrement fera parvenir à notre chancelier, dans les trois mois au plus tard, après l'expiration de chaque trimestre, un état général conforme au modèle arrêté par ce ministre, auquel état seront joints les états particuliers des directeurs, ainsi que les mandats et exécutoires accompagnés des originaux des pièces justificatives.

169. Notre chancelier fera procéder à la vérification de l'état général qui lui aura été adressé ; — Il l'arrêtera à la somme totale des paiemens qui lui paraîtront avoir été régulièrement faits. — Il délivrera du montant une ordonnance au profit de l'administration de l'enregistrement ; le tout sans préjudice des restitutions qu'il pourrait y avoir lieu d'ordonner ultérieurement.

170. Cette ordonnance sera remise, avec l'état général ci-dessus mentionné et les pièces à l'appui, par l'administration de l'enregistrement, à notre ministre du trésor royal, lequel délivrera, en échange, un récépissé admissible dans les comptes de cette administration.

171. Notre chancelier pourra, lorsqu'il le croira convenable, envoyer des inspecteurs pour visiter les greffes et y faire toutes vérifications relatives aux frais de justice.

172. Toutes les fois que notre chancelier reconnaîtra que des sommes ont été indûment allouées à titre de frais de justice criminelle, il en fera adresser des rôles de restitution, lesquels seront par lui déclarés exécutoires contre qui de droit, lors même que ces sommes se trouveraient comprises dans des états déjà ordonnancés par lui ; pourvu néanmoins qu'il ne se soit pas écoulé plus de deux ans depuis la date de ces ordonnances.

173. Si, dans les états de frais urgens dressés par les receveurs de l'enregistrement, les préfets trouvent qu'il y ait abus ou surtaxe, ils dresseront, du montant des sommes qu'ils ne croiront pas légitimement allouées, des rôles de restitution conformes au modèle arrêté par notre chancelier, et ils les adresseront à ce ministre, pour être par lui déclarés exécutoires, s'il y a lieu.

174. Le recouvrement des frais de justice avancés par l'administration de l'enregistrement, conformément aux dispositions du présent décret, et, qui ne sont point à la charge de l'État, ainsi que les restitutions ordonnées par notre chancelier, en exécution des deux articles précédens, seront poursuivis par toutes voies de droit, et même par celle de la contrainte par corps, à la diligence des préposés de ladite administration, en vertu des exécutoires mentionnés aux articles ci-dessus.

175. Pour l'exécution de la contrainte par corps dans les cas ci-dessus prévus, il suffira de donner copie au débiteur, en tête du commandement

à lui signifié, — 1° Du rôle ou des articles du rôle sur lesquels sera intervenue l'ordonnance du recouvrement; — 2° De l'ordonnance de notre chancelier, portant restitution de la somme à recouvrer en ce qui concernera le débiteur contraint.

176. Les huissiers préposés pour les actes relatifs au recouvrement, pourront recevoir les sommes dont les parties offriront de se libérer dans leurs mains; à la charge par eux d'en faire mention sur leurs répertoires, et de les verser immédiatement dans la caisse du receveur de l'enregistrement, à peine d'être poursuivis et punis conformément aux articles 169, 171 et 172 du Code pénal, s'ils sont en retard de plus de trois jours.

177. L'administration de l'enregistrement rendra compte des recouvremens effectués, de la même manière que de ses autres recettes. — En cas d'insolvabilité des parties contre lesquelles seront décernés les exécutoires, les receveurs seront déchargés des recouvremens qui concerneront ces parties, en justifiant de leurs diligences, et en rapportant des certificats d'indigence légalement délivrés; sans préjudice toutefois des poursuites qui pourront être exercées dans le cas où lesdites parties deviendraient solvables.

178. Dans le courant de chaque trimestre, l'administration de l'enregistrement remettra à notre chancelier des états de situation des recouvremens du trimestre précédent, dressés dans la forme qui sera par lui déterminée. — A la fin de chaque trimestre ou de chaque exercice, le montant des sommes recouvrées sera compensé, jusqu'à due concurrence, avec les avances faites par l'administration, pendant le même exercice, pour frais généraux de justice, et il en sera fait déduction dans ses comptes.

179. Notre chancelier nous présentera, chaque année, un bordereau général, tant des ordonnances qu'il aura délivrées pour frais de justice, que des sommes qui auront été recouvrées par l'administration de l'enregistrement sur le montant de ces ordonnances.

TITRE IV.

DES FRAIS DE JUSTICE DEVANT LA HAUTE-COUR, LES COURS PRÉVÔTALES ET LES TRIBUNAUX DES DOUANES.

CHAPITRE PREMIER.
DE LA HAUTE-COUR.

180. Notre grand-procureur-général près la haute-cour taxera lui-même, selon les règles établies par le présent décret, les frais des procédures instruites par notre dite cour.

181. Il réglera les dépenses du parquet et du greffe auxquelles donneront lieu les formes particulières de procéder de la haute-cour.

182. Il proposera, et notre chancelier déterminera les frais de voyage et de séjour des magistrats du parquet, lorsqu'ils seront forcés de se déplacer pour le service de la haute-cour.

183. Les dispositions du décret du 17 mars 1808 seront applicables aux huissiers qui seront nommés pour le service de la haute-cour et de son parquet.

184. Toutes les dépenses ci-dessus seront acquittées sur les mandats de notre grand-procureur-général, visées par le préfet du département de la Seine, et approuvées par notre chancelier.

185. Le recouvrement desdits frais sera fait suivant les règles et dans les formes prescrites par le présent décret.

CHAPITRE II.
DES COURS PRÉVÔTALES ET DES TRIBUNAUX DES DOUANES.

(Ces cours et ces tribunaux ont été supprimés par le décret du 26 avril 1814.)

186. Les dispositions du présent décret sont applicables aux procédures instruites devant les cours prévôtales et les tribunaux ordinaires des douanes, dans les cas prévus, et dont la connaissance leur est attribuée par le décret du 18 octobre 1810.

187. Les dispositions des articles 98, 99 et 100 du présent décret, re-

latifs aux états de crédit pour la fran chise et le contre-seing, sont applicables, — 1° Aux grands-prevôts, procureurs-généraux et grefliers en chef des cours prevôtales ; — 2° Aux présidens, procureurs du Roi et grefliers en chef des tribunaux ordinaires des douanes. — Les grefliers se conformeront, pour l'ouverture des lettres et paquets, aux dispositions de l'article 101 ci-dessus.

188. Il n'est point dérogé aux dispositions de l'article 10 du décret du 8 novembre 1810. — En conséquence, il sera pourvu au paiement des frais d'instruction, ainsi qu'il est dit dans ledit article, sur les exécutoires des grands-prevôts et procureurs-généraux près les cours prevôtales, des présidens et procureurs du roi près des tribunaux des douanes, et sur le visa des préfets. — Notre chancelier fera vérifier ces exécutoires, les réglera définitivement, et les régularisera tous les trois mois, par ses ordonnances, pour le recouvrement en être poursuivi aux formes de droit, et conformément aux dispositions des articles 173 et 174 ci-dessus, au profit de l'administration des douanes, qui aura fait l'avance des frais de toute nature.

Dispositions générales.

189. Tous réglemens relatifs au tarif et au mode de paiement et recouvrement des frais de justice en matière criminelle, notamment l'arrête du gouvernement du 6 messidor an 6, et le décret du 24 février 1806, sont abrogés.

190. Notre chancelier, nos ministres de l'intérieur, des finances et du trésor royal sont chargés, chacun en ce qui le concerne, de l'exécution du présent décret, qui sera inséré au Bulletin des lois.

ARRÊTÉ

Du 25 thermidor an 11, contenant le Tableau des distances de Paris aux chefs-lieux des départemens.

Art. 1. Le tableau ci-joint, des distances de Paris à tous les chefs-lieux des départemens, évaluées en kilomètres, en myriamètres et lieues anciennes, sera inséré au Bulletin des lois, pour servir de régulateur et d'indicateur du jour où, conformément à l'article 1er du Code civil, la promulgation de chaque loi est réputée con-nue dans chacun des départemens de la France.

2. Le ministre de la justice est chargé, etc.

NOMS DES		DISTANCES en			NOMS DES		DISTANCES en		
DÉPARTE-MENS.	CHEFS-LIEUX.	Kilomèt.	Myriamèt.	Lieues anciennes.	DÉPARTE-MENS.	CHEFS-LIEUX.	Kilomèt.	Myriamèt.	Lieues anciennes.
A.			m k	l. c.				m k	l. c.
Ain. . . .	Bourg. . .	452	45 2	86 2	Drôme. . .	Valence .	560	56 »	112 »
Aisne. . .	Laon. . .	127	12 7	25 2	**E.**				
Allier. . .	Moulins .	289	28 9	57 4					
Alpes (Basses).	Digne. . .	755	75 5	151 »	Eure. . . .	Évreux. .	104	10 4	20 4
Alpes (Hautes).	Gap. . .	665	66 5	133 »	Eure-et-Loir. . .	Chartres .	92	9 2	18 2
Ardèche .	Privas. . .	606	60 6	121 1	**F.**				
Ardennes	Mézières.	234	23 4	46 4	Finistère.	Quimper.	625	62 3	124 5
Arriège. .	Foix. . . .	752	75 2	150 2	**G.**				
Aube. . .	Troyes. . .	159	15 9	31 4	Gard. . . .	Nimes. . .	702	70 2	140 2
Aude. . .	Carcas-sonne. .	765	76 5	153 »	Garonne (H.). . . .	Toulouse	669	66 9	133 4
Aveyron.	Rhodès. .	692	69 2	138 2	Gers. . . .	Auch. . .	743	74 3	148 5
B.					Gironde .	Bordeaux	573	57 3	114 5
Bouches-du Rhône	Marseille.	815	81 5	162 5	**H.**				
C.					Hérault. .	Montpel-lier. . .	752	75 2	150 2
Calvados.	Caen. . .	263	26 3	52 5	**I.**				
Cantal. .	Aurillac .	539	53 9	107 4					
Charente.	Angoulê-me. . . .	454	45 4	90 4	Ille-et-Vilaine . . .	Rennes. .	346	34 6	69 1
Charente-Infér. . .	Saintes. .	484	48 4	96 4	Indre. . .	Château-roux. . .	259	25 9	51 4
Cher. . . .	Bourges. .	233	23 3	46 5	Indre-et-Loire. .	Tours. . .	242	24 2	48 2
Corrèze. .	Tulle. . .	461	46 1	92 1	Isère. . .	Grenoble	568	56 8	113 5
Corse. . .	Ajaccio. .	873	87 3	174 5	**J.**				
Côte-d'Or	Dijon. . .	305	30 5	61 »					
Côtes-du-Nord. . .	Saint-Brieux. .	446	44 6	89 1	Jura . . .	Lons-le-Saulnier.	411	41 1	82 1
Creuse. .	Guéret. .	428	42 8	85 5	**L.**				
D.									
Dordogne	Périgueux	472	47 2	94 2	Landes. .	Mont-de-Marsan	702	70 2	140 2
Doubs .	Besançon	396	39 6	79 1					

NOMS DES		DISTANCES en			NOMS DES		DISTANCES en		
DÉPARTE-MENS.	CHEFS-LIEUX.	Kilomèt.	Myriamèt.	Lieues anciennes.	DÉPARTE-MENS.	CHEFS-LIEUX.	Kilomèt.	Myriamèt.	Lieues anciennes.
		m k		l. c.			m k		l. c.
Loir-et-Cher...	Blois...	181	18 1	36 1	Pyrénées. Orien..	Perpi-gnan...	888	88 8	177 5
Loire....	Montbri-son...	444	44 4	88 5	R.				
Loire (Haute).	Le Puy..	505	50 5	101 »	Rhin (Bas-)..	Stras-bourg..	464	46 4	92 4
Loire-Inférieure.	Nantes..	389	38 9	77 4	Rhin (Haut-).	Colmar...	481	48 1	96 1
Loiret.	Orléans..	123	12 3	24 3	Rhône...	Lyon...	466	46 6	93 1
Lot....	Cahors..	558	55 8	111 3	S.				
Lot-et-Garonne..	Agen...	714	71 4	142 3	Saône (Haute-).	Vesoul..	354	35 4	70 4
Lozère..	Mende..	566	56 6	113 1	Saône-et-Loire...	Mâcon..	399	39 9	79 4
M.					Sarthe...	Le Mans..	211	21 1	42 1
Maine-et-Loire..	Angers..	300	30 »	60 »	Seine...	Paris...	»	» »	» »
Manche..	Saint-Lô.	326	32 6	65 1	Seine-Inférieure.	Rouen..	137	13 7	27 2
Marne...	Châlons..	164	16 4	32 4	Seine-et-Marne..	Melun...	46	4 6	9 1
Marne (Haute).	Chau-mont...	247	24 7	49 2	Seine-et-Oise...	Versailles	21	2 1	4 1
Mayenne.	Laval...	281	28 1	56 1	Sèvres (Deux-).	Niort...	416	41 6	83 1
Meurthe.	Nanci...	334	33 4	66 4	Somme...	Amiens..	128	12 8	25 3
Meuse...	Bar-sur-Ornain..	251	25 1	50 1	T.				
Morbihan	Vannes..	500	50 »	100 »	Tarn...	Albi....	657	65 7	131 2
Moselle..	Metz....	308	30 8	61 3	Tarn-et-Garonne	Montau-ban...	700	70 »	140 »
N.					V.				
Nièvre...	Nevers..	236	23 6	47 1	Var...	Dragui-gnan.	890	89 »	178 »
Nord...	Lille....	236	23 6	47 1	Vaucluse.	Avignon.	707	70 7	141 2
O.					Vendée..	Fontenay	447	44 7	89 2
Oise....	Beauvais.	88	8 8	17 5	Vienne..	Poitiers..	343	34 3	68 3
Orne...	Alençon..	191	19 1	38 1	Vienne (Haute-)	Limoges.	380	38 »	76 »
P.					Vosges..	Épinal..	381	38 1	76 1
Pas-de-Calais..	Arras...	193	19 3	38 3	Y.				
Puy-de-Dôme.	Clermont	384	38 4	76 4	Yonne.	Auxerre	168	16 8	33 3
Pyrénées (Basses.)	Pau....	781	78 1	156 1					
Pyrénées (Haut-)	Tarbes..	815	81 5	163 »					

FIN DU TABLEAU DES DISTANCES.

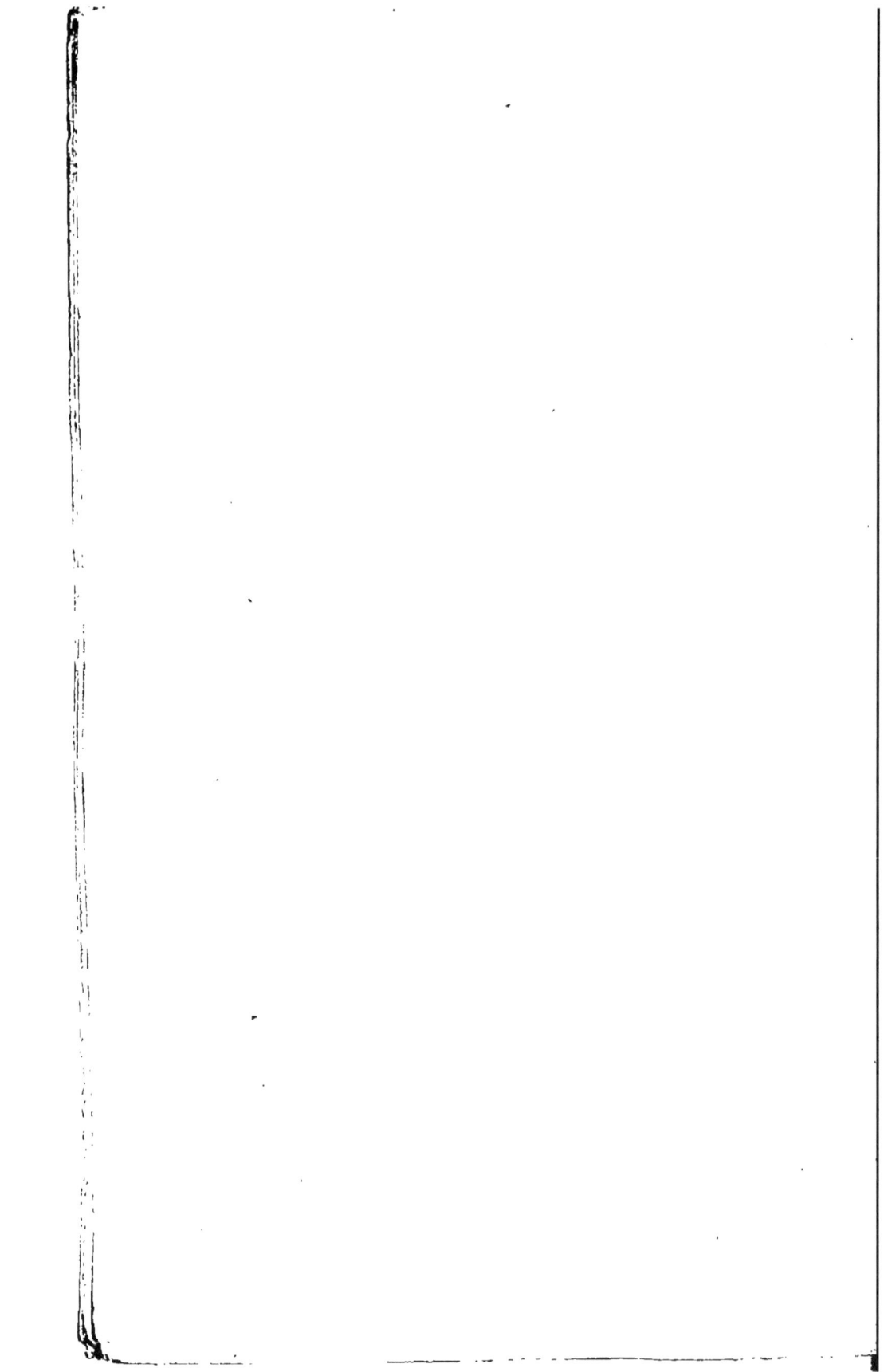

DÉCRET IMPÉRIAL

CONCERNANT

LES DROITS DE GREFFE.

(12 Juillet 1808.)

Art. 1er. Les actes qui seront assujettis sur la minute aux droits de greffe, de rédaction et de transcription, sont ceux ci-après désignés : — 1° Acceptation de succession sous bénéfice d'inventaire ; — Acte de voyage ; — Consignation de sommes au greffe, dans les cas prévus par l'article 301 du Code de procédure civile, et autres déterminés par les lois : — Déclarations affirmatives et autres faites au greffe, à l'exception de celles à la requête du ministère public ; — Dépôt de registres, répertoires, et autres titres ou pièces, fait au greffe, de quelque nature et pour quelque cause que ce soit : dépôt de signature et paraphe des notaires, conformément à l'article 49 de la loi du 25 ventôse an 11 ; — Enquêtes ; — Interrogatoire sur faits et articles ; — Procès-verbaux, actes et rapports faits ou rédigés par le greffier ; — Publication de contrat de mariage, divorces, jugemens de séparation, actes et dissolutions de société, et de tous autres actes, prescrite par les Codes : il ne sera perçu aucun droit de dépôt pour la remise au greffe desdits actes ; — Récusation de juges ; — Renonciation à une communauté de biens ou à une succession : — Soumission de caution ; — Transcription et enregistrement sur les registres du greffe, d'oppositions et autres actes désignés par les Codes (à l'exception de la transcription de saisie immobilière, dont il sera parlé ci-après) : *le droit ne sera dû qu'autant qu'il sera délivré expédition de la transcription.* — Il sera payé pour chacun des actes ci-dessus un franc vingt cinq centimes. — Les enquêtes seront en outre assujetties à un droit de cinquante centimes pour chaque déposition des témoins, ainsi qu'il est réglé par l'article 5 de la loi du 21 ventôse an 7. — 2° Adjudications faites en justice ; — Dépôt de l'état certifié par

le conservateur des hypothèques, de toutes les inscriptions existantes, et qui, aux termes de l'article 752 du Code de procédure civile, doit être annexé au procès verbal ; — Dépôt de titre de créance pour la distribution de deniers par contribution ou par ordre ; — Mandemens sur contribution, ou bordereaux de collocation : — Radiation de saisie immobilière : — Surenchère faite au greffe ; — Transcription au greffe de la saisie immobilière ; — Il sera payé pour chacun de ces actes : savoir : — Trois francs pour la transcription de la saisie ; — Même droit pour le dépôt de l'état des inscriptions existantes : — Un franc cinquante centimes, pour dépôt de titres de créance, et ce pour chaque production ; — Même droit pour chaque acte de surenchère, et de radiation de saisie ; — Pour la rédaction des adjudications, un demi pour cent sur les cinq premiers mille, et vingt-cinq centimes par cent francs sur ce qui excédera mille francs : — Sur chaque mandement ou bordereau de collocation délivré, vingt-cinq centimes par cent francs du montant de la créance colloquée.

2. Les actes de dépôts seront transcrits à la suite les uns des autres, sur un registre en papier timbré, coté et paraphé par le président du tribunal. — Les actes de décharge de ces mêmes dépôts seront portés sur le registre, en marge de l'acte de dépôt, et soumis au même droit de rédaction et transcription.

3. Le droit de rédaction, en cas de revente à la folle enchère, n'est dû que sur ce qui excède la première adjudication. — Il n'est exigible, pour les licitations, que sur la valeur de la part acquise par le colicitant, s'il reste adjudicataire. — Dans aucun cas la perception ne pourra être au dessous du droit fixe d'un franc vingt-

cinq centimes, déterminé, pour les moindres actes, par l'article 5 de la loi du 21 ventôse an 7.

4. Lorsque, par suite d'appel, une adjudication sera annulée, il y aura lieu de restituer le droit proportionnel de rédaction. — Le droit fixe de rédaction et de transcription, et celui d'expédition, étant le salaire de la formalité, ne seront, dans aucun cas, restituables.

5. Le droit de mise au rôle et celui d'expédition continueront d'être perçus comme le prescrit la loi du 21 ven-tôse an 7. — Les référés, qui sont l'objet du titre XVI du livre V du Code de procédure civile, ne sont pas assujettis au droit de mise au rôle.

6. Les prescriptions établies par l'article 61 de la loi du 22 frimaire an 7, sont applicables aux droits de greffe comme à ceux d'enregistrement.

7. Notre grand-juge ministre de la justice, et notre ministre de finances, sont chargés, chacun en ce qui le concerne, de l'exécution du présent décret.

TABLE
DES MATIÈRES.

Sommaire des lois, codes, tableaux, etc. contenus dans ce volume, *pag.* 5.

Citations abrégées, 6.

Concordance des calendriers grégorien et républicain.

1er Tableau pour les années 1, 2, 3, 5, 6, 7, 7.—2e tableau pour l'an 4 8. — 3e tableau pour les années 8, 9, 10, 11, 13 et 14, 9. — Tableau pour l'an 12, 10.

Rapport du nouveau système des poids et mesures avec le syst. ancien.

Nomenclature des nouvelles mesures, 11. — 1er tableau, toises en mètres, et mètres en toises, 12. — 2e tab., aunes en mètres, et mètres en aunes, 13. — 3e tab., myriamètres en lieues, et lieues en myriamètres, 14. — 4e tab., arpens en hectares, 15. — 5e tab., hectares en arpens, 16. — 6e tab., livres en kilogrammes, et kilogrammes en livres, 17. — 7e tab., Pintes en litres, et litres en pintes, 18. — 8e tableau, cordes et stères, et stères en cordes, 19.

Loi relative aux transactions passées entre particuliers, pendant la durée de la dépréciation du papier monnaie, 20. — Cours des assignats, depuis leur création jusqu'au 1er germinal an 4, 21.—Cours des promesses de mandats, depuis le 1er germinal an 4 jusqu'au 5 nivôse an 5, 23.

Charte constitutionnelle, 25. — Droit public des Français. 25. — Formes du gouvernement du roi, *ibid.*— De la chambre des pairs, 26. — De la chambre des députés des départemens, 27. — Des ministres, 28. — De l'ordre judiciaire, *ibid.* — Droits particuliers garantis par l'état, *ibid.* — Dispositions particulières, *ibid.*

Loi sur la répression des crimes et délits commis par la voie de la presse, ou par tout autre moyen de publication, du 17 mai 1819.—*Chap.* 1er. De la provocation publique aux crimes et délits, 29. — 2. Des outrages à la morale publique et religieuse, ou aux bonnes mœurs, 30. — 3. Des offenses publiques envers la personne du roi, *ibid.* — 4. Des offenses publiques envers les membres de la famille royale, les chambres, les souverains et les chefs des gouvernemens étrangers, *ibid.* — 5. De la diffamation et de l'injure publique, *ibid.* — 6. Dispositions générales, 31.

Loi relative à la poursuite et au jugement des crimes et délits commis par la voie de la presse, ou par tout autre moyen de publication, du 26 mai 1819, 32.

Loi sur les journaux, du 9 juin 1819, 35.

Loi relative à la police des journaux et écrits périodiques, du 17 mars 1822, 36.

Loi relative à la répression et à la poursuite des délits commis par la voie de la presse, ou par tout autre moyen de publication, du 25 mars 1822. — Tit. 1. De la répression, 37. — 2. De la poursuite, 39.

Loi relative à l'organisation du jury, du 2 mai 1827, 39.

Loi sur la révision annuelle des listes électorales et du jury, du 2 juillet 1828. — Tit. 1. Révision annuelle des listes électorales et du jury, 42.— 2. Des réclamations sur la révision des listes, 43. — 3. Réclamations contre les décisions du préfet en conseil de préfecture, *ibid.* — 4. Formation d'un tableau de rectification en cas d'élection après la clôture annuelle des listes, 44. — 5. Dispositions générales, *ibid.*

Loi sur les journaux et écrits périodiques, du 18 juillet 1828, 45.

Ordonnance relative à l'exécution

de la loi du 18 juillet 1828, sur les journaux et écrits périodiques, du 29 juillet 1828, 48.

Loi relative à l'interprétation des lois, du 30 juillet 1828, 48.

Ordonnance du roi contenant des dispositions sur l'exercice de la profession d'avocat, du 27 août 1830, 49.

Loi relative au serment des fonctionnaires publics, du 31 août 1830, 50.

Loi relative au droit d'enregistrement des actes de prêts sur dépôt ou consignations des marchandises, fonds publics français, et actions des compagnies d'industrie et de finance, du 8 septembre 1832, 50.

Loi sur la réélection des députés promus à des fonctions publiques salariées, du 12 septembre 1830, 50.

Loi sur l'application du jury aux délits de la presse et aux délits politiques, du 8 octobre 1830, 51.

Loi qui punit les attaques contre les droits et l'autorité du roi et des chambres par la voie de la presse, du 29 novembre 1830 51.

Loi sur les afficheurs et crieurs publics, du 10 décembre 1830, 52.

Loi sur le cautionnement, le droit de timbre et le port des journaux ou écrits périodiques, du 14 décembre 1830, 53.

Loi relative à la composition des cours d'assises et aux déclarations du jury, du 5 mars 1831, 54.

Loi sur l'organisation municipale, du 21 mars 1831. 54 — Tit. 1. Du corps municipal, 54. — Chap. 1. De la composition du corps municipal, ibid. — 2. Des conseils municipaux, 55. — Sect. 1. De la composition des conseils municipaux, ibid. — 2. Des assemblées des conseils municipaux. 57. — Chap. 3. Des listes et des assemblées des électeurs communaux, 58. — Sect. 1. De la formation des listes, ibid. — 2. Des assemblées des électeurs communaux, ibid. — Chap. 4. Dispositions transitoires, 60. - Chap. 5. Disposition générale, ibid.

Loi sur la garde nationale, du 22 mars 1831, 60. — Tit. 1. Dispositions générales, ibid. — 2. Sect. 1. De l'obligation du service, 61. — 2. De l'inscription au registre matricule, ibid. — Tit. 3. Du service ordinaire. 62. —

Sect. 1. De l'inscription au contrôle du service ordinaire et de réserve, 62. — 2. Des remplacemens, des exemptions, des dispenses du service ordinaire, 63. — 3. Formation de la garde nationale : composition des cadres, ibid. — § 1. Formation des compagnies. 64. — 2. Formation des bataillons, 65. — 3. Formation des légions, 66. — Sect. 4. De la nomination aux grades, ibid. — 5. De l'uniforme, des armes et des préséances, 68. — 6. Ordre du service ordinaire, ibid. — 7. De l'administration. ibid. — 8. § 1. Des peines, 69. — 2. Des conseils de discipline. 70. - De l'instruction et des jugemens. 72. — Tit. 4. Mesures exceptionnelles et transitoires pour la garde nationale en service ordinaire. 73. — 5. Des détachemens de la garde nationale, ibid. — Sect. 1. Appel et service des détachemens, ibid. — 2. Discipline, 74. — Dispositions communes aux deux titres précédens, 75 — Tit. 6. Des corps détachés de la garde nationale, 75. — Sect. 1. Appel et service des corps détachés, ibid. — 2. Désignation des gardes nationaux pour la formation des corps détachés, ibid. — 3. Formation, nomination aux emplois et administration des corps détachés de la garde nationale. 76. — Sect. 4. Discipline des corps détachés, 77. — Dispositions générales, ibid.

Loi contre les attroupemens, du 10 avril 1831, 77

Loi sur les élections à la chambre des députés, du 19 avril 1831, 78. — Tit. 1. Des capacités électorales, ibid. — 2. Du domicile politique, 80. — 3. Des listes électorales, ibid. — 4. Des collèges électoraux, 83. — 5. Des éligibles. 85. — 6. Dispositions générales, ibid. — 7. Articles transitoires, ibid — Tableau du nombre de députés à élire par département. 88.

Loi sur le recrutement de l'armée, du 21 mars 1832, 89. — Tit. 1. Dispositions générales. ibid. — Des appels, ibid. — 3. Des engagemens et rengagemens. 94. — Sect. 1. Des engagemens, ibid. — 2. Des rengagemens, ibid. — Tit. 4. Dispositions pénales, ibid. — Dispositions particulières. 96. — Dispositions transitoires. ibid.

CODE CIVIL.

Titre préliminaire. De la publication, des effets et de l'application des lois en général, pag. 1.

LIVRE PREMIER.

DES PERSONNES.

Tit. 1. De la jouissance et de la privation des droits civils, 1. — Chap. 1. De la jouissance des droits civils, ibid; 2. De la privation des droits civils, 2; — Sect. 1. De la privation des droits civils par la perte de la qualité de Français, ibid; 2. De la privation des droits civils par suite des condamnations judiciaires, ibid; — Tit. 2. Des actes de l'état civil, 4; — Chap. 1. Dispositions générales, ibid; 2. Des actes de naissance, 5; 3. Des actes de mariage, 6; 4. Des actes de décès, 7; 5. Des actes de l'état civil concernant les militaires hors du territoire du royaume, 8; 6. De la rectification des actes de l'état civil, 9. — Tit. 3. Du domicile. ibid; 4. Des absens, 10. — Chap. 1. De la présomption d'absence, ibid; 2. De la déclaration de l'absence, ibid; 3. Des effets de l'absence, 11. — Sect. 1. Des effets de l'absence, relativement aux biens que l'absent possédait au jour de sa disparition, ibid; 2. Des effets de l'absence, relativement aux droits éventuels qui peuvent compéter à l'absent, 12; 3. Des effets de l'absence, relativement au mariage, ibid. — Chap. 4. De la surveillance des enfans mineurs du père qui a disparu, ibid. — Tit. 5. Du Mariage, 13. — Chap. 1. Des qualités et conditions requises pour pouvoir contracter mariage, ibid; 2. Des formalités relatives à la célébration du mariage, 14; 3. Des oppositions au mariage, ibid; 4. Des demandes en nullité de mariage, 15; 5. Des obligations qui naissent du mariage, 17; 6. Des droits et des devoirs respectifs des époux, ibid; 7. De la dissolution du mariage, 18; 8. Des seconds mariages, ibid. — Tit. 6. Du divorce, ibid. — Chap. 1. Des causes du divorce, ibid; 2. Du divorce pour cause déterminée, ibid. — Sect. 1. Des formes du

divorce pour cause déterminée, ibid; 2. Des mesures provisoires auxquelles peut donner lieu la demande en divorce pour cause déterminée, 21; 3. Des fins de non-recevoir contre l'action en divorce pour cause déterminée, 22. — Chap. 3. Du divorce par consentement mutuel, ibid; 4. Des effets du divorce, 24; 5. De la séparation de corps, 25. — Tit. 7. De la paternité et de la filiation, ibid; — Chap. 1. De la filiation des enfans légitimes ou nés dans le mariage, ibid; 2. Des preuves de la filiation des enfans légitimes, 26; 3. Des enfans naturels, ibid. — Sect. 1. De la légitimation des enfans naturels, ibid; 2. De la reconnaissance des enfans naturels 27. — Tit. 8. De l'adoption et de la tutelle officieuse, ibid. — Chap. 1. De l'adoption, ibid. — Sect. 1. De l'adoption et de ses effets, ibid; 2. Des formes de l'adoption, 28. — Chap. 2. De la tutelle officieuse, 29. — Tit. 9. De la puissance paternelle. ibid. — Tit. 10. De la minorité, de la tutelle et de l'émancipation, 31. — Chap. 1. De la minorité, ibid; 2. De la tutelle, ibid. — Sect. 1. De la tutelle des père et mère. ibid; 2. De la tutelle déférée par le père ou la mère, ibid; 3. De la tutelle des ascendans, 32; 4. De la tutelle déférée par le conseil de famille, ibid; 5. Du subrogé tuteur, 33; 6. Des causes qui dispensent de la tutelle, 34; 7. De l'incapacité, des exclusions et destitutions de la tutelle, 35; 8. De l'administration du tuteur, ibid; 9. Des comptes de la tutelle, 57. — Chap. 3. De l'émancipation, 38. — Tit. 11. De la majorité, de l'interdiction, et du conseil judiciaire, ibid. — Chap. 1. De la majorité, ibid; 2. De l'interdiction, 39; 3. Du conseil judiciaire, 40.

LIVRE II.

DES BIENS ET DES DIFFÉRENTES MODIFICATIONS DE LA PROPRIÉTÉ.

Tit. 1. De la distinction des biens, 40.—Chap. 1. Des immeubles, ibid; 2. Des meubles, 41; 3. Des biens dans leur rapport avec ceux qui les possèdent, 42. — Tit. 2. De la propriété, 43. — Chap. 1 Du droit d'accession sur ce qui est produit par la chose, ibid; 2. Du droit d'accession sur ce qui s'unit et s'incorpore à la chose, ibid; — Sect. 1. Du droit d'accession, relativement aux choses immobilières, ibid. 2. Du droit d'accession, relativement aux choses mobilières, 45. — Tit. 3. De l'usufruit, de l'usage et de l'habitation, 46. — Chap. 1. De l'usufruit, ibid. — Sect. 1. Des droits de l'usufruitier, ibid; 2. Des obligations de l'usufruitier, 47; 3. Comment l'usufruit prend fin, 49. — Chap. 2. De l'usage et de l'habitation, ibid. —

Tit. 4. Des servitudes ou services fonciers, 50. — Chap. 1. Des servitudes qui dérivent de la situation des lieux, ibid; 2. Des servitudes établies par la loi, 51. — Sect. 1. Du mur et du fossé mitoyens, ibid; 2. De la distance et des ouvrages intermédiaires requis pour certaines constructions, 52; 3. Des vues sur la propriété de son voisin, ibid; 4. De l'égout des toits, 53; 5. Du droit de passage, ibid. — Ch. 3. Des servitudes établies par le fait de l'homme, ibid. — Sect. 1. Des diverses espèces de servitudes qui peuvent être établies sur les biens, ibid.; 2. Comment s'établissent les servitudes, 54; 3. Des droits du propriétaire du fonds auquel la servitude est due, ibid; 4. Comment les servitudes s'éteignent, 55.

LIVRE III.

DES DIFFÉRENTES MANIÈRES DONT ON ACQUIERT LA PROPRIÉTÉ.

Dispositions générales, 55.—Tit. 1. Des successions, ibid. — Chap. 1. De l'ouverture des successions, et de la saisine des héritiers, ibid; 2. Des qualités requises pour succéder, 56; 3. Des divers ordres de succession, ibid. — Sect. 1. Dispositions générales, ibid; 2. De la représentation, 57; 3. Des successions déférées aux descendans, 58; 4. Des successions déférées aux ascendans, ibid; 5. Des successions collatérales, ibid. — Chap. 4. Des successions irrégulières, 59. — Sect. 1. Des droits des enfans naturels sur les biens de leur père ou mère, et de la succession aux enfans naturels décédés sans postérité, ibid; 2. Des droits du conjoint survivant et de l'Etat, ibid. — Chap. 5. De l'acceptation et de la répudiation des successions, 60.— Sect. 1. De l'acceptation, ibid.; 2. De la renonciation aux successions, ibid; 3. Du bénéfice d'inventaire, de ses effets, et des obligations e l'héritier bénéficiaire, 61; 4. Des successions vacantes, 63. — Chap. 6. Du partage et des rapports, ibid.—Sect. 1.

De l'action en partage, et de sa forme, ibid; 2. Des rapports, 65; 3. Du paiement des dettes, 67; 4. Des effets du partage, et de la garantie des lots, 68; 5. De la rescision en matière de partage, ibid. — Tit. 2. Des donations entre-vifs et des testamens, 69. —Ch. 1. Dispositions générales, ibid; 2. De la capacité de disposer ou de recevoir par donation entre-vifs ou par testament, ibid; 3. De la portion de biens disponible, et de la réduction, 70. — Sect. 1. De la portion de biens disponible, ibid; 2. De la réduction des donations et legs, 71. — Chap. 4. Des donations entre-vifs, 72. — Sect. 1. De la forme des donations entre-vifs. ibid; 2. Des exceptions à la règle de l'irrévocabilité des donations entre-vifs, 73. — Chap. 5. Des dispositions testamentaires, 75. — Sect. 1. Des règles générales sur la forme des testamens, ibid; 2. Des règles particulières sur la forme de certains testamens, 76; 3. Des institutions d'héritier, et des legs en général, 78.; 4. Du legs universel, ibid; 5. Du legs à titre universel, *ibid*; 6. Des legs particuliers, 79; 7. Des exécuteurs testamentaires, *ibid*; 8. De la révocation des testamens, et de leur caducité, 80. — *Chap.* 6. Des dispositions permises en faveur des petits-enfans du donateur ou testateur, ou des enfans de ses frères et sœurs, 81; 7. Des partages faits par père, mère, ou autres ascendans, entre leurs descendans, 83; 8. Des donations faites par contrat de mariage aux époux et aux enfans à naître du mariage, 84; 9. Des dispositions entre époux, soit par contrat de mariage, soit pendant le mariage, *ibid*. — *Tit.* 3. Des contrats ou des obligations conventionnelles en général, 85. — *Chap.* 1. Dispositions préliminaires, *ibid*; 2. Des conditions essentielles pour la validité des conventions, 86. — *Sect.* 1. Du consentement, *ibid*; 2. De la capacité des parties contractantes, 87; 3. De l'objet et de la matière des contrats, *ibid*; 4. De la cause, *ibid*. — *Chap.* 3. De l'effet des obligations, *ibid*. — *Sect.* 1. Dispositions générales, *ibid*; 2. De l'obligation de donner, 88; 3. De l'obligation de faire ou de ne pas faire, *ibid*; 4. Des dommages et intérêts résultant de l'inexécution de l'obligation, *ibid*; 5. De l'interprétation des conventions, 89; 6. De l'effet des conventions à l'égard des tiers, 90. — *Chap.* 4. Des diverses espèces d'obligations, *ibid*. — *Sect.* 1. Des obligations conditionnelles, *ibid*. — § 1. De la condition en général, et de ses diverses espèces, *ibid*; 2. De la condition suspensive, 91; 3. De la condition résolutoire, *ibid*. — *Sect.* 2. Des obligations à terme, *ibid*; 3. Des obligations alternatives, *ibid*; 4. Des obligations solidaires, 92. — § 1. De la solidarité entre les créanciers, *ibid*; 2. De la solidarité de la part des débiteurs, *ibid*. — *Sect.* 5. Des obligations divisibles et indivisibles, 93. — § 1. Des effets de l'obligation divisible, 94. 2. Des effets de l'obligation indivisible, *ibid*. — *Sect.* 6. Des obligations avec clauses pénales, *ibid*. — *Chap.* 5. De l'extinction des obligations, 95. — *Sect.* 1. Du paiement, *ibid*. — § 1. Du paiement en général, *ibid*; 2. Du paiement avec subrogation, 96; 3. De l'imputation des paiemens, *ibid*; 4. Des offres de paiement, et de la consignation, 97; 5. De la cession de biens, 98. — *Sect.* 2. De la novation, *ibid*; 3. De la remise de la dette, 99; 4. De la compensation, *ibid*; 5. De la confusion, 100; 6. De la perte de la chose due, *ibid*; 7. De l'action en nullité ou en rescision des conventions, 101. — *Chap.* 6. De la preuve des obligations, et de celle du paiement, 101. — *Sect.* 1. De la preuve littérale, *ibid*. — § 1. Du titre authentique, *ibid*; 2. De l'acte sous seing privé, 102; 3. Des tailles, 103; 4. Des copies des titres, *ibid*; 5. Des actes récognitifs et confirmatifs, *ibid*. — *Sect.* 2. De la preuve testimoniale, 104; 3. Des présomptions, 105. — § 1. Des présomptions établies par la loi, *ibid*; 2. Des présomptions qui ne sont point établies par la loi, *ibid*. — *Sect.* 4. De l'aveu de la partie, *ibid*; 5. Du serment, *ibid*. — § 1. Du serment décisoire, 106; 2. Du serment déféré d'office, *ibid*. — *Tit.* 4. Des engagemens qui se forment sans convention, *ibid*. — *Chap.* 1. Des quasi-contrats, 107; 2. Des délits et des quasi-délits, *ibid*. — *Tit.* 5. Du contrat de mariage et des droits respectifs des époux. 108. — *Chap.* 1. Dispositions générales, *ibid*; 2. Du régime de communauté, 109. — 1re *Partie.* De la communauté légale, *ibid*. — *Sect.* 1. De ce qui compose la communauté activement et passivement, *ibid*. — § 1. De l'actif de la communauté, *ibid*; 2. Du passif de la communauté, et des actions qui en résultent contre la communauté, 110. — *Sect.* 2. De l'administration de la communauté, et de l'effet des actes de l'un ou de l'autre époux, relativement à la société conjugale, 112; 3. De la dissolution de la communauté, et de quelques-unes de ses suites, 114; 4. De l'acceptation de la communauté, et de la renonciation qui peut y être faite, avec les conditions qui y sont relatives, 115; 5. Du partage de la communauté après l'acceptation, 116. — § 1. Du partage de l'actif, *ibid*; 2. Du passif de la communauté, et de la contribution aux dettes, 117. — *Sect.* 6. De la renonciation à la communauté et de ses effets, 118. Disposition relative à la communauté légale, lorsque l'un des époux ou tous deux ont des enfans de précédens mariages, ibid. — 2e Partie. De la communauté conventionnelle, et des conventions qui peuvent modifier ou même exclure la communauté légale, 119. — Sect. 1. De la communauté réduite aux acquêts, ibid; 2. De la clause qui exclut de la communauté le mobilier en tout ou partie, ibid; 3. De la clause d'ameublissement, ibid; 4. De la clause de séparation des dettes, 120; 5. De la faculté accordée à la femme de reprendre son apport franc et quitte, 121; 6. Du préciput conventionnel, ibid; 7. Des clauses par lesquelles on assigne à chacun des époux des parts inégales dans la communauté, ibid; 8. De la communauté à titre universel, 122 : Dispositions communes aux huit sections ci-dessus, ibid; 9. Des conventions exclusives de la communauté, ibid. — § 1. De la clause portant que les époux se marient sans communauté, ibid; 2. De la clause de séparation de biens, 123. — Chap. 3. Du régime dotal, ibid. — Sect. 1. De la constitution de dot, ibid; 2. Des droits du mari sur les biens dotaux, et de l'inaliénabilité du fonds dotal, 124; 3. De la restitution de la dot, 125; 4. Des biens paraphernaux, 126; Disposition particulière. ib. — Tit. 6. De la vente, 126. — Chap. 1. De la nature et de la forme de la vente, ib.; 2. Qui peut acheter ou vendre, 127; 3. Des choses qui peuvent être vendues, ibid; 4. Des obligations du vendeur, 128. — Sect. 1. Dispositions générales, ibid; 2. De la délivrance, ibid; 3. De la garantie, 129. — § 1. De la garantie en cas d'éviction, ibid; 2. De la garantie des défauts de la chose vendue, 130. — Chap. 5. Des obligations de l'acheteur, 131; 6. De la nullité et de la résolution de la vente, ibid. — Sect. 1. De la faculté de rachat, ibid; 2. De la rescision de la vente pour cause de lésion, 132. — Chap. 7. De la licitation, 133; 8. Du transport des créances et autres droits incorporels, ibid. — Tit. 7. De l'échange, 134; 8. Du contrat de louage,

ibid. — Chap. 1. Dispositions générales, ibid; 2. Du louage des choses. 135. — Sect. 1. Des règles communes aux baux des maisons et des biens ruraux, ibid; 2. Des règles particulières aux baux à loyer, 137; 3. Des règles particulières aux baux à ferme, 138. — Chap. 3. Du louage d'ouvrage et d'industrie, 140. — Sect. 1. Du louage des domestiques et ouvriers, ibid; 2. Des voituriers par terre et par eau, ibid; 3. Des devis et des marchés, ibid. — Chap. 4. Du bail à cheptel, 141. — Sect. 1. Dispositions générales, ibid; 2. Du cheptel simple, ibid; 3. Du cheptel à moitié, 142; 4. Du cheptel donné par le propriétaire à son fermier ou colon partiaire, ibid. — § 1. Du cheptel donné au fermier, ibid; 2. Du cheptel donné au colon partiaire, ibid. — Sect. 5. Du contrat improprement appelé cheptel, 143. — Tit. 9. Du contrat de société, ibid. — Chap. 1. Dispositions générales, ibid; 2. Des diverses espèces de sociétés, ibid. — Sect. 1. Des sociétés universelles, ibid; 2. De la société particulière, ibid. — Chap. 3. Des engagemens des associés entre eux et à l'égard des tiers, 144. — Sect. 1. Des engagemens des associés entre eux, ibid; 2. Des engagemens des associés à l'égard des tiers, 145. — Chap. 4. Des différentes manières dont finit la société, 146 ; Dispositions relatives aux sociétés de commerce, ibid. — Tit. 10. Du prêt, ibid. — Chap. 1. Du prêt à usage, ou commodat, 147. — Sect. 1. De la nature du prêt à usage, ibid; 2. Des engagemens de l'emprunteur, ibid; 3. Des engagemens de celui qui prête à usage, ibid. — Chap. 2. Du prêt de consommation, ou simple prêt, 148. — Sect. 1. De la nature du prêt de consommation, ibid.; 2. Des obligations du prêteur, ibid.; 3. Des engagemens de l'emprunteur, ibid. — Chap. 3. Du prêt à intérêt, ibid. — Tit. 11. Du dépôt et du séquestre, 149. — Chap. 1. Du dépôt en général et de ses diverses espèces, ibid.; 2. Du dépôt proprement dit, ibid. — Sect. 1. De la nature et de l'essence du contrat de dépôt, ibid. 2. Du dépôt volontaire, ibid.; 3. Des obligations du dépositaire, 150; 4.

Des obligations de la personne par laquelle le dépôt a été fait, 151; 5. Du dépôt nécessaire, ibid. — Chap. 3. Du séquestre, ibid.; — Sect. 1. Des diverses espèces de séquestre, ibid.; 2. Du séquestre conventionnel, ibid.; 3. Du séquestre ou dépôt judiciaire, 152. — Tit. 12. Des contrats aléatoires, ibid. — Chap. 1. Du jeu et du pari. ibid.; 2. Du contrat de rente viagère, ibid. — Sect. 1. Des conditions requises pour la validité du contrat, ibid.; 2 Des effets du contrat entre les parties contractantes, 153. — Tit. 13. Du mandat, ibid. — Chap. 1. De la nature et de la forme du mandat, ibid.; 2. Des obligations du mandataire, 154; 3. Des obligations du mandant, ibid.; 4. Des différentes manières dont le mandat finit, 155. — Tit. 14. Du cautionnement, ibid. — Chap. 1. De la nature et de l'étendue du cautionnement, ibid.; 2. De l'effet du cautionnement, 156. — Sect. 1. De l'effet du cautionnement entre le créancier et la caution, ibid.; 2. De l'effet du cautionnement entre le débiteur et la caution, 157: 3. De l'effet du cautionnement entre les cofidéjusseurs, ibid. — Chap. 3. De l'extinction du cautionnement, ibid.; 4. De la caution légale et de la caution judiciaire, 158. — Tit. 15. Des transactions, ibid.; 16. De la contrainte par corps en matière civile, 159; 17. Du nantissement, 160. — Chap. 1. Du gage, ibid.; 2. De l'antichrèse. 161. — Tit. 18. Des privilèges et hypothèques, 162.—Chap. 1. Dispositions générales, ibid.; 2. Des privilèges, ibid. — Sect. 1. Des privilèges sur les meubles, ibid. — § 1. Des privilèges généraux sur les meubles, ibid.; 2. Des privilèges sur certains meubles, 163. — Sect. 2. Des privilèges sur les immeubles, ibid.; 3. Des privilèges qui s'étendent sur les meubles et sur les immeubles, 164: 4. Comment se conservent les privilèges, ibid. — Chap. 3. Des hypothèques, 165. — Sect. 1. Des hypothèques légales, ibid.; 2. Des hypothèques judiciaires, 166: 3. Des hypothèques conventionnelles, ibid.; 4. Du rang que les hypothèques ont entre elles, 167. — Chap. 4. Du mode de l'inscription des privilèges et hypothèques, 168; 5. De la radiation et réduction des inscriptions, 169; 6. De l'effet des privilèges et hypothèques contre les tiers détenteurs, 170; 7. De l'extinction des privilèges et hypothèques, 171: 8. Du mode de purger les propriétés des privilèges et hypothèques, 172: 9. Du mode de purger les hypothèques, quand il n'existe pas d'inscriptions sur les biens des maris et des tuteurs, 173: 10. De la publicité des registres et de la responsabilité des conservateurs, 174. — Tit. 19. De l'expropriation forcée et des ordres entre les créanciers, 175. — Chap. 1. De l'expropriation forcée, ibid.: 2. De l'ordre et de la distribution du prix entre les créanciers, 176. — Tit. 20. De la prescription, ibid. — Chap. 1. Dispositions générales, ibid.; 2. De la possession, ibid.; 3. Des causes qui empêchent la prescription, 177; 4. Des causes qui interrompent ou qui suspendent le cours de la prescription, ibid. — Sect. 1. Des causes qui interrompent la prescription, 177; 2. Des causes qui suspendent le cours de la prescription, 178. — Chap. 3. Du temps requis pour prescrire, ibid. — Sect. 1. Dispositions générales, ibid.; 2. De la prescription trentenaire, 179; 3. De la prescription par dix et vingt ans, ibid.: 4. De quelques prescriptions particulières, ibid.

Loi sur la contrainte par corps, du 17 avril 1832, 180. — Tit. 1. Dispositions relatives à la contrainte par corps en matière de commerce, ibid. — 2. Dispositions relatives à la contrainte par corps en matière civile, 181. — Sect. 1. Contrainte par corps en matière civile ordinaire, ibid. — 2. Contrainte par corps en matière de deniers et effets mobiliers publics, ibid. — Tit. 3. Dispositions relatives à la contrainte par corps contre les étrangers, 182. — 4. Dispositions communes aux trois titres précédens. ibid. — 5. Dispositions relatives à la contrainte par corps en matière criminelle, correctionnelle et de police, 184. — 6. Dispositions transitoires, 185. — Dispositions générales, ibid.

Loi contenant organisation du notariat, du 16 mars 1803 (25 ventôse an 11). *Tit.* 1er. Des notaires et des actes notariés. — *Sect.* 1. Des fonctions, ressort et devoirs des notaires, 186; 2. Des actes, de leur forme; des minutes, grosses, expéditions et répertoires, 186. — *Tit.* 2. Régime du notariat; *Sect.* 1. Nombre, placement et cautionnement des notaires. 188; 2. Conditions pour être admis, et mode de nomination au notariat, 189; 3. Chambre de discipline, 190; 4. Garde, transmission, table des minutes et recouvremens, *ibid.* — *Tit.* 5. Des notaires actuels, 191. — Dispositions générales, 192.

Loi relative à l'établissement et à l'organisation des chambres des notaires, du 24 décembre 1803 (2 nivôse an 12); chambre des notaires et ses attributions, 192. — Organisation de la chambre, 193. — Pouvoir de la chambre dans les moyens de discipline, 194. — Mode de procéder en la chambre, *ibid.* — Nomination des membres de la chambre et durée de leurs fonctions, 195. — Fonds pour les dépenses de la chambre, *ibid.*

Loi sur le taux de l'intérêt de l'argent, du 3 septembre 1807, 196.

Loi qui abolit le divorce du 18 mai 1816, 196.

Loi sur les établissemens ecclésiastiques, du 2 janvier 1817, 197.

Loi sur le droit d'aubaine, du 14 juillet 1819, 197.

Loi relative aux chemins vicinaux, du 28 juillet 1824, 197.

Loi sur les substitutions, du 17 mai 1826, 199.

Table alphabétique du Code Civil, 200.

Table des Lois diverses, 202.

CODE DE PROCÉDURE CIVILE.

PREMIÈRE PARTIE.

PROCÉDURE DEVANT LES TRIBUNAUX.

LIVRE PREMIER.

DE LA JUSTICE DE PAIX.

Tit. 1er. Des citations, 1; 2. Des audiences du juge de paix, et de la comparution des parties, 2; 3. Des jugemens par défaut, et des oppositions à ces jugemens, *ibid.*; 4. Des jugemens sur les actions possessoires, 3; 5. Des jugemens qui ne sont pas définitifs, et de leur exécution, *ibid.*; 6. De la mise en cause des garans, 4; 7. Des enquêtes, *ibid.*; 8. Des visites des lieux, et des appréciations, *ibid.*; 9. De la récusation des juges de paix, 5.

LIVRE II.

DES TRIBUNAUX INFÉRIEURS.

Tit. 1er. De la conciliation, 5; 2. Des ajournemens, 6; 3. Constitution d'avoués et défenses, 8; 4. De la communication au ministère public, 9; 5. Des audiences, de leur publicité et de leur police, *ibid.*; 6. Des délibérés et instructions par écrit, 10; 7. Des jugemens, 12; 8. Des jugemens par défaut, et oppositions, 14; 9. Des exceptions, 16. — § 1. De la caution à fournir par les étrangers, *ibid.*; 2. Des renvois, *ibid.*; 3. Des nullités, *ibid.*; 4. Des exceptions dilatoires, *ibid.*; 5. De la communication des pièces, 17. — *Tit.* 10. De la vérification des écritures, 18; 11. Du faux incident civil, 20; 12. Des enquêtes, 24; 13. Des descentes sur les lieux, 27 ; 14. Des rapports d'experts , 28 ; 15. De l'interrogatoire sur faits et articles, 29 ; 16. Des incidens, 50. — § 1. Des demandes incidentes, *ibid.* ; 2. De l'intervention, *ibid.* — *Tit.* 17. Des reprises d'instances, et constitution de nouvel avoué , *ibid.* ; 18 Du désaveu , 31 ; 19. Des règlemens de juges, 52 ; 20. Du renvoi à un autre tribunal pour parenté ou alliance, *ibid.* ; 21. De la récusation , 55 ; 22. De la péremption, 35 ; 23. Du désistement, *ibid.* ; 24. Des matières sommaires, 56 ; 25. Procédure devant les tribunaux de commerce, *ibid.*

LIVRE III.

DES COURS ROYALES.

Tit. uniq. De l'appel, et de l'instruction sur l'appel, 58.

LIVRE IV.

DES VOIES EXTRAORDINAIRES POUR ATTAQUER LES JUGEMENS.

Tit. 1er. De la tierce opposition, 41 ; 2. De la requête civile, *ibid.* 5. De la prise à partie. 43.

LIVRE V.

DE L'EXÉCUTION DES JUGEMENS

Tit. 1er. Des receptions de cautions, 44 ; 2. De la liquidation des dommages intérêts. 45 ; 3. De la liquidation des fruits, *ibid.* ; 4. Des redditions de comptes, *ibid.* ; 5. De la liquidation des dépens et frais, 46 ; 6. Règles générales sur l'exécution forcée des jugemens et actes, 47 ; 7. Des saisies-arrêts ou oppositions, *ibid.* ; 8. Des saisies-exécutions, 49 ; 9. De la saisie des fruits pendans par racines, ou de la saisie-brandon ; 53 , 10. De la saisie des rentes constituées sur particuliers, *ibid* ; 11. De la distribution par contribution, 55 ; 12. De la saisie immobilière, 56 ; 13. Des incidens sur la poursuite de saisie immobilière, 60 ; 14. De l'ordre, 63 ; 15. De l'emprisonnement, 65 ; 16. Des référés, 67.

DEUXIÈME PARTIE.

PROCÉDURES DIVERSES.

LIVRE PREMIER.

Tit. 1er. Des offres de paiement, et de la consignation, 68 ; 2. Du droit des propriétaires sur les meubles, effets et fruits de leurs locataires et fermiers. ou de la saisie-gagerie et de la saisie-arrêt sur débiteurs forains, *ibid.* ; 3. De la saisie-revendication, 69 ; 4. De la surenchère sur aliénation volontaire, *ibid.* ; 5. Des voies à prendre pour avoir expédition ou copie d'un acte, ou pour le faire réformer, 70 ; 6. De quelques dispositions relatives à l'envoi en possession des biens d'un absent, 71 ; 7. Autorisation de la femme mariée, *ibid.* ; 8. Des séparations de biens, 72 ; 9. De la séparation de corps, et du divorce. 75 ; 10. Des avis de parens, *ibid.* ; 11. De l'interdiction, 74 ; 12. Du bénéfice de cession. *ibid.*

LIVRE II.

PROCÉDURES RELATIVES A L'OUVERTURE D'UNE SUCCESSION.

Tit. 1er. De l'apposition des scellés après décès, 75 ; 2. Des oppositions aux scellés, 77 ; 3. De la levée du scellé, *ibid.* ; 4. De l'inventaire, 79 ; 5. De la vente du mobilier, *ibid.* ; 6. De la vente des biens immeubles,

80 ; 7. Des partages et licitations, 81 ; 8. Du bénéfice d'inventaire, 83 ; 9. De la renonciation à la communauté ou à la succession, 84 : 10. Du curateur à une succession vacante, *ibid.*

LIVRE III.

Tit. uniq. Des arbitrages, 84 ; Dispositions générales, 86.

Loi sur la suppression des offices ministériels, et l'établissement des avoués, du 20 mars 1791, 88.

Ordonnance du roi, contenant règlement sur l'exercice de la profession d'avocat et la discipline du barreau, du 20 novembre 1822. *Tit*, 1er. Du tableau, 89. — 2. Du conseil de discipline, 90. — 3. Du stage, 91. — 4. Dispositions générales, *ibid.* — 5. Dispositions transitoires, 92.

Table alphabétique du Code de Procédure civile, 93.

Table des lois diverses, 94.

CODE DE COMMERCE.

LIVRE PREMIER.

DU COMMERCE EN GÉNÉRAL.

Tit. 1er. Des commerçans, 1 ; 2. Des livres de commerce, *ibid.* ; 3. Des sociétés, 2. — *Sect.* 1. Des diverses sociétés, et de leurs règles, *ibid.* ; 2. Des contestations entre associés, et de la manière de les décider, 4. — *Tit.* 4. Des separations de biens, 5 ; 5. Des bourses de commerce, agens de change et courtiers, *ibid.*—*Sect.* 1. Des bourses de commerce, *ibid.* : 2. Des agens de change et courtiers, *ibid.* — *Tit.* 6. Des commissionnaires, 7. — *Sect.* 1. Des commissionnaires en général, *ibid.* ; 2. Des commissionnaires pour les transports par terre et par eau, *ibid.* ; 3. Du voiturier, 8. — *Tit.* 7. Des achats et ventes, *ibid.* ; 8. De la lettre de change, du billet à ordre et de la prescription, *ibid.* — *Sect.* 1. De la lettre de change, *ibid.* — § 1. De la forme de la lettre de change, *ibid.* ; 2. De la provision, 9 : 3. De l'acceptation, *ibid.* ; 4. De l'acceptation par intervention, *ibid.* ; 5. De l'échéance, 10 ; 6. De l'endossement, *ibid.* ; 7. De la solidarité, *ibid.* ; 8. De l'aval, *ibid.* ; 9. Du paiement, *ibid.* ; 10. Du paiement par intervention, 11 ; 11. Des droits et devoirs du porteur, *ibid.* ; 12. Des protêts, 13 ; 13. Du rechange, *ibid.* — *Sect.* 2. Du billet à ordre, 14 ; 3. De la prescription, *ibid.*

LIVRE II.

DU COMMERCE MARITIME.

Tit. 1er. Des navires et autres bâtimens de mer, 14 ; 2. De la saisie et vente des navires, 16 ; 3. Des propriétaires de navires, 18 : 4. Du capitaine, *ibid.* ; 5. De l'engagement et des loyers des matelots et gens de l'équipage, 20 ; 6. Des chartes-parties, affrétemens ou nolissemens, 22 ; 7. Du connaissement, 23 : 8. Du fret ou nolis, *ibid.* ; 9. Des contrats à la grosse, 25 : 10. Des assurances, 26. — *Sect.* 1. Du contrat d'assurance, de sa forme et de son objet, *ibid.* ; 2. Des obligations de l'assureur et de l'assuré, 28 ; 3. Du délaissement, 29. — *Tit.* 11. Des avaries, 32 ; 12. Du jet et de la contribution, 33 ; 13. Des prescriptions 34 ; 14. Fins de non-recevoir, 35.

LIVRE III.

DES FAILLITES ET DES BANQUEROUTES.

Dispositions générales, 55.—Tit. 1. De la faillite, *ibid*. — *Chap*. 1. De l'ouverture de la faillite, *ibid*. ; 2. De l'apposition des scellés, 56 ; 5. De la nomination du juge-commissaire et des agens de la faillite, *ibid*. ; 4. Des fonctions préalables des agens, et des premières dispositions à l'égard du failli, 57 ; 5. Du bilan, 58 ; 6. Des syndics provisoires, *ibid*. — *Sect*. 1. De la nomination des syndics provisoires, *ibid*. ; 2. De la cessation des fonctions des agens, *ibid* ; 5. Des indemnités pour les agens, 39. — *Chap*. 7. Des opérations des syndics provisoires, *ibid*. — *Sect*. 1. De la levée des scellés, et de l'inventaire, *ibid*. ; 2. De la vente des marchandises et meubles, et des recouvremens, *ibid*. ; 3. Des actes conservatoires, 40 ; 4. De la vérification des créances, *ibid*. — *Chap*. 8. Des syndics définitifs et de leurs fonctions,

41. — *Sect*. 1. De l'assemblée des créanciers dont les créances sont vérifiées et affirmées, *ibid* ; 2. Du concordat, 42 ; 3. De l'union des créanciers, *ibid*. — *Chap*. 9. Des différentes espèces de créanciers, et de leurs droits en cas de faillite, 45. — *Sect*. 1. Dispositions générales, *ibid*. ; 2. Des droits des créanciers hypothécaires, *ibid*. ; 3. Des droits des femmes, 44. — *Chap*. 10. De la repartition entre les créanciers, et de la liquidation du mobilier, 45 ; 11. Du mode de vente des immeubles du failli, 46. — *Tit*. 2. De la cession de biens, *ibid*.; 5. De la revendication, *ibid*. ; 4. Des banqueroutes, 47. — *Chap*. 1. De la banqueroute simple, *ibid*. ; 2. De la banqueroute frauduleuse, 48 ; 3. De l'administration des biens en cas de banqueroute, 49. — *Tit*. 5. De la réhabilitation, *ibid*.

LIVRE IV.

DE LA JURIDICTION COMMERCIALE

Tit. 1er. De l'organisation des tribunaux de commerce, 50 ; 2. De la compétence des tribunaux de commerce, 51 ; 5. De la forme de procéder devant les tribunaux de commerce, 52 ; 4. De la forme de procéder devant les cours royales, 53.

Table alphabétique du Code de Commerce, 54.

CODE D'INSTRUCTION CRIMINELLE.

Dispositions préliminaires, pag. 1.

LIVRE PREMIER.

DE LA POLICE JUDICIAIRE ET DES OFFICIERS DE POLICE QUI L'EXERCENT.

Chap. 1er. De la police judiciaire, 1 ; 2. Des maires, des adjoints de maire et des commissaires de police, 2 ; 3. Des gardes champêtres et forestiers, *ibid* ; 4. Des procureurs du roi et de leurs substituts, 5. — *Sect*. 1. De la compétence des procureurs du roi, relativement à la police judiciaire, *ibid*. ; 2. Mode de

procéder des procureurs du roi dans l'exercice de leurs fonctions, 4. — *Chap*. 5. Des officiers de police auxiliaires du procureur du roi, 6 ; 6. Des juges d'instruction, *ibid*. — *Sect*. 1. Du juge d'instruction, *ibid*., 2. Fonctions du juge d'instruction, 7. — *Dist*. 1. Des cas de flagrant délit, *ibid*. ; 2. De l'instruction, *ibid*.

§ 1. Dispositions générales, *ibid.* ; 2. Des plaintes, *ibid.* ; 3. De l'audition des témoins, 8 ; 4. Des preuves par écrit, et des pièces de conviction, 9. — *Chap.* 7. Des mandats de comparution, de dépôt, d'amener et d'arrêt, *ibid.* ; 8. De la liberté provisoire et du cautionnement, 12 ; 9. Du rapport des juges d'instruction quand la procédure est complète, 13.

LIVRE II.

DE LA JUSTICE.

Tit. 1er. Des tribunaux de police, 14. — *Chap.* 1. Des tribunaux de simple police, *ibid.* — § 1. Du tribunal du juge de paix comme juge de police, *ibid.* ; 2. De la juridiction des maires comme juges de police, 16 ; 3. De l'appel des jugemens de police, 17. — *Chap.* 2. Des tribunaux en matière correctionnelle, 18. — *Tit.* 2. Des affaires qui doivent être soumises au jury, 21. — *Chap.* 1. Des mises en accusation, *ibid.* ; 2. De la formation des cours d'assises, 24. — § 1. Fonctions du président, 25 ; 2. Fonctions du procureur général près la cour royale, *ibid.* ; 3. Fonctions du procureur du roi au criminel, 26.— *Chap.* 3. De la procédure devant la cour d'assises, 26 ; 4. De l'examen, du jugement et de l'exécution, 28. — *Sect.* 1. De l'examen, *ibid.* ; 2. Du jugement et de l'exécution, 33. — *Chap.* 5. Du jury et de la manière de le former, 36. — *Sect.* 1. Du jury, *ibid.* ; 2. De la manière de former et de convoquer le jury, 38. — *Tit.* 3. Des manières de se pourvoir contre les arrêts ou jugemens, 39. — *Chap.* 1. Des nullités de l'instruction et du jugement, *ibid.* — § 1. Matières criminelles, *ibid.* ; 2. Matières correctionnelles et de police ; 40 ; 3. Disposition commune aux deux paragraphes précédens, *ibid.* — *Chap.* 2. Des demandes en cassation, *ibid.* ; 3. Des demandes en révision, 43. — *Tit.* 4. De quelques procédures particulières, 44. — *Chap.* 1. Du faux, *ibid.* ; 2. Des contumaces, 46 ; 3. Des crimes commis par les juges, hors de leurs fonctions, et dans l'exercice de leurs fonctions, 48. — *Sect.* 1. De la poursuite et instruction contre des juges pour crimes et délits par eux commis hors de leurs fonctions, *ibid.* ; 2. De la poursuite et instruction contre des juges et tribunaux autres que les membres de la cour de cassation, les cours royales et les cours d'assises, pour forfaiture et autres crimes ou délits relatifs à leurs fonctions, *ibid.* — *Chap.* 4. Des délits contraires au respect dû aux autorités constituées, 50 ; 5. De la manière dont seront reçues, en matière criminelle, correctionnelle et de police, les dépositions des Princes et de certains fonctionnaires de l'État, 51 ; 6. De la reconnaissance et de l'identité des individus condamnés, évadés et repris, 52 ; 7. Manière de procéder en cas de destruction ou d'enlèvement des pièces ou du jugement d'une affaire, *ibid.*—*Tit.* 5. Des règlemens de juges, et des renvois d'un tribunal à un autre, 53. — *Chap.* 1. Des règlemens de juges, *ibid.* ; 2. Des renvois d'un tribunal à un autre, 54.—*Tit.* 6. Des cours spéciales, 55.—*Tit.* 7. De quelques objets d'intérêt public et de sûreté générale, *ibid.*—*Chap.* 1. Du dépôt général de la notice des jugemens, *ibid.* ; 2. Des prisons, maisons d'arrêt et de justice, *ibid.* ; 3. Des moyens d'assurer la liberté individuelle contre les détentions illégales ou d'autres actes arbitraires, 56 ; 4. De la réhabilitation des condamnés, 57 ; 5. De la prescription, 58.

Table alphabétique du Code d'Instruction criminelle, 60.

CODE PÉNAL.

Dispositions préliminaires, pag. 1.

LIVRE PREMIER.

DES PEINES EN MATIÈRES CRIMINELLE ET CORRECTIONNELLE, ET DE LEURS EFFETS.

Chap. 1er. Des peines en matière criminelle, 1 ; 2. Des peines en matière correctionnelle, 4 : 3. Des peines et des autres condamnations qui peuvent être prononcées pour crimes ou délits, ibid. ; 4. Des peines de la récidive pour crimes et délits, 5.

LIVRE II.

DES PERSONNES PUNISSABLES, EXCUSABLES OU RESPONSABLES, POUR CRIMES OU POUR DÉLITS.

Chapitre unique. 6.

LIVRE III.

DES CRIMES, DES DÉLITS ET DE LEUR PUNITION.

Tit. 1er. Crimes et délits contre la chose publique, 8. — Chap. 1er. Crimes et délits contre la sûreté de l'Etat, ibid. — Sect. 1. Des crimes et délits contre la sûreté extérieure de l'Etat, ibid. ; 2. Des crimes contre la sûreté intérieure de l'Etat, 9. — § 1. Des attentats et complots dirigés contre le Roi et sa famille, ibid. ; 2. Des crimes tendant à troubler l'Etat par la guerre civile, l'illégal emploi de la force armée, la dévastation et le pillage publics, ibid.; Disposition commune aux deux paragraphes de la présente section, 11. — Sect. 3. De la révélation et de la non révélation des crimes qui compromettent la sûreté intérieure ou extérieure de l'Etat, ibid. — Chap. 2. Crimes et délits contre la Charte constitutionnelle, 11. — Sect. 1. Des crimes et délits relatifs à l'exercice des droits civiques, ibid ; 2. Attentats à la liberté, 12 : 3. Coalition des fonctionnaires, 13 ; 4. Empiétement des autorités administratives et judiciaires, ibid. — Chap. 3. Crimes et délits contre la paix publique, 14. — Sect. 1. Du faux, ibid. — § 1. Fausse monnaie, ibid. ; 2. Contrefaction des sceaux de l'Etat, des billets de banque, des effets publics, et des poinçons, timbres et marques. ibid.; 3. Des faux en écritures publiques ou authentiques, et de commerce ou de banque, 15 ; 4. Du faux en écriture privée, ibid.: 5. Des faux commis dans les passe-ports, feuilles de route et certificats, 16 ; Dispositions communes, 17. — Sect. 2. De la forfaiture et des crimes et délits des fonctionnaires publics dans l'exercice de leurs fonctions, ibid. — § 1. Des soustractions commises par les dépositaires publics, ibid ; 2. Des concussions commises par les fonctionnaires publics, 18 ; 3. Des délits de fonctionnaires qui se seront ingérés dans des affaires ou commerces incompatibles avec leur qualité, ibid. ; 4. De la corruption des fonctionnaires publics, ibid. ; 5. Des abus d'autorité, 19. — 1re Classe. Des abus d'autorité contre les particuliers. ibid. ; 2e Des abus d'autorité contre la chose publique, 20. — § 6. De quelques délits relatifs à la tenue des actes de l'état civil, ibid. ; 7. De l'exercice de l'autorité publique illégalement anticipé ou prolongé, ibid. ; Dispositions particulières, 21. — Sect. 3. Des troubles apportés à l'ordre public par les ministres des cultes dans l'exercice de leur ministère ibid. — § 1. Des contraventions propres à compromettre l'état civil des personnes, ibid. ; 2. Des critiques, censures ou provocations dirigées contre l'autorité publique dans un discours pastoral prononcé publiquement, ibid. ; 3. Des critiques, censures ou provocations dirigées contre l'autorité publique dans un écrit pastoral, 22 : 4. De la correspondance des ministres des cultes avec des cours ou puissances étrangères, sur des matières de religion, *ibid.* — *Sect.* 4. Résistance désobéissance et autres manquemens envers l'autorité publique, *ibid.* — § 1. Rébellion, *ibid.* : 2. Outrages et violences envers les dépositaires de l'autorité et de la force publique, 23 ; 5. Refus d'un service dû légalement, 24 ; 4. Évasion de détenus, recèlement de criminels, *ibid.* ; 5. Bris de scellés et enlèvement de pièces dans les dépôts publics. 26 ; 6. Dégradation de monumens, *ibid.* ; 7. Usurpation de titres ou fonctions, *ibid.* ; 8. Entraves au libre exercice des cultes, 27. — *Sect.* 5. Associations de malfaiteurs, vagabondage et mendicité, *ibid.* — § 1. Association de malfaiteurs, *ibid.* ; 2. Vagabondage, *ibid.* ; 3. Mendicité, 28 ; Dispositions communes aux vagabonds et mendians, *ibid.* — *Sect.* 6. Délits commis par la voie d'écrits, images ou gravures. distribués sans nom d'auteur, imprimeur ou graveur, *ibid.* ; Disposition particulière, 29. — *Sect.* 7. Des associations ou réunions illicites, *ibid.* — *Tit.* 2 Crimes et délits contre les particuliers. 50. — *Chap.* 1. Crimes et délits contre les personnes, *ibid.* — *Sect.* 1. Meurtres et autres crimes capitaux, menaces d'attentats contre les personnes, *ibid.* — § 1. Meurtre, assassinat, parricide, infanticide, empoisonnement, *ibid.* ; 2. Menaces, *ibid.* — *Sect.* 2. Blessures et coups volontaires non qualifiés meurtres, et autres crimes et délits volontaires, 51 ; 3. Homicide, blessures et coups involontaires; crimes et délits excu-

sables, et cas où ils ne peuvent être excusés ; homicide, blessures et coups qui ne sont ni crimes ni délits. 52. — § 1. Homicide, blessures et coups involontaires. *ibid.* ; 2. Crimes et délits excusables, et cas où ils ne peuvent être excusés, *ibid.* ; 5. Homicide, blessures et coups non qualifiés crimes ni délits, 33. — *Sect.* 4. Attentats aux mœurs, 53 ; 5. Arrestations illégales et séquestrations de personnes. 54 : 6. Crimes et délits tendant à empêcher ou détruire la preuve de l'état civil d'un enfant, ou à compromettre son existence ; enlèvement de mineurs: infraction aux lois sur les inhumations, 35. — § 1. Crimes et délits envers l'enfant, *ibid.* : 2. Enlèvement de mineurs. 55 ; 3. Infraction aux lois sur les inhumations, 56. — *Sect.* 7. Faux témoignage, calomnie, injure, révélation de secrets, 56. — § 1. Faux témoignage, *ibid.* ; 2. Calomnies, injures, révélation de secrets, 57. — *Chap.* 2. Crimes et délits contre les propriétés, 58. — *Sect.* 1. Vols, *ibid.* : 2. Banqueroutes, escroqueries et autres espèces de fraudes, 41. — § 1. Banqueroute et escroquerie, *ibid.* ; 2. Abus de confiance, 42 ; 3. Contravention aux règlemens sur les maisons de jeu, les loteries et les maisons de prêt sur gages, *ibid.* ; 4. Entraves apportées à la liberté des enchères, 43 : 5. Violation des règlemens relatifs aux manufactures, au commerce et aux arts, *ibid.* ; 6. Délits des fournisseurs, 45. — *Sect.* 3. Destructions, dégradations, dommages, *ibid.* Disposition générale, 48.

LIVRE IV.

CONTRAVENTIONS DE POLICE ET PEINES.

Chap. 1. Des peines, 49 ; 2. Contraventions et peines, 50. — *Sec.* 1. Première classe, *ibid.* ; 2. Deuxième classe, 51 ; 5. Troisième classe, 52 ; Disposition commune aux trois sec-

tions ci-dessus, 53 ; Disposition générale, *ibid.*

Loi contenant diverses modifications au Code pénal, 54.

Table alphabétique du Code Pénal, 56.

CODE FORESTIER.

Titre 1er. Du régime forestier. p. 1:
2. De l'administration forestière, *ib.*;
3. Des bois et forêts qui font partie du domaine de l'Etat, *ibid.* — *Sect.* 1. De la délimitation du bornage, *ibid.*;
2. De l'aménagement, 2; 3. Des adjudications des coupes, *ibid.*; 4. Des exploitations, 4; 5. Des réarpentages et récolemens, 6; 6. Des adjudications de glandée, panage et paissons, *ibid.*; 7. Des affectations à titre particulier dans les bois de l'Etat, 7; 8. Des droits d'usage dans les bois de l'Etat, *ibid.* — *Titre* 4. Des bois et forêts qui font partie du domaine de la couronne, 10; 5. Des bois et forêts qui sont possédés à titre d'apanage ou de majorats réversibles à l'Etat, *ibid.*; 6. Des bois des communes et des établissemens publics, *ibid.*; 7. Des bois et forêts indivis qui sont soumis au régime forestier, 13; 8. Des bois des particuliers, *ibid.*; 9. Affectations spéciales des bois à des services publics, *ibid.* — *Sect.* 1. Des bois destinés au service de la marine, 13; 2. Des bois destinés au service des ponts et chaussées pour les travaux du Rhin, 15. — *Titre* 10. Police et conservation des bois et forêts, 16. —

Sect. 1. Dispositions applicables à tous les bois et forêts en général, *ibid.*; 2. Dispositions spéciales applicables seulement aux bois et forêts soumis au régime forestier, 17. — *Titre* 11 Des poursuites en réparation de délits et contraventions, 18. — *Section* 1. Des poursuites exercées au nom de l'administration forestière, *ibid.*; 2. Des poursuites exercées au nom et dans l'intérêt des particuliers, 21. — *Titre* 12. Des peines et condamnations pour tous les bois et forêts en général, *ibid.*; 13. De l'exécution des jugemens, 25. — *Sect.* 1. De l'exécution des jugemens rendus à la requête de l'administration forestière ou du ministère public, *ibid.*; 2. De l'exécution des jugemens rendus dans l'intérêt des particuliers, *ibid.* — *Titre* 14. Disposition générale. 24; 15. Dispositions transitoires, *ibid.*

Tarif des amendes à prononcer par arbre, d'après sa grosseur et son essence (art. 192), 25.

Loi du 6 juin 1827, qui proroge jusqu'au 1er janvier 1829 l'exécution des dispositions des articles 106 et 107 du Code forestier, 26.

ORDONNANCE DU ROI

POUR L'EXÉCUTION DU CODE FORESTIER.

Titre 1er. De l'administration forestière, 26. — *Sect.* 1. De la direction générale des forêts, *ibid.*; 2. Du service forestier dans les départemens, 27. — § 1. Des agens forestiers, *ibid.*; 2. Des arpenteurs, 28; 3. Des gardes à cheval et des gardes à pied, 29; 4. Dispositions communes aux agens et préposés, *ibid.* — *Sect.* 5. Des écoles forestières, 30. — § 1. Ecole royale, *ibid.*; 2. Ecoles secondaires, 31. — *Titre* 2. Des bois et forêts qui font partie du domaine de l'Etat, *ibid.* — *Sect.* 1. De la délimitation et du bornage, *ibid.*; 2. Des aménagemens, 33. — 3. Des assiettes, arpentages, balivages, martelages et

adjudications des coupes, 34. — 4. Des exploitations, 36. — 5. Des réarpentages et récolemens, *ibid.* — 6. Des adjudications de glandée, panage et paisson, et des ventes de chablis, de bois de délit, et autres menus marchés, *ibid.* — 7. Des concessions à charge de repeuplement, 37. — 8. Des affectations à titre particulier dans les forêts de l'Etat, *ibid.* — 9. Des droits d'usage dans les bois de l'Etat, 38. — *Tit.* 3. Des bois et forêts qui font partie du domaine de la couronne, 39. — 4. Des bois et forêts qui sont possédés par les princes à titre d'apanage, et par des particuliers à titre de majorats réversibles à l'Etat, *ibid.* — 5. Des bois des communes et des établissemens publics, 40. — 6. Des bois indivis qui sont soumis au régime forestier, 42.— 7. Des bois des particuliers, *ibid.*— 8. Des affectations spéciales de bois à des services publics, 43. — *Sect.* 1 Des bois destinés au service de la marine, *ibid.*; 2. Des bois destinés au service des ponts et chaussées pour le fascinage du Rhin, 44. — *Titre* 9. Police et conservation des bois et forêts qui sont régis par l'administration forestière, 45.—10. Des poursuites exercées au nom de l'administration forestière, 46.—11. De l'exécution des jugemens rendus à la requête de l'administration forestière ou du ministère public, 47.—12. Dispositions transitoires sur le défrichement des bois, 48.

Tableau de la division territoriale du royaume en vingt conservations forestières, indiquant les chefs lieux et les départemens qui forment chaque conservation, 49.

État des départemens, arrondissemens et cantons qui ne seront pas soumis à l'exercice du droit de martelage pour le service de la marine, 50.

Table alphabétique du Code Forestier et de l'ordonnance d'exécution de ce Code, 52.

LOI RELATIVE A LA PÊCHE FLUVIALE.

(DU 15 AVRIL 1829.)

Tit. 1. Du droit de pêche, 1. — 2. De l'administration et de la régie de la pêche, *ibid.* — 3. Des adjudications des cantonnemens de pêche, 2. — 4. Conservation et police de la pêche, 4. —5. Des poursuites en réparations de délit, 5. — *Sect.* 1. Des poursuites exercées au nom de l'administration, *ibid.* — 2 Des poursuites exercées au nom et dans l'intérêt des fermiers de la pêche et des particuliers, 8. —

Tit. 6. Des peines et condamnations, *ibid.* — 7. De l'exécution des jugemens, 9.— *Sect.* 1. De l'exécution des jugemens rendus à la requête de l'administration ou du ministère public, *ibid.* — 2. De l'exécution des jugemens rendus dans l'intérêt des fermiers de la pêche et des particuliers, *ibid.* — *Tit.* 8. Dispositions générales, 10. — Dispositions transitoires, *ibid.*

TARIF DES FRAIS ET DÉPENS

POUR LE RESSORT DE LA COUR ROYALE DE PARIS.

LIVRE PREMIER.

DES JUSTICES DE PAIX.

Chap. 1. Taxe des actes et vacations des juges de paix, 1; 2. Taxe des greffiers des juges de paix, 2; 3. Taxe des huissiers des juges de paix, 3; 4. Taxe des témoins, experts et gardiens des scellés, *ibid*

LIVRE II.

DE LA TAXE DES FRAIS DANS LES TRIBUNAUX INFÉRIEURS ET DANS LES COURS.

Tit. 1. De la taxe des actes des huissiers ordinaires, p. 4. — § 1. Actes de première classe, *ibid.*; 2. Actes de seconde classe et procès verbaux, 6; 3. Dispositions générales relatives aux huissiers, 10. — *Tit.* 2. Des avoués de première instance, *ibid.* — *Chap.* 1. Matières sommaires, *ibid.*; 2. Matières ordinaires, 11. — § 1. Droit de consultation, *ibid.*; 2 Actes de première classe, *ibid.*; 3. Actes de deuxième classe, 13; 4. Des requêtes et défenses qui peuvent être grossoyées, et des copies de pièces, *ibid.*; 5. Requêtes qui ne peuvent être grossoyées, et copies d'actes, 14; 6. Plaidoiries et assistance aux jugemens, 16; 7. Qualités et significations des jugemens, 17: 8. Des vacations, *ibid.*; 9. Poursuites de contribution, 19; 10. Poursuites de saisie immobilière, 20; 11. Poursuites d'ordre, 23; 12. Actes particuliers, 24. — *Chap.* 5. Avoués de la cour royale de Paris, *ibid.*; 4. Dispositions communes aux avoués des cours et des tribunaux, 25: 5. Des huissiers audienciers, *ibid.* — § 1. Des tribunaux de première instance, *ibid.*; 2. Des huissiers audienciers de la cour royale de Paris, 26. — *Chap.* 6. Des experts, des dépositaires de pièces et des témoins, *ibid.*; 7. Des notaires, 27.

Décret relatif à la liquidation des dépens en matière sommaire, *pag.* 28.

Tarif des frais de taxe, *pag.* 29.

Décret qui rend commun à plusieurs cours d'appel et tribunaux le tarif des frais et dépens de ceux de Paris, et en fixe la réduction pour les autres, *pag.* 29.

Avis du conseil d'État sur l'instruction des procès intentés devant et après le 1er janvier 1807, *pag.* 30.

TARIF EN MATIÈRE CRIMINELLE.

Dispositions préliminaires, *p.* 1. *Tit.* 1. Tarif des frais, *pag.* 2.— *Chap.* 1. Des frais de translation des prévenus ou accusés, de transport des procédures, ou des objets pouvant servir à conviction ou à décharge, *ibid.*; 2. Des honoraires et vacations des médecins, chirurgiens, sages-femmes, experts et interprètes, 4: 3. Des indemnités qui peuvent être accordées aux témoins et aux jurés, *ibid.*; 4. Des frais de garde de scellés, et de ceux de mise en fourrière, 5: 5. Des droits d'expédition et autres alloués aux greffiers, 6; 6. Des salaires des huissiers, 8; 7. Du transport des magistrats, 11; 8. Des frais de voyage et de séjour auxquels l'instruction des procédures peut donner lieu, *ibid.*; 9. Du port des lettres et paquets, 12; 10. Des frais d'impression, 13; 11. Des frais d'exécution des arrêts, 14. — *Tit.* 2. Des dépenses assimilées à celles de l'instruction des procès criminels, *ibid.* — *Chap.* 1. De l'interdiction d'office, *ibid.*; 2. Des poursuites d'office en matière civile, 15: 3. Des inscriptions hypothécaires requises par le ministère public, *ibid.*; 4. Du recouvrement des amendes et cautionnemens, *ibid.*; 5. Du transport des greffes, *ibid.* — *Tit.* 3. Du paiement et recouvrement des frais de justice criminelle, 16. — *Chap.* 1. Du mode de paiement, *ibid.*; 2. De la liquidation et du recouvrement des frais, 18. — *Tit.* 4. Des frais de justice devant la haute-cour, les cours prévôtales et les tribunaux des douanes, 20. — *Chap.* 1. De la haute-cour, *ibid.*; 2. Des cours prévôtales et des tribunaux des douanes, *ibid.* — Dispositions générales, 21.

Tableau des distances de Paris à tous les chefs-lieux des départemens, *pag.* 22.

Décret impérial concernant les droits de greffe, du 22 juillet 1808, 1 et 2.

FIN DE LA TABLE DES MATIÈRES.

NOUVELLES PUBLICATIONS

CHEZ LES MÊMES LIBRAIRES.

DICTIONNAIRE GÉNÉRAL DE LA LANGUE FRANCAISE ET VO-CABULAIRE UNIVERSEL DES SCIENCES , DES ARTS ET DES MÉTIERS, contenant , outre les mots de la langue usuelle , leurs défini-tions , leurs diverses acceptions, au propre et au figuré, les synonymes et les contraires, les locutions grammaticales, familières , proverbiales, etc.; DIX MILLE mots et QUINZE MILLE acceptions (tous précédés d'une †) de plus que BOISTE, GATTEL, LAVEAUX, etc., etc.

Ouvrage entièrement neuf , renfermant au moins 100,000 mots , présen-tant le Dictionnaire le plus complet qui ait paru jusqu'à ce jour, et accom-pagné d'un Dictionnaire géographique , d'une Liste des personnes les plus remarquables, d'un Précis de Grammaire française, d'une Méthode particu-lière sur l'art de ponctuer, d'une Solution sur les participes déclinables, d'une Synonymie, etc., par F. RAYMOND, auteur du Supplément au Dictionnaire de l'Académie, et de plusieurs autres ouvrages relatifs à la langue française. Paris, 1832. Deux forts volumes in-4°. — Prix, broché :   36 fr. Relié proprement en basane, tranche marbrée et dos brisé :   42 fr.

PRÉCIS DE LA GÉOGRAPHIE UNIVERSELLE, ou DESCRIPTION DE TOUTES LES PARTIES DU MONDE, sur un plan nouveau , d'après les grandes divisions naturelles du globe; précédé de l'Histoire de la Géographie chez les peuples anciens et modernes, d'une Théorie de la Géographie mathé-matique, physique et politique, et accompagné de cartes, tableaux analy-tiques, synoptiques et élémentaires, et d'une Table alphabétique des noms de lieux, de montagnes, de fleuves, etc., etc.; par Malte Brun. Nouvelle édition , revue , corrigée et augmentée , mise dans un nouvel ordre et en-richie de toutes les nouvelles découvertes, par M. J.-J.-N. HUOT, membre de plusieurs sociétés savantes, nationales et étrangères; auteur de la con-tinuation de cet ouvrage, et l'un des collaborateurs de l'Encyclopédie mé-thodique et de l'Encyclopédie moderne, etc., etc.

Le Précis de la Géographie universelle formera dix gros volumes in-8° de 700 pages environ chacun , il sera accompagné d'un Atlas grand in-folio composé de 70 cartes , dont un certain nombre sur grand format doublé; ces cartes, imprimées sur très-beau papier, sont très-bien gravées et coloriées avec le plus grand soin.

Les cinq premières livraisons, composées des volumes 1, 2 , 3 , 5 et 6 de texte , et de 32 cartes anciennes et modernes, sont en vente. Les autres livraisons, composées également d'un volume et de 6 ou 8 cartes, paraîtront très-régulièrement tous les trois mois.

Le prix de chaque livraison est fixé pour les souscripteurs à   12 fr.
Trente exemplaires seulement sont tirés sur très-beau papier cavalier vélin satiné. Prix de chaque livraison :   20 fr.

TRAITÉ ÉLÉMENTAIRE DE GÉOGRAPHIE, contenant un Abrégé mé-thodique du Précis de la Géographie universelle, etc.; divisé en deux par-ties : celle des principes et celle des descriptions; précédé d'une Intro-duction historique , et suivi d'un Aperçu de la Géographie ancienne, sa-crée et profane; par MALTE-BRUN; terminé, d'après le plan et les matériaux

laissés par ce célèbre géographe, par ses collaborateurs et ses amis
MM. Adrien Balbi, Larenaudière et Huot. Paris, 2 gros vol. in-8° de
900 pages environ chacun, accompagnés d'un Atlas composé de 12 cartes
sur demi-colombier, gravées et coloriées avec soin, et de nombreux tableaux statistiques. Prix, broché :   25 fr.

MÉLANGES SCIENTIFIQUES ET LITTÉRAIRES DE MALTE-BRUN,
ou Choix de ses principaux articles sur la Géographie, l'Histoire et la Lit-
térature : recueillis et mis en ordre par M. M.-J. Nachet, avocat à la cour
royale de Paris. 2 vol. in-8°, imprimés avec soin sur très-beau papier carré
fin des Vosges. Prix, broché :   18 fr.

TABLEAU DE LA POLOGNE ANCIENNE ET MODERNE, ou Histoire
GÉNÉRALE DE CE PAÏS, sous les rapports statistiques, géographiques, géolo-
giques, politiques, moraux, historiques, législatifs, scientifiques et littéraires : publié en un volume par Malte-Brun. Nouvelle édition, entièrement refondue et continuée jusqu'au 1er janvier 1831, par M. Chodzko,
polonais, membre de plusieurs sociétés savantes. 2 vol. in-8°, avec deux
belles cartes coloriées. Prix, broché :   15 fr.

NOUVELLE GÉOGRAPHIE ÉLÉMENTAIRE, à l'usage des collèges et
des pensions, divisée par leçons, et accompagnée d'un Atlas de 18 cartes
muettes écrites et coloriées par J. B. Poirson, et gravées avec le plus grand
soin, donnant toutes les nouvelles découvertes d'après les plus célèbres
voyageurs, et les dernières divisions de chaque État. Paris, 1 vol. in-8°, et
l'Atlas in-4°, broché :   12 fr. »
L'Atlas se vend séparément :   9 fr. »
Chaque carte muette en noir :   50 c.
— Écrite et coloriée :   75 c.
Il a été tiré un certain nombre de ces cartes avec la projection seulement.
Prix de la feuille :   40 c.

THÉATRE DE M. EUGÈNE SCRIBE, dédié par lui à ses collaborateurs.
10 vol. in-8°, contenant chacun huit ou dix pièces, ou 450 pages environ,
imprimés sur très-beau papier fin satiné, avec une jolie couverture.
Prix, brochés :   70 fr.

COLLECTION HISTORIQUE DES ORDRES DE CHEVALERIE CI-
VILS ET MILITAIRES existant chez les différens peuples du monde ;
suivie d'un Tableau chronologique de tous les Ordres éteints : par A.-M.
Perrot. 1 vol in-4°, orné de 40 planches gravées en taille-douce et coloriées avec le plus grand soin, représentant des plaques, croix, médailles,
rubans, et généralement toutes les marques distinctives des Ordres anciens et nouveaux, au nombre de plus de 500. Prix, broché :   36 fr.
— Le même, papier vélin, cartonné par Bradel.   72 fr.

MÉMOIRES SUR VOLTAIRE et sur ses ouvrages ; par P.-G. Longchamp
et J.-L. Wagnière, ses secrétaires ; suivis de divers Écrits inédits de la
marquise du Châtelet, du président Hénault, de Piron, d'Arnaud-Bacu-
lard, Thiriot, etc., etc., tous relatifs à Voltaire ; le tout mis en ordre par
M***. et publiés par M. Beuchot. Paris, 1826. 2 forts vol. in-8°, imprimés
sur beau papier fin des Vosges, brochés.   14 fr.
— Les mêmes, grand papier vélin superfin, tirés à 25 exemplaires seulement, brochés.   36 fr

SE TROUVE:

A Bordeaux, LAWALLE jeune et TEYCHENEY.

Nancy, G. GRIMBLOT.

Strasbourg, PITON.

Laône-le-Saulnier, ESCALLE.

Bayonne, GOSSE.

Lyon, LAURENT.

Marseille, CAMOIN.

Troyes, LALOY.

Dijon, LAGIER et GAULARD MARIN.

Toulouse, VIEUSSEUX et DAGALIER.

Auch, BRUN.

Rennes, DUCHESNE.

Lille, VANACKERE.

Aix, AUBIN.

Nantes, BUROLLEAU.

Rouen, EDET jeune.

Grenoble, PRUDHOMME.

Le Mans, BELON, imp. lib.

www.ingramcontent.com/pod-product-compliance
Lightning Source LLC
Chambersburg PA
CBHW031437210326
41599CB00016B/2035